仓修良先生（摄于 2012 年春）

# 文史通义新编新注

## 上册

（清）章学诚　著
仓修良　编注

商务印书馆
The Commercial Press

图书在版编目（CIP）数据

文史通义新编新注：全二册 /（清）章学诚著；仓修良编注. — 北京：商务印书馆，2023
ISBN 978-7-100-22401-7

Ⅰ.①文… Ⅱ.①章… ②仓… Ⅲ.①《文史通义》—注释 Ⅳ.①K092.49

中国国家版本馆CIP数据核字（2023）第074936号

权利保留，侵权必究。

**文史通义新编新注**

（全二册）

（清）章学诚　著

仓修良　编注

商　务　印　书　馆　出　版
（北京王府井大街36号　邮政编码 100710）
商　务　印　书　馆　发　行
三河市尚艺印装有限公司印刷
ISBN 978 - 7 - 100 - 22401 - 7

2023 年 8 月第 1 版　　　开本 710×1000　1/16
2023 年 8 月第 1 次印刷　　印张 47 1/2　彩插 16

定价：238.00 元

学诚顿首

晓徵学士先生阁下自出都门终日逐逐江南秋高风日清冽候虫木叶飒飒有南北风气之殊因忆京华旧游念久不获闻 长者绪论以为耿耿敬想入秋来起居定佳伏惟万福学诚自幼读书无他长惟于古今著述渊源文章流别殚心者盖有日矣尝谓古人之学各有师法、具于官、守其书因以世传其业访道者不于其子孙则其弟子非是即无由得其传昔孔子

章学诚手札之一：《上晓徵学士书》（一）

問禮必於柱下而漢代遷固之書他學者未能通曉必待外孫楊惲女弟曹昭始顯其業意可知也周官三百六十皆守其書而存師法者也秦火而後書失傳而師法亦絕今所存者特其綱目司空篇亡六卿聯事之義又不可以強通條貫散失學術無所統紀所賴存什一于千百者向歆父子之術業耳蓋向歆所為七略別錄者其敘六藝百家悉推本于古人官守其書雖軼而班史藝文獨存藝文又（不盡為藝林世文墨也）非班固之舊特其敘例猶可推尋故令之學士有

志究三代之盛而溯源官禮綱維古今大學術者獨漢藝文志一篇而已夫藝文于賈誼左傳訓故董仲舒說春秋事尹更始左傳章句張霸尚書百兩篇及叔孫朝儀韓信軍法蕭何律令之類皆灼然昭著者未登于錄秦官奏事太史公書隸于春秋而詩賦五種不隸詩經要非完善無可擬議者然賴其書而官師學術之源流猶可浮其彷彿故比者校讐其書申明微旨又取古今載籍自六藝以降訖于近代作者之林為之商榷

章学诚手札之一：《上晓徵学士书》（三）

利病討論得失撮為文史通義一書分內外雜篇成一家雖草創未及什一然文多不能悉致謹錄三首呈覽

問下試平心察之當復以為何如也學術之岐始于晉人文集著錄之舛始于梁代七錄而唐人四庫因之千餘年來奉為科律老師宿儒代生輩出沿而習之未有覺其非者體裁譌濫法度橫決洶、若潰隄之水浸流浸失至近日而求能部次經史分別傳誌題欵署目之微亦往、而失也獨怪劉子元之才其得於蓺林得失討論不可為不精持擇不可為不審而于隋志經籍不责其擅改班固成法而讥其重录古书君子一言以为不智其失莫甚于此郑樵校雠实千古之至论而艺文部次不能自掩其言且班志未尝废图谱而郑氏深非其收书不收图则郑樵于此道要亦未尝明习以才高言多偶合耳向歆之业不传而官礼家法邈不可考古人大体学者又何从而得见欤欧阳新唐艺文删去叙录后代著录之书直如贾簿籍无论编次非法即其合者亦无从而明其义例校雠之学失传所系岂细故哉　阁下前示元艺文志初稿所录止元世著述窃谓后代补苴前史自

與漢唐諸史不可一例相拘第宋史而後古書存亡聚散從此失紀且志一代藝文先錄其中外藏書庶有裨于後人辨證元至正間詔求天下遺書如上海莊氏書目分甲乙十門亦其選也其餘私門目錄或存或亡而秘書監志官書目錄固可得其大概夫前代志藝文者各有所本漢志本于七略隋志本于七錄唐志本集賢殿目宋志本崇文總目其間明注有錄無書或標著錄若干家不著錄若干家者皆據所本之書而言此知古

人不必盡見四庫而始為志也然則秘書一志自可作一七略粉本餘或徐俟考訂願 閣下有以易之也學誠凡、無以自主當持固陋之說質于朋輩莫不啞然引去惟竹君師頗允其說邵君與桐獨有惬于通義一書其所著述、採其凡例意鄉人不免阿所好歟然天壞之大得一知已可以不恨區、之論固不足以庭喻而戶告之也閣下精于校讐而蓋以聞見之富又專力整齊一代之書凡搜羅襞述皆足追古作者而集其成即今紹二

章学诚手札之一：《上晓徵学士书》（七）

刘之业而广班氏之例者非 阁下其谁托敢以一得之愚頫之左右惟赐之教答而扩以所未闻幸甚不宣 学诚再拜 八月二十日二鼓太平府署中

章学诚手札之一：《上晓徵学士书》（八）

秋氣轉清南州木葉漸索夜堂聞蟋蟀聲似有風土之異始覺浪跡江湖又一年矣夏間紓道返浙十年故土便如隔世值均彌先生觀察寧紹渡江相見為道先生近履及受之申之兩兄頗悉慰甚、然輦下同人一時雲散憶鐵拐斜街朝夕過從酒酣耳熱抵掌劇談千古氣何

章学诚手札之二：《上慕堂光禄书》（一）

盛也。令则星軺奉使或缩符分守者既已落、而南雷伯思仲思諸先生丁故罷去予嘉復聞西行飄蓬如小子者牢落又將何所底耶前返浙東卜居城南琵琶山下山水清絕有水田竹林茈園共數畝魚蔬秔酒所出足給十口之家老屋廿餘間去城市八九里許緣僻霧寡隣業者賤售之已竭蹶稱貸購得矣倘更有十畝可耕餘一二

章学诚手札之二：《上慕堂光禄书》（二）

百金居積什一則潘岳間居奉母雲卿窮愁著書亦足終老弟歸山之資未知何日辦竟則波塵之命信難強也若去幼未浮南還明冬且須北上有故人官樂平或從山右作數月之遊以為甲午決科坐食計然前途墨漆未知人事天時又作如何位置耳在紹伏疴兩月頗懼浮過日多裒集所著文史通義其已定者浮內篇五外篇二十有二文多不可致謹錄三首求是正託轉致辛

楣先生 朱春浦師兩處書俱未緘亦乞 閱後封致是皆流俗所嗤笑為迂遠而無當者惟
長者知其疎濶而相賞於寂寞之鄉輒敢覼縷及此想見之一撫掌也秋深伏惟
寶愛不宣上
慕堂老伯大人
　恭請
伯母大人金安
　　　愚姪章學誠頓首 月十九日
外文三篇併呈 朱春浦師及申之兩兄不另 辛楣先生以謄錄手不暇給也

# 出版说明

仓修良先生（1933—2021）是当代著名历史学家、方志学家，江苏省泗阳县人。1958年毕业于浙江师范学院历史系，一直在杭州大学历史系任教。1998年国务院决定四校合并，为浙江大学历史系教授。生前社会兼职有中国历史文献研究会名誉会长、学术委员会主任委员，中国地方志学会学术委员，浙江省地方志学会副会长，华中师范大学历史文献研究所、华东师范大学中国史学研究所、宁波大学、温州大学兼职教授等。

仓先生毕生致力于中国史学史、历史文献学、方志学和谱牒学等方面的教学与研究，著述宏富。出版学术专著有《中国古代史学史简编》（与魏得良合著）、《中国古代史学史》、《方志学通论》、《谱牒学通论》、《章学诚和〈文史通义〉》、《章学诚评传》（与叶建华合著）、《章学诚评传》（与仓晓梅合著），自选文集《史家·史籍·史学》、《仓修良探方志》、《史志丛稿》、《独乐斋文存》。主持二十五史辞典丛书的编纂工作，主编《中国史学名著评介》（三卷本、五卷本）、《史记辞典》、《汉书辞典》、《二十五史警句妙语辞典》、《中国历史文选》（下册，与魏得良合编）、《中国史学史参考资料》、《中国华东文献丛书·华东稀见方志文献》（全五十卷），《中国历史大辞典·史学史卷》编委，撰写《中国历史要籍介绍及选读》要籍解题。古籍整理有《爝火录》（与魏得良合校）、《文史通义新编》、《文史通义新编新注》等。在《历史研究》、《新华文摘》、《中国史研究》、《文史》、《人民日报》、《光明日报》等报刊发表论文两百余篇，科研成果多次受到国家和省部级的奖励。事迹被收入中外名人辞典三十多种，治学经历被收入朝华出版社《学林春秋》，享受国务院特殊津贴。

仓先生在2017年出版《谱牒学通论》后，有意出版本人文集，将生平著述作一总结，集中呈现给学界朋友与广大读者。文集的出版，承商务印书馆的大力支持，同时得到浙江大学中国古代史研究所"双一流"项目经费出版资助。编纂工作从2019年底正式启动，由于身体原因，仓先生委托留系弟子鲍永军负责，从事制订编纂计划、搜集整理并复印论文、整齐文献格式、校对清样及引文、联络沟通等编务。仓先生确定文集编纂计划与目录，指导编纂工作，夫人任宁沪女士、女儿仓晓梅女士提供书信与照片资料，对封面设计、文集装帧等提出宝贵的意见建议。文集编纂工作，得到先生弟子们的积极参与和热忱帮助。叶建华同志校对文集排版文字、核对论著引文。陈凯同志参与制订编纂计划，负责书信整理编纂工作，参与统一文集文献格式，编撰《学术论著编年目录》。张勤同志编撰《学术活动年表》。先生其他弟子，钱茂伟、舒仁辉、刘连开、殷梦霞、文善常、范立舟、陈鹏鸣、金伟、白雪飞、郜晏君、邢舒绪等同志，始终关注支持文集编纂工作。

本文集包含五方面内容，依次为专著、古籍整理、论文集、附录、书信集。文集凡十卷：第一卷《中国古代史学史》；第二卷《方志学通论》；第三卷《谱牒学通论》；第四卷《章学诚评传》（与叶建华合著）；第五卷《章学诚和〈文史通义〉》附《章学诚评传》（与仓晓梅合著）；第六卷《文史通义新编新注》；第七卷《中国史学史论集》；第八卷《方志学论集》；第九卷《谱牒学与历史文献学论集》，附录《学术活动年表》、《学术论著编年目录》；第十卷《友朋书信集》。仓先生所撰中国历史要籍解题，收入第七卷《中国史学史论集》。仓先生主编的《中国史学名著评介》、《文史通义新编》、《爝火录》以及《中国历史文选》，所撰《中国历史大辞典·史学史》、《史记辞典》、《汉书辞典》、《二十五史警句妙语辞典》词条，限于篇幅，本文集不再收录。原四本论文集《史家·史籍·史学》、《仓修良探方志》、《史志丛稿》、《独乐斋文存》中的相关序言、前言、后记，分别收入第七、八、九卷中。

文集中的专著，有增订本者，收增订本。已出版著作与发表的论文，注释体例多有不同，此次出版，为方便读者，重新编排，核对引文，尽可能按照最新出版规范，统一注释体例。

文集编纂尚在进行，仓先生不幸于2021年3月逝世，遗憾不可弥补。文集第一卷于11月问世，后续各卷陆续出版，以慰先生在天之灵。先生之风，山高水长；先生之学，百世流芳。

编者

2021年10月26日

# 原　序

《文史通义》是我国著名史学家章学诚（1738—1801）的代表作，它和刘知幾的《史通》并称为我国封建时代史学理论的双璧。由于章氏晚年双目失明，未能亲手编定，故将其全部书稿委托萧山友人王宗炎代为编定。对于王氏的编排，章学诚本人意见如何已不得而知。但章氏次子华绂却是很不满意，因而他于道光十二年（1832）便在开封另行编印了《文史通义》。而嘉业堂主人刘承幹则在王氏编目基础上，加以搜罗增补，并于1922年刊行了《章氏遗书》，《文史通义》自然亦在其中，于是此书便出现了两种内容出入颇大的不同版本。为了便于区别起见，笔者把它们分别称为"大梁本"和"《章氏遗书》本"。后来社会上尽管流传了许多种版本，但都源出于这两种版本。两种版本的区别在于前者内篇分为五卷，计六十一篇，后者内篇分为六卷，计七十篇，两者相差九篇。而外篇的内容则全然不同，前者全为方志论文，后者则为"驳议序跋书说"，篇数相差则更大。根据笔者的研究，这两种版本都还反映不了章学诚著作本书的想法和意愿。同时这种局面实际上已经给学术研究者带来殊多不便，甚至造成混乱。比如引《礼教》篇，如果不注明"《章氏遗书》本"，到"大梁本"内篇中自然就查找不到，因为"大梁本"内篇未收这一篇。若引《方志立三书议》的内容，如果不注明出自"大梁本"外篇，到"《章氏遗书》本"外篇中当然也就查找不到。反之也是如此。为了解决这一矛盾，并尽可能恢复《文史通义》内容的原貌，笔者花了三十年时间进行研究，认为两种外篇都是《文史通义》的内容，所以在1993年出版的《文史通义新编》中，将两种流传的外篇，全部编入《新编》的外篇，并且还收入两种外篇都不曾有的八十余篇，其中就包括《上晓徵学士书》和《上慕堂光禄书》两文，这是章氏的两篇佚文。胡适、姚名达在作《章实斋先生年谱》时都未见过这两篇文章。特别是《上晓徵学士书》很重要，章氏在文中讲了"取古今载籍，自六艺以降讫于近代作者之林，为之商榷利病，讨论得失，拟为《文史通义》一书。分内外杂篇，成一家言"。这就是说，他的《文史通义》应为内篇、外篇、杂篇三部分组成。而章氏次子华绂在"大梁本"《文史通义》的序中也曾指出："道光丙戌，长兄杼思，自南中寄出原草，并穀塍先生订定目录一卷。查阅所遗尚多，亦有与先人原编篇次互异者，自应更正，以复旧观……今勘定《文史通义》内篇五卷，外篇三卷，《校雠通义》三卷，先为付梓。尚有杂篇，及《湖北通志》检存稿并文集等若干卷，当俟校定，再为续刊。"这就表明，华绂当时是知道其父《文史通义》内容的编排次序的，其中还有杂篇，但当时不知何故未加收入。他也看到王宗炎所编定之目录，王氏所编篇目是将"驳议序跋书说"作为外篇，而将方志论文排除在《文史通义》内容之外，故序中说这个篇目"所遗尚多，亦有与先人原编篇次互异者"，所指大约正是这个。因为关于方志论文是《文史通义》内容的组成部分，章学诚在有些论著中不仅讲了，而且明确指出是该书的外篇，那么"驳议序跋书说"是否又都是杂篇呢？其实也并不如此，如章氏在《与邵二云论文书》中就曾讲到"《郎通议墓志书后》，则《通义》之外篇也"。正因如此，笔者在《文史通义新编》的《前言》中说："为了保持新编本与习见的通行本之间的连贯，也便于读者的使用，这次就不再另行分设杂篇，而将这一问题留给有关专家再作研究了。"也就是说，仍将两种通行本的外篇全部编为外篇，因为要将"驳议序跋书说"之文区分出外篇和杂篇实在太难。区分的标准是什么呢？2003年在绍兴"章学诚国际学术研讨会"上，中国人民大学梁继红博士的《章学诚〈文史通义〉自刻本的发现及其研究价值》一文，曾谈及章氏自刻本的编排问题，本以为可以解决杂篇的范围问题，着实高兴了一阵子，但通过仔细研究后，问题仍未得到解决，只能还是一个悬案。文章中有这样一段，现抄录于后：

  从《文史通义》自刻本的编排体例上看，章学诚将《文史通义》分为三个部分，即内篇、外篇及杂篇，后附杂著，其篇目如下：
  《文史通义·内篇》：《易教》（上中下）、《书教》（上中下）、《诗教》（上下）、《言公》（上中下）、《说林》、《知难》；
  《文史通义·外篇》：《方志立三书议》、《州县请立志科议》；

《文史通义·杂篇》:《评沈梅村古文》、《与邵二云论文》、《评周永清书其妇孙孺人事》、《与史余村论文》、《又与史余村》、《答陈鉴亭》;《杂著》:《论课蒙学文法》。

从上述所列篇目看,内篇和外篇,本来就无多大疑议。特别是方志作为外篇,笔者在多篇文章中都有论定。至于杂篇,看了自刻本所列篇目后,笔者觉得还是很茫然,上文提到的《郎通议墓志书后》,章氏在给邵晋涵那封论文的信中,就明确定为外篇,这封信写于四十六岁那年,距离给钱大昕的那封信已经十一年了,此时的想法应当都是相当成熟了,既然这篇属于外篇,当然同性质的文章还是不在少数,自然也都应当归入外篇。而这类文章究竟能有多少,现在看来这个界线谁也划不清楚。基于这种情况,如今笔者有一个大胆的想法,当年章氏次子华绂,为什么只将方志论文列为外篇,而其他的"驳议序跋书说"中还有哪些是属于外篇,他自己也说不清,只有这样一做了事,于是杂篇和其他内容,都"当俟校定,再为续刊",只不过是借口而已。后来的事实证明,也确实如此,他再也未作过任何校定续刊。因此,这里只好再重复一句,尽管大家都看到了章氏自刻本的部分分类篇目,但是原来的"驳议序跋书说",究竟哪些篇应当留在外篇,哪些篇应当归入杂篇,还是无人能分辨清楚,看来只好仍旧维持现状,待以后能有所发现再来定夺。

《文史通义新编》(下简称《新编》)出版以后,曾获得了中外学术界师友们的好评,为研究章氏学说创造了方便条件。许多学者并认为可以作为《文史通义》的定本。但是,同时亦有许多友人提出,特别是青年朋友提出,章氏之书比较难读,最好能够有个注本,于是为《新编》再作"新注"的任务便又放到笔者的面前。特别要指出的是,浙江古籍出版社张学舒先生更是这种"新注"的倡导者和策划者。笔者本人则一直心存疑虑,担心自己才疏学浅,恐怕难以胜任,因为这部书的内容涉及知识面实在太广。但是,为了不负众望,最终还是勉为其难地接受下来。

为《文史通义》最早作注的自然要首推1935年出版的叶长清的《文史通义注》,尽管在此之前,1926年商务印书馆出版过章锡琛的选注本,但它毕竟只是为学生阅读的选注本。其次则为叶瑛的《文史通义校注》,此书完成于

1948 年，到了 1983 年中华书局才首次出版。这是一部比较好的注本，因为不仅注释详密，而且校出了不少文字上的错误。其最大缺点在于，它不是一部内容完整的版本。也就是说，其内容是不全的、不完整的，因而书名也就名不副实。当然，责任并不在校注者，因为他总以为《文史通义》就是这么多内容。实际上这个校注本只有 122 篇，而《新编》本则有 298 篇，多出的这些篇目中，许多都是研究章学诚学术思想和生平治学必不可少的内容。同时由于注释者不了解方志的性质及其发展历史，对史学史不太精通，因而有些注释就不太贴切。如《经解》中里讲到"图经"，注曰："图经始见于《隋志》，郎蔚之著有《隋诸州图经集》一百卷。"这个注释显然不妥，"图经"开始出现于东汉，最早见于《华阳国志》卷一《巴志·总序》中记载东汉时巴郡太守但望在奏章中提到的《巴郡图经》。又清人侯康、顾怀三、姚振宗诸人所补之《后汉书·艺文志》均载有东汉人王逸的《广陵郡图经》。这足以说明图经这种著作最早出现于东汉，而盛行于隋唐五代。至于图经究竟是什么，注者还是没有讲清楚。实际上图经是早期方志的一种著作形式，与地记同时出现于东汉，隋唐五代时期成为方志第二阶段的主要形式，这种著作卷首均冠以所写郡县之地图。也有注释称其为附有地图的地理志，这当然也不正确。又在《方志立三书议》开头一段里的"掌故"，注释在引了《史记·龟策列传》文字后说："掌故，国家之故实。"这与章氏本意当然并不相符，章氏之意是编修方志时，在主体志之外，另立两种资料汇编性质的著作，一叫《掌故》，一叫《文征》，都是资料选编。只要看了他自己所编修的方志，就可以迎刃而解。他在《湖北通志·凡例》中说得十分清楚："今仿史裁而为《通志》，仿《会典》则例而为《掌故》，仿《文选》、《文粹》而为《文征》，截分三部之书，各立一家之学，庶体要既得，头绪易清。"这是章学诚在方志理论上的一大创建，注释者不解其意，而作上述解释，使读者更加摸不到头脑。在同一篇中，由于对"掌故"的理解有误，在注释《史记》的《八书》时说："八书犹方志中之掌故。"这自然又错了。其实《八书》、《十志》就类似于我们今天新编方志中的各种专业志，章学诚因为各种方志书名已称志，为避免重复，特将内中各志均称"考"，正像班固《汉书》中的《十志》篇名不称"书"一样，就是避免与书名重复。他在《答甄秀才论修志第二书》中很明确地指出："考之为体，乃仿书、志而作，子长《八书》，孟坚《十志》，综核典章，包函甚广。"考与书、志，皆为正式著作，掌故乃是资料选编，性质是不一样的。至于中国史学史上的书志体则是在《汉书》诞生后已经形成，这是众所皆知的事。而注释者竟将《八书》与掌故相比附，显然又是很不妥当的。还有，注释者常引刘咸炘《识语》来说明某篇的宗旨或主题，其实刘氏所解，有许多亦并不切题，因为他本人亦未能理解章氏作文之本义，如《州县请立志科议》，引刘氏《识语》："此论次比，与《答客问》下同义。"这一解释，我们可以说与本文主题简直是风马牛不相及。章氏此文是建议清朝政府在各个州县设立志科，为编修地方志储备资料。因此，这个志科实际上就相当于我们今天的档案馆、档案局。正因如此，我们今天档案学界都把章学诚又称作档案学家。书中还将历史地理著作《太平寰宇记》、《元丰九域志》、《舆地广记》、《方舆胜览》等书统称为方志，实际上是不懂方志是何种著作。其实这类著作，与《大清一统志》一样，只应称为全国地理总志，而绝对不是方志，正因为不懂方志是何种著作，所以有关这方面的注释中不妥之处较多。我们列举这些事例，毫无批评指责之意，旨在说明注释工作实在是不太容易，尽管这个注本已经是相当精细详密，还是免不了有些疏漏。这就说明，并不是能够阅读古文者都可以从事这项工作。

此外，贵州人民出版社1997年12月出版的由严杰、武秀成先生译注的《文史通义全译》所采用的亦为"大梁本"。

长期以来，广大读者一直认为章学诚的《文史通义》比较难读难懂，这自然就成了《新注》首先要考虑的问题。为此，《新注》对每篇文章的主题思想或写作宗旨都作一简单说明，类似于解题或提要。如全书首篇《易教》上，开宗明义第一句便是"六经皆史也"，实际上把《易教》上、中、下三篇主题都点出来了。意思是说，六经都不过是史，而不要把它们视作玄而又玄的经，因为"古人未尝离事言理，六经皆先王之政典"。既然如此，当然都是研究当时治国平天下的重要依据，谁能说不是史呢？不仅如此，他在《报孙渊如书》中更提出："愚之所见，以为盈天地间，凡涉著作之林皆是史学，六经特圣人取此六种之史以垂训耳。"对此，胡适在所著《章实斋先生年谱》中就曾指出："我们必须先懂得'盈天地间，一切著作皆史也'这一句总纲，然后可以懂得'六经皆史也'这一子目。"这自然很有道理，一切著作都具有史的价值，六经自然也就不例外了。一般说来，讲《诗经》、《尚书》、《春秋》、《礼》是史书，都是容易理解的，惟独说《周易》也是史，似乎就很难理解了。正因如此，他就把这一篇作为解说对象。只要大家细心阅读就会发现，《易教》三篇的中心思想都在讲述这一问题，从悬象设教，治历明时，王者改制，直到易象通于"六艺"，一步一步地在分析论述，一层一层分析《易》为什么是史。只要抓住这一点，一切就迎刃而解。又如《原道》三篇，他在写出后不久，就遭到来自各方面的议论，也是当今认为比较难懂的篇目。这篇文章实际上是研究章学诚历史哲学的重要一篇，文中提出了"道不离器，犹影不离形"的光辉命题，这表明了他的唯物主义思想。"道不离器"，就是说所有事物的理或规律，都离不开客观事物而单独存在。这一命题，是反映了"存在决定意识"的唯物观点。文章系统论述了人类社会的"道"，是伴随着人类社会的产生而产生，随着人类社会的发展而发展的。在人类社会产生之前，有关人类社会的各种"道"，诸如各种理论、司法制度等等，是根本不存在的。有了人类的活动，也就有了人类活动的各种"道"，人类社会越是发展，产生的各种"道"也就越多而越复杂，正如他所说从"三人居室"，到"一室所不能容"，而必须"部别班分"，"道"就很清楚地纷纷出现了。再向前发展，则"作君、作师、画野、分州、井田、封建、学校"等等也就都出现了。这样一来，有关人类社会的理法制度也就产生了。随着社会的向前发展，"道"也自然在起变化，典章制度、礼教风俗也在变化。章学诚就是通过这些通俗而形象的比喻，来议论道与器的关系。需要指出的是，他这"道不离器"的命题，在写此文之前六年而作的《与朱沧湄中翰论学书》中已经提出，而在《原道》三篇里论述得更加系统而完整。可见他这一思想也是有一个发展过程的。类似的情况，即一种思想或说法在书中两篇或多篇同时出现，为了便于读者的阅读或研究，在每篇说明中，一般都予以指出。当然，每篇说明长短不一，多的数百字，少的几十字，大多根据文章的难易程度而定。也有少数篇目，由于内容简单就不作说明，两篇内容基本相似的也就只写一篇。这就是《新注》的第一个内容，也是主要的内容。与此同时，则对每篇文章的写作时间，尽量予以注明，这也是不少朋友早就提出的建议。因为这对于研究章氏学术思想的发展有着重要价值。就以他的方志理论而言，就是很明显地在不断发展和完善。

其次则是对书名、人名的注释，而疑难语词和典故就省略了。之所以要这样决定,是考虑到原书的篇幅已经很多,若是后两者也加注,则篇幅势必过大,况且这两部分内容只要有一部普通的辞书如《辞海》、《辞源》之类也就可以解决了。但是,书名、人名则不然,许多书在目录著作中也很难找到,而许多人名即使在许许多多的中国历代名人辞典中也难以找到。

我们先以书名来说,在《上晓徵学士书》中,提到上海《庄氏书目》,书目主人是元代人,但查找元明清以来公私书目均未见有著录,最后还是从私家笔记中得到解决。最早记载的是元代学者陶宗仪的《辍耕录》,明代学者胡应麟在《少室山房笔丛》卷一《经籍会通》一引用陶氏《辍耕录》云:"庄蓼塘住松江府上海县青龙镇,尝为宋秘书小史。其家蓄书数万卷,且多手抄者,经史子集,山经地志,医卜方技,稗官小说,靡所不具。书目以甲乙分十门。……至正六年,朝廷开局,修宋、辽、金三史,诏求遗书。……江南藏书多者止三家,庄其一也。……其孙群玉,悉载入京,觊领恩泽。"这一记载,与章氏文中所云完全相符,因而我们可以推断《庄氏书目》正是庄蓼塘家私家藏书书目。章氏书中还有许多省称的书名也不太容易查找。平时少见的,甚至书名也未听到过的,再加上省称,查找起来就更加难了。如《山堂考索》省称《考索》,还比较耳熟,但《神农黄帝食禁》省称为《食禁》,《三洞琼纲》省称为《三洞》,《孝经援神契》省称为《援神》,《孝经钩命决》省称为《钩命》等等,尽管有些目录著作有著录,但由于省称,查找难度就相当大。更有甚者,书中援引前人著作篇目时随意性很大,于是出现了许多与原篇名完全不同的情况,如书中提到韩愈的《五原》、《禹问》诸篇,经查对《昌黎先生集》卷十一杂著,方才明白他是将《原道》、《原性》、《原毁》、《原人》、《原鬼》五篇文章合称为《五原》,而将《对禹问》省称为《禹问》。这种情况即使有著作篇目索引,也是无法查找的。又他在《上辛楣宫詹书》中引用"韩退之《报张司业书》",经查对《五百家注昌黎文集》,应是指卷十四《重答张籍书》,所引文字亦有出入。诸如此类,若是不注清楚,明显会给读者带来诸多不便。

至于人物,问题可就更多了,章氏在许多文章中都批评前人行文很不规范,其实他自己亦是如此。古今名人大多使用字号,一般很少直呼其名,但是查找起来可就麻烦了。尽管有多种名人字号辞典,历史上不同朝代人物,会有十多个人在使用同样一个字或号,于是有时候很难分辨哪一位是你所要查找的人物。有许多并非有名人物，辞典也不收入，这就更难找了。还有许多则是用地名、官号来称呼人名，如万甬东、胡德清、徐昆山、潘济南等等。以官号名者如梁制军、周内翰、谢藩伯、徐学使、翁学士等等。影响比较大的自然容易识别，影响小的麻烦就大了，因为任何名人辞典都无从查找。特别是许多信函，这类称呼更多，甚至王十三、唐君、绍兴相公、金坛相公这类称呼都会出现。当然，我们也没有理由去责备章学诚，因为作为信件，收信人对这些称呼是一清二楚的。对于这些，我们只能尽力而为。我们为了查找"金坛相公"是何许人，于是在金坛籍人物中确定能够称"相公"的在当时只有于敏中，因为他以文章为清高宗乾隆所重用，曾被任为军机大臣、文华殿大学士，"四库"开馆又受命为正总裁，又充国史馆、"三通馆"总裁，当然可以称"相公"。为了确定此人戊戌年是否任过考官，鲍永军同志又专门替我查阅《清高宗实录》，发现戊戌年此人确实任正考官。这样章氏所云"金坛相公"必指此人。当然还有许多是后生小辈，本不知名，只有暂付阙如。上述种种，不仅名人辞典无法解决，即使动用正史也无济于事，因为这些人物中许多都是名不见经传的。所以注释中将人名列入范围，道理就在这里。也正因如此，所以在注释人名时，尽可能注出其生卒年、籍贯、字号和著作。有的人字号很多，也尽可能一一注出，著作也是如此。因为有些著作，书目中未必都能反映出来。

　　《文史通义》的内容十分庞杂，它既不像《史通》专门论史，也不像《文心雕龙》论文那么单一，正如作者自己所讲，"自六艺以降迄于近代作者之林"，都要讨论其利病得失，显然就不限于文史了。因此，要严格划分哪些是专门论文，哪些是专门论史，是比较困难的。需要指出的是，这部书写作时间跨度是相当长的。一般讲是从他三十五岁那年开始，实际上在二十六七岁时与甄秀才论方志编修的几封信已经开始了。从严格意义来讲，直至他去世全书撰写计划也未能完成，《浙东学术》乃是其去世前一年口授而成，早有计划的《圆通》篇却一直未见完成。因此，在阅读时应当用发展的眼光来看待书中的每一篇文章，因为早期所写的文章与成年和晚年时所写的文章在论点上和观点上都会起着很大的变化，任何一位学者无不如此。千万不要把书中作者自己早已否定和抛弃了的观点和论述再拿出作为经典来宣传，这样做既是不道德的，也是无知和不负责任的表现。令人遗憾的是，

20世纪80年代全国修志工作开始以后，有人竟根据章氏《答甄秀才论修志第二书》中有"史体纵看，志体横看"两句话，编造出方志特点是"横排竖写"，并且说是章学诚所讲而广为宣传。这封信是章氏青年时代所写，当时读书不多，说了错话是可以理解的。可是当他写《方志立三书议》时，就已经提出"仿纪传正史之体而作志"，而在《湖北通志·凡例》的第一条又说："今仿史裁而为《通志》。"可见章氏晚年已将方志与正史完全等同看待了，把早年那个错误说法已全部否定和抛弃了。我们今天再将它拾来加以编造后进行宣传，自然是很不应当的，很不道德的！记得当年笔者在发现这一错误做法后，曾在《对当前方志学界若干问题的看法》（载《中国地方志》1994年第1期）一文中提出过严肃的批评，竟未引起任何人的注意。需要特别指出的是，这个错误说法，如今在方志学界不仅已经广为流传，成为编修新方志的"指导理论"，而且还堂而皇之地写入许多新修方志的凡例之中，这就使笔者想到以前有人说过，"谎言重复千次，就会变成真理"。方志学界这一怪事，似乎正足以作为这句话的例证。笔者所以要这样写，希望这种怪事在方志学界今后不要再发生！

笔者一直认为，校注工作是一项相当复杂的工作，因为它涉及的知识面太广，要想做得很完善是很不容易的。在这次注释过程中，得到了师友们的支持和帮助，解决了不少疑难问题，特别是鲍永军同志，为笔者查对、寻找了数十条资料，浙江古籍出版社责任编辑江兴祐先生，在编辑出版此书中付出了辛勤劳动。对于他们的深情厚意，一并在此表示感谢和敬意。限于个人的水平，校注当中不当之处，实所难免，热忱地欢迎学术界同仁和读者朋友批评指正。

最后还要说明的是，章实斋先生故里道墟镇人民政府怀着对这位乡贤的崇敬心情，对该书出版还给以资助，并在镇上为其立了半身铜像，旨在弘扬章氏对祖国传统文化所作出的贡献。他们这种精神非常可贵。作为章氏学说的研究者，笔者不得不在此多说几句，以记述这种可贵的精神，使之与章氏的代表作一道传之于世。

仓修良
2002年中秋节成于浙大独乐斋
2005年元旦修订于浙大独乐斋

# 目　录

## 上　册

内篇一 ..................................................................................................... 1
　　易教上 ............................................................................................. 1
　　易教中 ............................................................................................. 6
　　易教下 ............................................................................................. 8
　　书教上 ........................................................................................... 11
　　书教中 ........................................................................................... 15
　　书教下 ........................................................................................... 19
　　诗教上 ........................................................................................... 25
　　诗教下 ........................................................................................... 32
　　礼教 ............................................................................................... 38
　　经解上 ........................................................................................... 43
　　经解中 ........................................................................................... 45
　　经解下 ........................................................................................... 48

内篇二 ................................................................................................... 53
　　原道上 ........................................................................................... 53
　　原道中 ........................................................................................... 57

原道下 .................................................................................................. 59
原学上 .................................................................................................. 63
原学中 .................................................................................................. 64
原学下 .................................................................................................. 65
博约上 .................................................................................................. 66
博约中 .................................................................................................. 68
博约下 .................................................................................................. 69
浙东学术 .............................................................................................. 71
朱陆 ...................................................................................................... 73
书《朱陆》篇后 .................................................................................. 77
文德 ...................................................................................................... 80
文理 ...................................................................................................... 82
古文公式 .............................................................................................. 86
古文十弊 .............................................................................................. 88

## 内篇三 .............................................................................................. 95

辨似 ...................................................................................................... 95
繁称 ...................................................................................................... 98
匡谬 .................................................................................................... 103
质性 .................................................................................................... 108
黠陋 .................................................................................................... 111
俗嫌 .................................................................................................... 115
针名 .................................................................................................... 117
砭异 .................................................................................................... 118
砭俗 .................................................................................................... 120

## 内篇四 ........................................................................................ 123

    所见 ........................................................................................ 123

    言公上 .................................................................................... 124

    言公中 .................................................................................... 128

    言公下 .................................................................................... 133

    说林 ........................................................................................ 139

    知难 ........................................................................................ 147

    释通 ........................................................................................ 150

    申郑 ........................................................................................ 158

    答客问上 ................................................................................ 160

    答客问中 ................................................................................ 162

    答客问下 ................................................................................ 164

    横通 ........................................................................................ 166

## 内篇五 ........................................................................................ 169

    史德 ........................................................................................ 169

    史释 ........................................................................................ 172

    史注 ........................................................................................ 175

    传记 ........................................................................................ 178

    习固 ........................................................................................ 182

    诗话 ........................................................................................ 183

    书坊刻诗话后 ........................................................................ 189

    题《随园诗话》 .................................................................... 194

    妇学 ........................................................................................ 195

    《妇学》篇书后 .................................................................... 202

## 内篇六 ... 204
### 文集 ... 204
### 答问 ... 207
### 篇卷 ... 210
### 天喻 ... 212
### 师说 ... 214
### 假年 ... 215
### 博杂 ... 217
### 同居 ... 218
### 感遇 ... 219
### 感赋 ... 222
### 杂说 ... 224

## 外篇一 ... 228
### 立言有本 ... 228
### 《述学》驳文 ... 230
### 《淮南子洪保》辨 ... 236
### 论文辨伪 ... 250
### 与孙渊如观察论学十规 ... 255
### 与陈观民工部论史学 ... 263
### 论课蒙学文法 ... 268
### 史学例议上 ... 275
### 史学例议下 ... 277
### 史篇别录例议 ... 278
### 论修史籍考要略 ... 283
### 史考释例 ... 287
### 史考摘录 ... 298

读《史通》..................................................................308

读《北史·儒林传》随札..................................................309

驳孙何《碑解》..........................................................314

驳张符骧论文............................................................315

评沈梅村古文............................................................317

评周永清书其妇孙孺人事..................................................321

墓铭辨例................................................................322

通说为邱君题南乐官舍....................................................325

家谱杂议................................................................327

杂说上..................................................................331

杂说中..................................................................332

杂说下..................................................................333

## 下　册

**外篇二**..................................................................335

《三史同姓名录》序......................................................335

《史姓韵编》序..........................................................337

《藉书园书目》叙........................................................339

为谢司马撰《楚辞章句》序................................................340

《纪年经纬》序..........................................................341

代拟《续通典礼典目录》序................................................342

删订曾南丰《南齐书目录》序..............................................346

《文学》叙例............................................................348

《文格举隅》序..........................................................350

赵立斋《时文题式》引言..................................................351

《四书释理》序..........................................................352

《刘忠介公年谱》叙 ........................................................ 354

高邮沈氏家谱序 ............................................................ 355

嘉善茜泾浦氏支谱序 ........................................................ 357

陈东浦方伯诗序 ............................................................ 359

《唐书纠谬》书后 .......................................................... 361

《皇甫持正文集》书后 ...................................................... 363

《李义山文集》书后 ........................................................ 366

韩柳二先生年谱书后 ........................................................ 367

书《贯道堂文集》后 ........................................................ 370

书孙渊如观察《原性》篇后 .................................................. 375

书郎通议墓志后 ............................................................ 377

朱先生墓志书后 ............................................................ 380

《说文字原》课本书后 ...................................................... 381

《郑学斋记》书后 .......................................................... 382

《韩诗编年笺注》书后 ...................................................... 383

金君行状书后 .............................................................. 385

跋《香泉读书记》 .......................................................... 386

跋《江宁古刻今存录》 ...................................................... 387

跋《屠怀三制义》 .......................................................... 388

跋《邗上题襟集》 .......................................................... 390

徐尚之古文跋 .............................................................. 391

刘氏书楼题存我额记 ........................................................ 391

吴澄野太史《历代诗钞》商语 ................................................ 393

清漳书院留别条训三十三篇 .................................................. 397

定武书院教诸生识字训约 .................................................... 416

## 外篇三 .................................................................................................. 419

报黄大俞先生 .................................................................................. 419
报谢文学 .......................................................................................... 421
论文上弇山尚书 .............................................................................. 423
与吴胥石简 ...................................................................................... 424
答吴胥石书 ...................................................................................... 426
又答吴胥石书 .................................................................................. 428
上晓徵学士书 .................................................................................. 428
为毕制军与钱辛楣宫詹论续鉴书 .................................................. 431
上辛楣宫詹书 .................................................................................. 435
上慕堂光禄书 .................................................................................. 436
答邵二云 .......................................................................................... 437
与邵二云论学 .................................................................................. 438
与邵二云 .......................................................................................... 439
与邵二云论文 .................................................................................. 441
与邵二云论修《宋史》书 .............................................................. 443
与邵二云论文书 .............................................................................. 444
与邵二云论学 .................................................................................. 446
与邵二云书 ...................................................................................... 447
与邵二云书 ...................................................................................... 447
与邵与桐书 ...................................................................................... 448
答邵二云书 ...................................................................................... 450
与史余村 .......................................................................................... 452
与史余村论文 .................................................................................. 454
又与史余村 ...................................................................................... 454
与史余村简 ...................................................................................... 455
与史余村论学书 .............................................................................. 455

与汪龙庄书 三月 ...... 456

与汪龙庄简 ...... 457

与胡雒君 ...... 459

与胡雒君论文 ...... 460

与胡雒君论校《胡穉威集》二简 ...... 462

与严冬友侍读 ...... 464

与朱沧湄中翰论学书 ...... 466

答沈枫墀论学 ...... 469

又答沈枫墀 ...... 472

与陈鉴亭论学 ...... 472

答陈鉴亭 ...... 474

报孙渊如书 ...... 475

与孙渊如书 ...... 475

与周永清论文 ...... 476

又与永清论文 ...... 477

答周永清辨论文法 ...... 478

答周筤谷论课蒙书 癸卯 ...... 479

再答周筤谷论课蒙书 癸卯 ...... 481

与乔迁安明府论初学课业三简 ...... 482

与林秀才 ...... 486

与刘宝七昆弟论家传书 ...... 487

答某友请碑志书 ...... 488

与冯秋山论修谱书 ...... 491

与周次列举人论刻先集 ...... 492

候国子司业朱春浦先生书 ...... 494

与阮学使论求遗书 ...... 496

上朱中堂世叔 ...... 498

|  |  |
| --- | --- |
| 上毕抚台书己酉十一月二十九日 | 500 |
| 上朱大司马书 | 501 |
| 又上朱大司马书 | 502 |
| 又上朱大司马书 | 502 |
| 上朱大司马论文 | 504 |
| 与朱少白论文 | 505 |
| 又与朱少白论文 | 506 |
| 又与朱少白 | 507 |
| 答朱少白书 | 509 |
| 又答朱少白书 | 510 |
| 又答朱少白书 | 512 |
| 又与朱少白书 | 513 |
| 与朱少白书 | 514 |
| 上梁相公书 | 518 |
| 与钱献之书 | 519 |
| 与族孙守一论史表 | 521 |
| 与族孙汝楠论学书丙戌 | 523 |
| 与史氏诸表侄论策对书 | 525 |
| 又与正甫论文 | 528 |
| 论文示贻选 | 530 |
| 答大儿贻选问 | 532 |
| 家书一 | 533 |
| 家书二 | 534 |
| 家书三 | 535 |
| 家书四 | 536 |
| 家书五 | 536 |
| 家书六 | 537 |

家书七 .................................................. 538

## 外篇四 .................................................. 540
　　方志立三书议 .......................................... 540
　　州县请立志科议 ........................................ 545
　　答甄秀才论修志第一书 .................................. 549
　　答甄秀才论修志第二书 .................................. 552
　　与甄秀才论《文选》义例书 .............................. 557
　　驳《文选》义例书再答 .................................. 558
　　修志十议呈天门胡明府 .................................. 559
　　地志统部 .............................................. 565
　　方志辨体 .............................................. 569
　　与石首王明府论志例 .................................... 573
　　报广济黄大尹论修志书 .................................. 576
　　复崔荆州书 ............................................ 577
　　记与戴东原论修志 ...................................... 579
　　《和州志·志隅》自叙 .................................. 581
　　《和州志·皇言纪》序例 ................................ 582
　　《和州志·官师表》序例 ................................ 583
　　《和州志·选举表》序例 ................................ 584
　　《和州志·氏族表》序例上 .............................. 586
　　《和州志·氏族表》序例中 .............................. 588
　　《和州志·氏族表》序例下 .............................. 589
　　《和州志·舆地图》序例 ................................ 591
　　《和州志·田赋书》序例 ................................ 593
　　《和州志·艺文书》序例 ................................ 596
　　《和州志·政略》序例 .................................. 602

《和州志·列传》总论 ................................................................ 604
《和州志·阙访列传》序例 ........................................................ 607
《和州志·前志列传》序例上 .................................................... 608
《和州志·前志列传》序例中 .................................................... 611
《和州志·前志列传》序例下 .................................................... 613
《和州志·文征》序例 ................................................................ 615

## 外篇五 ............................................................................................. 618
《永清县志·皇言纪》序例 ........................................................ 618
《永清县志·恩泽纪》序例 ........................................................ 620
《永清县志·职官表》序例 ........................................................ 621
《永清县志·选举表》序例 ........................................................ 623
《永清县志·士族表》序例 ........................................................ 625
《永清县志·舆地图》序例 ........................................................ 627
《永清县志·建置图》序例 ........................................................ 629
《永清县志·水道图》序例 ........................................................ 630
《永清县志·六书》例议 ............................................................ 632
《永清县志·政略》序例 ............................................................ 635
《永清县志·列传》序例 ............................................................ 637
《永清县志·列女列传》序例 .................................................... 639
《永清县志·阙访列传》序例 .................................................... 642
《永清县志·前志列传》序例 .................................................... 644
《永清县志·文征》序例 ............................................................ 647
《亳州志·人物表》例议上 ........................................................ 652
《亳州志·人物表》例议中 ........................................................ 653
《亳州志·人物表》例议下 ........................................................ 654
《亳州志·掌故》例议上 ............................................................ 656

《亳州志·掌故》例议中 ... 657
《亳州志·掌故》例议下 ... 658

## 外篇六 ... 660
为毕制府撰《湖北通志》序 ... 660
《湖北通志》凡例 ... 663
《湖北通志·族望表》序例 ... 668
《湖北通志·人物表》序例 ... 670
《湖北通志·春秋人名》序例 ... 671
《湖北通志·府县考》序例 ... 672
《湖北通志·政略》序例 ... 672
《湖北通志》序传 ... 673
《湖北通志·前志》传序 ... 676
《湖北掌故》序例 ... 676
《湖北文征》序例 ... 678
跋《湖北通志》检存稿 ... 678
《天门县志·艺文考》序 艺文论附 ... 679
《天门县志·五行考》序 ... 680
《天门县志·学校考》序 ... 681
为张吉甫司马撰《大名县志》序 ... 681
为毕秋帆制府撰《常德府志》序 ... 684
为毕秋帆制府撰《荆州府志》序 ... 686
为毕秋帆制府撰《石首县志》序 ... 689
书《吴郡志》后 ... 690
书《姑苏志》后 ... 693
书《滦志》后 ... 696
书《武功志》后 ... 698

书《朝邑志》后 ..................................................................700
　　书《灵寿县志》后 ..............................................................702
　　《姑孰备考》书后 ..............................................................705

**附录一** ..................................................................................707
　　大梁本《文史通义》原序 ..................................................707
　　伍崇曜《文史通义》跋 ......................................................707
　　季真《文史通义》跋 ..........................................................709
　　王秉恩《文史通义》跋 ......................................................709
　　王宗炎复书 ..........................................................................710

**附录二** ..................................................................................712
　　《文史通义新编》前言 ......................................................712

# 内篇一

## 易教上 ①

六经②皆史也。古人不著书；古人未尝离事而言理，六经皆先王之政典也。

① 此篇写作时间，无确切年代记载。作者在嘉庆元年（1796）九月十二日《上朱中堂世叔书》中最后云："近刻数篇呈海，题似说经，而文实论史，议者颇讥小子攻史而强说经，以为有意争衡，此不足辨也。……古人之于经史，何尝有彼疆此界，妄分孰轻孰重哉！小子不避狂简，妄谓史学不明，经师即伏、孔、贾、郑，只是得半之道。《通义》所争，但求古人大体，初不知有经史门户之见也。"这里的"近刻数篇"，大约就是指《易教》三篇、《书教》三篇、《诗教》两篇，故云"题似说经"。对于这八篇，胡适在章氏年谱中记载，据燕大所藏武昌柯氏《章氏遗书》钞本与内藤藏本《遗书》目，于此八篇下皆注"已刻"二字，可见上述八篇此时已有刻本。又据梁继红《章学诚〈文史通义〉自刻本的发现及其研究价值》（《章学诚国际学术研讨会论文集》，北京图书馆出版社2004年版）一文所述，为刊刻《文史通义》，华绂曾据家藏其父遗著另抄录成十六册副本，该抄本现藏北京大学图书馆。此文发现，北大图书馆所藏华绂抄本中夹杂着数十页刻印篇章，"而把这些刻印篇章集中起来，不难断定正是章学诚《文史通义》自刻本"。"因华绂抄录副本之前，《文史通义》仅刊刻过一次，所以副本中的刻印部分只能是《文史通义》自刻本。"在此自刻本中，《易教》、《书教》、《诗教》八篇均在其中。当然也正是当年章氏进呈朱珪的那个刻本。但《易教》三篇写作年代已无从考订。《书教》、《诗教》写作之年，将分注于各篇。本文开宗明义第一句便说"六经皆史也"，这就是《易教》三篇的中心思想。只要仔细阅读全篇，便可发现全篇文章都是围绕着这一中心思想在展开论述。从悬象设教，治历明时，王者改制，直到易象通于"六艺"，一步一步地在分析论述，如在《易教》中就明确提出，"《易》为王者改制之巨典，事与治历明时相表里"。又在下篇分别论述"《易》象通于《诗》之比兴，《易》辞通于《春秋》之例"，"《易》以天道而切人事，《春秋》以人事而协天道，其义例之见于文辞"。其意都在说明《易》所以会属于史的范畴。当然需要说明的是，最早提出"六经皆史"说者并不是章学诚，而是明代学者王守仁，明清之际持此说者甚众，实际已经形成了一种社会思潮。尽管如此，只有章学诚通过反复论述才将此真正含义讲清楚。因为他在《文史通义》中有许多篇对此都有论述，而不像其他学者们只是偶尔论及。特别是他在《报孙渊如书》中所说"愚之所见，以为盈天地间，凡涉著作之林，皆是史学，六经特圣人取此六种之史以垂训者耳"。胡适在《章实斋先生年谱》中对此就曾发过议论，认为"我们必须先懂得'盈天地间，一切著作皆史也'这一总纲，然后可以懂得'六经皆史也'这一子目"。这句话说得非常有道理。应当看到，章氏当时所以要不厌其烦地论述"六经皆史"，是有其针对性的，一则是反对宋儒空谈心性，指出"六经皆先王之政典"，是研究古代历史的依据——史料，而不必将其宣扬得神秘而不可知；再则是针对汉学流弊，"风气所趋，竞为考订"，为挽救学术界的不良风气，故"六经皆史"的"史"同时又具有"经世"之史的内容，指出孔子删订六经，目的在于"存道"、"明道"、"以训后世"，让后人从先王政典中得知其治国平天下的道理。为此，我们认为，章学诚"六经皆史"的"史"，既具有"史料"之史的内容，又具"史意"之史的含义，那种认为只具"史意"而不具"史料"的说法，是绝对错误的，持此说者是丢掉了"盈天地间，凡涉著作之林皆是史学"这句话的精神，而只顾按自己的意图在做文章，自然不可能符合章学诚论"六经皆史"的本意。详见笔者所撰《也谈"六经皆史"》和《明清时期"六经皆史"说的社会意义》。（《史家·史籍·史学》，山东教育出版社2000年版）

② 六经：指《诗》、《书》、《易》、《礼》、《乐》、《春秋》六种儒家著作。汉武帝独尊儒术以后，将其

或曰：《诗》、《书》、《礼》、《乐》、《春秋》，则既闻命矣；《易》以道阴阳，愿闻所以为政典而与史同科之义焉。曰：闻诸夫子①之言矣："夫《易》开物成务，冒天下之道。""知来藏往，吉凶与民同患。"其道盖包政教典章之所不及矣。象天法地，"是兴神物，以前民用。"其教盖出政教典章之先矣。《周官》②

---

（接上页）尊奉为儒家经典，成为封建社会言行的最高准则。《诗》，亦称《诗经》或《诗三百》，是我国第一部诗歌总集。所收作品上起西周初年，下至春秋中期，诗歌三百零五篇。相传最早有三千篇，后经孔子整理删订而成今日规模。内容按音乐特点分成三大类：即《风》、《雅》、《颂》。《风》又分十五国风；《雅》分《大雅》、《小雅》；《颂》分《周颂》、《鲁颂》、《商颂》。《书》，亦称《尚书》，意思是"上古之史书"，因被列为儒家经典，故又称《书经》。相传为孔子删定，最初为百篇，是我国最早的文献汇编。内容是商、周两代帝王讲话、命令的记录以及春秋战国时期根据传说追记的有关夏、商事迹的记载。秦始皇焚书时，伏生将此书藏于壁中，汉建立后，取出时仅残存了十八篇，后又得一篇，因当时用通行的隶书抄写，故称《今文尚书》，以别于后出的《古文尚书》。

《易》，原称《周易》，亦称《易经》。作者不可考，传说伏羲氏画八卦，周文王演而为六十四卦，是我国古代最古老的一部算卦（卜筮）之书。其中也含有一些哲学思想。其内容学术界说法不一，一说专指经的部分，一说经传都包含在内。前者可信。成书年代学术界主要有三说：西周初说，西周末说，战国初说。书的名称亦有两说：一说"周"指周朝，"易"者简便，是周朝简易卜筮之书；一说"周"指普遍，"易"者变化，是讲普遍变化之书。作为经的内容有六十四卦，每卦首列卦形，卦形下面是卦名，然后是卦辞。卦辞后则有爻辞。它的形成，乃是古人卜筮时，将认为比较灵验的卦记录下来，编集成册，供以后参考，便形成这部经书。《礼》，亦称《礼经》，汉时还称《士礼》，《汉书·艺文志》则称《礼古经》，至晋代则改称《仪礼》，它与《周礼》、《礼记》合称"三礼"。旧说周公所作，孔子所定，都不可信。至今尚无定论，有说成书于东周，有说是战国儒家著述，经汉儒所定。这是一部记载周朝贵族实行的各种礼节仪式之著作，包括冠婚、乡射、朝聘、丧祭等。今传《仪礼》的编次，是东汉郑玄采用刘向《别录》所定的次序，共十七篇。《乐》，亦称《乐经》。古文家认为《乐经》亡于秦始皇焚书时。而今文家则谓乐本无经，只是附于《诗经》的一种乐谱。故《汉书·艺文志》著录古书，《六艺略》于《易》、《书》、《诗》、《礼》、《春秋》五类，均注明经若干卷，唯有《乐》类，其下著录《乐记》二十三篇，不言经。《春秋》，孔子以鲁国的史书《鲁春秋》为基础，参以周游列国所采集的史料，修成流传至今日的我国第一部编年体史书。内容以鲁国历史为主，按鲁国十二君次序编排，故于鲁国内政特详，而涉及列国的朝聘、盟会、战争等均有记载，实际上是一部春秋国际史。记事上起鲁隐公元年（周平王四十九年，前722），下迄鲁哀公十四年（周敬王三十九年，前481），共记二百四十二年历史。但记事简单，全书总共一万八千多字。

① 夫子：古代对男子的敬称，这里是特指孔丘。孔子的门人都称孔子曰夫子，后来大家也就习惯作如此称呼。孔子（前551—前479），春秋末年思想家、教育家、儒家创始人。名丘，字仲尼，鲁昌平乡陬邑（今山东曲阜）人。为了宣传政治主张，曾周游列国。晚年讲学洙泗，及门弟子达三千人，其中才华出众者有七十二人，主张有教无类。

② 《周官》：亦称《周礼》，又称《周官经》，是"三礼"之一。相传为周公所作，今人研究实为战国时所作，作者无考。内容共六篇：《天官》掌邦治，《地官》掌邦教，《春官》掌邦礼，《夏官》掌邦政，《秋官》掌邦刑，《冬官》掌邦事。《冬官》早亡佚，汉人取《考工记》补之。著名文献学家张舜徽认为，这是战国时人所编的一部官制汇编性质的书。此说很有道理。方志学界有些人在研究方志的起源时，牵强附会地将《周官》说成是方志的源头，硬说方志是起源于《周官》。一种著作体裁，居然会起源于一部官制的书，岂不成了天方夜谭。

太卜掌《三易》①之法，夏曰《连山》，殷曰《归藏》，周曰《周易》，各有其象与数，各殊其变与占，不相袭也。然三《易》各有所本，《大传》②所谓庖羲、神农与黄帝、尧、舜③是也。《归藏》本庖羲，《连山》本神农，《周易》本黄帝。由所本而观之，不特三王不相袭，三皇、五帝④亦不相沿矣。盖圣人首

---

① 《三易》：相传《连山》、《归藏》是上古最早之易书，与《周易》合称《三易》，后亡佚。如今流传的《古三坟书》所载之伏羲氏《连山》、神农氏《归藏》乃宋人伪作。

② 《大传》：《易大传》的简称，亦称《易传》。传统说法是孔子所作。当前学术界普遍否认此说，认为并非一时一人所作。这是最早专门解释《周易》的著作，共有七个部分，十篇，故称"十翼"，意思是说这十篇是《易经》的羽翼。十篇是：《彖传》（上下篇）、《象传》（上下篇）、《文言》、《系辞》（上下篇）、《说卦》、《序卦》、《杂卦》。每篇成书时代不尽相同。

③ 庖羲、神农与黄帝、尧、舜：庖羲，即伏羲氏，古史传说中人物。一作虙羲、虙戏、伏牺。史又称庖牺、庖羲等。《帝王世纪》云风姓，号羲皇。相传他与女娲系兄妹婚配，始创嫁娶，以俪皮为礼。"取牺牲以充庖厨"（《太平御览》卷七十八引《皇王世纪》）。又创八卦，造书契，作琴瑟，正姓氏。并开始定甲历、四时，结绳为网，教民佃渔畜牧。远古人类约在他生活的时代，由血缘家族向氏族过渡，进入渔猎经济。神农，古史传说中人物。亦作烈山氏、连山氏、伊耆氏、大庭氏等。或说即炎帝，以火德王天下，姜姓，少典之子。又称"人皇"。相传他用木制作耒、耜，教民种五谷，被奉为"神农"。又尝百草，作医书以疗民疾，发明医药，后世传为《神农本草》；还开始饲养家畜；"耕而作陶"，从事原始制陶业；"织而衣"，进行纺织操作；设立集市，交易有无；作五弦之琴，演八卦为六十四卦，名之曰"归藏"。据古史传说，神农氏时代，"民知其母，不知其父"，"无制令而民从"，"不施赏罚而民不为非"。反映了我国母系氏族公社的情况。黄帝，姬姓，号轩辕氏，亦作有熊氏。据说其部落原定居在西北高原，与炎帝同出少典氏。后东进，在涿鹿攻杀九黎族首领蚩尤，又在阪泉（今河北涿鹿东南）打败炎帝，被推为炎黄部落联盟首领，这一部落联盟发展成后来华夏族的前身。因此，中华民族奉他为共同祖先，"黄帝"称号遂成为华夏民族共同团结奋进的旗帜。其时创造发明很多，如仓颉造字，嫘祖养蚕，共鼓、货狄作船，羲和占日，常仪占月，臾区占星气，隶首作算数，容成造历，伶伦、荣将作音律等。故后人称赞他"能成命百物"，赋予帝王形象。尧，传说中远古人物。姓伊祁氏，一作伊耆氏，名放勋，号陶唐。曾为黄帝嫡裔高唐氏部落长，故史称唐尧。原居冀北（今河北唐县一带），继居晋阳（今山西太原），不断扩大势力，成为黄河下游强大部落联盟首领。后又迁至平阳（今山西临汾），命羲和掌管天文、历象，设四岳（四时之官）敬授民时，又命鲧治理洪水。在确定继承人选时，广泛征求部落长意见，最后确定舜为继承人。相传享年一百一十八岁，在位九十八年。舜，传说中远古人物。姚姓，一说妫姓，名重华。史称"虞舜"、"虞帝"。初为有虞氏部落长，活动中心在虞（今河北虞城北）。后威望不断提高，成为黄河中下游强大的部落联盟首领。尧死后，他继承了尧的职位，剪除四凶，命禹平水土，契管人民，益掌山林，皋陶为大理，扩大设官分职。后在巡狩中死于苍梧之野（今湖南、广西交界处）。

④ 三皇：《史记·秦始皇本纪》以天皇、地皇、泰皇为三皇；《世本》和《帝王世纪》则以伏羲、神农、黄帝为三皇；《白虎通》则以伏羲、神农、祝融为三皇；《风俗通义》一书中就有两种说法：一为伏羲、神农、燧人，一为伏羲、女娲、神农；《通鉴外纪》又以伏羲、神农、共工为三皇；《史记·补三皇本纪》则以天皇、地皇、人皇为三皇。实际上都是些象征性人物。其中伏羲、神农、燧人一说，反映了我国原始社会经济生活的发展情况。五帝：《史记·五帝本纪》以黄帝、颛顼、帝喾、唐尧、虞舜合称五帝；《礼记·月令》则以太皞（伏羲）、炎帝（神农）、黄帝、少皞、颛顼为五帝；《帝王世纪》以少昊（皞）、颛顼、高辛（帝喾）、唐尧、虞舜为五帝；《易·系辞下》以伏羲（太皞）、神农（炎帝）、黄帝、尧、舜为五帝。其实都是中国原始社会末期部落联盟首领。

出御世，作新视听，神道设教，以弥纶乎礼乐刑政之所不及者，一本天理之自然；非如后世托之诡异妖祥，谶纬术数，以愚天下也。夫子曰："我观夏道，杞不足征，吾得夏时焉；我观殷道，宋不足征，吾得坤乾焉。"夫夏时，夏正书①也；坤乾，《易》类也。夫子憾夏、商之文献无所征矣，而坤乾乃与夏正之书同为观于夏、商之所得，则其所以厚民生与利民用者，盖与治历明时同为一代之法宪，而非圣人一己之心思，离事物而特著一书，以谓明道也。夫悬象设教与治历授时，天道也；《礼》、《乐》、《诗》、《书》与刑政、教令，人事也。天与人参，王者治世之大权也。韩宣子②之聘鲁也，观书于太史③氏，得见《易》象、《春秋》，以为周礼在鲁。夫《春秋》乃周公④之旧典，谓周礼之在鲁可也。《易》象亦称周礼，其为政教典章，切于民用而非一己空言，自垂昭代而非相沿旧制，则又明矣。夫子曰："《易》之兴也，其于中古乎！作《易》者，其有忧患乎！"顾氏炎武⑤尝谓《连山》、《归藏》，不名为《易》，太卜所谓三《易》，因《周易》而牵连得名。今观八卦起于伏羲，《连山》作于夏后，而夫子乃谓《易》兴于中古，作《易》之人独指文王，则《连山》、《归藏》不名为《易》，又其征矣。

或曰：文王⑥拘幽，未尝得位行道，岂得谓之作《易》以垂政典欤？曰：

---

① 夏正书：指《夏小正》。相传为夏代历书，据考订为战国时所作，至今仍保存在《大戴礼记》中。其中保存了相当数量的夏代历法，它的记时标准是依据夏时，即以建寅之月正月为岁首。

② 韩宣子（？—前514）：春秋时晋国正卿，名起，《左传》又作"士起"。献子之子。晋悼公七年（前566）继卿位，旋徙居州（今河南沁阳东南）。晋顷公十二年（前514）（《史记·韩世家》误作"定公十五年"）卒，谥宣子。

③ 太史：西周、春秋时太史，掌管起草文书，策命诸侯、卿大夫，记载史册，编写史书，兼管国家典籍、天文、历法、祭祀等，为朝廷大臣。

④ 周公：姬姓，名旦，周文王之子，武王之弟。采邑在周，故称周公。曾佐武王灭商，辅翼左右。武王死，成王年幼，由他摄政。在这期间，制定以宗法制为核心的一整套典章制度及礼仪乐舞，摄政七年，还政于成王，对于巩固西周统治立下大功。

⑤ 顾炎武（1613—1682）：明末清初著名学者，江苏昆山人，字宁人。搜集明代以前历朝经济和自然环境资料，编写《天下郡国利病书》和《肇域志》。清兵南下时，参加过苏州、昆山保卫战。于天文、历算、舆地、音韵、金石、考古等均有研究，为清代朴学开山之祖，其治学在"经世致用"。著作非常丰富，《日知录》为其代表作。

⑥ 文王：周文王，商朝时周国国君。姬姓，名昌，受商封为西伯，故又称伯昌。一度为纣王囚于羑里。相传被囚期间，曾推演《易》八卦为六十四卦，探究天人之理，在位五十年，奠定了武王灭商基础。武王建立西周后，追尊他为文王。

八卦为三《易》所同，文王自就八卦而系之辞。商道之衰，文王与民同其忧患，故反覆于处忧患之道而要于无咎，非创制也。周武①既定天下，遂名《周易》而立一代之典教，非文王初意所计及也。夫子生不得位，不能创制立法以前民用，因见《周易》之于道法，美善无可复加，惧其久而失传，故作《彖》、《象》、《文言》诸传以申其义蕴，所谓述而不作，非力有所不能，理势固有所不可也。

后儒拟《易》，则亦妄而不思之甚矣。彼其所谓理与数者，有以出《周易》之外邪？无以出之，而惟变其象数法式，以示与古不相袭焉，此王者宰制天下，作新耳目，殆如汉制所谓色黄数五，事与改正朔而易服色者为一例也。扬雄②不知而作，则以九九八十一者变其八八六十四矣。后代大儒，多称许之，则以其数通于治历，而蓍揲合其吉凶也。夫数乃古今所共，凡明于历学者，皆可推寻，岂必《太玄》③而始合哉！蓍揲合其吉凶，则又阴阳自然之至理，诚之所至，探筹钻瓦，皆可以知吉凶，何必支离其文，艰深其字，然后可以知吉凶乎！《元包》④妄托《归藏》，不足言也。司马《潜虚》⑤又以五五更其九九，不免贤者之多事矣。故六经不可拟也，先儒所论，仅谓畏先圣而当知严

---

① 周武：周武王，西周王朝建立者。姬姓，名发。即位后以吕尚为师，周公为辅，经过准备，联合诸侯，一举灭商，正式建立了西周王朝。约在灭商后二年病卒，谥武。

② 扬雄（前53—18）：亦作杨雄，西汉著名辞赋家、哲学家、语言学家，字子云，蜀郡成都（今四川成都）人。少时好学，博览群书。推崇司马相如之赋，每自作赋，常以司马相如式思。每读《离骚》，慨然流涕，乃模拟《离骚》之文，作《反离骚》，投江以吊屈原。不慕荣利，潜心著述。仿《论语》作《法言》，仿《易经》作《太玄》。并撰有《训纂篇》、《方言》，为研究古代语言文字学的重要资料。

③ 《太玄》：是扬雄模仿《周易》而作的卜筮之书。本文五千字，模仿卦爻辞。又有《首》、《冲》、《错》、《测》、《摛》、《莹》、《数》、《文》、《掜》、《图》、《告》十一篇，分别模仿《周易》有关内容，是对《太玄》的解说。其内容构成以三、四、九为基本数的体系，共为"三方、九州、二十七部、八十一家、三百四十三表、七百二十九赞"。这就是变《周易》八八六十四为九九八十一家。

④ 《元包》：陈振孙《直斋书录解题》《易》类著录云：《元包》十卷，唐卫元嵩撰。武功苏源明传，赵郡李江注。"其书以八卦为八篇首，而'一世'至'归魂'各附其下。先《坤》，次《乾》，次《兑》、《艮》、《离》、《坎》、《巽》、《震》。《坤》曰太阴，《乾》曰太阳，余方子有孟、仲、少之目，每卦之下，各为数语，用意僻怪，文意险涩，不可深晓也。"

⑤ 司马《潜虚》：司马光（1019—1086），北宋陕州夏县（今属山西）涑水人，字君实，号迂叟，世称涑水先生。是我国著名政治家和历史学家。学识渊博，史学之外，音乐、律历、天文、书数，无所不通，著作除《资治通鉴》外，尚有《稽古录》、《涑水纪闻》、《潜虚》等。《直斋书录解题》云：《潜虚》"言万物皆祖于虚，《玄》以准《易》，《虚》以准《玄》"。晁公武《郡斋读书志》云："此书以五行为本，五行相乘为二十五。"故称"五五"。用"五五"来变更扬雄《太玄》的"九九"八十一首。

惮耳；此指扬氏《法言》①、王氏《中说》②，诚为中其弊矣。若夫六经，皆先王得位行道，经纬世宙之迹，而非托于空言，故以夫子之圣，犹且述而不作。如其不知妄作，不特有拟圣之嫌，抑且蹈于僭窃王章之罪也，可不慎欤！

## 易教中

孔仲达③曰："夫《易》者，变化之总名，改换之殊称。"先儒之释《易》义，未有明通若孔氏者也。得其说而进推之，《易》为王者改制之巨典，事与治历明时相表里，其义昭然若揭矣。许叔重④释"易"文曰："蜥易，守宫；象形。秘书说：'日月为易，象阴阳也。'"《周官》太卜，掌三《易》之法。郑氏⑤注："易者，揲蓍变易之数可占者也。"朱子⑥以谓《易》有交易

---

① 《法言》：扬雄作。十三篇。其书模仿《论语》，内容是对诸子违反儒家言论进行批评。据《汉书》本传引自序云，他认为诸子之书大多非毁圣人，就连司马迁《史记》，也是"不与圣人同，是非颇谬于经"。主要是讲人生、政治诸问题，亦包含一些进步思想，如反对天人感应论，实际是一部哲学著作。晋李轨作《扬子法言注》，清末汪荣宝作《法言义疏》。《直斋书录解题》曰："篇各有序，本在卷末，如班固《叙传》，然今本分冠篇首，自宋咸始也。"今通行的《诸子集成》本，各序又移至各篇末。

② 王氏《中说》：王通（584—617），字仲淹，隋朝哲学家，绛州龙门（今山西河津）人。学术上主张儒、佛、道三教归一，以适应全国统一形势，而以儒家为其基本立足点。《直斋书录解题》著录："《中说》十卷，隋河汾王通仲淹撰。《唐志》五卷，今本第十卷有《文中子世家》、《房魏论礼乐事》、《书关子明事》及《王氏家书杂录》。旧传以此为前后序，非也。案晁公武《读书志》，是书系王通之门人共集其师之语。"

③ 孔仲达（574—648）：名颖达，冀州衡水（今河北衡水）人，唐朝著名学者，为唐太宗"十八学士"之一。精通经学，尤明《左传》、《尚书》、《易》、《毛诗》、《礼记》，兼善历法，奉命与颜师古等撰《五经正义》，是书融合南北经学家见解，成为经学注疏定本，考试用书经学的准则。

④ 许叔重（30—124）：名慎，汝南召陵（今河南郾城东）人，是东汉著名经学家、文字学家。少博学经籍，曾从贾逵受古学，马融常推敬之。时人有"五经无双许叔重"之美誉。著有《五经异义》、《淮南鸿烈解诂》、《说文解字》等书。

⑤ 郑氏：指郑玄（127—200），字康成，北海高密（今山东高密西南）人，是东汉著名经学家。博通群经，聚众讲学。曾遍注群经，以古文经学为主，兼采今文经学，成为汉代经学集大成者，世称"郑学"。平生著述达百万余字，所注以《毛诗笺》、《三礼注》影响最大，又作《六艺论》、《驳五经异义》。

⑥ 朱子：指朱熹（1130—1200），字元晦，号晦庵，徽州婺源（在今江西）人，侨寓建阳（在今福建）。生平以讲学著书为职业，对经学、史学、文学、乐律以至自然科学都有贡献。在哲学思想上，将二程学说发展为完整的理学体系，为理学之集大成者。其学说被视为理学正宗，对后世影响极大。著有《通鉴纲目》、《宋名臣言行录》、《四书章句集注》、《楚辞集注》、《太极图解说》、《周易本义》、《通书解说》等。后人辑有《朱子大全》、《朱子语类》等。

变易之义。是皆因文生解，各就一端而言，非当日所以命《易》之旨也。三《易》之名，虽始于《周官》，而《连山》、《归藏》可并名《易》。《易》不可附《连山》、《归藏》而称为三连三归者，诚以《易》之为义，实该羲、农以来不相沿袭之法数也。易之初见于文字，则《帝典》①之"平在朔易"也。孔《传》②谓"岁改易，而周人即取以名揲卦之书"，则王者改制更新之大义，显而可知矣。《大传》曰："生生之谓易。"韩康伯③谓"阴阳转易，以成化生"，此即朱子交易变易之义所由出也。三《易》之文虽不传，今观《周官》太卜有其法，《左氏》④记占有其辞，则《连山》、《归藏》皆有交易变易之义，是羲、农以来，《易》之名虽未立，而《易》之意已行乎其中矣。上古淳质，文字无多，固有具其实而未著其名者。后人因以定其名，则彻前后而皆以是为主义焉，一若其名之向著者，此亦其一端也。

钦明之为敬也，允塞之为诚也，历象之为历也，历象之历，作推步解，非历书之名。皆先具其实而后著之名也。《易·革·象》曰："泽中有火，君子以治历明时。"其《彖》曰："天地革而四时成，汤⑤、武革命，顺乎天而应乎人。"历自黄帝以来，代为更变，而夫子乃为取象于泽火，且以天地改时，汤、武革命为《革》之卦义，则《易》之随时废兴，道岂有异乎！《易》始羲、农而备于成周，历始黄帝而递变于后世，上古详天道，而中古以下详人

---

① 《帝典》：指《尚书》中的《尧典》。
② 孔《传》：指孔安国为《古文尚书》所作之传。孔安国字子国，鲁（今山东曲阜）人，孔子十二世孙。西汉经学家。相传汉武帝时，鲁共王扩宅，坏孔子旧宅壁，发现壁中藏有《尚书》、《论语》、《孝经》等用先秦文字写成的古文经书。当时无人懂得，遂由他整理，并奉诏作《书传》，定《尚书》为五十八篇。又作《古文孝经传》、《论语训解》。古文经书遂得以流传。今存《尚书孔氏传》乃后人伪托，故一般称为"伪传"。
③ 韩康伯：名伯，东晋学者。颍川长社（今河南长葛东北）人。殷浩之外甥，少家贫，长而留心文艺，通玄理。官至吏部尚书、领军将军。作《辩谦》。今传《周易注》，是他与王弼合撰。《直斋书录解题》云："魏尚书郎山阳王弼辅嗣注上、下《经》，撰《略例》。晋太常颍川韩康伯注《系辞》、《说》、《序》、《杂卦》。"
④ 《左氏》：指《左氏春秋》，亦称《春秋左氏传》，简称《左传》。相传为左丘明作，不可信。顾炎武在《日知录》卷四《春秋阙疑之书》中指出："左氏之书，成之者非一人，录之者非一世。"《左传》是我国最早最完整的编年体史书，因为《春秋》虽早，但太简单。
⑤ 汤：商朝开国国君。卜辞作"唐"，子姓，名履、天乙、太乙，灭夏后又称"武汤"、"成汤"、"殷汤"。契之后裔。原为商部落首领，后得伊尹之辅佐，经过十一战而灭夏。在位期间，重视生产，安抚民心，扩大了统治区域，巩固了统治。

事之大端也。然卦气之说，虽创于汉儒，而卦序卦位，则已具函其终始。则疑大挠未造甲子以前，羲、农即以卦画为历象，所谓天人合于一也。《大传》曰："古者，庖羲氏之王天下也，仰则观象于天，俯则观法于地，观鸟兽之文与地之宜，近取诸身，远取诸物，于是始作八卦，以通神明之德，以类万物之情。"此黄帝未作干支之前所创造也。观于羲和[①]分命，则象法文宜，其道无所不备，皆用以为授人时也。是知上古圣人，开天创制，立法以治天下，作《易》之与造历，同出一源，未可强分孰先孰后。故《易》曰："开物成务，冒天下之道。"《书》曰："平秩敬授，作讹成易。"皆一理也。夫子曰："加我数年，五十以学《易》，可以无大过矣。"又曰："吾学周礼，今用之，吾从周。"学《易》者，所以学周礼也。韩宣子见《易·象》、《春秋》，以为周礼在鲁。夫子学《易》而志《春秋》，所谓学周礼也。

夫子语颜渊[②]曰："行夏之时，乘殷之辂，服周之冕，乐则《韶》舞。"是斟酌百王，损益四代，为万世之圭臬也。历象递变，而夫子独取于夏时；筮占不同，而夫子独取于《周易》；此三代以后，至今循行而不废者也。然三代以后，历显而《易》微，历存于官守，而《易》流于师传，故儒者敢于拟《易》，而不敢造历也。历之薄蚀盈亏，有象可验，而《易》之吉凶悔吝，无迹可拘，是以历官不能穿凿于私智，而《易》师各自为说，不胜纷纷也。故学《易》者，不可以不知天。观此益知《太玄》、《元包》、《潜虚》之属，乃是万无可作之理，其故总缘不知为王制也。

# 易教下

《易》之象也，《诗》之兴也，变化而不可方物矣；《礼》之官也，《春秋》之例也，谨严而不可假借矣。夫子曰："天下同归而殊途，一致而百

---

[①] 羲和：羲与和是同族两氏，分别为重与黎的后代，相传重黎氏世掌天地之官，故尧使其后代中的贤能者继续担任此职务。

[②] 颜渊（前521—前490）：春秋时鲁国人。字子渊，亦作颜渊，孔子门人。以好学而深得孔子喜爱，重德行，恪守"仁"。虽箪食瓢饮，贫居陋巷而不改其乐。以贤为孔子所称道。年三十二卒。引文出自《论语·述而》。

虑。"君子之于六艺①，一以贯之斯可矣。物相杂而为之文，事得比而有其类。知事物名义之杂出而比处也。非文不足以达之，非类不足以通之。六艺之文，可以一言尽也。夫象欤，兴欤，例欤，官欤，风马牛之不相及也，其辞可谓文矣，其理则不过曰通于类也。故学者之要，贵乎知类。

象之所包广矣，非徒《易》而已，六艺莫不兼之，盖道体之将形而未显者也。雎鸠之于好逑，樛木之于贞淑，甚而熊蛇之于男女，象之通于《诗》也。五行之征五事，箕毕之验雨风，甚而傅岩之入梦赉，象之通于《书》也。古官之纪云鸟，《周官》之法天地四时，以至龙翟章衣，熊虎志射，象之通于《礼》也。歌协阴阳，舞分文武，以至磬念封疆，鼓思将帅，象之通于《乐》也。笔削不废灾异，左氏遂广妖祥，象之通于《春秋》也。《易》与天地准，故能弥纶天地之道，万事万物，当其自静而动，形迹未彰而象见矣。故道不可见，人求道而恍若有见者，皆其象也。

有天地自然之象，有人心营构之象。天地自然之象，《说卦》②为天为圜诸条，约略足以尽之；人心营构之象，《睽》③车之载鬼，翰音之登天，意之所至，无不可也。然而心虚用灵，人累于天地之间，不能不受阴阳之消息。心之营构，则情之变易为之也。情之变易，感于人世之接构而乘于阴阳倚伏为之也。是则人心营构之象，亦出天地自然之象也。

《易》象虽包六艺，与《诗》之比兴，尤为表里。夫《诗》之流别，盛于战国人文，所谓长于讽喻，不学《诗》则无以言也。详《诗教》篇。然战国之文，深于比兴，即其深于取象者也。《庄》、《列》④之寓言也，则触、蛮

---

① 六艺：古代对六经亦称六艺，《史记·孔子世家》："中国言六艺者折中于夫子，可谓至圣矣！"又《史记·太史公自序》："夫儒者以六艺为法。六艺经传以千万数，累世不能通其学，当年不能究其礼。"《七略》和《汉书·艺文志》分类，均有"六艺"类，著录"六经"之类著作。

② 《说卦》：《周易大传》篇名，主要解说乾、坤、震、巽、坎、离、艮、兑八卦所代表的事物和所体现的原理。

③ 《睽》：《周易》卦名，是六十四卦中第三十八卦。

④ 《庄》、《列》：指《庄子》、《列子》两书。《庄子》为战国时学者庄周及其后学所著。此书分内篇、外篇、杂篇。大约为西汉学者刘向编校时所确定，亦有说乃汉以后事。关于该书作者：一说内篇系庄周所著，外篇、杂篇乃庄子后学和战国时道家学派所作；一说外、杂篇为庄周所著，内篇是其后学所作；亦有认为庄周本人之作分散在内、外、杂篇之中，应具体分析。至于写作时代争论更大。总之，这是一部庄周和战国时期庄子后学论文汇编。其书十之八九用寓言形式而写，是研究庄子思想的重要史料。《列子》为周列御寇（亦作圄寇）所著。原书早亡佚，今传八篇乃魏晋人伪作，刘向之《序录》，也属伪撰。内容多为民间传说、寓言和神话故事，思想比较复杂，其中亦保存一些先秦思想材料。

可以立国，蕉、鹿可以听讼；《离骚》①之抒愤也，则帝阙可上九天，鬼情可察九地。他若纵横驰说之士，飞箝捭阖之流，徙蛇引虎之营谋，桃梗土偶之问答，愈出愈奇，不可思议。然而指迷从道，固有其功，饰奸售欺，亦受其毒。故人心营构之象，有吉有凶，宜察天地自然之象，而衷之以理，此《易》教之所以范天下也。

诸子百家，不衷大道，其所以持之有故而言之成理者，则以本原所出，皆不外于《周官》之典守。其支离而不合道者，师失官守，末流之学，各以私意恣其说尔，非于先王之道，全无所得，而自树一家之学也。至于佛氏之学，来自西域，毋论彼非世官典守之遗，且亦生于中国，言语不通，没于中国，文字未达也。然其所言与其文字，持之有故而言之成理者，殆较诸子百家为尤盛。反覆审之，而知其本原出于《易》教也。盖其所谓心性理道，名目有殊，推其义指，初不异于圣人之言；其异于圣人者，惟舍事物而别见有所谓道尔。至于丈六金身，庄严色相，以至天堂清明，地狱阴惨，天女散花，夜叉披发，种种诡幻，非人所见，儒者斥之为妄。不知彼以象教，不啻《易》之龙血玄黄，张弧载鬼。是以阎摩变相，皆即人心营构之象而言，非彼造作诳诬以惑世也。至于末流失传，凿而实之，夫妇之愚，偶见形于形凭于声者，而附会出之，遂谓光天之下，别有境焉。儒者又不察其本末，攘臂以争，愤若不共戴天，而不知非其实也。令彼所学，与夫文字所指拟，但切入于人伦之所日用，即圣人之道也。以象为教，非无本也。

《易》象通于《诗》之比兴，《易》辞通于《春秋》之例。严天泽之分，则二多誉，四多惧焉。谨治乱之际，则阳君子，阴小人也。杜微渐之端，《姤》②一阴而已惕女壮，《临》③二阳而即虑八月焉。慎名器之假，五戒阴柔，三多危惕焉；至于四德尊，元而无异称，亨有小亨，利贞有小利贞，贞有贞吉贞凶，吉有元吉，悔有悔亡，咎有无咎，一字出入，谨严甚于《春秋》。

---

① 《离骚》：《楚辞》的篇名，是屈原主要代表作，也是我国第一篇长诗，是诗人被放逐时期所作。作者通过诗篇倾吐了政治思想，主张奉法守纪、选贤任能，反对贵族结党营私，反复说明自己受腐朽势力的妒嫉、排挤，愤怒痛斥王室的昏庸和贵族的腐败贪婪、祸国殃民。由于它在《楚辞》中影响最大，后称"楚辞体"为"骚体"，并与《诗经·国风》并称"风骚"。

② 《姤》：《周易》卦名，是六十四卦中第四十四卦。

③ 《临》：《周易》卦名，是六十四卦中第十九卦。

盖圣人于天人之际，以谓甚可畏也。《易》以天道而切人事，《春秋》以人事而协天道，其义例之见于文辞，圣人有戒心焉。

# 书教上①

《周官》外史，掌三皇五帝之书，今存虞、夏、商、周之策而已，五帝仅有二，而三皇无闻焉。左氏所谓《三坟》、《五典》②，今不可知，未知即是其书否也。以三王之誓、诰、贡、范③诸篇，推测三皇诸帝之义例，则上古简质，结绳未远，文字肇兴，书取足以达微隐、通形名而已矣。因事命篇，本无成法，不得如后史之方圆求备，拘于一定之名义者也。夫子叙而述之，取其疏通知远，足以垂教矣。世儒不达，以谓史家之初祖，实在《尚书》，因取后代一成之史法纷纷拟《书》者，皆妄也。

---

① 乾隆五十七年（1792），章氏在《与邵二云论修宋史书》中云："近撰《书教》之篇，所见较前似有进境，与《方志三书》之议，同出新著。"可见《书教》篇亦作于是年，此时他已五十五岁。《书教》三篇，反映了他晚年成熟时期重要的史学见解，文章既谈论了史书的分类，又讲述了史体的发展和演变，根据各种史体的利弊得失，最后提出了自己欲创立一种新史体的设想。关于新的史体，从其文中尚可窥其大略。它是由三部分组成：一是本纪，实际上相当于按年编排的大事纪要。二是因事命篇的纪事本末，"略如袁枢《纪事》之有题目"，因为"史为记事之书，事万变而不齐，史文屈曲而适如其事，则必因事命篇，不为常例所拘"，如"考典章制作"、"叙人事始终"、"合同类之事"、"著一代之文"等等。三是图表，"人名事类，合于本末之中，难于稽检，则别编为表以经纬之；天象、地形、舆服、仪器，非可本末该之，且亦难以文字著者，别绘为图以表明之"。在这三个部分当中，后两者又是共同"以纬纪经"。章氏认为，这种新史体的长处，"较之左氏翼经，可无局于年月后先之累，较之迁史之分列，可无歧出互见之烦。文省而事益加明，例简而义益加精"。他很自负地说："盖通《尚书》、《春秋》之本原，而拯马史班书之流弊，其道莫过于此。"至于具体办法，自云"别具《圆通》之篇"。可惜的是，由于他过早地去世，《圆通》篇未能留下。对于这个新史体，其好友邵晋涵说："纪传史裁，参仿袁枢，是貌同心异。以上接《尚书》家言，是貌异心同。是篇所推，于六艺为支子，于史学为大宗，于前史为中流砥柱，于后学为蚕丛开山。"其评论之高于此可见。胡适在《章实斋先生年谱》中亦说："先生这个主张，在我们今日见惯了西洋史学书的看来，固然不算新奇，但在当时，这确是一个很新奇的见解。"可见《书教》三篇，是研究章氏史学理论必不可少的重要文章。

② 《三坟》、《五典》：相传为古代书名，文献中从未见过有记载关于该书之确切内容性质，汉魏以来有些人都在乱猜。杨伯峻先生在《春秋左传注》中说："古今解此四种（引者注：除《三坟》、《五典》外，还有《八索》、《九丘》）书者甚多，其书既早已只字无存，臆说何足据？"

③ 誓、诰、贡、范：皆《书》体之名称，如《甘誓》、《汤誓》、《康诰》、《酒诰》、《禹贡》、《洪范》等。

三代以上之为史，与三代以下之为史，其同异之故可知也。三代以上，记注有成法而撰述无定名；三代以下，撰述有定名而记注无成法。夫记注无成法，则取材也难，撰述有定名，则成书也易。成书易，则文胜质矣；取材难，则伪乱真矣。伪乱真而文胜质，史学不亡而亡矣。良史之才，间世一出，补偏救弊，愈且不支，非后人学识不如前人，《周官》之法亡，而《尚书》之教绝，其势不得不然也。

《周官》三百六十，具天下之纤析矣。然法具于官，而官守其书，观于六卿联事之义，而知古人之于典籍，不惮繁复周悉，以为记注之备也。即如六典之文，繁委如是，太宰掌之，小宰副之，司会、司书、太史又为各掌其贰，则六典①之文，盖五倍其副贰，而存之于掌故焉。其他篇籍，亦当称是。是则一官失其守，一典出于水火之不虞，他司皆得藉征于副策，斯非记注之成法详于后世欤！汉至元成之间，典籍可谓备矣。然刘氏《七略》②，虽溯六典之流别，亦已不能具其官。而律令藏于法曹，章程存于故府，朝仪守于太常者，不闻石渠、天禄别储副贰，以备校司之讨论，可谓无成法矣。汉治最为近古，而荒略如此，又何怪乎后世之文章典故，杂乱而无序也哉！孟子③曰："王者之迹息而《诗》亡，《诗》亡然后《春秋》作。"盖言王化之不

---

① 六典：《周礼·天官》载大宰掌建邦之六典：治典、教典、礼典、政典、刑典、事典。
② 《七略》：我国古代第一部目录著作，为刘向、刘歆父子所作。许多学术著作仅著刘歆所作。其实刘向从河平三年（前26）受命开始校书时，已将全部图书分为六大类，经过近二十年努力，到刘向死时，校书编目工作已经基本完成，六大类中包括主要图书都校定了新本，每一新本又都作了叙录。刘歆正是在此基础上，继承其父未竟事业，才可能在两年之内完成《七略》编辑工作，故此乃刘氏父子共同劳动成果。该书为我国第一部有提要的系统图书目录，总结了古代图书目录工作一切优良方法和经验，系统分类著录了西汉末年以前的重要文化典籍，反映了当时社会政治经济发展和科学文化成就的水平及各种学术思想体系和流派的发展概况。书名之称《七略》，因将全部图书分为六艺、诸子、诗赋、兵书、术数、方技六大类，再加全书总录《辑略》。略者，简略之意，提要式简介各书。早已散佚。
③ 孟子：姬姓，孟孙氏，名轲，字子舆，邹（今山东邹县西南）人，是战国时著名思想家。齐宣王任为客卿，居稷下，为学者推为祭酒。晚年回邹，讲学著述而终。代表孔门嫡系正传，被后世尊为"亚圣"。今传之《孟子》，乃是其门弟子公孙丑、万章等编成后，再经他本人审阅文饰而成。《汉书·艺文志》著录为十一篇，今仅传七篇。记载了孟子以及他和当时人或门弟子相问答的言行，集中反映了孟子政治观点和政治主张。提出君主治国要行"仁政"；发表"民为贵，社稷次之，君为轻"的言论。全书文辞气势充沛，长于譬喻，说理雄辩而富有鼓动性。不仅是研究孟子政治思想的重要资料，而且对研究先秦史，特别是先秦政治思想史有着重要价值。汉文帝时，它和《论语》都被列为"传记博士"之一，地位仅次于《论语》。南宋朱熹以《论语》、《孟子》与《大学》、《中庸》并列为四书，成为士人必读之书，并成为科举考试的根据。

行也，推原《春秋》之用也。不知《周官》之法废而《书》亡，《书》亡而后《春秋》作，则言王章之不立也，可识《春秋》之体也。何谓《周官》之法废而《书》亡哉？盖官礼制密，而后记注有成法，记注有成法，而后撰述可以无定名。以谓纤悉委备，有司具有成书，而吾特举其重且大者笔而著之，以示帝王经世之大略。而典、谟、训、诰、贡、范、官、刑①之属，详略去取，惟意所命，不必著为一定之例焉。斯《尚书》之所以经世也。至官礼废，而记注不足备其全，《春秋》比事以属辞，而左氏不能不取百司之掌故与夫百国之宝书，以备其事之始末，其势有然也。马班②以下，演左氏而益畅其支焉，所谓记注无成法而撰述不能不有定名也。故曰：王者迹息而《诗》亡，见《春秋》之用；《周官》法废而《书》亡，见《春秋》之体也。

《记》③曰："左史记言，右史记动。"其职不见于《周官》，其书不传于

---

① 典、谟、训、诰、贡、范、官、刑：皆为《书》体之名。如《尧典》、《皋陶谟》。训则是统治者的训话，《书》中的《盘庚》则是盘庚迁殷前对国人的训话。《周官》，言周家设官分职用人之法。《吕刑》，是周穆王用吕侯之言，训畅夏禹赎刑之法。诰、贡、范则见本文前注。

② 马班：指司马迁、班固。司马迁（约前145—前87或前86），西汉夏阳（今陕西韩城）人。名迁，字子长，是我国伟大的史学家。幼年从父司马谈耕牧于家乡，年十岁能诵古文，尝从董仲舒学公羊派《春秋》，又从孔安国学《尚书》。尽阅史官所藏旧史及皇家档案文书。二十而南游江淮，上会稽，探禹穴，窥九嶷，浮沉湘，北涉汶泗，讲业齐鲁之都。足迹遍及名山大邑，探访古迹，考察风俗，采集传说，备他日写史之用。元鼎六年（前111）奉命出使巴蜀，安抚少数民族。次年受父遗命，准备撰写《史记》。元封三年（前108）继父任太史令。太初元年（前104）始撰《史记》，同年与唐都共订《太初历》。在此期间还多次从汉武帝出巡，至长城、黄河等地。天汉二年（前99），因就李陵败降匈奴发表自己看法，触怒武帝而下狱，处死刑。为实现著史理想，而忍辱受宫刑。出狱后，任中书令。因而对政治抱沉默态度，发愤著书。约于太始四年（前93）基本完成全书著述，时称《太史公书》，魏晋后始称《史记》，是我国第一部纪传体通史，分"本纪"、"世家"、"表"、"书"、"列传"五大类，计一百三十篇，内容丰富，记载翔实。创立了一种前所未有的组织完备的新体裁——纪传体，把我国史学发展推向前所未有的新阶段，在史学上树立了一块不朽的丰碑。班固（32—92），东汉著名史学家、文学家。字孟坚，扶风安陵（今陕西咸阳东北）人，班彪之子。十六岁入洛阳太学，二十三岁父死归乡里，潜心修史。明帝永平五年（62），被人诬告私改国史而下狱。其弟班超上书力辩得释。出任兰台令史，转迁为郎，典校秘书。积二十余年，撰成《汉书》。文辞渊雅，叙事详赡，继司马迁《史记》之后，整齐了纪传体史书形式，开创了"包举一代"的断代史体例，后世奉为规范。书中《艺文志》主要是根据刘向、刘歆父子的《七略》而创立，虽然只是一种书目，但它不仅反映了西汉官府藏书的基本情况，更重要的还为研究学术发展史上各个学派的源流、盛衰及其长短得失提供了重要资料。以后正史中大都立有《艺文志》。刘向、刘歆父子的《七略》后来失传了，但《汉书·艺文志》却为我们保存了许多古代典籍目录，在目录学史上具有很重要地位。

③ 《记》：指《礼记》。此书是由战国至汉初著作选录而成，皆为孔子弟子及再传弟子记载讲习礼仪的著作。汉宣帝时戴德选定八十五篇，称《大戴礼记》，其侄戴圣又选定四十九篇，称《小戴礼记》。成帝时，刘向校书编定为一百三十一篇，世间便将此本称作《礼记》，并与《仪礼》、《周礼》合称"三礼"（今传本已

后世，殆礼家之衍文欤？后儒不察，而以《尚书》分属记言，《春秋》分属记事，则失之甚也。夫《春秋》不能舍传而空存其事目，则左氏所记之言，不啻千万矣。《尚书》典、谟之篇，记事而言亦具焉；训诰之篇，记言而事亦见焉。古人事见于言，言以为事，未尝分事言为二物也。刘知幾以二典、贡、范诸篇之错出，转讥《尚书》义例之不纯，毋乃因后世之空言而疑古人之实事乎！《记》曰："疏通知远，《书》教也。"岂曰记言之谓哉！

六艺并立，《乐》亡而入于《诗》、《礼》，《书》亡而入于《春秋》，皆天时人事，不知其然而然也。《春秋》之事，则齐桓、晋文，而宰孔之命齐侯，王子虎之命晋侯，皆训诰之文也；而左氏附传以翼经，夫子不与《文侯之命》①同著于编，则《书》入《春秋》之明证也。马迁绍法《春秋》，而删润典、谟以入纪传；班固承迁有作，而《禹贡》取冠《地理》②，《洪范》特志《五行》③，而《书》与《春秋》不得不合为一矣。后儒不察，又谓纪传法《尚书》而编年法《春秋》，是与左言右事之强分流别，又何以异哉！

---

[接上页] 不是大、小戴选本原貌，仅留四十九篇）。《仪礼》是记各种礼节仪式，《周礼》讲百官职务，而此书则重在阐明礼的作用和意义。它在儒家经典中，对后世影响仅次于《论语》。其中《檀弓》、《礼运》、《学记》、《中庸》、《儒行》、《大学》等篇，是讲述"修身"、"齐家"、"治国"、"平天下"的道理，故为历代统治者所重视。到了明代，在"五经"中取代了《仪礼》的地位。

① 《文侯之命》：是《尚书》的一篇，而"命"也是《尚书》文体名之一。本文是说申侯联合犬戎攻杀幽王，并和诸侯一起拥立太子宜臼为王，即平王。在这次政变中，晋文侯起了很大作用，因此对晋文侯辅助王室的功劳加以褒奖。

② 《地理》：指《汉书·地理志》，是我国第一部以疆域政区为主体的地理专著，它不单限于西汉地理，上自《禹贡》的九州，下至秦汉郡县封国建置由来和变革，以及西汉王朝的疆域政区、领土面积、郡县户口、垦田数字、山川方位、重要物产、城邑关塞、祠庙古迹等等都有详细记载，篇末还对各地区的经济、文化、风俗习惯及海外交通作了综合的叙述，所以它也可称为是我国一部较早的历史地理著作。《禹贡》是《尚书》中的一篇，它是我国最早的一篇地理文献，写成于战国时代，将全国划分为九州，但并不是夏代的行政区划。

③ 《五行》：指《汉书·五行志》。西汉后期，社会上讲灾异之风十分盛行，并且都用五行说加以附会，班固在《汉书·五行志》中如实地反映这一社会现象，这本来是无可非议的，但他本人也相信这一套思想，并力图利用天人感应思想来为巩固汉王朝统治服务，于是就在《五行志》中用阴阳五行说的论述加以附会人事。所以后来刘知幾在《史通》中曾立专篇加以批驳。当然该志里也记录了自然灾害、地震和日食等，保存了科学史的史料。《洪范》是《尚书》中的一篇，因文中曾有论述阴阳灾异之变，并认为这是天对人事的感应，于是刘向曾作《洪范五行传论》、夏侯始昌作《洪范五行传》，讲阴阳，说灾异，宣扬天人感应。

## 书教中

　　《书》无定体，故易失其传，亦惟《书》无定体，故托之者众。周末文胜，官礼失其职守，而百家之学，多争托于三皇五帝之书矣。艺植托于神农，兵法医经托于黄帝，好事之徒，传为《三坟》之逸书而《五典》之别传矣。不知书固出于依托，旨亦不尽无所师承。官礼政举而人存，世氏师传之掌故耳。惟三、五之留遗，多存于《周官》之职守，则外史所掌之书，必其籍之别具，亦如六典各存其副之制也。《左氏》之所谓《三坟》、《五典》，或其概而名之，或又别为一说，未可知也；必欲确指如何为三皇之坟，如何为五帝之典，则凿矣。《逸周书》[①]七十一篇，多官礼之别记与《春秋》之外篇，殆治《尚书》者杂取以备经书之旁证耳。刘、班[②]以谓孔子所论百篇之余，则似逸篇初与典、谟、训、诰同为一书，而孔子为之删彼存此耳。毋论其书文气不类，醇驳互见，即如《职方》[③]、《时训》[④]诸解，明用经记之文；《太子晋解》[⑤]，明取春秋时事，其为外篇别记，不待繁言而决矣。而其中实有典言宝训，识为先王誓、诰之遗者，亦未必非百篇之逸旨，而不可遽为删略之余也。夫子曰："信而好古。"先王典、诰，衰周犹有存者，而夫子删之，岂得为好古哉！惟《书》无定体，故《春秋》、官礼之别记外篇，皆得从而附合之，亦可明《书》教之流别矣。

---

　　① 《逸周书》：亦称《周书》，是古代历史文献汇编。古人认为是儒家整理《尚书·周书》时的逸篇，故称《逸周书》。其实是几篇周代文献，加上战国时期各学派撰写的和汉代及晋以后从古文献中补缀的几篇，才构成现今所见之《逸周书》。《汉书·艺文志》载《周书》七十一篇，但到唐时只存四十五篇。

　　② 刘、班：指刘向和班固。刘向（前77—前6），西汉著名学者，本名更生，字子政，沛（今江苏沛县）人。楚元王刘交四世孙。二十岁任谏大夫。元帝时任散骑宗正给事中。因弹劾外戚宦官专权，遭排挤打击，曾两次入狱，罢官数年。成帝即位，复被起用，官至中垒校尉。博及群书，兼善绘画。撰有《说苑》、《新序》，分类编纂先秦至汉朝史事。还撰有《列女传》。奉命整理国家藏书，并撰成《别录》、《七略》（与子刘歆共同完成），为我国目录学之祖。另有词赋三十三篇。

　　③ 《职方》：为《逸周书》第六十二篇，称《职方解》，实与《周礼·夏官·职方氏》相类，故《史通·六家》云："至若《职方》之言，与《周官》无异。"言职方氏之掌，兼及九州地理与九服之制。

　　④ 《时训》：为《逸周书》第五十二篇，称《时训解》，实与《礼记·月令》相类，故《史通·六家》云："《时训》之说，比《月令》多同。"记述每年夏历十二个月的时令及相关事物。

　　⑤ 《太子晋解》：为《逸周书》第六十四篇。晋平公先后使叔誉、师旷入周见太子晋，全文记师旷与太子晋问答。

《书》无定体，故附之者杂。后人妄拟《书》以定体，故守之也拘。古人无空言，安有记言之专书哉？汉儒误信《玉藻》①记文，而以《尚书》为记言之专书焉。于是后人削趾以适屦，转取事文之合者，削其事而辑录其文，以为《尚书》之续焉，若孔氏《汉魏尚书》②、王氏《续书》③之类，皆是也。无其实而但貌古人之形似，譬如画饼饵之不可以充饥，况《尚书》本不止于记言，则孔衍、王通之所拟，并古人之形似而不得矣。刘知幾④尝患史策记事之中，忽间长篇文笔，欲取君上诏诰，臣工奏章，别为一类，编次纪传史中，略如书志之各为篇目，是刘亦知《尚书》折而入《春秋》矣。然事言必分为二，则有事言相贯、质与文宣之际，如别自为篇，则不便省览；如仍然合载，则为例不纯。是以刘氏虽有是说，后人讫莫之行也。至如论事章疏，本同口奏，辨难书牍，不异面论，次于纪传之中，事言无所分析，后史恪遵成法可也。乃若扬、马⑤之辞赋，原非政言；严、徐⑥之上书，亦同献颂；邹

---

① 《玉藻》：《礼记》篇名。记天子诸侯衣服、饮食、居住之制，兼记礼节容貌称谓。《礼记》中于古代名物制度，此篇为最详。

② 孔氏《汉魏尚书》：孔衍（268—320），东晋学者，字舒元，鲁国（今山东曲阜）人。孔子二十二世孙。年十二，能通《诗》、《书》。晋元帝引为安东将军，专掌记室。后补中书郎，领太子中庶子。因受排挤，出为广陵郡守。以博览著称，撰述百余万言，并撰有《汉尚书》、《后汉尚书》、《魏尚书》。《史通·六家》载："晋广陵相鲁国孔衍，以为国史所以表言行，昭法式，至于人理常事，不足备列。乃删汉魏诸史，取其美辞典言，足为龟镜者，定以篇第，纂成一家。由是有《汉尚书》、《后汉尚书》、《汉魏尚书》，凡为二十六卷。"《新唐书·艺文志》的"杂史类"皆著录。

③ 王氏《续书》：指王通《续尚书》。《新唐书·文艺上·王勃传》："初，祖通，隋末居白牛溪，教授门人甚众。尝起汉魏尽晋作书百二十篇，以续古《尚书》，后亡其序，有录无书者十篇，勃补完缺逸，定著二十五篇。"

④ 刘知幾（661—721）：字子玄，徐州彭城（今江苏铜山）人，是我国古代杰出的史学评论家。代表作《史通》，对我国古代史书体裁、历史学家和各类史书作了全面而系统的评论。该书与章学诚《文史通义》称为我国历史上史理论的"双璧"。他还参与编修《三教珠英》、《姓族系录》、《则天实录》、《中宗实录》、《高宗实录》等。并撰有《刘氏家史》和《刘氏谱考》等书。

⑤ 扬、马：指扬雄、司马相如。扬雄的赋在《汉书》本传中有《甘泉》、《河东》、《长杨》、《羽猎》等。司马相如（前179—前117），西汉文学家。字长卿，蜀郡成都（今四川成都）人。原名犬子，因慕蔺相如而更名。善辞赋，在临邛（今四川邛崃）都亭，遇卓王孙之女卓文君，私奔成都。《汉书》本传载有《上林赋》、《子虚赋》、《大人赋》、《哀二世》等赋，以前二首尤为著名。

⑥ 严、徐：指严安、徐乐二人。严安，西汉临菑（今山东临淄北）人，原姓庄，后人避汉明帝刘庄讳改严。汉武帝初为丞相史。元光中，上书陈击匈奴之非利，武帝有相见恨晚之叹，拜为郎中。终官骑马令。徐乐，西汉燕无终（今河北蓟县）人。汉武帝时，曾上疏言世务，讽劝君主安民，辩知闳达，溢于文辞，官拜郎中。

阳、枚乘①之纵横,杜钦、谷永②之附会,本无关于典要;马、班取表国华,削之则文采灭如,存之则纪传猥滥,斯亦无怪刘君之欲议更张也。

杜氏《通典》③,为卷二百,而《礼典》乃八门之一,已占百卷。盖其书本官礼之遗,宜其于礼事加详也。然叙典章制度,不异诸史之文,而礼文疑似,或事变参差,博士经生,折中详议,或取裁而径行,或中格而未用,入于正文,则繁复难胜,削而去之,则事理未备;杜氏并为采辑其文,附著礼门之后,凡二十余卷,可谓穷天地之际,而通古今之变者矣。史迁之书,盖于《秦纪》④之后,存录秦史原文,惜其义例未广,后人亦不复踵行。斯并记

---

① 邹阳、枚乘:邹阳,西汉临淄(今山东淄博北)人。著名文学家。汉景帝时,仕于吴,以文学著名于世。吴王濞欲谋反,他上书规劝,吴王不听。乃离吴赴梁,为梁孝王客。曾遭梁臣羊胜等谗言,下狱。于狱中上书梁王以自辩,孝王乃释之而用为上客。《汉书·艺文志》著录其文七篇,入纵横家,今多散佚,尚有《上吴王书》、《狱中上梁王书》保存在《汉书》本传之中。枚乘(? —约前140),西汉淮阴(今江苏淮阴西南)人,字叔,著名辞赋家。初为吴国郎中。吴王濞欲谋反,他上书谏止,吴王不听。乃离吴至梁,被孝王命为郎中,后辞官还乡。景帝三年(前154),吴楚七国举兵,他又上书谏吴王,吴王仍不听。七国之乱平后,由是知名当时。景帝召拜弘农都尉。因不乐为郡吏,以病辞官。复游梁,与著名辞赋家邹阳等交游,同为梁孝王宾客。孝王客皆善属赋,而他的赋号为最上。孝王死,回归淮阴。武帝为太子时早闻其名,即位后,以安车蒲轮征召。因年老,死于途中。《汉书·艺文志》著录有《枚乘赋》九篇。

② 杜钦、谷永:杜钦,西汉南阳杜衍(今河南南阳西南)人,字子夏,杜延年次子。少好经学,家富而一目盲,故士人称他为"盲杜子夏"。他喜戴小冠,高宽仅二寸,由是京城又称他为"小冠杜子夏"。成帝时为大将军王凤荐为大将军武库令。后因侄子与皇太后妹司马君力私通,惧而自免居家。又受征诣大将军幕府,国家政谋,王凤常与他计之。还称举贤士韦安士、王骏,解救冯野王、王尊、胡常。是时善政,多出于他谋划。又见王凤权重,劝其功成身退。以寿终。谷永(? —前8),西汉长安(今陕西西安西北)人,原名并,改名永,字子云。少为长安小吏,博学经书,御史大夫繁延寿闻其名,举为太常丞。成帝时,依附大将军王凤,得擢为光禄大夫。后出为长安太守。历任凉州刺史、太中大夫、光禄大夫给事中。时成帝近幸小臣,喜微服外游,他曾以天变而切谏之。元延元年(前12)出任北地太守,后得王根所荐,征入为大司农,以病免,旋卒。其于经学,颇为泛达,尤精于《天官》、《京氏易》,善言灾异。前后封奏四十余事,今存文二十余篇,多为奏议对策。

③ 杜氏《通典》:杜佑(735—812),唐京兆万年(今陕西西安)人,字君卿。以荫补济南郡参军、剡县丞。后入朝为工部郎中,充江淮青苗使,转为抚州刺史等。杨炎为相,任他为工部、金部二郎中,并充任水陆转运使,改度支郎中,兼和籴等使。卢杞当政时,出为苏州刺史。贞元三年(787),征为尚书左丞,旋又任陕州观察使、淮南节度使等职。积官至同中书门下平章事,封岐国公。先后历事玄、肃、代、德、顺、宪六朝,堪称为"出入将相","以功名始终"。他生活的时代,正是唐朝由盛变衰时期,面对帝国危机,如何挽救,这就是杜佑写作《通典》的目的,想从对历代典章制度研究中寻求"富国安民之策"。全书共二百卷,分食货、选举、职官、礼、乐、兵、刑、州郡、边防九门,历时三十六年完成。

④ 《秦纪》:秦国最早的一部史书,从书名看,可知为编年体。《史记·秦始皇本纪》后录襄公以下立年及葬处,《索隐》云:"此已下重序列秦之先君立年及葬处,皆当据《秦纪》为说,与正史小有不同,今取异说重列于后。"

言记事之穷,别有变通之法,后之君子,所宜参取者也。

滥觞流为江河,事始简而终巨也。东京以还,文胜篇富,史臣不能概见于纪传,则汇次为《文苑》之篇。文人行业无多,但著官阶贯系,略如《文选》人名之注,试榜履历之书,本为丽藻篇名,转觉风华消索,则知一代文章之盛,史文不可得而尽也。萧统《文选》[1]以还,为之者众。今之尤表表者,姚氏之《唐文粹》[2],吕氏之《宋文鉴》[3],苏氏之《元文类》[4],并欲包括全代,与史相辅,此则转有似乎言事分书,其实诸选乃是春华,正史其秋实尔。史与《文选》,各有言与事,故仅可分华与实,不可分言与事。

四部既分,集林大畅。文人当诰,则内制外制之集自为编矣。宰相论思,言官白简,卿曹各言职事,阃外料敌善谋,陆贽[5]奏议之篇,苏轼[6]进呈

---

[1] 萧统《文选》:萧统(501—531),南朝梁时南兰陵(今江苏常州西北)人,字德施,著名文学家。梁武帝长子,武帝天监元年(502)立为太子,未及即位而卒,谥昭明,亦称昭明太子。生前信佛能文,曾招聚文学之士编集《文选》三十卷,亦称《昭明文选》。此书将经、史、子和文学区别开来,排除在文学之外,史书中惟"综辑辞采""错比文华"的论赞,方可入选。书中楚辞、汉赋和六朝骈文占相当比重,诗歌多选对偶严谨的作品。可视为各家代表作之总集。古代曾为士人必修之课本。唐李善注本较为有名。

[2] 姚氏之《唐文粹》:姚铉(968—1020),宋庐州(今安徽合肥)人,字宝之。官至两浙路转运使。善文辞,藏书富。大中祥符四年(1011),采唐代诗文一百卷,分门类编纂为《文粹》,今称《唐文粹》。此人崇尚韩柳古文,去取谨严,为萧统《文选》后又一总集。

[3] 吕氏之《宋文鉴》:吕祖谦(1137—1181),南宋婺州(今浙江金华)人,字伯恭。其祖吕好问封东莱郡侯,学者因称祖谦为东莱先生。官至著作郎兼国史院编修官。提倡经世致用之学,为金华学派创始人,并开浙东学派之先声。奉命编纂《皇朝文鉴》(今称《宋文鉴》)一百五十卷,分六十一门类。《直斋书录解题》引朱熹对该书评论曰:"此书编次篇篇有意,每卷卷首必取一大文字作压卷,如赋则取《五凤楼》之类,其所载奏议,皆系一时政治大节,祖宗二百年规模,与后来中变之意,尽在其间,非《选》、《粹》比也。"

[4] 苏氏之《元文类》:苏天爵(1294—1352),元真定(今河北正定)人,字伯修。出身国子学生,曾三任史官,官至翰林待制。他以私人之力,费时约二十年,于元顺帝元统二年(1334)完成此书。全书七十卷,所录诗文八百余篇,起自元初,迄于延祐,按文体分为四十三类,故名《文类》。原名《国朝文类》,《四库全书》本改称今名。编选时注意选录"有系于政治,有补于世教",或"足以辅翼史氏"的作品。故全书收录诏制、奏议、碑传行状多达二百三十余篇,为研究元代史事的重要资料。它与《唐文粹》、《宋文鉴》形成"鼎立而三"。

[5] 陆贽(754—805):唐苏州嘉兴(今浙江嘉兴)人,字敬舆。政论家。唐德宗初年,任翰林学士,参与机谋。建中四年(783),朱泚叛乱时,随德宗奔奉天(今陕西乾县),时朝廷文件诏令,均由他起草。所代拟德宗罪己诏,河北叛卒闻之无不感泣。德宗还京,转中书舍人。贞元八年(792)为中书侍郎、同平章事。为相期间,指陈弊政,废除两税法外一切苛敛。并建议积谷边境,改进防务等。后被表延龄构陷,罢相,贬为忠州别驾。顺宗即位,欲诏还,诏未至而卒。《陆宣公奏议》一书今还流传。

[6] 苏轼(1037—1101):北宋眉州眉山(今四川眉山)人。字子瞻,一字和仲,号东坡居士。北宋文学家、书画家。治平间,入判登闻鼓院,诏试得直史馆。历判官告院、开封府推官。熙宁中上书反对王安石

之策，又各著于集矣。萃合则有《名臣经济》[①]，策府议林，连编累牍，可胜数乎！大抵前人著录，不外别集总集二条，盖以一人文字观也。其实应隶史部，追源当系《尚书》。但训诰乃《尚书》之一端，不得如汉人之直以记言之史目《尚书》耳。名臣章奏，隶于《尚书》，以拟训诰，人所易知。撰辑章奏之人，宜知训诰之记言，必叙其事以备所言之本末，故《尚书》无一空言，有言必措诸事也。后之辑章奏者，但取议论晓畅，情辞慨切，以为章奏之佳也，不备其事之始末，虽有佳章，将何所用！文人尚华之习见，不可语于经史也。班氏董、贾二传[②]，则以《春秋》之学为《尚书》也。即《尚书》折入《春秋》之证也。其叙贾、董生平行事，无意求详，前后寂寥数言，不过为政事诸疏、天人三策备始末尔。贾、董未必无事可叙，班氏重在疏策，不妨略去一切，但录其言，前后略缀数语，备本末耳；不似后人作传，必尽生平，斤斤求备。噫！观史裁者必知此意，而始可与言《尚书》、《春秋》之学各有其至当，不似后世类钞征事，但知方圆求备而已也。

# 书教下

《易》曰："蓍之德圆而神，卦之德方以智。"间尝窃取其义以概古今之

---

（接上页）变法，因出为杭州通判，徙知密、徐、湖三州。元丰二年（1079）因作诗讽刺新法，下御史狱，责授黄州团练副使。后先后任翰林学士知制诰、兵部、礼部尚书兼端明、翰林侍读两学士。历州郡多有惠政。学识渊博，与欧阳修一起参加诗文革新运动，为"唐宋八大家"之一。其文纵横恣肆，挥洒畅达；其诗清新雄放，善用夸张比喻；其词豪气四溢，开豪放先声；书法长于行、楷，与蔡襄、黄庭坚、米芾并称"宋四家"。著作甚丰，有《东坡七集》、《东坡易传》、《东坡乐府》、《东坡书传》等。

① 《名臣经济》：《名臣经济录》，明黄训编，五十三卷，辑录洪武至嘉靖九朝名臣经世之言。黄训，歙县人，嘉靖八年（1529）进士，官至副都御史。该书在《四库全书总目提要》卷五十五，《史部·诏令奏议类》收入。

② 董、贾二传：指《汉书》中《董仲舒传》和《贾谊传》。董仲舒（前179—前104），西汉今文经学派创始人，儒家公羊学派大师，广川（今河北枣强东北）人。汉武帝时以贤良对策，大为武帝所赏识。在策文中提出一套"天人感应"、"君权神授"思想，将儒家思想神学化，并创立"三纲五常"的伦理体系。《汉书·董仲舒传》中全录其《贤良对策》三篇，亦称《天人三策》。贾谊（前200—前168），雒阳（今河南洛阳）人。西汉政论家。十八岁即通百家之书，以文才名于郡中。二十岁被文帝召为博士，一年后升太中大夫。主张更改礼制，并亲自起草朝仪礼之法奏上。文帝欲以为公卿，遭周勃、灌婴等大臣反对，诬以专权乱事，贬为长沙王太傅，后为梁怀王太傅。多次上书，力倡削弱诸侯王势力，加强中央集权，劝农立本。政论文有《过秦论》、《陈政事疏》、《论积贮疏》等。《汉书·贾谊传》全录其《陈政事疏》，亦称《治安策》。

载籍，撰述欲其圆而神，记注欲其方以智也。夫智以藏往，神以知来，记注欲往事之不忘，撰述欲来者之兴起，故记注藏往似智，而撰述知来拟神也。藏往欲其赅备无遗，故体有一定，而其德为方；知来欲其决择去取，故例不拘常，而其德为圆。《周官》三百六十，天人官曲之故，可谓无不备矣。然诸史皆掌记注，而未尝有撰述之官，祝史命告未尝非撰述，然无撰史之人，如《尚书》誓、诰自出史职，至于帝典诸篇，并无应撰之官。则传世行远之业，不可拘于职司，必待其人而后行，非圣哲神明，深知二帝三王精微之极致，不足以与此。此《尚书》之所以无定法也。

《尚书》、《春秋》，皆圣人之典也。《尚书》无定法而《春秋》有成例，故《书》之支裔折入《春秋》，而《书》无嗣音。有成例者易循，而无定法者难继，此人之所知也。然圆神方智，自有载籍以还，二者不偏废也，不能究六艺之深耳，未有不得其遗意者也。史氏继《春秋》而有作，莫如马班，马则近于圆而神，班则近于方以智也。

《尚书》一变而为左氏之《春秋》，《尚书》无成法而左氏有定例，以纬经也；左氏一变而为史迁之纪传，左氏依年月，而迁书分类例，以搜逸也；迁书一变而为班氏之断代，迁书通变化，而班氏守绳墨，以示包括也。就形貌而言，迁书远异左氏，而班史近同迁书，盖左氏体直，自为编年之祖，而马班曲备，皆为纪传之祖也。推精微而言，则迁书之去左氏也近，而班史之去迁书也远。盖迁书体圆用神，多得《尚书》之遗，班氏体方用智，多得官礼之意也。

迁书纪、表、书、传，本左氏而略示区分，不甚拘拘于题目也。《伯夷列传》①，乃七十篇之序例，非专为伯夷传也；《屈贾列传》②，所以恶绛灌③之

---

① 《伯夷列传》：为《史记》七十列传之首篇。伯夷，西周武王时人。名元，字公信，夷为谥号。商朝孤竹君墨胎氏之长子。父立其弟叔齐，叔齐让位给他，不从，两人先后都逃到周国。周武王伐纣，两人叩马谏阻。武王灭商后，两人耻食周粟，隐居首阳山，采薇而食，饿死在山里。

② 《屈贾列传》：《史记》七十列传之第二十四。由于屈原、贾谊有类似遭遇，故司马迁将两人合传。屈原（约前340—前278），战国时楚国大臣、文学家。芈姓，屈氏，名平，字原，又字灵均。楚宗族。楚怀王时任左徒，主张改革政治，遭令尹子兰、大夫靳尚等诬害，徙为三闾大夫。后被贬，流放汉北。顷襄王立，再度被流放江南。因忧伤国事，发愤作《离骚》。楚都郢为秦军攻破，投汨罗江自尽。著作尚有《橘颂》、《九歌》、《九章》、《天问》等，对后世文学有巨大影响。

③ 绛灌：指周勃与灌婴。周勃（？—前169），西汉沛（今江苏沛县）人。汉初大臣。刘邦起兵后，

谖，其叙屈之文，非为屈氏表忠，乃吊贾之赋也。《仓公》①录其医案，《货殖》②兼书物产，《龟策》③但言卜筮，亦有因事命篇之意，初不沾沾为一人具始末也。《张耳陈馀》④，因此可以见彼耳。《孟子荀卿》⑤，总括游士著书耳。名姓标题，往往不拘义例，仅取名篇，譬如《关雎》⑥、《鹿鸣》⑦，所指乃在嘉宾

---

（接上页）一直跟随刘邦，西进灭秦时，每战必先锋，封威武侯。汉朝建立后，平定几次叛乱，改封绛侯。刘邦甚重之，临终前遗言，认为此人"重厚少文"，然安刘氏者必此人。吕后卒，他与陈平合谋，一举尽诛诸吕，迎立文帝，任右丞相。晚年被人告发欲谋反，被捕下狱，得贵戚重臣援救得释，病卒。灌婴（？—前176），西汉开国功臣。睢阳（今河南商丘南）人。秦末追随刘邦，因屡次建功，先封为昌文侯，高祖六年（前201）又封颍阴侯。吕后死后，和周勃配合，诛灭诸吕，拥立代王为文帝，拜为太尉。文帝前元三年（前177）代周勃为丞相。

① 《仓公》：指《史记·仓公列传》。仓公（前216—前150），西汉著名医学家。姓淳于，名意，人称"淳于公"，因曾任齐太仓长之职，故又称为"仓公"，或"太仓公"。齐临菑（今山东临淄）人。当时名医，为人治病，重视脉法，探明病因，疗法多样，针药并用，疗效显著，决死生多验。他是医学史上反对服五石求仙的先驱者。

② 《货殖》：指《史记·货殖列传》。司马迁在此传及《平准书》中，论述国家经济和社会财富生产状况。而在该列传中他分析人类社会物质生活资料生产发展情况，指出物质生产有其自身规律可寻，同时又指出社会分工是由生产和交换的需要而去从事工作的结果。并肯定人们对物质利益的要求是合理的。谋求个人利益，是人的"天性"。因而得出了"'仓廪实而知礼节，衣食足而知荣辱'，礼生于有而废于无"的光辉结论。

③ 《龟策》：指《史记·龟策列传》。该列传讲述自古以来帝王要建立国家，承受天命，大多用卜筮来助成善事。汉武帝也信奉这一套，聚集了很多太卜官，对有些人赏赐甚至达到几千万。各级官吏也都说此灵验。后来太卜官奸谋败露，诛灭三族。

④ 《张耳陈馀》：指《史记·张耳陈馀传》。张耳（？—前202），秦汉之际诸侯王。大梁（今河南开封）人。战国末为魏国游士。陈胜起义后，他与陈馀前去投奔，任校尉。项羽入关，被封为常山王。汉王二年（前205），又投汉反楚，被刘邦封为赵王。陈馀（？—前204），秦汉之际诸侯王。大梁（今河南开封）人。与张耳为刎颈交。陈胜起义后，往投之。劝胜莫称王，胜不听。遂自领兵略赵地，自任都尉。项羽大封诸侯，张耳封为常山王，他仅食南皮three县，大怨。于是借兵于齐王田荣袭逐张耳，自立为代王。汉王三年（前204），汉将韩信击赵，他率二十万军迎战，为韩信所破，被杀。

⑤ 《孟子荀卿》：指《史记·孟子荀卿列传》。荀卿（约前313—前238），战国思想家、教育家。通称"荀子"，名况，时人尊而号为卿。后人避汉宣帝刘询讳，称为"孙卿"，或"孙卿子"。赵国人。年五十始游学于齐，在稷下（今山东淄博北）三为祭酒。曾入见秦昭王，与临武君在赵孝成王前议论兵法。赴楚，春申君以为兰陵（今山东苍山兰陵镇）令。因遭谗谤，离楚归赵，赵用为上卿。后复归楚，仍任兰陵令。春申君死后遭免官，因居兰陵，著述而终。韩非、李斯皆其弟子。提倡礼治、德治、法治相结合来治理天下。主张尚贤使能，平政爱民。著有《荀子》一书，其中《赋论》对汉赋兴起有一定影响。

⑥ 《关雎》：《诗经·周南》的首篇，也是《国风》的首篇。这是一首歌咏男女恋爱的诗，全诗共三章。

⑦ 《鹿鸣》：《诗经·小雅》的首篇。这是周朝国君大宴宾客和群臣时所演奏的一首乐歌。全诗分三章。叙述国君对宾客群臣既饮食之，又有币帛相送，以使忠臣嘉宾得尽其心。

淑女。而或且讥其位置不伦，如孟子与三邹子①。或又摘其重复失检，如子贡②已在《弟子传》，又见于《货殖》。不知古人著书之旨，而转以后世拘守之成法，反訾古人之变通，亦知迁书体圆而用神，犹有《尚书》之遗者乎！

迁《史》不可为定法，固《书》因迁之体而为一成之义例，遂为后世不桃之宗焉。三代以下，史才不世出，而谨守绳墨，待其人而后行，势之不得不然也。然而固《书》本撰述而非记注，则于近方近智之中，仍有圆且神者，以为之裁制，是以能成家而可以传世行远也。后史失班史之意，而以纪表志传，同于科举之程式，官府之簿书，则于记注撰述，两无所似，而古人著书之宗旨，不可复言矣。史不成家而事文皆晦，而犹拘守成法，以谓其书固祖马而宗班也，而史学之失传也久矣！

历法久则必差，推步后而愈密，前人所以论司天也；而史学亦复类此。《尚书》变而为《春秋》，则因事命篇，不为常例者，得从比事属辞为稍密矣。《左》、《国》③变而为纪传，则年经事纬不能旁通者，得从类别区分为益密矣。纪传行之千有余年，学者相承，殆如夏葛冬裘，渴饮饥食，无更易矣。然无别识心裁，可以传世行远之具，而斤斤如守科举之程式，不敢稍变；如治胥吏之

---

① 三邹子：指《史记·孟子荀卿列传》中讲到的邹忌、邹衍和驺奭三人。邹忌（？—约前341），战国时齐国大臣。一作"驺忌"、"驺忌子"。田齐桓公时任大夫。田齐桓公五年（前371），秦、魏攻韩，桓公欲救韩，他献计袭燕并取得燕桑丘（今河北保定北）。威王即位后立志改革，他以鼓琴游说威王而取得信任，并任相，封下邳（今江苏邳县西）称成侯。主张革新政治，选贤任能。曾献计围魏救赵，使齐有桂陵大捷。邹衍（？—前240），战国时学者，阴阳家代表人物。一作"驺衍"，又称"驺子"。齐国人。魏惠王招贤，曾至魏，惠王郊迎，筑碣石宫，待以师礼。齐宣王时，居稷下，为上大夫，因学究天人，雄于口辩，号"谈天衍"。燕昭王即位，自齐往燕，受昭王信任。晚年为齐使赵，平原君接待竟不敢正坐。曾面折公孙龙，名重一时。其学说以"五行相生"为序，开"月令"、"十二纪"之门，借以论述天地的发生和发展；又据当时地理知识，详述九州山川物产，扩大人们的空间观念；并以"五行相胜"为基础，创"五德终始"之说。《汉书·艺文志》著录《邹子》四十九篇，《邹子终始》五十六篇。驺奭，战国时齐国阴阳家。《七略》作"驺赫子"，也称"驺子"。据说他善于用邹衍之思想而修饰其文，若雕镂龙文，故号"雕龙奭"。曾游学齐之稷下，与淳于髡、慎到、田骈等齐名。约卒于齐襄王时。《汉书·艺文志》著录有《驺奭子》十二篇。

② 子贡（前520—？）：春秋时卫国人，名端木赐，字子贡。孔子门人，善于辞令，以言语见称。曾于卫、鲁做官，又游说于齐、吴等国。后弃官经商于曹、鲁之间，家累万金。后死于齐国。《弟子传》指《史记·仲尼弟子列传》，此传将孔门著名弟子全部列上。

③ 《左》、《国》：指《左传》、《国语》。《国语》，是一部国别史，学术界公认成书于战国时代，作者虽有几种说法，实际无考。它的编纂特点，是把周王朝与诸侯国的历史合编在一道，按每个国家顺序，而一国之内再按年代编次。全书二十一卷，按周、鲁、齐、晋、郑、楚、吴、越分国编辑，起自周穆王，终于鲁悼公。并且内容以记言为主，偏重于记述人物的言辞议论。为研究春秋时期历史重要的史料。

簿书，繁不可删。以云方智，则冗复疏舛，难为典据；以云圆神，则芜滥浩瀚，不可诵识，盖族史但知求全于纪表志传之成规，而书为体例所拘；但欲方圆求备，不知纪传原本《春秋》，《春秋》原合《尚书》之初意也。《易》曰："穷则变，变则通，通则久。"纪传实为三代以后之良法，而演习既久，先王之大经大法，转为末世拘守之纪传所蒙，曷可不思所以变通之道欤！

左氏编年，不能曲分类例。《史》、《汉》纪表传志，所以济类例之穷也。族史转为类例所拘，以致书繁而事晦；亦犹训诂注疏所以释经，俗师反溺训诂注疏而晦经旨也。夫经为解晦，当求无解之初；史为例拘，当求无例之始。例自《春秋》左氏始也，盍求《尚书》未入《春秋》之初意欤！

神奇化臭腐，臭腐复化为神奇，解《庄》书者，以谓天地自有变化，人则从而奇腐云耳。事屡变而复初，文饰穷而反质，天下自然之理也。《尚书》圆而神，其于史也，可谓天之至矣。非其人不行，故折入左氏，而又合流于马班。盖自刘知幾以还，莫不以谓《书》教中绝，史官不得衍其绪矣。又自《隋·经籍志》[①]著录，以纪传为正史，编年为古史，历代依之，遂分正附，莫不甲纪传而乙编年。则马班之史，以支子而嗣《春秋》，荀悦[②]、袁宏[③]，且以左氏大宗而降为旁庶矣。司马《通鉴》[④]，病纪传之分而合之以编年；袁枢《纪事本末》[⑤]，又病《通鉴》之合而分之以事类。按本末之为体也，因事命

---

① 《隋·经籍志》：指《隋书·经籍志》。

② 荀悦（148—209）：东汉史学家。字仲豫，颍川颍阴（今河南许昌）人。灵帝时托疾隐居。献帝时为黄门侍郎，迁秘书监、侍中。因有感于时政，作《申鉴》五篇，主张去除伪、私、放、奢四患。提倡兴农桑、审好恶、宣文教、立武备、明赏罚五政。建议重视史官，随时记载善恶成败。献帝以《汉书》文繁难省，命其按编年删改，历五年而成《汉纪》三十卷。

③ 袁宏（328—376）：东晋史学家。字彦伯，陈郡夏阳（今河南太康）人。少孤贫，以文才出众。曾作《咏史诗》为安西将军谢尚赏识，引为参军。后任桓温大司马府记室，掌书记。出为东阳太守。仿荀悦《汉纪》而撰《后汉纪》三十卷。另有《竹林名士传》、《三国名臣颂》等书。

④ 《通鉴》：《资治通鉴》，全书二百九十四卷，目录三十卷，考异三十卷。所记史事上起周威烈王二十三年（前403），下迄周世宗显德六年（959），计一千三百六十二年历史。总共计三百万字，为我国古代编年体巨著。

⑤ 袁枢《纪事本末》：袁枢（1131—1205），南宋史学家。字机仲，建州建安（今福建建瓯）人。隆兴进士，历官温州判官、严州教授、处州知州、国史院编修官、大理少卿、工部侍郎兼国子祭酒。被劾罢归。任严州教授期间，"喜诵司马光《资治通鉴》，苦其浩博，乃区别其事而贯通之"（《宋史》本传）。《纪事本末》即《通鉴纪事本末》，它把《通鉴》全书内容区分门类，以类排纂，综括一千三百六十二年史迹，分隶二百九十三目，另有附录六十六事，总计大小三百零五件重要事情，始自三家分晋，终于周世宗征淮南，每事一篇，自为起迄，故名"本末"，从而创立了纪事本末史体。

篇，不为常格，非深知古今大体，天下经纶，不能网罗隐括，无遗无滥。文省于纪传，事豁于编年，决断去取，体圆用神，斯真《尚书》之遗也。在袁氏初无其意，且其学亦未足与此，书亦不尽合于所称，故历代著录诸家，次其书于杂史，自属纂录之家，便观览耳。但即其成法，沉思冥索，加以神明变化，则古史之原，隐然可见。书有作者甚浅，而观者甚深，此类是也。故曰，神奇化臭腐，而臭腐复化为神奇，本一理耳。

夫史为记事之书，事万变而不齐，史文屈曲而适如其事，则必因事命篇，不为常例所拘，而后能起讫自如，无一言之或遗而或溢也。此《尚书》之所以神明变化，不可方物。降而左氏之传，已不免于以文徇例，理势不得不然也。以上古神圣之制作，而责于晚近之史官，岂不悬绝欤！不知经不可学而能，意固可师而仿也。且《尚书》固有不可尽学者也。即《纪事本末》，不过纂录小书，亦不尽取以为史法，而特义有所近，不得以辞害意也。斟酌古今之史，而定文质之中，则师《尚书》之意，而以迁史义例通左氏之裁制焉，所以救纪传之极弊，非好为更张也。

纪传虽创于史迁，然亦有所受也。观于《太古年纪》[①]、《夏殷春秋》[②]、《竹书纪年》[③]，则本纪编年之例，自文字以来即有之矣。《尚书》之史文之别具，如用左氏之例而合于编年，即传也。以《尚书》之义为《春秋》之传，则左氏不致以文徇例，而浮文之刊落者多矣。以《尚书》之义，为迁史之传，则八书、三十世家不必分类，皆可仿左氏而统名曰传。或考典章制作，或叙人事终始，或究一人之行，即列传本体。或合同类之事，或录一时之言，训诰之类。或著一代之文，因事命篇，以纬本纪。则较之左氏翼经，可无局于年月后先之累，较之迁史之分列，可无歧出互见之烦。文省而事益加明，例简而义益加精，岂非文质之适宜，古今之中道欤！至于人名事类，合于本末之

---

[①] 《太古年纪》：《汉书·艺文志》的《六艺略·春秋类》著录有《太古以来年纪》二篇，金毓黻《中国史学史》云："当为三代以往之纪年，为《史记》所本。"大约即指此书。

[②] 《夏殷春秋》：刘知幾在《史通·六家》云："《春秋》家者，其先出于三代，案《汲冢琐记》记太丁时事，目为《夏殷春秋》。"

[③] 《竹书纪年》：本称《纪年》，西晋武帝时在汲郡战国魏襄王墓中发现大批竹简，此为其中一种，故名。因发现于墓中，又称《汲冢纪年》。原有十三篇，记事起自黄帝，至周幽王为犬戎所灭，以晋事接之，三家分晋后，专述魏事，止于魏襄王二十年（前299），故知为魏国史书。其中若干事可纠正《史记》之误。大约两宋时亡佚，其后有人杂采各书，成《今本竹书纪年》。清朱右曾以其不可信，乃广辑群籍所引，辑成《汲冢纪年存真》，王国维加以补正，成《古本竹书纪年辑校》。

中，难于稽检，则别编为表以经纬之；天象、地形、舆服、仪器，非可本末该之，且亦难以文字著者，别绘为图以表明之。盖通《尚书》、《春秋》之本原，而拯马《史》、班《书》之流弊，其道莫过于此。至于创立新裁，疏别条目，较古今之述作，定一书之规模，别具《圆通》之篇，此不具言。

## 诗教上①

周衰文弊，六艺道息，而诸子争鸣。盖至战国而文章之变尽，至战国而著述之事专，至战国而后世之文体备，故论文于战国，而升降盛衰之故可知也。战国之文，奇衺错出而裂于道，人知之；其源皆出于六艺，人不知也。后世之文，其体皆备于战国，人不知；其源多出于《诗》教，人愈不知也。知文体备于战国，而始可与论后世之文；知诸家本于六艺，而后可与论战国之文；知战国多出于《诗》教，而后可与论六艺之文。可与论六艺之文，而后可与离文而见道；可与离文而见道，而后可与奉道而折诸家之文也。

战国之文，其源皆出于六艺，何谓也？曰：道体无所不该，六艺足以尽之。诸子之为书，其持之有故而言之成理者，必有得于道体之一端，而后乃能恣肆其说，以成一家之言也。所谓一端者，无非六艺之所该，故推之而皆得其所本，非谓诸子果能服六艺之教，而出辞必衷于是也。老子②说本阴阳，

---

① 本文写于乾隆四十八年（1783）秋任永平敬胜书院主讲时，作者时年四十六岁。文中主要讲古代文体的演变，认为后世各种文体都大备于战国，战国之文，源于六艺，特别是多出于《诗》教。批评那种将《文章流别集》溯为源头，将萧梁《文选》举为辞章之祖，是"不知古今流别之义"。并且提出，"子史衰而文集之体盛，著作衰而辞章之学兴。文集者，辞章不专家，而萃聚文墨"。又说"经学不专家，而文集有经义；史学不专家，而文集有传记；立言不专家，而文集有论辩"。这些说法确实很有道理。后在乾隆五十四年（1789）所写《文集》篇，则是专门论述文集内容的变化，直到后来内容变得十分庞杂，而目录学家著录时也不得不随之变化。到嘉庆三年（1798）所写《史考释例》中对"文集"的变化讲得就更加明确而令人信服。指出"文集仿于东京，至魏晋而渐广，至今则浩如烟海矣"。并指出唐朝实为这种变化的分水岭，"自唐以后，子不专家，而文集有论议，史不专家，而文集有传记，亦著述之一大变也"。这个论述是符合历史事实的。对这样的重要变化，却从来没有人作过专门的论述，如果将此三篇文章同时阅读并作一比较，便可发现在提法上还是有些变化，特别是后者应当说更加科学，更加符合历史事实。这就说明，到了晚年，他的许多观点和见解显得更加成熟。

② 老子：春秋时道家创始人。楚苦县（今河南鹿邑东）人。姓李，名耳，字聃。一说名聃，字伯阳。曾任周王室守藏史（管理藏书之史官）。后又为柱下史。因见周室衰微而隐退。有《道德经》，主张"无为

庄、列寓言假象，《易》教也；邹衍侈言天地，关尹①推衍五行，《书》教也；管、商②法制，义存政典，《礼》教也；申、韩③刑名，旨归赏罚，《春秋》教也；其他杨、墨、尹文④之言，苏、张、孙、吴⑤之术，辨其源委，挹其旨

---

（接上页）而治"，幻想退到"小国寡民"社会。今存《老子》二卷，当前学术界认为是这一学派编定，成于战国前期，基本思想是老子的遗说，也有后人附加之文句。书的内容仅五千字，分八十一章，历代注本很多。1973 年，长沙马王堆汉墓发现帛书《老子》两种写本，编排顺序与通行本不同，通行本是《道篇》在前，《德篇》在后，帛书甲乙本都是《德篇》在前，《道篇》在后，与《韩非子》中《解老》、《喻老》引文次序一致，可见汉初就有两种传本。

① 关尹：指关尹喜，相传为春秋末道家。曾任函谷关尹，一说姓尹名喜，又称"关尹"、"关尹子"。班固注曰："名喜，为关吏，老子过关，喜去吏而从之。"基本思想与老聃一致，故《庄子·天下》篇把他与老聃并列。其书早佚，今传《关尹子》九篇，虽与《汉书·艺文志》著录相同，实为后人伪作，刘向《序录》、葛洪序，皆是伪托。

② 管、商：指管仲、商鞅。管仲（？—前 645），春秋时齐国名臣。名夷吾，字仲，一字敬仲，颖上（今安徽颖上）人。初事公子纠，襄公乱政，他与公子纠逃奔鲁国，并助纠与公子小白（即齐桓公）争夺君位，遭失败，桓公欲治其罪，经鲍叔牙力荐，任齐相，助桓公进行改革，使桓公成为春秋时期第一个霸主。现存《管子》七十六篇，据近人研究，认为系战国、秦汉时人伪托之作。商鞅（约前 390—前 338），战国政治家。姬姓，公孙氏，名鞅。卫国公族，故又称"卫鞅"。尝事魏相公孙痤，为中庶子。闻秦孝公求贤，入秦。孝公三年（前 359）（一说六年）任左庶长，进行变法。十二年第二次变法，使秦强大。二十二年，攻杀魏将公子印，以功封于商，号商君。因公子虔诬他谋反，被车裂。有《商君书》二十九篇，系后人整理而成，今存二十四篇。

③ 申、韩：指申不害、韩非。申不害（？—前 377），战国时学者。亦称申子，郑国京（今河南荥阳东南）人。韩昭侯八年（前 355）任韩相。其思想主于"术"，即君主驾驭使用大臣的手腕权术。《史记》本传说："申子之学，本于黄老而主刑名。"是很有道理的。其书《申子》，《史记》本传称二篇，《汉书·艺文志》著录六篇。前人研究，两种本子篇数不同，而内容并无差别。其书南宋已亡佚，清人有多种辑本。韩非（约前 280—前 233），战国末思想家。原为韩国公室贵族，与李斯同出于荀卿门下。时韩国日趋衰落，他多次上书韩王，倡议变法图强，韩王不纳，乃发愤著书立说。秦王政慕其名，用武力胁韩王遣其入秦。至秦后，遭李斯、姚贾诬害，冤死狱中。他主张"以法为主"，而"法"、"术"、"势"相结合的政治思想。《汉书·艺文志》著录《韩子》五十五篇，今存。唐以后，因韩愈名气大，称"韩子"，后人为了区分，便将书名改称《韩非子》。

④ 杨、墨、尹文：指杨朱、墨翟、尹文子。杨朱，战国时学者。字子居，后于墨子。尝与墨子弟子禽滑厘辩论，认为"古之人损一毫利天下不与也，悉天下奉一身不取也。人人不损一毫，人人不利天下，天下治矣"。（《列子·杨朱篇》）其说与墨子的"兼爱"思想相反，时人视为"为我"，孟子斥其为异端。墨翟（约前 468—前 376），春秋战国之际思想家，墨家学派创始人。鲁国人，一说宋国人。出身微贱，当过木匠。宋昭公时任大夫。后迁居鲁国，从事学术活动。主张兼爱、非攻、节用、节丧、尚贤等。亦主张尊天、事鬼。现存《墨子》五十三篇，《汉书·艺文志》载七十一篇，缺十八篇，约亡于隋唐之际。从内容看并非出于一人之手，盖为其弟子或再传弟子作品。尹文子，战国齐国学者。复姓尹文，名未详，《列子》作"尹文先生"，《说苑》作"尹文"。齐宣王时人，曾游说宣王。著有《尹文子》一篇，属名家。

⑤ 苏、张、孙、吴：指苏秦、张仪、孙武、吴起。苏秦（？—前 284），战国时纵横家。己姓，苏氏，字季子，东周雒阳（今河南洛阳东）人。曾与张仪同事鬼谷子。以"合纵之说"游说燕、赵、韩、魏、齐、

趣，九流之所分部，《七录》[①]之所叙论，皆于物曲人官得其一致，而不自知为六典之遗也。战国之文既源于六艺，又谓多出于《诗》教，何谓也？曰：战国者，纵横之世也。纵横之学，本于古者行人之官。观春秋之辞命，列国大夫聘问诸侯，出使专对，盖欲文其言以达旨而已。至战国而抵掌揣摩，腾说以取富贵，其辞敷张而扬厉，变其本而加恢奇焉，不可谓非行人辞命之极也。孔子曰："诵《诗》三百，授之以政，不达；使于四方，不能专对，虽多奚为！"是则比兴之旨，讽谕之义，固行人之所肄也。纵横者流，推而衍之，是以能委折而入情，微婉而善讽也。九流之学，承官曲于六典，虽或原于《书》、《易》、《春秋》，其质多本于《礼》教，为其体之有所该也。及其出而用世，必兼纵横，所以文其质也。古之文质合于一，至战国而各具之质，当其用也，必兼纵横之辞以文之，周衰文弊之效也。故曰，战国者，纵横之世也。

后世之文，其体皆备于战国，何谓也？曰：子史衰而文集之体盛，著作衰而辞章之学兴。文集者，辞章不专家，而萃聚文墨以为蛇龙之菹也。详见《文集》篇。后贤承而不废者，江河导而其势不容复遏也。经学不专家，而文集有经义；史学不专家，而文集有传记；立言不专家，即诸子书也。而文集有论辨；后世之文集，舍经义与传记论辨之三体，其余莫非辞章之属也。而辞

---

（接上页）楚等国合纵摈秦，被赵肃侯封为武安君。后至燕，为燕王信任。齐伐燕时，他入齐为燕反间。齐泯王立，他因与齐大夫争宠被杀。一说因反间事发，为齐泯王车裂。《汉书·艺文志》著录《苏子》三十一篇。张仪（？—前310），战国时纵横家。姬姓，张氏，魏公族庶子。曾为楚门客，游说于赵、东周，皆不用，遂入秦，为惠王信任，为相国。以连横之策游说六国服从于秦，助惠王称王。又以虚言割地六百里为饵，骗得楚怀王亲秦秦绝齐。秦趁机大败楚军，取楚汉中。得封五邑，号武信君。秦武王即位，复入魏为相，次年病卒。《汉书·艺文志》有《张子》十篇，早佚。孙武，春秋时军事家。字长卿，齐国安乐（今山东惠民）人。因族人谋乱，离齐至吴。任吴将，辅助吴王与楚争战。周敬王十四年（前506），佐吴王率兵攻楚，攻下楚都郢。后又协助夫差伐越、攻齐，北上会盟诸侯，与晋争霸。著《孙子兵法》流传至今，享誉海内外。吴起（？—前381），战国时军事家。卫国左氏（今山东曹县北）人。初为鲁将，攻齐大破之。后为魏将，率军拔五城，拜为西河守。遭魏相公叔陷害，投奔楚国，任令尹。出兵南平百越，北灭陈、蔡，却三晋，伐西秦。悼王死后，为楚贵族大臣射死。著有《吴起》一书，《汉书·艺文志》著录四十八篇。今传《吴起兵法》乃伪书。

① 《七录》：南朝梁阮孝绪撰。共收图书六千二百八十八种，分为七录五十五部。七录分别为经典录、纪传录、子兵录、文集录、术技录、佛法录、仙道录。它一定程度上总结了前代目录学之成就。原书已失传，序目尚存《广弘明集》。阮孝绪（479—536），南朝梁学者。字士宗，陈留尉氏（在今河南）人。隐居不仕。普通（520—527）中撰成《七录》一书。

章实备于战国,承其流而代变其体制焉。学者不知,而溯挚虞①所衷之《流别》,挚虞有《文章流别集》。甚且以萧梁《文选》举为辞章之祖也,其亦不知古今流别之义矣。今即《文选》诸体,以征战国之赅备:挚虞《流别》,孔逭《文苑》②,今俱不传,故据《文选》。京都诸赋③,苏、张纵横六国,侈陈形势之遗也;《上林》、《羽猎》④,安陵⑤之从田,龙阳⑥之同钓也;《客难》⑦、《解嘲》⑧,屈原之《渔父》、《卜居》⑨,庄周之惠施⑩问难也;韩非《储说》,比事征偶,连珠⑪之所肇也,前人已有言及之者。而或以为始于傅毅⑫之徒,傅玄⑬之言。非

---

① 挚虞:字仲洽,京兆长安(今陕西西安)人,西晋文学家。惠帝元康中,历秘书监、卫尉卿、光禄勋、太常卿。永嘉之乱中,饿死流亡途中。曾编有《文章流别集》六十卷,为最早的按文体分类的通代文章总集,已亡佚。《文章流别论》初附于《文章流别集》中,后别出单行,原书也亡佚,严可均《全上古三代秦汉六朝文》中收有辑文。此书把文章区分为诗、颂、赋、箴、铭、哀辞等多种文体,较之前人分类更加精密。还著有《族姓昭穆》、《游思赋》、《太康颂》等。

② 孔逭《文苑》:南朝齐人孔逭编《文苑》一百卷。南宋王应麟《玉海》谓孔逭"集汉以后诸儒文章,今存十九卷"。后全佚,孔逭生平不详。

③ 京都诸赋:指班固《两都赋》,张衡《两京赋》、《南都赋》,左思《三都赋》,在《文选》中均有选录。

④ 《上林》、《羽猎》:指司马相如的《上林赋》和扬雄的《羽猎赋》。两赋都是讲帝王田猎活动。前者是讲汉武帝,后者讲汉成帝。

⑤ 安陵:指《战国策·楚策》上讲楚王与安陵君游云梦的情况。

⑥ 龙阳:指《战国策·魏策》上魏王与龙阳君同船而钓的事。

⑦ 《客难》:指司马相如《答客难》赋,这是一篇散文赋,是一篇发泄牢骚的作品。

⑧ 《解嘲》:扬雄所作之赋。此赋从内容到形式都是模仿《答客难》而作。

⑨ 《渔父》、《卜居》:这两文不仅内容相近,而且都是对问体,借郑詹尹与渔父两人对问对答来表达问题。

⑩ 惠施(约前370—前318):战国时学者。宋人。为魏惠王相,执政达十五年。有辩才,知识渊博。其"合同异"的哲学思想现保存在《庄子·天下篇》中,《庄子·秋水篇》尚有其与庄子辩论之内容。

⑪ 连珠:《韩非子》有《内储说》和《外储说》篇,其文章辞义连珠,而并不是说《韩非子》中尚有《连珠》篇。《魏书·李先传》有太宗"召先读《韩子连珠》二十二篇、《太公兵法》十一事"。若是将其理解为篇,则《韩非子》中有《连珠》二十二篇,显然是不妥当的。只能理解为《韩非子》中具有连珠特色的文章二十二篇。而按章氏文章上下文看:"韩非《储说》,比事征偶,连珠之所肇也。"意思是说,"比事征偶",连珠特色的开创乃始于韩非《储说》。因而连珠不该加篇名号。

⑫ 傅毅:东汉官吏。字武仲,扶风茂陵(今陕西兴平东)人。建初中章帝广召文学之士,以毅为兰台令史。拜郎中,与班固、贾逵共典校书,文雅显于朝廷。后为车骑将军马防军司马,马氏败,免官。和帝永元元年(89),窦宪复请毅为主记室,及宪为大将军,任毅为司马,班固为中护军。宪府文章之盛,冠于当世。毅早卒。著《七激》等文赋二十八篇。

⑬ 傅玄(217—278):西晋学者。字休奕,北地泥阳(今陕西耀县东南)人。魏元帝时,郡上计吏,再举孝廉,太尉辟,皆不就。州举秀才,除郎中。武帝为晋王时,任散骑常侍。及受禅,进爵为子,加驸马都尉。泰始四年(268)任御史中丞,次年迁太仆,后转司隶校尉。死后追封清泉侯。博学善属文,曾参与撰修《魏书》。著有《傅子》。

其质矣。孟子问齐王之大欲，历举轻暖肥甘，声音采色，《七林》①之所启也，而或以为创之枚乘，忘其祖矣。邹阳辨谤于梁王，江淹②陈辞于建平，苏秦之自解忠信而获罪也。《过秦》③、《王命》④、《六代》⑤、《辨亡》⑥诸论，抑扬往复，诗人讽谕之旨，孟、荀所以称述先王、儆时君也。屈原上称帝喾，中述汤、武，下道齐桓，亦是。淮南宾客，梁苑辞人，原、尝、申、陵⑦之盛举也。东方、司马⑧侍从于西京，徐、陈、应、刘⑨征逐于邺下，谈天雕龙之奇观也。遇有升沈，时有得失，畸才汇于末世，利禄萃其性灵，廊庙山林，江湖魏阙，旷世而相感，不知悲喜之何从，文人情深于《诗》、《骚》，古今一也。

---

① 《七林》：洪迈认为傅玄作。《容斋随笔》卷七"七发"条云："枚乘作《七发》，创意造端，丽旨腴词，上薄《骚》些，盖文章领袖，故可喜。其后继之者，如傅毅《七激》、张衡《七辩》、崔骃《七依》、马融《七广》、曹植《七启》、王粲《七释》、张协《七命》之类，规仿太切，了无新意。傅玄又集之以为《七林》，使人读未终篇，往往弃诸几格。"但《隋书·经籍志》并未著录。该志著录有"《七林》十卷，梁十二卷，录二卷，卞景撰。梁又有《七林》三十卷，音一卷，亡"。并未提及傅玄。

② 江淹（444—505）：南朝文学家。字文通，济阳考城（今河南民权东北）人。少贫孤好学，早有文名。历仕宋、齐、梁三朝。梁时官至紫金光禄大夫，封醴陵侯，弹劾不避权贵。时称"江郎"。晚年才思微退，不如前敏，故又有"江郎才尽"之语。其诗风格清丽，多拟古之作。"宋建平王景素好士，淹随景素在南兖州。广陵令郭彦文得罪，辞连淹，系狱中。淹狱中上书"，"景素览书，即日出之"（《梁书·江淹传》）。

③ 《过秦》：指贾谊所撰《过秦论》。这是一篇以批评秦朝政治得失成败为主题的政论文章。

④ 《王命》：指班彪所撰《王命论》。

⑤ 《六代》：指曹冏所撰《六代论》。

⑥ 《辨亡》：指陆机所撰《辨亡论》。

⑦ 原、尝、申、陵：指赵国平原君赵胜、齐国孟尝君田文、楚国春申君黄歇、魏国信陵君魏无忌，号称战国时四大公子，因都大量招有门客而称著。

⑧ 东方、司马：指东方朔、司马相如。东方朔（前154—前93），西汉大臣、文学家。字曼倩，平原厌次（今山东惠民东北）人。性诙谐滑稽，善辞赋。武帝初即位，征举方正贤良材力之士，他上书自荐，拜为郎。初待诏公车，改待诏金马门，后迁太中大夫。常以滑稽怪异的动作言辞对武帝进行讽谏。帝其亲近，然终不得重用。后世称之为"仙人"，《神异经》、《海内十渊记》等书都托名为他所作。

⑨ 徐、陈、应、刘：指徐幹、陈琳、应玚、刘桢。都是文学之士，相聚于魏都邺。徐幹（171—218），三国时文学家。字伟长，北海（今山东昌乐西）人，"建安七子"之一。擅长诗赋。所作文辞甚得曹丕赞赏。反对流行的训诂章句之学。著有《中论》，另有文集已散佚。陈琳（？—217），三国文学家。字孔璋，广陵（今江苏扬州）人。"建安七子"之一。初为大将军何进主簿，进谋诛诸宦官，召四方猛将引兵向京城，琳谏而不纳，乃避难冀州，袁绍使典文章。绍败，琳转归曹操，与阮瑀并为司空军谋祭酒，管记室，军国书檄，多琳、瑀所作。后徙门下督。诗歌有《饮马长城窟行》等。原有集十卷，已佚。应玚（？—217），三国文学家。字德琏，汝南南顿（今河南项城西）人。"建安七子"之一。被曹操征召为丞相掾属，转平原侯庶子，后为五官中郎将文学。刘桢（？—217），三国文学家。字公幹，东平（今山东东平）人。"建安七子"之一。与魏文帝友善。后以不敬罪被刑，刑后署吏，所作五言诗，风格遒劲，语言朴质，名重于世，今有《刘公幹集》。

至战国而文章之变尽，至战国而后世之文体备，其言信而有征矣。至战国而著述之事专，何谓也？曰：古未尝有著述之事也。官师守其典章，史臣录其职载，文字之道，百官以之治而万民以之察，而其用已备矣。是故圣王书同文以平天下，未有不用之于政教典章，而以文字为一人之著述者也。详见外篇《校雠略》、《著录先明大道论》[①]。道不行而师儒立其教，我夫子之所以功贤尧、舜也。然而"予欲无言"，"无行不与"，六艺存周公之旧典，夫子未尝著述也。《论语》[②]记夫子之微言，而曾子、子思俱有述作以垂训，至孟子而其文然后闳肆焉，著述至战国而始专之明验也。《论语》记曾子之没，吴起尝师曾子，则曾子没于战国初年，而《论语》成于战国之时明矣。春秋之时，管子尝有书矣。《鬻子》[③]、《晏子》[④]，后人所托。然载一时之典章政教，则犹周公之有官礼也。

---

① 外篇《校雠略》：章氏初作《校雠略》时，曾将其定为列入《文史通义》外篇，但后来写作过程中发现其内容太多，又能自成一体，故而独立成书，定名曰《校雠通义》。后来作《繁称》篇自注就云："已详《校雠通义》。"他在50岁那年写的《上毕抚台书》中便明确说过："生平著有《校雠通义》、《文史通义》，尚未卒业，然颇有文理，可备采择。"可见当时已经明确把《校雠通义》当作独立的一部著作向毕沅介绍了。流传下来的《校雠通义》共三卷，不是分上、中、下篇，更没有《著录先明大道论》这个篇名。但这一内容已经分散在该书卷一的《原道》篇中，而所谓《汉志诗赋论》一篇，则已经入该书卷三，仍叫《汉志诗赋》。这一卷专论《汉书·艺文志》，故除这篇外，尚有《汉志六艺》、《汉志诸子》、《汉志兵书》、《汉志术数》、《汉志方技》诸篇。因此，我们说他原写之《校雠略》三篇，本欲放在《文史通义》外篇，后来在此基础上发展扩大而成《校雠通义》一书，这是有一个发展过程的。

② 《论语》：是由孔子弟子和再传弟子记录整理而成，约成书于战国前期。内容记载着孔子及弟子言语行事。此书传到汉代，出现三种本子：即《古论》、《齐论》、《鲁论》。马培棠《国故概要》说："西汉之末，有安昌侯张禹，本受《鲁论》，晚讲《齐论》，后合而订之。删《齐论》之《问玉》、《知道》，从《鲁论》二十篇，号《张侯论》，此《论语》第一次改订也。东汉末，郑玄又就《鲁论》篇章，考之《齐》、《古》而为之注，此《论语》第二次改订也。第二次改订本，即现行《论语》之来源。"书中集中反映孔子的政治主张和教育思想。语言简练，用意深远，富有深刻的社会哲理。对于整个中华民族的文化都有深远的影响，是研究中国思想史、文化史、教育史必不可少的著作。汉文帝时设立传记博士，《论语》、《孟子》都是"传记博士"之一，成为士人必读之书。东汉列为"七经"之一。南宋朱熹把《论语》、《孟子》、《大学》、《中庸》集为《四书》，作《四书章句集注》。元仁宗起，直至明清，成为科举考试必读之书。

③ 《鬻子》：相传为楚始祖鬻熊作。班固在《汉书·艺文志》自注曰："为周师，自文王以下问焉，周封为楚祖。"前人早已论定为伪书。《吕氏春秋》与贾谊《新语》曾引鬻子言，可见先秦确有其书。今存之本，内容皆为黄老之言。《四库全书》著录一卷十四篇，入杂家类。

④ 《晏子》：后人伪托晏婴而作之书，约成书于战国中期以后，后人又不断有所增补。《汉书·艺文志·诸子略》入儒家类，八篇。1972年山东临沂银雀山汉墓出土的《晏子》残简，与今本有关章节内容大体一致，因为书中有些观点与墨家之间有契合之处，也有和《墨子》书里相同文字，故唐柳宗元在《晏子辨》中认为是"墨子之徒有齐人为之"。宋代的晁公武《郡斋读书志》、马端临《文献通考》都列入墨家类，这是不妥的。因为晏婴所处年代远在墨翟以前。尽管其书中编纂除了搜集晏子的遗闻佚事，主要依据《左传》

记管子之言行，则习管氏法者所缀辑，而非管仲所著述也。或谓管仲之书不当称桓公之谥，阎氏若璩①又谓后人所加，非管子之本文，皆不知古人并无私自著书之事，皆是后人缀辑，详《诸子》篇。兵家之有《太公阴符》②，医家之有《黄帝素问》③，农家之《神农》④、《野老》⑤，先儒以为后人伪撰而依托乎古人，其言似是，而

---

（接上页）的记载，但编纂者在使用史料时并不忠于原书，有时窜入同时或稍后人的评赞，甚至对原来史料进行扩充，对于佚闻更是创造附会，这已属于创作的范畴，而不是写史。故现在有人提出该书乃是一部富有政治思想性的古典文学作品，也是我国最早的一部短篇小说集，不能把它当作真实史料。《隋书·经籍志》称《晏子春秋》，列在儒家，《四库全书》著录《晏子春秋》八卷，入史部传记类。晏婴（？—前500），春秋齐国大臣，政治家。字仲，谥平，称"晏平仲"，或"晏子"。夷维（今山东高密）人。齐灵公二十六年（前556）其父晏桓子卒，他继任齐卿，执政五十年，以力行俭朴、恭谨下士、净谏直劝著称于时，后人采其言行编成《晏子春秋》。

① 阎氏若璩：即阎若璩（1636—1704），清朝学者，以考据著称。字百诗，号潜邱，山西太原人，曾侨寓江苏淮安。幼时口吃，苦学多思，研究经史而成名。应徐乾学之邀请，参与《大清一统志》和《资治通鉴后编》编修。长于考据，以三十年精心考证，撰述出《古文尚书疏证》一书，证实东晋梅赜所献《古文尚书》之伪，为学术界所推崇。又著《四书释地》，纠正前人地名附会之错误，在地理研究上，与顾祖禹、胡渭、黄仪齐名。另著有《潜邱札记》、《孟子生卒年月考》、《释地余论》等。

② 《太公阴符》：《汉书·艺文志》道家类，仅著录《太公》二百三十七篇，而在该书《张良传》则有《太公兵法》，并无《太公阴符》。到《隋书·经籍志》始有《太公阴谋》、《太公阴符钤录》两书，旧题均为西周吕望著。均早佚，清人严可均有辑本，载《全上古三代秦汉三国六朝文》。

③ 《黄帝素问》：《汉书·艺文志》著录有《黄帝内经》十八篇，战国时人依托黄帝而作，全书以黄帝、岐伯等问答形式写成。皇甫谧《甲乙经序》："《七略》、《艺文志》、《黄帝内经》十八卷，今有《针经》九卷，《素问》九卷，二九十八卷，即《内经》也。"王冰《内经素问序》则曰："《内经》十八卷，《素问》即其经之九卷也，兼《灵枢》九卷，乃其数也。"《隋书·经籍志》著录有《黄帝素问》九卷，《黄帝针经》九卷。可见原为《素问》、《针经》两部分组成。唐人王冰整理时作过变动，《针经》而变为《灵枢》。南宋史崧在《灵枢经序》中已称"昔黄帝作《内经》十八卷，《灵枢》九卷，《素问》九卷，乃其数焉"。该书是我国现存最早的医学基础理论性专著，奠定了祖国医学体系。书中以医经理论为主，兼及针灸、方药的治疗。《素问》内容包括人体解剖生理（脏象、经络等）、病因、病理、诊断、辩证、治疗、预防、养生以及人与自然、阴阳、五行学说在医学上的应用等。《灵枢》则详于经络、针灸，许多内容与《素问》互为补充。两者早已单独流传。

④ 《神农》：战国时人托神农而作，颜师古引刘向《别录》云，疑李悝及商君所作，早亡佚。《管子》、《吕氏春秋》、《氾胜之书》及《汉书·食货志》均有征引，其实多为农政方面的议论，很少有农耕技术方法之内容。王毓瑚《中国农学书录》中有论述，马国翰有该书辑佚一卷。

⑤ 《野老》：相传为战国时隐士野老著，其姓名不详，因隐于田野，年老，故号野老。曾游历齐、楚、秦，对耕种颇有研究。《汉书·艺文志》著录十七篇，列入农家。因早亡佚，马国翰根据马骕《绎史》云"盖古农家野老之言而吕子述之"一语，辑录《吕氏春秋》的《上农》、《任地》、《辨土》、《审时》四篇，以成该书一卷。或谓为战国时齐楚间人所作，十七篇未必出自一二人之手。王毓瑚在《中国农学书录》中指出："《绎史》所说'野老'，是泛指农夫而言，并非《汉志》中十七篇作者，马国翰似不无附会之嫌。原书恐已不可能再见到。"

推究其旨，则亦有所未尽也。盖末数小技，造端皆始于圣人，苟无微言要旨之授受，则不能以利用千古也。

三代盛时，各守人官物曲之世氏，是以相传以口耳，而孔孟以前，未尝得见其书也。至战国而官守师传之道废，通其学者述旧闻而著于竹帛焉。中或不能无得失，要其所自，不容邃昧也。以战国之人而述黄农之说，是以先儒辨之文辞而断其伪托也；不知古初无著述，而战国始以竹帛代口耳，<small>外史掌三皇五帝之书及四方之志，与孔子所述六艺旧典，皆非著述一类，其说已见于前。</small>实非有所伪托也。然则著述始专于战国，盖亦出于势之不得不然矣。著述不能不衍为文辞，而文辞不能不生其好尚。后人无前人之不得已，而惟以好尚逐于文辞焉，然犹自命为著述，是以战国为文章之盛，而衰端亦已兆于战国也。

# 诗教下

或曰：若是乎，三代以后，六艺惟《诗》教为至广也。敢问文章之用莫盛于《诗》乎？曰：岂特三代以后为然哉！三代以前，《诗》教未尝不广也。夫子曰："不学《诗》，无以言。"古无私门之著述，未尝无达衷之言语也，惟托于声音而不著于文字，故秦人禁《诗》、《书》，《书》阙有间，而《诗》篇无有散失也。后世竹帛之功胜于口耳，而古人声音之传胜于文字，则古今时异而理势亦殊也。自古圣王以礼乐治天下，三代文质出于一也。世之盛也，典章存于官守，礼之质也；情志和于声诗，乐之文也。迨其衰也，典章散而诸子以术鸣，故专门治术，皆为官礼之变也，情志荡而处士以横议，故百家驰说，皆为声诗之变也。<small>名、法、兵、农、阴阳之类，主实用者，谓之专门治术，其初各有职掌，故归于官而为礼之变也；谈天、雕龙、坚白、异同之类，主虚理者，谓之百家驰说，其言不过达其情志，故归于诗而为乐之变也。</small>战国之文章，先王礼乐之变也。六艺为官礼之遗，其说亦详外篇《校雠略》中《著录先明大道论》。然而独谓《诗》教广于战国者，专门之业少而纵横腾说之言多，后世专门子术之书绝伪体子书不足言也。而文集繁，虽有醇驳高下之不同，其究不过自抒其情志。故曰，后世之文体皆备于战国，而《诗》教于斯可谓极广也。学者诚能博览后世之文集，而想见先王礼乐之初焉，庶几有立而能言，学问有主即是立，不尽如朱子所云肌肤筋骸之束而已也。可以与闻学《诗》、学《礼》之训矣。学者惟拘声韵之为诗，而不知言情达志，敷陈讽谕，抑扬涵泳之文，皆本于《诗》教。是以后世文集繁，而纷纭承用之文，相与沿其体，而莫由知其统要也。至于声韵之文，古人不尽通于《诗》，而后世承用诗赋之属，亦不尽出六义之教也，其故亦备于战国。是故明于战国升降之体势，而后礼乐之分可以明，六艺之教可以别，《七略》九流诸子百家之言，可以导源而浚流，两汉、六朝、唐、宋、元、明之文，可以畦分而塍别，官曲术业、声诗辞说、口耳竹帛之迁变，可坐而定矣。

演畴皇极，训、诰之韵者也，所以便讽诵，志不忘也；六象赞言，《爻》、《系》之韵者也，所以通卜筮，阐幽玄也。六艺非可皆通于《诗》也，而韵言不废，则谐音协律不得专为《诗》教也。传记如《左》、《国》，著说如《老》、《庄》，文逐声而遂谐，语应节而遽协，岂必合《诗》教之比兴哉！焦赣之《易林》[1]，史游之《急就》[2]，经部韵言之不涉于《诗》也；《黄庭经》[3]之

---

[1] 焦赣之《易林》：焦赣，西汉学者，名延寿，梁（今河南商丘）人。昭帝时由郡吏举小黄令。在郡爱养吏民，元帝时为三老。曾从孟喜学《易》，后授之京房。著有《易林》十六卷，《易林变占》十六卷。《易林》今传本四卷。又名《大易变通》，以一卦演为六十四卦，六十四卦之变共四千零九十六卦，各系繇辞，皆四言韵语，以占验吉凶。《易》于象数之中别为占候一派，实由此出，为后来以术数谈《易》者所推崇。

[2] 史游之《急就》：史游，西汉官吏。元帝时曾任黄门令。著《急就》一篇。《汉书·艺文志》列入小学家。此书通称《急就篇》，《隋书·经籍志》称《急就章》。这是汉时教学童之书，故内容杂记普通事物，如人名、药名、器物、动植物等，为人生应有之知识。形式以三字、七字为一句，亦有四字为句，句必协韵，以便读者。郑康成、孔颖达注经，李贤注史，皆引此书。胡朴安《中国文字学史》云："自《说文解字》出，诸书悉废，《急就篇》所以独存者，以其为草书之权舆，后人摹写者多也。"自汉迄明，摹写者有十一家，王羲之、赵孟頫亦有摹写本。为之作注者，自东汉迄明亦有七家，今存者尚有唐颜师古、宋王应麟二家。清孙星衍、庄世骥并为作考异。对其书名，晁公武《郡斋读书志》曾作过解释："急就者，谓字之难知者，缓急可就而求也。"书中保存许多古字，对研究文字之演变很有价值。今存本三十四章，末有《齐国》、《山阳》二章，乃东汉人所加。

[3] 《黄庭经》：《旧唐书·经籍志》、《新唐书·艺文志》的"道家类"著录有《老子黄庭经》一卷。道教经书，作者不详，西晋初问世，作者传说甚多，或说老聃，或谓出于汉王褒。因后世又有《黄庭内景经》与《黄庭中景经》，故又名《黄庭外景经》，是内丹（人体内养功）基本经典，主张抚养性命守虚无，合气凝神，用"内视意念"调协呼吸，以达"存神"静境，闭（止念）外九窍，守（守观）内三要，积精累气以成真。

七言，《参同契》①之断字，子术韵言之不涉于《诗》也。后世杂艺百家，诵拾名数，率用五言七字，演为歌诀，咸以取便记诵，皆无当于诗人之义也。而文指存乎咏叹，取义近于比兴，多或滔滔万言，少或寥寥片语，不必谐韵和声，而识者雅赏其为《风》、《骚》遗范也。故善论文者，贵求作者之意指，而不可拘于形貌也。

传曰："不歌而诵谓之赋。"班氏固曰："赋者古诗之流。"刘氏勰曰："六艺附庸，蔚为大国。"盖长言咏叹之一变，而无韵之交可通于《诗》者，亦于是而益广也。屈氏二十五篇，刘、班著录以为《屈原赋》也。《渔父》之辞，未尝谐韵而入于赋，则文体承用之流别，不可不知其渐也。文之敷张而扬厉者，皆赋之变体，不特附庸之为大国，抑亦陈完之后，离去宛丘故都，而大启疆宇于东海之滨也。后世百家杂艺，亦用赋体为拾诵，窦氏《述书赋》②，吴氏《事类赋》③，医家《药性赋》④，星卜命相术业赋之类。盖与歌诀同出六艺之外矣。然而赋家者流，犹有诸子之遗意，居然自命一家之言者，其中又各有其宗旨焉。殊非后世诗赋之流，拘于文而无其质，茫然不可辨其流别也。是以刘、班《诗赋》一略，区分五类，而屈原、陆贾⑤、荀卿定为三家之学也。说详外篇《校雠略》中《汉志诗赋论》。马、班二史，于相如、扬雄诸家之著赋，

---

① 《参同契》：唐朝僧人希还撰，一卷。《新唐书·艺文志》道家类载"希还《参同契》一卷"。（校点本）《新唐书》校记云："《宋史》卷二〇五《艺文志》载石头和尚《参同契》一卷。据《景德传灯录》卷一四及《宋高僧传》卷九，石头和尚，名希迁，唐僧。希还疑为希迁讹。"原书已亡佚。

② 窦氏《述书赋》：指唐窦臮撰《述书赋》，二卷。臮字灵长，扶风（今陕西咸阳东）人。《四库全书总目提要》称"官至检校户部员外郎、宋汴节度参谋"。余嘉锡《四库提要辨证》认为官至"朝议大夫、检校尚书兵部郎中兼侍御史、上柱国"。其兄窦蒙为之注。其书为评论书法印记内容，故《四库提要》列于《子部·艺术类》。

③ 吴氏《事类赋》：指宋吴淑撰《事类赋》。吴淑（947—1002），润州丹阳（今江苏丹阳）人，字正仪。仕南唐为内史，入宋，以荐试学士院，授大理评事。历官太府寺丞、著作佐郎，累迁职方员外郎。先后参与编纂《太平御览》、《太平广记》、《文苑英华》，还预修《太宗实录》。曾献《事类赋》百篇，受诏注释，其书逐句之下，以事解释，注明出处。著有《秘阁闲谈》、《江淮异人录》等。

④ 《药性赋》：用以说明中药功能的韵文，看来这类赋还不少，常见的有旧题金李东垣撰《珍珠囊补遗药性赋》。

⑤ 陆贾：西汉时楚人。亦作"陆生"，有口辩，从高祖定天下，居左右。曾奉命出使南越，说服南越王尉佗归汉称臣，拜为太中大夫。惠帝时，吕太后用事，欲王诸吕，他自度无法劝阻，乃称病家居。当诸吕篡权危及刘氏政权时，他则劝陈平团结周勃共同对付。文帝即位，召为太中大夫，再次出使南越，使尉佗去帝号。撰有《新语》和《楚汉春秋》。《汉书·艺文志》著录《陆贾》二十三篇，实包括《新语》十二篇。该书今传。

俱详著于列传。自刘知幾以还，从而抵排非笑者，盖不胜其纷纷矣，要皆不为知言也。盖为后世文苑之权舆，而文苑必致文采之实迹，以视范史[①]而下，标文苑而止叙文人行略者为远胜也。然而汉廷之赋，实非苟作，长篇录入于全传，足见其人之极思，殆与贾疏董策[②]为用不同，而同主于以文传人也。是则赋家者流，纵横之派别而兼诸子之余风，此其所以异于后世辞章之士也。故论文于战国而下，贵求作者之意指，而不可拘于形貌。论文拘形貌之弊，至后世文集而极矣。盖编次者之无识，亦缘不知古人之流别，作者之意指，不得不拘貌而论文也。集文虽始于建安，魏文撰徐、陈、应、刘文为一集[③]，此文集之始，挚虞《流别集》犹其后也。而实盛于齐梁之际；古学之不可复，盖至齐梁而后荡然矣。挚虞《流别集》，乃是后人集前人；人自为集，自齐之《王文宪集》[④]始；而昭明《文选》又为总集之盛矣。范、陈、《晋》、《宋》[⑤]诸史所载文人列传，总其撰著，必云诗、赋、碑、箴、颂、诔若干篇，而未尝云文集若干

---

① 范史：指范晔《后汉书》。范晔（398—445），南朝宋史学家。字蔚宗，南阳顺阳（今河南淅川东）人。博涉经史，通晓音律，官至尚书吏部郎。元嘉初，降为宣城太守。在此期间，乃广采东汉史书，著《后汉书》九十卷。后迁左卫将军、太子詹事，参与机要。元嘉二十二年（445）因彭城王刘义康谋反案被告有牵连，以谋反罪被杀。《后汉书》的十志因此未成。该书从东汉社会特点出发，新立了党锢、宦者、独行、逸民、文苑等类传，以反映当时社会精神，对后世修史有一定影响。至南朝梁，刘昭将司马彪《续汉书》中的志补入该书，并为作注。至北宋乃合刊行世。另著有《汉书缵》、《北官阶次》等。

② 贾疏董策：指《汉书·贾谊传》载《陈政事疏》等，《汉书·董仲舒传》载《对贤良策》。

③ 魏文撰徐、陈、应、刘文为一集：魏文帝《与吴质书》："徐、陈、应、刘，一时俱逝，痛可言邪！顷撰其遗文，都为一集。"徐幹、陈琳、应场、刘桢见《诗教上》相关注释。

④ 齐之《王文宪集》：南朝齐王俭（452—489），南朝齐著名谱牒学家和目录学家。字仲宝，琅邪临沂（今山东费城东）人。萧道成代宋建齐，禅代诏策，多出其手。齐建立后，参掌选事，议决朝政。好读书著述，尤精三礼。宋元徽元年（473）曾主持撰成《宋元徽元年四部书目》，自己又著成《七志》，在目录学上作出重大贡献。今传《王文宪集》乃明人所辑。

⑤ 范、陈、《晋》、《宋》：指范晔《后汉书》、陈寿《三国志》、唐初修的《晋书》和沈约《宋书》。陈寿（233—297），西晋史学家。字承祚，巴西安汉（今四川南充北）人。曾师事谯周，在蜀汉时任卫将军主簿、东观秘书郎、散骑黄门侍郎，因不附宦官黄皓，屡遭贬黜。入晋后，历任著作郎、治书御史等。曾编集《诸葛亮集》二十四卷。晋灭吴后，收集魏、蜀、吴史料，历十年而撰成《三国志》六十五卷。还著有《益都耆旧传》、《古国志》。《晋书》为唐初唐太宗命房玄龄等所修，此前曾流行十八九家晋史，太宗都不满意，故令重修。全书一百三十卷，除纪、志、传外，尚有"载纪"三十卷，专门记载各族统治者在北方所建立的"十六国"史事。沈约（441—513），南朝梁文学家、史学家。字休文，吴兴武康（今浙江德清西）人。历仕宋、齐、梁三朝，宋时官至尚书度支郎。齐时任著作郎、中书郎等。助梁武帝登位，历任侍中、中书令、尚书令。封建昌县侯。因触怒梁武帝而屡遭谴责，忧惧而死。永明五年（487）奉命撰《宋书》，次年完成纪、传七十卷，其后又完成志三十卷，共一百卷。又著《齐纪》、《谥例》、《宋文章志》、《四声谱》等。

卷，则古人文字散著篇籍，而不强以类分可知也。孙武之书，盖有八十二篇矣，说详外篇《校雠略》中《汉志·兵书论》。而阖闾①以谓"子之十三篇，吾既得而见"，是始《计》②以下十三篇，当日别出独行，而后世始合之明征也。韩非之书，今存五十五篇矣，而秦王见其《五蠹》、《孤愤》③，恨不得与同时，是《五蠹》、《孤愤》当日别出独行，而后世始合之明征也。《吕氏春秋》④自序，以为良人问《十二纪》，是《八览》、《六论》未尝入序次也。董氏《清明》、《玉杯》、《竹林》⑤之篇，班固与《繁露》并纪其篇名，是当日诸篇未入《繁露》之书也。夫诸子专家之书，指无旁及，而篇次犹不可强绳以类例；况文集所裒，体制非一，命意各殊，不深求其意指之所出，而欲强以篇题形貌相拘哉！

赋先于诗，骚别于赋。赋有问答发端，误为赋序，前人之议《文选》，犹其显然者也。若夫《封禅》、《美新》、《典引》⑥，皆颂也。称符命以颂功

---

① 阖闾（？—前496）：春秋时吴国国君。姬姓，一作"阖庐"，又名"光"，亦称公子光。吴王僚十二年（前515），使勇士专诸刺杀僚，代立王。任用伍员、孙武等，整顿军政。周敬王十四年（前506），联合蔡、唐，大举攻楚，五战五胜，遂入郢。周敬王二十四年（前496），率军攻越，败于槜李（今浙江嘉兴西南），被越大夫浮以戈击伤，不久死去，在位十九年。

② 《计》：《计篇》是《孙子兵法》十三篇之首篇，是孙武军事思想的概述。

③ 《五蠹》、《孤愤》：是《韩非子》两篇篇名，也是韩非的代表作。五蠹指学者（儒家）、言谈者（纵横家）、带剑者（游侠）、患御者（逃避兵役者）及工商之民。蠹本蛀木之虫，韩非认为这五种人"不战而荣，不耕而食，不织而衣"，无益于耕战，他们危害国家如同蠹之蛀木，若不去掉，国家日趋于亡。《孤愤》则是韩非提倡变法，遭到当权反对，孤立无援，悲愤填膺，故作此篇以揭露与旧贵族的矛盾。《史记·韩非传》："观往者得失之变，故作《孤愤》、《五蠹》、《内外储》……十余万言。……人或传其书至秦。秦王见《孤愤》、《五蠹》之书，曰：'嗟乎！寡人得见此人与之游，死不恨矣！'"

④ 《吕氏春秋》：为吕不韦门客集体编纂，由吕不韦亲自裁定。分《十二纪》、《八览》、《六论》，每"纪"之下又分为五篇，每"览"之下分八篇，每"论"之下分六篇，全书共一百六十篇，二十余万字。书成于秦始皇八年（前239）。该书特点，杂取战国以来儒、道、墨、阴阳、法、纵横、兵、农、名诸家之说，形成自己的体系，故《汉书·艺文志》将其列入杂家类。这个"杂"乃是兼取众家之长。

⑤ 《清明》、《玉杯》、《竹林》：均为董仲舒《春秋繁露》篇名。在当日乃与《春秋繁露》并列于《汉书·董仲舒传》中。《春秋繁露》，是后人编定，将当日上疏百二十三篇编为《董仲舒》，而将上述这些包括《蕃露》（即《繁露》）在内数十篇编为一书，十余万言，因内有《蕃露》，便以此篇名名书，曰《春秋繁露》。此名最早见于《隋书·经籍志》，至宋已有四种版本，且多寡不同，至楼钥所校，乃为定本。蕃、繁古字相通。

⑥ 《封禅》、《美新》、《典引》：指司马相如《封禅文》、扬雄《剧秦美新》、班固《典引》三篇，均载《文选》。

德，而别类其体为"符命"，则王子渊[1]以圣主得贤臣而颂嘉会，亦当别类其体为"主臣"矣。班固次韵，乃《汉书》之自序也。其云"述《高帝纪》第一"、"述《陈项传》第一"者，所以自序撰书之本意，史迁有作于先，故己退居于述尔。今于史论之外，别出一体为"史述赞"，则迁书《自序》所谓"作《五帝纪》第一"、"作《伯夷传》第一"者，又当别出一体为"史作赞"矣。汉武诏策贤良，即策问也。今以出于帝制，遂于"策问"之外，别名曰"诏"。然则制策之对，当离诸策而别名为"表"矣。贾谊《过秦》，盖《贾子》之篇目也。今传贾氏《新书》，首列《过秦》上下二篇，此为后人辑定，不足为据。《汉志》，《贾谊》五十八篇，又赋七篇，此外别无论著，则《过秦》乃《贾子》篇目明矣。因陆机《辨亡》[2]之论，规仿《过秦》，遂援左思[3]"著论准《过秦》"之说，而标体为"论"矣。左思著论之说，须活看，不可泥。魏文《典论》[4]，盖犹桓子《新论》[5]、王充《论衡》[6]之以论名书耳，《论文》其篇目也。今与《六代》、《辨亡》诸篇同次于论，然则昭明《自序》所谓"老庄之作，管孟之

---

[1] 王子渊：王褒，字子渊，蜀资中（今四川资阳）人，汉宣帝时为谏议大夫。有《圣主得贤臣颂》、《九怀》等作品传世。明人辑有《王谏议集》。

[2] 陆机《辨亡》：陆机（261—303），西晋文学家。字士衡，吴郡吴（今江苏苏州）人。父陆抗为吴大司马，抗死，领父兵为牙门将。吴亡，退居旧里，闭门治学十余年。入晋后几经变迁，后委事成都王颖，任后将军，河北大都督，讨长沙王乂，因战败受谗，为颖所杀。所著《辨亡》，言吴所以灭亡，前人云乃仿效《过秦论》而作。

[3] 左思（约250—约305）：西晋文学家。字太冲，齐国临淄（今山东淄博）人。官秘书郎。齐王司马冏命为记室督，不就。晚年举家迁冀州。构思十年，成《三都赋》。豪贵之家，竞相传写，洛阳为之纸贵。其诗以《咏史》八首为代表作。原有诗五卷已佚，后人辑有《左太冲集》。

[4] 魏文《典论》：魏文帝曹丕（187—226），曹操次子。字子桓，沛国谯（今安徽亳州）人。建安十六年（211），为五官中郎将、副丞相。二十二年，立为魏世子。曹操卒，继位为丞相、魏王。旋代汉称帝，国号魏，都洛阳。爱好文学，与当时文人饮宴唱和，为文坛领袖。所著《典论·论文》，为我国早期文艺理论专篇。其著作已散佚，明人辑有《魏文帝集》。

[5] 桓子《新论》：桓谭（约前40—约32），东汉初哲学家。字君山，沛国相（今安徽濉溪西北）人。少以父任为郎。数从刘歆、扬雄辨析疑异。东汉初，征待诏，上书言事失旨，不用。后得人荐举，拜议郎给事中。光武帝相信谶纬之学，谭上疏反对，几乎被杀。出为六安郡丞，卒于途中。所著《新论》，主张以物质为第一性，精神不能离开物质而存在，并提出"以烛火喻形神"之论点。其书已散佚，有辑本。

[6] 王充《论衡》：王充（27—约97），东汉思想家。字仲任，会稽上虞（今浙江上虞）人。曾受业太学，师事班彪。家贫无书，常游洛阳书肆，阅所卖之书，阅后即能诵忆，通百家之言。后归乡里，教授生徒。曾任郡功曹、治中等职。后回家专心著述。所著《论衡》八十五篇（今缺《招致》一篇），二十余万言，具有朴素的唯物主义思想。另有《讥俗节义》、《政务》等已佚。

流，立意为宗，不以能文为本"，其例不收诸子篇次者，岂以有取斯文，即可裁篇题论，而改子为集乎？《七林》之文，皆设问也。今以枚生发问有七，而遂标为"七"，则《九歌》、《九章》①、《九辨》②，亦可标为"九"乎？《难蜀父老》③，亦设问也。今以篇题为难，而别为"难"体，则《客难》当与同编，而《解嘲》④当别为"嘲"体，《宾戏》⑤当别为"戏"体矣。《文选》者，辞章之圭臬，集部之准绳，而淆乱芜秽，不可弹诘；则古人流别，作者意指，流览诸集，孰是深窥而有得者乎？集人之文尚未得其意指，而自衷所著为文集者，何纷纷耶！若夫总集别集之类例，编辑撰次之得失，今古详略之攸宜，录选评钞之当否，别有专篇讨论，不尽述也。

## 礼教⑥

经礼之学，开端先辨经曲。经曲之义未明，是出入不由户也，而学者往往昧之。

---

① 《九歌》、《九章》：屈原作品。

② 《九辨》：宋玉作品。宋玉，战国时楚辞赋家。有称屈原弟子。鄢（今河南鄢陵西北）人。事楚顷襄王为大夫。《史记·屈贾列传》说他和唐勒、景差"皆好辞而以赋见称，然皆祖屈原之从容辞令，终莫敢直谏"。因感屈原放逐，作《九辨》，抒发其志。

③ 《难蜀父老》：司马相如作。《文选》收入檄类；而《文选》并无难类。据程千帆先生《文论十笺》云："司马相如《难蜀父老》，旧本在檄类，流俗本有析出此篇，别题难类者，非昭明之旧。章氏误据俗本为说，斯其疏也。"下文《客难》，即《答客难》，亦司马相如所作。

④ 《解嘲》：扬雄所作。

⑤ 《宾戏》：指班固《答宾戏》。

⑥ 此篇在"大梁本"《文史通义》中未收，据胡适《章实斋先生年谱》云：此篇与《所见》"旧刻各本及浙本《遗书》中皆无之，惟刘刻本（指刘承幹刻《章氏遗书》）始有"。"内藤及会稽徐氏藏本《章氏遗书》目有《礼教》、《所见》二篇，题下皆注'戊申录稿'，疑即是年所作十篇之二"。"戊申"乃乾隆五十三年（1788），可见《礼教》、《所见》两篇均成于乾隆五十三年。文章先讲述了经礼的由来和《三礼》的组成。值得注意的是，章氏在文中又提出了许多奇想，如说"史家书志"，"本于官礼"，又说"《易》为周礼"，"《书》亦周礼"，"《诗》亦周礼也"。初看起来，如同奇谈怪论，但是只要细心阅读下去，又会发现所说确实都有道理。这正如"六经皆史"之说，初接触也很难接受，但看了他的论述和分析以后，便是恍然大悟。这都说明章氏对古代典章制度、礼仪演变和各种典籍之间的渊源关系等，观察研究得比较仔细，真正深入到细枝末节，因而才有可能发现和提出从来不为人们所注意的一些问题，这在本文中体现得尤为突出。因此，他的许多文章，看起来确实很难读，但是只要耐心地顺着他的思路去思考，也就不会感到很难了。

《中庸》①篇曰："礼仪三百，威仪三千。"刘向以三百为官礼，所谓经也；三千为《仪礼》，所谓曲也，其说盖得之矣。郑康成乃以三百为《仪礼》，三千为《礼》文。无论三千三百，名数难以强索，且大《礼》与天地同节，惟建官立典，经纬天人，庶足称礼之实，容仪度数，不过一官之长，何足当之！古人所谓仪也，非礼也。

经曲之说，朱子从郑而不从刘，然注《论语》曰："礼者，天理之节文，人事之仪则。"则礼之不仅于威仪也，亦可见矣。盖非尽人官物曲之精微，岂足以称天理节文之义！孔子曰："吾学周礼。"韩宣子见《易》象、《春秋》，以为周礼在鲁。礼之所包广矣，官典其大纲也。

或曰："周公作官礼乎？"答曰：周公何能作也！鉴于夏、殷而折衷于时之所宜，盖有不得不然者也。夏、殷之鉴唐、虞，唐、虞之鉴羲、农、黄帝，亦若是也，亦各有其不得不然者也，故曰"道之大原出于天"也。孔子曰"吾学周礼"，学于天也，非仅尊周制而私周公也。

《帝典》②之命羲和，咨九官，盖六典之权舆，然必别有籍矣。而礼特九官之一耳，而在《周官》，则三礼又五礼之一也。前后详略不同如此，可以想鉴夏鉴殷之所自矣。

《汉·艺文志》，官仪、二礼与礼家诸记合为一种，后世《三礼》所由名也。其实诸记多为仪礼，而传《周官》者，非专门之学即无成书，名为三礼，实二礼也。二礼同传，而儒者拘于威仪之说，遂异经礼三百而归之《仪礼》，反若官典为礼家之赘疣，而先王制作之原，与道出于天之义微矣。今之《三礼》，乃官仪、二礼合《小戴记》耳。此乃学校所颁，其实当合《大戴》为四礼也。正以《内外四传》③三传加《国语》。犹可想见《春秋》之意，而《礼》之不尽官仪、二经也，学者所当知也。

---

① 《中庸》：原是《礼记》中的一篇，其内容是肯定"中庸"是道德行为的最高标准，书中提出"博学之，审问之，慎思之，明辨之"的学习方法和认识过程。宋人将其从《礼记》中抽出，与《大学》、《论语》、《孟子》合为《四书》。

② 《帝典》：指《尚书》之首篇《尧典》。

③ 《内外四传》：指《春秋左氏传》、《春秋公羊传》、《春秋穀梁传》和《国语》。前三者习惯称《春秋三传》，又称"内传"，而《国语》则称"外传"。晋代韦昭《国语解叙》中有所谓左丘明既撰《左传》，"复采录前世穆王以来，下讫鲁悼、智伯之诛，邦国成败，嘉言善语，阴阳律吕，天时人事逆顺之数，以为《国语》。其文不主于经，故号曰'外传'"。这就是"内外传"称呼之来由。

近人致功于《三礼》，约有五端：溯源流也，明类例也，综名数也，考同异也，搜遗逸也。此皆学者应有之事，不可废也。然以此为极则，而不求古人之大体以自广其心，此宋人所讥为玩物丧志，不得谓宋人之苛也。

诸城王君森文，积学士也，治《三礼》多年，视世之所谓五端，致力无不及也。而有见于五端之不足以尽此《礼》也，以书来商其进步，意谓六艺莫精核于《礼》而莫变动于《易》，今质于《礼》而求通于《易》，可乎？噫！王君用心如此，可畏敬也。虽然，未敢决也。

"君子学以致其道"。道者，自然而已。见为卑者扩而高之，见为浅者凿而深之，见为小者恢而大之，皆不可为道也。王君果有见于《礼》之必进于《易》欤？精思奥义，发前人之未发可也。苟疑其然而未见其必然，则姑存其说以待他日参验可耳。有心求之，扩高凿深之弊出矣。

以官礼之制言之，三法掌于周官太卜，是《易》本春官之典守，故韩子见《易》象而以为周礼在鲁也。说详《易教》篇。若求《礼》于《易》，则《大传》所云"天尊地卑"十数语，约略足以尽之。先儒演为《易》例，则如阴阳、刚柔、贵贱、时位、得失、贞吝之类，一如《春秋》发凡。大抵《易》之抑阴扶阳，与《春秋》之防微杜渐，皆以经礼为折中也。

《易》曰："知以藏往，神以知来。"夫名物制度，繁文缛节，考订精详，记诵博洽，此藏往之学也；好学敏求，心知其意，神明变化，开发前蕴，此知来之学也。可以藏往而不可以知来，治《礼》之尽于五端也。推其所治之《礼》，而折中后世之制度，断以今之所宜，则经济人伦，皆从此出，其为知来，功莫大也。学者不得具全，求其资之近而力能勉者斯可矣。

宋制试士，多重策论，故宋人所备策括诸书，多有可观。其最佳者，几如著述，若章氏《考索》①、马氏《通考》②之类，皆有补于后学。然终不免为

---

① 章氏《考索》：指章如愚《山堂考索》。章如愚，宋婺州金华（今浙江金华）人，字俊卿，庆元中进士。初授国子博士，改知贵州。开禧初，被召，疏陈时事，忤韩侂胄，罢归。乃结山堂讲学著述，成《山堂考索》前集六十六卷，后集六十五卷，续集五十六卷，别集二十五卷。是一部类书，《四库全书总目提要》评曰："大致网罗繁富，考据亦多所心得，在宋人著述之中，较《通考》虽体列稍杂，而优于释经；较《玉海》虽博赡不及，而详于时政；较《黄氏日抄》则条目独明；较吕氏《制度详说》则源流为备。前人称苏轼之诗，如武库之兵，利钝互陈。如愚是编，亦可以当斯目矣。"

② 马氏《通考》：马端临（约1254—1323），宋末元初历史学家。曾出任过柯山书院（在浙江衢州）山长，并蝉联几任，最后作过台州（今浙江临海）儒学教授三个月。著《文献通考》三百四十八卷。分二十四门，所载内容范围，远比《通典》来得广泛，它包括了更多的正史书志门类，而所分的节目比《通典》更加精密。

策括者，以其无心得而但知比类以求备也。故藏往之学欲其博，知来之学欲其精。真能知来者，所操甚约而所及者甚广。书不尽言，言不尽意，神而明之，存于其人。可意会而不可言传，人皆戛戛，我独有余，不可强也。

礼家讲求于纂辑比类，大抵于六典五仪之原多未详析，总缘误识以仪为礼耳。夫制度属官而容仪属曲，皆礼也。然容仪自是专门，而制度兼该万有，舍六典而拘五仪，恐五仪之难包括也。虽六典所包甚广，不妨阙所不知，而五仪终不可以为经礼之全，综典之书，自宜识体要也。

近日金匮秦尚书蕙田纂辑《五礼通考》①，既以五仪为纲，而于天文、地理、官制三门显然关制度者，皆强归之于嘉礼。盖以朝觐会同，于五仪为嘉礼耳，遂以天文、地理、官制谓出朝典也。不知一代章程，何条不出朝典？虽司马、军政、司寇、比谳，亦朝典也，皆称嘉礼可乎？夫天文，春官保章氏职也；地理，夏官职方氏职也；官制，天官大宰氏职也。三百六十之官，体大物博，学者不能悉究，不务求备也。但于典故官守，不可昧所自也。

史家书志之原，本于官礼，《史记·天官》、《平准》②等书，犹以官职名篇，惜他篇未尽然也。班氏不知此意，改为《天文》、《食货》③，告朔废而并去饩羊矣。嗣是而后，书志梦于乱麻，皆数典而忘其祖焉。然班氏虽失迁意，而其志《艺文》④也，犹沿向、歆《七略》之旧，于群书部目之后，必条别其渊源，出于古者某官之掌，犹不忘《周官》之旧法也。夫一朝制度，经纬天人，莫不具于载籍，守于官司。故建官制典，决非私意可以创造，历代必有沿革，厥初必有渊源。溯而上之，可见先王不得已而制作之心，初非勉强，所谓"道之大原出于天"也。文字不隶于官守，制度不原于载籍，是谓

---

① 秦尚书蕙田纂辑《五礼通考》：秦蕙田（1702—1764），清代学者。江苏金匮（今江苏无锡）人，字树峰，号味经。乾隆进士，历官礼部侍郎、刑部侍郎、工部尚书、刑部尚书、署翰林院掌院学士等职。专治经术，通晓音韵、律历、天文、算学，尤精于三礼之学，著《五礼通考》。此书分七十五类，于五礼古今沿革，本末源流，异同得失，都详加考订。上自王朝，下逮民俗，古礼今制，靡不该载，是研究中国古代礼制的重要著作。

② 《史记·天官》、《平准》：指《史记》的《天官书》和《平准书》。

③ 《天文》、《食货》：指《汉书》的《天文志》和《食货志》。

④ 《艺文》：指《汉书》的《艺文志》。班固根据《七略》而作《艺文志》，以《七略》为蓝本而进行增删，将西汉官府藏书全部著录，将全部图书分为六大类三十八个小类，不仅著录有作者、卷数，而且还著录了书的存亡。

无本之学，夫子所谓"不知而作"是也。噫！吾见不知而作者，盖纷纷矣！

或问天下之书皆官礼，则经分为六，略分为七，子别九流，术标七种，何不悉统于官礼乎？史家书志，但合职官、礼仪为一志可矣，何必更分天文、地理、礼乐、兵刑诸篇目？答曰：类别区分，正所谓礼也。且如太宰掌建邦之六典，太史亦掌邦之六典，宗伯亦掌邦之六典；同一掌邦之六典，而各有职事之轻重详略，乃见一本万殊，而万殊一本之妙也。史家书志，自当以一代人官为纲领矣。而官守所隶，巨细无遗，势难尽著，则择其要者。若天文、地理、礼乐、兵刑，略如八书、十志①例，而特申官守所系以表渊源。而文则举其梗概，务使典雅可诵，而于名物器数，无须屑屑求详，听其自具于专门掌故之书，始可为得官礼之意，而明于古人之大体者也。后史昧渊源而详名数，典雅不如班、马之可诵，实用不如掌故之详明，秦人所谓驴非驴，马非马，是为骡也。

或曰：掌故专书与人官纲领，其详略之例，可得闻欤？答曰：六经其鼻祖也。《易》为周礼，见于太卜之官，三易之名，八卦之数，占揲之法，见于《周礼》，所谓人官之纲领也。然三易自有专书，则掌故也，岂能尽述乎！《书》亦周礼也，见于外史之官，三皇五帝之名，见于《周官》，所谓人官之纲领也。百篇自有专书，则掌故也，岂能尽述乎！《诗》亦周礼也，见于太史之官，风雅颂之为经，赋兴比之为纬，见于《周官》，所谓人官之纲领也。三百篇自有专书，则掌故也，岂能尽述乎！史志皆可例推。故史志存其纲领，而掌故别具其详，后史自宜师法其意，庶不至于繁简失当矣。至区区书志，杂次纪传年表之中，势不能为杜佑之《通典》，王溥之《会要》②，连床充栋，至于不可胜也，是可以悟修辞之圭臬，著书之大体也。

---

① 八书、十志：司马迁写《史记》时将文化典章制度内容分别写成八书，即《礼书》、《乐书》、《律书》、《历书》、《天官书》、《封禅书》、《河渠书》、《平准书》。班固作《汉书》时，将其改为志，并增至十个：《律历志》、《礼乐志》、《刑法志》、《食货志》、《郊祀志》、《天文志》、《五行志》、《地理志》、《沟洫志》、《艺文志》。以后正史的志，大都是依据《汉书》十志加以损益而成，从而形成了中国史学史上的书志体。

② 王溥之《会要》：王溥（922—982），五代至北宋初并州祁（今山西祁县）人，字齐物。后周太祖时官至中书侍郎、平章事，世宗时参知枢密院事，恭帝时加右仆射。北宋初任宰相，进位司空。勤奋好学，家中藏书万余卷。以唐苏冕《会要》及杨绍复《续会要》为底本，撰《唐会要》一百卷，内容补至唐末，共五百十四目，记载有唐一代典章制度。又著《五代会要》三十卷，共二百七十九目，记载五代的典章制度。

## 经解上 [1]

六经不言经，三传不言传，犹人各有我而不容我其我也。依经而有传，对人而有我，是经传人我之名，起于势之不得已，而非其质本尔也。《易》曰："上古结绳而治，后世圣人易之以书契，百官以治，万民以察。"夫为治为察，所以宣幽隐而达形名，布政教而齐法度也，未有以文字为一家私言者也。《易》曰："云雷屯，君子以经纶。"经纶之言，纲纪世宙之谓也。郑氏注谓"论撰书礼乐，施政事"，经之命名所由昉乎？然犹经纬经纪云尔，未尝明指《诗》、《书》六艺为经也。

三代之衰，治教既分，夫子生于东周，有德无位，惧先圣王法积道备，至于成周，无以续且继者而至于沦失也，于是取周公之典章，所以体天人之撰而存治化之迹者，独与其徒相与申而明之，此六艺之所以虽失官守而犹赖有师教也。然夫子之时，犹不名经也。逮夫子既殁，微言绝而大义将乖，于是弟子门人各以所见、所闻、所传闻者，或取简毕，或授口耳，录其文而起义。左氏《春秋》、子夏《丧服》[2]诸篇皆名为传，而前代逸文不出于六艺者，

---

[1] 据《章实斋先生年谱》所载，此篇作于乾隆五十四年（1789）。这年三月末，章学诚在安徽太平，为安徽学使徐立纲编辑宗谱，自四月十一至五月初八，得《通义》内外二十三篇，约二万余言，自云"生平为文，未有捷于此者"。统名《姑熟夏课》。大约有《原道》三篇，《原学》三篇，《博约》三篇，《经解》三篇。此外还有：《史释》、《史注》、《习固》、《文集》、《篇卷》、《天喻》、《师说》、《假年》、《说林》、《匡谬》、《黠陋》、《辨似》、《朱陆》、《知难》、《感遇》、《感赋》、《文理》、《家谱杂议》、《与冯秋山论修谱书》等。此篇之宗旨，仍在申述"六经皆史"的观点，说明《六经》本为先王之政教典章，只是"儒家者流，乃尊六艺而奉以为经"，因此，六经之名，"起于孔门弟子亦明矣"。到了后来，称经的书就越来越多，就连《论语》、《孟子》、《公羊传》、《谷梁传》亦都称经了，于是便有九经、十经、十三经等等。他还指出，"儒者著书，始严经名，不敢触犯"，犹如"非人主不得称我为朕也"。在谈了六经之名起源以后，得出结论说"古之所谓经者，乃三代盛时，典章法度见于政教行事之实"，理所当然都是研究古代历史的重要依据。由于儒家尊奉"圣师"之言为经，于是墨家、道家之徒亦都纷纷称其创始人之书为经了，这就有《墨经》、《道德真经》、《南华真经》等。当然，文中也讲了称经者未必都出于尊崇，如李悝的《法经》和《水经》及隋唐时代盛行的图经等等。也有一类，著书者虽不为圣人，由于习是术而奉为依归，如匠祭鲁般，兵祭蚩尤，亦尊以为经。至于《禽经》、《相马经》、《茶经》、《棋经》等等，则多出于"附会"或"谐戏"而已。总之，此篇所述内容相当丰富，也较其他篇容易理解，如同一篇称经简史。

[2] 子夏《丧服》：子夏（前507—？），春秋时卫国人，孔子弟子。名卜商，字子夏。才优而品第高，

称述皆谓之传，如孟子所对汤武及文王之囿是也。则因传而有经之名，犹之因子而立父之号矣。至于官师既分，处士横议，诸子纷纷著书立说，而文字始有私家之言，不尽出于典章政教也。儒家者流乃尊六艺而奉以为经，则又不独对传为名也。荀子曰："夫学始乎诵经，终乎习《礼》。"庄子曰："孔子言治《诗》、《书》、《礼》、《乐》、《易》、《春秋》六经。"又曰："翻十二经以见老子。"荀、庄皆出子夏门人，而所言如是，六经之名起于孔门弟子亦明矣。然所指专言六经，则以先王政教典章纲维天下，故《经解》疏别六经，以为入国可知其教也。《论语》述夫子之言行，《尔雅》[①]为群经之训诂，《孝经》[②]则又再传门人之所述，与《缁衣》、《坊》、《表》[③]诸记相为出入者尔。刘向、班固之徒，序类有九而称艺为六，则固以三者为传而附之于经，所谓离经之传，不与附经之传相次也。当时诸子著书，往往自分经传，如撰辑《管子》者之分别经言，墨子亦有《经》篇，韩非则有《储说》经传，盖亦因时立义，自以其说相经纬尔，非有所拟而僭其名也。经固尊称，其义亦取综要，非如后世之严也。

圣如夫子而不必为经，诸子有经以贯其传，其义各有攸当也。后世著录之家，因文字之繁多，不尽关于纲纪，于是取先圣之微言与群经之羽翼皆称为经，如《论语》、《孟子》、《孝经》与夫大小《戴记》之别于《礼》，

---

（接上页）尤以文学见称。自孔子死后，七十子之徒散游诸国，他定居西河（今山西临汾）。魏文侯任为太常，以师事之，咨问国政。其弟子李悝，为魏文侯相。著有《诗序》、《易传》。今传之《诗序》二卷，撰人不详，《四库全书总目提要》参稽历代诸说，定序首二语为毛苌以前经师所传，以下续申之词为毛苌以下弟子所附。现存《诗序》有大序、小序之分。列于各诗之前，解释各篇主题者称小序，在首篇《关雎》小序之后，有大段文字概论全经者，称大序。《丧服》，《仪礼》篇名。

① 《尔雅》：相传为周公所作，一说为孔子弟子解释六艺之作。实为汉初学者缀辑先秦以来旧文，递相增益而成，非出于一时一人之手。是我国最早解释词义之书。《汉书·艺文志》著录二十篇，今存三卷，十九篇，前三篇所释为一般词语，后十六篇解释各种名物。经学家常用以解释儒家经义，故唐宋以来列为"十三经"之一。为之作注者很多，唯晋郭璞注，宋邢昺疏本最为通行，《四库全书》所收即为此本。

② 《孝经》：作者说法不一。《史记·仲尼弟子列传》以为孔子弟子曾参作，亦有孔子所作或曾子弟子子思所作。近人金德建在《司马迁所见书考》中以为是曾参的学生乐正子春等人编写，较为可信。今本《孝经》仅十八章，一千七百九十九字。内容陈腐，文字浅陋，但因历代统治者利用它来宣传孝道，并由"孝"以劝"忠"，故一直受到推尊。汉文帝时，《论语》、《孝经》皆置博士官，可见其重视。且在儿童识字以后，均为必读之书。先后为该书作注的有晋元帝《孝经传》、梁武帝《孝经义疏》、梁简文帝《孝经义疏》（均佚）和唐玄宗的《孝经注》。现传的《十三经注疏》中《孝经注》即为唐玄宗所撰，宋邢昺作疏。

③ 《缁衣》、《坊》、《表》：即《缁衣》、《坊记》、《表记》，均为《礼记》篇名。

《左氏》、《公》、《榖》之别于《春秋》，皆题为经，乃有九经、十经、十三、十四诸经[1]以为专部，盖尊经而并及经之支裔也。而儒者著书，始严经名，不敢触犯，则尊圣教而慎避嫌名，盖犹三代以后非人主不得称我为朕也。然则今之所谓经，其强半皆古人之所谓传也；古之所谓经，乃三代盛时，典章法度见于政教行事之实，而非圣人有意作为文字以传后世也。

## 经解中

事有实据而理无定形，故夫子之述六经，皆取先王典章，未尝离事而著理。后儒以圣师言行为世法，则亦命其书为经，此事理之当然也。然而以意尊之，则可以意僭之矣。盖自官师之分也，官有政，贱者必不敢强干之，以有据也；师有教，不肖者辄敢纷纷以自命，以无据也。孟子时以杨、墨为异端矣，杨氏无书，墨翟之书初不名经，虽有《经》篇《经说》，未名全书为经。而庄子乃云"苦获、邓陵[2]之属，皆诵《墨经》[3]"，则其徒自相崇奉而称经矣。东汉秦景之使天竺，《四十二章》皆不名经。佛经皆中国翻译，竺书无经字。其后华言译受，附会称经，则亦文饰之辞矣。《老子》二篇，刘、班著录初不称经，《隋志》乃依阮《录》[4]称《老子经》，意者阮《录》出于梁世，梁武崇尚异教，则佛老皆列经科，其所仿也。而加以《道德真经》，与《庄子》之加以《南华真经》，《列子》[5]之加以《冲虚真经》，则开元之玄教设科，附饰文致，

---

[1] 九经、十经、十三、十四诸经：据皮锡瑞《经学历史》云："唐分三《礼》、三《传》，合《易》、《诗》、《书》为九经。宋又增《论语》、《孝经》、《孟子》、《尔雅》为十三经。"后又加《大戴记》而有十四经。

[2] 苦获、邓陵：都是先秦南方墨子信徒，生平事迹不详。

[3] 《墨经》：《墨子》一书中有《经》和《经说》两篇，当时墨子之徒称《墨经》恐即指此内容。而《墨子》一书，自《汉书·艺文志》至《诸子集成》均称《墨子》。梁启超作《墨经校释》，高亨吸收各家对《墨经》校释，成《墨经校诠》，则是对全部内容之总称。

[4] 阮《录》：指阮孝绪《七录》。

[5] 《列子》：周列御寇（亦作圄寇）作，原书早亡，今传八篇乃魏晋人伪作，刘向《序录》也属伪撰。内容多为民间传说、寓言和神话故事，思想比较复杂，但其中也保存一些先秦思想材料。唐天宝元年（742）诏号该书为《冲虚真经》。北宋景德四年（1007）加封"至德"，号曰《冲虚至德真经》，为道教重要经典之一。《四库全书》道家类有著录。同时改《庄子》为《南华真经》、《老子》为《道德真经》、《文子》为《通玄真经》。

又其后而益甚者也。韩退之①曰:"道其所道,非吾所谓道。"则名教既殊,又何妨于经其所经,非吾所谓经乎!若夫国家制度,本为经制。李悝《法经》②,后世律令之所权舆;唐人以律设科,明祖颁示《大诰》③,师儒讲习,以为功令,是即《易》取经纶之意,国家训典,臣民尊奉为经,义不背于古也。

孟子曰:"行仁政必自经界始。"地界言经,取经纪之意也。是以地理之书,多以经名。《汉志》有《山海经》④,《隋志》乃有《水经》⑤,后代州郡地理多称图经⑥,义皆本于经界,书亦自存掌故,不与著述同科,其于六艺之文固无嫌也。至于术数诸家,均出圣门制作。周公经理垂典,皆守人官物曲而不失其传。及其官司失守而道散品亡,则有习其说者,相与讲贯而授受,亦犹孔门传习之出于不得已也。然而口耳之学,不能历久而不差,则著于竹帛以授之其人,说详《诗教》上篇。亦其理也。是以至战国而羲、农、黄帝之书,

---

① 韩退之(768—824):唐代文学家、哲学家。名愈,字退之,因其郡望昌黎,自称"昌黎韩愈"。因而后人又称之"韩昌黎"。河南河阳(今河南孟县南)人。贞元进士,几度作节度使下属官,后官至监察御史。宪宗朝,随裴度平吴元济,官刑部侍郎。因谏劝宪宗迎奉佛骨,被贬为潮州刺史。穆宗时,官至吏部侍郎。大力提倡儒学,并以继承儒家道统自任。坚决反对佛教,反对藩镇割据。在文学上倡导古文运动,主张继承先秦两汉散文传统,反对专讲声律对仗而忽视内容的骈体文。与柳宗元共同努力,使文风为之一变。杜牧把韩文与杜诗并列,称为"杜诗韩笔"。宋代苏轼称其"文起八代之衰"。因此被尊为"唐宋八大家"之首。著有《昌黎先生集》。

② 李悝《法经》:李悝(约前455—前395),战国时魏国大臣。一作李克。子夏弟子。魏文侯时任相。曾"尽地力之教"富国强兵。又创"平籴法",促使经济发展。所编《法经》,是我国古代第一部较完整的法典。

③ 《大诰》:明太祖洪武十八年(1385)制订,共十条:一"揽纳户",二"安保过付",三"诡寄田粮",四"民人经该不解物",五"洒派抛荒田土",六"倚法为奸",七"空引偷军",八"黥刺在逃",九"官吏长解卖囚",十"寰中士夫不为君用",其罪至抄札。(详见《明史·刑法志》。)明焦竑《国史经籍志》卷一制书类载:《御制大诰》一卷,《大诰续编》一卷,《大诰三编》一卷。

④ 《山海经》:全书十八篇,篇次为《南山经》、《西山经》、《北山经》、《东山经》、《中山经》各一篇,《海外经》四篇,《海内经》五篇,《大荒经》四篇。经者谓经历,非经典。《汉书·艺文志》著录仅十三篇,今传本当是后人整理时所增。成书时代,据近人研究,除《海内经》四篇作于西汉初年,其余皆成于战国。它最大特点是用神话形式而写,故被认为是我国最古老的神话著作,历史地理学家则认为是一部地理书,亦有认为是最古之"巫书"。它对研究古代地理、风俗、神话以及原始社会均有价值。

⑤ 《水经》:成书于三国,作者不详。三卷。是我国第一部记述河道水系的专著。共记河流水道一百三十七条。因其记载过于简单,晋以后为之作注者甚多。其中北魏郦道元《水经注》最为著名。

⑥ 图经:是早期方志之一种著作形式,与地记同时出现于两汉,隋唐五代时期成为方志第二阶段的主要形式。有人说图经始见于《隋志》,这是不确当的。常璩《华阳国志》中记载东汉时巴郡太守但望的奏疏中已经提到《巴郡图经》,这是我们知道最早的图经。详见拙著《从敦煌图经残卷看隋唐五代图经发展》,载《文史》2001年第二辑。

一时杂出焉。其书皆称古圣，如天文之《甘石星经》[1]，方技之《灵》、《素》、《难》经[2]，其类实繁，则犹匠祭鲁般[3]，兵祭蚩尤[4]，不必著书者之果为圣人，而习是术者奉为依归，则亦不得不尊以为经言者也。又如《汉志》以后，杂出春秋战国时书，若师旷《禽经》[5]、伯乐《相马》[6]之经，其类亦繁，不过好事之徒因其人而附合，或略知其法者托古人以鸣高，亦犹儒者之传梅氏《尚书》[7]与子夏之《诗大序》也。他若陆氏《茶经》[8]，张氏《棋经》[9]，酒则有《甘露经》[10]，货则有《相贝经》[11]，是乃以文为谐戏，本无当于著录之指。譬犹毛颖

---

[1] 《甘石星经》：甘指甘德，石指石申，他们都是战国中期天文学家，分别著有《甘氏经》和《石氏经》，后人将其合在一起，称《甘石星经》，当然不是他们原著。石申，魏国人。公元前360年前后与甘德共同测定了一百二十颗恒星的位置，自己著有《天文》八卷，早佚。

[2] 《灵》、《素》、《难》经：指《灵枢》、《素问》、《难经》三部医书。《难经》，《直斋书录解题》医书类著录："《难经》二卷。案《文献通考》作五卷。渤海秦越人撰，济阳丁德用补注。《汉志》亦但有《扁鹊内外经》而已。《隋志》始有《难经》，《唐志》遂题云秦越人，皆不可考。德用者，乃嘉祐中人也。序言太医令吕广重编此经，而杨元操复为之注，览者难明，故为补之，且间为之图。八十一难，分为十三篇，而首篇为《诊候》，最详，凡二十四难。盖脉学自扁鹊始也。"

[3] 鲁般：春秋末著名木匠，即公输子，名般，一作班，鲁国人，故称鲁班。生活年代约为鲁定公、鲁哀公之际，比孔子稍后。他发明木作工技，长于制造攻城器械，工艺精巧，故被尊为木匠祖师。曾为楚惠王制造登城云梯，欲用以攻宋，墨子亲往劝止。

[4] 蚩尤：传说中原始社会末期部落酋长，一说姜姓，为东方九黎族首领，活动于今山东、河南、河北三省交界地带，相传他以金属制造兵器，《世本》有"蚩尤以金作兵器"记载，因而成为兵器始祖。

[5] 师旷《禽经》：师旷，春秋时晋国乐师，字子野，冀州南和（在今河北）人，历事悼公、晋平公，精于审音律。相传作有《阳春》、《白雪》、《玄默》等瑟曲，未闻作《禽经》。唯《直斋书录解题》方著录有"师旷《禽经》一卷，称张华注"。而马端临《文献通考》亦著录，恐为唐宋间人作而托名师旷。

[6] 伯乐《相马》：伯乐，相传古之善相马者。春秋时秦穆公之臣，曾荐方九堙为穆公相得千里马。《相马经》二卷，《隋书·经籍志》著录于子部五行类，并注明已佚。

[7] 梅氏《尚书》：指梅赜所献假《古文尚书》。汉以后《古文尚书》失传，到晋元帝时，豫章内史梅赜将伪造之《古文尚书》奏上，骗得当时统治者信任和奖励。历代多有学者提出疑问，直至清代阎若璩作《古文尚书疏证》和惠栋《古文尚书考》两书出，彻底否定梅氏所献之《古文尚书》的可靠性，指出确系梅氏所伪造。

[8] 陆氏《茶经》：陆羽（733—804），唐朝著名茶叶专家。复州竟陵（今湖北天门）人，字鸿渐，家世不可考。相传幼时为陆姓僧人收养，遂以陆为姓。作过优人，又作过伶师。上元中隐居苕溪（在今浙江西部），自称桑苎翁，与女诗人李季兰、僧皎然友好。拒绝唐政府征诏，以著书自娱。嗜饮茶，著《茶经》三卷，对茶叶之源流、饮法、茶道、茶具等论述甚详。旧时被尊奉为茶神。

[9] 张氏《棋经》：据说宋人张凝著《棋经》，《宋史·艺文志》杂艺术类著录《张学士棋经》一卷。

[10] 《甘露经》：《说郛》九四有王玞《甘露经》一卷。崔豹《古今注》："甘露，一名天酒。"故将言酒之经称《甘露经》。

[11] 《相贝经》：《新唐书·艺文志》农家类载《相贝经》一卷，未言作者。

之可以为传①，蟹之可以为志②，琴之可以为史③，荔枝牡丹之可以为谱④耳。此皆若有若无，不足议也。盖即数者论之，异教之经，如六国之各王其国，不知周天子也。而《春秋》名分，人具知之，彼亦不能窃而据也。制度之经，时王之法，一道同风，不必皆以经名，而礼时为大，既为当代臣民，固当率由而不越；即服膺六艺，亦出遵王制之一端也。术艺之经，则各有其徒相与守之，固无虞其越畔也。至谐戏而亦以经名，此赵佗⑤之所谓"妄窃帝号，聊以自娱"，不妨谐戏置之。六经之道，如日中天，岂以是为病哉！

## 经解下

异学称经以抗六艺，愚也；儒者僭经以拟六艺，妄也。六经初不为尊称，义取经纶为世法耳。六艺皆周公之政典，故立为经。夫子之圣非逊周公，而《论语》诸篇不称经者，以其非政典也。后儒因所尊而尊之，分部隶经，以为传固翼经者耳。佛老之书，本为一家之言，非有纲纪政事，其徒欲尊其教，自以一家之言，尊之过于六经，无不可也。强加经名以相拟，何异

---

① 毛颖之可以为传：唐代韩愈以毛笔拟人，为之作传，称《毛颖传》。后人便将毛颖作为毛笔之代称。
② 蟹之可以为志：唐末文学家陆龟蒙著有《蟹志》，载《笠泽丛书》卷四。陆龟蒙（？—约881），字鲁望，吴郡（今江苏苏州）人，试进士不第，曾任苏、湖二郡从事。后退隐松江甫里，自号江湖散人、甫里先生。与皮日休为好友，互相唱和，同负盛名。有《甫里先生集》。
③ 琴之可以为史：北宋学者朱长文著有《琴志》。《直斋书录解题》音乐类著录云："吴郡朱长文伯原撰。唐虞以来迄于本朝，琴之人与事备矣。"前五卷记载自古以来通琴理者一百五十五人，后一卷论制度之损益及操弄之沿革。朱长文（？—1098），北宋苏州人，字伯原。未冠，登进士乙科，以足疾未仕。后以苏轼荐，充本州教授，召为太常博士，迁秘书省正字，枢密院编修。元丰七年（1084）成《吴郡图经续纪》，又作《琴史》六卷。
④ 荔枝牡丹之可以为谱：北宋蔡襄著有《荔枝谱》，北宋欧阳修著有《牡丹谱》。蔡襄（1012—1067），兴化仙游（今福建仙游）人，天圣进士，庆历三年（1043）知谏院。他赞成"庆历新政"，任职论事，从不委随。历任知制诰、翰林院学士等职。为地方官期间，兴水利，办教育，禁陋俗。善词章、尤工书法。著有《茶录》、《荔枝谱》、《蔡忠惠集》。《牡丹谱》，《直斋书录解题》农家类著录云："欧阳修撰。少年为河南从事，目击洛花之盛，遂为此谱。"
⑤ 赵佗（？—前137）：西汉时南越王。"佗"，又作"它"。真定（今河北正定）人。秦始皇时为南海龙川（今广东龙川西南）县令。二世时，命行南海郡尉事，故又名"尉佗"，亦作"尉他"。秦朝灭亡，即并桂林、象郡，自立为南越王。汉高祖十一年（前196），刘邦以其平定南越有功，遣陆贾立其为南越王。高后时，又自尊号为南越武帝，发兵攻长沙边邑。至文帝时，复遣陆贾出使南越，他乃去帝号称臣。

优伶效楚相哉！亦其愚也。扬雄、刘歆①，儒之通经者也。扬雄《法言》，盖云时人有问，用法应之，抑亦可矣。乃云象《论语》者，抑何谬邪？虽然，此犹一家之言，其病小也。其大可异者，作《太玄》以准《易》，人仅知谓僭经尔，不知《易》乃先王政典而非空言，雄盖蹈于僭窃王章之罪，弗思甚也！详《易教》篇。卫氏之《元包》，司马之《潜虚》，方且拟《玄》而有作，不知《玄》之拟《易》已非也。刘歆为王莽作《大诰》②，其行事之得罪名教，固无可说矣。即拟《尚书》，亦何至此哉？河汾六籍，或谓好事者之缘饰，王通未必遽如斯妄也。诚使果有其事，则"六经奴婢"之诮，犹未得其情矣。奴婢未尝不服劳于主人，王氏六经服劳于孔氏者又何在乎！束晳之《补笙诗》③，皮日休之《补九夏》④，白居易之《补汤征》⑤，以为文人戏谑而不为虐，

---

① 刘歆（约前53—23）：西汉末年学者。字子骏，后改名秀，字颖叔，沛（今江苏沛县）人。成帝时任黄门郎。河平中，受诏与父刘向领校群书。哀帝即位，为侍中太中大夫，迁骑都尉、奉车光禄大夫，复领五经，卒父前业，集六艺群书，完成《七略》一书。王莽执政后，倍受宠信，官至京兆尹，封江休侯，典儒林史卜之官。王莽称帝，拜为国师。地皇末谋诛王莽，事泄自杀，亦说事泄被杀。今存《遂初赋》等，另有天文著作《三统历谱》。

② 王莽作《大诰》：王莽（前45—23），字巨君，东平陵（今山东济南东）人。汉元帝王皇后之侄。哀帝卒，以大司马领尚书事专权，迎立年仅九岁的平帝，号安汉公，诸事皆决其手。元始五年（5年）平帝死，即居摄践阼，称"假皇帝"，初始元年（8年）称帝，改国号为"新"。居摄二年九月，东郡太守翟义举兵讨莽，"莽于是依《周书》作《大诰》"。（《汉书·翟义传》）

③ 束晳之《补笙诗》：束晳（261—303），西晋文学家，字广微，阳平元城（今河北大名）人。官至尚书郎。博学多闻，性沉静，曾作《玄居释》以明其志。太康二年（281），《汲冢竹书》出，与同列校缀次第，寻考指归，随疑分析，辨析其义，使久佚古文献得以重新行世。著有《三魏人士传》、《七代通纪》、《晋书》纪、志，均亡失。"其《五经通论》、《发蒙记》、《补亡诗》、文集数十篇，行于世云"。（《晋书·束晳传》）这就是说他补的亡诗仍行于世。对这补亡诗六首，《文选》已收入。洪迈在《容斋续笔》卷十五有"南陔六诗"条："《南陔》、《白华》、《华黍》、《由庚》、《崇邱》、《由仪》六诗，毛公为《诗诂训传》，各置其名，述其义，而亡其辞。"不过最后洪迈说："且古诗经删及逸不存者多矣，何独列此六名于大序中乎？束晳《补亡》六篇，不作可也。"

④ 皮日休之《补九夏》：皮日休（约834—约883），唐末文学家。字袭美，又字逸少，襄阳（今湖北襄阳）人。出身贫苦。咸通进士，曾任著作郎、太常博士等职。后参加黄巢起义军，任大齐政权翰林学士。此后去向众说不一。所作诗多有揭露统治阶级腐朽，反映人民疾苦。而散文和辞赋亦大多借古讽今，抒发愤慨。所作《补九夏》仍流传，据《周礼·春官》："钟师掌金奏，凡乐事以钟鼓奏《九夏》：《王夏》、《肆夏》、《昭夏》、《纳夏》、《章夏》、《齐夏》、《族夏》、《陔夏》、《骜夏》。"郑玄注："《九夏》，皆诗篇名，颂之族类也。载在乐章，乐崩亦从而亡。"

⑤ 白居易之《补汤征》：白居易（772—846），唐代大诗人。字乐天，祖籍太原（今山西太原），曾祖时迁居下邽（今陕西渭南北）。宪宗时曾任翰林学士、左拾遗等职。元和十年（815），因宰臣吴元衡被刺，他力主捉拿凶手，得罪权贵，以越职言事罪，贬为江州司马。穆宗即位，召回长安，目睹朝政混乱，

称为拟作，抑亦可矣。标题曰"补"，则亦何取辞章家言，以缀《诗》、《书》之阙邪！至《孝经》虽名为经，其实传也。儒者重夫子之遗言，则附之经部矣。马融①诚有志于劝忠，自以马氏之说，援经征传，纵横反覆，极其言之所至可也，必标《忠经》②，亦已异矣！乃至分章十八，引《风》缀《雅》，一一效之，何殊张载之《拟四愁》③，《七林》之仿《七发》哉！诚哉非马氏之书，俗儒所依托也。宋氏之《女孝经》④，郑氏之《女论语》⑤，以谓女子有才，嘉尚其志可也。但彼如欲明女教，自以其意立说可矣。假设班氏惠姬⑥与诸

---

（接上页）宦官朋党擅权，自请外出，历任杭州、苏州刺史。文宗时曾任太子少傅。武宗初年以刑部尚书致仕。晚年退居洛阳香山，自号香山居士。所作诗歌，通俗易懂，内容多为同情民间疾苦，揭露统治者腐朽与残暴。著有《白氏长庆集》。《补逸书序》云："葛伯不祀，汤始征之，作《汤征》。"

① 马融（79—166）：东汉经学家，字季长，扶风茂陵（今陕西兴平东北）人。初师名儒挚恂，遍治群经。曾任东观校书郎、议郎、武都太守、南郡太守等职。以忤大将军梁冀旨被流放朔方。遇赦后再入东观著述，后因病去官，卒于家。融才高而博闻多识，遍注《周易》、《尚书》、《毛诗》、《三礼》、《论语》、《孝经》等经书，又注《老子》、《列女传》、《淮南子》、《离骚》等。又作《三传异同说》，是当时古文经学的代表人物，门生常以千数。

② 《忠经》：旧托马融而作，《四库全书总目提要》子部儒家类对此作了辨证："《忠经》一卷，旧本题汉马融撰，郑玄注。其文拟《孝经》为十八章，经与注如出一手。考融所述作，具载《后汉书》本传。玄所训释载于郑《志》，目录尤详。《孝经注》依托于玄，刘知幾尚设十二验以辨之，其文具载《唐会要》，乌有所谓《忠经注》哉？《隋志》、《唐志》皆不著录，《崇文总目》始列其名，其为宋代伪书，殆无疑义。《玉海》引宋《两朝志》，载有海鹏《忠经》，然则此书本有撰人，原非赝造，后人诈题马、郑，掩其本名，转使真本变伪耳。"

③ 张载之《拟四愁》：张载，西晋文学家。字孟阳，安平（今河北冀州）人。武帝时，官至中书侍郎，领著作。后因"八王之乱"，称病告归。与弟张协、张亢，俱以文学著称，时称"三张"。其诗颇重辞藻。《剑阁铭》、《七哀诗》为其代表作，《剑阁铭》并刻于剑阁山。东汉张衡曾作《四愁诗》，张载则作《拟四愁诗》，《文选》选其一首。

④ 宋氏之《女孝经》：《四库全书总目提要》子部儒家类载："《女孝经》一卷。唐郑氏撰。郑氏，朝散郎侯莫陈邈之妻。侯莫陈三字，复姓也。前载进书表，称姪女策为永王妃，因作此以戒。《唐书·艺文志》不载，《宋史·艺文志》始载之……其书仿《孝经》分十八章，章首皆假班（曹）大家以立言。进表所谓不敢自专，因以班（曹）大家为主，其文甚明。"宋氏应为郑氏，而下文"郑氏之《女论语》"，则应为宋氏，不知何以倒置。

⑤ 郑氏之《女论语》：应为宋氏之《女论语》。《旧唐书·后妃》下："女学士、尚宫宋氏者，名若昭，贝州清阳人。父庭芬，世为儒学，至庭芬有词藻。生五女，皆聪慧……年未及笄，皆能属文。长曰若莘，次曰若昭、若伦、若宪、若荀。若莘、若昭文尤淡丽，性复贞素闲雅，不尚纷华之饰……若莘教诲四妹，有如严师。著《女论语》十篇，其言模仿《论语》，以韦逞母宣文君宋氏代仲尼，以曹大家等代颜、闵，其间问答，悉以妇道所尚。若昭注解，皆有理致。"

⑥ 班氏惠姬：指班昭（49—约120），东汉史学家、文学家。一名姬，字惠班，扶风安陵（今陕西咸阳东北）人，班彪之女。适同郡曹世叔，世叔早卒。昭博学而才高，其兄固著《汉书》，八表及《天文志》未完而卒。和帝诏昭就东观藏书阁续而成之。帝数召其入宫，令皇后诸贵人师事之，号曰大家（音姑）。《汉书》初出，世人多未能读，昭乃亲授同郡马融等诵读。又作《女诫》七篇，以为妇女行为规范。

女相问答，则是将以书为训典，而先自托于子虚、亡是①之流，使人何所适从？彼意取其似经传耳，夫经岂可似哉？经求其似，则诨骗有卦，见《辍耕录》②。鞞始收声，有《月令》③矣。皆谐谑事。

若夫屈原抒愤，有辞二十五篇，刘、班著录，概称之曰《屈原赋》矣。乃王逸④作注，《离骚》之篇，已有经名。王氏释经为径，亦不解题为经者始谁氏也。至宋人注屈，乃云"一本《九歌》以下有传字"。虽不知称名所始，要亦依经而立传名，不当自宋始也。夫屈子之赋，固以《离骚》为重，史迁以下，至取《骚》以名其全书，今犹是也。然诸篇之旨本无分别，惟因首篇取重而强分经传，欲同正《雅》为经，变《雅》为传之例，是《孟子》七篇，当分《梁惠王》⑤经与《公孙》、《滕文》诸传矣。夫子之作《春秋》，庄生以谓议而不断，盖其义寓于其事其文，不自为赏罚也。汉魏而下，仿《春秋》者盖亦多矣。其间或得或失，更仆不能悉数。后之论者，至以迁、固而下，拟之《尚书》；诸家编年，拟之《春秋》。不知迁、固本纪，本为《春秋》家学，书志表传，殆犹《左》、《国》内外之与为终始发明耳。诸家《阳秋》⑥，先后杂出，或用其名而变其体，《十六国春秋》⑦之类。或避其名而拟其

---

① 子虚、亡是：司马相如在《子虚赋》、《上林赋》，设子虚、亡是公以为问答之辞。
② 《辍耕录》：元末明初陶宗仪作。宗仪，字九成，号南村，黄岩（今浙江黄岩）人。元末举进士不第，遂弃去。工诗文，善书画，学识渊博。元末兵起，避乱松江华亭，亲耕园圃一区，闲暇以笔墨自娱。常在村下采树叶作笔记，将想到之事记在上面，贮入盆中。至正末，由其门人加以整理，得五百八十余条，编成《辍耕录》三十卷。其内容多记元代掌故、典章制度、文物及元末农民起义军有关事迹，兼论小说、戏剧、书画、诗词，有很高的学术价值。明洪武时曾任教官。还著有《书史会要》、《南村诗集》等。又辑前人小说笔记为《说郛》。
③ 《月令》：《礼记》篇名。记述每年夏历十二个月的时令及相关事物，并把各类事物归纳在五行相生的系统中。内容比较早行世的《夏小正》丰富而系统。
④ 王逸：东汉文学家。字叔师，南郡宜城（今湖北宜城南）人。安帝时为校书郎，顺帝时官至侍中。著有《楚辞章句》，为最早注释《楚辞》的著作，为后世学者所推重。有《汉诗》一百二十三篇，赋、书、论等二十一篇，今多不存，为哀悼屈原而作《九思》，存于《楚辞章句》中。后人辑有《王叔师集》。
⑤ 《梁惠王》：与下文《公孙》、《滕文》均为《孟子》的篇名，《梁惠王》为七篇之首，《公孙丑》、《滕文公》分别为第二、第三篇。还有《离娄》、《万章》、《告子》、《尽心》四篇。
⑥ 《阳秋》：因避讳而将《春秋》称为《阳秋》。晋简文帝郑太后名阿春，故晋人讳"春"，多改《春秋》为《阳秋》，如孙盛的《魏阳秋》、《晋阳秋》，习凿齿的《汉晋阳秋》、王诏之的《晋安帝阳秋》等。
⑦ 《十六国春秋》：北魏崔鸿作。崔鸿，字彦鸾，鄃（今山东平原）人。生年不详，约死于孝昌年间（525—527）。仕魏为中散大夫，以本官编修国史，后迁黄门侍郎，加散骑常侍、齐州大中正。《十六国春秋》共一百卷，另有序略、年表各一卷。每国自为篇卷，叫作"录"。自景明初（500）开始搜集诸国旧史，

实,《通鉴纲目》①之类。要皆不知迁、固之书本绍《春秋》之学,并非取法《尚书》者也。

故明于《春秋》之义者,但当较正迁、固以下,其文其事之中,其义固何如耳。若欲萃聚其事,以年分编,则荀悦、袁宏之例具在,未尝不可法也。必欲于纪传编年之外别为《春秋》,则亦王氏《元经》②之续耳。夫异端抗经,不足道也。儒者服习六经,而不知经之不可以拟,则浅之乎为儒者矣!

---

(接上页)至正始三年(506)草成九十五卷,用时七年,尚缺李雄父子据蜀始末。常璩所撰《汉之书》直至正光三年(522)方购得,乃增其篇目,成一百零二卷巨著,前后达二十五年之久。原书于北宋已散佚,现流传乃明人屠乔孙、项琳等人据《晋史》所载十六国史事及类书中所引该书佚文汇编而成,已非崔鸿原书。

① 《通鉴纲目》:朱熹所作。全书五十九卷,其书起讫,一依《资治通鉴》之旧,从《通鉴》中节取事实,编为纲目。纲为提要,顶格大书,模仿《春秋》;目以叙事,低格分注,模仿《左传》。朱氏编此书动因有二:一是认为《通鉴》部头太大,读者不能得其要领。二是《通鉴》的封建正统思想还不够强,书法不够完备。因此,凡是不符合正统观念的,《纲目》一律加以改定。如三国史事,《通鉴》本据魏纪年,《纲目》则改以蜀纪年。此书到清康熙四十六年,康熙帝还亲自为这部书加上御批,于是考试策论,概以该书为准,其影响之大,可以想见。当然,它的问世,又产生了一种纲目史体。

② 王氏《元经》:王通仿《春秋》而作《元经》。

# 内篇二

## 原道上 [①]

"道之大原出于天",天固谆谆然命之乎?曰:天地之前,则吾不得而知也。天地生人,斯有道矣,而未形也;三人居室,而道形矣,犹未著也;人有什伍而至百千,一室所不能容,部别班分,而道著矣。仁义忠孝之名,刑政礼乐之制,皆其不得已而后起者也。

人之生也,自有其道,人不自知,故未有形。三人居室,则必朝暮启闭其门户,饔飧取给于樵汲,既非一身,则必有分任者矣。或各司其事,或番易其班,所谓不得不然之势也,而均平秩序之义出矣。又恐交委而互争焉,则必推年之长者持其平,亦不得不然之势也,而长幼尊卑之别形矣。至于什

---

[①] 本篇作于乾隆五十四年(1789),这年章学诚五十二岁。这是一篇研究章氏哲学思想,特别是历史哲学的重要文章。文中提出了"道不离器,犹影不离形"的光辉命题,这表明了他继承了荀子、柳宗元、王夫之等以来许多唯物主义思想家的哲学体系。"道不离器",就是说事物的理或规律,是不能离开客观事物而存在的。这一命题,是反映了"存在决定意识"的唯物观点。文章系统地论述了人类社会的"道",是伴随着人类社会的产生而产生,随着人类社会的发展而发展的。在人类社会产生之前,有关人类社会的各种"道",是根本不存在的。有了人类的活动,也就有了人类活动的"道"。人类社会越是发展,于是从"三人居室",到"一室所不能容",而必须"部别班分","道"就很清楚地出现了。再向前发展,则"作君、作师、画野、分州、井田、封建、学校"等也都出现了。这样一来,有关人类社会的理法制度也都纷纷产生了。随着社会的向前发展,"道"也自然在起变化,典章制度、礼教风俗也在变化。章学诚就是通过这些通俗的形象的比喻,来论说着"道"与"器"的关系。在这篇文章中,章氏还试图探寻历史发展的规律,由于阶级和时代的局限,在当时他并没有做到。因而社会为什么会这么变化,他只能说是"时会使然"而"不得不然",这在当时已经是了不起的。因为他认为历史发展的必然趋势并不是上帝或神所主宰,也不是圣君贤相所决定。这自然就是对"君权神授"的"天命论"的无情地抨击。根据这个观点,他进而论证典章制度的演变和学术文化的发展,也都取决于社会发展的必然趋势,随着时代条件的变化而必然发生变化。当然,他的"道不离器"命题,六年前在《与朱沧眉中翰论学书》中已经提出,而《原道》三篇论述得更加系统与完整了。此篇写出后,他的许多师友都很不理解,说他染上了"宋人习气"。为此,他在《与陈鉴亭论学》中特地作了说明,因此,这三篇可同时阅读。

伍千百，部别班分，亦必各长其什伍而积至于千百，则人众而赖于干济，必推才之杰者理其繁，势纷而须于率俾，必推德之懋者司其化，是亦不得不然之势也；而作君、作师、画野、分州、井田、封建、学校之意著矣。故道者，非圣人智力之所能为，皆其事势自然，渐形渐著，不得已而出之，故曰"天"也。

《易》曰："一阴一阳之谓道。"是未有人而道已具也。继之者善，成之者性。是天著于人而理附于气。故可形其形而名其名者，皆道之故而非道也。道者，万事万物之所以然，而非万事万物之当然也。人可得而见者，则其当然而已矣。人之初生，至于什伍千百，以及作君、作师、分州、画野，盖必有所需而后从而给之，有所郁而后从而宣之，有所弊而后从而救之，羲、农、轩、颛[①]之制作，初意不过如是尔。法积美备，至唐虞而尽善焉；殷因夏监，至成周而无憾焉。譬如滥觞积而渐为江河，培塿积而至于山岳，亦其理势之自然，而非尧舜之圣过乎羲轩，文武之神胜于禹汤也。后圣法前圣，非法前圣也，法其道之渐形而渐著者也。三皇无为而自化，五帝开物而成务，三王立制而垂法，后人见为治化不同有如是尔。当日圣人创制，只觉事势出于不得不然，一似暑之必须为葛，寒之必须为裘，而非有所容心，以谓吾必如是而后可以异于圣人，吾必如是而后可以齐名前圣也。此皆一阴一阳往复循环所必至，而非可即是以为一阴一阳之道也。一阴一阳，往复循环者，犹车轮也；圣人创制，一似暑葛寒裘，犹轨辙也。

道有自然，圣人有不得不然，其事同乎？曰：不同。道无所为而自然，圣人有所见而不得不然也。故言圣人体道可也，言圣人与道同体不可也。圣人有所见，故不得不然；众人无所见，则不知其然而然。孰为近道？曰：不知其然而然，即道也。非无所见也，不可见也。不得不然者，圣人所以合乎道，非可即以为道也。圣人求道，道无可见，即众人之不知其然而然，圣人

---

[①] 羲、农、轩、颛：指太皞伏羲氏、炎帝神农氏、黄帝轩辕氏、颛顼高阳氏。高阳氏，黄炎部落联盟首领之一。名颛顼，号高阳氏。黄帝之孙，昌意之子。其部落活动于帝丘（今河南濮阳东南）一带，曾在夺权斗争中击败共工氏。重视人事治理，发展农业，命南正重、火正黎掌管祭祀天神及民事。死后由帝喾继其位。

所藉以见道者也。故不知其然而然，一阴一阳之迹也。学于圣人，斯为贤人，学于贤人，斯为君子。学于众人，斯为圣人。非众可学也，求道必于一阴一阳之迹也。自有天地而至唐虞夏商，迹既多而穷变通久之理亦大备。周公以天纵生知之圣，而适当积古留传道法大备之时，是以经纶制作，集千古之大成，则亦时会使然，非周公之圣智能使之然也。盖自古圣人，皆学于众人之不知其然而然，而周公又遍阅于自古圣人之不得不然而知其然也。周公固天纵生知之圣矣，此非周公智力所能也，时会使然也。譬如春夏秋冬各主一时，而冬令告一岁之成，亦其时会使然，而非冬令胜于三时也。故创制显庸之圣，千古所同也。集大成者，周公所独也。时会适当然而然，周公亦不自知其然也。

　　孟子曰："孔子之谓集大成。"今言集大成者为周公，毋乃悖于孟子之指欤？曰：集之为言，萃众之所有而一之也。自有天地而至唐虞夏商，皆圣人而得天子之位，经纶治化，一出于道体之适然。周公成文、武之德，适当帝全王备，殷因夏监，至于无可复加之际，故得藉为制作典章，而以周道集古圣之成，斯乃所谓集大成也。孔子有德无位，即无从得制作之权，不得列于一成，安有大成可集乎？非孔子之圣逊于周公也，时会使然也。孟子所谓集大成者，乃对伯夷、伊尹、柳下惠[①]而言之也，意谓伯夷、尹、惠皆古圣人，恐学者疑孔子之圣与三子同，公孙丑氏尝有"若是其班"之问矣，故言三子之偏与孔子之全，无所取譬，譬于作乐之大成也。故孔子大成之说，可以对三子，而不可以尽孔子也。以之尽孔子，反小孔子矣。何也？周公集羲轩尧舜以来之大成，周公固学于历圣而集之，无历圣之道法，则固无以成其周公也。孔子集伯夷、尹、惠之大成，孔子固未尝学于伯夷、尹、惠，且无伯夷、尹、惠之行事，岂将无以成其孔子乎？夫孟子之言，各有所当而已矣，

---

① 伊尹、柳下惠：伊尹，商朝大臣。名挚，亦称"阿衡"。原为商汤妃有莘氏之媵臣，受汤赏识，任以国政，佐汤灭夏，建立商朝。后又辅佐外丙、中壬二朝。中壬卒，他立太甲为商王，述政教，言法度。太甲立三年，暴戾而乱汤法，他遂放逐太甲，并摄国政。三年后，太甲悔过自责，乃复迎其复位。至帝沃丁时卒。一说太甲放逐后，七年返都，将他杀死。柳下惠，春秋时鲁国大夫。即展禽，名获，字禽。食邑在柳下，谥惠，故称"柳下惠"。曾任士师（刑狱官）。僖公二十六年（前634），齐伐鲁，他曾派人劝齐退兵。以善于讲究贵族礼节著称，深受孔子赞赏。

岂可以文害意乎！

达巷党人曰："大哉孔子！博学而无所成名。"今人皆嗤党人不知孔子矣；抑知孔子果成何名乎？以谓天纵生知之圣，不可言思拟议而为一定之名也，于是援天与神，以为圣不可知而已矣，斯其所见何以异于党人乎！天地之大，可以一言尽；孔子之大，亦天地也，独不可以一言尽乎！或问何以一言尽孔子？则曰：学周公而已矣。周公之外别无所学乎？曰：非有学而孔子有所不至；周公既集群圣之成，则周公之外，更无所谓学也。周公集群圣之大成，孔子学而尽周公之道，斯一言也，足以蔽孔子之全体矣。"祖述尧舜"，周公之志也；"宪章文武"，周公之业也。一则曰："文王既没，文不在兹。"再则曰："甚矣吾衰，不复梦见周公。"又曰："吾学周礼，今用之。"又曰："郁郁乎文哉，吾从周。"哀公问政，则曰："文武之政，布在方策。"或问"仲尼焉学"，子贡以为"文武之道，未坠于地"。"述而不作"，周公之旧典也；"好古敏求"，周公之遗籍也。党人生同时而不知，乃谓无所成名，亦非全无所见矣。后人观载籍而不知夫子之所学，是不如党人所见也，而犹嗤党人为不知，奚翅百步之笑五十步乎！故自古圣人，其圣虽同，而其所以为圣不必尽同，时会使然也。惟孔子与周公，俱生法积道备至于无可复加之后，周公集其成以行其道，孔子尽其道以明其教，符节吻合，如出于一人，不复更有毫末异同之致也。然则欲尊孔子者，安在援天与神而为恍惚难凭之说哉！

或曰：孔子既与周公同道矣，周公集大成，而孔子独非大成欤？曰：孔子之大成，亦非孟子仅对夷、尹、惠之谓也；又不同于周公之集也。孟子曰："集大成也者，金声而玉振之也。"窃取其义以拟周孔，周公其玉振之大成，孔子其金声之大成欤！周公集羲轩尧舜以来之道法，而于前圣所传，损益尽其美善，玉振之收于其后者也；孔子尽周公之道法，不得行而明其教，后世纵有圣人，不能出其范围，金声之宣于前者也。盖君师分而治教不能合于一，气数之出于天者也。周公集治统之成，而孔子明立教之极，皆事理之不得不然，而非圣人故欲如是以求异于前人，此道法之出于天者也。故隋唐以前，学校并祀周孔，以周公为先圣，孔子为先师，盖言制作之为圣，而立教之为师。故孟子曰："周公、仲尼之道，一也。"然则周公、孔子以时会而立统宗之极，圣人固藉时会欤？宰我[①]以谓"夫子贤于尧、舜"，子贡以谓"生民未有如夫子"，有若以夫子较古圣人则谓"出类拔萃"，三子得毋阿所好欤？曰：朱子之言尽之矣："语圣则不异，事功则有异也。"然而治见实事，教则垂空言矣。立言必折衷夫子，大贤而下，其言不能不有所偏矣。宰我、子贡、有若[②]，孟子并引其言，以谓知足知圣矣。子贡之言固无弊，而宰我"贤于尧舜"，且曰"远"，使非朱子疏别为事功，则无是理也。夫尊夫子者，莫若切近人情，虽固体于道之不得不然，而已为生民之所未有矣。盖周公集成之功在前王，而夫子明教之功在万世也；若歧视周、孔而优劣之，则妄矣。故欲知道者，在知周孔之所以为周孔。

## 原道中

韩退之曰："由周公而上，上而为君，故其事行；由周公而下，下而为臣，故其说长。"夫说长者道之所由明，而说长者亦即道之所由晦也。夫子尽周公之道而明其教于万世，夫子未尝自为说也。表章六籍，存周公之旧典，故曰："述而不作，信而好古。"又曰："盖有不知而作之者，我无是也。""子所雅言，《诗》、《书》执《礼》。"所谓明先王之道以导之也。非夫子推尊先王，意存谦牧而不自作也，夫子本无可作也。有德无位，即无制作之权。空言不可以教人，所谓"无征不信"也。教之为事，羲轩以来，盖已有之。观《易·大传》之所称述，则知圣人即身示法，因事立教，而未尝于敷政出治之外，别有所谓教法也。虞廷之教，则有专官矣，司徒之所敬敷，典乐之所咨命，以至学校之设，通于四代，司成师保之职，详于《周官》。然既列于有司，则肄业存于掌故，其所习者，修齐治平之道，而所师者，守

---

[①] 宰我（前522—前458）：春秋时鲁国人，孔子弟子。字子我，名宰予，又作宰我。善于言辞，利口能辩。但孔子不以为然，曾说："以言取人，失之宰予。"仕于齐，任临淄大夫。后参与田常反对齐简公活动，事败被诛。《索隐》以为《左传》无宰予参与作乱之文，然有监止亦字子我，与宰予之字同，因而参与反对齐简公并遭族诛者可能就是监止。

[②] 有若：春秋时鲁国人，孔子弟子。字子有，亦称"有子"。孔子卒，众弟子思念，因其状似孔子，被拥立为师。后有弟子问，不能解答，遂被责为"此非子之座也"而罢之。

官典法之人。治教无二，官师合一，岂有空言以存其私说哉！儒家者流，尊奉孔子，若将私为儒者之宗师，则亦不知孔子矣。孔子立人道之极，未可以谓立儒道之极也。儒也者，贤士不遇明良之盛，不得位而大行，于是守先王之道以待后之学者，出于势之无可如何尔。人道所当为者，广矣大矣，岂当身皆无所遇，而必出于守先待后，不复涉于人世哉！学《易》原于羲画，不必同其卉服野处也；观《书》始于《虞典》①，不必同其呼天号泣也，以为所处之境，各有不同也。然则学夫子者，岂曰屏弃事功，预期道不行而垂其教邪？

《易》曰："形而上者谓之道，形而下者谓之器。"道不离器，犹影不离形。后世服夫子之教者自六经，以谓六经载道之书也，而不知六经皆器也。《易》之为书，所以开物成务，掌于《春官》太卜，则固有官守而列于掌故矣。《书》在外史，《诗》领大师，《礼》自宗伯，《乐》有司成，《春秋》各有国史。三代以前，《诗》、《书》、六艺，未尝不以教人，非如后世尊奉六经，别为儒学一门而专称为载道之书者。盖以学者所习，不出官司典守、国家政教，而其为用，亦不出于人伦日用之常，是以但见其为不得不然之事耳，未尝别见所载之道也。夫子述六经以训后世，亦谓先圣先王之道不可见，六经即其器之可见者也。后人不见先王，当据可守之器而思不可见之道，故表章先王政教，与夫官司典守以示人，而不自著为说，以致离器言道也。夫子自述《春秋》之所以作，则云"我欲托之空言，不如见诸行事之深切著明"。则政教典章人伦日用之外，更无别出著述之道，亦已明矣。秦人禁偶语《诗》、《书》，而云"欲学法令，以吏为师"。夫秦之悖于古者，禁《诗》、《书》耳。至云学法令者以吏为师，则亦道器合一，而官师治教未尝分歧为二之至理也。其后治学既分，不能合一，天也。官司守一时之掌故，经师传授受之章句，亦事之出于不得不然者也。然而历代相传，不废儒业，为其所守先王之道也。而儒家者流，守其六籍，以谓是特载道之书耳。夫天下岂有离器言道，离形存影者哉！彼舍天下事物人伦日用，而守六籍以言道，则固不可与言夫道矣。

《易》曰："仁者见之谓之仁，智者见之谓之智，百姓日用而不知。"道

---

① 《虞典》：《尚书》组成部分之一。相传为记载唐尧、虞舜事迹之书，今传本无此篇。

之所由隐也。夫见亦谓之，则固贤于日用不知矣。然而不知道而道存，见谓道而道亡。大道之隐也，不隐于庸愚，而隐于贤智之伦者纷纷有见也。盖官师治教合，而天下聪明范于一，故即器存道，而人心无越思；官师治教分，而聪明才智不入于范围，则一阴一阳入于受性之偏，而各以所见为固然，亦势也。夫礼司乐职，各守专官，虽有离娄之明，师旷之聪，不能不赴范而就律也。今云官守失传，而吾以道德明其教，则人人皆自以为道德矣。故夫子述而不作，而表章六艺，以存周公之旧典也，不敢舍器而言道也。而诸子纷纷则已言道矣，庄生譬之为耳目口鼻，司马谈①别之为六家，刘向区之为九流，皆自以为至极，而思以其道易天下者也。由君子观之，皆仁智之见而谓之，而非道之果若是易也。夫道因器而显，不因人而名也。自人有谓道者，而道始因人而异其名矣。仁见谓仁，智见谓智是也。人自率道而行，道非人之所能据而有也。自人各谓其道而各行其所谓，而道始得为人所有矣。墨者之道，许子②之道，其类皆是也。夫道自形于三人居室而大备于周公、孔子，历圣未尝别以道名者，盖犹一门之内不自标其姓氏也。至百家杂出而言道，而儒者不得不自尊其所出矣。一则曰尧舜之道，再则曰周公、仲尼之道，故韩退之谓"道与德为虚位"也。夫"道与德为虚位"者，道德之衰也。

# 原道下

人之萃处也，因宾而立主之名；言之庞出也，因非而立是之名，自诸子之纷纷言道而为道病焉，儒家者流乃尊尧、舜、周、孔之道以为吾道矣。道

---

① 司马谈（约前190—前110）：西汉时史学家。姓司马，名谈，夏阳（今陕西韩城）人。尝从唐都学天文，从杨何受《易》，从黄子习道家之论。建元时任太史丞，官至太史令。著《论六家要旨》，对儒、墨、名、法、阴阳、道德各家进行了分析和评论，认为诸家各有短长，唯道家兼有各家之长。又以继先祖周太史论著为己任，发愤撰史。元封元年（前110），汉武帝封禅泰山，他因病滞留周南，不得从行，忧愤而死，临终嘱其子司马迁继承其事业。
② 许子：指许行，战国思想家。楚国人，与孟子同时，农家代表人物。晚年到滕国（今山东滕州西南）游说，鼓吹"贤者与民并耕而食"，其思想是提倡人人平等劳动，物物等价交换。从学者数十人，皆穿粗衣，靠打草鞋和编席为生。

本无吾而人自吾之，以谓庶几别于非道之道也。而不知各吾其吾，犹三军之众可称我军，对敌国而我之也；非临敌国，三军又各有其我也。夫六艺者，圣人即器而存道，而三家之《易》①，四氏之《诗》②，攻且习者，不胜其入主而出奴也。不知古人于六艺，被服如衣食，人人习之为固然，未尝专门以名家者也。后儒但即一经之隅曲，而终身殚竭其精力，犹恐不得一当焉，是岂古今人不相及哉？其势有然也。古者道寓于器，官师合一，学士所肄，非国家之典章，即有司之故事，耳目习而无事深求，故其得之易也；后儒即器求道，有师无官，事出传闻而非目见，文须训故而非质言，是以得之难也。夫六艺并重，非可止守一经也；经旨闳深，非可限于隅曲也。而诸儒专攻一经

---

① 三家之《易》：指施雠、孟喜、梁丘贺三家为《易经》所作的传。《汉书·儒林传》：丁宽从田何受《易》，作《易说》三万言。"宽授同郡砀田王孙，王孙授施雠、孟喜、梁丘贺。由是《易》有施、孟、梁丘之学。"丁宽，西汉学者。字子襄，梁国（今河南商丘南）人。景帝时为梁孝王将军，拒吴楚，号"丁将军"。初梁人项生从田何学《易》，时丁为项生之随从，因读《易》精敏，才过项生，遂从田何学《易》，至洛阳，复从周王孙学《易》古义，撰《易说》一书。施雠，西汉学者。字长卿，沛郡（治今安徽濉溪西）人。少从田王孙学《易》，田王孙任博士，他亦徙家长陵（今陕西咸阳东北），得卒业。后经同学梁丘贺固请，方授《易》于张禹、梁丘临等。宣帝时任博士，曾参与甘露三年（前51）石渠阁讲论五经异同。注释过《易经》，并作《章句》二篇。张禹又授淮阳彭宣，传施氏之学，于是施家有张、彭之学。孟喜，西汉学者。字长卿，东海兰陵（今山东枣庄）人。曾从田王孙受《易》。好自称誉，尝得《易》家候阴阳灾变之书，诈言为师田生所独传，同门梁丘贺曾上其伪。举孝廉为郎，任曲台署长，病免。又复为丞相掾。时博士缺，众人荐他，宣帝闻其改师法，遂不得用。授《易》白光、翟牧，于是《易》有孟、白、翟之学。梁丘贺，西汉学者。字长翁，琅邪诸县（今山东诸城）人。初以能心计，为武骑，从杨何弟子太中大夫京房学《易》，后京房出任齐郡太守，又从田王孙。宣帝时，任宗正属官都司空令，以坐事，免为庶人。后宣帝闻京房治《易》著名，乃求其门人，他被召入宫，为诸侍中讲经，颇得赏识，拜为郎，历官太中大夫、给事中、少府。为人小心周密，老死于任上。其子临亦精《易》，于是梁丘氏之《易》形成学派。

② 四氏之《诗》：指《鲁诗》、《齐诗》、《韩诗》、《毛诗》四家。西汉初传《诗》者，先是鲁人申培公传《鲁诗》，齐人辕固生传《齐诗》，燕人韩婴传《韩诗》。后毛亨治《诗》作《诗故训传》而称《毛诗》。王应麟《汉志考证》云："《齐》《韩》以其国，所传皆众人之说，《毛》《韩》以其姓，乃专门之学。"申培公，西汉学者。姓申，名培，亦称申公、申功。鲁（今山东曲阜）人。治《诗》，亦治《穀梁传》。从政受挫，返鲁隐居，收弟子授《诗》。其弟子千余人，为博士者十余人，其中孔安国、夏宽等最著名，其《诗》学影响很大，为《鲁诗》创始人。辕固生，西汉学者。姓辕，名固，"生"则为读书人之通称。齐（在今山东）人。以治《诗》著称于世。景帝时为博士，帝以其廉直，令任清河王（刘乘）太傅，后因病辞免。武帝即位，以贤良被征，时年已九十余。所授弟子甚多，齐地凡言《诗》者皆出其门下。韩婴，西汉学者。燕人。以治《诗》著称于时，作《内外传》数万言，在燕赵一带广为流传，为汉初治《诗》之一宗。又通《易》。文帝时为博士，景帝时出任常山王刘舜太傅，故又被称为"韩太傅"。武帝时，与董仲舒辩论经义，条理分明，深得武帝称赏。毛亨，西汉学者。鲁（今山东曲阜）人。治《诗》自谓得子夏所传，作《诗故训传》以授毛苌，时人谓之为大毛公。其书为现今所传最完整之《诗传》。

之隅曲，必倍古人兼通六艺之功能，则去圣久远，于事固无足怪也。但既竭其心思耳目之智力，则必于中独见天地之高深，因谓天地之大，人莫我尚也，亦人之情也。而不知特为一经之隅曲，未足窥古人之全体也。训诂章句，疏解义理，考求名物，皆不足以言道也。取三者而兼用之，则以萃聚之力补遥溯之功，或可庶几耳。而经师先已不能无牴牾，传其学者又复各分其门户，不啻儒墨之辨焉，则因宾定主而又有主中之宾，因非立是而又有是中之非，门径愈歧而大道愈隐矣。

"上古结绳而治，后世圣人易之以书契，百官以治，万民以察。"夫文字之用，为治为察，古人未尝取以为著述也。以文字为著述，起于官师之分职，治教之分途也。夫子曰："予欲无言。"欲无言者，不能不有所言也；孟子曰："予岂好辨哉？予不得已也。"后世载笔之士，作为文章，将以信今而传后，其亦尚念"欲无言"之旨与夫"不得已"之情，庶几哉言出于我，而所以为言者初非由我也。夫道备于六经，义蕴之匿于前者，章句训诂足以发明之。事变之出于后者，六经不能言，固贵约六经之旨而随时撰述以究大道也。"太上立德，其次立功，其次立言"，立言与功德相准，盖必有所需而后从而给之，有所郁而后从而宣之，有所弊而后从而救之，而非徒夸声音采色，以为一己之名也。《易》曰："神以知来，智以藏往。"知来，阳也；藏往，阴也。一阴一阳，道也。文章之用，或以述事，或以明理。事溯已往，阴也；理阐方来，阳也。其至焉者，则述事而理以昭焉，言理而事以范焉，则主适不偏，而文乃衷于道矣。迁固之史，董韩之文，庶几哉有所不得已于言者乎！不知其故而但溺文辞，其人不足道已。即为高论者，以谓文贵明道，何取声情色采以为愉悦，亦非知道之言也。夫无为之治而奏薰风，灵台之功而乐钟鼓，以及弹琴遇文，风雩言志，则帝王致治，贤圣功修，未尝无悦目娱心之适，而谓文章之用，必无咏叹抑扬之致哉！但溺于文辞之末，则害道已。

子贡曰："夫子之文章，可得而闻也；夫子之言性与天道，不可得而闻也。"盖夫子所言，无非性与天道，而未尝表而著之曰，此"性"，此"天道"也。故不曰"性与天道不可得闻"，而曰"言性与天道不可得闻"也。所言无非性与天道，而不明著此性与天道者，恐人舍器而求道也。夏礼能言，殷礼能言，皆曰"无征不信"，则夫子所言，必取征于事物，而非徒托空言以为明道也。曾子①真积力久，则曰"一以贯之"，子贡多学而识，则曰"一以贯之"，非真积力久与多学而识，则固无所据为一之贯也。训诂名物，将以求古圣之迹也，而侈记诵者如货殖之市矣；撰述文辞，欲以阐古圣之心也，而溺光采者如玩好之弄矣。异端曲学，道其所道而德其所德，固不足为斯道之得失也。记诵之学，文辞之才，不能不以斯道为宗主，而市且弄者之纷纷忘所自也。宋儒起而争之，以谓是皆溺于器而不知道也。夫溺于器而不知道者，亦即器而示之以道斯可矣。而其弊也，则欲使人舍器而言道。夫子教人"博学于文"，而宋儒则曰"玩物而丧志"；曾子教人"辞远鄙倍"，而宋儒则曰"工文则害道"。夫宋儒之言，岂非末流良药石哉！然药石所以攻脏腑之疾耳，宋儒之意，似见疾在脏腑，遂欲并脏腑而去之。将求性天，乃薄记诵而厌辞章，何以异乎？然其析理之精，践履之笃，汉唐之儒未之闻也。孟子曰："义理之悦我心，犹刍豢之悦我口。"义理不可空言也，博学以实之，文章以达之，三者合于一，庶几哉周孔之道虽远，不啻累译而通矣。顾经师互诋，文人相轻，而性理诸儒，又有朱陆②之同异，从朱从陆者之交攻，而言学问与文章者又逐风气而不悟，庄生所谓"百家往而不反，必不合矣"，悲夫！

---

① 曾子：曾参（前506—前453），春秋时鲁国南武城（今山东费县西南）人，字子与，孔子弟子。曾任小吏，俸禄不过釜钟，而自乐其职，孝养父母。后南游于越，得尊官。年五十余卒于鲁，孔子誉其能通孝道。曾作《孝经》，后世尊称为"述圣"。

② 朱陆：指朱熹、陆九渊。陆九渊（1139—1193），南宋哲学家。字子静，号象山翁，学者称之象山先生。抚州金溪（今江西金溪）人。乾道进士，任静安县主簿，后任国子正、将作监丞。晚年知荆门军，卒于官。提出"宇宙便是吾心，吾心便是宇宙"的"心即理"说，因而天理、人理、物理全在"吾心"之中，要认识宇宙本来面目，只要认识本心，是典型的主观唯心主义思想。与朱熹长期争论不休，在鹅湖之会上，当面作了辩论。到明代，陈献章、王守仁加以继承发展，形成"陆王学派"。于是程朱与陆王之争，一直延续到明清两代的学术界。

# 原学上 ①

《易》曰："成象之谓乾，效法之谓坤。"学也者，效法之谓也；道也者，成象之谓也。夫子曰："下学而上达。"盖言学于形下之器，而自达于形上之道也。"士希贤，贤希圣，圣希天。"希贤希圣，则有其理矣。"上天之载，无声无臭。"圣如何而希天哉？盖天之生人，莫不赋之以仁义礼智之性，天德也；莫不纳之于君臣、父子、夫妇、兄弟、朋友之伦，天位也。以天德而修天位，虽事物未交隐微之地，已有适当其可，而无过与不及之准焉，所谓成象也。平日体其象，事至物交，一如其准以赴之，所谓效法也。此圣人之希天也，此圣人之下学上达。伊尹曰："天之生斯民也，使先知觉后知，使先觉觉后觉也。"人生禀气不齐，固有不能自知适当其可之准者，则先知先觉之人从而指示之，所谓教也。教也者，教人自知适当其可之准，非教之舍己而从我也。故士希贤，贤希圣，希其效法于成象，而非舍己之固有而希之也。然则何以使知适当其可之准欤？何以使知成象而效法之欤？则必观于生民以来，备天德之纯而造天位之极者，求其前言往行，所以处夫穷变通久者而多识之，而后有以自得所谓成象者，而善其效法也。故效法者，必见于行事。《诗》、《书》诵读，所以求效法之资，而非可即为效法也。

然古人不以行事为学，而以《诗》、《书》诵读为学者，何邪？盖谓不格物而致知，则不可以诚意，行则如其知而出之也。故以诵读为学者，推教者

---

① 本篇作于乾隆五十四年（1789）。文章是在申述《原道》篇未尽之意，这一点他在《与陈鉴亭论学》一文中讲得很清楚："《原学》之篇，即申《原道》未尽之意，其以学而不思为俗之因缘，思而不学为异端之底蕴，颇自喜其能得要领。"按照此意再来阅读《原学》三篇，也就容易理解了。他认为古代是官师合一，学在官府，"三代之隆，学出于一，所谓学者，皆言人之功力也"。到了后来，"官师分而诸子百家之言起，于是学始因人品诣以名矣"，"官守失传，而各以思之所至，自为流别也"。自从诸子百家出现，于是学术上形成各种不同的学术流派。当然，他说"诸子百家之言，起于徒思而不学也"，恐怕未必妥当，特别是将"异端之起"，归之于"皆思之过"，似乎过于绝对。而他讲此目的，实际在于批评世儒之患，批评当今之学风，"诸子百家之患，起于思而不学；世儒之患，起于学而不思"。对于后者，他在许多文章里都作了批评，"风气所趋，竞为考订"。为此，他在文中提出"所贵君子之学术，为能持世而救偏"。可是"世之言学者，不知持风气，而惟知徇风气"，他认为"天下不能无风气"，任何一种风气，时间一久，必然产生流弊，作为一位正直的学者来说，就必须具有持世而救偏的勇气和精神。他自己正是这么做了，而《原道》三篇之撰写，正是针对当时学术界不良学风而作。

之所及而言之，非谓此外无学也。子路①曰："有民人焉，有社稷焉，何必读书，然后为学？"夫子斥以为佞者，盖以子羔②为宰，不若是说，非谓学必专于诵读也。专于诵读而言学，世儒之陋也。

## 原学中

古人之学，不遗事物，盖亦治教未分，官师合一，而后为之较易也。司徒敷五教，典乐教胄子，以及三代之学校皆见于制度。彼时从事于学者，入而申其占毕，出而即见政教典章之行事，是以学皆信而有征，而非空言相为授受也。然而其知易入，其行难副，则从古已然矣。尧之斥共工③也，则曰"静言庸违"，夫静而能言，则非不学者也。试之于事而有违，则与效法于成象者异矣。傅说④之启高宗⑤也，则曰"非知之艰，行之惟艰"，高宗旧学于甘盘⑥，久劳于外，岂不学者哉？未试于事，则恐行之而未孚也。又曰"人求多闻，时惟建事，学于古训乃有获"，说虽出于古文，其言要必有所受也。夫求多闻而实之以建事，则所谓学古训者非徒诵说，亦可见矣。夫治教一而官师未分，求知易而实行已难矣；何况官师分，而学者所肄皆为前人陈迹哉！

---

① 子路（前542—前480）：春秋时鲁官吏，孔子弟子。名仲由，字子路，又字季路，卞（今山东泗水）人。性勇而直，闻过则喜，事亲至孝。曾问政、问勇于孔子。任过鲁国季氏宰及卫国大夫孔悝的邑宰。周敬王四十年（前480），流落在晋国的蒯聩与卫国孔伯姬勾结，劫迫孔悝，逐走卫出公辄，他闻讯前往阻止，被蒯聩党徒杀死。

② 子羔（前521—？）：春秋时卫国大夫，孔子弟子。名高柴，字子羔。比孔子小三十岁，身长不盈五尺，其貌不扬，受业于孔子，孔子以为愚。

③ 共工：相传为尧舜时大臣。名穷奇，共工为水官名。尧与臣下议何人可嗣位，讙兜推荐他，尧认为他善言而邪僻，形恭敬而罪恶大，不可。舜即位后，讙兜又一次推荐他，舜亦坚持认为不可。后试授工师之职，其行果邪僻，与讙兜、三苗及鲧并称为"四凶"，被舜流放于幽州。

④ 傅说：商朝武丁时相。相传他原是在傅险（亦作傅岩，今山西平陆东）地方从事版筑（即土木建筑）的奴隶，武丁即位后，渴望得贤人辅佐，被选拔为相，遂以傅险为姓，号曰傅说。在他辅佐下，武丁修德行政，天下大治，将商朝推向全盛时期。

⑤ 高宗（？—约前1266）：商朝第二十三代国王。子姓，又称帝武丁，庙号高宗。小乙之子，祖庚之父。传说武丁年少时，小乙曾使其久居民间，"劳足稼穑，与小人从事"，又曾派他率师"役于外"。约在前1325前嗣位，先以甘盘为相，后又得傅说于傅岩，用以为相。修政行德，并对西北的鬼方、羌方用兵，又南击荆蛮。其妻妇好曾统兵攻羌方。商统治地区有很大发展。在位五十五年，一说五十九年，是商朝鼎盛时期。

⑥ 甘盘：商朝高宗武丁大臣，相传曾为武丁之师，后任为相，辅佐武丁治国有政声，世称贤臣。

夫子曰："学而不思则罔，思而不学则殆。"又曰："吾尝终日不食，终夜不寝，以思，无益，不如学也。"夫思，亦学者之事也。而别思于学，若谓思不可以言学者，盖谓必习于事而后可以言学，此则夫子诲人知行合一之道也。诸子百家之言，起于徒思而不学也，是以其旨皆有所承禀而不能无敝耳。刘歆所谓某家者流，其源出于古者某官之掌，其流而为某家之学，其失而为某事之敝。夫某官之掌，即先王之典章法度也；流为某家之学，则官守失传，而各以思之所至自为流别也；失为某事之敝，则极思而未习于事，虽持之有故，言之成理，而不能知其行之有病也。是以三代之隆，学出于一，所谓学者，皆言人之功力也。统言之，十年曰幼学，是也；析言之，则十三学乐，二十学礼，是也。国家因人功力之名而名其制度，则曰乡学、国学，学则三代共之，是也。未有以学属乎人，而区为品诣之名者。官师分而诸子百家之言起，于是学始因人品诣以名矣，所谓某甲家之学，某乙家之学，是也。学因人而异名，学斯舛矣。是非行之过而至于此也，出于思之过也。故夫子言学思偏废之弊，即继之曰："攻乎异端，斯害也已。"夫异端之起，皆思之过而不习于事者也。

# 原学下

诸子百家之患，起于思而不学；世儒之患，起于学而不思；盖官师分而学不同于古人也。后王以谓儒术不可废，故立博士，置弟子，而设科取士，以为诵法先王者劝焉。盖其始也，以利禄劝儒术；而其究也，以儒术徇利禄，斯固不足言也。而儒宗硕师由此辈出，则亦不可谓非朝廷风教之所植也。

夫人之情不能无所歆而动，既已为之，则思力致其实而求副乎名，中人以上可以勉而企焉者也。学校科举，奔走千百才俊，岂无什一出于中人以上者哉！去古久远，不能学古人之所学，则既以诵习儒业即为学之究竟矣。而攻取之难，势亦倍于古人。故于专门攻习儒业者，苟果有以自见而非一切庸俗所可几，吾无责焉耳。学博者长于考索，侈其富于山海，岂非道中之实积？而骛于博者，终身敝精劳神以徇之，不思博之何所取也。才雄者健于属文，矜其艳于云霞，岂非道体之发挥？而擅于文者，终身苦心焦思以构之，不思文之何所用也。言义理者似能思矣，而不知义理虚悬而无薄，则义理亦无当于道矣。此皆知其然而不知所以然也。程子①曰："凡事思所以然，天下第一学问。"人亦盍求所以然者思之乎！

天下不能无风气，风气不能无循环，一阴一阳之道，见于气数者然也。所贵君子之学术，为能持世而救偏，一阴一阳之道，宜于调剂者然也。风气之开也，必有所以取，学问文辞与义理，所以不无偏重畸轻之故也；风气之成也，必有所以敝，人情趋时而好名，徇末而不知本也。是故开者虽不免于偏，必取其精者为新气之迎；敝者纵名为正，必袭其伪者为末流之托；此亦自然之势也。而世之言学者，不知持风气而惟知徇风气，且谓非是不足邀誉焉，则亦弗思而已矣。

# 博约上②

沈枫墀③以书问学，自愧通人广座，不能与之问答。余报之以学在自立，

---

① 程子：北宋程颢、程颐兄弟，后世对其均称程子，两人同受业于周敦颐，世称其兄弟二人之学术为"洛学"，两人言论和著作，后人编为《二程全书》，内有《二程遗书》、《二程外书》、《二程粹言》等。为程朱理学重要创始人。

② 本篇作于乾隆五十四年（1789）。文章内容在论述做学问过程中博与约的关系。博本来就是为约而设，为约而求博，则博的目的性才更加明确；反之，约也只有在博的基础上才能实现，故两者是治学过程中相互依存的统一体。"博详反约，原非截然分界"，因此，他在文中说："博学强识，儒之所有事也，以谓自立之基不在是矣。学贵博而能约，未有不博而能约者也；以言陋儒荒俚，学一先生之言以自封域，不得谓专家也。然亦未有不约而能博者也；以言记诵，漫漶至于无极，妄求遍物，而不知尧舜之知所不能也。""名有由立，非专门成学不可也。故未有不专而可成学者也。"治学目的，最终是为了成学，要成学就必须先专精，所以他最后提出"学必求其心得，业必贵于专精"，只有这样才能成一家之学。在这篇文章中，他又提出了另一个议题，"学与功力，实相似而不同"，这也是前人从未谈过的。这就是说，你掌握的各种知识尽管相当丰富，但这并不说明就有学问，只是说明你掌握知识多少，在为学问做积累而已，只有当你产生了心得体会，产生了自己独得见解，方才是真正学问，否则只不过是储藏知识的容器而已。对此，他在《又与正甫论文》中讲得非常具体："功力与学问，实相似而不同。记诵名数，搜剔遗逸，排纂门类，考订异同，途辙多端，实皆学者求知所用之功力尔！即于数者之中，能得其所以然，因而上阐古人精微，下启后辈津逮，其中，隐微可独喻，而难为他人言者，乃学问也。"他在文中还举例说明，秫黍可以造酒，但本身并不是酒，功力可以达到学问，但本身还不是学问。《博约》之篇是原于沈枫墀问学而写，此前他已有《答沈枫墀论学》和《又答沈枫墀》，后者亦讲述了博与约的关系，可以参照阅读。因为这些内容确实都是在做学问过程中必然遇到的问题。我们今天也确实有这样的人，阅读古书非常之多，就是写不出文章，说他知识丰富自然可以，说他很有学问就未必了。

③ 沈枫墀：名在廷，乾隆举人，沈业富之子。业富号既堂，乾隆进士。据《章实斋先生年谱》载：

人所能者，我不必以不能愧也。因取譬于货殖，居布帛者不必与知粟菽，藏药饵者不必与闻金珠；患己不能自成家耳，譬市布而或阙于衣材，售药而或欠于方剂，则不可也。或曰：此即苏子瞻之教人读《汉书》法也，今学者多知之矣。余曰：言相似而不同，失之毫厘，则谬以千里矣。

或问苏君曰："公之博赡，亦可学乎？"苏君曰："可。吾尝读《汉书》矣，凡数过而尽之，如兵农礼乐，每过皆作一意求之，久之而后贯彻。"因取譬于市货，意谓货出无穷而操贾有尽，不可不知所择云尔。学者多诵苏氏之言以为良法，不知此特寻章摘句，如近人之纂类策括者尔。问者但求博赡，固无深意。苏氏答之，亦不过经生决科之业，今人稍留意于应举业者，多能为之，未可进言于学问也。而学者以为良法，则知学者鲜矣。夫学必有所专，苏氏之意，将以班书为学欤？则终身不能竟其业也，岂数过可得而尽乎？将以所求之礼、乐、兵、农为学欤？则每类各有高深，又岂一过所能尽一类哉？就苏氏之所喻，比于操贾求货，则每过作一意求，是欲初出市金珠，再出市布帛，至于米粟药饵，以次类求矣。如欲求而尽其类欤？虽陶朱、猗顿[①]之富，莫能给其贾也。如约略其贾，而每种姑少收之，则是一无所成其居积也。苏氏之言，进退皆无所据。而今学者方奔走苏氏之不暇，则以苏氏之言，以求学问则不足，以务举业则有余也。举业比户皆知诵习，未有能如苏氏之所为者，偶一见之，则固矫矫流俗之中，人亦相与望而畏之；而其人因以自命，以谓是学问，非举业也，而不知其非也。苏氏之学，出于纵横，其所长者，揣摩世务，切实近于有用，而所凭以发挥者，乃策论也。策对必有条目，论锋必援故实，苟非专门夙学，必须按册而稽。诚得如苏氏

---

（接上页）乾隆三十年（1765），章氏三至京师，"应顺天乡试，沈业富（既堂）与分校，荐先生之文于主司，不录。沈大惋惜，馆先生于其家，俾从事铅椠，益力于学"。又《章实斋先生年谱》乾隆五十四年（1789）六月，章氏"自太平返亳，道经扬州，访沈业富，留扬州几一月，沈先生令人抄存先生文稿四卷"。沈在当时与朱筠、翁方纲、张曾敞"并号四金刚"。十一月有《答沈枫墀论学》一文，其义可与《博约》相发明。

① 陶朱、猗顿：陶朱，原名范蠡，字少伯，楚国宛（今河南南阳）人。任越国大夫，越为吴所败，曾赴吴为人质二年。回越后，与勾践深谋二十多年，终于灭亡吴国。称上将军，并决计离越游齐国，改名鸱夷子皮。齐人闻其贤，以为相。他竟归相印，尽散其财，间行以去，止于陶（今山东定陶西北），又改名陶朱公，以经商致富，资累巨万。猗顿，春秋时鲁国人。初家贫，闻陶朱公富，问其致富之术，陶朱公教其经营畜牧，乃迁居西河，大养牛羊于猗氏（今山西临猗南）之南。十年而成巨富，驰名天下，因其兴富于猗氏，故以为姓。一说他以治盐为业，富可比王者。又以善识别玉著称。《尸子·治天下篇》云："相玉而借猗顿。"《淮南子·氾论训》高诱注亦云："猗顿，鲁之富人，能知玉理。"

之所以读《汉书》者尝致力焉，则亦可以应猝备求，无难事矣。

韩昌黎曰："记事者必提其要，纂言者必钩其玄。"钩玄提要，千古以为美谈；而韩氏所自为玄要之言，不但今不可见，抑且当日绝无流传，亦必寻章摘句取备临文撷拾者耳。而人乃欲仿钩玄提要之意而为撰述，是亦以苏氏类求误为学问，可例观也。或曰：如子所言，韩、苏不足法欤？曰：韩、苏用其功力，以为文辞助尔，非以此谓学也。

## 博约中

或曰：举业所以觇人之学问也。举业而与学问科殊，末流之失耳。苟有所备以俟举，即《记》之所谓博学强识以待问也，宁得不谓之学问欤？余曰：博学强识，儒之所有事也。以谓自立之基，不在是矣。学贵博而能约，未有不博而能约者也。以言陋儒荒俚，学一先生之言以自封域，不得谓专家也。然亦未有不约而能博者也。以言俗儒记诵，漫漶至于无极，妄求遍物，而不知尧舜之知所不能也。博学强识，自可以待问耳。不知约守而只为待问设焉，则无问者，儒将无学乎？且问者固将闻吾名而求吾实也；名有由立，非专门成学不可也，故未有不专而可成学者也。

或曰：苏氏之类求，韩氏之钩玄提要，皆待问之学也，子谓不足以成家矣。王伯厚[①]氏搜罗摘抉，穷幽极微，其于经传子史，名物制数，贯串旁骛，实能讨先儒所未备，其所纂辑诸书，至今学者资衣被焉，岂可以待问之学而忽之哉？答曰：王伯厚氏盖因名而求实者也。昔人谓韩昌黎因文而见道，既见道则超乎文矣。王氏因待问而求学，既知学则超乎待问矣。然王氏诸书，谓之纂辑可也，谓之著述则不可也；谓之学者求知之功力可也，谓之成家之学术则未可也。今之博雅君子，疲精劳神于经传子史，而终身无得于

---

① 王伯厚（1223—1296）：南宋学者。伯厚是其字，名应麟，号深宁居士，一号厚斋，浚仪（今河南开封）人，至其祖乃定居庆元（今浙江宁波）。淳祐进士。正直敢言，先后触犯丁大全、贾似道、留梦炎，因而屡遭贬斥。官至礼部尚书兼给事中。后辞官归里，专事著述二十年，所著有二十余种，其中《困学纪闻》和类书《玉海》两书，至今仍为学者所征引，尤其是《困学纪闻》，为考订性札记，贯串古今，搜罗甚广，为后世所推崇。

学者，正坐宗仰王氏，而误执求知之功力以为学即在是尔。学与功力，实相似而不同。学不可以骤几，人当致攻乎功力则可耳，指功力以谓学，是犹指秫黍以谓酒也。夫学有天性焉，读书服古之中，有入识最初而终身不可变易者是也。学又有至情焉，读书服古之中，有欣慨会心而忽焉不知歌泣何从者是也。功力有余而性情不足，未可谓学问也。性情自有而不以功力深之，所谓有美质而未学者也。

夫子曰："发愤忘食，乐以忘忧，不知老之将至。"不知孰为功力，孰为性情，斯固学之究竟，夫子何以致是？则曰："好古敏以求之者也。"今之俗儒，且憾不见夫子未修之《春秋》，又憾戴公得《商颂》<sup>①</sup>而不存七篇之阙目，以谓高情胜致，至相赞叹。充其僻见，且似夫子删修，不如王伯厚之善搜遗逸焉。盖逐于时趋，而误以襞绩补苴谓足尽天地之能事也。幸而生后世也，如生秦火未毁以前，典籍具存，无事补辑，彼将无所用其学矣。

## 博约下

或曰：子言学术，功力必兼性情，为学之方，不立规矩，但令学者自认资之所近与力能勉者而施其功力，殆即王氏良知<sup>②</sup>之遗意也。夫古者教学，自数于方名，诵《诗》舞《勺》，各有一定之程，不问人之资近与否，力能

---

① 戴公得《商颂》：戴公指宋戴公（？—前766），春秋时宋国国君。子姓。宋哀公之子。哀公卒，他继位为国君，在位三十四年卒。谥戴。周公灭商后，封微子于宋，修其礼乐，以奉商后。其后礼乐放失，至戴公时，其大夫正考父校得《商颂》十二篇于周太师。至孔子编诗，又亡七篇。《国语·鲁语》："昔正考父校商之名《颂》十二篇于周太师，以《那》为首。"《毛诗序》："微子至于戴公，其间礼乐废坏，有正考父者，得《商颂》十二篇于周太师，以《那》为首。"郑司农云："自考父至孔子，又亡其七篇，故余五耳。"（《国语》韦昭注引）

② 王氏良知：指王守仁"致良知"说。王守仁（1472—1528），明朝理学家。字伯安，曾因讲学于阳明洞，故称阳明先生，亦称王阳明。余姚（今浙江余姚）人。弘治进士。历任刑部、兵部主事，正德元年（1506）忤权阉刘瑾，谪贵州龙场驿丞。瑾败，迁庐陵知县。又擢右金都御史，巡南康、赣州，先后镇压福建、江西等地农民起义。正德十四年（1519），宁王朱宸濠叛，他征集湖广、南赣兵三十万，生擒宸濠，以功封新建伯。官至南京兵部尚书。他提倡"心学"，称"心即理，心外无理，心外无物"。又提出"致良知"说，"吾心之良知，即所谓天理"。要人们"去私欲，存天理"。发展了陆九渊学说，形成"陆王学派"。认为"破山中贼"易，"破心中贼"难。有《王文成公全集》三十八卷传世。

勉否。而子乃谓人各有能有所不能，不相强也，岂古今人有异教与？答曰：今人为学，不能同于古人，非才不相及也，势使然也。自官师分而教法不合于一，学者各以己之所能私相授受，其不同者一也。且官师既分，则肄习惟资简策，道不著于器物，事不守于职业，其不同者二也。故学失所师承，六书九数，古人幼学皆已明习，而后世老师宿儒，专门名家，殚毕生精力求之，犹不能尽合于古，其不同者三也。

天时人事，今古不可强同，非人智力所能为也。然而六经大义，昭如日星，三代损益，可推百世。高明者由大略而切求，沈潜者循度数而徐达。资之近而力能勉者，人人所有，则人人可自得也，岂可执定格以相强欤！王氏"致良知"之说，即孟子之遗言也。良知曰致，则固不遗功力矣。朱子欲人因所发而遂明，孟子所谓察识其端而扩充之，胥是道也。而世儒言学，辄以良知为讳，无亦惩于末流之失，而谓宗指果异于古所云乎？

或曰：孟子所谓扩充，固得仁义礼智之全体也。子乃欲人自识所长，遂以专其门而名其家，且戒人之旁骛焉，岂所语于通方之道欤？答曰：言不可以若是其几也。道欲通方而业须专一，其说并行而不悖也。圣门身通六艺者七十二人，然自颜、曾、赐、商[①]，所由不能一辙。再传而后，荀卿言《礼》，孟子长于《诗》《书》，或疏或密，途径不同，而同归于道也。后儒途径所由寄，则或于义理，或于制数，或于文辞，三者其大较矣。三者致其一，不能不缓其二，理势然也。知其所致为道之一端，而不以所缓之二为可忽，则于斯道不远矣。徇于一偏而谓天下莫能尚，则出奴入主，交相胜负，所谓物而不化者也。是以学必求其心得，业必贵于专精，类必要于扩充，道必抵于全量，性情喻于忧喜愤乐，理势达于穷变通久，博而不杂，约而不漏，庶几学术醇固，而于守先待后之道，如或将见之矣！

---

① 颜、曾、赐、商：指颜回、曾参、端木赐、卜商。都是孔子弟子。

# 浙东学术[1]

　　浙东之学，虽出婺源[2]，然自三袁[3]之流，多宗江西陆氏，而通经服古，绝不空言德性，故不悖于朱子之教。至阳明王子揭孟子之良知，复与朱子牴牾。蕺山刘氏[4]本良知而发明慎独，与朱子不合，亦不相诋也。梨洲黄氏[5]出

---

[1]　本文作于嘉庆五年（1800），这年章氏已六十三岁，是去世前一年所作，看来应是《文史通义》中写作最晚的一篇。此文是讲"浙东学派"最早的一篇文章，特别是"浙东史学"，可以说前人从未谈过。不过文中讲"浙东学术"的渊源时，只讲朱熹和陆九渊，以下则提王阳明和刘宗周，既未提吕祖谦，也未提陈傅良、陈亮等人。因而有人解释时便提出浙东学术是有两个学派，其实这是误解。因为章氏是讲源于两个系统，一则是朱熹，另一则是陆九渊。实际上是讲思想渊源。这也说明浙东学派不搞门户之见，对于各个学派的有益思想乃兼收并蓄。朱、陆长期纷争不休，在有名的鹅湖之会上，吕祖谦特地让朱、陆二人都参加此会，以便在会上协调两家纷争，指出两家都有长处亦都有短处，应当取长补短，相互学习。陆氏弟子朱泰卿会后曾盛赞吕祖谦说："伯恭虑朱陆议论犹有异同，欲会归于一，其意甚善。"对于吕祖谦这一美好的愿望与做法，今人著作中大都称为"调和"或"折衷"，这实际上只看到现象上的"调和"，而没有看到吕氏的本意，看来还不如全祖望抓住了问题实质："兼取其长"。朱陆之学无疑都有长处，"兼取其长"有什么不好呢？而这两个系统细讲起来则又都与陈傅良、叶适、吕祖谦有着密不可分的关系。朱熹在永嘉的门人，有的则又师事叶适。而三袁中之主要人物袁燮，既师事陆九渊，又曾师事吕祖谦而与陈傅良交游。所以不能只从现象来看。本文告诉人们，浙东学术的核心精神就在于"言性命者，必究于史，此其所以卓也"。我们应当以此精神来理解其所述渊源。现在讲起浙东学派，将许多不相关的人也都拉了进来，这许多人只讲性命之学而并不"究于史"，显然是不合于章氏所说的标准。文章还向人们展示了"浙东学派"或"浙东史学"所具有的三大特点，即不可有门户之见、贵专家之学、学术应当经世致用。因此，此文乃是研究浙东学派必读之经典。

[2]　婺源：这里指朱熹，朱是婺源人。

[3]　三袁：指袁燮、袁肃、袁甫父子三人。袁燮（1144—1224），南宋学者。庆元鄞县（今浙江宁波）人，字和叔，学者称絜斋先生。淳熙进士。曾师事陆九渊，并师事吕祖谦，"所得益富"。"永嘉陈公傅良，明П章，达世变，公与从容考订，细大靡遗。"（《宋元学案》卷七十五。）官至国子祭酒，礼部侍郎。因议和事，被史弥远劾罢。长子袁肃，号晋斋，庆元五年（1199）进士，官至少卿。次子袁甫，字广微，嘉定七年（1214）进士，官至权兵部尚书，著有《蒙斋中庸讲义》。

[4]　蕺山刘氏：刘宗周（1578—1645），晚明学者。字起东，号念台，晚更号克念子，晚年因讲学蕺山，故学者又称蕺山先生。山阴（今浙江绍兴）人。为官期间，因多次上言痛陈时事，两度被贬为民。福王监国，起用后再度痛陈时事，抗疏论劾马士英等，又力斥阮大铖不可用，为奸党不容，告归。清兵破杭州，绝食二十三日卒。其学宗陆王，提倡"慎独"，对良知说杂入禅学持批判态度。曾参与东林书院、首善书院讲习，并创建证人书院，讲学蕺山。著有《刘子全书》、《刘子全书遗编》。

[5]　梨洲黄氏：黄梨洲（1610—1695），明末清初学者。名宗羲，字太冲，号南雷，学者称梨洲先生。浙江余姚人。初参与复社反宦官权贵斗争，惨遭迫害。刘宗周讲学蕺山，黄氏从之游。清兵南下，与钱肃乐诸人立"世忠营"，据四明山结寨防守。明鲁王任为左都御史。明亡，闭门著述，清廷屡次征辟，皆辞不就。学识渊博，上下古今，天文地理，九流百家，无不精研。所著《明夷待访录》，抨击君主专制制度，尤

蕺山刘氏之门，而开万氏弟兄①经史之学，以至全氏祖望②辈尚存其意，宗陆而不悖于朱者也。惟西河毛氏③，发明良知之学，颇有所得；而门户之见，不免攻之太过，虽浙东人亦不甚以为然也。

世推顾亭林氏为开国儒宗，然自是浙西之学。不知同时有黄梨洲氏出于浙东，虽与顾氏并峙，而上宗王、刘，下开二万，较之顾氏，源远而流长矣。顾氏宗朱而黄氏宗陆，盖非讲学专家各持门户之见者，故互相推服而不相非诋。学者不可无宗主，而必不可有门户，故浙东、浙西道并行而不悖也。浙东贵专家，浙西尚博雅，各因其习而习也。

天人性命之学，不可以空言讲也，故司马迁本董氏天人性命之说而为经世之书。儒者欲尊德性，而空言义理以为功，此宋学之所以见讥于大雅也。

---

（接上页）具卓识。其治史，留意于当代文献与乡邦掌故，实开清代浙东史学之先河。搜集南明史料，成《行朝录》九种，又编《明史案》二百四十卷。所著《南雷文集》，以碑、志、传、状之作为多，于明季忠烈之士，多所表彰，足以补正史传。清开明史馆，为保存一代信史，支持门人万斯同以布衣参史局。编撰中凡遇重大疑难问题，总裁千里贻书，乞其审正而后定。著作多至六十余种，其中《明儒学案》、《明文海》、《明文案》诸书尤为巨著。浙江古籍出版社曾出版了《黄宗羲全集》十二卷，是搜集黄氏著作最全之书。

① 万氏弟兄：指万斯同、万斯大兄弟。万斯大（1633—1683），明末清初学者。字充宗，号跛翁，学者称褐夫先生。浙江鄞州人。黄宗羲弟子，立志传其师经学，因而一生精于经学，主张"非通诸经不能通一经"，对《春秋》、《三礼》尤有研究。著有《学春秋随笔》、《学礼质疑》、《仪礼商》、《礼记偶笺》等。万斯同（1638—1702），明末清初学者。字季野，号石园。明鲁王监国，授户部主事。少从黄宗羲受业，熟读二十一史及明各朝实录，名重一时，明亡守节不仕，以纂修明史为己任。康熙十七年（1678）诏征博学鸿儒，力辞得免。次年开局修《明史》，总裁徐元文荐入史局，辞不就。在黄宗羲支持下，乃以布衣参史局，不署衔，不受俸，并住徐元文家，而史稿皆由其删削审定。历时十多年，成《明史稿》五百卷。另有《历代史表》、《历代宰辅汇考》、《儒林宗派》等十多种著作。因客死京邸，遗著大多散失，徐乾学《读礼通考》，据全祖望云亦出自斯同之手。

② 全氏祖望：全祖望（1704—1755），清代学者。字绍衣，号谢山，自署鲒埼亭长。浙江鄞州人。乾隆元年（1736）进士，选庶吉士。因忤首辅张廷玉，散馆以知县用，遂辞官归里，绝意仕途。主讲蕺山、端溪书院。读书著述，至老不辍。在翰林院时，曾与李绂借读《永乐大典》，并从中抄录佚书，卷帙虽少，从此引起学者对《大典》之重视，实开清代辑佚学之先河。他生平私淑黄宗羲，于南明史广为搜讨，贡献很大。所著《鲒埼亭集》，强半皆为明清间掌故，其中有关明末人士碑表志状，详尽核实，足补史传之缺；于清初著名学者，亦详加稽访，予以表彰。该集不仅可视为明清之际史料之汇集，即考论三百年来学术流别者亦不可不读。他尝用十年之功，续补《宋元学案》，又三笺《困学纪闻》，七校《水经注》，皆足见其汲古之深。

③ 西河毛氏：指毛奇龄（1623—1713），明末清初学者。字大可，一字齐于，号初晴，又以郡望为西河，世称西河先生。浙江萧山人。康熙十八年（1679）以廪生举博学鸿词，授翰林院检讨，充明史馆纂修官。二十四年（1685）寻假归，遂不复出。博学雄辩，能诗词，通音律。然好为驳辩，门户之见较深，学术上好唱反调。阎若璩著《古文尚书疏证》，确定《古文尚书》是伪书，他则著《古文尚书冤词》为之辩驳。另有著作多种，后人编为《西河全集》。

夫子曰："我欲托之空言，不如见诸行事之深切著明也。"此《春秋》之所以经世也。圣如孔子，言为天铎，犹且不以空言制胜，况他人乎！故善言天人性命，未有不切于人事者。三代学术，知有史而不知有经，切人事也。后人贵经术，以其即三代之史耳。近儒谈经，似于人事之外别有所谓义理矣。浙东之学，言性命者必究于史，此其所以卓也。

朱陆异同，干戈门户，千古桎梏之府，亦千古荆棘之林也。究其所以纷纶，则惟腾空言而不切于人事耳。知史学之本于《春秋》，知《春秋》之将以经世，则知性命无可空言，而讲学者必有事事，不特无门户可持，亦且无以持门户矣。浙东之学，虽源流不异而所遇不同。故其见于世者，阳明得之为事功，蕺山得之为节义，梨洲得之为隐逸，万氏兄弟得之为经术史裁，授受虽出于一，而面目迥殊，以其各有事事故也。彼不事所事，而但空言德性，空言问学，则黄茅白苇，极面目雷同，不得不殊门户以为自见地耳。故惟陋儒则争门户也。

或问：事功气节，果可与著述相提并论乎？曰：史学所以经世，固非空言著述也。且如六经同出于孔子，先儒以为其功莫大于《春秋》，正以切合当时人事耳。后之言著述者，舍今而求古，舍人事而言性天，则吾不得而知之矣。学者不知斯义，不足言史学也。整辑排比，谓之史纂；参互搜讨，谓之史考，皆非史学。

# 朱陆[①]

天人性命之理，经传备矣。经传非一人之言，而宗旨未尝不一者，其理

---

[①] 本篇写作时间，应在乾隆四十二年（1777）戴震去世之前，因为本文是为"正戴"而作，而文中却隐去其名。在《书朱陆篇后》中则直书其名，原因在于"戴君下世，今十余年"。其文则写于乾隆五十四年（1789），上距戴氏之卒乃十二年，正合文中所云"今十余年"。《章实斋先生年谱》都列于乾隆五十四年（1789），钱穆在《中国近三百年学术史》中作了说明。当代有些学者仅据此两篇便下结论，认为章学诚批评戴震完全出于"门户之见"。这个观点不能成立。章学诚为什么要批评戴震，在给朱少白写的信中讲得很清楚："通经服古，由博反约，即朱子之教。……至国初而顾亭林、黄梨洲、阎百诗皆俎豆相承，甚于汉之经师谱系，戴氏亦从此数公入手，而痛斥朱学，此饮水而忘其源也。"（《又与朱少白书》）而这两篇文章，实即贯穿着这一思想。因此，章学诚对戴震的学术成就，肯定大于否定，褒扬大于贬斥。尽管有些地方批评很激烈，但总的精神还是为了"攻瑕而瑜亦粹"，不是要把他批倒。对此，笔者曾有专篇《章实斋评戴东原》，载自选集《史家·史籍·史学》。

著于事物而不托于空言也。师儒释理以示后学，惟著之于事物，则无门户之争矣。理，譬则水也；事物，譬则器也。器有大小浅深，水如量以注之，无盈缺也。今欲以水注器者，姑置其器而论水之挹注盈虚，与夫量空测实之理，争辨穷年未有已也，而器固已无用矣。

子夏之门人问交于子张①，治学分而师儒尊知以行闻，自非夫子，其势不能不分也。高明沈潜之殊致，譬则寒暑昼夜，知其意者，交相为功，不知其意，交相为厉也。宋儒有朱、陆，千古不可合之同异，亦千古不可无之同异也。末流无识，争相诟詈，与夫勉为解纷，调停两可，皆多事也。然谓朱子偏于道问学，故为陆氏之学者，攻朱氏之近于支离；谓陆氏之偏于尊德性，故为朱氏之学者，攻陆氏之流于虚无；各以所畸重者争其门户，是亦人情之常也。但既自承朱氏之授受而攻陆王，必且博学多闻，通经服古，若西山、鹤山、东发、伯厚②诸公之勤业，然后充其所见，当以空言德性为虚无也。今攻陆王之学者，不出博洽之儒而出荒俚无稽之学究，则其所攻与其所业相反也。问其何为不学问，则曰支离也；诘其何为守专陋，则曰性命也。是攻陆王者未尝得朱之近似，即伪陆王以攻真陆王也，是亦可谓不自度矣。

荀子曰："辨生于末学。"朱、陆本不同，又况后学之哓哓乎！但门户既分，则欲攻朱者必窃陆王之形似；欲攻陆王，必窃朱子之形似。朱子之形似必繁密，而陆王之形似必空灵，一定之理也。而自来门户之交攻，俱是专己守残，束书不观，而高谈性天之流也。则自命陆王以攻朱者固伪陆王，即自命朱氏以攻陆王者亦伪陆王，不得号为伪朱也。同一门户而陆王有伪，朱无

---

① 子张：即颛孙师（前503—？），春秋时孔子门人。颛孙，复姓，师名，字子张。陈国人。注重谋求禄位之道，主张官吏应勤勉为公，见危受命，尊贤士，容众说。

② 西山、鹤山、东发、伯厚：西山，即真德秀（1178—1235），南宋学者。字景元，后更景希，号西山，世称西山先生。建州浦城（今福建浦城）人。庆元进士，历任地方官，所至有政声。官至翰林学士、参知政事。学宗程朱之说，为程朱理学复盛多有贡献，著《大学衍义》，自谓可为《大学章句》之辅助。另有《真文忠公集》。鹤山，即魏了翁（1178—1237），南宋学者。字华父，号鹤山。邛州蒲江（今四川蒲江）人。庆元进士，为官多经反复，后以资政殿大学士致仕。为学推崇朱熹，著有《九经要义》、《鹤山集》。东发，即黄震（1213—1280），南宋学者。字东发。庆元慈溪（今浙江慈溪）人。宝祐进士。任地方官期间，抑制豪强，劾罢贪官。曾任史馆检阅，与修宁宗、理宗两朝国史实录。学宗程朱，考订经史子集，著《黄氏日抄》。伯厚，即王应麟。

伪者，空言易而实学难也。黄、蔡①、真、魏皆承朱子而务为实学，则自无暇及于门户异同之见，亦自不致随于消长盛衰之风气也。是则朱子之流别优于陆王也。然而伪陆王之冒于朱学者，犹且引以为同道焉，吾恐朱氏之徒，叱而不受矣。

传言有美疢，亦有药石焉。陆王之攻朱，足以相成而不足以相病。伪陆王之自谓学朱而奉朱，朱学之忧也。盖性命、事功、学问、文章，合而为一，朱子之学也。求一贯于多学而识，而约礼于博文，是本末之兼该也。诸经解义，不能无得失，训诂考订，不能无疏舛，是何伤于大体哉！且传其学者，如黄、蔡、真、魏，皆通经服古、躬行实践之醇儒，其于朱子有所失，亦不曲从而附会，是亦足以立教矣。乃有崇性命而薄事功，弃置一切学问文章，而守一二章句、集注之宗旨，因而斥陆讥王，愤若不共戴天，以谓得朱之传授，是以通贯古今、经纬世宙之朱子，而为村陋无闻，傲狠自是之朱子也。且解义不能无得失，考订不能无疏舛，自获麟绝笔以来，未有免焉者也。今得陆王之伪而自命学朱者，乃曰："墨守朱子，虽知有毒，犹不可不食。"又曰："朱子实兼孔子与颜、曾、孟子之所长。"噫！其言之是非毋庸辨矣。朱子有知，忧当何如邪！

告子②曰："不得于言，勿求于心，不得于心，勿求于气。"不动心者，不求义之所安，此千古墨守之权舆也。是非之心，人皆有之。不能充之以义理，而又不受人之善，此墨守之似告子也。然而藉人之是非以为是非，不如告子之自得矣。

藉人之是非以为是非，如佣力佐斗，知争胜而不知所以争也。故攻人则不遗余力，而诘其所奉者之得失为何如，则未能悉也。故曰：明知有毒，而不可不服也。

---

① 黄、蔡：即黄榦、蔡元定。黄榦（1152—1221），南宋学者。字直卿，世称勉斋先生。受业于朱熹，并得朱熹器重，曾手书曰："吾道之托在此。"讲学于庐山白鹿洞书院，"弟子日盛，巴蜀江湖之士皆来"。著有《勉斋集》。蔡元定（1135—1198），南宋学者。字季通，因筑室西山，世称西山先生。建州建阳（在今福建）人。曾以朱熹为师，熹则视为讲友，四方来从朱氏学者，"熹必俾先从元定质正焉"。著有《大衍详说》、《律吕新书》、《燕乐原辨》、《洪范解》、《西山公集》等。

② 告子：战国时人，曾受教于墨子，据梁启超考证，"告子弱冠得见墨子之晚年；告子老宿得见孟子之中年"。在《孟子》一书多次出现。

末流失其本，朱子之流别，以为优于陆王矣。然则承朱氏之俎豆，必无失者乎？曰：奚为而无也。今人有薄朱氏之学者，即朱氏之数传而后起者也。其与朱氏为难，学百倍于陆王之末流，思更深于朱门之从学，充其所极，朱子不免先贤之畏后生矣。然究其承学，实自朱子数传之后起也，其人亦不自知也。而世之号为通人达士者，亦几几乎褰裳以从矣。有识者观之，齐人之饮井相捽也。性命之说，易入虚无。朱子求一贯于多学而识，寓约礼于博文，其事繁而密，其功实而难，虽朱子之所求，未敢必谓无失也。然沿其学者，一传而为勉斋、九峰①，再传而为西山、鹤山、东发、厚斋，三传而为仁山、白云②，四传而为潜溪、义乌③，五传而为宁人、百诗，则皆服古通经，学求其是，而非专己守残，空言性命之流也。自是以外，文则入于辞章，学则流于博雅，求其宗旨之所在，或有不自知者矣。生乎今世，因闻宁人、百诗之风，上溯古今作述，有以心知其意，此则通经服古之绪又嗣其音矣。无如其人慧过于识而气荡乎志，反为朱子诟病焉，则亦忘其所自矣。夫实学求是，与空谈性天，不同科也。考古易差，解经易失，如天象之难以一端尽也。历象之学，后人必胜前人，势使然也。因后人之密而贬羲、和，不知即羲、和之遗法也。今承朱氏数传之后，所见出于前人，不知即是前人之

---

① 九峰：即蔡沈（1167—1230），南宋学者。字仲默，学者称九峰先生。元定次子，少承家学，后又师事朱熹，庆元间，道学遭贬，他随父谪道州（今湖南道县），父殁，遂归隐九峰，受朱熹之命注《尚书》，成《书集传》六卷，是元代以后试士之用书。

② 仁山、白云：金履祥、许谦。金履祥（1232—1303），元朝学者。字吉父，因居仁山之下，学者称仁山先生。婺州兰溪（今浙江兰溪）人，受学何基。宋亡，遂居金华仁山之下。著有《通鉴前编》、《大学章句疏义》、《论语孟子集注考证》、《仁山集》。许谦（1270—1337），元朝学者。字益之，号白云山人，学者称白云先生。受业于金履祥，"尽得其所传"。不应辟举，延祐初，居东阳八华山，远近来从学者千余人，四十年不出里闾。著有《四书丛说》、《诗名物钞》、《白云集》等。

③ 潜溪、义乌：即宋濂、王祎。宋濂（1310—1381），明初学者。字景濂，号潜溪，浦江（今浙江浦江）人。元末隐居龙门山著书。至正十八年（1358），明太祖取婺州，聘为《五经》师。次年，以李善长荐，征任江南儒学提举，为太子师。洪武二年（1369），召修《元史》，充总裁官。书成迁翰林学士。次年续修《元史》，太祖留意文治，征召四方儒士俊异者入文华堂深造，令其为师。六年（1373），任侍讲学士、知制诰。十年（1377）致仕。后因胡惟庸案牵连，被安置茂州（今四川茂县），死于途中。著有《宋学士全集》、《浦阳人物记》、《洪武圣政记》、《孝经新说》等。浙江古籍出版社出版了《宋濂全集》四卷，其全部著作都收在其中。王祎（1322—1373），明初学者。字子充，义乌（今浙江义乌）人。元末隐居青岩山著书。明初与许元、王天锡同置理贤馆。后授江南儒学提举，累迁侍礼郎，掌起居注。洪武二年（1369）召修《元史》，与宋濂同为总裁。书成，擢翰林待制，同知制诰兼国史院编修。五年（1372），奉命往云南召谕梁王，遇害。著有《大事记续编》、《重修革象新书》、《王忠文公集》。

遗绪，是以后历而贬羲、和也。盖其所见能过前人者，慧有余也，抑亦后起之智虑所应尔也，不知即是前人遗蕴者，识不足也。其初意未必遂然，其言足以慑一世之通人达士而从其井捽者，气所荡也。其后亦遂居之不疑者，志为气所动也。攻陆王者出伪陆王，其学猥陋，不足为陆王病也；贬朱者之即出朱学，其力深沈，不以源流互质，言行交推，世有好学而无真识者，鲜不从风而靡矣。

古人著于竹帛，皆其宣于口耳之言也。言一成而人之观者千百其意焉，故不免于有向而有背。今之黠者则不然，以其所长有以动天下之知者矣；知其所短不可以欺也，则似有不屑焉。徙泽之蛇，且以小者神君焉。其遇可以知而不必且为知者，则略其所长，以为未可与言也；而又饰所短，以为无所不能也。雷电以神之，鬼神以幽之，键箧以固之，标帜以市之，于是前无古人而后无来者矣。天下知者少而不必且为知者之多也，知者一定不易而不必且为知者之千变无穷也；故以笔信知者，而以舌愚不必深知者，天下由是靡然相从矣。夫略所短而取其长，遗书具存，强半皆当遵从而不废者也，天下靡然从之，何足忌哉！不知其口舌遗厉，深入似知非知之人心，去取古人，任恫衷而害于道也。语云："其父杀人报仇，其子必且行劫。"其人于朱子，盖已饮水而忘源；及笔之于书，仅有微辞隐见耳，未敢居然斥之也，此其所以不见恶于真知者也。而不必深知者，习闻口舌之间，肆然排诋而无忌惮，以谓是人而有是言，则朱子真不可以不斥也。故趋其风者，未有不以攻朱为能事也。非有恶于朱也，惧其不类于是人，即不得为通人也。夫朱子之授人口实，强半出于《语录》，《语录》出于弟子门人杂记，未必无失初旨也。然而大旨实与所著之书相表里，则朱子之著于竹帛，即其宣于口耳之言。是表里如一者，古人之学也，即以是义责其人，亦可知其不如朱子远矣，又何争于文字语言之末也哉！


## 书《朱陆》篇后

戴君学问，深见古人大体，不愧一代巨儒，而心术未醇，颇为近日学者之患，故余作《朱陆》篇正之。戴君下世，今十余年，同时有横肆骂詈者，固不足为戴君累；而尊奉太过，至有称谓孟子后之一人，则亦不免为戴所愚。身后恩怨俱平，理宜公论出矣。而至今无人能定戴氏品者，则知德者鲜也。凡戴君所学，深通训诂，究于名物制度，而得其所以然，将以明道也。时人方贵博雅考订，见其训诂名物有合时好，以谓戴之绝诣在此。及戴著《论性》、《原善》①诸篇，于天人理气，实有发前人所未发者，时人则谓空说义理，可以无作，是固不知戴学者矣。戴见时人之识如此，遂离奇其说曰："余于训诂、声韵、天象、地理四者，如肩舆之隶也；余所明道，则乘舆之大人也；当世号为通人，仅堪与余舆隶通寒温耳。"言虽不为无因，毕竟有伤雅道。然犹激于世无真知己者，因不免于已甚耳，尚未害于义也。其自尊所业，以谓学者不究于此，无由闻道；不知训诂名物，亦一端耳。

古人学于文辞，求于义理，不由其说，如韩、欧②、程、张诸儒，竟不许以闻道，则亦过矣。然此犹自道所见，欲人惟己是从，于说尚未有欺也。其于史学义例，古文法度，实无所解，而久游江湖，耻其有所不知，往往强为解事，应人之求，又不安于习故，妄矜独断。如修《汾州府志》③，乃谓僧僚不可列之人类，因取旧志名僧入于古迹。又谓修志贵考沿革，其他皆可任意，此则识解渐入庸妄。然不过自欺，尚未有心于欺人也。余尝遇戴君于宁波道署，居停代州冯君廷丞④。冯既名家子，夙重戴名，一时冯氏诸昆从，又

---

① 《论性》、《原善》：是戴震两篇重要的论文，也是戴氏得意之作，其弟子段玉裁说戴震"作《原善》首篇成，乐不可言，吃饭亦别有甘味"。对于这样的作品，一般学者都认为"空言义理，可以不作"。而章学诚却认为文章"精微醇邃"，实有发前人所未发者。胡适在《章实斋先生年谱》中引了该文有关论述时曾说："先生对于戴震的学问，确有卓绝的了解。""此与先生平日论学宗旨一致，先生平日深恨当时学者误把'功力'看作'学问'，见了'学问'反不认识，反以为不如'功力'，故他能为戴氏抱不平。

② 欧：指欧阳修（1007—1072），宋代学者。字永叔，号醉翁，晚年号六一居士。吉州庐陵（今江西吉安）人。天圣进士，入朝为馆阁校勘。庆历初，范仲淹被贬官，他与尹洙不服，贬为夷陵令。因被指为"朋党"，乃作《朋党论》。庆历三年（1043）知谏院，因上书要求起用范仲淹等人，又出知地方十一年。至和初，召为翰林学士。后累官枢密副使，参知政事。熙宁四年（1071）以太子少师致仕。学识渊博，著作繁富。著有《新五代史》，主修《新唐书》、《稽古录》之作，为我国金石学之始。提倡古文运动，成为诗文革新的领袖，为唐宋八大家之一。

③ 《汾州府志》：戴震所修，此外他还修过《汾阳县志》十四卷，卷首一卷。他是清代方志编修中考据派代表人物，主张"志以考地理，但悉心于地理沿革，则志事已毕。侈言文献，岂所谓急务哉"！该志共三十四卷，另卷首一卷，初刻于乾隆三十六年（1771）。

④ 冯君廷丞：冯廷丞（1728—1784），清朝官吏、学者。字子弼，号康斋，代州（今山西代县）人。乾隆十七年（1752）举人，以荫授光禄寺署正，历大理寺丞、刑部广西司员外郎、广东司郎中、浙江宁绍台道、福建台湾道、江西按察使、湖北按察使等。与章学诚交往二十年，乾隆三十七年（1772）夏，章氏访宁绍台兵备道冯廷丞于宁波道署，并在此与戴震相遇，两人议论史志编修，意见多不合。

皆循谨敬学，钦戴君言，若奉神明，戴君则故为高论，出入天渊，使人不可测识。人询班、马二史优劣，则全袭郑樵[①]讥班之言，以谓己之创见。又有请学古文辞者，则曰："古文可以无学而能，余生平不解为古文辞，后忽欲为之而不知其道，乃取古人之文反覆思之，忘寝食者数日，一夕忽有所悟，翼日取所欲为文者，振笔而书，不假思索而成，其文即远出《左》、《国》、《史》、《汉》之上。"虽诸冯敬信有素，闻此亦颇疑之。盖其意初不过闻大兴朱先生[②]辈论为文辞不可有意求工，而实未尝其甘苦，又觉朱先生言平淡无奇，遂恢怪出之，冀耸人听，而不知妄诞至此，则由自欺而至于欺人。心已忍矣，然未得罪于名教也。

戴君学术，实自朱子道问学而得之，故戒人以凿空言理，其说深探本原，不可易矣。顾以训诂名义，偶有出于朱子所不及者，因而丑贬朱子，至斥以悖谬，诋以妄作，且云："自戴氏出，而朱子侥幸为世所宗已五百年，其运亦当渐替。"此则谬妄甚矣。戴君笔于书者，其于朱子有所异同，措辞与顾氏宁人、阎氏百诗相似，未敢有所讥刺，固承朱学之家法也。其异于顾、阎诸君，则于朱子间有微辞，亦未敢公然显非之也，而口谈之谬，乃至此极，害义伤教，岂浅鲜哉！

或谓言出于口而无踪，其身既殁，书又无大抵牾，何为必欲摘之以伤厚道。不知诵戴遗书而兴起者尚未有人，听戴口说而加厉者滔滔未已。至今徽歙之间，自命通经服古之流，不薄朱子，则不得为通人，而诽圣排贤，毫无顾忌，流风大可惧也！向在维扬，曾进其说于沈既堂先生曰："戴君立身行己，何如朱子？至于学问文章，互争不释，姑缓定焉可乎？"此言似粗而实精，似浅而实深也。

戴东原云："凡人口谈倾倒一席，身后书传，或反不如期期不能自达之

---

① 郑樵（1104—1162）：南宋历史学家。字渔仲，别号溪西遗民，兴化军莆田（今福建莆田）人。青年时不应科举，筑草堂于夹漈山上，刻苦读书三十年，学者称为夹漈先生。绍兴十九年（1149）携所著书十九种至临安，上于朝廷，高宗召藏于秘府，后经推荐，得高宗召见，任右迪功郎、礼兵部架阁。著《通志》二百卷，五百多万字，其中《二十略》乃是其精华。

② 朱先生：指朱筠（1729—1781），清朝学者。字竹君，一字美叔，号笥河，大兴（今北京大兴）人，祖籍浙江萧山。乾隆进士。历任侍读学士，顺天乡试同考官、督安徽学政等。后充《四库全书》纂修官。乾嘉以来著名学者洪亮吉、孙星衍、江藩、章学诚等皆其弟子，对章学诚影响很大。有《笥河文集》。

人。"此说虽不尽然,要亦情理所必有者。然戴氏既知此理,而生平口舌求胜,或致愤争伤雅,则知及而仁不能守之为累欤!大约戴氏生平口谈,约有三种:与中朝显官负重望者,则多依违其说,间出己意,必度其人所可解者,略见锋颖,不肯竟其辞也;与及门之士,则授业解惑,实有资益;与钦风慕名而未能遽受教者,则多为慌惚无据,玄之又玄,使人无可捉摸,而疑天疑命,终莫能定。故其身后,缙绅达者咸曰:"戴君与我同道,我尝正定其某书某文字矣。"或曰:"戴君某事质成于我,我赞而彼允遵者也。"而不知戴君当日特以依违其言,而其所以自立,不在此也。及门之士,其英绝者,往往或过乎戴。戴君于其逼近己也,转不甚许可之,然戴君固深知其人者也。后学向慕,而闻其恍惚玄渺之言,则疑不敢决,至今未能定戴为何如人;而信之过者,遂有超汉、唐、宋儒为孟子后一人之说,则皆不为知戴者也。

## 文德①

凡言义理,有前人疏而后人加密者,不可不致其思也。古人论文,惟论"文辞"而已矣。刘勰②氏出,本陆机氏说而昌论"文心";苏辙③氏出,本

---

① 本文作于嘉庆元年(1796),与四年前所写的《史德》相为表里。然而对章氏之"文德说",有人却不以为然,认为是窃取前人的观点,这实际上是只看表面,而未究实质。尽管北齐人杨遵彦也写过《文德论》,正如许多学者已经指出,两者虽同论文德,却具有不同的内容。前者是在谈作者应具备一定的道德修养,后者则重在谈作家和评论家应具备的态度问题,即所谓"临文必敬"和"论古必恕"。同时还特别指出"临文必敬,非修德之谓也"。而对于前人有关论点,作者在文章开头作了一一列举,说明"有前人疏而后人加密","可谓愈推而愈精矣"。从文学理论发展来看,事实也确实如此。因此,章氏写此文的宗旨是要人们在写文章时应当尽量做到心平气和,而在评论前人的论著时,则应当做到"知人论世",千万不要过分苛求前人。应当说这些要求都是很合理的,但是,就是这些,今天学术界许多人还是做不到。

② 刘勰(?—约520):南朝梁学者。字彦和,原籍东莞莒(今山东莒县),世居京口(今江苏镇江)。早孤,笃志好学,家贫不婚娶,依沙门僧祐居处十余年,博通佛教经论。天监中以东宫通事舍人迁步兵校尉,深为昭明太子萧统所爱重。晚年撰经于定林寺,出家为僧,法名慧地。所撰《文心雕龙》,论古今文体及文之工拙,为我国古代文学理论批评之巨著。

③ 苏辙(1039—1112):宋代文学家。字子由,一同子叔,号颍滨老人。眉州眉山(今四川眉山)人。嘉祐进士。历官中书舍人、户部侍郎、翰林学士知制诰、御史中丞等。文学上与父、兄合称"三苏",均为"唐宋八大家"。有《春秋集解》、《栾城集》、《诗集传》。

韩愈氏说而昌论"文气";可谓愈推而愈精矣。未见有论"文德"者,学者所宜深省也。夫子尝言"有德必有言",又言"修辞立其诚",孟子尝论"知言""养气",本乎"集义",韩子亦言"仁义之途","《诗》、《书》之源",皆言德也。今云未见论文德者,以古人所言,皆兼本末,包内外,犹合道德文章而一之;未尝就文辞之中言其有才、有学、有识,又有文之德也。

凡为古文辞者,必敬以恕。临文必敬,非修德之谓也;论古必恕,非宽容之谓也。敬非修德之谓者,气摄而不纵,纵必不能中节也;恕非宽容之谓者,能为古人设身而处地也。嗟乎!知德者鲜,知临文之不可无敬恕,则知文德矣。

昔者陈寿《三国志》,纪魏而传吴、蜀,习凿齿为《汉晋春秋》[1],正其统矣;司马《通鉴》仍陈氏之说,朱子《纲目》又起而正之。"是非之心,人皆有之",不应陈氏误于先,而司马再误于其后,而习氏与朱子之识力偏居于优也。而古今之讥《国志》与《通鉴》者,殆于肆口而骂詈,则不知起古人于九原,肯吾心服否邪?陈氏生于西晋,司马生于北宋,苟黜曹魏之禅让,将置君父于何地?而习与朱子,则固江东南渡之人也,惟恐中原之争天统也。此说前人已言。诸贤易地则皆然,未必识逊今之学究也。是则不知古人之世,不可妄论古人文辞也。知其世矣,不知古人之身处,亦不可以遽论其文也。身之所处,固有荣辱、隐显、屈伸、忧乐之不齐,而言之有所为而言者,虽有子不知夫子之所谓,况生千古以后乎!圣门之论恕也,"己所不欲,勿施于人",其道大矣。今则第为文人论古必先设身,以是为文德之恕而已尔。

韩氏论文,"迎而拒之,平心察之",喻气于水,言为浮物。柳氏[2]之论文也,"不敢轻心掉之","怠心易之","矜气作之","昏气出之"。夫诸贤

---

[1] 习凿齿为《汉晋春秋》:习凿齿(?—384),东晋历史学家。字彦威,襄阳(今湖北襄樊)人。以文笔著称。初为荆州刺史,桓温辟为从事,累迁别驾,以忤温旨出为荥阳太守。退而撰《汉晋春秋》。《晋书》本传称:"时温觊觎非望,凿齿在郡,著《汉晋春秋》以裁正之。"书中讲述三国历史,以蜀汉为正统,以曹魏为篡逆,深得后世正统论者所赞许,朱熹作《通鉴纲目》即承其说。另著有《襄阳耆旧记》。

[2] 柳氏:柳宗元(773—819),唐代文学家。字子厚,祖籍河东解县(今山西运城)。贞元进士。授校书郎,调蓝田尉,后升监察御史。参与王叔文等人革新运动,失败后先后贬为邵州刺史、永州司马,后迁柳州刺史。在此期间,写作大量诗文,抒发个人感情和政治、哲学观点。与韩愈同倡古文运动,为"唐宋八大家"之一。《天说》、《天对》、《非国语》、《封建论》都是重要哲学论著,有《河东先生集》。

论心论气,未即孔孟之旨,及乎天人性命之微也。然文繁而不可杀,语变而各有当。要其大旨,则临文主敬,一言以蔽之矣。主敬则心平而气有所摄,自能变化从容以合度也。夫史有三长,才、学、识也。古文辞而不由史出,是饮食不本于稼穑也。夫识,生于心也;才,出于气也;学也者,凝心以养气,炼识而成其才者也。心虚难恃,气浮易弛,主敬者,随时检摄于心气之间,而谨防其一往不收之流弊也。夫缉熙敬止,圣人所以成始而成终也,其为义也广矣。今为临文,检其心气,以是为文德之敬而已尔。

## 文理①

偶于良宇②案间见《史记》录本,取观之,乃用五色圈点,各为段落。反覆审之,不解所谓。询之良宇,哑然失笑,以谓己亦厌观之矣。其书云出前明归震川③氏,五色标识,各为义例,不相混乱。若者为全篇结构,若者为逐段精彩,若者为意度波澜,若者为精神气魄,以例分类,便于揣服揣摩,号为古文秘传。前辈言古文者,所为珍重授受,而不轻以示人者也。又云:"此如五祖传灯,灵素受箓,由此出者,乃是正宗;不由此出,纵有非常著作,释子所诮为'野狐禅'也。余幼学于是,及游京师,闻见稍广,乃

---

① 本文作于乾隆五十四年(1789)三月,作者馆安徽学使张立纲署中,"因见左良宇案上的《史记》录本而作"。明代学者归有光对《史记》作过圈点,就是这个圈点本竟被文学界一些人视为标准本。《文理》一篇正是由此引发而作。对于机械地模仿古人的做法提出了批评,认为文章的好坏,要看内容是否充实,能否表达作者真实的感情。所以文中提出:"立言之要,在于有物。古人著为文章,皆本于中之所见。"这就是说,写文章必须有内容,有价值,贵创造而反对因袭模仿。他在文中还特别举例:"富贵公子,虽醉梦中不能作寒酸求乞语;疾痛患难之人,虽置之丝竹华宴之场,不能易其呻吟而作欢笑。"可见没有如此经历,写不出如此好的文章。我们可以看出,这都是针对"桐城派"弊病而发。因为"桐城派"所宣传的正是来自归有光。这在文学发展史上自然有其积极作用。

② 良宇:左眉的字,号静庵,安徽桐城人。著有《静庵文集》、《静庵诗集》、《尚书蔡传正讹》。

③ 归震川(1506—1571):明代文学家。名有光,字熙甫,又字开甫,号震川,昆山(今江苏昆山)人。嘉靖进士。少年时尽通五经、三史等书,但八次会试落第,六十岁始成进士。初授长兴(今浙江长兴)知县,隆庆中始授南京太仆寺丞,卒于官。文学上反对王世贞、李攀龙诸人"文必秦汉"的观点,与唐顺之、茅坤等又形成"唐宋派",主张学习唐宋文章法度。反对王、李等人的复古与模拟。著有《震川先生文集》、《三吴水利录》等。

知文章一道，初不由此，然意其中或有一二之得，故不遽弃，非珍之也。"余曰：文章一道，自元以前，衰而且病，尚未亡也。明人初承宋元之遗，粗存规矩，至嘉靖、隆庆之间，晦蒙否塞，而文几绝矣。归震川氏生于是时，力不能抗王、李之徒①而心知其非，故斥凤洲以为庸妄，谓其创为秦汉伪体，至并官名地名而改用古称，使人不辨作何许语，故直斥之曰文理不通，非妄言也。然归氏之文，气体清矣，而按其中之所得，则亦不可强索。故余尝书识其后，以为先生所以砥柱中流者，特以文从字顺，不汩没于流俗，而于古人所谓闳中肆外，言以声其心之所得，则未之闻尔。然亦不得不称为彼时之豪杰矣。但归氏之于制艺，则犹汉之子长，唐之退之，百世不祧之大宗也。故近代时文家之言古文者，多宗归氏。唐宋八家之选，人几等于五经四子，所由来矣。惟归、唐②之集，其论说文字，皆以《史记》为宗；而其所以得力于《史记》者，乃颇怪其不类。盖《史记》体本苍质，而司马才大，故运之以轻灵。今归、唐之所谓疏宕顿挫，其中无物，遂不免于浮滑，而开后人以描摹浅陋之习。故疑归、唐诸子得力于《史记》者，特其皮毛，而于古人深际，未之有见。今观诸君所传五色订本，然后知归氏之所以不能至古人者，正坐此也。

　　夫立言之要，在于有物。古人著为文章，皆本于中之所见，初非好为炳炳烺烺，如锦工绣女之矜夸采色已也。富贵公子，虽醉梦中不能作寒酸求乞语；疾痛患难之人，虽置之丝竹华宴之场，不能易其呻吟而作欢笑。此声之所以肖其心，而文之所以不能彼此相易，各自成家者也。今舍己之所求而摩古人之形似，是杞梁之妻善哭其夫，而西家偕老之妇亦学其悲号；屈子自沉

---

① 王、李之徒：指王世贞、李攀龙。王世贞（1526—1590），明代文学家、史学家。字元美，号凤洲，又号弇州山人，太仓（今江苏太仓）人。嘉靖进士，授刑部主事，历官至南京刑部尚书。学问渊博，著作繁富，博通经史，长于诗文。但在当时文坛上是复古主义代表人物，主宰文坛达三四十年之久，是"后七子"的领袖。提出"文必西汉，诗必盛唐"的主张。文学代表作为《艺苑卮言》，史学代表作则为《弇山堂别集》。另有《嘉靖以来宰辅传》、《弇州山人四部稿》等。李攀龙（1514—1570），明代文学家。字于麟，号沧溟，历城（今山东济南）人。嘉靖进士，授刑部主事，累官至河南按察使。文学主张复古，与王世贞并称"王李"，同为"后七子"人物，所作诗文多摹拟古人。著有《古今诗删》、《沧溟集》等。

② 归、唐：指归有光、唐顺之。唐顺之（1507—1560），明代文学家。字应德，一字义修，人称荆川先生，武进（今江苏常州）人。嘉靖进士。由庶吉士授兵部主事，后任编修，参校累朝《实录》。曾参与抗倭斗争，最后死于通州（今江苏南通）。文学上他是"唐宋派"主要人物之一，与复古派的"后七子"主张相左。

汨罗，而同心一德之朝，其臣亦宜作楚怨也，不亦慎乎！至于文字，古人未尝不欲其工。

孟子曰："持其志，无暴其气。"学问为立言之主，犹之志也；文章为明道之具，犹之气也。求自得于学问，固为文之根本；求无病于文章，亦为学之发挥。故宋儒尊道德而薄文辞，伊川先生谓工文则害道，明道先生谓记诵为玩物丧志，虽为忘本而逐末者言之；然推二先生之立意，则持其志者不必无暴其气，而出辞气之远于鄙倍，辞之欲求其达，孔、曾皆为不闻道矣。但文字之佳胜，正贵读者之自得，如饮食甘旨，衣服轻暖，衣且食者之领受，各自知之，而难以告人。如欲告人衣食之道，当指脍炙而令其自尝，可得旨甘，指狐貉而令其自被，可得轻暖，则有是道矣。必吐己之所尝而哺人以授之甘，搂人之身而置怀以授之暖，则无是理也。

韩退之曰："记事者必提其要，纂言者必钩其玄。"其所谓钩玄提要之书，不特后世不可得而闻，虽当世籍、湜①之徒亦未闻其有所见，果何物哉？盖亦不过寻章摘句，以为撰文之资助耳。此等识记，古人当必有之。如左思十稔而赋《三都》，门庭藩溷，皆著纸笔，得即书之。今观其赋，并无奇思妙想，动心骇魄，当藉十年苦思力索而成。其所谓得即书者，亦必标书志义，先掇古人菁英，而后足以供驱遣尔。然观书有得，存乎其人，各不相涉也。故古人论文，多言读书养气之功，博古通经之要，亲师近友之益，取材求助之方，则其道矣。至于论及文辞工拙，则举隅反三，称情比类，如陆机《文赋》②，刘勰《文心雕龙》，钟嵘《诗品》③，或偶举精字善句，或品评全

---

① 籍、湜：指张籍、皇甫湜。张籍（约767—830），唐朝诗人，字文昌，原籍吴郡（今江苏苏州），后移居和州乌江（今安徽和县乌江）。唐德宗贞元十五年（799）进士，历官太常寺太祝、水部员外郎，终国子司业，故世称"张水部"，或张司业。因家境贫苦，官职低微，较多接触下层社会生活，故其诗多能同情人民疾苦，为白居易诸人所推崇。乐府诗与王建齐名，称"张王乐府"。生平交游中，与韩愈最密，韩称得上是他的良师益友。韩愈临终时，还接受其托付后事。著有《张司业集》。皇甫湜（约777—约835），唐朝文学家。字持正，睦州新安（今浙江淳安西）人。元和进士，官至工部郎中。从韩愈学古文，与李翱、张籍齐名。为文奇僻险奥，今传《皇甫持正集》乃宋人所编。

② 《文赋》：是陆机所作的一篇以赋的体裁来论文的作品，其中论到十种文体；是我国文论史上第一篇创作论；对文章的内容与形式、继承与创新、文章结构及文体分类都有论及。

③ 钟嵘《诗品》：钟嵘（约480—552），南朝梁学者。字仲伟，颍川长社（今河南长葛东北）人。齐时官至司徒行参军。入梁，历任中军临川王行参军和衡阳王、晋安王记室。所著《诗品》，为我国古代诗歌理论批评著作，对于诗歌创作、欣赏、批评等方面及诗歌产生、发展历史都有论述。

篇得失，令观之者得意文中，会心言外，其于文辞思过半矣。至于不得已而摘记为书，标识为类，是乃一时心之所会，未必出于其书之本然。比如怀人见月而思，月岂必主远怀？久客听雨而悲，雨岂必有愁况？然而月下之怀，雨中之感，岂非天地至文？而欲以此感此怀藏为秘密，或欲嘉惠后学，以谓凡对明月与听霖雨，必须用此悲感方可领略，则适当良友乍逢及新昏宴尔之人，必不信矣。

是以学文之事，可授受者规矩方圆，其不可授受者心营意造。至于纂类摘比之书，标识评点之册，本为文之末务，不可揭以告人，只可用以自志，父不得而与子，师不能以传弟，盖恐以古人无穷之书，而拘于一时有限之心手也。

律诗当知平仄，古诗宜知音节。顾平仄显而易知，音节隐而难察，能熟于古诗，当自得之。执古诗而定人之音节，则音节变化，殊非一成之诗所能限也。赵伸符[①]氏取古人诗为《声调谱》，通人讥之，余不能为赵氏解矣。然为不知音节之人言，未尝不可生其启悟，特不当举为天下之式法尔。时文当知法度，古文亦当知有法度。时文法度显而易言，古文法度隐而难喻，能熟于古文，当自得之。执古文而示人以法度，则文章变化，非一成之文所能限也。归震川氏取《史记》之文，五色标识，以示义法，今之通人，如闻其事，必窃笑之，余不能为归氏解也。然为不知法度之人言，未尝不可资其领会，特不足据为传授之秘尔。据为传授之秘，则是郢人宝燕石矣。

夫书之难以一端尽也，仁者见仁，智者见智。诗之音节，文之法度，君子以谓可不学而能，如啼笑之有收纵，歌哭之有抑扬，必欲揭以示人，人反拘而不得歌哭啼笑之至情矣。然使一己之见，不事穿凿过求，而偶然浏览，有会于心，笔而志之，以自省识，未尝不可资修辞之助也。乃因一己所见，而谓天下之人，皆当范我之心手焉，后人或我从矣，起古人而问之，乃曰："余之所命，不在是矣。"毋乃冤欤！

---

① 赵伸符（1662—1744）：清朝诗人。名执信，字伸符，号秋谷、饴山，山东益都人。康熙进士，官右赞善。王士禛甥婿，士禛论诗主"神韵说"，他则作《谈龙录》与之争论。诗主严肃，力去浮靡，所作诗有些能反映社会现实，同情劳动人民。著有《饴山堂集》、《声调谱》等。

# 古文公式①

　　古文体制源流，初学入门，当首辨也。苏子瞻《表忠观碑》②，全录赵抃奏议，文无增损，其下即缀铭诗。此乃汉碑常例，见于金石诸书者，不可胜载。即唐宋八家文中，如柳子厚《寿州安丰孝门碑》③，亦用其例，本不足奇。王介甫④诧谓是学《史记·诸侯王年表》，真学究之言也。李耆卿⑤谓其文学《汉书》，亦全不可解。此极是寻常耳目中事，诸公何至怪怪奇奇，看成骨董！且如近日市井乡间，如有利弊得失，公议兴禁，请官约法，立碑垂久，其碑即刻官府文书告谕原文，毋庸增损字句，亦古法也。岂介甫诸人，于此等碑刻犹未见耶？当日王氏门客之訾摘骇怪，更不直一笑矣。

　　以文辞而论，赵清献⑥请修表忠观原奏，未必如苏氏碑文之古雅。史家记事记言，因袭成文，原有点窜涂改之法。苏氏此碑，虽似钞缮成文，实费经营裁制也。第文辞可以点窜，而制度则必从时。此碑篇首"臣抃言"三

---

① 据《章实斋先生年谱》云，本文是由丙辰（嘉庆元年[1796]）"札记二段，后与丁巳年（嘉庆二年[1797]）札记二段合为《古文公式》篇"，而嘉庆五年（1800）方正式成篇。文章专论奏议之文的写法，这种文章亦自有其体式，其体式各个时代又不尽相同，是随时代的发展而在变化，因此，他提出文章可以学古，而制度必须从时，否则就会闹笑话，"岂可以秦汉之衣冠，绘明人之图像耶？"为此他列举了苏轼《表忠观碑》和汪琬《睢州汤烈妇旌门颂序》进行具体分析，指出由于作者都未注意"制度则必从时"，只一意揣摩古法，其结果便都出现了"貌同而心异"的现象。因此，文章开头便提出"古文体制源流，初学入门，当首辨也"。

② 《表忠观碑》：载《东坡全集》卷八十六。

③ 《寿州安丰孝门碑》：载《柳河东集》卷二十，题为《寿州安丰县孝门铭并序》。

④ 王介甫（1021—1086）：北宋文学家、政治家。字介甫，名安石，号半山，抚州临川（今江西抚州）人。庆历进士，官至翰林学士兼侍讲，拜参知政事，同中书门下平章事等，最终封荆国公。诗文以揭露时弊、反映社会矛盾者为多。主张实用，反对虚无。为"唐宋八大家"之一。著有《王临川集》、《临川集拾遗》、《王文公集》、《字说》等。

⑤ 李耆卿：南宋初学者。名涂（亦有作塗），约生活于宋高宗绍兴中前后，著有《文章精义》，世无传本，惟《永乐大典》存之。《四库全书总目》收入。《文章精义》云："子瞻《表忠观碑》终篇述赵清献公奏，不增损一字，是学《汉书》。但王介甫以为《诸侯王年表》，则非也。"

⑥ 赵清献（1008—1084）：北宋大臣。名抃，字阅道，号知非子，衢州西安（今浙江衢州）人。景祐进士。任殿中侍御史时，弹劾不避权贵，人称"铁面御史"。后出知睦州、虔州、成都。曾匹马入蜀，仅一琴一鹤自随，为政简易，禁吏为奸，自奉甚俭，蜀风为之一变。神宗除参知政事，因反对王安石变法，又出知杭州、青州、成都、越州，再知杭州而致仕，谥清献，著有《清献集》。

字，篇末"制曰可"三字，恐非宋时奏议上陈、诏旨下达之体；而苏氏意中，揣摩《秦本纪》"丞相臣斯昧死言"及"制曰可"等语太熟，则不免如刘知几之所讥，"貌同而心异"也。余昔修《和州志》，有《乙亥义烈传》，专记明末崇祯八年闯贼攻破和州，官吏绅民男妇殉难之事，用记事本末之例，以事为经，以人为纬，详悉具载，而州中是非哄起。盖因闯贼怒拒守而屠城，被屠者之子孙，归咎于创议守城者陷害满城生命，又有著论指斥守城者部署非法，以致城陷，甚至有诬创议守城者绖城欲逃，为贼擒杀，并非真殉难者。余搜得凤阳巡抚朱大典①奏报和州失陷，官绅殉难情节，乃据江防州同申报，转据同在围城逃脱难民口述亲目所见情事，官绅忠烈，均不可诬。余因全录奏报，以为是篇之序。中间文字点窜，甚有佳处。然篇首必云："崇祯九年二月日，巡抚凤阳提督军务都察院右副都御史臣朱大典谨奏，为和城陷贼，官绅殉难堪怜，乞赐旌表，以彰义烈事。"其篇末云："奉旨，览奏悯恻，该部察例施行。"此实当时奏陈诏报式也。或谓中间奏文，既已删改古雅，其前后似可一例润色。余谓奏文辞句，并无一定体式，故可点窜古雅，不碍事理。前后自是当时公式，岂可以秦汉之衣冠，绘明人之图像耶？苏氏《表忠观碑》，前人不知而相与骇怪，自是前人不学之过。苏氏之文本无可议，至人相习而不以为怪。其实不可通者，惟前后不遵公式之六字耳。夫文辞不察义例，而惟以古雅为徇，则"臣抃言"三字，何如"岳曰于"三字更古；"制曰可"三字，何如"帝曰俞"三字更古？舍唐虞而法秦汉，未见其能好古也。

汪钝翁②撰《睢州汤烈妇旌门颂序》，首录巡按御史奏报，本属常例，无可訾，亦无足矜也。但汪氏不知文用古法，而公式必遵时制，秦汉奏报之式，不可以改今文也。篇首著"监察御史臣粹然言"，此又读《表忠观碑》

---

① 朱大典（？—1645）：南明大臣。字延之，金华（今浙江金华）人。万历进士。崇祯时官至右副都御史、兵部右侍郎。福王即位，任兵部尚书，清军渡江后，还金华固守之。唐王就加东阁大学士，命其督师浙东，后城破自尽。

② 汪钝翁（1624—1690）：清朝学者。名琬，字苕文，号钝翁，因结庐尧峰山，封门著述者九年，故学者称尧峰先生，长洲（今江苏苏州）人。顺治进士，历任主事、郎中。以病辞官。后为陈廷敬等人举荐，举博学鸿词科。与修《明史》，分纂列传百余篇。对《易》、《诗》、《书》、《春秋》均有研究。著有《东都事略跋》、《古今五服考异》、《钝翁类稿》、《尧峰文钞》等。

"臣抃言"三字太熟，而不知苏氏已非法也。近代章奏，篇首叙衔，无不称姓，亦公式也。粹然何姓，汪氏岂可因摩古而删之？且近代章奏，衔名之下必书"谨奏"，无称"言"者。一语仅四字而两违公式，不知何以为古文辞也？妇人有名者称名，无名者称姓，曰张曰李可也。近代官府文书，民间词状，往往舍姓而空称曰"氏"，甚至有称为"该氏"者，诚属俚俗不典；然令无明文，胥吏苟有知识，仍称为张为李，官所不禁，则犹是通融之文法也。汪氏于一定不易之公式，则故改为秦汉古款，已是貌同而心异矣。至于正俗通行之称谓，则又偏舍正而徇俗，何颠倒之甚耶！结句又云："臣谨昧死以闻。"亦非今制。汪氏平日以古文辞高自矜诩，而庸陋如此，何耶？汪之序文，于"臣粹然言"句下直起云"睢州诸生汤某妻赵氏，值明末李自成之乱"云云，是亦未善。当云"故明睢州诸生汤某妻赵氏，值李自成之乱"，于辞为顺。盖突起似现在之人，下句补出"值明末李自成"，文气亦近滞也。学文者当于此等留意辨之。

## 古文十弊[①]

余论古文辞义例，自与知好诸君书，凡数十通；笔为论著，又有《文德》、《文理》、《质性》、《黠陋》、《俗嫌》、《俗忌》[②]诸篇，亦详哉其言之矣。然多论古人，鲜及近世。兹见近日作者所有言论与其撰著，颇有不安于心，因取最浅近者条为十通，思与同志诸君相为讲明。若他篇所已及者不复述，览者可互见焉。此不足以尽文之隐，然一隅三反，亦庶几其近之矣。

一曰：凡为古文辞者，必先识古人大体，而文辞工拙又其次焉。不知大体，则胸中是非不可以凭，其所论次未必俱当事理。而事理本无病者，彼反

---

[①] 本文作于嘉庆元年（1796）。文章针对当时文坛上盛行模拟古代和形式主义等风气提出批评，认为文学作品必须具有实质内容，真实反映自己的思想感情，而不能作无病呻吟式的模仿。具体列出了文坛上存在的十大弊病。在批判中同时表述了自己的文学主张，而不是单纯地停留在批判上面，这就是可贵之处。正如他自己所讲，关于这方面内容，他还撰有《文德》、《文理》、《质性》、《黠陋》、《俗嫌》、《俗忌》诸篇，都从不同角度在表述自己的观点。

[②] 《俗忌》：今传章氏文章中并无此篇，疑为《贬俗》篇之旧题。

见为不然而补救之，则率天下之人而祸仁义矣。有名士投其母氏行述，请大兴朱先生作志，叙其母之节孝，则谓乃祖衰年病废卧床，溲便无时，家无次丁，乃母不避秽亵，躬亲薰濯，其事既已美矣。又述乃祖于时蹵然不安，乃母肃然对曰："妇年五十，今事八十老翁，何嫌何疑！"呜呼！母行可嘉，而子文不肖甚矣。本无芥蒂，何有嫌疑？节母既明大义，定知无是言也。此公无故自生嫌疑，特添注以斡旋其事，方自以谓得体，而不知适如冰雪肌肤剜成疮痏，不免愈濯愈痕瘢矣。人苟不解文辞，如遇此等，但须据事直书，不可无故妄加雕饰。妄加雕饰，谓之"剜肉为疮"，此文人之通弊也。

二曰：《春秋》书内不讳小恶。岁寒知松柏之后凋，然则欲表松柏之贞，必明霜雪之厉，理势之必然也。自世多嫌忌，将表松柏而又恐霜雪怀惭，则触手皆荆棘矣。但大恶讳，小恶不讳，《春秋》之书内事，自有其权衡也。江南旧家，辑有宗谱。有群从先世，为子聘某氏女，后以道远家贫，力不能婚，恐失婚时，伪报子殇，俾女别聘，其女遂不食死，不知其子故在。是于守贞殉烈，两无所处，而女之行事实不愧于贞烈，不忍泯也。据事直书，于翁诚不能无歉然矣。第《周官》媒氏禁嫁殇，是女本无死法也。《曾子问》①，娶女有日，而婿父母死，使人致命女氏，注谓恐失人嘉会之时，是古有辞昏之礼也。今制，婿远游，三年无闻，听妇告官别嫁，是律有远绝离昏之条也。是则某翁诡托子殇，比例原情，尚不足为大恶而必须讳也。而其族人动色相戒，必不容于直书，则匿其辞曰："书报幼子之殇，而女家误闻以为婿也。"夫千万里外，无故报幼子殇，而又不道及男女昏期，明者知其无是理也，则文章病矣。人非圣人，安能无失？古人叙一人之行事，尚不嫌于得失互见也。今叙一人之事，而欲顾其上下左右前后之人皆无小疵，难矣！是之谓"八面求圆"，又文人之通弊也。

三曰：文欲如其事，未闻事欲如其文者也。尝见名士为人撰志，其人盖有朋友气谊，志文乃仿韩昌黎之志柳州②也，一步一趋，惟恐其或失也。中间感叹世情反复，已觉无病费呻吟矣。末叙丧费出于贵人，及内亲竭劳其事。询之其家，则贵人赠赙稍厚，非能任丧费也，而内亲则仅一临穴而已，

---

① 《曾子问》：《礼记》的篇名。
② 柳州：因柳宗元曾为柳州刺史，故世称柳柳州。

亦并未任其事也。且其子俱长成，非若柳州之幼子孤露，必待人为经理者也。诘其何为失实至此，则曰：仿韩志柳墓，终篇有云："归葬费出观察使裴君行立①，又舅弟卢遵②，既葬子厚，又将经纪其家。"附纪二人，文情深厚，今志欲似之耳。余尝举以语人，人多笑之。不知临文摹古，迁就重轻，又往往似之矣。是之谓"削趾适屦"，又文人之通弊也。

四曰：仁智为圣，夫子不敢自居；瑚琏名器，子贡安能自定？称人之善，尚恐不得其实；自作品题，岂宜夸耀成风耶？尝见名士为人作传，自云："吾乡学者，鲜知根本，惟余与某甲，为功于经术耳。"所谓某甲，固有时名，亦未见必长经术也。作者乃欲援附为名，高自标榜，恶矣！又有江湖游士，以诗著名，实亦未足副也。然有名实远出其人下者，为人作诗集序，述人请序之言曰："君与某甲齐名，某甲既已弁言，君乌得无题品？"夫齐名本无其说，则请者必无是言。而自诩齐名，藉人炫己，颜颊不复知忸怩矣！且经援服郑，诗攀李杜③，犹曰高山景仰；若某甲之经，某甲之诗，本非可恃，而犹藉为名。是之谓"私署头衔"，又文人之通弊也。

五曰：物以少为贵，人亦宜然也。天下皆圣贤，孔孟亦弗尊尚矣。清言自可破俗，然在典午，则滔滔皆是也。前人讥《晋书》，列传同于小说，正以采掇清言，多而少择也。立朝风节，强项敢言，前史侈为美谈。明中叶后，门户朋党，声气相激，谁非敢言之士！观人于此，君子必有辨矣，不得因其强项申威，便标风烈，理固然也。我宪皇帝澄清吏治，裁革陋规，整饬官方，惩治贪墨，实为千载一时。彼时居官，大法小廉，殆成风俗，贪冒之徒，莫不望风革面，时势然也。今观传志碑状之文，叙雍正年府州县官，盛称杜绝馈遗，搜除积弊，清苦自守，革除例外供支，其文洵不愧于《循吏

---

① 裴君行立：裴行立，唐朝官吏。绛州稷山（今山西稷山）人。历官沁州刺史、卫尉少卿、河东令、蕲州刺史、安南经略使、桂管观察使、安南都护。召还时卒于途中，时年四十七岁。

② 卢遵：涿（今河北涿州）人，因葬子厚并经纪其家而留名。

③ 李杜：指李白、杜甫。李白（701—762），唐朝大诗人。字太白，号青莲居士。祖籍陇西成纪（今甘肃秦安西北），幼时随父迁居绵州昌隆（今四川江油南）青莲乡。唐玄宗时命供奉翰林。是我国历史上名声最著的一位浪漫主义诗人，存诗九百九十余首，有《李太白文集》。杜甫（712—770），唐朝大诗人。字子美，祖籍襄阳（今湖北襄樊），曾祖时迁居巩县（今河南巩县东北），肃宗时任左拾遗，故世称"杜拾遗"，后又为检校工部员外郎，故又称"杜工部"。因出身寒微，曾流离漂泊，深感社会黑暗，人民痛苦，写下许多反映社会现实的诗篇，被誉为"诗史"，他则被后人推尊为"诗圣"，有《杜少陵集》。

传》矣。不知彼时逼于功令,不得不然,千万人之所同,不足以为盛节,岂可见奄寺而颂其不好色哉!山居而贵薪木,涉水而宝鱼虾,人知无是理也,而称人者乃独不然。是之谓"不达时势",又文人之通弊也。

六曰:史既成家,文存互见,有如《管晏列传》[1],而勋详于《齐世家》,张耳分题,而事总于《陈馀传》,非惟命意有殊,抑亦详略之体所宜然也。若夫文集之中,单行传记,凡遇牵联所及,更无互著之篇,势必加详,亦其理也。但必权其事理,足以副乎其人,乃不病其繁重尔。如唐平淮西,《韩碑》[2]归功裴度[3],可谓当矣。后中谗毁,改命于段文昌[4],千古为之叹惜。但文昌徇于李愬[5],愬功本不可没,其失犹未甚也。假令当日无名偏裨,不关得失之人,身后表阡,侈陈淮西功绩,则无是理矣。朱先生尝为编修蒋君撰志[6],中叙国家前后平定准、回要略,则以蒋君总修方略,独力勤劳,书成身死,而不得叙功故也。然志文雅健,学者慕之。后见某中书舍人死,有为作家传者,全袭《蒋志》原文,盖其人尝任分纂数月,于例得列衔名者耳,其实于书未寓目也。是与无名偏裨居淮西功,又何以异?而文人喜于攘事,几等军吏攮功,何可训也!是之谓"同里铭旌"。昔有夸夫,终身未膺一命,好袭头衔,将死,遍召所知,筹计铭旌题字。或徇其意,假藉例封、待赠、修职、登仕诸阶,彼皆掉头不悦。最后有善谐者,取其乡之贵显,大书勋阶师

---

[1] 《管晏列传》:与下文《齐世家》、《陈馀传》均是《史记》篇。
[2] 《韩碑》:指韩愈的《平淮西碑》,内容叙述裴度之事。载《昌黎先生集》卷三十。
[3] 裴度(765—839):唐朝大臣。字中立,河东闻喜(今山西闻喜东北)人。贞元时进士。历任监察御史、起居舍人、中书舍人、御史中丞、同中书门下平章事等。元和十二年(817)督师攻破蔡州,擒吴元济,河北藩镇大惧,相继臣服,使藩镇割据一度平息,封晋国公,故韩愈作《平淮西碑》以志其事。曾数度为相,晚年因宦官专权,辞官退居洛阳,不预政事。
[4] 段文昌(773—835):唐朝官宦。字墨卿,西河(今山西汾阳)人。先后任监察御史、祠部员外郎。元和十一年(816)为翰林学士。十四年,加知制诰,十五年,正拜中书舍人,寻拜中书侍郎、平章事。史称"出入将相,洎二十年"。有文集三十卷。
[5] 李愬(773—821):唐朝将军。字元直,洮州临潭(今甘肃临潭)人。元和九年(814),吴元济据申、光、蔡三州叛变。唐兴兵连年不克,愬上表自请参战。十一年被命为唐、隋、邓节度使,上任后利用有利形势,次年冬乘雪夜袭蔡州,俘吴元济,成为战争史上奇袭之范例。以功封凉国公。后又历任武宁、昭义、魏博等节度使。
[6] "朱先生"句:朱筠曾为蒋雍植撰写墓志铭,即《编修蒋君墓志铭》。载《笥河文集》卷十二。铭文开头曰:"君讳雍植,字秦树,辛巳以二甲第一人赐进士,改庶吉士,充平定准噶尔方略馆纂修官。总裁诸公皆倚重之,令总办方略一书。"

保殿阁部院某国某封某公同里某人之柩，人传为笑。故凡无端而影附者，谓之"同里铭旌"，不谓文人亦效之也，是又文人之通弊也。

七曰：陈平①佐汉，志见社肉；李斯②亡秦，兆端厕鼠。推微知著，固相士之玄机；搜间传神，亦文家之妙用也。但必得其神志所在，则如图画名家，颊上妙于增毫；苟徒慕前人文辞之佳，强寻猥琐，以求其似，则如见桃花而有悟，遂取桃花作饭，其中岂复有神妙哉？又近来学者，喜求征实，每见残碑断石，余文剩字，不关于正义者，往往藉以考古制度，补史缺遗，斯固善矣。因是行文，贪多务得，明知赘余非要，却为有益后世推求，不惮辞费。是不特文无体要，抑思居今世而欲备后世考征，正如董泽矢材，可胜既乎！夫传人者文如其人，述事者文如其事，足矣。其或有关考征，要必本质所具，即或闲情逸出，正为阿堵传神。不此之务，但知市菜求增，是之谓"画蛇添足"，又文人之通弊也。

八曰：文人固能文矣，文人所书之人，不必尽能文也。叙事之文，作者之言也，为文为质，惟所欲，期如其事而已矣；记言之文，则非作者之言也，为文为质，期于适如其人之言，非作者所能自主也。贞烈妇女，明诗习礼，固有之矣。其有未尝学问，或出乡曲委巷，甚至佣妪鬟婢，贞节孝义，皆出天性之优，是其质虽不愧古人，文则难期于儒雅也。每见此等传记，述其言辞，原本《论语》、《孝经》，出入《毛诗》、《内则》③，刘向之《传》④，曹昭之《诫》⑤，不啻自其口出，可谓文矣。抑思善相夫者，何必尽识鹿车鸿案；

---

① 陈平（？—前178）：西汉大臣，汉初功臣。阳武（今河南原阳东南）人。少时家贫，习黄老之术。陈胜起义，他先后投奔魏王咎和项羽，后背楚投汉，成为刘邦重要谋士，曾屡出奇计，多次立功，被封为曲逆侯。惠帝即位，曾任左丞相。吕后死，他与周勃合谋，诛诸吕，立文帝，独任丞相。文帝二年病卒。

② 李斯（？—前208）：秦朝政治家。楚上蔡（今河南上蔡西南）人。初为郡小吏，尝从荀卿学帝王之术。战国末入秦，秦相吕不韦任以为郎，上《谏逐客书》，受到秦王赏识，任为客卿，官至廷尉。辅助秦始皇统一六国。始皇定天下，为丞相。建议废分封，定郡县，下禁书令。又作小篆，对统一我国文字有一定贡献。始皇死后，赵高用事，遭忌，被腰斩于咸阳。除《谏逐客书》外，尚有《仓颉篇》。

③ 《内则》：《礼记》篇名。《礼记注疏》引郑《目录》云："《内则》者，以其记男女居室，事父母姑舅之法，闺门之内，轨仪可则，故曰内则。"

④ 刘向之《传》：刘向作《列女传》，全书分母仪、贤明、仁智、贞顺、节义、辩通、孽嬖七类，每类十五人，共一百零五人。宣扬贤妻良母的封建教育，最初供宫廷中妇女阅读，实际上后来在社会上影响很大。

⑤ 曹昭之《诫》：即班昭所作之《女诫》。

善教子者，岂皆熟记画荻丸熊！自文人胸有成竹，遂致闺修皆如板印。与其文而失实，何如质以传真也！由是推之，名将起于卒伍，义侠或奋阎间，言辞不必经生，记述贵于宛肖。而世有作者，于斯多不致思，是之谓"优伶演剧"。盖优伶歌曲，虽耕氓役隶，矢口皆叶宫商，是以谓之戏也。而记传之笔，从而效之，又文人之通弊也。

九曰：古人文成法立，未尝有定格也。传人适如其人，述事适如其事，无定之中，有一定焉。知其意者，旦暮遇之；不知其意，袭其形貌，神弗肖也。往余撰和州故给事《成性志传》[1]，性以建言著称，故采录其奏议。然性少遭乱离，全家被害，追悼先世，每见文辞，而《猛省》之篇尤沉痛，可以教孝，故于终篇全录其文。其乡有知名士赏余文曰："前载如许奏章，若无《猛省》之篇，譬如行船，鹢首重而舵楼轻矣。今此婪尾，可谓善谋篇也！"余戏诘云："设成君本无此篇，此船终不行耶？"盖塾师讲授《四书》文义，谓之时文，必有法度以合程式。而法度难以空言，则往往取譬以示蒙学。拟于房室，则有所谓间架结构；拟于身体，则有所谓眉目筋节；拟于绘画，则有所谓点睛添毫；拟于形家，则有所谓来龙结穴。随时取譬，习陋成风，然为初学示法，亦自不得不然，无庸责也。惟时文结习，深锢肠腑，进窥一切古书古文，皆此时文见解，动操塾师启蒙议论，则如用象棋枰布围棋子，必不合矣。是之谓"井底天文"，又文人之通弊也。

十曰：时文可以评选，古文经世之业，不可以评选也。前人业评选之，则亦就文论文可耳。但评选之人，多非深知古文之人。夫古人之书，今不尽传，其文见于史传。评选之家，多从史传采录。而史传之例，往往删节原文以就隐括，故于文体所具，不尽全也。评选之家，不察其故，误谓原文如是，又从而为之辞焉。于引端不具而截中径起者，诩谓发轫之离奇；于刊削余文而遽入正传者，诧为篇终之崭峭；于是好奇而寡识者，转相叹赏，刻意追摹，殆如左氏所云"非子之求，而蒲之爱"矣。有明中叶以来，一种不

---

[1]《成性志传》：章学诚作《和州志》时为当地人成性所作之传，此传今收入《章氏遗书》外篇。成性，字我存，初名宗儒，号率庵，顺治四年（1647）丁亥入国子监，次年授秘书院试中书舍人，不久举顺天乡试，成进士，改中书科中书舍人。后因病回归故里，于康熙十七年（1678）卒，终年五十八。著书十余万言。《猛省》乃成性所作之文篇名。

情不理，自命为古文者，起不知所自来，收不知所自往，专以此等出人思议夸为奇特，于是坦荡之途生荆棘矣。夫文章变化，侔于鬼神，斗然而来，戛然而止，何尝无此景象，何尝不为奇特！但如山之岩峭，水之波澜，气积势盛，发于自然；必欲作而致之，无是理矣。文人好奇，易于受惑，是之谓"误学邯郸"，又文人之通弊也。

# 内篇三

## 辨似[1]

人藏其心，不可测度也。言者，心之声，善观人者，观其所言而已矣。人不必皆善，而所言未有不托于善也。善观人者，察其言善之故而已矣。夫子曰："始吾于人也，听其言而信其行；今吾于人也，听其言而观其行。"恐其所言不出于意之所谓诚然也。夫言不由中，如无情之讼，辞穷而情易见，非君子之所患也。学术之患，莫患乎同一君子之言，同一有为言之也，求其所以为言者，咫尺之间而有霄壤之判焉，似之而非也。

天下之言，本无多也。言有千变万化，宗旨不过数端可尽，故曰言本无多。人则万变不齐者也。以万变不齐之人，而发为无多之言，宜其迹异而言则不得不同矣。譬如城止四门，城内之人千万；出门而有攸往，必不止四途，而所从出者，止四门也。然则趋向虽不同，而当其发轫，不得不同也。非有意以相袭也，非投东而伪西也，势使然也。

树艺五谷，所以为烝民粒食计也。仪狄[2]曰："五谷不可不熟也。"问其何为而祈熟，则曰："不熟无以为酒浆也。"教民蚕桑，所以为老者衣帛计也。蚩尤曰："蚕桑不可不植也。"诘其何为而欲植，则曰："不植无以为旌旗也。"夫仪狄、蚩尤，岂不诚然须粟帛哉？然而斯民衣食不可得而赖矣。

---

[1] 本文作于乾隆五十四年（1789）。本文宗旨在于论述文章是用以载理，文不备则理不明，古代经传圣贤之言，未尝不以文为贵。因此，批评了"工文则害道"之说是"陋儒不学"，并指责其为似是而非，也许正因如此，故题曰《辨似》。

[2] 仪狄：相传为最早造酒者。《战国策·魏策》二《梁王魏婴觞诸侯于范台》："昔者，帝女令仪狄作酒而美，进之禹，禹饮而甘之，遂疏仪狄，绝旨酒，曰：'后世必有以酒亡其国者。'"王念孙曰："一本无'令'字是也。仪狄即帝女之名，不当有令字。"《北堂书钞》一百四十八引作"昔者黄帝女仪狄作酒而美，进之于禹"。（以上引自诸祖耿《战国策集注汇考》）

《易》曰："阴阳不测之为神。"又曰："神也者，妙万物而为言者也。"孟子曰："大而化之之谓圣，圣而不可知之之谓神。"此神化神妙之说所由来也。夫阴阳不测，不离乎阴阳也；妙万物而为言，不离乎万物也；圣不可知，不离乎充实光辉也。然而曰圣、曰神、曰妙者，使人不滞于迹，即所知见以想见所不可知见也。学术文章，有神妙之境焉。末学肤受，泥迹以求之；其真知者，以谓中有神妙，可以意会而不可以言传者也。不学无识者，窒于心而无所入，穷于辨而无所出，亦曰可意会而不可言传也。君子恶夫似之而非者也。

伯昏瞀人谓列御寇[1]曰："人将保汝矣，非汝能使人保也，乃汝不能使人毋汝保也。"然则不能使人保者，下也；能使人毋保者，上也；中则为人所保矣。故天下惟中境易别，上出乎中而下不及中，恒相似也。学问之始，未能记诵；博涉既深，将超记诵。故记诵者，学问之舟车也。人有所适也，必资乎舟车；至其地，则舍舟车矣。一步不行者，则亦不用舟车矣。不用舟车之人，乃托舍舟车者为同调焉，故君子恶夫似之而非者也。程子见谢上蔡[2]多识经传，便谓玩物丧志，毕竟与孔门一贯不似。

理之初见，毋论智愚与贤不肖不甚远也；再思之，则恍惚而不可恃矣；三思之，则眩惑而若夺之矣。非再三之力，转不如初也。初见立乎其外，故神全；再三则入乎其中，而身已从其旋折也。必尽其旋折，而后复得初见之至境焉。故学问不可以惮烦也。然当身从旋折之际，神无初见之全，必时时忆其初见，以为恍惚眩惑之指南焉，庶几哉有以复其初也。吾见今之好学者，初非有所见而为也，后亦无所期于至也；发愤攻苦，以谓吾学可以加人而已矣。泛焉不系之舟，虽日驰千里，何适于用乎？乃曰学问不可以惮烦。故君子恶夫似之而非者也。

夫言所以明理，而文辞则所以载之之器也。虚车徒饰而主者无闻，故溺于文辞者不足与言文也。《易》曰："物相杂，故曰文。"又曰："其旨远，其

---

[1] 列御寇：战国时思想家。亦称列子、圄寇、圉寇。郑国人。家道贫穷，但拒受郑相子阳馈赠。能见得思义，见利思害，时谓之能守节。主张无为、虚静，被道家尊为前辈。著有《列子》一书，早佚，今传者乃伪作。

[2] 谢上蔡：即谢良佐（1050—1103），宋理学家。字显道，蔡州上蔡（今河南上蔡）人。元丰进士，知应城县。后曾监西京竹木场。为程门四大弟子之一，著有《论语说》、《上蔡先生语录》。

辞文。"《书》曰："政贵有恒，辞尚体要。"《诗》曰："辞之辑矣，民之洽矣。"《记》曰："毋剿说，毋雷同，则古昔，称先王。"《传》曰："辞达而已矣。"曾子曰："出辞气，斯远鄙倍矣。"经传圣贤之言，未尝不以文为贵也。盖文固所以载理，文不备则理不明也。且文亦自有其理，妍媸好丑，人见之者，不约而有同然之情，又不关于所载之理者，即文之理也。故文之至者，文辞非其所重尔，非无文辞也。而陋儒不学，猥曰"工文则害道"。故君子恶夫似之而非者也。

陆士衡曰："虽杼轴于予怀，怵他人之我先；苟伤廉而愆义，亦虽爱而必捐。"盖言文章之士，极其心之所得，常恐古人先我而有是言，苟果与古人同，便为伤廉愆义，虽可爱之甚，必割之也。韩退之曰："惟古于文必己出，降而不能乃剿袭。"亦此意也。立言之士，以意为宗，盖与辞章家流不同科也。人同此心，心同此理。宇宙辽扩，故籍纷揉，安能必其所言古人皆未言邪？此无伤者一也。人心又有不同，如其面焉。苟无意而偶同，则其委折轻重，必有不尽同者，人自得而辨之，此无伤者二也。著书宗旨无多，其言则万千而未有已也。偶与古人相同，不过一二，所不同者，足以概其偶同，此无伤者三也。吾见今之立言者，本无所谓宗旨，引古人言而申明之，申明之旨，则皆古人所已具也。虽然，此则才弱者之所为，人一望而知之，终归覆瓿，于事固无伤也。乃有黠者，易古人之貌而袭其意焉。同时之人有创论者，申其意而讳所自焉。或闻人言其所得，未笔于书，而遽窃其意以为己有，他日其人自著为书，乃反出其后焉。且其私智小慧，足以弥缝其隙而更张其端，使人瞢然莫辨其底蕴焉；自非为所窃者觌面质之，且穷其所未至，其欺未易败也；又或同其道者亦尝究心，反覆勘其本末，其隐始可攻也。然而盗名欺世，已非一日之厉矣，而当时之人，且曰某甲之学不下某氏，某甲之业胜某氏焉。故君子恶夫似之而非者也。

万世取信者，夫子一人而已矣。夫子之言不一端，而贤者各得其所长，不肖者各误于所似。"诲人不倦"，非渎蒙也；"予欲无言"，非绝教也；"好古敏求"，非务博也；"一以贯之"，非遗物也。盖一言而可以无所不包，虽夫子之圣亦不能也。得其一言，不求是而求似，贤与不肖，存乎其人，夫子之所无如何也。孟子，善学孔子者也。夫子言仁知，而孟子言仁义，夫子为东周，而孟子王齐、梁，夫子信而好古，孟子乃曰："尽信书，则不如无书。"而求孔子者必自孟子也。故得其是者，不求似也；求得似者，必非其是者也。然而天下之误于其似者，皆曰吾得其是矣。

## 繁称[1]

尝读《左氏春秋》，而苦其书人名字不为成法也。夫幼名，冠字，五十以伯仲，死谥，周道也。此则称于礼文之言也，非史文述事之例也。左氏则随意杂举而无义例，且名、字、谥、行以外，更及官爵、封邑焉，一篇之中错出互见，苟非注释相传，有受授至今，不复识为何如人也。是以后世史文莫不钻仰左氏，而独于此事不复相师也。

史迁创列传之体。列之为言，排列诸人为首尾，所以标异编年之传也。然而列人名目亦有不齐者，或爵，淮阴侯[2]之类。或官，李将军[3]之类。或直书名，虽非左氏之错出，究为义例不纯也。或曰："迁有微意焉。"夫据事直书，善恶自见，《春秋》之意也。必标目以示褒贬，何怪沈约、魏收[4]诸书，

---

[1] 本文写作时间不详。文章对历史上篇名、书名的繁琐进行评论，指出自号的风气源于六朝，特别是标举郡望，已成为时尚，唐末五代，称人不名不姓，而以郡望代之外，更有谐隐寓言称号讳字的做法，因而观者不知何许人也。后来又有"自号之繁"，于是许多书名不知何人所作。由于"巧立名目，横分字号"，遂使"大雅之风不可复作矣"。

[2] 淮阴侯：指韩信（？—前196），西汉初诸侯王、军事家。司马迁《史记》作《淮阴侯列传》。淮阴（今江苏淮阴西）人。出身贫苦，参加秦末农民起义，初属项羽，后归刘邦，经萧何推荐，被任大将军。刘邦用其策，攻占关中。后又大破赵军二十万，斩其主将陈馀，又下燕取齐，刘邦被迫封他为齐王。前202年，率军与刘邦会合，击灭项羽于垓下（今安徽灵璧东南）。西汉建立，改封楚王，不久以阴谋叛乱罪，贬为淮阴侯。高祖十一年（前196）又被告发谋反，被吕后诱杀于长乐宫，夷三族。曾著有《兵法》三篇，已佚。

[3] 李将军：指李广（？—前119），西汉名将。《史记》有《李将军列传》。陇西成纪（今甘肃秦安）人。善骑射。文帝时因击匈奴有功，为郎，并补武骑常侍。景帝时，迁陇西都尉、骑郎将、骁骑都尉，及上谷、上郡、北地、云中、陇西等郡太守。武帝立，改任未央卫尉、骁骑将军。后任右北平太守，匈奴畏之，号"飞将军"，数年不敢入右北平。一生与匈奴大小七十余战，始终未得封侯。元狩四年（前119）随卫青击匈奴，以迷失道被责，遂自杀，一军皆哭，百姓闻之，无不垂泪。

[4] 魏收（506—572）：北朝齐史学家。字伯起，小字佛助，钜鹿下曲阳（今河北晋州西）人。北魏时为太学博士，迁散骑侍郎，典起居注，与李同轨等同修国史。东魏时，为中外府主簿，兼散骑常侍，修国史，又转秘书监兼著作郎。北齐文宣帝天宝元年（550）任中书令，仍兼著作郎。其后力撰修魏史，并与房延祐等共同制订体例。天保五年完成纪、传、志一百三十卷，名《魏书》。其后又经两度修改。

直以标题为戏哉！况七十列传，称官爵者，偶一见之，余并直书姓名，而又非例之所当贬，则史迁创始之初，不能无失云尔。必从而为之辞，则害于道矣。

唐末五代之风诡矣，称人不名不姓，多为谐隐寓言，观者乍览其文，不知何许人也。如李曰"陇西"，王标"琅琊"，虽颇乖忤，犹曰著郡望也；庄姓则称"漆园"，牛姓乃称"太牢"，则诙嘲谐剧，不复成文理矣。凡斯等类，始于骈丽华词，渐于尺牍小说；而无识文人，乃用之以记事。宜乎试牍之文，流于苗轧，而文章一道入混沌矣。

自欧曾①诸君扩清唐末五季之诡僻，而宋元三数百年，文辞虽有高下，气体皆尚清真，斯足尚矣。而宋人又自开其纤诡之门者，则尽人而有号，一号不止，而且三数未已也。夫上古淳质，人止有名而已。周道尚文，幼名冠字，故卑行之于尊者，多避名而称字，故曰字以表德。至表德不足而加之以号，则何说也？流及近世，风俗日靡，始则去名而称字，渐则去字而称号，于是卑行之于所尊，不但讳名，且讳其字，以为触犯，岂不谄且渎乎！孔子曰："名不正则言不顺。"称号讳字，其不正不顺之尤者乎！

号之原起不始于宋也，春秋战国盖已兆其端矣。陶朱、鸱夷子皮②，有所托而逃焉者也；鹖冠③、鬼谷④诸子，自隐姓名，人则因其所服所居而加之号也。皆非无故而云然也。唐开元间，宗尚道教，则有真人赐号，南华、冲虚⑤之类。法师赐号，叶靖法师⑥之类。女冠赐号，太真玉妃⑦之类。僧伽赐号，三藏

---

① 欧曾：指欧阳修、曾巩。曾巩（1019—1083），北宋文学家。字子固，建昌军南丰（今江西南丰）人。嘉祐进士，初为实录检讨官，出任越州等地方官，有政绩，后调史馆修撰，参修五朝国史，拜中书舍人。少有文名，为欧阳修赏识，王安石与之交游。曾整理《战国策》、《说苑》，并校定南朝齐、梁、陈三书。为"唐宋八大家"之一。著有《元丰类稿》。

② 陶朱、鸱夷子皮：均为范蠡的别号。

③ 鹖冠：据史籍云，为楚贤人，隐居深山，因以鹖鸟羽为冠，人皆称他为鹖冠子。著有《鹖冠子》。《汉书·艺文志》已著录。

④ 鬼谷：战国思想家。旧传为楚人，姓名传说不一，以隐于鬼谷而得名。《史记·苏秦传》称"秦东师事于齐而习之于鬼谷"。所著《鬼谷子》三卷，至《隋书·经籍志》始著录。

⑤ 南华、冲虚：《唐会要》载："天宝元年二月十二日，追赠庄子南华真人。三月十九日，李林甫奏列子号冲虚真人。"

⑥ 叶靖法师：事不详。

⑦ 太真玉妃：唐杨贵妃号。《旧唐书·杨贵妃传》："时妃衣道士服，号曰太真。"亦称杨真人。

法师①之类。三藏在太宗时，不始开元，今以类举及之。此则二氏之徒所标榜，后乃逮于隐逸，陈抟②、林逋③之类。则播及于士流矣。然出朝廷所赐，虽非典要，犹非本人自号也。度当日所以荣宠之意，已死者同于谥法，未死者同于头衔，盖以空言相赏而已矣。

自号之繁，仿于郡望，而沿失于末流之已甚者也。盖自六朝门第争标郡望，凡称名者，不用其人所居之本贯，而惟以族姓著望，冠于题名，此刘子玄之所以反见笑于史官也。沿之既久，则以郡望为当时之文语而已矣。既以文语相与鲜新，则争奇吊诡，各随其意，自为标榜。故别号之始，多从山泉林薮以得名，此足征为郡望之变，而因托于所居之地者然也。渐乃易为堂轩亭苑，则因居地之变而反托于所居之室者然也。初则因其地，而后乃不必有其地者，造私臆之山川矣；初或有其室，而后乃不必有其室者，构空中之楼阁矣。识者但知人心之尚诡，而不知始于郡望之滥觞，是以君子恶夫作俑也。

峰、泉、溪、桥、楼、亭、轩、馆，亦既繁复而可厌矣，乃又有出于谐声隐语，此则宋元人之所未及开，而其风实炽于前明至近日也。或取字之同音者为号，或取字形离合者为号。夫盗贼自为号者，将以惑众也；赤眉、黄巾，其类甚多。娼优自为号者，将以媚客也；燕、莺、娟、素之类甚多。而士大夫乃反不安其名字而纷纷称号焉，其亦不思而已矣。

逸囚多改名，惧人知也；出婢必更名，易新主也。故屡逸之囚，转卖之婢，其名必多，所谓无如何也。文人既已架字而立号，苟有寓意，不得不然，一已足矣。顾一号不足，而至于三且五焉。噫！可谓不惮烦矣！

古人著书，往往不标篇名，后人较雠，即以篇首字句名篇；不标书名，

---

① 三藏法师：指唐代高僧玄奘（600—664），本姓陈，名祎，洛阳缑氏（今河南偃师南）人。通称三藏法师，俗称唐僧。三藏法师类似于五经博士之称。是我国著名的佛学大师、佛教经典翻译家、中国佛教唯识宗创始人。他曾周游各地，遍访高僧，发现不仅各派说法不一，而且佛经翻译错误很多，于是决心赴佛教发源地天竺（在今印度），历时十七年携经书回国，译出经、论七十五部，一千三百三十五卷。并撰写《大唐西域记》一书，记载了经过各国风土与国情，是研究印度、尼泊尔、巴基斯坦、孟加拉国以及中亚等地历史的重要资料，先后被译成英、法、日等多种文字。

② 陈抟（？—989）：宋朝隐士。字图南，自号扶摇子，亳州真源（今安徽亳州西南）人。后唐时，举进士不第，遂不仕，先居武当山二十年，后移居华山，以山水为乐，过隐居生活。宋太平兴国中曾来朝，宋太宗待之甚厚，赐号太希先生。著作大多亡佚，今存《心相篇》、《正易心法》等。

③ 林逋（968—1028）：北宋诗人、隐士。字君复，钱塘（今浙江杭州）人。隐居西湖孤山，终身不仕，未娶妻室，与梅花、仙鹤作伴，人称"梅妻鹤子"，梅花诗写得入神，著有《林和靖诗集》。卒后宋仁宗赐谥和靖先生。

后世较雠，即以其人名书，此见古人无意为标榜也。其有篇名书名者，皆明白易晓，未尝有意为吊诡也。然而一书两名，先后文质，未能一定，则皆较雠诸家易名著录，相沿不察，遂开歧异，初非著书之人自尚新奇为吊诡也。

有本名质而著录从文者，有本名文而著录从质者，有书本全而为人偏举者，有书本偏而为人全称者，学者不可不知也。本名质而著录从文者，《老子》本无经名而书尊《道德》，《庄子》本以人名而书著《南华》之类是也；汉称《庄子》，唐则敕尊《南华真经》，在开元时，《隋志》已有《南华》之目。本名文而著录从质者，刘安①之书本名《鸿烈解》，而《汉志》但著《淮南》内外，蒯通②之书本名《隽永》，而《汉志》但著《蒯通》本名之类是也；《隽永》八十一首见本传，与志不符。书名本全而为人偏举者，《吕氏春秋》有十二纪、八览、六论，而后人或称《吕览》，《屈原》二十五篇，《离骚》特其首篇，而后世竟称《骚赋》之类是也；刘向名之《楚辞》，后世遂为专部。书名本偏而为人全称者，《史记》为书策纪载总名，而后人专名《太史公书》，孙武八十余篇，有图有书，而后人即十三篇称为《孙子》之类是也。此皆较雠著录之家所当留意。已详《校雠通义》。虽亦质文升降，时会有然，而著录之家不为别白，则其流弊，无异别号称名之吊诡矣。

子史之书，名实同异，诚有流传而不能免者矣。集部之兴，皆出后人缀集，故因人立名以示志别，东京迄于初唐，无他歧异。中叶文人自定文集，往往标识集名，《会昌一品》③、元白《长庆》④之类，抑亦支矣。然称举年代，

---

① 刘安（前179—前122）：西汉诸侯王，汉高祖之孙。好读书，善鼓琴，尤工词赋。后袭父爵为淮南王。武帝时因文才出众得宠，命他作《离骚传》（一作《离骚赋》），清晨受命，早饭时即成。曾招宾客数千人，编成《内书》二十一篇，《外书》三十三篇，《中篇》八卷，后世称《淮南鸿烈》，今称《淮南子》。

② 蒯通：秦汉之际策士。著《隽永》八十一篇，然《汉书·艺文志》著录《蒯子》五篇，与本传不符。两者应为一书，刘向整理后，删订著录仅五篇，八十一篇乃原书篇数，早亡佚。

③ 《会昌一品》：唐李德裕的文集。李德裕（787—850），唐朝大臣，宪宗时宰相李吉甫之子，以父荫入仕，累官至翰林学士、御史中丞。为"牛李党争"中李派首领。一生著述甚多，今存《会昌一品集》、《次柳氏旧闻》。会昌乃唐武宗年号，以年号名文集。

④ 元白《长庆》：指《元氏长庆集》、《白氏长庆集》。元稹、白居易二人均以唐穆宗年号长庆名文集。元稹（779—831），唐朝诗人。字微之，河南（今河南洛阳）人。长于诗，与白居易相唱和，为新乐府运动倡导人之一。所作传奇《莺莺传》（又名《会真记》）为《西厢记》故事所取材。《元氏长庆集》今传。白居易（772—846），唐朝诗人。字乐天，祖籍太原（今山西太原），曾祖时迁居下邽（今陕西渭南北）。贞元进士。晚年退居洛阳香山，自号香山居士，以诗酒咏佛为事。诗歌从文字到内容都贴近人民，通俗易懂，同情人民痛苦，《白氏长庆集》今传。

犹之可也。或以地名，杜牧《樊川集》[①]、独孤及《毗陵集》[②]之类。或以官名，韩偓《翰林集》[③]。犹有所取。至于诙谐嘲弄，信意标名，如《锦囊》[④]李松、《忘筌》[⑤]杨怀玉、《披沙》[⑥]李咸用、《屠龙》[⑦]熊皦、《鳌书》[⑧]沈颜、《漫编》[⑨]元结纷纷标目，而大雅之风不可复作矣。

子史之书，因其实而立之名，盖有不得已焉耳。集则传文之散著者也。篇什散著，则皆因事而发，各有标题，初无不辨宗旨之患也。故集诗集文，因其散而类为一人之言，则即人以名集，足以识矣。上焉者，文虽散而宗旨出于一，是固子史专家之遗范也。次焉者，文墨之佳而萃为一，则亦雕龙技曲之一得也。其文与诗，既以各具标名，则固无庸取其会集之诗文而别名之也。人心好异而竞为标题，固已侈矣。至于一名不足，而分辑前后，离析篇章，或取历官资格，或取游历程途，富贵则奢张荣显，卑微则酝酿寒酸，巧立名目，横分字号。遂使一人诗文，集名无数，标题之录，靡于文辞，篇卷不可得而齐，著录不可从而约；而问其宗旨，核其文笔，黄茅白苇，毫发无殊。是宜概付丙丁，岂可猥尘甲乙者乎！欧、苏诸集，已欠简要，犹取文足重也。

---

① 杜牧《樊川集》：杜牧（803—852），唐朝文学家。字牧之，京兆万年（今陕西西安）人。杜佑之孙。大和进士。官至中书舍人。七言绝句尤为后人推崇，与李商隐齐名。兼工古文，《阿房宫赋》为传诵名篇。有《樊川文集》传世。

② 独孤及《毗陵集》：独孤及（725—777），唐朝文学家。字至之，洛阳（今河南洛阳）人。天宝末年进士，曾任左拾遗、太常博士，终常州刺史，因常州古为毗陵郡，故称其集为《毗陵集》。文学上反对骈俪，倡导古文，为韩柳古文运动之先驱者。

③ 韩偓《翰林集》：韩偓（844—923），唐末诗人。字致尧，自号玉山樵人，京兆万年（今陕西西安）人。龙纪进士，历任翰林学士、兵部侍郎等。所著《香奁集》，多描写闺中艳情及妇女服饰体态，有"香奁体"之称。此集今存，另有后人所辑《韩内翰别集》。

④ 《锦囊》：《宋史·艺文志》别集类著录李松《锦囊集》三卷。

⑤ 《忘筌》：《宋史·艺文志》别集类著录杨怀玉《忘筌集》三卷。怀玉为宋真宗时人，曾任内史。

⑥ 《披沙》：《全唐诗》小传载，李咸用有《披沙集》六卷。《直斋书录解题》卷十九《李推官披沙集》六卷，唐李咸用撰。

⑦ 《屠龙》：《宋史·艺文志》别集类著录熊皦《屠龙集》五卷。《直斋书录解题》卷十八"《熊皦屠龙集》一卷，五代晋九华熊皦撰。后唐清泰二年（935）进士。集中多下第诗，盖老于场屋者"。

⑧ 《鳌书》：《新唐书·艺文志》别集类著录沈颜《鳌书》十卷。沈颜，字可铸，唐昭宗天复初进士，后仕吴，历任兵部郎中、知制诰、翰林学士。

⑨ 《漫编》：元结（719—772），唐朝文学家。字次山，自号猗玗子、浪士、漫郎、漫叟，汝州鲁山（今河南鲁山）人。天宝十三年进士，代宗时历任道州、容州刺史，原有集已佚。所著《元次山集》，《直斋书录解题》别集类著录此集后，介绍"结自号漫叟"，也许因而称其集为《漫编》，但今不见有著录。

近代文集，逐狂更甚，则无理取闹矣。

# 匡谬[①]

　　书之有序，所以明作书之旨也，非以为观美也。序其篇者，所以明一篇之旨也。至于篇第相承，先后次序，古人盖有取于义例者焉，亦有无所取于义例者焉，约其书之旨而为之，无所容勉强也。《周易·序卦》[②]二篇，次序六十四卦相承之义，《乾》、《坤》、《屯》、《蒙》[③]而下，承受各有说焉。《易》义虽不尽此，此亦《易》义所自具，而非强以相加也。吾观后人之序书，则不得其解焉。书之本旨，初无篇第相仍之义例，观于古人而有慕，则亦为之篇序焉。猥填泛语，强结韵言，以为故作某篇第一，故述某篇第二，自谓淮南、太史、班固、扬雄，何其惑耶！夫作之述之，诚闻命矣；故一故二，其说又安在哉？且如《序卦》，《屯》次《乾》、《坤》，必有其义。盈天地间惟万物，《屯》次《乾》、《坤》之义也。故受之以《屯》者，盖言不可受以《需》、《讼》诸卦而必受以《屯》之故也。《蒙》、《需》以下，亦若是焉而已矣。此《序卦》之所以称次第也。后人序篇，不过言斯篇之不可不作耳。必于甲前乙后，强以联缀为文，岂有不可互易之理如《屯》、《蒙》之相次乎？是则摹《易》序者，不如序《诗》、《书》之为得也。《诗》、《书》篇次，岂尽无义例哉？然必某篇若何而承某篇，则无是也。六艺垂教，其揆一也，何必优于《易》序而歉于《诗》、《书》之序乎！赵岐《孟子篇序》[④]，尤为穿凿无取。

---

　　① 本篇作于乾隆五十四年（1789）。文章对学术界那些牵强附会、乱用数字、附会篇名、假设问答等不良作风提出了严肃的批评，匡正其谬误，以期达到正本清源、端正学术风气的作用。
　　② 《周易·序卦》：解释六十四卦传的序列、相承，分上经、下经两部分论述，如同书之作序，明作者著述之宗旨。
　　③ 《乾》、《坤》、《屯》、《蒙》：均为卦名。
　　④ 赵岐《孟子篇序》：赵岐（约108—201），东汉经学家，字邠卿，京兆长陵（今陕西咸阳东北）人，原名嘉，字台卿。娶扶风马融兄女。初仕州郡，以廉直疾恶，为人忌惮。桓帝永兴二年（154），召为司空掾，转皮氏长。因贬议宦官唐衡兄弟，家属亲友均遭杀害，岐逃出改名易字，卖饼于北海市中。唐衡等败灭，因赦免乃出，灵帝初，复遭党锢十余年，直至献帝西迁，方任太仆、太常等职。著有《孟子章句》、《三辅决录》。

夫书为象数而作者，其篇章可以象数求也；其书初不关乎象数者，必求象数以实之，则凿矣。《易》有两仪四象，八八相生，其卦六十有四，皆出天理之自然也。《太玄》九九为八十一，《潜虚》五五为二十五，拟《易》之书，其数先定而后摛文，故其篇章同于兵法之部伍，可约而计也。司马迁著百三十篇，自谓绍名世而继《春秋》，信哉，三代以后之绝作矣！然其自拟，则亦有过焉者也。本纪十二，隐法《春秋》之十二公也。《秦纪》①分割庄襄以前别为一卷，而末终汉武之世，为作《今上本纪》，明欲分占篇幅，欲副十二之数也。夫子《春秋》，文成法立，纪元十二，时世适然，初非十三已盈，十一则歉也。汉儒求古多拘于迹，识如史迁犹未能免，此类是也。然亦本纪而已，他篇未必皆有意耳。而治迁书者之纷纷好附会也，则曰十二本纪法十二月也，八书法八风，十表法十干，三十世家法一月三十日，七十列传法七十二候，百三十篇法一岁加闰，此则支离而难喻者矣。就如其说，则表法十干，纪当法十二支，岂帝纪反用地数而王侯用天数乎？岁未及三，何以象闰？七十二候，何以缺二？循名责实，触处皆矛盾矣。然而子史诸家多沿其说，或取阴阳奇偶，或取五行生成；少则并于三五，多或配至百十，宁使续凫断鹤，要必象数相符。孟氏七篇，必依七政；屈原《九歌》，难合九章。近如邓氏《函史》②之老阳少阳，《景岳全书》③之八方八阵，则亦几何其不为儿戏耶！

古人著书命篇，取辩甲乙，非有深意也。六艺之文，今具可识矣。盖有一定之名与无定之名，要皆取辨甲乙，非有深意也。一定之名，典、谟、贡、范之属是也；《帝典》、《皋陶谟》、《禹贡》、《洪范》，皆古经定名；他如《多

---

① 《秦纪》：指《史记·秦本纪》。司马迁写《史记》，将秦庄襄王以前立为《秦本纪》，庄襄王以后则单立《秦始皇本纪》。有人讥其硬凑十二之数，章氏批评讥笑者本人乃在附会，自然不理解司马迁如此做法的意义。

② 邓氏《函史》：邓元锡（1529—1593），明代史学家。字汝极，号潜谷，南城（在今江西）人。嘉靖举人。杜门著述三十余年，号称"江右四君子"。著《函史》一百零二卷，系仿郑樵《通志》而作，上编八十一卷，类似《通志》纪传，下编二十一卷，类似《通志》的《二十略》。又撰有《明书》四十五卷，记明代史事。另有《五经绎》、《三礼编绎》、《潜学稿》等。

③ 《景岳全书》：明朝张介宾著，共四十一卷，又本草正二卷。《四库全书总目提要》云："是书首为传忠录三卷，统论阴阳六气及前人得失。次脉神章三卷，录诊家要语。次为伤寒典、杂证谟、妇人规、小儿则、痘疹诠、外科钤，凡四十一卷，又本草正二卷。"另有"新方二卷，古方九卷，皆分八阵"。

方》、《多士》、《梓材》①之类,皆非定名。无定之名,风《诗》、《雅》、《颂》之属是也。皆以章首二字为名。诸子传记之书,亦有一定之名与无定之名,随文起例,不可胜举。其取辨甲乙而无深意,则大略相同也。象数之书,不在其例。夫子没而微言绝,《论语》二十篇,固六艺之奥区矣。然《学而》、《为政》②诸篇目,皆取章首字句标名,无他意也。《孟子》七篇,或云万章之徒所记,或云孟子自著,要亦诵法《论语》之书也。《梁惠王》与《公孙丑》③之篇名,则亦章首字句,取以标名,岂有他哉？说者不求篇内之义理而过求篇外之标题,则于义为凿也。师弟问答,自是常事；偶居章首而取以名篇,何足异哉！说者以为卫灵公④与季氏,乃当世之诸侯大夫,孔子道德为王者师,故取以名篇,与《公冶》、《雍也》诸篇,等于弟子之列尔；《孟子》篇名有《梁惠王》、《滕文公》,皆当世之诸侯,而与《万章》、《公孙丑》篇同列,亦此例也。此则可谓穿凿而无理者矣。就如其说,则《论语》篇有《泰伯》,古圣贤也；《尧曰》,古圣帝也,岂亦将推夫子为尧与泰伯之师乎？微子,孔子祖也；《微子》名篇,岂将以先祖为弟子乎？且诸侯之中,如齐桓、晋文⑤,岂不贤于卫灵？弟子自是据同时者而言,则鲁哀⑥与齐景⑦亦较卫灵为贤,不

---

① 《多方》、《多士》、《梓材》：均为《尚书》的篇名。

② 《学而》、《为政》：均为《论语》的篇名。

③ 《梁》与《公》：《梁惠王》、《公孙丑》,均为《孟子》的篇名。

④ 卫灵公（？—前493）：春秋时卫国国君。姬姓,名元,襄公之子。周景王十一年（前534）立,在位期间,孔子仕于卫。在位四十二年。

⑤ 齐桓、晋文：齐桓公（？—前643）,春秋时齐国国君,姜姓,名小白,襄公之弟。襄公被杀后,他在贵族支持下取得政权,任管仲为相,对内实行改革,富国强兵,对外打出尊王攘夷,威望盖于诸侯。在位期间,"九合诸侯,一匡天下",首开春秋时期大国争霸的局面,周王亦承认其为盟主。在位四十二年,谥桓。晋文公（前697—前628）,春秋时晋国国君。姬姓,名重耳。献公诡诸之子。国内遭骊姬之乱,逃亡在外十九年,饱经风霜。公元前636年由秦发兵护送回国,继君位,是为文公。即位后,整顿内政,增强军队。号召诸侯勤王,平周室王子带之乱,迎襄王复位,树立了政治威信,五年,和楚战于城濮,大败楚军,遂称霸诸侯。同年冬,在践土（今河南原阳西南）主盟诸侯,周襄王亲自前来犒赏,并策命他为"侯伯",确立了霸主地位。九年冬卒。

⑥ 鲁哀（？—前468）：即鲁哀公,春秋末鲁国国君。姬姓,名将,定公之子。周敬王二十六年（前494）即位。在位二十七年。

⑦ 齐景（？—前496）：即齐景公,春秋时齐国国君。姜姓,名杵臼,庄公异母弟。周灵王二十五年（前547）即位。此时齐公室开始衰落,被晏婴叹为"季世"。在位五十八年卒。

应取此也。晏婴①、蘧瑗②，岂不贤于季氏？同在章中，何不升为篇首，而顾去彼取此乎？孟子之于告子③，盖卑之不足道矣，乃与公孙、万章④跻之同列，则无是非之心矣。执此义以说书，无怪后世著书，妄拟古人而不得其意者，滔滔未已也。

或曰：附会篇名，强为标榜，盖汉儒说经，求其说而不免太过者也。然汉儒所以为此，岂竟全无所见而率然自伸其臆欤？余曰：此恐周末贱儒已有开其端矣。著书之盛，莫甚于战国；以著书而取给为干禄之资，盖亦始于战国也。故屈平之草稿，上官⑤欲夺，而《国策》⑥多有为人上书，则文章重而著书开假借之端矣。《五蠹》、《孤愤》之篇，秦王见之，至恨不与同生，则下以是干，上亦以是取矣。求取者多，则矜榜起而饰伪之风亦开。余览汉《艺文志》儒家者流，则有《魏文侯》⑦与《平原君》⑧书，读者不察，以谓战国诸侯公子何以入于儒家？不知著书之人自托儒家，而述诸侯公子请业质疑，因以所问之人名篇居首。其书不传，后人误于标题之名，遂谓文侯、平原所自著也。夫一时逐风会而著书者，岂有道德可谓人师，而诸侯卿相漫无择决，概焉相从而请业哉？必有无其事而托于贵显之交以欺世者矣。《国策》一书，

---

① 晏婴（？—前500）：春秋时齐国政治家。字仲，谥平，人称"晏平仲"，或称"晏子"，夷维（今山东高密）人。周灵王二十六年（前556）继任齐卿，历灵公、庄公、景公三朝，执政五十余年，以俭朴力行，恭谨下士而著称。主张以礼治国，"君令臣共，父慈子孝，兄爱弟敬，夫和妻柔，姑慈妇听"。战国中叶，有人采其行事及谏议之言，编成《晏子春秋》一书。

② 蘧瑗：春秋时卫国大夫。姬姓，蘧氏，字伯玉，卫公族，卫献公时为大夫。曾事殇公、襄公，有贤声，得孔子等称赞。

③ 告子：战国思想家，名不害，与孟子同时人，曾受教于墨子。善口辩，讲仁义。曾与孟子论人性问题。其言见《孟子·告子》。

④ 公孙、万章：均为孟子门人。

⑤ 上官：指上官靳尚。战国时楚国大夫。此人嫉屈原贤能，进谗言于怀王，王遂逐屈原。

⑥ 《国策》：即《战国策》，是战国时期纵横家游说诸侯国君或相互辩论时所发表的政治见解和斗争策略，由后人追记汇编而成，并非一人一时作品。原来编排很乱，名称很多，经汉代刘向重新编辑、校订，才定为今名。

⑦ 《魏文侯》：《汉书·艺文志》儒家类著录"《魏文侯》六篇"。顾实《汉志讲疏》："文侯受经于子夏。"

⑧ 《平原君》：《汉书·艺文志》儒家类著录"《平原君》七篇"。并注"朱建"。对此梁启超《诸子略考释》云："此书置鲁仲连、虞卿之间，然则正是赵公子平原君胜也。此盖刘略之旧。班氏注为朱建，恐误。"杨树达《汉书窥管》引沈涛云："书既为建作，不应厕鲁连、虞卿之间。盖后人误以为六国之平原君而移其次第。"

多记当时策士智谋；然亦时有奇谋诡计一时未用，而著书之士爱不能割，假设主臣问难以快其意，如苏子之于薛公及楚太子事，其明征也。然则贫贱而托显贵交言，愚陋而附高明为伍，策士夸诈之风，又值言辞相矜之际，天下风靡久矣。而说经者目见当日时事如此，遂谓圣贤道德之隆，必藉诸侯卿相相与师尊，而后有以出一世之上也。呜呼！此则囿于风气之所自也。

假设问答以著书，于古有之乎？曰：有从实而虚者，《庄》、《列》寓言称述尧、舜、孔、颜之问答，望而知其为寓也；有从虚而实者，屈赋所称渔父、詹尹①，本无其人，而入以屈子所自言，是彼无而屈子固有也，亦可望而知其为寓也。有从文而假者，楚太子与吴客，乌有先生与子虚也；有从质而假者，《公》、《榖》传经，设为问难而不著人名是也。后世之士，摘词捃藻，率多诡托，知读者之不泥迹也。考质疑难，必著其名；不得其人而以意推之，则称或问，恐其以虚构之言误后人也。近世著述之书，余不能无惑矣。理之易见者，不言可也。必欲言之，直笔于书，其亦可也。作者必欲设问，则已迂矣，必欲设问，或托甲乙，抑称或问，皆可为也。必著人以实之，则何说也？且所托者，又必取同时相与周旋而少有声望者也，否则不足以标榜也。至取其所著而还诘问之，其人初不知也，不亦诬乎！且问答之体，问者必浅而答者必深，问者有非而答者必是。今伪托于问答，是常以深且是者自予，而以浅且非者予人也，不亦薄乎？君子之于著述，苟足显其义而折是非之中，虽果有其人，犹将隐其姓名而存忠厚，况本无是说而强坐于人乎？诬人以取名，与劫人以求利，何以异乎？且文有起伏，往往假于义有问答，是则在于文势则然，初不关于义有伏匿也。倘于此而犹须问焉，是必愚而至陋者也。今乃坐人愚陋而以供己文之起伏焉，则是假推官以叶韵也。昔有居下僚而吟诗谤上官者，上官召之，适与某推官者同见，上官诘之，其人复吟诗以自解，而结语云"问某推官"，推官初不知也，惶惧无以自白，退而诘其何为见诬，答曰："非有他也，借君衔以叶韵尔。"

问难之体，必屈问而申答，故非义理有至要，君子不欲著屈者之姓氏也。孟子拒杨、墨，必取杨、墨之说而辟之，则不惟其人而惟其学。故引杨、墨之言，但明杨、墨之家学，而不必专指杨朱、墨翟之人也，是其拒之

---

① 渔父、詹尹：皆假托之人，并无其人，只是作者假设问答。

之深，欲痛尽其支裔也。盖以彼我不两立，不如是不足以明先王之大道也。彼异学之视吾儒，何独不然哉！韩非治刑名之说，则儒、墨皆在所摈矣。墨者之言少，而儒则《诗》、《书》六艺，皆为儒者所称述，故其历诋尧、舜、文、周之行事，必藉儒者之言以辨之。故诸《难》①之篇，多标儒者以为习射之的焉，此则在彼不得不然也，君子之所不屑较也。然而其文华而辨，其意刻而深，后世文章之士多好观之，惟其文而不惟其人，则亦未始不可参取也。王充《论衡》，则效诸难之文而为之。效其文者，非由其学也，乃亦标儒者而诘难之。且其所诘，传记错杂，亦不尽出儒者也。强坐儒说而为志射之的焉，王充与儒何仇乎？且其《问孔》、《刺孟》②诸篇之辨难，以为儒说之非也，其文有似韩非矣。韩非绌儒，将以申刑名也。王充之意，将亦何申乎？观其深斥韩非鹿马之喻以尊儒，且其自叙，辨别流俗传讹，欲正人心风俗，此则儒者之宗旨也。然则王充以儒者而拒儒者乎？韩非宗旨，固有在矣。其文之隽，不在能斥儒也。王充泥于其文，以为不斥儒则文不隽乎？凡人相诟，多反其言以诟之，情也；斥名而诟，则反诟者必易其名，势也。今王充之斥儒，是彼斥反诟而仍用己之名也。

## 质性③

前人尚论，情文相生，由是论家喜论文情。不知文性实为元宰，离性言情，珠亡椟在。撰《质性》篇。

《洪范》三德，正直协中，刚柔互克，以剂其过与不及，是约天下之心知血气，聪明才力，无出于三者之外矣。孔子之教弟子，不得中行则思狂

---

① 《难》：《韩非子》篇名，有《难一》、《难二》、《难三》、《难四》，故曰诸《难》。
② 《问孔》、《刺孟》：均为《论衡》的篇名。
③ 本篇写作年代不详。文章写作宗旨，章氏在开头三十六字已经作了交代，此三十六字"大梁本"无。目的在于希望学术界存三德而去三伪。对于本文题目，其友王宗炎在看了以后欲将其改为《文性》，或改为《性情》，认为"质性"二字"亦近生撰"。王宗炎在给章氏的复信中曾直接提出："《质性篇》题欲改《文性》，亦似未安，不如竟题《性情》乃得。"此信现收入本书附录，可参考。章氏所用"质性"一词，实来自《韩非子·难言》之篇，自然是有所根据的。因为历来文人喜论文情，而"不知文性实为元宰"。章氏认为文生于情，而情本于性，故题《质性》。

狷，是亦三德之取材也。然而乡愿者流，貌似中行而讥狂狷，则非三德所能约也。孔孟恶之为德之贼，盖与中行狂狷乱而为四也。乃人心不古而流风下趋，不特伪中行者乱三为四，抑且伪狂伪狷者流，亦且乱四而为六；不特中行不可希冀，即求狂狷之诚然，何可得耶？孟子之论知言，以为生心发政，害于其事。吾盖于撰述诸家，深求其故矣。其曼衍为书，本无立言之旨，可弗论矣。乃有自命成家，按其宗旨，不尽无谓；而按以三德之实，则失其本性，而无当于古人之要道，所谓似之而非也。学者将求大义于古人，而不于此致辨焉，则始于乱三而六者，究且因三伪而亡三德矣。呜呼！质性之论，岂得已哉！

《易》曰："言有物而行有恒。"《书》曰："诗言志。"吾观立言之君子，歌咏之诗人，何其纷纷耶！求其物而不得也，探其志而茫然也，然而皆曰吾以立言也，吾以赋诗也。无言而有言，无诗而有诗，即其所谓物与志也，然而自此纷纷矣。

有志之士，矜其心，作其意，以谓吾不漫然有言也。学必本于性天，趣必要于仁义，称必归于《诗》、《书》，功必及于民物，是尧舜而非桀纣，尊孔孟而拒杨墨。其所言者，圣人复起，不能易也。求其所以为言者，宗旨茫然也。譬如《彤弓》、《湛露》[①]奏于宾筵，闻者以谓肄业及之也。或曰：宜若无罪焉。然而子莫于焉执中，乡愿于焉无刺也。惠子[②]曰："走者东走，逐者亦东走，东走虽同，其东走之情则异。"观斯人之所言，其为走之东欤，逐之东欤？是未可知也，然而自此又纷纷矣。

豪杰者出，以谓吾不漫然有言也，吾实有志焉，物不得其平则鸣也。观其称名指类，或如诗人之比兴，或如说客之谐隐，即小而喻大，吊古而伤时，嬉笑甚于裂眦，悲歌可以当泣，诚有不得已于所言者。以谓贤者不得志于时，发愤著书以自表见也，盖其旨趣不出于《骚》也。吾读骚人之言矣："纷吾有此内美，又重之以修能。"太史迁曰："余读《离骚》，悲其

---

[①] 《彤弓》、《湛露》：均《诗经·小雅》篇名。《左传》文公四年，"卫宁武子来聘，公与之宴"，即演奏了这两首诗及有关赋。

[②] 惠子：即惠施（约前370—前318），战国时学者。宋人。为魏惠王相，执政达五十年。据说仅次于孔子、墨子，远在孟子、庄子之上。其学说长于辩论，为"合同异"派代表人物。著有《惠子》一书。

志。"又曰:"明道德之广崇,治乱之条贯,其志洁,其行廉,皭然泥而不滓,虽与日月争光可也。"此贾之所以吊屈,而迁之所以传贾也,斯皆三代之英也。若夫托于《骚》以自命者,求其所以牢骚之故而茫然也。嗟穷叹老,人富贵而己贫贱也,人高第而己摈落也,投权要而遭按剑也,争势利而被倾轧也,为是不得志而思托文章于《骚》、《雅》,以谓古人之志也;不知中人而下,所谓"齐心同所愿,含意而未伸"者也。夫科举擢百十高第,必有数千贾谊痛哭以吊湘江,江不闻矣;吏部叙千百有位,必有盈万屈原搔首以赋《天问》,天厌之矣。孟子曰:"有伊尹之志则可,无伊尹之志则篡也。"吾谓牢骚者有屈贾之志则可,无屈贾之志则鄙也。然而自命为《骚》者且纷纷矣。

有旷观者从而解曰:是何足以介也!吾有所言,吾以适吾意也。人以吾为然,吾不喜也;人不以吾为然,吾不愠也。古今之是非,不欲其太明也;人我之意见,不欲其过执也。必欲信今垂后,又何为也!有言而启人争,不如无言之为愈也。是其宗旨,盖欲托于庄周之《齐物》[①]也。吾闻庄周之言曰:"内圣外王之学,暗而不明"也,"百家往而不反,道术将裂"也,"寓言十九,卮言日出"。然而稠适上遂,充实而不可以已,则非无所持而漫为达观以略世事也。今附庄而称达者,其旨果以言为无用欤?虽其无用之说可不存也;即其无用之说将以垂教欤?则贩夫皂隶亦未闻其必蕲有用也。豕腹饕饕,羊角戢戢,何尝欲明古今之是非,而执人我之意见也哉?怯之所以胜勇者,力有余而不用也;讷之所以胜辨者,智有余而不竞也。蛟龙战于渊而螾蟥不知其胜负,虎豹角于山而狉狸不知其强弱,乃不能也;非不欲也。以不能而托于不欲,则夫妇之愚可齐上智也。然而遁其中者又纷纷矣。

《易》曰:"一阴一阳之谓道。"阳变阴合,循环而不穷者,天地之气化也。人秉中和之气以生,则为聪明睿智;毗阴毗阳,是宜刚克柔克,所以贵学问也。骄阳渗阴,中于气质,学者不能自克而以似是之非为学问,则不如其不学也。孔子曰:"不得中行而与之,必也狂狷乎!狂者进取,狷者有所不为。"庄周、屈原,其著述之狂狷乎?屈原不能以身之察察受物之汶汶,不屑不洁之狷也;庄周独与天地精神相往来而不傲倪于万物,进取之狂也。

---

[①] 《齐物》:《庄子》的篇名《齐物论》。

昔人谓庄、屈之书，哀乐过人。盖言性不可见，而情之奇至如庄、屈，狂狷之所以不朽也。乡愿者流，托中行而言性天，剽伪易见，不足道也。于学见其人，而以情著于文，庶几狂狷可与乎！然而命骚者鄙，命庄者妄，狂狷不可见，而鄙且妄者纷纷自命也。夫情，本于性也；才，率于气也。累于阴阳之间者，不能无盈虚消息之机。才情不离乎血气，无学以持之，不能不受阴阳之移也。陶舞愠戚，一身之内，环转无端而不自知。苟尽其理，虽夫子愤乐相寻，不过是也。其下焉者，各有所至，亦各有所通。大约乐至沈酣而惜光景，必转生悲；而忧患既深，知其无可如何，则反为旷达。屈原忧极，故有轻举远游，餐霞饮瀣之赋；庄周乐至，故有后人不见天地之纯，古人大体之悲，此亦倚伏之至理也。若夫毗于阴者，妄自期许，感慨横生，贼夫骚者也；毗于阳者，猖狂无主，动称自然，贼夫庄者也，然而亦且循环未有已矣。

# 黠陋[1]

取蒲于董泽，承考于《长杨》[2]，矜谒者之通，著卜肆之应，人谓其黠也；非黠也，陋也。名者实之宾，徇名而忘实，并其所求之名而失之矣；质去而文不能独存也。太上忘名，知有当务而已，不必人之谓我何也。其次顾名而思义，天下未有苟以为我树名之地者，因名之所在而思其所以然，则知当务而可自勉矣。其次畏名而不妄为，尽其所知所能而不强所不知不能。黠者视之，有似乎拙也，非拙也，交相为功也。最下徇名而忘实。

取蒲于董泽，何谓也？言文章者宗《左》、《史》，《左》、《史》之于文，犹六经之删述也。《左》因百国宝书，《史》因《尚书》、《国语》及《世

---

[1] 本篇作于乾隆五十四年（1789）。文集本来自有定例，而后来文集之庞杂，是徇名而忘其实，故作此文加以澄清。也就在这一年，他还写了《文集》一文，对文集的产生、发展和演变作了全面的论述，特别是对其中的种种弊病都无情地加以抨击，后来他在《史考释例》中，对文集内容的变化，又作了概括性的论述，这三篇文章可以参照比较阅读。特别是文中提出"名者实之宾，徇名而忘实"的名句应当很好理会。

[2] 《长杨》：指扬雄所作《长杨赋》，《汉书·扬雄传》中收有《长杨赋序》。

本》①、《国策》、《楚汉春秋》②诸记载,己所为者十之一,删述所存十之九也,君子不以为非也。彼著书之旨,本以删述为能事,所以继《春秋》而成一家之言者,于是兢兢焉,事辞其次焉者也。古人不以文辞相矜私,史文又不可以凭虚而别构,且其所本者并悬于天壤,观其入于删述之文辞,犹然各有其至焉,斯亦陶镕同于造化矣。吾观近日之文集而不能无惑也。传记之文,古人自成一家之书,不以入集;后人散著以入集,文章之变也。既为集中之传记,即非删述专家之书矣,笔所闻见以备后人之删述,庶几得当焉。黠于好名而陋于知意者,窥见当世之学问文章而不能无动焉;度己之才力不足以致之,于是有见史家之因袭,而点次其文为传记,将以渊海其集焉,而不知其不然也。宣城梅氏③之历算,家有其书矣。裒录历议,书盈二卷,以为传而入文集,何为乎?退而省其私,未闻其于律算有所解识也。丹溪朱氏④之医理,人传其学矣。节钞医案,文累万言,以为传而入文集,何为乎?进而求其说,未闻其于方术有所辨别也。班固因《洪范》之传而述《五行》,因《七略》之书而叙《艺文》,班氏未尝深于灾祥,精于校雠也,而君子以谓班氏之删述,其功有补于马迁,又美班氏之删述,善于因人而不自用也。盖以《汉书》为庙堂,诸家学术,比于大镛蠡鼓之陈也。今为梅、朱作传者,似羡宗庙百官之美富,而窃取庭燎反坫以为蓬户之饰也。虽然,亦可谓拙矣。经师授受,子术专家,古人毕生之业也。苟可猎取菁华以为吾文之富有,则四库典籍,犹董泽之蒲也,又何沾沾于是乎!

　　承考于《长杨》,何谓也?善则称亲,过则归己,此孝子之行,亦文章之体也。《诗》、《书》之所称述,远矣。三代而后,史迁、班固,俱世为

---

① 《世本》:为古史官所记,经秦汉人编辑整理,内容记述自黄帝至春秋帝王公卿大夫的世系及有关事迹,有些内容为后人所增益。如都邑、制作则出于后人所增益。

② 《楚汉春秋》:汉陆贾作。作者随从刘邦起事直至汉朝建立。刘邦命其修史书,记秦失天下,汉得天下之道,以供借鉴。内容主要记项、刘起事至汉初历史。南宋时己亡佚。另撰有《新语》。

③ 宣城梅氏:梅文鼎(1633—1721),安徽宣城人,字定九,号勿庵。喜欢天文历法,后又接触西方书籍,便系统考校古今中外历法,一生著作八十余种,代表作有《梅氏历算全书》、《古今历法通考》。

④ 丹溪朱氏:朱震亨(1281—1358),元朝医学家。字彦修,学者尊为丹溪翁。婺州义乌(今浙江义乌)人。拜罗知悌为师,知悌授以刘完素、张从正、李杲诸书。主张因病以制方,反对泥守"局方"。著有《格致余论》、《局方发挥》、《伤寒辨疑》、《外科精要》等。

史,而谈、彪①之业,亦略见于迁、固之叙矣。后人乃谓固盗父书而迁称亲善,由今观之,何必然哉?谈之绪论,仅见六家宗旨,至于留滞周南,父子执手歔欷,以史相授,仅著空文,无有实迹。至若彪著《后传》,原委具存,而三纪论赞,明著彪说,见家学之有所授受,何得如后人之所言,至启郑樵诬班氏以盗袭之嫌哉!第史迁之叙谈,既非有意为略,而班固之述彪,亦非好为其详,孝子甚爱其亲,取其亲之行业而笔之于书,必肖其亲之平日,而身之所际不与也。吾观近日之文集而不能无惑焉。其亲无所称述欤?阙之可也;其亲仅有小善欤?如其量而录之,不可略而为漏,溢而为诬可也。黠于好名而陋于知意者,侈陈己之功绩,累牍不能自休,而曲终奏雅,则曰吾先人之教也。甚至敷张己之荣遇,津津有味其言,而赋卒为乱,则曰吾先德之报也。夫自叙之文过于扬厉,刘知几犹讥其言志不让,率尔见哂矣,况称述其亲,乃为自诩地乎?夫张汤②有后,史臣为荐贤者劝也,出之安世之口则悖矣;伯起③世德,史臣为清忠者幸也,出之秉、赐之书则舛矣。昔人谓《长杨》、《上林》④诸赋,侈陈游观,而末寓箴规,以谓讽一而劝百。斯人之文,其殆自诩百而称亲者一欤?

矜诐者之通,何谓也?国史叙诗,申明六义,盖诗无达言,作者之旨,非有序说,则其所赋不辨何谓也。今之《诗序》,以谓传授失其义则可也,谓无待于序不可也。《书》之有序,或者外史掌三皇五帝之书,当有篇目欤?今之《书序》⑤,意亦经师授受之言,仿《诗序》⑥而为者欤?读书终篇,则事理自见,故书虽无序而书义未尝有妨也。且《书》故有序矣,训诂之文,终篇

---

① 谈、彪:指司马谈、班彪。司马谈(约前190—前110),西汉史学家。姓司马,名谈。司马迁之父,武帝时官至太史令。著《论六家要旨》。班彪(3—54),东汉史学家。字叔皮,班固之父。东汉初曾任徐令,后专门从事史学,以《史记》记事,止于武帝太初年间,太初以后,缺而不录,乃广搜史料,作《史记后传》六十余篇,为班固著《汉书》创造了条件。
② 张汤(?—前115):西汉大臣。杜陵(今陕西西安东南)人。武帝时历官太中大夫、廷尉、御史大夫,深得武帝信任,后遭朱买臣等陷害,自杀,著有《越宫律》。子安世,官至卫将军,封富平侯。
③ 伯起:即杨震(?—124),东汉大臣。字伯起,弘农华阴(今陕西华阴东南)人。官至太尉。为官公正廉洁。后为外戚陷害而死。其后子秉、孙赐皆显贵。
④ 《上林》:司马相如所作之《上林赋》,全文收入《史记》和《汉书》的《司马相如传》。
⑤ 《书序》:孔安国在校读整理《古文尚书》时,全书有一篇总序,而在每篇文章之前,均加几句按语式的文字,如同提要,后人即通称之为《书序》。
⑥ 《诗序》:《诗序》有大小之别,列于各篇之前,说明诗中大意者,曰小序;连在首篇小序之后,概论全经者,曰大序。至于作者,至今争论未决,说法有四种之多。

记言,则必书事首简,以见训诰所由作。是记事之《书》无需序,而记言之《书》本有序也。由是观之,序之有无,本于文之明晦,亦可见矣。吾观近日之文集而不能无惑也。树义之文,或出前人所已言也,或其是非本易见也,其人未尝不知之,而必为之论著者,其中或亦有微意焉。或有所托而讽焉,或有所感而发焉,既不明言其故矣,必当序其著论之时世与其所见所闻之大略,乃使后人得以参互考质,而见所以著论之旨焉,是亦《书序》训诰之遗也。乃观论著之文,论所不必论者,十常居七矣。其中岂无一二出于有为之言乎?然如风《诗》之无序,何由知其微旨也。且使议论而有序,则无实之言类于经生帖括者,亦可稍汰焉,而人多习而不察也。至于序事之文,古人如其事而出之也。乃观后世文集,应人请而为传志,则多序其请之之人,且详述其请之之语。偶然为之,固无伤也;相习成风,则是序外之序矣。虽然,犹之可也。黜于好名而陋于知意者,序人请乞之辞,故为敷张扬厉以谀己也。一则曰:吾子道德高深,言为世楷;不得吾子为文,死者目不瞑焉;再则曰:吾子文章学问,当代宗师;苟得吾子一言,后世所征信焉。己则多方辞让,人又搏颡固求。凡斯等类,皆入文辞,于事毫无补益,而借人炫己,何其厚颜之甚邪!且文章不足当此,是诬死也;请者本无是言,是诬生也。若谓事之缘起不可不详,则来请者当由门者通谒,刺揭先投,入座寒温,包苴后馈,亦缘起也,曷亦详而志之乎?而谓一时请文称誉之辞有异于是乎?

著卜肆之应,何谓也?著作降而为文集,有天运焉,有人事焉。道德不修,学问无以自立,根本蹶而枝叶萎,此人事之不得不降也。世事殊而文质变,人世酬酢,礼法制度,古无今有者,皆见于文章。故惟深山不出则已矣,苟涉乎人世,则应求取给,文章之用多而文体分,分则不能不出于文集。其有道德高深,学问精粹者,即以文集为著作,所谓因事立言也;然已不能不杂酬酢之事与给求之用也,若不得为子史专家,语无泛涉也。其误以酬酢给求之文为自立,而纷纷称集者,盖又不知其几矣。此则运会有然,不尽关于人事也。吾观近日之文集而不能无惑也。史学衰而传记多杂出,若东京以降,《先贤》、《耆旧》①诸传,《拾遗》、《搜

---

① 《先贤》、《耆旧》:指《先贤传》、《耆旧传》。东汉、三国时期,各地出现许多人物传记,这种地方性人物传,大多称《先贤传》和《耆旧传》,如《会稽先贤传》、《徐州先贤传》、《山阳耆旧传》、《陈留耆旧传》等。

神》①诸记皆是也。史学废而文集入传记,若唐宋以还,韩柳志铭、欧曾序述皆是也。负史才者,不得身当史任以尽其能事,亦当搜罗闻见,核其是非,自著一书,以附传记之专家。至不得已而因人所请,撰为碑、铭、序、述诸体,即不得不为酬酢应给之辞以杂其文指,韩柳欧曾之所谓无可如何也。黠于好名而陋于知意者,度其文采不足以动人,学问不足以自立,于是思有所托以附不朽之业也,则见当世之人物事功,群相夸诩,遂谓可得而藉矣。藉之,亦似也;不知传记专门之撰述,其所识解又不越于韩欧文集也,以谓是非碑志不可也。碑志必出于孙之所求,而人之子孙未尝求之也,则虚为碑志以入集,似乎子孙之求之,自谓庶几韩欧也。夫韩欧应人之求而为之,出于不得已,故欧阳自命在五代之史,而韩氏欲诛奸谀于既死,发潜德之幽光,作唐之一经,尚恨托之空言也。今以人所不得已而出之者,仰窥有余羡,乃至优孟以摩之,则是词科之拟诰,非出于丝纶,《七林》之答问,不必有是言也,将何以征金石,昭来许乎?夫舍传记之直达而效碑志之旁通,取其似韩欧耶?则是矉里也;取其应人之求为文望邪?则是卜肆也。昔者西施病心而矉,里之丑妇,美而效之,富者闭门不出,贫者挈妻子而去之。贱工卖卜于都市,无有过而问者,则曰某王孙厚我,某贵卿神我术矣。

## 俗嫌②

文字涉世之难,俗讳多也。退之遭李愬之毁,《平淮西碑》本未略李愬功。欧

---

① 《拾遗》、《搜神》:《隋书·经籍志》杂史类有萧绮撰《王子年拾遗记》十卷。又该书杂传类有干宝撰《搜神记》三十卷。《王子年拾遗记》,十六国王嘉撰,南朝梁萧绮加以整理。十卷,前九卷记自上古庖牺氏、神农氏以迄东晋各代异闻,末一卷记昆仑、蓬莱等仙山事物,已佚。今有明《历代小史》辑本一卷;《汉魏丛书》辑本十卷。《搜神记》,东晋学者干宝撰。干宝搜集古今神怪轶闻,成志怪小说集《搜神记》。今本已非原书,后人所辑今有《秘册汇函》、《津逮秘书》、《学津讨原》等丛书本。所记虽多为神怪灵异,但其中也保存了一些民间传说。

② 本篇写作时间不详。作者以亲身经历说明写"文章涉世,诚难言矣",原因在于俗讳太多,知音太少,因而造成"文字一途,乃亦崎岖如是"。难怪唐代大诗人杜甫早就发出了"文章千古事,得失寸心知"(《偶题》)的感叹!作者同时又指出文章乃经世之业,如果"内不本于学问,外不关于世教,已失为文之质"。因此,必须慎重对待。"经世之业,不可以为涉世之文,不虞之誉,求全之毁,从古然矣。"

阳辨师鲁之志①,从古解人鲜矣。往学古文于朱先生,先生为《吕举人志》②,吕久困不第,每夜读甚苦。邻妇语其夫曰:"吕生读书声高而音节凄悲,岂其中有不自得邪?"其夫告吕,吕哭失声曰:"夫人知我。假主文者能具夫人之聪,我岂久不第乎?"由是每读则向邻墙三揖。其文深表吕君不遇伤心,而当时以谓佻薄无男女嫌,则聚而议之。又为《某夫人志》③,其夫教甥读书不率,挞之流血。太夫人护甥而怒不食,夫人跪劝进食,太夫人怒批其颊,夫人怡色有加,卒得姑欢。其文于慈孝友睦,初无所间,而当时以谓妇遭姑挞,耻辱须讳,又笞甥挞妇,俱乖慈爱,则削而去之。余尝为《迁安县修城碑》④,文中叙城久颓废,当时工程更有急者,是以大吏勘入缓工;今则为日更久,圮坏益甚,不容更缓。此乃据实而书,宜若无嫌。而当时阅者,以谓碑叙城之宜修,不宜更著勘缓工者以形其短。初疑其人过虑,其后质之当世号知文者,则皆为是说,不约而同。又尝为人撰《节妇传》⑤,则叙其生际穷困,亲族无系援者,乃能力作自给,抚孤成立。而其子则云:"彼时亲族不尽穷困,特不我母子怜耳。今若云云,恐彼负惭,且成嫌隙,请但述母氏之苦,毋及亲族不援。"此等拘泥甚多,不可更仆数矣。亦间有情形太逼,实难据法书者,不尽出拘泥也。又为朱先生撰《寿幛题辞》⑥云:"自癸巳罢学政归,门下从游,始为极盛。"而同人中有从游于癸巳前者,或愤作色曰:"必于是后为盛,是我辈不足重乎?"又为梁文定校注《年谱》⑦云:"公念嫂夫人少寡,终身礼敬如母,遇有拂意,必委曲以得其欢。"而或乃曰:"嫂自应敬,今云念其少寡而敬,则是防嫂不终其节,非真敬也。"其他琐琐为人所摘议者,不可具论,姑撮大

---

① 欧阳辨师鲁之志:欧阳修曾为师鲁撰写《尹师鲁墓志铭》(载《欧阳文忠公全集》卷七十二)。尹师鲁(1001或1002—1047),北宋学者。名洙,字师鲁,河南府(今河南洛阳)人。天圣进士。曾与欧阳修提倡古文,著有《河南先生集》。
② 《吕举人志》:指朱筠写《庚午科举人吕君行状》,载《笥河文集》卷九。
③ 《某夫人志》:指朱筠写《王母高夫人行状》,载《笥河文集》卷九。
④ 《迁安县修城碑》:载《章氏遗书》卷十六,原题为《迁安县重修城垣碑》。
⑤ 《节妇传》:指《书董节妇事》,载《章氏遗书》卷十八。
⑥ 《寿幛题辞》:指《朱先生五十初度屏风题辞》,载《章氏遗书》卷二十三。
⑦ 《年谱》:指《梁文定公年谱书后》,载《章氏遗书》卷二十一。梁文定公,指梁国治(1723—1786),清朝大臣。字阶平,号瑶峰,山阴(今浙江绍兴)人。乾隆进士,授修撰,历官湖广总督、尚书、大学士。乾隆四十二年(1777)秋,章学诚入京应顺天乡试,主考官乃梁国治,梁对章氏之文,"深契于心",于是"中式"。因此,梁乃章氏之恩师。

略于此，亦可见文章涉世，诚难言矣。

夫文章之用，内不本于学问，外不关于世教，已失为文之质；而或怀挟偏心，诋毁人物，甚而攻发隐私，诬涅清白，此则名教中之罪人，纵幸免刑诛，天谴所必及也。至于是非所在，文有抑扬；比拟之余，例有宾主；厚者必云不薄，醇者必曰无疵，殆如赋诗必谐平仄，然后音调；措语必用助辞，然后辞达。今为醇厚著说，惟恐疵薄是疑，是文句必去焉哉乎也，而诗句须用全仄全平，虽周孔复生，不能一语称完善矣。嗟乎！经世之业，不可以为涉世之文，不虞之誉，求全之毁，从古然矣。读古乐府形容蜀道艰难，太行诘屈，以谓所向狭隘，喻道之穷；不知文字一途，乃亦崎岖如是！是以深识之士，黯默无言，自勒名山之业，将俟知者发之，岂与容悦之流较甘苦哉！

# 针名①

名者实之宾，实至而名归，自然之理也，非必然之事也。君子顺自然之理，不求必然之事也。君子之学，知有当务而已矣，未知所谓名，安有见其为实哉？好名者流，徇名而忘实，于是见不忘者之为实尔。识者病之，乃欲使人后名而先实也。虽然，犹未忘夫名实之见者也。君子无是也。君子出处当由名义，先王所以觉世牖民，不外名教，伊古以来，未有舍名而可为治者也。何为好名乃致忘实哉？曰：义本无名，因欲不知义者由于义，故曰名义；教本无名，因欲不知教者率其教，故曰名教。揭而为名，求实之谓也。譬犹人不知食而揭树艺之名以劝农，人不知衣而揭盆缫之名以劝蚕，暖衣饱食者不求农蚕之名也。今不问农蚕而但以饱暖相矜耀，必有辍耕织而忍饥寒，假借糠秕以充饱，隐裹败絮以伪暖，斯乃好名之弊矣。故名教名义之

---

① 本篇写作时间不详。争名的目的实质上就在于争利，这是章学诚对争名者的揭露。在学术界有些人为了达到争名的目的，甚不择手段，所以章学诚在文中提出"好名者，德之贼也"。他在给朱少白的信中就曾指出："好名之习，渐为门户，而争胜之心流为枝险。学问本属光明坦途，近乃酿成一种枳棘险隘，诡谲霭昧，殆不可解释者。"所以他在《答沈枫墀论学》中大声疾呼："为学之要，先戒名心；为学之方，求端于道。"当然，他也告诫人们："名者，实之宾，实至而名归，自然之理也。"这就是说，只要你做出成就，名自然会随之而来的。

为名，农蚕也；好名者之名，饱暖也。必欲骛饱暖之名，未有不强忍饥寒者也。然谓好名者丧名，自然之理也，非必然之事也。昔介之推不言禄，禄亦弗及；实至而名归，名亦未必遽归也。

天下之名，定于真知者，而羽翼于似有知而实未深知者。夫真知者必先自知。天下鲜自知之人，故真能知人者不多也，似有知而实未深知者则多矣。似有知，故可相与为声名；实未深知，故好名者得以售其欺。又况智干术驭，竭尽生平之思力，而谓此中未得一当哉！故好名者往往得一时之名，犹好利者未必无一时之利也。且好名者固有所利而为之者也，如贾之利市焉，贾必出其居积而后能获利，好名者亦必浇漓其实而后能徇一时之名也。盖人心不同如其面，故务实者不能尽人而称善焉。好名之人，则务揣人情之所向，不必出于中之所谓诚然也。且好名者必趋一时之风尚也，风尚循环，如春兰秋菊之互相变易而不相袭也，人生其间，才质所优，不必适与之合也。好名者则必屈曲以徇之，故于心术多不可问也。唇亡则齿寒，鲁酒薄而邯郸围，此言势有必至，理有固然也。

学问之道，与人无忮忌，而名之所关，忮忌有所必至也。学问之道，与世无矫揉，而名之所在，矫揉有所必然也。故好名者，德之贼也。若夫真知者，自知之确，不求人世之知之矣。其于似有知实未深知者，不屑同道矣。或百世而上得一人焉，吊其落落无与俦也，未始不待我为后起之援也；或千里而外得一人焉，怅其遥遥未接迹也，未始不与我为比邻之洽也。以是而问当世之知，则寥寥矣，而君子不以为患焉。浮气息，风尚平，天下之大，岂无真知者哉！至是而好名之伎亦有所穷矣。故曰，实至而名归，好名者皆名，皆自然之理也，非必然之事也，卒之事亦不越于理矣。

# 砭异[1]

古人于学求其是，未尝求异于人也。学之至者，人望之而不能至，乃觉

---

[1] 本篇写作时间不详。本文宗旨与《针名》相同，进一步指出那些好名之人，总是要标新立异，而"求异于人者，由于内不足也"，"内不足，不得不矜于外，实不至，不得不骛于名"。这就一针见血地指出求异于人的根源所在。因此与《针名》、《黠陋》两篇主题相互发明，可参照阅读。

其异耳，非其自有所异也。夫子曰："俭，吾从众；……泰也，虽违众，吾从下。"圣人方且求同于人也。有时而异于众，圣人之不得已也。天下有公是，成于众人之不知其然而然也，圣人莫能异也。贤智之士，深求其故而信其然，庸愚未尝有知而亦安于然，而负其才者，耻与庸愚同其然也，则故矫其说以谓不然。譬如善割烹者，甘旨得人同嗜，不知味者，未尝不以谓甘也。今耻与不知味者同嗜好，则必啜糟弃醴，去胔炙而寻藜藿，乃可异于庸俗矣。语云："后世苟不公，至今无圣贤。"万世取信者，夫子一人而已矣。夫子之可以取信，又从何人定之哉？公是之不容有违也。夫子论列古之神圣贤人众矣，伯夷求仁得仁，泰伯以天下让，非夫子阐幽表微，人则无由知尔。尧、舜、禹、汤、文、武、周公，虽无夫子之称述，人岂有不知者哉？以夫子之圣而称述尧、舜、禹、汤、文、武、周公，不闻去取有异于众也，则天下真无可以求异者矣。

是非之心，人皆有之，至于声色臭味，天下之耳目口鼻皆相似也。心之所同然者，理也，义也。然天下歧趋，皆由争理义，而是非之心亦从而易焉。岂心之同然不如耳目口鼻哉？声色臭味有据而理义无形，有据则庸愚皆知率循，无形则贤智不免于自用也。故求异于人，未有不出于自用者也。治自用之弊，莫如以有据之学，实其无形之理义，而后趋不入于歧途也。夫内重则外轻，实至则名忘。凡求异于人者，由于内不足也，自知不足而又不胜其好名之心，斯欲求异以加人，而人亦卒莫为所加也。内不足，不得不矜于外，实不至，不得不骛于名，又人情之大抵类然也。以人情之大抵类然，而求异者固亦不免于出此，则求异者何尝异人哉？特异于坦荡之君子尔。夫马，毛鬣相同也，龁草饮水，秣刍饲粟，且加之鞍鞯而施以箝勒，无不相同也；或一日而百里，或一日而千里。从同之中而有独异者，圣贤豪杰所以异于常人也。不从众之所同而先求其异，是必诡衔窃辔，蹏趹噬龁，不可备驰驱之用者也。

# 砭俗①

文章家言，及于寿屏祭幛，几等市井间架，不可入学士之堂矣，其实时为之也。涉世不得废应酬故事，而祝嘏陈言，哀挽习语，亦无从出其性灵，而犹于此中斤斤焉计工论拙，何以异于梦中之占梦欤！夫文，所以将其意也，意无所以自申而概与从同，则古人不别为辞，如冠男之祝，醮女之命，但举成文故牍而已矣。文胜之习，必欲为辞，为之而岂无所善，则遂相与矜心作意，相与企慕仿效，滥觞流为江河，不复可堙阏矣。夫文，生于质也，始作之者未通乎变，故其数易尽，沿而袭之者之所以无善步也。既承不可遏之江河，则当相度宣防，资其灌溉，通其舟楫，乃见神明通久之用焉。文章之道，凡为古无而今有者，皆当然也。称寿不见于古，而叙次生平，一用记述之法，以为其人之不朽，则史传竹帛之文也。挽祭本出辞章，而历溯行实，一用诔谥之意，以为其人之终始，则金石刻画之文也。文生于质，视其质之如何而施吾文焉，亦于世教未为无补，又何市井间架之足疑，而学士之所不屑道哉！

夫生有寿言而死有祭挽，近代亡于礼者之礼也。礼从宜，使从俗，苟不悖乎古人之道，君子之所不废也。文章之家，卑视寿挽，不知神明其法，弊固至乎此也。其甚焉者，存祭挽而耻录寿言。近世文人自定其集，不能割爱而间存者，亦必别为卷轴，一似雅郑之不可同日语也，汪钝翁以古文自命，动辄呵责他人。其实有才无识，好为无谓之避忌，反自矜为有识，大抵如此。此则可谓知一十而昧二五也。彼徒见前人文集有哀诔而无寿言，以谓哀诔可通于古，而祝嘏之辞为古所无也。不知墓志始于六朝，碑文盛于东汉，于古未有行也。中郎②

---

① 本篇写作时间不详。作者论述文章之好坏优劣，是由文章内容而定，而不是由文体而定。应酬之文，照样可以写出很好的文章。文中列举蔡邕的碑刻，韩愈的墓志铭，深得后世学者们的称赞。他在《答朱少白书》中进一步指出："文体不废应酬，昌黎墓志，其无实而姑取以应酬者，十之七八，与近代寿文有何分别？先夫子于寿序一体，多用传记之法，最为有用之文，岂可轻忽！鄙者正因世俗拘文体为优劣，而不察文之优劣，并不在体貌推求，故撰《砭俗》之篇，欲人略文而求实也。"

② 中郎：指蔡邕（133—192），东汉文学家、书法家。字伯喈，陈留圉（今河南杞县南）人。喜爱辞章、术数、天文，妙操音律。曾因上书论朝政得失，遭诬陷，流放朔方。遇赦后，又因受宦官仇视而流亡江湖十余年。董卓专权，被迫任侍御史等职，又拜左中郎将。董卓被诛后，他亦下狱，并死于狱中。其散文长于碑记，诗赋以《述行赋》著名，《蔡中郎集》已佚，今传乃辑本。

碑刻，昌黎志铭，学士盛称之矣。今观蔡、韩二氏之文集，其间无德而称，但存词致，所与周旋而俯仰者，有以异于近代之寿言欤？宽于取古而刻以绳今，君子以为有耳而无目也。必以铭志之伦实始乎古，则祝嘏之文未尝不始于《周官》，六祝之辞，所以祈福祥也。以其文士为之之晚出，因而区别其类例，岂所语于知时之变者乎？

夫文生于质，寿祝哀诔，因其人之质而施以文，则变化无方，后人所辞，可以过于前人矣。夫因乎人者，人万变而文亦万变也；因乎事者，事不变而文亦不变也。醮女之辞，冠男之颂，一用成文故典，古人不别为辞，载在传记，盖亦多矣。揖让之仪文，鼓吹之节奏，礼乐之所不废也；然而其质不存焉，虽有神圣制作，无取仪文节奏以为特著之奇也；后人沿其流而不辨其源者，则概为之辞，所为辞费也。进士题名之碑，必有记焉；明人之弊，今则无矣。科举拜献之录，必有序焉；此则今尚有之，似可请改用一定格式，如贺表例。自唐宋以来，秋解春集，进士登科，等于转漕上计，非有特出别裁之事也。题名进录，故事行焉，虽使李斯刻石，指题名碑。刘向奏书，指进呈录。岂能于寻常行墨之外别著一辞哉？而能者矜焉，拙者愧焉，惟其文而不惟其事，所谓惑也。成室上梁，必有文焉；婚姻通聘，必有启焉；同此堂构，同此男女，虽使鲁般发号，高禖绍宾，岂能于寻常行墨之外别著一辞哉？而能者矜焉，拙者愧焉，惟其文而不惟其事，所谓惑也。而当世文人方且劣彼而优此，何哉？

国家令典，郊庙祝版，岁举常事，则有定式，无更张也。推恩循例，群臣诰敕，官秩相同，则有定式，无更张也。万奏庆典，嘉辰令节，群臣贺表，咸有定式，无更张也。圣人制作，为之礼经，宜质宜文，必当其可。文因乎事，事万变而文亦万变，事不变而文亦不变，虽周孔制作，岂有异哉？揖让之仪文，鼓吹之节奏，常人之所不能损者，神圣之所不能增，而文人积习相寻，必欲夸多而斗靡，宜乎文集之纷纷矣。

《礼》曰："君子未葬读丧礼；既葬读祭礼；丧复常读乐章。"丧礼远近有别而文质以分，所以本于至情也。近世文人，则有丧亲成服之祭文矣，葬亲堂祭之祭文矣，分赠吊客之行述矣。传曰："孝子之丧亲也，哭不偯，礼无容，言不文，茕茕苦块之中，杖而后能起，朝夕哭无时。"尚有人焉能载笔而摛文以著于竹帛，何以异于苍梧人之让妻，华大夫之称祖欤？或曰：未必其人之自为，相丧者之代辞也。夫文生于质也，代为之辞，必其人之可以有是言也。鸱鸮既处飘摇，不为睍睆之好音；鲋鱼故在涸辙，不无愤然之作色。虽代禽鱼立言，亦必称其情也，岂曰代为之辞，即忘孝子之所自处欤？

或谓代人属草，有父母者，不当为人述考妣也。颜氏<sup>①</sup>著训，盖谓孝子远嫌，听无声而视无形，至谆谆也。虽然，是未明乎代言之体也。嫌之大者莫过君臣，周公为成王诏臣庶，则不以南面为嫌；嫌之甚者莫过于男女，谷永为元帝报许后，即不以内亲为忌。伊古名臣，拟为册祝制诰，则追谥先朝，册后建储，以至训敕臣下，何一不代帝制以立言，岂有嫌哉！必谓涉世远嫌，不同官守，乐府《孤儿》之篇，岂必素冠之棘人？古人寡妇之叹，何非须眉之男子？文人为子述其亲，必须孤子而后可；然则为夫述其妻，必将阉寺而后可乎？夫非礼之礼，非义之义，君子弗为，盖以此哉！

---

① 颜氏：指颜之推（约531—590），南北朝文学家。字介，琅邪临沂（今山东费县东）人。早传家业，博览群书，善文章，先后仕梁、北齐、北周、隋。著有文集三十卷，《颜氏家训》二十篇，此书对后世影响很大。

# 内篇四

## 所见[①]

孔子曰："吾见其人矣，吾闻其语矣。"又曰："吾闻其语矣，未见其人也。"夫天下盖有有其语而无其人者矣，未有无其语而有其人者也。然而世风已降，人类不可穷而语有不及造也，人藏其心不可测度也，乃至造语者有时而穷，可谓人力侔于造化矣。且夫食刍豢者悦其肥甘之味，被狐貉者乐其轻暖之适，足乎己无待于外。吾见其人矣，吾闻其语矣。求刍豢者意不在肥甘，惟欲人知其食刍豢；求狐貉者意不在轻暖，惟欲人知其孤狐貉。人皆知其食刍豢，其悦过于肥甘之味也；人皆知其披狐貉，其乐过于轻暖之适也。乃知不必得刍豢也，欲人知其求刍豢胜于得刍豢矣；不必得狐貉也，欲人知其求狐貉胜于得狐貉矣。未闻其语也，吾见其人矣。

居山饶材木，滨海饶鱼盐。人之喜其饶也，喜其可通所有于人也，喜其可以致人之所饶以补己之所乏也。吾见其人矣，吾闻其语矣。居山以材木自豪而欲人之羡其材木，不欲人之有其材木也；滨海以鱼盐自豪而欲人之羡其鱼盐，不欲人之有其鱼盐也。居山知其乏鱼盐，不欲以材木致鱼盐而力诋鱼盐不如材木也；滨海知其乏材木，不欲以鱼盐致材木而力诋材木不如鱼盐也。未闻其语也，吾见其人矣。

燕赵擅悲凉慷慨之歌，吴越妙宛转回波之舞。燕艺游吴门而声增十倍，吴伶至燕市而贾重连城。非其乡，人情珍其所罕也。燕人自雄其歌，而欲得吴舞以和其节；吴人自媚其舞，而欲得燕歌以壮其观。擅其偏，物情喜其相

---

[①] 本篇写作于乾隆五十三年（1788）。而"大梁本"未收此篇。文章通过对社会上各行各业独自占有优势，而不知互通有无，取长补短，相反则是诋毁和限制的论述，目的在于说明学术界门户之见，限制了学术交流与发展。

济也。吾见其人矣，吾闻其语矣。吴人至燕，舍其吴胜而强学燕歌以求合于燕；燕人至吴，舍其燕奇而强学吴舞以求合于吴，则是强己所短而非效人所长也。吴学燕歌而不工，燕人喜其学己而不计其不工，其喜之也，过于赏其所善之舞焉；燕学吴舞而不似，吴人喜其学己而不计其不似，其喜之也过于赏其所最之歌焉。则是但学求同于己而非欲取济于人也。未闻其语也，吾见其人矣。

一人善射，百人决拾；一人善琴，百人操缦。决拾者未必能射，而射师善人之决拾，不喜人之羿也；使决拾者由己而羿焉，则惟恐人之不仅羿焉。操缦者未必知音，而琴工喜人之操缦，不喜人之旷也；使操缦者由己而旷焉，则惟恐人之不仅旷焉。决拾者舍射而操缦，羿不顾也，旷则来斯受之矣；操缦者舍音而决拾，旷不顾也，羿则来斯受之矣。吾见其人矣，吾闻其语矣。羿欲人之舍其操缦而从己于射，因诋音为不足学也。既舍操缦而从之矣，喜其慕羿，因恐其竟羿也，则曰惜其尝操缦也，不可入羿之神也。询其何以为神，则遁曰不易言也。旷欲人之舍其决拾而从己于音，因诋射为不足学也。既舍决拾而从之矣，喜其慕旷，因恐其竟旷也，则曰惜其尝决拾也，不可入旷之玄也。询其何以为玄，则遁曰是难言也。未闻其语也，吾见其人矣。

道者大路，行者游之；垣墙门户，一室之司。逮其甚也，阴键阳闭，腑鳞肠介，宇棘心睫，火守金流，窍九藏六，百病交发，大道块然，龟坼瓦裂。噫，难矣哉！

# 言公上 ①

古人之言，所以为公也，未尝矜于文辞而私据为己有也。志期于道，言

---

① 本篇作于乾隆四十八年（1782）。全文分上、中、下三篇。胡适在《章实斋先生年谱》中曾指出，《言公》三篇，乃章氏得意之作。文章说明古人为言，在于明道，所以为公，未尝据为私有。故上篇有言："古人之言所以为公也，未尝矜于文辞而私据为己有也。志期于道，言以明志，文以足言。其道果明于天下，而所志无不申，不必其言之果为我有也。"此言确实符合古代学术界情况，有些人为了达到实现自己政治、学术观点的推行或流传的目的，甚至写出书后托别人之名以行。可是后世情况变了，从而把学术占为私有。所以中篇指出"世教之衰，道不足而争于文，实不充而争于名"。而下篇则论述各种文体之公。

以明志，文以足言。其道果明于天下而所志无不申，不必其言之果为我有也。《虞书》①曰："敷奏以言，明试以功。"此以言语观人之始也。必于试功而庸服，则所贵不在言辞也。誓诰之体，言之成文者也。苟足立政而敷治，君臣未尝分居立言之功也。周公曰："王若曰多方。"诰四国之文也。说者以为周公将王之命，不知斯言固本于周公，成王②允而行之，是即成王之言也。盖圣臣为贤主立言，是谓贤能任圣，是亦圣人之治也。曾氏巩③曰："典谟载尧舜功绩，并其精微之意而亦载之，是岂寻常所及哉？当时史臣载笔，亦皆圣人之徒也。"由是观之，贤臣为圣主述事，是谓贤能知圣，是亦圣人之言也。文与道为一贯，言与事为同条，犹八音相须而乐和，不可分属一器之良也；五味相调而鼎和，不可标识一物之甘也。故曰，古人之言，所以为公也，未尝矜于文辞而私据为己有也。

司马迁曰："《诗》三百篇，大抵贤圣发愤所为作也。"是则男女慕悦之辞，思君怀友之所托也；征夫离妇之怨，忠国忧时之所寄也。必泥其辞而为其人之质言，则《鸱鸮》④实鸟之哀音，何怪鲋鱼忿诮于庄周；《苌楚》⑤乐草之无家，何怪雌风慨叹于宋玉⑥哉！夫诗人之旨，温柔而敦厚，主文而谲谏，言之者无罪，闻之者足戒；舒其所愤懑而有裨于风教之万一焉，是其所志也。因是以为名，则是争于艺术之工巧，古人无是也。故曰，古人之言，所以为公也，未尝矜于文辞而私据为己有也。

夫子曰："述而不作。"六艺皆周公之旧典，夫子无所事作也。《论语》则记夫子之言矣。"不恒其德"，证义巫医，未尝明著《易》文也；"不忮不求"之美季路，"诚不以富"之叹夷齐，未尝言出于《诗》也；"允执厥中"

---

① 《虞书》：《尚书》的组成部分。《尚书》是由《虞书》、《夏书》、《商书》、《周书》四部分组成。在今文《尚书》二十八篇中，《虞书》有《尧典》、《皋陶谟》两篇，内容是讲尧舜时代事迹。

② 成王：西周第二代王，姬姓，名诵。武王之子。即位时年幼，由叔父周公旦摄政。七年还政，在位三十七年。谥成。

③ 曾氏巩：即曾巩。

④ 《鸱鸮》：《诗经·豳风》的一篇篇名。

⑤ 《苌楚》：《诗经·桧风》的一篇篇名。

⑥ 宋玉：战国时楚国辞赋家。后于屈原，或称是屈原弟子。鄢（今河南鄢陵西北）人。事楚顷襄王为大夫。其代表作有《九辩》等，《汉书·艺文志》著录宋玉赋十六篇，大多散佚。

之述尧言,"玄牡昭告"之述《汤誓》①,未尝言出于《书》也。墨子引《汤誓》。《论语》记夫子之微言,而《诗》、《书》初无识别,盖亦述作无殊之旨也。王伯厚常据古书出孔子前者,考证《论语》所记夫子之言,多有所本。古书或有伪托,不尽可凭。要之古人引用成说,不甚拘别。夫子之言见于诸家之称述,诸家不无真伪之参,而子思、孟子之书,所引精粹之言,亦多出于《论语》所不载。而《论语》未尝兼收,盖亦详略互托之旨也。夫六艺为文字之权舆,《论语》为圣言之荟萃,创新述故,未尝有所庸心;盖取足以明道而立教,而圣作明述,未尝分居立言之功也。故曰,古人之言,所以为公也,未尝矜其文辞而私据为己有也。

周衰文弊,诸子争鸣,盖在夫子既殁,微言绝而大义之已乖也。然而诸子思以其学易天下,固将以其所谓道者争天下之莫可加,而语言文字未尝私其所出也。先民旧章存录而不为识别者,《幼官》、《弟子》②之篇,《月令》、《土方》③之训是也。《管子·地圆》,《淮南·地形》,皆《土训》之遗。辑其言行,不必尽其身所论述者,管仲之述其身死后事,韩非之载其李斯驳议是也。《庄子·让王》、《渔父》之篇,苏氏谓之伪托;非伪托也,为庄氏之学者所附益尔。《晏子春秋》,柳氏以谓墨者之言,非以晏子为墨,为墨学者述晏子事以名其书,犹孟子之《告子》、《万章》名其篇也。《吕氏春秋》,先儒与《淮南鸿烈》之解同称,盖谓集众宾客而为之,不能自命专家,斯固然矣。然吕氏、淮南未尝以集众为讳,如后世之掩人所长以为己有也。二家固以裁定之权自命家言,故其宗旨未尝不约于一律,吕氏将为一代之典要,刘安托于道家之支流。斯又出于宾客之所不与也。诸子之奋起,由于道术既裂,而各以聪明才力之所偏,每有得于大道之一端,而遂欲以之易天下。其持之有故而言之成理者,故将推衍其学术而传之其徒焉。苟足显其术而立其宗,而援述于前与附衍于后者,未尝分居立言之功也。故曰,古人之言,所以为公也,未尝矜其文辞而私据为己有也。

夫子因鲁史而作《春秋》,孟子曰:其事齐桓、晋文,其文则史,孔子

---

① 《汤誓》:《尚书》篇名,是商汤一篇誓师词。
② 《幼官》、《弟子》:均为《管子》篇名,今传《管子》中均有。
③ 《土方》:《周礼》夏官之属有土方氏。

自谓窃取其义焉耳。载笔之士，有志《春秋》之业，固将惟义之求，其事与文，所以藉为存义之资也。世之讥史迁者，责其裁裂《尚书》、《左氏》、《国语》、《国策》之文，以谓割裂而无当；出苏明允《史论》[①]。世之讥班固者，责其孝武以前之袭迁书，以谓盗袭而无耻，出郑渔仲《通志》。此则全不通乎文理之论也。迁《史》断始五帝，沿及三代周秦，使舍《尚书》、《左》、《国》，岂将为凭虚亡是之作赋乎？必谓《左》、《国》而下为迁所自撰，则陆贾之《楚汉春秋》，高祖、孝文之传，皆迁之所采摭，其书后世不传，而徒以所见之《尚书》、《左》、《国》怪其割裂焉，可谓知一十而不知二五者矣。固《书》断自西京一代，使孝武以前不用迁《史》，岂将为经生决科之同题而异文乎？必谓孝武以后为固之自撰，则冯商[②]、扬雄之纪，刘歆、贾护[③]之书，皆固之所原本，其书后人不见，而徒以所见之迁《史》怪其盗袭焉，可谓知白出而不知黑入者矣。以载言为翻空欤？扬、马词赋，尤空而无实者也；马、班不为"文苑传"，藉是以存风流文采焉，乃述事之大者也。以叙事为征实欤？年表传目，尤实而无文者也。《屈贾》、《孟荀》、《老庄申韩》[④]之标目，《同姓侯王》、《异姓侯王》[⑤]之分表，初无发明而仅存题目，褒贬之意默寓其中，乃立言之大者也。作史贵知其意，非同于掌故，仅求事文之末也。夫子曰："我欲托之空言，不如见诸行事之深切著明也。"此则史氏之宗旨也。苟足取其义而明其志，而事次文篇，未尝分居立言之功也。故曰，古人之言，所以为公也，未尝矜其文辞而私据为己有也。

汉初经师，抱残守缺，以其毕生之精力，发明前圣之绪言，师授渊源，等于宗支谱系；观弟子之术业，而师承之传授，不啻凫鹄黑白之不可相淆焉，学者不可不尽其心也。公、谷之于《春秋》，后人以谓假设问答以阐其

---

① 苏明允《史论》：苏明允即苏洵（1009—1066），北宋文学家，字明允，号老泉，眉州眉山（今四川眉山）人。与子轼、辙合称"三苏"，为"唐宋八大家"之一。著有《史论》上下篇，载《嘉祐集》第八卷。

② 冯商：西汉学者。阳陵（一说长安）人。字子高。治《易》，初事五鹿充宗，后事刘向。曾撰续《太史公书》十余篇。

③ 贾护：西汉儒生。字季君。黎阳（今河南浚县东）人。从胡常学《左传》，汉哀帝时待诏为郎。

④ 《屈贾》、《孟荀》、《老庄申韩》：均为《史记》篇名之省称，即《屈原贾生列传》、《孟子荀卿列传》、《老子韩非列传》。

⑤ 《同姓侯王》、《异姓侯王》：即《汉书》中之《诸侯王表》和《异姓诸侯王表》。

旨尔。不知古人先有口耳之授而后著之竹帛焉，非如后人作经义，苟欲名家，必以著述为功也。商瞿①受《易》于夫子，其后五传而至田何，施、孟、梁丘，皆田何之弟子也。然自田何而上，未尝有书，则三家之《易》著于《艺文》，皆悉本于田何以上口耳之学也。是知古人不著书，其言未尝不传也。治《韩诗》者不杂齐、鲁，传伏《书》②者不知孔学，诸家章句训诂，有专书矣。门人弟子援引称述，杂见传纪章表者，不尽出于所传之书也，而宗旨卒亦不背乎师说。则诸儒著述成书之外，别有微言绪论口授其徒，而学者神明其意，推衍变化，著于文辞，不复辨为师之所诏与夫徒之所衍也。而人之观之者，亦以其人而定为其家之学，不复辨其孰为师说，孰为徒说也。盖取足以通其经而传其学，而口耳竹帛，未尝分居立言之功也。故曰：古人之言，所以为公也，未尝矜于文辞而私据为己有也。

## 言公中

呜呼！世教之衰也，道不足而争于文，则言可得而私矣；实不充而争于名，则文可得而矜矣。言可得而私，文可得而矜，则争心起而道术裂矣。古人之言，欲以喻世；而后人之言，欲以欺世。非心安于欺世也，有所私而矜焉，不得不如是也。古人之言，欲以淑人；后人之言，欲以炫己。非古人不欲炫而后人偏欲炫也，有所不足与不充焉，不得不如是也。孟子曰："矢人岂不仁于函人哉？操术不可不慎也。"古人立言处其易，后人立言处其难。何以明之哉？古人所欲通者，道也。不得已而有言，譬如喜于中而不得不笑，疾被体而不能不呻，岂有计于工拙敏钝而勉强为之效法哉？若夫道之所

---

① 商瞿（前522—？）：春秋时鲁国人，孔子弟子。子姓，商氏，名瞿，字子木。鲁哀公时，齐欲伐鲁，孔子曾使其劝说齐止兵，未成。受《易》于孔子，而成一家之言。

② 伏《书》：指伏胜所传之《尚书》。伏胜，西汉儒生，名胜，字子贱，有时亦称伏生。济南（今山东章丘西）人。秦时为博士，精《尚书》。秦始焚书，他藏《尚书》于壁里，至汉立，从壁中取出，仅残留二十九篇，即依此在齐鲁一带施教。文帝立，求天下精通《尚书》者召之。因其年已九十有余，行动不便，文帝即召太常掌故晁错前往接受面授，遂有《今文尚书》传布。相传他作《尚书传》四十一篇，实际系西汉时《今文尚书》博士集体所作。

在，学以趋之；学之所在，类以聚之。古人有言，先得我心之同然者，即我之言也。何也？其道同也。传之其人，能得我说而变通者，即我之言也。何也？其道同也。穷毕生之学问思辨于一定之道，而上通千古同道之人以为之藉，下俟千古同道之人以为之辅，其立言也，不易然哉！惟夫不师之智，务为无实之文，则不喜而强为笑貌，无病而故为呻吟，己不胜其劳困矣；而况挟恐见破之私意，窃据自擅之虚名，前无所藉，后无所援，处势孤危而不可安也，岂不难哉？夫外饰之言与中出之言，其难易之数可知也；不欲争名之言与必欲争名之言，其难易之数又可知也；通古今前后而相与公之之言，与私据独得必欲己出之言，其难易之数又可知也。立言之士，将有志于道而从其公而易者欤？抑徒竞于文而从其私而难者欤？公私难易之间，必有辨矣。呜呼！安得知言之士而与之勉进于道哉！

古未有窃人之言以为己有者，伯宗①梁山之对，既受无后之诮，而且得蔽贤之罪矣；古未有窃人之文以为己有者，屈平属草稿未定，上官大夫见而欲夺，既思欺君而且以谗友矣。窃人之美，等于窃财之盗，老氏言之，断断如也，其弊由于自私其才智而不知归公于道也。向令伯宗荐辇者之贤，而用缟素哭祠之成说，是即伯宗兴邦之言也，功不止于梁山之事也；上官大夫善屈平，而赞助所为宪令焉，是即上官造楚之言也，功不止于宪令之善也。韩琦②为相而欧阳修为翰林学士，或谓韩公无文章。韩谓："琦相而用修为学士，天下文章，孰大于琦！"呜呼！若韩氏者，可谓知古人言公之旨矣。

窃人之所言以为己有者，好名为甚，而争功次之；功欺一时而名欺千古也。以己之所作伪托古人者，奸利为甚，而好事次之；好事则罪尽于一

---

① 伯宗（？—前577）：春秋时晋国大夫。好直谏，厉公五年为三郤所谗，被杀。
② 韩琦（1008—1075）：北宋大臣。字稚圭，号赣叟，相州安阳（今河南安阳）人。天圣进士。任右司谏，上书抨击宰相王随、陈尧佐和参知政事韩亿、石中立，使四人同日罢相。后出任陕西安抚使等职，庆历三年（1043）被召入相，任枢密副使，支持"庆历新政"，新政失败又出知扬、定等州。英宗时继续为相，封魏国公，著有《安阳集》。

身,奸利则效尤而蔽风俗矣。齐丘窃《化书》①于谭峭,郭象②窃《庄》注于向秀③,君子以谓儇薄无行矣。作者如有知,但欲其说显白于天下而不必明之自我也。然而不能不恫心于窃之者,盖穿窬肤箧之智,必有窜易更张以就其掩著,而因以失其本指也。刘炫之《连山》④,梅赜之《古文尚书》,应诏入献,将以求禄利也。侮圣人之言而窃比河间、河内之蒐讨,君子以为罪不胜诛矣。夫坟典既亡,而作伪者之搜辑补苴,如古文之采辑逸书,散见于记传者,几无遗漏。亦未必无什一之存也。然而不能不深恶于作伪者,遗篇逸句附于阙文而其义犹存,附会成书而其义遂亡也。向令易作伪之心力而以采辑补缀为己功,则功岂下于河间之《礼》⑤,河内之《书》⑥哉!王伯厚之《三家诗考》⑦,吴草庐之《逸礼》⑧,生于宋元之间,去古浸远,而尚有功于经学;六朝古书不甚散亡,其

---

① 齐丘窃《化书》:《化书》,亦称《齐丘子》,原著录齐丘作。宋濂在《诸子辩》中云:"《齐丘子》六卷,一名《化书》,言道、术、德、仁、食、俭六化为甚悉。世传为伪唐齐丘子嵩作。""是书之作非齐丘也,终南山隐者谭峭景升也,齐丘窃之者也。"任继愈主编的《中国哲学史》亦认为是五代时谭峭所作。宋齐丘(887—959),南唐官吏。字子嵩,豫章(今江西南昌)人。因佐李昪得江南有功,累官至丞相。后不得意,归九华山,赐号九华先生,封青阳公。后周显德五年(958)为李璟所杀。谭峭:五代时人,字景升,泉州人。不应科举,为道士,居住于嵩山与衡山。著《化书》六卷。

② 郭象(252—312):西晋学者。字子玄,河南(今河南洛阳东)人。好老庄、善玄谈,所作《庄子注》,为现存最早《庄子》注本。其书就向秀所注述而广之,故《世说新语·文学》说其书乃窃取向秀成果。另撰有《论语体略》和《碑论》十二篇,均已佚。

③ 向秀(约227—272):西晋玄学名士。字子期,河内怀县(今河南武陟西南)人。好老庄之学,与嵇康、阮籍等交游,为"竹林七贤"之一。开当时玄谈之风。所作《庄子隐解》已佚。

④ 刘炫之《连山》:刘炫(约546—约613),隋朝经学家。字光伯,河间景城(今河北献县)人。文帝开皇中参与撰写隋史及天文律历。时牛弘奏诸购求遗书,他伪造《连山易》《鲁史记》等百余卷送官,领赏而去。后被人揭发除名。著有《论语述议》《春秋述议》《尚书述议》《毛诗述议》《五经正名》等。

⑤ 河间之《礼》:河间指河间献王刘德(?—前130),景帝之子。好古学,爱藏书,凡流散民间之古籍,必重金收购。《隋书·经籍志》:"汉初,有高堂生传十七篇,又有古经出于淹中,而河间献王,好古爱学,收集余烬,得而献之,合五十六篇,并威仪之事。""有李氏得《周官》……上于河间献王,独缺《冬官》一篇。献王购以千金不得,遂取《考工记》以补其处,合成六篇奏之。""又得仲尼弟子及后学者所记一百三十一篇献之,时亦无传之者。"

⑥ 河内之《书》:王充《论衡·正说篇》:"孝宣帝之时,河内女子发老屋,得逸《易》《礼》《尚书》各一篇奏之,宣帝下示博士,然后《易》《礼》《尚书》各益一篇,而《尚书》二十九篇始定矣。"《隋书·经籍志》:"河内女子得《泰誓》一篇,献之。"

⑦ 《三家诗考》:指王应麟搜集齐、鲁、韩三家诗说,成书三卷。

⑧ 吴草庐之《逸礼》:吴澄(1249—1333),元朝理学家,字幼清,学者称为草庐先生。抚州崇仁(今江西崇仁)人。元英宗时,曾为翰林学士。后主修《英宗实录》。曾撰《仪礼逸经传》二卷,搜拾逸经,以补《仪礼》之遗。还著有《吴文正公集》《草庐精语》等。

为功较之后人，必更易为力。惜乎计不出此，反藉以作伪。郭象《秋水》、《达生》①之解义，非无精言名理可以为向之亚也。向令推阐其旨，与秀之所注相辅而行，观者亦不辨其孰向孰郭也，岂至遽等穿窬之术哉！不知言公之旨而欲自私自利以为功，大道隐而心术不可复问矣。

学者莫不有志于不朽，而抑知不朽固自有道乎？言公于世，则书有时而亡，其学不至遽绝也。盖学成其家而流衍者长，观者考求而能识别也。孔氏《古文》②虽亡，而史迁问故于安国，今迁书具存，而孔氏之《书》未尽亡也；韩氏之《诗》③虽亡，而许慎治《诗》兼韩氏，今《说文》具存，而韩婴之《诗》未尽亡也；刘向《洪范五行传》④与《七略》、《别录》⑤虽亡，而班固史学出刘歆，歆之《汉记》、《汉书》所本。今《五行》、《艺文》二志具存，而刘氏之学未亡也。亦有后学托之前修者，褚少孙⑥之藉灵于马迁，裴松之⑦之依光于陈寿，非缘附骥，其力不足自存也。又有道同术近，其书不幸亡逸，藉同道以存者，《列子》残阙，半述于庄生；杨朱书亡，多存于《韩子》；盖庄、列同出于道家，而杨朱为我，其术自近名法也。又有才智自骋，未足名家，有道获亲，幸存斧琢之质者，告子杞柳湍水之辨，藉孟子而获传；惠施白马三足之谈，因庄生而遂显；虽为射者之鹄，亦见不羁之才，非同泯泯也。又有

---

① 《秋水》、《达生》：指郭象所注《庄子》之两篇篇名。但据《世说新语·文学》所讲应为《秋水》、《至乐》二篇。

② 孔氏《古文》：指孔安国《古文尚书》。

③ 韩氏之《诗》：韩婴，西汉学者。燕人。以治《诗》著名，作《内外传》数万言，在燕赵一带广为流传，为汉初传《诗》之一宗。又通《易》。武帝时与董仲舒辩论经义，深得武帝称赏。

④ 《洪范五行传》：据古籍记载，刘歆与其父刘向均作有《洪范五行传论》，皆亡佚。

⑤ 《别录》：刘向作。汉成帝河平三年（前26），令刘向组织人员整理天下群书，每部书校毕，刘向便写"叙录"一篇，如同后世解题、提要之类，最初是每篇"叙录"，写在本书上面，后来又将群书"叙录"抄集在一起，成为一部总的叙录汇编，以便别行于世，所以又称《别录》。可惜早亡佚。又《七略》、《别录》本为两书，有的注本将其作为一部书，显然不妥。

⑥ 褚少孙：西汉史学家。颍川（今河南禹县）人。早年寓居沛（今江苏沛县），曾受业于著名儒生王式。元帝、成帝间任博士。号称"褚先生"。因司马迁《史记》流传中发生残缺，他多方搜集史料，为之补撰。补撰篇数，今人说法不一。

⑦ 裴松之（372—451）：东晋历史学家。字世期，河东闻喜（今山西闻喜）人。东晋武帝时，历官殿中将军、员外散骑侍郎。刘宋建立后官中书侍郎，司、冀二州大中正，并被封为西乡侯。宋文帝以《三国志》过于简略，命其作注，裴注大大地丰富了《三国志》的内容，引书达二百种以上，而所引之书，今已十不存一，因而裴注就显得更加宝贵。

琐细之言，初无高论，而幸入会心，竟垂经训，孺子濯足之歌，通于家国；时俗苗硕之谚，证于身心。其喻理者即浅可深，而获存者无俗非雅也。凡若此者，非必古人易而后人难也，古人巧而后人拙也，古人是而后人非也。名实之势殊，公私之情异，而有意于言与无意于言者，不可同日语也。故曰：无意于文而文存，有意于文而文亡。

今有细民之讼，两造具辞，有司受之，必据其辞而赏罚其直枉焉。所具之辞，岂必乡曲细民能自撰哉？而曲直赏罚，不加为之辞者而加之讼者，重其言之之意，而言固不必计其所出也。墓田陇亩，祠庙宗支，履勘碑碣，不择鄙野，以谓较论曲直，舍是莫由得其要焉。岂无三代钟鼎，秦汉石刻，款识奇古，文字雅奥，为后世所不可得者哉？取辨其事，虽庸而不可废；无当于事，虽奇而不足争也。然则后之学者，求工于文字之末而欲据为一己之私者，其亦不足与议于道矣。

或曰：指远辞文，《大传》之训也；辞远鄙背，贤达之言也；"言之不文，行之不远"，辞之不可以已也！今曰求工于文字之末者非也，其何以为立言之则欤？曰：非此之谓也。《易》曰："修辞立其诚。"诚不必于圣人至诚之极致，始足当于修辞之立。学者有事于文辞，毋论辞之如何，其持之必有其故而初非徒为文具者，皆诚也。有其故而修辞以副焉，是其求工于是者，所以求达其诚也。"《易》奇而法，《诗》正而葩"，"《易》以道阴阳"，《诗》以道性情也。其所以修而为奇与葩者，则固以谓不如是则不能以显阴阳之理与性情之发也。故曰：非求工也。无其实而有其文，即六艺之辞犹无所取，而况其他哉！

文，虚器也；道，实指也。文欲其工，犹弓矢欲其良也。弓矢可以御寇，亦可以为寇，非关弓矢之良与不良也；文可以明道，亦可以叛道，非关文之工与不工也。陈琳为袁绍①草檄，声曹操②之罪状，辞采未尝不壮烈

---

① 袁绍（？—202）：东汉末世族豪强。字本初，汝南汝阳（今河南商水西南）人。在董卓专权时，他在冀州（今河北中南部）号召发兵讨卓，成为关东军盟主。不久在混战中，他据有冀、青、幽、并四州，形成地广兵多的割据势力，并想消灭曹操势力，但在官渡之战中被曹操击败，不久病死。

② 曹操（155—220）：东汉末政治家、军事家、文学家。字孟德，小名阿瞒，沛国谯（今安徽亳县）人。以镇压黄巾起义起家。建安元年（196）迎汉献帝都许（今河南许昌东），兴办屯田，整训部队，十三年（208）进位丞相。后受封魏王。精通兵法，著《孙子略解》、《兵书接要》等。善诗歌，今存诗二十余首。曹丕称帝后，追尊为魏武帝。

也。他日见操，自比矢之不得不应弦焉，使为曹操檄袁绍，其工亦必犹是尔。然则徒善文辞而无当于道，譬彼舟车之良，洵便于乘者矣，适燕与粤，未可知也。

圣人之言，贤人述之而或失其指；贤人之言，常人述之而或失其指。人心不同，如其面焉。而曰言托于公，不必尽出于己者，何也？盖谓道同而德合，其究终不至于背驰也。且赋诗断章，不啻若自其口出，而本指有所不拘也；引言互辨，与其言意或相反，而古人并存不废也。前人有言，后人援以取重焉，是同古人于己也；前人有言，后人从而扩充焉，是以己附古人也。仁者见仁，知者见知，言之从同而异、从异而同者，殆如秋禽之毛不可遍举也。是以后人述前人而不废前人之旧也，以为并存于天壤，而是非失得自听知者之别择，乃其所以为公也。君子恶夫盗人之言，而遽铲去其迹以遂掩著之私也。若夫前人已失其传，不得已而取裁后人之论述，是乃无可如何。譬失祀者，得其族属而主之，亦可通其魂魄尔。非喻言公之旨，不足以知之。

# 言公下

于是泛滥文林，回翔艺苑，离形得似，弛羁脱鞿，上窥作者之指，下挹时流之撰。口耳之学既微，竹帛之功斯显。窟巢托足，遂启璇雕；毛叶御寒，终开组纂；名言忘于太初，流别生于近晚。譬彼觱沸酌于觞窦，斯褰裳以厉津；堤防拯于横流，必方舟而济乱。推言公之宗旨，得吾道之一贯。惟日用而不知，鸮炙忘乎飞弹。试一揽夫沿流，蔚春畦之葱蒨。

若乃九重高拱，六合同风，王言纶綍，元气寰中。秉钧燮鼎之臣，襄谟殿柏；珥笔执简之士，承旨宸枫。于是西掖挥麻，北门视草。天风四方，渊雷八表。敷洋溢之德音，述忧勤之怀抱。崇文则山《韶》海《濩》[①]，厉武则泰秣汎驱，敷政则云龙就律，恤灾则鸠鹄回眴。斯并石室金縢，史宬字尊藏

---

① 山《韶》海《濩》：《庄子·天下篇》："黄帝有《咸池》、尧有《大章》、舜有《大韶》、禹有《大夏》、汤有《大濩》、文王有《辟雍》之乐。武王、周公作《武》。"疏曰"以上是五帝三王乐名也"。

掌故，而缥函缃轴，学士辑为家书。左史右史之纪，王者无私；内制外制之集，词臣非擅。虽木天清閟，公言自有专官；而竹簟茅檐，存互何妨于外传也。制诰之公。

至于右文稽古，购典延英。兰台述史，虎观谈经。议簧校帜，六天、五帝、三统、九畴之论，专家互执；《礼》仇《书》讼、齐言鲁故、孔壁梁坟之说，称制以平。《正义》①定著乎一家，《晋史》约删以百卷，六百年之解诂章疏，《五经正义》，取两汉六朝专家之说而定于一。十八家之编年纪传。《晋史》一十八家。譬彼漳分江合，济伏河横，淮申洒曲，汨兮朝宗于谷王；翡翠空青，蔚蓝芝紫，水碧砂丹，烂兮章施于采绚。凡以统车书而一视听，齐钧律而抑邪滥，虽统名乎敕定，实举职于儒臣。领袖崇班，表进勒名首简；群工集事，一时姓氏俱湮。盖新庙献功，岂计众匠奔趋；而将作用纪，明禋成礼，何论庖人治俎而尸祝辞陈？馆局之公。

尔其三台八座，百职庶司，节镇统部，郡县分治。罗群星于秋旻，苴百谷于东菑。簿书稠匦，卷牒纷披。文昌武库，礼司乐署之灿烂，若辐凑而运轴于车轮；甲兵犴讼，钱货农田之条理，若棋置而列枰以为罫。雁行进蓝田之牒，准令式而文行；牛耳招平原②之徒，奉故事而画诺。是则命笔为刀，称书曰隶，遣言出自胥徒，得失归乎长吏。盖百官治而万民察，所以易结绳而为书契，昧者徒争于末流，知者乃通其初意。文移之公。

若夫侯王将相，岳牧群公，铃阁启事，戟门治戎，称崇高之富贵，具文武之威风。则有书记翩翩，风流名士，幕府宾客，文学掾史。鹔击海滨，仲连③

---

① 《正义》：即原注中所云《五经正义》。顾炎武《日知录》卷十八《十三经注疏》云，唐太宗先命颜师古考定《五经》颁于天下，又命孔颖达与诸儒撰定五经义疏，凡一百七十卷，名曰《五经正义》。可见《五经正义》并非孔颖达一人所作。高宗永徽四年颁此书于天下，之后考试皆以此为依据。

② 平原：指平原君赵胜（？—前251），战国时赵国宗室大臣。亦作"公子胜"。因其最早封地在平原（今山东平原西南），故又称平原君。是战国时"四大公子"之一。武灵王之子，惠文王之弟。以礼贤下士著称，门下有宾客数千。长平大战后，秦军进围邯郸，形势危急。他尽丧家财，鼓励士卒坚守，长达三年之久。后派使者向魏告急，并亲率宾客毛遂等赴楚求救。后魏、楚援兵至，方解邯郸之围。

③ 仲连：即鲁仲连，战国时齐国人。一称鲁连。好辩、善谋略。秦军攻赵都邯郸，魏国派游说之士潜入城中，劝赵孝成王尊秦昭王为帝，以缓急难。仲连适在城中，力主不可。赵王采其议，遂使军心稳定。不久魏公子无忌来救，秦军乃去。平原君赵胜嘉其功，欲予封号，他辞让不受。后齐将田单欲收复失地聊城，久攻不下，他修书燕将，用箭射入城中，晓以利害，使城不攻而下，田单欲赏以爵位，他逃隐海上。

飞书于沙漠；鹰扬河朔，孔璋①驰檄于当涂。王粲②慷慨而依刘③，赋传荆阙；班固倜傥以从窦，铭勒狼居。刍毁涂摧，死魄感惠连④之吊；莺啼花发，生魂归希范⑤之书。斯或精诚贯金石之坚，忠烈奋风云之气，输情则青草春生，腾说则黄涛夏沸，感幽则山鬼夜啼，显明则海灵朝霁。并能追杳入冥，传心达志，变化从人，曲屈如意。盖利禄之途既广，则揣摩之功微至。中晚文人之集，强半捉刀之技。既合驺而和鸾，岂分途而争帜？书记之公。

盖闻富贵愿足，则慕神仙。黄白之术既绌，文章之尚斯专。度生人之不朽，久视弗若名传；既惩愚而显智，遂以后而胜前。则有爵擅七貂，抑或户封十万，当退食之委蛇，或休沐之闲宴，耻汩没于世荣，乃雅羡乎述赞。于是西园集雅，东阁宾儒，列铅置椠，纷墨披朱。求艺林之胜事，遂合力而并图。或抱荆山之璞，或矜隋侯之珠，或宝燕市之石，或滥齐门之竽。皆怀私而自媚，视匠指而奔趋。既取多而用闳，譬畤粮而聚稿；藉大力以赅存，供善学之搜讨。立功固等乎立言，何尝少谢于专家之独造也哉！募集之公。

至如《诗》、《骚》体变，乐府登场。《朱鹭》、《悲翁》、《上邪》、《如张》⑥之篇题，学士无征于诠解；呼豨、瑟二、存吾、几令之音拍，工师惟记乎铿锵。则有拟议形容，敷陈推表，好事者为之说辞，伤心人别有怀抱。金羁白马，酒市钗楼，年少之乐也；关山杨柳，行李风烟，离别之情也；草蓊禽肥，马骄弓逸，游猎之快也；陇水呜咽，塞日昏黄，征戍之行也。或以感

---

① 孔璋：陈琳的字。

② 王粲（177—217）：东汉末文学家。字仲宣，山阳高平（今山东邹城）人。"建安七子"之一。避难赴荆州，依刘表，后归附曹操，任丞相掾，赐爵关内侯。魏建立后，拜侍中。著诗、赋、论、议近六十篇。代表作《七哀诗》、《登楼赋》。

③ 刘：指刘表（142—208），东汉末大臣。字景升，山阳高平（今山东金乡西）人。少知名，为"八俊"之一。曾为荆州刺史。后为镇南将军、荆州牧，封成武侯。最后北据汉川，成一方诸侯，依违于曹操、袁绍之间，以观天下之变。建安十三年（208）病卒。

④ 惠连：谢惠连（407—433），南朝宋诗人。陈郡阳夏（今河南太康）人。谢灵运族弟。元嘉间，任彭城王刘义康司徒法曹参军。工于诗赋，灵运誉为"张华重生，不能易也"。年二十七卒。曾有《谢惠连集》六卷，已佚。

⑤ 希范：即丘迟（464—508），南朝梁文学家。字希范，吴兴乌程（今浙江湖州）人。初仕齐，官至殿中郎。入梁，官至司空从事中郎。诗文以抒情写景见长。所作《与陈伯之书》，感情深厚，被后世视为优秀骈文而广为流传。有《丘迟集》十卷，至宋亡佚。

⑥ 《朱鹭》、《悲翁》、《上邪》、《如张》：均为汉鼓吹铙歌十八曲之篇名，《悲翁》原为《思悲翁》，《如张》原为《艾如张》。原载《古今乐录》，已佚。《乐府诗集》有引。

愤而申征夫之怨，或以悒郁而抒去妾之悲，或以旷怀而恢游宴之兴，或以古意而托艳冶之词。盖传者未达其旨，遂谓《子夜》①乃女子之号，《木兰》②为自叙之诗。苟不背于六义之比兴，作者岂欲以名姓而自私！乐府之公。

别有辞人点窜，略仿史删。因袭成文，或稍加点窜，惟史家义例有然，诗文集中本无此例。间有同此例者，大有神奇臭腐之别，不可不辨。凤困荆墟，疾迷阳于南国；庄子改《凤兮歌》。《鹿鸣》③萍野，诵《宵雅》④于《东山》⑤。魏武用《小雅》诗。女萝薜荔，《陌上》⑥演《山鬼》之辞；绮纨流黄，《狭斜》⑦袭《妇艳》之故。乐府《陌上桑》与《三妇艳》之辞也。梁人改《陇头》⑧之歌，增减古辞为之。韩公删《月蚀》之句，删改卢仝⑨之诗。岂惟义取断章，不异宾延奏赋。歌古人诗，见己意也。以至河分冈势，乃联春草青痕；宋诗僧用唐句。积雨空林，爰入水田白鹭。譬之古方今效，神加减于刀圭；赵壁汉师，变旌旗于节度。艺林自有雅裁，条举难穷其数者也。苟为不然，效出于尤。仿《同谷》之七歌⑩，宋后诗人颇多。拟河间之《四愁》⑪，傅玄、张载尚且为之，大可骇怪。非由中以出话，如随声而助讴。直是孩提学语，良为有识所羞者矣。点窜之公。

又有诗人流别，怀抱不同。变韵言兮裁文体，拟古事兮达私衷，旨原诸

---

① 《子夜》：即《子夜歌》。《宋书·乐志》一："《子夜歌》者，有女子名子夜，造此声。晋孝武太元中，琅邪王轲之家有鬼歌《子夜》。"

② 《木兰》：即《木兰诗》，当系北朝时期民歌，后经唐人修改。同样始见于《古今乐录》，《乐府诗集》引。

③ 《鹿鸣》：《诗经·小雅》的首篇篇名。

④ 《宵雅》：即《小雅》。宵，小也。

⑤ 《东山》：《诗经·豳风》之诗篇名。

⑥ 《陌上》：即乐府诗篇名《陌上桑》，据云此诗乃录自《九歌·山鬼》之辞。

⑦ 《狭斜》：乐府诗篇名《长安有狭邪行》齐人王融后将其改为《三妇艳》而稍作变动（见《乐府诗集》卷三十五）。

⑧ 《陇头》：南朝梁时《陇头流水歌辞》，取自《陇头歌辞》（见《乐府诗集》卷二十五）。

⑨ 卢仝（约795—835）：唐朝诗人。自号玉川子，济源（今河南济源）人。初隐居嵩山，后移居洛阳。韩愈为河南尹，时予周济。性耿介，不愿仕进，自称"上不事天子，下不识侯王"。后游历各地。所作诗风格奇特，近于散文。《月蚀诗》借天文现象讥刺宦官专权，为时人称许。今传《玉川子诗集》。

⑩ 《同谷》之七歌：杜甫于唐肃宗乾元二年（759）自秦州赴同谷县，寓居同谷，作歌七首。

⑪ 河间之《四愁》：张衡作《四愁诗》。张衡（78—139），东汉科学家、文学家。字平子，南阳西鄂（今河南南阳北）人。曾任太史令，掌管天象观测，创"浑天说"，并作《灵宪》，首次正确解释月食成因；又创造了候风地动仪。永和初，出任河间相，征为尚书。文学作品《二京赋》、《归田赋》、《四愁诗》等影响都很大，特别是后者，张载还曾拟作。

子之寓辞，文人沿袭而成风，后人不得其所自，因疑作伪而相攻。盖伤心故国，斯传塞外之书；李陵《答苏武书》①，自刘知幾以后，众口一辞，以为伪作。以理推之，伪者何所取乎？当是南北朝时，有南人羁北，而事类李陵，不忍明言者，拟此书以见志耳。灰志功名，乃托河边之喻。世传鬼谷子《与苏秦张仪书》②，言河边之树，处非其地，故招翦伐，托喻以招二子归隐，疑亦功高自危之人所托言也。读者以意逆志，不异骚人之赋。出之本人，其意反浅，出之拟作，其意甚深，同于骚也。其后词科取士，用拟文为掌故，庄严则诏诰章表，威猛则文檄露布。作颂准于王褒，著论裁于贾傅③。兹乃为矩为规，亦趋亦步，庶几他有心而予忖，亦足阐幽微而互著。拟文之公。

又如文人假设，变化不拘。《诗》通比兴，《易》拟象初。庄入巫咸之座，屈造詹尹之庐。楚太子疾，有客来吴，乌有、子虚之徒，争谈于较猎，凭虚、安处④之属，讲议于京都。《解嘲》、《客难》、《宾戏》之篇衍其绪，镜机、玄微、冲漠⑤之类潜其途。此则寓言十九，诡说万殊者也。乃其因事著称，缘人生义。譬若酒袭杜康⑥之名，钱用邓通⑦之字。空槐落火，桓温⑧发叹于仲文⑨

---

① 李陵《答苏武书》：李陵（？—前74），西汉将领。字少卿，陇西成纪（今甘肃秦安）人。名将李广之孙。武帝时，将步骑五千伐匈奴，以少击众，虽力战，然因矢尽援绝而降，后死于匈奴。相传他写过《答苏武书》，但自唐刘知幾以来，皆认为是伪作。

② 鬼谷子《与苏秦张仪书》：苏、张二人均为鬼谷子弟子。相传鬼谷子曾有《与苏秦张仪书》，其实亦后人之伪作。

③ 贾傅：指贾谊，因曾为长沙王太傅和梁怀王太傅，故称其为贾傅。所作《过秦论》很成功，影响很大，故后世作论者皆模仿。

④ 凭虚、安处：即张衡《西京赋》中虚构人物"凭虚公子"、"安处先生"。

⑤ 镜机、玄微、冲漠：前二者为曹植《七启》中虚构人物"镜机子"、"玄微子"，后者乃张协《七命》中虚构人物"冲漠公子"。

⑥ 杜康：相传为用高粱酿酒的发明者。《说文解字》称："古者少康初作秫酒。少康，杜康也。"秫是高粱的一种。说明在夏朝少康已用高粱酿酒。

⑦ 邓通：西汉官吏。蜀郡南安（今四川乐山）人。以佞媚著称。文帝时，初为黄头郎，后得宠，官至上大夫，先后赏赐数十万钱。又赐与蜀郡严道铜矿，许自制铜钱，流遍全国，号"邓氏钱"，成为大富翁。景帝时失宠免官，没收家产，最后贫困而死。

⑧ 桓温（312—373）：东晋大将。字元子，谯国龙亢（今安徽怀远西北）人。晋明帝之婿。素有雄才大略，曾三次北伐，未能如愿，回朝后，愈擅权，欲受禅自立，未遂病死。

⑨ 仲文（？—407）：即殷仲文，东晋官吏。陈郡（今河南淮阳）人。初为会稽王道子引为骠骑参军，后为元显征虏长史，桓玄将为乱，以为侍中，领左卫将军。玄败，随玄西走。后投义军，为镇军长史，转尚书。迁东阳太守。安帝义熙三年（407）被诛。善为文，为世所重。

之迁；庾信《枯树赋》①所借用者，其实殷仲文迁东阳，在桓温久卒之后。素月流天，王粲抽毫于应刘之逝。谢庄《月赋》②所借用者，其实王粲卒于应刘之前。斯则善愁即为宋玉，岂必楚廷；旷达自是刘伶③，何论晋世？善读古人之书，尤贵心知其意，愚者介介而争，古人不以为异也已。假设之公。

及夫经生制举，演义为文，虽源出于训故，实解主于餐新。截经书兮命题，制变化兮由人。长或连篇累章，短或片言只字，脱增减兮毫厘，即步移兮影徙，为圣贤兮立言，或庸愚兮申志。并欲描情摩态，设身处地，或语全而意半，或神到而形未。如云去而尚留，如马跃而未逝，纵收俄顷之间，刻画几希之际。水平剂量，何足喻其充周；历算交躔，曾莫名其微至。《易》奇《诗》正，《礼》节《乐》和，以至《左》夸、《庄》肆、《屈》幽、《史》洁之文理，无所不包；天人性命，经济闳通，以及儒纷、墨俭、名钊、法深之学术，无乎不备。惟制颁于功令，而义得于师承。严民生之三事，约智力于规绳，守共由之义法，申各尽之精能。体会为言，曾何嫌乎拟圣；因心作则，岂必纵己说而成名。制义之公。

凡此区分类别，鳞次部周。夭华媚春，硕果酣秋，极浅深之殊致，标左右之分流。其匿也几括，其争也寇仇；其同也交誉，其异也互纠；其合也沾沾而自喜，其违也耿耿而孤忧。孰鸿鹄而高举，孰鹦雀而啁啾；孰梧桐于高冈，孰茅苇于平洲？众自是而人非，喜伐异而党俦。饮齐井而相捽，曾不知伏泉之在幽。由大道而下览夫群言，奚翅激、嗝、叱、吸、叫、嚎，宎、咬之殊声，而酝酿于鼻、口、耳、枅、圈、臼、洼、污之异窍。厉风济而为虚，知所据而有者，一土囊之噫啸。能者无所竞其名，黠者无所事其剽，核者无所恃其辨，夸者无所争其耀。识言公之微旨，庶自得于道妙。或疑著述不

---

① 庾信《枯树赋》：庾信（513—581），南北朝诗人。字子山，南阳新野（今河南新野）人。初仕梁朝。奉梁元帝之命出使西魏，被迫留居长安。北周代魏，任骠骑大将军、开府仪同三司、洛州刺史等。并封义城县侯。文帝、武帝并好文学，特受宠遇。虽位高名大，常有思乡之念，乃作《哀江南赋》、《枯树赋》等，以抒故国身世之情。

② 谢庄《月赋》：谢庄（421—466），南朝宋文学家。字希逸，陈郡阳夏（今河南太康）人。历任吏部尚书、吴郡太守。明帝时封紫金光禄大夫。七岁能属文，善为诗赋。代表作有《月赋》及杂言诗《山夜忧吟》、《怀园引》等。

③ 刘伶：西晋名士。字伯伦，沛国（今江苏沛县）人。"竹林七贤"之一。放性任情，常乘鹿车，携壶酒，使人荷锸相随，自谓醉死便埋。著有《酒德颂》，另有《北芒客舍》诗等。

当入辞赋，不知著述之体，初无避就，荀卿有《赋篇》矣。但无实之辞赋，自不宜溷著述尔。

## 说林[①]

　　道，公也；学，私也。君子学以致其道，将尽人以达于天也。人者何？聪明才力，分于形气之私者也；天者何？中正平直，本于自然之公者也。故曰道公而学私。

　　道同而术异者，韩非有《解老》、《喻老》之书，列子有《杨朱》之篇，墨者述晏婴之事，作用不同，而理有相通者也。术同而趣异者，子张难子夏之交，荀卿非孟子之说，张仪破苏秦之从，宗旨不殊，而所主互异者也。

　　渥洼之驹，可以负百钧而致千里，合两渥洼之力，终不可致二千里。言乎绝学孤诣，性灵独至，纵有偏阙，非人所得而助也。两渥洼驹，不可致二千里，合两渥洼之力，未始不可负二百钧而各致千里。言乎鸿裁绝业，各效所长，纵有牴牾，非人所得而私据也。

　　文辞非古人所重，草创讨论，修饰润色，固已合众力而为辞矣。期于尽善，不期于矜私也。丁敬礼[②]使曹子建润色其文，以谓后世谁知定吾文者，是有意于欺世也。存其文而兼存与定之善否，是使后世读一人之文而获两善之益焉，所补岂不大乎？

　　才之长短不可掩，而时之今古不可强。司马迁述《尚书》、《左》、《国》之文，孑孑而不足，述战国、楚、汉之文，恢恢而有余，非特限于才，抑亦拘于时也。惟其并存而无所私，故听人决择而己不与也。

---

　　① 本篇作于乾隆五十四年（1789）。文章论述的内容比较广泛，大约正因如此，所以标题定为《说林》。《韩非子》亦有《说林》，则是利用大量寓言故事和历史传说作为论证资料，用以说明自己的观点。《史记·韩非列传》《索隐》对《说林》注曰："《说林》者，广说诸事，其多若林，故曰'说林'也。"而章氏此文，实际上是对《原道》、《原学》、《言公》、《辨似》诸篇所论之观点，再作进一步发挥，未曾论述者，则重加论述，因此内容非常广泛，也就很难确定其论述主题。

　　② 丁敬礼：丁廙，三国时魏官吏。字敬礼，沛郡（今江苏沛县）人。博学洽闻。建安中为黄门侍郎，后与其兄丁仪及杨修俱为曹植羽翼。文帝即位，被杀。

司马迁袭《尚书》、《左》、《国》之文，非好同也，理势之不得不然也。司马迁点窜《尚书》、《左》、《国》之文，班固点窜司马迁之文，非好异也，理势之不得不然也。有事于此，询人端末，岂必责其亲闻见哉！张甲述所闻于李乙，岂盗袭哉？人心不同如其面也，张甲述李乙之言，而声容笑貌不能尽为李乙，岂矫异哉？

孔子学周公，周公监二代，二代本唐虞，唐虞法前古，故曰："道之大原出于天。"盖尝观于山下出泉，沙石隐显，流注曲直，因微渐著，而知江河舟楫之原始也；观于孩提呕哑，有声无言，形揣意求，而知文章著述之最初也。

有一代之史，有一国之史，有一家之史，有一人之史。整齐故事与专门家学之义不明，详《释通》、《答客问》。而一代之史鲜有知之者矣；州县方志与列国史记之义不明，详《方志》篇。而一国之史鲜有知之者矣；谱牒不受史官成法，详《家史》篇。而一家之史鲜有知之者矣；诸子体例不明，文集各私撰著，而一人之史鲜有知之者矣。

展喜受命于展禽[①]，则却齐之辞，谓出展禽可也，谓出展喜可也。弟子承师说而著书，友生因咨访而立解，后人援古义而敷言，不必讳其所出，亦自无愧于立言者也。

子建好人讥诃其文，有不善者，应时改定；讥诃之言可存也，改定之文亦可存也。意卓而辞踬者，润丹青于妙笔；辞丰而学疏者，资卷轴于腹笥；要有不朽之实，取资无足讳也。

陈琳为曹洪[②]作书上魏太子[③]，言破贼之利害，此意诚出曹洪，明取陈琳之辞，收入曹洪之集可也。今云："欲令陈琳为书，琳顷多事，故竭老夫之思。"又云："怪乃轻其家丘，谓为倩人。"此掩著之丑也，不可入曹洪之集矣。

譬彼禽鸟，志识其身，文辞其羽翼也。有大鹏千里之身，而后可以运垂

---

① 展喜受命于展禽：展喜、展禽均为春秋时鲁国大夫。展禽即柳下惠。展喜，字乙，先秦史书有时亦称其为"乙喜"，即将字与名连用而省其姓。

② 曹洪（？—232）：三国时魏将领。字子廉，沛国谯（今安徽亳县）人。曹操从弟，助操取胜立了大功。文帝即位封都阳侯。后虽因舍客犯法，免职削爵，但明帝即位，又拜后将军，更封乐城侯。太和六年（232）卒，谥曰恭侯。

③ 魏太子：指魏文帝曹丕。

天之翼；鷃雀假雕鹗之翼，势未举而先踬矣，况鹏翼乎！故修辞不忌夫暂假，而贵有载辞之志识，与己力之能胜而已矣。噫！此难与溺文辞之末者言也。

诸子一家之宗旨，文体峻洁而可参他人之辞；文集杂撰之统汇，体制兼该而不敢入他人之笔。其故何耶？盖非文采辞致不如诸子，而志识卓然，有其离文字而自立于不朽者，不敢望诸子也。果有卓然成家之文集，虽入他人之代言，何伤乎！

集之始于流别也，后人汇聚前人之作，欲以览其全也，亦犹撰次诸子，即人以名其书之意也。诸子之书，载其言并记其事，以及他人之言其言者，而其人之全可见也。文集萃其文，《文章流别集》。别著其事，《文章志》。以及他人之论其文者，《文章论》。故挚虞之《流别》，本与《文章志》、《论》三书相辅而行也，则其人之全亦可见也。今无挚氏之三书，而编次卓然不朽之文集，则关于其人之行事，与人之言其言，与论其人与文者，故当次于其书以备其人之本末也，是则一人之史之说也。

庄周《让王》、《渔父》诸篇，辨其为真为赝；屈原《招魂》、《大招》之赋，争其为玉为瑳，固矣夫文士之见也！

醴泉，水之似醴者也；天下莫不饮醴而独恨不得饮醴泉，甚矣，世之贵夫似是而非者也！

著作之体，援引古义，袭用成文，不标所出，非为掠美，体势有所不暇及也。亦必视其志识之足以自立，而无所藉重于所引之言，且所引者并悬天壤，而吾不病其重见焉，乃可语于著作之事也。考证之体，一字片言，必标所出。所出之书，或不一二而足，则必标最初者；譬如马、班并有，用马而不用班。最初之书既亡，则必标所引者，譬如刘向《七略》既亡，而部次见于《汉·艺文志》，阮孝绪《七录》既亡，而阙目见于《隋·经籍志》注，则引《七略》、《七录》之文，必云《汉志》、《隋注》。乃是"慎言其余"之定法也。书有并见而不数其初，陋矣；引用逸书而不标所出，使人观其所引，一似逸书犹存。罔矣，以考证之体而妄援著作之义，以自文其剽窃之私焉，谬矣。

文辞，犹三军也；志识，其将帅也。李广入程不识①之军，而旌旗壁垒

---

① 程不识：西汉将领。景帝时与李广同为边郡太守，多次出击匈奴。治军严谨，为人廉直，敢于直谏。武帝时为长乐宫卫尉。

一新焉，固未尝物物而变，事事而更之也。知此意者，可以袭用成文而不必己出者矣！

文辞，犹舟车也；志识，其乘者也。轮欲其固，帆欲其捷，凡用舟车，莫不然也。东西南北，存乎其乘者矣。知此义者，可以以我用文而不致以文役我者矣。

文辞，犹品物也；志识，其工师也。橙橘樝梅，庖人得之，选甘脆以供笾实也；医师取之，备药毒以疗疾痰也。知此义者，可以同文异取，同取异用而不滞其迹者矣。古书断章取义，各有所用；拘儒不达，介介而争。

文辞，犹金石也；志识，其炉锤也。神奇可化臭腐，臭腐可化神奇。知此义者，可以不执一成之说矣。有所得者即神奇，无所得者即臭腐。

文辞，犹财货也；志识，其良贾。人弃我取，人取我与，则贾术通于神明。知此义者，可以斟酌风尚而立言矣。风尚偏趋，贵有识者持之。

文辞，犹药毒也；志识，其医工也。疗寒以热，热过而厉甚于寒；疗热以寒，寒过而厉甚于热；良医当实甚而已有反虚之忧，故治偏不激而后无余患也。知此义者，可以拯弊而处中矣。

转桔槔之机者，必周上下前后而运之。上推下挽，力所及也；正前正后，力不及也。倍其推则前如坠，倍其挽则后如跃；倍其力之所及，以为不及之地也。人之聪明知识，必有力所不及者，不可不知所倍以为之地也。

五味之调，八音之奏，贵同用也。先后尝之，先后听之，不成味与声矣。邮传之达，刻漏之直，贵接续也。并驰同止，并直同休，不成邮与漏矣。书有数人共成者，历先后之传而益精，获同时之助而愈疏也。先后无争心，而同时有胜气也；先后可授受，而同时难互喻也；先后有补救，而同时鲜整暇也。

人之有能有不能者，无论凡庶圣贤有所不免者也。以其所能而易其不能，则所求者可以无弗得也。主义理者拙于辞章，能文辞者疏于征实，三者交讥而未有已也。义理存乎识，辞章存乎才，征实存乎学，刘子玄所以有三长难兼之论也。一人不能兼而咨访以为功，未见古人绝业不可复绍也。私心据之，惟恐名之不自我擅焉，则三者不相为功而且以相病矣。

所谓好古者，非谓古之必胜乎今也，正以今不殊古，而于因革异同求其折衷也。古之糟魄，可以为今之精华，非贵糟魄而直以为精华也，因糟魄之存而可以想见精华之所出也；如类书本无深意，古类书尤不如后世类书之详备，然援引古书，为后世所不可得者藉是以存，亦可贵宝矣。古之疵病，可以为后世之典型，非取疵病而直之为典型也，因疵病之存而可以想见典型之所在也。如《论衡》最为偏驳，然所称说，有后世失其传者，未尝不藉以存。是则学之贵于考征者，将以明其义理尔。

"出辞气，斯远鄙悖矣。"悖者修辞之罪人，鄙则何以必远也？不文则不辞，辞不足以存，而将并所以辞者亦亡也。诸子百家悖于理而传者有之矣，未有鄙于辞而传者也。理不悖而鄙于辞，力不能胜辞不鄙而悖于理，所谓五谷不熟，不如荑稗也。理重而辞轻，天下古今之通义也。然而鄙辞不能夺悖理，则妍媸好恶之公心，亦未尝不出于理故也。

波者水之风，风者空之波，梦者心之华，文者道之私。止水无波，静空无风，至人无梦，至文无私。

演口技者，能于一时并作人畜、水火、男妇、老稚千万声态，非真一口能作千万态也。千万声态齐于人耳，势必有所止也，取其齐于耳者以为止，故操约而致声多也。工绘事者，能于尺幅并见远近、浅深、正侧、回互千万形状，非真尺幅可具千万状也。千万形状齐于人目，势亦有所止也，取其齐于目者以为止，故笔简而著形众也。夫声色齐于耳目，义理齐于人心，等也。诚得义理之所齐，而文辞以是为止焉，可以与言著作矣。

天下有可为其半而不可为其全者。偏枯之药可以治偏枯，倍其偏枯之药不可以起死人也。此说见《吕氏春秋》。天下有可为其全而不可为其半者。樵夫担薪两钧，捷步以趋，去其半而不能行，非力不足，势不便也。风尚所趋，必有其弊，君子立言以救弊，归之中正而已矣。惧其不足夺时趋也而矫之或过，则是倍用偏枯之药而思起死人也；仅取救弊而不推明斯道之全量，则是担薪去半而欲恤樵夫之力也。

厉风可以拔百围之木，而不可以折径寸之草；钱镈可以刈蔓野之草，而不可以伐拱把之木。大言炎炎，不计小辨；小智察察，不究大道。

十寸为尺，八尺曰寻。度八十尺而可得十寻，度八百寸而不可得十寻者，积小易差也；一夫之力可耕百亩，合八夫之力而可耕九百亩者，集长易举也。学问之事，能集所长而不泥小数，善矣。

风会所趋，庸人亦能勉赴；风会所去，豪杰有所不能振也。汉廷重经术，卒史亦能通六书，吏民上书讹误辄举劾。后世文学之士，不习六书之义者多矣。羲之①俗书，见讥韩氏。韩氏又云，为文宜略识字。岂后世文学之士，聪明智力不如汉廷卒史之良哉？风会使然也。越人相矜以燕语，能为燕语者，必其熟游都会，长于阅历，而口舌又自调利过人者也。及至燕，则庸奴贱婢，稚女髫童，皆燕语矣。以是矜越语之丈夫，岂通论哉？仲尼之门，五尺童子，羞称五霸，必谓五尺童子，其才识过于管仲、狐、赵诸贤焉，夫子之所不许也。五谷之与稊稗，其贵贱之品有一定矣。然而不熟之五谷，犹逊有秋之稊稗焉。而托一时风会所趋者，诩然自矜其途辙，以谓吾得寸木，实胜彼之岑楼焉，其亦可谓不达而已矣。尊汉学，尚郑许，今之风尚如此，此乃学古，非即古学也，居然唾弃一切，若隐有所恃。

王公之仆圉，未必贵于士大夫之亲介也。而是仆圉也，出入朱门甲第，诩然负异，而骄士大夫曰"吾门大"，不知士大夫者，固得叱而系之以请治于王公；王公亦必挞而楚之以谢闲家之不饬也。学问不求有得而矜所托以为高，王公仆圉之类也。

人生不饥，则五谷可以不艺也；天下无疾，则药石可以不聚也。学问所以经世，而文章期于明道，非为人士树名地也。

汉廷治河必使治《尚书》者，《尚书》岂为治河设哉？学术固期于经世也。文史之儒，以为《尚书》所载，经纬天地，今只用以治河，则是道大而我小之也，此则后世之士务求赅遍而不切实用之通病也。得一言而致用，愈于通万言而无用者矣。

"丧欲速贫，死欲速朽"，有子以谓非君子之言。然则有为之言，不同正义，圣人有所不能免也。今之泥文辞者，不察立言之所谓而遽断其是非，是欲责人才过孔子也。

樊迟②问仁，子曰："爱人。"问知，子曰："知人。"他日问仁，子曰：

---

① 羲之：指大书法家王羲之（321—379），字逸少，琅邪临沂（今山东费县东）人。居会稽山阴（今浙江绍兴）。官至右军将军，会稽内史，人称"王右军"。早年从卫夫人学书，后多见前代名家书法，博采众长，备精诸体，又能损益古法，一变汉魏朴质的书风，开创妍美流便的今体。其行草为古今之冠。所书墨迹为历代所宝，并被称为"书圣"。

② 樊迟：春秋时鲁国人。名须，字子迟，孔子学生。曾向孔子求教五谷蔬菜种植之术，被孔子斥为"小人"。从"樊迟问仁"，至"必有先后矛盾之诮"一段"大梁本"无。

"仁者先难而后获。"问知，子曰："务民之义，敬鬼神而远之。"同一樊迟，同一问仁问知，而所言先后各殊，则言岂一端而已哉？必有所为而不可以强执也。幸而其言出于夫子也，出之他人，必有先后矛盾之诮矣。

《春秋》讥佞人，《公羊传》。夫子尝曰："恶佞口之覆邦家者。"是佞为邪僻之名矣。或人以为"雍①也仁而不佞"，或人虽甚愚，何至惜仁人以不能为邪僻？且古人自谦称不佞，岂以不能邪僻为谦哉？是则佞又聪明才辨之通称也。荀子著《性恶》，以谓圣人为之"化性而起伪"。伪于六书，人为之正名也。荀卿之意，盖言天质不可恃，而学问必藉于人为，非谓虚诞欺罔之伪也。而世之罪荀卿者，以谓诬圣为欺诳，是不察古人之所谓而邃断其是非也。

古者文字无多，转注通用，义每相兼。诸子著书，承用文字，各有主义，如军中之令，官司之式，自为律例。其所立之解，不必彼此相通也。屈平之"灵修"，庄周之"因是"，韩非之"参伍"，鬼谷之"捭阖"，苏张之"纵衡"，皆移置他人之书而莫知其所谓者也。佛家之根尘、法相，法律家之以准、皆各、及其、即若，皆是也。

韩子曰："博爱之谓仁。"宋儒讥之，以为必如周子②所言"德爱曰仁"而后可。数百年来，莫不奉宋儒为笃论矣；今考周子初无"德爱曰仁"之说也。《通书·诚几德》篇有曰："诚，无为；几，善恶。德：爱曰仁，宜曰义。"曰礼，曰智，曰信，皆有说焉。周子之意，若曰诚者何？谓无为是也；几者何？谓善恶是也；德者何？谓在爱曰仁，在宜曰义，礼、智与信，俱在德也。德有五者，韩子《原性》之篇已明著矣，与周子无殊旨也。"博爱曰仁"，即周子之"爱曰仁"也，合《原性》而观之，则韩子之说较周子为尤备也。以其出于韩子，则删去《原性》而摘博爱之为偏；出于周子，则割截句读而以德爱为至论。同一言也，不求至是而但因人而异听，不啻公甫之母与妻焉，此论古之深患也。

---

① 雍：冉雍，字仲弓，孔子学生。据说他品德很好，但口才不行。
② 周子：指周敦颐（1016—1073），北宋哲学家。字茂叔，号濂溪，道州（今湖南道县）人。晚年知南康军。因居庐山莲花峰下有小溪，故名其居室为"濂溪书堂"，后人遂称"濂溪先生"。他据北宋道士陈抟的《无极图》而著《太极图说》，认为"无极"是宇宙根本的范畴；又著《通书》，宣传"诚者，五常之本，百行之源也"。成为理学的创始人。"韩子曰"一段和"李汉序韩氏文"一段，"大梁本"均无。

李汉①序韩氏文曰："文者贯道之器。"其言深有味也。宋儒讥之，以为道无不在，不当又有一物以贯之。然则"率性之谓道"，不当又有一物以率之矣。

冯煖②问孟尝君③，收责反命，何市而归？则曰："视吾家所寡有者。"学问经世，文章垂训，如医师之药石偏枯，亦视世之寡有者而已矣。以学问文章徇世之所尚，是犹既饱而进粱肉，既暖而增狐貉也；非其所长而强以徇焉，是犹方饱粱肉而进以糠秕，方拥狐貉而进以裋褐也。其有暑资裘而寒资葛者，吾见亦罕矣。

宝明珠者，必集鱼目；尚美玉者，必竞碔砆。是以身有一影而罔两居二三也。罔两乃影旁微影，见《庄子》注。然而鱼目碔砆之易售，较之明珠美玉为倍捷也。珠玉无心而碔砆有意，有意易投也；珠玉难变而碔砆能随，能随易合也；珠玉自用而碔砆听用，听用易惬也。珠玉操三难之势而无一定之价，碔砆乘三易之资而求价也廉，碔砆安得不售，而珠玉安得不弃乎？

鸩之毒也，犀可解之；瘴之厉也，槟榔苏之。有鸩之地，必有犀焉；瘴厉之乡，必有槟榔。天地生物之仁，亦消息制化之理有固然也。汉儒传经贵专门，专门则渊源不紊也，其弊专己守残而失之陋。刘歆《七略》，论次诸家流别而推官礼之遗焉，所以解专陋之瘴厉也。唐世修书置馆局，馆局则各效所长也。其弊则漫无统纪而失之乱。刘知幾《史通》，扬榷古今利病而立法度之准焉，所以治散乱之瘴厉也。学问文章，随其风尚所趋而瘴厉时作者，不可不知槟榔犀角之用也。

所虑夫药者，为其偏于治病，病者服之可愈，常人服之或反致于病也。

---

① 李汉：唐宗室。字南纪，韩愈之婿。元和进士。文宗初，任屯田员外郎，史馆修撰。参与修撰《宪宗实录》。因卷入"牛李党争"，武宗时，李德裕执政，贬为汾州司马。宣宗时召拜宗正少卿。会昌中卒。

② 冯煖：战国时齐人。《战国策》作"冯谖"，《史记》又作"冯欢（驩）"。家贫无以为生，经友人介绍作孟尝君门下食客。曾以"食无鱼"、"出无车"、"无以为家"之苦衷，三作"长铗归来"之歌而引起重视。曾为孟尝君收债于薛，当众焚毁贫不能付息钱的债券。后孟尝君失宠于齐王而归薛，薛民百里相迎。并用计逼齐王迎孟尝君复位。

③ 孟尝君：战国时齐国大臣。妫姓，田氏，名文。齐宗室。因袭封于薛（今山东滕州东南），故又称"薛文"、"薛公"，亦作"滕公"，号孟尝君。为战国"四大公子"之一，轻财下士，招致门客数千人，"任侠奸人"六万余家。齐湣王时任相，后曾逃亡魏国，魏昭王任为相，病卒于魏。

夫天下无全功，圣人无全用。五谷至良贵矣，食之过乎其节，未尝不可以杀人也。是故知养生者，百物皆可服；知体道者，诸家皆可存。六经三史，学术之渊源也，吾见不善治者之瘴疠矣。

学问文章，聪明才辨，不足以持世，所以持世者，存乎识也。所贵乎识者，非特能持风尚之偏而已也，知其所偏之中亦有不得而废者焉。非特能用独擅之长而已也，知己所擅之长亦有不足以该者焉。不得而废者，严于去伪风尚所趋，不过一偏，惟伪托者并其偏得亦为所害。而慎于治偏，真有得者，但治其偏足矣。则可以无弊矣。不足以该者，阙所不知而善推能者，无有其人，则自明所短而悬以待之，人各有能有不能，充类至尽，圣人有所不能，庸何伤乎！今之伪趋逐势者，无足责矣。其间有所得者，遇非己之所长，则强不知为知，否则大言欺人，以谓此外皆不足道。夫道大如天，彼不见天者，曾何足论。已处门内，偶然见天，而谓门外之天皆不足道，有是理乎？曾见其人，未暇数责。亦可以无欺于世矣。夫道公而我独私之，不仁也。风尚所趋，循环往复，不可力胜，乃我不能持道之平，亦入循环往复之中而思以力胜，不智也。不仁不智，不足以言学也，不足言学而嚣嚣言学者乃纷纷也。

## 知难[①]

为之难乎哉？知之难乎哉？夫人之所以谓知者，非知其姓与名也，亦非知其声容之与笑貌也；读其书，知其言，知其所以为言而已矣。读其书者天下比比矣，知其言者千不得百焉；知其言者天下寥寥矣，知其所以为言者百不得一焉。然而天下皆曰：我能读其书，知其所以为言矣。此知之

---

[①] 本篇作于乾隆五十四年（1789）。文章通过古人之遭遇来说明人与人之间知遇之难，进而抒发自己胸中之积闷。他在学术上尽管有多方面的成就，但由于学术思想背离了当时的正统学派，单枪匹马地对时弊进行针砭，所以他的举动，竟被视为"怪物"，诧为"异类"。当然，更加从未被重用过，刘知幾尽管也不得志，但毕竟还曾"三为史臣，再入东观"。尽管作者也长于史学，却一直未被当局所重视。对此，他在给友人和家人信中都曾有过表述。在《家书》之中曾说："吾之所为，则举世所不为者也。如古文辞，近虽为之者鲜，前人尚有为者。至于史学义例，校雠心法，则皆前人从未言及，亦未有可比标著之名。爱我如刘端临，见翁学士询吾学业究何门路，刘则答以不知，盖端临深知此中甘苦，难为他人言也。故吾最为一时通人所弃置而弗道，而吾于心未尝有憾。"这就是他写本文的原由所在。

难也。人知《易》为卜筮之书矣，夫子读之而知作者有忧患，是圣人之知圣人也；人知《离骚》为词赋之祖矣，司马迁读之而悲其志，是贤人之知贤人也。夫不具司马迁之志而欲知屈原之志，不具夫子之忧而欲知文王之忧，则几乎罔矣。然则古之人有其忧与其志，不幸不得后之人有能忧其忧，志其志，而因以湮没不彰者，盖不少矣。刘彦和曰："《储说》始出，《子虚》初成，秦皇、汉武恨不同时。既同时矣，韩囚马轻。"盖悲同时之知音不足恃也。夫李斯之严畏韩非，孝武之俳优司马，乃知之深，处之当，而出于势之不得不然，所谓迹似不知而心相知也。贾生远谪长沙，其后召对宣室，文帝至云："久不见生，自谓过之。"见之乃知不及，君臣之际，可谓遇矣；然不知其治安之奏而知其鬼神之对，所谓迹似相知而心不知也。刘知幾负绝世之学，见轻时流，及其三为史臣，再入东观，可谓遇矣；然而语史才则千里降追，议史事则一言不合，所谓迹相知而心不知也。夫迹相知者，非如贾之知而不用，即如刘之用而不信矣。心相知者，非如马之狎而见轻，即如韩之谗而遭戮矣。丈夫求知于世，得如韩、马、贾、刘，亦云盛矣；然而其得如彼，其失如此，若可恃若不可恃，若可知若不可知，此遇合之知所以难言也。

  庄子曰："天下之治方术者，皆以其有为不可加矣。"夫"耳目口鼻，皆有所明，而不能相通"，而皆以己之所治为不可加，是不自知之过也。天下鲜自知之人，故相知者少也。凡封己护前不服善者，皆不甚自知者也。世传萧颖士①能识李华《古战场文》②，以谓文章有真赏。夫言根于心，其不同也如面。颖士不能一见而决其为华，而漫云华足以及此，是未得谓之真知也。而世之能具萧氏之识者，已万不得一。若夫人之学业，固有不止于李华者，于世奚赖焉！凡受成形者，不能无殊致也；凡禀血气者，不能无争心也。有殊致，

---

① 萧颖士（708—759）：唐朝文学家。字茂挺，兰陵（今山东枣庄东南）人。开元进士。历任秘书正字、集贤校理等职，因讥刺李林甫，故不得升迁。安史之乱后，留连江淮间。善作古文，与李华齐名，时称"萧李"。

② 李华《古战场文》：李华，字遐叔，赵州赞皇（今河北赞皇）人。累中进士、宏辞科。天宝十一载（752）迁监察御史。后为权幸见疾，徙右补缺。安禄山反，上诛守之策，皆留不报。遂屏居江南。上元中，以左补阙、司封员外郎召之，称疾不拜。晚事佛法，大历初卒。曾撰《吊古战场文》，书成，即杂置梵书之间。后来给萧颖士读，极为赞赏。此文后收入《古文观止》。

则入主出奴、党同伐异之弊出矣;有争心,则挟恐见破、嫉忌诋毁之端开矣。惠子曰:"奔者东走,追者亦东走;东走虽同,其东走之心则异。"今同业者众矣,岂能皆出于同心?若可恃若不可恃,若可知若不可知,此同道之知所以难言也。

欧阳修尝慨《七略》四部,目存书亡,以谓其人之不幸,盖伤文章之不足恃也。然自获麟以来,著作之业得如马迁、班固,斯为盛矣。迁则藏之名山而传之其人,固则女弟卒业而马融伏阁以受其书,于今犹日月也。然读《史》、《汉》之书,而察徐广①、裴骃②、服虔③、应劭④诸家之注释,其间不得迁、固之意者十常四五焉。以专门之攻习,犹未达古人之精微,况泛览所及,爱憎由己耶!夫不传者有部目空存之慨,其传者又有推求失旨之病与爱憎不齐之数,若可恃若不可恃,若可知若不可知,此身后之知所以难言也。

人之所以异于木石者,情也;情之所以可贵者,相悦以解也。贤者不得达而相与行其志,亦将穷而有与乐其道;不得生而隆遇合于当时,亦将殁而俟知己于后世。然而有其理者不必有其事,接以迹者不必接以心,若可恃若不可恃,若可知若不可知,后之视今,亦犹今之视昔。嗟乎!此伯牙之所以绝弦不鼓,而卞生之所以抱玉而悲号者也。夫鹦雀啁啾,和者多也;茅苇黄白,靡者众也。凤高翔于千仞,桐孤生于百寻,知其寡和无偶,而不能屈折以从众者,亦势也。是以君子发愤忘食,阗然自修,不知老之将至,所以求适吾事而已,安能以有涯之生而逐无涯之毁誉哉!

---

① 徐广(352—425):东晋学者。字野民,东莞姑幕(今山东诸城)人。初为谢玄兖州从事,后除秘书郎、文学祭酒。义熙初,诏撰《车服仪注》,领著作。后敕撰国史,著成《晋纪》四十六卷。入南朝刘宋,以老辞官。

② 裴骃:南朝宋史学家。字龙驹,河东闻喜(今山西闻喜)人。裴松之之子,官南中郎外兵参军。广搜九经诸史并有关资料,为《史记》作注,名曰《史记集解》,为《史记》三家注最早之一家。

③ 服虔:东汉学者。字子慎,初名重,又名祇,河南荥阳(今河南荥阳)人。灵帝中平末拜九江太守。善著文论,有《春秋左氏传解》,还注过《汉书》。

④ 应劭:东汉末学者。字仲远,汝南南顿(今河南项城西)人。曾任泰山太守,参与镇压黄巾起义。著有《风俗通义》、《汉官仪》、《礼仪故事》、《中汉辑叙》等,又为《汉书》作集解。

# 释通[①]

《易》曰:"惟君子为能通天下之志。"说者谓君子以文明为德,同人之时,能达天下之志也。《书》曰:"乃命重、黎[②],绝地天通。"说者谓人神不扰,各得其序也。夫先王惧人有匿志,于是乎以文明出治,通明伦类,而广同人之量焉;先王惧世有棼治,于是乎以人官分职,绝不为通,而严畛畔之防焉。自六卿分典,五史治书,内史、外史、太史、小史、御史。学专其师,官守其法,是绝地天通之义也;数会于九,书要于六,杂物撰德,同文共轨,是达天下志之义也。夫子没而微言绝,七十子丧而大义乖。汉氏之初,《春秋》分为五,《诗》分为四,然而治《公羊》者不议《左》、《穀》;业韩《诗》者不杂齐、鲁,专门之业,斯其盛也。自后师法渐衰,学者聪明旁溢,异论纷起。于是深识远览之士,惧《尔雅》训诂之篇不足以尽绝代离辞、同实殊号,而缀学之徒无由汇其指归也,于是总五经之要,辨六艺之文,石渠《杂议》之属,班固《艺文志》《五经杂议》十八篇。始离经而别自为书,则通之为义所由仿也。刘向总校五经,编录三礼,其于戴氏诸记,标分品目,以类相从,而义非专一,若《檀弓》、《礼运》[③]诸篇,俱题通论,则通之定名所由著也。《隋志》有《五经通义》八卷,注:梁有九卷,不著撰人;《唐志》有刘向《五经通义》九卷,然唐以前记传无考。

班固承建初之诏,作《白虎通义》[④];《儒林传》称《通义》,固本传称《通德

---

[①] 本篇作于乾隆五十五年(1790)与五十六年(1791)之间。按《章实斋先生年谱》推论与《答客问》诸篇同为五十五年(1790)所作。这是章氏论述历史编纂学特别是通史的编修方面一篇重要的文章。前面先论述通史编修的起源,列举了以"通"为名的有关论著和史书,指出有些著作虽未标名"通"的字样,但实际上是具有"通"的含义在其中。后面则重点论述史书的编纂中,通史编纂的不同形式和发展。并特别列举了通史之修的长短利弊得失,论述相当精确。从理论上全面系统论述通史的编写,前人还不曾有过(郑樵主张编修通史,但过分强调通史的长处,而不谈其不足之处),因此,此文在历史编纂学上具有重要意义。

[②] 重、黎:传说中颛顼时司天地的官名。重,司天;黎,司地。本来各司其责,不相混淆,但到了少昊时候,九黎作乱,遂使民神杂糅,失去了神道尊严。颛顼时便命重主持天神,黎主持民间,恢复旧制。

[③] 《檀弓》、《礼运》:均为《礼记》篇名。

[④] 《白虎通义》:班固撰,四卷,亦称《白虎通》、《白虎通德论》。汉章帝建初四年(79),召集诸儒于白虎观讲论五经异同,事后班固将辩论结果编集成书。

论》，后人去"义"字称《白虎通》，非是。应劭愍时流之失，作《风俗通义》。盖章句训诂，末流浸失，而经解论议家言起而救之。二子为书，是后世标通之权舆也。自是依经起义，则有集解杜预①《左传》，范宁②《穀梁》，何晏③《论语》。集注荀爽④《九家易》，崔灵恩⑤《毛诗》，孔伦⑥、裴松之《丧服经传》。异同许慎《五经异义》、贺玚⑦《五经异同评》。然否何休⑧《公羊墨守》，郑玄《驳议》，谯周⑨《五经然否论》。诸名；离经为书，则有六艺郑玄论。圣证王肃⑩论。匡谬唐颜师古⑪《匡谬

---

① 杜预（222—284）：西晋学者。字元凯，京兆杜陵（今陕西西安市长安）人。司马懿之婿，多谋善断。曾任镇南大将军，全国统一后，在江南兴修水利，公私受益之田万余顷。平生博学多通，号"杜武库"，尤好《左传》，自称"《左传》癖"。著有《春秋左传经传集解》三十卷，为现在最早的《左传》注本，收入《十三经注疏》。

② 范宁（339—401）：东晋学者。字武子，南阳顺阳（今河南淅川）人。初为余杭令，在位兴学校，养生徒。后迁临淮太守，封阳遂侯。又拜中书侍郎，遭忌免官。居家丹阳，犹勤经学，终年不辍。著《春秋穀梁传集解》十二卷，为现存《穀梁传》最早注本，收入《十三经注疏》。

③ 何晏（190—249）：三国魏玄学家。字平叔，南阳宛（今河南南阳）人。东汉大将军何进之孙，其母严氏，曹操纳为夫人，自幼为曹操收养。以才秀知名，好老庄，始倡玄学，士大夫效之，形成风气。后为司马懿所杀。所作《道德论》及诸文赋数十篇均亡佚，而《论语集解》传世。

④ 荀爽（128—190）：东汉名士。字慈明，亦名谞，颍川颍阴（今河南许昌）人。年十二能通《春秋》、《论语》。因党锢事件而隐居十余年，专事著述。献帝时拜司空。著有《礼易诗传》、《尚书正经》、《春秋条例》、《汉语》、《公羊问》等，均佚。

⑤ 崔灵恩：南朝梁学者。清河东武城（今山东武城西北）人。遍习五经，尤精三礼三传。曾仕北魏，为太常博士。后至梁，任步兵校尉，兼国子博士。聚徒讲学，听者常达数百人。著有《毛诗注》、《周礼集注》、《三礼义宗》、《左氏经传义及条例》、《公羊穀梁文句义》。

⑥ 孔伦：东晋官吏。会稽山阴（今浙江绍兴）人。曾任黄门郎、庐陵太守。著有《集注丧服经传》一卷。

⑦ 贺玚（451—510）：南朝梁官吏。字德琏，会稽山阴（今浙江绍兴）人。历太学博士、太常丞、步兵校尉。博通经史，著有《五经异同评》、《宾礼仪注》等。

⑧ 何休（129—182）：东汉经学家。字邵公，任城樊（今山东兖州西南）人。笃志好学。党锢事件，休亦在禁锢之列，遂专事学术，历十七年，撰成《春秋公羊解诂》，并注《孝经》、《论语》等书。

⑨ 谯周（201—270）：三国时蜀名士。字允南，巴西西充国（今四川阆中西南）人。通经学，善书礼，晓天文。在蜀官至光禄大夫。后魏军兵临城下，周劝蜀主刘禅降魏。封阳城亭侯。入晋任散骑常侍。著有《法训》、《五经论》、《古史考》等。均佚。

⑩ 王肃（195—256）：三国时魏经学家。字子雍，东海郯（今山东郯城）人。官至中领军，加散骑常侍。综贯群经，而精于贾逵、马融之学，不喜郑玄之说。他采会同异，为《尚书》、《诗经》、《论语》、《左传》、《国语》等作注。相传《孔子家语》系他伪托。

⑪ 颜师古（581—645）：唐朝学者。名籀，字师古，雍州万年（今陕西西安）人。累官中书舍人。太宗即位，官中书侍郎，命其考订五经文字，诸儒叹服，遂成颁行全国的标准读本。所作《汉书注》，长期来被认为是最佳注本。还曾参与《隋书》的撰述，另有《匡谬正俗》、《急救篇注》等。

正俗》。兼明宋邱光庭①《兼明书》。诸目。其书虽不标通，而体实存通之义，经部流别不可不辨也。若夫尧舜之典，统名《夏书》；《左传》称《虞书》为《夏书》，马融、郑玄、王肃三家，首篇皆题《虞夏书》，伏生《大传》，首篇亦题《虞夏传》。《国语》、《国策》，不从周记；《太史》百三十篇，自名一子；本名《太史公书》，不名《史记》也。班固《五行》、《地理》，上溯夏周。《地理》始《禹贡》，《五行》合《春秋》，补司马迁之阙略，不必以汉为断也。古人一家之言，文成法立，离合铨配，惟理是视，固未尝别为标题，分其部次也。梁武帝以迁固而下断代为书，于是上起三皇，下讫梁代，撰为《通史》②一编，欲以包罗众史。史籍标通，此滥觞也。嗣是而后，源流渐别，总古今之学术，而纪传一规乎史迁，郑樵《通志》作焉；《通志》精要在乎义例，盖一家之言，诸子之学识而寓于诸史之规矩，原不以考据见长也；后人议其疏陋，非也。统前史之书志，而撰述取法乎官礼，杜佑《通典》作焉；《通典》本刘秩《政典》③。合纪传之互文，纪传之文，互为详略。而编次总括乎荀袁，荀悦《汉纪》三十卷，袁宏《后汉纪》三十卷，皆易纪传为编年。司马光《资治通鉴》作焉；汇公私之述作，而铨录略仿乎孔萧，孔逭《文苑》百卷，昭明太子萧统《文选》三十卷，裴潾《太和通选》④作焉。此四子者，或存正史之规，《通志》是也。自《隋志》以后，皆以纪传一类为正史。或正编年之的，《通鉴》。或以典故为纪纲，《通典》。或以词章存文献，《通选》。史部之通，于斯为极盛也。大部总选，意存掌故者，当隶史部，与论文家

---

① 邱光庭：五代乌程人，官太学博士。《直斋书录解题》云其为"唐国子太学博士邱光庭"。《四库全书总目提要·子部》杂志类二则谓其由唐入五代，与罗隐有交往，《宋史·艺文志》经解类著录丘光庭《兼明书》三卷。古代邱、丘通用，但二十四史无此"邱"姓。

② 《通史》：即梁武帝《通史》。梁武帝（464—549），即萧衍，南朝梁开国君主。字叔达，南兰陵（今江苏常州）人。曾命吴均等撰写《通史》，太清三年（549）成书六百卷，上起三皇，下迄南朝齐，并自作序、赞。

③ 刘秩《政典》：刘秩，唐朝史学家。字祚卿，彭城（今江苏徐州）人，刘知幾之子。开元末任宪部员外郎。肃宗时迁给事中、尚书右丞、国子祭酒。他曾依照《周礼》六官的职掌，分门别类，编出《政典》三十五卷，分礼、户、吏、兵、刑、工六纲。还著有《止戈记》、《至德新义》、《指要》等。

④ 裴潾《太和通选》：《新唐书·艺文志》总集类著录裴潾《太和通选》三十卷。裴潾（？—838），唐朝官吏。河东闻喜（今山西闻喜）人。以荫入仕。元和初任右拾遗，大和四年（830）为汝州刺史，兼御史中丞。七年迁左散骑常侍，充集贤殿学士，集历代文章，续昭明太子《文选》，成书三十卷，曰《太和通选》。大和，唐文宗年号，亦作太和。

言不一例。至于高氏《小史》①唐元和中高峻及子迥。姚氏《统史》②唐姚康复。之属，则捃节繁文，自就隐括者也；罗氏《路史》③宋罗泌。邓氏《函史》明邓元锡。之属，则自具别裁成其家言者也；谯周《古史考》、苏辙《古史》、马骕《绎史》④之属，皆采摭经传之书，与《通史》异。范氏《五代通录》⑤，宋范质以编年体纪梁、唐、晋、汉、周事实。熊氏《九朝通略》⑥，宋熊克合吕夷简⑦《三朝国史》、王珪⑧《两朝国史》、李焘⑨、洪迈⑩等《四朝国史》，以编年体为九朝书。标通而限以朝代者也；易姓为代，传统为朝。李氏《南北史》李延寿⑪。薛、欧《五代史》薛居

---

① 高氏《小史》：高氏指高峻，唐朝史学家。渤海蓨（今河北景县）人。曾任殿中丞、蒲州长史。著有《高氏小史》六十卷，系节抄《史记》至《隋书》及唐高祖至顺宗《实录》而成。其子高迥又编排增补，分为一百二十卷。宋人又补唐末部分，成一百三十卷。《新唐书·艺文志》、《文献通考》均作一百二十卷。

② 姚氏《统史》：姚氏指姚康复。《新唐书·艺文志》正史类著录姚康复《统史》三百卷，并注出"大中太子詹事"。

③ 罗氏《路史》：罗氏指罗泌，南宋吉州庐陵（今江西吉安）人。字长源，少好学，绝意仕途。孝宗乾道六年（1170）著《路史》四十七卷，记述远古至汉末史事。内容分《前纪》、《后纪》、《国名纪》、《发挥》、《余论》五个部分。取材驳杂，许多则采自谶书及道家著作。

④ 马骕《绎史》：马骕（1621—1673），清朝史学家，字宛斯，山东邹平人。顺治进士。曾任淮安府推官、灵璧知县。一生精研上古史籍，时人称为"马三代"。著《绎史》一百六十卷，以纪事本末体记上古至秦亡之事，分一百六十目。又作《左传事纬》十二卷，附录八卷，将《左传》事实分列一百零八篇。

⑤ 范氏《五代通录》：范氏指范质（911—964），五代至北宋大臣。字文素，大名宗城（今河北清河西南）人。后唐长兴进士。历仕后唐、晋、汉、周四朝，宋初仍为宰相。著《通录》六十五卷，述五代的梁、唐、晋、汉、周历史。欧阳修的《新五代史》编修多所取材。

⑥ 熊氏《九朝通略》：熊氏指熊克，南宋史学家。建宁建阳（在今福建）人，字子复。孝宗时官至起居郎兼直学士院，出知台州。熟悉宋朝典故，著《九朝通略》一百六十八卷，记北宋九朝事迹。又著《中兴小纪》四十卷，记南宋高宗一朝事迹，前者已佚，后者今存。还有《诸子精华》，已佚。

⑦ 吕夷简（979—1044）：北宋大臣。字坦夫，寿州（今安徽凤台）人，咸平进士，历仕真宗、仁宗朝，为相二十年。反对范仲淹改革朝政的要求，欧阳修等人劾奏其为相二十年，专事姑息，纲纪败坏，终以太尉致仕。

⑧ 王珪（1019—1085）：北宋大臣。字禹玉，成都华阳（在今四川）人。庆历进士。典内外制十八年，朝廷典策，多出其手。自执政至宰相十六年，无所建明。曾监修《两朝国史》，著有《华阳集》。

⑨ 李焘（1115—1184）：南宋史学家。字仁甫，号巽岩，眉州丹棱（在今四川）人。绍兴进士，官至敷文阁学士，以主持修史工作见长。搜集北宋一代史料，仿司马光作《通鉴》体例，编撰北宋九朝历史，全书九百八十卷，《举要》六十八卷，《总目》五卷，《修换事目》十卷。作者自谦不敢言续《通鉴》，故曰《续资治通鉴长编》。

⑩ 洪迈（1123—1202）：南宋学者。字景卢，号容斋，别号野处，鄱阳（今江西鄱阳）人。绍兴进士。曾出使金国。官至翰林学士。两度入史馆，修成《四朝国史》二百五十卷。著作甚多，有《容斋随笔》、《夷坚志》、《野处类稿》、《万首唐人绝句》。还编有《史记法语》、《南朝史精语》。

⑪ 李延寿：唐朝史学家。字遐龄，相州（今河南安阳）人。贞观时，官太子典膳丞、崇文馆学士、迁符玺郎，兼修国史。先后参与编修《晋书》、《五代史志》，并成《太宗政典》三十卷。利用参加修史之余暇，参酌杂史，奋笔十六年，撰成《南史》八十卷《北史》一百卷，后都列入二十四史。

正①、欧阳修俱有《五代史》。断代而仍行通法者也。已上二类，虽通数代，终有限断，非如梁武帝之《通史》统合古今。其余纪传故事之流，补辑纂录之策，纷然杂起，虽不能一律以绳，要皆仿萧梁《通史》之义而取便耳目，史部流别不可不知也。夫师法失传而人情怯于复古，末流浸失而学者囿于见闻。训诂流而为经解，一变而入于子部儒家，应劭《风俗通义》、蔡邕《独断》②之类。再变而入于俗儒语录，程朱语录，记者有未别择处，及至再传而后，浸流失失，故曰俗儒。三变而入于庸师讲章，蒙存、浅达之类，支离蔓衍，甚于语录。不知者习而安焉，知者鄙而斥焉，而不知出于经解之通而失其本旨者也。载笔汇而有通史，一变而流为史钞，小史、统史之类，但节正史，并无别裁，当入史钞，向来著录入于通史，非是。史部有史钞，始于《宋史》。再变而流为策士之类括，《文献通考》之类，虽仿《通典》，而分析次比，实为类书之学。书无别识通裁，便于对策敷陈之用。三变而流为兔园之摘比，《纲鉴合纂》③及《时务策括》之类。不知者习而安焉，知者鄙而斥焉，而不知出于史部之通而亡其大原者也。且《七略》流而为四部，类例显明，无复深求古人家法矣。然以语录讲章之混合，则经不为经，子不成子也。策括类摘之淆杂，则史不成史，集不为集也。四部不能收，九流无所别，纷纭杂出，妄欲附于通裁，不可不严其辨也。夫古人著书，即彼陈编，就我创制，所以成专门之业也。后人并省凡目，取便检阅，所以入记诵之陋也。夫经师但殊章句，即自名家；费直④之《易》，申培⑤之《诗》，《儒林传》言其别无著述训诂，而《艺文志》有《费氏说》、《申公鲁诗》，盖即口授章句也。史书因袭相

---

① 薛居正（912—981）：北宋史学家。字子平，浚仪（今河南开封）人。后唐清泰进士。历晋、汉、周三朝，后周官至刑部侍郎。宋初，先后任户部、兵部、吏部侍郎，乾德初任参知政事。开宝六年（973）以宰相监修《五代史》，次年书成，共一百五十卷，记中原先后出现的梁、唐、晋、汉、周五个政权历史。原称《五代史》，又称《梁唐晋汉周书》。后因欧阳修也修了《五代史》，前者便冠一"旧"字，而称欧史为《新五代史》。

② 蔡邕《独断》：蔡邕所作《独断》，记汉世制度、礼文、车服及诸帝世次，而兼及前代礼乐。

③ 《纲鉴合纂》：这类书从明万历年间就开始出现，据说唐顺之乃为始作俑者，此类书尽管很多，大多托名，如王世贞《纲鉴合纂》，今人已指出乃伪托，还有袁了凡《纲鉴会纂》、陈臣《纲鉴要编》等，明中叶以来，就出现二十多种。

④ 费直：西汉儒生。字长翁，又称费公，东莱（今山东莱州）人。以治《易》为郎，后迁单父令（今山东单县）。长于卦筮。东汉郑众、马融、郑玄等均传其学。

⑤ 申培：西汉儒生，姓申名培，亦称"申公"、"申培公"。鲁（今山东曲阜）人。治《诗》，亦通《穀梁传》。其《诗》学影响很大，为今文《诗》学中"鲁诗"派开创者。清人马国翰辑有《鲁诗故》三卷。

沿，无妨并见；如史迁本《春秋》、《国策》诸书，《汉书》本史迁所记及刘歆所著者，当时两书并存，不以因袭为嫌。专门之业，别具心裁，不嫌貌似也。剿袭讲义，沿习久而本旨已非；明人修《大全》①，改先儒成说以就己意。摘比典故，原书出而舛讹莫掩。记诵之陋，漫无家法，易为剽窃也。然而专门之精与剽窃之陋，其相判也，盖在几希之间，则别择之不可不慎者也。

通史之修，其便有六：一曰免重复，二曰均类例，三曰便铨配，四曰平是非，五曰去牴牾，六曰详邻事。其长有二：一曰具翦裁，二曰立家法。其弊有三：一曰无短长，二曰仍原题，三曰忘标目。何谓免重复？夫鼎革之际，人物事实，同出并见，胜国亡征，新王兴瑞，即一事也。前朝草窃，新主前驱，即一人也。董卓、吕布②，范、陈各为立传；禅位册诏，《梁》、《陈》并载全文，所谓复也。《通志》总合为书，事可互见，文无重出，不亦善乎！何谓均类例？夫马立《天官》，班创《地理》，《齐志·天文》，不载推步；《唐书·艺文》，不叙渊源；伊古以来，参差如是。郑樵著《略》，虽变史志章程，自成家法，但《六书》、《七音》③，原非沿革；《昆虫草木》，何尝必欲易代相仍乎？惟通前后而勒成一家，则例由义起，自就隐括。《隋书·五代史志》④，梁、陈、北齐、周、隋。终胜沈、萧、魏氏之书矣。沈约《宋

---

① 明人修《大全》：指明永乐中命儒臣纂修《四书大全》，颁之学官。《日知录》卷十八对此有论述。
② 董卓、吕布：董卓（？—192），东汉末将领。字仲颖，陇西临洮（今甘肃岷县）人。性粗猛，有谋略。桓帝末，从中郎将张奂为军司马。灵帝中平元年（184）拜东中郎将。灵帝末为并州牧。灵帝殁，乘机废少帝，而立陈留王为帝，是为献帝。遂专断朝政，迁太尉，领前将军事，改封郿侯。进为相。挟持献帝西迁长安，自任太师。初平三年（192），为王允、吕布所杀。吕布（？—198），东汉末董卓部将。字奉先，五原郡九原（今内蒙古包头西北）人。初为并州刺史丁原部，任骑都尉，原改为主部。灵帝末，丁原受何进召，将兵诣洛阳，董卓诱吕布杀原而并其兵。卓甚信布，以为中郎将，行止常以布卫护。后又与王允合谋杀董卓，受任为奋威将军，封温侯，割据徐州，建安三年（198）为曹操所杀。
③ 《六书》、《七音》：与下文《昆虫草木》均为《通志》二十略之篇名：《六书略》、《七音略》、《昆虫草木略》。
④ 《隋书·五代史志》：唐太宗曾命史官修了梁、陈、齐、周、隋五部史书，于是唐人便将这五部史书合称"五代史"，后来为了区别梁、唐、晋、汉、周这五代史，学术界便将唐人修的称"唐前五代"。而当时所修的五部史书都没有志，所以到了贞观十五年（641）又召修五代史志，历时十五年，到高宗显庆元年（656）修成。书成后"俗呼为《五代史志》"，最初是离五史而别行的。因为它是五代史的合志，故其内容与五代史纪传相配合，但详于隋而略于梁、陈、齐、周。从体例上说，又都以隋为主。五史既各自单行，而志又难割难分，加之在编撰时即按《隋书》的组成部分处理，同时"隋以五史之末"，后遂"编入《隋书》"，"专称《隋志》"。于是有些不知原委者误疑《隋志》为"失于断限"而乱发议论。

志》，萧子显①《南齐志》，魏收《魏志》，皆参差不齐也。何谓便铨配？包罗诸史，制度相仍，惟人物挺生，各随时世。自后妃宗室，标题著其朝代。至于臣下，则约略先后，以次相比。《南北史》以宗室分冠诸臣之上，以为识别；欧阳《五代史》始标别朝代。然子孙附于祖父，世家会聚宗支，《南北史》王、谢诸传，不尽以朝代为断。一门血脉相承，时世盛衰，亦可因而见矣。即楚之屈原，将汉之贾生同传；周之太史，偕韩之公子同科。古人正有深意，相附而彰，义有独断。末学肤受，岂得从而妄议耶？何谓平是非？夫曲直之中，定于易代。然晋史终须帝魏，而周臣不立韩通②，虽作者挺生，而国嫌宜慎，则亦无可如何者也。惟事隔数代而衡鉴至公，庶几笔削平允而折衷定矣。何谓去牴牾？断代为书，各有裁制，详略去取，亦不相妨。惟首尾交错，互有出入，则牴牾之端，从此见矣。居摄之事，班殊于范；二刘始末，刘表、刘焉③。范异于陈。统合为编，庶几免此。何谓详邻事？僭国载纪，四裔外国，势不能与一代同其终始，而正朔纪传，断代为编，则是中朝典故居全，而蕃国载纪乃参半也。惟南北统史，则后梁、东魏悉其端，而五代汇编，斯吴越、荆、潭终其纪也。凡此六者，所谓便也。何谓具翦裁？通合诸史，岂第括其凡例，亦当补其缺略，截其浮辞，平突填砌，乃就一家绳尺。若李氏《南》、《北》二史，文省前人，事详往牒，故称良史。盖生乎后代，耳目闻见，自当有补前人，所谓凭藉之资易为力也。何谓立家法？陈编具在，何贵重事编摩？专门之业，自具体要。若郑氏《通志》，卓识名理，独见别裁，古人不能任其先声，后代不能出其规范；虽事实无殊旧录，而辨名正物，诸子之意寓于史裁，终为不朽之业矣。凡此二者，所谓长也。何谓无短长？

---

① 萧子显（489—537）：南朝史学家。字景阳，南兰陵郡南兰陵县（今江苏常州西北）人。是齐高帝萧道成孙子。入梁，领国子博士，吏部尚书。梁天监中，修成《齐书》六十卷，现存五十九卷，本纪八卷，志十一卷，列传四十卷。为了有别于《北齐书》，故冠以"南"字。

② 韩通（？—960）：后周将领。字仲达，太原（今山西太原）人。以勇力著称。初从汉祖为军校，累迁奉国指挥使。及太祖镇大名，奏为天雄军都校，委以心腹。后官至检校太尉，同平章事。宋太祖至陈桥，为诸军推戴。韩通闻变急归，为军校王彦昇所害。

③ 刘焉：刘焉（？—194），东汉末大臣。字君郎，江夏竟陵（今湖北潜江西北）人。少以宗室拜中郎，末几去官。后历洛阳令、冀州刺史、南阳太守、宗正、太常。再后领益州牧，封阳城侯。献帝初平四年（193），以二子刘范、刘诞偷袭长安，以除董卓余党，计划失败，二子被杀，又遇益州治所大火，于次年即病卒。

纂辑之书，略以次比，本无增损，但易标题，则刘知幾所谓"学者宁习本书，怠窥新录"者矣。何谓仍原题？诸史异同，各为品目，作者不为更定，自就新裁。《南史》有《孝义》而无《列女》，详《列女》篇。《通志》称《史记》以作时代，《通志》汉魏诸人，皆标汉魏，称时代，非称史书也；而《史记》所载之人，亦标《史记》而不标时代，则误仍原书文也。一隅三反，则去取失当者多矣。何谓忘题目？帝王后妃，宗室世家，标题朝代，其别易见。臣下列传，自有与时事相值者，见于文词，虽无标别，但玩叙次，自见朝代。至于《独行》、《方伎》、《文苑》、《列女》诸篇，其人不尽涉于世事，一例编次，若《南史》吴逵、韩灵敏[①]诸人，几何不至于读其书不知其世耶？凡此三者，所谓弊也。

《说文》训通为达，自此之彼之谓也。通者，所以通天下之不通也。读《易》如无《书》，读《书》如无《诗》，《尔雅》治训诂，小学明六书，通之谓也。古人离合撰著，不言而喻。汉人以通为标目，梁世以通入史裁，则其体例盖有截然不可混合者矣。杜佑以刘秩《政典》为未尽而上达于三五，《典》之所以名通也；奈何魏了翁[②]取赵宋一代之掌故，亦标其名谓之《国朝通典》乎？既曰国朝，画代为断，何通之有？是亦循名而不思其义者也。六卿联事，职官之书，亦有通之义也。奈何潘迪[③]取有元御史之职守，亦名其书谓之《宪台通纪》[④]耶？又地理之学，自有专门，州郡志书，当隶外史。详《外篇·亳州志议》。前明改元代行省为十三，布政使司所隶府州县卫，各有本志。使司幅员既广，所在府县，惧其各自为书未能一辙也，于是裒合所部，别为通志。通者，所以通府州县卫之各不相通也。奈何修通志者，取府、州、县、山、川、人、物，分类为编，以府领县，以县领事实人文，摘比分标，不相联合。如是为书，则读者但阅府县本志可矣，

---

① 吴逵、韩灵敏：吴逵，吴兴乌程（今浙江湖州）人。为人孝顺，太守王韶之擢补功曹史，逵以门寒，固辞不就，举为孝廉。韩灵敏，会稽剡（今浙江嵊州）人。早孤，有孝性，其见灵珍亡无子，其嫂守节不嫁，灵敏事之如母。

② 魏了翁（1178—1237）：南宋思想家。字华父，号鹤山，《直斋书录解题》典故类著录《国朝通典》二百卷，"不著名氏，或言魏鹤山所为，似方草创未成书"。

③ 潘迪：元朝学者。元城（今河北大名东）人。博学能文，历官国子司业，集贤学士。著有《格物类编》、《六经发明》等。

④ 《宪台通纪》：钱大昕《元史艺文志》卷二职官类载潘迪《宪台通纪》二十三卷。

又何所取于通哉？夫通史人文，上下千年，然而义例所通，则隔代不嫌合撰。使司所领不过数十州县，而斤斤分界，惟恐越畔为虞，良由识乏通材，遂使书同胥史矣。

## 申郑[①]

子长、孟坚氏不作，而专门之史学衰。陈范而下，或得或失，粗足名家。至唐人开局设监，整齐晋隋故事，亦名其书为一史；而学者误承流别，不复辨正其体，于是古人著书之旨晦而不明。至于辞章家舒其文采，记诵家精其考核，其于史学，似乎小有所补；而循流忘源，不知大体，用功愈勤，而识解所至，亦去古愈远而愈无所当。

郑樵生千载而后，慨然有见于古人著述之源，而知作者之旨，不徒以词采为文，考据为学也。于是遂欲匡正史迁，益以博雅；贬损班固，讥其因袭。而独取三千年来遗文故册，运以别识心裁，盖承通史家风，而自为经纬，成一家言者也。学者少见多怪，不究其发凡起例，绝识旷论，所以斟酌群言，为史学要删；而徒摘其援据之疏略，裁翦之未定者，纷纷攻击，势若不共戴天。古人复起，奚足当吹剑之一映乎？若夫《二十略》中《六书》、《七音》与《昆虫草木》三略，所谓以史翼经，本非断代为书，可以递续不穷者比，诚所谓专门绝业，汉唐诸儒不可得闻者也。创条发例，巨制鸿编，即以义类明其家学，其势不能不因一时成书，粗就隐括，原未尝与小学专家特为一书者絜长较短，亦未尝欲后之人守其成说，不稍变通。

---

① 本篇作于乾隆三十八年（1773）。文章写作背景，胡适在《章实斋先生年谱》中的一段话很能说明问题："先生由宁波返和州，闻戴震与吴颖芳谈次痛诋郑樵《通志》。其后学者颇有訾謷。先生因某君叙说，辨明著述源流。其文上溯马班，下辨《文献通考》，皆史家要旨，不尽为《通志》发。初名《续通志叙书后》，后易名《申郑篇》。"可见本文的撰写，是出于对戴震等人对郑樵诋毁的反驳。他在《释通》篇中已经指出："郑氏《通志》，卓识名理，独见别裁，古人不能任其先声，后代不能出其规范……"这样一位有创见的史家，却遭到了考据学家们的百般指责，所以他感到忿忿不平。当然，他在文中也告诉人们，"郑君区区一身，僻处寒陋，独犯马班以来所不敢为者而为之，立论高远，实不副名"。因此，评论时应当设身处地而言之。

夫郑氏所振在鸿纲，而末学吹求则在小节，是何异讥韩彭[1]名将不能邹鲁趋跄，绳伏孔[2]巨儒不善作雕虫篆刻耶！某君之治是书也，援据不可谓不精，考求不可谓不当，以此羽翼《通志》，为郑氏功臣可也。叙例之中，反唇相讥，攻击作者，不遗余力，则未悉古人著述之义，而不能不牵于习俗猥琐之见者也。夫史迁绝学，《春秋》之后一人而已。其范围千古、牢笼百家者，惟创例发凡，卓见绝识，有以追古作者之原，自具《春秋》家学耳。若其事实之失据，去取之未当，议论之未醇，使其生唐宋而后，未经古人论定，或当日所据石室金匮之藏及《世本》、《谍记》[3]、《楚汉春秋》之属，不尽亡佚，后之溺文辞而泥考据者，相与锱铢而校，尺寸以绳，不知更作如何掊击也？今之议郑樵者，何以异是！孔子作《春秋》，盖曰其事则齐桓、晋文，其文则史，其义则孔子自谓有取乎尔。夫事即后世考据家之所尚也，文即后世词章家之所重也，然夫子所取，不在彼而在此，则史家著述之道，岂可不求义意所归乎？自迁固而后，史家既无别识心裁，所求者徒在其事其文。惟郑樵稍有志乎求义，而缀学之徒，嚣然起而争之。然则充其所论，即一切科举之文词，胥吏之簿籍，其明白无疵，确实有据，转觉贤于迁固远矣。

虽然，郑君亦不能无过焉。马、班父子传业，终身史官，固无论矣。司马温公《资治通鉴》，前后一十九年，书局自随，自辟僚属，所与讨论又皆一时名流，故能裁成绝业，为世宗师。郑君区区一身，僻处寒陋，独犯马班以来所不敢为者而为之，立论高远，实不副名。又不幸而与马端临之《文献通考》并称于时，而《通考》之疏陋转不如是之甚。末学肤受，本无定识，从而抑扬其间，妄相拟议，遂与比类纂辑之业同年而语，而衡短论长，岑楼寸木，且有不敌之势焉，岂不诬哉！

---

[1] 韩彭：指韩信、彭越，都是汉高祖刘邦手下名将。
[2] 伏孔：指伏生（胜）、孔安国，都是汉初著名经师大儒。
[3] 《谍记》：司马迁写《史记》时曾参考过的古代一种谱牒性著作。据近人金德建《司马迁所见书考》云，就是指《世本》。

## 答客问上 ①

癸巳在杭州，闻戴征君震与吴处士颖芳②谈次，痛诋郑君《通志》，其言绝可怪笑，以谓不足深辨，置弗论也。其后学者颇有訾謷，因假某君叙说，辨明著述源流。自谓习俗浮议，颇有摧陷廓清之功。然其文上溯马班，下辨《通考》，皆史家要旨，不尽为《通志》发也。而不知者又更端以相诘难，因作《答客问》三篇。

客有见章子《续通志叙书后》③者，问于章子曰：《通志》之不可轻议，则既闻命矣。先生之辨也，文繁而不可杀，其推论所及，进退古人，多不与世之尚论者同科，岂故为抑扬以佐其辨欤，抑先生别有说欤？夫学者皆称二十二史，著录之家，皆取马班而下至于元明而上，区为正史一门矣。今先生独谓唐人整齐晋隋故事，亦名其书为一史，而学者误承流别，不复辨正其体焉。岂晋隋而下，不得名为一史欤？观其表志成规，纪传定体，与马班诸史未始有殊，开局设监，集众修书，亦时势使然耳，求于其实，则一例也。今云学者误承流别，敢问晋隋而下，其所以与陈范而上截然分部者安在？

章子曰：史之大原本乎《春秋》，《春秋》之义昭乎笔削。笔削之义，不仅事具始末、文成规矩已也。以夫子义则窃取之旨观之，固将纲纪天人，推

---

① 本文分上中下三篇，与《释通》同作于乾隆五十五年（1790）。这是章学诚关于历史编纂学理论的重要文章。文章除了继续论述通史编修的目的和成功标准外，重点提出了史籍分类新的观点和方法。长期以来，我国史籍大都按照史体进行分类，而他在文中却提出了把史籍分为"撰述"（著作之书）和记注（为著作提供材料的资料汇编）的主张，这无疑是一种创见。现代社会史籍分类其法不一，而以史著、史料分为两类为最新的方法，以往许多论著常认为这是受西方史学传入后的影响，而不知在两百多年前章学诚早已作过详尽的论述，不必样样都归功于西方史学。他在《报黄大俞先生》书中，还作了生动的比喻，和此篇可以相互发明。但是他说马端临"无独断之学"，因而肯定"《通考》不足以成比次之功"，于是归入"记注"一类，显然很不妥当。

② 吴处士颖芳：指吴颖芳（1702—1781），清朝文人。字西林，号树虚，浙江仁和（今杭州市）人。博览群籍，"常怪郑樵《通志》，务与先儒为难，于是取《六书》、《七音》、《乐略》，一一尊先儒而探其源，成《吹幽录》五十卷，《说文理董》四十卷，《音韵计论》四卷，《文字源流》六卷，《金石文释》六卷"。又有《临江乡人诗集》四卷。

③ 《续通志叙书后》：据胡适在《章实斋先生年谱》中说，这是《申郑》篇最初篇名。

明大道，所以通古今之变而成一家之言者，必有详人之所略，异人之所同，重人之所轻，而忽人之所谨，绳墨之所不可得而拘，类例之所不可得而泥，而后微茫杪忽之际有以独断于一心。及其书之成也，自然可以参天地而质鬼神，契前修而俟后圣，此家学之所以可贵也。陈、范以来，律以《春秋》之旨，则不敢谓无失矣。然其心裁别识，家学具存。纵使反唇相议，至谓迁书退处士而进奸雄，固书排忠节而饰主阙，要其离合变化，义无旁出，自足名家学而符经旨；初不尽如后代纂类之业，相与效子莫之执中，求乡愿之无刺，侈然自谓超迁轶固也。若夫君臣事迹，官司典章，王者易姓受命，综核前代，纂辑比类，以存一代之旧物，是则所谓整齐故事之业也。开局设监，集众修书，正当用其义例，守其绳墨，以待后人之论定则可矣，岂所语于专门著作之伦乎？

《易》曰："苟非其人，道不虚行。"史才不世出，而时世变易不可常，及时纂辑所闻见，而不用标别家学，决断去取为急务，岂特晋、隋二史为然哉？班氏以前，则有刘向、刘歆、扬雄、贾逵①之《史记》；范氏以前，则有刘珍、李尤、蔡邕、卢植、杨彪之《汉记》②。其书何尝不遵表志之成规，不用纪传之定体。然而守先待后之故事与笔削独断之专家，其功用足以相资而流别不能相混，则断如也。溯而上之，百国宝书之于《春秋》，《世本》、《国策》之于《史记》，其义犹是耳。唐后史学绝而著作无专家，后人不知《春秋》之家学，而猥以集众官修之故事，乃与马、班、陈、范诸书并列正史焉。于是史文等于科举之程式，胥吏之文移，而不可稍有变通矣。间有好学深思之士，能自得师于古人，标一法外之义例，著一独具之心裁；而世之

---

① 贾逵（30—101）：东汉经学家。字景伯，扶风平陵（今陕西咸阳西北）人。博通经史，永平中进献《春秋左氏传解诂》及《国语解诂》，为明帝所重。并奉旨作《神雀颂》，以博物多识拜为郎，与班固并校秘书。章帝时，受诏讲学于北宫白虎观、南宫云台。世称通儒。

② "则有刘珍"句：刘珍（？—126），东汉学者。一名宝，字秋孙，蔡阳（今湖北枣阳）人。曾奉诏与马融等人校定东观藏书，并参与撰《东观汉记》。永宁元年（120）奉诏作《建武以来名臣传》。李尤，东汉官吏。字伯仁，广汉雒（今四川广汉）人。和帝时，诏试东观，受诏作赋，拜兰台令史。安帝时为谏议大夫，受诏参与编修《汉记》。卢植，东汉学者。字子干，涿郡涿（今河北涿州）人。少与郑玄同事马融，学贵博通而不喜章句辞赋。灵帝建宁中，为博士。撰有《尚书章句》、《三礼解诂》，曾与马日䃅、蔡邕等在东观校定中书五经传记，补续《汉记》。杨彪（142—225），东汉末官吏。字文先，弘农华阴（今陕西华阴东）人。熹平时，以博学征拜议郎，迁侍中、京兆尹。中平六年（189）代董卓为司空，后又为司徒。曹丕称帝，欲以为太尉，辞不受，乃授光禄大夫。

群怪聚骂，指目牵引为言词，譬若猵狙见冠服，不与龁决毁裂至于尽绝不止也。郑氏《通志》之被谤，凡以此也。

嗟乎！道之不明久矣。六经皆史也。形而上者谓之道，形而下者谓之器。孔子之作《春秋》也，盖曰："我欲托之空言，不如见诸行事之深切著明。"然则典章事实，作者之所不敢忽，盖将即器而明道耳。其书足以明道矣，笾豆之事，则有司存，君子不以是为琐琐也。道不明而争于器，实不足而竞于文，其弊与空言制胜，华辩伤理者，相去不能以寸焉，而世之溺者不察也。太史公曰："好学深思，心知其意。"当今之世，安得知意之人而与论作述之旨哉！

## 答客问中

客曰：孔子自谓："述而不作，信而好古。"又曰："好古敏以求之。"夏殷之礼，夫子能言，然而无征不信，慨于文献之不足也。今先生谓作者有义旨，而笾豆器数不为琐琐焉，毋乃悖于夫子之教欤？马氏《通考》之详备，郑氏《通志》之疏舛，三尺童子所知也。先生独取其义旨而不责其实用，遂欲申郑而屈马，其说不近于偏耶？

章子曰：天下之言，各有攸当；经传之言，亦若是而已矣。读古人之书，不能会通其旨，而徒执其疑似之说以争胜于一隅，则一隅之言不可胜用也。天下有比次之书，有独断之学，有考索之功，三者各有所主而不能相通。六经之于典籍也，犹天之有日月也。读《书》如无《诗》，读《易》如无《春秋》，虽圣人之籍，不能于一书之中备数家之攻索也。《易》曰"不可为典要"，而《书》则偏言"辞尚体要"焉。读《诗》不以辞害志，而《春秋》则正以一言定是非焉。向令执龙血鬼车之象，而征粤若稽古之文，托熊蛇鱼旐之梦，以纪春王正月之令，则圣人之业荒而治经之旨悖矣。若云好古敏求，文献征信，吾不谓往行前言可以灭裂也。多闻而有所择，博学而要于约，其所取者有以自命，而不可概以成说相拘也。大道既隐，诸子争鸣，皆得先王之一端，庄生所谓"耳目口鼻，皆有所明，不能相通"者也。目察秋毫而不能见雷霆，耳辨五音而不能窥泰山，谓耳目之有能有不能则可矣，谓耳闻目见之不足为雷霆山岳，其可乎？由汉氏以来，学者以其所得，托之撰述以自表见者，盖不少矣。

高明者多独断之学，沈潜者尚考索之功，天下之学术不能不具此二途。譬犹日昼而月夜，暑夏而寒冬，以之推代而成岁功，则有相需之益；以之自封而立畛域，则有两伤之弊。故马、班史祖而伏、郑经师，迁乎其地而弗能为良，亦并行其道而不相为背者也。使伏、郑共注一经，必有牴牾之病；使马、班同修一史，必有矛盾之嫌。以此知专门之学，未有不孤行其意，虽使同侪争之而不疑，举世非之而不顾，此史迁之所以必欲传之其人，而班固之书所以必待马融受业于其女弟，然后其学始显也。迁书有徐广、裴骃诸家传其业，固书有服虔、应劭诸家传其业，专门之学，口授心传，不啻经师之有章句矣。然则《春秋》经世之意，必有文字之所不可得而详，绳墨之所不可得而准。而今之学者，凡遇古人独断之著述，于意有不惬，嚣然纷起而攻之，亦见其好议论而不求成功矣。

若夫比次之书，则掌故令史之孔目，簿书记注之成格，其原虽本柱下之所藏，其用止于备稽检而供采择，初无他奇也。然而独断之学，非是不为取裁；考索之功，非是不为按据，如旨酒之不离乎糟粕，嘉禾之不离乎粪土。是以职官故事、案牍图牒之书，不可轻议也。然独断之学，考索之功欲其智，而比次之书欲其愚。亦犹酒可实尊彝而糟粕不可实尊彝，禾可登簠簋而粪土不可登簠簋，理至明也。

古人云："言之不文，行之不远。""文不雅驯，荐绅先生难言之。"为职官故事、案牍图牒之难以萃合而行远也，于是有比次之法。不名家学，不立识解，以之整齐故事，而待后人之裁定，是则比次欲愚之效也。举而登诸著作之堂，亦自标名为家学，谈何容易邪！且班固之才，可谓至矣。然其与陈宗、尹敏之徒撰《世祖本纪》与《新市》、《平林》[①]诸列传，不能与《汉书》并立，而必以范蔚宗书为正宗，则集众官修之故事，与专门独断之史裁不

---

① 《新市》、《平林》：据《后汉书·班固传》载，班固曾奉诏与陈宗、尹敏等人共撰《世祖本纪》，而班固本人又撰《新市》、《平林》、《公孙述》等列传载记二十八篇。陈宗，东汉官吏。曾任睢阳令。明帝时与班固等共撰《世祖本纪》。尹敏，东汉初官吏。字幼季，南阳堵阳（今河南方城东）人。光武建武二年（26），上疏陈《洪范》消灾之术，待诏公车，拜郎中，辟大司空府，后三迁长陵令。

相缀属又明矣。自是以来，源流既失，郑樵无考索之功，而《通志》足以明独断之学，君子于斯有取焉。马贵与无独断之学，而《通考》不足以成比次之功，谓其智既无所取，而愚之为道又有未尽也。且其就《通典》而多分其门类，取便翻检耳；因史志而裒集其论议，易于折衷耳。此乃经生决科之策括，不敢抒一独得之见，标一法外之意，而奄然媚世为乡愿，至于古人著书之义旨，不可得闻也。俗学便其类例之易寻，喜其论说之平善，相与翕然交称之，而不知著作源流之无似，此呕哑嘲哳之曲所以属和万人也。

## 答客问下

客曰：独断之学与考索之功，则既闻命矣。敢问比次之书，先生拟之糟粕与粪土，何谓邪？

章子曰：斯非贬辞也。有璞而后施雕，有质而后运斤；先后轻重之间，其数易明也。夫子未删之《诗》、《书》，未定之《易》、《礼》、《春秋》，皆先王之旧典也。然非夫子之论定，则不可以传之学者矣。李焘谓左氏将传《春秋》，先聚诸国史记，国别为语，以备《内传》之采摭。是虽臆度之辞，然古人著书未有全无所本者，以是知比次之业不可不议也。比次之道，大约有三：

有及时撰集以待后人之论定者，若刘歆、扬雄之《史记》，班固、陈宗之《汉记》是也；

有有志著述，先猎群书以薪樵者，若王氏《玉海》[①]，司马《长编》[②]之类是也；

有陶冶专家，勒成鸿业者，若迁录仓公[③]技术，固裁刘向《五行》之类是也。

---

[①] 王氏《玉海》：宋代王应麟编的一部大型类书，全书二百卷。
[②] 司马《长编》：指司马光在编修《资治通鉴》时，先由三大助手刘恕、刘攽、范祖禹三人分头编写出初稿，称为《长编》，最后由司马光一手通稿删订成书。
[③] 仓公（前216—前150）：西汉著名医学家。姓淳于，名意，人称"淳于公"，因曾任齐太仓长之职，故又称为"仓公"或"太仓公"，齐临菑（今山东临淄）人。《史记》记载了他的二十五例病案，为我国现存的最早珍贵病案材料。

夫及时撰集以待论定，则详略去取，精于条理而已；先猎群书以为薪槱，则辨同考异，慎于覈核而已；陶冶专家，勒成鸿业，则钩玄提要，达于大体而已。比次之业，既有如是之不同；作者之旨，亦有随宜之取辨。而今之学者，以谓天下之道，在乎较量名数之异同，辨别音训之当否，如斯而已矣；是何异观坐井之天，测坳堂之水，而遂欲穷六合之运度，量四海之波涛，以谓可尽哉！夫汉帝春秋，年寿也。具于《别录》；臣瓒①注。伏生、文翁②之名，征于石刻；高祖之作新丰，详于刘记；《西京杂记》③。孝武之好微行，著于外传；《汉武故事》④。而迁、固二书，未见采录，则比次之繁，不妨作者之略也。曹丕让表，详《献帝传》⑤；甄后懿行，盛称《魏书》⑥；哀牢之传，征于计吏；见《论衡》。先贤之表，著于黄初；而陈、范二史不以入编，则比次之私，有待作者之公也。

然而经生习业，遂纂典林；辞客探毫，因收韵藻。晚近浇漓之习，取便依检，各为兔园私册以供陋学之取携；是比次之业，虽欲如糟粕粪土，冀其化臭腐而出神奇，何可得哉！夫村书俗学，既无良材，则比次之业难于凭藉者一矣。所征故实，多非本文，而好易字句，漓其本质，以致学者宁习原书，怠窥新录，则比次之业难于凭藉者二矣。比类相从，本非著作，而汇收

---

① 臣瓒：西晋初年学者。曾为《汉书》作过注，而十二纪各帝之年寿，皆由臣瓒注明。

② 文翁：西汉官吏。庐江舒（今安徽庐江）人。通《春秋》，以郡县吏察举。为蜀郡守时，重视教育，修学宫于成都市中，选下县弟子入学，学业优良者补为郡县吏。武帝时令天下郡县皆立学校，自他始。蜀吏民因此立祠纪念他。

③ 《西京杂记》：东晋道士葛洪撰。葛洪（约283—约363），字稚川，又名抱朴子，丹阳勾容（今江苏句容）人。好神仙导养之术，从郑隐受炼丹术，又兼通医学，为当时名医。著有《抱朴子》、《肘后备急方》、《神仙传》、《本草注》和《西京杂记》。而《西京杂记》六卷，《隋书·经籍志》著录为二卷。内容杂载西汉轶事传闻，乃笔记性质，采摘甚富，可补史缺。《文选》、《初学记》皆引其文。有人认为是吴均作，亦有传刘歆作，皆不可信。

④ 《汉武故事》：亦作《汉武帝故事》，旧题班固撰。一说南朝齐王俭作。二卷。记述汉武帝自生于猗兰殿以至死葬茂陵的琐碎遗闻杂事，多神仙怪异之言，原书已残缺。

⑤ 《献帝传》：裴松之注《三国志》多引此书，均不著撰人。据《三国志·明帝纪》青龙二年（234）注引《献帝传》载追谥山阳公为汉孝献皇帝一事，可知此书当成于是年之后。

⑥ 《魏书》：西晋王沈撰。王沈（？—266），晋史学家。魏时曾典著作，时称文籍先生。后归附司马氏，任豫州刺史，封博陵侯。晋武帝即位，拜御史大夫，守尚书令，加给事中。与荀顗、阮籍等共撰《魏书》，后由王沈独自修撰而成。记三国时魏国史事，纪传体，无志，四十四卷，陈寿《三国志》多取其材，已早佚。

故籍，不著所出何书，一似己所独得，使人无从征信，则比次之业难于凭藉者三矣。传闻异辞，记载别出，不能兼收并录以待作者之决择，而私作聪明，自定去取，则比次之业难于凭藉者四矣。图绘之学，不入史裁，金石之文，但征目录，后人考核，征信无从，则比次之业难于凭藉者五矣。专门之书，已成巨编，不为采录大凡，预防亡逸，而听其孤行，渐致湮没，则比次之业难于凭藉者六矣。拘牵类例，取足成书，不于法律之外，多方购备，以俟作者之辨裁，一目之罗，得鸟无日，则比次之业难于凭藉者七矣。凡此多端，并是古人未及周详，而后学尤所未悉。

苟有志于三月聚粮，则讲习何可不豫？而一世之士，不知度德量力，咸嚣嚣以作者自命，不肯为筌蹄嚆矢之功程，刘歆所谓"挟恐见破之私意，而无从善服义之公心"者也。术业如何得当，而著作之道何由得正乎？

## 横通[①]

通人之名，不可以概拟也。有专门之精，有兼览之博，各有其不可易，易则不能为良；各有其不相谋，谋则不能为益。然通之为名，盖取譬于道路，四冲八达，无不可至，谓之通也。亦取其心之所识，虽有高下、偏全、大小、广狭之不同，而皆可以达于大道，故曰通也。然亦有不可四冲八达，不可达于大道，而亦不得不谓之通，是谓横通。横通之与通人，同而异，近而远，合而离。

老贾善于贩书，旧家富于藏书，好事勇于刻书，皆博雅名流所与把臂入林者也。礼失求野，其闻见亦颇有可以补博雅名流所不及者，固君子之所必访也。然其人不过琴工碑匠，艺业之得接于文雅者耳。所接名流既多，习

---

[①] 本篇作于嘉庆五年（1800），亦即逝世的前一年。文章对当时社会上一些刻书之人炫耀自己的学问博通提出批评，似乎刻几部书，写几篇序跋，便成了"通人"。章氏指出这种"通"既不可以四冲八达，又不可达于大道，仅仅是"横通"而已。就如琴师、碑匠，技艺自然很好，能够与知识渊博的通人相比吗？正如《汉书·礼乐志》载："汉兴，乐家有制氏，以雅乐声律世在大乐官，但能纪其铿锵鼓舞，而不能言其义。"他们只知演奏乐器，而不知所演奏之乐章具有何种意义，能说他们是具有博通学问的通人吗？那些书坊刻书之人也不过与他们相类似。但他们却到处招摇炫耀，故章氏著文加以揭露与批评。

闻清言名论，而胸无智珠，则道听涂说，根底之浅陋，亦不难窥。周学士长发①以此辈人谓之横通，其言奇而确也。故君子取其所长而略其所短，譬琴工碑匠之足以资用而已矣。无如学者陋于闻见，接横通之议论，已如疾雷之破山，遂使鱼目混珠，清流无别。而其人亦遂嚣然自命，不自知其通之出于横也。江湖挥麈，别开琴工碑匠家风，君子所宜慎流别也。

徐生②善礼容，制氏③识铿锵，汉廷讨论礼乐，虽宿儒耆学，有不如徐生、制氏者矣。议礼乐者，岂可不与相接？然石渠天禄之议论，非徐生、制氏所得参也。此亦礼乐之横通者也。

横通之人可少乎？不可少也。用其所通之横以佐君子之纵也，君子亦不没其所资之横也。则如徐生之礼容，制氏之铿锵，为补于礼乐，岂少也哉！无如彼不自知其横，君子亦不察识其横也，是礼有玉帛，而织妇琢工可参高堂之座，乐有钟鼓，而镕金制革可议河间之记也。故君子不可以不知流别，而横通不可以强附清流，斯无恶矣。

评妇女之诗文，则多假借；作横通之序跋，则多称许；一则怜其色，一则资其用也。设如试院之糊名易书，俾略知臭味之人详晰辨之，有不可欺者矣。虽然，妇女之诗文，不过风云月露，其陋易见；横通之序跋，则称许学术；一言为智为不智，君子于斯宜有慎焉。

横通之人，无不好名。好名者，陋于知意者也。其所依附，必非第一流也。有如师旷④之聪，辨别通于鬼神，斯恶之矣。故君子之交于横通也，不尽其欢，不竭其忠，为有试之誉，留不尽之辞，则亦足以相处矣。

辛亥修《麻城志》⑤，有呈《食货志》稿者，内论行市经纪，即市司评物价

---

① 周学士长发：指周长发（1696—1777），清朝官吏。字兰坡，号石帆，山阴（今浙江绍兴）人。雍正进士，改翰林院庶吉士。乾隆元年（1736），召试博学鸿词，授检讨，累迁侍读学士。曾致力于诗文，为绍兴"西园吟社"成员。参与撰修《纲目》、《皇朝文类》，校刊《辽史》、《续文献通考》、《词林典故》诸书，著有《赐书堂集》、《石帆山人年谱》。
② 徐生：西汉儒生。鲁人，汉文帝时为礼官大夫，善于用音容表现礼仪。
③ 制氏：西汉乐师。汉兴以来，这个家族一直都任大乐官，他们演奏雅乐声律。
④ 师旷：春秋时晋国宫廷乐师。字子野，历事悼公、平公。虽双目失明，而精于审音调律。相传他所作琴曲有《阳春》、《白雪》、《玄默》等。
⑤ 辛亥修《麻城志》：乾隆五十六年（1791），黄书绅纂修《麻城县志》，章学诚参与审定，全志二十八卷，于乾隆六十年刊刻。该志有《文征》六卷，《掌故》六卷。可见是采用章氏方志理论所编修。最后一段"大梁本"无。

者也。乃曰："贫人荒年,需升斗活八口家,与钱不如数,睫毛长一尺,无顾盼情;出百钱为寿,辄强颜作鸲鹆笑。"此乃《聊斋志异》①小说内讥贪鄙教官者,其人窃以责行市经纪,则风马牛矣。此公以藏书之富著名也。

---

① 《聊斋志异》:清朝文学家蒲松龄(1640—1715)的短篇小说集。蒲松龄,字留仙,一字剑臣,号柳泉居士,世称聊斋先生。山东淄川(今山东淄博南)人。长期贫困不得志,除外出游学和作一年多幕宾外,都在家乡为塾师。七十一岁才补上贡生。另有《聊斋诗集》、《文集》。

## 内篇五

### 史德[①]

才、学、识，三者得一不易，而兼三尤难，千古多文人而少良史，职是故也。昔者刘氏子玄，盖以是说谓足尽其理矣。虽然，史所贵者义也，而所具者事也，所凭者文也。孟子曰："其事则齐桓、晋文，其文则史，义则夫子自谓窃取之矣。"非识无以断其义，非才无以善其文，非学无以练其事，三者固各有所近也；其中固有似之而非者也。记诵以为学也，辞采以为才也，击断以为识也，非良史之才学识也。虽刘氏之所谓才学识，犹未足以尽其理也。

夫刘氏以谓有学无识，如愚估操金，不解贸化，推此说以证刘氏之指，

---

[①] 本篇作于乾隆五十六年（1791）。他在《与史余村简》中云："近撰《史德》诸篇，所见较前有进，与《原道》、《原学》诸篇足相表里。而《原道》诸篇既不为人所可，此篇亦足下观之可耳，勿示人也。"刘知幾曾提出良史必备才、学、识三长，千百年来一直成为衡量优秀历史学家的重要标准，章学诚在《史德》篇中对此首先加以肯定，同时又指出单具此"三长"，还不足以称为良史，于是他又提出一个"史德"来。什么是"史德"呢？就是著书者之心术，指史家作史，能否忠实于客观史实，做到"善恶必书，务求公正"的一种品德。他说"史之义出于天，而史之义不能不藉人力以成之"，"故曰心术不可不慎也"。这是他在史学理论上的另一贡献，也是他"成一家之言"的具体体现。史学界曾有人认为章学诚的"史德"已经包含在"史识"之中。这个看法显然是错误的。很明显，"识"是指史家对历史发展、历史事件、历史人物是非曲直的观察、鉴别和判断能力，这是观点问题，识断问题；而"史德"则是指能否忠于史实的品德，是史家的思想修养问题，还包含立场在内。观点与立场，既有联系，又有区别。即使从字面来看，德与识也是指不同的概念，前者是指识断能力，后者是指行为规范的品德。为此笔者曾撰有《"史德"、"史识"辨》，可参考。至于对这篇文章的主题理解，施丁先生在《再谈章学诚的"史德"论》一文中有一段话论述得很精辟："章氏'史德'论提出和论辨了史家治史的思想修养和态度问题。这在史学理论上是个宝贵的贡献，对于史学有重要的意义。所说当'慎辨于天人之际，尽其天而不益以人'，实质上提出了史家的主观与史事的客观之间的关系问题，而要求尽可能地达到客观而不套上主观，以至于主观符合于客观。这实际上是对史学工作者严肃地提出了尽其天职的要求。"（载《章学诚国际学术研讨会论文集》，北京图书馆出版社2004年版）

不过欲于记诵之间，知所决择以成文理耳。故曰：古人史取成家，退处士而进奸雄，排死节而饰主阙，亦曰一家之道然也。此犹文士之识，非史识也。能具史识者，必知史德。德者何？谓著书者之心术也。夫秽史者所以自秽，谤书者所以自谤，素行为人所羞，文辞何足取重！魏收之矫诬，沈约之阴恶，读其书者先不信其人，其患未至于甚也。所患夫心术者，谓其有君子之心而所养未底于粹也。

夫有君子之心而所养未粹，大贤以下所不能免也，此而犹患于心术，自非夫子之《春秋》不足当也。以此责人，不亦难乎？是亦不然也。

盖欲为良史者，当慎辨于天人之际，尽其天而不益以人也。尽其天而不益以人，虽未能至，苟允知之，亦足以称著书者之心术矣。而文史之儒，竞言才学识而不知辨心术，以议史德，乌乎可哉？夫是尧舜而非桀纣，人皆能言矣；崇王道而斥霸功，又儒者之习故矣。至于善善而恶恶，褒正而嫉邪，凡欲托文辞以不朽者，莫不有是心也。然而心术不可不虑者，则以天与人参，其端甚微，非是区区之明所可恃也。夫史所载者事也，事必藉文而传，故良史莫不工文，而不知文又患于为事役也。盖事不能无得失是非，一有得失是非，则出入予夺相奋摩焉，奋摩不已而气积焉。事不能无盛衰消息，一有盛衰消息，则往复凭吊生流连矣，流连不已而情深焉。

凡文不足以动人，所以动人者气也；凡文不足以入人，所以入人者情也。气积而文昌，情深而文挚；气昌而情挚，天下之至文也。然而其中有天有人，不可不辨也。气得阳刚而情合阴柔，人丽阴阳之间，不能离焉者也。气合于理，天也；气能违理以自用，人也。情本于性，天也；情能汨性以自恣，人也。史之义出于天，而史之文不能不藉人力以成之。人有阴阳之患，而史文即忤于大道之公，其所感召者微也。

夫文非气不立，而气贵于平。人之气，燕居莫不平也，因事生感，而气失则宕，气失则激，气失则骄，毗于阳矣。文非情不得，而情贵于正。人之情，虚置无不正也，因事生感，而情失则流，情失则溺，情失则偏，毗于阴矣。阴阳伏沴之患，乘于血气而入于心知，其中默运潜移，似公而实逞于私，似天而实蔽于人，发为文辞，至于害义而违道，其人犹不自知也。故曰心术不可不慎也。

夫气胜而情偏，犹曰动于天而参于人也。才艺之士，则又溺于文辞以为观美之具焉，而不知其不可也。史之赖于文也，犹衣之需乎采，食之需乎味也。采之不能无华朴，味之不能无浓淡，势也。华朴争而不能无邪色，浓淡争而不能无奇味。邪色害目，奇味爽口，起于华朴浓淡之争也。文辞有工拙，而族史方且以是为竞焉，是舍本而逐末矣。以此为文，未有见其至者；以此为史，岂可与闻古人大体乎？

韩氏愈曰："仁义之人，其言蔼如。"仁者情之普，义者气之遂也。程子①尝谓有《关雎》、《麟趾》②之意而后可以行《周官》之法度。吾则以谓通六义比兴之旨而后可以讲春王正月之书，盖言心术贵于养也。史迁百三十篇，《报任安书》③所谓"究天地之际，通古今之变，成一家之言"，自序以谓"绍名世，正《易传》，本《诗》、《书》、《礼》、《乐》之际"，其本旨也。所云"发愤著书"，不过叙述穷愁而假以为辞耳。后人泥于发愤之说，遂谓百三十篇皆为怨诽所激发，王允④亦斥其言为谤书。于是后世论文，以史迁为讥谤之能事，以微文为史职之大权，或从羡慕而仿效为之，是直以乱臣贼子之居心而妄附《春秋》之笔削，不亦悖乎！今观迁所著书，如《封禅》⑤之惑于鬼神，《平准》之算及商贩，孝武⑥之秕政也。后世观于相如之文，桓宽⑦之论，何尝待史迁而后著哉？《游侠》、《货殖》诸篇，不能无所感慨，

---

① 程子：指程颢（1032—1085），北宋哲学家。字伯淳，世称明道先生，河南洛阳人。嘉祐进士。早年就学于周敦颐，与其弟颐世称二程，并为理学奠基人。著作后人编入《二程全集》。

② 《关雎》、《麟趾》：均为《诗经》篇名。

③ 《报任安书》：是司马迁给他的朋友任安写的一封信。在信中告诉任安自己写《史记》的目的，是要"究天人之际，通古今之变，成一家之言"。信中透露了他这部书"为表十，本纪十二，书八章，世家三十，列传七十，凡百三十篇"的篇数和体例组成及上下断限。

④ 王允（137—192）：东汉末大臣。字子师，太原祁（今山西祁县东南）人。灵帝时，为侍御史，后拜豫州刺史，参加镇压黄巾军。献帝即位，拜太仆，迁尚书令。曾与吕布合谋诛杀董卓。

⑤ 《封禅》：与下文《平准》、《游侠》、《货殖》均为《史记》篇名，即《封禅书》、《平准书》、《游侠列传》、《货殖列传》。

⑥ 孝武：指汉武帝刘彻（前156—前87），西汉皇帝。景帝之子，七岁立为太子。景帝后元三年（前141）即帝位，在位五十四年，将西汉推向全盛时期。在位期间，不断发动抗击匈奴战争，保障边境安全；又派张骞出使西域，加强了与西域经济文化交流；还大力兴修水利，治理黄河，移民边境屯田，发展农业生产。他以即位之年号为"建元元年"，此后历代帝王皆相效法，为中国帝王以年号纪年之创始。

⑦ 桓宽：西汉学者。字次公，汝南（今河南上蔡西南）人。自幼习《公羊春秋》。宣帝时举为郎，任庐江太守丞。学识渊博通达，著有《盐铁论》六十篇，详细记录了昭帝始元年间国家盐铁专卖情况。主张治国以仁为本，以趋利为末；以农为本，以工商为末。

贤者好奇，亦洵有之。余皆经纬古今，折衷六艺，何尝敢于讪上哉！朱子尝言《离骚》不甚怨君，后人附会有过。吾则以谓史迁未敢谤主，读者之心自不平耳。夫以一身坎坷，怨诽及于君父，且欲以是邀千古之名，此乃愚不安分，名教中之罪人，天理所诛，又何著述之可传乎？

夫《骚》与《史》，千古之至文也。其文之所以至者，皆抗怀于三代之英而经纬乎天人之际者也。所遇皆穷，固不能无感慨。而不学无识者流，且谓诽君谤主不妨尊为文辞之宗焉，大义何由得明，心术何由得正乎？

夫子曰："《诗》可以兴。"说者以谓兴起好善恶恶之心也。好善恶恶之心，惧其似之而非，故贵平日有所养也。《骚》与《史》，皆深于《诗》者也，言婉多风，皆不背于名教，而梏于文者不辨也。故曰必通六义比兴之旨而后可以讲春王正月之书。

# 史释[1]

或问《周官》府史之史，与内史、外史、太史、小史、御史之史[2]，有异

---

[1] 本篇作于乾隆五十四年（1789）。文章说明，史乃记事之书，而由史官记载和保存。其目的在于"皆守掌故，而以法存先王之道也"。因为这些掌故，"实国家之制度所存，亦即尧舜以来因革损益之实迹也"。所以全篇文章都在阐述掌故的重要性。这是他借以论述"六经皆史"的重要观点和论据，他认为六经都是先王治国平天下的事迹汇集起来的掌故，"孔子删订，存先王之旧典，所谓述而不作"。从而也就再次为"道不离器"的观点提出了佐证。因此，它与《原道》、《原学》、《诗教》诸篇都相互发明，可以参照阅读。当然，文中他还批评了"但诵先圣遗言而不达时王之制度"的错误倾向，提出有志于学者，"必求当代典章以切于人伦日用，必求官司掌故而言经术精微，则学为实事而文非空言"。

[2] 内史、外史、太史、小史、御史之史：这是《周礼·春官·宗伯》所提出的五史，实在是后人之构想，而无实事。当代学者黄云眉先生在《略论〈周礼〉五史与〈礼记〉左右史》中对此作了详尽的考订，最后结论是："准是以言：《周礼》五史，可信者惟大（太）史、内史；《礼记》二史，可信者惟左史，天子有大史、内史、左史等，诸侯皆有大史而不皆有内史、左史。其职掌亦不必与《周礼》、《礼记》同。若其因大史而有小史，因内史而有外史，因左史而有右史，因《周礼》之无左右史，而以《礼记》之左右史，强与《周礼》之大史内史冶为一炉，皆为前人以理想构为制度，而后人以文字认为事实，故纷纷藉而终莫能通其说也。然则所谓粲然大备之周代史职，夷考其实，盖亦廑矣。"（载《史学杂稿订存》，齐鲁书社1980年版）章学诚确信五史之说，而他的影响较大，特别是方志学界奉为经典，常用《周礼》五史之说为据来论述方志起源，故将黄先生之结论加以摘引，因为原文很少有人能够见到。希望世人不要再奉子虚乌有之说而为经典，大谈什么"外史掌四方之志"而为方志之起源，学术研究必须实事求是。

义乎？曰：无异义也。府史之史，庶人在官供书役者，今之所谓书吏是也。五史则卿、大夫、士为之，所掌图书、纪载、命令、法式之事，今之所谓内阁六科、翰林中书之属是也。官役之分，高下之隔，流别之判，如霄壤矣。然而无异义者，则皆守掌故而以法存先王之道也。

史守掌故而不知择，犹府守库藏而不知计也。先王以谓太宰制国用，司会质岁之成，皆有调剂盈虚、均平秩序之义，非有道德贤能之选不能任也，故任之以卿、士、大夫之重。若夫守库藏者，出纳不敢自专，庶人在官足以供使而不乏矣。然而卿、士、大夫讨论国计，得其远大，若问库藏之纤悉，必曰府也。

五史之于文字，犹太宰司会之于财货也。典谟训诰，曾氏以谓唐虞三代之盛，载笔而纪，亦皆圣人之徒，其见可谓卓矣。五史以卿、士、大夫之选，推论精微；史则守其文诰、图籍、章程、故事而不敢自专。然而问掌故之委折，必曰史也。

夫子曰："民可使由之，不可使知之。"先王道法，非有二也；卿、士、大夫能论其道，而府史仅守其法，人之知识有可使能与不可使能尔，非府史所守之外，别有先王之道也。夫子曰："俎豆之事，则尝闻之矣。"曾子乃曰："君子所贵乎道者三，笾豆之事，则有司存。"非曾子之言异于夫子也，夫子推其道，曾子恐人泥其法也。子贡曰："文武之道，未坠于地，在人。夫子焉不学，亦何常师之有？""入太庙，每事问。"则有司、贱役、巫祝、百工，皆夫子之所师矣。问礼问官，岂非学于掌故者哉？故道不可以空诠，文不可以空著。三代以前，未尝以道名教，而道无不存者，无空理也；三代以前，未尝以文为著作，而文为后世不可及者，无空言也。盖自官师治教分，而文字始有私门之著述，于是文章学问，乃与官司掌故为分途，而立教者可得离法而言道体矣。《易》曰："苟非其人，道不虚行。"学者崇奉六经，以谓圣人立言以垂教。不知三代盛时，各守专官之掌故，而非圣人有意作为文章也。

《传》曰："礼，时为大。"又曰："书同文。"盖言贵时王之制度也。学者但诵先圣遗言而不达时王之制度，是以文为鞶帨绮绣之玩而学为斗奇射覆之资，不复计其实用也。故道隐而难知，士大夫之学问文章，未必足备国家之用也；法显而易守，书吏所存之掌故，实国家之制度所存，亦即尧舜以来因革损益之实迹也。故无志于学则已，君子苟有志于学，则必求当代典章以切于人伦日用，必求官司掌故而通于经术精微，则学为实事而文非空言，所谓有体必有用也。不知当代而言好古，不通掌故而言经术，则鼙帨之文，射覆之学，虽极精能，其无当于实用也审矣。

孟子曰："力能举百钧而不足举一羽；明足察秋毫之末而不见舆薪。"难其所易而易其所难，谓失权度之宜也。学者昧今而博古，荒掌故而通经术，是能胜《周官》卿士之所难而不知求府史之所易也。故舍器而求道，舍今而求古，舍人伦日用而求学问精微，皆不知府史之史通于五史之义者也。

"以吏为师"，三代之旧法也。秦人之悖于古者，禁《诗》、《书》而仅以法律为师耳。三代盛时，天下之学，无不以吏为师。《周官》三百六十，天人之学备矣。其守官举职而不坠天工者，皆天下之师资也。东周以还，君师政教不合于一，于是人之学术，不尽出于官司之典守。秦人以吏为师，始复古制，而人乃狃于所习，转以秦人为非耳。秦之悖于古者多矣，犹有合于古者，"以吏为师"也。

孔子曰："生乎今之世，反古之道，灾及其身者也。"李斯请禁《诗》、《书》，以谓"儒者是古而非今"，其言若相近而其意乃大悖，后之君子不可不察也。夫三王不袭礼，五帝不沿乐，不知礼时为大而动言好古，必非真知古制者也。是不守法之乱民也，故夫子恶之。若夫殷因夏礼，百世可知，损益虽曰随时，未有薄尧、舜而诋斥禹、汤、文、武、周公而可以为治者。李斯请禁《诗》、《书》，君子以谓愚之首也。后世之去唐虞三代，则更远矣。要其一朝典制，可以垂奕世而致一时之治平者，未有不于古先圣王之道得其仿佛者也。故当代典章，官司掌故，未有不可通于《诗》、《书》六艺之所垂。而学者昧于知时，动矜博古，譬如考西陵之蚕桑，讲神农之树艺，以谓可御饥寒而不须衣食也。

# 史注[①]

昔夫子之作《春秋》也，笔削既具，复以微言大义口授其徒。三传之作，因得各据闻见，推阐经蕴，于是《春秋》以明。诸子百家既著其说，亦有其徒相与守之，然后其说显于天下。至于史事，则古人以业世其家，学者就其家以传业，孔子问礼必于柱下史。盖以域中三大，非取备于一人之手，程功于翰墨之林者也。史迁著百三十篇，《汉书》谓之《太史公》，《隋志》始曰《史记》。乃云："藏之名山，传之其人。"其后外孙杨恽[②]始布其书。班固《汉书》，自固卒后，一时学者未能通晓。马融乃伏阁下从其女弟受业，然后其学始显。

夫马班之书，今人见之悉矣，而当日传之必以其人，受读必有所自者，古人专门之学，必有法外传心，笔削之功所不及，则口授其徒而相与传习其业，以垂永久也。迁书自裴骃为注，固书自应劭作解，其后为之注者犹若干家，则皆阐其家学者也。魏晋以来，著作纷纷，前无师承，后无从学；且其为文也，体既滥漫，绝无古人笔削谨严之义，旨复浅近，亦无古人隐微难喻之故，自可随其诣力孤行于世耳。

至于史籍之掌，代其有人，而古学失传，史存具体，惟于文诰案牍之类次，月日记注之先后，不胜扰扰，而文亦繁芜复沓，尽失迁、固之旧也。是岂尽作者才力之不逮，抑史无注例，其势不得不日趋于繁富也。古人一书而传者数家，后代数人而共成一书。夫传者广，则简尽微显之法存；作者多，则牴牾

---

[①] 本篇作于乾隆五十四年（1789）。文章主要论述史注的意义。对于史注，刘知幾实际上是采取否定态度，而章学诚则肯定史注的重要性与必要性，并指出史注分自注与他注两种，两种注且都很重要。对于自注，文中举了《太史公自序》，"其自注之权舆乎"？凡是读过该序的人都知道，司马迁在序中将《史记》一百三十篇写作目的逐一加以说明，对于取材，亦有叙述，起到了"明述作之本旨，见去取之从来"。而班固《汉书》，十表与《地理志》、《艺文志》皆有自注，给后人阅读提供了很大的方便。至于他注，"迁书自裴骃为注，固书自应劭作解，其后为之注者犹若干家，则皆阐其家学者也"。可见章学诚认为史注是史书撰述和研究过程中一项重要的内容，因为它的作用往往是后人无法替代的。

[②] 杨恽（？—前54）：西汉文学家。字子幼，华阴（今陕西华阴东）人。司马迁外孙。习外祖父《太史公书》，文史兼通。宣帝时为郎，曾因揭发霍氏谋反，以大功升任中郎将，封平通侯。官至光禄勋（即郎中令）。为人自负，轻财好义。后遭诬告，被免为庶人。又因牢骚不平，被人告发，以大逆不道罪处腰斩，家人流放酒泉。《太史公书》因他而公之于世。

复沓之弊出。循流而日忘其源，古学如何得复，而史策何从得简乎？是以《唐书》倍《汉》，《宋史》倍《唐》，检阅者不胜其劳，传习之业安得不亡！

夫同闻而异述者，见崎而分道也；源正而流别者，历久而失真也。九师之《易》①，四氏之《诗》②，师儒林立，传授已不胜其纷纷。士生三古而后，能自得于古人，勒成一家之作，方且彷徨乎两间，孤立无徒，而欲抱此区区之学，待发挥于子长之外孙，孟坚之女弟，必不得之数也。

太史叙例之作，其自注之权舆乎？明述作之本旨，见去取之从来，已似恐后人不知其所云而特笔以标之，所谓"不离古文"及"考信六艺"云云者，皆百三十篇之宗旨，或殿卷末，或冠篇端，未尝不反覆自明也。班《书》年表十篇与《地理》、《艺文》二志皆自注，则又大纲细目之规矩也。其陈、范二史，尚有松之、章怀③为之注。至席惠明注《秦记》④，刘孝标注《世说新语》⑤，则杂史支流犹有子注，是六朝史学家法未亡之一验也。

自后史权既散，详《三变》篇。纪传浩繁，惟徐氏《五代史注》⑥，亦已简略，尚存饩羊于一线。而唐宋诸家，则茫乎其不知涯涘焉。宋范冲修《神宗实录》⑦，别为《考异》五卷以发明其义，是知后无可代之人而自为之解，当

---

① 九师之《易》：《汉书·艺文志》《易》类有《淮南道训》二篇，自注曰："淮南王安，聘明《易》者九人，号九师说。"

② 四氏之《诗》：指《齐诗》、《鲁诗》、《韩诗》、《毛诗》四家所传《诗经》。

③ 章怀：指章怀太子李贤（655—684），唐高宗第六子。武则天生。上元二年（675）立为太子，不久监理国政。曾招集学士张大安、许叔牙等注范晔《后汉书》。后为武则天猜忌，被诬陷，废为庶人，迁于巴州（今四川巴中），四年后武则天派人迫其自杀。

④ 席惠明注《秦记》：《秦记》，南朝宋裴景仁撰，十卷。记十六国时前秦史事。席惠明，南朝梁史学家，为《秦记》作注，此书已佚。

⑤ 刘孝标注《世说新语》：《世说新语》，简称《世说》，又作《世说新书》。南朝宋刘义庆撰。原为八卷，今本三卷。分三十六门，主要记录晋朝士大夫的言谈轶事。南朝梁刘孝标为之作注，所引书四百余种，现多散失，赖其注以传世，故资料价值很高。特别是当时流行的地记、家谱虽都亡佚，靠其注引，保存了许多宝贵资料。刘孝标（463—522），南朝时齐梁间学者。名峻，字孝标，本名法武。平原（今山东平原西南）人。家贫好学，博览群书。闻有异书，必往祈借，人称"书淫"。虽有才而不得用。讲学于东阳紫岩山，从学者甚众。撰《类苑》，注《汉书》及《世说新语》。又作有《辩命论》。

⑥ 徐氏《五代史注》：欧阳修撰《五代史记》，后称《新五代史》，北宋人徐无党为之作注。徐无党（？—1086），婺州永康（今浙江永康）人。皇祐进士。曾任著作郎，迁政和殿学士。

⑦ 范冲修《神宗实录》：范冲（1067—1141），南宋史学家。字元长，成都华阳（今四川成都）人。范祖禹子。绍圣进士。以龙图阁直学士致仕。修《神宗实录》时，作《考异》一书，旧文以墨书，删去者以黄书，新修者以朱书，号"朱墨史"；修《哲宗实录》别作《辨诬录》。

与《通鉴举要》、《考异》①之属，同为近代之良法也。刘氏《史通》，画补注之例为三条，其所谓小书人物之《三辅决录》②、《华阳士女》③，与所谓史臣自刊之《洛阳伽蓝》④、《关东风俗》⑤者，虽名为二品，实则一例，皆近世议史诸家之不可不亟复者也。惟所谓思广异闻之松之《三国》、刘昭《后汉》⑥一条，则史家之旧法，与《索隐》、《正义》⑦之流大同而小异者也。

夫文史之籍，日以繁滋，一编刊定，则征材所取之书，不数十年尝亡失其十之五六，宋元修史之成规可覆按焉。使自注之例得行，则因援引所及而得存先世藏书之大概，因以校正艺文著录之得失，是亦史法之一助也。且人心日漓，风气日变，缺文之义不闻，而附会之习且愈出而愈工焉。

---

① 《通鉴举要》、《考异》：《直斋书录解题》编年类著录《通鉴举要历》八十卷，"司马光撰，《通鉴》既成，尚患本书浩大难领略，而目录无首尾，晚著是书，以绝二累。其稿在晁说之以道家"。今不传。《考异》指《通鉴考异》。司马光《通鉴》成后，又作《考异》三十卷，表明《通鉴》对史料的甄别和取舍都有依据。其中保存了大量今天业已亡佚的材料。

② 《三辅决录》：汉赵岐撰，晋挚虞注。二卷。西汉太初元年（前104），置京兆尹、左冯翊、右扶风，治所均在长安城中，因所辖皆京畿之地，故合称三辅。这里皆贵族官僚聚居地。其书评论建武以来官僚士宦，以其人已死，故称为决录。除此内容外，尚有关中地方史资料。

③ 《华阳士女》：实际上是《华阳国志》的组成部分。而章学诚将其与《三辅决录》并列，更是应指《华阳国志》。因为它们的内容都具有地记的性质。作者常璩，东晋史学家。字道将，蜀郡江原（今四川崇州）人。该书最后部分专讲人物，分三种形式，一是《先贤士女赞》，二是人物传《后贤志》，三是《梁益宁三州士女总目》，相当于人物表。将华阳地区著名士女皆收入其中。有的著作云《华阳士女》书无考。因为它不是独立一部书，自然无考。

④ 《洛阳伽蓝》：北魏杨衒之撰，五卷。杨衒之，北魏文学家。一作阳衒之、羊衒之，北平（今河北卢龙）人。曾任抚军府司马、秘书监等。博学能文，兼通佛经。该书记洛阳佛寺之兴废。伽蓝，梵语佛寺。洛阳佛寺全盛时期达一千三百六十七所，书中所记有八十余所。每一寺均记其历史或故事，故多涉及北魏之政治、经济、军事、文化等。于当时中印交通，记叙亦较详，均可补正史记载之缺。

⑤ 《关东风俗》：即宋孝王的《关东风俗传》。宋孝王，北朝时北齐文史。广平（今河北鸡泽东南）人。为段孝言开府参军、北平王文学。曾撰《朝士别录》二十卷，后更名为《关东风俗传》。此书实为当时流行的典型的地记，《新唐书·艺文志》入杂史类，六十三卷。刘知幾在《史通·书志》篇云，该书"有《坟籍志》，其所录皆邺下文儒之士，雠校之司。所列书名，唯取当时撰者"。可见此书对方志发展史研究有重要作用，说明方志早期阶段地记时期，已经注意艺文志的编修。

⑥ 刘昭《后汉》：刘昭，南朝梁史学家。字宣卿，平原高唐（今山东济南东北）人。武帝时历任奉朝请、尚书仓部郎、无锡令等。曾采众家后汉史异同，为范晔《后汉书》作注，并取司马彪《续汉书》中八志三十卷补入，因为范书原无志。后章怀太子别注范书，刘注遂废。惟《志》三十卷，章怀以非范书而不注。故刘注三十卷《志》仍与范书并传。

⑦ 《索隐》、《正义》：指唐司马贞所作《史记索隐》三十卷，唐张守节所作《史记正义》三十卷。再加上南朝宋裴骃所作的《史记集解》，就合成著名的《史记》三家注。

在官修书，惟冀塞责；私门著述，苟饰浮名，或剽窃成书，或因陋就简，使其术稍黠，皆可愚一时之耳目，而著作之道益衰。诚得自注以标所去取，则闻见之广狭，功力之疏密，心术之诚伪，灼然可见于开卷之顷，而风气可以渐复于质古，是又为益之尤大者也。然则考之往代，家法既如彼；揆之后世，系重又如此；夫翰墨省于前而功效多于旧，孰有加于自注也哉？

# 传记①

传记之书，其流已久，盖与六艺先后杂出。古人文无定体，经史亦无分科，《春秋》三家之传，各记所闻，依经起义，虽谓之记可也。经礼二戴之记，各传其说，附经而行，虽谓之传可也。其后支分派别，至于近代，始以录人物者区为之传，叙事迹者区为之记。盖亦以集部繁兴，人自生其分别，不知其然而然，遂若天经地义之不可移易。此类甚多，学者生于后世，苟无伤于义理，从众可也。然如虞预《妒记》②、《襄阳耆旧记》③之类，叙人何尝不称记？《龟策》、《西域》④诸传，述事何尝不称传？大抵为典为经，皆是有德有位纲纪人伦之所制作，今之六艺是也。

夫子有德无位，则述而不作，故《论语》、《孝经》皆为传而非经，而

---

① 本篇写作年代不详，胡适所作《章实斋先生年谱》和钱穆《实斋文字编年要目》均未著录。文章论述传记文体的产生、发展和演变，特别指出"包举一生而为之传，《史》、《汉》列传体也；随举一事而为之传，左氏传经体也"。这里讲得很清楚，人物列传与传经之传两者并不相同，当前有人认为人物列传早在司马迁之前就已产生，自然是不可能的。与章学诚同时代的另一位史家赵翼，在《廿二史劄记》与《陔余丛考》中也一再强调，"传列叙事，则古人所无"，"专记一人为一传者，则自迁始"。文中也列举了许多不规范的传记和出于游戏投赠所写的传记，对于规范传记文体的写作和澄清一些错误看法，都具有积极意义。

② 虞预《妒记》：亦作《妬记》、《妒妇记》，南朝宋虞通之撰，二卷。记历代妇女妒嫉之行为。已佚，今有鲁迅辑本，收入《古小说钩沉》。此书《隋书·经籍志》杂传类还著录，并非虞预所作，这里章氏失考。《宋书·后妃传》："宋世诸主，莫不严妒，太宗每疾之。湖熟令袁慆妻以妒忌赐死，使近臣虞通之撰《妒妇记》。"虞预、虞通之，都为余姚人，前者为《会稽典录》作者。

③ 《襄阳耆旧记》：亦作《襄阳耆旧传》，东晋史学家习凿齿撰。该书《隋书·经籍志》著录为五卷。宋代晁公武《郡斋读书志》著录亦五卷，称"前载襄阳人物，中载其山川城邑，后载其牧守"。至清乾隆时，仅存三卷人物。这是一部典型的地记。如今流传者已残缺不全，有的注本称"书已亡佚"，自然不妥。

④ 《龟策》、《西域》：《龟策》为《史记》篇名《龟策列传》，《西域》为《汉书》篇名《西域列传》。

《易·系》亦止称为《大传》。其后悉列为经，诸儒尊夫子之文而使之有以别于后儒之传记尔。周末儒者，及于汉初，皆知著述之事，不可自命经纶，蹈于妄作；又自以立说当禀圣经以为宗主，遂以所见所闻各笔于书而为传记，若二《礼》诸记、《诗》、《书》、《易》、《春秋》诸传是也。

盖皆依经起义，其实各自为书，与后世笺注自不同也。后世专门学衰，集体日盛，叙人述事，各有散篇，亦取传记为名，附于古人传记专家之义尔。明自嘉靖而后，论文各分门户，其有好为高论者，辄言传乃史职，身非史官，岂可为人作传？世之无定识而强解事者，群焉和之，以谓千古未之前闻。

夫后世文字，于古无有而相率而为之者，集部纷纷，大率皆是。若传则本非史家所创，马班以前，早有其文。孟子答苑囿汤武之事，皆曰："于传有之。"彼时并未有纪传之史，岂史官之文乎！今必以为不居史职，不宜为传，试问传记有何分别，不为经师，又岂宜更为记耶？记无所嫌而传为厉禁，则是重史而轻经也。文章宗旨，著述体裁，称为例义。

今之作家，昧焉而不察者多矣，独于此等无可疑者，辄为无理之拘牵，殆如村俚巫妪妄说阴阳禁忌，愚民举措为难矣。明末之人，思而不学，其为瞽说，可胜唾哉！今之论文章者，乃又学而不思，反袭其说以矜有识，是为古所愚也。

辨职之言，尤为不明事理。如通行传记，尽人可为，自无论经师与史官矣。必拘拘于正史列传而始可为传，则虽身居史职，苟非专撰一史，又岂可别自为私传耶？若但为应人之请，便与撰传，无以异于世人所撰。惟他人不居是官，例不得为，己居其官，即可为之，一似官府文书之须印信者然。是将以史官为胥吏，而以应人之传为倚官府而舞文之具也，说尤不可通矣。道听之徒，乃谓此言出大兴朱先生，不知此乃明末人之矫论，持门户似攻王、李[1]者也。

朱先生尝言："见生之人，不当作传。"自是正理。但观于古人，则不尽然。按《三国志》庞淯[2]母赵娥为父报仇杀人，注引皇甫《列女传》[3]云：

---

[1] 王、李：指王世贞和李攀龙。

[2] 庞淯：三国时魏国官吏。字子异，酒泉表氏（今甘肃高台西）人。初任凉州从事，魏文帝时拜驸马都尉，迁西海太守，赐爵关内侯。其母赵娥为父报仇事，在《三国志·庞淯传》中均有记载。

[3] 皇甫《列女传》：皇甫谧（215—282），晋朝文士。字士安，号玄晏先生。安定朝那（今宁夏固原东南）人。年二十始力学，有志著述，屡征不就。著作除《列女传》外，尚有《帝王世纪》、《逸士传》、《甲乙经》等。

"故黄门侍郎安定梁宽为其作传。"是生存之人，古人未尝不为立传。李翱[①]撰《杨烈妇传》，彼时杨尚生存，恐古人似此者不乏。盖包举一生而为之传，《史》、《汉》列传体也；随举一事而为之传，左氏传经体也。朱先生言，乃专指列传一体尔。

邵念鲁[②]与家太詹[③]尝辨古人之撰私传曰："子独不闻邓禹[④]之传，范氏固有本欤？"按此不特范氏，陈寿《三国志》裴注，引东京、魏、晋诸家私传相证明者凡数十家，即见于隋唐《经籍》、《艺文志》者，如《东方朔传》[⑤]、《陆先生传》[⑥]之类，亦不一而足，事固不待辨也。彼挟兔园之册[⑦]，但见昭明《文选》、唐宋八家鲜入此体，遂谓天下之书不复可旁证尔。

往者聘撰《湖北通志》[⑧]，因恃督府深知，遂用别识心裁，勒为三家之

---

① 李翱（772—841）：唐朝文学家。字习之，陇西成纪（今甘肃秦安西北）人。贞元进士。历官中书舍人、桂管湖南观察使等，主张写史应持客观态度，只记事实，不加评论。所撰《杨烈妇传》，载《李文公集》卷十二。

② 邵念鲁（1648—1711）：清朝史学家，浙东学派之一员。名廷采，念鲁乃其字，浙江余姚人。著作除《思复堂集》外，尚有《宋遗民所知录》、《明遗民所知录》、《东南纪事》、《西南纪事》。

③ 太詹：指章大来，字太颛，因官至太詹，又与章学诚本家，故如此称呼。有《书念鲁先生传后》，载《太颛后甲集》。

④ 邓禹（2—58）：东汉大臣。字仲华，南阳新野（今河南新野）人。少受业长安，与刘秀相识，刘秀称帝后，拜禹为大司徒，封鄼侯。后定封高密侯，食四县。明帝即位，拜太傅。

⑤ 《东方朔传》：《隋书·经籍志》杂传类著录八卷，撰者不详。久佚，今有元陶宗仪辑本，刊入《说郛》。

⑥ 《陆先生传》：南朝齐孔稚珪撰，一卷，记南朝宋道士陆修静的修道事迹。孔稚珪（447—501），南朝齐文学家。字德璋，会稽山阴（今浙江绍兴）人。官至太子詹事，加散骑常侍。所作《北山移文》，为骈文中代表作品。

⑦ 兔园之册：《郡斋读书志》类书类著录《兔园策》十卷，"唐虞世南奉王命撰。纂古今事为四十八门，皆偶丽之语。至五代，行于民间，村墅以授学童，故有遗下《兔园策》之诮"。亦有称唐杜嗣先奉蒋王李恽之命，仿应科目策而撰。章氏此处是泛指那些不登大雅之堂之书。

⑧ 《湖北通志》：是章学诚为毕沅编纂的一部大型方志。志书是在《方志立三书议》提出后编写的，并且全面体现了《方志立三书议》的精神。乾隆五十七年（1792）开始，至五十九年（1794）初全部脱稿。可视为章氏方志理论成熟阶段的代表作。全书志纪、图、表、考、传一应俱全，除主体志外，尚有《文征》、《掌故》和《丛谈》。可惜就在此时，毕沅离开湖北，行前将章学诚托于湖北巡抚惠龄。但惠龄不喜章氏之文，于是谗毁者乘机而来。特别是无耻小人陈熷，竟将《通志》说得一无是处。对此章氏曾逐条加以驳斥，后更名曰《湖北通志辨例》。他在《方志辨体》中说："余撰《湖北通志》，初恃督府一人之知，竟用别裁独断，后为小人谗毁，乘督府入觐之隙，诸当道凭先入之言，委可磨勘，而向依督府为生计者，只窥数十金之利，一时腾跃而起，无不关蒙妇而反射，名士气习然也……今存《驳议》一卷，见者皆绝倒也。"总之，因人事的变迁，《湖北通志》未能得以刊行，今仅存《湖北通志检存稿》二十四卷，《湖北通志未成稿》一卷。所庆幸者全书篇目尚存，可供研究。

学①。人物一门，全用正史列传之例，撰述为篇。而隋唐以前，史传昭著，无可参互详略施笔削者，则但揭姓名为《人物表》②。说详本篇《序例》③。其诸史本传，悉入文征以备案检。所谓三家之学，《文征》以拟《文选》。其于撰述义例，精而当矣。

时有金人，穷于宦拙，求余荐入书局，无功冒餐给矣。值督府左迁，小人涎利搆谗，群刺蜂起，当事惑之，檄委其人校正。余方恃其由余荐也，而不虞其背德反噬，昧其平昔所服膺者而作诬张以罔上也。别有专篇《辨例》④。乃曰："《文征》例仿《文选》、《文苑》，《文选》、《文苑》本无传体。"因举《何蕃》、《李赤》、《毛颖》、《宋清》⑤诸传出于游戏投赠，不可入正传也。上官乃亟赞其有学识也，而又阴主其说，匿不使余知也。噫！《文苑英华》⑥有传五卷，盖七百九十有二至于七百九十有六，其中正传之体，公卿则有兵部尚书梁公李岘⑦，节钺则有东川节度卢坦⑧，皆李华撰传。文学如陈子昂⑨，卢藏用⑩

---

① 三家之学：指方志编修，分志、掌故、文征三大部分。详见《方志立三书议》。
② 《人物表》：指《湖北通志》的《人物表》。
③ 《序例》：指《湖北通志·人物表》序例。
④ 《辨例》：指《湖北通志辨例》，载《章氏遗书》卷二十七。
⑤ 《何蕃》、《李赤》、《毛颖》、《宋清》：皆为戏作之传，顾炎武《日知录》卷十九《古人不为人立传》云："列传之名，始于太史公，盖史体也。不当作史之职，无为人立传者，故有碑，有志，有状，而无传。梁任昉的《文章缘起》言传始于东方朔作《非有先生传》，是以寓言而为之传。韩文公集中传三篇：《太学生何蕃》、《圬者王承福传》、《毛颖》。柳子厚集中传六篇：《宋清》、《郭橐驼》、《童区寄》、《梓人》、《李赤》、《蝜蝂》。何蕃仅采其一事而谓之传，王承福之辈皆微者而谓之传，毛颖、李赤、蝜蝂则戏耳而谓之传，盖比于稗官之属耳。"
⑥ 《文苑英华》：是宋代李昉等人奉敕于太平兴国七年（982）编纂的一部类书，一千卷，与《太平御览》、《太平广记》、《册府元龟》号称宋代四大类书。
⑦ 李岘：吴王恪孙子。累迁京兆尹，至德初封梁国公，官终兵部尚书，卒年五十八。为政得人心，时京师米贵，百姓谣曰："欲粟贱，追李岘。"李华写《故相国兵部尚书梁国公李岘传》，载《文苑英华》卷七九二。
⑧ 卢坦（749—817）：唐朝官吏。字保衡，洛阳人。宪宗时累迁户部侍郎，判度支。出为东川节度使。卒年六十九。李华写《故东川节度使卢公传》，载《文苑英华》卷七九二。
⑨ 陈子昂（661—702）：唐朝文学家。字伯玉，梓州射洪（今四川射洪西北）人。光宅进士。武则天时，历麟台正字、右拾遗等职。上书指陈时政，不避权贵。圣历元年（698）辞官回乡，为武三思诬陷下狱而死。所写诗为杜甫、白居易等所称赞。后人辑有《陈伯玉集》。卢藏用写《陈子昂别传》，载《文苑英华》七九三。
⑩ 卢藏用：字子潜，幽州范阳（今河北涿州）人。与陈子昂、赵贞固友善。曾任吏部侍郎，又迁黄门侍郎、昭文馆学士，转工部侍郎、尚书右丞。先天中，坐依附太平公主，流放岭南。开元初，起为黔州都督府长史，兼判都事事，未行而卒。年五十余。

撰传。节操如李绅①，沈亚之撰传。贞烈如杨妇②、李翱。窦女③，杜牧。合于史家正传例者凡十余篇，而谓《文苑》无正传体，真丧心矣！

宋人编辑《文苑》，类例固有未尽，然非金人所能知也。即传体之所采，盖有排丽如碑志者，庾信《丘乃敦崇传》之类。自述非正体者，《陆文学自传》之类。立言有寄托者，《王承福传》之类。借名存讽刺者，《宋清传》之类。投赠类序引者，《强居士传》之类。俳谐为游戏者，《毛颖传》之类。亦次于诸正传中④；不如李汉集韩氏文，以《何蕃传》入杂著，以《毛颖传》入杂文，义例乃皎然矣。

## 习固⑤

辨论乌乎起？起于是非之心也。是非之心乌乎起？起于嫌介疑似之间也。乌乎极？极于是尧非桀也。世无辨尧、桀之是非，世无辨天地之高卑也。目力尽于秋毫，耳力穷乎穴蚁。能见泰山，不为明目，能闻雷霆，不为聪耳。故尧、桀者，是非之名，而非所以辨是非也。嫌介疑似，未若尧、桀之分也，推之而无不若尧、桀之分，起于是非之微而极于辨论之精也。故尧、桀者辨论所极，而是非者隐微之所发端也。

隐微之创见，辨者矜而宝之矣。推之不至乎尧、桀，无为贵创见焉。推

---

① 李绅（772—846）：唐朝诗人。字公垂，润州无锡（今江苏无锡）人。元和进士。穆宗时为翰林学士，武宗时曾任宰相。曾作《新题乐府》二十首，元稹、白居易等人相继唱和。还曾写过《莺莺歌》，保存在《西厢记诸宫调》中。有《追昔游集》。沈亚之作《李绅传》，载《文苑英华》七九五。

② 杨妇：李翱写《杨烈妇传》载《文苑英华》七九六。

③ 窦女：杜牧写《窦列女传》载《文苑英华》七九六。

④ 诸正传中：《文苑英华》有传五卷，庾信《周使持节大将军广化郡开国公丘乃敦崇传》载卷七九二。陆羽《陆文学自传》，韩愈《圬者王承福传》、《毛颖传》均载七九三。柳宗元《宋清传》载卷七九四。释皎然《强居士传》载七九六。

⑤ 本篇作于乾隆五十四年（1789）。文章言学贵真知，就不能墨守陈规，但是由于习惯势力影响深远，要能做到是很困难的。所以他说："是尧而非桀，贵王而贱霸，遵周孔而斥异端，正程朱而偏陆王，吾不谓其不然也。习固然而言之易者，吾知其非真知也。"胡适对这篇文章十分推崇，在《章实斋先生年谱》中说："《习固篇》教人以思辨之法，石破天惊，全书第一杰作。"与《原学》篇可相互发明，也可说是发《原学》篇未尽之义。当今学术界有些墨守现象还是常见，对于新的研究成果总是视而不见，充耳不闻。方志起源于两汉地记，这是谭其骧、史念海等老一辈历史地理学家生前所认定的，方志学界有人人硬是不承认，宁可死守《周官》之说而不放，已经达到可笑的程度，这能算是学术研究的态度吗？坚持真理，修正错误，此乃学术研究的重要准则，两者缺一不可。

之既至乎尧、桀，人亦将与固有之尧、桀而安之也。故创得之是非，终于无所见是非也。尧、桀，无推者也。积古今之是非而安之如尧、桀者，皆积古今人所创见之隐微而推极之者也。安于推极之是非者，不知是非之所在也；不知是非之所在者，非竟忘是非也，以谓固然而不足致吾意焉尔。

触乎其类而动乎其思，于是有见所谓诚然者，非其所非而是其所是，矜而宝之，以谓隐微之创见也。推而合之，比而同之，致乎其极，乃即向者安于固然之尧、桀也。向也不知所以而今知其所以，故其所见有以异于向者之所见，而其所云实不异于向之所云也。故于是非而不致其思者，所矜之创见，皆其平而无足奇者也。酤家酿酒而酸，大书酒酸减直于门，以冀速售也。有不知书者，入饮其酒而酸，以谓主人未之知也。既去而遗其物，主家追而纳之，又谓主人之厚己也，屏人语曰："君家之酒酸矣，盍减直而急售！"主人闻之而哑然也。故于是非而不致其思者，所矜之创见，乃告主家之酒酸也。

尧、桀固无庸辨矣。然被尧之仁，必有几，几于不能言尧者，乃真是尧之人也；遇桀之暴，必有几，几于不能数桀者，乃真非桀之人也。千古固然之尧、桀，犹推始于几，几不能言与数者，而后定尧、桀之固然也。

故真知是非者，不能遽言是非也。真知是尧非桀者，其学在是非之先，不在是尧非桀也。是尧而非桀，贵王而贱霸，遵周孔而斥异端，正程朱而偏陆王，吾不谓其不然也；习固然而言之易者，吾知其非真知也。

# 诗话[①]

诗话之源，本于钟嵘《诗品》。然考之经传，如云："为此诗者，其知道乎？"又云："未之思也，何远之有？"此论诗而及事也。又如"吉甫作诵，

---

① 本篇与《书坊刻诗话后》、《妇学》、《妇学篇书后》及外篇的《论文辨伪》五篇，大约都写于嘉庆二年（1797）与嘉庆三年（1798）中。而这五篇文章都是为攻击当时诗人袁枚而作。他在《丁巳札记》中有一条可作此注脚："近有无耻妄人，以风流自命，蛊惑士女，大率以优伶杂剧所演才子佳人惑人。大江以南，名门大家闺阁多为所诱，征诗刻稿，标榜声名。无复男女之嫌，殆忘其身之雌矣！此等闺娃，妇学不修，岂有真才可取？而为邪人播弄，浸成风俗，人心世道大可忧也！"这就是写这几篇文章的动机。而在《妇学篇书后》劈头就说："《妇学》之篇，所以救颓风，维风教，饬伦纪，别人禽，盖有所不得已而为之，非好辨也。"正好可与上条相呼应。章氏不善诗，竟有《题随园诗话》十二首，大半为谩骂之作。这些诗文明显都反映出封建卫道的思想和观点。正如胡适所言："实斋之攻袁氏，实皆不甚中肯。"

穆如清风","其诗孔硕,其风肆好",此论诗而及辞也。事有是非,辞有工拙,触类旁通,启发实多。江河始于滥觞,后世诗话家言,虽曰本于钟嵘,要其流别滋繁,不可一端尽矣。

《诗品》之于论诗,视《文心雕龙》之于论文,皆专门名家勒为成书之初祖也。《文心》体大而虑周,《诗品》思深而意远,盖《文心》笼罩群言,而《诗品》深从六艺溯流别也。如云某人之诗,其源出于某家之类,最为有本之学,其法出于刘向父子。论诗论文而知溯流别,则可以探源经籍,而进窥天地之纯,古人之大体矣。此意非后世诗话家流所能喻也。钟氏所推流别,亦有不甚可晓处。盖古书多亡,难以取证。但已能窥见大意,实非论诗家所及。

唐人诗话,初本论诗,自孟棨《本事诗》[①]出,亦本《诗小序》。乃使人知国史叙诗之意。而好事者踵而广之,则诗话而通于史部之传记矣。间或诠释名物,则诗话而通于经部之小学矣。《尔雅》训诂类也。或泛述闻见,则诗话而通于子部之杂家矣。此二条,宋人以后较多。虽书旨不一其端,而大略不出论辞论事,推作者之志,期于诗教有益而已矣。

《诗品》、《文心》专门著述,自非学富才优,为之不易,故降而为诗话,沿流忘源,为诗话者不复知著作之初意矣。犹之训诂与子史专家,子指上章杂家,史指上章传记。为之不易,故降而为说部,沿流忘源,为说部者不复知专家之初意也。诗话说部之末流,纠纷而不可犁别,学术不明,而人心风俗或因之而受其敝矣。

宋儒讲学,躬行实践,不易为也,风气所趋,撰语录以主奴朱、陆,则尽人可能也。论文考艺,渊源流别,不易知也。好名之习,作诗话以党伐同异,则尽人可能也。以不能名家之学,如能名家,即自成著述矣。入趋风好名之习,挟人尽可能之笔,著惟意所欲之言,可忧也,可危也!

说部流弊,至于诬善党奸,诡名托姓,前人所论,如《龙城录》、《碧云𬴃》[②]之类,盖亦不可胜数,史家所以有别择稗野之道也。事有纪载可以互

---

[①] 孟棨《本事诗》:《郡斋读书志》总集类:"《本事诗》一卷,唐孟棨撰。纂历代缘情感事之诗,叙其本事,凡七类。"孟棨为唐司勋郎史。

[②] 《龙城录》、《碧云𬴃》:《龙城录》,《直斋书录解题》小说类著录《龙城录》一卷,"称柳宗元撰。龙城谓柳州也。罗浮梅花梦事出其中。《唐志》无此书,盖依托也。或云王铚性之作"。《四库全书总目提要》小说家存目一亦有考证,指出伪托。《碧云𬴃》,《直斋书录解题》小说类著录《碧云𬴃》一卷,"题梅尧臣撰。以騧马为书名……其不逊如此,圣俞必不尔也。所记载十余条,公卿多所毁诋,虽范文正亦所不免。或云实魏泰所作,托之圣俞"。

证，而文则惟意之所予夺，诗话之不可凭，或甚于说部也。

前人诗话之弊，不过失是非好恶之公；今人诗话之弊，乃至为世道人心之害。失在是非好恶，不过文人相轻之气习，公论久而自定，其患未足忧也。害在世道人心，则将醉天下之聪明才智，而网人于禽兽之域也，其机甚深，其术甚狡，而其祸患将有不可胜言者。名义君子，不可不峻其防而严其辨也。

小说出于稗官，委巷传闻琐屑，虽古人亦所不废。然俚野多不足凭，大约事杂鬼神，报兼恩怨，《洞冥》、《拾遗》①之篇，《搜神》、《灵异》②之部，六代以降，家自为书。唐人乃有单篇，别为传奇一类。专书一事始末，不复比类为书。大抵情钟男女，不外离合悲欢，红拂辞杨③，绣襦报郑④，韩、李缘通落叶⑤，崔、张情导琴心⑥，以及明珠生还⑦，小玉死报⑧，凡如此类，或附会疑似，或竟托子虚，虽情态万殊而大致略似。其始不过淫思古意，辞客奇怀，犹诗家之乐府古艳诸篇也。

---

① 《洞冥》、《拾遗》：《直斋书录解题》小说类著录《洞冥记》四卷，《拾遗》一卷。东汉光禄大夫郭宪子横撰。题《汉武别国洞冥记》，其《别录》又于《御览》中抄出，然则四卷亦非全书也。郭宪，东汉官吏。字子横，汝南宋（今安徽太和北）人。光武即位，拜为博士，迁光禄大夫。后以病辞官，卒于家。《拾遗》，指《王子年拾遗记》。

② 《灵异》：即《灵异记》，亦作《灵异录》，十卷，隋许善心、崔祖璿撰。记鬼神灵异之事，《隋书·经籍传》入杂传类。许善心（558—618），隋朝官吏。字务本，高阳新城（今河北徐水西南）人。初仕陈，为侍郎、撰史学士。入隋，累官秘书丞。撰《七林》，分图书为七部。又著有《符瑞记》、《皇隋瑞文》、《方物志》等。崔祖璿，隋朝官吏。大业九年（613）奉炀帝命，与许善心撰《灵异记》十卷。

③ 红拂辞杨：唐末五代道士、文学家杜光庭（850—933）所作《虬髯客传》，写隋朝权臣杨素宠姬红拂大胆私奔李靖，侠士虬髯客出海自立为王故事，俗称"风尘三侠"。为明代杂剧《虬髯翁》、《红拂记》所本。

④ 绣襦报郑：为唐代文学家白行简（776—826）所写传奇《李娃传》中讲述的故事，多为后世戏曲所取材。白行简字知退，下邽（今陕西渭南北）人，大诗人白居易之弟。贞元进士，历官左拾遗，主客郎中，善辞赋。

⑤ 韩、李缘通落叶：张实在传奇《流红记》中讲述唐僖宗时，韩、于两人通过落叶传诗，最后喜结良缘的故事。但故事中男主人为于祐，应为韩、于，可能笔误而成韩、李。

⑥ 崔、张情导琴心：讲述唐代诗人元稹（779—831）所作传奇《莺莺传》中两主人公的爱情故事，又名《会真记》，为《西厢记》故事所取材。

⑦ 明珠生还：明代戏曲家陆采根据薛调《无双传》而作《明珠记》里所讲的爱情故事。

⑧ 小玉死报：唐代文学家蒋防所作传奇小说《霍小玉传》，讲妓女霍小玉与士族文人李益之爱情悲剧，明代戏曲家汤显祖之《紫钗记》即取材于此。

宋元以降，则广为演义，谱为词曲，遂使瞽史弦诵，优伶登场，无分雅俗男女，莫不声色耳目。盖自稗官见于《汉志》，历三变而尽失古人之源流矣。

小说歌曲传奇演义之流，其叙男女也，男必纤佻轻薄，而美其名曰才子风流；女必冶荡多情，而美其名曰佳人绝世。世之男子有小慧而无学识，女子解文墨而暗礼教者，皆以传奇之才子佳人为古之人也。今之为诗话者，又即有小慧而无学识者也。有小慧而无学识矣，济以心术之倾邪，斯为小人而无忌惮矣，何所不至哉！

诗话论诗，非论貌也。就使论貌，所以称丈夫者，或魁梧奇伟，或丰硕美髯，或丰骨棱峻，或英姿飒爽，何所不可。今则概未有闻，惟于少年弱冠之辈，不曰美如好女，必曰顾影堪怜；不曰玉映冰肤，必曰兰薰蕙质；此亦约略之辞，非一定字样也。不知其意将何为也！甚至盛称邪说，以为礼制，但旌节妇，不褒贞男，以见美男之不妨作嬖。斯乃人首畜鸣，而毅然笔为诗话，人可戮而书可焚矣。男子为娼，古有禁律，其人不学，无由知也。

古今妇女之诗，比于男子诗篇，不过千百中之十一。诗话偶有所举，比于论男子诗，亦不过千百中之十一。盖论诗多寡，必因诗篇之多寡以为区分，理势之必然者也。今乃累轴连编，所称闺阁之诗，几与男子相埒。甚至比连母女姑妇，缀合娣姒姊妹，殆于家称王谢，户尽崔卢，岂壸内文风，自古以来，于今为烈耶？君子可欺以其方，其然，岂其然乎！且其叙述闺流，强半皆称容貌，非夸国色，即诩天人，非赞联珠，即标合璧，遂使观其书者，忘为评诗之话，更成品艳之编，自有诗话以来所未见也。

妇女内言不出阃外，诗话为之私立名字，标榜声气，为虚为实，吾不得而知也。诗话何由知人闺阁如是之详，即此便见倾邪，更无论伪饰矣。丈夫姓字，弧矢四方，诗话所名，岂能终秘？其中名德巨公，志其余事；奇才宿望，著其精能；或有身地寒微，表其幽隽；一节可取，藉端留芳，此诚诗话应有事也。今乃玉石不分，苗莠无别，往往诗话识其名姓，邂逅偶遇斯人，实乃风尘游丐，庸奴贱品。助语不辨虚实，引喻全乖向方，臃肿无知，赘瘤可厌，亦不乏其徒焉。此而可邀题品，则真才宿学，宁不以同类为羞乎？乃知闺阁称诗，何从按实？观其镂雕纤曲，酝酿尖新，虽面目万殊而情态不异，其为窜易饰伪，情状显然。岂无静女名姝，清思佳什，牵于茅黄苇白，转觉恶紫夺朱矣。

自衒自媒，士女之丑；桃李不言，下自成蹊。凡人之足以千古者，必有得于古人之所谓诚然而终身忧乐其中，不顾举世之所为是与非也。倾邪之人，欲有所取于世，则先以标榜声气，骚激人心。又恐人之不为动也，则诱人以好名，甚且倡为邪说，至云人之所以异于禽兽，以好名也。夫好名之人，矫情饰伪，竞趋时誉，虽禽兽所不为耳。亦犹椎埋肤箧，亦禽兽所不为，今倡说曰，人之所以异于禽兽，以能椎埋肤箧也，可乎？至于附会经传，肆侮圣言，尤丧心而病狂矣。《论语》"君子去仁，恶乎成名"，"疾没世而名不称"，皆妄引为好名之证。

人之所以应传名者，义类多矣。而彼之诱人，惟务文学之名，不亦小乎！即文学之所以应得名者，途辙广矣。而彼之所以诱人，又不过纤佻轻隽之辞章，才子佳人之小说，男必张生、李十，女必宏度、幼微，将率天下之士女，翩翩然化为蛱蝶杨花，而后大快于心焉。则斯人之所谓名，乃名教之罪人也；斯人之所谓名，亦有识者所深耻也。

学者亦知雅俗之别乎？雅者，正也，亦曰常也。安其正而守其常，实至而名自归之，斯天下之大雅也。好名者流，忘己徇人，世俗誉之，则沾沾以喜；世俗非之，则戚戚以忧。以世俗之予夺为趋避，是己之所处，方以俗为依归也。且人以好名为雅，好利为俗，尤非也。名者，有所利而好之，所好不同而其心无异。故好名之人，其俗甚于好利也，诱人好名者，其罪浮于教人肤箧也。一有名心，即沾俗气；与众争趋，俗安可医！

倾邪之人，必有所恃。挟纤仄便娟之笔，为称功颂德之辞；以揣摩抵掌之谈，运宛转逢迎之术。权贵显要，无不逢也；声望巨公，无不媚也。笔舌不足，导以景物娱游；追随未足，媚以烹庖口味；自记为某贵人品尝属下进馔，又某贵人屡索其姬妾手调饮馔，有谢赏姬人启事。至乃陪公子于青楼，贵人公子，时同句曲。颂娇姿于金屋，贵人爱宠，无不详于笔记。尤称绝技，备极精能。贵人公退之余，亦思娱乐，优伶是其习见，狗马亦所常调，数见不鲜，神思倦矣。忽见通文墨之优伶，解声歌之犬马，屈曲如意，宛约解人，能不爱怜，几于得宝！加之便佞间如谐隐，饰情或托山林，自托山林隐遁之流，足迹不离毂辕铃阁。使人误认清流，因而揖之上坐，赐以颜色，假以羽毛。遂能登高而呼，有挟以令，舟车所向，到处逢迎，荧惑听闻，干谒州县。或关说阴讼，恣其不肖之图；乘机渔色。或聚集少年，肆为冶荡之说。斯乃人伦之蟊贼，名教所必诛。昧者不知，夸其传食列城，风声炫耀，是犹羡仪、衍之大丈夫而不知其为妾妇所羞也。

声诗三百，圣教所存，千古名儒，不闻异议。今乃丧心无忌，敢侮圣言，邪说倡狂，骇人耳目。六义甚广，而彼谓《雅》、《颂》劣于《国风》；风《诗》甚多，而彼谓言情妙于男女。凡圣贤典训，无不横征曲引，以为导欲宣淫之具，其罪可胜诛乎！自负诗才天下第一，庸妄无知甚矣！昔李白论诗，贵于清真，此乃今古论诗文之准则，故至今悬功令焉。清真者，学问有得于中，而以诗文抒写其所见，无意工辞，而尽力于辞者莫及也。毋论诗文，皆须学问；空言性情，毕竟小家。彼方视学问为仇雠，而益以胸怀之鄙俗，是质已丧而文无可附矣。斤斤争胜于言语之工，是鹦鹉猩猩之效人语也，不必展卷而已知其诗无可录矣。

人各有能有不能，无能强也。鄙俗之怀，倾邪之心，诗则无其质矣。然舍质论文，则其轻隽便给之才，如效鹦鹉猩猩之语，未尝不足娱人耳目，虽非艺林所贵，亦堪附下驷以传名矣。彼不自揣，妄谈学问文章，古文辞颇有才气，而文理全然不通。而其言不类，殆于娼家读《烈女传》也。学问之途甚广，记诵名数，特其一端。彼空疏不学，而厌汉儒以为糟粕，岂知其言之为粪土耶？经学历有渊源，自非殊慧而益以深功，不能成一家学也。而彼则谓不能诗者遁为经学，是伏、郑大儒，乃是有所遁而为之，鄙且悖矣！考据者，学问之所有事耳；学问不一家，考据亦不一家也。鄙陋之夫不知学问之有流别，见人学问，眩于目而莫能指识，则概名之曰考据家。夫考据岂有家哉？学问之有考据，犹诗文之有事实耳。今见有如韩柳之文，李杜之诗，不能定为何家诗文，惟见中有事实，即概名为事实家，可乎？学问成家，则发挥而为文辞，证实而为考据。比如人身，学问，其神智也；文辞，其肌肤也；考据，其骸骨也；三者备而后谓之著述。著述可随学问而各自名家，别无所谓考据家与著述家也。鄙俗之夫，不知著述随学问以名家，辄以私意妄分为考据家、著述家，而又以私心妄议为著述家终胜于考据家。彼之所谓考据，不过类书策括；所谓著述，不过如伊所自撰无根柢之诗文耳；其实皆算不得成家。是直见人具体，不知其有神智；而妄别人有骸骨家与肌肤家，又谓肌肤家之终胜骸骨家也，此为何许语耶？诗话论诗，全失宗旨；然暗于大而犹明于细，比于杂艺，小道可观，君子犹节取焉。至其妄不自忖，僭论学问文章，直如蜀晴岭雪，奔吠苍黄；每论学问处，辄厌恶如吠所怪。揣籥闻钟，臆言天日；比类则置甲而误联乙丙，摘非则忘衰而核议功缌。剿袭唾余，稍近理者，皆出剿袭，浅显易知。强效不类，学人口气，每失其意。妄虽可恶，愚实堪怜！俚女村姬，臆度昭阳、长信；畦眠野老，纷争金马玉堂。大似载鬼一车，使人喷饭满案。岂天夺其魄乎，何为自状其丑，津津有余味耶！

## 书坊刻诗话后[1]

苏子瞻议学校贡举，极言策论之弊不如诗赋，其理甚辨，而引喻以明文辞华朴不可定人邪正，其言有离有合。如云："文章华靡，莫如杨亿[2]，亿为清忠鲠亮之士；通经服古，莫如孙复[3]、石介[4]，则迂阔矫诞之士也，又可施于政事之间乎！"按苏氏论杨大年，洵如所议，然亦不可一概论也。即如大年文出义山，义山为人，又岂大年可比例乎！至孙明复文，今已罕见，观《宋史》[5]本传，其人初无可疵。《石徂徕集》具存，其学虽出于孙，而矫亢立异，不免激于声名，然卓然有以自立，亦未可厚非也。苏氏所见有异，据所见以证明其言，读者自可不以辞害耳。近有倾邪小人，专以纤佻浮薄诗词倡道末俗，造言饰事，陷误少年，蛊惑闺壸，自知罪不容诛，而曲引古说，文其

---

[1] 本篇写作时间见《诗话》注。此篇"大梁本"未收。

[2] 杨亿（974—1020）：北宋文学家。字大年，建州浦城（今福建浦城）人。淳化进士。历任翰林学士、工部侍郎等。真宗时参与编修《太宗实录》、《册府元龟》等。与刘筠、钱惟演等相善，其唱和之诗辑为《西昆酬唱集》，称"西昆体"。有《括苍》、《武夷》、《颖明》等集。现存《武夷新集》。

[3] 孙复（992—1057）：北宋学者。字明复，晋州平阳（今山西临汾）人。举进士不第，退居泰山，治《春秋》，世称泰山先生。石介等皆师事之。为范仲淹、富弼等推重，除秘书省校书郎，国子监直讲。仁宗亲临太学，召为迩英阁祗候说书，讲说多异先儒。著有《春秋尊王发微》、《孙明复小集》。

[4] 石介（1005—1045）：北宋学者。字守道，学者称徂徕先生。兖州奉符（今山东泰山东南）人。天圣进士。任官后因丁忧而躬耕徂徕山下，讲授《易经》。反对佛老，主张道统与文统合一说，推崇韩愈，反对西昆体文风。著有《徂徕集》。

[5] 《宋史》：元朝脱脱等撰。全书四百九十六卷，记载宋代三百一十九年史事，为二十四史中篇幅最多的一部，列传多达两千多人，诸志占全书三分之一，首立《道学传》。由于该史是二十四史中修得较差的一部，所以历史上有许多学者都曾立志重修。

奸邪。又其不学无识，畏见正言谠论，不能附会高深，自畅其说，则窃取前人成言，委曲周纳以遂其私，而不知有识观之，则肺肝如见也。苏氏论杨大年，彼则窃之而穿凿其说，又为曲喻广证。一似人若不为纤佻浮薄之词，即无由为正人君子，又似人若通经服古，即为风雅罪人。斯人丧其天良，而惟恐人之不丧天良，不知具何肺腑而忍出此也！

略《易》、《书》、《礼》、《乐》、《春秋》而独重《毛诗》；《毛诗》之中，又抑《雅》、《颂》而扬《国风》；《国风》之中，又轻国政民俗而专重男女慕悦；于男女慕悦之诗，又斥诗人风刺之解而主男女自述淫情；甚且言采兰赠芍，有何关系，而夫子录之，以驳诗文须有关系之说。自来小人倡为邪说，不过附会古人疑似以自便其私，未闻光天化日之下，敢于进退六经，非圣无法，而恣为倾邪淫宕之说，至于如是之极者也！

其人不学无识，视学问如雠仇，阳排阴挤，往往见于笔札。幸其胸无点墨，凡语涉学问，如夏畦一流谈中书堂事，开口便成笑端。曾略括其概于他篇，此不具论。然其胆实内怯，其有名已显著而素有学问名者，亦不敢公然排击。而又心瞀目眩，而不能识其为何如品诣，则概称之为考据博雅。每见所称，辄使人胡卢绝倒也。盖其中有专门名家，取精不鹜博者；有古文辞家，博览不甚考者；彼亦妄以古文辞自许，然无学问，不成古文家也。遇真古文辞，自然不识，故妄名为博雅考据。又有本无学问，惟知纂类策括以为史学，改窜帖括经问以为经学而骛名者。彼皆不能辨识，强署考据博雅，藉为龙蛇之菹焉。譬如乞儿衣敝缊而哺残余，即其衣食之道矣。见人鲜衣美食，不能定其为何如人，则概目之为富贵人。夫鲜衣美食，亦有其人所自致者，亦有藉人之余力者，亦有叨窃而终非所据者，其中丰约崇卑之分，相去不可以道里计。而为乞儿者，但见其服敝缊残余，即莫非富贵中人，盖其眼界然也。斯人之所谓博雅考据，作如是观可尔。

无知之徒，不知学问渊源不同，而臆撰为考据家；不知文章流别不同，而臆撰为著述家；其意将以己之纤佻浮薄辞章，此不足成家，乃清客密骗家也。私诩为著述家也。故云："先有著述而后有经传，有经传而后有考据，观先后而知所优绌。"又云："辞章为作者之圣，考据为述者之明。"此如风狂梦呓，不值一笑。如渠所说，孔子述而不作为劣，而孺子之歌、苗硕之谚为优矣。即以先后而论，先有结绳而后有书契，则今日当以线画筹马优于著述矣。小慧私智，不知大体，自安于蛙鸣蚓叫，君子亦无校也。必欲以牧竖村僮之见妄争金马石渠，何太不自量也？然正是自具胸无墨点之供状，可恶而亦可怜矣！

忽然假装门面，如乔坐衙，则曰："九经如厅堂，十七史①如寝室，诗文集如花园别馆"云云，见之使人喉哕！厅堂寝室，不知如何取譬，以《论语》升堂入室况之，是经学浅境而史乃深境矣。经止有五，乃是六艺亡《乐》之定数，否则当计部而称十三经，彼谓九经，则前人计所去取而定之，非经部正数。此人不学无识，自然不能正其称谓，犹可恕也。十七史名，乃宋人所言，今则正数有二十二史②，兼存有二十五史，乃三尺童子所知，彼袭人成言以遮面目，而不知今时非宋时也。经史之不可判也，如道器之必不可分也。如以第宅而论，则十五经十三经外，加《国语》、《大戴礼记》。乃梁柱，而正史编年二家乃墙壁户牖也。文集诗集，家数甚多，取譬不止一端；不成家数而但以言语悦人者，名为花园别馆可耳。斯人心目中不知天地间有学问家数，宜其如鹦鹉猩猩之强效人言而终不似也。

无知小子，妄作雌黄以为诗话，其僭语学问文章，一切称说不伦，令人绝缨、令人发指之处，不一而足。然其不知学问文章，人所信也。彼于辞章诗赋一途，君子不以为重可也，不知彼于此道亦茫如也。盖辞章未有不宗《文选》，而《文选》首赋《京都》，为是学者几于家弦而户诵矣。今观彼之论曰："古无类书、志书、字汇，字书亦尽多矣，何不可以字书一例浑举，而惟知字汇，亦陋极矣。故《三都》、《两京》，必搜辑群书，广采风土，然后成文，洛阳所以纸贵，直是家置一本，当类书、志书、字汇用耳，故成之亦须十年五年。今类书、字汇无所不备，亦此人之秘本耳，他人未必如此陋。使左

---

① 十七史：指《史记》、《汉书》、《后汉书》、《三国志》、《晋书》、《宋书》、《南齐书》、《梁书》、《陈书》、《魏书》、《北齐书》、《周书》、《南史》、《北史》、《隋书》、《新唐书》、《新五代史》这十七部正史。而十七史之称宋代已有，文天祥被元俘至大都后，元丞相等劝其降元，文天祥曾不屑一顾地说："一部十七史，从何处说起！"

② 二十二史：即十七史再加上《宋史》、《辽史》、《金史》、《元史》、《明史》五部，合称二十二史。乾隆时于二十二史之外又加上《旧唐书》、《旧五代史》，遂成二十四史。至于章学诚"兼存有二十五史"，则不知其另一史指的何书，因为清人改写前史者很多，成功的则不多见。清末柯劭忞撰《新元史》成，北洋政府大总统徐世昌下令，将其列为正史，与"二十四史"合称"二十五史"。后又加《清史稿》，便有"二十六史"。由于《新元史》价值不大，所以学术界常将其剔除而加《清史稿》称"二十五史"。

思生于今日，必不作此种赋，竟是一字不通人语。即作之，不过翻摘故纸一二日可成，而钞诵者亦无有也。"此真不直一笑，观诗话者，亦不知其庸妄无知至于此极也！《京都》诸赋，本于《国策》，陈说六国形势。《管子》、《吕览》、《淮南》俱有地理风物之篇，至班、左诸君而益畅其支，乃有源流派别之文，辞章家之大著作也。若如此人所言，则古人极意营搆，止作得《广事类赋》①、《类林新咏》②兔园册子而已，愚妄何至出此！且彼时字书自《三仓》③、《急就》、《说文》、《字林》④，韵书如《声类》⑤、《韵集》⑥，著于《梁录》、《隋志》者凡百余家，而云古无字书；自山海、州郡、风土、道理、图经、志记，见于《梁录》、《隋志》者亦百余家，而云古无志书；自《皇览》⑦、《遍略》⑧、《会林》⑨、《物始》⑩以及《袖中》⑪、《备遗》⑫诸记，《语丽》⑬、

---

① 《广事类赋》：清朝华希闵撰。希闵，字豫原，无锡人，康熙举人。因其校刻吴淑《事类赋》，病其未备，乃广为此编，附刻其后，分二十七门，一百九十一子目，亦如淑例自注。

② 《类林新咏》：清朝学者姚之骃辑，三十六卷。之骃，字斯鲁，浙江钱塘（今浙江杭州）人。康熙进士。授翰林院庶吉士，官至监察御史。长于史学，曾搜辑失传之八家《后汉书》为《后汉书补逸》二十一卷。又摘取元明诸书分门编纂为《元明事类抄》四十卷，可补正史之不足。

③ 《三仓》：字书，亦作《三苍》。秦李斯撰《苍颉篇》，赵高撰《爰历篇》，胡毋敬撰《博学篇》，是为《三仓》，汉时亦合称《苍颉篇》。汉扬雄撰《训纂篇》、东汉贾鲂撰《滂喜篇》，与前《苍颉篇》（含《爰历》、《博学》），亦合称《三仓》。大抵四字一句，两句一韵，便于诵读，当时以助儿童识字，今皆不传。

④ 《字林》：西晋吕忱撰。字书。七卷，分五百四十部，收字一万二千八百二十四个，为补《说文》漏略而作，是我国第二部字书。

⑤ 《声类》：三国魏李登撰。十卷，韵书，凡一万一千五百二十五字，以五声录字，不立诸部。

⑥ 《韵集》：西晋吕静撰。六卷，韵书。《隋书·经籍志》著录，已佚。又北魏段弘亦撰八卷，亦久佚。

⑦ 《皇览》：三国时魏文帝命王象、桓范编撰，为我国最早类书。《隋书·经籍志》著录一百二十卷。分四十余部，每部数十篇，共八百余万字。原书已佚。

⑧ 《遍略》：全名为《华林遍略》，南朝梁徐僧权撰。类书，《隋书·经籍志》著录六百二十卷，一说七百卷。北齐祖珽等撰《圣寿堂御览》大多取材于此书，已佚。《新唐书·艺文志》类书类著录此书称徐勉作。

⑨ 《会林》：南朝梁徐勉撰。类书。五卷，一作五十卷。其主旨为儒释二家殊途同归。已佚。

⑩ 《物始》：南朝梁谢吴撰（一作谢昊）。十卷。《隋书·经籍志》收入杂家类。久佚。

⑪ 《袖中》：南朝宋沈约撰。全名为《袖中记》，二卷。据《梁书》本传，沈约有《迩言》十卷传世。而《隋书·经籍志》不见著录此书，却见《俗说》五卷，《杂说》二卷，《袖中记》二卷，《珠丛》一卷，合十卷，又有《袖中略集》一卷。清姚振宗《隋书经籍志考证》称前四书即为《迩言》，后一书似后人节录。已佚。

⑫ 《备遗》：作者不详。全名《备遗记》，三卷。《隋书·经籍志》收入杂家类。

⑬ 《语丽》：南朝梁朱澹远撰。十卷。收录诸书华美文句，应属类书。《隋书·经籍志》列入杂家类，因该书当时分类尚无类书一类。

《事对》①、《要录》②、《文府》③之属，巨细大小，见于《梁录》、《隋志》者亦数十家，而云古无类书；此真是一丁不识，一字不通之无知妄人！而耳食者震其盛名，即稍识者亦疑其于诗赋词章当有擅长之处，不知止是传奇小说之佻薄纤诡伎俩。世犹称其诗才之隽，天下岂有不识《文选》之诗才哉！

人皆言其笔墨颠倒是非，诬枉黑白。大抵经史家学，视如不共戴天，故竭力排挤。所幸称说无一语通窍，识者一见知其猥陋，无能惑人。至于记叙事实，则不知其有无颠倒，初未有以核其情也。偶见《诗话》中记吾乡童二树④先生，以谓论诗少所许可，惟倾倒于此人，甚至不辟跋涉，远访不值。童病将死，犹力疾画梅寄赠，题诗其上，未竟而逝。生死不忘，欲伊作序，伊感其意，为定诗十二卷，序而行之。此则诬罔太甚，不可不辨白也。童君为吾乡高士，生平和易近人，非矜高少许可者。惟见江湖声气一流，恶其纤佻傀俗，绝不与通交往。此人素有江湖俗气，故踪迹最近，而声闻从不相及。盖童君论诗尚品，此人无品而才亦不高，童君目中，视此等人若粪土然，虽使匍匐纳交于童君，童君亦必宛转避之，无端乃至死生之际，力疾画梅，求伊为序，真颠倒是非，诬枉清白之甚者矣。且此人逢迎贵显，结交声望，浪得虚名，已数十年，童君历聘诸公亦三十余年，其彼此闻名已非一日，童君果肯倾倒此人，则数十年中，踪迹又不甚远，何至全无片简往还，直待将死，方为力疾画梅，题诗绝气，结此身后之缘？即以情理推之，亦万无此事也。由是观之，则其叙述贵显巨公与声望名宿种种倾佩纳交之事，亦半属子虚亡是之言，读者幸勿为所愚也。童君不尚标榜，生平从无求人作序之事。

兴妖作怪，疑鬼疑神，虽有识观之，不直一笑，而无根之智，亦正剧费苦心，不过为阿堵起见耳。抑思清客密骗，大抵皆为阿堵。陈眉公⑤、李笠

---

① 《事对》：《隋书·经籍志》并无《事对》，而只有《语对》十卷，亦朱澹远撰。

② 《要录》：作者不详。六十卷，已佚。清姚振宗《隋书经籍志考证》称该书似梁《华林遍略》之节录。

③ 《文府》：南朝陈徐陵撰。五卷，已佚。《隋书·经籍志》收入杂传类。而在《文府》之下自注曰："梁有《文章义府》三十卷。"两者有否关系，不详。

④ 童二树（1721—1782）：名童钰，字二如，又字璞岩，号二树，亦号绶亭、借庵子。清山阴（今浙江绍兴）人。不事举业，专攻诗，有"越中三子"、"越中七子"之称。著有《香雪斋余稿》、《二树山水集》。并有《墨梅图》、《墨梅屏》传世。

⑤ 陈眉公：陈继儒（1558—1639），字仲醇，号眉公、麋公，华亭（上海松江）人。明代文学家、书画家。自命隐士，却又周旋于官绅之间，时人多有讥评。有《陈眉公全集》。

翁[1]诸人行业，未尝不可结富贵之欢，仰声势之庇，伪托于清流之末也。是人所长，略与陈、李伯仲，而妄不自揣，僭言学问文章以愚无识，然天下自有具眼，不能大为害也。惟造作淫词邪说，蛊惑士女，竞趋浮薄僾佻，务令网人于禽兽之域，而后慊于其心。呜呼！清客密骗，虽近俳优，未尝为名教所诛也。及其末流之弊，乃有斯人，是又清客密骗之罪人矣！

## 题《随园诗话》

宰衡分陕镇南州，正理经纶次第修。
嚬笑偶然容媚客，一时风气尚俳优。
太史清标幹吏称，化为侧媚十分轻。
方陪公子清流宴，又作如姬绣草评。
大府清风化列城，随园到处有逢迎。
但闻州县经行处，阴讼无须法律评。
江湖轻薄号斯文，前辈风规误见闻。
诗佛诗仙浑标榜，谁当霹雳净妖氛！
诬枉风骚误后生，猖狂相率赋闲情。
春风花树多蜂蜨，都是随园蛊变成。
诗伯招摇女社联，争夸题品胜胪传。
不知秉鉴持衡者，满腹妆楼艳异编。
《葛覃》绨绤岂堪师，中馈蘋蘩非所知。
诗社争名功倍半，天然风韵压须眉。
生前富贵亦何奇，死后文章未可知。
一事差堪慰生世，随园录入内家诗。
二树高名老布衣，生平和易不规随。

---

[1] 李笠翁（1611—约1679）：清初剧作家。名渔，字笠翁，号觉世稗官，祖籍浙江兰溪，出生江苏如皋，晚年自南京移居杭州西湖，因自号湖上笠翁。他的剧本保留下来有十八种，常见的为《笠翁十种曲》影响较大。而《闲情偶寄》是其戏曲理论代表作。

忽称少可多排斥，独许随园事太奇！
冰寒蝇垢不相宜，儒局名场共一时。
绝口无言三十载，如何绝笔画梅诗？

<small>《诗话》谓二树临终，恨不见随园，</small>

<small>画梅赠之，题诗未终，落笔而逝。</small>

公卿将相众名臣，尽契随园恐未真。
《诗话》推敲半无妄，大人自合慎欢嗔。
堂堂相国仰诸城，好恶风裁流品清。
何以称文又称正，《随园诗话》独无名？

## 妇学①

《周官》有女祝、女史，汉制有内起居注，妇人之于文字，于古盖有所用之矣。妇学之名，见于《天官》内职，德言容功，所该者广，非如后世只以文艺为学也。然《易》训正位乎内，《礼》职妇功丝枲，《春秋》传称赋事献功，《小雅》篇言酒食是议，则妇人职业，亦约略可知矣。男子弧矢，女子鞶帨，自有分别。至于典礼文辞，男妇皆所服习。盖后妃夫人，内子命妇，于宾享丧祭，皆有礼文，非学不可。

妇学之目，德容言功。郑注"言为辞令"，自非娴于经礼，习于文章，不足为学。乃知诵《诗》习《礼》，古之妇学，略亚丈夫。后世妇女之文，虽稍偏于华采，要其源流所自，宜知有所受也。

妇学掌于九嫔，教法行乎宫壸，内而臣采，外及侯封，六典未详，自可例测。《葛覃》②师氏，著于风《诗》；侯封妇学。婉娩姆教，垂于《内则》。卿士大夫。历览《春秋》内外诸传，诸侯夫人，大夫内子，并能称文道故，斐

---

① 本篇写作时间见《诗话》注。
② 《葛覃》：《诗经·周南》篇名。

然有章。若乃盈满之祥，邓曼①详推于天道；利贞之义，穆姜②精解于乾元。鲁穆伯③之令妻，典言垂训；齐司徒之内主，有礼加封。士师考终牖下，妻有诔文；国殇魂返沙场，嫠辞郊吊。以至泉水悠流，委宛赋怀归之什；燕飞上下，凄凉送归媵之诗。凡斯经礼典法，文采风流，与名卿大夫有何殊别？然皆因事牵联，偶见载籍，非特著也。若出后代，史必专篇，类征列女，则如曹昭、蔡琰④故事，其为矞皇彪炳，当十倍于刘、范之书矣。是知妇学亦自后世失传，三代之隆，并与男子仪文，率由故事，初不为矜异也。不学之人，以《溱洧》⑤诸诗为淫者自述，因谓古之孺妇，矢口成章，胜于后之文人；不知万无此理，详辨其说于后，此处未暇论也。但妇学则古实有之，惟行于卿士大夫，而非齐民妇女皆知学耳。

春秋以降，官师分职，学不守于职司，文字流为著述。古无私门著述，说详《校雠通义》。丈夫之秀异者，咸以性情所近，撰述名家。此指战国先秦诸子家言以及西京以还经史专门之业。至于降为辞章，亦以才美所优，标著文采。此指西汉元、成而后及东京而下诸人诗文集。而妇女之奇慧殊能，钟于间气，亦遂得以文辞偏著而为今古之所称，则亦时势使然而已。然汉廷儒术之盛，班固以谓利禄之途使然，盖功令所崇，贤才争奋，士之学业，等于农夫治田，固其理也。妇人文字，非其职业，间有擅者，出于天性之优，非有争于风气，骛于声名者也。好名之习，起于中晚文人；古人虽有好名之病，不区区于文艺间也。丈夫而好文名，已为识者所鄙；妇女而骛声名，则非阴类矣。

唐山《房中》⑥之歌，班姬《长信》⑦之赋，《风》、《雅》正变，《雅》指

---

① 邓曼：楚武王夫人。事载《左传》庄公四年。
② 穆姜：鲁宣公夫人。事载《左传》襄公九年。
③ 鲁穆伯：鲁国大夫公父文伯的父亲。事载《国语·鲁语》下。
④ 蔡琰：东汉末女诗人。字文姬，陈留圉（今河南杞县南）人。蔡邕之女。博学有才辨，妙解音律。初嫁河东卫仲道，夫亡无子，归母家。献帝兴平中，天下大乱，为胡骑所获，陷于南匈奴十二年，与左贤王生二子。曹操遣使者以金璧赎之，后再嫁同郡董祀。有《悲愤诗》传世。另有《胡笳十八拍》，相传亦为其所作。
⑤ 《溱洧》：《诗经·郑风》篇名。
⑥ 唐山《房中》：唐山夫人为汉高祖刘邦之姬，熟礼乐，曾作《房中祠乐》。惠帝二年（前193），改名为《安世乐》。见《汉书·礼乐志》。
⑦ 班姬《长信》：汉成帝姬妃班氏，初选入后宫，始为少使，不久贵幸，为婕妤。善辞赋，有才学。后成帝宠幸赵飞燕姐妹，她恐被害，自求供养太后于长信宫，因退处东宫，乃作《长信赋》以自伤悼。

《房中》，《风》指《长信》。起于宫闱；事关国故，史策载之。其余篇什寥寥，传者盖寡，《艺文》所录，约略可以观矣。若夫乐府流传，声诗则效，《木兰》征戍，《孔雀》①乖离，以及《陌上》②采桑之篇，山下蘼芜之什，《四时白纻》③，《子夜》芳香，其声啴以缓，其节柔以靡，则自两汉古辞。皆无名氏。讫于六朝杂拟，并是骚客拟辞，思人寄兴，情虽托于儿女，义实本于风人，故其辞多驰宕，不以男女酬答为嫌也。如《陌上桑》、《羽林郎》④之类，虽以贞洁自许，然幽闲女子，岂喋喋与狂且争口舌哉！出于拟作，佳矣。至于闺房篇什，间有所传，其人无论贞淫，而措语俱有边幅。文君⑤，淫奔人也，而《白头》⑥止讽相如；蔡琰，失节妇也，而钞书恳辞十吏。其他安常处顺及以贞节著者，凡有篇章，莫不静如止水，穆若清风，虽文藻出于天娴，而范思不逾阃外。此则妇学虽异于古，亦不悖于教化者也。

《国风》男女之辞，皆出诗人所拟；以汉魏六朝篇什证之，更无可疑。古今一理，不应古人儿女矢口成章，后世学士力追而终不逮也。譬之男优饰静女以登场，终不似闺房之雅素也。昧者不知斯理，妄谓古人虽儿女子亦能矢口成章，因谓妇女宜于风雅，是犹见优伶登场演古人事，妄疑古人动止必先歌曲也。优伶演古人故事，其歌曲之文，正如史传中夹论赞体。盖有意中之言，决非出于口者，亦有旁观之见，断不出本人者，曲文皆所不避。故君子有时涉于自赞，宵小有时或至自嘲，俾观者如读史传而兼得咏叹之意，体应如是，不为嫌也。如使真出君子小人之口，无是理矣。《国风》男女之辞与古人拟男女辞，正当作如是观。如谓真出男女之口，无论淫者万无如此自暴，即贞者亦万无如此自袭也。

昔者班氏《汉书》未成而卒，诏其女弟曹昭躬就东观，踵而成之。于是

---

① 《孔雀》：指《孔雀东南飞》，亦作《古诗为焦仲卿妻作》，原名为《焦仲卿妻》。是东汉末产生的乐府民歌。
② 《陌上》：指《陌上桑》，亦题《日出东南隅行》，又作《艳歌罗敷行》。是东汉乐府民歌。
③ 《四时白纻》：南北朝时期流行有乐府民歌《白纻歌》，梁武帝命沈约将其辞改为《四时白纻歌》。
④ 《羽林郎》：乐府《杂曲》歌名，东汉辛延年作。
⑤ 文君：卓文君，西汉才女。临邛（今四川邛崃）人。有才华，善音乐。丧夫后居家，窥见司马相如弹琴而恋之，乃夜奔相如，其父卓王孙反对，两人便于市中开酒肆，当垆卖酒，其父耻之，乃分钱百万。有《白头吟》一诗传世。
⑥ 《白头》：即《白头吟》。《西京杂记》卷三："相如将聘茂陵人女为妾，文君作《白头吟》以自绝，相如乃止。"

公卿大臣执贽请业，大儒马融从受《汉书》句读。可谓扩千古之所无矣。然专门绝学，家有渊源，书不尽言，非其人即无所受尔。又，苻秦初建学校，广置博士经师，五经粗备而《周官》失传。博士上奏，太常韦逞之母宋氏，家传《周官》音义，诏即其家讲堂置生员百二十人，隔绛帏而受业，赐宋氏爵号为宣文君①，此亦扩千古之所无矣。然彼时文献盛于江左，苻氏割据山东，遗经绝业幸存，世学家女，非名公卿所能强与闻也。此二母者，并是以妇人身行丈夫事。盖传经述史，天人道法所关，恐其湮没失传，世主不得不破格而崇礼；非谓才华炫耀，惊流俗也。即如靖边之有谯洗夫人②，佐命之有平阳柴主③，亦千古所罕矣。一则特开幕府，辟署官属；一则羽葆鼓吹，虎贲班剑。以为隋唐之主措置非宜，固属不可；必欲天下妇人以是为法，非惟不可，亦无是理也。

晋人崇尚玄风，任情作达；丈夫则糟粕六艺，妇女亦雅尚清言。步障解围之谈，新妇参军之戏，虽大节未失，而名教荡然。论者以十六国分裂，生灵涂炭，转咎清谈之灭礼教，诚探本之论也。

王谢大家，虽恣礼法，然其清言名理，会心甚遥，既习儒风，亦畅玄旨；方于士学，如中行之失，流为狂简者耳。近于异端，非近于娼优。非仅能调五言七字，自诩过于四德三从者也。若其绮旎风光，寒温酬答，描摩纤曲，刻画形似，脂粉增其润色，标榜饰其虚声，晋人虽曰虚诞，如其见此，挈妻子而逃矣。王谢大家，虽恣礼法，然实读书知学，故意思深远。非如才子佳人，一味浅俗好名者比也。

唐宋以还，妇才之可见者，不过春闺秋怨，花草荣凋，短什小篇，传其

---

① 宣文君：北朝女学者。韦逞母宋氏，出身儒学世家，其父以家学无男可传，乃教之以《周礼》，嘱其勿令绝世。后赵石季龙之世，随移民流落冀州，昼则采樵，夜则教子，而纺绩不废，其子逞终于学成名立，仕前秦苻坚为太常。坚尝幸太学，闻礼乐遗缺，《周礼》之学尚无其师，乃从卢壶之言，令聘宋氏传授。于是就其家立讲堂，置生员一百二十人，隔绛纱幔授业。时宋氏年八十，耳目聪明，因赐号为宣文君，给侍婢十人。

② 谯洗夫人：南朝、隋初岭南少数民族女首领。高凉（今广东阳江）洗氏之女，俗称洗夫人，先后被隋文帝封为宋康郡夫人、谯国夫人。详见《隋书·列女传》。

③ 平阳柴主：即平阳公主（？—623），唐高祖李渊女，嫁柴绍。大业十三年（617），李渊自太原起兵，柴绍潜赴太原，公主乃奔故乡，发家资招亡命数百人，又说降数支义军，攻占长安西部数县，众至七万。李渊军至关中，她与世民会于渭北，自开幕府，号"娘子军"。

高秀。间有别出著作，如宋尚宫之《女论语》，侯郑氏之《女孝经》，虽才识不免迂陋，欲作女训，不知学曹大家《女诫》之体，而妄拟圣经，等于《七林》①设问，子虚乌有。而趋向尚近雅正，艺林称述，恕其志足嘉尔。此皆古人妇学失传，故有志者所成不过如此。李易安②之金石编摩，管道升③之书画精妙，后世亦鲜有其俪矣。然琳琅款识，惟资对勘于湖州；笔墨精能，亦藉观摩于承旨；未闻宰相子妇，得偕三舍论文；李易安与赵明诚集《金石录》，明诚方在太学，故云尔。翰林夫人，可共九卿挥麈。盖文章虽曰公器，而男女实千古大防，凛然名义纲常，何可诬耶！

盖自唐宋以讫前明，国制不废女乐。公卿入直，则有翠袖熏炉；官司供张，每见红裙侑酒；梧桐金井，驿亭有秋感之缘；兰麝天香，曲江有春明之誓；见于纪载，盖亦详矣。又，前朝虐政，凡搢绅籍没，波及妻孥，以致诗礼大家，多沦北里。其有妙兼色艺，慧擅声诗，都士大夫，从而酬唱。大抵情绵春草，思远秋枫；投赠类于交游，殷勤通于燕婉；诗情阔达，不复嫌疑，闺阁之篇，鼓钟阃外，其道固当然耳。且如声诗盛于三唐，而女子传篇亦寡。今就一代计之，篇什最富，莫如李冶④、薛涛⑤、鱼玄机⑥三人，其他莫能并焉。是知女冠坊妓，多文因酬接之繁；礼法名门，篇简自非仪之诫，此亦其明征矣。

夫倾城名妓，屡接名流，酬答诗章，其命意也，兼具夫妻朋友，可谓

---

① 《七林》：《隋书·经籍志》著录南朝梁人卞景撰《七林》十二卷，录二卷。
② 李易安（1084—约1151）：南宋女词人。名清照，号易安居士，济南（今山东济南）人。丈夫赵明诚，喜金石之学，清照协助其成《金石录》一书，为我国重要金石学著作。自己所著《易安居士文集》、《易安词》虽均佚，但今人辑有《李清照集》。
③ 管道升：赵孟頫妻。字仲姬，女画家。善画墨竹兰梅。世称"管夫人"。
④ 李冶：唐女冠。字季兰，与刘长卿同时。乌程（今浙江湖州）人，《直斋书录解题》著录有《李季兰集》一卷。
⑤ 薛涛（760—832）：唐朝女诗人。字洪度，长安（今陕西西安）人。父薛郧官蜀早亡，母孀居贫困，遂沦为歌妓。善歌舞，工诗词，名士韦皋、元稹、白居易、杜牧等均曾与唱和。居浣花溪，创制深红小笺写诗，酬献名人，称"薛涛笺"，今其地有"薛涛井"，相传为其制笺汲水处。所著《洪度集》已佚，明人辑有《薛涛诗》。《直斋书录解题》著录《薛涛集》一卷。
⑥ 鱼玄机（？—868）：唐朝女诗人。字幼微，一字蕙兰，长安（今陕西西安）人。喜读书，有才思，补阙李亿纳为妾，后遭遗弃，遂披冠帔于咸宜观。曾与温庭筠、李郢等唱和。《直斋书录解题》别集类著录《鱼玄机集》一卷。

善藉辞矣；而古人思君怀友，多托男女殷情。若诗人风刺邪淫，文代狡狂自述，区分三种，蹊径略同，品骘韵言，不可不知所辨也。夫忠臣谊友，隐跃存恳挚之诚；讽恶嫉邪，言外见忧伤之意。自序说放废，而诗之得失悬殊，本旨不明，而辞之工拙迥异。《离骚》求女为真情，则语无伦次；《国风·溱洧》为自述，亦径直无味。作为拟托，文情自深。故无名男女之诗，殆如太极阴阳之理存诸天壤，而智者见智，仁者自见仁也。名妓工诗，亦通古义，转以男女慕悦之实，托于诗人温厚之辞，故其遣言，雅而有则，真而不秽，流传千载，得耀简编，不能以人废也。第立言有体，妇异于男。比如《薤露》①虽工，惟施于挽郎为称；《棹歌》②纵妙，亦用于舟妇为宜。彼之赠李和张，所处应尔；良家闺阁，内言且不可闻，门外唱酬，此言何为而至耶？自官妓革而闺阁不当有门外唱酬。丈夫拟为男女之辞，不可藉以为例，古之列女皆然。

夫教坊曲里，虽非先王法制，实前代故事相沿；自非濂、洛诸公，何妨小德出入！故有功名匡济之佐，忠义气节之流，文章道德之儒，高尚隐逸之士，往往闲情有寄，著于简编，禁网所施，亦不甚为盛德累也，第文章可以学古，而制度则必从时。我朝礼教精严，嫌疑慎别，三代以还，未有如是之肃者也。自宫禁革除女乐，官司不设教坊，则天下男女之际，无有可以假藉者矣。其有流娼顿妓，渔色售奸，并干三尺严条，决杖不能援赎。职官生监，并是行止有亏，永不叙用。虽吞舟有漏，未必尽罣爰书；而君子怀刑，岂可自拘司败？每见名流板镌诗稿，未窥全集，先阅标题，或纪红粉丽情，或著青楼唱和，自命风流倜傥，以谓古人同然。不知生今之世，为今之人，苟于禁令未娴，更何论乎文墨！周公制礼，同姓不昏，假令生周之后，以谓上古男女无别，而渎乱人伦，行同禽兽，以谓古人有然，可乎？名士诗集，先自具枷杖供招，虽谓未识字可矣。

夫才须学也，学贵识也。才而不学，是为小慧。小慧无识，是为不才。不才小慧之人，无所不至。以纤佻轻薄为风雅，雅者，正也，与恶俗相反。习染风气谓之俗，纤佻鄙俚，皆俗也。鄙俚之俗，犹无伤于世道人心；纤佻之俗，则风

---

① 《薤露》：挽歌。崔豹《古今注》："田横自杀，门人伤之，作悲歌二章。至武帝时，李延年乃分为二曲，《薤露》送王公贵人，《蒿里》送士大夫庶人。挽柩者歌之，亦谓之挽歌。"

② 《棹歌》：为行船人所歌唱，陆机作有《棹歌行》。

雅之罪人也。以造饰标榜为声名，好名之人，未有不俗者也。炫耀后生，狎披士女，人心风俗，流弊不可胜言矣。夫佻达出于子衿，古人所有；矜标流于巾帼，前代所无。盖实不足而争骛于名，己非夫而藉人为重，男子有志，皆耻为之。乃至谊绝丝萝，礼殊授受，辄以缘情绮靡之作，托于斯文气类之通；因而听甲乙于胪传，求品题于月旦。此则钗楼勾曲，前代往往有之；静女闺姝，自有天地以来，未闻有是礼也。

古之妇学，如女史、女祝、女巫，各以职业为学，略如男子之专艺而守官矣。至于通方之学，要于德言容功。德隐难名，必如任姒之圣，方称德之全体。功粗易举；蚕绩之类，通乎士庶。至其学之近于文者，言容二事为最重也。盖自家庭内则以至天子、诸侯、卿、大夫、士，莫不习于礼容。至于朝聘丧祭，后妃夫人，内子命妇，皆有职事，平日讲求不预，临事何以成文？汉之经师，多以章句言礼，尚赖徐生善为容者，盖以威仪进止，非徒诵说所能尽也。是妇容之必习于礼，后世大儒且有不得闻也。但观传载敬姜之言，森然礼法，岂后世经师大儒所能及！至于妇言主于辞命，古者内言不出于阃，所谓辞命，亦必礼文之所须也。孔子云："不学《诗》，无以言。"善辞命者，未有不深于《诗》，但观春秋妇人辞命，婉而多风。乃知古之妇学，必由《礼》而通《诗》，非《礼》不知容，非《诗》不知言。六艺或其兼擅者耳。穆姜论《易》之类。后世妇学失传，其秀颖而知文者，方自谓女兼士业，德色见于面矣。不知妇人本自有学，学必以礼为本；舍其本业而妄托于诗，而诗又非古人之所谓习辞命而善妇言也。是则即以学言，亦如农夫之舍其田，而士失出疆之贽矣，何足征妇学乎？嗟乎！古之妇学，必由礼以通诗；今之妇学，转因诗而败礼。礼防决而人心风俗不可复言矣，夫固由无行之文人倡邪说以陷之。彼真知妇学者，其视无行文人若粪土然，无行文人，学本浅陋，真知学者，不难窥破。何至为所惑哉！古之贤女，贵有才也。前人有云"女子无才便是德"者，非恶才也；正谓小有才而不知学，乃为矜饰骛名，转不如村姬田妪，不致贻笑于大方也。

饰时髦之中驷，为闺阁之绝尘，彼假藉以品题，或誉过其实，或改饰其文。不过怜其色也。无行文人，其心不可问也。呜呼！己方以为才而炫之，人且以为色而怜之。不知其故而趋之，愚矣。微知其故而亦且趋之，愚之愚矣！女子佳称，谓之"静女"，静则近于学矣。今之号才女者，何其动耶，何扰扰之甚耶？噫！

## 《妇学》篇书后

　　《妇学》之篇，所以救颓风，维世教，饬伦纪，别人禽，盖有所不得已而为之，非好辨也。说者谓解《诗》与朱子异指，违于功令。不知诸经参取古义，未始非功令也。盖以情理言之，蚩氓妇竖，矢口成章，远出后世文人之上，古今不应若是悬殊。且两汉之去春秋，近于今日之去两汉。汉人诗文存于今者，无不高古浑朴，人遂疑汉世人才远胜后代。然观金石诸编，汉人文辞，不著竹素而以金石传后代者，其中实多芜蔓冗阘，与近人不能文者未始悬殊。可知汉人不尽能文，传者特其尤善者耳。三代传文，当亦如是。必谓彼时妇竖，矢音皆足以垂经训，岂理也哉？朱子之解，初不过自存一说，宜若无大害也。而近日不学之徒，援据以诱无知士女，逾闲荡检，无复人禽之分，则解《诗》之误，何异误解《金縢》[①]而起居摄，误解《周礼》而启青苗，朱子岂知流祸至于斯极？即当日与朱子辨难者，亦不知流祸之至斯极也。从来诗贵风雅，即唐宋诗话论诗，虽至浅近，不过较论工拙，比拟字句，为古人所不屑道耳。彼不学之徒，无端标为风趣之目，尽抹邪正、贞淫、是非、得失，而使人但求风趣；甚至言采兰赠芍之诗有何关系，而夫子录之，以证风趣之说。无知士女，顿忘廉检，从风波靡。是以六经为导欲宣淫之具，则非圣无法矣。

　　或曰：《诗序》诚不可尽废矣。顾谓古之氓庶不应能诗，则如役者之谣，舆人之祝，皆出氓庶，其辞至今诵之，岂传记之诬欤？答曰：此当日谚语，非复雅言，正如先儒所谓《殷盘》、《周诰》[②]，因于土俗，历时久远，转为古奥，故其辞多奇崛；非如风《诗》和平庄雅出于文学士者，亦如典谟之文虽历久而无难于诵识也。以风《诗》之和雅，与民俗之谣谚绝然不同，益知《国风》男女之辞，皆出诗人讽刺，而非蚩氓男女所能作也。是则风趣之说，不待攻而破，不待教而诛者也。

---

　　① 《金縢》：《尚书》篇名，歌颂周公。
　　② 《殷盘》、《周诰》：应是《盘庚》、《大诰》，都是《尚书》的篇名。前者是讲殷王盘庚迁都于殷的事，后者讲西周时武庚叛乱及周公东征之事。

至于古人妇学虽异丈夫，然于礼陶乐淑，则上自王公后妃，下及民间俊秀男女，无不相服习也。盖四德之中，非礼不能为容，非诗不能为言。诗教故通于乐，故《关雎》化起房中，而天下夫妇无不治也。三代以后，小学废而儒多师说之歧；妇学废而士少齐家之效；师说歧而异端得乱其教，自古以为病矣。若夫妇学之废，人谓家政不甚修耳。岂知千载而后，乃有不学之徒，创为风趣之说，遂使闺阁不安义分，慕贱士之趋名，其祸烈于洪水猛兽，名义君子，能无世道忧哉？昔欧阳氏病佛教之蔓延，则欲修先王之政，自固元气，《本论》[①]所为作也。

今不学之徒，以邪说蛊惑闺阁，亦惟妇学不修，故闺阁易为惑也。妇人虽有非仪之诫，至于执礼通诗，则如日用饮食，不可斯须去也。或以妇职丝枲中馈，文辞非所当先，则又过矣。夫聪明秀慧，天之赋畀，初不择于男女，如草木之有英华，山川之有珠玉，虽圣人未尝不宝贵也，岂可遏抑，正当善成之耳。故女子生而质朴，但使粗明内教，不陷过失而已。如其秀慧通书，必也因其所通，申明诗礼渊源，进以古人大体，班姬、韦母，何必去人远哉！夫以班姬、韦母为师，其视不学之徒，直妄人尔！

---

[①] 《本论》：欧阳修的文章篇名，文章论述佛教之所以蔓延的原因。载《欧阳文忠公集》卷十七。

# 内篇六

## 文集[①]

集之兴也,其当文章升降之交乎?古者朝有典谟,官存法令,风诗采之闾里,敷奏登之庙堂,未有人自为书,家存一说者也。刘向校书,叙录诸子百家,皆云出于古者某官某氏之掌,是古无私门著述之征也。余详外篇。自治学分途,百家风起,周秦诸子之学,不胜纷纷,识者已病道术之裂矣。然专门传家之业,未尝欲以文名。苟足显其业而可以传授于其徒,诸子俱有学徒传授,《管》、《晏》二子书多记其身后事,《庄子》亦记其将死之言,《韩非·存韩》篇之终以李斯驳议,皆非本人所撰,盖为其学者各据闻见而附益之尔。则其说亦遂止于是,而未尝有参差庞杂之文也。两汉文章渐富,为著作之始衰。然贾生奏议,编入《新书》,即《贾子书》,唐《集贤书目》始有《新书》之名。相如词赋,但记篇目,《艺文志》《司马相如赋》二十九篇,次《屈原赋》二十五篇之后,而叙录总云诗赋一百六家,一千三百一十八篇,盖各为一家言,与《离骚》等。皆成一家之言,与诸子未甚相远,初未尝有汇次诸体,裒焉而为文集者也。

自东京以降,讫乎建安、黄初之间,文章繁矣,然范、陈二史《文苑传》始于《后汉书》。所次文士诸传,识其文笔,皆云所著诗、赋、碑、箴、颂、诔若干篇,而不云文集若干卷,则文集之实已具,而文集之名犹未立也。《隋

---

[①] 本篇作于乾隆五十四年(1789)。文章论述"文集"的演变,从名称到内容,一直都在变化,初期文集只是辞赋而已,到了后世,已经是包罗万象。因而目录学家著录时也不得不随之变化。王俭《七志》变《七略》辞赋之名而为文翰,至阮孝绪《七录》则改翰为集,《隋书·经籍志》因之,然亦只主翰藻,无经史子三门阑入。自唐开始,论著传记,无不入集。他在后来所写《史考释例》一文所说可以为此作注脚:"自唐以前,子史著述专家,故立言(入子)与记事(入史)之文,不入于集,辞章诗赋,所以擅集之称也。自唐以后,子不专家,而文集有论议,史不专家,而文集有传记,亦著述之一大变也。彼虽自命曰文,而君子以为是集中之史也。"(自注:指传记言)两文可参照阅读。而文中也指出,文集之名,实始于挚虞之《文章流别集》。

志》云："别集之名，东京所创。"盖未深考。自挚虞创为《文章流别》，学者便之，于是别聚古人之作，标为"别集"，则文集之名，实仿于晋代。陈寿定《诸葛亮集》①二十四篇，本云《诸葛亮故事》，其篇目载《三国志》，亦子书之体。而《晋书·陈寿传》云定《诸葛集》，寿于目录标题亦称《诸葛氏集》，盖俗误云。而后世应酬牵率之作，决科俳优之文，亦泛滥横裂而争附别集之名，是诚刘《略》所不能收，班《志》所无可附。而所为之文，亦矜情饰貌，矛盾参差，非复专门名家之语无旁出也。

夫治学分而诸子出，公私之交也；言行殊而文集兴，诚伪之判也。声屡变则屡卑，文愈繁则愈乱。苟有好学深思之士，因文以求立言之质，因散而求会同之归，则三变而古学可兴。惜乎循流者忘源，而溺名者丧实，二缶犹且以钟惑，况滔滔之靡有底极耶！昔者向、歆父子之条别，其《周官》之遗法乎！聚古今文字而别其家，合天下学术而守于官，非历代相传有定式，则西汉之末，无由直溯周秦之源也。《艺文志》有录无书者亦归其类，则刘向以前必有传授矣。且《七略》分家亦未有确据，当是刘氏失其传。班《志》而后，纷纷著录者，或合或离，不知宗要，其书既不尽传，则其部次之得失，叙录之善否，亦无从而悉考也。荀勖《中经》②有四部，诗赋图赞与汲冢之书归丁部，王俭《七志》③以诗赋为《文翰志》，而介于诸子军书之间，则集部之渐日开，而尚未居然列专目也。至阮孝绪撰《七录》，惟技术、佛、道分三类，而经典、

---

① 《诸葛亮集》：陈寿在任佐著作郎时，受中书监荀勖、中书令和峤的委托，定"诸葛亮故事"，看来当时还未必作为书名。而所著《三国志·诸葛亮传》中有《诸葛氏集目录》，这个《诸葛氏集》自然就是书名，也是最早的名称，至于《诸葛集》乃是裴松之注《三国志》时始用。当然后来也有将《诸葛亮故事》作为书名。编定时共二十四篇，十万四千一百一十二字。完成于晋武帝太始十年（274）。

② 荀勖《中经》：荀勖（？—289），字公曾，颍川颍阴（今河南许昌）人，先是曹魏秘书郎郑默受命整理编目，始创《中经》。至晋秘书监荀勖又因该书为底本更著《新簿》，即《中经新簿》，简称《中经簿》。把图书分为四部，创造了四部分类法：一曰甲部，为六艺、小学；二曰乙部，为诸子、术数（包括兵、方技）；三曰丙部，为史籍；四曰丁部，为诗赋、图赞、汲冢书。后东晋李充在此基础上稍作改变，易乙丙内容，即乙为史，丙为子，于是经、史、子、集四部分类，一直被后世沿用。而文人学者在作文时将史部之书直称为"乙部之书"。

③ 王俭《七志》：王俭（452—487），字仲宝，琅琊临沂（今山东临沂）人。南朝宋秘书丞、王室驸马，后又辅齐高帝即位，官至中书监。他是目录学家，又是谱牒学家。所撰《七志》三十卷，前六类如同刘氏《七略》之分，再加图谱一类。此外还附录佛、道二经，这是一部私家目录，其特点是，在书目之外，有序，有解题，可以说目录著作有解题是始于此书。

纪传、子兵、文集之四录，已全为唐人经、史、子、集之权舆。是集部著录实仿于萧梁，而古学源流，至此为一变，亦其时势为之也。

呜呼！著作衰而有文集，典故穷而有类书，学者贪于简阅之易而不知实学之衰，狃于易成之名而不知大道之散。江河日下，豪杰之士，从狂澜既倒之后而欲障百川于东流，其不为举世所非笑而指目牵引为言词，何可得耶？

且名者，实之宾也；类者，例所起也。古人有专家之学而后有专门之书，有专门之书而后有专门之授受，郑樵盖尝云尔。即类求书，因流溯源，部次之法明，虽三坟五典可坐而致也。自校雠失传而文集类书之学起，一编之中，先自不胜其庞杂，后之兴者，何从而窥古人之大体哉？夫《楚词》，屈原一家之书也；自《七录》初收于集部，《隋志》特表《楚词》类，因并总集别集为三类，遂为著录诸家之成法。充其义例，则相如之赋，苏、李之五言，枚生之《七发》，亦当别标一目而为赋类、五言类、《七发》类矣，总集别集之称何足以配之？其源之滥，实始词赋不列专家而文人有别集也。《文心雕龙》，刘勰专门之书也。自《集贤书目》[①]收为总集，《隋志》已然。《唐志》乃并《史通》、《文章龟鉴》[②]、《史汉异义》[③]为一类，遂为郑《略》、马《考》诸子之通规。郑志以《史通》入通史类，以《雕龙》入文集类，夫渔仲校雠，义例最精，犹舛误若此，则俗学之传习已久也。充其义例，则魏文《典论》，葛洪《史钞》[④]，张骘《文士传》[⑤]，《典论·论文》篇如《雕龙》，《史钞》如《史汉异义》，《文士传》如《文章龟鉴》，类皆相似。亦当混合而入总集矣。史部子部之目何得而分之？《典论》，子类也；《史钞》《文士传》，史类也。其例之混，实由文集难定专门而似者可乱真也。著录既无源流，作者标题，遂无定法。郎蔚之《诸州图经

---

[①]《集贤书目》：唐代史学家韦述撰。韦述（？—757），京兆万年（今陕西西安）人。开元进士。此书目仅郑樵《通志·艺文略》著录，今人所著目录学著作未见提及。韦述还著有《唐职仪》、《高宗实录》、《御史台记》、《两京新记》等。

[②]《文章龟鉴》：《新唐书·艺文志》总集类著录倪宥《文章龟鉴》一卷。已佚。

[③]《史汉异义》：《新唐书·艺文志》总集类著录裴杰《史汉异义》三卷。裴杰，唐河南人，授临漢尉。该书于开元十七年（729）进呈。已佚。

[④]《史钞》：《新唐书·艺文志》杂史类著录葛洪《史记钞》十四卷。

[⑤] 张骘《文士传》：张骘，十六国时学者。《文士传》五十卷，记晋之前文士事迹，已佚。元陶宗仪辑佚本一卷，收入《说郛》。该书在《隋书·经籍志》杂传类与《新唐书·艺文志》杂传记均著录。

集》①，则史部地理而有集名矣；《隋志》所收。王方庆《宝章集》②，则经部小学而有集名矣；《唐志》所收。玄觉《永嘉集》③，则子部释家而有集名矣。《唐志》所收。百家杂艺之末流，识既庸暗，文复鄙俚，或钞撮古人，或自明小数，本非集类而纷纷称集者，何足胜道！虽曾氏《隆平集》④，亦从流俗，当改为传志，乃为相称。然则三集既兴，九流必混，学术之迷，岂特黎丘有鬼，歧路亡羊而已耶？

## 答问⑤

或问前人之文辞，可改窜为己作欤？答曰：何为而不可也！古者以文为公器，前人之辞如已尽，后人述而不必作也。赋诗断章，不啻若自其口出也，重在所以为文辞，而不重文辞也。苟得其意之所以然，不必有所改窜，而前人文辞与己无异也。无其意而求合于文辞，则虽字句毫无所犯，而阴仿前人之所云，君子鄙之曰窃矣。或曰：陈琳为曹洪报魏太子，讳言陈琳为辞；丁敬礼求曹子建润色其文，则曰后世谁知定吾文者；唐韩氏云："惟古

---

① 郎蔚之《诸州图经集》：郎茂（540—614），字蔚之，恒山新市（今河北正定东北）人。有才学，善刑名。初仕北齐，北周平齐，为州主簿。入隋为太常丞、民部侍郎。《隋书》本传称郎茂"撰《州郡图经》一百卷"，而《隋书·经籍志》则称《隋诸州图经集》，其实这是郎茂将各地所送的图经加以汇集，依区域次序编排，故称《隋诸州图经集》，因为隋唐五代时代有各地按时编送图经制度。

② 王方庆《宝章集》：《新唐书·艺文志》小学类著录王方庆《宝章集》十卷。王方庆（？—702），名綝，字方庆，唐朝宰相。雍州咸阳（今陕西咸阳）人。所著杂书二百余卷。

③ 玄觉《永嘉集》：《新唐书·艺文志》释氏类著录玄觉《永嘉集》十卷，并注："庆州刺史魏靖编次。"玄觉（665—713），唐代僧人。

④ 曾氏《隆平集》：此集是否曾巩所作，自宋晁公武在《郡斋读书志》中已提出疑问，而《四库全书总目提要》亦持否定观点，因为《宋史》本传、行状、神道碑均不言此书，同时指出曾氏在史馆首尾仅五个月，也不可能写此书。"是书纪太祖至英宗五朝之事，凡分目二十有六，体似《会要》，又立传二百八十四，各以其官为类……记载简略琐碎，颇不合史法。"因起码是宋人旧籍，"存之备一说"。而近人余嘉锡在《四库提要辨证》卷五，通过辨证，认为确系曾氏所作，最后指出《提要》"断此书之伪，可谓信所不必信，疑所不当疑"。

⑤ 本篇作于嘉庆元年（1796）。文章阐述前人之文能否改动，意在发《言公》篇未尽之言，认为古人之言所以为公，在于明道明志，未尝将文辞据为私有。两者可以参互阅读，从中得到启发。而文中还谈到文人之文与著述之文的不同，这一观点后来在《与陈观民工部论史学》一文中作了发挥，因而提出文人不能修史、文人不能修志的主张。

于文必己出，降而不能乃剽窃。"古人必欲文辞自己擅也，岂曰重其意而已哉？答曰：文人之文与著述之文不可同日语也。著述必有立于文辞之先者，假文辞以达之而已。譬如庙堂行礼，必用锦绅玉佩，彼行礼者不问绅佩之所成，著述之文是也；锦工玉工未尝习礼，惟藉制锦攻玉以称功，而冒他工所成为己制，则人皆以为窃矣，文人之文是也。故以文人之见解而议著述之文辞，如以锦工玉工议庙堂之礼典也。

或曰：古人辞命，草创加以修润；后世诗文，亦有一字之师。如所重在意而辞非所计，譬如庙堂行礼，虽不计其绅佩，而绅佩敝裂不中制度，亦岂可行邪？答曰：此就文论文，别自为一道也。就文论文，先师有辞达之训，曾子有鄙倍之戒，圣门设科，文学言语并存，说辞亦贵有善为者。古人文辞未尝不求工也，而特非所论于此疆彼界，争论文必己出以矜私耳。自魏晋以还，论文亦自有专家矣。乐府改旧什之铿锵，《文选》裁前人之篇什，并主声情色采，非同著述科也。《会昌制集》①之序，郑亚②削义山之腴；元和《月蚀》之歌，韩公摧玉川之怪；或存原款以归其人，或改标题以入己集，虽论文末技，有精焉者，所得既深，亦不复较量于彼我字句之琐也。

或曰：昔者乐广③善言而挚虞妙笔，乐谈挚不能对，挚笔乐不能复，人各有偏长矣。然则有能言而不能文者，不妨藉人为操笔邪？答曰：潘岳④亦

---

① 《会昌制集》：亦称《会昌一品集》、《会昌一品制集》，唐宰相李德裕（787—850）撰。李德裕，字文饶，赵郡（今河北赵州）人。宪宗时宰相李吉甫子，以父荫入仕。在相位期间，排斥牛僧儒党人，是"牛李党争"中李派首领。《直斋书录解题》别集类著录《会昌一品集》二十卷，《别集》十卷，《外集》四卷。"《一品集》者，皆会昌在相位制诰、诏册、表疏之类也"。《别集》诗赋、杂著，《外集》则《穷愁志》。

② 郑亚：唐朝官吏。字子佐，荥阳（在今河南）人。元和进士，又应贤良方正、直言极谏制科，吏部调选，数岁之内，连中三科。深受李德裕重视，故为《会昌一品集》作序。后李德裕罢相，郑亦出为桂州刺史，桂管都防御经略使，再贬循州刺史。

③ 乐广：据《世说新语·文学》载："太叔广甚辩给，而挚仲治长于翰墨，俱为列卿。"刘孝标注：王隐《晋书》曰："广字季思，东平人。拜成都王为太弟，欲使诣洛。广子孙多在洛，虑害，乃自杀。"可见此乐广与下文乐广并非一人。但不知唐修《晋书》时何以不收此人。而章氏在此，误将两人当作一人。

④ 潘岳（247—300）：西晋文学家。字安仁，荥阳中牟（今河南中牟）人。少以才颖见称，曾任著作郎、散骑侍郎、给事黄门侍郎等。与贾谧等交游，为号"二十四友"之首，长于诗赋，尤善为哀诔之文。与陆机齐名，代表作有《闲居赋》、《秋兴赋》、《西征赋》、《悼亡诗》等。

为乐广①撰让表矣,必得广之辞旨而后次为名笔,史亦未尝不两称之。两汉以下,人少兼长,优学而或歉于辞,善文而或疏于记。以至学问之中又有偏擅,文辞一道又有专长,本可交助为功,而世多交讥互诋,是以大道终不可得而见也。文辞,末也;苟去封畛而集专长,犹有卓然之不朽,而况由学问而进求古人之大体乎!然而自古至今,无其人焉,是无可如何者也。

或曰:诚如子言,文章学问,可以互托,苟有黠者,本无所长,而谬为公义以滥竽其中,将何以辨之?答曰:千钧之鼎,两人举之,不能胜五百钧者,仆且蹶矣;李广入程不识之军而旗旌壁垒为之一新,才智苟逊于程,一军乱矣。富人远出,不持一钱,有所需而称贷,人争与之,他人不能者,何也?惟富于钱而后可以贷人之钱也。故文学苟志于公,彼无实者不能冒也。

或曰:前人之文不能尽善,后人从而点窜以示法,亦可为之欤?答曰:难言之矣!著述改窜前人,其意别有所主,故无伤也;论文改窜前人,文心不同,亦如人面,未可以己所见,遽谓胜前人也。刘氏《史通》,著《点烦》之篇矣。左马以降,并有涂改,人或讥其知史不知文也。然刘氏有所为而为之,得失犹可互见。若夫专事论文,则宜慎矣。

今古聪明智慧,亦自难穷;今人所见,未必尽不如古。大约无心偶会,则收点金之功;有意更张,必多画墁之诮。盖论文贵乎天机自呈,不欲人事为穿凿耳。或问近世如方苞氏②删改唐宋大家,亦有补欤?夫方氏不过文人,所得本不甚深,况又加以私心胜气,非徒无补于文,而反开后生小子无忌惮之渐也。

小慧私智,一知半解,未必不可攻古人之间,拾前人之遗。此论于学术,则可附于不贤识小之例,存其说以备后人之采择可也。若论于文辞,则无关大义,皆可置而不论,即人心不同如面,不必强齐之意也。果于是非得失,后人既有所见,自不容默矣,必也出之如不得已,详审至再而后为之,如国家之议

---

① 乐广:西晋官吏。字彦辅,南阳淯阳(今河南南阳)人。少贫孤,侨居山阳(今山东金乡西南)。举秀才后,先后任太子舍人、太子中庶子、吏部尚书直至尚书令。

② 方苞氏:即方苞(1668—1749),清朝文学家。字灵皋,号望溪,安徽桐城人。康熙进士。曾因戴名世《南山集》案牵累下狱,后得释,为康熙编校《御制乐律》等。雍乾间,充《一统志》总裁、《三礼义疏》副总裁。与刘大魁、姚鼐为"桐城派"代表,撰文师法韩柳,宣扬伦理纲常,后因结党营私罪革职。有《方望溪先生全集》。

旧章，名臣之策利弊，非有显然什百之相悬，宁守旧而毋妄更张矣。苟非深知此意而轻议古人，是庸妄之尤，即未必无尺寸之得，而不足偿其寻丈之失也。方氏删改大家，有必不得已者乎？有是非得失显然什百相悬者乎？有如国家之议旧章，名臣之策利弊，宁守旧而毋妄更张之本意者乎？在方氏亦不敢自谓然也。然则私心胜气，求胜古人，此方氏之所以终不至古人也。凡能与古为化者，必先于古人绳度尺寸不敢逾越者也。盖非信之专而守之笃，则入古不深，不深则不能化。譬如人于朋友能全管、鲍通财之义，非严一介取与之节者必不能也。故学古而不敢曲泥乎古，乃服古而谨严之至，非轻古也。方氏不知古人之意而惟徇于文辞，且所得于文辞者本不甚深；其私智小慧又适足窥见古人之当然，而不知其有所不尽然，宜其奋笔改窜之易易也。

## 篇卷①

《易》曰："艮其辅，言有序。"《诗》曰："出言有章。"古人之于言，求其有章有序而已矣。著之于书，则有简策标其起讫，是曰篇章。孟子曰："吾于《武成》②，取二三策而已矣。"是连策为篇之证也；《易·大传》曰："二篇之策，万有一千五百二十。"是首尾为篇之证也；左氏引《诗》，举其篇名而次第引之，则曰某章云云，是篇为大成而章为分阕之证也。要在文以足言，成章有序，取其行远可达而已，篇章简策，非所计也。后世文字繁多，爰有校雠之学，而向、歆著录，多以篇卷为计。大约篇从竹简，卷从缣素，因物定名，无他义也。而缣素为书，后于竹简，故周秦称篇，入汉始有卷也。第彼时竹素并行，而名篇必有起讫，卷无起讫之称，往往因篇以为之卷，故《汉志》所著几篇，即为后世几卷，其大较也。然《诗经》为篇三百，而为卷不过二十有八；《尚书》、《礼经》，亦皆卷少篇多，则又知彼时书入缣素，亦

---

① 本篇作于乾隆五十四年（1789）。文章说明篇、卷的起源、原意及其演变。篇用来计文之起讫，卷则言缀帛之短长，古代著书多以篇计其数，后世多以卷而不以篇，两者作用其实有所不同。

② 《武成》：《尚书》篇名。原文东汉已佚。现保存《武成篇》佚文，除《史记·周本纪》外，《汉书·律历志》尚有八十余字。魏源《古书微》的《武成补六下》，是根据《周本纪》辑佚。而今本《尚书》的《武成篇》是伪古文。

称为篇。篇之为名，专主文义起讫，而卷则系乎缀帛短长，此无他义，盖取篇之名书，古于卷也，故异篇可以同卷，而分卷不闻用以标起讫也。考班氏《五行》之志，《元后》[①]之传，篇长卷短，则分子卷，是篇不可易而卷可分合也。嗣是以后，讫于隋唐，书之计卷者多，计篇者少。著述诸家所谓一卷，往往即古人之所谓一篇，则事随时变，人亦出于不自知也。惟司马彪《续后汉志》[②]八篇之书，分卷三十，割篇徇卷，大变班书子卷之法，作俑唐宋史传，失古人之义矣。《史》、《汉》之书，十二本纪、七十列传、八书、十志之类，但举篇数，全书自了然也；《五行志》分子卷五，《王莽传》分子卷三，而篇目仍合为一，总卷之数仍与相符，是以篇之起讫为主，不因卷帙繁重而苟分也。自司马彪以八志为三十卷，遂开割篇徇卷之例，篇卷混淆，而名实亦不正矣。欧阳《唐志》五十，其实十三志也，年表十五，其实止四表也；《宋史》列传二百五十有五，《后妃》以一为二，《宗室》以一为四，李纲一人，传分二卷，再并《道学》、《儒林》以至《外国》、《蛮夷》之同名异卷，凡五十余卷，其实不过一百九十余卷耳。至于其间名小异而实不异者，道书称弓[③]，即卷之别名也，元人《说郛》[④]用之；䎒通《隽永》称首，则章之别名也，梁人《文选》用之。此则标新著异，名实故无伤也。唐宋以来，卷轴之书，又变而为纸册，则成书之易，较之古人，盖不啻倍蓰已也。

古人所谓简帙繁重，不可合为一篇者，分上中下之类。今则再倍其书而不难载之同册矣。故自唐以前，分卷甚短，六朝及唐人文集所为十卷，今人不过三四卷也。自宋以来，分卷遂长。以古人卷从捲轴，势自不能过长；后人纸册为书，不过存卷之名，则随其意之所至，不难巨册以载也。以纸册而存缣素为卷之名，亦犹汉人以缣素而存竹简为篇之名，理本同也。然篇既用以计文之起讫矣，是终古不可改易，虽谓不从竹简起义可也。卷则限于轴之长短而并无一定起讫之例，今既不用缣素而用纸册，自当量纸册之能胜而为之

---

[①] 《元后》：《元后传》，《汉书》篇名。
[②] 司马彪《续后汉志》：司马彪（？—约306），西晋史学家。字绍统，河内温（在今河南）人。晋宗室。著有《续汉书》八十卷，其中八志三十卷，南朝梁刘昭注范晔《后汉书》时，将其补入其中并作注，而司马彪原纪传部分则均散佚。他还著有《庄子注》、《九州春秋》等。
[③] 弓：卷的别名。本为《说文》纠字，道经借为卷帙之名。陶宗仪《辍耕录》卷六："弓，即卷子。《真诰》中谓一卷为一弓。"
[④] 《说郛》：元陶宗仪编。《四库全书总目提要》著录一百二十卷，并说明原本七十卷，后经多次编辑，已非原貌。所录书凡一千二百九十二种，其中有七十六种有录无书。今传本乃清顺治年间姚安陶珽所编。

界。其好古而标卷为名，从质而标册为名，自无不可；不当又取卷数与册本故作参差，使人因卷寻篇，又复使人挟册求卷，徒滋扰也。

夫文之繁省起讫，不可执定，而方策之重，今又不行，古人寂寥短篇，亦可自为一书，孤行于世，盖方策体重，不如后世片纸难为一书也。则篇自不能孤立，必依卷以连编，势也；卷非一定而不可易，既欲包篇以合之，又欲破册而分之，使人多一检索于离合之外，又无关于义例焉，不亦扰扰多事乎？故著书但当论篇，不当计卷；卷不关于文之本数，篇则因文计数者也。故以篇为计，自不忧其有阙卷，以卷为计，不能保其无阙篇也。必欲计卷，听其量册短长而为铨配可也。不计所载之册而铢铢分卷，以为题签著录之美观，皆是泥古而忘实者也。《崇文》、《宋志》[1]，间有著册而不详卷者；明代《文渊阁目》[2]，则但计册而无卷矣；是虽著录之阙典，然使卷册苟无参差，何至有此弊也！古人已成之书，自不宜强改。

## 天喻[3]

夫天，浑然而无名者也。三垣、七曜、二十八宿、一十二次、三百六十五度、黄道、赤道，历家强名之以纪数尔。古今以来，合之为文质损益，分之为学业、事功、文章、性命。当其始也，但有见于当然而为乎其所不得不为，浑然无定名也。其分条别类，而名文、名质，名为学业、事功、文章、性命而不可合并者，皆因偏救弊，有所举而诏示于人，不得已而强为之名，

---

[1] 《崇文》、《宋志》：指《崇文总目》与《宋史·艺文志》。《崇文总目》是宋朝的国家书目。由王尧臣、欧阳修等人于庆历元年（1041）编成。宋仁宗赐名为《崇文总目》。全书六十六卷，分四部四十五类，著录图书三万零六百六十九卷，是一部有解题的目录。崇文指崇文院，为当时宫廷藏书处。太平兴国二年（977），修建三馆书院，次年，赐名崇文院，迁贮西馆书籍。文渊阁后为明代宫廷藏书楼。

[2] 《文渊阁目》：明朝国家书目。明正统六年（1441）由大学士杨士奇等人编成。著录内容很简略，无解题、小序，也不录作者和卷数，只在书名下注册数。著录图书七千二百五十六部，四万二千六百多册。

[3] 本篇作于乾隆五十四年（1789）。文章论述作为一位真正的学者，应当去扶持好的社会风气和学术风气，批评不良的社会风气和学术风气，更不要为不良的社会风气和学术风气推波助澜。因为既然是风气就必然会发生变化，就像天体运动一样，时间一久必然发生变化，"历法久则必差"，这是自然的道理，因此，"历自黄帝以来，代有变更"。当然社会风气的变化，学术风气的转移，也是情理之中，"人心风俗，不能历久而无弊"，"故学业者，所以辟风气也。风气未开，学业有以开之；风气既弊，学业有以挽之"。这些思想与《原道》、《原学》诸篇相呼应。

定趋向尔。后人不察其故而徇于其名，以谓是可自命其流品，而纷纷有入主出奴之势焉。汉学宋学之交讥，训诂辞章之互诋，德性学问之纷争，是皆知其然而不知其所以然也。

学业将以经世也，如治历者尽人功以求合于天行而已矣，初不自为意必也。其前人所略而后人详之，前人所无而后人创之，前人所习而后人更之，譬若《月令》中星不可同于《尧典》，太初历法不可同于《月令》，要于适当其宜而可矣。周公承文武之后而身为冢宰，故制作礼乐，为一代成宪；孔子生于衰世，有德无位，故述而不作以明先王之大道；孟子当处士横议之时，故力距杨墨以尊孔子之传述；韩子当佛老炽盛之时，故推明圣道以正天下之学术；程朱当末学忘本之会，故辨明性理以挽流俗之人心。其事与功皆不相袭，而皆可言乎经世也。故学业者，所以辟风气也。风气未开，学业有以开之；风气既弊，学业有以挽之。人心风俗不能历久而无弊，犹羲和、保章之法不能历久而不差也。因其弊而施补救，犹历家之因其差而议更改也。历法之差，非过则不及；风气之弊，非偏重则偏轻也。重轻过不及之偏，非因其极而反之，不能得中正之宜也。好名之士，方且趋风气而为学业，是以火救火而水救水也。

天定胜人，人定亦能胜天。二十八宿，十二次舍，以环天度数尽春秋中国都邑。夫中国在大地中，东南之一隅耳。而周天之星度属之，占验未尝不应，此殆不可以理推测，盖人定之胜于天也。且如子平之推人生年月日时，皆以六十甲子分配五行生克。夫年月与时，并不以甲子为纪，古人未尝有是言也。而后人既定其法，则亦推衍休咎而无不应，岂非人定之胜天乎？《易》曰"先天而天弗违"，盖以此也。学问亦有人定胜天之理，理分无极太极，数分先天后天，图有《河图》、《洛书》[①]，性分义理气质，圣人之意，后贤以意测之，遂若圣人不妨如是解也。率由其说，亦可以希圣，亦可以希天，岂

---

① 《河图》、《洛书》：传说中的神图、神书。《周易·系辞》上："河出图，洛出书，圣人则之。"相传伏羲时，有龙马出自黄河，背负《河图》；另有神龟出自洛水，背负《洛书》。伏羲依《河图》画出八卦，大禹依《洛书》制订"九畴"。所谓《河图》，即今流传之《周易》卷首所画有五十五个圈点之占卦图，实际上是无文字时代的气象图，据今人韩永贤研究，是畜牧时期留下的气象图，图上的圆点，表示雨点、雨量，而圆圈则表示太阳、干燥。所谓《洛书》，即《尚书·洪范》纲目六十五个字，汉儒将它附会为《洛书》，认为天赐禹洪范九畴以统治天下。

非人定之胜天乎？尊信太过，以谓真得圣人之意固非；即辨驳太过，以为诸儒诋訾，亦岂有当哉？

## 师说[①]

韩退之曰："师者，所以传道授业解惑者也。"又曰："师不必贤于弟子，弟子不必不如师。""道之所存，师之所存也。"又曰："巫医百工之人，不耻相师。"而因怪当时之人以相师为耻，而曾巫医百工之不如。韩氏盖为当时之敝俗而言之也，未及师之究竟也。《记》曰："民生有三，事之如一，君、亲、师也。"此为传道言之也。授业解惑，则有差等矣。业有精粗，惑亦有大小，授且解者之为师，固然矣；然与传道有间也。巫医百工之相师，亦不可以概视也；盖有可易之师与不可易之师，其相去也不可同日语矣。知师之说者，其知天乎？盖人皆听命于天者也，天无声臭而俾君治之；人皆天所生也，天不物物而生而亲则生之；人皆学于天者也，天不谆谆而诲而师则教之。然则君子而思事天也，亦在谨事三者而已矣。人失其道则失所以为人，犹无其身则无所以生也。故父母生而师教，其理本无殊异。此七十子之服孔子，所以可与之死，可与之生，东西南北，不敢自有其身。非情亲也，理势不得不然也。

若夫授业解惑，则有差等矣。经师授受，章句训诂，史学渊源，笔削义例，皆为道体所该。古人"书不尽言，言不尽意"。竹帛之外别有心传，口耳转受必明所自，不啻宗支谱系不可乱也。此则必从其人而后受，苟非其人，即己无所受也，是不可易之师也。学问专家，文章经世，其中疾徐甘苦，可以意喻，不可言传。此亦至道所寓，必从其人而后受，不从其人即己无所受也，是不可易之师也。苟如是者，生则服勤，左右无方，没则尸祝俎豆，如七十子之于孔子可也。至于讲习经传，旨无取于别裁；斧正文辞，义未见其独立；人所共知共能，彼偶得而教我。从甲不终，不妨去而就乙；甲

---

[①] 本篇作于乾隆五十四年（1789）。文章开宗明义便引韩愈《师说》中的观点，进而引出自己对为师的看法，他认为有可易之师与不可易之师的分别，那种能教人以才德具备之师，显然就是必不可易之师。最后哀叹"师道失传久矣"。

不告我，乙亦可询；此则不究于道，即可易之师也。虽学问文章，亦末艺耳。其所取法，无异梓人之慧琢雕，红女之传绨绣，以为一日之长，拜而礼之，随行隅坐，爱敬有加可也。必欲严昭事之三而等生身之义，则责者罔而施者亦不由衷矣。巫医百工之师，固不得比于君子之道，然亦有说焉。技术之精，古人专业名家，亦有隐微独喻，得其人而传，非其人而不传者，是亦不可易之师，亦当生则服勤而没则尸祝者也。古人饮食，必祭始为饮食之人，不忘本也；况成我道德术艺而我固无从他受者乎？至于"弟子不必不如师，师不必贤于弟子"，则观所得为何如耳。所争在道，则技曲艺业之长，又何沾沾而较如不如哉？

嗟夫！师道失传久矣。有志之士，求之天下，不见不可易之师，而观于古今，中有怦怦动者，不觉辴然而笑，索焉不知涕之何从，是亦我之师也。不见其人，而于我乎隐相授受，譬则孤子见亡父于影像，虽无人告之，梦寐必将有警焉。而或者乃谓古人行事，不尽可法，不必以是为尸祝也。夫禹必祭鲧，尊所出也；兵祭蚩尤，宗创制也。若必选人而宗之，周孔乃无遗憾矣。人子事其亲，固有论功德而祧祢以奉大父者邪？

# 假年①

客有论学者，以谓书籍至后世而繁，人寿不能增加于前古，是以人才不古若也。今所有书，如能五百年生，学者可无遗憾矣。计千年后，书必数倍于今，则亦当以千年之寿副之。或传以为名言也。余谓此愚不知学之言也。必若所言，造物虽假之以五千年而犹不达者也。

---

① 本篇作于乾隆五十四年（1789）。文章是针对当时社会上那些"骛博以炫人者"而发，正如他的侄儿章廷枫所说："此篇盖有为而发，是亦为夸多斗靡者下一针砭。"因为人的资质各不一样，因而在做学问上的成就大小，不尽决定于年代时间之长短。况且要靠延长寿命来学完所有之书，更是不现实的。所以他在《与周永清论文》中曾指出："人各有能有不能，虽尧舜之知，不遍物也。"他教导青年，不要好高骛远，一意求博，到头来是一事无成。他在《与周次列举人论刻先集》一文中说："天地之大，人之所知所能，必不如其所不知不能，故有志于不朽之业，宜度己之所长而用之，尤莫要于能审己之所短而谢之，是以舆薪有所不顾，而秋毫有所必争，诚贵乎其专也。"这些自然都是大实话。他还写了《博约》、《博杂》诸篇，其实都有相互发明。

学问之于身心，犹饥寒之于衣食也。不以饱暖慊其终身，而欲假年以穷天下之衣食，非愚则罔也。传曰："至诚能尽其性，则能尽人之性；能尽人之性，则能尽物之性。"人之异于物者，仁义道德之粹，明物察伦之具，参天赞地之能，非物所得而全耳。若夫知觉运动，心知血气之禀于天者，与物岂有殊哉？

　　夫质大者所用不得小，质小者所资不待大；物各有极也，人亦一物也。鲲鹏之寿十亿，虽千年其犹稚也；蟪蛄不知春秋，期月其大耋也。人于天地之间，百年为期之物也；心知血气，足以周百年之给欲而不可强致者也。夫子十五志学，"七十而从心所欲，不逾矩。"圣人，人道之极也。人之学为圣者，但有十倍百倍之功，未闻待十倍百倍之年也。一得之能，一技之长，亦有志学之始与不逾矩之究竟也。其不能至于圣也，质之所限也，非年之所促也。颜子三十而夭，夫子曰："惜乎！吾见其进也，未见其止也！"盖痛其不足尽百年之究竟也。又曰："后生可畏，四十五十而无闻焉，斯不足畏。"人生固有八十九十至百年者，今不待终其天年，而于四十五十谓其不足畏者，亦约之以百年之生，度其心知血气之用，固可意计而得也。五十无闻，虽使更千百年，亦犹是也。

　　神仙长生之说，诚渺茫矣。同类殊能，则亦理之所有，故列仙洞灵之说，或有千百中之十一，不尽诬也。然而千岁之神仙，不闻有能胜于百岁之通儒，则假年不足懋学之明征也。禹惜分阴，孔子"发愤忘食，乐以忘忧，不知老之将至"，又曰："假我数年，五十以学《易》。"盖惧不足尽百年之能事，以谓人力可至者，而吾有不至焉，则负吾生也。蟪蛄纵得鲲鹏之寿，其能止于啾啾之鸣也；盖年可假而质性不可变。是以圣贤爱日力而不能憝百年之期蹙，所以谓之尽性也。

　　世有童年早慧，诵读兼人之倍蓰而犹不止焉者，宜大异于常人矣，及其成也，较量愚柔百倍之加功，不能邃胜也。则敏钝虽殊，要皆画于百年之能事，而心知血气可以理约之明征也。今不知为己而骛博以炫人，天下闻见不可尽而人之好尚不可同，以有尽之生而逐无穷之闻见，以一人之身而逐无端之好尚，尧舜有所不能也。孟子曰："尧舜之智，而不遍物，尧舜之仁，不遍爱人。"今以凡猥之资而欲穷尧舜之所不遍，且欲假天年于五百焉；幸而不可能也，如其能之，是妖孽而已矣！

# 博杂①

传曰："博学之，审问之，慎思之，明辨之。"夫子曰："君子博学于文。"孟子曰："博学而详说之。"学之要于博也，所以为知类也。张罗求鸟，得鸟者不过一目；以一目为罗，则鸟不可得也。然则罗之多目，所以为一目地也。博文以为约礼之资，详说以为反约之具，博约非二事也。有所因而求焉，不得不如是也。有贱儒者，不知学问之为己而骛博以炫人焉，其为学也，泛无所主，以谓一物不知，儒者所耻，故不可以有择也。其为考索也，不求其理之当而但欲征引之富，以谓非是不足以折人之口也；其为纂述也，不顾其说之安而必欲赅而俱存，以谓刘歆有言，"与其过而废也，毋宁过而存之"，此说良所允也。此其为术，蠢愚钝拙，而其为说，亦窒戾不通之至矣。然而当世犹有称之者，学术不明，而驳杂丑记为流俗之所惊也。

夫学无所主，而耻一物之不知，是欲智过孔子也。孔子之大，如天之不可极，然而其学可以一言尽也。孔子所欲学者，周公也；祖述尧舜，周公之志也；宪章文武，周公之事也。一则曰："吾学周礼。"再则曰："吾为东周。""甚矣吾衰，不复梦见周公。"则表章六籍以存周公之旧典，是则夫子生平之学也。今贱儒不知天下古今未有无主之学，而以无所不涉为博通，是夸父逐日，愚公移山之智也。且势有所尽，理有所止，虽圣人有所不能强也。删《书》断自唐虞，制礼鉴于殷夏，其有不可知则从略也。今谬托于好古，而曰夫子未删之《春秋》，存于今日，必有可观；《商颂》②十二，而戴公得五，当孔子时，必有篇目可稽，或有逸句可采，惜夫子未登于籍，以为隐憾。此其乖戾谬妄，三尺童子皆知唾弃矣，而世或赏其志奇好古。

然则学术不明，必为人心风俗之害。贱儒不足以有为，而群焉不察以相赞

---

① 本篇确切写作年代不详，大约与《博约》、《假年》诸篇写作时间相近，而所论之主题亦相同，批评一些人做学问不仅泛无所主，而且"骛博以炫人"，因此"无所为而竞言考订"，"不求其当而惟存古"，这种学术风气，显然不利于学术的发展，所以他再三提出批评是可以理解的。他告诉青年学者，求博不是最终目的，"学必求其心得，业必贵于专精"，这就是处理好博约关系的最终目的。所以有了博必须及时返约，求专求精，否则只能是个杂货铺之店主，三家村的塾师而已。此篇"大梁本"未收。

② 《商颂》：《诗经》分类名称，亦称《商》。是商的后代祭颂其祖先之祭歌。今存五篇。

叹，则流风大可惧也！古人之考索，将以有所为也，旁通曲证，比事引义，所以求折中也。今则无所为而竞言考索。古今时异，名物异殊，触类而长，譬彼董泽之蒲，可胜既乎！然世俗之儒，学无原本，随所闻见，笔而存之，以待有心者之取择，若端木氏所谓不贤识其小者，亦君子之所取也。而贱儒之为考索，则犹以是为不足焉，援古证今，取彼例此，不求其是而务穷其类。夫求其是，则举一可以反三，而穷其类，则挂九不免漏一也。类卒不可胜穷，则文窒理芜，而所言皆作互乡之噂沓。此宜粗识文义者之所羞称，而当世翕然嘉其学，则驳杂丑记，流俗所惊，而无稽之赞叹，贻患于学术人心者为不细也！

凡人有所取，不能无所弃，圣贤之与庸愚，中正之与邪僻，皆同然也。今漫然无别而欲赅存之，以谓苟出于古，不忍有所弃取，而妄托于刘歆之过存。夫刘氏之所谓过而存者，《逸礼》①、《毛诗》、《左氏传》也。苟不求其当而惟古之存，则今犹古也，上自官府簿书，下至人户版籍，市井钱货注记，更千百年而后，未始不可备考索也。如欲赅存，则一岁所出，不知几千百亿，岁岁增之，岱岳不足聚书，沧海不供墨瀋矣；天地不足供藏书，贱儒即死，安所更得尺寸之隙以藏魂魄哉！

凡贱儒之所持者，理之不可通，情之不可近，势之不可行，苟有心知血气者，未有不谓妖孽也。然而奔走一二有力之口，荧惑什百无识之目，相与汲汲而称之，孜孜而慕之，逐臭饮狂，未有已也！则风尚所趋，而别裁伪体，苟有意于斯文，不可不知所择也。

# 同居②

九世同居，前人以为美谈，洵足尚矣。然三代封建井田之制，皆以分别

---

① 《逸礼》：据汉人刘歆《移书》云："鲁恭王坏孔子宅，得古文于坏壁之中，《逸礼》有三十九篇。"因此有的亦称为《古文逸礼》。其书早已不传。而今文家根本否认《逸礼》之发现，说是古文家伪造。

② 本篇作于乾隆五十六年（1791）。文章虽短，所讲道理却很实在，学习古人切忌照搬照抄，时代变了，古人实行的制度，今天显然是行不通了。国家如此，一个家庭亦未尝不如此。因此，他提出"与其慕虚名而处实患，则莫如师其意而不袭其迹"。文章最后又提出"师古而得其意，固胜乎泥古而被其毒也"的观点。此篇"大梁本"未收。

为义。至于王者合姓缀食，乡间守望相助，分而未始不合也。时势殊异，封建井田必不可行，人事不齐，同居亦有不可终合之势。与其慕虚名而处实患，则莫如师其意而不袭其迹矣。家庭离间，始于妇女，盖兄弟由合而分，夫妇由分而合，斯固然已。自私自利，天真易漓，中人而下，往往不免。则欲家庭之敦孝友，莫如择人世之易惕而难忘者，君子以为合则不如分也。昔有老亲讼逆子者，官繋其子而不问，久之，乃欲归省其亲。子归见亲，孺慕之诚动于颜色，其后卒以孝闻。或询其子，则曰："昔也习见吾亲，狎而忘之；今久不见，乃知所生之恩大也。"夫狎则易忘，离则思合，人情莫不然也。天属之亲，苟非至性，得毋狎处而忘者乎？山川修阻，风雨鸡鸣，亦以人远始有室迩之思，况天属耶！然则一本之谊，友昆之爱，上者奕世同居，不分畛域。苟为不然，则当分别区处，早为之所，使之间阻而生契合之思，难即而知易离之感，则《棠棣》[1]辉萼之诗，其载咏乎！夫师古而得其意，固胜乎泥古而被其毒也。

## 感遇[2]

古者官师政教出于一，秀民不艺其百亩，则饩于庠序，不有恒业，谓学业。必有恒产，无旷置也。周衰，官失道行，私习于师儒，于是始有失职之士，孟子所谓尚志者也。士与公卿大夫皆谓爵秩，未有不农不秀之间，可称尚志者也。孟子所言，正指为官失师分，方有此等品目。进不得禄享其恒业，退不得耕获其恒产，处世孤危所由来也。圣贤有志斯世，则有际可公养之仕，三就三去之道，遇合之际，盖难言也。夫子将至荆，先之以子夏，申之以冉有。泄柳、申详，无人乎缪公之侧，则不能安其身。孟子去齐，时子致矜式之言，有客进留行之说。相需之殷而相遇之疏，则有介绍旁通，维持调护，时势之

---

[1] 《棠棣》：《诗经》篇名。是《小雅》中的一篇。现在流传本均作《常棣》，注家皆曰"常"借为"棠"，从《汉书》记载看，汉代本作"棠"。"棠棣"，即棠梨树。诗的内容是劝导兄弟之间应当友爱。

[2] 本篇作于乾隆五十四年（1789）。章氏一生十分坎坷，虽长于文史校雠，却从未得到过重用，虽长于史学，却从未跨入史馆之门。刘知幾虽然也不得志，但是毕竟还曾出入史馆，再为史臣。对此，章氏还曾表示过羨慕之情。因而文中借历史上许多名人不平之事，以抒发自己长期积压在胸中之积愤。而文中所写名人之不被重用，尽管情况各有不同，其遭遇又无一不为人们所同情，"方少而主好用老，既老而主好用少"，以致留下许多千古之遗憾！此篇"大梁本"未收。

出于不得不然者也。圣贤进也以礼，退也以义，无所撄于外，故自得者全也。士无恒产，学也禄在其中；非畏其耕之馁，势有不暇及也。虽然，三月无君，则死无庙祭，生无宴乐，霜露怛心，凄凉相吊，圣贤岂必远于人情哉！君子固穷，枉尺直寻，羞同诡遇，非争礼节，盖恐不能全其所自得耳。

古之不遇时者，隐居下位，后世下位不可以倖致也。古之不为仕者，躬耕乐道，后世耕地不可以倖求也。古人廉退之境，后世竭贪倖之术而求之，犹不得也。故责古之君子，但欲其明进退之节，不苟慕夫荣利而已；责后之君子，必具志士沟壑、勇士丧元之守而后可。圣人处遇，固无所谓难易也；大贤以下，必尽责其丧元沟壑而后可，亦人情之难者也。商鞅浮尝以帝道，贾生详对于鬼神，或致隐几之倦，或逢前席之迎，意各有所为也。然而或有遇不遇者，商因孝公①之所欲，而贾操文帝之所难也。韩非致慨于《说难》②，曼倩③托言于谐隐，盖知非学之难，而所以申其学者难也。然而韩非卒死于说而曼倩尚奋于俳，何也？一则露锷而遭忌，一则韬锋而倖全也。故君子不难以学术用天下，而难于所以用其学术之学术。古今时异势殊，不可不辨也。古之学术简而易，问其当否而已矣；后之学术曲而难，学术虽当，犹未能用，必有用其学术之学术；而其中又有工拙焉。身世之遭遇，未责其当否，先责其工拙。学术当而趋避不工，见摈于当时；工于遇而执持不当，见讥于后世。沟壑之患逼于前，而工拙之效驱于后，呜呼！士之修明学术，欲求寡过而能全其所自得，岂不难哉！

且显晦，时也；穷通，命也。才之生于天者有所独，而学之成于人者有所优，一时缓急之用，与一代风尚所趋不必适相合者，亦势也。刘歆经术而不遇孝武，李广飞将而不遇高皇④，千古以为惜矣。周人学武而世主尚文，改而学文，主又重武；方少而主好用老，既老而主好用少，白首泣途，固其宜

---

① 孝公：秦孝公（前381—前338），战国时秦国国君。嬴姓，名渠梁，献公之子。即位后重用商鞅，实行变法，使国强盛。

② 《说难》：《韩非子》篇名。此篇讲述进说君主的困难，并分析其成功与失败的原因。提出说者须察人主之爱憎，还要讲究进言之技术。

③ 曼倩：东方朔的字。

④ 高皇：指汉高祖刘邦，亦称汉高帝、高皇帝。刘邦（前256—前195），西汉开国皇帝。字季，沛（今江苏沛县）人。初为泗水亭长。秦末农民起义，他起兵响应，陈胜死后，他与项羽领导农民起义，推翻秦王朝。"楚汉战争"，又打败项羽，即皇帝位，建立西汉王朝。《史记·李广传》："文帝曰：'惜乎，子不遇时！如令子当高帝时，万户侯岂足道哉！'"

也。若夫下之所具，即为上之所求，相须綦亟而相遇终疏者，则又不可胜道也。孝文拊髀而思颇、牧①，而魏尚②不免于罚作；理宗③端拱而表程朱，而真、魏④不免于疏远；则非学术之为难，而所以用其学术之学术，良哉其难也！望远山者，高秀可挹，入其中而不觉也；追往事者，哀乐无端，处其境而不知也。汉武读相如之赋，叹其飘飘凌云，恨不得与同时矣；及其既见相如，未闻加于一时侍从诸臣之右也。人固有爱其人而不知其学者，亦有爱其文而不知其人者。唐有牛⑤、李之党，恶白居易者，缄置白氏之作，以谓见则使人生爱，恐变初心，是于一人之文行殊爱憎也；郑畋⑥之女讽咏罗隐⑦之诗，至欲委身事之，后见罗隐貌寝，因之绝口不道，是于一人之才貌分去取也。文行殊爱憎，自出于党私；才貌分去取，则是妇人女子之见也。然而世以学术相贵，读古人书，常有生不并时之叹；脱有遇焉，则又牵于党援异同之见，甚而效郑畋女子之别择于容貌焉。则士之修明学术，欲求寡过而能全其所自得，岂不难哉！淳于⑧量饮于斗石，无鬼论相于狗马，所谓赋《关

---

① 颇、牧：指廉颇、李牧。廉颇，战国时赵国将领。惠文王时，伐齐有功，被授上卿之位，以勇敢善战闻名于诸侯。曾任相国，封信平君。李牧（？—前228），战国末赵国将领。长期守赵之北部边境，备御匈奴，以便宜置吏，市租皆输入幕府充赏赐。日杀数牛享士，习骑射，谨烽火，多间谍，不与战，亦不亡失。曾大破匈奴十余万骑，其后十余年，匈奴不敢近赵边城。

② 魏尚：西汉官吏。右扶风槐里（今陕西兴平东南）人。文帝时为云中郡守。善治军，出私养钱，五日一杀牛以犒享军士。曾击败匈奴入侵，所杀甚众，匈奴不敢近云中，后因上报战果斩敌首级数时虚报六级，被文帝免职。冯唐力谏，乃赦其罪，复为云中守。

③ 理宗：南宋皇帝赵昀（1205—1264），原名与莒，在位四十年，权臣史弥远、丁大全、贾似道窃弄福威，与相终始。中年后怠于政事，虚谈性命，国势垂危。死后庙号理宗。

④ 真、魏：指真德秀、魏了翁。

⑤ 牛：指唐朝大臣牛僧孺（779—847），字思黯，安定鹑觚（今甘肃灵台）人。贞元进士。是晚唐"牛李党争"时"牛派"首领。有传奇集《玄怪录》。

⑥ 郑畋（约824—882）：唐末大臣。字台文，荥阳（今河南荥阳）人。会昌进士。官至同平章事，黄巢义军占领长安，曾奉命留守关中。后充京西诸道行营都统，传檄诸镇合力围攻长安，致使黄巢不得过京西。不久进位检校司空。

⑦ 罗隐（833—909）：唐末文学家。本名横，字昭谏，新登（今浙江富阳）人。少时即负盛名，但因议论时政，十考进士不中，遂改名隐。后投吴越王钱镠，曾任钱塘令、著作佐郎等。著有散文集《谗书》，诗集十四卷，甲乙集三卷，外集一卷。清人辑《罗昭谏集》。

⑧ 淳于：指淳于髡，战国时齐国大臣。滑稽善辩，曾多次出使诸侯国，未曾受辱。威王荒淫沉湎，不理朝政，他以隐语启发威王，使之振奋。周显王二十年（前349），楚侵齐，他往赵国借得精兵十万，使楚不战自退，威王授于诸侯主客官，备加宠幸。晚年至魏游说，惠王授于卿相位，不就而去。司马迁在《史记》中将其写入《滑稽列传》。撰有《王度记》，已佚。

雎》而兴淑女之思，咏《鹿鸣》而致嘉宾之意也。有所托以起兴，将以浅而入深，不特诗人微婉之风，实亦世士羔雁之质，欲行其学者，不得不度时人之所喻以渐入也。然而世之观人者，闻《关雎》而索河洲，言《鹿鸣》而求苹野，淑女嘉宾则弃置而弗道也。中人之情，乐易而畏难，喜同而恶异，听其言而不能察其言之所谓者，十常八九也。有贱丈夫者，知其遇合若是之难也，则又舍其所长而强其所短，力趋风尚，不必求惬于心。风尚岂尽无所取哉？其开之者尝有所为，而趋之者但袭其伪也。

夫雅乐不亡于下里而亡于郑声，郑声工也；良苗不坏于蒿莱而坏于莠草，莠草似也；学术不丧于流俗而丧于伪学，伪学巧也。天下不知学术，未尝不虚其心以有待也。伪学出，而天下不复知有自得之真学焉。此孔子之所以恶乡愿，而孟子之所为深嫉似是而非也。然而为是伪者，自谓所以用其学术耳。昔者夫子未尝不猎较，而簿正之法卒不废，兆不足行而后去也。然则所以用其学术之学术，圣贤不废也。学术不能随风尚之变，则又不必圣贤，虽梓匠轮舆，亦如是也。是以君子假兆以行学，而遇与不遇听乎天。昔扬子云早以雕虫获荐，而晚年草玄寂寞，刘知幾先以词赋知名而后因述史减誉，诚知其不可奈何而安之若命也。

## 感赋[①]

庭风飒起，檐械变声，横云扫迹，秋气孤清。主人夙负不羁，怀抱纵横，抚兹节序，斋居感生。思启口而畴语，欲举足以何向？聆蟋蟀之凄苦，送寒鸿之嘹亮。于是洒扫一室，陈书披图，发愤鼓箧，与古为徒。宇宙扩而书生小，文事畸而遇合殊，天何为而生才？才何为而见需？既及时而或遇，乃巧扼而终疏；感同声而异喟，何今古之分区？假如公子[②]发愤，著书负奇，悲励廉直，轩赤奸欺，谏韩王而不悟，顾郊垒兮兴思；《五蠹》文成，三秦

---

[①] 本篇与《感遇》同作于乾隆五十四年（1789），而是用赋的体裁书写历史上许多人物生不逢时，不被重用，以抒发自己内心愤激之情。此篇"大梁本"未收。

[②] 公子：指韩非子。

路远，无翼而飞，不媒以款，慨息雄才之主，恨同生而见晚。方期愿符鱼水，志惬云鸿，何我鞎而子玖，厄同栖于两雄，冤沉狱底，《孤愤》谁通？

至若洛阳少年①，英标道上，恸哭万言，钧天震荡；得恭俭之令主，慕垂裳兮无为；将摩仁兮渐义，佇《箾韶》②兮凤仪。岂期锥屠将相，苍蝇谗巧，远谪长沙，伤嗟《鵩鸟》③。感鬼神于夜半，虽前席而无因，秋风高兮湘水阔，吊骚客兮谁亲？若乃居巢绝学，欲溯获麟，鞭《左》挞《史》，调班剂荀，邹鉴秋悬，颉鬼夜哭，洞坚析微，断弦入木，自擅名家，声飞天禄。既而再入兰省，三为史臣，天子前席，宰相避尘。方欲追作述于东周，耸唐德于盛汉，直周勃于西清，拜张飞于东观，枘凿方圆，辍觚长叹，卒贬安州④，浮沉薄宦。

及夫眉山⑤奏策，深结主知，风采佇于延览，文章沁乎心脾，子孙宰相，他日为期。如何青苗遇厄，老桧诗冤，托江湖兮浩渺，悲玉宇兮高寒，至尊辍食，太息才难。再踬再起，恩深命贱，恸先皇于夜直，彻金莲乎别殿，瘴海浮生，躬耕阳羡。至于龙川布衣⑥，长揖朝堂，陈万世之奇策，感风雷于孝皇。一鸣惊人，群刺蜂起，谢一官之虚拘，遂拂袖而归里。狂言惊俗，再遭灭趾，十死累囚，九重知己。虽白首而成名，重皇言于甲第，念梗楠兮先人，感鹡鸰兮昆季，宿草荒原，竟成赍志。

且夫李广不侯，重瞳⑦失王，秋风廉颇，落日冯唐⑧，此人皆抱非常之略，萃百炼之钢。卒使三军失道，呼雏不逝，远间赵王，迟逢汉帝。莫不扼腕欷歔，饮恨殁世！晴草醺烟，霜枫秀天，人随落叶，世阅清川，望九原之累累，埋古恨兮千年！况夫俎豆之学，文章自寿，阒寂当年，荣华身后；低回

---

① 洛阳少年：指贾谊。
② 《箾韶》：舜时所制之乐，这种乐演奏必须演奏九次才算完成。《尚书·皋陶谟》有"《箾韶》九成，凤凰来仪"之句，意思是说，《箾韶》乐演奏起来，凤凰就成双成对飞来。箾、箫相通。
③ 《鵩鸟》：贾谊的《鵩鸟赋》。
④ 卒贬安州：指刘知幾，曾再入兰台，三为史臣。
⑤ 眉山：指苏轼。
⑥ 龙川布衣：陈亮（1143—1194），字同甫，学者称龙川先生。婺州永康（在今浙江）人。南宋思想家、文学家。宋孝宗时，作《中兴五论》，力主抗金。
⑦ 重瞳：指项羽，《史记》称项羽"重瞳子"，即双眸子。
⑧ 冯唐：西汉官吏。安陵（今陕西咸阳东北）人。文帝时为中郎署长，后任车骑都尉。景帝即位任楚相。武帝时召求贤良之士，他已年逾九十，不能为官，故称"落日冯唐"。王勃在《滕王阁序》中有"冯唐易老，李广难封"之句。

蠹简，恸哭螭珉，桓君出而玄显，蔡帐秘而论珍，情随往屈，气逐来申，谅斯须之得丧，又何喜而何嗔！

## 杂说①

万物之始，吾皆不得而知也。或问先有卵乎，抑先有时夜乎？非时夜弗能伏卵，非卵弗能生时夜也。然积水生鱼，则化生亦常理矣。非铁无以为炉锤，非炉锤无以攻铁，炉锤之始，岂亦出于化生者欤？学问生于神智，而神智又出于学问也；制度生于聪明，而聪明又启悟于制度者也。

"神以知来"，学者之才识是也；"知以藏往"，学者之记诵是也。才识类火日之外景，记诵类金水之内景；故才识可以资益于人，而记诵能受于人，不能授之于人也。然记诵可以生才识，而才识不能生记诵，故金水能受火日之光，而火日不能受金水之光也。

三代以前，学未尝为一成之名。学校之学，制度之名也。然本于"教学半"及"学于古训"之学以为名，学皆称人之功力，而非以名人之造诣也。子夏之学流而为庄周，岂至子夏而始以所造名学邪？才学识虽各有所长，而皆当以学副之。或疑学与才识并列为三，何又以学统承三者？不知并列之为三者，已定之名也。统承三者而勉人，则功力之谓也。

道亦公共之名。即人以名其道，亦始春秋：如曰"夫子之道，忠恕而已矣"，"悦周公、仲尼之道"，盖因有他道而始别其名也。如曰"许子之道"，"墨者以薄为其道"，诚如韩子所谓"道其所道"是也。

文非古人所重，而言则非一端而已。故圣人之言，亦有专指文辞而言，即稍知学问之人，亦有推见其柢蕴者，不可以论文为文士之言而薄之也。

学问以知人，知学先须知人，知人先须自知。自知所长易，自知所短

---

① 本篇写作年代无确切记载，但从章氏《文史通义》刻本流传情况看，嘉庆元年（1796）以前，此篇已入刻本，当然在此之前已经写出。文章内容涉及面很广，既讲做人之道，又讲治学之道，既讲文章的撰写，又讲文章的评论，因此，名之曰《杂说》是有道理的。有些论点是很有见地的，如"学问以知人、知学先须知人，知人先须自知。自知所长易，自知所短难；自知所短易，自知所长之中犹有所短难"。但是一个人要真正做到恐怕又不是那么容易，就以章氏本身而言，又何尝不是如此！此篇"大梁本"未收。

难；自知所短易，自知所长之中犹有所短难。知长中之短，则进学自不容已矣。自知既明，则不患不知人矣。人各有长有短，与人相形，见短而不以为患者，恃别有所长也；知长中犹有所短，而丧然失所恃矣。然不学亦不知也。学而能知长中之短，则几矣！

朋友之交，道同德合，声名相垺，旁人未能轩轾，而己心有独歉者，必其所见有极精微者也。

文生于情，情又生于文，气动志而志动气也。故有所识解而著文辞，辞之所及，忽有所触而转增识解，皆一理之奇也。

隔河见伐鼓，捶落无声而响从后报。盖一水之隔，声之自来有渐也。因知雷发必先之以电，非电在雷之先也，度必光与声俱，以其积远而报响于后也。是知聪明之用，目之所交，捷于耳也。使在子夜之交，则先见电而闻雷后一日矣；使在晦朔之交，则相差且一月矣。夫耳目之所亲接，不免参差如是；学者求古，乃凭耳目所不及者以悬断之邪！

世之能文章者，以为言语之工，体撰之妙，能状难言之景，显难达之情，拟之化工造物，而文章之能事尽矣，行乎不得不行，止乎不得不止，拟之万斛泉源，随地涌出，而文章之能事尽矣；思涉乐其必笑，方言哀而已叹，拟之雍门鼓瑟，成连蹈海，而文章之能事尽矣。夫知古人之所言而不知古人所不言，未可谓之知言也。知古人之所蹈而不知古人所不蹈，未可谓之知行也。三百之《诗》具在也，文字无所加损也，声音无所歧异也，体物之工，言情之婉，陈义之高，未尝有所改变也。然而说《诗》之旨一有所异，则《诗》之得失霄壤判焉。是则文章之难，不在其言，而在其所以为言也。

琢玉为器，所弃之玉未必不良于所存者也，玉人攻去而不惜者，以为瑜而无当，不异于瑕也；制锦为衣，所割之锦未必不美于所留者也，锦工断弃而不顾者，以为华而无当，不异于敝也。噫！吾观文学之士，不求其当而争夸于美且富者，何纷纷耶？熙载赓歌，见于《虞典》[①]，《诗》非不可入《书》

---

[①] 《虞典》：指《尚书》中的《皋陶谟》，因为这是记载虞舜事迹之书，最后一段正是"乃赓载歌"。在《尚书》中，只有《尧典》、《虞书》，而无《虞典》，相传为记载唐尧、虞舜之书，今传本即《尧典》、《皋陶谟》两篇。有的篇目从《尧典》中分出《舜典》（而不是《虞典》），从《皋陶谟》中分出《益稷》。

也。《鸱鸮》①之诗，《金縢》存目而略其辞，典籍互存，不必取备于一篇之中。相如词赋，未足当于《离骚》之经也，史迁详赋而略《骚》，义取吊贾，不以屈氏主篇累其正旨也。贾生政事之疏，传贾生者宜莫重焉。合屈为篇，《鹏鸟》足悲其志，《怀沙》②有同慨焉，政事之疏，等于屈氏之属草未定可也。古人之去取，古人之心也。纷纷争于文字之末者，古人不计也。

冬之日短，照于地下者长也，非是不足以成岁功；初月光纤，受于轮背者多也，非是不足以成气朔。文有不言而胜其言者，说在庄子之述九渊而壶子仅疏三也；风目怜心，而取解于夔蚿，义已足也；晋人以四方上下之无穷，谓梁不异于蛮、触，君知无辨而客可不言以出也。《易》曰："物不可穷也，故受之以《未济》。"文有阙逸而不可以求备者，说在《周官》之《考工》③，其文不可补司空，而五官割裂以备六典为已支也；《笙诗》取备于束皙，《汤征》取备于白居易为已渎也。绘雪月者无色，画史著色于云，而虚其质素以为雪月也；刻阴款者无质，刻工留质于金石，而虚其中款以为文字也。不宜有而有者谓之赘。赘于事词而玷于文，伧父不知而文士知之；赘于篇章而玷于道，文士不知，惟有道者知之。相如无《封禅》之书，则《子虚》、《上林》，诗人讽谏之旨也；扬雄无《美新》之篇，则《太玄》、《官箴》④，六艺羽翼之书也。朱子《魏国》之状，陆游《南园》之记，论者不能无憾焉。

《羯鼓录》⑤载：有善音者客长安邸，月下闻羯鼓声，寻声访至，则其先人供奉太常者也。询以技，甚精能。何无尾声？则曰："检旧谱而亡之，故月下演声以求之耳。"问以调成亦意尽乎？曰："尽矣。"曰："意尽则止，又何求焉？"曰："声未尽也。"因拊掌曰："可与言矣。"遂教之借调以毕余

---

① 《鸱鸮》：《诗经》的篇名。是《诗经·豳风》的一篇。这是一首寓言诗，言鸟筑巢以养雏，历尽艰辛。《尚书·金縢》篇言此诗为周公所作，而《金縢》据后人研究成于战国中叶。

② 《怀沙》：屈原赋的篇名。

③ 《考工》：即《考工记》。作者不详。一般认为是春秋末期齐国人记录手工业生产的官书。两卷。分攻木、攻金、攻皮、设色、刮摩、搏埴六部分。对制车、兵器、乐器、练丝、染色、皮革加工等均有记述。于城市规划、宫殿建筑、数学知识亦有涉猎。所说青铜冶炼"六齐"之说，切合合金配比规律，为世界上最早的合金配比的经验性科学之总结。这是研究先秦科技的重要文献。

④ 《官箴》：扬雄作品，共有二十一篇。箴是一种古老的格言式的文体，不同于赋。

⑤ 《羯鼓录》：唐朝南卓著。南卓，字昭嗣，大中黔南观察使，后还任拾遗补阙。该书一卷，分前后二录，前录记述羯鼓源流、形状及唐玄宗以后有关羯鼓故事。后录记崔铉所说宋璟知音事。末附羯鼓诸宫曲名。还著有《唐朝纲领图》、《南卓文》，《新唐书·艺文志》均有著录。

声，其人鼓之而合，至于搏颡感泣，斯固艺事之神矣。文章之道，亦有然者。文固用以明理，或以记事，然有时理明事备而文势阙然，乃若有所未尽。此非辞意未至，辞气有所受病而不至也。求义理与征考订者皆薄文辞，以为文取事理明白而已矣，他又何求焉？而不知辞气受病，观者郁而不畅，将并所载之事与理而亦病矣。周子虚车之说，诚探本之言也。而抑知敝车挠轴之不可以行，则亦一偏之说尔。故曰："持其志，毋暴其气。"曾子曰"辞气远鄙倍"，夫子曰"辞达"。《春秋传》曰"辞之不可已也"。

文以气行，亦以情至。人之于文，往往理明事白，于为文之初指，亦若可无憾矣。而人见之者，以谓其理其事不过如是，虽不为文可也。此非事理本无可取，亦非作者之文不如其事其理，文之情未至也。今人误解辞达之旨者，以谓文取理明而事白，其他又何求焉？不知文情未至，即其理其事之情亦未至也。譬之为调笑者，同述一言而闻者索然，或同述一言而闻者笑不能止，得其情也；譬之诉悲苦者，同叙一事而闻者漠然，或同叙一事而闻者涕洟不能自休，得其情也。昔人谓文之至者，以为不知文生于情，情生于文。夫文生于情，而文又能生情，以谓文人多事乎？不知使人由情而恍然于其事其理，则辞之于事理，必如是而始可称为达尔。

子建厌薄辞赋，欲采史官实录；昌黎鄙弃科举，欲作唐之一经；盖诸子风衰，苟有志于著述，未有不究心于史学者也。魏文论建安诸子，推徐幹著书成一家言；今观伟长《中论》①，义理皆人所可喻，文辞亦不出黄初，盖效《法言》、《申鉴》诸家而有作者尔；变其书记铭箴颂诔诗赋之规模音节，初无不得已而立言宗旨，遂谓所著足以成一家言，可乎？然子建之所愿者未遂于前，昌黎之欲作者又虚于后，亦见成一史者不易易也。盖诸子不难其文，而难于宗旨之卓然有其不可灭；诸史不难其事，而难其有以成一家之言。故诸子仅工文辞，即后世文集之滥觞；史学惟求事实，即后世类书之缘起。古人篇无标题，摘篇首字命篇之类。书无定名，即其人以名书之类。部无专属。子史不分，诸子立言，往往述事；史家命意，亦兼子风。后世流分派别，遂若天经地义之不可兼也，非一日之故矣。先有名而后有书，如何得有立言宗旨哉？

---

① 伟长《中论》：伟长是徐幹的字。所撰《中论》二十余篇，主要阐明儒家经义。魏文帝谓此书"成一家之业，辞义典雅，足传于后"。今传本两卷。

# 外篇一

## 立言有本[①]

史学本于《春秋》；专家著述本于官礼；辞章泛应本于风《诗》，天下之文，尽于是矣。子有杂家，杂于众不杂于己，杂而犹成其家者也；文有别集，集亦杂也，杂于体不杂于指，集亦不异于诸子也。故诸子杂家与文集中之具本旨者，皆著述之事，立言之选也。

史乘而有稗官小说，专门著述而有语录说部，辞章泛应而有猥滥文集，皆末流之弊也。其中岂无可取！然如披沙检金，贵于精审；否则沿流忘源，汩其性而不可入德矣。盖其人本无所得，而矜才好名之习足以误心术也。

江都汪容甫[②]，工辞章而优于辞命，苟善成之，则渊源非无所自。古者行人之遗，流为纵横家学，其源实出于风《诗》也；引伸比兴，抑扬往复，可以穷文心之极变，达难显之至情，用以规谏讽谕，兴起好善恶恶之心，其为功也大矣。无如其人聪明有余而识力不足，聪明要于至当乃佳，凡有余之聪明，必有所不足也。不善尽其天质之良而强言学问，恒得其似而不得其是；当世翕然称之，则疢之矣。盖得其是者，贵自得而难于投众好之缘；物贵则知自希，千载若旦暮之遇也。得其似者，掠光影而易于招声气之附也。

汪氏晚年自定《述学》内外之篇，余闻之而未见，然逆知其必无当也。

---

[①] 本文与《〈述学〉驳文》均作于嘉庆三年（1798），两文都是对当时学者汪中提出批评，而批评又都是针对汪氏所出的文集《述学》。《述学》乃是一部文集，却又按学术著作的体例分成内篇、外篇。单就这点而言，其批评是正确的。但是，对许多具体内容的批评，有的是牵强附会，有的则出于意气，有的则是出于卫道观点，如女子改嫁一事，汪氏的观点无疑是正确的，章氏则批评为"有伤于名义"，并说"充其所论，伯夷与盗跖无分也"。这实际上已经不是学术争论。类此问题，阅读中还是应当注意是非之别。

[②] 汪容甫（1744—1794）：清朝学者。名中，字容甫，一字颂父，江都（今江苏扬州）人。少孤家贫，一生坎坷不遇。乾隆四十二年（1777）拔贡，但不赴朝考，钻研学问，精于经学和先秦诸子，又擅长骈体文词，代表作有《广陵对》、《哀盐船文》等。另有《广陵通典》、《容甫先生遗诗》等。

盖其平日谈经论史，灿然可观，甚有出于名才宿学之所不及，而求其宗本，茫然未有所归，故曰聪明有余识不足也。散万殊者为聪明，初学之童，出语惊其长老，聪明也；等而上之，至于学充文富而宗本尚未之闻，犹聪明也；定于一者为识力，其学包罗富有，其言千变万化，而所以为言之故，则如《诗》之三百，可以一言蔽也，是识力也。

今有文章如入万花之谷，学问如窥五都之市，可以愧奄陋而箴鄙僿矣。问其何以为言，不能答也，盖与荒经灭古，舍学识而空言一贯者，其功虽有难易之殊，其于无当则一也。舍学识而空言宗本，是窭子据空室而指其门闼以为家也；博学能文而不知宗本，是茪库为人守藏，多财而不得主其财也。窭子但指门闼，内空而外亦不可恃也；守藏全非己有，譬之多宾无主，孰为之内，孰为之外哉！

今观汪氏之书矣，所为内篇者，首解参辰之义，天文耶？时令耶？《说文》①耶？据《说文》解之。次明三九之说，文心耶？算术耶？考古耶？言三与九之字义不可泥。其言得有失，其考有是有非。别有辨论。大约杂举经传小学，辨别名诂义训，时尚是趋。初无类例，亦无次序。苟使全书果有立言之宗，恐其孤立而鲜助也。杂引经传以证其义，博采旁搜以畅其旨，则此纷然丛出者，亦当列于杂篇，不但不可为内，亦并不可谓之外也，而况本无著书之旨乎！彼谓经传小学，其品尊严，宜次为内篇乎？呜呼！古人著书，各有立言之宗，内外分篇，盖有经纬，非如艺文著录，必甲经传而乙丙子史也。汪氏之书，不过说部杂考之流，亦田氏之中驷，何以为内篇哉！古人著书，凡内篇必立其言要旨，外杂诸篇，取与内篇之旨相为经纬，一书只如一篇，无泛分内外之例。观其外篇，则序记杂文，泛应辞章，代毕制府《黄鹤楼记》等亦泛入。斯乃与"述学"标题如风马牛，列为外篇以拟诸子，可为貌同而心异矣。虽然，此正汪之所长，使不分心于著述，固可进于专家之业也。内其所外而外其所内，识力暗于内而名心骛于外也，惜哉！

---

① 《说文》：东汉许慎编撰，十五卷。我国第一部以六书理论系统分析字形、解释字义之字典。全书将九千三百五十三个篆文归纳为五百四十部，首创部首检字法。另收重文（古文、籀文等异体）一千一百六十三个，解说凡十三万三千四百四十字。书中保存大量古文字资料，集中反映汉代学者研究文字形音义成果。

或问舍学与文而言宗本，与博学能文而不知宗本，又有力学攻文尚未有得而强言宗本，三者皆无当于立言之道也，然其优劣何如也？答曰：舍学与文而言宗本，弃材也，然亦无能惑人者也。力学攻文，未有得而强言宗本，盖欲速成者也；师友切磋，使之远名而趋实，苟知辨伪体而有创心，斯进矣。博学能文而不知宗本，终身不可入德也。盖负其博学能文，方自以为道在是矣，愈逞而去道愈远，是以终身不可入德。人必有损也而后可以受益，有疑也而后可以征信，有危也而后可以求安；博学能文而不知宗本，自必不知损，不知疑，不知危，而加以世好者众，才锋足以夺人故也。天益其疾矣。

## 《述学》驳文

《周官》媒氏，仲春会男女，余前有说矣。今观汪容甫《述学》，乃谓男子三十不娶，女子二十不嫁，则奔者不禁，所以耻民，教民及时嫁娶，非教民淫也；犹之《月令》仲冬之月，农有不收藏积聚者，马牛畜兽有放佚者，取之不诘，非教民盗也。又云："非徒耻之，抑又罚之。故曰，若无故而不用令者罚之。令者，男子三十而娶，女子二十而嫁之令也。若有故，虽不用令可也，《内则》所谓有故二十三而嫁是也。"其说甚不安。据汪所言，经文当云"于斯时也，无故而不用令者罚之，奔者不禁"，方与"积聚马牛取之不诘"文法一例；今"不用令"句在"奔者不禁"之下，又以"若无故"字转其上文，则"奔者不禁"不得预注"无故不用令"句，文义甚明。且男女婚姻失时而即许淫奔，虽衰世犹无其法，而《周官》有此法乎？先儒谓"奔指六礼未备"，此即所谓"不用令"也。于此时权许不备六礼，其义可通；于此时权许淫奔，则男过三十，女过二十，欲耻其父母，何时不可许，而必待二月乎？先王之政，昏姻以时，不闻淫奔以时也。且父母果知耻，则男女淫奔，耻已定矣，非禁与不禁所能损益，与积聚牛马取之不诘可作戒于后者，其理迥不相通，何政教之足云！"有故虽不用令可也"，文指亦不合，三年之丧，古今通义，"有故二十三而嫁"，正是令也，岂可谓不用令而仅免于罚欤！如律令亲丧丁忧解官，法也；又无故不许擅离官守，亦法也；今云无故擅离官守谓之犯法，如父母丧，虽犯法可也，文理尚可通乎？然则汪氏所解两义，皆不可通。且父子无异财，古之教也，奔者既不禁矣，又罚其父母，则是儿女淫奔，罚在父母，仍是禁矣，何不禁之有！是以事理推之，亦不可通，非徒文义之不合也。

《柏舟》①之诗，先儒所解未一，女子未昏，夫死守贞，或以身殉，故不见于经传。中古以后，往往有之，诚不免于贤知之过，故律令不在旌典。其有已然者，有司上闻，则破格旌之，于是知功令为仁至而义尽也。事不出于先王典礼，故旌典不立其名目。然天性独至，各行心之所是，岂必皆为鹜名！则怜其意而破格旌之，亦所以树清风也。先儒议其非礼之正可矣；谓其义之有乖名教，则不可也。按《柏舟》之义虽不可执，观于迁葬嫁殇之禁，古者女子未昏守志，亦有之矣。虽曰禁令古今异宜，迁葬今未尝禁，则嫁殇亦不能悉禁矣。汪容甫引《礼》折之，至斥之为愚，为无耻，比之为狂易，自谓维世教，而不知有伤于名义也。且其所引《曾子问》②"既纳币，有吉日，女父母死"一节，执"婿弗取而后嫁之"一语，以谓问名之后可以改嫁凡四，而皆谓之礼，则仍郑《注》误解，先儒多辨正之，汪必据郑误说以为确义，矫矣！又事止一条，而分婿女各有父母为四，亦见其好为驳杂，惟取其说之富而不顾其理之安。夫六礼已行，三年丧毕，而改已定之昏因，天理人情所必无者，而谓之礼，无论郑《注》误解，使郑解不误，则此条当与周公践阼，同为《戴记》之驳文，岂可为定论欤！即引《曾子问》取女有吉日而女死，夫子曰："婿齐衰往吊，葬而除之；夫死亦如之。"苟无夫妻之义，男女可妄吊乎？而汪反以为不成夫妇之证，何也？又引"妇未庙见而死，不迁于祖，不祔于皇姑，归葬女氏之党，示未成妇"，今不判合，强与同穴，生称来妇，殁称先妣，可耻孰甚！则亦不达于礼意矣。迁祖祔姑，皆封建宗庙之制，庙见必待三月，亦古封建庙制；后世士大夫不世爵禄，五庙三庙之制，大宗小宗之法不行，神主或奉于寝，三月庙见之礼亦废，妇未三月而死，亦无归葬女氏之事。古今时异，周孔复生，亦必不尽强今以服古也。即如"取女有吉日而女死，婿齐衰往吊"，后世亦不甚行，若"夫死亦如之"，则未婚之女，齐衰往吊于未昏之夫，而又别嫁于人，天下必大骇怪矣！是则

---

① 《柏舟》：《诗经·邶风》篇名。
② 《曾子问》：《礼记》篇名。

先王制礼，有必不可易者，亦有必不能仍者，如井田封建宗法，尧舜不能复行于后世。昏姻中之末节，本不可悉绳之以古义，况所引《经》《记》之文，不必尽得圣人之意者乎！若五伦大义，夫妇等于君臣，此说诚不可易，但即汪氏君臣之义解之，其理亦不合也。汪云："仇牧[①]、荀息[②]，君亡与亡，忠之盛者也。其君正命而终，虽近臣犹不死也。若齐、楚之君薨，鲁、卫之臣号呼而自杀，则必为狂易丧心之人矣。"此指女未昏而殉夫者也。未昏殉夫，诚不免过，然指为狂惑丧心，汪氏几丧心矣。据其所引礼文推之，未昏之女，夫死义当齐衰而往吊矣；齐、楚之君薨，鲁、卫之臣亦有齐衰之义乎？据其所引礼文，婿父母死，女之父母待婿免丧而请，婿弗取而后嫁；就汪氏仍郑说之误而言。齐、楚之君薨，鲁、卫之臣，亦有三年弗仕之义乎？以齐衰及三年待取之义，同于齐、楚、鲁、卫之泛，汪氏直本祭足妻云"人尽夫也"之语而立论也，祭足妻言，可以折贞女乎？夫妇比于君臣，是矣。昏者为已仕，未昏同未仕也。伯夷、叔齐未尝仕商而不食周粟，孔子仁之；四皓未尝仕秦而不为汉出，君子高之；未昏守志，虽非中道，意亦近是而已，何深责也！又引归太仆[③]曰："女子未有以身许人之道也。"此说是矣。若钟建负我，人事之变，虽身许人，亦无罪也。至未昏之婿，则固父母所许，从父母之所许，不得谓其自以身许也。又曰："女未嫁而为夫死，且不改适，是六礼不备，婿不亲迎，比之于奔。"归氏之言，刻而无理，汪氏叹其婉而笃，则吾不得而知也。六礼不备，婿不亲迎，比之于奔，为其居常也，恶其得为而不为也。若婿已死，非其不为，乃不得为也。果如归氏之说，则礼文不特亲迎以前尚有同牢合卺诸文，在昏礼者皆不可废者也；假如亲迎女在途而婿父母死，夫子谓"女改服深衣缟总以趋丧"，是已执妇道于夫家矣；其同牢合卺之文，醴妇享从者之仪，彼丧中将行之乎，抑不行也？然则亦为昏不如礼而同名于奔，可乎？归氏之说，何以异此！汪又引归说曰："女子在

---

① 仇牧（？—前682）：春秋时宋国大夫。湣公十年（前682），公与卿宋万猎场相争，公辱万，万杀公子蒙泽。他闻知后立即前往，执剑而叱之，亦被万所杀，后人以为有节操，与子路相比美。

② 荀息（？—前651）：春秋时晋国公族。献公时为大夫。字叔，食邑于荀（今山西绛县），因以荀为氏。献公时先后灭虢与虞。献公卒，辅立献公之子奚齐，奚齐为晋卿里克所杀，复辅立奚齐同父异母弟悼子，不久悼子又为里克所杀，他亦同时被害。

③ 归太仆：明朝文学家归有光。

室，惟其父母为许聘于人，而己无与焉，纯乎女道而已。"此说亦有是有非。安常处顺，归说是也。假而父母不道，或鬻于娼，或聘于叛逆贼盗，亦将父母是听乎？或已聘之后，悔盟而改慕富贵，亦从之乎？又何以解于不从乱命之说也？未昏守贞，于义自不合，于《中庸》①贤知之过则有之矣；汪容甫谓过犹不及，是将与淫滥失节一流等例之矣。充其所论，伯夷与盗跖无分也。

《礼》"既纳币，有吉日，而女父母死"一节，"至婿免丧，女父母使人请，婿弗取（句），而后嫁之"，盖证以鲁人朝祥暮歌，夫子以谓"逾月则其善也"之义，可以明矣。丧期有不敢过，二十七月而免丧，是也；孝子之心，嫌于即吉太速，故于不为限制之事，尝有所迟回以致其意，孟献子禫，悬而不乐，比御而不入，夫子谓其加人一等。由是例之，婿免丧，女之父母使请，礼也；"婿弗取"，弗遽取也，即比御不入之意，夫子逾月其善之旨也；"而后嫁之"，仍嫁是婿也。不曰"婿弗取而后取之"，推婿不忍遽取之义；故从嫁之者起义，其实嫁即取耳；古人文指，往往如此，不可泥也。若云婿弃盟不取，则前此初丧致命，已非其妇，女家不必待三年而后嫁也。为不知谁何之人守三年不嫁之义，而又再嫁他人，其不情无理，与未婚守志，岂可同日语哉！而汪乃是此非彼，其胸中是非取舍，殆于别具肺肠矣。如郑氏说，则男女之有父母者，虽纳采问名以后，皆不保其必合者也。且问名之婿，谁无父母，为一婿守三年不嫁之期而又易婿，后婿又如遭丧不幸，至再至三，可使年过三十不得嫁矣，何云"有故二十三而嫁"也？

未婚守贞，如谓好名，则僻乡陋巷，其女未闻前人纪载、功令表章之事，而亦有感激殉身、笃志守节者，岂非秉彝之良，出于天性！是则本人心之所有，非矫强而不情；人心所有，不可谓非礼文之所许也。以谓于义无取，则尽有抚孤立后，昌大其宗，继绝举废，为功不小，至于孀姑鳏舅，年老无依，得此而延年永祀，又天理人情之所推允。今乃愤若不共戴天，吾不知其说也。

圣人过犹不及之言，为学者求理失中言之，如墨氏泛爱则太过，杨氏为我则不及，沈潜刚克，高明柔克，皆不可于过与不及分优劣。且《中庸》贤

---

① 《中庸》：《礼记》篇名。《史记·孔子世家》中说为子思作，后为四书之一。

知之过与愚不肖之不及，亦止言其失中则一，非谓贤智与愚不肖同也。林放①问礼，夫子告以与奢宁俭，与易宁戚，圣人岂以一失中和，即无上中又次之别而概贬之哉！汪中以未昏守志谓过犹不及，不知以不及指何如人也？其胸次之黑白，乃如是耶！宜其有墨氏诬孔，孟氏诬墨之诧论也！

诸子之书，多《周官》之旧典，刘、班叙九流之所出，皆本古之官守是也。古者治学未分，官师合一，故法具于官而官守其书。然世氏师传，讲习讨论，则有具于书而不必尽于书者；犹今官司掌故，习见常行，不必转注传授，繁言曲解，其一端也。又有精微奥妙，可意会而难以文字传者；犹今百司执事，隐微利病，惟亲其事者知之，而非文案簿书所具，又一端也。至于周末，治学既分，礼失官废，诸子思以其学用世，莫不于人官物曲之中，求其道而通之，将以其道易天下，而非欲以文辞见也。故其所著之书，则有官守旧文与夫相传遗意，虽不能无失，然不可谓全无所受也。故诸子之书虽极偏驳，而其中实有先王政教之遗，惟所存有多寡纯驳之不同，而其著书之旨则又各以私意为之，盖不肯自为一官一曲之长，而皆欲即其一端以易天下，故庄生谓"耳目口鼻不能相通"是也。陋儒习于成说，概辟之为异端非圣而置不足道；世之涉学未深而好为高论翻成说者，则见其中亦有先王政教，而因谓其指初不异于圣人。如汪中之叙《墨子》，至谓孔、墨初不甚异，墨子诬孔，孟子诬墨，等于诸子之相非，则亦可谓好诞之至矣！孔子未修《春秋》以前，并无诸子著书之事，如其有之，则夫子必从而讨论，不容绝不置于口也。其人有生孔子前者，如《管子》上溯太公之类，皆是后人撰辑，非其本人之所自为。墨子生去孔子未远，其书未必出其手著。其经言古奥难读，或其所传古遗之书，至入战国之事，则其徒相与附益。汪皆不能犁别而疑其时年，亦未达于理矣。《汉志》道家有《伊尹》②、《太公》，墨家有《尹佚》③等六家之书，皆在墨子以前，前人疑为古书。夫春秋以前，尚无诸子著书之事，而厚诬商周之初，有如衰世百家自于官守典章之外，特著一书以

---

① 林放：春秋时鲁国人。字子丘，孔子弟子。
② 《伊尹》：《汉书·艺文志》入道家类，相传为汤相伊尹作。
③ 《尹佚》：西周时尹佚作，以人名名书，早佚。尹佚为周武王时太史，有人认为此人为史角之祖先，而墨子从其学。故列墨家之首。

传世乎？夫子信而好古，商周之初有书可传至于汉世，而夫子曾不之知，安在夫子之好学耶？盖道家有称太公、伊尹之言，后人误为即太公、伊尹之书；墨家有称尹佚之言，后人误为即尹佚之书；《艺文》叙次先后，多有可议，余于《校雠通义》尝辨之矣。而汪中叙六家为墨氏渊源，不其慎乎！孙渊如谓墨出夏礼，余已于《渊如书》①辨之详矣。夏商典礼，其损益者已入《周官》，譬如伊洛已入河流，固无从分其源派；其未尝损益者，守在子孙；故孔子之于夏、殷礼，不求之于《周官》而求于杞、宋之文献也。孔子既曰杞、宋文献不足证矣，生孔子后者，又能学于夏礼，是诬世也。而汪乃独韪其说，是则好为高论而不切事情，亦其惑也。

《述学》有《释三九》，论三为数之加，九为数之极，古人以数之加累为三，极多为九，其字义不可拘执，说甚明通。利市三倍，九牛一毛，比例可推。其次篇欲明古语不可执泥，而广引文法不可执者以见类例，则如才人作赋，好为敷张，其实不烦如此费也。其曰古语不与今同，而约以两例：曰"曲"，曰"形容"。以膳不祭肺明其不杀为"曲"；以豚肩不掩豆明俭为"形容"。此等皆出《史通》《摩拟》②、《雕龙》《形容》诸篇，六经、三史，殆于巧历不能尽其数也。然掞才摘藻，作词赋观，亦资触类，未为不可；若谓此即古语不同于今，则确乎其不可矣。无论今之文辞不远于古，即俚俗方言，可与汪氏所例"曲"与"形容"相比例者，岂少也哉！且如三字不可泥，俗语三起三倒，又可泥乎？九字不可泥，俗语十室九空，又可泥乎？至"曲"言，俗语市语尤多，如云"八九七十二，黄狗想阴地"，不曰狗畏热，而曰"想阴地"，"曲"何如也？"形容"亦然，"眉开十丈"，天下无一尺之面，而有十丈之眉乎？然则"曲"与"形容"，今人之言可成巨帙，安在古语不与今同哉！若论古人文辞之妙，意会不可言传者，则余尝欲仿《文心》例，搜为专篇，其例甚多，亦不独"曲"与"形容"两例已也。大抵汪氏之文，聪明有余，真识不足，触隅皆悟，大体茫然。

---

① 《渊如书》：章氏给孙渊如写的信，今存两封。
② 《摩拟》：《史通》篇名，亦作《摸拟》，但《史通》中并无《形容》篇，而《文心雕龙》中亦无《形容》篇，不知何以产生这样的错误。

## 《淮南子洪保》辨①

《淮南子洪保》，钱塘冯山公先生讳景②所著《解春集》中篇名也。先生人品文名，高视两浙，即《解春集》文，亦颇有卓然不朽之作。然《洪保》之篇，助阎征君攻伪《古文尚书》，中无所得，而全务矜张夸诩，类于趋风好名者之所为，不可为训。岂先生少作，而后人编次失删除邪？恐后生小子，未能学先生之高致，而惟以此类习于浮夸，其害非浅。今取其关文史者辨而正之，期余《通义》有所发明，不得不然，非好辨也。他则存而不论，非余专门，不敢强不知以为知也。

《淮南子洪保》。古人著书，标题命篇，随事为名，初无深意，六经诸子，莫不然也。自谶纬矫诬，释老争帜，于是始有《钩命》③、《援神》④、《三洞》⑤、《三藏》⑥无数巨名伟号，相与眩惑，此实不足而求耀于名，理势然也。儒者著书，平正通达，是非得失，争于实而不争于名，何须故作大言骇流俗哉！即如"淮南子洪保"五字，矜张夸诩，全非儒者气象，且于理亦不合也。据云与阎氏合于淮南，则当云"淮南二子"；直称为"淮南子"，敢问"子"为谁？

---

① 本文作于嘉庆元年（1796）。文章批驳冯景在《淮南子洪保》一文中讲述阎若璩《古文尚书疏证》的成功是得到他的帮助。自从东晋梅赜伪造了《古文尚书》以后，历代都有学者怀疑与考辨。直到清朝，阎若璩花了三十年精力加以研究，写出了《古文尚书疏证》，惠栋又作《古文尚书考》，两书揭发了梅赜所献的《古文尚书》确系伪作，为学术研究作出了巨大贡献，这是学术界所共知，而冯景却在文中吹嘘自己在助阎研究中起了很大作用。为此章氏对其文逐段加以分析。

② 冯山公先生讳景：冯景（1652—1715），清朝诸生。字山公，一字少渠，钱塘（今浙江杭州）人。通于古文，没有仕进。与阎若璩确有过来往。著有《幸草》十二卷，《樊中集》十卷，《解春集》十四卷。

③ 《钩命》：全名《孝经钩命决》，作者不详，三国魏宋均注。六卷，《孝经》纬书，《隋书·经籍志》著录，已佚。

④ 《援神》：全名《孝经援神契》，作者不详，三国魏宋均注。七卷，《孝经》纬书，《隋书·经籍志》著录，已佚。

⑤ 《三洞》：《新唐书·艺文志》著录道士张仙庭《三洞琼纲》三卷。

⑥ 《三藏》：佛教用以概括全部佛教典籍。它包含了经藏、律藏、论藏，故名三藏。通晓三藏的僧人，称三藏法师。

"洪保"者何？冯子读阎子《尚书古文疏证》而作也。儒者之学，莫大乎正经而黜讹，《今文尚书》为晚出古文淆乱其间，莫之或正，儒者之耻也。阎子唱之，冯子和之，其义大安，故曰"洪保"。阎子，晋产也；冯子，吴产也；一西一南，地之相去几千里，而作合于淮南以卒其业，岂非天哉！故亦号"淮南子"云。

"洪保"之名，盖自拟于大禹障川，周公兼夷驱兽，孔孟以下，能继此者鲜矣。如此标名，读者方将拭目以观孔孟重生，六经再出，为千古开聋聩矣。及披阅其文，不过因阎氏《古文尚书疏证》中有商订数条，未及阎书百分之一。且即此数条，理多未惬，其稍可者，亦于阎书无甚损益，存录别简以志旁观之一得，尚嫌琐也。大书"洪保"而自夸与阎共功，且盛称为儒者莫大之学，一似古文之伪，自古无人能觉，惟阎氏独发其覆，而阎又全赖山公与之倡和，否则阎亦不能独力致也。呜呼！宋元以来，先儒成说具在，阎氏《疏证》与山公此书亦具在，识者参互观之，山公之于伪《古文书》，其辨证之功当居何等，山公于阎氏之书，其襄助之功当居何等，必有知之者矣。

孔安国止名《尧典》，无《舜典》，自姚方兴之二十八字出，始析而二之，以迄于今不易。横隔二十八字于中间，试思"帝曰钦哉"何以蹶然而止，"慎徽五典"何以突如其来，不可通者固多矣。景即迁书《五帝纪》而论，知二十八字之为伪造，其当黜去无疑也。何也？《帝纪》于"舜饬下二女于妫汭，如妇礼，尧善之"下，即云"乃使舜慎和五典，五典能从"云云，文气连注如水之流，诚所谓虽有利刃亦不能截之使断者，便知安国古文《尧典》止一篇，合《舜典》在其中，且无此二十八字明甚。矧迁《五帝纪》尚杂采《春秋》、《国语》，孔子所传《宰予问五帝德》[①]及《帝系姓》[②]、《孟子》百家语成文，所谓"书缺有

---

[①] 《宰予问五帝德》：现载《大戴礼记》第六十二篇、《孔子家语》第二十三篇。内容记载宰我与孔子问答关于黄帝、颛顼、帝喾、尧、舜古代五位帝王品德、治迹与生世。而特详德性，故曰《五帝德》。

[②] 《帝系姓》：现载《大戴礼记》第六十三篇。内容记载自少典生轩辕黄帝，至启为止，古帝王世系相传，故曰《帝系姓》。

间矣，其轶乃时时见于他说"者是也。夫他说尚采之，信《尧典》有此二十八字，岂反删而不录邪！迁明云："余并论次，择其言尤雅者，著为本纪书首。"如此二十八字出入经史，犹谓其不雅耶？自涂廪穿井以及思舜郁陶，琐琐事迹，无不毕载，岂有高文典册，又弁《舜典》之首，削而不录，独何心哉！知本无此二十八字，决也。

"钦哉"之下，"慎徽五典"之上，横隔二十八字，文义多不可通，阎氏之说已足。此又取证迁书《五帝纪》中述《帝典》文无此二十八字，谓迁于此处不当有所删削，则转不足以服伪古文矣。《尧典》"钦明文思"以下一十四字，故出伏生今文者也，亦非言之不雅者也，亦非涂廪穿井之比，不为高文典册者也。然迁史亦略而不载，则史文增删之间，不足以折伪古文也明矣。

二十八字之伪，阎氏之辨尽矣。山公犹以为不足，而务欲有以加之，于是取证迁《史记·五帝纪》文云云，山公于是乎不通于文理矣。幸今二十八字固伪书耳。设古经真有二十八字如今传本，史迁撰《五帝纪》，属文至此，亦必删去而无疑也。盖在伪书取冠篇首，故用"重华协帝"诸文，摩仿"钦明文思"一十四字，皆是包举内外，隐括生平，为全篇纲纪，体例当然，无足怪也。若史迁并二典文合为一纪，则《尧纪》篇首《尧典》一十四字，犹在可用不用之间，尚且删之，此处叙事中间，忽入《舜典》篇首二十八字，似赞非赞，似叙非叙，不伦不类，更复成何文理！譬如彻二屋材填合造一屋，则有一屋之规模矣；势不能于檐霤之间重施鸱吻，宋廇之下再峙岑楼。今议匠氏不当缺旧有之鸱吻岑楼，岂非傎邪！

苏子由《古史》论《庄子》三四篇讥议孔子处，以为决非《庄子》之言，是后人截断《庄子》本文揉入；朱子亦言《庄子》此数篇甚俚。此其识见最高明，考据甚精密。如《舜典》二十八字，正所谓后人截断本文揉入者也。信孔传《舜典》旧有此，奚以直至齐萧鸾时始出，而又直至隋开皇初购求始得邪？

《庄子》诋孔子处，谓非《庄子》之言，可也；谓后人截断《庄子》本文搀入，此苏氏亦未深思耳。后人虽妄，无端作此，意欲何为！盖为庄周之学者所附益尔。其人殆为庄之学而未通乎庄之意，但见庄之言多不与孔同趣，遂谓可得而诋之耳，非伪托也。古人为其学者效其言，其于文辞，不争此疆彼界，如后世之私据也，何伪托之有！

然观《书序》，原有《舜典》逸书及《汩作》、《九共》、《稿饫》十一篇，皆为舜事。阎子曰："此即后代作史法也。史有本纪，为一史之纲维，犹《书》有《帝典》，体以谨严为主，故《尧典》所载，皆用人行政大者，其他节目，如设官居方，别生分类，则散见《汩作》诸篇，盖即后代志与传所从出也。

此又阎氏之错解也。以后世纪传之密拟《尚书》大经之要略，则禹、汤、文、武亦当补作典矣。

史迁《帝纪》，予最爱其"惟刑之静哉"下详述四凶获罪之由一段，而曰"于是舜归而言于帝，请流共工于幽陵以变北狄"云云，方是《春秋》纪事之体，自与《尚书》纪言者不同。

《尚书》、《春秋》，文各有体，是也；截分纪事纪言，则仍前人之误而不察矣。然先生既知《尚书》、《春秋》之文各有体，则不当疑帝舜之称在篇首也。

冯子曰：甚矣，姚方兴之二十八字，陋且妄，而其为祸实大以深也！既欲横截二十八字于其中，析《帝典》而二之，夫独无其法乎！使此二十八字者，搀入"四海遏密八音"之下，"月正元日格于文祖"之前，世即有明知其非真，夫谁敢议！盖殂落而尧之异位正其终，格于文祖而舜之即位正其始，于是焉搀入二十八字，弁《舜典》之首，何不可之有！为其于义无害也，曷为在"厘降二女"之下，"慎徽五帝"之前，而遽曰"古帝舜"哉！或曰"稽古"云者，以后史追记前史，似不嫌称帝舜。不知此正与晚出之《汤誓》、《泰誓》诸篇，于南巢未放，太白未悬之前，即称"王曰"同一手笔，古史臣宁有此等书法邪？此即律以朱子《纲目》书法，亦与君非正统正系，则分注细书之，及僭帝恒称主之例相应矣。彼但知袭诸篇首为文，谓与帝尧一例，不与大禹一例，乃合于典而非谟，而不知其有乖大义，入于僭篡，至此极也！又案《纲目》改元例注曰："章武三年五月，后主即位，改元建兴，而《通鉴》于《目录》、《举要》，自是年之首，即称建兴。凡若此类，非惟失其事实，而于君臣父子之教，所害尤大，故今正之。"盖《纲目》所书，皆《春秋》之法也。而谓孔子删《书》，乃存此等僭乱之文以昭示来学，三纲奚以明？九法奚以正？不特诬舜，且诬孔子矣。侮圣言，非正法，惑乱后世，为莽、操辈藉口，其害非细。夫孟子云"舜相尧二十有八载"，称相，明其为臣也；"尧崩三年之丧毕，舜避尧之子于南河之南"，言避，不敢当君也；及朝觐、讼狱、讴歌皆归，"夫然后之中国，践天子位焉"；果若史称帝舜于摄政之时，是篡而已矣。孔子曰："天无二日，民无二王。"尧在而舜帝，其谓之二天子与，其不谓之二天子与？吾今而知此二十八字也者，乃魏晋六朝革命之秋，阳称禅让而阴行篡夺之护身符也。礼绝常典，君在即真，彼将曰虞舜实然。呜呼！祸万世之人心，易两间之定位，充塞仁义而公行乱贼，自此二十八字始矣。邪说之害，烈于洪水，孟子之功，不在禹下，岂不以此也欤！尧老而舜摄也，非帝也；曰"帝舜"，则非摄也。"舜既为天子矣，又率天下诸侯以为尧三年丧，是二天子矣"，孟子有以断斯狱矣。

人犯劫杀之罪而诬以探囊，其人必不服也；非劫杀轻而探囊重也，为失其实也。故治狱得其实，杀之而不怨；不得其实，笞之而不心折也。伪古文之诬世害教，如阎氏之所举，已足蔽其辜矣。《舜典》篇首二十八字，谓其文理窒碍可也；必谓舜未即位，篇首不当称"稽古帝舜"，因罪其开僭乱之端，魏晋六朝之阳禅阴篡，皆本乎此，则莫须有之疑狱，直欲坐人以反叛矣。按曹丕篡汉，在延康元年庚子，历三国、晋、宋至萧齐建武四年丁丑，相去二百二十八年，姚方兴始言得古本《舜典》于大航头，书多篇首二十八字，其时犹未施行；至隋开皇初，始行于世，则又近百年矣。二三百年前之篡逆，归咎于二三百年后之伪书，是昨日杀人而明日方造意也。且《二典》之体，实与后史本纪一例。《史》、《汉》于高祖未即位前，《本纪》皆称汉王，未王之前，则称沛公，未尝不有等差，而篇首则必称高祖，所以正其名而定全篇之主义也。且承"粤若稽古"之文，其总统全篇主义，较后史本纪篇首尤为庄严郑重，而顾怪其不当称帝，且谓缘此而生篡乱，呜呼！春秋二百四十二年，弑乱祸变不绝书，三代以前，亦有蚩尤之乱，羿浞之篡弑，岂尽文字所致哉！儒者动拟孟子之拒杨墨比于禹周孔子，遂以洪水猛兽一切凶恶归于文字议论，意所不惬之人，直作尔汝字义用耳，程朱陆王之末流，交排互诋，人亦莫识真是非矣。若《伪古文尚书》，则如已败之寇，堂堂正正，自足剿除，正不必深文曲诋，转藉人以口舌，翻觉不近情也。

前人谓宋人执泥"一饭不忘君"之说，穿凿以注杜诗，杜诗无心之山水花鸟，触处皆成讥切，遂开东坡诗狱之祸。按文字之祸，汉已有之，然穿凿文致，不必理解，则宋人实甚，此言不得为苟刻也。今山公因恶古文之伪，不复平心察理，而于篇首文法所必应具之帝舜二字，无故坐以篡逆首谋，而甚其词于洪水猛兽。在山公不过取便位置己功，上同禹周耳，非甚有深仇疾怨，不与共戴者也。然二十八字不过造伪，实非关篡逆也。山公此种苛刻议论，足开驾辞砌款，挟仇诬告之端，所关非细故也！

太史公《五帝纪》，于弟放勋立，是为帝尧，于是首揭"帝尧者"三字，正其称也。篇中言令舜摄行天子之政者再，曰"权授舜"，曰"卒授舜"，一笔不苟，未采孟子语，而终之曰"是为帝舜"，于是首揭"虞舜者"三字，不蒙上"帝"字，慎其称也。因叹太史公此等书法，即何异《春秋》、《纲目》，非伪撰二十八字者所能梦见。

按《史记》尧、舜二纪，通篇皆无"帝"字，与前三纪异。然尧则首句犹称"帝尧"，舜则首句亦无"帝"字，此正史迁创例不免疏略之故，非有义例可解说也。乃伪古文既受求全之毁，《史记》又蒙此不虞之誉，真有幸有不幸哉！

《五帝纪》每帝首句皆揭"帝"字，惟舜独无"帝"字，实史迁之疏略，山公无端生其叹赞，曷即史迁十二本纪凡例观之！以后纪例之，则《高祖》、《孝文纪》中，未即位时，固称汉王、代王，而篇首未尝不称高祖与孝文皇帝也。藉曰后世之例，非所论于上古，则开端皇黄帝，篇首已称帝矣，而中间又叙神农世衰，诸侯侵暴，轩辕习用干戈，则与帝舜未即位前何异！何以在黄帝则可称帝，而虞舜独不可乎？且纪文之中，如黄帝阪泉未胜，止称轩辕；阪泉既胜以后，乃称黄帝；则舜于未即位前，纪文自当止称虞舜；既即位后，何以直至终篇不见帝舜之称？且尧则篇首称帝，而纪文亦无帝尧之称，盖史迁创造之初，不能如后人之详密，无容深责可耳。乃全然不顾古今史法及本书前后义例，一味盲夸謍赞，谓非伪古文所梦见，正恐造伪古文者有知，转笑先生如梦耳。

  阎公言：十三经，经皆有传，传即在经之中。如《十翼》传《易》，三传传《春秋》，皆不待言。《尔雅》，《书》、《诗》传也；《戴记》，《仪礼》传也；《仪礼》又自有子夏《丧服传》；《孟子》，即谓《论语》之传也可；《孝经》内有经有传。其无传者，独《周官》耳。景按金仁山氏曰："《周官》一篇，《周礼》之经也；《周礼》，其犹《周官》之传与？"由是观之，《周礼》非经也，传也。恨今文《周官》不存，为伪古文所淆乱耳。

  阎氏之言，未为大失，惟不当称十三经，当仍以六经分部耳。《孟子》为《论语》传，便不可训。《论语》、《孝经》、《尔雅》，皆传也。《孟子》从《论语》部而同称为传，可矣。班固名标六艺而书分九类，最为知所原本。盖有附经之传，有离经之传，《论语》、《孝经》、《尔雅》，盖离经之传，故别出部次而分类为九。然传究不可混经，故标题仍称六艺也。此则阎氏所未知也。若山公引金仁山言，而附会《周官》经六篇为《真古文尚书》、《周官》篇之传，则沿阎氏之失而更甚矣。山公方引朱子之言，以《周官》为事之纲目，诸目之外当别有传。今又以《官经》为传，是传下之传，经上之经，支离纠葛，将何底止！夫文有彼此相参，书有详略互证，此古今之常理。必以经传之说，铢铢作解，则《周官》内史掌书王命，是《真古文尚书》、《周官》篇，又《周官经》之传也；外史掌三皇五帝之书，是《尚书》全经亦《周官经》之传也。然则充山公之说，诸书互相经传，将如兵家六奇八阵，互相制胜者欤？

太史公《商君传》，赵良①引《书》曰："恃德者昌，恃力者亡。"《蔡泽传》②引《书》曰："成功之下，不可久处。"先生谓此皆在秦未燔书之前，意所引出全书百篇中，非也。秦燔《诗》、《书》，独未燔周史记。按《汉·艺文志》云："《周书》七十一篇。"注云："周史记。"乃知周史记，亦名《周书》，赵良、蔡泽所引，盖皆史记之《周书》也。

自司马以前，史记为史籍载记之总名，犹后世之称史策尔；并无专取一书名为"史记"者也。故史迁谓史记放失，杜预称《春秋》为鲁史记，无定名也。《艺文志》《周书》七十一篇，即今《逸周书》也。班固自注为周史记，刘向谓孔子所论百篇之余。然则《尚书》无论百篇内外，皆得称周史记，不必云周史记亦名《周书》，又别出史记之《周书》，若截然有两种也。

朱子尝言，《周礼》中多说事之纲目，如属民读法，其法不可知；司马职乃陈车徒如战之陈，其陈法亦不可见。景谓此必详《周官传》四篇中，今可惜亡矣。

山公此论，几于痴绝！若如此分别经传，将岱岳聚书，沧海量墨，盈天地间莫非《周官传》矣。且如六艺之《易》，不过太卜所掌三《易》之一耳。《诗》归太师，《书》存外史，《礼》、《乐》、《春秋》，各有职司，他如保章、天文、职方、地理、兵农、百家、巫祝、九流，何一非《周官》之传哉！见《艺文》著录区区四篇，揆情度理，岂容如许书策！而山公乃知读法之文，车徒之战，必详于此四篇中，岂幸其篇亡而转藉为无尽之藏耶？

即以《周官》而论，太宰掌建邦之六典，则全书皆太宰职之传矣。且太史亦掌建邦之六典，则虽太宰诸职，又太史职之传矣。司会司书俱掌邦之六典，则太宰太史诸职，又司会之传，司会又与太宰诸职同为司书之传；只

---

① 赵良：战国时秦国名士。秦孝公时，商鞅靠宦官景监引见而被重用，他认为商鞅得官途径不当，加之变法又伤害贵族太多，故劝鞅引退，鞅不听，卒被车裂。

② 《蔡泽传》：在《史记》中，蔡泽与范雎同传，称《范雎蔡泽列传》。蔡泽为秦国大臣，燕国人。长于辩，曾游说于大小诸侯均不被重用。后闻秦相范雎图赵失利，乃入秦，经范雎引荐秦昭王，被任为客卿。不久代范为相，历事昭、孝文、庄襄诸王，直至秦王政。

一六卿联事,则三百六十之职,无不互相经传矣。昔周公以六典致太平,今如山公之言,官职经传,先已棼如乱麻,安在其能治天下哉!刘向比肩,扬雄接踵,不能较此等经传也。

大司乐之《九夏》①,乃歌之大者,载在乐章,乐崩亦从而亡,是以颂不能具。他如六乐九变,所谓一变而致羽物,再变而致蠃物之类,亦第言其变而不详其所以变,则《乐》之有记而无经者,时势使然。惟《孔子语鲁太师乐》一章,其节奏可想见,刘子念台以为备四时之气,此则可为《乐经》冒子,《大司乐章》未足以当之。

乐歌自在经,《诗》非随《乐》俱亡。《九夏》之类,先儒解亦不一,要不以论《乐经》也。《乐经》自是有节奏而无文辞,易以亡耳。夫子之言,自当敬诵;然虚言实事,各有当也。取《语鲁太师乐》一节,轻视《大司乐章》,然则读《伯鱼趋庭》一节,可废《诗》、《礼》二经矣。夫子生民未有,孺妇所知;但学者推求,正须切于实事,否则玄之又玄,圣人不过一神天之通号,何益于人世乎!有如一咳唾而备四时之气,一旋便而关天下之安,一动而可备百王,片言而可该万典,宋元以来,不少此种推崇。夫子亦人情耳,闻之果惬于心否?

宋人推尊孔孟,多不近情;盖不知圣贤之实,务以空言相高,往往入于飘渺玄虚,翻觉不近情也。动谓夫子贤过尧舜,百王曾不足当孔孟之一叫映,六经亦不敌《语》、《孟》之片言。《加年》一章,可以蔽《易》;"无邪"一语,可以废《诗》;钟鼓玉帛,可扫《礼》、《乐》;知我罪我,可废《春秋》;《武成》取二三策,可以无《书》。此等见解,必至太极归于无极,不容一字留于人间,咸阳之焚,不如是之甚也。或问此亦未见谛证,何知宋人必如是耶?答曰:见于《孟子集注》之《序说》也。赵岐②谓孟子通五经,

---

① 《九夏》:古乐名。《周礼·春官·钟师》:"凡乐事,以钟鼓奏《九夏》。"郑玄注曰:"《九夏》皆诗篇名。颂之族类也。此歌之大者,载在乐章,乐崩亦从而亡。"

② 赵岐:赵岐(约108—201),东汉经学家。字邠卿,原名嘉,字台卿,京兆长陵(今陕西咸阳东北)人。初仕州郡,以廉直疾恶,为人忌惮,家属遭杀,自己逃出,改名易字,卖饼于北海市中。及献帝西迁,复拜议郎,迁太仆、太常。著有《孟子章句》,收入《十三经注疏》。还著有《三辅决录》。

尤长于《诗》、《书》，此言必有所受。今观七篇之书，则诚然也。而程子乃以仕止久速定孟子之长《易》，《诗》亡然后《春秋》作定孟子之长于《春秋》；尹氏因言赵氏仅谓长于《诗》、《书》，岂知孟子！直是空言争胜，不复顾事理矣。今尊《始作翕如》一节为乐之经，而谓大司乐之经文不足当之，其言如出一辙。夫尊论说经籍之言而可轻经籍，则存《艺文》一序，而百千万卷可以付一炬也。孔子述而不作，信而好古。又曰："我非生知，好古敏以求之。"诚恐人以生知天纵之言，矫诬失实，不惮言之谆谆；宋人视古，视述，视好，视求，皆蔑如也。

　　假古题以运古事，岂惟六朝学士家有此种撰著哉！自汉以来已有之。按《艺文志》，《太公》①二百三十七篇，云近世为太公术者所增加也。《文子》②九篇，云老子弟子，与孔子并时，而称周平王问，似依托者也。《黄帝君臣》③十篇，云起六国时，与《老子》相似也。《力牧》④二十二篇，云六国时所作，托之力牧。《黄帝泰素》⑤二十篇，云六国时韩诸公子所作。《大命》⑥三十七篇，云传言禹所作，其文似后世语，景疑《大禹谟》⑦及《五子之歌》，必多采用之。《神农》二十篇，云六国

---

①《太公》：西周吕望作。内容由《谋》、《言》、《兵》三者组成，共二百三十七篇。《谋》即《太公阴谋》，《言》即《太公金匮》，《兵》即《太公兵法》。《太公》乃其总名。全书早散佚，后世多为分别辑传。《隋志》、《唐志》著录太公著作多种，多非原著。

②《文子》：《汉书·艺文志》将其列入道家。作者名字不传，一说即辛文子计然。《直斋书录解题》疑计然之字文子，老子弟子。唐天宝元年（742）封为通玄真人。元至元三年（1337）加封为通玄光畅昇元敏秀真君。其道德篇有"平王问"，班固在《艺文志》自注："（文子）与孔子并时，而称周平王问，似依托者也。"《古今人表》又列其于周幽、平之间，对此，后世学者有不同解释。

③《黄帝君臣》：《汉书·艺文志》列入道家类，其书早佚。班固注曰："起六国时，与《老子》相似也。"《史记·五帝本纪》云，黄帝"举风后、力牧、常先、大鸿以治民，顺天地之纪，幽明之占，死生之说，存亡之难。"可见为战国时人所托，记黄帝君臣论治，与《老子》内容相似。

④《力牧》：《汉书·艺文志》列入道家。战国时人托黄帝相力牧而作。早亡佚。此为二十二篇，又《艺文志》兵阴阳尚有《力牧》十五篇。

⑤《黄帝泰素》：书早亡佚。颜师古注："刘向《别录》云或言韩诸公孙之所作也。言阴阳五行，以为黄帝之道也，故曰《泰素》。"《汉书·艺文志》入阴阳家。

⑥《大命》：《汉书·艺文志》入杂家类。相传夏禹所作，班固认为其文似后世语。命，古禹字。书早亡。贾谊《新书·修政语》、《逸周书》之《大聚篇》、《文传篇》均引该书之《禹之禁》、《夏箴》等篇。

⑦《大禹谟》：与下文《五子之歌》均为《古文尚书》篇名，均早已亡佚，今传者乃伪《古文尚书》。

时诸子疾时怠于农业，道耕农事，托之神农。《伊尹说》①二十七篇，云其语浅薄，似依托也。景颇疑今《伊训》②、《太甲》、《咸有一德》诸晚出古文，必多采用之。《鬻子说》十九篇，云后世所加。《师旷》③六篇，云见《春秋》，其言浅薄，本与此同，似因托也。《务成子》④十一篇，云称尧问，非古语。《天乙》⑤三篇，云天乙谓汤，其言非殷时，皆依托也。景颇疑《仲虺之诰》⑥及《汤诰》中必采用。《黄帝说》⑦四十篇，云迂诞依托。以上凡十三种，可见西汉时即有此等撰著，至于如是之多，以伪乱真，为晚出古文嚆矢，其源远矣，其流毒长矣。区区孔衍⑧之《三书》，王通之百二十篇，虞溥⑨之《学诰》，颜延之⑩之《庭诰》，

---

① 《伊尹说》：《汉书·艺文志》入小说家。战国时人托伊尹作，早亡佚。《史记·司马相如列传》之《索隐》引《伊尹说》文字，与《吕氏春秋·本味篇》同。此篇述伊尹以至味说汤的故事，内容详尽，文字浅薄。杨树达在《汉书窥管》中引严可均云，《吕氏春秋·本味篇》，疑即小说家之一篇。此与道家《伊尹》并非一书。

② 《伊训》：与下文《太甲》、《咸有一德》均为《古文尚书》篇名，早亡佚，今传者乃是伪《古文尚书》。《诗教》上已注。

③ 《师旷》：《汉书·艺文志》入小说家，已佚。班固自注："其言浅薄，似他人托名而作。"又该志阴阳家类还著录《师旷》八篇，乃杂占之书，并非一书。

④ 《务成子》：《汉书·艺文志》入小说家。早亡佚。相传为尧舜时务成子所作。班固注曰："称尧问，非古语。"尽管韩诗外传五有"尧学于务成子附"，《荀子·大略篇》杨倞注有"务成昭之教舜曰"等句，仍不能说明是当时作品，实为后人依托。

⑤ 《天乙》：原为商朝开国君主汤的名字，后人依托其作书而成书名。书早亡佚。《艺文志》入小说家。班固注曰："其言非殷时，皆依托也。"其实商代并无书流传下来，当然也不可有《天乙》之书。

⑥ 《仲虺之诰》：为《古文尚书》篇名，早亡佚。今传者乃伪《古文尚书》。

⑦ 《黄帝说》：《汉书·艺文志》入小说家。早亡佚。班固注曰："迂诞依托。"司马迁在《史记·五帝本纪》中已指出："诸家言黄帝，其言不雅训。"明显为后人依托而作。

⑧ 孔衍（268—320）：东晋学者。字舒元，鲁国（今山东曲阜）人。孔子二十二世孙。年十二，能通《诗》、《书》。晋元帝引为安东将军，专掌记室。后补中书郎、领太子中庶子。受王敦排挤，出为广陵郡守。大兴三年卒于官。经学深博，著述百余万言，著有《汉晋春秋》等。

⑨ 虞溥：西晋学者。字允源，高平昌邑（今山东金乡西北）人。郡察孝廉，除郎中，补尚书都令史，后迁公车司马令，除鄱阳内史。在郡大修学校，广招学徒，为政严而不猛，风化大行。专心坟典，注《春秋》经传，撰《江表传》及文章诗赋数十篇行于世。年六十二卒洛阳。清人辑有《江表传》及其劝学文字《励学》各一卷。

⑩ 颜延之（384—465）：南朝宋文学家。字延年，琅邪临沂（今山东费县东）人。历任始安太守，步兵校尉、光禄大夫、国子祭酒、秘书监。文章之美，冠绝当时，与谢灵运齐名，时称"颜谢"。著有《庭诰》、《五君咏》等。

夏侯湛①之《昆弟诰》，白居易之《补汤征》，苏伯衡②之《周书补亡》三篇，较之《汉·艺文志》所依托诸书，乃其么麽者尔。

古人有依附之笔，有旁托之言，有伪撰之书，有杂拟之文，考古之士，当分别观之。依附之笔，门人弟子为其学者辗转附益，或得其遗，或失其旨，或离其宗，各抒其所见也。旁托之言，诸子著书，因寄所托，标其风旨，有所称引，人即传为其人自著，如墨者著书称述晏子，人传为晏子书；儒者著书称魏文侯，人传为文侯书是也。《艺文》所著诸子九流，刘、班注谓似依托者，多不出此二种，皆非有心于造伪也。伪撰之书，后世求书悬赏，奸人慕赏造伪，与上二种不同。杂拟之文，则始于文人托兴寓意，其后词科取士，因以命题，古人所无，断始于六朝，非惟与伪造不同，亦与前二种迥不类也。山公于古人著述，不甚晓析源流，故比而同之。不知伪古文才高学富，远出山公之上，穿穴典籍，穷幽极远，刘、班明指为浅陋依托著书，彼时亦未必具存，即存亦必不以为依据，已经为人指斥而犹据之，虽愚不至此也。至《伪五子歌》必取于《伪禹书》，《伪伊训》《太甲》必取《伪伊尹说》，是造伪券者必须用盗跖之楮墨邪？噫！以此论古，窒滞多矣！

阎先生谓《玄鸟》诗既云"降而生商"，下自不得云"宅商土芒芒"，易商为殷，文字宜然。呜呼！何其谬也！《诗》三百篇，其重句叠字，不知凡几；聊举一二，如《江有汜》章，"不我以，不我以"，"不我与，不我与"，"不我过，不我过"；《叔于田》章，"巷无居人，岂无居人"，"巷无饮酒，岂无饮酒"，"巷无服马，岂无服马"；《汾沮洳》章，"美无度，美无度"，"美如英，美如英"，"美如玉，美如玉"；

---

① 夏侯湛（242—291）：西晋文学家。字孝若，沛国谯（今安徽亳州）人。武帝泰始中初举贤良对策，中第，拜郎中。后补太子舍人，转尚书郎。惠帝时为散骑常侍。文章宏富，善构新词。美容貌，京都称其与潘岳为"连璧"。著论有《抵疑》、《昆弟诰》、《周诗》等三十余篇，别为一家之言。

② 苏伯衡：元末明初学者，字平仲，号空洞子，金华（在今浙江）人。元末贡生，博涉群籍，以善古文闻名于时。洪武间入礼贤馆，为国子学录，迁学正，擢翰林编修。十年（1377），宋濂荐以自代，以疾力辞。二十一年（1388）受聘主会试，寻为处州教授。以表笺忤旨下狱死。有《苏平仲集》存世，卷一有《周书补亡》三首。

《园有桃》二章，皆曰："其谁知之，其谁知之。"《硕鼠》三章，则曰："适彼乐土，乐土乐土。""适彼乐国，乐国乐国。""适彼乐郊，乐郊乐郊。"《鸤鸠》四章，则曰："其仪一兮，其仪一兮。""其带伊丝，其带伊丝。""其仪不忒，其仪不忒。""正是国人，正是国人。"如此之类，未可更仆数。然犹曰叠句耳；不知古人韵亦重用，如《行露》之首章曰："厌浥行露，岂不夙夜！谓行多露。"重二露字。《简兮》之卒章曰："西方美人，彼美人兮，西方之人兮。"重三人字。《株林》之首章曰："胡为乎株林？从夏南，匪适株林，从夏南。"重二林二南字。然犹曰《风》也，乃《小雅》、《大雅》亦然。《六月》之卒章曰："饮御诸友。"又曰："张仲孝友。"重二友字。《小雅·大明》之六章曰："命此文王。"又曰："笃生武王。"重二王字。《民劳》之二章曰："汔可小休。"又曰："以为王休。"重二休字。《板》之六章曰："民之多辟，无自立辟。"《荡》之首章曰："荡荡上帝，下民之辟，疾威上帝，其命多辟。"皆重二辟字。《云汉》之三章曰："周余黎民，靡有孑遗，昊天上帝，则不我遗。"重二遗字。不惟《雅》也，《颂》亦然。《执竞》卒章曰："威仪反反。"又曰："福禄来反。"《赉》一章曰："敷时绎思。"又曰："於时绎思。"此可见质有其文，虽周犹尔；况商道尚质，而谓恐其重一商字，乃易为殷，有是理乎！请即以《商颂》征之，《那》固其首篇也，其二章曰："鞉鼓渊渊，嘒嘒管声，既和且平，依我磬声，於赫汤孙，穆穆厥声。"六句三韵，叠用声字，奇绝千古！苏轼作《潮州韩文公庙碑》诗曰："公昔骑龙白云乡，手抉云汉分天章，天孙为织云锦裳。"开章三句，叠用云字，愈叠愈古；乃有无知小学，讥其率笔，妄加涂窜，何异"蚍蜉撼大树"也！

记曰："善待问者如撞钟，大叩大鸣，小叩小鸣。"岂惟待问，即辨驳之文，何独不然！书有大误，自当详辨而博议之；其小误失，只须随文检正，无烦轩然起大波也。阎氏谓《天命玄鸟》诗中易商为殷，文字宜然。阎氏盖谓文字承用，义同文异，临文变易，以化拘挛，如《中庸》"郊社之礼，禘尝之义"，文异意同；《大诰》"我有大事休，朕卜并吉"，休吉同义，变文便诵；此类甚多，不可胜举，阎氏以此推之，于义未为大失。惟此等变文，谓之文字有然则可，必谓宜然及不得不然，则幸而殷、商二字，可以互文，设当夏、周，止有一字，将以何字易之？辨者但当发明此意，不三数言足矣。今乃置其本意于不论，而反举《诗》之重句叠韵以证阎说之非。夫生商与殷土二句，商、殷互文，并不在押韵处，又非全句犯重。山公泛引《毛诗》重句叠韵，侈其富有，何异攻天文者泛引地理书以侈便富邪？且此等诗篇，童子能诵，举以明例，三数条足矣。今乃累牍连篇，遍引童子所诵习者以夸富有，则董泽之蒲，可胜既邪！夫锱铢得失，故凿高深以矜论锋，目前经传，连篇钞撮以夸便腹，虽所论甚当，君子犹病其浅陋，况所论非其质乎！

山公文虽成家，学似未富，其于阎氏之书，不能有所损益，审矣。而阎屡称之，特喜其附和耳。不知彼欲藉以为名，则肆论之际，更不计阎为何许人矣。如此条所论，似阎氏生平尚不识古诗之有重韵叠句，其与目不识丁一流相去有几！

末论苏氏《韩文公庙碑》诗①首三句叠用三云字，苏氏本属无心，读去亦不甚室口，于义自无伤也。必谓叠用三云字为有心，且美其辞曰愈叠愈古，转似不用此三叠字必不可者，正如别本唐诗，于崔颢《题黄鹤楼》②开首必叠三黄鹤字，流俗相与矜奇诧绝，乃谓压倒李白全在此等处者，同一庸陋之见。

君子之学，贵辟风气而不贵趋风气也。盖既曰风气，无论所主是非，皆已演成流习，而谐众以为低昂，不复有性情之自得矣。《古文尚书》之伪，自宋迄今六百余年，先儒历有指驳，已如水落石出。至阎氏而专门攻辨，不遗余力，攻古文者，至此可以无遗憾矣。譬如已毙之虎，虽奋挺搏之，不足为勇，况搏之不以其道，前人所已尽之说而务欲有以加之，则不免转授人以罅隙。又如追穷寇者，反遭背水之回戈而致败也。昔者每怪毛西河氏无端撰《尚书古文冤辞》③，恃其才雄学富，言之成理，究不足以为公是也，亦何乐乎为之！今观山公诸篇，非深文太过，则言之不关款要，高自矜诩，义袭

---

① 苏氏《韩文公庙碑》诗：《东坡全集》卷八十六，《潮州韩文公庙碑》。
② 崔颢《题黄鹤楼》：崔颢（？—754），唐朝诗人。汴州（今河南开封）人。开元进士，天宝中，官太仆寺丞、司勋员外郎。前期后期诗风不一样，其七律《黄鹤楼》，后人誉为唐人七律第一。李白登黄鹤楼诗曰："眼前有景道不得，崔颢题诗在上头。"
③ 《尚书古文冤辞》：清朝毛奇龄撰。此人喜欢作翻案文章，《古文尚书》自宋以来，许多学者疑其伪，至阎若璩《古文尚书疏证》，条举诸家之说，以辨其伪，遂成定论。毛氏乃作是书以驳之，共分十目，力辨《古文尚书》为真。然其说不为学者所认可。

取名，而于经学初无所入。意当时趋风气者大率如是，毛氏不免有激以至此耳。因知古今是非，只欲其平，不欲其过。自来门户干戈，是非水火，非必本质如是，皆随声附和者之求加不已而激至于反也。古文之案，本可置不问矣，必欲加功，莫如取阎氏书，刊其芜杂，剔其不中肯綮与过甚之言，抑亦可以为其次矣。盖阎氏之书，深沈博奥，用力精坚，实能制伪古文之死命；虽以毛西河之强辞雄辨，不能夺人心之公，何须更为乌获喝斗方成勇乎！惟大醇之中，不无小疵，附和之徒，不知药石之爱而转为美疢之加，则反为全书玷缺，而资党古文者以口舌也。陶朱公曰："人弃我取，人取我与。"非特贾术然也，天下事凡风气所趋，虽善必有其弊。君子经世之学，但当相弊而救其偏，转不重初起之是非，谓既入风气，而初起之是非已失实也。然则《洪保》诸书，不但附赘悬疣，直是趋风气而反为风气之罪人矣。呜呼！趋风气者，岂特《洪保》而已哉！

## 论文辨伪[1]

大人君子将以身系天下之望，好恶不可不慎也。得一君子而天下未即蒙其利，失一小人而流毒足以祸世矣。毒既被于世矣，而君子犹曰，取其适吾意耳。噫！取人而求适其意，其弊何所不至哉！朱竹君、石君[2]两先生，一代人文之望，然善善不能恶恶，则不免有累。夫江湖清客，以俳优伎俩逢迎贵显，于义原无大伤。如某甲者，混厕清流，妄言文学，附会经传，以圣言为导欲宣淫之具，蛊惑年少，败坏风俗人心，真名教中之蟊贼，非仅清客之谓也。石庵[3]相公官江宁时，欲法诛之，可谓知所务矣。而竹君先生为解脱

---

[1] 本文作于嘉庆三年（1798）。该文与《妇学》、《诗话》等篇，同为批评袁牧而作，而这种批评又都是出于卫道观点。

[2] 石君：清朝大臣朱珪（1731—1806），字石君，一字南崖，晚号盘陀老人，顺天大兴（今北京大兴）人。先世居浙江萧山。乾隆进士。曾召入京为太子师。历任安徽巡抚、两广总督等。受乾隆、嘉庆二帝敬重。与兄朱筠为乾嘉之际著名学者，有《知足斋文集》。

[3] 石庵：清朝大臣刘墉（1719—1804），字崇如，号石庵（有刘驼子之名）。山东诸城人，刘统勋长子。乾隆进士，自编修迁侍讲，先后督安徽学政、江苏学政。又授太原知府、江宁知府、陕西按察使、内阁学士、直南书房、体仁阁大学士。死后赠太子太保，谥文清。

之，遂令术逢显要，登高而呼，号召无知士女，凡可以败人伦而伤风化者，无所不为。竹君先生天性坦易，平日固多汰许之病；石君先生似近方严，然亦尝与此人书问往来。余疑问之，则云："狎客耳，何遽不容！"噫！贤者如此，况他人乎！

昔李穆堂《书传灯录后》[①]，以为士大夫退老林泉，好与释子往还，其徒往往借名引重，如李习之、白乐天、苏子瞻、黄山谷[②]等，皆表表人伦之望，乃被彼家录为法嗣，亦可恨矣！虽衲子无忌惮，然亦诸公有以招致之也。余谓二先生之狎弄某甲，亦犹是也。偶于坊间见卖某甲尺牍，因取阅之，则其书中如评论女色，为人相妾，关说阴讼，为妓求情，为要路购古玩，为贵人品食味，以及纳人赠妾而报先孕，复收逃妾而谢珠还，种种不堪汗目、不堪对人之事，津津如道佳胜，是其耻心久丧，较陈继儒、李渔一流，可谓每况愈下矣。乃彼不自度量是何人物，有觍面目，僭言学问文章，噫！学问文章，岂为若辈设乎！其间如梦如呓，如瘦如狂，一切不可理解情喻之言，姑未遑数。内有与人一书，言杭州见朱侍郎、石君，蒙其推许，谓古文有十弊，惟某甲能扫而空之。某问其目，则曰："谈论心性似宋人语录，一也；俳辞偶语学六朝靡曼，二也；记序不知体裁，传志如写帐簿，三也；优孟衣冠，摩仿秦汉，四也；谨守八家空套，不思自出心裁，五也；饾饤成语，死气满纸，六也；措辞率易，颇类应酬尺牍，七也；窘于边幅，有文无章，如枯木寒鸦，淡而无味，且受不住一个大题目，八也，平弱敷衍，袭时文调，九也；钩章棘句，艰深文其浅陋，十也。"某曰："此外尚有三弊。"侍郎惊问，则曰："征书数典，琐屑零星，误以注疏为古文，一也；驰骋杂乱，自夸气力，甘作粗才，二也；尚有一弊，某不敢言。"侍郎再三询之，乃云："写《说文》篆隶，教人难识，字古而文不古，又一弊也。"侍郎知有所指，

---

[①] 李穆堂《书传灯录后》：李穆堂（1673—1750），清朝大臣。名绂，号穆堂，字巨来，江西临川人。康熙进士。初任翰林，后升左副都御史兼内阁学士。倡行理学，力图调和朱陆。著有《陆子学谱》、《朱子晚年全论》、《阳明学录》、《穆堂类稿》等。

[②] 黄山谷（1045—1105）：北宋文学家。名庭坚，字鲁直，自号山谷道人，晚号涪翁，洪州分宁（在今江西）人。治平进士。哲宗时为秘书丞兼国史编修官。开创"江西诗派"，能词，善行、草书。出苏轼门下，为"苏门四学士"之一。有《山谷集》。自选诗文集《山谷精华录》。词集《山谷琴趣外篇》、《枯凤阁诗》等。

不觉大笑。噫！小人而无耻，一至此乎！石君先生初为古文，尝就正于其兄，平日论文，未尝与竹君先生有歧。昔者竹君先生视学安徽，幕中有妄人出某甲门下者，戛戛自诩，同列无不鄙之。其人出某甲为乃父所撰墓志，矜示于人，余时未识某甲行径，一见其文，遽生厌恶，指摘其文纰缪，其人怫然，竹君先生解之。阴谓余曰："流俗习弊已久，岂可以吾辈法度绳之！"则朱氏论文，必无许可某甲之说。石君先生为文，初不自名，惟平日不轻许可，亦未尝执绳尺以裁量时人。某甲所述古文十弊之说，不知何来，大指阴剿李穆堂《古文辞禁》而增饰以似是之非，石君先生断不出此。意者竹君先生尝举李穆堂与方望溪争辨古文义例，多右李说，石君先生或偶举李氏《辞禁》以证时弊，未必为称诩某甲而设。而某甲生平最喜缘饰附会，藉人扬己，集中大半空中楼阁，乌有子虚，历有明证，又不特此简为然也。石君先生不幸失人失言，遂为若辈所污，则君子辞色，岂可轻易假人，奈何不自爱也！

　　十弊之说，后生易惑，余为详析辨之，小人肺肝何尝不如揭哉！一曰"谈论心性，似宋人语录"，其说出于李氏；李氏言是，而某甲误会其说，则不可通也。李氏盖曰宋人语录喜用俚俗字句，如"彼此"二字自可用也，必曰"这个那的"；又"如何如是"二语自可用也，必曰"怎的恁地"；故其引曾子曰："出辞气，斯远鄙悖矣。"若宋人之语录，无论理之悖否，辞之鄙亦甚矣，古文禁用语录，盖谓此也。某甲附会其说，以为谈论心性似宋人语录。夫谈论心性即不可为古文，则孔子性近习远，孟子与告子、公都诸辨，皆不可为文，而六经强半当删却矣。且文字苟非犯李氏所指鄙俚字句，即似宋人语录，又何伤乎？某甲如针之眼，止知推八家古文，然八家首韩，韩之五《原》何尝不论心性，何尝不可入语录乎？其不通一也。二曰"俳辞偶语学六朝靡曼"，此说亦出李氏；李氏言是，而某甲误会其说，又不可通也。李氏盖禁四六绮语，以谓六朝浮靡之风，入于古文，令人不辨作何许语；如故乡之称，必曰桑梓；兄弟之名，易以埙篪，凡如此类，名义混淆，有失清真之体尔。某甲附会其说，以为俳辞偶语不可以为古文，夫苟非瘦隐增减，有碍称谓名义，则六经之中，尚多俳辞偶语，岂曰俳偶即靡曼乎！余著《文史通义》，有通体长俳以比例者，或以体近时文为讥，余谓此人正坐有一成式古文在其胸中，怪人不似之耳。邵二云曰："胸有奇偏双单之见者，岂可与论古文!"真知言哉!某甲本不知文,而偏又习知文家似是而非之说,宜其拾人牙慧而又失所指,其不通二也。三曰"记序不知体裁,传志如写帐簿",此条直是无谓,如不知事小儿强勉作老成语,愈显其不知事也。体裁专为记序,帐簿特防传志,此赵普①之上下半部《论语》分创守也。借曰互文见义,则体裁帐簿,两不相应,令人何所法戒!即以帐簿而论,文法千变万化,惟其是尔,固有似帐簿而失体裁者,亦有似帐簿而得体裁者。且体裁既非一端可尽,帐簿亦非全当讳避,不知体裁之弊甚多,又非有得有失之帐簿可以一概。其言上不黏天,下不著地,不知意欲云何。噫!如此伎俩,尚欲抵掌论文,不知世间有羞耻事矣!其不通三也。四曰"优孟衣冠,摩仿秦汉",此自明嘉靖后,王、李、归、唐分争门户,早有此说,今则三家村塾蒙师,舌烂口臭久矣,此犹矜作创义,大可嗤也!然李穆堂之《辞禁》则犹及之,盖以王、李摩古,并改后世官名地名皆同于古,实于事理犹窒,至今作者尚多犯此,故李氏谆谆戒之。某甲不知其所以然,但戒摩仿秦汉;夫于文理无碍,虽仿秦汉何伤!不揣本而齐末,其不通四也。五曰"谨守八家空套,不自出心裁",此说与上条秦汉一例,皆为似是之非。文非有得于中,发而为不得已之言,皆空套也;何论秦汉唐宋!某甲即其人也。彼方以自出心裁为训,不知某甲之所谓自出心裁,正空套之尤也。某甲与人论文,大戒文章须有关系,又云:"天下关系,前人俱已说尽,今人断不能出古人之外。"此等议论,重见复出,是其生心发见,原以文章为敷衍应酬之用矣。试问既无关系,又不能出古人之外,文之质既丧矣,又如何能不入空套?终其身于空套之中而反以讥人,正如酗酒甚者必自辨其饮不醉耳,其不通五也。六曰"饾饤成语,死气满纸",此又上不黏天,下不著地,无谓之甚者也。成语有当用者,有不当用者,岂可概以饾饤为戒!气之死生,关乎义之充馁,非可立为成格,教人为趋避也。凡论文者必有指实,然后学者有辙可循;从未有乔情客气,矫作官样堂评而能使人法戒者也。间有名流为县,观风课文,既集生徒,将题品矣,适有公事,委其衙官摄之。衙官初不

---

① 赵普(922—992):北宋大臣。字则平,幽州蓟县(今北京西南)人。后周世宗时因荐入官,后为赵匡胤掌书记,参加陈桥兵变,并拥赵为北宋皇帝,曾任宰相。太宗即位后,又两度为相,有"半部《论语》治天下"宰相之称。著有《龙飞日历》。

识字，升堂作庄论曰："文章无他，佳则可佳，不佳则不足佳耳。"此笑令也，若此所云，其殆不佳则不足佳欤！其不通六也。七曰"措辞率易，颇类尺牍应酬"，此亦本李氏说而失之也。盖彼以谓辞命之与叙述，称谓各有所宜，不可牵混耳。尺牍亦有义例，非取率易为也，某甲误自以为率易。不知古人临文，并无必当率易之事，其不通七也。八曰"窘于边幅，有文无章，如枯木寒鸦，淡而无味，且当不住一大题目"，此条不伦不类，无一语连贯，无一字明白。夫论文者，大有渊源，细有派别，显有体裁义例，微有心术性情，未有论边幅者；论及边幅，则已论所不必论矣。既曰窘于边幅，又如何谓之有文无章？文章二字见于《礼注》，清赤白黑，是其本义；后代借为属辞之称，则省"章"言"文"而"章"义已包，未闻"章"字可别出而与"文"互相为有无者。既无章矣，又安得尚有文乎！既有"有文无章"，势必又有"有章无文"者矣，其义又何如也？此四字为句，已不自贯，若接上文，尤不可通。若夫枯木寒鸦，乃景光譬况之语，可以指定篇章，评一文之意境，而不可立为规例以裁量群文。且有文无章，如何又似枯木寒鸦？枯木寒鸦，画家以布景物，亦非淡而无味。已上类数语，既已各不相摄，若云"不能当大题目"，其势尤风马牛。此条措语如抟散沙，譬之鹊啾鼠唧，在彼虽有意谓难，以人意译之，不特不可言通，亦且无从议不通也。惟"时文平弱""钩棘艰深"二条，则近似矣。然出老生常谈，尽人所知，毋庸拾余唾也。十条殆无一言可取；至彼所益三言，则尤无理也。一云"征书数典，琐屑零星，误以注疏为古文"，某甲谶诡小才，畏人称道经术，如妖狐惧见闪电，藏身无地，故平日疾此道如仇雠；积畏生忌，遂思先发制人，自以为黠，不知正其愚也。

夫文亦各有体耳，征书数典，岂可为病！汉廷奏议，强半皆经术也；诸史志传，议礼议刑，大经大法，庙堂经纶政要，皆藉经传注疏为丰年也；无端坐以琐屑零星，此乃某甲吠日吠雪之言，何能伤日雪哉！注疏不可为古文，是本草不可入方剂也。今之治经学者或不能为文，工于文者或不本于经术；某甲所指之文，余盖祷祀以求而不可得者，彼乃反为厉戒，真小人之尤哉！一可诛也。二云"驰骋杂乱，自夸气力，甘作粗才"，此即某甲之本色也。盖某甲未闻大道而小有才，故除却一切邪说淫辞、狂惑丧心文字，其自命通人而妄称著作者，或剿袭前人而掩其面貌，或矫诬饰伪以张其声名，驰骋杂乱,猝难辨诘。小人而窃君子器矣,然由君子观之,则肺肝如见。二可诛也。其云"写篆隶字,教人难识,字古而文不古",此则明讥竹君先生。盖先生中年,好以篆法行于楷书,自是一时癖性,原不可训,然亦未尝有害名义,存而不论可矣。某甲论字,以此为讥可也;论文而讥其作字,是品酒而讥及瓶罍,辨珠而訾其篋椟矣。然则千古流传载籍,某甲何从而一一考其当日刀锥摹画之善否耶?此尤小人谿刻不情之明征也。且是时竹君先生下世,石君先生,君子人也;焉有对君子而以谿刻不情之说妄讥其死兄,而且诬其弟之随和者乎!其可诛三也。虽然,小人何尤;君子自失慎尔!呜呼!石庵相国,其有古大臣之风烈欤!

## 与孙渊如观察论学十规[①]

渊如[②]先生执事,十年不见,积思殊深,云泥道殊,久疏音问。前岁维扬税驾,剧欲踵访旌辕。适以俗事南旋,不克一罄积愫,至今为怅。顷晤少白于皖抚署中,详悉近状,良慰良慰。

---

[①] 本文作于嘉庆二年(1797)。这是研究章氏学术思想很重要的一篇文章,文章是读了孙星衍《问字堂集》后以和孙氏进行讨论的名义进行。首先是对一些古籍内容真伪而展开议论,用文史校雠的手法和探索学术源流的观点进行论述,所论虽然未必都很正确,但却给人以许多有益的启发。值得指出的是,他的许多重要言论和观点,都是在这篇文中提出,如"鄙人所业,文史校雠,文史之争义例,校雠之辨源流,与执事所为考核疏证之文,途辙虽异,作用颇同,皆不能不驳正古文,譬如官御史者,不能不弹劾,官刑曹者不能不执法,天性于此见优,亦我辈之不幸耳。古文差谬,我辈既已明知,岂容为讳?但期于明道,非争胜气也。"又说:"鄙人于文史自马班而下,校雠自中垒父子而下,凡所攻刺,古人未有能解免者,虽云不得不然,然人心不平,后世必将阳弃而阴用其言,则亦听之无可如何而已……今请于辨正文字,但明其理而不必过责其人。"这就是说,自己职业乃文史校雠,校雠评论,乃是自己的责职,如同御史弹劾,刑曹执法,不得不如此,非好辩也,其目的是"期于明道",因此,"辨正文字,但明其理而不必过责其人"。看了这些,我们不免要问,我们今天的评论家们,特别是方志评论家们,尽到自己的责任没有?他还告诫人们,做学问必须量力而行,因为"学问无穷,而人之聪明有尽,以有尽逐无穷,尧舜之知不遍物也"。这些都是经验之谈。

[②] 渊如:孙渊如(1753—1818),清朝学者。名星衍,字渊如,又字季仇,江苏阳湖(今江苏常州)人。乾隆进士。授编修,改刑部主事,历官至山东督粮道。因疾引归,主讲钟山书院十余年。研究经史、文字、音训之学,旁及诸子百家,金石碑版。著有《古文尚书马郑注》、《尚书今古文注疏》、《寰宇访碑录》等。他既是方志编纂家也是考据派代表人物。编有《长安县志》、《咸宁县志》、《三水县志》、《庐州志》、《松江府志》等。

又从少白索君《问字堂集》读之，如乡人入五都市，惊耳骇目，处处得未曾有，畏气外敛，愧心内生。大约博综贯串，而又出以颖敏之思，断以沈挚之识，卓然不朽，夫复何疑！顾诸家商复疑问，不必尽同尊旨，而皆列首简，不以为忌，则又虚怀乐善，虽在古人，犹且难之，集思广益，愈见包涵之大。因思鄙人所业，至为专陋，凡学业途径，苟非夙所专门，不欲强与其事。尊著贯彻天人，包罗万有，多非鄙见所及，无论不敢妄弹，即称说亦恐不得其似，谨谢无能为役矣。惟文史校雠二事，鄙人颇涉藩篱，以谓向歆以后，校雠绝学失传，区区略有窥测，似于大集校刊诸家书序，所见不无异同，谨献其疑，犹愿执事明以教我，幸矣。

一曰：校定《神农本草》，据大观本取白字书别出古经，是也，其过信皇甫氏《帝王世纪》[①]，而谓《本草》与《素问》之书皆出炎黄之世，则好奇之过矣。文字最古，莫过羲画虞典，五经则多三代之文，下逮春秋而止。若夫传记与诸子家言，皆出战国，同为籍去官亡而作。春秋以前，凡有文字，莫非官司典守，即大小术艺，亦莫非世氏师传，未有空言著述，不隶官籍，如后世之家自为书者也。《本草》、《素问》，道术原本炎黄，历三代以至春秋，守在官司世氏，其间或存识记，或传口耳，迭相受授，言不尽于书也。至战国而官亡籍去，遂有医家者流，取所受授而笔之于书，今所传本是也。《灵》、《素》问难，旨多精微闳奥，出于炎黄故也。若其文辞，非惟不类三代，并不类于春秋时，出于后撰集故也。执事好奇太过，欲求古于六经之上，往往据《灵》、《素》诸文以析经传是非，则战国时固有为神农言者矣，恐未可全信也。《素问》文字为春秋前所无者甚多，即开端《上古天真论》中"真"字从化，乃神仙家言，字出战国，亦春秋以前所无。前人疑《汉·艺文志》不载《本草》，王伯厚据《郊祀志》及《楼护传》[②]证明西京实有《本草》，足破其疑。执事犹以为不足，而漫据贾氏《周官疏》引《汉·艺文志》《食禁》[③]文为食药，遂取以当《本草》，则画蛇又添足矣。按食药二字，文义难晓，必贾疏

---

[①]《帝王世纪》：西晋皇甫谧撰。十卷。内容起自三皇，止于曹魏，专记帝王事迹。已佚，《隋书·经籍志》杂史类著录。

[②]《郊祀志》及《楼护传》：是《汉书》的两个篇目。

[③]《食禁》：全称为《神农黄帝食禁》，七卷。《汉书·艺文志》列入经方家类，其实为后人依托神农、黄帝而作，早佚。

传本之误。《食禁》七卷，盖出《周官》食药之遗，食医固与疾医疡医分科而治者也。若取《食禁》以当《本草》，无论名目卷数全不相符，且《汉志》遗漏之书甚多，岂能悉补，即如《史记·扁鹊仓公列传》言公乘阳庆传黄帝、扁鹊《脉书》[1]，今《汉志》并无其书，又将何物当之？叔孙朝仪，萧何律令[2]，尤显著纪传，为一朝之大制作，今《汉志》之载，亦岂有他书之相似而可证者耶。李氏《本草纲目》[3]，如论考古，则本经以下，各有叙录辨证，未尝变乱古人。如论证今，则数百年来医家奉为圭臬，未尝误人术业。且其书乃汇集诸家，自为经纬，并非墨守大观旧本，不可移易，今乃谓其割裂旧本，何耶？又诋其命名已愚，夫正名为纲，附释为目，名正言顺，何愚之有！

二曰：《墨子》之书，谓出夏礼，说似奇创，实无所本。据本书与公孟辨，谓法周不如法夏，及《庄子》叙《墨子》称禹自操橐耜诸语，及《淮南·要略》谓其背周而行夏政，遂定为墨出夏礼。不知战国诸子称道黄、农、虞、夏，殆如赋诗比兴，惟意所欲，并非真有前代之礼可成一家学术者也。当籍去官亡之际，本朝典制尚不能稽，况夏礼无征，甚于殷宋，孔子生春秋时已不可见，而谓战国尚可学其礼哉！如以《墨子》尚俭之说，推于

---

[1] 扁鹊《脉书》：扁鹊为战国名医。真名为秦越人。齐国渤海鄚（今河北任丘）人。师业于长桑君，能以望、闻、问、切等方法诊断病情，擅长小儿、妇女、五官等科，尤精运用针石、汤剂，时称扁鹊。著有《扁鹊内经》、《外经》等，但《脉书》《汉书·艺文史》不载，而隋唐志亦无。

[2] 叔孙朝仪，萧何律令：叔孙朝仪，指叔孙通定朝仪。叔孙通（？—约前189），西汉官吏。薛（今山东枣庄薛城）人。秦时以文学征召为待诏博士。陈胜起义后，亡归家乡。先为项梁部属，项梁败后，事楚怀王，怀王徙长沙，又留事项羽，汉王二年（前205）刘邦入彭城，乃降归汉。刘邦憎恨儒服，他便更换楚服以迎合，拜为博士。汉建立后，他杂采古礼和秦代制度，与儒生共立朝仪，任奉常。高祖九年，徙太子太傅。惠帝即位，复改任奉常，制定汉宗庙仪法。约于惠帝六年（前189）卒于任上。萧何律令，指萧何制订律令。萧何（？—前193），西汉初大臣。沛（今江苏沛县）人。秦末为沛县主吏，与刘邦友善。佐刘邦起义反秦。入咸阳后，他收取秦王朝之文献档案，以掌握全国山川险要及郡县户口等。项羽背约后，将刘邦封于偏远巴、蜀、汉中，楚汉矛盾激化，他说服刘邦暂作战略退让，保存实力。楚汉战争中，荐韩信为大将，自以丞相身份留守关中，输送士卒粮饷。西汉建立，协助刘邦消灭叛乱，推行与民休息政策。又参照《秦律》，制订《汉律》九章，已佚。

[3] 李氏《本草纲目》：李时珍（1518—1593），明朝医药学家。字东璧，号濒湖，蕲州（今湖北蕲春西南）人。世业医，任楚王府奉祠正。好读医书，以为历来《本草》多有讹误，立志重修，亲自上山采药，并广为请教，阅书八百余种，历二十七年，三易其稿，成《本草纲目》五十二卷，收中药一千九百三十二种，分十六部。又收历代医家临床验方一万零九十六个。其中八千一百多个为新增。另著有《濒湖脉学》、《奇经八脉考》等。

菲衣恶食，为出夏礼，则茅茨土阶，安知不合唐虞！如以荒度勤劳为合禹事，则己溺己饥，安知不合稷、尹！一偏似是之说，触处皆可傅合，非定论也。三年之丧，《孟子》明著三代共之，夏丧三月，自是传记之讹。薄丧之说，孟子尝诘夷子，如果出于夏礼，夷子必据儒家尊禹之说以抗其辨，何转引《周书》保赤文哉！且殷人尚鬼，正与明鬼之义相近，若致孝鬼神，则大舜宗庙享之，武王、周公达孝，又未见其必为夏也。

三曰：柳子厚论《晏子》书谓齐人为墨学者为之，其说是也。盖尚俭之意，似讽齐俗侈也，然在田齐之时，而非姜齐时书。盖春秋时本无著述，而其文辞轻利，并不类于战国初年文也。执事斥柳氏为文人不学，盖以晏氏为春秋名卿，不当称之为墨学耳。不知柳氏之意，以书为墨学，非以晏子为墨者徒也。且其说亦不始于柳氏，《孔丛》、《诘墨》之篇，所诘孔子相鲁及晏事三君、路寝哭声诸条，凡指谓墨说者，今俱在《晏子》书中，古人久有明证，柳说不为无本，岂可轻议！鄙尝疑《汉·艺文志》道家有《伊尹》、《太公》，儒家有《魏文侯》[①]、《平原君》[②]书，其书已亡，其名不伦不类，以意度之，当出诸子称述，如《孟子》之有《梁惠王》、《滕文公》，《论语》之有《季氏》、《阳货》、《卫灵公》之类耳，校雠诸家，或取篇目名书。如经记之有《檀弓》，使其书亡，人亦必疑檀弓为著书人矣，然则《晏子》书为墨者所述，何足为异。执事必欲《晏子》列于儒家，意非仅从《汉志》，且为晏子争其地位，则大惑矣。儒家者流，诵法先王不得位而行道，入孝出弟，守先王之道以待后之学者，不得已而著书，后世列为儒家，若曾、孟、荀卿是也。晏子身为齐相，行事著于国史，与列国名卿子产、叔向诸人，先后照灼《春秋》之传，岂皆守先待后之流耶。且管、晏同称久矣，如以班、马之法修齐史，将管、鲍、宁、隰诸贤皆入《儒林传》乎。至《晏子春秋》之名，

---

[①] 《魏文侯》：《汉书·艺文志》入儒家类，六篇，早亡佚，顾实《汉书艺文志讲疏》曰："文侯受经于子夏。"马国翰有《魏文侯》辑佚一卷。魏文侯（？—前396），战国时魏国国君。姬姓，魏氏，名都。前445—前396年在位。

[②] 《平原君》：《汉书·艺文志》入儒家类。班固自注："朱建也。"有的本作《平原老》，梁启超《诸子略考释》误认为"是赵公子平原君胜"。班固生当东汉，对西汉之事自不会误。杨树达《汉书窥管》引沈涛云："书既为建作，不应厕鲁连、虞卿之间。盖后人误以为六国之平原君而移易其次第。"朱建（？—前177），西汉官吏。楚地人。尝为淮南王黥布相，曾劝阻布谋反。布被杀，高祖称其义，赐号平原君，徙家至长安，为人刚直不阿。

亦战国时人习气，自孔子笔削《春秋》有知我罪我之说，后人因以"春秋"二字为胸中别具是非之通名，不尽拘于编年例也。虞卿[①]、吕不韦[②]之书，与《晏子春秋》所出，未知孰先孰后，何以见其效法而袭其号，亦何必谓从国史中刺取其事而用《齐春秋》名也。如管子生春秋初年，《管子》之书皆后人采取齐史及齐官掌故而成，不闻仍《齐春秋》，何独于《晏子》变其例乎。晏子卒于齐景公[③]前，景公卒于周敬王[④]三十年辛亥，为鲁哀公[⑤]五年，下距哀公十四年庚申《春秋》绝笔，又二年夫子卒。当春秋时并无诸子著书之事，孔子之前亦无别出儒家之名，《儒行》之篇乃战国杂出传记，非孔子时所撰述也，皆不足为晏子儒家之证明矣。《墨子》序称与奢宁俭，又称节用爱人，谓孔子未尝非墨，《晏子》序言晏子居丧亦与墨子短丧法异，皆任情夺予。

四曰：执事不信春秋之世无著书事，而据《史记》列传"阖闾称《孙武》十三篇"，遂谓有当时手著。不知《春秋内外传》[⑥]记吴、楚交兵甚详，并无孙武其人，即纵横短长之言，亦鲜称述之者，故叶水心[⑦]氏疑其子虚乌有。且观阖闾[⑧]用兵前后得失，亦与孙武之书大相剌谬，天下故有所行不逮其所言者，必出游士空谈，不应名将终身用兵，所言如出两人，是则史迁误采不根传记，著于列传明矣。至其书实可为精能，校雠之司，当列撰人

---

[①] 虞卿：战国时游说之士。虞氏，名失考。游说于赵孝成王，被任为相（上卿），故称虞卿。著有《虞氏微传》二篇、《虞氏春秋》十五篇。

[②] 吕不韦（？—前235）：战国时秦国大臣。卫濮阳（今河南濮阳）人。原为大商贾，资助为质于赵的秦公子异人，使之回秦立为太子，异人即位后，是为庄襄王，任其为相，封文信侯。秦王政继位，继为相国，称仲父。始皇亲政后，因嫪毐案牵连，罢官，流放四川。后自杀。曾使门客纂《吕氏春秋》传世。

[③] 齐景公（？—前490）：春秋时齐国国君。姜姓，名杵臼，庄公异母弟。周灵王二十五年（前547）继位。好筑宫室，聚狗马，厚敛重刑，奢侈无度。晏婴预知齐公室将为田氏取代。在位五十八年卒，谥景。

[④] 周敬王（？—前477）：春秋时东周国王。姬姓，名丐，周景王次子。在位四十三年卒，谥敬。

[⑤] 鲁哀公（？—前468）：春秋末鲁国国君。姬姓，名将。定公之子。周敬王二十六年（前494）即位。在位二十七年卒，谥哀。

[⑥] 《春秋内外传》：《左传》称内传，《国语》称外传，前已注。

[⑦] 叶水心：指叶适（1150—1223），南宋学者，字刚正，永嘉（今浙江温州人）。学者称水心先生。淳熙进士，授平江节度推官，召为太学正。先后出知蕲州、泉州，后除兵部侍郎、工部侍郎。最后知建康府兼沿江制置使，屡败金兵。是南宋"永嘉学派"集大成者。主张功利之学，发展工商。著有《习学纪言序目》、《水心先生文集》等。

[⑧] 阖闾（？—前496），春秋时吴国国君。姬姓，亦作阖庐，又作"光"，亦称"公子光"。吴王诸樊之子。曾率军伐楚失利。周敬王十四年（前506），联合蔡、唐攻楚，五战五胜，遂入郢。周敬王二十四年（前496），率军攻越，败于槜李（今浙江嘉兴西南），被越大夫灵姑击伤，不久死去，在位十九年。

阙疑，而不得凭误采传闻之列传耳。《艺文》称八十二篇图九卷者，书既亡逸，当著缺篇，亦不得悬断合图为八十二篇，又不得悬断十三篇为上卷，而知中下二卷皆图，鄙人向有专篇讨论，行笈未带，容后录呈。强合《七录》三卷之数也。《孙子》书言："兴师十万，出征千里，日费千金，不得操事者七十万家。"春秋用兵未有至十万者，即此便见非阖闾时。且以十万之师而云不得操事七十万家，明著七国显证，决非春秋时语矣。执事谓其文在《列》、《庄》、《孟》、《荀》之前，似未审也。

五曰：《文子》之书，《汉志》疑"周平王①问"出于依托，执事以书称平王，本无周字，遂谓是楚平王②，班氏误读。今按《文子》全书，未有托春秋初年事者，此言指楚平王，以时考之良是。但非文子手著，亦出战国时人撰述，执事所未信也。盖其书有秦、楚、燕、魏之歌，执事以为楚平王时之人，六国之时犹在，试以年计可乎？按《十二诸侯年表》③，楚平王卒于周敬王四年乙酉，是为鲁昭公④二十六年，下距哀公十四年庚申《春秋》绝笔，为敬王三十九年，凡三十六年，又四年为敬王四十三年甲子，共四十年，又历元王⑤八年，定王二十八年，考王⑥十五年，凡五十一年，再历威烈王⑦二十三年戊寅，三晋始得列于诸侯，乃有秦、楚、燕、魏之称，相去已一百十四年矣。文子见楚平王，亦须生十有余岁，见时未必即其薨年，秦、楚、燕、魏之语，未必即在三家分晋之年，是文子必须一百四五十岁，方合

---

① 周平王（？—前720），东周第一代国王。姬姓，名宜臼，西周幽王之太子。周幽王十一年（前771），幽王被杀，次年他即位，并迁都雒邑（今河南洛阳王城公园一带），始称东周。病卒，谥平。

② 楚平王（？—前516），春秋时楚国国君。亦作"荆平王"。芈姓，名弃疾，即位后改名熊居，共王幼子。周景王十六年（前529）作乱自立为王。重用嬖臣费无忌，无忌逼太子建出逃，害死太子傅伍奢。在位十三年，谥平。

③ 《十二诸侯年表》：《史记》篇名。

④ 鲁昭公（？—前510），春秋时鲁国国君。姬姓，名裯，襄公庶子。周景王四年（前541）即位。在位三十二年，谥昭。

⑤ 元王：指周元王（？—前468），战国时东周国王。姬姓，名仁，又名赤，周敬王之子。公元前476—前468年在位。

⑥ 考王：指周考王（？—前426），战国时东周国王。姬姓，名嵬。周定王第三子。公元前440年杀其兄思王自立，在位十五年卒，谥考。

⑦ 威烈王（？—前402），战国时周王。姬姓，名午，亦作"周威王"。周考王之子。在位二十四年，谥威烈。

尊旨。神仙长生之说，起于后世，春秋之季，未闻有此寿也。

六曰：天文历算，鄙人懵然，不敢与闻，惟执事力辟岁差之说，则以浅说度之，不能无疑。书曰："期三百有六旬有六日，以闰月定四时成岁。"而历家周天三百六十五度四分度之一。如以其言为不可信，则何以冬至日躔子年不与丑年同度；如以其年可信，则闰月止能画气盈朔虚之平，不能齐四分度之一也。若果无岁差，则周天必三百六十有六度，更无丝毫盈歉而后可，果无丝毫盈歉，则每周期冬至日躔，又当同度，无参差矣。此二说不容两立，则此事容待徐商否也？

七曰：古人疏证论辨之文，取其明白峻洁，俾读者洞若观火，是非豁然，足矣。立言莫如夫子，而文武之政，则云布在方策，好辨莫如孟子，而孟献子之五友忘其三人，封建井田但举大略，岂孔孟学荒记疏不如今之博雅流哉？言以达意，不过如斯而已。窃见执事序论诸篇，繁称博引，有类经生对策，市廛揭招，若惟恐人不知其腹笥便富，而于所指是非转不明豁，浅人观之，则徒增迷眩而无所解，深人观之，则曰吾取二三策，而余皆可置勿论，毋乃为纸墨惜欤！且言多必失，古人之言，本不可以一端而尽，巧构似形，削趾就屦以证一隅之说，《原性篇书后》已详辨。转授人以反证，致启庄惠濠梁之辨。夫称先述古，以云明例，非云穷类也，例足明而不已，是将穷其类矣。明例则举一自可反三，穷类则挂九不免漏一，则是欲益而反见损也。经传之外，旁证子纬百家，亡逸古书，博采他书所引，极为考古之乐。近则夸多斗靡，相习成风，赖识者能择要耳。欲望高明稍加删节，必云不能割爱，则裁为小注，附于下方，姑使文气不为芜累，抑其次也。

八曰：人不幸而为古人，不能阅后世之穷变通久，而有未见之事与理，又不能一言一动处处自作注解，以使后人之不疑，又不能留其口舌以待后方掎摭之时出而与之质辨，惟有升天入地，一听后起之魏伯起尔。然百年之后，吾辈亦古人也，设身处地，又当何如？夫辨论疏证之文，出自名家者流，大源本于官礼。鄙人所业，文史校雠，文史之争义例，校雠之辨源流，与执事所为考核疏证之文，途辙虽异，作用颇同，皆不能不驳正古人，譬如官御史者不能无弹劾，官刑曹者不能不执法，天性于此见优，亦我辈之不幸耳。古人差谬，我辈既已明知，岂容为讳？但期于明道，非争胜气也。古人先我而生，设使可见，齿让亦当在长者行，马、郑、孔、贾诸儒于前代经师说不合者，但辨其理，未尝指斥其人。即令官修奏御之书，辨正先儒同异，尚称孔氏安国，郑氏康成云云，未有直斥先儒姓名，史传又是一例，不与论辨相涉。可覆按也。尊著于前古诸贤，皆直斥姓名，横肆诟詈，不曰愚妄，则曰庸陋，如官长之责胥吏，塾师之诃弟子，何其甚也！刘子玄曰："谈经讳言服郑之嗤，论史畏闻迁固之失。"《史通》多讥先哲，后人必不服从，至今相去千年，其言颇验。盖其卓识不磨，史家阴用其法；其论锋可畏，故人多阳毁其书，鄙人于文史自马班而下，校雠自中垒父子而下，凡所攻刺，古人未有能解免者，虽云不得不然，然人心不平，后世必将阳弃而阴用其言，则亦听之无可如何而已。吴氏《新唐书》之《纠谬》①，为治唐史者之准绳，乃人竞责其憾欧阳而快私愤，何耶？盖攻摘本无所非，而人情不容一人独是，故击人者人恒击之，庄生所以著《齐物》也。今请于辨正文字，但明其理而不必过责其人，且于称谓之间，稍存严敬，是亦足以平人之心，且我辈立言，道固当如是耳。鄙著亦染此病，特未如尊著之甚耳，今己已知悔，多所删改。

九曰：天地之大可一言尽，学固贵博，守必欲约，人如孔子，不过学《周礼》一言，足以尽其生平。别有专篇论著，容另录呈。执事才长学富，胆大心雅，《问字堂集》，未为全豹，然兼该甚广，未知尊旨所在，内而身心性命，外而天文地理，名物象数，诸子百家，三教九流，无不包罗，可谓博矣。昔老聃以六经太泛，愿问其要，夫子答以要在仁义，说虽出诸子，然观《汉志》所叙诸家流别，未有无所主者。昔人谓博爱而情不专，愚谓必情专而始可与之言博，盖学问无穷，而人之聪明有尽，以有尽逐无穷，尧舜之知不遍物也。尊著浩瀚如海，鄙人望洋而惊，然一蠡之测，觉海波似少归宿，敢望示我以尾闾也。

十曰：方以类聚，物以群分，君子虽尚泛爱，气类亦宜有别。简端刻诸家商订异同，是矣，集中与某人论考据书，可为太不自爱，为砧岊止白圭所云乎哉！彼以纤佻倾仄之才，一部优伶剧中才子佳人俗恶见解，淫乱邪说，宕惑士女，肆侮圣言，以六经为导欲宣淫之具，败坏风俗人心，名教中之罪人，不诛为幸。彼又乌知学问文章为何物，所言如夏畦人议中书堂事，岂值

---

① 《纠谬》：指吴缜《新唐书纠谬》。吴缜，北宋学者。字廷珍，成都（在今四川）人。治平进士。以左朝请郎知蜀州事。《新唐书》成，甚负时誉，他独指摘其中讹误，成《新唐书纠谬》一书，计四百六十条，仅纠摘谬误，未作刊正。另著有《五代史纂误》三卷。

一笑！又如疯狂谵呓，不特难以取裁，即诘责之，亦无理解可入，天地之大，自有此种沴气，非道义所可喻也。此可与之往复，岂不自秽其著述之例乎！别有专篇声讨，此不复详。幸即刊削其文，以归雅洁，幸甚幸甚！

嗟乎，学术岂易言哉！前后则有风气循环，同时则有门户角立，欲以一人一时之见使人姑舍汝而从我，虽夫子之圣犹且难之，况学者乎！前辈移书辨难，最为门户声气之习，鄙人不敢出也。鄙人所业，幸在寂寞之途，殆于陶朱公之所谓人弃我取，故无同道之争；一时通人亦多不屑顾盼，故无毁誉之劝阻；而鄙性又不甚乐于舍己从时尚也，故浮沈至此。然区区可自信者，能驳古人尺寸之非，而不敢并忽其寻丈之善，知己才之不足以兼人，而不敢强己量之所不及，知己学之不可以槩世，而惟恐人有不得尽其才，以为道必合偏而会于全也。杜子美曰："不薄今人爱古人。"是矣，鄙请益曰："不弃春华爱秋实。"故于执事道不同科，而欲攀援调剂以斟于尽善，是则区区相爱之诚，未知有当裁择否耳？行笈无书，而记性又劣，书辞撮举大指，如有讹误，容后检正也。

# 与陈观民工部论史学[1]

仆论史事详矣。大约古今学术源流，诸家体裁义例，多所发明。至于文辞不甚措议。盖论史而至于文辞，末也。然就文论文，则一切文士见解，不可与论史文。譬之品泉鉴石，非不精妙，然不可与测海岳也。即如文士撰

---

[1] 本文作于乾隆五十九年（1794）。当时作者主持的《湖北通志》因毕沅调离而不能刊刻，赏识章氏此《志》的陈诗，正在武昌府知府胡齐苍幕中，胡请于当道，以《通志》属陈校定。这就是章氏写此文的背景。这是一篇很重要的文章，但各种版本《文史通义》均未收录，而选用者又往往各标其题，有称《与陈观民工部论方志》，亦有称《与陈观民工部论〈湖北通志〉》。文章最后，章氏好友邵晋涵有几句读后语，读者可好好品味。胡适在《章实斋先生年谱》中对此文有过一段评论："此书首论史文之'述而不造'，'惟恐出之于己'，真数千年史家未发之至论。中间叙修志时之种种困难，末段自述作文的方法，皆绝重要之传料。"此言是否有理，读者自可定评。但有一点可以肯定，他在文中论文士之文与史家之文不同，一个是"惟恐不自己出"，一个是"惟恐出之于己"，了解了这点以后，自然就可以理解章氏为什么提出"文人不能修史""文人不能修志"的主张，这绝不是章氏的偏见。两者区别讲得如此确切，确实前无古人，难怪胡适称"真数千年史学未发之至论"。陈观民，名诗，蕲州（今湖北蕲春）人。著《湖北旧闻》。时为武昌知府胡齐苍幕僚。

文，惟恐不自己出；史家之文，惟恐出之于己，其大本先不同矣。史体述而不造，史文而出于己，是为言之无征。无征，且不信于后也。识如郑樵，而讥班史于孝武前多袭迁书。然则迁书集《尚书》、《世本》、《春秋》、《国策》、《楚汉牒记》①，又何如哉？充其所说，孔子删述六经，乃蹈袭之尤矣，岂通论乎！夫工师之为巨室度材，比于燮理阴阳；名医之制方剂炮炙，通乎鬼神造化；史家诠次群言，亦若是焉己尔。是故文献未集，则搜罗咨访，不易为功。观郑樵所谓八例求书，则非寻常之辈所可能也；观史迁之东渐南浮，则非心知其意不能迹也，此则未及著文之先事也。及其纷然杂陈，则贵决择去取。人徒见著于书者之粹然善也，而不知刊而去者，中有苦心，而不能显也。既经裁取，则贵陶熔变化，人第见诵其辞者之浑然一也，而不知化而裁者，中有调剂，而人不知也。即以刊去而论，文劣而事庸者，无足道矣。其间有介两端之可而不能不出于一途；有嫌两美之伤而不能不忍于割爱；佳篇而或乖于例，事足而恐徇于文，此皆中有苦心，而不能显也。如以化裁而论，则古语不可入今，则当疏以达之；俚言不可杂雅，则当温以润之。辞则必称其体，语则必肖其人。质野不可用文语，而猥鄙须删；急遽不可以为宛辞，而曲折仍见；文移须从公式，而案牍又不宜徇；骈丽不入史裁，而诏表亦岂可废！此皆中有调剂，而人不知也。文至举子之四书义，可谓雕虫之极难者矣。法律细于茧丝牛毛，经生老儒，白首攻习，而较量于微茫秒忽之间，鲜能无憾！其故非他，命题虚实偏全，千变万化，文欲适如其题，而不可增损故也。史文千变万化，岂止如四书命题之数，而记言记事，必欲适如其言其事而不可增损，恐左、马复生，不能无遗憾也。故六经以还，著述之才，不尽于经解、诸子、诗赋、文集，而尽于史学。凡百家之学，攻取而才见优者，入于史学而无不绌也。记事之法，有损无增，一字之增，是造伪也。往往有极意敷张，其事弗显，刊落浓辞，微文旁缀，而情状跃然，是贵得其意也。记言之法，增损无常，惟作者之所欲，然必推言者当日意中之所有，虽增千百言而不为多。苟言虽成文，而推言者当日意中所本无，虽一字之增，亦造伪也。或有原文繁富，而意未昭明，减省文句，而意

---

① 《楚汉牒纪》：牒纪实即年表、世表之类作品，因此，该书大约为《楚汉年表》之类的书，因为不见于著录，故确指何书不详。

转刻露者，是又以损为增，变化多端，不可笔墨罄也。

仆于平日持论若此，而《通志》①之役，则负愧多矣。当官采访者，多于此道茫如，甚且阴以为利。十室必有忠信，规方千有余里，部领六七十城，岂无搢绅都士，可与言者！地远势隔，无由朝夕商可。府县官吏，疲懒不支。其有指名征取之件，宪司羽檄叠催，十不报六。而又逼以时限，不能尽其从容。中间惑于浮议，当事委人磨勘。而应聘司磨勘者，不知适从何来。夏畦负贩一流，大率毁瓦画墁。若将求食，然有问须答，不免降心抑气，如与互乡讲礼，鴂舌辨言，一部十七史不知从何说起！今著《辨例》一卷，特存大略，取明义例而已。此辈所为，可骇可伤，可笑又可怜者，固不胜举也。以此败意，分其心力。然于众谤群哄之际，独恃督府一人之知，而能卓然无所摇动，用其别识心裁，勒成三家之书，各具渊源师法，以为撰方志者凿山浚源，自诩雅有一得之长，非漫然也。

夫著述之事，创始为难，踵成为易。仆阙然不自足者，传分记人记事，可谓辟前史之蹊矣；而事有未备，人有未全。盖采访有阙，十居七八，亦缘结撰文字，非他人所可分任，而居鲜暇豫，不得悉心探讨，以极事文之能事，亦居十之二三也。然纪分纲目，事亦称约举矣。人物一表，包罗全体，其有不及立传之人，皆以一二字句，隐括大略于表注，无遗漏也。以十一府州之大，新旧人物之多，不下数万，他志所必不能该者，今以表注之法，转无一人遗漏，则体撰虽疏，而其法乃密，于时人之类纂，亦差足以解免于都人士矣。后人踵事增华，或取所阙而补其未备，而无改其规矩焉，庶几叔皮《后传》②之遗乎。

《文征》之集，实多未备，则缘诗文诸集，送局无多，藏书之家，又于未及成书，而纷纷催还原集，是以不得尽心于选事也。然仆于文体粗有解会，故选文不甚卤莽。且于其意可存，而文不合格者，往往删改点窜，以归雅洁，亦不自为功也。至于诗赋韵言，乃是仆之所短，故悉委他人而己无所与。不幸所委非人，徇情通贿，无所不至。恶劣诗赋不堪注目者，仆随时删抹，而奸诡之徒又贿抄胥私增，诚为出人意外。然仆毕竟疏于覆勘，当引

---

① 《通志》：指他主持编纂的《湖北通志》。
② 叔皮《后传》：指班彪为《史记》续编的《后传》。

咎耳。惟是史志经世之业，诗赋本非所重，而流俗骛名，辄以诗赋争相请托。情干势挟，蜂涌而来，督府尚且不能杜绝，何况馆中？仆是以甲集选辑记传，乙集选集议论，而诗赋特分于丙丁二集。丙集专载佳篇，丁集专收恶滥。譬居家者必有厕圊而后可以洁清房舍！他时势去人亡，则丁集自可毁板。此中剧有苦心，恨委任失人，不尽如仆意也。

足下文雄学富，而又常留意湖北文献，徒以人事参差，不得相与其功，深可惜也。犹望足下自以所得，勒成一家，他日流传，并行不背；或者春兰秋菊，各占一时之芳秀，亦千秋之佳话也。如何？如何？勉之无怠！第有稍进于足下者，足下前月过从，仆以蕲州诸传相质，以足下蕲人也。足下不甚省览，意谓传文所本，足下固已见之，仆之窜改，一似重誊邸报然者，故不须加意尔。噫！苟以此意论古，负古人矣。

仆尝恨天下记传古文，不存所据原本，遂使其文浑然如天生。事本如此，无从窥见作者心经意纬，反不如应举时文，有题即可论其法也。昔人得欧阳氏《五代史》草，而文思加进，为其中有点窜涂改，可以窥所用心，亦此意耳。前日奉质《顾天锡父子列传》①，全出《白茅堂集》②。其文几及万言，而仆所自出己意为联络者，不及十分之一，此外多袭原文，可覆按也。然周窥全集而撷其要领，翦裁部勒，为此经世大篇，实费数日经营，极有惨淡苦心。不见顾氏集者，不知斧凿所施。既见顾氏之集，则此传乃正不宜忽也。《嘉定蕲难》③之传，全本赵氏之《泣蕲录》④。惟末段取《宋史·贾涉⑤传》，

---

① 《顾天锡父子列传》：是《湖北通志》中章氏所作之传，现存《章氏遗书》中。顾天锡（1589—1663），明末清初学者。字重光，蕲州（今湖北蕲春）人。博学，精于经史，入清不仕，隐居著书。著有《历代改元考》、《二十一史评论》、《三礼三传集解》、《五经说》、《素问灵枢直解》等。

② 《白茅堂集》：清朝顾景星著。景星，字黄公，蕲州（今湖北蕲春）人，康熙荐举博学鸿词。还著有《黄公说字》。均收入《四库全书》。

③ 《嘉定蕲难》：是《湖北通志》中章氏所写《嘉定蕲难传》。这是一篇类传，记述宋朝嘉定十四年（1221）金人攻打蕲州，知州李诚之率官兵奋力抵抗，城陷，全家死之，合城无一降者，十分壮烈。传中既记述了激战经过，又分别记载了死难官员经历。

④ 赵氏之《泣蕲录》：全名应为《辛巳泣蕲录》，一卷，宋赵与褎撰。与褎宗室子，官蕲州司理，权通判事。宁宗嘉定十四年（即辛巳岁），金兵围蕲州，他与郡守李诚之据守。

⑤ 贾涉：南宋将领。字济川，台州天台（今浙江天台）人。贾似道父。累迁至盱眙军。授淮东提点刑狱兼楚州节制本路京东忠义人兵。金人犯黄州（今湖北黄冈）、蕲州，遣李全等往授，斩徐挥。详见《宋史》本传。

载其淮北之捷及斩徐挥二事，为《泣蕲录》吐气，以慰忠义之心。其文省赵氏原文至十之六七，而首尾层折乃较原录更为明显，亦非漫然为删节也。其后总论，即润色《泣蕲录》中申诉之语，足下过不留目，仆窃以为非也。毋论原文拖沓草率，为赵氏之未尽，彼以反复剖白，悲哀控诉之语，乃申状体也。今改为沈郁顿挫，苍凉凭吊之辞，乃论赞体也。字句略换，而文指全殊，岂得不加察耶！杜子美曰："文章千古事，得失寸心知。"史家点窜古今文字，必具"天地为炉，万物为铜，阴阳为炭，造化为工"之意，而后可与言作述之妙。当其得心应手，实有东海扬帆，瞬息千里，乘风驭云，鞭霆掣电之奇；及遇根节蟠错，亦有五丁开山，咫尺险巇，左顾右睨，椎凿难施之困。非亲尝其境，难以喻此中之甘苦也。而文士之见，惟知奉韩退之所以铭樊绍述者，不惮怵目刿心，欲其言自己出。此可为应举避雷同之法，若以此论著述，不亦戋戋乎私且小耶？盖有大鹏千里之身，而后可以运垂天之翼；他若鹰隼羽毛，即非燕雀所能假借。文章各有裁识，岂因袭成文所能掩耶！史迁之才，出入周秦，牢笼战国，当日诸子百家，今见存者，证以百三十篇之所去取，可谓临淮入汾阳军，旌旗壁垒为改观矣，其才足胜之也。至于六经、《左氏》，非惟才不能胜，气亦不能驭矣。故于三代本纪，春秋世家，则奔走步趋，颇形竭蹶。是人之才识，丝毫不容勉强，其明验矣。亦有史笔不具专家之长，而以因袭之文为重者，如班氏资《洪范》于刘更生[1]，沈约袭垂象于何承天[2]，岂班、沈之学，胜于刘、何？然不自为功，而因长见取，亦史家之成例。拟于武事，则诸家如骁将之善于用兵，史裁不自用兵，如大将之善用骁将也。

夫文士剿袭之弊，与史家运用之功相似，而实相天渊，剿袭者惟恐人知其所本，运用者惟恐人不知其所本。不知所本，无以显其造化炉锤之妙用也。议仆书者多矣，少见多怪，本不足奇，然必待有所见，而后怪之可也。仆属草未成书，未外见一字，而如沸之口已哗议其书之不合，此种悠悠，尚

---

[1] 刘更生：刘向本名刘更生。
[2] 何承天（376—447）：南朝宋天文学家。东海郯（今山东郯城西南）人。历仕衡阳内史、御史中丞等。博通经史，精历算，曾考定"元嘉历"。又善弹琴，通音律，反对佛教"神不灭"论。著有《报应问》、《达性论》等。

足与之辨乎？是非久而后明，公道自在人心。足下乡党之望，愿为我谢乡搢绅，请存此说，以待日后论定可也。一时人知人罪，听之而已，嗟乎！是亦不特此书为然也。

## 论课蒙学文法①

　　文辞末也，而不可废。童子欲其成章，譬如梓匠轮舆，莫不有绳墨也。乾隆乙巳，主讲保定之莲池书院，诸生多授徒为业。童子之学，端以先入为主，初学为文，使串经史而知体要，庶不误于所趋。因条二十六通以为之法。说甚平易，而高远者亦不外此，宜于古而未尝不利于时，能信而有恒心，斯得之矣。

　　蒙幼初学为文，最忌轻清圆转，易于结构。若以机心成其机事，其始唯恐不解成章，多方劝诱，期于庶几得之；其后演习成惯，入于俗下时文，将有一言之几于道而不可得者。先入为主，良不可以不慎也。

　　世俗训课童子，必从时文入手。时文体卑而法密，古文道备而法宽。童幼知识初开，不从宽者入手，而使之略近于道；乃责以密者，而使之从事于卑。无论识趋庸下，即其从入之途，亦已难矣。

　　时文法密，不能遽责备于童子，则必使之先为破题；破题能属句矣，乃使演为承题；承题能成语矣，则试学为起讲；后乃领题提比，出题中比，以渐而伸；中比既畅，然后足后比而使之成篇。夫文之有前后，犹气之有呼吸，啼笑之有收纵，语言之有起讫。未闻欲运气者，学呼多年，而后学吸；为啼笑者，学纵久之，而后学收；习言语者，学起语几时，而后学讫语。此

---

① 本文作于乾隆五十年（1785）。此时章氏正在保定莲池书院主讲，而学生中又多以授徒为业，特作此书，指导他们如何教育儿童。当时社会上都强调教育"必从时文入手"，他非常反对，因为儿童很单纯，如同一张白纸，此时教育任何内容，将会影响终身，"先入为主，良不可以不慎"。他认为"学问大端，不外经史"，因此，经史乃是一切学问的根本，抓住根本，就能根深叶茂，一通百通。所以童蒙教育应从读史入手，并提出以《左传》、《史记》为主。他认为"史迁论赞之文，变化不拘……所以尽文章之能事，为著述之标准也。初学不可有所别择，不特使其胸罗全史，亦可使知文境无不备也"。而《左传》则文字精炼生动，对后世散文发展有很大影响。两年前他还有《答周筤谷论课蒙书》二篇，可参照阅读。文中还提出教育儿童作文应先从论事入手，应注意先后次序。

则理背势逆，不待知者决矣。其不可者一也。

既如一篇位置，前虚后实，前缓后紧，亦势之所不能免。苟胸中无所谓紧与实者，将有所发，则亦安有所谓虚与缓者，先作之势？此亦事之显而易见者也。胸中本无而强作之势，则如无病之呻，非喜之笑，其为之也倍难。蒙师本欲从其易者入手，而先使之难，不可解也；胸中或亦有时而有其意，而强使之截于部位，而不能畅其所欲言，则拘之也更苦。蒙师必欲迎其悦乐而利导之，而反使之苦，不可解也。此不可者二也。

属句为文，犹备体者为人，婴孩不满一尺，而面目手足无一不备，天也。长成至于十尺九尺，即由是而充积，初非外有所加也。如云魁伟丈夫，其先止有面目，后乃渐生肩背，最后乃具手足，此不可以欺小儿矣。

今使孺子属文，虽仅片言数语，必成其章，当取《左氏》论事，君子设辞，使之熟读而仿为之。其三五语为章法者，为破承题者，所易办也；其十数语为章法者，为起讲提比者，所易办也；其三数百字为一章者，初学成篇者，所易办也。由小而大，引短而长，使知语全气足，三五言不为少，而累千百言不为多也。亦如婴儿官骸悉备，充满而为丈夫，岂若学破承起讲者之先有面目，次生肩背，最后乃具手足也哉？

四书文字，必读《春秋左传》，为其知孔子之时事，而后可以得其所言之依据也。孺子能读《左传》者，未必遂能运用，其不能诵读，与读而不能记忆，又无论矣。今使仿《传》例为文，文即用以论事，是以事实为秋实，而议论为春华矣。华实并进，功不妄施，其便一也。

四书文字，必读《易》、《书》、《诗》、《礼》，为其称说三代而上，不可入后世语也。孺子之于四经，未必尽读，读而不识，识而不知所运用者，又比比也。《左氏春秋》称述《易》、《书》、《诗》、《礼》，无所不备，孺子读经传而不知所用，则分类而习其援经正传之文辞，扩而充之，其文自能出入于经传矣。根柢深厚，得于幼学，他日岂可量其所至也？其便二也。

四书文字，本于经义，与论同出一源，其途径之分，则自演入口气始。盖代圣贤以立言，所贵设身处地，非如论说之惟我欲言也。孺子议论既畅，则使拟为书谏、辞命。《左氏春秋》名卿大夫出使专对，与夫谏君匡友，出辞可谓有章者矣。苟于议论成章，而后使之分类而诵习焉。因事命题，拟为文辞，则知设身处地而立言。既导时文之先路，而他日亦为学古之资矣。其便三也。如拟臧僖伯①谏观鱼，便代臧僖伯口气，必切鲁隐公②时势；如展喜③受命于展禽，便代展禽口气，必切齐、鲁时势。

初学先为论事，继则论人，事散出而易见，人统举而稍难，故从入之途有先后也。孺子既于论事之文畅茂条达，为之师者，既当导以纂类《春秋》人物，自天子、诸侯、后妃、夫人，以至卿士、大夫、闻人、达士，略仿纪传之史，区分类例，逐段排比，使一人之事，首尾完具，巨细无遗。然后于其篇末，即仿《史记》论赞之文，作为小论。其体与论事之文，亦自不同。论事之文，欲其明畅，论人之文，欲其含蓄。论事之文，疏通知远，本于《书》教；论人之文，抑扬咏叹，本于《诗》教。孺子学文，但拘一例，则蹊径无多，易于习成。括调体格时变，使之得趣无穷，则天机鼓舞，而文字之长，有不知其然而然者矣。

纂类《春秋》人物，区分略仿纪传体，句析条分，未遽连属为纪传之文也。然而纂类之法，则启牖于幼学者，为不尠矣。《春秋》为鲁国之书，《左传》称谓，皆主鲁以立例。今既散为列国纪传，则王不加天，而鲁不称我，事实无所改易，而称谓各系主宾，可以知撰辑之不可因袭旧称也。《春秋》为编年之书，《左传》书事，君臣同载。今既各为纪传，则二人共事，当分详略，事有出入，当存互见，可以知行文之剪裁繁复也。传有分合，事有始末，或牵连而并书，或因端而各出，可以知比事属辞之法也。即此举隅立例，俾初学者知所用心，于事不劳而资益者，不但文字之长而已也。

纂类《左传》人物，而学论赞，必读司马迁书。迁书五十万言，不易读也。日取纪传一篇，节其要略而讲说之，遂熟读其论赞之文，不过四五阅月，可以卒其业也。村塾蒙师，授读无用时文，奚止一二百篇？而孺子懵然无所知也。今读百三十篇论赞，不过百余起讲之篇幅也。遂使孺子因论赞而略知纪传之事，因纪传而妙解论赞之文，文之变化，与事之贯串，是亦华实兼收之益也。且以史迁之法而法《左氏春秋》，他日经经纬史之学，不外是

---

① 臧僖伯：鲁孝公之子，鲁惠公之弟，即公子强，字子强，臧是其后代之姓氏。是鲁隐公的亲叔父。

② 鲁隐公（？—前712）：春秋时鲁国国君。姬姓，名息，一作"息姑"，惠公庶子。惠公卒，因太子允年幼，由他摄政。喜游乐，筑观鱼台。在位十一年，被太子允杀，谥隐。

③ 展喜：即乙喜，鲁国大夫。展是其氏，喜是其名，乙是其字。

矣。而其实裨益于时文，实有事半功倍之明效，较之徒业时文者，不可道里计矣。

史迁论赞之文，变化不拘，或综本篇大纲，或出遗闻轶事，或自标其义理，或杂引夫《诗》、《书》，其文利钝杂陈，华朴互见，所以尽文章之能事，为著述之标准也。初学不可有所别择，不特使其胸罗全史，亦可使知文境之无不备也。一自评选文家，删取隽语佳章，劝诱蒙俗，而朴拙平钝，不以工巧见长者，屏而勿录，而子弟遂误学问文章为二事，而所为之文，其不成者，固无论矣。幸而成者，亦皆剽而不留，华而无实，不复可见古人之全也。盖可惜也。夫人之一身耳目聪明，百骸从令，心具虚灵，脏纳滓秽，虽有清浊灵蠢之别，要必相附而后为人也。今欲徒存耳目心知，而去百骸脏腑，安得有是人哉！

论人之功既毕，则于《左氏春秋》之业，思过半矣。子弟文境，亦复稍展拓矣。于是而使之数典，亦驯而易入之功也。盖《左氏》人物事实，既仿纪传而区分矣。兵刑礼乐，典章制度，当仿史迁《八书》之例而分纂也。其于时文，则典制、经制、题文，为切近矣。纪传仿其论赞，书表仿其序论，文章体制，论赞欲其抑扬咏叹，序论欲其深厚典雅，论事论人，拟书拟谏之后，学为序例，而变迁其境，其体亦几于备矣。更取世家系谱，列国年表，又若晋卿分军，鲁卿执政之属，参稽书传，而仿以为表，序论亦用十表之例，是亦举而措之事也。

凡此别类分求，华实并进，纵横贯串，其于《左氏》一书，亦既无遗义矣。再取所纂人物事迹，参以《公》、《穀》、《国语》、《礼记》、《史记》、周秦诸子、《新序》、《说苑》①、《韩诗外传》、刘向《列女传》、《汉书·五行志》之属，凡及《春秋》时事者，按其人名，增其未备，录其异同，以类相从，以时相次，详悉无遗，则人物事迹，无遗缺矣。先所作之论赞，与参补之事不相符者，可以随时改正。其同事异叙，同叙异言，同言异用，或此详而彼略，或彼合而此分，或虚实而实虚，或有去而有取，孺子留意玩索，即可学为叙

---

① 《新序》、《说苑》：都是刘向所撰。内容全为古史遗说，搜集前人的行事和议论编纂而成。两书中所记大都是春秋战国时期的人和事，体裁相当于《国语》、《国策》，着重记载了许多在刘向看来是具有教育意义之言论。前者三十卷，后者二十卷。许多内容演化成了后来的成语典故。

事之文。向所仿纪传而分别纂辑者，首尾既已完具，即可使之联缀，以为纪传。先其事小而传简者，渐及稍多而差长者，然后乃及长篇纪传，亦如始学论事之积小以高大者也。岂不诚易易哉！

文章以叙事为最难，文章至叙事而能事始尽。而叙事之文，莫备于《左》、《史》。今以史迁之法，而贯《左氏》之文，神而明之，存乎其人，非尽初学可几也。而初学从入之途，实亦平近而易习，且于时文尤为取则不远也。岂非至平之法欤？

叙事之文，所以难于序论辞命者，序论辞命，先有题目，后有文辞，题约而文以详之，所谓意翻空而易奇也。叙事之文，题目即在文辞之内，题散而文以整之，所谓事征实而难巧也。翻空之文，但观古人所作，可以窥其意匠经营，为其文成而题故在也。征实之文，徒观古人所作，一似其事本自如是，夫人为文，必当如是叙述，无由窥作者之意匠经营。为其题在文辞之内，文成而题已隐也。自非离析其事，无由得其所以为文，此以纪传体例贯串编年之所资也。且非萃合诸家之同事异叙，同叙异言之互见，其说已详于上章。无由通其文境之变化，此以《左传》事实，参互子史诸家同异之所资也。故学叙事之文，未有不宗《左》、《史》，而世之读《左》、《史》者，徒求之形貌，而不知分析贯串之推求，无怪读文者多而能文者少也。

序论辞命之文，其数易尽；叙事之文，其变无穷。故今古文人，其才不尽于诸体，而尽于叙事也。盖其为法，则有以顺叙者，以逆叙者，以类叙者，以次叙者，以牵连而叙者，断续叙者，错综叙者，假议论以叙者，夹议论以叙者，先叙后断，且叙且断，以叙作断，预提于前，补缀于后，两事合一，一事两分，对叙插叙，明叙暗叙，颠倒叙，回环叙，离合变化，奇正相生，如孙吴用兵，扁仓用药，神妙不测，几于化工。其法莫备于《左氏》，而参考同异之文，亦莫多于《春秋》时事，是固学文章者宜尽心也。

叙事之文，亦既试编为纪传矣。向所仿八书而纂辑典章制度之门类，又当参以三礼、《国语》、《公》、《穀》、《管子》、《吕氏春秋》、贾谊《新书》、董子《繁露》、《白虎通义》、马《书》、班《志》诸篇，以类纂附，增入之事，有与先所拟作序例不符，亦可随时改正。使之熟而习之，即可仿书志而学为考核之文，较其完缺，订其同异，折衷前人成说，自以己意明之，则其为功亦不勘矣。孺子知识未充，学力未逮，叙事与考订之文，未可求全责备，但随类编辑，循次用功，亦可使之行远自迩，登高自卑，但有途径可寻，自不患其无从措力也。表亦参取群书，考订世系年代。

论事之文，疏通致远，《书》教也。传赞之文，即论人之文。抑扬咏叹；辞命之文，长于讽谕，皆《诗》教也。叙例之文，与考订之文，明体达用，辨名正物，皆《礼》教也。叙事之文，比事属辞，《春秋》教也。五经之教，于是得其四矣。若夫《易》之为教，《系辞》尽言，类情体撰，其要归于洁净精微，说理之文，所从出也。论事以下之文，即上所分之六类也。实而可凭，故初学藉以为资。说理之文，虚而难索，故待学问充足，而自以有得于中者，发而为文，乃不入于恍惚也。是知文体虽繁，要不越此六、七类例，其源皆本于六经，而措力莫切于《左传》。学者其可不尽心乎？

时文之体，虽曰卑下，然其文境无所不包，说理、论事、辞命、记叙、纪传、考订，各有得其近似，要皆相题为之，斯为美也。平日既未谙于诸体文字，则遇题之相仿佛者，不过就前辈时文而为摩仿之故事尔。夫取法于上，仅得乎中，今不求谋其本原，而惟求人之近似者以为师，则已不可得其近似矣。

或疑初学试为《左传》论事，以至编纂纪传，贯串考订，文体凡数变易，待其成功而后学为时文，则非十年不为功也；又待时文加工，亦必须三数年，是旷日而持久，不可训也，其说非也。古文时文，同一源也，惟是学者向皆分治，故格而不相入耳。若使孺子初学论事之文，以渐而伸可以联五六百言为一篇矣，自三五句学起，至此工夫，敏者不过三月，钝者亦不过半年。即可就四书中，摘其有关《春秋》之时事，命题作论，当与《春秋》论事，无难易也。既而随方命题，不必关《春秋》之时事者，而并试之，度亦不难于成篇也。既作四书论矣，即当授以成、弘、正、嘉单题、制义，孺子即可规仿完篇，不必更限之以破承小讲也。自作四书论至此工夫，敏者不过三月，钝者亦不过半年。于是渐而庆历机法，渐而启正才调，渐而国初气象，渐而近代前辈之精密，与夫穷变通久之次第，自读庆历至此工夫，敏者一年，钝者亦不过二年。不过三年之功，时文可以出试，而《左传》之功，亦且贯串博通，十得其五六矣，此固并行而不悖者也。学问与文章并进，古文与时文参营，斯则合之双美，而离之两伤者尔。每月六课，古体三篇，时文三篇，相间为之。逐日课程，编纂经传半日，诵读时文半日，相间为之，勿疾勿徐。

善为教者，达其天而不益以人，则生才不枉，而学者易于有成也。《左氏》论事，文短理长，语平指远，故自三语五语，以至三数百言，皆孺子意中之所有，资于《左氏》而顺以导之，故能迎机而无所滞也。其后渐能窥寻首尾，则纂辑人物，而论赞仿焉。即论人之文也。稍能充于辞气，则拟为书谏，而辞命敷焉。又能略具辨裁，则规为书表，而叙例著焉。经此四变，约用三年之功，参学时文，亦当成片段矣。至于习变化而学为叙事，互同异而习为考订，则又识远气充，积久而至贯通之候也。自为叙例之后，至此约须二三年，参学时文，亦当成大观矣。是皆孺子自有之天倪，岂有强制束缚而困以所本无哉？或者不察，而以宋人所为博议、史论诸篇课童子，以为攻《左氏》者入门之资也。夫博议、史论诸篇，皆有意于构文，凡遇寻常之事，务欲推而高之，凿而深之，俱非童孺意中之所有。使之肄而习焉，作其机心，而行其机事，于是孺子始以文字为圆转之具，而习为清利浮剽之习调。其体能轻而不能重，其用宜今而不宜古。成之也易则其蕴蓄也必不深；趋之也专，则其变通也必不易。是则益之以人，而不达其天之咎也。语云："点铁成金易，反金为铁难。"古人诱启蒙学，不惮委曲繁重，岂不欲有一蹴可几之境哉！为童幼之初，天质未泯，遽强以所本无，而穿凿以人事，揠苗助长，槁固可立而待也。夫凤雏出殻，不必遽能飞也，急以振翼为能事，则藩篱鹦雀，何足喻其多哉！

或疑以史迁之法，贯串《左氏》之书，是以著述成一家言矣。童蒙纵因师授而纂成之，亦只一人之攻取，而他人无庸更架屋下之屋也。此说非也。学问文章，盖天下之公器也，因其资之所习近，而勉其力之所能赴，初非一人为之，而他人不可更为也。无论学者习业，未必遽为不刊之著述，就使名门巨手，蔚成传世之编，人心不同如面，各以其意为之，譬如经书命题，各为文义，虽更千万人手，岂有雷同剿袭之嫌哉？即如《古史》①、《路史》②、《函史》、《绎史》之类，皆是纂辑古人成编，何嫌并出。

或疑如前所言，皆是学成著述之事，不可以为初学攻取之方，其说非

---

① 《古史》：苏辙撰。六十卷，依《史记》而作，上自伏羲、神农，下迄秦始皇，为本纪七，世家十六，列传三十七。

② 《路史》：南宋罗泌撰。四十七卷。泌字长源，吉州庐陵（今江西吉安）人。少好学，绝意仕途。该书名《路史》即大史之意，述远古至汉末事，取材驳杂，经典之外，尤多谶书及道家著作。

也。少小之所攻取，与老大之所成就，截然分途，正近日教学不事根柢之陋习也。其意以为学古趋时，各有界画，不知一以贯之，不惟不可分界，亦且交相资益。古今名世传世之人，大率生平所业，迥异流俗，而其人初非山林枯槁，不取巍科高第之人也。然则编摩经传，所业在是，所以应科举者亦即在是，幼学在是，所以为毕生之业者初不外是。是则逸而有成，孰若截界分疆之劳而寡效者哉？

童孺知识初开，甫学为文，必有天籁自然之妙，非雕琢以后所能及也。譬如小儿初学字画，时或近于篆籀，非工楷以后所能为也。迎其机而善导，固莫如向之所陈矣。然而学识未充，其数易尽，必参以变化，使之气机日新。故自论事论人以下，诸体迭变，复又使之环转无穷，所谓一尺之棰，日取其半，而终身用之不竭也。前章言教以论事，论事既畅而后论人，以至辞命、叙例、纪传、考订，莫不皆然。亦就大概而言，其实反复循环，不时变易，乃易长。为之而善，惧其易尽，变易其体，所以葆其光也；为之不善，惧其厌苦，变易其体，所以养其机也。善教学者，必知文之节候，学之性情，故能使人勤而不苦，得而愈奋，终身愤乐而不能自已也。

# 史学例议上 [①]

《史学例议》，不知何人所撰，其说虽甚肤浅，闻见亦不免猥陋；然持议尚不失先民矩度。以朱子《纲目》为朱子巾箱自便之书，非为著作，而又未

---

[①] 本文作于乾隆五十四年（1789）到五十五年（1790）春之间。标题应当是《史学例议书后》上、下，因为被评的书名曰《史学例议》，胡适在《章实斋先生年谱》中即称《史学例议书后》二篇，不知《章氏遗书》在这个标题上为何会漏掉"书后"二字，钱穆在《中国近三百年学术史》中《实斋文字编年要目》也标为《史学例议》。文章开头就说："《史学例议》，不知何人所撰。"这就明确表示，此文是阅读了《史学例议》后所写，文章除了对某子《史学例议》论点评论外，因涉及到欧阳修的《新五代史》，故对欧阳修亦进行了评论，虽称"欧阳名贤，何可轻议"，接着便说"但其《五代史记》，实无足矜"。实际上他对欧阳修修史向来评价不高，因为他认为文人不宜修史，他在《丙辰札记》中就曾对韩愈、欧阳修都作了评论："韩氏道德文章，不愧泰山北斗，特于史学，非其所长。""欧阳永叔，亦不愧为千古宗师，第其生平见解，不能出韩氏范围。《唐书》与《五代史》，非不竭尽心力，而终不可与语史家之精微也。"一个是"泰山北斗"，一个是"千古宗师"，而对于史学，均"非其所长"。这里我们应当得到启示，任何一位名家，不可能样样都出众。

成稿；其拟之《春秋》而笔削褒贬，乃是尹起莘[①]辈推尊太过之弊，尤为善于解纷。惟以司马迁本纪，谓本非编年之体，因举《秦纪》[②]之类世家，《项纪》之类列传，以见纪传不过分别君臣尊卑，非若《春秋》经传之例。又云："果用《春秋》经传之例，则不应于本纪云事具某传。"此则所见全非。太史迁以十二本纪隐法《春秋》，一书之中，再三致意，余别有专篇讨论甚详，兹不具论。且本纪又曰《春秋考纪》，班氏因之，刘歆著其说于《春秋》部次，如何不以《春秋》经传之例同观！且其所举秦、项之纪及纪文中有事具某传等语，乃是创始之书，法度未能画一，世家列传，标目著例，皆有不齐，又岂可一一强为之解乎！至于本纪之载诏令，自是创始之书，不能画一体例之故，乃谓两汉诏令温雅，又出人主亲裁，故班、马宜书于纪，后代诏书不宜广收入纪，此尤不明义理之言。其意将以史家所录诏令，等于萧统选文，何其陋邪！如云人主亲裁，故应入纪，则《周书》八诰[③]之文，多出周公之手，亦非成王亲裁，便当删乎！惟是本纪止宜取法《春秋》，若兼载诏令，是《尚书》与《春秋》合而为一，于例不纯，不如散著志传为合。如别有《汉魏尚书》之类，专录诏诰章疏，则自应博收，以准古之《书》体可尔。

至于欧阳名贤，何可轻议！但其《五代史记》[④]，实无足矜。盖欧阳命意，则云笔削折衷《春秋》，而文章规仿司马，其说甚得其似而非其是也。盖笔削自当折衷《春秋》，而欧阳所见之《春秋》，乃是村荒学究之《春秋》讲义，非《左》《国》经纬贾诂杜解之《春秋》。文章自当规仿司马，而欧阳所见之司马，乃是俗师小儒之《史记》评选，而非藏之名山传之其人之司马。故习经生决科之文者，往往推尊《新五代史》不难挑班而直接史迁，何知陈、范，以其臭味本相近也。

今某子自命著作，而亦为流俗所惑，佩服《新五代史》，何欤？但欧阳

---

① 尹起莘：南宋学者，字耕道，号尧庵，遂昌（在今浙江）人，隐居不仕，约生活于宋宁宗嘉定年间。著《资治通鉴纲目发明》五十九卷。

② 《秦纪》：与下文《项纪》指《史记》的《秦本纪》和《项羽本纪》。

③ 《周书》八诰：是说《尚书》中有关周代的就有八篇是诰，即《大诰》、《康诰》、《酒诰》、《召诰》、《洛诰》，而《梓材》、《多士》、《无逸》三篇，虽篇名不称诰，而实际内容则是诰的类型，所以一共八篇。

④ 《五代史记》：《新五代史》原名《五代史记》，为了区别宋初所修的《五代史》，因而前者加"旧"字，后者加"新"字。

之病，在逐文字而略于事实，其有佳处，则本纪笔削深得《春秋》法度，实马班以来所不能及，此其质于尹师鲁氏[①]而有得者，较之列传标题之误法《春秋》，相去远矣。今某子乃反称其列传书事能简，本纪书事不免于郁，真不可解。《春秋》去三传而但见春王正月之书，其郁更何如耶！又"纪传不过分别尊卑，并不以纪编年"，乃浦起龙评《史通》语，其言本不甚确，不知某君何以取之。

## 史学例议下

《例议·缘起》篇叙古者史书之所由兴，以谓古者有史官而无史书。历叙《周官》五史，谓太史掌建邦之六典、八法、八则之文书以贰六官，小史掌侯国记录之事，内史掌书王命，外史掌书外令，御史掌王命赞书，是太史、小史所掌，即如近世阁部之文书档案与内外揭帖章奏，而内史、外史、御史所掌，即如科钞、阁钞与翰林中书所撰诰敕，皆非荟萃诠次，勒为史书，因历引《玉藻》左右史及前代《起居注》，辨论甚详，以实其古有史官而无史书之说。至推史官所起，则云侯国上于王朝而掌于小史者，必缀集成书，此后世史有成书之所起也。

某君之于史事盖尝究心，而所论往往不出前人规范，缘所得本不甚深也。首篇之论缘起，则欲探入深微，似有见古人无意文章之旨，而不善体会，求之太过，转谬于事理矣。原其立说，非有他义，只为《周官》五史不见有如后世修史之分别纂修、总裁、校阅诸官职名，因谓古人无史书也。然五史之文，程君既历引之矣，独于外史掌三皇五帝之书删而不引，三皇五帝之书，非史书欤？三皇五帝之书，又岂侯国上于王朝者欤？其推之于《周官》，又当出于何人所撰欤？至五史所掌，不过如后世之科钞、档案、揭帖、文书，此则理之自然。抑今古史书，岂有外于文书档案而为凿空之文者欤？

---

[①] 尹师鲁氏：尹师鲁（1001 或 1002—1047），北宋官吏。名洙，字师鲁，河南府（今河南洛阳）人。天圣进士，历知光泽、伊阳等县，后召为馆阁校勘，因反对范仲淹以朋党论黜监唐州酒税。与欧阳修等提倡古文，而欧阳修的《新五代史》编修，师鲁实参预其事，但知情者很少。

徒曰此等皆是散著，未见专官取此转为成书，故以云云。则《虞》、《夏》、《商书》固无论已，试问《周书》今著于经，不得不称谓当日之史书矣，其在《周官》，又出何人所纂辑邪？即《尚书》诸篇，如誓、命、训、诰之文，谓如后世科钞文揭可也；《帝典》、《皋谟》，又岂文诰之比，谓非史臣特撰之文可乎？又岂《周官》所领诸史，有当任此撰述者乎？且某君辨《玉藻》篇之左史右史，谓《周官》无左右史名，孔氏颖达强分太史为左、内史为右者为非，又谓当如后代以辞臣充讲官，轮注起居，不必专职，盖亦有所见矣。如此，则四史所掌，安知汇而辑者之必无其人，略如后世之为撰著，而不必有专官者邪？

唐李商隐①《读淮西碑》诗，"古今世称大手笔，此事不系于职司。"即此意也。虽然，某君此篇，其言甚舛，而意则有甚深者也。彼见后代史家以文辞相矜，意气相轧，而攻而习之者从而扬其波而炽其焰也，不知所争皆末务耳。古人之于文，取足适用而已，无意成书以示后也，此或某君有所见也。审如是，则当为古人原心，谓古人初非有意可也，如何遽曰古人有史而无书乎！

## 史篇别录例议②

编年纪传，同出《春秋》，二家之书，各有其利与弊，刘知幾论之详矣。

---

① 李商隐（812—858）：唐朝诗人。字义山，号玉谿生，怀州河内（今河南泌阳）人。开成进士。晚年数度出任节度使判官。因牛李党争牵连，早年为牛党令孤楚父子赏识提举，后又为李党人士王茂元幕僚，故长期受牛党冷遇。所作诗多写乱离感慨，忧虑国事，渴望作为及个人失意情怀。尤以七言律诗、绝句见长。所作《无题》二十余首，为历来诗家所重视。有《李义山诗集》。而《读淮西碑》诗载《诗集》卷上，诗原句为"古者世称大手笔，此事不系于职司"，"古今"应为"古者"。

② 本文作于乾隆五十七年（1792）。这年毕沅的《续资治通鉴》修成，章氏曾代毕沅给钱大昕写了一封信，即《为毕制军与钱辛楣宫詹论续鉴书》，信中谈了编年体史书的弊病，"欲于帝纪中略仿'会要'门目，取后妃皇子、将相大臣、方镇使相、谏官执事、牧守令长之属，各为品类，标其所见年月，定著'别录'一篇，冠于各帝纪之首，使人于编年之中隐得纪传班部，以为较涑水《目录》、《举要》诸篇尤得要领"。而本文正是论述纪传、编年史书的利弊得失。章氏认为只要用编著"别录"的方法就可以治纪传、编年二史存在的弊病，这就说明章学诚对于史体是想进行改造的。就在这一年，他还写了《书教》三篇，又有《与邵二云论修宋史书》，都谈了这一问题。因此，在阅读时可以互相参照，更便于理解其精神。此篇名称，《章氏遗书》中作《史学别录例议》。

古书无多，读者精神易彻，故利易见而弊不甚著；后史江河日广，揽挹不易周详，利故未能遽领，而弊则至于不可胜言。是以治书之法，不可不熟议也。

纪传之书，类例易求而大势难贯。刘知幾谓一事分书，或著事详某传，或标互见某篇，不胜繁琐，以为弊也。不知马、班创例，已不能周，后史相沿，皆其显而易见者耳。倘使通核全书，悉用其例，则不至于纪传互殊，前后矛盾，如校勘诸家所纠举者矣。刘氏不知其弊正由推例未广，顾反以为繁琐，所议未为中其弊也。

《春秋》经传不出一人，迁史以下，皆自以纪传为经纬矣。传以详纪，其文别自为篇可也，一篇之中，文辞自相委属，其体乃清。忽著事详某传，忽标互见某篇，于事虽曰求全，于文实为隔阂，前此经传子史，命辞无此例也。夫以局中之言，俾人循辞以得事，忽参局外之语，又复便人核事以参辞，势有未安，故刘氏以启其议尔。

史家自注之例，或谓始于班氏诸志，其实史迁诸表已有子注矣。表志中有名数，不系属辞，故大书分注，其道易行。纪传自以纯体属辞，例无自注。故历史纪传，凡事涉互详，皆以旁注之义同入正文。习久不察其非，无人敢于纠正。则有委巷小说，流俗传奇，每于篇之将终，必曰："要知后事如何，且听下回分解。"此诚搢绅先生鄙弃弗道者矣。而推原所受，何非事具某篇之作俑欤！

史以纪事者也，纪传之史，事同而人隔其篇，犹编年之史，事同而年异其卷也。《左氏》年次正文，忽入详具某年之句，人知无是理也；马、班纪传正文，遽曰详具某人之传，何以异乎！然杜氏之治《左》也，于事之先见者，注曰为某年某事张本；于事之后出者，注曰事见某公某年，乃知子注不入正文，则属辞既无扞格，而核事又易周详，斯无憾矣。马、班未见杜氏治《左》之例，而为是不得已，后人盍亦知所变通欤！

史以纪事者也，纪传纪年，区分类别，皆期于事有当而已矣。今于纪传之史，取其事见某传互见某篇之类，以其糅入正文，隔阂属辞义例，因而改为子注，洵足正史例矣。而于史之得以称事而无憾，犹未尽也。一朝大事，不过数端；纪传名篇，动逾百十，不特传文互涉，抑且表志载记无不牵连，逐篇散注，不过便人随事依检，至于大纲要领，观者茫然。盖史至纪传而义例愈精，文章愈富，而于事之宗要愈难追求，观者久已患之。故于纪传之史，必当标举事目，大书为纲，而于纪表志传与事连者，各于其类附注篇目于下，定著别录一编，冠于全书之首，俾览者如振衣之得领，张网之挈纲。治纪传之要义，未有加于此也。

纪传之最古者，如马、班、陈氏，各有心裁家学，分篇命意，不可以常例拘牵；如马之《老庄申韩》，班之《霍金》、《元后》，陈之夏侯诸曹之类。《春秋》微隐，难以貌求，不有别录以总其纲，则耳目为微文所蔽，而事迹亦隐而不章矣。

纪传之次焉者，如《晋》、《隋》、《新唐》之书，虽不出于一手，人并效其所长，全书不免牴牾；分篇各有其篇，所谓离之则双美，合之则两伤者，固其道矣。不有别录以总其纲，则同异因分手而殊，而载笔亦歧而难合矣。

纪传之最敝者，如《宋》、《元》之史，人杂体猥，不可究诘，或一事而数见，或一人而两传，人至千名，卷盈数百；不有别录以总其纲，则手目穷于卷帙之繁，而篇次亦混而难考矣。

夫别录不特挈纪传之要，而且救纪传之穷。盖史迁创例，非不知纪传分篇，事多散著，特其书自成家，详略互见，读者循熟其文，未尝不可因此而识彼也。降而《晋》、《隋》，降而《宋》、《元》，史家几忘书为纪事而作，纪表志传将以经纬一朝之事，而直视为科举程式，胥吏案牍，所谓不得不然之律令而已矣。诚得以事为纲，而纪表志传之与事相贯者，各注于别录，则详略可以互纠，而繁复可以检省。载笔之士，或可因是而恍然有悟于马、班之家学欤！

马、班篇叙之法亡，而后史乃于篇首为目录。刘知幾之讥范史也，谓其列传题目全录姓名，历短行于卷中，丛细字于标外；其子孙附出者，注于祖先之下，乃类俗之文案孔目，药草经方。然如刘氏所讥，则必书尽马、班家学，人皆裴、应专攻，然后约举篇名，首尾可捣，则范之繁注，诚多事矣。否则史传浩繁，端绪难究。昔项羽言"书足以记姓名"，言其粗也。今书具而求其姓名，博雅之儒犹且难竟，则别编目录而加以子注，实后史之不得不然者也。

人至数千，卷盈累百，目录子注，可以备寻检而不能得其要领，读之者知所苦也。作史者诚取目录子注之意，而稍从类别区分以为人物之表焉，则列传之繁不胜取，可以从并省者殆过半而犹未已矣。此说别有专篇。表以纬之，别录以经之，纪传之末流浸至于横溢，非是经纬以为之隄防焉，未有以善其后也。

纪传苦于篇分，别录联而合之，分者不终散矣；编年苦于年合，别录分而著之，合者不终混矣。盖枉欲矫而直欲揉，归于相济而已矣。

纪传之初，盖分编年之事实而区之以类者也。类则事有适从而寻求便易，故相沿不废；而纪传一体，遂超编年而为史氏之大宗焉。今之编年，则又合纪传之类，从而齐之以年者也。《春秋》经世，编年实史之正体，而世以纪传为大宗，盖取门类分而学者知所伦别耳。既合纪传为编年，而徇编年者遂忘其伦别，何以异于尝酒而忘黍麹欤！

《易》曰："云雷屯，君子以经纶。"郑氏以"纶"为"论"，言论撰书礼乐施政事，则撰述之事，固取经纬相宣以显其义者也。故散者欲其联而和者欲其节，凡以言乎其经纶也。杜氏之治《左氏春秋》也，《集解》随文以经之，《释例》别类以纶之，《春秋》经世之旨，若杜氏其庶几乎！杜氏生马、班之后，而左氏实为编年之大宗，《集解》之书，盖以编年之法治编年，《释例》之书，则以纪传之意治编年者也。后世注《通鉴》与诠《纲目》者，皆以《集解》为宗，而不知有《释例》之区别，比如有经而无纶，乌能为组织哉！

杜氏《释例》之书，今不得其全矣，其篇第之可见者，乃有《世族》、《公子》诸篇，联其属系，则诸表之道，究其始终，则列传之目也。又有《地名》、《盟会》之篇，核其壤域，则书志为部，别以内外，则载记所分也。杜氏未曾求合于纪传，而攻治既深，其意自近于纪传，殆犹纵经不可无横纬，势自有所必至耳。

纪传神明，多得《尚书》之遗，如马、班诸家，折衷六艺成一家言，往往以意命篇，不为常例，后人不达微言，或反以为讥耳。必如元氏《科录》，则流而为类书之摘比，胥吏之簿籍，布密殆如算子，不得法外之微意矣。至如东观以后，集众修书，则又不可无绳准也。是则同一纪传，亦有区分，微言为著书之宗旨，类例为治书之成法，固各有其当也。

今为编年而作别录，则如每帝纪年之首，著其后妃、皇子、公主、宗室、勋戚、将相、节镇、卿尹、台谏、侍从、郡县、守令之属，区别其名，注其见于某年为始，某年为终，是亦编年之中可寻列传之规模也。其大制作、大典礼、大刑狱、大经营，亦可因事定名，区分品目，注其终始年月，是又编年之中可寻书志之矩则也。至于两国聘盟，两国争战，亦可约举年月，系事隶名，是又于编年之中可寻表历之大端也。如有其事其人不以一帝为终始者，则于其始见也注其终详某帝，于其终也注其始详某帝可也。其有更历数朝，仿其意而推之可也。必以每帝为篇而不总括全代者，《春秋》分纪十二，传亦从而分焉。林氏诸国兴废，亦随代而著录，取其近而易核，义较前人为长尔。

编年之史，能径而不能曲，凡人与事之有年可纪有事相触者，虽细如芥子必书；其无言可纪与无事相值者，虽巨如泰山不得载也。《左氏春秋》之记夫子，且不如郑侨、晋肸之详，其势然也。是故以编年之法治纪传则有余，以纪传之例治编年则类例不能无所缺矣。儒林列女之篇，文苑隐逸之类，纪传之所必具，而编年不必皆有其人，别录但当据其有者而著之，不能取其无者而补之，此则一书自有其义例，毋庸强编年以全同于纪传也。

班氏《古今人表》，人皆诟之，其实不可厚非。别有专论，此不具论。此非班氏所能自为，疑出汉世《春秋》经师相为授受，意亦刘向《世本》之属也，班氏多传刘学，故裁取以入史耳。史以记事，事皆人之所为，则人名乃史学要删也。项羽未见史迁列传，即曰"书足以记姓名"，由是推之，古人为《春秋》之学者，必有名字之书，《人表》殆其遗也。自名氏之书不得其传，而史策夐其难治，编年纪传交受其累者也。别录之作，岂得已欤！

史以记人记事，而言辞亦未尝不详也。编年之史，多录诏诰章奏，间及书牍文檄，犹必与事相关，不重翰藻；至于纪传之史，则辞赋杂文，浩如烟海。别录区人与事，岂于言辞无所取欤！是当摘取篇名，别为凡目，自成一类，殿于诸类之后，以见本末兼该之旨也。

"别录"之名，仿于刘向，乃是取《七略》之书部，撮其篇目，条其得失，录而奏上之书，以其别于本书，故曰"别录"。今用其名以治纪传编年二家之史，亦曰"别录"，非刘氏之旨也。盖诸家之史，自有篇卷目录冠于其首以标其次第；今为提纲挈领，次于本书目录之后，别为一录，使与本书目录相为经纬，斯谓之"别录"云尔。盖与刘氏之书，同名而异用者也。

# 论修史籍考要略①

较雠著录，自古为难。二十一家之书，志典籍者仅有汉、隋、唐、宋四家，余则阙如。《明史》止录有明一代著述，不录前代留遗。非故为阙略也，盖无专门著录名家，勒为成书，以作凭藉也，史志篇幅有限，故止记部目，且亦不免错讹。私家记载，间有考订，仅就耳目所见，不能悉览无遗。朱竹垞氏《经义》一考，为功甚巨，既辨经籍存亡，且采群书叙录，间为案断，以折其衷。后人溯经艺者，所攸赖矣。第类例间有未尽，则创始之难；而所收止于经部，则史籍浩繁，一人之力不能兼尽，势固不能无待于后人也。今拟修《史籍考》，一仿朱氏成法，少加变通，蔚为巨部，以存经纬相宜之意。

一曰古逸宜存。史之部次后于经，而史之原起，实先于经。《周官》外史，掌三皇五帝之书，苍颉尝为黄帝之史，则经名未立，而先有史矣。后世著录，惟以《史》、《汉》为首，则《尚书》、《春秋》，尊为经训故也。

今作《史考》，宜具原委，凡六经、《左》、《国》，周秦诸子，所引古史逸文，如《左传》所称《军志》、《周志》，《大戴》所称丹书、青史之类，略仿《玉海》、《艺文》之意，首标古逸一门以讨其原。

二曰家法宜辨。较雠之学，与著录相为表里，较雠类例不清，著录终无原委。旧例以二十一家之言，同列正史，其实类例不清。马迁，乃通史也，梁武《通史》、郑樵《通志》之类属之；班固，断代专门之书也，华、谢、范、沈诸家属之；陈《志》，分国之书也，《十六国春秋》、《九国志》②之类

---

① 乾隆五十三年（1788），作者在得到毕沅同意后，开局编纂《史籍考》，并于去冬今春在开封写出《论修史籍考要略》一文。当然，这仅是开创之初的义例，文章提出十五点意见，既讲了编写的原则，又谈了搜集的范围。虽然仅是设想，但仍可反映出编纂此书的规模和观点。就在这年五月，他在《报孙渊如书》中就说："承询《史籍考》事，取多用宏，包经而兼采子集……愚之所见，以为盈天地间，凡涉著作之林，皆是史学，六经特圣人取此六种之史以垂训者耳。子集诸家，其源皆出于史。末流忘所自出，自生分别，故于天地之间别为一种不可收拾、不可部次之物，不得不分四门户矣。此种议论，知骇俗下耳目，故不敢多言。"两者对照，便可想见章氏在修《史籍考》初期的思路。如果能与《史考释例》参照阅读，即可发现其中的变化，因为后者乃成书的义例，此时全书已近完成。

② 《九国志》：北宋路振撰。四十九卷。记五代时吴、南唐、吴越、前蜀、后蜀、荆南、南汉、闽、楚九国史事，有世家、列传之目。其后张唐英补撰北楚二卷，虽足十国，仍因旧名。原本久佚，清人邵晋涵自《永乐大典》中辑出，周梦棠重编为十二卷，凡列传一百三十六篇，并补世家目于卷首，略注始末，以便检阅。各丛书多有刊本，守山阁本末附《拾遗》一卷，为他本所无。

属之；南、北《史》，断取数代之书也，欧、薛《五代》诸史属之；《晋书》、《唐书》，集众官修之书也，宋、辽、金、元诸史属之。

家法分明，庶几条理可贯，而究史学者，可以溯源流矣。他若编年故事，职官仪注之类，折衷历代艺文史部子目，以次区分可也。

三曰剪裁宜法。史部之书，倍于经部，卷帙多寡，约略计之，仅与朱氏《经考》①相去不远。盖一书之中，但取精要数语，足以该括全书足矣。篇目有可考者，自宜备载，其序论题跋，文辞浮泛，与意义复沓者，概从删节，但记作序作跋年月衔名，以备参考而已。按语亦取简而易明，无庸多事敷衍，庶几文无虚饰，书归有用。

四曰逸篇宜采。古逸之史，已详首条，若两汉以下，至于隋代，史氏家学，尚未尽泯，亡逸之史，载在传志，崖略尚有可考。其遗篇逸句，散见群书，称引亦可宝贵。自隋以前，古书存者无多，耳目易于周遍，可仿王伯厚氏采辑郑氏《书》、《易》，《三家诗训》之例，备录本书之下，亦朱竹垞氏采录纬候逸文之成法也。此于史学所补，实非浅鲜。

五曰嫌名宜辨。《史记》之名，起于后世，当时止称《司马迁书》。《汉书》因东京而横加前汉，固俗称也。五代之书，薛氏称《五代史》，欧阳则称《新五代史记》。至于《汉记》之有《东观》，异乎刘、贾之所叙录。曹氏自有《魏书》②，异于陈子之分子目。古人之书，或一书歧名，或异书同名者多矣。皆于标题之下，注明同异名目，以便稽检。仍取诸书名目，仿《佩文韵府》③之例，依韵先编档簿，以俟检核，庶几编次之时，乃无遗漏复叠之患。

六曰经部宜通。古无经史之别，六艺皆掌之史官，不特《尚书》与《春

---

① 朱氏《经考》：指朱彝尊《经义考》。朱彝尊（1629—1709），清朝学者。字锡鬯，号竹垞，秀水（今浙江嘉兴）人。康熙十八年（1679）应博学鸿词科试，任翰林院检讨，日讲起居注，入值南书房，预修《明史》。编纂《经义考》，又纂辑《词综》，著有《曝书亭集》。

② 《魏书》：实指鱼豢所著之《魏略》。因为鱼豢是三国时魏京兆（今陕西西安）人，曾任郎中。这是当时人所写本国历史，故章氏称"曹氏自有《魏书》"。此书《隋书·经籍志》未著录，而《旧唐书·经籍志》著录三十八卷，《新唐书·艺文志》著录为五十卷。这是一部记载曹魏历史的纪传体史书，其列传标目，多与其他史书不同，如有"儒宗"、"清介"、"纯固"、"勇侠"等。久佚，今有清人王仁俊辑本一卷，入《玉函山房辑佚书补编》，另有近人张鹏一辑本，单行。

③ 《佩文韵府》：按韵编排的辞书，清朝张廷玉等奉敕编，正集四百四十四卷，拾遗一百二十卷。

秋》也。今六艺以圣训而尊，初非以其体用不入史也。而经部之所以浩繁，则因训诂解义音训而多，若六艺本书，即是诸史根源，岂可离哉！

今如《易》部之《乾》、《坤》凿度，《书》部之《逸周》诸解，《春秋》之《外传》、《后语》，韩氏传《诗》，戴氏记《礼》，俱与古昔史记相为出入，虽云已入朱氏《经考》，不能不于《史考》溯其渊源，乃使人晓然于殊途同归之义。然彼详此略，彼全此偏，主宾轻重，又自有权衡也。

七曰子部宜择。诸子之书，多与史部相为表里，如《周官》典法，多见于《管子》、《吕览》，列国琐事，多见于《晏子》、《韩非》。若使钩章锸句，附会史裁，固非作书体要，但如《官图》、《月令》、《地圆》诸篇之鸿文巨典，《储说》、《谏篇》之排列记载，实于史部例有专门，自宜择取要删，入于篇次，乃使求史事者无遗憾矣。

八曰集部宜裁。汉魏六朝史学，必取专门，文人之集，不过铭、箴、颂、诔、诗、赋、书、表、文檄诸作而已。唐人文集，间有纪事，盖史学至唐而尽失也。及宋元以来，文人之集，传记渐多，史学文才，混而为一，于是古人专门之业，不可问矣。然人之聪明智力，必有所近，耳闻目见，备急应求，则有传记志状之撰，书事纪述之文，其所取用，反较古人文集征实为多，此乃史裁本体，因无专门家学，失陷文集之中，亦可惜也。是宜取其连篇累卷入史例者，分别登书，此亦朱氏取《洪范五行传》于曾、王文集[①]之故事也。

九曰方志宜选。既作《史考》，凡关史学之书，自宜巨细无遗，备登于录矣。乃有不得不去取者，府州县志是也。其书计数盈千，又兼新旧杂揉，不下三十余种，而浅俗不典，迂谬可怪，油俚不根，猥劣可憎者，殆过半焉，若胥吏簿书，经生策括，犹足称为彼善于此者矣。

是以言及方志，搢绅先生每难言之。又其书散在天下，非一时人力所能汇聚，是宜仅就见闻所及，有可取者，稍为叙述。无可取者，仅著名目。不

---

① 曾、王文集：曾巩《元丰类稿》卷十有《洪范传》，王安石《临川文集》卷六十五有《洪范传》、卷五十九有《进洪范表》。朱彝尊《经义考》卷九十六载："王氏安石《洪范传》、《宋表》一卷，存。"并录王安石传文。《经义考》录有曾巩《洪范传》，云已佚，且曾巩并无文集，章氏误以朱氏已录曾巩《洪范传》，故有"朱氏取《洪范五行传》于曾、王文集"之语。

及见者，亦无庸过为搜寻，后人亦得以量其所不及也。

十曰谱牒宜略。方志在官之书，犹多庸劣，家谱私门之记，其弊较之方志，殆又甚焉。古者谱牒掌于官，而后世人自为书，不复领于郎令史故也。其征求之难，甚于方志，是亦不可得而强索者矣。惟于统谱类谱，汇合为编，而专家之谱，但取一时理法名家，世宦巨族，力之所能及者，以次列之。仍著所以不能遍及之故，以待后人之别择可耳。

十一曰考异宜精。史籍成编，取精用宏，其功包经子集，而其用同《经义考》矣。然比类既多，不能无所牴牾，参差同异，势不能免。随时编次之际，取其分歧互见之说，贱而存之，俟成书之后，别为考异一编，庶几无罅漏矣。

十二曰板刻宜详。朱氏《经义考》，后有刊板一条，不过记载刊木原委，而惜其未尽善者，未载刊本之异同也。金石刻画，自欧、赵、洪、薛以来，详哉其言之矣。板刻之书，流传既广，讹失亦多，其所据何本，校订何人，出于谁氏，刻于何年，款识何若，有谁题跋，孰为序引，板存何处，有无缺讹，一书曾经几刻，诸刻有何异同，惜未尝有人仿前人《金石录》例，而为之专书者也。如其有之，则按录求书，不迷所向，嘉惠后学，岂不远胜《金石录》乎？如有余力所及，则当补朱氏《经考》之遗，《史考》亦可以例仿也。

十三曰制书宜尊。列圣宝训，五朝实录，巡幸盛典，荡平方略，一切尊藏史裁者，不分类例，但照年月先后，恭编卷首。

十四曰禁例宜明。凡违碍书籍，或销毁全书，或摘抽摘毁，其摘抽而尚听存留本书者，仍分别著录，如全书销毁者，著其违碍应禁之故，不分类例，另编卷末，以昭功令。

十五曰采摭宜详。现有之书，钞录叙目凡例，亡逸之书，搜剔群书纪载，以及闻见所及，理宜先作长编。序跋评论之类，钞录不厌其详，长编既定，及至纂辑之时，删繁就简，考订易于为力，仍照朱氏《经考》之例，分别存轶阙与未见四门，以见征信。

# 史考释例[1]

著录之书，肇自刘氏《七略》，班氏因之而述《艺文》，自是荀《簿》、阮《录》、《隋籍》、《唐艺》，公私迭有撰记，不可更仆数矣。其因著录而为考订，则刘向《别录》以下未有继者。宋晁氏公武，陈氏振孙，始有专书。而马氏《文献通考》，遂因之以著《经籍》，学者便之。然皆据所存书，加详悉耳。至于专门考求，无论书之存亡，但有见于古今著录，或群书所称引，苟有名目著见，无不收录考次，博综贯串，勒为一家，则古人所无，实创始于朱氏彝尊《经义存亡考》也。《经义考》之原名也，乃朱氏著书本旨。今《史考》一依《经考》起义，盖亦创始之书也。凡创始者功倍而效不能全，朱氏《经考》，后人往往究其未至，其前车也。况《史考》又倍难于经。虽黾勉加功，而牴牾疏漏，良亦不敢自保。然明知创始之难，不敢避难而务为之，则以经经必须史纬，著述之林，实为不可不补之缺典也。读者谅其难而有以益其所未尽，幸矣。

考订与著录，事虽相贯，而用力不同。著录贵明类例，求于书之面目者也。考订贵详端委，求于书之精要者也。就刘氏父子之业而论，世人但知其经籍艺文所祖而已，不知刘歆部次《七略》，为《汉》、《隋》诸志所祖，而世有其传耳。至刘向所为条其篇目，撮其旨意，录而奏上之言；刘歆部《七

---

[1] 嘉庆三年（1798），章学诚在杭州借谢启昆之力补修《史籍考》，该文当为是年所写。而文章又是以谢启昆名义而写，其实原稿也是他为毕沅主持编纂。但都得用别人的名义，这就是旧社会有才华的穷知识分子的缩影。文中对《史籍考》分类作了论述，原稿分为一百二十目，现省为十二纲五十七目，共三百二十五卷。他于此书所费之精力于此可见。由于学术发展不断变化，因而目录分类也一直在变，这自然就成为文章论述的首要问题。其次，各门学科本身也在变化，就以文集而论，其内容变化就非常突出："文集昉于东京，至魏晋而渐广，至今则浩如烟海矣。然自唐以前，子史著述专家，故立言（入子）与记事（入史）之文，不入于集，辞章诗赋，所以擅集之称也。自唐以后，子不专家，而文集有论议，史不专家，而文集有传记，亦著述之一大变也。彼虽自命曰文，而君子以为是集中之史矣。"对于这个重要变化，却从来没有人作过论述。又如随着史学的发展，后来许多史书大都成为众人之手，尽管优劣不等，也无从评论其功过，特别是"人才优劣敏钝，判若天渊，一书之中，利病杂见，若不考求草稿所出，则功罪谁分"。为此文中提出："集众修书，必当记其分曹授简，且详识其草创润色，别为一篇，附于本书之后。"这无疑又是一个创见，当然，不仅一部史书编修应当如此，即是当前各地新方志的编修，更应当如此，这样就可以做到功过分明。

略》时所称为《别录》者，乃考订群书之鼻祖，而后世鲜有述焉者也。

观于经礼诸记，孔疏所引郑氏目录，与刘向不同，则同一治经而各为目录，即各有家法，非考订不为功也。

观于唐人《十三代史目》，而宗谏①略止三卷，殷仲茂②详至十卷，则同一考史，而各为著录，即各成学业也。是知考订与著录之功似同而异，学者混于一例而不能析也。郑樵《通志》虽疏，其论校雠之例甚精，然犹不能分别两家之同异，故其论书有名亡实不亡，曰《三礼目录》虽亡，可取诸三礼，《十三代史目》虽亡，可取诸十三代史，噫！孔《疏》明著刘、郑《礼》目不同，《唐志》明著宗、殷卷次不合，正著录诸家，各有考订之明证，而樵乃但欲取诸本书便可谓目录耶！

是故明乎向、歆术业之异同，而后知考订与著录之难易；知考订之难于著录，而后知朱氏创为存亡兼考是益为其难；知经部之兼考存亡已为其难，则知史籍之存亡大倍于《经考》之难矣！

古无史学，其以史见长者，大抵深于《春秋》者也。陆贾、史迁诸书，刘、班部于《春秋》家学得其本矣。古人书简而例约，虽治史者之法《春秋》，犹未若后世治经学者之说《春秋》繁而不可胜也。故《春秋》之义行，而名史皆能自得于不言之表焉。马、班、陈氏不作，而史学衰，于是史书有专部，而所部之书，转有不尽出于史学者矣。

盖学术歧而人事亦异于古，固江河之势也。史离经而子集又自为部次，于是史于群籍画分三隅之一焉，此其言乎统合为著录也。若专门考订为一家书，则史部所通，不可拘于三隅之一也。史不拘三隅之一，固为类例之所通。然由其类例深思相通之故，亦可隐识古人未立史部之初意焉。

盖史有律历志，而卦气通于律历，则《易》之支流通于史矣。史有艺文志，而《诗》、《书》篇序为校雠目录所宗，则《诗》、《书》支流通于史矣。《禹贡》、《天文》、《洪范》、《五行》、《雅》、《颂》入乐，姑勿具论。史有职官志，而

---

① 宗谏：《新唐书·艺文志》、《宋史·艺文志》目录类均著录宗谏注《十三代史目》十卷。
② 殷仲茂：《宋史·艺文志》目录类著录商仲茂《十三代史目》一卷。而《四库阙目》、《秘书省续四库书目》都作殷仲茂，商字乃宋人讳改。又宗谏与殷仲茂之书卷数与章氏不符，可能章氏倒置，殷作宗注，显然应当宗氏为多。

《周官》可通，有礼仪志，而《礼》、《乐》二经可通，后儒攻《春秋》于讲义者，不通于史，若《春秋》地理、国名之考，《长历》灾变之推，世族卿联之谱，则天文、地理、五行、谱牒，何非史部之所通乎？故六经流别，为史部所不得不收者也。

自夫子有知我罪我之言，明《春秋》之所作，而战国诸子，遂以《春秋》为著书独断之总名，不必尽拘于编年纪月，而命名亦曰《春秋》，此载籍之一大变也。然年月纵可不拘，而独断必凭事实，于是亦自摭其所见所闻所传闻者笔之于书，若史迁所叙，铎椒[①]、虞卿、吕不韦之所撰述，虽曰诸子家言，实亦史之流别矣。又如隋唐而后，子部列有类家，而会要典故之书，其例实通于史。法家子部之有律令，史部兵家子部之有武备，史部说家即小说家，亦隶于子部。之有闻见，史部谱录古人所无，《遂初堂书目》[②]所创，亦隶于子部。之有名数，史部是子库之通于史者什之九也。

文集昉于东京，至魏晋而渐广，至今则浩如烟海矣。然自唐以前，子史著述专家，故立言入子与记事入史之文，不入于集，辞章诗赋，所以擅集之称也。自唐以后，子不专家，而文集有论议，史不专家，而文集有传记，亦著述之一大变也。彼虽自命曰文，而君子以为是即集中之史矣。指传记言况内制外制，王言通于典谟，表状章疏，荩臣亦希训诰，是别集之通乎史矣。

至于总集，尤为同苔异岑，人知汉、晋乐志，分别郊庙房中，而不知乐府之集，实备诸志之全；人知金石著录，创于欧、赵诸目，而不知《梁元碑集》[③]，已为宋贤开创。是则集部之书，又与史家互出入也。

盖史库画三之一，而三家多与史相通。混而合之则不清，拘而守之则已隘，是则决择去取，不无搔首苦心。《史考》之牵连，不如《经考》之截然划界也。自《隋》、《唐》诸志，分别史为四库之乙，其大纲矣。

---

① 铎椒：战国时楚国学者。一说为齐姜尚后裔，姜姓，铎氏。王先谦《汉书补注》说其为左丘明四传弟子。曾任楚威王师傅，为楚王学习《春秋》方便，采取《春秋》材料，成《铎氏微》四十章，《汉书·艺文志》著录为三篇。

② 《遂初堂书目》：南宋尤袤编撰。袤字延之，号遂初居士，无锡人。绍兴进士，官至礼部尚书。诗与杨万里、范成大、陆游并称"南宋四家"。遂初堂是他藏书楼号，故该书目乃是私家书目，一卷，分四十四小类。

③ 《梁元碑集》：梁元帝曾撰《碑集》百卷，早已残缺，《隋书·经籍志》仅著《杂碑》三十二卷，《碑文》十五卷。

史部条目，如正史、编年、职官、仪注之属，少者不过十二三门，《隋》、《唐》。多者不过十七八门，焦氏《经籍志》，黄氏《千顷堂》[①]。盖为四分之一，大略不过如此，非为简也。今既扩充类例，上援甲而下合丙丁，则区区专门旧目，势不足以穷其变也。是则创条发例，今分十二纲，析五十七目。不无损益折衷，毕宫保原稿分一百十二子目，以其太繁，今为并省。《史考》之裁制，不如《经考》之依经为部，不劳分合也。

制书弁首，冠履之义也。朱氏《经考》，盖分御制敕撰，今用其例。史咸金匮之藏，外廷无由得窥，史部不同经籍者也。一以钦定《四库书》入史部者为主，不见于《四库》著录，不敢登也。入《四库》之著录而不隶于史部者，亦不敢登，义取于专部也。不敢妄分类例，谨照书成年月先后恭编，犹史之本纪，所以致谨严之意，仍注《四库》部次于下，所从受也。

古史必先编年，而今以纪传首编年者，编年自马班而下，《隋志》即以纪传为正史，而编年则称为古史矣。其实马、班皆法《春秋》，命其本纪谓之《春秋考纪》，而著录家未之察也。《唐志》知编年之书后世亦未尝绝，故改《隋志》古史之称，而直题为《编年类》，事理固得其实，然未尽也。《隋志》题《古史》，犹示编年之体之本为正也。《唐志》以纪传为《正史》，而直以编年为《编年》，乃是别出编年为非正史矣。

是以宋人论史，乃惜孙盛、凿齿之伦不为正史，几于名实为倒置也。夫刘氏《二体》，以班、荀为不祧之祖，纪传编年，古人未有轩轾焉。自唐以后，皆沿《唐志》之称，于义实为未安。故《史考》以纪传编年分部，示平等也。不以正史与编年对待，则平等矣。

或问纪传编年同列是矣，何纪传之中又立正史子目耶？答曰：此功令也。自史氏专官失传，而家自为学，后汉、六朝，一代必有数家之史是也，同一朝代，同一纪传，而家学殊焉，此史学之初变也。然诸家林立，皆称正史，其传久与否，存乎人之精力所至，抑或有数存焉。自唐立史科，而取前

---

[①] 黄氏《千顷堂》：黄虞稷（1629—1691），清目录学家。字俞邰，一字楮园，金陵（今江苏南京）人，本晋江籍，因父居中官南京国子监，遂家居此。家中藏书楼曰千顷斋，藏书数千卷，有《千顷堂书目》。由徐元文推荐，参与纂修《明史》，分撰《艺文志》、部分列传。充《一统志》纂修官。《千顷堂书目》为修《艺文志》所本。另有《楮园杂志》。

史定著为十三家，则史颁学校，而为功令所范围，益为十四而不能，损为十二而不可矣。

故家自为学之风息，而一代之兴，必集众以修前代之史，则史学之再变也。自是之后，纪传之史，皆称功令，宋人之十七史，明人之二十一史，草野不敢议增减也。故《史考》于纪传家史，自唐以前，虽一代数家，皆归正史。

自唐以后，虽间有纪传之书，亦归别史子目，而隶杂史焉。虽萧常①、郝经②之《后汉书》，义例未尝不正，而必以陈寿为正史，不敢更列萧、郝者，其道然也。

正史一门，毕宫保原稿但称纪传，而纪传中又分通史、《史记》是也，又附入梁武《通史》，郑樵《通志》，今应改入别史。断代、班、范以下是也。集史、《南、北史》是也。国别，《三国志》是也。不免繁碎。今以学校颁分二十四史为主，题为正史。应将原稿改正。而冯商、褚少孙、班叔皮诸家之续《史记》者，附《史记》后，华峤、谢承、袁山松诸家之《后汉书》，与范氏《后汉书》依先后时代编次，何法盛、谢灵运、臧荣绪诸家之《晋书》，与唐太宗御撰《晋书》，依先后时代编次。六朝诸史皆仿此。盖书传有幸不幸，其初皆正史故也。魏、吴诸书之于陈《志》亦然。若唐宋以后，正史自有一定，无出入矣。

国史从无流传之书，而史志著录，与诸书所称引者，历有可考，要以后汉班固与陈宗③、尹敏④诸人修《世祖纪》与《新市》、《平林》诸传，载纪为最显著，自后依代编纂，与编年部之实录记注，可以参互，皆本朝臣子修现行事例也。

---

① 萧常：南宋学者。庐陵（今江西吉安）人。乡贡进士。其父寿朋对陈寿《三国志》以魏为正统，极为不满，意欲重修，书未成而卒。他因述父志，以二十年之功，著《续后汉书》四十七卷，以昭烈帝为正统，帝纪二卷，年表二卷，列传十八卷，以吴、魏为载记，凡二十卷，音义四卷，义例一卷。

② 郝经（1223—1275）：元朝学者。字伯常，泽州陵川（在今山西）人。金亡后徙居顺天（在今北京），蒙古将张柔、贾辅延为上客。忽必烈询以治国安民之道，遂条陈数十事。中统元年（1260），以翰林侍读学士充国信使赴宋败约，为贾似道扣留于真州（今江苏仪征）。至元十二年（1275）得释。曾将《三国志》重新改编，升昭烈为本纪，吴、魏为列传，成《续后汉书》九十卷。还有《陵川集》。

③ 陈宗：东汉官吏。曾任睢阳令。明帝时与班固等共成《世祖本纪》。

④ 尹敏：东汉官吏。字幼季，南阳堵阳（今河南方城东）人。曾拜郎中，辟大司空府。三迁长陵令。与班固等共作《世祖本纪》、《新市》、《平林》诸传。

史稿向不著录，今从诸书记载，采取而成，乃属创始之事，若无凭籍，尚恐不免遗漏，盖前人于此，皆不经意故也。但古人作史，专门名家，史成不问稿也。

自东观集众修书，而后同局之中，人才优劣敏钝，判若天渊，一书之中，利病杂见，若不考求草稿所出，则功罪谁分？窃谓集众修书，必当记其分曹授简，且详识其草创润色，别为一篇，附于本书之后，则史官知所激劝。今之搜辑史稿，正欲使观者感兴也。但宋元以来，文史浩繁，耳目恐有未周，姑立此门，以为权舆，如有好学，专搜此事，自为一书，亦佳事也。

编年之中，原分实录、记注二门，今以日历、时政记、圣政等记均合于实录，而以记注标部，盖此等皆是。史成备削稿资，例不颁行于外，于义得相合为部次也。若专记一事，则当入传记部之记事门。若特加纂录，如《贞观政要》之类。则入杂史。

编年之书，出于《春秋》，本正史也。乃马、班之学盛，而史志著录，皆不以编年为正史。然如荀悦、袁宏以后，魏晋即有《春秋》，六朝往往继出，自应入于编年。但其书不尽传，如《隋志》所标《古史》、《杂史》，其中多编年书，不知尽属编年否也。今以义例可推者，入于编年断代之下，其著录不甚分别，而义例不可强推者，概入于杂史云。

图表专家，年历经纬，便于稽考世代之用，故亦附编年为部。其年号之书，无类可归，虽非图表，亦以义例而类附焉。

古人史学，口授心传，而无成书，其有成书，即其所著之史是也。马迁父子再世，班固兄妹三修。当显、肃之际，人文蔚然盛矣，而班固既卒，《汉书》未成，岂举朝之士，不能赞襄汉业，而必使其女弟曹昭就东观而成之，抑何故哉？正以专门家学，书不尽言，言不尽意，必须口耳转授，非笔墨所能罄，马迁所谓藏名山而传之，必于其人者也。自史学亡而始有史学之名。

盖史之家法失传，而后人攻取前人之史以为学，异乎古人以学著为史也。史学之书，附于本史之后，其合诸史或一二家之史以为学者，别为史学之部焉耳。

史学专部，分为考订、《刊误》①之类。义例、《史通》之类。评论、《管见》②之类。蒙求《鉴略》③之类。四门，自应各为次第。若专攻一书之史学，已附入本书后者，不复分类，但照时代后先，编入本门部次足矣。

杂史一门，原分外纪、《轩辕本纪》④之类。别裁、《路史》、《绎史》之类。史纂、自为门类，如《十七史纂》⑤、《宋史新编》⑥、《弘简录》⑦之类。史钞、随文删节，如《史记节要》⑧之类。政治、如《贞观政要》之类。本末、《纪事本末》、《北盟会编》⑨、《宏简录》之类。国别《国语》、《国策》、《十六国春秋》之类。共为七门。今恐钗析太过，转滋纷扰，合并杂史一门，较为包括，而原分名目，仍标其说于部目之下，则览者不致讶其不伦。割据与霸国之书，初分二门，今合为一，亦谓如《越绝书》⑩、《吴越春秋》⑪，下至南唐诸家皆是也。惟《华阳国志》，《隋志》入于霸史，后人多仍其目，或入地理。按此书上起鱼凫、蚕丛，中包汉中公孙述、二刘、蜀汉，下及李氏父子，非为一国纪载，又非地志图经，入于霸国固非，而入于地理尤非，斯乃杂史支流，限于方隅者耳。如《建康实录》⑫、

---

① 《刊误》：这类书很多，如余靖《汉书刊误》、张泌《汉书刊误》、刘攽《汉书刊误》等。
② 《管见》：如胡寅《读史管见》。
③ 《鉴略》：如朱璘《纲鉴辑略》。
④ 《轩辕本纪》：《宋史·艺文志》别史类著录王瓘《广轩辕本纪》一卷。
⑤ 《十七史纂》：元朝胡一桂有《十七史纂古今通要》十七卷。胡一桂（1247—？），元朝学者。字庭芳，号双湖，婺源（在今江西）人。景定五年（1264）领乡荐，试礼部不第，遂退而讲学。入元后家居讲学著述。著有《十七史纂古今通要》、《易本义附录纂疏》、《易学启蒙翼传》等。
⑥ 《宋史新编》：明朝柯维骐有《宋史新编》二百卷。
⑦ 《弘简录》：明朝邵经邦撰。
⑧ 《史记节要》：明人邹之麟有《史记节抄》一书。
⑨ 《北盟会编》：全名《三朝北盟会编》，南宋徐梦莘（1126—1207）撰。梦莘，字商老，临江军清江（在今江西）人，绍兴进士。二百五十卷，记宋徽宗、钦宗、高宗三朝时与金人和战大事。
⑩ 《越绝书》：是当年政治家游说吴越国君，由战国后期人追记汇编而成，直到东汉还有人"附益"，它不是一人一时的作品。作者既不是子贡，也不是袁康、吴平。特别是后二人历史上根本不存在，对此，笔者已发了三篇文章论述。
⑪ 《吴越春秋》：东汉赵晔撰。需要指出的是，后来又有不少人用同样题材、同样书名作书多种，对此可参考周生春《吴越春秋辑校汇考》一书。
⑫ 《建康实录》：唐朝许嵩撰。二十卷，记述六朝史迹，并附载萧氏后梁史事。于六朝故都建康之山川、城池、宫苑、佛寺等记其方位沿革。另有《六朝宫苑记》二卷。内容丰富，惟体例不纯，吴、晋史事用编年体，宋以后又分纪传，并有论赞。

《滇载记》①、《炎徼纪闻》②皆是选也。此例前人未开,缘种类无多,均强附霸史,或地记耳。今创斯条,将后有类此者,可准例焉,故名杂史方记,暗分子目,与地理志方隅之记名同而实异也。

星历四门,天文记天象,非关推步。历律记历制,非关算术。五行记灾祥,非关占候。时令记授时政令,非为景物。此则《史考》当收之义,不然则混于术数诸家矣。但嫌介疑似,亦有在术数与史例之间者,姑量收之,宁稍宽无缺漏也。此等著录,部目多在子家,而史家志篇目,实不能阙,可以识互通之义矣。

谱牒有专家总类之不同,专则一家之书,总则汇萃之书。而家传、家训、内训、家范、家礼皆附入专谱门中,以其行于家者然也。但自宋以来,有乡约之书,名似为一乡设,其实皆推家范、家礼之意,欲一切乡党为之效法,非专为所居之乡设也。施纵可遍天下,语实出于一家,既不可上附国典,又不可下入方志,故附之也。

谱学古人所重,世家巨族,国家所与为休戚者也。封建罢而门第流品之法又不行,故后世之谱学轻,如谓后世不须谱学,则几于汩彝伦矣。律令人户以籍为定,良贱不相昏姻,何尝无流品哉?荫袭任子,虽不通行,而科第崛起之中,亦有名门巨族,簪缨世胄,为国家所休戚者,皆运数也。但礼不下于庶人,原不能尽取齐民户籍入《史考》也,且其书不掌于官,仅能耳目闻见,载籍论次之所及,而于源委实有所考者,则编次之,耳目未周,不能遍及也。

地理门类极广,毕宫保原稿为二十二门,分荒远、总载、沿革、形势、水道、都邑、方隅、方言、官苑、古迹、书院、道场、陵墓、寺观、山川、名胜、图经、行程、杂记、边徼、外裔、风物,二十有二,不免繁碎。今暗

---

① 《滇载记》:明朝学者杨慎(1488—1559)撰。杨慎,字用修,号升庵,新都(在今四川)人。正德进士,授翰林院修撰。曾为翰林学士。因"大礼"之议触犯世宗,下狱,削籍,谪戍云南永昌卫(今云南保山)。著《滇载记》、《南诏野史》、《滇程记》、《升庵集》等。著作很多,但制假也很多,因感仕途坎坷,靠猎奇制假以自娱,故阅读其著作应审慎。

② 《炎徼纪闻》:明朝田汝成撰。田汝成(1503—?),字叔禾,钱塘(今浙江杭州)人。嘉靖进士。博学,工古文,历官西南,通晓边情,又谙习历史。还著有《辽记》、《西湖游览志》、《西湖游览志余》、《田叔禾集》等。

分子目，统于五条之下，一曰总载，二曰分载，三曰方志，四曰水道，五曰外裔。其暗分子目，以类相从，观者可自得也。

方志自前明以来，猥滥已甚，与齐民家谱，同一不可揽撷。今亦取其著录有征，及载籍论次所及，则编次之，其余不胜录也。

水道之书，与地志等，但记自然沿革者，方入地理，其治河、导江、漕渠、水利等类施人力者，概入于故事部工书条下。

外国自有专书，如《高丽图经》、《安南志》[①]之专部，《职贡图》[②]、《北荒君长录》[③]之总载，则入地理外裔之部，如《奉使琉球录》[④]及《星槎胜览》[⑤]，凡册使自记行事者，虽间及外国见闻，而其意究以记行为重，则皆入传记部中记事条下。

故事原分一十六门，今并合为十门，出君上者为训典，臣下者为章奏，统该一切制度者为典要。专门制度之书则分吏、户、礼、兵、刑、工六科，其例最为明显，而其嫌介疑似之迹无门，不与传记相混。其详辨见传记。惟确守现行者为故事，规于事前与志于事后为传记，则判然矣。官曹次于六书之后，亦故事之书也。名似与吏书相近，而其实亦易辨，吏书所部，乃铨叙官人申明职守之书，官曹乃即其官守而备尽一官之掌故也。古者官守其法，法具于书，天下本无私门，故无著录之事也。官私分而著述盛，于是设官校录，而部次之，今之著录，皆从此起也。官曹之书，则犹有守官述职之意，

---

[①] 《高丽图经》、《安南志》：《高丽图经》，全名为《宣和奉使高丽图经》，宋徐兢撰。徐兢字明叔，和州历阳（今安徽和县）人。官至朝散大夫。宋徽宗宣和六年（1124），高丽派人至汴梁朝聘，徐兢以奉议郎任国信使提辖人船礼物官去高丽，作者出使高丽，记沿途所见。《安南志》，《宋史·艺文志》地理类著录许开《安南志》二十卷。

[②] 《职贡图》：全名《皇清职贡图》，九卷，官修。乾隆十六年（1751）奉敕修，二十二年（1757）告成，《四库全书总目提要》地理类四著录。

[③] 《北荒君长录》：唐李繁撰。繁，唐朝官吏，邠侯泌之子，曾任大理少卿，弘文馆学士，随州、亳州刺史。此书《新唐书·艺文志》地理类著录，而《宋史·艺文志》则著录于传记类。

[④] 《奉使琉球录》：明朝嘉靖年间陈侃撰，二卷。因奉命出使琉球，归来而作。侃为宁波鄞县人，任左给事中。该书作于嘉靖十三年（1534）。嘉靖三十七年（1558），又派郭汝霖出使琉球，汝霖因取侃旧本，缀续成编，于是出现了第二种《使琉球录》。万历七年（1579），萧崇业等又奉命出使琉球。返回后因记其行事、仪节及琉球山川风俗而成书，其实是本侃、汝霖二《录》而稍润益之，这样就出现了第三种《使琉球录》。因此，此书实际是有三种。

[⑤] 《星槎胜览》：明朝费信（1388—？）撰。信字公晓，昆山（今江苏昆山）人。永乐、宣德间，随郑和等出使西洋，前后四次，回来将海外见闻及诸国风土、人情写成此书，二卷。

故以是殿六曹之后焉。

目录一门,不过簿录名目之书,原无深义,而充类以求,则亦浩汗难罄。合而为《七略》、《四簿》①,分而为经史百家,副而为释道二藏,其易言耶!且如诗文之目,则有挚虞之《文章志》,钟嵘之《诗品》亦目录也。而《诗话》、《文心》,凡涉论文之事,皆如《诗》、《书》小序之例,与《诗》、《书》相为发明,则亦当收矣。图书之目,则书评画鉴,得以入之,金石之目,则博古琳琅诸籍,得以入之。故曰学问贵知类,知类而又能充之,无往而不得其义也。

传记门目,自来最易繁杂,其志创于《隋志》"杂传",而《隋志》部次,已甚混淆,盖非专门正史与编年、纪传显然有别者,凡有记载,皆可混称传记。著录苟无精鉴,则一切无类可归者,皆恃传记为龙蛇沮也。毕宫保原稿本分传记子目一十有七,斟酌增减,定著十门,亦不得已也。

小说始于《汉志》,今存什一。而委巷丛脞之书,大雅所不屑道,《续文献通考》②载元人《水浒演义》③,未为无意,而通人鄙之,以此诸家著录,多不收稗乘也。今亦取其前人所著录而差近雅驯者,分为琐语、异闻两目,以示不废刍荛之意。

朱氏《经考》体例,先分四柱,今仍用之。首著书名,名下注其人名,次行列其著录卷数,三行判其存佚及阙与未见也。惟著录卷数,间有不注所出,今则必标出处,视朱为稍密矣。如《汉》、《隋》、《唐》志并有,则以最先之书著录,其两三史志并有,而篇卷不同者,则著其可征之数,而以他录同异注其下。或史志及官私著录所无,而旁见他书记载者,必著其说于下曰,见某书,不著录。又有见于他书所称述,而并无其篇卷者,则必著无篇目字,此朱氏未有之例也。所以明其信而有征也。或全书之中,摘取数篇,别

---

① 《四簿》:前面《七略》,讲图书分类,这《四簿》似应为"部",即四部分类,最早有谢灵运等撰《宋元嘉八年四部目录》,王俭撰《宋元徽元年秘阁四部目录》。

② 《续文献通考》:有两部,一为明朝人王圻所撰《续文献通考》二百五十四卷,另一为清朝张廷玉等人奉敕撰,在王书基础上改纂,共二百五十卷,分二十六门。

③ 《水浒演义》:元末明初施耐庵撰。兴化(在今江苏)人,至顺进士。曾出仕钱塘(今浙江杭州),因不合当道权贵,弃官归里,闭门著书。著《水浒》、《遂唐志传》等。还得力于门人罗贯中。对此争议颇多,有说本钱塘人,亦有说书为罗贯中著。

有当署之名目，如欧、苏等集内之外制及奏疏，又如欧集内之《归田录》，韩集内之《顺宗实录》。则必著现在某书。如但于文集传志类中叙其人生平著有某书，而他著录所无，则必著云见某篇所引。惟近代人其书现存而未著录者，始用朱氏不载出处之例。朱氏引书皆现存者，惟阮孝绪《七录》已佚，而仅见于《隋·经籍志》注文，称梁有某某书卷若干者，朱氏皆直书《七录》，一似《七录》至今存者。引古之例，似有未合，然据法应著《隋志》注引《七录》文云云，方合于例。而其文繁累无取，且此事本亦人所共知，朱氏不为欺人，是以今仍其例。

存佚必实见而著存，知其必不复存而著佚。然亦有未经目见，而见者称述其书，确凿可信，则亦判存。又有其书久不著录，而言者有征，则判未见。如《后汉》谢承①之书，宋后不复录，而傅山②谓其家有藏本，曾据以考《曹全碑》③，虽琴川毛氏④疑之，然未可全以为非，则亦判为未见，所以志矜慎也。又如古书已亡，或丛书刻其畸篇残帙，本非完物，则核其著录而判阙。亦有其书情理必当尚存，而实无的据，则亦判为未见。他皆仿此。

此书为镇洋赠宫保毕公所创稿，遗编败麓，断乱无绪，予既为朱氏补《经考》，因思广朱之义，久有斯志，闻宫保既已为之，故辍笔以俟观厥成焉。及宫保下世，遗绪未竟，实为艺林阙典，因就其家访得残余，重订凡例，半藉原文，增加润饰，为成其志，不敢掩前人创始之勤也。

---

① 谢承：三国吴史学家。字伟平，会稽山阴（今浙江绍兴）人。孙权谢夫人弟。任五官郎中、武陵太守。广闻博识，著有《后汉书》、《会稽先贤传》等。

② 傅山（1607—1684）：清初学者。初名鼎臣，字青竹，改字青主，又字仁仲、嗇庐、石道人、丹崖翁、青羊庵主等。山西阳曲（今山西太原）人。明末诸生。明亡隐居不出，自称居士、道人。清开博学鸿词，称疾拒荐。博通经史、佛道、医药之学，亦工诗文书画，著有《霜红龛集》、《荀子评注》等，传世之《傅青主女科》、《傅青主男科》等医著，亦有谓后人假托。

③ 《曹全碑》：全称《郃阳令曹全碑》，明万历初年在陕西郃阳县莘里村出土，今存西安市碑林。碑文见《金石萃编》十八。曹全为东汉官吏，字景完，《后汉书》误作"曹宽"。任西域戊司马，疏勒王汉大都尉臣磐为其季父和得所杀，全乃与任涉、张晏率兵三万讨之，攻城四十余日不下，引去。

④ 琴川毛氏：指常熟毛晋（1599—1659），明末著名藏书家，原名凤苞，字子晋，号潜斋，好古博览，藏书八万四千多册。尤嗜抄录罕见秘籍，缮写精良，"天下之购善本者必望走隐湖毛氏"。编著有《毛诗陆疏广要》、《苏米志林》、《海虞古今文苑》、《毛诗名物考》、《明诗纪事》、《隐湖题跋》等。

# 史考摘录[1]

古史见于后世，《尚书》、《春秋》而已。《尚书》不为定法，《春秋》编年书事。而左氏采取国史，为传以详其始末，遂为后世史家所宗。司马迁自叙，取法《春秋》，班固《汉书》，亦称本纪为《春秋考纪》。盖以本纪为经，而书志列传，仿左氏之条具始末，特以类别区分，使人寻省，意固宗仰《春秋》，无他说也。故卫宏《汉官仪注》[2]谓武帝置太史公官，叙事如古《春秋》，得其意矣。刘氏《七略》，班氏《汉志》，王俭《七志》，犹仍其例。皆以迁书次于《春秋》之部，亦其例也。自刘知幾《史通》论次六家之后，继以荀班二体，隋唐诸志，遂以荀悦、袁宏一家专名编年，归于别录，而马班一家区别书志表传者，方名正史。其实《春秋》本旨，不如是也。《春秋》体本编年，荀袁之书，与马班本纪，同源异流。特以纪传承用者多，又于学者讲习良便，故世相与宗之。然必标名正史，岂《春秋》之学，转以编年者为非正史耶？今以史家体裁纪传编年，本无轩轾，纪传为古今所宗尚，故列于前，编年列于其次。要之，二体各有所长，无能偏重，前人久有论定矣。

马班为纪传之宗，历代并称久矣。惟刘知幾分别六家，始画《史记》、《汉书》为二。著录之家，往往不得其解。故于《史》、《汉》二家，皆统后代纪传诸史部为一录。簿次甲乙，固无伤也，分别家法，则淆杂不清矣。

---

[1] 本文出自北京大学图书馆藏章氏次子华绂抄本，胡适所编《章实斋先生年谱》和钱穆《中国近三百年学术史》中的《实斋文字编年要目》均未见收录。原文物出版社社长俞筱尧先生整理出版《章学诚遗书》时首次收入。写作时间无确切记载，从内容看当写于修《史籍考》晚年，因为文中论述的还是史籍分类问题。章学诚认为，目录分类也是一门重要的学问，做得好就可以起到"辨章学术，考镜源流"的作用。所以他在文中说："著录部次，须明流别，古书同一类中，情理稍别，即各有家注，不容相混。校雠著录，自宜条分缕析，乃使后人不见书者，见其著录，隐然可见古人承学渊源。是不传之书，亦赖以传，著录之功，于斯为大。若但记甲乙部目，则与胥吏簿册无分别矣。然书之体用，有彼此均相关涉，难以偏归一类者。刘歆《七略》，盖用重复互著之法，既使人易于寻检，而于诸家学术源流，复粲然可考，随类登记，又无不该不备之嫌，真良法也。"可见图书编目，有其很深的学问，并不是按甲乙部目登记就可了事，编得其法，"可见古人传学渊源"，"不传之书，亦依以传"。因此强调在编目中应当用"重复互著之法"。他在《校雠通义》一书中，还专列《互著》一节，因此，在阅读此文时，可以参证。

[2] 卫宏《汉官仪注》：卫宏，东汉学者。字敬仲，东海（今山东郯城北）人。先后从名儒谢曼卿和杜林。光武帝授之议郎。著有《毛诗序》、《古文尚书·训旨》和记述西京杂事的《汉旧仪》四篇。

《史记》为通史,《汉书》则断代为书,体固不侔。即通史之中,通数代为一书,如南、北《史》,《五代史》之有所限制,及画界为书,如《古史》、《路史》之不入秦汉以下,皆与及身上追古初之书,宗旨有别也。

司马迁百三十篇,初止名《太史公书》,盖犹用秦诸子,成一家言,即以其人名书之意。东京以还,若班、范诸史,无称其书为史记者。史记自是古来方策纪事通称。故子夏见人读史记,又《春秋》为鲁史记,司马迁亦云,"史记放失",皆通称纪事并无专书之明证也。迁既通称古史谓之史记,断无自名其书即为史记之理。刘知幾谓因鲁史旧名而名其书,谬矣。且史记亦非专属鲁史旧名,其谬亦不待辨。魏晋之间,始有《史记》之名。荀勖《中经新簿》,乃以史记旧事,皇览簿杂事,次于丙部,于是百三十篇,专以《史记》名之。盖其书为史家宗要,故以通称古史之名归之。亦犹夫子赞《易》云"系辞焉以尽言",系辞本指文王、周公之辞,而传《易》学者,即以夫子大传专名《系辞》,后人不复更识文、周之系辞也。古书多以篇计,后人每以卷计,篇从竹简,卷从缯帛。大抵篇有起迄,卷即从之。然《汉志》于《毛诗》及《书》、《礼》古经,皆卷少篇多,且篇卷参差,目录仍著篇数于卷数之下,是篇不必尽为卷也。迁书百三十篇,传志与自序皆同,《隋志》乃称百三十卷,非故本矣。十篇有录无书,出刘向《别录》,《汉书·司马迁传》亦同,《隋志》百三十卷,无有缺文,是东京以后流传之本,已与褚少孙辈续补之书合为一矣。至缺篇之目,诸说不同。张晏[①]以为迁殁之后,亡《景纪》、《武纪》、《礼书》、《乐书》、《律书》、《汉兴以来将相年表》、《日者列传》、《三王世家》、《龟策列传》、《傅靳蒯成列传》。元成之间,褚先生补缺。东莱吕氏谓以张晏所列亡篇之目,校之《史记》,或其篇具在,或草具而未成,非皆无书。今按所缺各篇,"太史公曰"与"褚先生曰"并见,其非全缺可知。刘氏《史通》但云十篇未成,以张晏十篇亡失之言为非,盖当时属草未定,非全无其书也。要之百三十篇原书标名与称篇称卷及缺篇之数,均与后世传本不同,盖古书面目,已无从识别矣。

---

① 张晏:三国时魏人,著有《汉书音释》,还对《汉书》作过注。他提出:"迁没之后,亡《景纪》、《武纪》、《礼书》、《乐书》、《兵书》、《汉兴以来将相年表》、《日者列传》、《三王世家》、《龟策列传》、《傅靳列传》。"

桓谭[①]云迁所著书成，以示东方朔，朔皆署曰《太史公》，则谓《太史公》是朔称。司马贞《史记索隐》[②]云："公者，迁所著书，尊其父云公也。"《正义》[③]引虞喜《志林》[④]云："古者主天官者皆上公，自周至汉，其职转卑，然朝会坐位，犹居公上，尊天之道，其官属仍以旧名尊而称也。"按诸家论太史公称谓，似皆不得其情，惟《正义》以为迁所自称近是。顾位居公上，尊天之道，犹似未允。观迁《报任安书》，自谓"文史星历，近乎卜祝之间，为流俗所轻"，安得如虞喜所云乎？古人著书，自称本无成法，左氏论例，自称君子，然犹可解为推设之辞，东方著论，自称先生，则无所让矣。以当时著书之例推之，则太史标官，而自称为公，于理亦复何害？且私门自著，与后世官书不同，固亦毋庸疑也。惟君臣之间，古人所慎，《汉兴以来诸侯年表序》称"臣迁谨记"，书法何等严！而《高祖》、《孝文》诸纪及《外戚世家》，亦一例署太史公，殊为无别。疑此等处，庸有后人所加者也。

李方叔[⑤]谓"《史记》用意深远"，诚为知迁之心。至于孝武有所讥刺，如《封禅》、《平准》二书，诚所不免，谓《史记》一书，大抵讥汉武为多，则以百三十篇之作，专似谤君而设，非惟不知史迁，且不知著作之体矣。人臣以毁谤君亲为事，而思立言传后，则先已昧于大义，更何论著书宗旨，可为后人传习耶？朱子谓"屈原之赋，不甚怨君，却被后人讲坏"，最为知古人心。《史记》亦犹是也。即如方叔所指《始皇本纪》皆讥武帝，始皇事本

---

[①] 桓谭（约前24—56）：东汉哲学家。字君山，沛国相（今安徽濉溪）人。好音律、善鼓琴，博学多识，遍习五经。非毁俗儒，不为章句。光武帝即位，拜为议郎给事中。因反对谶纬神学，被光武帝视为"非圣无法"，几遭处斩。后贬为六安郡丞，在赴任途中病卒。政治上主张选贤任能，哲学上倡言"神灭论"。著有《新论》二十九篇，早佚。今存其中《形神》一篇，收入《弘明集》内。

[②] 司马贞《史记索隐》：司马贞，唐朝学者。河内（今河南沁阳）人。玄宗开元中任朝散大夫，国子博士、弘文馆学士。作《史纪索隐》三十卷，与《史记集解》、《史记正义》合称"《史记》三家注"。

[③] 《正义》：指《史记正义》，唐朝学者张守节著。守节曾作诸王侍读、率府长史。学识渊博，尤精于地理。积半生精力，作《史记正义》三十卷，保存大量《史记》所据之原始资料。

[④] 虞喜《志林》：虞喜，东晋学者。字仲宁，余姚（今浙江余姚）人。精通经史，累征不仕。亦研究天文历算，首次发现岁差，著《安天论》以驳难"浑天"、"盖天"二说。又释《毛诗》、注《孝经》，撰《志林新书》。章氏文中称《志林》乃省称。《隋书·经籍志》入儒家类。是书多杂论故事，长于考据。已佚。

[⑤] 李方叔：宋朝学者，名廌，字方叔，华州（今陕西华县）人，少孤贫，勤奋力学，苏轼极称其文，喜论古今治乱，著有《济南集》、《德隅斋画品》等。

如此，安得不载，岂为讥孝武设耶？至于发愤者书，中不能无感慨，古人大抵皆然。《小雅》怨诽而不乱，列于经矣，曾何谤君之谓哉？

《汉志》，《春秋》家总计数下，班固自注云："省《太史公》四篇。"是知刘歆著录时有别出《太史公书》四篇也。考刘氏《七略》，为《汉书·艺文志》所依据，《七略》原文为《汉志》所改者，班固必加注于下，故《七略》原书虽轶，而《汉志》加注，可覆考也。大抵《七略》著录于此，而《汉志》改移于彼者，必于原著录处注云"出某书，入某家"，如兵权谋总计数下注"出《司马法》入礼"是也。《七略》一书两载，而《汉志》裁归于一者，必于所裁之下注云"省某书"，如道家有《伊尹》、《太公》，而兵权谋家重复著录，《汉志》裁之专属道家，别于兵权谋条下注云"省《伊尹》、《太公》"云云是也。今《春秋》家，按班固自注例，刘歆《七略》原文，当是既著《太史公》百三十篇，又著《太史公》四篇，同在一部，而别出四篇，其文又即在百三十篇之内，故班氏得以并省而无所顾惜也。刘氏重复著录与分篇别出，当日俱有义意，今则不可考矣。

马迁本传云："迁既死后，其书稍出，宣帝时迁外孙平通侯杨恽祖述其书，遂宣布焉。"夫书既出矣，必待祖述之者而后宣布，盖当时专门绝业，渊源传授，略如经师之有家学。竹帛之外，别有心传，其本亦遂家分户别，不尽合矣。又按《杨敞传》："敞子恽，字子幼，以兄忠任为郎，补常侍骑，恽母，司马迁女也，恽始读外祖《太史公记》，颇为《春秋》。"是时以《太史公本纪》为《春秋考记》。恽既曰"颇为《春秋》"，则于百三十篇有踵事之增矣。前人以《史记》多太初以后语，疑褚少孙等为之，不知中间容有恽语，当日必有分别，而今不可识矣。

刘知幾云，汉世史官所续，皆以"史记"为名，讫乎东京，著书犹称《汉记》。盖自杨恽宣布以后，班彪未作《后传》以前，百三十篇之书，为诸家窜入太初后事者多矣。周密[①]摘《司马相如传赞》有扬雄语，焦竑摘《贾谊传》末有孝昭年事，又何足怪！第诸家增益之文，当日必有标识，不知何

---

① 周密（1232—1298）：宋元之际学者。字公谨，号草窗先生。其先济南（今山东济南）人，寓吴兴（今浙江湖州）。学问渊博，为右丞相马廷鸾所知，累官丰储仓所检察。宋亡寓杭州，著《癸辛杂议》、《齐东野语》等，并有《蜡屐集》。

人混合为一，致与迁书无分别耳。而补史之名，惟褚君最著，故一切抵牾荒陋，皆归罪于褚君，真屈事也。今按褚君所补，独有标识，较诸家之无明文者，易于寻检。遍考百三十篇，标褚名者十有二篇，《陈涉》、《外戚》、《梁孝王》及《三王》、《四世家》、《张丞相》、《田叔》、《平津侯》、《滑稽》、《日者》及《龟策》六列传，《三代》及《建元以来侯》二表，此外并无褚名。至《孝武本纪》取《封禅书》，仍用太史公《封禅论赞》，其不出褚君手笔，尤为显证。而张晏、颜师古之徒，皆纷纷讥褚，全不考事实矣。

司马迁百三十篇，本系私家著述，自杨恽宣布其书，遂入中朝。昭宣以后，时有续补。《汉志》仅著冯商，而褚先生不与，今传本又止标褚先生而冯商不与，殆不可解。据《七略》商与孟柳①俱待诏，颇序列传。颜师古云："受诏续《太史公书》，是官书也。"而褚先生每称"臣为郎时"，亦是当官撰述，褚君虽云为宣帝博士，亦云仕元成间，则与冯商固同时人也，其续书同事与否，不可得而详也。要之，宣昭而后，《太史公书》既显于时，朝廷屡命儒臣修补，故《汉书》自序与《后汉书·班彪列传》言续史者不一其人，皆出一时上命，非由专门绝学，绍明前业，故班彪斥为鄙俗，而书亦遂无传也。冯商所续，《志》著七篇，而韦昭注十有余篇，如淳②注《张汤传赞》亦同，岂《志》所著者商所撰，而注谓十余篇者兼孟柳所作耶？今俱不可考，缺疑可也。又按褚书文法，当时似即附《太史》本文之下，不别为书，而冯商特著七篇，则离本史而自为书矣。

谈、迁、彪、固，并称世史，而彪、固实与谈、迁不同。谈、迁同为通史，而班氏则彪亦通史家学，故《后传》依附百三十篇，《史通》："班彪《后传》六十五篇，今佚。"犹昔人作《春秋后语》，不复自为《春秋》之意。至班固乃始确然以断代为书，女弟曹大家成固之业，其后华、谢因之，遂为后代不祧之祖，而通史之业微矣。辨家学者，不容不知其义也。又按彪书往往见于固书所述，称司徒掾及臣外祖臣姑者，皆彪语也。然易通史为断代，宗旨

---

① 商与孟柳：商，指冯商，字子高，西汉阳陵（今陕西咸阳东北），一说长安（今陕西西安）人。治《易》，初事五鹿充宗，后事刘向，成帝时，因善文辞，待诏金马门，受诏续《太史公书》。孟柳，西汉人，与冯商同时受诏续《太史公书》。

② 如淳：三国时魏官吏。冯翊（今陕西大荔）人。曾任陈郡丞。注释过《汉书》。

已不侔矣。

司马贞《史记索隐》，离本史而别自为书，唐、宋诸史著录，皆三十卷，至今无异。其补史之文，向传止有《三皇本纪》，今附刻于《史记》序例之后者耳。乃观其补史之序，则于百三十篇大有更张，与《索隐》各为一书，义不相涉。即今专刻《索隐》，号为原本者，将贞所自为百三十篇四言赞语，列于《索隐》三十卷内，亦非其故矣。据自序文，赞乃补《史记》赞，非《索隐》有赞语也。且序云："家传是学，颇事讨论，思欲续成先志，润色旧史，辄黜陟升降，改定篇目。"则其编列篇次，亦必与今本不同。又据叙例，百三十篇之外，当有《邾》、《莒》及《张耳》、《吴广》世家，《吴季子》、《郑子产》、《晋叔向》列传，为贞所补辑之篇，而赞语不传，岂后因原书不传而并亡其赞耶？然贞既以史迁《老庄申韩列传》为非，而改《老庄》自为一传，申、韩并合商君为传，今赞语仍如史迁所分，殆不可解。观叙又云："百三十篇之赞记，非周悉申而述之。"附众篇末下，即云其所改更，条具于后，意其所谓"升降黜陟"者，自为一说，采取补缀者，亦自为一条，如褚先生之依附于后，而于史迁原书，固未尝动耶？其书向未著录，或当时原不甚行于世。而《索隐》既行，后人因取《三皇本纪》及补《史记》述赞，附刻《索隐》之本。及传之既久，莫辨端由，人遂以为《索隐》面目如此，而不复知有所谓少司马《史记》矣。

著录部次，须明流别，古书同一类中，情理稍别，即各有家法，不容相混。校雠著录，自宜条分缕析，乃使后人不见书者，见其著录，隐然可见古人承学渊源。是不传之书，亦赖以传，著录之功，于斯为大。若但记甲乙部目，则与胥吏簿册无分别矣。然书之体用，有彼此均相关涉，难以偏归一类者。刘歆《七略》，盖用重复互著之法，既使人易于寻检，而于诸家学术源流，复粲然可考，随类登记，又无不该不备之嫌，真良法也。自班固删去重复互著，无论书之兼该，学之分析，一概归于专部，遂不能无强收失载之患，而古人著述之旨，不可明矣。

通史仿于史迁，自是一家著作，溯源《春秋》，其间多有法外之意，可意会而不可言传。若在官修之书，不可行矣。故元、成之间，屡诏续补，而讫无足观。自班氏而后，断代之书递相祖述，师般不作，规矩可循，故至今相仍而不废也。梁武之撰《通史》，上起三皇，下终齐代。《史通》称其自秦以上，皆以《史记》为本，而别采他说，以广异闻，至两汉以还，则合录当时纪传，而上下通达，臭味相依。又吴、蜀二主，皆入世家，五胡及拓跋氏，列于《夷狄传》。大体皆如《史记》，惟无表耳。自云可废迁、固诸书。今其书虽不传，而集众官修，知其必不能用专门著述之意也。若李延寿《南史》、《北史》，乃是汇辑沈、萧、姚、李等八家之书①，整齐纪传，使不杂乱，其例自有断限，当入集史，不可入通史。欧、薛五代之史，乃是年纪短促，时事牵迁，势不能各自为书，与李氏之汇辑数家为一书者，又自不同。《史通》于史记家又取魏济阴王《科录》②，附通史后。考《科录》乃常山王尊曾孙晖所为，《魏书》本传谓"撰录百家要事，以类相从"。则是类比之书，并无著作深意，当与《高氏小史》③之类，并入史纂，不可以入通史。凡所谓通史者，不问纪载短长，学问疏密，要有卓然独见，迥出前人，灼见前代成书，己意难以因袭，故舍置前史，独溯古初，以自成家。与节钞类比隐括诸书，相差虽似毫厘，而相去不啻千里。郑樵之撰《通志》，所得虽不甚深，

---

① 沈、萧、姚、李等八家之书：指李延寿的《南史》、《北史》，汇辑了沈约的《宋书》，萧子显的《南齐书》，姚思廉的《梁书》、《陈书》，李百药的《北齐书》，魏收的《魏书》，岑文本的《周书》，孔颖达的《隋书》八部史书而成。李延寿，唐史学家，相州（今河南安阳）人，字遐龄。贞观时，累官太子典膳丞、崇文馆学士，兼修国史，参与撰修《隋书》、《晋书》及唐朝国史，著《太宗政典》。编纪传体《南史》、《北史》共一百八十卷。萧子显（489—537），南朝齐梁间史学家。南兰陵（今江苏常州西北）人。字景阳，萧道成孙。先后任建康令、临川内史、黄门郎、国子祭酒、吏部尚书、吴兴太守等。致力于撰史，著《齐书》（今称《南齐书》）六十卷。又著《后汉书》、《普通北伐记》、《贵俭传》和文集，后几种均亡佚。姚思廉（557—637），唐朝史学家。京兆万年（今陕西西安）人。字简之，祖籍吴兴（今浙江湖州）。贞观初任著作郎，为太宗的"十八学士"之一。贞观三年（629）受命与魏徵同撰梁、陈二史，贞观十年（636）奏上。还参修《文思博要》。李百药（565—648），唐朝史学家。定州安平（在今河北）人，字重规。曾在隋任官，入唐后，历官中书舍人、礼部侍郎等。曾受诏修订《五礼》，及参与修定律令。又受命修撰《齐书》（今称《北齐书》），贞观十年（636）成书。岑文本（595—645），唐史学家。邓州棘阳（今河南新野）人，字景仁。贞观初任中书侍郎，与令狐德棻共同编修《周书》。贞观十八年（644）任中书令。次年从太宗侵高丽，病死于军中。孔颖达（574—648），唐史学家。冀州衡水（在今河北）人，字冲远。精通经学，尤精《春秋左传》、《郑氏尚书》、《王氏易》、《毛诗》、《礼记》。为太宗"十八学士"之一。历官国子博士、国子祭酒等职，曾参与编修《隋书》。又奉命与颜师古等撰《五经正义》一百八十卷，成为经学注疏之"定本"，科举考试之准则，收入《十三经注疏》。沈约、魏收前已注。

② 《科录》：北魏元晖撰。二百七十卷，为古代类书，摘录上古至南朝宋十四代书籍，以类相从。久佚。《隋书·经籍志》杂传类著录。

③ 《高氏小史》：唐高峻撰。六十卷，系节抄从《史记》到《隋书》以及高祖至顺宗列朝《实录》而成，略依事区分为十类。其子迥为便于翻阅，乃分为一百二十卷。内容复增益宪、穆、敬、文四宗《实录》节文。宋代又有一百三十卷本，其后十卷节抄武宗至哀帝《实录》文，为后人傅益，非高氏原纂。

而卓尔成家之旨，要不可没。前人著录，如《宋志》入于别史，《文献通考》入于故事，皆不得其情，盖此宜列通史者也。

分国之书，本于《国语》。古者国自为书，夫子作《春秋》，而子夏之徒求得百国宝书，亦未闻有会而合之者也。李巽岩①谓："左氏将传《春秋》，先采各国之书，国别为语。"说虽未谛，然合众国而为一书，亦其最初者也。惟《周语》与诸国无别，岂夫子录王风于列国之意欤？抑《诗》亡作《春秋》而《书》亡为《国语》耶？

霸国行于封建之衰，周制行时，即方伯之事也。后世崛起之雄，自为帝制，僭名拟号，合纵连横，非于开国承家有所自者，皆为割据。前人记载，以霸国之事不见于后代，存书寥寥，故与一切僭伪草窃，同为一编，然失其伦矣。

割据之事，起于郡县。而两汉草昧，事起仓卒，山泽啸聚，未有规模，是以成书亦无专纪。三国以还，极于两晋云扰，僭伪滋多，纪载亦复纷然杂出。《隋·艺文志》于正史外别出霸史一门，盖亦不得已也。但所载霸国与割据兼杂，此则创始者之疏耳。

集史之书，体与通史相仿，而实有淄渑之分。通史远自古初，及乎作者之世，别出心裁，成其家学，前人纵有撰述，不复取以为资，如梁武不因史迁，郑樵不因梁武是也。集史则代有所限，合数代而称为一书，以继前人述作，为一家言，事与断代之史，约略相似。而断代又各自为书，体例不一，集史则就其所有诸体而画一之，使不至于参差足矣。事取因人，义求整齐，与通史之别出心裁，无所资藉，断代之各自为书者，又各不同也。

长孙无忌等《五代史志》，诏修于《隋书》既成之后，本别为一部，后乃编入《隋书》内。《唐志》题《隋志》者，据编入后之称，然犹别题曰"《志》三十卷"，以著此卷之为附，盖非《隋书》之旧。犹刘昭《后汉志》原自为一书，后人乃附入《后汉书》耳。

古无专门义例之学，书成而例自具，犹之文成而法自立也。左氏依经起

---

① 李巽岩（1115—1184）：南宋史学家。名焘，字仁甫，号巽岩，眉州丹棱（在今四川）人。绍兴进士。官至敷文阁学士，主持修史工作很长时间。著《续资治通鉴长编》九百八十卷，《举要》六十八卷，《总目》五卷，《修换事目》十卷。记述北宋九朝一百六十余年历史。

义，举例为凡，亦就名类见端，随文著说，未有专篇讨论，自为一书者也。自东观以降，聚众修书，不得不宣明凡例，以杜参差，若干宝、邓粲①诸家，见于《史通》所称述者是也。大约纪传之史，义例多争体裁，编年之书，义例惟较褒贬。至于诸家蔚兴，短长互见，遂有专门讨论，勒成一书，若刘氏《史通》是也。

考订之学，古无有也。专门家学尊知行闻，一而已矣，何所容考订哉？官师失守，百家繁兴，述事而有真伪，诠理而有是非。学者生承其后，不得不有所辨别，以尊一是。而辨别又不可以空言胜也，则推此证彼，引事切理，而考订出焉。史迁所谓，"载籍极博，尤考信于六艺"是也。顾古人以考订而成书，后人又即一书以为考订，则史学失传。马、班诸史，出入经传百家，非其亲指授者，末由得其笔削微意。音训解诂，附书而行，意在疏通证明，其于本书，犹臣仆也。考订辨论，别自为书，兼正书之得失，其于本书，犹诤友也。求史学于音训解诂之外，考订在所必资。则若宋洪遵②之订正《史记》贞本凡例，金王若虚之《史记辨惑》③，宋倪思之《班马异同》④，吴缜之《新唐书纠谬》诸书，资益后人，岂浅鲜哉！

《尚书》记言记事，《春秋》纪月编年，自古史册，未有评论者也。自左氏传经，既具事之始末，时复诠言明理，附于"君子"设辞，史迁因之，篇终别起，班氏因而作赞，范氏从而加论，踵事增华，遂为一定之科律矣。至

---

① 邓粲：东晋史学家。长沙（今属湖南）人，曾官荆州别驾。著《晋纪》（一称《晋元明纪》）述东晋元、明二朝事，已佚。

② 洪遵（1120—1174）：南宋史学家。饶州鄱阳（今江西鄱阳）人，字景严，洪皓次子。以父荫补承务郎。赐进士出身。擢为秘书省正字。累迁起居郎兼权枢密院都承旨，奏请补修十五年起居注。绍兴三十年（1160）迁翰林院学士兼吏部尚书。孝宗时，历翰林学士承旨，同知枢密院事，知信州、太平州、建康府，江东安抚使。好收藏历代钱币，有《泉志》十五卷，汇集历代钱图为九品。熟悉本朝翰苑故实，著《翰苑群书》二卷。

③ 王若虚之《史记辨惑》：王若虚（？—1234），金藁城（在今河北）人，字从之。承安进士。历任州录事、国史编修官，应奉翰林文字。曾奉使西夏，返国为著作佐郎。正大五年（1228）撰《宣宗实录》成，迁府判官、州刺史，入为直学士。金亡，还镇阳（今河北正定），曾东游泰山。著有《慵夫集》、《滹南遗老集》、《史记辨惑》。

④ 倪思之《班马异同》：倪思（1147—1220），南宋史学家。字正甫，湖州归安（今浙江湖州）人。乾道进士。光宗时，权侍立修注官，后权吏部侍郎出知绍兴府。宁宗时，历任内外官均被言者论罢。召为试礼部侍郎兼直学士院，与权臣韩侂胄不合，被劾奉祠。侂胄死，再召入权兵部侍郎兼侍读。又因反对史弥远专权，出知镇江府，移福州。著有《班马异同》三十五卷，对《史记》、《汉书》加以互勘，较其长短。

于别为一书，讨论史事，其源出于《公》、《穀》，辨别是非得失，又本诸子名家，以谓辨正名物。自唐以前，犹存谆质，入宋以后，腾说遂多。又加科举程式之文，拟策进书之类。苏氏所谓搀说是非，妄言利弊，亦纷然而相矜，可谓靡矣！然自蜀诸葛亮论前汉事后，晋王涛有《三国志序评》①，唐虞世南有《帝王略论》②，俱已久佚，今所存者，宋有胡寅《读史管见》③，李涛《六朝通鉴博议》④，吕祖谦《史说》⑤，王应麟《通鉴答问》⑥，多有可观。元明以来，论史之书渐多，而议论亦纯杂不一矣。

地理之书，本于《禹贡》、《职方》。古人专门之学，各有授受。《汉志》仅据刘氏《七略》，而于职方图籍领于他官者，未尝著录，是以不立地理专门。而形家之书，幸见收于任宏之《兵略》，《山海》之经，乃仅见于术数家之形法，皆非地理正文。至于萧何收秦图谱，孝武开拓封疆，当时地理纪载，阒然无闻，此则著录之缺典也。隋唐四部肇兴，史部乃有地理，而古籍多亡，一时杂出之书，又无专门师授。其间风土采于《太史》，物产隶于《职方》，川渎领于水衡，漕运关于计吏，兵家欲知要害，宅墓宜识阴阳。古人条别流分，不相假借，而著录之家，往往不知别择，是以言著录于地理，读者每苦难于分流别也。

---

① 王涛有《三国志序评》：王涛，字茂略，东晋堂邑（今江苏六合西）人。元帝初任著作郎、无锡令。撰《三国志序评》三卷，久佚。

② 虞世南有《帝王略论》：虞世南（558—638），唐初大臣。字伯施，越州余姚（今浙江余姚）人。曾仕陈、隋，归唐后，历任秘书监、弘文馆学士。甚为太宗崇敬，称其有五绝：德行、忠直、博学、词藻、书翰。为唐初四大书家之一。编有《北堂书钞》一百六十卷、《帝王略论》五卷，已佚。日本神田喜一郎辑陆志鸿编的《敦煌秘籍留真新编》上卷收其《帝王略论》残一卷。

③ 胡寅《读史管见》：胡寅（1098—1156），南宋学者。字仲明，学者称为致堂先生，建宁崇安（在今福建）人。宣和进士。曾任集英殿修撰、礼部侍郎、徽猷阁直学士等职。著《读史管见》三十卷，为读《通鉴》而作，另有《论语详说》、《斐然集》。

④ 李涛《六朝通鉴博议》：此书十卷，内容评述三国六朝史事。《四库全书总目提要》卷八十八史部史评类著录。

⑤ 吕祖谦《史说》：吕祖谦（1137—1181），南宋学者。字伯恭，学者称东莱先生，婺州金华（今浙江金华）人。隆兴进士。历秘书郎国史编修官、实录院检修官等。为金华学派创始人。著有《历代制度详说》、《史说》、《东莱博议》、《吕东莱集》。另编有《十七史详节》、《东汉精华》。

⑥ 王应麟《通鉴答问》：五卷，附刊于《玉海》之后。始自周威烈王，止于汉元帝，实未成之书。虽以《通鉴答问》为名，实多涉朱熹《通鉴纲目》，书中议论，不独空泛，且多迂谬附会之言，与王氏所著之书不类，故《四库提要》疑为应麟孙辈所作。

## 读《史通》[1]

凡有推奖于人，不难屈己；凡欲求知于人，不嫌炫己；人之情也。有所为而言之，不必遽为定论，圣人所不免也。而炫己者人情所易，故闻者不甚取平；屈己者人情所难，故闻者多据为实；而不知其不尽然也。世传沈休文与齐明帝赌征栗典，故少三事；退为后言，以明己之出于故让，是非不好胜者也。其著《宋书》，虽不敢希踪班、马，而文辞典雅，颇具别裁，抑亦范氏之亚匹也。史称裴子野[2]删《宋书》为《宋略》三十卷，约见之，叹曰："吾不如也。"《史通》因饰之曰："由是言《宋史》者，以裴《略》为上，沈《书》次之。"此岂情理之言哉！

裴《略》今已不传，前人录入编年部次，是荀悦《汉纪》、袁宏《后汉纪》之属也。是与纪传之史绝不相蒙，前史谓删约《书》，固已谬矣。荀氏之《纪》，不尽出于班《书》；袁氏之《纪》，不尽由于一史；假而易编年于纪传，而止凭一书，删繁就简，乃荒陋者所为，通人不出此也，裴氏之书未必至是，而史顾侈为美谈，何其陋欤！约之叹服，大抵取其剪裁简当，至谓己所不如，不过一时推奖之辞，且亦明知己之撰述足以流传，不致为所掩也，故不妨为假藉；而史氏录之，则未察其本矣。刘氏斟酌群言，扬榷史品，自宜知所别择，乃又从而实之曰："由是言《宋史》者，以裴《略》为上，沈《书》次之。"后人不见裴书，而因刘氏之言，以谓裴《略》实胜沈《书》，有定品矣。姑无论子野史笔文才，未闻可驾休文而上，正使其书不愧荀、袁，亦与马、班诸书风马牛之不相及也。

刘氏《二体》之篇，明言班、荀二家缺一不可，未闻言汉事者，以荀

---

[1] 本文作于乾隆五十六年（1791）。文章提出比较两部书的优劣长短，应当以同一文体、同一史体的两者来评论比较，否则评论结果不会令人信服，并且批评刘知幾不该作如是评论，其结果"后人不见裴书，而因刘氏之言，以谓裴《略》实胜沈《书》，有定品矣"。作为一位评论家，评论确实应当审慎，随便议论，有时就被看作定评。

[2] 裴子野：裴子野（469—530），南朝梁史学家。字几原，河东闻喜（今山西闻喜）人。裴松之曾孙。梁武帝时任著作郎，掌修国史及起居注。后任中书侍郎、鸿胪卿等，仍领著作之事。曾祖松之宋文帝时奉命续修何承天《宋史》，未成而卒。他常欲继承先业。后沈约纪传体《宋书》问世，乃据以删撰为编年体《宋略》二十卷，沈约见之，自叹不及。还著有《续裴氏家传》、《众僧传》、《百官九品》、《附益谥法》、《方国使图》等。

《纪》为上，班《书》次之；言东汉之史，以袁《纪》为上，范《书》次之。何则？短长优绌，必以其类相形；体制各不相蒙，短长何自见哉！三家之《易》，四氏之《诗》，治经之门户也。施、孟当与梁丘相衡，齐、鲁必与韩、毛为比，则其理也。今云施氏之《易》胜于韩氏之《诗》，辕固之《诗》优于梁丘之《易》，岂复成评论乎？而人乃习而不察，则以沈氏有自叹不如之说，而不知一时推奖之言，不足为定论也。

吾尝见有少年学子，所业殊不足以加人，而前辈负物望者过为推奖，至谓己所不如，其人惘然自喜，乡曲之无知者笃信不疑，以谓彼固自谓不如者耳。而其人初无他长，惟有黯默寡言，人见之者以谓□深藏而不露者也，畏之愈甚；不知是黔驴之未踬者也。他日或有撰著，必不足以传世，后人闻其撰著部目，而惜其书亡，安知不如世人之惜裴《略》，度其必胜于沈《书》邪！昔人谓劫火之后，书之传者有幸，而不知书之未必尽佳，而不传之幸固胜传者之远绝也。裴《略》未必尽属虚名；吾慨世人以耳为目，而不察端末者之众也，故推言及此云。

# 读《北史·儒林传》随札[①]

《北史·儒林传》，梁祚[②]尝撰并陈寿《三国志》名曰《国统》，不知体例如何，莫能考也。

隋牛宏[③]引刘炫[④]同修律令，九品妻毋得再醮，炫著论以为不可，宏从

---

[①] 本文写于嘉庆三年（1798）。这是一篇读史随笔。阅读中随时发表议论，特别是对李延寿过多采用小说，将许多荒唐不经的内容写入史中，对许多人物不好行为亦不加贬斥而提出批评。

[②] 梁祚（402—488）：北朝时北魏官吏。北地泥阳（今甘肃成县东）人。历治诸经，尤善《公羊春秋》、郑氏《易》。曾为秘书令，后为中书博士，出为统万镇司马。撰并《三国志》为《国统》，因早佚，已不知卷数。又作《代都赋》行于世。

[③] 牛宏（545—610）：隋朝官吏。字里仁，本姓寮，北魏时其父为侍中，赐姓牛，安定（今甘肃泾川北）人。北周时入仕，累至大将军、仪同三司，袭封临泾公。入隋官至吏部尚书，封奇章郡公。开皇初上书请开献书之路。后又正定礼乐制度，主撰《大业律》。善文章，有文集传世。

[④] 刘炫：隋朝学士。字伯光，河间景城（今河北沧州西）人。开皇中奉敕修国史及天文律历。后因精通儒经除殿内将军。炀帝时为牛弘引修律令。死后门人谥曰宣德先生。著有《论语述》、《春秋攻昧》、《五经正名》、《尚书述议》、《毛诗述议》等。

之。按品官之妻再醮坐绞,而隋制无罪,何可训也。命妇再醮坐绞,今律也。

魏平恒①,蓟人。《传》云:"多通博闻,""自周以降,暨于魏世,帝王传代之由,贵臣升降之绪,皆按品第,商略是非,号曰《略注》,合百余篇。"

中山张吾贵②,与饶阳刘献之③齐名,皆称儒宗,吾贵门徒千数,而行业可称者寡,献之著录数百,皆通经之士,识者辨其优劣。

《北史·儒林传》,于刘献之甚为推许。然尝注《涅槃经》。孙惠蔚④最为通显,尝因夜论佛经,有惬帝意,诏加惠蔚法师之号。是虽当时风气,然诸儒入传,竟无完行。李延寿其有所激而为是篇欤?孙灵晖⑤为南阳王死后,每七日至百日,请僧设斋。

《刘兰⑥》之传既云"张吾贵以聪辩过人,其所解说,不本先儒之旨。惟兰推《经》、《传》之由,本注者之意,参以纬候及先儒旧事,甚为精悉,"又云"排毁《公羊》,非董仲舒,由是见讥于世"。至于叙及葛巾单衣,鬼物入座,责其无礼,今特见召,少时兰死,则荒唐不可为训。李氏过采小说,有玷《儒林》篇目也。一篇之中,褒贬亦不相蒙。

《惠蔚传》议太祖庙虽改制,昭穆不易,助崔光⑦议昭穆应以次易,诸儒莫能屈。及迁秘书丞,"见典籍未周,及阅旧典,先无定目,新故杂揉,首

---

① 平恒(411—486):北朝时北魏官吏。字继叔,燕郡蓟(今北京西南)人。研究经籍,多所博闻,征为中书博士。后拜著作郎,迁秘书丞。著《略注》百余篇,早佚。

② 张吾贵:北朝时北魏大儒。字关子,中山(今河北定州)人。弟子称其为"张生"。年十八本郡举为太学博士。通《礼》、《易》,聚徒千人,海内称为儒宗。辩能饰非,好为诡说,因是业不久传。而气陵牧守,不屈王侯,不仕而终。

③ 刘献之:北朝时北魏儒士。博陵饶阳(在今河北)人。博览群经,精《诗》、《传》,终生不仕。海内诸生多从其经说。撰有《三礼大义》、《三传略例》,注《毛诗序义》、《章句疏》。又注《涅槃经》,未就而卒。

④ 孙惠蔚(452—518):北朝时北魏官吏。初名蔚,"惠"为宣武帝所赐,字叔炳,小字陀罗,武邑武遂(今河北武强西北)人。家传儒学,历官黄门侍郎、中散大夫、国子祭酒等。赐爵枣强县开国男。晚年好佛经,宣武帝赐号惠蔚法师。

⑤ 孙灵晖:北朝时北齐官吏。长乐武强(今河北武强)人。博通《三礼》、《三传》。曾任潼郡太守。天统中征为国学博士,为南阳王高绰师。绰除大将军,以其为大将军司马。

⑥ 刘兰:北朝时北魏儒生。武邑(在今河北)人。三十岁始学,通五经。聚徒讲学,学徒数千。永平中任国子助教。

⑦ 崔光(451—523):北朝时北魏官吏。本名孝伯,字长仁,"光"之名为孝文帝所赐。东清河鄃(今山东平原西南)人。曾任太子少傅、中书监,领国子祭酒,先后赐朝阳子、博阳县开国公、平恩县开国侯,死后谥文宣公。博学多才,曾专任修史。

尾不全，有者累帙数十，无者旷年不写。""请依前丞卢昶①所撰甲乙新录，欲裨残补阙，损并有无，校练句读，以为定本，次第均写，永为常式。其省先无本者，广加推寻，搜求令足。""求令四门博士，及在京儒生四十人，在秘书省专精校考，参定字义。"此是刘向、刘歆校雠之业也。及"代崔光为著作郎，才非文史，无所撰著"。然则礼家制度，馆阁校雠，其与文史一途，各不相侔久矣。

华阴徐遵明②，乃师屯留王聪③，受《毛诗》、《尚书》、《礼记》。一年辞去。师张吾贵，数月，私谓友人，张生名高，而义无检格，凡所讲说，不惬吾心。请更从师。遂又从范阳周买德④，一年复欲去之。平原田猛略⑤曰："君年少从师，每不终业，终恐无成。"遵明指其心曰："吾今知真师所在矣。"乃诣平原唐迁⑥，居于蚕舍，读《孝经》、《论语》、《毛诗》、《尚书》、三《礼》，不出门院六年。又知馆陶赵世业⑦家有《服氏春秋》⑧，是晋世永嘉旧写，往读复经数载。教授门徒，海内莫不宗仰。事师而不惬意，自不可以因循。然屡就而屡辞，则终嫌其始访之不慎尔。

遵明与刘献之、张吾贵，"皆河北聚徒教授，悬纳丝粟，留衣物以待之，名曰影质，有损儒者之风。"古人束修请诲，载酒问字，所谓礼也。礼不备，君子恶之，因以货殖是为利也，宜为《北史》所讥矣。

郑玄《论语序》"书以八寸策"，误作"八十宗"，遵明不知为误，而又

---

① 卢昶（？—516）：北朝时北魏官吏。字叔达，小字师颜，范阳涿（今河北涿州）人。孝文帝时为太子舍人，兼员外散骑常侍，出使南朝齐，遭冷遇，回洛阳后免官。宣武帝时，曾出为徐州刺史。时人号"钱彪将军"、"饥鹰侍中"。永平四年（511），领兵与南朝梁战于朐山，因不善用兵，魏军几乎全军覆没。死谥曰穆。

② 徐遵明（474—529）：北朝时北魏学者。字子判，华阴（今陕西华阴东南）人。先后师从王聪、张吾贵等人，精《毛诗》、《春秋》、《尚书》，著有《春秋义章》三十卷，早佚。

③ 王聪：北朝时北魏学者，一作王总。屯留（今山西长治西北）人。博通儒家经典，曾授徐遵明《毛诗》、《尚书》、《礼记》。

④ 周买德：应为孙买德，北朝时北魏学者。范阳（今河北涿州）人。博通儒家经典，徐遵明曾前往受业。

⑤ 田猛略：北朝时北魏儒生。平原（今山东聊城东北）人。徐遵明曾前往受业。

⑥ 唐迁：北朝时北魏经学家。平原人，有名于世。

⑦ 赵世业：北朝时北魏儒士。平阳馆陶（在今河北）人。家藏有晋永嘉本《服氏春秋》等书，为世人所珍贵。

⑧ 《服氏春秋》：指东汉服虔所撰《春秋左氏传解》。

不得解，因曲为之说，则遵明之学，亦必有傅会不谛者也。

卫国董徵①，魏孝武所受业。于宣武时，累迁安州刺史。述职过家，置酒高会，曰："腰龟归国，昔人称荣，仗节过家，云胡不乐。"诫子弟曰："此之富贵，勤学所致耳。"韩昌黎《符读书城南》②诗，为先儒所讥。今徵言之陋如此，而史以为荣何哉！

上党李业兴③，师事徐遵明于赵魏之间，渔阳鲜于灵馥④，亦聚徒教授，而遵明声誉未高，著录尚寡，乃诣灵馥，类受业者。灵馥曰："李生久逐羌博士，何所得也？"业兴默然而不言。及灵馥说《左传》，业兴问其大义数条，灵馥不能对。于是振衣起曰："羌弟子正如是尔！"便遂径还。"自此，灵馥生徒倾学而就遵明。学徒大盛，兴业为之也。"此等虽见气谊，亦近猥浮，后世标榜声名，酿成恶习，其端自此起。而史亦无贬辞，固知当时风气所趋，不以为诧也。"卢景裕⑤讲《易》，其子崇祖年方十一，与之论难，业兴助成其子，至于忿阋。"亦非儒者气象也。

隋李文博⑥著《政道集》十卷，亦自定集名之积渐也。

《文苑》中如明克让⑦岂不当入《儒林》？

---

① 董徵（？—533）：北朝时北魏学者。字文发，顿丘（今河南清丰西南）人。精通诸经大义。孝文帝太和末为四门小学博士。宣武帝令其教授京兆、清和、广平、汝南四王。历官安州刺史。又入为司农少卿、光禄大夫。永安初加平东将军。

② 《符读书城南》：见《韩昌黎全集》卷六。

③ 李业兴：北朝时北魏、东魏学者。一名邺，上党长子（在今山西）人。博涉百家，尤长于历算。举孝廉，为校书郎。延昌中，上《戊子元历》，后合九家，共定《壬子元历》，永安三年（530）以造历之功赐爵子长伯。曾出使南朝梁，后除国子祭酒。最后又造《九宫行棋历》。被高澄所杀。

④ 鲜于灵馥：北朝时北魏学者。渔阳（今天津武清西北）人。敕勒族。精通儒家经典，广收门生传学。

⑤ 卢景裕：北朝时北魏、东魏官吏。字仲儒，小字白头，范阳涿（今河北涿州）人。初隐居不仕。东魏时任国子博士，齐王开府属。精于儒家经典，注《周易》《尚书》《论语》《孝经》《礼记》等。又好佛，传言著《高王观世音》。

⑥ 李文博：隋朝学者。博陵（今河北定州）人。鲠直好学，专心于教义名理。曾直秘书内省，虽贫而清操守道，以礼法自处，为时人敬仰，因无吏干，不得升迁。撰有《政道集》十卷。

⑦ 明克让（525—594）：隋朝官吏。字弘道，平原鬲（今山东邹平东北）人。南朝梁时任中书侍郎。入北周，为露门学士。隋初，为太子率更令，进爵为侯。与牛弘等修礼仪乐，著有《孝经义疏》《古今帝代记》《文类》《续名僧记》。

熊安生[①]博通五经，专以三礼教授，何至受人之诳，指古墓为晋河南将军七十二世，讼不得直，率族向冢而号。此经学岂可信邪！抑生性迂拘，世以此诬之邪？观其对周武帝直是佞倖一流，阿旨取容，儒教乃若是耶！

刘炫自赞，历引通人司马相如、扬子云、马季长、郑康成，皆自叙徽美，传芳来叶。按相如、子云自序，人皆知之。马扶风、郑高密自序，不见前人议及，炫固当见之。

隋蜀王秀为太子广诬构、禁锢之中，上书乞哀，文帝报书，深谴谪之，不得其死。读其本传，未尝不哀其不幸。及阅《北史·儒林传》，刘焯[②]、刘炫，当代硕儒，废太子勇闻而召之，既至京师，敕令事秀，焯等迁延未往，秀大怒，枷送益州，大窘辱之。幸秀废斥，方得免难。暴慢如此，幽废殒身，非不幸也。

昌亭刘焯，景城刘炫，结盟为友，并有大名。焯既通博著闻，无可訾议。而《北史》讥其"怀抱不旷，又啬于财，不行束修者，未尝有所教诲"。若如《北史》所言，正合夫子"束修以上，未尝无诲"之旨，何反以为讥？炫则既造伪《三坟》与《鲁春秋》，又失身从盗，以至官吏不收，饥寒而死，虽史文似慨当日轻儒，以至于此。然《儒林》之篇，几于无一完行。史亦未尝不交讥之，盖士贱则易于丧品，时贱而能自贵其品，乃圣贤之徒，儒林不过学者之事，未可与言立身而行道也。

《平恒传》，恒三子不率父业，好酒自弃，恒不为营事，曰："此辈曾是衰顿，何劳烦我！"别构精庐，一奴自给，妻子莫得而往。时有珍美，呼时老东安公一雍等其饮啖之，家人无得尝焉。此序平恒夫妻父子之间，全是乖谬，至时老东安公一雍句，文理亦大欠明白，此等序入《儒林》，何所取之？

---

[①] 熊安生（？—578）：北朝名儒。字植之，长乐阜城（今河北阜城）人。初从陈达、房虬受《三传》、《周礼》。后又受业于李宝鼎。博通五经，专以《三传》教授，弟子千余人。北齐时为国子博士。周武帝佩服其学，拜露门学博士。著有《周礼义疏》、《礼记义疏》、《孝经义疏》。

[②] 刘焯（544—610）：隋朝天文学家。字士元，信都昌亭（今河北冀县）人。与刘炫齐名，时称"二刘"。先后任员外将军、太学博士等职。奉敕与刘炫考定洛阳石经。精于天文，曾提出新历而遭太史令排斥。著有《稽极》、《历书》、《五经述义》等。

# 驳孙何《碑解》[①]

凡为文辞，必则古昔，得其意而已矣。古人法度，有必不可违者，有界在可否间者，亦有必不可行者，不可不辨也。必不可违者而违之，是谓悖矣；必不可行者而行之，是谓愚矣；愚之与悖，稍通于文字者皆知免矣。惟界在可否间者，其中又有轻重之别，虽无一定科律，而作者选言，不能不决出于一途，则权衡事理，务于至当，如韩退之之所谓无难无易，惟其是而已矣。

唐末五季，文章破碎，遣辞命字，使人不辨作何许语，文运之末厄也。欧阳摧陷扩清之烈，比于唐之韩公，其溯宋初为古文者始于尹氏。余观孙氏何文，亦良有意乎追古作者，感慨末俗流讹，不得古人立言之法，虽其力未必遽逮，而趋向近正，抑亦欧、曾之前驱也。然其推论文章义例，尚有界在可否，而权衡轻重之间未得其至当者，则为进士鲍源所作《碑解》是也。何之言曰："碑非文章之名，后人假以载其铭耳；铭不能尽，前之以序，而编录者通谓之文，失矣！陆机曰，'碑披文而相质'，则本末无据焉。"且以盘盂几杖有铭，不可称其文为盘盂几杖，例碑铭之不可称碑。又考古之碑制，乃葬祭飨聘之际所植一大木，与后世勒铭及刻石制度有异。反覆辨达，尤以正名为言顺之要，是何之论笃矣。

虽然，古人文字，初无定体，假借为名，亦有其伦。刘彦和曰："秦并七王，而战国有《策》，录而弗叙，故即简而名。"然则策乃竹木之属，载书于上，亦非文章名也。而朝廷策书，科举策对，莫不因是立名，与碑岂异指乎？羽檄露板，皆简书制度，亦非文章名也。文人撰著，不闻别器与文，

---

[①] 本文作于乾隆五十六年（1791）。文章提出"古人法度，有必不可违者，有界在可否间者，亦有必不可行者"。从社会发展的观点来看，这个说法无疑是正确的。社会发展了，制度法令也必然随之在变，当然也有些内容变得很慢或基本不变，因此，写文章时必须因时因事而论，而不能过于拘泥。文章还透露这样一个事实，章氏对欧阳修在文学上的贡献还是推崇的，在宋代文学上"摧陷扩清之烈，比于唐之韩公"，这个评论不仅符合事实，而且相当中肯，他批评欧阳修的史学，仅在说明非其所长。孙何（961—1004），宋朝官吏。字汉公，蔡州汝阳（今河南汝南）人。宋太宗淳化三年（992）状元，是宋朝第一个连中三元（解元、会元、状元）的状元。通判陕州，后入值史馆，迁秘书丞、京西转运副使、左谏司等。著有《两晋名臣赞》、《春秋意》、《尊儒教议》、《驳史通》等。

异其称谓,又何执于碑乎?乐府,汉官名也,其名歌辞,乃来被音律之诗耳。然自萧梁以来,选诗之例,必于诗外别出乐府,即以官名为诗定体。是殆较碑为尤甚矣,何必正彼而顾沾沾责此,是亦知一十而不知二五者矣。且何言后世石刻已非丽牲绕绋之旧,此正见后世刻石为文,原非古人植木凿窾之用,名之为碑,不过借形似而命之名矣。制度既不相蒙,则即碑纪事,虽谓与古毫不相涉可也。况朝廷有制,品官有秩,趺首有式,撰述有例,东京以还制度,久已别为一物,文家又已自为一体,称器而文可共知,无疑义也。于斯必欲斤斤而较其是器非文,且欲正其植木之制,则策书檄板乐府之属,亦当一一追正其名,追改其制,不亦繁且扰乎!孔子谓纯俭则从众;拜下,泰也,虽违众,吾从下。然则文章典制,名实异名,有推移于不知其然而然;而于事理无所隔阂,君子固不欲戛戛与世争也。

## 驳张符骧论文[①]

符骧《答陈大始书》云:"足下议骧传士诚[②],不当连称'我'字,骧前书历引《鲁》《吴》《七国》之尝称'我'者以解足下之惑,足下以为史迁仍列国旧史,未尽削去也,此语何所受之耶?足下言:'《项羽本纪》未尝我项羽,《陈涉世家》未尝我陈涉,足下知之乎?'史公之不得我项羽,犹今日之不得我明代也。项羽之不得没其纪者,史家是非之公;项羽之不必概为'我'者,史臣向背之私也。故史公不敢我项羽,等而下之,明代即不敢我士诚,今日即不敢我明代,而于士诚转无忌也。"

---

[①] 本文作于嘉庆元年(1796)。文章批评张氏写史刻意仿效《史记》书法,而不知司马迁有些称呼乃是引用原始史料而然,张氏却生搬硬套,造成史文而不可解。张符骧(1663—1727),清朝官吏。字良御,号海房,江苏泰州人。康熙进士,授庶吉士。著有《自长吟》、《日下丽泽》、《顺时录》、《海房文稿》、《依归草》等。所作多为传状碑志,以表忠义节烈、述学行、存文献为首。

[②] 士诚:指张士诚(1321—1367),元末江浙农民起义首领。小名九四,泰州白驹场(今江苏东台)人。出身盐贩。至正十三年(1353)率盐丁起义,攻占高邮等地,次年在高邮称诚王,国号周,改元天祐。因屡败于朱元璋,故曾降元,后又自称吴王。最后被朱元璋所俘而自缢死。

史迁于世家、年表，各随本国称'我'，其为误仍本史原文，失于改易，理甚明显。符骧生于今世，并无张吴旧史可承，而竟称士诚为'我'，则是出自心裁，其胸次是何主见，莫可诘矣。遇人指摘，谢过而改正焉可也；乃引《史记》误文以为强解，已属谬戾。及陈氏指明《史记》失删本史原文，则亦儿童可喻之理；如《左传》当陈桓公①在时即称之为桓公，当田恒②未死之时即歌称为陈成子，此类甚多，观书自晓，何必有所受之，而符骧乃折以此语之何所受耶！陈氏又云："《项羽本纪》未尝我项羽，《陈涉世家》未尝我陈涉。"驳辞亦可为允矣。符骧乃云："史公不得我项羽，犹今日不得我明代。史公不得我项羽，明代不敢我士诚，今日不敢我明代，而于士诚转无忌也。"直是全不通于文理，邪辞离而遁辞穷矣。据其意，惟胜国称"我"为嫌，隔代不妨称"我"，则《史记》于《五帝》、《三王》之纪，皆可称"我"矣，试问《史记》有此例否邪？三十世家，惟春秋战国诸侯各有国史可以致误袭者，《史记》袭文称"我"，其余如《孔子》、《外戚》及《萧何》、《张良》诸篇，同一世家而无旧史原文可致误者，《史记》果否通称我邪？即此观之，《史记》之称我者，出于马迁之笔误而非其心裁，有明验矣。且史记所撰世家，如春秋战国，本古诸侯，开国承家，其国自有国史。国史称"我"，故亦从而我之，虽误而犹有解于致误之由。

又一书之中，并载列国世家，亦有互相宾主之意，故我其本国以对他国，虽不可为正理，犹有非礼之礼可解释也。符骧自以己意作《士诚传》邪？抑修《明史》作《士诚传》邪？自以己意，直悖乱矣；即修《明史》，亦必有《明史》通例，非出一手，他人有此称谓否邪？士诚草茅崛起，非有开国承家如古诸侯事迹，当编列传而不可为世家；若夫列传之文，《史记》从无称我之例。《项羽本纪》，《陈涉世家》，项不帝而为纪，陈非侯而世家，前人久已议之，非符骧所知矣。然二篇不称"我"者，非史迁有所避而不敢我，盖不成国而未有史，无旧文之可为沿习，虽为本纪世家，实与列传无别者也。然则

---

① 陈桓公（？—前707）：春秋时陈国国君。妫姓，名鲍，文公圉之子。周平王二十八年（前744）继位，在位三十八年，谥桓。

② 田恒：春秋时齐国大臣。妫姓，田（陈）氏，名恒，避汉文帝刘恒讳，作"田常"，田乞之子。与监止俱为齐简公相。用笼络民心手段，杀简公与监止，立简公弟骜，是为平公，自为相。控制齐国政权，卒，谥成子，故亦称陈（田）成子。

符骧以士诚比之《吴》、《鲁》诸篇，可谓胸中有伦类邪？况文无难易，惟其是尔。史迁之例，即使出于心裁，亦有后世不可行者。义帝不著本纪而《项羽》作纪；秦自庄襄[①]以上列在诸侯而作《秦纪》；后妃不称后妃而标《外戚》，此皆灼然名实不正，虽出史迁心裁，后人亦可遵行否邪？至所云"史家是非之公"，"史臣向背之私"，尤可怪矣！符骧之于张士诚，何所用其私向？私向在张士诚，私背又何人耶？"我"者，对人之称；身不立乎其朝，"我"字从何位置？君臣大义，犹夫妇大伦也；妇人谓嫁曰归，夫家即其家矣。如符骧言，则妇人于归之后，惟于其夫有仇隙者，避嫌不敢称"我"，但于其夫无所仇隙，虽张王李赵不知谁何之人，不妨皆称为"我家"邪？

## 评沈梅村古文[②]

同年友梅村沈君，名赤然，钱塘人。杂钞前后所著古文词为一卷示余，辱

---

① 庄襄（前278—前247）：战国时秦国国君。初名异人。孝文王之庶子，昭襄王时为质于赵，识吕不韦，吕氏认为"奇货可居"，通过华阳夫人，使之返国，改名子楚，孝文王即位，立为太子，不久嗣为王，任吕不韦为相。卒谥庄襄。

② 本文写作年代已无确切记载，但在嘉庆元年（1796）以前已有选刻本。当然写作时间必早于此年。文章首先论述各种文体写作要求与特点，进而论述文章的撰写在官名地名，"必遵现行制度，不可混用古称"，"亦不可袭用易字省字陋习"，"叙事纪年，古人必书当代年号"，而不能苟图简便使用甲子干支代纪年。特别是"传述文字，全是史裁，法度谨严"。接着，作者对文学创作形式与内容之相互关系作了总结和阐述，并提出了"清真"等新的文论概念。文中说："古文之要，不外清真，清则气不杂也，真则理无支也，理附气而辞以达之，辞不洁而气先受其病矣。辞何至于不洁？盖文各有体，六经亦莫不然，故《诗》语不可以入《书》，《易》言不可以附《礼》，虽以圣人之言，措非其所，即不洁矣，辞不洁则气不清矣。"他在《乙卯札记》和《与邵二云》书中都谈到了这一问题，阅读时可参照研究。此文还有许多论点，阅读时都值得注意，如"古之作者，不患文字之不工，而患文字徒工而无益于世教；不患学问之不富，而患学问之徒富而无得于身心"。还有最后一段也很值得品味。沈梅村，名赤然，字韫山，清代文学家、书画家、鉴赏家，德清新市（今浙江德清）人。清乾隆十年（1745）生。乾隆二十九年（1764）入德清县学，发榜时误其名"赤熊"为"赤然"，故在后即用赤然名。乾隆三十三年（1768）考中举人，乾隆四十六年（1781）会试不中，而以知县试用，历任直隶（在今河北）平乡、南乐、南宫、丰润知县。在任知县时，以勤、俭、公三字勉励自己，且不畏权势，人称"强项令"。还在丰润倡设义学，颇得民心。十余年后，辞官回故乡新市，闭门著书。嘉庆十六年（1811）编成付梓了《新市镇续志》八卷，约六万余字。他著作甚丰，还著有《五砚斋文钞》十卷，《诗钞》二十卷，《寒夜丛谈》三卷，《寄傲轩读书随笔》十卷，《续笔》六卷，《三笔》六卷，《公羊穀梁异同合评》四卷。

问可否。君志洁才清，识趣古雅，所撰皆直舒膺臆，无枝辞饰句，读其书，可想见其为人。至于文字利病，则有可以言者。大约书翰辞命，多贫贱故交，摅情言志，又早处穷困，倦于游涉而意气不挫，叙述穷况，无憔悴不聊景象，亦无干谒乞怜意态，与人开诚以达，不为矫辞客气，此所长也。惟是辞命之文，本于风人遗旨，朱子注《论语》"诵诗专对"之义，则曰"诗本性情，长于讽谕"，盖陈情述悃，贵乎温厚和平，故曰"不学诗，无以言"，春秋交聘致辞，战国纵横驰说，行人之官，本于学《诗》能言，而后能喻难达之情，能动有心之听，皆此具也。书翰解此，则命意深厚，出辞温雅，往复之胜，较之矢臆陈辞，又长一格矣。

记序之文，因事命篇，理趣自足。然记山水游宴，形容景物，要使文不入靡，琢不伤朴，大则班氏志地，小则郦氏注水，皆当观法，最忌辞赋藻丽，骈体工巧，字句破坏古文法度。夫古文之与辞赋，道不同谋，惟山川景物，刻画追摩，流连光景，宛与辞赋相近，而其中实有毫厘千里之分，不可不辨。譬之犀玉珠贝，工人用饰器物，欲其光华；医师用和方剂，仅取质性。夫饰器珠玉，为人玩弄，久漓真性，取配药饵，不如蚌胎璞结者良，理甚晓然，是一物而为用不同。文辞字句所施，何以异此！序论近人文字，揄扬工拙，挢撅利病，忌用无根浮语，漫为赞赏，有累文体，不合古法。先要推勘作者之旨，折衷道要；次则裁量法度，斟剂规制，使人有律可循，乃为论人准则。即或俟色揣称，研钧练律，亦当推寻匠巧，绅绎文理，如老伶审曲，良估评贾，是非可否，必有精理要言，可资启悟，若挚虞《流别》、刘勰《文心》、钟嵘《诗品》，斯为美也。

世俗喜谀，末学忘本，不解文字理趣，猥用精奇神妙、典丽清新等语，芜杂填凑，文有市气，岂可入于古文！是则不可不别择也。传述文字，全是史裁，法度谨严，乃本《春秋》家学，官名地名，必遵现行制度，不可混用古称，使后世无可考证，亦不可袭用易字省字陋习，均于事理有碍，前人久已言之。或举唐宋大家，如韩、欧阳氏间有袭用不察之处，以谓可法而强解者；又有虚作议论不妨假借，实叙事迹乃必谨严之语，以为调停。不知唐宋大家，猥承六朝骈丽浮辞之后，摧陷廓清之烈诚不可诬，而语失检点，仍蹈前人余弊之处，亦所不免，不特如方苞氏所举韩子《滕王阁记》、《女挐圹志》①诸篇，以刑部侍郎为少秋官，以潮州为揭阳而已也。是正古人之病，岂可引以为法，又岂可强作解说，为古人所愚哉！即如二名不可偏举一字，古人二名不偏讳者，正以省去一字，不得即为其人之名故也。颜氏《匡谬》②谓："延寿称寿，相如称如，犹与命名之义无碍，若弃疾称疾，不害称害，无忌称忌，则与命名之义且大背矣。"是则唐人已明戒之，而韩氏《平淮西碑》光颜称颜，公武称武；《张中丞传后叙》忽曰南霁云③，忽曰霁云，又忽曰云；亦岂可因韩氏文而即为善欤！又如叙事纪年，古人必书当代年号，近代苟图简便，往往以甲子干支代纪年岁。夫甲子干支，古人用以纪日，未尝用以纪年，顾炎武氏辨之甚严，第《尔雅》既有太岁在甲在子之文，则义理已有可通，苟于情事无碍，何必拘拘于阏逢困敦之古称耶！然但书甲子而不著年号，则康熙二十三年甲子与乾隆九年甲子，何所辨欤？又但书年号甲子而不详岁次，则康熙壬寅，不知元年壬寅与六十一年壬寅，岂不于事有所妨欤！今为折中之法，则首书壬寅，必著康熙元年，其癸卯甲辰而下，但纪甲子，可以推求而得，从简可也。至于雍正癸卯，又必重著元年，甲辰乙巳而下，亦以甲子省文推求可得，从简可也。凡此虽非古人之法，但求事理可通，抑亦可以为其次矣。

前辈论文，欲矫时弊，动言法古，则诚然矣，然必须有"俭则从众，泰则违众"之意，乃可与言法古，否则有心矫异，即非学者所宜。又有古人已疏而今宜稍密者，书日甲子是也。《春秋》三传之文所书甲子，今已不辨上中下旬。杜氏《春秋长历》④，毋论先儒谓其多误，且亦安所尽得通晓历法之

---

① 《滕王阁记》、《女挐圹志》：见《韩昌黎全集》卷十三《新修滕王阁记》，卷三十五《女挐圹铭》。
② 颜氏《匡谬》：指颜师古《匡谬正俗》。此书八卷，宋人诸家目录为避赵匡胤之讳，多作《刊谬正俗》、《纠谬正俗》，钱曾《读书敏求记》作《列谬正俗》。前四卷共五十五条，皆论诸经训诂音擘，后四卷共一百二十七条，皆论诸书字义、字音及俗语相承的区别。是书考证精密，唯拘于习俗，不能知音有古今之分。
③ 南霁云（？—757）：唐朝将领。魏州顿丘（今河南清丰）人。出身贫寒，为人操舟。安史之乱时，由一名船夫成为巨野尉张沼的先锋部将，随后因公务被派往睢阳。与张巡一见如故，并坚持留在睢阳，不久与叛军激战于宁陵（今河南宁陵），大获全胜。至德二年（757）叛军又两度围攻睢阳，第一次被霁云率军打败，叛军退而复围，至十月，睢阳终因援军未到，弹尽援绝而失陷，已任左金吾卫将军的南霁云与张巡等均遇害。
④ 杜氏《春秋长历》：指杜预在作《春秋左传经传集解》一书中所用之历法。同时又作了《春秋公子谱》。

人而读吾文哉！是宜略仿《尚书》，谨志晦朔。古文以日纪事，亦不常用，然有必须纪日之处，则不可以不知者矣。至于古文之要，不外清真，清则气不杂也，真则理无支也，理附气而辞以达之，辞不洁而气先受其病矣。辞何至于不洁？盖文各有体，六经亦莫不然，故《诗》语不可以入《书》，《易》言不可以附《礼》，虽以圣人之言，措非其所，即不洁矣，辞不洁则气不清矣。后世之文，则辞赋绮言，不可以入纪传，而受此弊者乃纷纷未有已也。如故乡自可曰父母之邦，而或以桑梓绮语代之，不知桑梓本为二木名也；伯仲自可曰昆弟，而或以埙篪绮语代之，不知埙篪二乐器也。充此而论，词人绮语横入古文，背义害理者，盖不少矣。太史迁《伯夷列传》有云："伯夷、叔齐虽贤，得夫子而名益彰；颜渊虽笃学，附骥尾而行益显。"夫骥乃马名而尾乃马体，以此而代先圣门墙，得毋不洁不清之尤者欤！又云："非附青云之士，乌能施于后世！"夫青云在天，修士则亦人耳，如曰置身若在青云之上，明作此喻可也，直以青云称士，是亦贤者好奇之过也。虽然，百三十篇有此累者，仅一见耳，其他固绝无之，此其所以不害为尺璧之微瑕耳。或为之解，非也；或又从而效之，谬也。韩子曰："文无难易，惟其是耳。"学者动言师古，而抑知古人亦有不可法者，后人亦有不可废者。体裁义例，规矩法律，古人小有出入不妨于宽，而今则实有不得不严之势。非贵古而贱今也，古人无意于文，口耳授受，竹帛著辞，皆出于不得已，其间往往有可意会而不可以言传者，未可悉裁以后世之法，左氏称人名、氏字、谥爵、封邑，全无定例，断不可学。道固然也。后人不知其意，徒竞其文，苟不绳之以法，则滔滔横决，且泛滥而无所归也。

　　夫河自积石而上，纵横分合，出没隐显，未有过而理焉者也；龙门、底柱之间，则造梁通道，凿渠溉田，用法简而获利多也；至于淮泗、洪泽之间，逆河入海之际，洪涛迅流，悍厉非常，风雨蛟龙，变患不测，非方舟不能济涉，非重堤不能固流，非闸坝不能蓄泄，苟为不然，则城郭、官廨、村田、庐墓，不可一日得宁居也。六朝骈丽，唐宋小说，以及语录俚言，应酬游语，皆古文之淮海也，此则不可不知所堤防。至于杂著短篇，说铃小品，庄周《寓言》，韩非《储说》，所为即小喻大，言近指远，意至善也。然而庄周稊适上遂，韩非引切绳墨，所言无大小，意各有所为也。唐人小品杂说，取其新颖可喜，求其宗旨，或亦靡矣。就其善者，韩子而外，元氏次山，柳氏子厚，庶几近之，余则不免俳谐嘲弄，不可登大雅之堂矣。故聪明不可妄用，才气不可妄驰。古之作者，不患文字之不工，而患文字之徒工而无益于世教；不患学问之不富，而患学问之徒富而无得于身心。《易》曰："言有物而行有恒。"又曰："修辞立其诚。"所谓物与诚者，本于人心之所不容已，仁者见仁，知者见知，要于实有其所见，故其所言自成仁知而不诬，不必遽责圣贤道德之极至，始谓修辞之诚也。

盖人各有能有不能，与其饰言而道中庸，不若偏举而谈狂狷，此言贵诚不尚饰也。文士怀才，譬若勇夫握利兵焉，弓矫矢直，洞坚贯札，洵可为利器矣；或用之以为盗，或用之以御盗，未可知也，此则又存乎心术矣。

## 评周永清书其妇孙孺人事[①]

此篇情真，文亦切至。篇首"亥时"二字，不如易以"人定"。甲子乙丑，古人取以纪日，不以纪年。今则纪年，且以纪十二时刻，时宪之书已有其文，用之亦自无伤。但古文辞用以纪年者多，纪时刻者尚不甚见，不如夜半为子，鸡鸣为丑，以至黄昏为戌，人定为亥，凡十二时刻，俱有定名，见于孔仲达《左传正义》[②]，较为古雅。文有本无成法，作者自以其意斟酌于宜古宜今，择其善者从之，此类是也。"乙科"二字，不可以称乡举，盖其名目见于汉制，贤良孝秀，分第甲乙诸科，拟于今制，则乙科即今之二甲进士也。以进士为甲榜，举人为乙榜，乃流俗承袭之讹，不可以入古文，此等字句，虽平日讲求文律者亦多不察，然亦不容忽也。又为妇人作传记，庶出子女，宜有分别，此则不必拘古，情理自当然耳。其余小有推敲，则不关法度，要以意善体会，久久将自得之，汉人云："文章尔雅，训辞深厚。"深厚存乎所为辞矣，文章称其尔雅，则近正之谓也。近正也者，犹俗语云官常说

---

[①] 本文写作年代未详。文章宗旨在说明"古人修辞，非为美观"，能够表达出感情，表达出意境即可，而不必用过多的华丽辞藻加以修饰。

[②] 孔仲达《左传正义》：即奉命与颜师古等所作《五经正义》之一种，《宋史·艺文志》"春秋类"即著录孔颖达《春秋左传正义》三十六卷。陈振孙《直斋书录解题》"春秋类"亦著录《春秋左氏传正义》三十六卷，并很明确写明"唐孔颖达等撰"。

话，不似乡曲土音难共喻耳。

古人修辞，非为观美，谓必如是始可行远而传久也。故名理以峻洁著之，庄言以凝重敦之，和气以温润含之，厉辞以严肃荐之，隐怀以宛约寓之，深情以往复生之，所谓顺其势而导之也。醒昏昧以警辟，靖躁遽以舂容，洗荒秽以清遒，收疏芜以缜密，拓湫隘以雄健，还破碎以浑璞，挽颓靡以卓荦，摧庸腐以精坚，所谓反其病而药之也。断续若刺缪，错综类复沓，微文似迂阔，牵连如不伦，此则能事已极，反将如不能也。要其所归，变化拟于《易》象，从容得于《诗》兴，《书》意疏通，《礼》文繁密，《春秋》得其惧志，左氏猎其腴情，折衷群言，运以寸心微妙，当其命辞遣意，如孙吴名将将百万之师，变化纵横，几于鬼神造化，此境我辈盖心知之，而特愧其不能至耳。

# 墓铭辨例[1]

涉世之文，不比杜门著述，师古而不戾于今，协时而不徇于俗，斯庶几矣。墓有志铭，前人谓始宋颜延之；潘济南[2]远引西汉滕公[3]，或又引《庄子》卫灵公[4]石椁之铭，其实《礼经》铭旌之制已肇其端。"誌"古作"志"，亦见《檀弓》。古人一字一言，皆可称铭称志，文多文少，亦无定格。志亦铭也，铭亦志也，铭则取其可名，志则取其可识，如是而已。自西京以还，文渐繁富，铭金刻石，多取韵言，往往有序文铭颂，通体用韵，前后皆一例者，古人不过取其易于诵识，无他义也。六朝骈丽，为人志铭，铺排郡

---

[1] 本文于嘉庆元年（1796）二月写于扬州。文章论述墓志铭的起源、发展和演变，特别是志与铭的变化，越到后世，变化越大。本来"铭长而志短，或铭志长短相仿，体之正也"，"散体古文，详书事实，而一二韵言作结者，体之变也"。本来属于辞章之流，发展到后来，"隐然同传记文矣"。而这个变化之由，"韩、柳、欧阳恶其芜秽，而以史传叙事之法志于前，简括其辞为韵语缀于后，本属变体……然其意实胜前人，故近人多师法之"。何谓墓志铭？如今知道的人不是太多，能够知其为何种文字还是很有必要的。

[2] 潘济南：即下文所言之潘昂霄，此人为济南人。

[3] 滕公：指夏侯婴（？—前172），西汉诸侯。沛（今江苏沛县）人。和泗水亭长刘邦为知己，后从刘邦起兵反秦，刘邦登位后，封为汝阴侯。以其曾任滕令，故又称"滕公"。

[4] 卫灵公（？—前493）：春秋时卫国国君，襄公子。周景王十一年（前534）立，在位期间，孔子仕于卫。

望,藻饰官阶,殆于以人为赋,更无质实之意。是以韩柳诸公,力追《史》、《汉》叙事,开辟蓁芜,其事本为变古,而光昌博大,转为后世宗师,文家称为韩碑杜律,良有以也。但韩柳之文,举世所宗,而彼所取裁,则非末学所喻。《淮西》、《南海》①诸碑,户诵家弦,而不知经史异本;柳州《孝门》之铭②,录奏为序,乃《西岳华庙》及《孔庙卒史》诸碑之遗;本属汉人常例,而宋人一见苏氏《表忠观碑》③,即鹘突不得其解,末学拘绳,少见多怪,从古然矣。今于诸家文字,变化错综,难于备举,即如世人知有韩文,世人于韩文中又知推其碑志。姑就韩文碑志而论,如卢殷④、李楚金之墓,则有志无铭;卢浑、胡允明⑤之墓,则有铭无志;张圆之墓,即称散文之志为铭;彼盖心识古人源流,随时通其变化,未闻当日子孙以为歉阙,观者以为疵议也。今为张松坪⑥编修撰墓志铭,所谓涉世之文,自当相体以裁衣矣。刊送事实具在,可叙之事无多,而巨册大书,铺张前后,不过酒食燕会之簿录,风云月露之诗题。骈体赋人,成篇自易,如欲清真结撰,摩写传真,自当简削其辞,拟于伐毛洗髓,隐括要节,谋兹短篇,庶知文者以谓曲折无尽;此竹数尺而有千寻之势,文短而神味长也。譬之酿酒,少粮则减水而醇酽始发,理易明也。至于闲情逸韵,补入铭辞,铭者,诗骚之流,长言咏叹,正为短志传神,所谓繁简各有当也。乃论者以为志短铭长,不合体式,不知论者以如何为文体式也?韩公作《刘统军碑》⑦,志不满二百言,铭辞四百七十余言,不闻刘统军人品减色,韩昌黎文失体裁。且此亦不始于韩,上自汉魏,下讫宋元,殆于更仆难数,不知论者曾见否也?即如张司寇为《给谏公志》,则志长而铭短矣,给谏事实虽不尽详,张公志文亦自雅饬。但如粥厂监散,考童审音,乃科道寻常职事,又无他故,而铺叙入文以为称颂,则几

---

① 《淮西》、《南海》:见《韩昌黎全集》卷三十《平淮西碑》,卷三十一《南海神庙碑》。
② 柳州《孝门》之铭:见《柳河东集》卷二十《寿州安丰县孝门铭》并序。
③ 《表忠观碑》:载《东坡全集》卷三十三。
④ 卢殷:见《韩昌黎全集》卷二十五《登封县尉卢殷墓志》。
⑤ 卢浑、胡允明:卢浑,见《韩昌黎全集》卷三十五《卢浑墓志铭》。胡允明,见《韩昌黎全集》卷二十五《试大理评事胡君墓志铭》。
⑥ 张松坪(1723—1795):清朝官吏。名坦,字芑田,号松坪,又号莲勺、拙娱老人,先世侨居江都(在今江苏)。乾隆进士,授翰林院编修。章氏为其撰墓志铭,载《章氏遗书》卷十六《为毕制军撰翰林院编修张君墓志铭》。
⑦ 《刘统军碑》:载《韩昌黎全集》卷二十七。

于呵殿排衙，升堂画诺，皆可称功。此实情理可推，非后生之妄议前辈也。必欲效之以为长篇，何难之有！恐真有识者不谓然耳。古云凫不可续，鹤不可断，文章自有体裁，非深知者不可轻议。盖师古原未尝戾今，协时实不敢徇俗，或者少见而多怪，则亦无从曲避之也。

或问墓铭之例，志如史传，铭如史赞，可乎？史赞之文不可加长于传，而铭或加长于志，可乎？答曰：史赞不得加长于传，正也，如《伯夷》、《屈原》诸篇，叙议兼行，则传赞亦难画矣，然其变也。至于墓铭，不可与史传例也。铭金勒石，古人多用韵言，取便诵识，义亦近于咏叹，本辞章之流也。韩、柳、欧阳恶其芜秽，而以史传叙事之法志于前，简括其辞以为韵语缀于后，本属变体，两汉碑刻，六朝铭志，本不如是。然其意实胜前人，故近人多师法之，隐然同传记文矣。至于本体实自辞章，不容混也。古人"志""铭"二字，本不甚分，今以后世之例分之，则"志"为序而"铭"乃其正文，非若史传以传为主而赞则其余文也。今人不解此意，但其流传书款，尚有可推论者。如文士集中为人作传而有论赞者，其"论曰""赞曰"字样，必冠论赞正文之上而不附于传末，所以明传为正文而论赞别自为文附于后也。其为人作志铭者，"铭曰"二字不冠于首，必附志文之末，而铭辞则特起书之，所以明铭为正文，而志不过为铭作缘起之义也。故铭长而志短，或铭志长短相仿，体之正也，汉碑之旧法也。散体古文，详书事实，而一二韵言作结者，体之变也，唐宋以后之别裁也。文人意之所往，大体苟得，其余详略短长，惟其所宜，要于一是而已。即如韵语之道，本通于诗，诗有序长而诗短，诗长而序短，或诗与序适相均者，自三百篇以迄于今，何可胜举也哉！夫铭金勒石，难言之矣。具史之才，酌经之旨，比象本《易》，载言本《书》，咏叹本《诗》，制度本《礼》，笔削本之《春秋》，其间如何宜古宜今？如何称情准法？嫌介疑似之间，往往一字聱牙，不免踟蹰搔首，盖戛戛乎其难之！挚虞、刘勰之品骘，陆机、李充①之议拟，六朝如何而猥滥？唐宋如何而更张？潘昂霄②之纂例，卢疏

---

① 李充：东晋学者。字弘度，江夏（今湖北安陆）人。善楷书，好刑名之学，初为王导记室参军，后迁大著作郎。时典籍混乱，充删除烦重，以类相从，分作四部。累迁至中书侍郎。著有《尚书注》、《周易旨》、《释庄论》及诗赋表颂等二百四十篇。

② 潘昂霄：元朝学者。字景梁，济南人。历官御史、翰林学士、集贤侍读学士，谥文简。著有《河源志》、《金石例》等。

斋①之宗旨，孰是孰非？王止仲②之墨守，王伯厚之指南，孰通孰执？近世顾宁人之纠摘，黄梨洲之补苴，孰为通达可行？孰为偏拘未化？凡如此类，皆有渊源流别，讲习正须专门名家，深愿有识之士，不惮推敲而正定之。至于舍其文理，而以字数多寡为言，不待辞终而闻者胡卢绝倒矣。

魏文《典论》③曰："奏议宜雅，书论宜理，铭诔尚实，诗赋欲丽。"然则志铭与哀诔同科，韵文又兼韵叙，见于《文选》，亦一斑也。《文选》墓志一篇，全体韵文而不称铭，岂此等尚未见耶？

夫相马以神骏气骨，不问肥瘦；古鼎辨款识色泽，不计铜斤，人皆知之矣。今之论文，有异乎是。据酒食宴会之帐记，裁而为曲折隐秀之高文，比拟于升堂画卯之堂簿以为志铭，自觉相去不可道里计矣。其中经营炉锤，具有苦心，而一切皆置不论，但以志铭字数较量多寡为言，是相马而存屠沽卖肉之心，鉴鼎而用市贩秤铜之见。然则彼之所谓名篇隽笔，可悬想而知矣，噫！

# 通说为邱君题南乐官舍④

丙戌丁亥之交，与饶平邱君向阁同游太学，又同学文章于大兴朱先生

---

① 卢疏斋（？—1314）：元朝文学家。字处道，一字莘老，号疏斋，涿州（今河北涿州）人。至元进士，官至翰林学士承旨。诗文与刘因、姚燧齐名，世称"刘卢"、"姚卢"。所著《疏斋集》已佚，今有《卢疏斋辑存》，李修生辑笺，北京师范大学出版社1984年出版。

② 王止仲（1331—1395）：明朝文学家。名王行，字止仲，号淡如居士，又号半轩、楮园，江苏吴县（今江苏苏州）人。博通经史，授徒齐门，富人沈万三曾延之家塾，后隐居石湖，著有诗文集《楮园集》、《半轩集》等。

③ 《典论》：魏文帝曹丕撰。五卷，久佚。唯《论文》一篇为《文选》所收，其余则散见于他书征引。今有清人黄奭辑本一卷，收入《汉学堂丛书》；王仁俊辑本一卷，收入《玉函山房辑佚书续编》。

④ 作者于文末著明"辛丑闰月十四"。辛丑乃乾隆四十六年（1781）。文章告诉人们，对于老师的话，其弟子会产生不同的理解。这位邱向阁，当着章氏之面，引了朱先生往年一段言论，认为这是成为"通才"之路，不料章氏却提出相反看法，指出"是'四通八达无施不可'之说，适足为学者患"。还引孟子之说"尧舜之知，而不遍物"。然而"后之学者，不知用其资之所近而力之能勉，而泛泛焉求尧舜之所不知不能，则求通而骛于其名之过也"。意思是说，不能泛泛求通，而要选择与自己性之所近学科努力钻研，最后必定会取得成功。所以最后结论是"学者不患不知通之量，而患无以致通之原"。所谓"性之所近"，实际上就是每个人的兴趣与爱好，这是成功路上的重要因素。

竹君。君工为制举文，一时门下攻艺业者凡数十辈，莫不斐然可观，及言能事，雅推君最擅。戊子，君举顺天解试，又与君同受知于江宁秦先生慎之[①]，前后阅四五年，出处多合而知心最深。已而君出为南乐知县，不烦而治，所设施多书室旧闻。辛丑中夏，余自河南返辙都门，便道访君，留连数晨夕，为溯旧事，犹指顾间尔。君曰："我薄宦十年，家无长物，前岁请于使司，贷廉俸五年，岁什之二，用辑官廨。因于厅事之西，仿古画舫，构轩数楹，为宴息之所；南北二门四牖，东西凿方员二窍，延朝夕景阴，暇日独坐其中，周视轩豁，无隔阂者。因忆朱先生言：'学者读书求通，当如都市逵路，四通八达，无施不可，非守偏隅一曲，便号通才。'至今有味其言，因篆'通达'二字榜于轩右，庶几触目致思，受政不患僿室矣乎！今将乞记于朱先生，子盍为疏别其义！"余谓学贵乎思，思肖乎人；人苟善所用，其于古人，旦暮遇之矣。昔者夫子登高，以谓于此致思，无所不至，而颜季、端木所见同，而所思各极其量，此见古人之观化也。今君以斯室之洞豁而有会于旧闻通达之义，可谓善致思矣。学以是成，政以是通，朱先生之言，又何歉焉！然吾以为先生言通，盖扩乎其量而未循乎其本；苟不善究其旨，则高明者驰骛于浩博难罄之数而无所得，中人以下又谓古之人必有天授神诣，非常人所可几及，而自安固陋，以为当然，是"四通八达无施不可"之说，适足为学者患。

孟子曰："尧舜之知，而不遍物；尧舜之仁，不遍爱人。"后之学者，不知用其资之所近而力之能勉，而泛泛焉求尧舜之所不知不能，则求通而骛于其名之过也。古人读《易》如无《书》，读《书》如无《诗》，汉初儒者，学守专经，言无旁出，推而及于当世，卓然见其本末，儒效于是见矣。元成而后，学者旁通曲究，不专一家之言，其业可谓富矣；而儒术之显，乃转不如汉初；君子又多乎哉！凡人之性，必有所近，必有所偏。偏则不可以言通，古来人官物曲，守一而不可移者，皆是选也。薄其执一而舍其性之所近，徒泛骛以求通，则终无所得矣；惟即性之所近而用力之能勉者，因以推微而知著，会偏而得全，斯古人所以求通之方也。然则学者不患不知通之量，而患无以致通之原；盖欲自得资深，然后可以取资左右而无绪也。且君居斯轩中，

---

① 秦先生慎之：清朝官史。名芝轩，慎之乃其字，江宁（今江苏南京）人。

户牖四辟，乃见所谓通达矣；去而之他，斯轩之辟如故，然其中已无居者，又安有通达之可见哉！为学临政，亦有所居，君求通达于是，亦求君之所居而已矣。请以是说质朱先生为何如也！辛丑闰月十四，天晴爽，午暑，有南风微吹，草于画舫中央。

## 家谱杂议[①]

欧、苏文名最盛，然于史裁无所解也。谱学之传已久失矣，后人撰辑家谱，例以义起，但能熟于史法，变而通之，无不可也。而耳食者，动引欧、苏谱例，真无谓也。欧氏于其祖先族派，有仕十国为官职者，削而不载，此即非史家书实之义。苏氏族谱，自谓谱苏之族，而尊其自出，与通族书法，详略尊卑，体例有别，以谓谱乃吾作，故尊吾之所出，此尤无异儿童之见。使人人各尊所出，而卑视旁支，则谱乃聚讼之阶矣。迁、固叙其家世，书至谈、彪，犹作公家之言，与他称述无异，所以公其道于天下，而不以私尊私贵亵其亲也。苏氏所见如此其陋，而世反尊而法之何也！

欧、苏之谱，所谓推表世系，断可知之代，此诚不易之理。然江浙钜族，多因宋室南迁，即已聚族，至今五六百年，祠墓具存，传世多者，至三二十世，少者亦十有余世，非若欧、苏之不出五六辈也。家谱世系，多以五世为断，六世另起。便须于五世之下，覆检支系，由五而九，又别为谱。由九而十三，由十三而十七，又须隔卷递追其十三世与九世、五世，支派繁盛，检阅为难，旁行斜上之例，几为虚设。此弊无他，由于知谱而不知牒也。竟尺之幅，稍引伸之，可作五六十字，则三二十世支系，何难绳贯而下。其所以不能直贯而必须别起者，则以子注繁多，而仅容一二字之横格不能载也。夫旁行斜上，《周谱》之法，原取便于稽检，使夫昭穆亲疏，一望

---

[①] 本文作于乾隆五十四年（1789）。这年三月末，"馆于安庆学使署中，学使徐立纲方辑宗谱"，请章氏经纪其事，因而有可能撰写此文。而从文章内容看，还举《徐氏宗谱》为例，并列"立纲"之名。可见正是由于经纪徐氏宗谱，发现许多问题，因而引发撰写此文。章氏把谱牒与方志同视为史学的支流，所以他的谱牒思想和理论也是相当丰富的。可与其他几篇家谱、年谱序参照阅读。

可晓耳。至其人之字号、历官、生卒年月、妻妾姓氏、子女嫡庶、窀穸方向，不待旁行斜上而始识者，则谱家往往别编为牒。牒有专门，则世系之表，但书名讳辈行，不复须加子注。表无子注，则尺幅之间，约字无多，而二三十世可绳贯矣。乃谱家又称五世别断为表者，以谓可明宗法。夫表列世系，宗法即寓于中，岂必截断五世别自为表，然后宗法方可明耶？且表注本不贵繁，彼见《史》、《汉》表注不胜其繁，以为古人即已如是。不知《史》、《汉》之表，乃后人训诂音解，从而附入，故觉繁耳。马、班自注本不繁也。至《辽史》表注，且以功罪入表，是直以列传之体而为表矣，此尤谬之谬者，前辈业已讥之，是又不足论也。苏氏、欧氏之谱，即于旁行斜上之中，详加子注，彼因世数短少，尺幅宽余，故可相体为之，不足为欧、苏病也。后人从而效之，而宁断支系，必附注文，此则惑矣。

事有不师于古，而因乎理势之自然；有其举而莫之废者，君子之所共由，而不必执古以概今也。古者开国承家，天子赐姓，诸侯命氏，生则别以族属，死则纪以庙谥，亲疏远近，昭穆尊卑，侯国掌之宗人，王朝小史奠之系世，故虽百世，宗支可辨别也。后世封建罢为郡县，姓氏合而为一，而宗祠萃聚，不能分别祧易，又不能皆得易名请谥之典，则祖宗世数，难以详纪于上，而宗党群处，祠庙不分，则服属绝远，皆得昭穆相联，长幼有序，不得概目之为亲，同姓而不入联序，则子孙世数，不得厘别于下。盖观南州世家巨族所集宗谱，序列宋、元、明代以及近世，大率世数多者，至三数十辈，其少者亦必十八九辈，上记祖宗，则嫡系可计世数，而旁支伯仲不能皆以世数齐也。下治子孙，则宗子可计世数，而分支昆弟不能尽以世数概也。造谱者往往取佳言善字，编排行辈，或用忠孝廉节，或用仁义道德，多或百言，少亦三数十字。或有不尽成文，但取字形有别，虽千万之众，百世之远，举其昭穆行辈所值之字，则不问而知为宗族兄弟，且不问而知为长幼先后，盖得古人分族命氏之意，诚宗谱之要检，虽不出于古人，而人自率由不能或废者也。今按《徐氏宗谱》，亦用编字之法，所传仅二十世，而字法错杂，人不遵守，同一辈行，而各分字法，或同高祖昆弟，别为一字，或同曾祖兄弟，别为一字，甚或同祖兄弟，即已别为一字，谱家见同辈异字之不胜纷纷，而举及其字，非但不能合千百之众而叙其伯仲先后之差，并不能遽识其为同此昭穆而叙列其尊卑下上之等者也。于是世系表之卷首，别编字号行辈之表，取其同一昭穆，而排列异字者，亦用旁行斜上之法，以为稽检。夫先检字行，已不胜烦，再由字行而检索其人名讳，则何如径检名讳，其烦初不异于字行，而检阅不烦重沓，于事岂不较轻省乎！且用字行，本为省复检也，今反因字行而增一复检，毋乃与编字初意相刺谬欤！《易》曰："穷则变，变则通，通则久。"事有不可行者，必求其故，而思所以善全之道，则循环不穷，虽历久可遵而无弊也。原字行所以各分之故，盖有支分派别，居处远于宗祠，而生子月日，不能告于宗老，遂亦无由知其族党之中，昭穆同辈，共有几人，所生之子，于同辈中应列字行之次，当在几百几十有几，于是就所知者，或同高曾，或同祖考，凡得若干昆仲，别定字号，以便编列一二三四之数，若守宗祠旧列字行，必至仅有昭穆尊卑，而无伯仲次第，故其别编字行，出于势之不得已也。然则欲求善全之道，必须统同之中，自寓分别之意，要使大宗全谱，字行同遵，而分支小记，又得各全伯仲伦次，莫如用两字兼志分合，虽数十百世，分州别部，一旦会叙，皆可联昭穆而次伯仲也。且如大宗定字，以甲乙十干，纪及十世，而丙丁以上，同守宗祠，则四世昆仲一字，足以定昭穆矣。戊辈分支，不能与大宗五世同编，伯仲势必别编字行，如编元亨利贞，则元于戊为同辈，当称戊元第几，亨与己为同辈，则当称己亨第几，其下庚利第几，辛贞第几，一皆仿此。再如戊元子孙，传至庚利，又有分支，势须别编字号。则须舍利贞私号，仍大宗庚辛辈行，如编仁义礼智，则以庚仁、辛义、壬礼、癸智第几，直接己亨字行，惟大宗本支，直守旧编字行，毋庸加字，其分支而不能合大宗者，听其各以己意分编，但须首字仍带大宗原定字行，自可不致于散乱也。如此，则昭穆一定，且大宗稍示尊崇，分支别字，略拟古人分族命氏，尊卑以别，亲疏以分，其于宗法，岂不秩然蔼然，不特谱列字行，不致错讹已也。

《徐氏宗谱》，文理错乱，称谓多不可晓。夫族属以五为断，高祖之父，为六世祖，高祖之祖，为七世祖，此自下推之至于上也，始迁祖为第一世，始迁祖之子为第二世，始迁之孙为第三世，此自上推之至于下也。自下推之至于上者，必以一人为主，然后由父、祖、曾、高而定六世七世之次，族不一人，则世次亦不一定者也。自上推之至于下者，但视始迁之祖为定，同为始迁祖之所出，即同此一二三四之数，虽千万人皆有一定位次者也。故以一己为文，文追述祖德，可用下推之法，以己之世数，定其称谓。若修通族之谱，必用上推之法，与众共之，庶几不致参差，惑众听也。至于伯祖叔祖之称，乃从己之祖考所定，亦必用下推之法，方可加之。若用上推之法，则未明于我相距几世，而加以伯仲之称，于文法不相当也。今《徐氏宗谱》，元称世次，皆用上推之法，则谱例之当然者也。然于几世之下，必从主修之人，溯其祖所自出，而加伯祖叔祖之称，毋论古无其法，即用今例，亦觉以上推之世次，而用下推之伯仲，其语混淆，使人不复辨为何许语矣。又有大不可者，主修徐立纲，去其始迁之祖为十六世，是上推而下之第九世，乃立纲所生之八世祖也，叙先代之行事，如高、曾、祖、考，文法当表著者，则表著之，文法所不当表著者，则亦用上推之法，与众公之，无不可也。至六世以上，虽为己之所出，必当一例用上推之法，与他支无异文也。今徐氏始迁祖之九世府同知希明，于立纲为八世祖，而文则云，纲九世祖司马公，是从立纲定称，而加九世之目，将使观者疑希明为始迁之第八世矣，不亦颠倒而错乱乎！盖古人属尽亲断，本无族属之外，凡所谓亲同姓者，皆取先人生前岁次序列伯仲之理，今聚族合祠，事理与古人异，生前相见，既有兄弟之称，殁后追称，岂无伯叔之别！故同姓伯父，同姓叔祖之称，例由义起，临文不能概拘以古法也。惟修谱本为家史，体例自有一定，岂得出入任情，茫无成法欤！汇观近日南州诸谱，于此等处多不画一，虽经名手裁订，亦往往不免，故为推本而究言之。

　　侧室二字，见于《左传》公族官也，卿置侧室，大夫有贰宗，庶孽以是得名。故汉文帝自称高皇帝侧室子，言是庶孽支派，非指薄太后也。后人即为小妻之名，非也。如以妻为室人，小妻便从侧义，则室人亦不尽为妻也。《诗》云："室人交遍谪我。"妻一而已，岂可谓之交遍？故妾亦可称室人，不过室中之人而已，无尊卑也。如加侧于室，为分别义，则于古无闻，必欲用之，亦宜视其品秩稍崇，以见古者卿置侧室之意，用为文语可耳，一概而施，则小妻统名为妾，庶于名义无所混淆，而金石文字，谱牒书法，今人不知行文律令，好为新异之称，亦其惑也。

## 杂说上[①]

　　夫书法之妙，艺林争重；后人追溯，惟谨临摩。临则离形而得似，摩乃抚迹以追神，要皆心具炉锤，思通曲折，然后生同春煦，妙析秒毫。苟神妙难追，临摩乏术，欲存故迹，无逾双钩。双钩者，原于飞白而不自为主，略同抚摩而不运其笔；两面夹描，中虚著墨；虽使不知书者细意钩之，可使神明绝艺，纤渺无遗。文章之道，亦如是也。钟、王不世出而双钩不绝于天下，则谨守故迹以待神明于钟、王之法者变而通焉；左、马不世出而掌故不绝于天下，则整齐故事以待神明于左、马之才者笔而削焉；此则自然之理也。乃今之言书法者不废双钩，而矜文章者耻言掌故，动以作者自命，不肯谨拾闻见以待其人，是犹不能书者，见元常之巧妙，窥逸少之雄奇，而思奋笔追纵，以谓变化由我也，其不同于画墁也者，亦几希矣。

　　夫礼失者常求诸野，文胜者必反于质，双钩不擅书名而书赖以传，文家必欲文名而真文丧矣。吾于文章一道存双钩之意者，得二家焉：一为竺国之经律，一为官府之文移。夫其语必迻迻，字无单著，宁周复而存质，无径省以趋文。苟无左、马之才，而欲当前情事，如风可捕，似电可踪，文人竭力追摹，不若彼二家之自然无失者矣。原彼二家，创斯体例，聿求情理，翳岂无由！竺国经律，本出西域梵书，白马东来，华言译受，名讳秘密，例故不翻，若取波罗揭谛、菩提萨哆之类，凡未及翻者，对音洛诵，初不辨其云何。至于迻文周匝，所谓无上妙觉、真实不虚等语，乃是循绎汉文，通其义意云尔，本质不如是也。使不周详复折，则言语尚不可通，况文理乎！至于官府文移，所以约束期会，敷政出治，苟无定式，则事必扰乱，莫知适从。是以字有隶书，文称刀笔，隶书取其简易，刀笔明其判决。文字重规迭矩，不可一字游移，如官曰官员，吏云吏典，田称田亩，房作房间，亦已不惮繁矣。至于钱穀则册明四柱，旧管一，新收二，开除三，见在四。刑名则勘迭三重，刑部三覆奏，文俱重迭。此皆有似双钩，复而不厌；苟使才人饰以黼藻，文士

---

　　[①] 本文作于乾隆五十五年（1790）。文章并无中心或重点，故曰《杂说》。文章分上、中、下三篇。文中最后之胡虔，亦为受聘在武昌编纂《史籍考》之同仁，字雏君，桐城人，善为古文辞，年十岁而孤。

加以琢雕，则施之有政，达于其事，必有窒碍而不可行者矣。

嗟乎！所贵文章，贵乎如其事也，乃文士兴而事实亡。以为才不及乎？曷亦思彼竺国经律与夫官府文移，不必才者而后能也。所患知有文而不知所以为文，譬若画史徒善丹青而不必肖所图者之形象矣。

## 杂说中

嵇生赋琴，从椅梧而详及高冈；马君赋簜，由竹笋而先征幽谷；虽曰数典穷源，亦觉万物本天，不免从同赋六合矣，先辈纵有沿流，后学未宜效也。六朝习尚，争以郡望相高，记传用之，全乖史法。其有史官撰碑，文士铭墓，叙人姓氏，亦必排偶其辞，溯厥渊源，追所自出，莫不上追三五，下逮春秋，采撷成文，铺叙端委，其为繁复，岂特梧冈笋谷而已哉？夫封建罢为郡县，姓氏合而不分。至于上古名号，春秋国族，并于谱牒之书详其授受，如张为晋族，李出皋支，自《世本》以降，久有明文，则张、李千载著称，直书自见。今为之文者，必援绛、翼旧都，庭坚故号，如类书之记典实，策士之疏记诵，岂惟载薪荻以却车，亦见积尘垢以盈橐者矣。

《春秋》比事属辞，必征其类；诗人抑扬咏叹，则兴于物；文虽浅近，旨实闳深。孟子穷舍牛之心，可以推恩反本；史迁征伯夷之怨，极于盗跖、颜渊；比类参观，甚资启悟，一隅三反，文章不可胜用矣。夫义理精微，疏而剔之，恐人昧而不知也；情事显白，指而示之，恐人习而不察也。要必有为而发，则指月可以示人，如其无病而呻，虽抽蒲何益亡子邪！每见文士效矉，无端生慨，如叙妇女贞节，必痛斥须眉丈夫；述韦布纲常，必力诋金貂卿相；传微贱名义，必苦訾诗礼名儒；以谓彼望重而不免随流，此责轻而竟能树立，因而歌且蹈足，愤至裂眥，君子观之，不免千篇一律，貌虽似于古人，义实流于浮泛，歌哭虽殷，悲喜何有哉！《易》曰："君子以类族辨物。"《论语》曰："譬诸草木，区以别矣。"天物之大，品类之繁，此宜有而弗有，彼当然而不然，何可胜道！比如山海生植，云霞变幻，事虽奇诡，理实寻常；偶举为证，于理无伤，必欲历历数之，则何可尽也！昔欧阳咏叹李氏，惩二臣也；柳子激赞宋清，悲穷途之无与援也；庄生叹异申屠，表德充之符也；无庄生与欧、柳之意，而但取妇女、市侩、残疾之人以衡天下之名教，且谓于是寄感慨，则感慨不可胜用矣。有病风者，索居一室，怒骂不休，或问其所仇毒，则曰："余拙言辞，恐遇侮而口不给也，兹固贮蓄以备他日需尔。"若他人之感慨，其殆贮蓄歌泣以备他日之需者欤！近见文士为人撰宗祠义学规例，序端毒口肆骂世人不知睦族，与勉人进学以反衬之，真恶习也。又韩昌黎作《柳子厚墓志》，叙其与刘禹锡交谊，至欲以柳易播，因痛诋当日交情反覆，落坑阱不救，反挤之又下石等语，亦有所为而发，文亦激昂尽致。后人不解其故，而但赏其文，亦开肆酒骂座无病而呻之渐。

## 杂说下

"古文"之目，始见马迁，名虽托于《尚书》，义实取于科斗。古者称字为文，称文为辞；辞之美者可加以文，言语成章亦谓之辞；口耳竹帛，初无殊别。《春秋传》曰："辞不可已。"《易》曰："指远辞文。"夫郑相口宣，叔向称为辑怿，则言语成章，可为辞也；文周系《易》，夫子赞辞为文，则嘉尚其辞，乃为文也；未有以所属之辞即称为文，于文之中又称为古者也。

自东京以还，讫于魏晋，传记皆分史部，论撰沿袭子流，各有成编，未尝散著。惟是《骚赋》变体，碑诔杂流，铭颂连珠之伦，七林答问之属，凡在辞流，皆标文号，后世始有《文苑传》，魏文《典论》有《论文》篇，挚虞有《文章流别》，而碑文、祭文，皆以文名，其类实繁。西汉如司马相如《封禅文》，亦后人改题，本传称书，不称文也。于是始以属辞称文，而《文苑》、《文选》所由撰辑。彼时所谓文者，大抵别于经传子史，通于诗赋韵言，斯则李《苑》姚《粹》，犹沿其例，覆检部目，可得而言者矣。李《苑》，指李昉《文苑英华》，避上句《文苑》也。上句《文苑》，乃指梁时《文苑》，在《文选》之前。姚《粹》乃《唐文粹》。

文缘质而得名，古以时而殊号。自六代以前，辞有华朴，体有奇偶，统命为文，无分今古。自制有科目之别，士有应举之文，制必随时，体须合格，束缚驰骤，几于不胜。于是吾衰谁陈，太白慷慨于大雅；于今何补，昌黎深悲于古人；玉溪自恨于幕游，刘伉希风于作者，师鲁之矫昆体，永叔之谢杨、刘。自后文无定品，俳偶即是从时；学有专长，单行遂名为古；"古文"之目，异于古所云矣。

宋元经义，明代始专；策论表判，有同儿戏；学者肄习，惟知考墨房行，皆四书文。师儒讲求，不外《蒙存》、《浅达》。皆四书讲义。间有小诗律赋，骈体韵言，动色相惊，称为古学；即策论变调，表判别裁，亦以向所不习，名曰古文。斯则名实不符，每况愈下，少见多怪，俗学类然。充其义例，异日科举成文，改易他制，必转以考墨房行为古文矣。凡著述当称文辞，不当称古文；然以时文相形，不妨因时称之。

# 文史通义新编新注

## 下册

(清)章学诚　著
仓修良　编注

# 外篇二

## 《三史同姓名录》序[1]

《辽》、《金》、《元》三史，人多同名，如前人所论，元有五伯颜，四脱脱；金有两婆卢火，三娄室；辽有两萧韩家奴，其类甚多。汪上湖[2]《韩门缀学》尝论及之，且云："或谓译无定字，同名者不妨易换同音之字，若辽之耶律挞不也与耶律塔不也，'挞''塔'异文；阿里海牙与阿礼海牙，'里''礼'异文，可以示别。"汪氏以谓同者太多，势难尽变，是固然矣，抑有未也。译取同音，本无定字，史官以私意改易字形，取其易于分别尔。假如"挞"甲而"塔"乙，"里"丙而"礼"丁，惟史官得自知之，他处纪载仍可彼此互换，或一概无分，盖本无一定不易之义例，其势自不能尽人皆心喻也。故汪

---

[1] 本文作于嘉庆三年（1798）三月。此前章氏对辽、金、元三史多同姓名问题曾于《丙辰札记》中有所论及，要点如"对音缮绎，文字无多，名字相同，触处多有。作史者自应推《春秋释例》，兼法古人同姓名录，特选为同名考，将全史所载无论有传无传之人，凡有同名，详悉考例，勒为专篇，与国语解并编列传之后"。此序即在此基础上加工完成，两者可参照阅读。《三史同姓名录》为汪辉祖所著，是一部不可缺少的工具书，故章氏序中曰："龙庄《三史同名》之录，盖先得我心之同然矣。龙庄问序于余，即以旧稿贻之。"由于他对工具书编纂非常重视，因而序中还说："史家发凡起例，当为后世师法；遇此等参差之事，皆为前代所无而后世之所必不免者，尤宜立法以济其穷。"汪辉祖（1730—1807），清朝学者。字龙庄，又字焕曾、归庐，浙江萧山人。乾隆四十年（1775）进士。曾做过地方官，为官廉洁。又做过多年州县幕客，还写过做幕客的著作。又精于史学，尤长于姓名之学，著有《史姓韵编》六十四卷、《九史同姓名略》七十二卷、《三史同姓名录》四十卷、《元史本证》五十卷，及《读史掌录》等。

[2] 汪上湖：即清代著名学者汪师韩，字抒怀，号上湖、韩门，室名上湖草堂、春星堂等，浙江钱塘（今浙江杭州）人。生于康熙四十六年（1707），乾隆三十九年（1774）仍在世。雍正十一年（1733）进士，改翰林院庶吉士，授编修。家富藏书，名"敬行轩"。工诗文，为方苞入室弟子，作文简古有法度。中年后精研经学，尤遂于《易》。学识渊博，著述宏富，现存著作有《春星堂诗集》十卷、《上湖纪岁诗编》四卷、续编一卷、《上湖分类文编》十卷、补抄二卷、《诗学纂闻》一卷、《苏诗选评笺释》六卷、《文选理学权舆》八卷、补一卷、《韩门缀学》五卷、续编一卷、《孙文志疑》十卷、《谈书录》一卷、《观象居易传笺》十二卷、《孝经约义》一卷。

氏之说，徒虑太多不能尽变，不知纵能尽变，其势亦不行也。又云："金有两婆卢火，皆太宗时宗室，以在后者附前；有两讹可，皆内族之护卫，又同守河中，因合为一传；两蒲察六斤，一与谋逆，一守门不肯从乱，并见《胡沙虎传》，分其所分，合其所合，《金史》首创其例，似可为法也。"按《金史》创例，固未足以立训，而汪氏以为可法，则亦不知古人之大体矣。夫穷则必变，变必求通，而后可垂久，凡事莫不然也。史家发凡起例，当为后世师法；遇此等参差之事，皆为前代所无而后世之所必不免者，尤宜立法以济其穷；岂可以巧术小数，穿凿私智，苟免己责，而不顾后人之难为典要哉！

夫对音缮绎，文字无多；名字相同，触处多有。作史者自应推《春秋释例》①，兼法古人《同姓名录》，特撰为《同名考》，将全史所载，毋论有传无传之人，凡有同名，详悉考别，勒为专篇，与《国语解》②并编列传之后，岂不轩目豁心，可为久法，又何苦心曲意，斤斤于列传分合之间求识别乎！且史家铨配列传，自有精义，或以事联，或以道合，或以类从，或以时次，其常例也。至于老、庄、申、韩之异操同归，屈原、贾生之绝代同录，霍光、日磾之敬肆非伦，夏侯、诸曹之宗戚无辨，古人比事属辞，其道通于神明变化，是何如绝业也！而区区以名字之同强为分合，则亦无异儿童数枚之见矣。况人名岂尽限于列传，本纪志表参差杂出，即使列传可分，阅纪志者又岂能皆悉欤！夫不明于法度，而维以小慧苟为弥缝，未有不反失大体者也。

---

① 《春秋释例》：曾有两人作过此类书。一为东汉颍容撰，十卷。释《春秋》体例，《隋书·经籍志》著录，已佚。今有清人马国翰和王谟辑本各一卷，分别刊入《玉函山房辑佚书》和《汉魏遗书钞》。另一种则为西晋杜预撰，十五卷。参考经义，阐释《左传》的凡例。原书已佚。今本从《永乐大典》中辑出，收入《古经解汇函》。

② 《国语解》：指辽、金、元三史《国语解》。元代脱脱等人所修《辽史》，其最后一卷为《国语解》，用契丹语汉文音译的形式对纪、志、表、传中有关官制、宫卫、部族、地理等方面的专有名词进行了解释。此外，在元代所修的《金史》，其最末附以《金国语解》一卷，分为官称、人事、物象、物类、姓氏五个门类，用女真语汉文音译的形式来注释《金史》中的各专有名词。《辽史·国语解》和《金史·金国语解》不仅对于后人阅读史书、了解辽金两朝历史提供了方便，而且对于研究契丹语和女真语提供了重要史料，但其中也存在不少讹误。及至明初，宋濂等人修《元史》，由于成书仓促，加之对于"前代译语更非所谙"（《辽金元三史国语解提要》），因此没有在《元史》中设立《国语解》专篇。清乾隆四十六年，命群臣编纂《钦定辽金元三史国语解》四十六卷，分为《辽史语解》十卷、《金史语解》十二卷、《元史语解》二十四卷，共收录一万一千余词条，分别以索伦语正《辽史》、以满洲语正《金史》、以蒙古语正《元史》，对三史中举凡帝王、宗室、宫卫、部族、职官、地理、人名等专有名词的字音含义进行了标注解释，并以此对这三部史书进行了修正。

此余向所撰著《文史通义》之篇也。

今见龙庄《三史同名》之录，盖先得我心之同然矣。龙庄问序于余，即以旧稿贻之。事理之当然者，不容有异说也。龙庄是书，盖三易其稿，再涉寒暑，有苦心矣。前人谓元有五伯颜，或广至九伯颜，以为详矣。今龙庄所考，盖同名伯颜，几二十人，视前人所考，不啻倍蓰，此则书之精详，不可不著者也。嘉庆戊午暮春下浣。

# 《史姓韵编》序[①]

吾友龙庄先生，惇行工文，初以名幕成名进士，试为州县，以名宦闻，究以直道龃龉，投劾归里。著书满家，多孝友蕴积及恺惠绪言，其书布粟而不雕绘，识者称之。又以其余力为《史姓韵编》及《二十四史同姓名录》二书，以备读史者之稽检。盖君尝谓居处宜穷经蕴，在官宜览史事，然则二书非徒著书余工，抑亦临政之余课也。君自谓此事殆于古人所云"无补费精神"者，然十许年之功力，不忍虚掷，俾余序言其端。序曰：古人读书精专，务大而不遗其细。经史囊括甚富，大义昭矣。其间名数事物，非具数家专门之学，分途攻取，不足尽其蕴也。《姓编》仿于刘宋《姓苑》[②]，《名

---

[①] 本文作于嘉庆元年（1796）。此文实际是为《史姓韵编》和《二十四史同姓名录》两部书所作之序。对于汪辉祖经营此两书的精神给予很高评价，"经史囊括甚富，大义昭矣。其间名数事物，非具数家专门之学，分途攻取，不足尽其蕴也"。文中对于"史家绝学，千载失传"而感叹，特别是对班固《汉书》中的《古今人表》价值不仅未受到人们重视，反而遭到诋毁而感到遗憾。所以文中几乎是大声疾呼"史之大忌，文繁事晦。史家列传，自唐宋诸史，繁晦至于不可胜矣。使欲文省事明，非复人表不可。而人表实为治经业史之要册"。这两部书实际上都是史学工具书，特别是《史姓韵编》，还是我国历史上第一部二十四史人名索引，在现代人名索引工具书出版之前，在研究二十四史检阅人名时起过非常便捷的作用，在20世纪二三十年代，就曾受到学术界一致好评，万国鼎就盛赞该书作者汪辉祖和章学诚等人是索引的"先觉"。当代引得创始人洪业亦称"《史姓韵编》这一部书真是可宝贵的工具"。胡适在多次讲演中一再提及《史姓韵编》，并将其列入《一个最低限度的国学目录》。这些可见大家对该书的重视。这篇序也告诉大家，我国古代历史学家，早就有为史书做索引的情趣。为一部史书做索引，可以为研究者提供很大的方便，但是，它既不是现代人的专利，更不是外国人的专利，只不过越到后来，编得更加方便、更加进步罢了。

[②] 《姓苑》：指何承天《姓苑》。何承天（370—447），南朝宋天文学家。东海郯（今山东郯城西南）人。历仕衡阳内史、御史中丞等。博通经史，精于天文历算，曾考订"元嘉历"，订正旧历所定的冬至时刻和冬至日所在位置。兼善弹筝通音律，发明一种接近十二平均律的"新律"，又奉命纂修《宋书》，未成而卒。反对佛教"神不灭"的说法和因果报应，著有《报应问》、《达性论》等。

录》仿于萧梁孝元①，人皆知为比类征事之书而已，不知《周官》小史掌奠系世，而谱牒为姓氏专司，御史掌赞书数从政，而仕版为人民综要。古人大典存其官守，所谓制也。后代礼亡官失，师儒沿其遗意，遂为治经业史专门名家。至专家又失其传，而比类征事之书纷然杂出，剽掠近似，以为耳目玩弄之具，而古人之家学亡矣。昔者诸侯去籍，周谱仅存，史迁因之以作世家系表，而余文遂不复究。《世本》流传，六朝尚有其书，杜预之治《左氏春秋》，所为《世卿》、《公子》诸谱，多所取质，此姓系名录所以为经史专门之家学也。班氏《古今人表》②，为世诟厉，史识如刘知幾，乃亦从而非之，至今史家以为疮痏。嗟夫！此正《春秋》家学流传，非班氏所能私创，史迁忽略，而班氏特取以补其疏，与《地志》、《艺文》诸篇，并为要典。后世于《艺文》、《地志》之补，则为有功，而《人表》一篇，不但不知阐其绝学，且随声附和而诋毁之，宜史家之列传，日出日繁而不可简料矣。

盖史以纪事，事出于人，人著于传，凡史莫不然也。溯古之传，非得人表以为总汇，则于故籍必有偏枯去取之嫌；征今之传，非得人表以为总汇，则于近人必有随类求全之弊。故《人表》者，《春秋》谱历之遗，而类聚名姓之品目也。人表入于史篇，则人分类例，而列传不必曲折求备；列传繁文既省，则事之端委易究，而马、班婉约成章之家学可牵而复也。夫史之大忌，文繁事晦；史家列传，自唐宋诸史，繁晦至于不可胜矣。使欲文省事明，非复人表不可；而人表实为治经业史之要册，而姓编名录又人表之所从出也。故曰：专门之学，不可同于比类征事书也。

余尝叹史家绝学，千载失传，而史籍猥繁，殆如昔人之论治河，所谓增修故堤，劳费无已，且不知于何底也！其故虽不止列传一端，而列传实为尤甚。若由汪君之书，而思类别人名，因以复人表而清列传也，亦廓清芜蔓之一道欤！

----

① 萧梁孝元：指梁元帝萧绎（508—554），南朝时梁皇帝。字世诚，南兰陵（今江苏常州西北）人。梁武帝之子。生平著作甚多，都早散佚，后人辑有《梁元帝集》。

② 《古今人表》：是班固《汉书》中的一篇，将上古以来人物全都列入表中，对于研究查找古代人物十分方便，但由于这些内容不属于汉代历史范围，加之又将历史人物分为九等，故一直受到后人批评，章氏倒非常赞赏。

# 《藉书园书目》叙[①]

《藉书园书目》者，历城周林汲[②]编修籍录所藏经史百家之书，用隋唐四库例，粗具孔目以备稽检者也。周君尝患学之不明，由于书之不备；书之不备，由于聚之无方；故竭数十年博采旁搜之力，弃产营书，久而始萃。今编目所录，自经部以下，凡若干万卷，而旧藏、古椠、缮钞、希觏之本亦略具焉。然周君之志，盖欲构室而藏，托之名山，又欲强有力者为之赡其经费，立为纪纲，而使学者于以习其业，传抄者于以流通其书，故以藉书名园。又感于古人藏书之义，著《儒藏说》一十八篇，冠于书首，以为永久法式。呜呼！周君于斯，可谓勤矣。

夫古者官府守书，道寓于器；《诗》、《书》六艺，学者肄于掌故而已。及其礼失官废，师儒授受，爰有专门名家，相与守先待后，补苴绝业。夫官不侵职，师不紊传，其名专而易循，其道约而可守，是故书易求而学业亦易成也。自学问衰而流为记诵，著作衰而竞于词章，考征猥琐以炫博，剽掠文采以为工，其致力倍难于古人，观书倍富于前哲，而人才愈下，学识亦愈以卑污，则专门之业失传，古职之失守而学者无所向方故也。间有好学深思之士，能自得师于古人，而典亡学绝之后，闻见局于隅墟，搜讨穷于寡陋，不幸不见天地之纯，古人之大体，而挟村书以守荫蒙者，遂得以暖姝菌蠢学一先生之言，不复深维终始，则以书之不备，聚之无方，弊固至乎此尔。孔子曰："多闻，择其善者而从之，多见而识之。"孟子曰："博学而详说之，将以反说约也。"士生三古而后，苟欲有志乎官守师传之业，非有所独得者，固不可以涉猎为功；而

---

[①] 本文作于乾隆四十年（1775）。周永年家藏书十万卷，中多精本，而以藉书名园。藉者，借也。周氏之意聚书意在流通，可以借阅，不单为一己之私。因此章氏在序中一则表彰了周氏之用心，再则指出"群书既萃，学者能自得师，尚矣；扩四部而通之，更为部次别，申明家学，使求其书者可即类以明学，由流而溯源，庶几通于大道之要，而有以刊落夫无实之文词，泛滥之记诵，则学术当而风俗成矣"。文中既讲述聚书编目之道，更指出了当时学术界存在之流弊。

[②] 周林汲（1730—1791）：清朝学者。名永年，字书昌，自号林汲山人，历城（今山东济南）人。乾隆三十六年（1771）进士。与邵晋涵同编纂《四库全书》，历任翰林院庶吉士、编修，贵州乡试副考官。博学贯通，尤精于兵、农、历算诸家之学，还从《永乐大典》中辑出散佚之书多种。又参与《满族源流》、《河源考》等诸书编纂。

未能博稽载籍，遍览群言，亦未有以成其所谓独得之学而使之毫发之无憾；此周君之所以搜而聚，聚而藏，藏而籍录部次，以为永久之指也。

近世著录，若天一阁、菉竹堂、传是楼、述古堂诸家，纷纷著簿，私门所辑，殆与前古艺文相伯仲矣。然或以炫博，或以稽数；其指不过存一时之籍而不复计于永久，著一家之藏而不复能推明所以然者广之于天下；其智虑之深浅，用心之公私，利泽之普狭，与周君相去当何如耶！虽然，群书既萃，学者能自得师，尚矣；扩四部而通之，更为部次条别，申明家学，使求其书者可即类以明学，由流而溯源，庶几通于大道之要，而有以刊落夫无实之文词，泛滥之记诵，则学术当而风俗成矣。斯则周君之有志而未逮，读其书者不可不知其义也。

# 为谢司马撰《楚辞章句》序①

太史公曰："好学深思，心知其意。"读古人书而求其意，盖难矣哉！六艺先王旧典，以言建事，其道简易平直，人皆可知；即曰诗以言志，而正《风》、《雅》、《颂》，揄扬功德，歌咏盛平，亦无隐而不彰之义，又何意之难求者哉！孟子曰："王者之迹息而《诗》亡，《诗》亡然后《春秋》作。"《诗》与《春秋》之有升降，三代后世之所以分也。盖太师陈诗观风之职废，而贤者多抱隐忧，乃以诗为忠愤之所寄托，不得不微其辞矣。太史执简奉讳之职废，而圣人乃有惧志，遂以《春秋》为予夺之所寓，不得不严其辨矣。三代以后，官师分而学士始以著述为一家言；而著述者又自以谓不当其位则不可以径遂其辞，往往旁申反托，侧出互见；后世诗才史学，托文采以传不朽者，胥是道也。既不得不托于文采，则凡无其质而谬托于斯文者，亦理势所必然。是以读古人书，贵能知其意也。然《春秋》而后，继以《左》、《国》，而传者遂多；变雅以后，继以屈辞，而知者愈少，何哉？史体犹直而诗旨更婉也。太史公曰："余读《离骚》，悲其志。"夫读屈子之文而知悲

---

① 本文写作时间未详。文中提出"读古人书，贵能知其意也"，也就是说能够理会到作者著书之旨，这是很重要的，并引"太史公曰：'余读《离骚》，悲其志。'夫读屈子之文而知悲其志，可谓知屈子矣"。

其志，可谓知屈子矣；然未明言其志，而后人悬揣其意而为之说者，则纷如也。盖求寄托之志而不得，则遂至于太过，犹夫习《春秋》者，求褒贬之志而不得，则穿凿而不可通也。夫屈子之志，以谓忠君爱国，伤谗疾时，宗臣义不忍去，人皆知之；而不知屈子抗怀三代之英，一篇之中，反复致意，其孤怀独往，不复有春秋之世宙也。故其行芳志洁，太史推与日月争光，而于贾生所陈三代文质，终见谗于绛灌者，同致吊焉，太史所谓悲其志欤！

至于文字流传，义有主客，古人著述，道岂拘墟！《东皇太一》，不过祀神，而或以谓思君；《橘颂》嘉树，不过赋物，而或以为疾恶。朱子曰"《离骚》不甚怨君，后人往往曲解。"洵知言哉！夫人即清如伯夷，未有一咳唾间即寓怀高饿；忠如比干，未有一便旋间亦留意格君；大义不明而铢铢作解，此治书者之不如无书也。余读屈子之书，向持此论；而与词章之士言之，则徒溺于文藻；与义理之士言之，则又过于胶执；窃叹二十五篇之隐久矣！及官蕲水，得交明经刘君，谈文讲艺，雅与余相契合。暇日，出其伯兄云翼①先生所著《屈子章句》，请余为序。余观云翼《自序》，以屈子之志，比于《小弁》之仁；以顷襄之忘仇结昏，同平王之遣戍申许；《骚》、《雅》同源，一言得其梗概，可谓读古人书能知古人之意者矣。他若定其二十五篇以从《汉志》，章剖句析，不必斤斤求合而自能以意逆志，可以一空前人之支离附合，与余凤所疑者不啻冰释而节解也。云翼之于斯文，不已深欤！云翼以名孝廉官饶阳知县，有政声，所学具有本末，此特其可见之一端耳。余故表而出之，以俟天下之善知古人意者。

# 《纪年经纬》序②

治编年史者，以事贯为针线，治纪传史者，以年甲为手镜，事贯各随文

---

① 云翼：即刘云翼，名梦鹏，蕲水（今湖北浠水东）人。乾隆十六年（1751）进士，官饶阳知县。著《屈子章句》七卷。

② 本文写作时间，文末已明明乾隆五十七年（1792）。因为上年胡虔为参与编纂《史籍考》而到武昌，因而有可能见到其书。文章虽短，但在说明治编年、纪传二史所编工具书还是很有价值的。

而为之终始，年甲则离史而别自为编。惟纪传之史，文繁而功密，治史者于是致力为多，非得简要之法以临之，则浩如云海矣。前辈年号纪元之书，著于录者，凡数十家，存者尚十余家。大约主年代者，详于甲子干支，尚考订者，广及偏方僭窃，详则过于繁碎，简则检省多遗，未有折中可为读史约法者。桐城胡上舍虔，尝以六十甲子，镂板为格，而以历代纪元，案格注之，读纪传散著之文，案索年代，指掌可得。元和马判府绍基，广索群书，纪载年号，而以正统、列国、窃据、篡逆、外国、钱文六例标识，分编为韵，以便稽检。因即二家之稿，稍加较订，合为一编，表以经之，韵以纬之，反复互求，而举无遗漏，于以考检史文，旁推传记，极于金石题识，竹素遗编，可以参质异同，决定疑似，是亦习编摩者所不可缺也。乾隆五十七年闰四月之吉，学诚。

## 代拟《续通典礼典目录》序[1]

臣谨按杜佑上溯经传，旁采艺文，讨论古今沿革故事，凡吉、嘉、宾、军、凶，以类相从，为《礼典》一百卷，而当代典章，其仪节度数见于施行者，别为《开元礼纂》三十五篇，《开元礼》[2]本书凡百五十卷。殿其后云。佑之意以谓，礼教之原，仿于三五，损益因革，至周大备。而《周官》、《仪礼》，周公所以致太平，述文武德业，为后王法度者，学士至今诵之。两汉以还，或得或失，就其善者，皆卓然自垂一代成宪，而儒宗硕师，保守遗经，深明古先圣王述作精意，当庙堂治定功成，润色鸿业，相与讨论制作，昭文章，辨等威，明法度，讼说纠纷之间，并得稽古考经，衷其至是。呜呼！讵不重欤！

夫三皇不共辙而化，五帝不袭迹而治，帝王升降，三代文质之辨，虽善断者，莫能自择而决嫌定是。当时所常行，自谓毫发无遗，后人观之，往往

---

[1] 本文作于乾隆四十八年（1782）。这年年底清修《续通典》成书，其中《礼典》序乃章氏代作，大约因其座师秦芝轩参与《续通典》的编修。文中备述历代关于礼仪的编纂，可见历代统治者对礼仪的重视。

[2] 《开元礼》：又称《大唐开元礼》、《开元新礼》，一百五十卷。由萧嵩等人编纂，开元二十年（732）奏上。

或有余憾，则其势也。佑之为是书也，盖欲博采异同，归于实用，故其文虽简直，而指实开通；体虽旁摭旧闻，而义则裁以独见。其于经训之文有典奥者，则为之说，以导达之，参差之；论有不齐者，则为之评，以品节之。而时又申明成说，更标为议，三例皆见自注。弥纶终始，贯乎其间。又以史志体例，载言繁琐，或妨叙述，别取公私论撰，删芜掇英，以次本条之后，为《礼议》二十余卷，不必其说之取效于时，而谈言有中，存其名理，斯亦古今得失之林，作述源流所由会也。第佑当建中、贞元间，有唐礼制经于三变，太宗《贞观礼》[①]百卷，秘书监魏徵等撰。高宗《显庆礼》[②]百三十卷，太尉长孙无忌等撰。玄宗《开元礼》百五十卷，起居舍人王仲邱等撰。折衷今古，莫近乎《开元》，又为时王制度，当代所行，故其叙述沿革，特重经制文章。至于揖让跪拜之容，俎豆尊彝之位，凡所谓缛文末节者，一以《开元礼纂》为归，不特详略因时，抑亦著书之体有宜然尔。自《通典》成书而后，宪宗元和中，秘书郎韦公肃，录开元以后至元和十年沿革损益，为《礼阁新仪》[③]三十卷。凡十五门，见《中兴书目》[④]。其后检讨官王彦威，又集至元和十三年，裁制敕格，为《曲台新礼》[⑤]三十卷，并《续曲台礼》三十卷，奏上，拜彦威为博士。后唐明宗，尝诏太常卿刘岳，及博士田敏等，删定郑余庆《书仪》[⑥]，当时以为不经。周世宗显德中，诏窦俨依《唐会要》门类编《大周通礼》[⑦]，其书不传。

---

① 《贞观礼》：唐太宗即位后，在隋代旧仪的基础上，令中书令房玄龄、秘书监魏徵及诸礼官修成《吉礼》六十一篇，《宾礼》四篇，《军礼》二十篇，《嘉礼》四十二篇，《凶礼》十一篇，总共一百三十八篇，分为一百卷，是为《贞观礼》，又名《大唐仪礼》。

② 《显庆礼》：唐高宗即位后，命长孙无忌等人将《贞观礼》加以增益，是书成于显庆（656—661）年间，故名《显庆礼》。唐高宗（628—683），即李治，太宗第九子，长孙皇后所生。字为善，小字雉奴。显庆五年（660）以后，因多病委部分政事于武后，从而引起后来武则天专权。

③ 《礼阁新仪》：唐韦公肃撰。《新唐书·艺文志》仪注类著录二十卷。《礼乐志一》则载三十卷，元和十一年（816），公肃辑录开元以后的礼文，增删成书。已佚。

④ 《中兴书目》：全名《中兴馆阁书目》。南宋孝宗时，秘书少监陈骙于淳熙五年（1178）编成《中兴馆阁书目》七十卷，分四部五十二小类。

⑤ 《曲台新礼》：与下文《续曲台礼》均为唐王彦威撰。两书各三十卷。前者于元和十三年（818）修成，亦称《典台礼》。均亡佚。

⑥ 郑余庆《书仪》：唐朝撰过《书仪》者很多，有裴度、裴茝、郑余庆等，《新唐书·艺文志》著录的就有五家之多。均已佚。

⑦ 《大周通礼》：窦俨等撰，二百卷。后周世宗显德五年（958）命翰林学士窦俨集文学之士撰。已佚。清人顾怀三《补五代史·艺文志》著录。

然俨疏谓，上疏五帝，讫于本朝，《开元通典》之书，综包于内，盖亦巍然巨观已。宋太祖既受周禅，则命御史中丞刘温叟等，撰《开宝通礼》①二百卷。又《通礼义纂》一百卷，同上。仁宗天圣初，太常博士王皞，又为《礼阁新编》②六十卷，其书不为著述，一仍官府文书，有司便之。自庆历、嘉祐，迄元丰、绍圣之间，四方承平，庙堂讨论典章，史官编次，日以繁富，其尤著者，若贾昌朝《太常新礼》③，王钦若《天书仪制》，文彦博《大享明堂记》二十卷，欧阳修、苏洵等《太常因革礼》百卷，苏颂《阁门仪制》之类。至私门著述，若陈祥道《礼书》④，司马光《书仪》⑤，苏洵《谥法》⑥，韩琦、范祖禹、吕大防诸家《祭式》、《祭仪》⑦，不可胜纪。而《政和五礼新仪》⑧二百四十卷，郑居中等。犹上于徽宗之朝，则一代之文章繁缛，可想见焉。南宋绍兴初，命续《太常因革礼》⑨，讫不见全书。嘉泰二年，礼部尚书费士宾等，始奏进礼

---

① 《开宝通礼》：刘温叟撰，二百卷，开宝六年（973）成书。刘温叟（909—971），宋河南洛阳（在今河南）人，字永龄。先后在后晋、后汉、后周任职，入宋后，拜御史中丞，在御史台任职十二年。后卢多逊又作《开宝通礼仪纂》一百卷。

② 《礼阁新编》：《宋史·艺文志》仪注类著录王皞《礼阁新编》六十三卷。

③ 《太常新礼》：与下文《天书仪制》、《大享明堂记》、《太常因革礼》、《阁门仪制》，《宋史·艺文志》仪注类著录：贾昌朝《太常新礼》四十卷，王钦若《天书仪制》五卷，文彦博《大飨明堂记要》二卷，欧阳修《太常因革礼》一百卷，梁颢《阁门仪制》十二卷。又无作者姓名《阁门仪制》四卷，或许就是苏颂所撰。

④ 陈祥道《礼书》：《宋史·艺文志》仪注类未著录，仅著录《中兴礼书》二卷，淳熙中礼部、太常寺编。而《四库全书总目提要》卷二十二，经部礼类四著录《礼书》一百五十卷，宋陈祥道撰。祥道，字用之，福州（在今福建）人。《宋史》称官至秘书省正字。《郡斋读书志》、《直斋书录解题》均有著录。

⑤ 司马光《书仪》：《宋史·艺文志》仪注类著录，八卷。《四库提要》卷二十二，经部礼类四著录《书议》十卷，宋司马光撰。所谓《书仪》者，实际上是古代私家仪注之通名，包括表奏、公文、私书、家书、冠仪、婚仪、丧仪等内容。因此自古以来，撰《书仪》者很多，还有妇人《书仪》。

⑥ 苏洵《谥法》：《宋史·艺文志》仪注类未著录。《四库提要》卷八十二史部政书类二著录《谥法》四卷，宋苏洵撰。并作介绍和评论。类似著作，古人编著很多，唯此书较为完善，论述准确。

⑦ 《祭式》、《祭仪》：《宋史·艺文志》仪注类著录有韩琦《参用古今家祭式》、范祖禹《祭仪》一卷，吕大防、大临《家祭仪》一卷。

⑧ 《政和五礼新仪》：《宋史·艺文志》仪注类著录二百四十卷，郑居中、白时中、慕容彦逢、强渊明等撰。

⑨ 《太常因革礼》：《宋史·艺文志》仪注类只有《绍兴太常初定仪》三卷。而《四库未收书目提要》著录有欧阳修等奉命修《太常因革礼》一百卷。

寺所续《中兴礼书》①八十卷。嘉定六年，李埴上《通礼》②三十卷。自咸淳以降，则可言者鲜矣。辽俗近朴，典制无闻，可略举者，遥辇胡剌可汗制《祭山仪》③，苏可汗制《瑟瑟仪》而已。金明昌间，有金纂修《杂录》④四百余卷，事物名数，最为详博。后亦仅传《集礼》⑤一书，余多散逸。元作《礼典》⑥三篇，为三十二卷，泰定四年，博士李好文⑦，以前令州郡修《集礼》久不成，乃白长官为《太常集礼》⑧五十卷，是亦一时之制作也。明太祖洪武中，礼乐制度，讲求甚备，其可见者，《洪武礼制》⑨、《稽古定制》、《洪武集礼》五十卷、《洪武礼法》、《礼仪定式》、《祭祀礼仪》、《礼制集要》诸书。在廷之臣，若宋濂、刘基、陶安⑩、詹同⑪咸相裁定。又诏举通经博雅之士，若徐一

---

① 《中兴礼书》：《宋史·艺文志》仪注类仅有《中兴礼书》二卷，淳熙中编，并无嘉泰八十卷续书。

② 《通礼》：《宋史·艺文志》仪注类著录李埴《公侯守宰士庶通礼》三十卷。

③ 《祭山仪》：与下文《瑟瑟仪》均为辽朝所作礼仪之书。《辽史》卷十八《礼志》小序："遥辇胡剌可汗制《祭山仪》，苏可汗制《瑟瑟仪》。"又在同卷"国舆"条"鞍马，《祭山仪》，皇帝乘马，侍皇太后行。《瑟瑟仪》，俱乘马东行，群臣在南，命妇在北"。

④ 《杂录》：金朝所作礼制之书。金世宗时，命官吏参照唐宋故典沿革，开设"详定所"以议礼，开设"详校所"以审乐，至明昌初（约1190）编成《金纂修杂录》，凡四百余卷。

⑤ 《集礼》：全名《大金集礼》，四十卷，金朝礼制之书。约成于大定年间，或以为明昌六年（1195）张玮等议礼时所进。是金朝礼制的总汇，《金史》的《礼》、《仪卫》、《舆服》各志均以此为蓝本。今传本已残缺。

⑥ 《礼典》：据《元史·祭祀志》载，实即《经世大典》之《礼典篇》。

⑦ 李好文：元朝学者。字惟中，大名东明（今山东东明南）人，至治进士，曾入为翰林国史院编修。泰定间以太常博士纂修《太常集礼》五十一卷。至正九年（1349）顺帝开端本堂，以翰林学士兼谕德教皇太子，编《端本堂经训要义》、《大宝录》、《大宝龟鉴》等进。十六年后，升翰林学士承旨致仕，以一品禄终其身，卒年七十。

⑧ 《太常集礼》：关于祭祀之礼节。《元史·祭祀志》："凡祭祀之事，其书为《太常集礼》。"

⑨ 《洪武礼制》：与下文《稽古定制》、《洪武集礼》、《洪武礼法》、《礼仪定式》、《祭祀仪礼》、《礼制集要》，据《明史·礼志》序记载，这些礼仪制度，都是明太祖朱元璋在位三十年所制定，有些书名虽不尽相同，如序中只有《大明集礼》，而无《洪武集礼》之名称，又如《祭祀仪礼》实都包括在《太常集礼》之中。

⑩ 陶安（1315—1371）：明初官吏。字主敬，太平（今安徽当涂）人。博览经史，尤长于《易》。元至正初，举浙江乡试，授明道书院山长。朱元璋取太平后，即入幕府，明朝初年参与议定礼制、制定律令等。洪武元年（1368），命知制诰，兼修国史。死后追封姑孰郡公。有《陶学士集》。

⑪ 詹同：明初官吏。字文同，初名书，婺源（在今安徽）人。元至正中，举茂才异等，除郴州学正，朱元璋攻下武昌，召为国子博士，赐名同。洪武元年（1368），进翰林直学士，迁侍读学士。四年进吏部尚书。与宋濂等编《日历》，书成共一百卷，后仿《贞观政要》，分四十类，凡五卷，名曰《皇明宝训》。

夔①、梁宽②、周子谅、胡行简诸人，亦与讨论，可谓善矣。自后惟世宗嘉靖间，张璁③、桂萼④之论，纷纷议礼，虽阿时希旨，而厘正郊坛，分配南北，所颁《嘉靖祀典》十七卷，《郊祀通典》⑤三十七卷，及坛庙、陵殿、舆服诸图二十余种，颇有可采，是又逆施晚盖，不可遽以人废者也。

於戏！自《通典》讫《开元礼》，以至明季中历八百余年，风会变迁，典雅又随时改易，自非聪明天亶，造声律身度之极者，乌能振其弊，而定中和之则乎！

# 删订曾南丰《南齐书目录》序⑥

古人序论史事，无若曾氏此篇之得要领者。盖其窥于本原者深，故所发明，直见古人之大体也。先儒谓其可括十七史之统序，不止为《南齐》一书而作，其说洵然。第文笔不免稍冗，而推论史家精意，亦有未尽。余不自

---

① 徐一夔（1318—约1400）：元末明初文学家。字大章，天台（今浙江天台）人。元末任福建建宁府儒学教授。洪武二年（1369），奉诏赴京纂修礼书，次年书成。六年授杭州儒学教授，召修《大明日历》，书成，以足疾辞所授翰林院官。工文词，通०्说，著《始丰稿》，其中《织工对》为研究元末杭州丝织业雇佣劳动的重要文献。

② 梁宽：恐梁寅之误。寅字孟敬，新喻（在今江西）人。博通五经，累举不第。明初征天下名儒修礼乐，寅就征，时年六十余。时以礼、律、制度，分为三局，寅在礼局中，讨论精审，诸儒推服。后以老病辞，结庐石门山，四方士多从学称梁五经，又称石门先生。卒年八十二。

③ 张璁（1475—1539）：明朝大臣。字秉用，后赐名孚敬，改字茂功，号罗峰，永嘉（今浙江温州）人。举于乡，七试不第。正德十六年（1521）中进士时，已四十七岁。"大礼"之议中迎合世宗意，擢任南京刑部主事。嘉靖三年（1524），再议"大礼"，与桂萼复上疏，迎合世宗，成《大礼集议》。五年（1526），擢礼部尚书兼文渊阁大学士，入参机务。八年（1529），攻逐杨一清，遂为首辅。有《谕对录》、《奏对录》、《保和冠服图》、《张文忠集》。

④ 桂萼（？—1531）：明朝大臣。字子实，号古山，安仁（今江西余江）人，正德六年（1511）进士。授丹徒知县。嘉靖初，迁南京刑部主事。"大礼"之议起，与张璁同上疏，迎合世宗意，进詹事兼翰林学士。寻擢礼部尚书，兼武英殿大学士，入参机务。多次奏疏，有裨时政。有《桂文襄奏议》、《舆图记叙》、《经世民事录》等。

⑤ 《嘉靖祀典》、《郊祀通典》：《明史·艺文志》仪注类著录《嘉靖祀典》十七卷，不知撰人。《郊祀通典》二十七卷，夏言等编次，章氏言三十七卷，恐"三"为"二"之误。

⑥ 本文写作时间未详。序文开头对曾氏评史作了很高的评价，这是不多见的。而文中又提出古之所为良史的四条标准，然后又将古代几位史家与之衡量，此等细微之处，在阅读时都值得注意。

揣，僭为删订以示学者，惜无能起先生于九原而更订之也。

《南齐书》，八纪，十一志，四十列传，今五十九篇，而《隋志》著六十卷者，连序目也。《北史·许善心传》云，其父亨[①]有《齐书》五十卷者，《隋志》已不著录。《隋志》所著为正史者，江淹有《齐史》十三卷，刘陟[②]有《齐纪》十卷，沈约有《齐纪》二十卷，今俱不传。度其卷数，并是未全。吴均[③]有《齐春秋》，王逸、萧方[④]等并有《齐典》，而又著于编年之部。则《齐书》之完备者，特萧子显一家而已。臣等因校正其讹谬，而序其篇目曰：

将以是非得失，兴坏理乱之故，著为法戒，则必得其所托而后能传，此史之所为作也。所托不得其人，虽有殊功伟绩，亦暗而不章，而奸回凶慝之行，可幸而掩也。古之所为良史，其明必足以周万事之理，其道必足以适天下之用，其智必足以通难知之意，其文必足以发难显之情，四者备具，然后其任可得而称也。《周官》大小内外诸史，可谓备矣。然皆辞命记注之职，未有任作史者。圣人以为非常之才不恒有，职司谨守故事，必待其人而后行，非可于时百执事之中，设专官以期必之也。昔者唐虞有神明之性，微妙之德，使由之者不能知，知之者不能名，以为治天下之本，号令之所布，法度之所设，其言至约，其体至备，以为治天下之具而为帝典者，撰而述之，岂独传其迹耶！并其深微之意而亦传之，小大精粗，本末先后，一以贯之，俾诵习者，如出乎其时，即乎其人，使于向之四者，有一不具而能之乎！方是时，岂特任政皆天下士哉！其执简操笔而随者，亦皆圣人之徒也。获麟绝笔以还，左氏不免诬夸，史迁是非，不能无谬于圣，盖理疏，则气胜而见

---

[①] 亨：即许亨（517—570），南朝陈史学家。字亨道，高阳新城（今河北徐水西南）人。初仕梁，入陈，曾任太中大夫、卫尉卿，领大著作郎，掌修梁史。著《齐书》五十卷，遇乱亡失。又著《梁史》五十八卷。其子善心（558—618），隋朝官吏。字务本。初仕陈，为撰文学士。入隋，累官秘书丞。仿阮孝绪《七录》体，撰成《七林》，分图书为七部，且有撰述旨意。其父《梁史》为其续成。又著《符瑞记》、《皇隋瑞文》、《灵异记》、《方物志》等。

[②] 刘陟：南朝梁史学家。撰《齐纪》十卷，为编年体南朝齐史书。

[③] 吴均（469—520）：南朝梁史学家。字叔庠，吴兴故鄣（今浙江安吉）人。梁武帝时任奉朝请，撰《齐春秋》，因书中内容触犯了梁武帝而被免官。后又被召见，使撰《通史》，未就而卒。著有《庙记》、《十二州》、《钱塘先贤传》、《续文释》、《续齐谐记》等。

[④] 萧方（528—549）：南朝梁史学家。字实相，南兰陵（今江苏常州西北）人。梁元帝长子。聪明有才，善骑射，侯景之乱中，率军入援京师，后军败溺死。著有《三十国春秋》、《静住子》，又注范晔《后汉书》，未就而卒。

奇；质薄，则文长而生色。其于四者，非竟无所得，得而不全，全而不能充其量之所极至也，是岂心思才力之有所限哉。盖圣贤之高致，左、马有不能会心于微，而显示于后者矣。后世之史，其视左、马之见奇而生色，已如九天，况敢议其他乎！然万物之情，各有其至，约《宋》、收《魏》之书，虽难语于中人而上，第就其所得，尚足成一家言。至子显之于斯文，喜自雕琢，其更改破碎之变尤多，而文为最下。盖萧齐立国，不逾二纪，用武不如刘宋之强，文彩不敌萧梁之郁，质之不存，文于何附？而选述又适不得其人，宜其皆无取也。然七帝二十四年，事迹粗在，于是当附《南史》并存，待其人而笔削者也，谨序目录以上。

## 《文学》叙例[①]

乾隆壬寅，来主永平讲席，进课诸生文艺，大率支离冗蔓，无可揽撷。询所业编，则一经成诵，未遑训诂，遽取给于浮薄时文。院长举荀卿"冥昭昏赫"之旨，皆错愕不对，斯须哂去。盖习俗渍深，不可遽变，而因陋乘弊，又将无所底止。爰取先民撰述，于典籍有所发挥，道器有所疏证，华有其文，而实不离学者，删约百篇，劝诱蒙俗，遂正其名，题为《文学》。且著其说，以示学者，曰：

文之与学，非二事也，太上忘言，自得于道，尚矣。生质不齐，而祈向殊异，先王立为教官师氏之法，率天下之才知，齐之六德六行，而保氏申之以六艺，由是学立而文以生焉。专门守器，物曲人官，苟有所业，必有所长，得心应手，不能已于辞说，而况先王之道之大，天地民物之备，礼乐典

---

[①] 乾隆四十七年（1782），章氏主讲永平敬胜书院，为让学生有个合适的教材，自己选编了约百篇文章，题为《文学》，告诉学生文学的概念，指出"文之与学，非二事也"，"学立而文以生"，"文者因学而不得已焉者也"。并批评当时的学术风气，"经传束置高阁，诸子百家莫能举其名数"，"惟是强识一经，粗忆三数百篇浮薄时文"，这样何以能成气候。文中还列举了汉魏六朝乃至唐宋的文风。在此期间，他还写了《与乔迁安论初学课业》、《答周筤谷论课蒙书》二篇，可参照阅读。从此《文学》的选编，说明他不满于学术现状特别是教育现状，为了不误人子弟，不仅写文章与朋友讨论，而且还采取切实措施，其认真负责精神，令人起敬。

章之著，性情心术之微，名物象数之博，君子学焉而无文以著之，则师无以教，而弟子亦无以传习，以衍其学于无穷，是文者因学而不得已焉者也。

后世科举取士，固欲征人之学，顾学得于心，而无可显明，乃以有所得而不能已于辞说者，咸使可观于文，于是定为制度，命为题目，示之以趋向，绳之以法度，而天下于是靡然向风。汉之制策，唐之诗赋，宋元经解，明人制义，皆是选也。第其始也，即文征学，殆其究也，士子舍学而袭于文，利禄之途，习而忘返，父师之所以教，子弟之所以习，不复求古人之所谓有得而不能已于辞者而兢兢焉。惟以若何而合于时好，若何而合于程式，相与讲习规勉，以为习业固当如是。是则古人学征于文，而后人即文为学，其意已大谬矣。然其所为之文，虽曰非古，但既欲以加人，即于其中，亦有工拙敏钝之效，雅俗深浅之致，浮实优绌之数，此则举业专门，所与抵掌揣摩，旁搜远绍，庶几得之，恫然有以自命，末流所争，犹为贤于饱食者耳。

乃士风不古，区区末流之业，犹且惮而不为，经传束置高阁，诸子百家，莫能举其名数，即名世传家文艺，亦无从窥津涯焉。询其所学，惟是强识一经，粗忆三数百篇浮薄时文，颠倒首尾，剽掠形似，以眩一时耳目，无论不知文与学为何事，虽充其所求，所谓即文为学之业，又岂有幸得哉！盖蔽甚者，当开以渐，而气馁者，又当示以无难。今兹授以经史，而勖以学术，则惊为河汉而无极矣。即撷华弃实，使之即文为学，亦未有以动其爱慕也。文则诸生肄业及之，而所谓文者，屏去世俗所选秦、汉、唐、宋仅论词致不求理实之文，而易以讨论经史、辨正典章、讲求学术之文，诸生诚能弃去默诵三数百篇猥滥时文之功，而易为熟读百篇文学之功，则力不加劳，而收效不可以道里计矣。经书文艺，得此典赡，而不取给于类编杂纂之散漫也；策对经解，得斯识断，而不取给于策括墨选之庸猥也。其文则汉人之淳质，六朝之藻绘，唐人之雅丽，宋人之清疏，体咸备也，附以评论，引而不发，所以待人之自得也。志举业者，得其润色，已足异于众矣。倘因文而思学，因学而求读古人书，因以进于古人之学，十室之邑，必有忠信，以望兴起焉者。夫是以为文学，亦谓姑即文以言学云耳。

## 《文格举隅》序 ①

武进庄君复斋，夙学，工制举文，连不得志于有司，少壮历聘学使，衡文鉴别，称其精审。中遘目疾，坐卧追忆，不废文辞，已目复明，授徒为生，指授多所成就。乾隆五十四年，君主朗江书院，以所辑《文格举隅》一篇，政余，且征引言。余谓君盖终身于是，是其疾徐甘苦之际，所得深矣。虽然，古人文无定格，意之所至，而文以至焉，盖有所以为文者也。文而有格，学者不知所以为文，而竞趋于格，于是以格为当然之具，而真文丧矣。格者因题制法之谓也，法出于理，理贯全章，而题有限画，法之所由生也。学者不由全章之理，以究彻乎全书之理，而因以会通乎群经之理，则无由得乎文之主宰，所言将有一言之几于道而不可得也。今乃于群经之中，独取四子之书，书截其章，章截其句，甚至句截其字，以为法而凭之，以为文格，不亦支离而无当乎？复斋以谓学者，会书欲其通融，读书欲其分析，析而不至于穷微极变，则于通融之理，终有隔阂而未尽也。

汉唐注疏，征理于实，注以解经，疏以解注，经传文字，虽至易解，必有指证，未有一字可空衍者，读书欲分析之验也。制举文字，体理于虚，语会遍全，意求主客，四书语助，虽至逼仄，未有一字无生发者，亦读书分析之验也。顾征实者，不外名物制度，其数易尽；体虚者，求之神情意象，其变难穷。易尽者经生之学，难穷者文人之心，经学欲其成家，文心欲其合格，故文之有格，同于学之有家法也。抑文心无穷，文格有尽，以有尽之格，而运以无穷之心，亦曰得其所以为文者。而不以格为当然之具，强人相从，复斋所为引而不发也。

试观评选之文，作者初未有格，而今为之格，则今有尽之格，而作者复起，必能变化而为无穷之文，又可知矣。此文格之所谓一隅，而复斋不惮举

---

① 本文写作时间未详，大约写就于乾隆五十四年（1789）。序中指出："古人文无定格，意之所至，而文以至焉，盖有所以为文者也。文而有格，学者不知所以为文，而竞趋于格，于是以格为当然之具，而真文丧矣。"这在文学理论评论上无疑很有价值，它告诉人们，写文章不能有固定格式，看到或想到什么就写什么。有了格式，对人们的思想必然产生束缚，真正的感情也就发挥不出来了。

以示后学也。学者诚能因所举之一隅，以尽文格之变，又能因文之体虚，以求学之征实，由斯进于通经服古，亦不难矣。又岂区区举业之工已哉。

## 赵立斋《时文题式》引言[①]

立斋赵君于余，俱总角年，比舍而居，朝暮出入，面相善也，家塾夜读，声相闻也。自余家远宦，转徙南北，凡四十五年不相通矣。乾隆乙卯，余归访君旧舍，言童子塾时光景，犹昨日也。君敏才优学，飞声庠序，屡因棘闱，而文日有名。乡子弟以贽谒受艺业者，一时称盛，得君指授，皆有所以成就，不枉其材。或请示之绳墨，君因出其所编《时文题式》凡若干篇，分门别类，论题论文，引伸匠巧，推广义例，将以问世，俾余引言其端。

余惟古人文成法立，如语言之有起止，啼笑之有收纵，自然之理，岂有一定式哉！文而有式，则面目雷同，性灵锢蔽，而古人立言之旨晦矣。然国家取士用四书文，自前明以来，其与选者，皆谓中式。岂以锢蔽性灵，雷同面目，求天下士哉！《书》曰："敷奏以言，明试以功。"取士欲以亮功，而试士必先以言，文则言之精也。以四书命题，而演为圣贤之言，尤学之至粹也。第演圣贤言，而貌似雷同，正如苏氏所云："汧阳猪味，谁复辨之！"故命题之有式，题万变而文亦万变，不可一端测也，则文不可貌袭矣。惟文不易为，于是师传有法曰，文欲适如题也。文适如题，上而圣贤经籍，无以复过，下而夫妇家书，阛阓帖记，亦莫不期于如是，而独于文人难之，试士之法，所由以立，殆如示鹄以校射也。赵君则谓文无定式，而题有定理，题万变而文万变，固也。题不变而文亦万变，学者之能事也。即题示式，所以

---

[①] 乾隆六十年（1795），章学诚回老家绍兴，并于四月底回祖籍道墟一次。赵立斋乃儿时在私塾的同学，时隔四十五年相见，其心情自然可以理解，写这篇引言也自然是情理之中。文中指出"古人文成法立，如语言之有起止，啼笑之有收纵，自然之理，岂有一定式哉！文而有式，则面目雷同，性灵锢蔽，而古人立言之旨晦矣"。这是千真万确的真理，任何时候，文章都不能有一定格式，尤其是当前更是如此。有了格式，必然束缚人们的思想和性格，所以他说："叙事适如其事，记言适如其言，家书帖记，适如其所欲寄欲存欲说，斯为如题，斯于文墨之事无余憾矣。"

使人即一定之理，而悟万变之文，仍以万变之文，而范于一定之式，斯人如其题之妙用也。虽然，时文之题，显而易见者也。自经史群籍，以至寻常说帖家书，莫不有题。其题隐而难知，盖即所以需言之故是也。叙事适如其事，记言适如其言，家书帖记，适如其所欲寄欲存欲说，斯为如题，斯于文墨之事无余憾矣。

学者因赵君是编，而学为时文，更因时文有题有式，而悟一切文辞莫不有题有式，如语言之起止，啼笑之收纵，万变之思，一定之理，本自生人日用之常，而弗以文辞为必异人任，则亦庶乎其近之矣。

## 《四书释理》序[①]

《四书释理》者，笥谷周君撰辑四书理致题文，训蒙学也。古无专门说理之书，说理有专书，理斯晦矣。六艺，先王旧典，圣人即是明理，而教亦寓焉。《诗》、《书》、《礼》、《乐》，学者但知肄于掌故，而至理默喻于心，盖不啻如衣食饥寒，舟车水陆之不待辨别而后识。故道器合，而天下无有空言义理之学也，四子之书则言理矣；治学分，而孔孟阐绎先王微意以诏后学，所谓不得已而有是言也。然而四子之书，无非发明六艺之旨，故刘、班《七略》，皆叙六艺之书，列为九种，则以《孝经》、《论语》、《尔雅》三书，故为传而非经，不得混其目也。

宋儒专门说理，天人性命，理气精微，辨别渺茫，推求铢黍，能发前人所未发矣。然离经而各自为书，至于异同之争，门户之别，后生末学，各守一典，而不能相通，于是流弊滋多，而六经简明易直，古人因事寓理之

---

[①] 本文写作时间未详，但周震荣（笥谷）卒于乾隆五十七年（1792），章氏与周乃好友，为之写序一般都在生前，况且为了讨论学术问题，他曾五次给周写信，并且都能坦诚而言，正如此序一样，他对《四书释理》这类著作并不欣赏，他认为"说理有专书，而理斯晦矣"。不仅如此，因为有了这类书，"异端邪说，皆能乘间而入"，不能说没有道理。这篇文中同样表露了他一个重要观点，即"道不离器"的观点，"故道器合，而天下无有空言义理之学也"，他的许多重要学术思想，都是由这个观点出发。而这个观点的最早提出有确切记载的则是乾隆四十八年（1783）《与朱沧湄中翰论学书》，其后就是乾隆五十四年（1789）的《原道》三篇。因此，这篇文章很可能即写于这几年中。

旨，不可得而知矣。故曰说理有专书，而理斯晦也。若夫制义之文，本于注疏，注以解经，疏以解注，其初训诂名物，后乃渐为解义。训诂之道，近于因事寓理，而解义渐多，乃是空言义理之端，其先后淳漓之间，亦若由六艺而渐至宋儒说理之繁焉。至于朝廷定取士之制，经生演师授之义，则规矩从律，而匠巧因心，千变万化，不同如面，此其所以为征才考学之衡鹄也。第演书为义，而义制于题，题之虚实增损，别以毫厘，而文之轻重主宾，远于千里。且其为体，无所不包，典章经制，名物象数，凡可以觇经济而窥记诵者，固已取资于卷轴矣。至于疏别义理，则本宋儒遗言，以发孔孟蕴而未宣之旨，有明以来，名门大家，莫不殚精致思，冀得跻于古人立言之旨，今其遗文可覆按也。惟是训诂名物，所以征实，其数易穷；阐绎义理，所以构虚，其蕴难尽。训诂流为解义，则名物必得义理而通。义理不切事情，则玄虚飘渺，愈支愈离，而曲学横议，异端邪说，皆得乘间而入，几何不以明经之业而乱经耶。

周君以为训诂解义，古人已定之言，而制科演义，后学无穷之事。以训诂解义，而正制科之文，则体裁法度既变其旧，且各遁于一偏之形似，而无以证其离合从违之故，即在制科之文之明白峻洁，足以发明训诂解义之未备者，而辑为专书，则观者知别择矣。观者既知别择，而后之为制义者，既得从而规法，而向所肄于训诂解义而未彻者，又得以溯流而益穷其源，此《四书释理》之所为辑也。

呜呼！以师氏保氏专官之守，学者攻习近取掌故之业，而至于老师宿儒，累叶师传，专门讲求，犹不得其要领，岂一朝一夕之故欤！以训诂之专，而流为解义之繁，以解义之各有成书，而流为制科之文之千变万化，以千变万化之文，而别去典章、经制、名物、象数，而独精研于义理，由义理而达于经解，由经解而推于训诂，由训诂而通于六经，简明易直，圣人即事寓理之初意焉。其道何由，此则学者所当深长思也。

## 《刘忠介公年谱》叙[1]

乾隆乙未冬，天子下诏褒忠，凡前明殉节诸臣，毋论出处大小，自大学士范景文[2]而下，并核其始末，分别专谥通谥赠恤有差，其遗书轶事，咸命儒臣较雠是正，登之秘府，煌煌巨典，三代以还，未之有也。于是前抚宁县知县刘君毓德，以其高祖王父念台先生谥忠介公《年谱》二卷，较刻行世。按先生《全集》二十四卷，旧已刊行，惟《年谱》草稿，成于先生之子伯绳，阅世既久，子孙家自为书，详略异同，未能画一。而《南都奏议》，为伯绳本所未采录，其于胜国源委，颇有缺遗，君并考核始终，区分纲目，著为定谱，而问序于余。余惟谱历之学，仿于《周官》，所以奠系属，分经纬，太史公集《尚书》、《世纪》，为《三代世表》，其遗法也。魏晋以还，家谱图牒，与状述传志，相为经纬，盖亦史部支流，用备一家之书而已。宋人崇尚家学，程朱弟子，次序师说，每用生平年月，以为经纬。而前代文人，若韩柳李杜诸家，一时皆为之谱，于是即人为谱，而儒杂二家之言，往往见之谱牒矣。

孟子曰："颂其诗，读其书，不知其人可乎！"以谱证人，则必阅乎一代风教，而后可以为谱。盖学者能读前人之书，不能设身处境，而论前人之得失，则其说未易得当也。好古之士，谱次前代文人岁月，将以考镜文章得失，用功先后而已；儒家弟子谱其师说，所以验其进德始终，学问变化。然而知者窥其全书，按其端末，或其事易竟，则谱之所系，犹未重也。惟先生之学与先生之行，则不可以不谱。盖先生之学，在良知诚意绝续之交，而先

---

[1] 本文作于乾隆四十年（1775）。这篇叙中，有两个观点值得注意，一是谱牒亦史部支流，二是年谱之作，起源于宋代。文中说："魏晋以还，家谱图牒，与状述传志，相为经纬，盖亦史部支流，用备一家之书而已。宋人崇尚家学，程朱弟子，次序师说，每用生平年月，以为经纬。而前代文人，若韩柳李杜诸家，一时皆为之谱，于是即人为谱，而儒杂二家之言，往往见之谱牒矣。"魏晋南北朝，是我国谱学发展的高峰，这与当时门第制度有关，故此时为始是有道理的。而宋人崇尚家学，因而引发年谱的产生，更是章氏之创见。

[2] 范景文（1587—1644）：明末大臣。字梦章，号思仁，吴桥（今河北吴桥）人。万历进士，授东昌推官。天启中累迁吏部文选郎中，不附魏阉，亦不近东林，独行其事。不久谢病归。崇祯初，起复擢右佥都御史，巡抚河南。清兵迫京师，率兵勤王，军纪森严。崇祯七年（1634）冬，拜南京兵部尚书，参赞机务。终工部尚书，东阁大学士。李自成破北京，投井死。著有《大臣谱》等。

生之行，则先历清流，后遭易代，为常变并涉之境，惟学在绝续之交，故自《西湖会语》、《证人社约》，达乎《诚意》章句、《大学》参疑之订，可以考其始业之勤，中信之笃，晚得之化，而非恍惚虚无，自托良知宗旨所可希几。惟其行在常变并涉之境，故发端正学淑心之疏，其后至于忤奄寺，申宪纲，再起再蹶，至于身殉国变，可以见其先识之远，爱君之忠，临大节之正而不可以夺，盖其学之本末，行之终始，天启、崇祯间之风俗人心，与东南鼎革间之时事得失，皆于先生之谱，可以推见其余。

先生故以人谱教学者，而学者又即先生之谱可以想见其人。故曰，以谱证人，必有关于一代风教，而后可以作谱，特是义熙甲子之书，孙俨《嘿记》①之作，忌讳文深，而事迹或多未显，自古患之。惟圣天子迈综古圣，表章胜国忠臣，扶植名教，凡前明忠孝大节，蠹简遗编，莫不核定是非，隶之柱下，斯诚千载一时不可逢之嘉会。而刘君适逢其盛，用能阐扬先人懿美，刻为成书，布之学者，岂特吾乡人之光，抑亦学古而求论世者所深幸也。

# 高邮沈氏家谱序②

古者锡姓命氏，义与封建相为表里，故谱牒之学，溯自生民之初，大

---

① 孙俨《嘿记》：应为张俨《嘿记》。张俨（？—266）三国时吴官吏。字子节，吴郡（今江苏苏州）人。弱冠知名，历显位，拜大鸿胪。刘知幾在《史通·直书》篇表彰他正直："张俨发愤，私存《嘿记》之文。"此书三卷。《隋书·经籍志》四尚有《张俨集》一卷。章氏所以将张俨误作孙俨，因为刘知幾在《直书》篇里先表彰了张俨，接着又表彰孙盛，于是便将两人合为"孙俨"。

② 乾隆六十年（1795）十月，章氏离家往扬州，在扬州时适逢沈氏参校《家谱》，被请作序。文中叙述了谱牒发展简况，特别推崇欧、苏两家谱论，"凡所推溯，断自可知之代，最得《春秋》谨严之旨"。因为欧、苏二氏谱论，主张"谱图之法，断自可见之世"，即自"高祖，下至五世玄孙而别自为世"。这样修谱，简便易行，而不必乱拉始祖，所以能够做到真实可靠，而不至于将别人祖先拉来作为自己始祖，故称其"最得《春秋》谨严之旨"。目前各地新修家谱中，都在胡编乱造自己的始祖。欧阳修与苏洵都是大名家，他们的修谱主张，无疑是很好的借鉴，而不必再去编造神话，留笑柄于后人。沈氏指沈信家族。信又名惟恕，字士忠，高邮人。详见《章氏遗书》卷十八《沈浔州传》。其后人沈业富（1732—1807），字方谷，号既堂，江苏高邮人。乾隆十九年（1754）进士，任翰林院编修，先后主持过江西乡试、山西乡试。乾隆三十年（1765）九月章学诚第三次应顺天乡试，沈业富为同考官，曾将章学诚之文大力推荐给主考官，遗憾仍未被录取。沈曾任太平知府16年，后历官东都转运使等职。著有《味灯书屋诗集》等。

原出于天也。《周官》小史掌奠系世，乃专官之典守，非人所得而私。封建罢为郡县，姓氏不命于朝，于是家自为书。然汉魏六朝，郡望门阀，犹为流品区分，其谱牒亦上于官，有郎令史掌之，则其制犹近古。至唐宋而后，斯漫无统绪矣。宋人谱牒，今不甚传，欧、苏文名最盛，谱附文集以传，其以世次荒远，不敢漫为附会，凡所推溯，断自可知之代，最得《春秋》谨严之旨，可谓善矣。惟其不掌于官，而书无一成法也。是以其书不尽可训，如欧阳之谱，于其先世有仕于五季十国间者，往往削其所署官阶，既失书实之义。而苏氏谱例，于五世宗派，旁行斜上之间，书法独详己所自出，而书讳加尊，且曰："同列祖宗行辈，而惟吾所自出得以尊且详者，谱为吾作故也。"此则几于儿童争胜之见。谱为一族公书，而秉笔之人，独自尊其所出，则人子孰不爱亲？必致交相扬抑，启争端矣。二公名高今古，犹且不免如此。则古学失传，而谱牒为士大夫所不讲，非一日矣。

高邮沈氏，望著吴兴，系出春秋，沈子自宋元之间，秀州迁于高邮。明初远戍普安，明末普安遭流寇之变，全家殉难，后嗣复反高邮。两经流离兵革，子孙并能自振于死丧患难之余，文学政事，忠孝节义，代不乏人。迄今两地均为著望，则德之厚也。但累经变故，生齿未蕃，又奕世清宦，居无恒业。在普安者，既遥隔方隅，而籍高邮者，亦夹江南北，数百里间，如辰星之散布，缌功近属，岁时不克过从，而祠墓春秋，祭享宴会，亦无由而修举。爰有贤裔既望先生起而忧之，先生于高邮始祖，为十九世孙，以名翰林出守姑孰古郡，转运河东，扬历中外，凡三十年，清声惠政，在人耳目。幼承义方敦叙孝友睦姻，远溯家风世范，有志纂述，晚年退居林下，倡率宗人，相与讲求考订，斟酌今古，创条发例，撰为一十二篇，勒成一家之书，以贻宗党。门下士会稽章学诚，辱知最久，三十年来，舟车所道，屡谒先生，间尝言及谱乘，时许参以末议。乾隆乙卯，道出维扬，适会先生家乘就编，因命学诚书识其后。学诚以谓谱牒之学，历有渊源，近代家自为书，殆于人心之不同如面矣。然有一书，而仅备一人之用者，有一书而可供通族之用者，有一书而可为天下推行与后世之取法者，不特用心公私，亦征学识有广隘也。

高邮乃吴兴分支，非全谱也。然其义例，则可以广于天下矣。诰敕以崇王制，则推受姓之遗；系图以溯本原，则存缺疑之说，所见大而命意微矣。系表追周谱之法，旁行斜上，贯彻终始，而不循五世别起之俗例，则昭穆亲疏之属，朗如列眉。世牒仿传注之意，条明款析，比类分区，而不用随表夹注之繁文，则生卒子女诸条明于指掌。列传以述嘉言懿行，而镕裁状志杂文，以协于体例，则文指无歧。内传以表妇德之修，外传以彰女训之谨，尤为有伦有脊，礼以义起，则影图存容貌之瞻；杜渐防微，则茔域著侵陵之戒。征文以备考献，内篇见手泽之留贻，外篇表同人之推许。至若前人草创苦心，中经续修增撰，并存原序原例，以见一门作述，先后继承，其来有自。大体既正，经纬昭宣，无欧阳刊削之嫌，无苏氏私尊之弊。上溯《周官》小史，唐典令史，古人之意，时有所符。则虽先生一家之书，知其意者，扩而充之，虽为天下后世共著其文可也。

## 嘉善茜泾浦氏支谱序[①]

前人之论谱牒详矣，大约封建之世，专官世守，其原出于锡土受姓，直溯生人之初，斯为尚矣。东汉以还，族望渐隆，官谱中起魏晋州郡中正，隋唐设郎令史掌其属籍事，虽领于史官，而周谱中遭放佚，上失渊源，士大夫以门第相矜，遂多依托附会，至于私售官谱，贿赂公行，有谱之弊，转不如无谱矣。宋人颇鉴前代之失，欧、苏诸君为谱，皆断自可知之代，扩清前人矫诬牵援之习，可谓善矣。而其弊也，刊削过甚，不取他谱传闻之说，慎存其疑，以俟他宗别族知其故者，为之审择，何其隘也。

夫诸门旧谱，多本魏晋以来中正官籍，虽若不可尽信，其中岂无真实系世，为前人奕叶之所流传？辨而著之，可以为他族之取裁，作本支之旁证，何概使泯灭耶？且欧阳犹有传注以详图表之所不及，苏氏则直以尺幅之内略具高曾官阶，卒葬横标谱格，不复别为传记，阅者如披官牒告身，岂可为谱

---

[①] 本文写作时间未详。序是浦氏通过毕沅的关系，请章氏所写，因此应当写于在毕沅幕府期间，即乾隆五十三年（1788）至乾隆五十九年（1794）之间。文中对欧、苏两家谱法的利弊得失又作了评论，同时指出自魏晋以来，虽然有州郡中正掌管族籍，但是由于周谱放佚，加之"士大夫以门第相矜，遂多依托附会，至于私售官谱，贿赂公行，有谱之弊，转不如无谱"。欧、苏谱法之出，对于廓清前弊，"可谓善矣"。尽管还不尽人意，总比胡编乱造为佳。

法欤？

巡抚湖南侍郎嘉善浦君[1]，自以浦为希姓，史传罕闻。郑渔仲氏为氏族学，著浦所出，始于晋尚方丞选，而纂类之家，至误以春秋晋大夫辅跞之辅为浦，实为荒诞。因溯浦所出，断自赵宋宝文阁大学士宏德公，自河南均州，随宋南迁，始居秀州，其后世次相仍，祠墓可识，定为始祖。旧谱所云："晋司马琨，奉使荆襄，浦江风恶，祷天得渡，因改姓浦。"以琨为浦初祖，亦从其略。而生卒、配氏、婚姻、葬域之类，止详本支。自为义例，定著支谱一卷示余，俾余为序。余往复数四，虽知为君未竟之绪，而叹其用意为不可及也。

古者谱掌于官，自上而下；后世谱出于私，自下而上。譬治水然，导河积石，源正而流自通也，分疏九河，流清而源始合矣。君用苏氏亲尽不及之例，自为支谱，亦自下而上之义也。然同县同祖之族，则留以须补，异籍分支之族，则但存分支之说，以备参观，视苏为加密矣。至旧谱胄望人知不尽然者，亦存其说而不废，是立例之严，与参稽之广，兼而有之。且立法五载一修，善益求善，何其思深而虑周欤？《书》曰："九族既睦，平章百姓。"郑氏注："百姓为群臣之父子兄弟。"盖古者非有功德，不得赐姓，万邦黎民，不得与于百姓之数。《周官·小史》："奠系世，辨昭穆。"杜子春注："系世，谓帝系及诸侯卿大夫世本之属。"然则庶民世系不隶官守可知也。后世谱失官守，臣庶贵贱不常，幸有搢绅仕宦与通人博识者出，则聚族而著其谱籍，其他识固不逮，力亦所不能也。故余尝谓后世族谱，虽曰自下而上，亦必族之仕宦通人，而后能举。而所谓仕宦通人，未必诸宗旨皆有，则修支谱者，当自详具本支，更为立法，使可仿效。且旁推具闻见考订之所及，以慎其余，则他宗虽无其人，亦可因而受成法矣。盖于自下之中，略存自上之意，庶几疏九河者，知有积石之渊源也。君于支谱之中，而寓合族之意，浦虽于古称罕，他日浦宗之盛，必自君矣。

---

[1] 浦君：浦霖，清朝官吏。浙江嘉善人。乾隆进士，授户部主事，迁郎中，后任湖北安襄郧道、福建巡抚等，因"贪黩无厌"罪，流戍伊犁，嘉庆四年（1799）赦还。

# 陈东浦方伯诗序[①]

诗文同出六籍，文流而为纂组之艺，诗流而为声律之工，非诗文矣。而不知者，犹以工艺窃自喜也。文须依附名义，而诗无达指，多托比兴，中人以下，得以窜窃形似，故诗人之滥，或甚于文。学诚天性，不工韵言，既不能学古人诗，而又不敢知纷纭者之诗集，故于斯道，谢不敏焉。顾尝从事于校雠之业，略辨诗教源流，谓六经教衰，诸子争鸣，刘向条别，其流有九。至诸子衰而为文集，后世史官，不能继刘向条辨文集流别，故文集滥焉。六义风衰，而骚赋变体，刘向条别其流有五，则诗赋亦非一家已也。第刘向九流之说犹存，今推其意，以校后世之文，如韩出儒家，柳出名家，苏出兵家，王出法家，子瞻纵横，子固较雠，犹可推类以治其余。诗赋五家之说已逸，今《汉·艺文志·诗赋略》五家之分目犹存，而阙其分家之说。而后世遂混合诗赋为一流，不知其中流别，古人甚于诸子之分家学，此则班、刘以后，千七百年未有议焉者也。故文集之于六经，仅一失传，而诗赋之于六义，已再失传。诗家猥滥，甚于文也。

苏州布政德化陈东浦先生，清名重望，在人耳目，吏民知为使相大臣，福星一路而已，诗句流传，名流称诵，则又知为风雅之宗，政事能兼文学而已。是说虽未易几，然以此论先生，则未尽也。学诚尝推刘、班区别五家之义，以校古今诗赋，寥寥鲜有合者。诗家不胜患苦，或反诘如何方合五家之推，则报之曰：古诗去其音节铿锵，律诗去其声病对偶，且并去其谋篇用事，琢句炼字，一切工艺之法，而令翻译者流，但取诗之意义，演为通俗语言，此中果有卓然其不可及，迥然其不同于人者，斯可以入五家之推矣。苟去是数者，而枵然一无所有，是工艺而非诗也。而诗家者流，方谓微妙不可思议，又谓意会不可言传，诗有别长妙悟，非关学识云云。吾不谓诸说尽非

---

[①] 本文作于嘉庆二年（1797）二月。文章开头，先表明自己不善于诗，"学诚天性，不工韵言，既不能学古人诗，而又不敢知纷纭者之诗集，故于斯道，谢不敏焉"。但在文中却又提出评诗的标准来，胡适在《章实斋先生年谱》中摘引了这些标准之后写了这样一段话："这个标准可谓辣极！只有真诗当得起这个试验。章实斋若生晚两百年，他一定会赞成白话诗！"陈东浦，清朝学者。名奉兹，字东浦，德化（今江西九江）人。曾任安徽布政使。姚鼐为其作过墓志铭。

也，然必有立于是诗之先者，且亦必无连篇累什，皆无可指之实，而尽为微妙难言者也。而江湖游乞，与夫纤诡轻薄宵人，方藉别长妙悟之说，以为城社之凭，则经《诗》三百，圣人未尝有是训也。

今观东浦先生之诗，未尝无微妙，未尝无会意难言。至于声调法律，与夫篇章字句，一切工艺之精，不能禁人不激赏也。而人因以谓是工于诗，不知去是数者，而先生之诗自在也。譬华衮所以章身，而华衮非身。则所谓使相大臣，福星一路，可见其人，又岂足以尽其为人也哉！今读《冬日和陶狂瘦》、《痴肥》诸什，则情性之恬，会心之远，素所树立然也。读《桑苎春风》、《匡庐宠岌》、《寒云蔽江》诸篇，则师友渊源，交情气谊，非漫然也。读《中秋舟中砌花呈喜》、《圆月渝舟》及《茂州辞别》、《边塞感忆》诸篇，则依亲为命，孺慕不衰，可想见也。《早春观农》、《夏至占雨》、《二麦三蚕》、《留别阆中》诸诗，则父母师保，称殚心也。风流儒雅，则有《清秋锦水》、《鹤感前松》之洒逸；勤劳民事，则有《开堰》、《祷雨》诸篇之恳悃。至于出塞从戎，崎岖险阻，出入死生，奋励忠孝，临机制变，弭安反侧，事上接下，不吐不茹，前后五年，见于篇什，学问志节，经济事功，与夫番、汉风俗，山川景象，体撰幽险，刻画微至。虽千载而下，犹如目见。昔王全斌①平蜀，功成而不闻述作；杜子美入蜀，诗高而不著事功。先生殆兼之矣。至梭木归诗之远意，身防不测，寄诗归家。黄河失柁之从容，盖庶几谈笑于生死间，非豫立有素，而可勉强为邪。夫江南，天下财赋区也，胜国事隶陪京六部，今三布政分理之。江宁当淮甸之冲，安庆控西江之势，其地要耳。承平则坦途也。苏州，吴越门户，而尤为南部膏腴，赋重役繁，非清惠使相不能风化列城，臻于至治。先生扬历四十年，能守一官之贫，今遍历三司，思周部屋，行且节钺开府，浡进平章，福星一路者，转而福星天下，皆以素所树立推之，无有所屈，则诵其诗，固可知其人也。倘推刘、班五家之例，必曰此儒者言，孝友施于有政者耳。学诚稔先生名也久，尝恨不得一见，嘉庆丙辰岁杪，来止安庆，幸接謦咳，披诚如素。明年二月，先生移部苏州，见

---

① 王全斌（908—976）：北宋初将领。并州太原（今山西太原）人。先后在后唐、后晋、后周任职。宋初曾任安国军节度使。乾德二年（964）为忠武军节度使、西川行营前军都部署，领军攻后蜀，乾德四年（966）孟昶投降，竟杀降兵二万于成都，激起万民怨嗟，受降职处分。

示诗编，因书所见，以为赠别，亦不自辨其为序诗与序人也。

## 《唐书纠谬》书后[①]

校雠攻辨之书，如病之有药石，如官之有纠弹，皆为人所患苦者也。然欲起痼疾而儆官邪，则良医直史，不惮人之患苦而必有以期于当也；疾愈而医者酬，奸摘而弹者赏。惟校雠攻辨之书，洞析幽渺，摧陷廓清，非有绝人之姿，百倍攻苦之力，不能以庶几也；其有功古人而光于后学，不特拯一人之疾，劾一官之邪而已也，而人多不甚悦之；则以气之凌厉，义之精严，不肯稍有假借，虽为前人救偏，往往中后人之隐病，故悦之者鲜也。纵使心服其言，亦必口訾其过，甚或阴剿其说而阳斥其非，甚矣人心之偏，而从善服义之公难望之于晚近也！

吴缜《唐书纠谬》凡二十卷，一曰"以无为有"，二曰"似实而虚"，三曰"书事失实"，四曰"自相违舛"，五曰"年月时世差互"，六曰"官爵姓名谬误"，七曰"世系乡里无法"，八曰"尊敬君亲不严"，九曰"纪表志传不相符合"，十曰"一事两见而异同不完"，十一曰"载述脱误"，十二曰"事状丛复"，十三曰"宜削而反存"，十四曰"当书而反阙"，十五曰"义例不明"，十六曰"先后失序"，十七曰"编次未当"，十八曰"与夺不常"，十九曰"事有可疑"，二十曰"字书非是"。观其贯串全书，用心精密，诚有功于研唐事者，前人比之箴膏肓，起废疾，殆将过之无不及也。而王氏《挥

---

[①] 本文作于乾隆五十六年（1791）。吴缜所作《新唐书纠谬》与《五代史纂误》两书，为其叫好者确实不多见，原因在于"欧公为当代文宗"，影响很大，而吴缜则"年少轻佻"，加之晁公武和王明清的渲染，似乎吴缜之书真的不可取了。在此情况下，又有谁能去作一番认真的查证呢？章氏读了该书，愤然写了此文，指出："二十篇书，隶四百余事，偶因一事失检，而遂谓多有误诋，毋乃刻欤！观其《自序》与进书之表，颇识文章体要，史氏鸿裁，而竟因一言之失，谓其不能属文，何恶之甚邪！"而他对该书总的看法则是"观其贯穿全书，用心精密，诚有功于研唐事者"。为此，他深有感慨地说，"校雠攻辨之书"，"其有功古人而光于后学，不特拯一人之疾，劾一官之邪而已也，而人多不甚悦之……虽为前人救偏，往往中后人之隐病，故悦之者鲜也"。有鉴于此，我们今天从事评论诸公，对于权威名人与后生无名之辈，千万要做到一碗水端平，而不要出现文中所讲的不良现象，以形成一个好的学术风气。

麈录》①乃云："缜初登第，因范景仁而请于文忠，愿预官属之末，文忠以其年少轻佻，去之。逮《新书》成，指摘瑕疵，为《纠谬》一书。老为郡守，与《五代史纂误》，俱并刊行。绍兴中，胡仲实为湖州教授，复刻于郡庠，且为《后序》，不知缜著书之本意也。"

夫书亦问其理之当否，著书者之何所感发，岂与刻书作序之意相入哉！夫子感获麟而作《春秋》，后世习《春秋》者，岂复搜讨麟之毛角与夫子之如何兴感哉！晁公武曰："缜不能属文，多误有所诋诃，如《张九龄②传》云：'武惠妃③陷太子瑛④事，九龄奏之，故卒九龄相而太子得不废。'缜以谓时九龄已相，而太子竟以废死，以为《新书》似实而虚。按史文谓终九龄在相位日，太子得不废也。岂谓卒以九龄为相，太子终无患乎？"是说良允。然二十篇书，隶四百余事，偶因一事失检，而遂谓多有误诋，毋乃刻欤！观其《自序》与进书之表，颇识文章体要，史氏鸿裁，而竟因一言之失，谓其不能属文，何恶之甚邪！盖欧公为当代文宗，史学非所深造，学者多喜美疢之护，不容一言有所诋诃，况于专著一书，攻击不遗余力者哉！至于载笔之任，自宜心术端醇，缜以年少轻佻，欧公拒之，当矣。然主裁史局，譬之大匠度材，宋桷栋梁，毋枉其质；负才如缜，即其苦心精核，岂易多得！不必能持大体，而付以检讨之职，责其覆审之功，自能经纪裕如，必有出于当日史局诸人之上，何欧公计不出于此耶！且其所谓年少轻佻，亦恐言议之间，英锋铓锷，有为欧公所不能御者，因而以年少轻佻目之，未必他有所不可也。嗟乎！秉局修书，有如此之才而不用，则十五年之扰扰，所与趋跄而从事者，概可知矣。后人无欧公之学与文，而忝居前辈，见后生知识高出于

---

① 王氏《挥麈录》：王明清（1127—？），南宋学者。字仲言，汝阴（今安徽阜阳）人。少承家学，研习历朝史实及典制。历孝、光、宁三朝，曾官泰州通判、浙西参议官等，陈傅良曾推荐其修史，未果。作《挥麈录》二十卷，记载南渡后的遗闻佚事，多为史书所采用，还有《玉照新志》六卷。

② 张九龄（678—740）：唐朝诗人。一名博物，字子寿，韶州曲江（今广东韶关）人，武则天时进士，曾任左拾遗、右补阙，最后为中书令，在开元宰臣中，与韩休同以尚直见称。后为李林甫所谮，罢相。《感遇诗》十二首，即贬谪后所作。有《曲江集》。

③ 武惠妃：唐玄宗之妃，恒安王攸止之女，其再从叔乃武三思，玄宗曾欲立为皇后，御史潘好礼上疏反对。在其指使下，太子瑛最终被废。

④ 太子瑛：唐玄宗第二子，本名嗣谦，为赵丽妃所生。武惠妃得宠后蓄意要废太子瑛，张九龄上书反对，后李林甫代张九龄为中书令，希惠妃之旨，将太子瑛废掉。

己，即思排抑挫折，惟恐力之不至，挟恐见破之私，日甚一日，所由来矣。其所成就，又安敢望《唐书》哉！

## 《皇甫持正文集》书后[①]

《皇甫湜文集》六卷，凡三十九篇，乾隆辛卯秋，假朱筠河先生家藏汲古阁刻本，倩族孙道周映抄一册，存之箧笥，去今十二年矣。湜与李翱俱称韩门高第，世称学于韩者，翱得其正，湜得其奇。今观其文，句镵字削，笔力生健，如挽危弓，臂尽力竭而强不可制，于中唐人文，亦可谓能自拔濯者矣。第细按之，真气不足，于学盖无所得，袭于形貌以为瑰奇，不免外强中干，不及李翱氏文远矣。按二人文虽俱学韩，李能自立，不屑屑随韩步趋，虽才力稍逊而学识足以达之，故能神明韩法，自辟户庭；皇甫则震于韩氏之奇，而不复求其所以致奇之理，藉口相如、扬雄，不知古人初非有意为奇，而韩氏所得尤为平实，不可袭外貌而目为奇也。中唐文字，竞为奇碎，韩公目击其弊，力挽颓风。其所撰著，一出之于布帛菽粟，务裨实用，不为矫饰雕镂，徒侈美观。惟其才雄学富，有时溢为奇怪，而矫时励俗，务去陈言，学者不察，辄妄诩为奇耳。湜于韩门，所得最为粗浅，而又渐染中唐奇碎之病，宜其有是累也。

史称湜性卞急使酒，裴度[②]修福先寺，将求白居易撰碑，湜大怒曰："何近舍湜而远征居易？"度为谢过，即请斗酒，援笔立成。度赠给甚厚，又大

---

[①] 本文作于乾隆五十六年（1791）。此文批评皇甫湜的文章仅强调尚奇，实际上是形式主义的做法，把奇与怪看作文章的新意。所以章氏在文中批评说："真气不足，于学盖无所得，袭于形貌以为瑰奇，不免外强中干。"皇甫湜，唐朝文学家。字持正，睦州新安（今浙江淳安西）人。元和进士，官至工部郎中。与李翱同学古文于韩愈。章氏认为"李能自立，不屑屑随韩步趋"。原《皇甫湜集》三卷，早佚。《全唐文》卷六百八十五收其文四十三篇，《全唐诗》卷三百六十九收其诗三首。宋人编《皇甫持正集》，已经不是原有篇数。

[②] 裴度（765—839）：唐朝宰相。字中立，河东闻喜（今山西闻喜东北）人。贞元进士，由监察御史迁御史中丞。宪宗时，力主削藩。不久任宰相。元和十二年（817）督师破蔡州，擒吴元济。河北藩镇大惧，表示服从中央政府。藩镇叛乱局面暂告结束。晚年因宦官专权，辞官退居洛阳。

怒曰："吾自为《顾况集序》[①]，未尝许人；今碑字三千，一字三缣，何遇我薄耶！"度如数与之。今碑文不见集中，而《顾况集序》，不过中唐雕琢常调，未见声价当高出也。集中《答李生三书》，喜争好胜。文结气躁，殊少理解，始终癖在一奇，而究亦不能奇也。李生不知何人，观书中所举问难之辞，虽似主张不定，然非无所见者；湜不虚心商榷，而矫折强辨，史称卞急使酒，此亦其明征也。如李生初问，以谓今之工文或先于奇怪；则当对以水之波澜，山之岩峭，所积深厚，发于外者不知其然而然，乃可使后生者知文章之本于所积，是亦韩氏仁义之途，《诗》《书》之源之旨也。今乃答以虎豹之文不得不炳于犬羊，鸾凤之音不得不锵于乌鹊，是欲使人不揣其本，但袭炳与锵者而冀至乎鸾凤虎豹，则固不知鸾凤虎豹之质矣。李生再问，有薄屈、宋之意，而谓一诗一赋非文章，又厌薄于浮艳声病之文而有志于古；则当告以场屋之业所以为出疆之贽，不可遽废；屈、宋词赋乃六义之遗，不可因声韵而鄙之同于场屋文字也。若其有之于中而发之于外，则场屋文字，亦未尝不可见其端倪。则后进之士，可以晓然于志古趋时虽各有道，其实两不相妨，但问中之有得否耳。今乃摘其一诗一赋之言，以谓诗赋非文章耶？三百篇可烧矣。一之少非文章，《盘铭》是何物耶？则是不察李生言意而狡狯于口舌之胜气，岂先达之开示后学哉！必以当时应试诗赋，如昌黎所称颜忸怩而心不宁者，等于《汤铭》与三百篇，虽三尺童子，犹知其不可也。无实之辨，盈篇累轴，岂有穷乎！及李生三书，摘湜之言奇而无伤于正，以谓如《易》之凡言无咎，本皆有咎，可见无伤本有伤也。此缘湜之论奇不本于内而从外袭，故止可云无伤于正；李生从而驳之，是已授人以隙，无可辨矣。湜犹不得于言，弗求诸心，而抗无理之辨，以谓《易》之无咎不一，有咎由慎故免，又有咎自己招，不可咎人，生今以凡目之，当是读书未熟；此与诘问之旨，若风马牛，遁辞之穷，亦可见矣。若就其言而论，则《易系》三百八十四爻，无咎皆为一例，惟《节》之六三独作无所归咎之解，岂可以一而概众乎！孔子《大传》曰："无咎者，善补过也。"岂不以凡目乎！倘使李生更据《大传》明文，责湜读书未熟，湜又何辞以自解乎！李生又以松柏

---

[①]《顾况集序》：一作《唐故著作佐郎顾况集序》。唐皇甫湜撰。湜与况为好友，况卒后有《顾况集》二十卷，湜撰是文乃题况集之首为序。此文《全唐文》卷六百八十六收录。

不艳比文章，此言可与入道矣。盖浮艳非文所贵，而有意为奇，乃是伪体；松柏贞其本性，故拔出于群木，惟其不为浮艳与有意之奇，故能凌霜雪而不凋。其郁青不改者，所以为真艳也，不畏岁寒者，所以为真奇也。

文能如是，两汉以还，不多觏也。李生以为文章不艳不奇，故欲取以为比；而不知果能如是，乃是真艳真奇，绝非凡葩众卉所敢拟也。诚得是说引而进之，李生必有悟也。湜也不足知此，而又不能反衷以思，乃强辨曰："松柏可比节操，而不可比文章。"庄子曰："道隐于小成，言隐于荣华。"荣华非草木乎？草木既可比文章，而独谓松柏不可比，湜殆自处于蒲柳之质，故见松柏而不免色惧也。且比事称物，理本相通，自古未闻有商论文学，称引比喻，辨者不即所喻以通其义，而强曰某物不可喻某，某物仅可喻某，去彼所喻，以就己喻，庶以救其室塞不通之穷也。且人人皆曰尔之所喻不如我喻，则谁能心慊；而辗转狡饰，亦复何所底耶！李生又曰："《诗》、《书》之文不奇。"此言离合参半，无庸深辨。而湜则曰："平处多，奇处少，《易》文大抵奇也。"不知湜意将谓《易》文胜《诗》、《书》耶？抑谓《诗》、《书》奇处之少胜平处之多耶？《易》比虎豹鸾凤而《诗》、《书》不堪比耶？《诗》、《书》奇处少者可比虎豹鸾凤，而平处多者不堪比耶？即湜之喻而穷湜之辨，则悖义害道不可以殚诘也。惜李生者名位卑微，且其所得亦未能卓然自树，故不及终抗其辨。向令两持不下，取其平于韩子，韩子虽甚爱湜，恐有不得而终讳之焉。吾故辨而正之，以戒后之好奇而不衷于理者，使之有以自反。且俾为先达者，慎毋恃其通籍偶前，遽任偏性，大言以欺后学，而后进之士，亦自慎宝其璞，毋轻投于浮诞浅躁，更出皇甫以下之先达名流也。此本讹字甚多，毛氏不知所据何本。第四卷《论进奉书》下注悉照抄本，与《文苑》异，不知抄本从何得之也。毛氏《跋》云：三十六篇晁公武《读书志》云三十八篇，今为篇实三十有九，岂传写误耶？《跋》并载《浯溪诗》一篇，得于《容斋随笔》，亦不收入集中。编次类例，亦多不可晓。第一卷为杂著，中有赋及韵文，杂体论著合而为一。第四卷为书，其《论进奉书》乃是奏御之作，今编次《上李大夫书》后，《答李生三书》之前。第六卷又为杂著，则碑碣志铭祭文及杂体韵文，漫无区别，俱不可解。行箧无书，姑记于此，俟他日考焉。

## 《李义山文集》书后[1]

《李义山文集》十卷,昆山徐树穀[2]艺初笺,徐炯[3]章仲注,无序跋,有凡例,当是坊本偶缺也。例云:"笺以考证时事,注以博稽典故。"今观其本,亦可谓详赡者矣。其所云"朱长孺本诠释未备,及闽本缺讹颇少",朱本闽本,今俱未见。义山本为古文,不喜对偶,从事令狐楚[4]幕,工章奏,遂以其道授之,博学强记,下笔不能自休。《唐·艺文志》有《樊南》甲乙集各二十卷,更有《文赋》一卷;《宋志》于甲乙集外,又有《文集》八卷,《别集》二十卷,《诗集》三卷。今惟《诗集》传世,《文集》、四六,俱是掇取诸书所载,其佐幕之作与《文集》、《别集》所收,仅可于篇题约略辨之,不能得原书梗概也。观义山自序《樊南》甲集曰:"四六名六博五格四数六甲之取未足矜。"序乙集曰:"此事非平生所尊尚,应求备猝,不足以为名。"是盖有志古人,穷移其业,亦可慨也!四六之文,如《宣公奏议》、《会昌一品》,俱是经纬古今,敷张治道,岂可以六博小技轻相诋诃者哉!义山佐幕,止是应求备猝,辞命之才,其中初无独立不挠,自具经纶之识,则其进于古人不为四六之时,亦是陈琳、阮瑀[5]俦耳,欲如徐幹成一家言,不亦难乎?辞命之学,本于纵横,六朝书记文士,犹有得其遗者。至四六工而羔雁先资,专为美锦,古人诵诗专对,言婉多风,行人之义微矣。然自苏张以还,

---

[1] 本文作于乾隆五十六年(1791)。章学诚本人不善于诗,这是他公开承认的,因此在评论中,他也就尽量回避,李商隐对后世影响大的是诗,而他则主要评论其古文,而所评论,也都确实符合李商隐的实情,这一点相当重要,反映了他作为一个评论家的本色。《李义山文集》在《新唐书·艺文志》作《樊南甲集》二十卷,《乙集》二十卷,《玉谿生诗》三卷,又《赋》一卷,《文》一卷,后人总题为《李义山集》。今存《李义山诗集》三卷,《李义山文集》五卷,《李义山集》三卷。

[2] 徐树穀:字艺初,清康熙二十四年(1685)进士,曾官御史。

[3] 徐炯:字章仲,康熙二十一年(1682)进士,曾官巡道。

[4] 令狐楚(766—837):唐朝大臣。字壳士,宜州华原(今陕西耀县)人。贞元进士。宪宗时官至中书侍郎、同平章事。文宗时官至尚书仆射,生前与白居易、刘禹锡等唱和,李商隐在其幕下将近十年。著有《漆奁集》,已佚。

[5] 阮瑀(约165—212):东汉末文学家。字元瑜,陈留尉氏(今河南尉氏)人。受学于蔡邕,事曹操,与陈琳同管记室,军国书檄多出其手。为"建安七子"之一,原文集已佚,明人辑有《阮元瑜集》一卷。

长辞命者，类鲜特立之操，则诗人六义之教不明，而兴起善善恶恶之心，学者未尝以身体也，徒取其长于风谕以便口给，孔子所由恶夫佞矣。义山古文，今不多见，集中所存，如《元次山集序》、《李长吉小传》、《白傅墓志铭》，其文在孙樵①、杜牧间。《纪事》五首，《析微》二首，颇近元、柳《杂喻》，小有理致。大约不能持论，故无卓然经纬之作，亦其佐幕业工，势有以夺之也。

# 韩柳二先生年谱书后[②]

宋汲郡吕大防[③]撰《韩吏部文公集年谱》一卷，信安程俱[④]致道撰《韩文公历官记》一卷，丹阳洪兴祖[⑤]庆善撰《韩子年谱》五卷，南宋庆元中建安魏仲举[⑥]刊《韩集五百家注》，总辑三家谱记为《韩文类谱》七卷，绍兴中，

---

① 孙樵：唐末文学家。字可之，一作隐之。关东人。大中进士。官至中书舍人，后随僖宗南逃，授职方郎中。工古文，刻意求奇。著有《孙可之集》。

② 本文作于乾隆五十六年（1791）。这是一篇很重要的文章。章氏告诉人们年谱是一种知人论世的著作，而这种著作体裁则产生于宋代，因为宋人崇尚家学，这在《刘忠介公年谱叙》中已经讲了。他说："文人之有年谱，前此所无，宋人为之，颇觉有补于知人论世之学，不仅区区考一人文集已也。"一篇之中两次论述，可见他对这一看法的重视。这里可以告诉青年朋友，年谱确实如章氏所说般重要，如果研究历史人物，无论是政治家还是学者，只要能找到一本该人年谱，你将节省许多时间和精力，一部好的年谱，甚至可以将该人主要政治观点、学术观点和贡献都反映出来，对你的研究将会起到无可估量的作用。章氏在文中还提出："文集者，一人之史也；家史、国史与一代之史，亦将取以正焉，不可不致慎也。"如此等等，都值得很好重视和研究。文中还提出许多要求，学者都应当遵守。

③ 吕大防（1027—1097）：北宋大臣。字微仲，京兆蓝田（今陕西蓝田）人。进士出身。神宗元丰初知永兴（今陕西西安）军。元祐初任尚书右丞，后出任宰相。与文彦博等同时执政。著有《韩吏部文公年谱》等。

④ 程俱（1078—1144）：南宋官吏。字致道，衢州开化（今属浙江）人。以外祖恩荫，补苏州吴江主簿，累迁著作佐郎。晚年秦桧荐领史事，除万寿观、实录院修撰。著有《韩文公历官记》、《麟台故事》、《北山小集》。

⑤ 洪兴祖（1090—1155）：南宋学者。字庆善，镇江丹阳（今江苏丹阳）人。登政和上舍第，为湖州士曹，改宣教郎。后为太常博士。著有《老庄本旨》、《周易通义》、《系辞要旨》、《韩文类谱》。

⑥ 魏仲举：南宋时书商，《四库全书总目提要》于《五百家注音辨昌黎先生文集》四十卷云："宋魏仲举编。仲举，建安人，书前题庆元六年刻于家塾，实当时坊本也。"《善本书室藏书志》云："仲举，名怀忠，殆麻沙坊肆之领袖也。"

潞国文安礼①撰《柳文年谱》一卷。嗣是刻韩柳集者，俱不刊谱，故韩谱散见于方崧卿②《举正》及《朱子考异》所援引，而不见其全，柳谱则未有言及者矣。雍正庚戌，扬州马嶰谷③购访韩谱于藏书家，复得宋椠《柳集》残本，其中《年谱》尚尔完好，遂合刻为八卷，款式一依宋刻，楮板精好，良可宝贵，而长洲陈景云④俱为之跋，并志其搜访始末，今并附于卷后。

年谱之体，仿于宋人，考次前人撰著，因而谱其生平时事与其人之出处进退，而知其所以为言，是亦论世知人之学也。文集者，一人之史也；家史、国史与一代之史，亦将取以证焉，不可不致慎也。尝读茅鹿门⑤《与查近川太常书》⑥，痛柳子厚一斥不复，而怪韩退之由考功晋列卿，光显于朝矣，竟不能为子厚稍出气力。李穆堂谓茅氏不考韩柳时世，退之光显乃在子厚既卒之后。今按茅氏之书，乃是诗之比兴，欲望查太常之援手，而借古事以为抑扬，义取断章，固不必泥韩柳之实事也。若就其事考之，则退之阳山之贬在贞元十九年，子厚正由蓝田尉授监察御史，韦王用事，退之为其党人所排，子厚固未尝有顾惜也。后子厚坐党人贬永州司马，自永贞元年乙酉至元和十年乙未凡十年，乙未例召至京，又出为柳州刺史，至十四年己亥，又五年而子厚死矣。退之于元和九年甲午，拜考功郎中，知制诰，十一年丙申，拜中书舍人，转右庶子，明年丁酉，兼御史中丞，充彰义军行军司马，旋拜刑部侍郎，从裴度讨淮蔡。是时子厚犹在柳州，吴

---

① 文安礼：此人除了编《柳文年谱》外，并无其他著述，《宋史》无传，《宋人传记资料索引》亦无其他资料。

② 方崧卿（1135—1194）：南宋学者。字季申，莆田人。隆兴进士。累官至京西转运判官。家有藏书四万卷，手自校雠，校正《韩昌黎文集》、《韩诗编年》、《韩集举正》等。《水心文集》、《周文忠公集》均有传。

③ 马嶰谷（1688—1755）：清朝藏书家。名曰琯，字秋玉，又字嶰谷，安徽祁门人，其祖承运始家扬州。诸生，任候选知州。一生勤于治学，家有丛书楼，聚书十万余卷，清开四库馆，进呈书籍七百七十六种。与全祖望等结"邗江吟社"。有《沙河遗老集》十卷。

④ 陈景云（1669—1747）：清朝学者。字少章，江苏吴江人。康熙三十二年（1693）试京兆不售，年甫四十，以老母遂绝意宦游，大吏以礼敦聘，俱不赴。淹贯群籍，尤精于史学，著有《读书记闻》、《纲目辨误》、《两汉订误》、《三国志校误》、《通鉴胡注正误》、《纪元考略》、《韩文校误》、《柳文校误》等。

⑤ 茅鹿门（1512—1601）：明朝学者。名坤，字顺甫，号鹿门，归安（今浙江湖州）人。嘉靖进士，任过知县、礼部主事，因家人横行不法，削职归里。著有《徐海本末》、《浙省分署纪事本末》、《白华楼藏稿》、《玉芝山房稿》、《耄年稿》等，又删削《史记》成《史记钞》。

⑥ 《与查近川太常书》：载茅坤《白华楼藏稿》卷三。

武陵为营说于裴度，谓西原蛮未平，柳州与贼犬牙，宜用武人，又谓子厚无子。考吴武陵北还在元和十年，其营解于裴度，正当退之自右庶子辟为行军司马之时，何为不可稍出气力！盖韩柳虽以文章互相推重，其出处固自不同，臭味亦非投契，观二公文集，俱可考见。李氏不暇细考而遽责茅氏之疏，殆非其质矣。

　　文人之有年谱，前此所无，宋人为之，颇觉有补于知人论世之学，不仅区区考一人文集已也。盖文章乃立言之事，言当各以其时，即同一言也，而先后有异，则是非得失，霄壤相悬。郦食其请立六国之后，时势不同楚汉之初，是亦其一端也。前人未知以文为史之义，故法度不具，必待好学深思之士，探索讨论，竭尽心力，而后乃能仿佛其始末焉。然犹不能不缺所疑也，其穿凿附会与夫卤莽而失实者，则又不可胜计也。文集记传之体，官阶、姓氏、岁月、时务，明可证据，犹不能无参差失实之弊。若夫诗人寄托，诸子寓言，本无典据明文，而欲千百年后，历谱年月，考求时事与推作者之志意，岂不难哉！故凡立言之士，必著撰述岁月，以备后人之考证；而刊传前达文字，慎勿轻削题注与夫题跋评论之附见者，以使后人得而考镜焉。至于传记碑碣之文与哀诔策诰之作，前人往往偏重文辞，或书具官，或书某官而不载其何官，或书某某而不载其何名何姓，或书年月日，或书某年某月某日而不载其何年月日。撰者或不知文为史裁，则空著其文，将以何所用也！传录者或以为无关文义，略而不书，则不知录其文，将欲何所取也！凡此诸弊，皆是偏重文辞，不求事实之过，前人已误，不容复追，后人继作，不可不致意于斯也。按韩子三家谱记之外，尚有方崧卿《考正年谱》，方出三家之后，考订尤为详备。且其《举正》十卷，至今尚有传本，而马氏汇刻不及方谱，陈景云跋语亦以《考异》所引方本为言，似亦未见方氏本者，殆不可解，当俟他日考之。

# 书《贯道堂文集》后[1]

《贯道堂文集》四卷，题为成都费锡璜滋衡著，盖康熙间人，生于新繁。自序为汉费诗[2]后裔，其父密[3]，于鼎革间占籍江都，而本其始生称成都也。据文，锡璜盖生于康熙三年甲辰，而文中有及其六十余岁之事，则雍正初年尚有其人矣。其父生前明天启六年，卒康熙三十八年，讲陆王之学，著书甚多，门人私谥为中文先生。锡璜承其家学，亦有著述，诗古文辞，兼擅其名，自称有诗五千，文二百，兹集一百二十九篇，宜得其大概也。诗集今不可见，文则斐然可观，虽不能醇，要于学有所得，能自道其所见，非依附于人而随风气者所为也。

明末姚江末流，入于狂禅理障，殆不可救。国初风尚醇正，程朱之学复昌，然趋风气而貌为程朱，其中流别，亦遂不可问矣。费氏父子当风气禅易之际，而卓然有守，能自信之于心，亦可为豪杰士矣。其论经旨，则谓："圣人言事实，不言虚理，《易》言天地，不言天地之先；有物混成，先天地生，圣人之所不知则不言之，所以立教也。九头、五龙之纪，开皇、龙汉之年，百家非不有述，删《书》断自唐虞，知其所可知也。"论古书则云："开元五

---

① 本文作于嘉庆三年（1798）。文章的撰写并无请托，同样如实进行评论，对于费氏父子在风气变异之际并不随波逐流给予很高评价，"当风气禅易之际，而卓然有守，能自信之于心，亦可谓豪杰士矣"。但是对其牵强附会，则又提出批评。在论述中对于杨慎的附会缘饰的事实和手法作了揭露和批判，指出其"附会缘饰，触处皆是"，因而对他的说法，必须审慎对待。就如《越绝书》本成于战国后期，他却编造了所谓东汉袁康、吴平为该书作者。其实东汉历史上并无其人，尽管笔者已经撰文加以否定，有些人却还是盲目宣扬。又如文中指出："姓氏谱系，乃一家血脉相承，最为有据，尚且不能追至千载以上，间有详者，多出六朝附会，识者不以取证。"可见家谱上将许多传说人物列为自己始祖是绝不可信的，可笑的是竟有教授先生写文论证彭祖确系钱镠之始祖，此风实不可长。还有绍兴禹陵附近居住的姒姓家族，仅凭晚清所修之族谱，便称为大禹的后代，而新闻媒体则一再加以宣扬。我们要问，此家谱的世系是从何而来？生活在春秋时代的孔子已经感叹夏的后代杞的文献不足征了，令人费解的是两千多年后的人居然能编出世系分明的族谱来，其可信程度自然也就可想而知了。

② 费诗：三国蜀官吏。字公举，犍为南安（今四川乐山）人。刘璋时为绵竹令，刘备入蜀，举城降备，任督军从事，出为牂牁太守、益州前部司马等。

③ 密：即费密（1623—1699），清朝学者。字此度，四川新繁（今四川新都西北）人。其父精于经学，他得其传，明末清初，奉父辗转流寓泰州，得与名士阎若璩等交游，又师从孙奇逢，闭门三十年，著述有《中道正纪》、《史记笺》、《古史正》。

经，往往以俗字易其旧文。然颜之推①谓葛洪《字苑》②加乡干景，而世改《周礼》、《尚书》，则变易经文不始于开元矣，《孟子》中'知'作'智'，'伯'作'霸'，'弟'作'悌'，'彊'作'强'，尤俗。"因于徐氏《经解》中得薛氏书古文训，欲致力于此。此近日风气所开，彼时一二魁儒创论而未有知者，费氏已见及此，可谓卓矣！其论儒术谓："儒贵能治天下，犹工贵能治木也。宋儒崇性命而薄事功，以讲治术为粗，是犹见工之操绳墨斧斤，斥以为粗，而使究木理之何以作酸，何以克土，何以生火，何以生东方而主甲乙也，终身探索，未有尽期，而大不能为宫室，小不能为轮辕，尚可以为工乎？则徒讲性命之非儒术，亦可喻矣。"此尤切宋儒以后之痼疾。其《务知》篇谓"求知当知所务"，《是非》篇谓"欲定是非，不可偏执己见"，纵横博辨，闳肆而有绳准，周秦诸子，无以过之；而又切中时弊，理较诸子为醇，在集中高出他文不啻寻丈也。其有补于政事者，言："《月令》季夏命渔师伐蛟，窃疑蛟不可伐，历代亦无其制，而蛟变为害甚大，无如之何。及入楚豫，闻山中人言，地将出蛟，蒸蒸暖于他处，冬不积雪，常时木竹叶尽卷。猎者知之，即掘入数丈，有物若脂膏，积数十石，煎之可燎；或形已具者，甲鳞鳞然，除之则绝蛟害。凡正月蛇与雉交生卵，遇雷即入土中数丈，成蛇形，数百年后为蛟。乃悟伐蛟当在未出之际；先王之制久废，儒者又亡其义，今幸民间尚有其法，似可著律令而悬赏募，则永绝其害矣。"其论古事，谓："《明太宗实录》③，载方正学④伏地乞哀，出于史臣诬罔。"此亦有人辨之矣。至甲申之变受贼刑拷诸臣，史传皆指为降辱，锡璜独谓："当时贼聚诸公问之，从者冠带

---

① 颜之推（531—？）：北齐文学家。字介，琅邪临沂（今山东临沂北）人。初为梁湘东王萧绎文士，任散骑侍郎，西魏破梁，逃奔北齐，为大臣周珽信用，参与机要，齐亡入周。隋文帝时被太子召为文学，撰有《颜氏家训》二十篇。

② 《字苑》：《新唐书·艺文志》小学类著录葛洪《要用字苑》一卷。

③ 《明太宗实录》：即《明成祖实录》，一百三十卷。起自洪武三十一年（1398）闰五月，迄永乐二十二年（1424）八月。洪熙元年（1425）五月，命张辅、杨士奇等人负责纂修，至宣德五年（1430）五月书成。

④ 方正学：指方孝孺（1357—1402），明初学者。字希真，一字希古，号逊志，宁海（今浙江宁海）人。洪武二十五年（1392）以荐任汉中教授，旋受聘为蜀王世子师。惠帝即位，号为翰林侍讲，迁侍讲学士。燕王"靖难"起兵，诏讨檄文皆出其手，军国大事皆咨询之。修《太祖实录》为总裁。建文四年（1402），燕师入京师，被执下狱。朱棣将即帝位，令草即位诏书。他穿丧服入见，拒不草诏，被杀，十族皆被诛。有《侯城集》、《逊志斋集》。

以去，否则极刑随之。南都阮大铖[1]主国，欲报逆案之辱，所仇中有为贼夹毙者，大铖目为顺案，不以死节予之；于是陈演[2]、方岳贡[3]、邱瑜[4]、魏藻德[5]以下，皆诬以从贼为辱。自古未有受贼刑戮而称辱者，自阮大铖始创，岂可为据！"是言极有关系，不特立意忠厚已也。费氏父子生当其时，其言必有所受，非可诬也。至刑拷诸臣中，原有灼然失节，费氏亦未尝不分别言之，读者可自择耳。余尝见邱瑜、李国桢别本传记，与史载绝异，似非尽无据者，必有受诬者矣。但费氏生于《明史》未成之前，其有已经史馆审定，无可疑者，尚未与闻；如建文出亡及从亡诸臣，尚谓必有其人其事，则未与史局诸老一发覆耳。又其学不甚富，而震于杨升庵[6]名，且为乡曲过推，言至失实，转自形其浅陋。升庵虽为诸家指摘，其博赡自不易得；然附会缘饰，英雄欺人，其书实亦不免。今乃谓："升庵所释《禹碑》、《石鼓》、《延陵》碑字，所引多人间不经见之书。"又云："在滇四十年，读诸土司书，土司多周、汉世家，藏书皆非世有。"则因升庵伪造《秘辛》，假托土司藏本以欺天下，费君又受升庵之欺而推广之，不知君子可欺以方，而是说之不可通于方也。"一言以为不知"，此之谓矣。《延陵》、《禹碑》，不待识者而知其伪，《石鼓》亦多介疑似之间，至云明代土司尚有周汉旧书，未入中朝，则是委巷之言，不但

---

① 阮大铖：南明权臣。字集之，号石巢、圆海，怀宁（今安徽安庆）人。万历进士。天启初由行人擢给事中，阴结权阉魏忠贤，忠贤败，落职为民。福王即位，由马士英荐，任兵部尚书兼副都御史，对东林、复社成员报复。最后降清。作有传奇《燕子笺》、《春灯迷》、《双金榜》、《牟尼合》等。

② 陈演（？—1644）：明末大臣。字发圣，号赞皇，井研（今四川井研）人。天启进士，选庶吉士，授编修，崇祯时历任礼、户、吏部尚书，武英殿、建极殿大学士。为人庸刻，李自成入北京，被执，以献巨金获释。寻复处死。

③ 方岳贡：明末官吏。字禹畇，湖广榖城人。崇祯进士。官大学士，知松江府，有能声。李自成入北京，受刑之后，"耻为贼用而自引决"。

④ 邱瑜：明末大臣。号鞠怀，宜城人。天启进士，历官至礼部左侍郎，东阁大学士。李自成入北京，"自缢死"，亦有云"与陈演等同日被害"。

⑤ 魏藻德：应天上元（今江苏南京）人。崇祯状元。官大学士，不三年而为宰相。《国变录》云李自成入北京后，"与演等同诛"。或云"自勒死"。

⑥ 杨升庵：杨慎（1488—1559），明朝文学家。字用修，号升庵，新都（今四川新都）人。正德进士。授修撰。世宗时，充经筵讲官，预修《武宗实录》，嘉靖三年（1524），召为翰林学士，以"大礼"之议，触怒世宗，谪戍永昌卫（今云南保山）。曾受业于李东阳，诗文有拟古倾向，被谪后，多感愤之作，并有作伪之习。其记诵之博，论著之丰，推为明代第一，有一百余种。后人辑其诗文为《升庵集》，另有《滇载记》、《丹铅总录》、《洞天玄记》等。此人有作伪之恶习，章氏在文中指出《禹碑》、《延陵碑》都是伪作，而《石鼓文音释》亦托李东阳作伪，《四库全书总目提要》卷四十三亦已指出。至于《汉杂事秘辛》，《四库提要》卷一百四十三著录后引多种论著辨证，确为杨慎所伪作。

日本《尚书》之诞也。他不具论，即如升庵论古人避讳，以谓必取同音，史迁讳"谈"为"同"，以"谈""同"古音同也；明帝讳"庄"易"严"，以"严""庄"古音同也。毋论所证古音确否，试问高帝讳"邦"称"国"，岂"邦""国"古音同乎？武帝讳"彻"称"通"，岂"通""彻"古音同乎？又如升庵引古诗"尺素如霜雪，叠成双鲤鱼，要知心里事，但看腹中书"，以解十九首中古诗"客从远方来，遗我双鲤鱼"之句，谓"古人寄书，叠绢素为鱼形，诗云双鲤者，乃绢素，非真鱼也，昧者作真鱼解，可笑"。此言明白，不必出于未见书也。然此诗二句下文即接云"呼童烹鲤鱼，中有尺素书"云云，岂绢素叠成之鱼，又可烹耶？夫以一例讳字，明见史策，而顾此失彼，其说不能自掩。人人所见之古诗，而强解上句，不顾下句文理之安，则其附会缘饰，触处皆是，何必求解于未见之书哉！书苟非在天上，人间必有能见之者，何以数百年来，升庵所见之书，更无他人见耶？

又传经之学，自东京以后，即不能一一究其受授渊源，观《儒林》诸传，可知大略。即宋人所谓不传之绝学，其授受后人，亦至元代而止。其所为某家之学，某氏之传，多是得于遗书，如欧文之学韩，陆诗之师杜，非有人受之于韩、杜而转授于欧、陆也。即如姓氏谱系，乃一家血脉相承，最为有据，尚且不能追至千载以上，间有详者，多出六朝附会，识者不以取征；此即费氏所云"《易》不言太极，圣人不言不可知之理"也。乃其为父密作传，叙乃父受学于孙征君①，谓征君之学出于阳明，为第五世，已多事矣。阳明之学，再世失传，李贽②狂僻，耿氏之佛，顾氏③之仙，皆称王学，岂足以

---

① 孙征君：指孙奇逢（1584—1675），清初儒学名士。字启泰，号钟元，世称夏峰先生，直隶容城（今河北容城）人。万历举人，因不满明末吏治腐败，乃与东林党人密切。入清与李颙、黄宗羲齐名，并称"清初三大儒"。清屡征不仕。治学宗陆王，后又信仰程朱，力图调和二说，著有《读易大旨》、《理学传心纂要》、《夏峰集》等。

② 李贽（1527—1602）：明朝思想家、史学家。原姓林，名载贽，后改姓李，名贽，号卓吾，又号笃吾、宏甫、温陵居士等。晋江（今福建泉州）人。回族。嘉靖举人，后授共城教谕，再擢南京国子监博士。万历五年（1577）迁云南姚安知府。三年后弃官隐居，从事著述活动。万历三十年（1602）以"惑世诬民"罪被捕下狱，自刎死。著有《藏书》、《续藏书》、《焚书》、《续焚书》、《史纲评要》、《李温陵集》等。耿氏：指耿定向（1524—1596）之弟耿定理，李贽晚年，受佛教影响很大，还写过不少宣传佛教的文章，而耿定理的思想与李贽一致。定理字子庸，号楚倥，黄安（今湖北红安）人。《明儒学案·泰州学案》四有传。

③ 顾氏：似指顾应祥（1483—1565），字惟贤，号箬溪，长兴（今浙江长兴）人。弘治进士。在《浙中王门学案》中有传，而在《明儒学案》中，王门顾姓者似只此一人。

辱阳明，而何所争于世次！然孙君出于东廓，其学不失师法，犹之可也；至叙乃父著《中传正纪》百二十卷，序儒者授受源流，为传八百余篇，儒林二千有奇，自推其学出于子夏七十二传，则妄诞不经甚矣。费氏出于子夏，不知所得何传，传者如何相授。又谓先圣以来，七十子传人具在，则尤梦中说梦。七十子自《家语》、《史记》纷纷著录，同异分合，已不能齐，其未见《语》、《孟》记传者，强半若明若灭。今无端推出七十二家之学，且分七十二家之传，此岂必待见书而知为妄哉！况密以阳明五世为师，自命阳明第六传也，阳明未尝自命其学为出子夏之六十六传，则密又安从而溯七十二邪？今有祖所未能定支系者，而孙乃直自居为几十几世，天下有是理乎？佛氏宗门，惠能[①]而后，歧分为五：沩仰、云门、法眼皆绝，临济、曹洞二宗，至今流行，彼为几十几世，则披剃有师，摩戒有印，度牒衣钵有传，虽不知于教何得，而授受实不可诬。今费氏所传，分支别派，各注源流，欺天乎，抑欺人乎？自以为儒而辟佛氏，不知佛氏五宗，绝者不可续而传者不可诬。若以子夏七十二传及七十子宗派皆有传人，质之彼教，无此妄矣。此二事皆费氏之大谬戾者，其故出于不甚学而喜穿凿也。其余琐细得失，不足深校，观者不以瑕瑜相掩可也。又其论《史记·封禅书》所谓三神山者为方士之谵语："蓬莱者，蓬蒿草莱也；曰方壶，曰方丈者，棺之形也；曰圆峤者，墓之象也；曰瀛洲，曰弱水者，黄泉也，至则溺焉，故曰，反居水下，其物尽白者，丧之仪也。盖言世之好神仙者，必至于是而后甘心，其未至是，则可望而不可即也，及至是，则又与世人绝，是生人终不可至也。"虽近附会，然可为惑者解。《贯道》一集之得失，尽于此矣。

---

[①] 惠能：亦作慧能（638—713），唐朝高僧。中国佛教禅宗南宗创始人，也是禅宗第六祖。俗姓卢，世居范阳（今北京）生在新州（今广东新兴）。本不识字，听人诵经，发心学佛，投第五祖弘忍门下作"行者"。后弘忍为选嗣法弟子，命寺僧各作一偈，惠能作偈曰："菩提本无树，明镜亦非台，本来无一物，何处惹尘埃？"以示对佛理的体会，弘忍便秘授禅法，并付于法衣。"继承衣钵"即出典于此。仪凤二年（677）到韶州（今广东韶关）曹溪宝林寺大倡顿悟法门，宣传"见性成佛"，成为禅宗的正系，一般称为南宗。他死后，弟子编集其语录，名为《六祖坛经》。

# 书孙渊如观察《原性》篇后①

昔夫子罕言命,子贡以性与天道不可得闻,夫子自谓无行不与,又谓时行物生,天何言哉,乃知性命非可空言,当征之于实用也。夫子尝曰:"性相近也,习相远也。"言简而意该矣。余窃以谓诸家言性之旨,本相近也,好事者之辨论,实相远也。孙君《原性》之篇,繁称博引,意欲独分经纬,而按文实似治丝而棼之矣。余不敢强所不知,亦不欲以火救火,姑就其文论之。如孙君以阴阳五行言性,则"一阴一阳之谓道,继之者善,成之者性",明著其文,何藉引伸《农经》哉?孙君引《易》而倒成性句于继善之上,意似便于性善之说,而不知善不先于气化中见,则性善为无根矣。孟子良知良能,自与四端扩充互发。今乃谓其有性无教;王君朝梧②又附和之,漫引昔人讥孟子不读《易》,不知性有阴阳。殊不知"口之于味"章,性命兼疏,阴阳均彻,诸家未见有能出其范围,岂可诬诋先贤,转取百家子纬偶合之言与夫似是之说,有心为矫异哉!伪书"习与性成",与"少成若天性,习惯成自然"二语,有何殊别,而去此取彼?但论气数循环,不能不兼善恶;今云"夏至阴生,而夏不得谓冬",夫夏固不得谓冬,而阴亦岂得谓之不生于夏耶?谓商臣、越椒形恶而非性恶,其义甚舛;果形有一定之恶,则天下岂

---

① 本文大约写于嘉庆五年(1800),虽不能确定此年,也不会太早,是他晚年写的一篇重要文章,对孙星衍所作《原性》篇观点进行批评。因为人性问题,历来就有不同说法,孙氏文章想提出新解,章氏批评道:"繁称博引,意欲独分经纬,而按文实似治丝而棼之矣……姑就其文论之……其说无稽,不待辨也,挟求胜之心,持一隅之说,欲于梦如乱麻之中独辟宇宙,正如阴阳反复,后人复起而争,何时已乎?"文中还谈到对戴震的看法,"戴东原原著《原善》诸篇,实有先儒未发之旨,虽补经训可也;但其论宋儒之躬行实践,则谓释老亦有躬行实践,不足为贤,然则戴君所以不求践履,非不能也,特恶其近释老尔"。这段话说明章氏对戴震的学术观点作了充分肯定,然而学术界有些人总是认为章氏在贬低戴震,这里不得不多说几句。《原善》诸篇是戴震重要论著,而当时一般学者则称其"空言义理,可以无作",就连他的至亲密友看法也是如此。事实上这些文章正是研究戴震学术思想的重要资料,而《原善》篇又是其得意之作。戴震弟子段玉裁在《戴东原年谱》中说,戴"作《原善》首篇成,乐不可言,吃饭亦别有甘味"。对此重要著作,别人指责,章氏却多次向人推荐,极力赞扬,对戴震的学术思想,究竟是贬是褒,难道还需争论吗?《原性》,见孙星衍《问字堂集》卷二。

② 王君朝梧:清朝官吏。钱塘(今浙江杭州)人。王际华之子,因其父关系,被赐内阁中书,官至山东兖沂曹道。

有无形之性！是性亦有恶矣。

余意商臣、越椒虽恶，苟谀之以忠孝，未有不喜；斥之为乱贼，未有不怒；是即可见性本善耳。若枭之食母，鹰之搏击，亦谓性善，则犬牛之性同人性矣。天下果别有不食母之枭，不搏击之鹰，或有可教孝之枭，可教让之鹰，则谓鹰枭性善可也。商臣、越椒形恶，不妨他人之形善也；枭鹰形恶，亦有他枭鹰之形善者否？人之贵于万物，正在于此。物本不齐，岂可求圆而反室耶！道与德为虚位，则诚然矣；忠恕亦为虚位，于古未之闻也。道有乱道，德有凶德；未闻忠有凶忠，恕有乱恕也。孙君以非其亲暱而任其难为似忠非忠，小人腹度君子心为似恕非恕，则袭取之义，力假之仁，煦煦者似仁非仁，孑孑者似义非义，是五常亦虚位矣。其说无稽，不待辨也。挟求胜之心，持一隅之说，欲于棼如乱麻之中独辟宇宙，正如阴阳反复，后人复起而争，何时已乎！秦王①遗玉连环，赵太后②金椎一击而解；今日性理连环，全藉践履实用以为金椎之解，博征广譬，愈益支离，虽夫子生于今日，空言亦不能取信于人也。戴东原力诋宋儒，未敢上议孟子，今则孟子又不免矣，浸假而上，夫子且有将及之势。盖古人无口，不能不畏后生，岂不岌乎殆哉！夫子尝言"君子贞而不谅"，则谅非美名也；他日论友，又曰"直谅"，岂益友非君子乎？"小人同而不和"，是同非善道也；他日传《易》，又曰："出门同人，又谁咎也！"岂同人为小人乎？"君子矜而不争"，是矜为嘉德也；他日论疾，又曰："古之矜也廉，今之矜也忿戾。"廉与忿戾，又岂君子之所尚乎？

夫言各有所谓，不可文义拘牵；同一夫子之言，又同出于经论，非驳书杂记不可征信者比，而拘文牵义，已不可通；况萃集百家，不求所谓，但冀穿贯，谓非周纳傅会，吾将谁欺！设使和同贞谅之言，旁出汉宋诸儒，不

---

① 秦王：应是秦昭襄王（前324—前251），战国时秦国国君。嬴姓，名稷，秦武王异母弟，故又称"公子稷"。在位期间，以司马错、白起为将，坚持东进政策，攻取魏河东地，并攻破楚都郢，南进至洞庭湖，在长平大胜赵军，歼四十五万人。正式灭亡东周王朝，为后来秦统一奠定了基础。死后谥昭襄，亦称"昭王"。

② 赵太后：指赵惠文王太后（？—前301），赵武灵王之妻，惠文王之母。吴广之女，即吴娃，史称孟姚。周赧王五年（前310）由其父吴广入献给武灵王，立为王后。武灵王死后，她曾当政。有名的《触龙说赵太后》故事即发生在她当政之时。

知又当如何掊击。然则今人自谓折衷前圣，恐如泘阳豕昧，幸无庖人为左证尔，岂可谓定论哉！孙君言圣人贵实恶虚，是矣；不知《原性》之文，正蹈虚言之弊。宋儒轻实学，自是宋儒之病，孙君以谓三代之学异于宋学，当矣；顾以性命之理，徒博坚白异同之辨，使为宋学者反唇相议，亦曰但腾口说，身心未尝体践，今日之学，又异宋学；则是燕伐燕也。戴东原著《原善》诸篇，实有先儒未发之旨，虽补经训可也；但其论宋儒之躬行实践，则谓释老亦有躬行实践，不足为贤，然则戴君所以不求践履，非不能也，特恶其近释老尔。噫！

# 书郎通议墓志后[①]

人心不同如面，文辞亦如是也。不见著文之人，而相与商榷为文之意，则不可以擅改其文，恐作者之意未必尔也。乃世风不古，欲传先德，既托能文者为之矣，又与不必能文者私增损之，是求其文而诬其人矣。往者郎氏子弟请为《按察君传》，余既应之；又请代故大学士梁文定公[②]为撰志铭，盖藉荣于头衔而不知文之重也；然非一日之故矣，余亦以世法应之，初不为怪也。后闻有知余者，谓见郎氏《传》，疑余近业荒废，余不解所谓。最后于京师见郎《传》刻本，则于余文大有删改，全非余意，乃知其疑有由。阅五年，又见梁文定公志铭石刻，则题款全失法度，文定有知，当不为然，是郎氏诬余不已而转诬文定也。其尤悖理法者，改刑部侍郎阿杨阿公为少寇阿公，改礼部尚书吉林德保公为德定圃公，殆于一字不可通矣。不知郎氏子弟请之何人，其人亦不知具何胸腑，而为此更张。

---

① 本文作于乾隆五十三年（1788）。文中指出当时行文中有些人对于官名地名，滥用古号以混今称，而此风始于明中叶，因此他提出"必遵当代制度"。同时提出不能任意省称，以免造成笑话，再则便是避讳问题，都是行文中容易产生的一些弊病。还有一个重要问题，那就是"相与商榷为文之意，则不可以擅改其文"，这在今天来说，尤其值得注意，如果与别人讨论，对于对方文字千万不能断章取义，更不能歪曲别人的观点，这不单是文风问题，而是品德问题。对于这篇文章，章氏在《与邵二云论文书》中曾明确指出是《文史通义》的外篇。关于郎氏生平，章氏曾撰有《直隶按察使司按察使郎公家传》，载《章氏遗书》卷十七。郎若伊，字任之，自号醒石，先世辽东人，明初迁居于代（河北蔚县）。

② 梁文定公：指梁国治。

夫官名地名，必遵当代制度，不可滥用古号以混今称。自明中叶，王李之徒相与为伪秦汉文，始创此法，当日归震川氏已斥为文理不通矣，近因前人讲贯已明，稍知行文者，皆不屑为也。然王李虽乖法度，亦必古有此官而始借用，如户部尚书称大司徒，兵部侍郎称少司马，以《周官》六卿混作明制为不通耳。今纵欲袭其例，刑部侍郎亦当称少司寇，文虽不通而语犹完也；今删"司"字而称"少寇"，则古今皆无其号，直是市井谐诨，非复学士大夫之言。此而可入于文，即求为不通，不可得矣。夫文字承用，必有其解，寇则贼盗之谓也；司寇诘奸邪，故以"司"字为职掌耳，去"司"而称"寇"，则大寇小寇，乃是大贼小贼耳；以此而称刑部长官，安得有是理耶！至于满洲、蒙古，名称近古，男不称姓而妇女称姓，《春秋》例也。其稍异者，男子皆特称名，不似古人之同姓分氏耳。然官府文移，汉人著姓，满洲、蒙古既不称姓，则以名之首字著称，从权宜也。以故满洲、蒙古生子命名，无止取一字者，亦势所必然，其实二字三字或四五字，皆联缀成语，不可断也。故行文者于当世达尊，汉人可称某公某甲，某公某乙；若满洲、蒙古某甲某乙，本以联属为名，未尝著姓，止可称某甲公某乙公而不可中断其文，失其本然语意。且某公之与公某，止一颠倒其文，初无轩轾，试观元人所为蒙古、色目传志文字，可覆检也。今于阿杨阿公删去"杨阿"二字而称"阿公"，已不通矣，然犹曰官府文移有此例也；于德保公删去"保"字而称"德定圃公"，则又求为不通而不得矣。德保为名而定圃为字，截其名上一字而连字为称，是买臣字翁子，可称"买翁子公"，相如字长卿，可称"相长卿公"，有是理乎？且称名不拘，莫如《左氏传》例，忽名忽字，忽称采邑，忽称谥号，可为变矣；要皆因事成文，未有割裂名字，混合为一者也。鲁有公孙归父①，当时以归父著称，犹满洲名也，其字子家，不闻可以称"归子家"也；郑有罕氏婴齐②，当时以婴齐著称，犹满洲名也，其字子齹，不闻可以称"婴子齹"也。古今无此语，文章无此理，请改者不知何心，为之改者亦不知何意！"天之苍苍，其正色邪！其视下也，亦若是则已矣"。余恐后

---

① 公孙归父：春秋时鲁国大夫。姬姓，东门氏，名归父，字子家。庄公之孙，故称公孙。
② 罕氏婴齐：即郑子婴齐（？—前680），春秋时郑国国君。姬姓，名婴齐，字子仪，庄公之子。周庄王三年（前694），他被郑卿祭仲迎立为君，在位十四年，被流亡在外的郑厉公指使大夫傅瑕所杀。

人不察而猥以嗤文定也。

按满洲、蒙古有姓无氏，其著籍仅以名行，官府文书，不得已而取名之首字以代姓矣。而询之旗籍，凡家规谱例，其名首一字，子孙未尝不避讳也。此人于阿杨阿公删去"杨阿"二字而称"阿公"，于德保公删去"保"字而称"德定圃公"，固属庸妄无知，然其意则欲避人之名讳耳。不知即"阿"字"德"字，已犯其讳，不必更连下文始谓之犯，盖由不明事理，又不知满洲、蒙古之家规谱例也。而传记行文，实有难者，虽元人为蒙古、色目文字，亦未足尽其变也。如阿杨阿公德保公固传志文字，传信不当讳矣；志文尚有故大学士英廉公语，此人改为"英文肃公"，其截用讳首一字，固不通矣；但公薨大臣，已有易名之典，而临文仍斥其名，于理亦有不安。文肃公本冯姓，则于书谥不称名者，或可著其姓而缀谥号欤！乃满洲大臣亦间有著姓者，如栋鄂氏称鄂，高佳氏称高，傅察氏称傅之类，则于三合四合之姓，或举其著称之一二字以入文，亦可行欤！又金石传记之外，如序跋小文，札牍短语，例不必书名又不必特书姓氏者，庄重书之，既非其体，秃书其字，又恐人之难知，行文斟酌轻重，权宜为之，固无不可；著为一定之法以范后人，殊不易易。盖我辈为之如是其反覆周详，不敢苟也，彼不问是非，妄加涂窜，全无心肝者哉！

古人二名不偏讳，颜氏《匡谬正俗》，谓世俗二名止称一字者为非，皆谓命名二字，连而不可断也。然介之推即介推也，孟之反即反也，王羲之之子实名献之。盖之以之类，虚字成文；子甫之属，丈夫通号，则又不尽拘于合字成文之例也。旗籍人名有阿某者，阿为发语之音；有某某阿者，阿为收语之音，似与之推、之反、羲之、献之一例，则阿字在名首者，或可不为讳欤？又兄弟联名，有同上一字者，有同下一字者，其同上一字者，或可断文以称，略视古人之命氏欤？然《天潢玉牒》，雍正年间亲王名上一字同御名者，至乾隆年则谨避庙讳，是则臣庶之家，子孙讳其祖父上下二字，不容有所择矣。故行文之遇满洲、蒙古，其文关史法者，必联书其名，而不可断其名首一字以代姓氏；其寻常笔录，则书其字而注其名以备考可尔。至于鄂公、高公、傅公之类，本为其姓，虽用汉人之例，无不可也。

## 朱先生墓志书后[①]

余为《〈郑学斋记〉书后》,极言墨守之弊,或举《朱先生志》[②]有云"名物象数,训诂文字,并主汉人之学",谓是心不满于先生,于此有微辞焉,此则拘文牵义,难以语于通方者矣。先生学问文章,志语颇得其要,不敢溢美,不敢歉量,固无隐无犯之大义也。若谓主汉人学即与墨守同讥,不知先生为文章家言,经传训诂,取足疏证立言宗旨,与专门治经,师授渊源,一字不容假借者,义不同科。志文又云"汉人不能无失,近古得之者多",此见先生善所因矣。

近世学者不知文章自有其体,而偏重学问,因见文章称述,小与旧说异同,即哗然纷争,如见所怪。不知巫医可以证《易》,贫富可以通《诗》,圣人称述六艺,本无一成之例。苟稍滞焉,则《北山》[③]至于臣父,《云汉》[④]可以无民,触处皆窒碍矣。今之攻小学者,以为六书不明,则言语尚不可通,况乎义理!然韩子曰:"凡为文辞,宜略识字。"略识云者,未如今之辗转攻取,毕生莫能殚也。以其毕生莫殚,故终其身而无可属辞之日,然不应妨他人之属辞也。韩子立言,如《五原》、《禹问》[⑤]诸篇,昔人谓与孟、扬相表里者,其中仁义道德诸名,修齐治平诸目,不知于六书音画,有何隐奥未宣究也!读《易》而知寡过,读《书》而得知人安民,读《诗》而知好善恶恶,读《春秋》而论其谨严名分,不待穷《说文》之偏旁,辨《广韵》[⑥]之音释,与夫诸子之纷纷攻辨,而六经大义,昭如日月,虽使许慎复生,康成再出,卒莫能有加重于此也。

夫专门绝学,自可宝贵,立言之士,择其善而从之,所谓为高因丘陵

---

① 本文作于乾隆五十五年(1790)。文章告知人们,对于古人学问,"立言之士,择其善而从之",切不可样样墨守前贤,否则学术就难以发展。此文可与《〈郑学斋记〉书后》一文同时阅读。

② 《朱先生志》:指朱筠《墓志》。

③ 《北山》:《诗经·小雅·谷风》篇名。

④ 《云汉》:《诗经·大雅·荡》篇名。

⑤ 《五原》、《禹问》:见《韩昌黎先生集》卷十一,即《原道》、《原性》、《原毁》、《原人》、《原鬼》和《对禹问》。

⑥ 《广韵》:全称《大宋重修广韵》,韵书,五卷,宋陈彭年等奉敕撰。

也。必强天下之人皆作丘陵,则亭台楼观,将以因高而为之者,又当责之何人耶?偏心自是,于义不可通矣。夫自大视细者不入,自细视大者不尽,交相非而未有能定,是以贵通人之识也。

## 《说文字原》课本书后[1]

六书小学,古人童蒙所业,原非奇异。世远失传,非专门名家,具兼人之资,竭毕生之力,莫由得其统贯。然犹此纠彼议,不能画一,后进之士,将何所适从乎?或曰:联文而后成辞,属辞而后著义,六书不明,五经不可得而诵也。然则数千年来,诸儒尚无定论,数千年人不得诵五经乎?故生当古学失传之后,六书七音,天性自有所长,则当以专门为业;否则粗通大义而不凿,转可不甚谬乎古人,而五经显指,未尝遂云霾而日食也。

周君之刻《说文字原》,盖欲初学粗明大义,而其说至纷纷而不可撩者,则未尝以染指也。左右楷释,则其弟稺圭侍讲所为,而右方篆书,则用释梦英之石刻,而《跋》云"陈竹厂氏为之",盖初欲陈君为之,而陈君病懒,遂取英本付刻,而跋语未及改也。有乡曲侩子与竹厂忤者,哗曰:"此篆不合许氏!"因痛诋竹厂自误误人,如讼不得直,掩得仇家阴事然者,势汹汹且未有已。余意周君此刻,本为童子塾课,非著述也,即有得失,亦无足议。然彼所谓不合许氏,必有见于许氏云何,是亦不可以不察也。

高邮王怀祖氏[2]深于小学,因遂质焉。怀祖曰:"此篆无甚不合。彼所谓不合者,乃不合于汲古阁毛氏刻本耳,非别有许氏真传,不相合也。毛刻在

---

[1] 本文确切写作时间未详,乾隆四十八年(1782)癸卯,章氏主讲永平敬胜书院,这年他在夏秋两次给周震荣写信讨论"课蒙书",即《答周筼谷论课蒙书》,并且都注明"癸卯"二字,而这年又有《与乔迁安论初学课业》,因此,《〈说文字原〉课本书后》很可能就是写在这一年。文中除了对该课本进行评论外,还对当时的学风提出了批评,如对"六书不明,五经不可得而诵"的说法进行反驳,对考订不求其义,而一味考订而已的盲目行为进行批评。

[2] 王怀祖(1744—1832):清朝文字音韵学家。名念孙,字怀祖,号石臞,江苏高邮人。乾隆进士。任陕西道御史,吏科给事中。曾上书参劾和珅祸国殃民。后受命治理黄河,著《导河议》、《河源纪略》。罢官后专事学术研究,尤精于小学和古籍校勘,所著《广雅疏证》、《读书杂志》在学术史上有很高地位。初从戴震学,为"皖派"重要人物。

今固称佳本，但亦有不合。此与英本相较，字画小异而义各无伤者，固可弗计；即有违异，亦互著长短，未见此劣而彼优也。"余曰："近日考订之学，正患不求其义，而执形迹之末，铢黍较量，小有同异，即嚣然纷争，而不知古人之真不在是也。文字有画以著义，犹笙箫因孔以出声也。笙箫之孔，苟于钟律无讹，自能和声以入乐，而漆色之浅深，画文之疏密不与焉。钟律苟不取谐，但求画文漆色，虽同大舜之《箾韶》，无能协也。今之自命为考订而好争无益之名数者，率皆不知钟律而侈言漆色画文者也。"

## 《郑学斋记》书后①

戴东原云："郑学微而始以郑氏名学。"其说洵然，时文兴而文辞始有古文之名，同一理也。戴君说经不尽主郑氏说，而其《与任幼植②书》，则戒以轻畔康成，人皆疑之，不知其皆是也。大约学者于古，未能深究其所以然，必当墨守师说。及其学之既成，会通于群经与诸儒治经之言，而有以灼见前人之说之不可以据，于是始得古人大体而进窥天地之纯。故学于郑而不敢尽由于郑，乃谨严之至，好古之至，非蔑古也。乃世之学者，喜言墨守，墨守固专家之习业，然以墨守为至诣，则害于道矣。昔人谓"宁道周孔误，勿言

---

① 本文作于乾隆五十五年（1796），但钱穆《实斋文字编年要目》列在五十四年。《郑学斋记》是戴震所写的文章，章氏读了以后，写了书后，实际上是读后感。他在文章中对戴震的学术观点作了很高的评价："戴君说经不尽主郑氏说，而其《与任幼植书》，则戒以轻畔康成，人皆疑之，不知其皆是也。大约学者于古，未能深究其所以然，必当墨守师说。及其学之既成，会通于群经与诸儒治经之言，而有以灼见前人之说之不可以据，于是始得古人大体而进窥天地之纯。故学于郑而不敢尽由于郑，乃谨严之至，好古之至，非蔑古也。"文中批判了那些墨守陈言，因袭旧说，为戴震进行辩护，指出"学于郑而不尽由于郑"，正是戴震高明之处，为什么别人就看不出呢？胡适在《年谱》中摘引了该文后说："先生此论，可谓深知戴氏之学，先生虽常不满于戴，然先生实真知戴者。观此篇可证。"那些一直认为章学诚故意贬低戴震者，奉劝其认真阅读一下此文，还有那些固执墨守旧说，而这些旧说早已为人们所否定者，亦应很好阅读一下此文，千万不要做"墨守而愚"，更不能做"墨守而黠"。

② 任幼植（1738—1789）：清朝学者。名大椿，字幼植，一字子田，江苏兴化人。扬州学派代表人物之一。与章氏同学古文于朱筠，曾任礼部主事，后为《四库全书》馆纂修，卒年仅五十二。章氏曾撰《任幼植别传》，收入《章氏遗书》。著述甚多，有《小学钩沉》、《吴越备史注》、《弁服释例》、《字林考逸》、《列子释文考异》和诗文集等。

马郑非"，墨守之弊，必至乎此。墨守而愚，犹可言也；墨守而黠，不可言矣。愚者循名记数，不敢稍失，犹可谅其愚也；黠者不复需学，但袭成说，以谓吾有所受者也。

盖折衷诸儒，郑所得者十常七八；黠者既名郑学，即不劳施为，常安坐而得十之七八也。夫安坐而得十之七八，不如自求心得者之什一二矣，而犹自矜其七八，故曰德之贼也。惟墨守者流，非愚则黠，于是有志之士，以谓学当求其是，不可泥于古所云矣。

夫是者，天下之公允也；然不求于古而惟心所安，则人各有心，略相似也；是尧舜而非桀纣，亦咸所喻也。依傍名义，采取前言，折中过与不及，参以三占从二，人皆可与知能，因而自信于心，以谓学即在是，则六经束高阁，而五尺之童皆可抵掌而谈学术矣。任氏锐思好学，非荒经蔑古者也；然未能深有得于古人而遽疑郑学，此戴君之所以深惧也，故又以为戒耳。然墨守之愚及墨守之黠，与夫愚心自是而不为墨守者，各执似是之非以诘戴君，戴君将反无辞以解。故曰："非好学深思，心知其意，难为浅见寡闻者道也。"

## 《韩诗编年笺注》书后①

桐城方世举②扶南氏，撰《韩昌黎诗集编年笺注》十二卷，每卷之首，标列篇目，篇目之下，标明出处时世，观者但考十二篇目，而洪氏《年谱辨证》，程氏《历官之记》，皆可列眉而指数焉。德州卢氏见曾为之订正复舛，而刻以行世，是亦攻韩《集》者不可不备之书也。唐人诗集宜编年者，莫若杜、韩，杜之编年多矣，韩则仅见于此。是固论世知人之学，实亦可见诗文之集，固为一人之史，学者不可不知此意。为诗文者，篇题苟皆自注岁月，

---

① 本文作于乾隆五十六年（1791）。作者此时正在武昌编《史籍考》，故有可能查阅此类著作。章氏一再声称自己不善于写诗，也很少评论诗作，而这篇读后感中，则发表了他对诗的评论观点。值得注意的是，有人"于《庐江小吏焦仲卿妻》一篇，极诋焦仲卿之溺爱忘亲，自谓有补风教"，章氏则认为"此等真是村荒学究见识。以此论文，最为误事"。可见在文学艺术与风教之间，他也并没有将风教放在首位。

② 方世举：《清史稿·艺文志》魏至明诗文集类著录方世举《编年昌黎诗注》十二卷。

则后人一隅三反，藉以考正时事，当不止于小补而已。

按周紫芝[①]辨韩诗《嘲鼾睡》二首，以为退之平日未尝用佛家语，且"铁佛皱眉"之类，语近鄙俚，此诗非韩作。真瞽说也。方氏据朱子《集》中有"晨起读佛经"解之，似矣。顾韩诗中尚有东野失子大用《涅槃经》[②]语，何尝以佛经为诧，《月蚀》诗中，"杷沙脚手"、"婪酣大肚"等语，何尝以鄙俚为嫌？顾侠君号为通博，乃取此等悠谬议论，殊不可解。近闻有说诗者，于《庐江小吏焦仲卿妻》一篇，极诋焦仲卿之溺爱忘亲，自谓有补风教，此等真是村荒学究见识。以此论文，最为误事。惜方氏辟之犹未畅厥指也。

大抵学人之诗，才人之诗，诗人之诗，文人之诗，各有所长，亦各有其流弊。但要酝酿于中，有其自得，而不袭于形貌，不矜于声名，即其所以不朽之质。是以《汉志》区诗赋为五种，而赋家者流，又分屈原、荀况、陆贾以下，别为三家之学。惜刘、班当日，但分其类，而未尝明著其说，而后世家学流别之义，又无有能通之者，是以各就己之所近，浸淫入之，以为诗赋之道，一而已矣。苟有不为其说，不同其道，而称诗赋者，即不胜其入主出奴，愤若不共戴天，苟有识者通其源流，奚足当吹剑之一吷乎！主风教者，贵有操持之实，极言是也，婉言亦是也，无其实而惫于逌人之铎无谓也；征学术者，贵有怀抱之志，侈言是也，约言亦是也，无其志而劳于书肆之估无谓也。性灵，诗之质也，魂梦于虚无飘渺，岂有质乎！音节，诗之文也，桎梏于平仄双单，岂成文乎！三百之旨，五种之流，三家之学，虚实侈约，平奇雅俗，何者非从六义中出，但问胸怀志趣，有得否耳？而世人论诗，纷纷攘攘，昧原逐流，离跂攘臂于醯瓮之间，以谓诗人别有怀抱，呜呼！诗千万，一言以蔽之，曰：惑而已矣！

---

① 周紫芝（1082—？）：宋朝官吏。字少隐，自号竹坡居士，安徽宣城人。绍兴中始登第，历官枢密院编修官，右司员外郎，出知兴国军。著有《太仓稊米集》、《竹坡词》、《竹坡诗话》。

② 《涅槃经》：《新唐书·艺文志》著录唐贞观中安定人席怀默的《涅槃义章句》四卷，又有灵润《涅槃义疏》十三卷。而这些都是对《涅槃经》的解说或注释。《宋史·艺文志》释氏类著录《佛垂涅槃略说教戒经》一卷。

# 金君行状书后[1]

　　曾氏巩谓："子孙欲表扬其祖父，必托之有道德而能文章者，其于恶人则拒之，众人则能辨焉。"韩氏愈曰："古之道不苟毁誉于人。"然则载笔之士，蕲合乎古人立言之旨，必从事于择与辨，而铢黍芒忽之间，不苟为炳炳烺烺，饰人耳目，盖有道矣。古人之书具在，而当日所谓择与辨者，吾不能知，其有自名家者，凡所论述，往往别见史书传记，按以重轻详略，则未有直以臆为之者，古人于斯，盖其慎也。

　　夫志状之文，多为其子孙所请，其生平行实，或得之口授，或据其条疏，非若太常谥议，史官列传，确然有故事可稽，案牍可核也。采择之法，不过观行而信其言，即类以求其实，参之时代以论其世，核之风土而得其情，因其交际而察其游，审其细行而观其忽，闻见互参，而穷虚实之致，瑕瑜不掩，而尽扬抑之能。八术明，而《春秋》经世之意晓然矣。生平每谓文采未优，古人法度不可不守；词章未极，三代直道不可不存。其于斯文，则范我驰驱，未尝不为是凛凛焉。读者不察，而漫以是谓失实徇人，则不可以不辨也。彼徒见元日平棚民乱于反掌之间，知县擢去，而金君不得迁官，因谓功在知县，疑好事者附会而妄称之，是未知即类求实之道，而一以功名得失为断焉。即韩子所谓好议论，而不乐成人之美者也。岂所语于卓荦观书，平情论世者哉。

　　夫金君之才其实也，才著卑官，而三平大狱，事之得其类者也。棚民之反，发于童子，而童子给役金君不可假，集众奸寇，功在先登。而金君率三百人，首当其冲，不可假皆其实也。所疑者，计谋之或出知县，或出金君，可假借耳。而前有都刚之变，后有翠微之狱，则亦事之类者也。都刚奸民，劫知县去，而巡抚以兵属君。宁都之民与知州讼，而巡抚听君，此俱不

---

[1]　本文作于乾隆四十六年（1781）。墓志铭与行状，都是重要的史料。但在使用时，必须慎重审核，因为这类文字的撰述，大多为其子孙们所请托，其生平行实，亦多为其子孙所提供，其中溢美虚假之辞在所难免。此文提出择辨史料之法很有价值，不独可辨志状之文，即使辨家谱史料之真伪，亦同样适用，真所谓"八术明，而《春秋》经世之意晓然矣"。

可假借为者。则君之树立有素，而以类比观之，可以得其临事能谋之实，兹谓即类以求其实而已矣。何用逆诈用情，妄意其有所附会耶？

呜呼！古人著书，必有授受，史迁之所谓传之其人，班固之待其女弟讲授，盖文字足以达其所著，而不足以达其所以著，故家学具存，而师传不绝，其势然也。后代师法既亡，人自为说，凡例不明，体要未究，虽有古人之志，人亦无由而知。文字繁复，倍于古人，此亦无可如何者耳。故记事必征所授，立说必明其故，慎斯以往，犹惧不称，况敢以意为重轻，望读者之心知其意乎！是以辨论所及，不惮往复，辄推究之，至于如此，庶几览者得以详焉。

## 跋《香泉读书记》①

香泉孙君，名家世学，具经济才，以其余蕴，发为诗古文辞，横绝一世。乾隆庚戌同客武昌弇山尚书节府，暇日相与讨论古今述作，原委秩然。因出所著《读书记》一卷示余，上自周、秦，下迄近代，皆其读书有得，发为论辨以自见其怀抱者也。余谛审之，其识卓而醇，其气昌以肆，其于古今是非，时事得失，不啻烛照数计而龟卜，盖于前贤，深得东莱之议，眉山之论，而议去其迂，论裁其纵，殆从容自得于古人之道者也。香泉不自满假而质疑于余，余自惟疏陋，何以益香泉哉！

顾文者气之所形，古之能文者，必先养气，养气之功，在于集义，读书服古，时有会心，方臆测而未及为文，即札记所见，以存于录，日有积焉，

---

① 乾隆五十五年（1790），章氏与孙香泉同在武昌客毕沅幕府，应孙请托而写此文。文中提出，若要写好文章，必须先要"养气"与"集义"。而"养气"的过程，则是平时在阅读中有所心得者做好"札记"，通过日积月累，"充满流动，然后发为文辞，浩乎沛然，将有不自识其所以者矣"。在此过程中，由于"存记札录，藏往以蓄知也"，可见，"存记札录"，其功实不可少，它是积累知识、"读书练识"、"藏往以蓄知"的重要手段，是做学问的重要基本功。惟其如此，他在《家书一》中教育子侄们说："札记之功，必不可少；如不札记，则无穷妙绪，皆如雨珠落入大海矣。"也许有人会说，现在已是电脑时代，言下之意做札记早过时了。这里我也奉劝诸君，知识的积累在任何时候都是少不了的，没有知识的积累，还谈什么做学问呢？孙香泉（1748—？）名云桂，香泉乃是其号，江苏长洲人。家贫，候选布政使经历，长期以游幕为生。1785年至1796年，客毕沅幕府，佐理案牍。著有《妙香阁文稿》。

月有汇焉，久之又久，充满流动，然后发为文辞，浩乎沛然，将有不自识其所以者矣。此则文章家之所谓集义而养气也。《易》曰："神以知来，知以藏往。"存记札录，藏往以蓄知也；词锋论议，知来以用神也。不有藏往，何以遂知来乎！韩退之曰："记事者必提其要，纂言者必钩其玄。"钩玄提要之册，不可以示人。而诗文七百，今之光河岳而掩日星者，必自当日不可得见之钩玄与提要也。

冉有①闻夫子之言曰："昔者吾昭然，今者吾昧然。"夫子曰："昔之昭然也，神者先受之，今之昧然，殆又为不神者累耶！"冉有未对。夫子则曰："已矣，未应矣。"说者以谓正欲用其未应之机，夫有得而未见于文，即未应之机也。陆士衡②曰："意翻空而易奇，事征实而难巧。"故论理之文，常欲使与叙事之文相间为之，则遣言不易，而虚理实事，得以互相证发，是又道不虚行之明验也。要之于余皆无所得，所言正蹈翻空之切病也。香泉得毋笑其言之失实矣乎！虽然，愿与香泉共勉者也。

## 跋《江宁古刻今存录》③

金石著录，仿于孔甲《盘盂》④，历两汉、晋、宋，未有继作。梁孝元尝撰《碑集》百卷，未久即已残阙。《隋志》仅著《杂碑》三十二卷，《碑文》一十五卷，则佚者殆过半矣。然百卷义例，今不可考，而由《隋志》分著之目观之，则《杂碑》似著碑刻名目，《碑文》乃其存全文者，即后世著录与载文二种所由始也。乃历陈、隋、三唐、五季，人无为其学者。至宋，欧、赵诸家出，而学者矜为创始之精，不知古学失传，至是始复，而后人踵事增

---

① 冉有：孔子学生，名冉求，字子有，故称冉有，有时亦称冉子，当时在鲁国大夫季氏之下做事。小孔子二十九岁。

② 陆士衡：陆机的字。

③ 本文写作时间未详。

④ 孔甲《盘盂》：共二十六篇，相传为黄帝之史孔甲作。一说夏帝孔甲作。实为铜器铭文。《汉书·田蚡传》载其"辩有口，学《盘盂》"。应劭注："黄帝史孔甲所作也，凡二十九篇，书盘盂中，所以为法戒也。"《墨子·非命》下云："镂之金石，琢之盘盂，传遗后世之孙。"盘盂为青铜盛物之器，圆者为盘，方者为盂，多刻有铭文，亦如钟鼎。早亡佚。

华,遂如青出于蓝而胜于蓝尔。

南宋征实之学,于今习为风气,金石著录,访逸搜奇,层见叠出,盖亦有前人之所未及者矣。顾骛博者侈其名目,鉴赏者炫其评骘,录成文而不见真本,则讹舛难凭;模拓本而未临其地,则存亡莫考。是以撰辑虽多,鲜能完善而无弊也。

某友手著《江宁古刻今存录》八卷,用备一方掌故者也。江宁即古金陵,夙称名胜之地,金石刻画,见于著录者,多不胜收。而府县志乘,存录文辞,亦复盈篇累卷。然某友身所涉历,存者十不二三,手之所摩,与板本流传,志乘文字,讹者十常五六。然则考金石于著录文辞,又可尽信乎哉?某友于古录之存者,必证以今之所见,又于今之所见,补古录之所无,与空求著目,及转钞文辞者不同。六书偏旁,史传事实,择其可知者订之,而缺所不可知者,不委曲以求备,则事可征信,而书无卮言,可谓能用心矣。

夫江宁为六朝都会,梁孝元《碑集》如存,《古刻》当甲于他部矣。顾宋元人之著录,久已不见梁《集》,而惟详于当日之所见闻,则雕板之书未行,而金石著录与金石,同有时湮没也。今宜付刻以广其传,庶几金石之寿,兼资竹帛,而不致为萧梁《碑集》之沦失也欤。

## 跋《屠怀三制义》[①]

制举之业,如出疆之必载贽也。士子怀才待用,贽非才,而非贽无由晋接,国家以材取士,举业非材,而非举业无由呈材。君子之于举业无所苟者,必其不苟于材焉者也。余尝谓学者之于举业,其用于世也如金钱,然人生日用之急,莫如布帛菽粟,彼金钱者,饥不可食,寒不可衣,然流通交

---

① 本文作于乾隆六十年(1795)。文中指出经史之业与举业不同道,举业为了应付考试,自然要求速成,而"经史辞章,无论华实本末,要皆求立于己者也。十年读书,十年养气,毕生事业,不以岁月为期……盖著述之事,所求者远大,古人不欲早传,自有深意,与举业不同道矣"。如今许多学术著作,其成书之快,又远胜于举业,而不知学问乃是一种积累。

易,不用金钱,而用布帛菽粟,则布帛菽粟必且滥恶售伪,而病人衣食矣。故急在布帛菽粟,而质剂必于金钱,理易明也。学人具有用之材,朴则有经史,华则有辞章,然以经学取人,则伪经学进而经荒,以史学取人,则伪史学进而史废。辞章虽可取人,毕竟逐末遗本。惟今举业所为之四书文义,非经非史非辞章,而经史辞章之学无所不通,而又非若伪经伪史之可以旦夕剿饰,又非若辞章之逐末遗本,上以此求,下以此应,正如金钱之相为交质耳。非然,征金钱者,志不在金钱,而在布帛菽粟;试士以举业者,志不在举业,而在经史辞章有用之材。富家广有金钱,正以布帛菽粟,生人日用所需,无所不聚之所致也。士子习为举业,而忘所有事,则如锻工铸匠,仅能镕造金钱,而家无布帛菽粟之储,虽金钱出入其手,而其身仍不免于饥寒者也。

科举之士,沿流忘源,今古滔滔,习焉不察。惟豪杰之士,警然有省,则不肯安于习俗,由举业而进求古之不朽,此则不负举业取人之初意也。

族婿屠君怀三,英年负奇,所为举业之文,已自斐然成集,父兄师友,嘉其志尚,为一再付刻,以问当世。其业既斐然矣,君犹自不足,以其所刻《霁岚制义》三集,凡若干篇,以质于余。余惟君能不苟于举业,必能不苟于有用之材。金君墨闾叙君文曰:"见君所为古文,有见道语,则已从事于古人之不朽,举业其余事也。"然举业所以求知于人者也。英妙之年,刻以问世,唐人投行卷,宋人进策论,皆为进身之贽,亦其例也。

经史辞章,无论华实本末,要皆求立于己者也。十年读书,十年养气,毕生事业,不以岁月为期,昔伊川《易传》既成,门人请出以问世,伊川云:"尚冀有所进也。"盖著述之事,所求者远大,古人不欲早传,自有深意,与举业不同道矣。譬之富家金钱,与世流通,而田宅世业,恃以安身而养命,则终身守之,而不与人为市,故能长守富也。余于金钱田宅,皆无所有者也,然常从事于斯矣。如牙人贫无立锥之地,犹能品评物价者也。感君辱问之殷,用进刍荛之说,不足当吹剑之一映也。

# 跋《邗上题襟集》[1]

　　《邗上题襟集》，两淮转运南城曾宾谷使君所撰辑也。盖自乾隆癸丑下车，至嘉庆丁巳，五年之间，官暇政理，四方贤达，云集景从，主宾皆极一时之盛。而唱酬篇什，随事即景，烂盈箧笥，莫不人工天错，以视汉上荆南旧事，殆于过之无不及矣。使君犹谦挹自牧，言古人佳会，主客工力相敌，而于斯集，则推重诸宾，自谓不如，聊藉以自励耳。是固使君谦德，亦见汇众流者，未有不渊壑其怀者也。然余因使君主客之说，更请进一解焉。夫文章自在天地，藉人发挥之耳。人才分则不足，合则有余；著述私则力微，公则功巨。刘安合八公之徒，撰辑《鸿烈》内外诸篇，实周秦以后之伟制，此非一人聪明手足所能为也。今则但知刘安氏书，何从分主客哉！且《鸿烈》之书，历久如新，而当日淮南宾客所为辞赋，见于《汉志》凡八十余篇，今不能无存逸，岂文有优劣哉！盖分之不足，合之有余之明效也。然今观《鸿烈》之书，学者藉考古遗文，士资其瑰丽，固不可无。若其宗旨，不过老庄绪余，时杂百家论说，儒者不免有遗议矣。

　　今淮南之地如故，而学者习业，比于八公杂服，醇且雅矣。使君以川汇海涵之才，莅冠盖辐凑之会，《题襟》雅韵，略见一斑耳。倘念天地精华，不易易也，人才难萃而易分，良时难觏而易逝，慨然因地乘时，集众长而著为不朽之业，且为学者无穷之衣被焉。则何《鸿烈》之足拟，而又何斤斤校量于主客工拙间哉！

　　夫善与人同，量之恢也，宾由主度，礼之正也。阅天府之藏，不辨隋珠赵璧，窥师般之室，何知桃剑凫钟。使君兼人之度，扩之有余裕矣。余愧不

---

[1] 本文写作时间无确切记载，很可能写于嘉庆丁巳下半年，即嘉庆二年（1797）。因为这年五月，章氏经陈东甫介绍到扬州，投盐运使曾燠（宾谷），至秋始得相见，因为此人在扬州招致名士，提倡风雅，而此时正欲撰修方志，拟请章氏主其事。后志事未作，章氏留扬州至岁末辞归。他还有《丁巳岁暮书怀投赠宾谷转运因为志别》七言古长诗一首，历叙一生的遭际，具有史料价值。从此诗亦可证明文章写于此时。曾燠（1759—1831）字庶蕃，号宾谷，江西南城人。乾隆四十六年（1781）进士，改庶吉士，四十九年（1784）改户部主事。历两淮盐运使、湖南、湖北按察使、广东布政使、贵州巡抚、两淮盐政等，著有《赏雨茅屋诗集》。在扬州期间，曾有拟修方志之意，请章学诚主其事，后未果。

能步趋后尘，辱使君爱，不可无以报也。辄因使君谦挹之义，推而广之为说如此，其他称述，则诸君子详哉其言，故不缀。

## 徐尚之古文跋①

徐尚之少牧，尝学古文辞于大兴朱氏，向在都门，见似为人传志者一篇于史苍言②座间，叹其文有法度，而所为文不可忆矣。兹来大梁，尚之补太康丞，相见论文，乃符初念，因出先后所为文二卷示余，辱问题品。余观叙述之文质以雅，辞命之文婉而折，议论之文清且坚，力求未至，古人不远人也。

近日辞章盛，而鲜为古文辞者。大兴朱氏，教人古文义法，所言在至浅近，而人犹訑訑不信，盖为者少，知之者则愈难也。三数人为之，不能胜千万人弗为，要自得于古人，则一时毁誉不足计也。苏子由谓文不可学而能，气可以养而致，此言可谓知要矣。愿养气不知集义，苏氏之所以仅为苏氏欤！读书广识，乃使义理充积于中，久之又久，使其胸次自有伦类，则心有主，心有主，则笔之于书，乃如火然泉达之不可已，此古人之所以为养气也。尚之得无于此，又进一解已乎。乾隆五十三年戊申上元后一日。

## 刘氏书楼题存我额记③

宝七刘子，家世文学，夙负不羁，又生长华绮，风标隽爽，弱冠之年，

---

① 此文作于乾隆五十三年（1788）正月，文末已著明。文中再次言及为文必先养气，文章虽短，但内容都很实在，可与《跋〈香泉读书记〉》参照阅读。
② 史苍言：《章氏遗书》卷十六《改订史苍言所撰会稽陈君墓碣并铭》。
③ 此文作于乾隆五十三年（1788）。全篇文章都富有哲理性，反映了他的人生观。他告诉人们，整日寻求声色享乐放荡的人，是永远不会进步的，这种人也就失去了人生的价值。只有不断改造自己，"时时去其故我，而后所存乃真我"，"我"才会不断新生，人生也才会有价值。只要有了这种不断前进的精神，那么，无论人生道路上有多少"升沉得失"，也不能摧垮自己。一个人应当不断完善和发展"自我"，才可能取得事业的成功，也才称得上是"不负我生"。章氏一生尽管饱经沧桑、坎坷潦倒，正因为具有了这样的人生观，最终完成了他所心爱的文史校雠之业，成为杰出的史学评论家、方志学奠基人。

见者以为神仙中人也。壮年家事中落,累举不得志于有司,衣食之谋,舟车南北,年且过强仕矣。乾隆五十二年冬,余遇之京师,刘子意不自得,明年自京以书抵余,谓倦游惫甚,将为归计,家有书楼,命工葺之,他日读书,且课子弟其中,求京师善书者,大书"存我"二字,以为之额,俾余为文记之。

"存我",刘子所自号也。刘子以为,天地生我,父母育我,非漫然者,我不可以自忘其我,故欲存之,且传之子孙,俾各思其所谓我者,而皆存之,是刘子志也。昔者夫子毋我,我者形气之私,故圣人绝焉。庄周亟称子綦丧我,我者是非之媒,故达者忘焉。今刘子乃欲存我,毋乃异于古所云乎?观其言曰:"天地生我,父母育我,必非漫然,故不可忘。"是刘子之所欲存者,乃生人所以不为漫然之故,而非私于形气,争于是非之所谓我也。颜渊曰:"舜何人也?予何人也?"诘其果为何人,任斯道者,必曰我矣。孟子曰:"大人者不失其赤子之心者也。"所谓赤子,我之所由来也。又曰:"夭寿不贰,修身以俟之。"所谓俟者,我之所由往也。我有来往,我不长存者也。我不长存,而思所以存之,以为及我之存,可以用我耳目聪明,心识志虑,而于具我之质,赋我之理,有以稍得当焉,虽谓不负我生可也。

夫人之生也万变,所谓我者亦万变,毋论各有其生,各不相俾,即一生所历,亦自不同。夫子十五志学,以至七十从心,迥乎远矣。蘧伯玉①行年五十,而知四十九年之非,则今日之我,固非昔我,而后此之我,又安能必其如今我乎!食色嗜欲,人人莫不有我,徇于食色嗜欲之人,其所谓我,常存而不变者也。苟思生不漫然之我,则随其思之所至,即为我之所在,岂惟与年为异,抑亦日迁月化而不自知也。然则欲存我者,必时时去其故我,而后所存乃真我也。夫心境身境,其中皆有我也,心有主宰,则身之所处,升沉得失,不能溷焉。刘子数十年来,身之所涉,亦多故矣。以为皆不足以撄心,而谆谆然犹思生之所以不漫然者,题额自号,且以勖子孙焉,则刘子之所以为我,极其思之所至,乌能测其涯涘也哉!

---

① 蘧伯玉:春秋末卫国大夫。名瑗。相传他行年五十,而知四十九年之非。为人勤于改过,能进能退,与时无忤。吴公子季札去卫观光,赞许他为"君子"。孔子也佩服他力求寡过,过卫时曾寄住其家。

# 吴澄野太史《历代诗钞》商语[①]

承示《诗钞》凡、目，义例精纯，考订该博，足为近代佳选。鄙人于诗无能为役，古人用意，及流传篇什，是非得失，所在茫然，殆于黑白不分，是以平日未敢轻置一议。惟于编书义例，及著录考订之处，辄因管窥所及，用报下问殷怀，亦未敢遽以为然，聊备采择可耳。

凡例第一条，鄙意以谓全书冠首，似可统举大凡，原例八十七字，鄙拟易为古人编诗，各有所主，约有分代、分家、分调、分类、分体之别，分代主于世运，分家主于流别，分调主于协律，分类主于比例，分体主于法度，各有所长，而不可偏废者也。兹辑主于分体，一体之中，又存分代分家之意。原例但云分体。

凡例第八条原文云："历代诸诗，间亦采用后人改本，然必其参酌尽善者，大都止在词句之间，惟沈佺期[②]《独不见》七言一首，本用齐梁旧体，后人改为七律，较之七古更佳，今特从之，固不以改其体制为嫌也。若常建[③]《题破山寺后禅院》五言，亦齐梁旧格，改为五律，意致顿减，自当仍从其旧。此外凡从后人改本，有原集可考者，皆载入注内，其善否，览者当自得之。"立论取义，可谓详矣。其下数语，鄙意嫌于过谦，似恐考据经史一流，从而指摘，而为是周旋，转于义理有未畅也。今欲妄删原文中论诗与考古书不同数语，而易其文曰："诗文乃天下公器，点窜涂改，古人不讳，要于一是而已。庄子点窜《列子》，而胜于《列子》；史迁点窜《国策》，而胜于

---

[①] 本文作于嘉庆三年（1798）。此文的撰写，他在《上朱大司马书》中讲了撰写的原由："维扬吴澄野编修（绍棨）以《历朝诗选序目》、《凡例》相商，小子于诗学茫如，然于编书体例为熟，因为商订数条，亦《通义》之支翼，谨录奉鉴。"这就是说，他这篇文章，主要是从"编书体例"角度出发而进行议论，并且告诉人们，这种议论也是《通义》之支翼，所以在新编时将其选入。吴澄野：名绍棨（1744—1798），字澄野，号苏泉，安徽歙县人，乾隆四十年（1775）进士，先后任四库全书荟要处总校官、三通馆纂修。

[②] 沈佺期（？—713）：唐朝诗人。字云卿，相州内黄（今河南内黄西）人。上元进士。历任考功郎中、给事中，因贪污遭流放，''后又官中书舍人、太子少詹事。其诗与宋之问齐名，二人均宫庭文人，长于七言诗。明人辑有《沈佺期集》。

[③] 常建：唐朝诗人。长安（今陕西西安）人。开元进士。曾官盱眙尉，后即隐居不仕。长于五言诗，多以山林寺观为题材。《题破山寺后禅院》诗得欧阳修赞为难得。后人辑有《常建集》。

《国策》。即如《论语》接舆之歌，《庄子》增改其文，亦自有妙境，虽圣经贤传，亦何嫌于异本别出耶！若事关考据，文有取于疏通证明，则虽村书俚说，亦一字不容移易，理各有所当也。论文别有专长，固不得以此为拘，但庸妄一流，任意改易古人面目，自有毫厘千里之别，不容于影附也。"如此立说，其下乃接原文。梁人增减《陇头歌》①，杨慎增减《绵州歌》②等语，似觉意义融洽，得毋笑其言之放邪！

凡例第十条，冯维讷《诗纪》③，搜辑略备句下，拟增入臧懋循④诗所据冯本，而更有增益，而冯本考订颇疏，臧亦无所匡正数语，聊备采择。

凡例第十二条，鄙意以为，诗注本不易为，且选家与注家，本属两途，例言但明司选，不及司注，其下援引故事，申说注不易为可也。其所云千载而后，安能尽识古人之意，必欲征实，转致臆说横生数语，似可删节，盖推此语意，转似古今注诗一途，皆当废矣。抑鄙见更有进者，古人诵诗读书，尚友论世，自三百篇迄于近代诗篇，存者多矣，其间实有篇章字句，毫无改易，而说诗意致有殊，则诗意之贞淫厚薄，与诗辞之工拙优劣，霄壤相悬，则谱诗、序诗较之注诗，更不易为。然其实不可不为者也，惟当缺其所不可知，而慎为其可知者，斯庶几矣。原例文云，"凡自注外，必其可信，因某事作者始识"数语，可见不必尽难知也。鄙意欲仿唐、宋诗文别集，各著年谱之义，将入选之诗，作一统同年谱，取汉迄明，凡二千年，横排甲子干支，而以朝代年号系之，其入选诗人，生卒年月有可考者，附于其下，无可考者，取其姓名见于史鉴何年，或其诗题诗序有年月者，附于谱文，再取其年时事裁取大纲，约略为辞，以列于格，可与诸家之诗互相印证，不特为诗家证明义旨，亦兼可为史传正其流讹，为功艺林，亦自不鲜。但依正史纲目为主，而简省裁约，工程亦不至其繁苦也。

---

① 《陇头歌》：北朝时民歌。
② 《绵州歌》：南北朝民歌。
③ 冯惟讷《诗记》：冯惟讷，字汝言，临朐（今山东临朐）人。嘉靖十七年（1538）进士。官至江西左布政使，加光禄寺卿致仕。事迹附于《明史·冯琦传》。《明史·艺文志》总集类著录冯惟讷《诗记》一百五十六卷，《风雅广逸》七卷。《四库提要》总集类四著录冯氏《古诗纪》一百五十六卷。
④ 臧懋循（？—1621）：明朝文学家。字晋叔，号顾渚，归安（今浙江湖州）人。万历进士。曾任南京国子监博士。与汤显祖、王世贞等相友善，曾编辑《元曲选》，对元杂剧的流传起到一定作用。有诗文集《负苞堂稿》，并辑有《古诗所》、《唐诗所》等选集。

凡例第十三条云："钞中所载诗话，凡订正诗题，及诗中故实，必确凿无疑义，始为采录。"说既美矣尽矣。至云诗评各有好尚不同，不必尽确，概不阑入，则颇疑于过也。《诗钞》所谓分代、分家、分调、分类，尚自别有主义，至于分体，专究诗法，原例所云，求精不求博，以诗不以人，则舍论诗之外，更无可以生色矣。自注所云："客有病此不加评点，不知诗非评点所能尽。"此诚深造有得之言。评点始于宋人，原为启牖蒙学设法，固不可以厚非。但评点兴，而学者心思耳目，转为评点所拘，宜大雅之所鄙也。鄙意则谓，就诗文而加评点，如就经传而作训故，虽伏、郑大儒，不能无强求失实之弊，以人事有意为攻取也。离诗文而为评论，如离经传而说大义，虽诸子百家，未尝无精微神妙之解，以天机无意而自呈也。故西山、叠山之评点，非不专攻启钥。而刘勰、钟嵘之流，或于一书标识数篇，或于全篇摘举数语，而观者心领神会，即一言而可作千百之用，校之铢铢解而节节评者，相去不可以道里计也。明人如孙鑛①、钟惺②，盖尝评《毛诗》矣，虽未可尽弃，然谢氏③以"穆如清风"一语该三百篇，岂不超然远哉！故妄谓诸家诗话，似当裁其尤雅，录于诗人小传之后，略如徐氏之《全唐诗录》④，不知高明以谓如何？

例言分上下卷，上卷例也，下卷乃论诗，非例也，似可别为一目，或标偶评，或标杂说，何如？其识议精妙，惜鄙人无从问津涂也。

下卷凡例第二条，编诗次序，先帝王，次宫壸，次宗室，次诸家，次闺阁，次道释，次谣谚，次妓女，次外国，命意卓然，明伦纪而崇风教，可谓

---

① 孙鑛（1524—1613）：明朝大臣。字文融，号月峰，余姚（今浙江余姚）人。万历进士。曾任吏部郎中，最后迁南京兵部尚书。著有《孙月峰评经》、《今文选》、《孙月峰全集》等。

② 钟惺（1574—1624）：明末文学家。字伯敬，号退谷，竟陵（今湖北天门）人。万历进士。累官至福建提学金事。任南京礼部郎中时，居秦淮水阁，写《史怀》二十卷。曾主持文坛，称"竟陵派"。辑有《古诗归》、《唐诗归》，著有《隐秀轩集》、《毛诗解》、《钟评左传》。

③ 谢氏：谢榛（1495—1575），明朝文学家。字茂秦，号四溟山人，又号脱屣山人，临清（今山东临清）人。好学善诗，以律绝见长。时王世贞等在京结诗社，他以布衣为之首。著有《四溟集》、《四溟诗话》。

④ 徐氏之《全唐诗录》：清朝文学家徐焯（倬）（1624—1713）作。徐焯，字方虎，号蘋村，浙江德清人。康熙进士。官翰林院庶吉士，入选史馆编修。除《全唐诗录》一百卷外，还著有《修吉堂文稿》、《应制集》、《寓园小草》、《燕台小草》、《梧下杂抄》、《蘋蓼闲集》、《甲乙友抄》、《黄发集》、《词集》、《耄余残沈》，后合为《蘋村类稿》。

精矣。鄙意妓女不必另为门类，附于闺阁之后可矣。如恐与贞节妇女同编，则诸家一门，奸良善恶，并未区别为类，何独刻于女而宽于男乎？况史传列女，如毛惜惜等，妓而能烈，大书褒之。假令此妓能诗，如何位置，宫壸中之武后、上官昭容①，闺阁中之蔡文姬、李清照②，对如此妓女有愧色矣。惟女道士与比丘尼，未见例及，则李冶、鱼玄机辈，或附道释后耶？此中有仙佛，亦有娼优也。

诸家诗文集本多异同，著今存本极佳，然《韩昌黎集》，舍下存四五本，约计部目，与尊著小有异同，东雅堂本上，似当加徐时泰③名姓，至所著王伯大④重编《韩文考异》原本，此时果否尚存？今流俗所传，乃是明人朱崇沐⑤重刊王本，非留耕旧面目矣。盖留耕但取《朱子考异》，附正集之下，其所自定音释，附逐卷后，不入正文，所谓南剑官本是也。至朱崇沐悉取以入正集，而坊估流通，尚称《韩文考异》，不知其本已三变也。然外集实有十卷，今钞目所书，则外集遗文，各止一卷，岂王氏原书固如此耶？此中亦恐有误。又此外尚有明葛鼐⑥校刻韩《集》五十三卷，其诗文皆以《朱子考异》所定为准，不注诸本异同，而遗文又与《考异》原本十卷中所著目次，时有出入，则葛氏又不知何所受之，恐此本亦当并载也。

---

① 上官昭容：即上官婉儿（664—710），唐朝女官。陕州陕县（今河南三门峡）人。上官仪之孙女，仪被杀后，随母郑氏配入宫廷。武则天爱其才华，往往命其参决政事。中宗时封为昭容。曾建议扩大书馆，增设学士，代朝廷品评天下诗文。又与韦后、安乐公主等操纵政治，树立私党。景龙四年（710），李隆基发动政变时，与韦后同时被杀。开元初，曾有人编录诗文为《上官昭容集》二十卷，已失传。

② 李清照（1084—约1151），南宋女词人。号易安居士。济南（今山东济南）人。父母皆博学善文，夫赵明诚喜金石之学。夫妇收集图书文物极多，"靖康之难"后，南下建康（今江苏南京）。及赵明诚死，图书文物散失。长于诗、文、词，兼书法、绘画，通音律。所著《词论》，多有自己见解。所著《易安居士文集》《易安词》已佚。后人辑有《漱玉词》，今人辑有《李清照集》。

③ 徐时泰：明朝官吏。长洲（今江苏苏州）人，万历进士。官工部郎中。刻《东雅堂韩昌黎集注》四十卷，外集十卷。自称"东雅堂主人"。

④ 王伯大：南宋官吏。字幼学，号留耕，福州人。嘉定进士。理宗朝官至端明殿大学士，拜参知政事。《宋史》有传。编有《别本韩文考异》四十卷，外集十卷，遗文一卷。

⑤ 朱崇沐：明朝官吏。名吾弼，字谐卿，号密林，崇沐大约亦为号，但《明史》本传未云。高安人。万历进士，曾任南京御史、太仆寺卿，刻有《朱文公校昌黎先生文集》四十卷，外集十卷，遗文一卷，传一卷。《朱子奏议》十五卷。又"尽刻紫阳遗集"。

⑥ 葛鼐：明末江苏吴县（今江苏苏州）人。《四库全书总目提要》卷一百九十三总集类存目三著录有《古文正集》一书，为其弟葛鼏著，亦附有鼐名。

诗既分体，人名先后参差，随诗互见，固其势也。鄙意诸家小传，自为卷次，不必与诗同见，致有古今倒置之虑，惟于目录之外，再别撰一分家谱录，则合之年谱之编，是于分体之辑，而兼分代分家之法矣。盖自四言以至七绝，分体有九，则纵横可以画表，横画九格，每体各占一格，大书四言五古各体字样于每格之首，以为之经，再将入选诸家名姓，冠于上方，名姓之下，检取其人入选有何体诗，即于何体横格内，书其题目。再有何体入选，又于其何体横格内，书其题目。其诗诸体俱备，则逐格皆书。止有一体二体，亦如数止书一格二格。一人诗目填完，再书一人名姓，逐格检填如前，以为之纬。则读者辨体辨家，如指诸掌，用以考古订今，有余裕矣。古人撰著一书，必备数家之用，在于精熟著书之义例尔。

## 清漳书院留别条训[①] 三十三篇

院长与诸生言别，人世聚散，固无常期，师友切磋，要契终始。今者令君以贤迁要剧，院长亦别有过从，不复得与诸生朝夕讲求，乐观成效，中道别去，良用抚然！院长居此日浅，自问学植疏芜，凡所指陈，率多浅近，初无高识远见，有以裨益诸生。而诸生以卓尔之才，斐然兴起，殷勤属望，颇用为渐！孟子有言："豪杰之士，虽无所待犹兴。"诸生向来讲习私塾，固已质有其文，而犹不自满假，跋踄勤劳，来集讲帷，冀有新获。岂非豪杰之选欤？然则令君虽去，遗泽犹留，院长绪言，岂无一二可备采择？诚能率以

---

[①] 乾隆四十六年（1781），章氏游河南，中途遇盗，尽失行李及生平著作，狼狈投奔同年生张维祺于直隶肥乡县衙，维祺遂聘其主肥乡清漳书院讲席。《条训》正是写于此年，与此同时还写了《清漳书院会课策问》等文，后者收在《章氏遗书》，而前者章氏友人王宗炎在整理章氏著作《章氏遗书》时，不知何故没有收进。到1985年文物出版社出版的《章学诚遗书》方才收入。我在整理编辑其代表作《文史通义》而成《文史通义新编》时亦将其收入。因为这是一篇研究章氏教育思想的重要文章，它较为全面地反映章氏在教育方面的各种主张，诸如教育目的、教育内容、教育方法等。全文讲了三十三个问题，真是涉及教育的方方面面。如文中说："人才实难，而因设教，更不易易。""人生诵读之功，须在二十内外，若年近三十及三十外者，人事日多，记诵之功亦减，自不如童子塾时专且习也；然年齿既长，文义亦明，及此施功，亦有易于童年记诵之处也。"诸如此类，讲得都入情入理。

自励,且一隅而三反,则又何必觌面言谈,终年期会,始有益于学业耶?今兹粗具一二梗概,姑即院长所知,亦度诸生所能行者,胪列数条。诸生不以为非,则愿各书一通,揭之座右,以慰诸生惓惓之意,以表院长自竭之诚。《记》云:"譬如行远必自迩,譬如登高必自卑。"院长言虽卑近,或为诸生行远升高之助,奚不可也? 行矣,勉旃!努力自爱。

其一,凡天下事,俱当求其根本,得其本则功省而效多,失其本则功勤而效寡。譬若治生之道甚多,稼穑其根本也,为人之责綦重,孝友其根本也。学问文章,何独不然? 诸子百家,别派分源,论撰辞章,因才辨体,其要总不外于六艺。六艺之名,起于《汉志》,实本《礼记》经解之篇。《乐经》既亡,五经要为不易者矣。今世所传之十三经,乃是宋人所定。然《论语》、《孝经》、《尔雅》、《孟子》,其实传也。《周礼》、《仪礼》、《礼记》,自为一经,《左氏》、《公羊》、《穀梁》,自为一经,合之《易》与《诗》、《书》,其实仍五经耳。以其并列注疏,颁在学宫,总计部项,而名为"十三经"尔。愚谓三礼之外,当增《大戴礼记》,三传之外,当增《国语》,统十五经而分为五部,学者纵或不能尽读,不可不知所务者也。

其二,学者工夫,贵于铢积寸累,涓涓不息,终至江河。郑耕老以计字课功,大小九经统计四十九万余言,再加《公羊》、《穀梁》、《仪礼》、《尔雅》、《大戴》、《国语》,亦只六十四五万言而已。中人之资,日课三百言,不过七年可毕。或遇人事蹉跎,资禀稍钝,再加倍差,亦不过十年可毕。况诸生所习本经及《论语》、《孟子》已入四书,又省去数万言乎。今之学者,疲精劳神于浮薄诗文,计其用力,奚翅十年? 毕竟游谈无根,精华易竭。若移无用之力,而为有本之学,则膏沃者光未有不明,本深者叶未有不茂,事半功倍,孰大于此? 诸生于此,幸致思焉!

其三,人生诵读之功,须在二十内外,若年近三十及三十外者,人事日多,记诵之功亦减,自不能如童子塾时专且习也。然年齿既长,文义亦明,及此施功,亦有易于童年记诵之处也。如必不能记忆,则用别类分求之法,统汇十五经传,大而制度典章,小而名物象数,标立宏纲细目,摘比排纂,以意贯之,则程功课效,自能有脊有伦,学问既得恢扩,而文章亦增色采。记诵之功,虽不能全,而贯串之效,则已加敏,是亦不可不知所务者也。但不知者必谓此事但须索之《五经类编》、《四书备考》①等书，已足给求，何事重劳搜剔？此则似是而非，其言虽若失之毫厘，而其实直已谬至千里者也。盖《类编》、《备考》之类，庸恶陋劣，其为学术人心之害，固已无待言矣。就使其书去取尽善，繁简得宜，譬若已成之衣，止副一人长短尺寸，而于他人已无用也。夫从全书之中，摘录比次，盖其人自竭心思耳目，以意推寻，使就条贯，则其精神固已彻全书也。若前人所纂之书，已如沽酒市脯，固有食而不知其味者矣。且事既不经心思耳目，亦必得而辄忘，为其于己原无与也。术士之符，剑侠之刃，皆使一己精能，与为神明变化。编录经传，岂有异于是乎？是故无论前人成书，不可袭用，即己所编录，亦不可以留示子弟，嘉惠后学。盖一人意之所注，偏重畸轻，神而明之，自有独得之效。若徒方圆求备，则必亦如《五经类编》、《四书备考》之化为尘饭土羹，不堪暂注目矣。然心思性灵，各有所近，父不可以授子，师不能以予弟，岂可以此独见之心，强人同我，贻误后学于无穷哉？韩退之曰："记事者必提其要，纂言者必钩其玄。"其所谓"钩玄提要"之书，当时并无传者。而唐人所谓类比之书，若《艺文类聚》②、《北堂书钞》③、《白孔六帖》④之类，退之未尝措意。则知学者欲有所为，先就己意摘比排纂古人成书，以供一己之用，既已足其用矣，其排纂摘比之故策，则遂铲而去之，所谓"良工不示人以朴"也。今以诸生不及诵习全经，为兹草创条贯，亦待诸生各以意之所近，皆自为之，岂可开其庸陋之习，画为一定之规，转令学者借以自便，因遂束书不观也哉？

其四，诸生境遇不同，资禀亦异，更有家贫课蒙，与年长资钝，虽排比编纂之功，亦有不能为者。此于通经服古，实无望矣。然欲假借经传余光，

---

① 《五经类编》、《四书备考》：明清时期关于五经方面解读之书很多，清人周世樟编有《五经类编》二十八卷，《四库提要》子部类书类存目三著录此书。《明史·艺文志》四书类著录陈仁锡《四书备考》八十卷。

② 《艺文类聚》：唐欧阳询等人于武德七年（624）奉高祖之命而修，全书一百卷，分四十七部，共七百四十余类。

③ 《北堂书钞》：唐虞世南在隋任秘书郎时抄辑群书中可以作文用的材料编成。北堂是秘书省的后堂，新、旧《唐书》的《经籍志》、《艺文志》均著录为一百七十三卷，分八十部，八百零一类，但宋时已无完本。

④ 《白孔六帖》：原为《白氏六帖》，全称《白氏经史类六帖》，三十卷，为白居易撰。《后六帖》三十卷，宋孔传撰，为续白氏之书而作。把这两书合在一起，大约始于南宋之末。

润色制举文字，则犹未为难也。盖亦仍仿其摘比排纂之繁，但取四书典实，分类命题，每类或五七篇或三四篇，暇日先阅经传，采取本类典实，就题结构成文，一类既毕，再窥一类，不过文百数十篇，则遇典故题目，自能不窘拾撼。然须贯以议论，运以心思，方见华实并茂，且于一己心思，亦相浃洽。否则采取经传成语，填塞堆砌，毫无生趣，便如《广事类赋》、《类林新咏》之类，不可复言文矣。或者又谓此事但须求之坊刻《典制文选》、《典制文类》①诸书，便可得其资粮，何事琐琐为此？此则亦有毫厘千里之谬者也。盖坊刻庸陋固不待言，即使所选悉系佳文，亦复于己何与？且袭用成文词语，不明所出经传原文，则仍讹袭舛，移甲换乙，必有作奏虽工，宜去葛龚之诮者矣。昔人盗袭葛龚奏议，以为己作，而忘易葛龚姓名，千古以为笑谈。为文不识经书，而误袭成语，何以异是？且翻阅经书，试为文艺，华实并进，亦属士子当为之业。何可既无诵读之功，又惮纂录之烦，而并此区区之补苴下策，犹且诿弃不为，有是理耶？嗟乎！人才实难，而因设教，更不易易。子贡问士，至于再次，则硁硁小人，抑亦可为士矣。今兹读书作文，则又为士之小节目也。然而诵读不能，望之纂录，纂录不能，望之即类为文。言每况而愈下，而犹不惮委曲繁复以相告者，诚欲有志之士，固期奋发振兴，而中庸以下，亦当勉其力之能副，不自安于废弃耳。如于是而犹曰未能，吾未如之何也已矣！

其五，诸生多以授徒为业，则"惟教学半"之说，不可不三致意也。一堂弟子，量其材质，可使七业俱兴。为之师者，勤为授读讲解，虽幼年未读之经传，于斯即为末路之补苴焉，当亦不无裨益矣。且为诸徒讲解，则问答剖悉，疑义亦可假以明道，较之幼年诵读而长大未温习者，固已远胜之矣。假能同志数人，分徒课读，联为背诵经书之会，或旬日一聚，或半月一聚，务使受业弟子，互相矜奋，为师长者，又须多方劝诱，或又有贤父兄为之量出奖赏，劝其联属，则方以类聚，不特成己有资，而成物之功，亦已巨矣。若劝诱无法，而事理不明，猥曰人固不可强使读书，是自暴自弃，而兼以误人子弟，拟其罪于庸医伤人，不为过矣。

其六，诸生喜读无益之文，而惮读经传，不过谓经传但可撼拾典故，而

---

① 《典制文选》、《典制文类》：均为坊间所刻关于各类典制方面的文章，以备科考之用。

于文章固无益尔。于是典故取洽先辈成文，或庸劣纂类之书，以为不必更诵经传，欲为举业，但求之于时文，即已无不足也。此无论但就时文为生活者，其文必不能佳，且即就文而论，文章之大，岂有过于经传者哉？古人之学，言道而文在其中。间有言及文者，《易》曰："旨远辞文。"又曰："物相杂故曰文。"《书》曰："政贵有恒，辞尚体要。"《诗》曰："吉甫作颂，穆如清风。"《礼》曰："毋勦说，毋雷同，必则古昔称先王。"《春秋》传曰："辞之不可以已也如是夫！"此六经之论文也。《论语》曰："辞达而已矣。"曾子曰："出辞气，斯远鄙悖矣。"《孟子》曰："说诗不以文害辞，不以辞害志。"又曰："我知言，我善养吾浩然之气。"此记传之论文也。专门论文，莫盛于刘勰《文心雕龙》，观其本经征论诸篇，其论六经文字，可谓详矣。至论己所作文而言其得力于六经者，莫若韩愈氏"《易》奇《诗》正"之《进学解》，柳宗元氏"《书》恒《易》动"之《师道书》，诸生可自求之本文，不复重为演说也。南宋以后，若谢叠山①之评论《檀弓》伪本，苏老泉之评论《孟子》，孙月峰、钟伯敬②、谭友夏③诸人之评论《诗》、《书》、《礼记》，近日徐扬贡④汇刻《经史辨体》，俱以五经正文，准拟后世诗文一例评点，指授后学。虽其意旨不免浅陋，然为初学式法亦有苦心。诸生纵无志于通经服古，即此区区语言文字之工，断不能不用心者也。以此佐其文艺，较之止攻浮薄时文，奚翅霄壤之判？况由此求之而不已，未尝不可因文见道也哉？盖为诸生一向高阁六经，置之"尊而不亲"之列，不知六经固如日月，虽高不可逾，而无日不与人相切近。故为诸生卑论及于文辞之末，可谓陋

---

① 谢叠山（1226—1289）：南宋末诗人。名枋得，字君直，号叠山，信州弋阳（今江西弋阳）人。宝祐进士。曾任建康考官，因出题得罪贾似道遭贬，后知信州（今江西上饶），抗击元军，城陷流亡福建建宁，教书为生。宋亡，荐其在元朝做官而不就，虽强迫至京师，不食而死。编有《文章规范》。其诗后辑为《叠山集》。

② 钟伯敬（1574—1624）：明朝文学家。名惺，字伯敬，号退谷，竟陵（今湖北天门）人。万历进士。曾任南京礼部郎中。有《隐秀轩集》、《毛诗解》、《钟评左传》、《史怀》等。辑有《古诗归》、《唐诗归》。

③ 谭友夏（1586—1637）：明朝文学家。名元春，字友夏，竟陵（今湖北天门）人。天启举人。与钟惺评选唐诗，成《唐诗归》，又评选隋以前诗，成《古诗归》。并都为"竟陵派"。有《岳归堂稿》、《鹄湾集》、《谭友夏合集》。

④ 徐扬贡：清朝学者。名与乔，字扬贡，江苏昆山人。顺治进士，绝意仕途，分经史子集为四部，采择评注，名曰《辨体》。事迹载《江南通志》的《人物志》。

矣，然要不得谓此卑末者之非六经也。则六经之益人，故不鲜矣！诸生又何惮而不为耶？

其七，求学问者，始于摘比排纂，求文章者，始于修辞饰句。推二者之究竟，高远如天，即就举业为之，又未尝不平近如地也。就其才质志量之高下，而为程功致力之浅深，固已无人不可服习焉。于斯而犹复自诿以为不能，此其为人，吾不得而知之矣！

其八，诸生无不为文，亦知文之所由来乎？夫集段成篇，集句成段，集字成句，集画成字，然则篇章虽云繁富，未有不始于集画成字者也。诸生轩然而为大篇之文，曾未尝稍究心于字画之间，又何怪篇无善句，句无善字也哉？古人八岁而入小学，教之数与方名，亦书文字，隶于保氏。六艺之教，书有定体，体有定义，推之四方而准，传之先后而通，书之所以同文，道之所以合一也。后世师法失传，文字屡变，而经传典训之文，时异势殊，不可强通以时俗言语。于是经师章句，专门训诂，世业名家，相为授受，盖不啻一线之引千钧矣。不知三代盛时，固自颁于功令，幼学习闻，朝野无不共喻者也。今兹去古逾远，六书七音训诂名义，有能擅学名家，盖间世而一见其人。而趋骛风气，似是而非，无其理而但取闹者，然则上焉者不可轻采，下焉者只以取闹，将使诸生相率而安于目不识丁耶？韩愈氏曰："出为文辞，宜略识字。"韩氏亦近世之通儒，不曰"出为文辞，精究六书"，而曰"宜略识字"，盖自问不能专门名家，则文字训诂，略识大旨，度其不谬古人，足以给己施用，而不敢自为绝学以诏人焉，抑亦可以为学者之取法已。今诸生之业，无论奇文奥旨，未遑期许，即如通俗文字所论商商、函亟、滔謟、暇锻之属，犹且混而不分，则字义固未明悉，何由遂通古人文辞乎？今愿诸生即所诵习经书，句析其字，字审其音，音辨其义，而于字通形体相近音韵通转甚微而于训诂意义全别者，分类推求，加意别白。则行文措语，俱有本源，而缮卷结体，亦无讹谬。纵或不能深究精微，而通俗承用文字能免伪误，则临场不致凑率撰句，以遭批抹，潦草书题，以干贴例，亦不可谓非举业之急务也。

其九，文字之学，约有三类，主义理者当宗《尔雅》，主形象者当宗《说文》，主音韵者当宗《广韵》。非谓三书足以尽三类之学也，谓其欲究古人之学，宜于是为始基耳。《尔雅》固列十三经矣，《广韵》、《说文》部帙无多，各置一册，以时展阅。而于诵习经传有所疑拟，则就册而稽之，一隅三反，分类摘记，则进于通经服古，亦不远矣。如欲于斯致其功焉，则院长于定州书院尝教诸生编集经传文字异同矣，凡例一卷，别有传本，于斯不复缀述也。

其十，通经本于识字，此固不易之理，然其事则本于幼学，已往既不可救，则桑榆固难于晚盖矣。是以止欲诸生就其力之能至，而为补苴之末策，不强诸生以所难能也。第念诸生居家，多有童蒙子弟，或诸生向以课授童蒙为业，则正始之道，先入为主，古学俗学，童蒙初习，并无难易之分，曷不正其小学之功，使之安如日用饮食，则将来进于通经服古，事不劳而功已倍。且父兄师长，即于教学之中，坐收学半之效，成人即以成己，岂不为尽善尽美之事乎？凡童蒙入学之初，先授句读，此实贻误不成。盖彼蒙幼无知，随师训读，经书语句，信口肄习，如演歌曲，字义固未明晰，而声音亦未谐切，字画亦未习识，则其于经书，读犹未读者也。蒙师不解，以谓稚幼颛蒙，本不可以求备，岂知训义正音指画三者，毫无凭藉，而惟听塾师教读，一成语句，心臆口追，强效其似，而不知斯语之果为何用。其成诵艰难，殆较成材子弟讲解文辞熟复数四而后试背诵者，势且不啻其倍蓰焉。塾师见成诵之难，以谓是蒙昧之未易开也，岂不冤哉！逮其年力稍长，知识渐开，于是为之训文释义，渐近自然。而又以家传世习之俗学陋解，使之填塞胸臆，以就所谓举业规度。而前此之劳苦艰难，强效口诵，毫无凭藉之功，固不得不弃如敝屣矣。是则萌芽初苴之时，先受多方摧折，然后取其晦蚀不尽之余，演为浮薄时文，以合时之规矩。于斯而能稍见聪颖略舒文采者，自不得不目为长才。而不知十室之邑必有忠信，彼其可以通经服古，大可有为之资，屈于多方之摧折，而仅以俗下所为长才以自鸣者，盖什八九矣。夫古今人之相去，岂诚生而霄壤者哉！

其十一，童蒙子弟，欲正小学之功，不当先授句读，但当先令识字，人固亦有知之者矣。识字必当正其所授，人固未有知之者也。夫授之以俗字，而训之以俗解，他日联字成句，联句成章，不可通于大雅，固于此日定其所至之必不远矣。夫《三苍》、《尔雅》、《方言》、《急就》诸篇，固当日所以训诱童蒙，所谓"教之数与方名"之遗意也。今取《尔雅》为宗，而以经传文字，随类增益，加之训诂，又以《广韵》正其音切，《说文》正其点画，且用篆楷合书，兼令习熟，而于一字一训及数音数解者，悉与解诂明确。则童蒙虽曰暗昧，固已耳习其音，心习其义，假以三年之功，则经传承用之字，固已思过半矣。比及授读经书，但用稍为解贯，而彼以入耳顺心，不繁曲譬，而大旨已可会矣。夫积画而后字，积字而后句，积句而后章，一成之理也。作文不究字句，固不可以成章，读书未辨字画，岂遂能通章句耶？今以老生宿学未能究悉者，遂使童蒙初学轻易为之，而收事半功倍之效焉。则小学之为功，诚不少矣。

其十二，童蒙初识字画，又解训义，兼辨声音，则类别区分，便可导之联贯字义，或取异类者以作之偶，或取同类者以穷其数。联二联三之后，即可使之集字成句，仍以天地人物名数之属，区别为类，别标为册，使之演贯习熟。他日授读经书，使可于正业之外，度其资之所近，旁及子史记传。父兄又复为之拟定纲目，标别类例，多置空格簿册，使之日有注记。及至文理粗通，胸中先有伦类，记问所积，已具八面受敌之才，则成章进业，物易易耳。然此乃拾取俗师课诵幼稚初教三二年中废弃无用之功，易而为有用之学耳，初非强人父兄，必欲子弟务为高远难行之事，以致误其速成少利与夫一切捷径神效者也。为父兄与蒙师者，幸勿惊疑而骇顾也。

其十三，童幼诵习经书，必须分别正闰。盖中人之性，多是厌故喜新，童幼初学诵习，则厌故喜新为尤甚也。假如学徒资性，每日能诵习三百言者，则使日诵本经止二百言，再授他经亦二百言，必能诵识无遗。是已不知不觉平添百字之功矣。盖一日之间，精神有数，少加变易，使之去故更新，则易于振作，大约可以增倍之差，理固当然。又况书有难易，义有浅深，惟在为之师者，从而裁制品节，乘机鼓舞，自能曲达其材。惠子所谓"一尺之棰，日取其半，终身用之不穷"即此法也。至于认字训义，有未尽者，逐目逐类补苴，亦自无荒于正业也。

其十四，诸生以举业为本务，即以举业而论，莫不诵习先正成文，斯固然矣。亦知诵习成文，固亦自有道欤？督学主司，各持风气，塾师山长，又各自有规模，几又入主出奴，党同伐异，为诸生者，亦既难于定所从矣。院长所言，则有异于是也。毋论先辈名门大家房书行卷程墨稿，不必预定去取，即世之号为高明，痛诋墨裁考卷，几于不共戴天，亦属理所不必。但门诸生之所习业，果能有得于中否耳？人之性情，各有所近，平奇浓淡，不能易地为良。使得其意之所惬，而入于趣之最深，则神明变化，即在方圆规矩之中。昔陈临川初学时文，求得近科墨卷二十许首，诵而习之，至于自作家书，亦拟八股为式，亦是趣所入也。其后贯串驰骛，为三百年魁垒大家，岂以初习墨卷为嫌讳哉？若夫耳食无心，皮毛粗见，不求得心应手，自出机杼，而嚣嚣然开口王、唐、归、胡、金、陈、章、罗，终不得其一似，此与小儿强学解事，又何以异乎？

其十五，刘知幾论史有三长，才、学、识是也。岂惟作史，天下凡事，莫不皆然。即以举业而论，三者固阙一不可也。学者莫不知有法度，而不知法出于理而识主之；其次莫不知有机局，而不知机出于气而才主之；其次莫不知有色采，而不知色采出于书卷而学主之。就三者分途而论，则才色本于天而学由于人，本于天者不可强勉，而由于人者不可力为。就三者递用而论，即学固所以养才而练识者也。韩退之谓："气盛则言之短长高下皆宜。"又云："沃其膏而希其光，溉其本而俟其实。"苏子由谓："文不可学而能，气可以养而致。"皆是勉人力学以养其气，意诚善矣。然不知使人即其天性所近，而闻其入识之所最先，则人将以何者为学而集以为养气之基哉？故愚以为二公所言，亦是偏举而未全之论也。世俗蒙师，期许幼学子弟，则有所谓读性、作性、悟性诸名目。不知所谓读性，即他日积之而成其学焉者也；所谓作性，即他日积之而成其才焉者也；所谓悟性，即他日积之而成其识焉者也。然则学者自束发初入课塾之日，至于弱冠壮立强仕之年，固已无日不与三者相切近。惟其昧而未尝自觉其良，故虽勉力于诵读，而终无以生其识趣也。诚能喻夫凡人皆有是三者，而不自弃，又能喻夫力学可以辨识，练识可以充才，则凡事皆可得其根本，而况区区之举业乎？

其十六，揣摩举业文字，诸生固以肄业及之矣。至于诵习之法，窃恐诸生犹未善也。间尝试问诸生，诵忆先正文字，多者六七百篇，少者二三百篇，可谓富矣。及询以得心应手，运用不穷，即什一而可当千百者，则竟未闻有一篇焉。又何怪乎摛笔为文，不啻如《知北游》之问道于无为谓，黄帝以谓终不似哉？揣摩之说，本于苏秦，苏秦之所谓揣摩，则云得之简练。盖不练则不精，不简则终不能练。今欲揣摩而先不知简练，则揣摩固已不如法矣。诵习先辈成文，犹学为梓匠轮舆，求观工师之成器耳。器已浑成，而但志其方圆之形象，不解于未有成器之先，详悉求其引绳削墨之所自，虽公输之巧，岂能遂得其疾徐甘苦哉？先正读古人文，不惟成诵已也，盖必设身处地，一如未有其文，就题先为拟议，揣其何以构思布局遣调行机措辞练字，至于筹无遗计，而后徐阅其文，使之一字一句，皆从己心迎拒而去，不啻此心同其疾徐甘苦之致也。则作者止择一途，而读者遍虑及于四旁上下，是读文之难，较之作文之攻苦，殆不止于倍蓰焉。往往涉旬逾月之久，而始尽一篇之神妙也。人生岁月几何？精神几何？终身得力不过五七十篇，亦云富矣。安能数百计哉？及其出而应用，则作者之神妙有尽，而吾心与为迎拒于四旁上下者无穷，理解由斯濬凿，气机由斯鼓动，揣摩熟而变化生，所谓即什一而可当千百之用者，即是道也。若其得心应手，启悟无方，有因一篇一句而终身运用不穷者，则又存乎其人，神而明之，别有化境，固不可以言尽者也。

其十七，博学守约，凡事皆然。即举业一道，博约二者，阙一不可。所谓守约，即揣摩之文，贵于简练，是矣。所谓博学，则泛阅之文，又不可不广也。昔人从扬子云学赋，子云使诵千赋，即是此意也。盖积累不多，则神明变化不出，而数易尽也。举业既有简练揣摩之篇，则心有主识，一切名门大家房行窗稿程墨试牍，务宜触类旁通，少或三数千篇，多至万有余篇，上下窥其风气，分晰辨其派别，错综通其变化。譬彼山必积高而后能兴云雨，水必积深而后能产蛟龙，不使局脊狭隘，寡闻孤陋，仅成堆阜断港，以封其神明。则是向之简练以为揣摩者，固已得夫本末交养之道矣。况诸生以诵习三五百篇之功，易为泛阅五七千篇，特易易耳。诸生专业，须讲简练之法，则三五百篇已嫌其多，涉猎须资博采之功，则三五百篇太觉其陋。盖正为一向误用其功，似专业而实无心得，似欲多而实非广求，区区守此三五百篇，不解分别用功之次第，以致约既不得而博又不成，良可惜也。

其十八，文之熟者，习之使生，文之生者，习之使熟，举业之能事尽矣。诸生于三五百篇之文，亦既能成诵矣，今简练而攻十之一，岂犹患其不熟乎？患在过熟而不入迎拒之心也。盖佳文入目，虽使粗识浅见，皆能生其浮慕，至于诵习再四，不免中心厌倦，以谓吾既知之，而欲更窥他作矣。不知所谓"吾既知之"而不耐更读者，于文之甘苦疾徐，固未尝有所入也。熟而生厌，不亦宜乎？若夫文之佳者，因非一端之所能尽。命意，一也；立句，二也；行机，三也；遣调，四也；分比变化，五也；虚实相生，六也；反正开合，七也；顿挫层折，八也；琢句，九也；练字，十也。以此十法，每一诵习，各作一意推求，仍用先如未见其文逐处平心迎拒之法，往复不已。则文虽一定，而我意转换无穷，即使万遍诵习，而揣摩光景，常如新脱于稿，所谓"熟文习之使生"，此法是也。盖闻畜盆鱼者，惧其盆小而鱼生趣，则垒石水中，作为洞壑深邃之势，俾鱼环转其中，则天倪畅达，此则读文易意环求之道也。至于泛阅之文，原不责其诵习，篇籍既富，未免过而辄忘，则是阅文与不阅等耳。夫阅文所以开扩知识，通达义类，止欲掇取英华，粗忆梗概，于事已足，释卷之后，未必再寓目矣。况一日之间，多则五七篇，少亦可三数篇，人之记忆，固有不可以强为者，则分类摘求之法，不可不知所务者也。盖阅文而有得于心，虽资禀鲁钝，止于不能背诵耳。若其义法机局，与夫佳句善调，未有不能记忆一二者也。先立空册，标分类例，逐日所得，按款而登，历旬涉月之后，按册复阅，但阅标题，不啻全文如见。至于积既久，类例充盈，则纵横检覆，千态万状，俱会目前，虽曰生文，岂不常如熟习者乎？至于临文而犹曰机构生疏，文境不能变化，天下必无之理也。

其十九，阅文固贵有簿记矣，诵读经书一切学问中所有事，何者不当有簿记乎？盖逐日登记，非第藉以不忘课业，亦可自检用功勤惰。其荒业而嬉及懈散而疏于习业，则登志之时，前后不能一律，愧耻之心，可以勃然而生，是亦劝学之道也。

其二十，举业之文，理法气机词采，固缺一而不可矣。气机本于材，而词采本于学，人当力于学而养其才，则第十五篇已为诸生畅达言之矣。至于理法本之于识，初亦不外乎学，然既云举业，则已于学问之中别出一条。则此中之识，虽不外于通经服古，而又有不能尽求之于通经服古中者，是亦不可不知所务也。夫法固出于理矣，然理之与法，亦微有别。理则书中之全理也，法则就书中截句为题，实义虚神，来脉去路，偏全轻重，变化无定，题形增减毫厘，而文法差以千里者也。学者胸中，须有真正识解，则千变万化，皆可一以贯之。苟胸中本无真识，惟于逐处仿摹形似，则劳苦而鲜有成功。此坊刻讲章之所为似理而非理，庸陋评选之所谓似法而非法也。

其二十一，坊刻讲章，辑者本无真识定见。即世所盛称如汪、陆诸家大全合订，虽若可以依据，究属前人已成之书，于我识性，初未浃洽。我有所见，而于彼折衷可也，我本全无执持，而惟思就彼成格，则性灵固未能自得矣。又况蒙存浅达征引纷繁，执笔临文，如何尽能记忆哉？理解莫萃于宋儒遗书，朱子而外，若周、程、张、邵以下诸贤，语录文集，全本集本，俱当量力购求，即元、明诸儒，亦当酌量采集。平日先以经传正文及注疏解义，会通诸儒语录文集，标识天人性命心情气质仁知诚正中和理义之属，别类为篇。孰为偏全，孰为同异，其为之说者，孰为得失，孰为粹驳，皆使胸中了然无疑。则读书立解，临文制法，皆可由中而出。即使毫厘未能吻合，更可参质成书。要其大本大源，先有主执，不为讲章陋习所牢笼矣。于斯执笔为文，固可坦无疑畏，其所为文辞，自不患其不磊落而光明。此则所谓胸有定识，千变万化，皆可一以贯之者也。然其标别类识之故册，亦是一人自淑之资，不可嘉惠后学，留示子弟，以为一成之法也。盖就山采铜，因钧鼓铸，固自胸有炉冶，不可以已成之器，悟人目不见山也。其宋学派别及制义源流，别有专篇，于斯不复缀焉。

其二十二，古者经传别自为篇，盖使学者精神自为推究，而所见不谬，此辨志之所以贵乎离经也。后世传注，则无不分隶经文之下矣。至于评论文字，亦古人所不废，然仅错出偶见，未尝有专篇也。至魏文帝《典论·论文》及陆机《文赋》，而始有专篇矣。尚未有专书也。挚虞作《文章志论》，刘勰作《文心雕龙》，钟嵘作《诗品》，而始有专书矣。唐宋以来，文评诗话，层见叠出，其最善者，皆是自出机杼，发挥妙蕴。所举诗文，或就一篇发明大旨，或摘数语标识名隽，引而不发，举一该三，使读者离去诗文，隐然想见言外无穷之妙。其于文学之功，不为鲜矣。南宋真西山氏评选文章正宗，于是就文而为评论，旁识而出圈点，其指示蒙学，良亦有功。然嗣是以后，庸师俗儒，竞尚圈点批评之选，而后生小子，耳目为其所胶执，不复能自出性灵，推逐古人意匠经营之所在。而古人一隅三反，因端明委之法，亦从此而失其传矣。夫自为论说而标举诗文以示之准，则理全而该括者多，选辑成文而附著评论以阐其妙，则理拘而资益者少，数易见也。又况既辑成文，则不得不就文而穷其颠末，而人之性灵所启，不能无至不至者势也。一时求其说而不得，则穿凿附会，与勉强加评，不中肯綮，弊固有所来矣。然此特就诗古文辞言之，为其论文不合古人之旧法尔。至于举业成文，则自有明以来，圈点批评，固已袭用诗古文辞陋习。创始之初，先已如是，虽名门大家魁垒选本，亦从未闻出其范围。虽其藻鉴之审，评论之工，圈点标识之醒豁精切，未尝不可资人神智，而古人离文别为品论之法，三百年来，未有窥见，而议及之者，又何怪乎后人不及前人，风气有往而无复耶！今愿诸生之有志者，博取大家名选，裒辑评说论议，及先正论诗古文，近于举业，理可相通，与夫时文名家，自记学力甘苦，或谐谈、笑语、传记、故事、考订、典实之类，有关于四书文者，略仿《文心雕龙》、《文章志论》、《诗品》、《文评》之例，别类标篇，积少成多，按款摘记，一变评选旧例，以为艺林巨观，岂非一时之盛事欤！如或见闻无多，采取有限，不妨即所窥及，信手摘录，或纠集同志，分曹业编，期于积少成多，不嫌识大识小，亦佳事也。再如力不能为，亦可仅采先正评论，取其就一文而推衍广大可以该括他文者，并是前人苦心，不止为一文标甘苦也。凡此俱为分别标记，以时把玩，亦可藉为举一反三之助。其与仅读评阅选本者，获效多寡，不可同年而语矣。

其二十三，学者株守尘册，终无进步，诚有卓尔之志，所贵启悟得于无方。昔蔡中郎渡江，得见《论衡》，北方人士，觉其谈说有异，此因文章而得于语言者也。叶石林[①]读《史记·货殖传》，见陶朱公"人弃我取，人取我与"之言，遂悟作文之法，此因语言而得于文章者也。担夫争道，草书何以入神？坏屋颓墙，绘画何以通妙？诚能即其性之所良，用其力之能赴，则半日读书，半日静体，游心淡漠，鬼神潜通。即所采辑论文群说，苟得古人启悟之道，不拘拘于一辙，已足使人名理富足，会悟遥深，扩而充之，所得岂特时文之工而已哉？

其二十四，世之稍有志者，亦知时文当宗古文，其言似矣。第时文家之所为古文，则是俗下选本，采取《左》、《国》、《史》、《汉》，以及唐宋大家，仍用时文识解，为之圈点批评，使诵习之者，笔力可以略健，气局可以稍展耳。此则仍是时文中之变境，虽于流俗辈中，可以高出一格，而真得古文之益，则全不在乎此也。盖善读古人文者，必求古人之心。古人文具在

---

① 叶石林（1077—1148）：南宋文学家。名梦得，字少蕴，号石林居士，吴县（今江苏苏州）人。绍圣进士。累迁翰林学士。绍兴初，为江东安抚大使兼知建康府。有《建康集》、《石林词》、《石林诗话》、《避暑录话》等。

也，疏密平奇，互见各出，莫不各有其心。此其所以历久不敝，而非仅以其言语之工，词采之丽，而遂能以致是也。今其远者大者，固非可以轻为言议，且亦时文家之所不暇及也。第就先正守约而施博之故，学者苟从是而入焉，其用功措力，殆较俗学泛骛，仅求古人之面目者，转觉其省约而易操焉。诸生无亦愿闻之欤？文章莫不本于六经，人皆知之，其所以本者，人固未必知之也。六经一变而为诸子，然而九流之言，固各有所原也。再变而为文集，然而诸家选述，亦各有所自也。盖《诗》之为教，中有"四方专对"一节，而战国纵横，引深比兴，敷张扬厉，斐然其文，则《诗》之变也。眉山苏氏，得以上下排论，辨才无碍，则又一变矣。陈大士得其道以为时文，学者以为陈之学苏，而不知彼固得其纵横之意而自通于《诗》教者也。《春秋》之教，比事属辞，太史整齐故事，述往思来，亦《春秋》之一变也。伊川程氏，得一推解《易》义，征事切理，则又一变矣。黄陶庵得其道以为时文，学者以为黄之法程，而不知彼固得其属比之意而自通于《春秋》之教者也。其余魁垒大家虽不可以概量，要非全无所本，仅就选本古文袭取形似，可以庶几者也。《易》曰："君子言有物而行有恒。"夫言之有物，即心所独得是也。心有所得，不能共喻，不得已而发之于言，则虽千变万化，流转不穷，要皆本其所见，而不为外袭之言。譬如富者不能为乞食之言，贵者不能为卑贱之态，岂有强于中哉？噫！世之闻吾言者，未有不谓高远而难行矣，而终不能不为诸生一言之者，诚欲百十之中，或有一二奋然兴起者耳。且由时人之说，则逸于不求理，而劳于摘文，由吾之说，则劳于求理，而逸于为文。理则既得而不复劳矣，文则万变无穷而劳将与为终身焉，其间得失计，必有能辨之者。且文品人品之相去，固不可以道里计矣。然则吾言固未可以为迂远而不切也。

其二十五，经义与四书文，即一理也。经义题多平易，则较四书文为易之矣。而诸生忽略视之，弗思甚也。往者乡会试例，道场七艺，潦草塞责，犹可言也，今则本经四艺，移作专场，不为悉心营构，何以称其选乎？大约五经文字，各有体制，取材设色，亦自不同。诸生既业专经，则必使有以擅此一经之胜，非物场中足以生色，亦且四书文义未必不有所资助也。若进求于古，别有六经流别说，此不缀焉。

其二十六，《易》义不外象数理致二端，卦爻皆象数题，《系传》多理致题。然《易传》理致仍兼象数，乃与他处理题不相揉混，是亦不可不知者也。数则须明河洛及先天后天方圆卦图。得其解义，则行文直是举而措之而已。不得解义，而依样壶卢，无是理也。象则最宜活变，而不拘滞。盖《易》之有象，犹《诗》之有兴也，《易》无达象，《诗》无达兴，《春秋》无达辞，谓学者当引伸触类，不可泥于言辞之末也。凡作《易》义，尤当先熟卦变之图。盖万物一太极，而物物又有一小太极，题虽偏举，而妙义触处皆全。凡作经书题文皆然，而《易》义为尤甚。能得其妙，则如泰山出云肤寸可以崇朝雨也。作文最苦名理不足，熟于卦变之图，则是以四千九十六卦之义理，而发挥六十四卦之题旨，文章不可胜用矣。若其倅色揣称，则辅嗣名理，已列注疏，固当攻习，焦氏《易林》、王氏《略例》，以及京房延寿之绪说，九师郑氏之遗文，错出散见，亦可节取为传义之资助。邵氏《皇极经世》[1]，张氏《正蒙》[2]，可以裨补文思。《淮南鸿烈解》今本《关尹子》，可以错综采色。要使言中有物，意外出奇。前辈《易》义，陈大士[3]、黄陶庵二家最为擅场。愚谓二先生文，长于名理，而于神明象数，自成一子，独辟蹊径，四书文外，自为一种，犹未善也。学者苟得理之诚然，则前人未开之蕴，何难自我而创之乎？

其二十七，《书》义难于画一，不似《易》义由专一门也。大约《尧典》天文，《禹贡》地理，《洪范》五行，先为三门学术，其余题文，但须温淳尔雅，得训诂之遗意，乃是书义正格。亦使与四书文微有分别，始可以成家学也。天文宜阅《周官·保章氏》、《史记·天官书》、《淮南·天文训》及《晋书·天文志》中所采三家论文之说，即足给用。地理当阅《周官·职方氏》、《尔雅·释地》、《逸周书·王会解》及《管子·地圆》篇、《淮南·墬形训》诸篇，即足给用。五行当阅《汉书·五行志》，及宋时曾、王诸人《洪范

---

[1] 邵氏《皇极经世》：邵雍（1011—1077），北宋哲学家。字尧夫，其先范阳（今河北涿县）人，其父迁居共城（今河南辉县）。自号安乐先生，人称百源先生，死后谥康节，又称康节先生。著《皇极经世》、《伊川击壤集》等。

[2] 张氏《正蒙》：指张载《正蒙》。

[3] 陈大士：即陈际泰（1567—1641），字大士，临川（今江西抚州）人。家贫，自幼好学。崇祯进士，官行人。与艾南英、章世纯等以革新文风为己任。著有《易经说意》、《五经读》、《四书读》等，以上三书《四库提要》均有著录。

传》，观所推演，均可为经义之助。至于训诂文体，但须多读汉诏，得其与三代谟训相出入处，习而为之。则不物经义冠场，而文格老成，他日润色丝纶，蔚然经世之业，莫不基诸此矣。

其二十八，《诗》义贵于风雅，夫人而知之矣。不知《诗》固通于《礼》也。无论正《风》、正《雅》、三《颂》，俱与《周官》、《仪礼》相为出入。即变《风》、变《雅》，风云草木之篇，怨刺诽讥之作，亦当知有礼意，然后体会诗情，自然所见高出于人。于是发为文辞，乃合温柔敦厚之教。至风骚派别，碑颂渊源，乃是诗古文辞之祖，今亦不暇致详。但既为经义式法，理取阐发敷衍。若夫注以解经，疏以解注，乃是凡为制艺之大宗法门，《十三经注疏》之书俱在，兹固无庸赘述为也。惟是他经文义，尚有待于旁求，《诗经》文义，则无须乎外骛也。注疏有十三部，而与时艺相切近者，莫如《诗》疏。观其《毛传》、《郑笺》，互相同异，疏文依附《郑笺》，援经证传，引伸触类，曲畅旁搜，以足其义。至于牴牾之处，亦为反覆周纳，宛转缘附，务使他说尽屈，特尊一宗。疏例不许驳注，固是古人尊守师法学贵专门之义，但经文设有舛错，注例犹许存疑，注义明见牴牾，疏文曲为附会，是亦解经家之不免为美疵也。但以制义式法，则固可为金科玉律者矣。盖制义之体，必尊颁发学宫之说，不许别出异论。推原朝廷功令，所以必尊一家之说，亦非必以谓此中更无疑也。特以事既定于制度，则必有所画一，而后有司得操规矩，以裁人之方圆。而天下之大，人才之众，亦必有所专主，而后学术文风出于一也。然则《诗》疏固为制义之最，而况征引该洽，文采葩流，其有益于经书文义，固又属其余事耶？然则就《诗》疏而为《诗经》之文，诚所谓就山鼓铸，实无事于旁求者矣。惟本题诂义，必遵朱《传》，而援引前后经文，直用注疏，固无伤也。

其二十九，《春秋》经义，必遵胡传，亦定制也。但三传直束高阁，而斤斤焉独守宋儒凭空论理之说，则陋已甚矣。且此经文体例，用论事之法，则出经入传，纵横树义，较他经文字，易于见长。而今之学者，尽有日力摘录拟题，强识胡传，而未尝于三传稍庸心焉，无怪经文之毫无实际矣。且四书题文，涉于春秋列国诸侯大夫时事多矣，三传尚未寓目，不知何者可恃以无恐也。今以诸生年力既壮，不能强之使诵习矣。若用摘比排纂之功，则三传类例，较之他经为尤庞焉。《左传》杜氏集解固足用矣，《公羊》何学徐疏，富赡典礼，《穀梁》范解杨疏，参质同异，并有可观，再益之以外传词命，则华实并茂，本末兼该，而经义之长，四书文义益加进矣。

其三十，《礼记》经义，虽曰无体不备，然而《礼记》本是《礼经》之义，则习记必先通经，此亦一定之理也。然记之本经，乃是《仪礼》，而《礼记》题文所用，则关于《仪礼》者，仅十之三，而关于《周官》者，乃十之五，此知三礼固自有源流矣。朱子作《仪礼经传通解》，义类终难贯。而近日秦尚书蕙田又作《五礼通考》，比类整齐，采摭详赡，诚考《礼》者所必资也。然天文地理职官为三大门类，秦氏无所依附，乃悉归于嘉礼，其目则曰观象授时，体国经野，设官分职，虽强为之立名，于义终觉未洽。愚意诸生诚有志乎《礼经》，不如以《周礼》六典为纲，而一切礼文，皆依条而归附，此则万事得其条贯，万物得其统宗，不特治经供为经义而已也。若夫仅言经义，则亦约略数端可尽。如《王制》、《月令》、《明堂》诸篇，乃是制度之属，遂事先为考核，使其规模粗喻，乃可握掌为文。《郊特牲》、《文王世子》、《礼器》、《曾子问》诸篇，乃典礼之属，类比经传，典章法制，可以触类而通，亦有补于四书典制文义。冠婚聘祭诸义，乃是《仪礼》正传，求之本经，即可悉其原委。《曲礼》、《内则》诸篇，则其支派也。《学记》、《表记》、《淄衣》、《坊记》诸篇，乃通论之属，与四书文义，未甚悬殊，所谓相体裁衣，各自有攸当也。惟《丧礼》为《礼经》之最要，而乡会试士，不以命题，然习礼者不可不究心于此也。大约《仪礼》子夏服丧之传，作为大纲，而以诸经分析为类，条贯其下。可见圣人人伦之至，其所以为仁至义尽，推而演之，达于明庶察伦，固不仅为凶丧一节之礼。岂可以其试题不出，因遂置而不观省耶？至于《大戴礼记》，亦与《礼记》相为表里，习《礼经》者，亦可容以忽略也。

其三十一，性理论题，无甚难解，但既名之为伦，不可更八股时文俗调耳。如能畅发题蕴，按切人事，则尤见擅所长也。盖论事之文，多近于粗，必衷理而立言，则根柢见其深厚矣。说理之文，多近于泛，必切事而通喻，则浮文皆归实效矣。但既有场屋成规，事须暗切，而不得明举三代以后之事淆入文中，以致有乖于成法耳。至于暗切三代后事，则四书文义犹有行之，而况于论乎？

其三十二，诗学渊源，古人之书备矣。今诸生为试帖计，姑就试帖言之。盖诗欲自幼习之，取其天籁，近于自然。然后可从《国风》、汉魏五言层累而下，语愈浅而理愈深，法愈疏而义愈密。俾髫龄童子，知诗本于性情，而非有意修饰，取其谐听美观之物，则本源已得，又且易于为功。然后次及晋、宋、齐、梁，入于三唐格律，使之习其性之所近，而尽其材之所良，抑亦可矣。若既已不及为之，则入手便习排律，亦势之无如何也。试帖排律之于诗，犹八股时文之于古文，盖别出一途而自为甘苦者也。方虚谷①《瀛奎律髓》，毛西河选《唐诗帖》，乃帖括家之所宗。诸生诵习揣摩，亦有用时文而宗仰古文之法者乎？试得其法，则可晓然于试帖排律之宗仰古诗矣。但时文之宗古文，则宋人欧、苏诸作较前代之文尤所服膺，取其近而易于入也。试帖之取法于古，则梁陈之间若江总②、张正见③、徐陵④、庾信、何逊⑤、阴铿⑥诸人，虽为古体，亦已渐次入律，正类欧、苏诸作之近于时文。倘于斯致其意焉，则排律之中，既高一格，或更有志于古，亦可上溯鲍⑦、谢，达于曹、刘，而渐入于古文。

---

① 方虚谷（1227—1307）：元朝文学家。名回，字万里，号虚谷，歙县（今安徽歙县）人。宋景定间别省登第，知严州（今浙江建德）。元兵迫严，他先以死守激励军民，后又迎降，为郡人所耻。后罢官。曾编《瀛奎律髓》四十九卷，评选唐宋以来律诗。有《虚谷集》已佚。今存《桐江集》、《桐江续集》。

② 江总（519—594）：南朝陈官吏。字总持，济阳考城（今河南民权东北）人。仕梁为太子中舍人，入陈为太子詹事。陈后主时，为仆射尚书令。在位不务政事，常与后主游宴后庭，好写艳诗，号称狎客。陈亡入隋，拜为上开府。世称江令。

③ 张正见：南朝梁官吏。字见赜，清河东武城（今山东临清武城境）人。太清初，除邵陵王国左常侍，梁元帝立，拜通直散骑侍郎，迁彭泽令。累迁尚书度支郎、通直散骑侍郎等。长于五言诗，有集十四卷，太建中卒，时年四十九。

④ 徐陵（507—583）：南朝梁、陈官吏。字孝穆，东海郯（今山东郯城）人。梁时为东宫学士。入陈，历任尚书左仆射、中书监等职。擅长文学，诗歌与骈文轻靡绮艳，为当时宫体诗重要作者之一。原集已佚，后人编《徐孝穆集》，还编有《玉台新咏》。

⑤ 何逊：南朝梁文学家。字仲言，东海郯（今山东郯城）人。著名天文学家何承天曾孙。八岁能赋诗，沈约亦爱其文。天监中，起家奉朝请，迁中卫建安王水曹行参军，兼记室。文章与刘孝绰并重于世，世称"何刘"。

⑥ 阴铿：南朝陈文学家。字子坚，武威（今甘肃武威）人。博涉史传，尤善五言诗。天嘉中，为始兴王府中录事参军。世祖宴群臣赋诗，使赋新成安乐宫，铿援笔便就，因而得到赏识，累迁招远将军、晋陵太守、员外散骑常侍。有文集三卷。

⑦ 鲍：指鲍照（？—466），南朝宋诗人。字明远，东海郯（今山东郯城）人。祖籍上党（今山西潞城北）。后任临海王刘子顼前军参军。在荆州为乱军所杀。所作乐府诗多写边塞战争和征夫戍卒之情景。七言乐府对后世影响尤大。代表作《行路难》十八首。有《鲍参军集》。

其三十三，策为揣摩之学，始于战国，汉廷用为制举之法。嗣是以来，风气屡变，大约分别学问经济二途。经济贵于引古证今，推陈指画，要使卓然近于可用，不徒纸上空谈已也。学问则经书子史，文采词章，无所不用，问者引端不发，而对者按牍以陈，此正格也。他文皆可诵习古人成法以为楷模，惟策则全取实学，断非诵习成文，强记条目，可以假借为之。况时会不同，风趋亦异。自宋以前，经学用以阐发义理，史学用以敷陈治道，应举之士，得一己之见，自为推论，初无一定之格有所限制者也。元明以来，试士专重四书文义，策对经旨，俱守学校成说，史事空作议论，亦多依傍宋儒之言，其道犹未尽善。本朝经学光昌，政典修举，依古以来，未有如斯之盛。乡会二试，所为发策决科，皆是试觇士子记诵而已，本无缺事失理，有待于士子之敷陈也。且对义若无依据，皆可自恣其说。姑无论游放不根之徒，易于假托。且恐习成一偏议论，渐至窥探主司，迎合风旨，酿成门户朋党之风，袭前代之弊政，以致为学术人心之害。圣天子屡颁科场敕谕，实千载不易之绳准也。惟是策问虽以试帖记诵，而考订贯串，阐发折衷，原许士子自尽所长，平日攻习经书传记，以待发问敷陈。不知诸生何者为习业也？盖宋有鸿词之科，多问典籍条目，故王氏应麟广辑经书子史，掇取名数，汇为《玉海》，以为有备之无患焉。又有进士之科，多问礼乐兵农政令制度，故马氏贵与广辑历史书志成迹，附以前人评论，汇为《文献通考》，以为有备之无患焉。明人乡会科试，杂问经史典故，兼取文辞，故唐氏顺之[①]广辑经史序录，旁搜子集成文，汇为《稗编》，以为有备之无患焉。然而多者三五百卷，少者百有余编，必欲诸生汇辑充栋巨编，以为发策决科之助，鲜不以为迂矣。然近科所问文史时务条目，约略可观，取其比附连类之条，杂取经书传记，摘录记纂，纵或不能裁成卷帙，嘉惠后学，而搜罗端要，粗识名义，犹愈于但阅闱墨成策，承讹袭舛，不自知非者也。然则读书稽古，岂第求通古人而已哉？家若稍有余资，则经部之十三经与《大戴》、《国语》，史

---

① 唐氏顺之（1507—1560）：明朝学者。字应德，一字义修，人称荆川先生。武进（今江苏常州）人。嘉靖进士。由庶吉士授兵部主事。后曾参校累朝《实录》，还抗击过倭寇。一生博涉群书，曾将古今载籍汇集分类为《左》、《右》、《文》、《武》、《儒》、《稗》六篇传世。有《荆川先生文集》。《明史·艺文志》类书类著录其《稗编》一百二十卷。

部之《史记》、《汉书》、《资治通鉴》，子部之《老》、《庄》、《管》、《韩》、《吕览》、《淮南》诸家，集部之唐宋八家、李杜二家全集与《文选》及《唐文粹》、《宋文鉴》、《元文类》，皆不可缺，而《玉海》、《通考》、《稗编》之类，又可为策部之资粮也。

## 定武书院教诸生识字训约[①]

丁酉承乏，主定武讲席，既进诸生而课以文义，文义既斐然矣，将择天资尤敏慧者，教以通经服古。于时州中鲜藏书，学校不备经史，士子墨守一经，尚未及其义疏。所为举业文字，大率取给坊刻时文，转相沿习，不能得立言柢蕴，经传授用所由来。俊英子弟，闻余倡导，欲有志乎古人，咸请措力所以始者。余惟小学之教，古人所先，名数训诂，文字辨识，盖自童蒙习之。由是疏通大义，搜抉奥旨，至于神明变化，名世传家，要其业之所基，不能舍是而遽能有得。其于决科程式，亦以平日所业，举而措之，浅深高下，自各有以随其诣力所至，而皆可以通乎大道，则以本之出于一也。自经术衰歇，小学之教不传，学者未辨训诂方名，一经卒业，即欲奋为文辞，其中茫无执守，以其聪明才力，自逐所趋。中才以下，宅句安章，不能当于法度，即资禀稍聪颖者，不过猎取形似，饰以浮华，读书不能详其义蕴，作文无所当于理实，则以学无所本，而师心自用，其势不可合于一也。夫子曰："十室之邑，必有忠信。"言人之资禀不甚相什百也。孟子曰："师旷之聪，不以六律，不能正音。"言由于法度，则智愚贤不肖不能越也。今学者以通经服古为迂谈，而剽掠浮薄时文，以为取青紫如拾芥矣。究之所求未必得，而术业卑陋，不可复问。及见通人达者，则以谓天授，非人力相与，安

---

[①] 乾隆四十二年（1777）春，因周震荣之介绍，作者主讲定州之武定书院，《训约》显然是订于开讲之初。为了修《永清县志》，五月他便离开了定州。到了十月下旬，他又写了《与定武书院诸及门书》，仍存《章氏遗书》中。而此《训约》王宗炎在编辑章氏文稿时，不知为何没有收入。和《清漳书院留别条训》一样，文物出版社出版的《章学诚遗书》方才收入。而胡适在编撰《章实斋先生年谱》时，对此两文均未提及，或许尚未见到。我觉得这对研究章学诚教育思想和学术思想均有价值，故亦收入《文史通义新编》，以便让更多的人能够看到和研究。

为固然。其所自处，甘为庸下，而不知所以兴起。是何不思"六律五音"之理，人皆可循，而"十室忠信"之风，天非有所独绝者耶？今诸生耳聪目明，春秋方富，向之所谓从事举业而求捷取功名，其效既可睹矣。语云：七年之病，求三年之艾，苟为不畜，终身不得。以不可多得之聪明岁月，而为是朝成夕毁未可取必之时文，虽至愚者不为，而未知所以变计，则不知取法，所由拘其习而无由变也。夫梓匠轮舆，能与人规矩，不能使人巧。诸生诚能好学深思，自得师于古人，则各以资之所近而力能勉者，神而明之，青胜于蓝，冰寒于水，余且请从而后矣。至若引而不发，规矩斯存，譬如行远自迩，登高自卑，巧者且不能逾，拙者亦自可达。则学古不外乎通经，通经不外乎识字，功既约而可守，道亦坦而易行。诸生要以行之有渐，久而不忘，则是化臭腐而出神奇，易虚文而为实用。同一精神学力，以彼易此，孰得孰失，又不得智者而辨之矣。

卫氏古文，名曰《官书》①，颜氏字书，号以《干禄》②。乃知同文之治，功令所先，登进之资，昔人尤所致意。学者纵不能有志于古，而农夫不为出疆舍其耒耜，则所业又安可不豫乎？今科条例，题款错讹，辄干摈斥，即院府小试，偏旁书误，亦难以幸列前茅。以是知文字之学所以不可废也。

双声叠韵，切响浮音，其说始于沈氏③，当时不尽信从，至唐宋制科专重诗赋，于是声律对偶，令式所颁，即非一家言矣。《广韵详定》、《雍熙韵略》④，系名礼部，是则官有法程，士遵绳墨，金科玉律，不可易也。今科举诗帖平仄拈背，本非难解，而土音不同，平仄讹舛，致乖律吕。即经书文义，虽体制迥与词赋不同，然以场屋所需，不能不参排句偶调，以归庄雅。乃以方音不合，易致音节聱牙，辞意虽工，亦遭按剑。以是知音韵之学所以不可废也。

在心在志，宣志为言，饰言为文，文足成章。《易》括乾坤，不过积画；《书》穷海岳，不过累字。不能分而求积累之数，何由合而通义指之归。是

---

① 《官书》：《新唐书·艺文志》小学类著录卫宏《诏定古文字书》一卷。
② 《干禄》：《新唐书·艺文志》小学类著录颜元孙《干禄字书》一卷。
③ 沈氏：指沈约。《隋书·经籍志》小学类著录《四声》一卷，梁太子少傅沈约撰。
④ 《广韵详定》、《雍熙韵略》：《广韵详定》，未详。恐书名有误。《雍熙韵略》，《宋史·艺文志》小学类仅有《景德韵略》一卷，戚伦等详定。又《雍熙广韵》一百卷，句中正撰，而无《雍熙韵略》。

故读古人书，有得于文字而不得于理道者矣，未有不得于文字而能得于理道者也。至于作为文章，求知于世，未曾辨字，何由遣辞。貌取形似，则精神不亲，剽掠成言，则引喻失措。虽有清思妙解，无由展达成章。杂凑为文，科场最忌。以是知训诂之学所以不可废也。

文字之学，当以《说文》为主，《字通》、《字汇》，不得部次之法。今不遑深求也。但取监本经书，大书正格，其偏旁点画，不可私意增减，则作书可免俗讹矣。仍用《说文》小篆冠于上方，注明许氏部次，为将来考索文字之资，若经传所有而《说文》所无者，阙之，可以考许氏之逸文矣。

音韵之书，《广韵》最为近古，其分析异同，今亦不遑深求也。但取经传文字，依其部次编入，其《广韵》所无，及经传中音义训释与《广韵》训释不符者，别册记出，可以补韵书之不足，而核韵书之讹谬矣。训诂之学，当以《尔雅》为宗，郭注既略，而邢疏亦陋，今亦不遑深求也。但取《尔雅》正文殿于诸经传文字之后，则《雅》文与经传训诂不谋而合。其《尔雅》所有而经传文字所无者，俟经传毕功，旁及周秦诸子、《史》、《汉》诸书以补足之，则可以补郭注之略，而斥邢疏之陋矣。《易》曰："形而上者谓之道，形而下者谓之器。"夫道者，仁者见之谓之仁，知者见之谓之知，百姓日用而不知，无定体者皆是也。学者不求有据之形名象数，则教者与学者之所致力，未有去章句训诂而可以有得者也。古者八岁入小学，教之数与方名，即《尔雅》训诂之属也。惟其童而习之，故可疏通而知远。而才之相去，有什百倍蓰之不同，则于义理所得，亦有浅深厚薄之不一，知非以是为究竟也。近世小学之教不传，好学深思之士，求通乎古，乃以后起之功，殚毕生精力赴之，于是专门以名家，亦已瘁矣。更由是而求进古人之所学，势或不遑焉。今使童蒙习之，则事半功倍，以其资之所习近，而求其力之所能勉，又岂区区小学之功所可限量哉？

# 外篇三

## 报黄大俞先生[1]

古香[2]同年来，拜到家刻，无任感荷！奉读手示，奖借逾分，愧不敢当。即日履兹炎暑，想长者道心静摄，起居安和，无任遥企！承论近人修志，每事必标出处，以示博洽，乃是类书之体，不关史裁，此诚破的之论。然古人一事必具数家之学，著述与比类两家，其大要也。班氏撰《汉书》，为一家著述矣，刘歆、贾护之《汉记》[3]，其比类也；司马撰《通鉴》，为一家著述矣，二刘、范氏[4]之《长编》，其比类也；两家本自相因而不相妨害。拙刻《书教》篇中所谓圆神方智，亦此意也。但为比类之业者，必知著述之意，而所次比之材，可使著述者出，得所凭藉，有以恣其纵横变化；又必知己之

---

[1] 此信写于乾隆五十九年（1794）。信中讨论当时修志中存在的一些问题，首先提出了史籍分类的标准，将书籍分为"著述"和"比类"（纂类）两大类，这种分法也是前无古人，对此他在《答客问》三篇中已作过详尽论述，两者可互相参阅，可以互相发明。信中将方志定性为著述，因而批评当时许多方志，仅是纂类家言。同时将宋元方志"皆误为地理专书"的看法显然是错误的，因为由于时代局限，他将图经一律视为地理专书，这在他许多方志论文中直接如此论述，这就说明他并不知道图经究竟是一种什么样的著作。黄璋（1728—1803），字稚圭，号华陔，晚号大俞居士，黄宗羲玄孙，余姚人。乾隆二十一年（1756）举人，任嘉善教谕。乾隆三十七年（1772）诏征天下遗书，浙江设采访局，由黄璋总编。浙江局得书数千种，黄璋皆"考其撰人爵里，疏其宗旨"，成《总目》若干卷，升江苏沐阳知县。四十六年（1781）弃官归里，优游林下二十余年。著有《大俞山房诗文集》、《校补〈宋元学案〉》等。

[2] 古香，即茹棻（1755—1821），字雅葵，号古香，会稽人，与章学诚同年中举，乾隆四十九年（1784）状元，五十六年（1791）归里居父丧，嘉庆元年服满复职。授内阁学士、工部侍郎、都察院左都御史。二十一年（1816）春，署经筵讲官；六月，复授内阁学士，稽察中书科，晋为吏部侍郎署刑部侍郎。二十二年（1817），为工部尚书。二十四年（1819），任吏部尚书。二十五年（1820），恭奉仁宗（嘉庆帝）遗诏赐一品官衔，庇荫其子寿俞。八月，充顺天乡试正考官。九月，转任兵部尚书。

[3] 刘歆、贾护之《汉记》：刘、贾二人虽都为东汉末学者，但史书并未记载这两人编写过《汉记》。

[4] 二刘、范氏：指刘恕、刘攽、范祖禹，司马光撰著《资治通鉴》时，他们为三大助手，先修出长编，再由司马光删订成稿。

比类与著述者各有渊源，而不可以比类之密而笑著述之或有所疏；比类之整齐而笑著述之有所畸轻畸重，则善矣。盖著述譬之韩信用兵，而比类譬之萧何转饷，二者固缺一而不可；而其人之才，固易地而不可为良者也。

方志一家，宋元仅有存者，率皆误为地理专书，明代文人见解，又多误作应酬文墨，近代渐务实学，凡修方志，往往侈为纂类家言。纂类之书，正著述之所取资，岂可有所疵议！而鄙心有不能惬者，则方志纂类诸家，多是不知著述之意，其所排次襞绩，仍是地理专门见解。如朱氏《日下旧闻》，书隶都邑之部，故称博赡；若使著述家出，取以为《顺天府志》①，则方凿圆枘，格格不相入矣。故方志而为纂类，初非所忌，正忌纂类而以地理专门自画，不知方志之为史裁，又不知纂类所以备著述之资，而自以为极天下之能事。是以虽纂类而仍无可藉，宜长者之致疑于近时风尚也。此非造次可尽，粗陈崖略，长者或不以为谬耶？又承尊意欲类选本朝文集，此事极佳。然词章易购，古学为难。昔《明史》未成，天下才俊争思史馆进身，故多为古文辞；自史馆告竣，学者惟知举子业矣。及三通四库，前后讨论二三十年，而乡会试程，增添诗律，于是撷春华者蔚为词章，慕秋实者竞为琐屑考订，其成家者固甚可观，惟古文辞则甚鲜睹，以其无所用也。

昔曹子建自谓辞赋小道，而欲采庶官实录，辨时俗得失，成一家言；韩退之自谓记事提要，纂言钩玄，而正言其志，则欲求国家遗事，考贤人哲士终始，作唐一经；然则辞章记诵，非古人所专重，而才识之士，必以史学为归。为古文辞而不深于史，即无由溯源六艺而得其宗，此非文士之所知也。今长者欲论次其书，宜先定为凡例。意有所主，不妨畸重畸轻；例有所专，尤宜戒贪割爱。至于家藏诸集，其已有者，乞赐部目，庶所无者可以多方购缉，如有所遇，必当与同志者共玉其成也。辄因风便，顺布区区，未罄所怀，俟续上，不尽。

---

① 《顺天府志》：这里不是确指某部《顺天府志》，章氏只是讲朱氏《日下旧闻》虽是记载都邑之事，但它并不是一部真正的《顺天府志》。

# 报谢文学[1]

披读大著，具见深功苦心，嘉惠后学不鲜，无任钦佩！辱承虚怀下问，不免惭悚！学诚素非专门，凡有笔撰，承用文字，临时略有选择，或不致甚乖古法，犹未知能免讹舛与否，盖于本源之地，未尝专精殚究故也。至于校对字画，行箧亦无其书，真是无能为役，愧甚愧甚！然盛意不可以虚，鄙见所及，稍献刍荛以备采择可耳。如吴刻《四书五经集字》[2]，于经部既未完备，而次序又以四书居前，五经首《易》次《书》而后《诗》、《礼》、《春秋》，重文见于前者，后不复录。窃意《集字》虽训蒙学，然小学为经术渊源，古今文字承用后先，亦宜稍知次第。

自结绳画象以来，由质趋文，反复更变，其不可知者则亦已矣，如以经传而论，则《尚书》文字最古，以"允"为"诚"，以"亮"为"信"；唐虞文字异于三代，而周初之言亦异春秋；即如《论语》有"义"字而无"理"字，有"斯"字而无"此"字，《孟子》相去无几而已具其文；亦可以知前后语辞缓急详略之一端矣。按《大学》、《中庸》，战国初年文也；《论语》，春秋季年文也；《孟子》，战国末年文也；乃冠于三代文辞之上；《易》虽出于羲农，经文出于商末而《系传》出于周衰，亦岂宜在唐虞之前！因后出诸经而没先出诸经文字，亦已徇流忘源；况用朱子《大学章句》之文夹杂其间，直以宋人文字而灭古经，尤为不可训矣。如理字不见于《论语》，犹见于《易系传》，可援引也。今乃引朱子《大学章句补传》"在即物而穷其理"，则大误矣。闻大著广及《周官》、《仪礼》诸经，于义甚善。鄙意世传十三经外，如《国语》可合三传，《大戴》可合三礼，总分十五经传，计字不过六七十万，目力亦不难周。至如《史》、《汉》所引经传，其原本有古于今经文者，周秦诸子，若《管》、《老》、《庄》、《荀》、《墨翟》、《鬼谷》、《申》、《商》、《韩非》、《吕览》，其文字古者多出孔孟之前，皆宜汇集，以为经传旁证。但一书之中，文字不宜重复，其别为一书，即于文下注明又见某书，虽至三书五书或十余部书，如俱有者亦俱注之，庶使人知三代以前承用文字，亦有彼时之今古不同也。既汇

---

[1] 此信写作时间未详。文章针对吴刻《四书五经集字》一书发表议论。语言文字发展是有其先后过程，"《集字》虽训蒙学，然小学为经术渊源，古今文字承用后先，亦宜稍知次第"。

[2] 吴刻《四书五经集字》：雍正《陕西通志》卷七十四著录此书，并署"提学道蒲城李馥蒸撰"。

诸书同注,则编字必依《广韵》部次,便人稽检。其注书先后,当以《尚书》为先,官礼次之,《诗》、《易》、《春秋》四传、大小戴《记》,周秦诸子、史汉之书,以次列之。训诂浩繁,不可胜载,但注书出处,必详篇第;其同文而异音义者,则必注同异,备人考索,是亦有功于后学也。吴刻《四书五经集字》,回避重文,往复检勘,剧有苦心,然实有偏徇去取之弊。今仿《班马字类》①而编韵为次,则有韵可依,不费往复检勘之劳,自然于一书内不致误重,力省而功倍,亦可为快事矣。初学辨字之刻,可谓辨析微茫。内有鼓不从皮而从支支两部者,按《广韵》引《说文》,鼓击从支,信矣;其钟鼕之鼕,实从皮旁,解云:"春分之音,万物廓皮甲而出也。"此或又是一解,还祈详察。至《正音》之所云平误上去者,如金、肤、徂、丕、胝、冥、间、髦之类,敝乡人故读平声;所云上误平者,如樽、麾、抒、炜,去误平者,如裔、粲、雷、截,入误平者,如亿、窒、跃、乏之类,敝乡人故读上去入声,不异官音也。至如《正譌》未举之平声觑字敝乡误作去声,上声秭字误作平声,去声娶字误作上声,上声腐字误作去声,入声涵字误作上声,此类不可胜数,皆敝乡之与官音异者,而尊处不讹。江、浙之音,最为相比,而参差业已如是,此则字体可正而字音难正,扬氏所以有《方言》之纂也。然《方言》具存,而彼时所指,谓青徐之言云何,江淮之言云何,燕赵之言云何,今即其处而求当日之音,茫不可得;是知同时而地隔千里者,音不可齐;同地而时隔千年,音亦不可得而齐也。前高阳县知县武进胡君文英,尝撰《吴下方言考》,虽于经训微觉附会,而于苏、常之间土音,实有证明。鄙意四方文士,各以官韵正定一方土谚,修方志者必采录之,汇集一统志馆,勒为成书,亦同文之要典也。国史采以附《地理志》,后人即为成规,则是每代必有一扬子云,何患训故之难通乎!

然则尊刻当名《扬州方言正譌》,不可概名为《正譌》;以所正者他处不尽讹,而他处有譌,此书又不尽正,一方自为一方之书,以待闻风兴起,洵斯文之幸也。《尔雅》之功,深细精密;偏旁目治,音韵耳治,训诂心治,音形自当以义理为归。但此书为训诂渊源,前人于此,专门名家不可胜数,

---

① 《班马字类》:宋娄机撰,五卷,前有楼钥序,称为《史汉字类》,《四库全书总目提要》云:"司马在前,班固在后,倒称班马,起于杜牧之诗,于义未合,似宜从钥序之名。然机跋实自称班马,今姑仍之。"其书采《史》、《汉》二书所载古字僻字,以四声部分编次。

书不尽传，而杂见群书称引，故自不乏；近日名流，尤多攻习于此，鄙人所见，亦各随功力所至，自为浅深，未见有汇辑者。

鄙意欲仿李氏《本草》撰为《尔雅纲目》一书，为功当不鲜也。盖取诂经证传，辨字审音，旁证广推，分别为类，以次经文之下，庶几后学易于辨析，第恐为之不易，或纠一二同志共之；毕竟隋唐以前，存书无多，亦不致浩博而难罄也。此书虽杂入后世经师解诂，然其原自是三代学校师氏保氏流传训国子者，其来甚远，虽周公亦不能无因而创造之，即六典文字，皆当如是观也。古人学问文章出于一，后世多不能兼。《文选》扬、马诸赋，非通《尔雅》，善小学，不能为之；后代辞章之家，多疏阔于经训；韩昌黎文起八代之衰，乃云："凡为文辞，宜略识字。"略识云者，不求甚解，仅取供文辞用也。又云："《尔雅》注虫鱼，定非磊落人。"又苦《仪礼》难读，盖于经学不专家也；然当时如孔、贾、徐、陆诸君，有功诸经，文即不少概见。非古今人不相及，去古久远，音义训故再失师传，非终身专力于是，不能成家，是以不可兼也。然能文之士，略知大意而不能致精，可矣，必附韩公之意而轻小学，非也；专门之家，能抉深微而不长于文，可矣，必抗大言而讥世人为不识字，亦不可为训也。故生后世而偏有所长，宜交相取而不可交讥，庶几有合古人大体。不知高明以为何如？

## 论文上弇山尚书[①]

《浦公谱传》，荒陋殊甚，法度所关，实有难措笔处。如欲为伊赠公撰碑，而家传并无赠公名字及高曾三代官阶名讳，亦奇事也。幸于母夫人行述

---

① 此信写于乾隆五十六年（1791）。信的内容虽短，但有一个意见很重要，"古人已定之评，断不可以私见求异"。但是，"有举世交称，翁无异辞，而鄙意推求，实亦不可得其解者"，如"康氏《武功》之志，体实芜杂，而世乃称其高简"，对此情况，则不能听之任之，应当表示意见，这就要看各人识别能力之高低，遇此类情况，千万不能"墨守"。信中所云专篇，实指《书〈武功志〉后》《家谱杂议》等。可见做学问必须认真负责，而不可随心所欲，前人已作之定论，若无真凭实据，就不应轻意去推翻。对于众口称颂之事，若是不符事实，则应义不容辞地加以辨驳，这是一个正直的学者应有的态度。弇山，清朝大臣毕沅的号。毕沅（1730—1797），字湘蘅，一字秋帆，又自号灵岩山人，镇洋（今江苏太仓）人。乾隆进士。曾任翰林院编修、左庶子，历任陕西、河南、山东巡抚，湖广总督等。主编《续资治通鉴》，著有《经典文字辨正》《灵岩山人诗文集》《传经表》《晋书地理志校注》等。

得赠公讳,而事与三代竟不可得,事迹亦无实据可称述者,今勉强结构,谬托简括,惟于铭辞稍事铺张,为藏掩地也。谱则荒谬尤甚,题为"族谱",而凡例乃云止载本支,甚至同县同祖行辈可稽者,一概不入,以谓仿苏氏亲尽不及之意,其实误会苏指而大失情理者也。谱序不切作书之指,便涉浮泛,如依其凡例所言,不复成文理矣。今附会形似,使稍近理,其实所称非其书意,特痕迹不甚显耳。未识当否,惟削正之!

学诚窃以文字一途,爱古而不薄今,学者不当先有固必。至于古人著述,虽各从所好,孟子不云口味耳声目色,天下相似?古人已定之评,断不可以私见求异。然颇有举世交称,翕无异辞,而鄙意推求,实亦不可得其解者。如欧、苏族谱,殊非完善,而世多奉为法式;康氏《武功》之志,体实芜杂,而世乃称其高简,其名均可为幸著矣。鄙选《文史通义》,均有专篇讨论,妄谓颇中其失,容日缮呈,博一哂也。近见志谱诸家,更有慕《武功》而并失《武功》之意,慕欧、苏谱而并失欧、苏谱意者,流弊伊于何底!是以文字遇此等处,不敢轻为称许,但稍含混,使求文者不致怪诧而已。不知阁下尚许可与知言否也?五月十日。

## 与吴胥石简[①]

仲鱼行箧出君家谱文稿数篇读之,一脔可窥鼎味,知君撰著不苟然也。

---

[①] 此信写于乾隆五十六年(1791)。胡适在《章实斋先生年谱》中云,"九月十三再答",皆见《吴氏族谱稿存》,但《章氏遗书》本《文史通义》仅收此一篇,而在《章氏遗书·补遗》中尚有《答吴胥石简》与《又答吴胥石书》两篇。后者则是《年谱》提及者,前者看来胡适当时尚未见到,否则《章实斋先生年谱》中不至于只讲两篇。而钱穆《中国近三百年学术史·章实斋文字编年要目》则将《与吴胥石简》列于嘉庆三年(1798),胡适是据《吴氏族谱》得出结论,应当可靠。而从信的标题看,后两封更应相连,因此,三封信很可能都写于这一年。又由于后两封信对研究章氏学术思想都很重要,故一并收入《文史通义新编》。如《答吴胥石书》中有云:"夫学问文章,君子之出于不得已也……不幸而学问文章可以致名,又不幸而其名诚有所利,慕利者争名,而托于学问文章,甚至枝枝贪求,无所不至,君子病焉。"这是在说,在当时,学问文章,已经成为追名逐利的手段,为了达到名利的目的,甚至不择手段。而在《又答吴胥石书》中说:"古人文无定体,与人答问,而即传其人,周秦诸子往往有之。今虽时异势殊,不得不分体制,然于此等源流,不可不略知之也。"诸如此类都相当重要。吴胥石(1730—1801),清朝史学家。名兰庭,字胥石,一字镇南,归安(今浙江湖州)人。乾隆举人。精于史学,撰有《五代史纂误补》四卷,另有《五代史考异》、《续通鉴笔记》、《考订大中祥符广韵》、《南雪草堂诗集》。

然谱学久亡，今之谱法，与古人所求，大同之中当有小异。古人之谱不传，学者不知源委而盛称欧、苏，乃震于其名也。不知欧、苏文人而未通史学，今存欧、苏之谱，疵病甚多，而世竞称之，不免于耳食矣。足下全谱义例，有可举示者否？弟亦将有志纂辑先世遗闻，留示子弟也。阅尊刻至终篇，附弟为足下致书往复，见之赧然。曾记前此从儿子家书两次报书后，记鹭庭来札，言足下犹有所待，而未得见来书，今见重问之书，则更惶愧。昔先达论文，谓生人不当作传，弟向亦尝云尔。今观古人，则殊不然。按《三国志》裴注引梁宽为《赵娥传》①，皇甫氏②采梁传而误其句逗，梁氏实于赵娥生前为之；李习之传杨烈妇③，亦不在杨之身后；此可破世人拘墟之见矣。足下谓如画史图其小影，得自观其形貌，比喻极是，俟从容当勉图之。然君谓周永清亡，自是彼时新故之慨；而弟在楚中已撰永清之传，且与乃郎论刻永清遗稿。今并录奉左右，当慨念京华旧游也。弟以永清晚年，贪名骛博，一切失其故步，故书中劝其孝子慈孙，慎所持择，且知其《广亲属记》为吾兄手订，似稍可凭，属其校刻，而其令嗣久不见报，不知其意将何如也。去年于吴阊见吴敬斋所撰刻之《国朝二十四家古文》，北上扬州，水程三日，往复观之。噫！古文故不易言，自来评选之家，类多不解古文原委，岂敢轻加责备！但知亭林而不知梨洲，知愚山、尧峰、湛园、竹垞而不知西河、念鲁；且方望溪选至二十，而李穆堂寥寥七篇，已骇人矣；乃至陈继儒、李渔之所不忍为、不屑为、不敢为之袁枚，亦入二十四人之数；岂但老子、韩非同传，亦且粪壤申椒共一室矣。呜呼！衡文至此，曾不若三家村塾《古文观止》、《古文析义》，庸恶陋劣，犹未得罪名教。徐君何所见而取之，而吾兄落落之度，竟不辞而为之作序！《春秋》责备贤者，甚怪汰哉叔氏之专以礼许人也！

作启事讫，仲鱼陈君谓斥夫巳氏不当与选，其言允惬。或为徐君解说，论文不必论人，入选之文，但有可观，古人亦不尽苛平素。不知正是就文论文，斯人岂有片言之可取乎！徐君选其与人论文之书，浓赏密赞；不知正是此人自具不学无识，断然不可为文之供招。今为明白指剖，则断识此人笔墨万无可以玷辱简编之理，又何论其他耶！如与《程蕺园论文》，以古文为形

---

① 《赵娥传》：《赵娥传》应为《庞娥亲传》或《赵娥亲传》，因此女名"娥亲"。
② 皇甫氏：指皇甫谧。
③ 李习之指李翱。《李文公集》卷十二有《杨烈妇传》。

上之道，考据为形下之器；"古文似水，非翻空不能见长，考据似火，非附丽于物不能有所表见；水则源泉达乎江海，火则所余不过灰烬"。此直是风狂人作梦呓语，不但不识文理，并不识字画矣。

古人本学问而发为文章，其志将以明道，安有所谓考据与古文之分哉！学问文章，皆是形下之器，其所以为之者道也；彼不知道，而以文为道，以考为器，乃是夏睢一流争论中书堂事，其谬不待辨也。大抵彼本空疏不学，见文之典实不可凭空造者，疾如雠仇，不能名之，勉强目为考据，天下但有学问家数，考据者，乃学问所有事，本无考据家。因而妄诽诋之。充其所见，六经宜去三礼，《尚书》宜去典、谟、贡、范而但存训、诰，《春秋》宜去《左传》而但存《公》、《榖》，《诗》宜删《雅》、《颂》而但存《国风》，六经之文大半灰烬，而达江海者寥寥无几，谓非丧心病狂，何至出此！至于与友人论文，则深戒文章须有关系，甚至言"欲著不朽之书，必召崔浩之灾，欲冒难成之功，必为安石新法之厉"，此其不可理解，直是驴鸣狗嗥！推原其意，不过嫌人矫揉造作为伪体耳。天下原有一种伪体关系文章。然不反其本，而但恶天下有伪君子，因而昌言于众，相率为真小人，是其所刻种种淫词邪说，狎侮圣言，至附会经传，以为导欲宣淫之具，得罪名教，皆此书为之根源。此等文字，方当请于当事搜访禁绝之，犹恐或有遗留，为世道人心之害。而徐君乃选之刻之赞之服之，呜呼！人心嗜好固不可同，然亦何至此耶！此乃吾辈忧患之言，二三同志共之，不过为子弟戒，不足与外人道也，幸勿播扬，致为逐臭之徒增诟詈而启争端可矣。

## 答吴胥石书

儿子书来，言足下询仆既许为足下撰文，何久不见寄？足下讶之是也。仆性疏懒，然自入中年，情深追往，索居怀旧，则涉笔未尝不勤，惟于足下有索，则且迟迟，盖亦有故。昔人谓子长作《相如传》，因其自序，不敢有加。班氏之传子云，遂为家法。仆文自度不足有加足下，欲得足下如马、扬所为自序者一通，以为润色，庶几无负。而足下方匿迹消声，惟恐名姓闻于世人，为不知己者相与傅会为同调，又安肯自为采色丹青，嫌于揭竿求亡子耶！且足下所以索仆之言，盖有感于仆尝传周书昌发愤于读书无用之说，而以守先待后，归功书昌。足下许仆言之有故，庶几善持论也。乃足下则自述其颓唐落莫，屡病不死，又遇火灾，仅以身免，转觉脱然如此身不在人世然者。欲仆为叙此中涯略。噫！足下之言，使我悲也。昔人谓身隐焉用文为！今足下隐而非隐，仆既粗知足下，亦当以言而未尝言者为足得其形似，虽然，仆虽形似足下，知无当于足下意也。盖书昌自谓有用，而世人以为无用，故仆推其所用，为当世剖，当世宜有信者，即起书昌于地下，知其犁然亦有当于心也。足下方自以为无所可用，而世且不复知有足下，仆乃推其所用，为当世警，毋论当世未必遽信，即面质之足下，足下本无是心，得毋疑仆亦强为傅会乎？然仆自谓未尝诬足下也。

盖惟圣人天质，初无所优，粹然元气，如修养功成，阴阳调适，未尝有偏胜也。大贤以下，乃见所优，如生禀得厚，脏腑血气，有独恃其强者，终身以为便利。中人以下，不见优而见绌，如有病之人，风寒暑湿，有独受其厉者，终身受其患害，此其概也。圣人不可得而见矣，大贤中人而下，优绌各有大小浅深，优者偏胜而不能相兼，殆犹女余布而农余粟也；绌者偏累而不能相易，殆犹原多亢而隰多霖也。故必明乎调剂盈虚之说，然后可以知人而论世也。足下窥学于邃，而无专功；得文之心，而无撰著，会心甚远，而简于语言。非仆幸闻绪论，亦无由知足下所自得也。庄子曰："知者不言，言者不知。"自得深者，往往重内而遗其外。然太上心知其意，则曰口不能言。庸妄者流，茧茧自许，亦曰吾知其意，而口不能言，则几于龙蛇沮矣！宁与庸妄相为龙蛇，而贵自适其意，足下之所得也。

夫学问文章，君子之出于不得已也。人皆心知其意，君子方欲忘言，惟不能不迹于学问文章，不幸而学问文章可以致名，又不幸而其名诚有所利，慕利者争名，而托于学问文章，甚至忮很贪求，无所不至，君子病焉。足下耻名可矣，乃并不屑其实，是足下为己有余，而非有用于世也。然推足下之所耻、所不屑者，以砭争名者流，使之惕然有警于心，或者争气可以少恬，此仆所谓推其所用为当世警也。夫犀出鸩乡，斯为贵也，火水至宝，益多则无取矣。使足下生于魏晋之间，自命达生，而糠秕人事，仆又何敢更助颓澜！今好名鸩毒，亦稍厉矣。犹幸造物之于区植，必有所剂，乃生足下之使独也，此仆所谓调剂盈虚，而始可与知人而论世也。虽然，足下难为知者，仆能知之，亦不易矣。犹忆丁未淹留都下，谒铨注选，因言足下瓠落无所可用，仆得为县，当迎君官舍，殆如温伯雪子，目击道存可尔。及仆辞选出都，私计寂寞嗜好，更谁与君为臭味耶？鹭庭年壮气盛，负其不羁，方将致身通显，焜耀为一时望者，乃独与足下相得，则同心之比臭于香草，有不以出处喧寂而异者矣。此言并示鹭庭，为何如耶？学诚顿首。

## 又答吴胥石书

日前作足下书，未及脱稿，而星使遄行，即以草稿先寄足下，念远别无以为欢，急欲慰足下遥望也。今稍加点定，缮为正本奉寄，不知足下意为何如？或疑足下索文当如序记之类，为公家言，乃为得体，不当作致足下语如往复问答者然，此则古无成法，仆盖以意为之，然亦微有据依，特不尽执守耳。韩退之述太学生何蕃，乃投赠之书，略如序记之类，对见存人言理，宜如是。故方崧卿本题为《太学生何蕃书》，盖本书事之体，如孙樵《书何易于》之类，或当时书以赠之，故李汉见其文属投赠，而标题为书，遂编次于书类耳。意虽小异，而失未甚也。朱子以其文为传体，而改题为传，恐李汉明知为传，而编于书牍，未必如此无伦次也。要之，古人文无定体，与人答问，而即传其人，周秦诸子往往有之。今虽时异势殊，不得不分体制，然于此等源流，不可不略知之也。不知高明以为何如？九月十三日学诚顿首。

## 上晓徵学士书[①]

学诚顿首晓徵学士先生阁下：自出都门，终日逐逐，江南秋高，风日

---

[①] 本文写作时间，按文末著"太平府署中"，由此推断当是乾隆三十七年（1772）八月二十二日。因为此时朱筠正提督安徽学政，他与邵晋涵等都同道前往。此信与《上慕堂光禄书》同时所写，并且请曹慕堂代转交，不知何故此信竟未到钱大昕处，而胡适编撰《章实斋先生年谱》时也并未见到过。这是研究章氏学术思想十分重要的两封信，故都收入《文史通义新编》。信中讲了"拟为《文史通义》一书，分内外杂篇，成一家言"。这就告诉人们，他要著的《文史通义》，分为内篇、外篇、杂篇三部分，通过这部著作的撰述，达到成一家之言的目的。由于这封信一直鲜为人知，所以研究章氏之学者至今尚不知道章氏青年时期还曾提出过如此宏伟的著述目标。他在信中表述了要通过对古今著作进行校雠和评论其得失而形成自己的"一家之言"。尽管当初意欲分内外杂篇，因生前自己未能编定，究竟哪些应当编入杂篇，也就无从认定了，如今流传的内篇、外篇格式，乃是由友人王宗炎和次子华绂所定。

清冽，候虫木叶，飒飒有南北风气之殊。因忆京华旧游，念久不获闻长者绪论，以为耿耿！敬想入秋来起居定佳，伏维万福。学诚自幼读书无他长，惟于古今著术渊源，文章流别，殚心者，盖有日矣。尝谓古人之学，各有师法，法具于官，官守其书，因以世传其业。访道者不于其子孙则其弟子，非是即无由得其传。昔孔子问礼，必于柱下，而汉代迁、固之书，他学者不能通晓，必待于外孙杨恽、女弟曹昭，始显其业，意可知也。《周官》三百六十，皆守其书，而存师法者也。秦火而后，书失传而师法亦绝，今所存者，特其纲目。可空篇亡，六卿联事之义，又不可以强通，条贯散失，学术无所统计，所赖存什一于千百者，向、歆父子之术业耳。盖向、歆所为《七略》、《别录》者，其叙六艺百家，悉惟本于古人官守，不尽为艺林述文墨也。其书虽佚，而班史《艺文》独存。《艺文》又非班固之旧，特其叙例犹可推寻。故今之学士，有志究三代之盛，而溯源官礼，纲维古今大学术者，独汉《艺文志》一篇而已。夫《艺文》，于贾谊《左传训故》[①]、董仲舒《说春秋事》[②]、尹更始《左传章句》[③]、张霸《尚书》[④]百两篇及叔孙朝仪、韩信军法、萧何律令之类皆灼然昭著者，未登于录。《秦官奏事》[⑤]，《太史公书》，隶于《春秋》，而诗赋五种，不隶《诗经》。要非完善无可拟议者。然赖其书，而官师学术之源流，犹可得其仿佛。故比者校雠其书，申明微旨，又取古今载籍，自六艺以降迄于近代作者之林，为之商榷利病，

---

[①] 《左传训故》：史书未见著录贾谊有《左传训故》，《汉书·艺文志》儒家类著录《贾谊》五十八篇，《隋志》载《贾子》，《新唐志》始称《贾谊新书》。

[②] 《说春秋事》：《汉书·艺文志》儒家类著录《董仲舒》百二十三篇。《汉书》本传云："仲舒所著，皆明经术之意，及上疏条教，凡百二十三篇。而说春秋事得失，《闻举》、《玉杯》、《蕃露》、《清明》、《竹林》之属，复数十篇，十余万言。"很明显这些篇目都是在说《春秋》事得失，并且是在百二十三篇之外，《汉志》没有单独著录，确是不妥，当然名称不必拘泥，后人著录有《春秋繁露》，上述篇目均在其中。

[③] 尹更始《左传章句》：尹更始，西汉官吏。字翁君，汝南（今河南上蔡西南）人。宣帝时以儒术进，官谏议大夫、长乐户将。专治《春秋穀梁传》，甘露三年（前51）参与石渠阁讲论五经异同，《穀梁春秋》由此设置博士。著有《春秋穀梁章句》，约佚于魏晋之后，《汉书·艺文志》著录《穀梁章句》三十三篇。章氏言《左传章句》，未知据何记载。很可能是《穀梁章句》误。

[④] 张霸《尚书》：张霸，西汉成帝时东莱（今山东莱州）人。曾伪造《古文尚书》百两篇，乃分析《今文尚书》二十九篇为数十篇，又采《左传》、《书叙》而成。成帝曾命中书以孔安国整理的孔壁《古文尚书》相较，乃发现其伪。

[⑤] 《秦官奏事》：二十篇，秦时大臣上书言事及刻石铭文之汇编，《汉书·艺文志》著录。

讨论得失，拟为《文史通义》一书。分内外杂篇，成一家言。虽草创未及什一，然文多不能悉致，谨录三首呈览，阁下试平心察之，当复以为何如也？

学术之歧，始于晋人文集，著录之舛，始于梁代《七录》，而唐人四库因之，千余年来，奉为科律，老师宿儒，代生辈出，沿而习之，未有觉其非者。体裁讹滥，法度横决，汹汹若溃堤之水，浸流浸失，至近日而求能部次经史，分别传志，题款署目之微，亦往往而失也。独怪刘子玄之才，其于艺林得失，讨论不可为不精，持择不可谓不审，而于《隋志》经籍，不责其擅改班固成法，而讥其重录古书，君子一言以为不智，其失莫甚于此！郑樵校雠，实千古之至论，而艺文部次，不能自掩其言。且班《志》未尝废图谱，而郑氏深非其收书不收图，则郑樵于此道要亦未尝明习，以才高言多偶合耳。向、歆之业不传，而官礼家法，邈不可考，古人大体，学者又何从而得见欤？欧阳《新唐·艺文》，删去叙录，后代著录之书，直如书贾簿籍，无论编次非法，即其合者亦无从而明其义例，校雠之失传，所系岂细故哉！阁下前示元《艺文志》[①]初稿，所录止元世著述，窃谓后代补葺前史，自与汉、唐诸史不可一例相拘，第《宋史》而后，古书存亡聚散，从此失纪。且志一代艺文，先录其中外藏书，庶有裨于后人辨证。元至正间诏求天下遗书，如上海《庄氏书目》[②]分甲乙十门，亦其选也。其余私门目录，或存或亡，而秘书监志官书目录，固可得其大概。夫前代志艺文者各有所本，《汉志》本于《七略》，《隋志》本于《七录》，《唐志》本《集贤殿目》，《宋志》本《崇文总目》，其间明注有录无书或标著录若干家、不著录若干家者，皆据所本之书而言，此知古人不必尽见四库而始为志也。然则秘书一志，自可作一《七略》粉本，余或徐俟考订。愿阁下有以易之也。

学诚兀兀无以自主，尝持固陋之说，质于朋辈，莫不哑然引去；惟竹君

---

① 元《艺文志》：指钱大昕为《元史》补的《艺文志》四卷。明初所修《元史》，不列艺文之科，大昕乃加以补作，分经、史、子、集四部。每部各为一卷，其中再分子目若干。辽、金作者亦附见于后。

② 《庄氏书目》：元朝庄蓼塘家藏书目。公私书目均未见著录，胡应麟《少室山房笔丛》卷一引《辍耕录》云："庄蓼塘住松江府上海县青龙镇，尝为宋秘书小史，其家蓄书数万卷。""江南藏书多者止三家，庄其一也。"《山居新话》卷二十一："上海县士人庄蓼塘者，藏书至七万卷。"厉鹗撰《南宋院画录》卷三云："蓼庵即庄蓼塘也，为元季大鉴赏也。"

师颇允其说，邵君与桐独有惬于《通义》一书，其所著述往往采其凡例，意乡人不免阿所好欤？然天壤之大，得一二知己，可以不恨，区区之论，固不足庭喻而户告之也。阁下精于校雠，而益以闻见之富，又专力整齐一代之书，凡所搜罗撰述，皆足追古作者而集其成，即今绍二刘之业而广班氏之例者，非阁下其谁托！敢以一得之愚，质之左右，惟赐之教答而扩以所未闻，幸甚！不宣。学诚再拜。八月二十日二鼓。太平府署中。

## 为毕制军与钱辛楣宫詹论续鉴书①

《宋元编年》②之役，垂二十年，始得粗就隐括，拾遗补阙，商榷繁简，不无搔首苦心。古人著书，贵有家法，闻见猥陋，不足成家，而好骋繁富，不知所裁，亦失古人著书宗旨。大约颊上添毫与蛇下画足，相去止在几希之间；要于著之有故，则稗稊亦珍，否则新奇亦尘垢耳。此中甘苦，难为博雅者流摧其盛气，知高明必有以裁取之也。按司马氏书，于南北朝之争相雄长，五代十国之角掎鼎峙，其详略分合，本于《左氏春秋》之详齐、晋；而陈、王、薛三家③纷纷续宋元事，乃于辽金正史束而不观，仅据宋人纪事之

---

① 乾隆五十七年（1792）毕沅主编之《续资治通鉴》成，章氏代毕沅写此信寄钱大昕。信虽以毕沅名义而写，其实意见、思想都出自章氏，如信中云"详近略远，自古以然"；"据事直书，善恶自见，史文评论，苟无卓见特识，发前人所未发"，就不必"老生常谈"；还有编"别录"的主张等等，都是章氏史学思想中非常重要的内容。"详近略远"、"据事直书"的思想，在好多论著中都有所披露。而为了阐述编"别录"的主张，他还特地写了《史篇别录例议》一文，可以参照阅读。

② 《宋元编年》：《续资治通鉴》最初定名为《宋元编年》。

③ 陈、王、薛三家：指陈桱、王宗沐、薛应旂。陈桱，明朝史学家。字子经，奉化（今属浙江）人。明初侨居上元（今江苏南京）。累官翰林学士。著《通鉴续编》二十四卷，首述盘古至高辛，以补金履祥《通鉴前编》之阙，次撰唐、五代、契丹史事，余二十二卷，皆记宋事，以续《资治通鉴》，故以续编为名。另有《尺牍筌蹄》。王宗沐（1523—1591），明朝史学家。字新甫，号敬所，临海（今属浙江）人。嘉靖进士。授刑部主事，先后任南京刑部右侍郎、左侍郎等。还修过白鹿洞书院，聚徒讲习。著《宋元资治通鉴》六十四卷。另有《海运详考》、《海运志》、《敬所文集》。薛应旂，明朝史学家。字仲常，号方山，武进（今江苏常州）人。嘉靖进士。曾任南京吏部郎中，官终浙江提学副使。著有《宋元资治通鉴》一百五十七卷。另有《宪章考》、《四书人物考》、《甲子会记》、《考亭渊源录》、《浙江通志》、《方山文录》等。

书，略及辽、金继世年月，其为荒陋，不待言矣。徐昆山书[①]最为晚出，一时相与同功如万甬东[②]、阎太原、胡德清[③]诸君，又皆深于史事，宜若可以为定本矣。顾《永乐大典》，藏于中秘，有宋东都则丹棱李氏《长编》[④]足本未出，南渡则井研李氏《系年要录》[⑤]未出，元代则文集说部散于《大典》中者亦多逸而未见，于书虽称缺略，亦其时势使然，未可全咎徐氏。然辽、金正史止阅本纪，间及一二名人列传，而诸传志表，全未寓目；宋嘉定后，元至顺前，荒略至于太甚，则不尽关遗编逸事之未出矣。至于偶据所见，骋其繁富，如西夏备述姻戚世系，元末琐事取资《铁崖乐府》[⑥]，编年之书，忽似谱牒，忽似诗话，殊为失于裁制。然其征材较富，考核较详，已过陈、王、薛氏数倍，则后起之功，易于藉手，亦其道也。

夫著书义例，虽曰家法相承，要作者运裁，亦有一时风气，即如宋元编年诸家，陈、王、薛氏虽曰未善，然亦各有所主。陈氏草创于始，亦不可为无功；薛氏值讲学盛行之时，故其书不以孤陋为嫌，而惟详于学派；徐氏当实学竞出之际，故其书不以义例为要，而惟主于多闻。鄙则以为风尚所在，有利即有其弊，著书宗旨，自当因弊以救其偏，但不可矫枉而至于过尔。今兹幸值右文盛治，四库搜罗，典章大备，遗文秘册，有数百年

---

① 徐昆山书：指徐乾学的《通鉴后编》。徐乾学（1631—1694），清朝学者。字原一，号建庵，江南昆山（今江苏昆山）人。顾炎武外甥。康熙进士。任礼部侍郎、刑部尚书等。曾主持监修《明史》、《大清会典》、《大清一统志》，利用修《一统志》之便，邀万斯同、阎若璩、胡渭诸人编纂了《资治通鉴后编》一百八十四卷。另有《传是楼书目》、《通志堂经解》、《读礼通考》等。

② 万甬东：指万斯同（1638—1702），清初史学家。名斯同，字季野，号石园，浙江鄞县人，宁波古称甬，故章氏称其为万甬东。明鲁王监国，授户部主事。少从黄宗羲受业。明亡守节不仕。康熙十七年（1678）征召博学鸿辞，力辞获免。后受其师黄宗羲之托，以布衣参修《明史》，历时十多年，成《明史稿》五百卷。另著有《历代史表》、《历代宰辅汇考》、《纪元汇考》、《儒林宗派》、《群书疑辨》、《石经考》、《宋季忠义录》等。

③ 胡德清：指胡渭（1633—1714），清初学者。初名渭生，字朏明，号东樵，浙江德清人。绝意科举，专穷经义，尤精舆地，参与修《一统志》和《通鉴后编》。作有《洪范正论》、《易图明辨》、《大学翼真》等。

④ 丹棱李氏《长编》：指李焘《续资治通鉴长编》。

⑤ 井研李氏《系年要录》：指李心传《建炎以来系年要录》。

⑥ 《铁崖乐府》：元朝杨维桢（1296—1376）撰。维桢字廉夫，号东维子，会稽（今浙江绍兴）人。少时读书铁崖山中，因自号铁崖；善吹铁笛，故又自称铁笛道人。泰定进士，为天台尹，转建德路总管府推官，又为江西儒学提举。先后徙居钱塘（浙江杭州）、平江（今江苏苏州）、松江，入明不仕。著《东维子集》、《铁崖古乐府》等。

博学通儒所未得见而今可借钞于馆阁者，纵横流览，闻见广于前人，亦藉时会乘便利有以致此，岂可以此轻忽先正苦心，恃其资取稍侈，恂然自喜，以谓道即在是，正恐起涑水于九原，乃有"赐也贤乎，我则不暇"之诮，则谓之何耶！今宋事据丹棱、井研二李氏书而推广之，其《辽》、《金》二史所载大事，无一遗落，又据旁籍以补其逸，亦十居三四矣；元事多引文集，而说部则慎择其可征信者。仍用司马氏例，折衷诸说异同，明其去取之故以为《考异》；惟不别为书，注于本文之下以便省览，即用世传胡天台注本《考异》散附本文之义例也。计字二百三十五万五千有奇，为书凡二百卷，较之涑水原书，已及三分之二。或疑涑水以二百九十四卷记载一千三百六十二年之事，而宋、元二代，纪年四百六十有八，为书已占三分之二，似乎繁简悬殊。然史家详近略远，自古以然。即如《左氏》一书，庄闵以前与僖文而后，不可一概为例；涑水身生宋世，其所阅涉，自详于唐而略于汉魏以上，亦其理也。鄙见区区自谓此书差有功于前哲，然眉睫之喻，实著书之通患，高明何以教之？邵与桐较订颇勤，然商定书名，则请姑标"宋元事鉴"，言《说文》史训记事，又《孟子》赵注，亦以天子之事为天子之史，见古人即事即史之义，宛转迁避，盖取不敢遽续《通鉴》，犹世传李氏谦称为《长编》尔。章实斋因推孟子其事其文之义，且欲广吕伯恭氏撰辑，别为《宋元文鉴》，将与《事鉴》并立，以为后此一成之例。

鄙以为李氏《续编》，今已不见原书，《通考》言其分别子目多至千有余卷，《癸辛杂识》[①]称韩彦古[②]盗写其稿至盈二厨；《通鉴》不宜如此之多，则《长编》自是李氏著书本旨，非谦避《续鉴》名也。《通鉴》起周威烈王二十三年，示不敢续《春秋》，谨避圣经，则有其理矣。后世编年之史，本与纪传同垂，纪传至《汉书》而规模始定，犹编年至《通鉴》而法式始□，同一理也。班《书》而后，范、沈、萧、李所为纪传，其文虽去班《书》远甚，未尝谦避而不敢名"书"，人不以为僭也；则马《鉴》而后，续者似可不以《通鉴》为讳。且书之优劣，不在名目异同，盖诗文之名一定，而工拙

---

[①]《癸辛杂识》：宋周密撰。该书前集一卷，后集一卷，续集二卷，别集二卷。因作于杭州之癸辛街而得名。

[②] 韩彦古：南宋官吏。韩世忠之子，曾官户部尚书。

本自万殊，诗即甚劣，未尝不名为诗，文即不工，未尝不名为文；名为《通鉴》，而书之可嗣涑水与否，则存乎后人之衡度矣。尊意以为何如？惟涑水之书，中有评论，亦本左氏设辞君子以示学者；司马则著"臣光曰"字以进于朝，徐氏亦仿之而著"臣乾学"云云，其例皆有所授。鄙则以为据事直书，善恶自见，史文评论，苟无卓见特识，发前人所未发，开后学所未闻，而漫为颂尧非桀，老生常谈，或有意骋奇，转入迂僻，前人谓如释氏说法，语尽而继之以偈，文士撰碑，事具而韵之以铭，斯为赘也。今则姑从缺如，未为失司马氏意否？其年经国纬，撮其精要以为目录，亦岁内可以讫功，大约明岁秋冬，拟授刻矣。

而章实斋乃云："纪传之史，分而不合，当用互注之法以联其散；编年之史，浑灏无门，当用区别之法以清其类。"就求其说，则欲于一帝纪中，略仿会要门目，取后妃、皇子、将相、大臣、方镇、使相、谏官、执事、牧守、令长之属，各为品类，标其所见年月，定著别录一篇，冠于各帝纪首，使人于编年之中隐得纪传班部，以为较涑水《目录》、《举要》诸编尤得要领，且欲广其例而上治涑水原书以为编年者法，其说甚新。然续书而遽改原书规模，嫌于无所师授。实斋则言其意本于杜氏治《左》，别有《世卿》、《公子》诸谱例耳。鄙意离合参半，未能决择。凡此一皆就质高明，如何如何？全书并录副本呈上，幸为检点舛误，所谓校书如扫落叶，讨论不厌多往复也。昔司马氏书所以裁成绝业，非第十九年之用心；亦以一时相与商榷如二刘、范氏，并一时硕学，今观所存辨难之辞，如攻坚扣巨，皆足开拓后人识力，不特为一书发明也。鄙则何敢希踪古人，而高明之有以教正，所益或过于古人矣。闻大著《元史》，比已卒业，何时可以付刻，嘉惠后学，争先快睹，引领望之，笔削义例，有可先示其要领者耶？无任翘企！

# 上辛楣宫詹书[1]

学诚从事于文史校雠，盖将有所发明。然辨论之间，颇乖时人好恶，故不欲多为人知。所上敝帚，乞勿为外人道也。夫著书大戒有二：是非谬于圣人，忌讳或干君父，此天理所不容也。然人苟粗明大义，稍通文理，何至犯斯大戒。惟世俗风尚，必有所偏。达人显贵之所主持，聪明才隽之所奔赴，其中流弊必不在小。载笔之士不思救挽，无为贵著述矣。苟欲有所救挽，则必逆于时趋。时趋可畏，甚于刑曹之法令也。戴东原尝于筵间偶议秀水朱氏，萚石[2]宗伯至于终身切齿，可为寒心。韩退之《报张司业书》[3]谓："释

---

[1] 此信应写于嘉庆三年（1798）。胡适在《章实斋先生年谱》初版中亦是放在这一年之下，而在《年谱》出增订本时，又改列在乾隆三十七年（1772），并在摘引该信内容后加按语云："此书在浙本题注为《戊午钞存》之一，故本年初版列在戊午年下。今据《候朱春浦书》知是此年之作。"这个推论显然是错了。因为章氏在乾隆三十七年确实给钱大昕写过一封信，题为《上晓徵学士书》，并且这封信是与《上慕堂光禄书》、《候国子司业朱春浦先生书》同时写于安徽太平府署中。在此前一年，朱筠奉命提督安徽学政，十月十八日章氏随朱筠与邵晋涵等同到太平使院，故这封信末明确写有"八月二十日二鼓，太平府署中"。而在《上慕堂光禄书》中则有"裒集所著《文史通义》，其已定者，得内篇五，外篇二十有二，文多不可致，谨录三首求是正"，"外文三篇，并呈朱春浦师及辛楣先生，以缮录手不暇给也"，足以印证三封信写于同一个时间、同一个地点。而钱、朱两信又明显是请曹慕堂所代转，但不知何故给钱大昕的信竟一直压在曹慕堂处，直到民国年间陈监先方在太原书肆钞得，1946年11月6日才在《大公报·文史》刊出，因而姚名达在1928年增订《章实斋先生年谱》时自然就无法看到。于是就根据《候国子司业朱春浦先生书》的内容进行推断，认为《上辛楣宫詹书》是写于乾隆三十七年。《章实斋先生年谱》中虽然摘引了该信的大段内容，但却将其中重要的三句话节略了："戴东原尝于筵间偶议秀水朱氏，萚石宗伯至于终身切齿，可为寒心。"这是当年学术界发生的一大公案，有的学者著作中还保存有议论。若是胡、姚两位修订《章实斋先生年谱》时对此加以研究，也就不致于将此信列于乾隆三十七年。因为章氏写此信时，钱萚石已经过世，否则就不会云"终身切齿"。据《清史稿》及《清史列传》本传载，钱萚石卒年为乾隆五十八年（1793），当然该信绝不可能写于乾隆三十七年。正因如此，钱穆在《中国近三百年学术史》第九章《实斋文字编年要目》中，虽然也将此信列在乾隆三十七年之下，但又指出："然上辛楣一书，似经晚年点定，非尽当日笔致也。"说明当日也已经产生了疑问。近日读到陈祖武先生《章实斋集外佚札二通考证》一文，发现文中对此作了很有说服力的辩证，特别是对章氏所提及的那个事件论述尤为详尽。从这封信可以看出，直到晚年，章氏对钱大昕自始至终都很尊重，并视为知己，故信中再次向钱大昕表明，自己"从事文史校雠，盖将有所发明。然辨论之间，颇乖时人好恶，故不欲多为人知"，字里行间，流露出一生不得意的心情。他从几十年的亲身经历深深感到，对于时弊，"苟欲有所救挽，则必逆于时趋，时趋可畏，甚于刑曹之法令也"。

[2] 萚石：指钱载（约1708—1793），清朝诗人。字坤一，一字根苑，号萚石，又号瓠尊，晚号万松居士，秀水（今浙江嘉兴）人。乾隆进士。历任编修、督山东学政、礼部侍郎。有诗名，属秀水诗派。还善水墨画，尤工兰、竹。著有《萚石斋诗文集》。

[3]《报张司业书》：张司业指张籍（约767—830）。章氏信中所云《报张司业书》，篇名恐有误，《韩昌黎全集》中并无此文，而在卷十四有《重答张籍书》，似乎即为此文，而所引文字与原文亦有出入，原文为："今夫二氏之所宗，而事之者下及公卿辅相，吾岂敢昌言排之哉！"

老之学，王公贵人方且崇奉，吾岂敢昌言排之？"乃知《原道》诸篇，当日未尝昭揭众目。太史公欲藏之名山，传之其人，不知者以谓珍重秘惜，今而知其有戒心也。韩退之云："传来世莫若书，化当世莫若口。"又曰："亲以言喻之，顽然不入。"则韩氏《原道》诸篇，虽未示世，口谈固已及之，然戴氏之遭切齿，即在口谈，则今世校唐时为尤难矣。惟由韩氏之言体之，则著书为后世计，而今人著书欲以表襮于时。此愚见之所不识也。若夫天壤之大，岂绝知音？铖芥之投，宁无暗合？则固探怀而出，何所秘焉？

## 上慕堂光禄书[①]

秋气转清，南州木叶渐索，夜堂闻蟋蟀声，似有风土之异，始觉浪迹江湖又一年矣。夏间迂道反浙，十里故土，便如隔世。值均弼先生观察宁绍，渡江相见，为道先生近履，及受之、申之两兄颇悉。慰甚慰甚！然辇下同人，一时云散，忆铁拐斜街朝夕过从，酒酣耳热，抵掌剧谈千古，气何盛也！今则星轺奉使，或绾符分守者，既已落落，而南雷、伯思、仲思诸先生丁故罢去，予嘉复闻西行，飘蓬如小子者，牢落又将何所底耶！前返浙东，卜居城南琵琶山下，山水清绝，有水田竹林瓜园共数亩，鱼蔬秔酒所出，足给十口之家。老屋二十余间，去城市八九里许，缘僻处寡邻，业者贱售之，已竭蹶称贷购得矣。倘更有十亩可耕。余一二百金居积什一，则潘岳[②]闲居奉母，虞卿[③]穷愁著书，亦是终老。第归山之资，未知何日办竟，则波尘之命，信难强也。若老幼未得南还，明冬且须北上，有故人官乐平，或从山右作数月之游，以为甲午决科坐食计，然前途墨漆，未知人事天时，又作如何位置耳。在绍

---

[①] 此信写于乾隆三十七年（1772）八月于太平府署，背景情况在《上晓徵学士书》介绍中均已讲明。此信还有一点需要说明，他的《文史通义》"其已定者，得内篇五，外篇二十有二"。一般都讲他写《文史通义》开始于三十五岁这年，而从这个数字看，开始之年或许还要早于这年。

[②] 潘岳（247—300）：西晋文学家。字安仁，荥阳中牟（今河南中牟东）人。曾任河阳令、著作郎、给事黄门侍郎等职。好趋势利，与石崇谄事权贵贾谧，名列"二十四友"首。代表作有《闲居赋》、《秋兴赋》等。传有《潘黄门集》。

[③] 虞卿：战国时说客。善于料事揣情。游说赵孝成王，受任为上卿。著《虞氏春秋》，《汉书·艺文志》著录十五篇。

伏疴两月，颇惧得过日多。哀集所著《文史通义》，其已定者，得内篇五，外篇二十有二，文多不可致，谨录三首求是正！讫，转致辛楣先生朱春浦师。两处书俱未缄，亦乞阅后封致。是皆流俗所嫌笑为迂远而无当者，惟长者知其疏阔，而相赏于寂寞之乡，辄敢觊缕及此，想见之抚掌也。秋深，伏惟宝爱不宣。上慕堂老伯大人：恭请伯母大人金安！受之、申之两兄不另。愚侄章学诚顿首。外文三篇，并呈朱春浦[①]师及辛楣先生，以缮录手不暇给也。

## 答邵二云[②]

来示问《朱先生传》，于《文鸟赋》小有改易，因言马、班之史，于相如、扬雄诸赋，虽博奥奇古，未尝轻有改易，疑仆于古未有所师，甚矣足下之好学也！此事仆初无甚深意，不过就己笔之所便，随文更易，非有心于法古也。古人记言与记事之文，莫不有本。本于口耳之受授者，笔主于创，创则期于适如其事与言而已；本于竹帛之成文者，笔生于因，因则期于适如其文之指，或录成文而无所更易，或就字句而小作更张。如书家临帖，屈伸存乎笔性；将命传言，增减时乎口气；苟使帖意得神，辞命称旨，固不可有意求异，亦不须勉强从同，此则史家通义，尝与余村详辨之矣。至于诗词歌赋，迁、固诸史不改扬、马赋篇，仆固未尝参较，然以韵言之法例之，则楚狂接舆之歌，《庄子》与《论语》有详略矣。

仆于词赋一道，本不甚解；而朱先生则于《诗》、《骚》盖深有得者。以仆属传稿手钞赋语中，有一二辞句不甚惬心，自度此中断无能胜先生之理，姑从同异而窃附于别本之义云尔，不知足下以为何如？仆近较勘先子遗文，

---

① 朱春浦（1726—1782）：清朝官吏。名筠之，字雨森，号春浦，仁和（今浙江杭州）人。乾隆进士，改庶吉士，后授翰林编修，擢国子司业，国史纂修。在国子监中，章学诚颇得其赏识，"于是名稍稍闻"。去世后，学诚为其作《国子监司业朱府君墓碑》，收入《章氏遗书》。

② 邵晋涵是章学诚一生当中最好的朋友，因此平时来往书信也就很多，收入本书的就有十一篇之多。胡适在《章实斋先生年谱》中注出的仅六篇，而钱穆的《实斋文字编年要目》则有八篇，除一篇相同外，其余年代都不一致，因时间所限，一时很难考订其是与非。这封信《章实斋先生年谱》未注出，而《实斋文字编年要目》注在乾隆五十八年（1793），较为可信，因为信中谈论为朱筠写传之事，朱氏去世时已十多年了，为其写传也是情理之中。

有《耳鸣赋》，不过三四百言，辞甚奇崛，而通篇无韵，私度先子当日必有取法，亦不甚讶。又于败簏得先友程副贡《文选》小简，则甚称赋佳，而亦疑通篇无韵，询所矩范，遍检故册，又不得先子报书。因思《诗》三百篇，设为问答，亦不入韵，似可援以为案。此亦因所见以推求义例云尔，未知先子当日命意果何如也，足下或有以推广其宗旨耶？

## 与邵二云论学①

二月初旬，亳州一书奉寄，屈指又匝月矣。仆于二月之杪，方得离亳，今三月望，始抵武昌。襄阳馆未成，制府即令武昌择一公馆，在省编摩，于仆计亦较便也。移家一事，已详余村书中，可便省之。古人朋友之道，久不相见，则考订学业有无长益，见解有无商质，不仅述寒温，溯离合，甚或嗟贫而叹老，相与作楚囚之泣也。足下今年四十有八，仆则五十又过三矣。古人五十无闻，谓不足畏；所谓闻者，不仅远近称述，知其能文善学而已也，盖必实有可据于己，性命休戚其中，如公输之巧，师旷之聪，举其事即可知其为人，如旷以聪闻，输以巧闻，乃可谓之闻也。足下与仆自都门初遇之日，皆自以为稍出流俗，荏苒二十年矣，不幸名过其实，薄有文学之名；称者固未必深知，假有真知者出，未□我辈之可闻果何物哉！夫子曰："朝闻道，夕死可矣。"夫必朝闻而可夕死，甚言不闻道者为枉生也。世儒言道，不知即事物而求所以然，故诵法圣人之言，以谓圣人别有一道在我辈日用事为之外耳。故宋人讥韩昌黎氏，以谓因文见道；不知韩子未至于孔孟者，义方敬直之功，存心养性之学，不能无间然耳；若以因文见道为韩子之弊，是离学问文章以言道，恐韩子所不屑也。子夏曰："小道必有可观，致远恐

---

① 此信写于乾隆五十五年（1790）到武昌之初，信的开头已经说明，还讲了这一年已经是"五十又过三矣"，《章实斋先生年谱》于这年著录了，而《实斋文字编年要目》则云写于乾隆五十六年（1791），显然不妥。信中对邵氏迟迟未能写出自己的著录表不满："足下博综十倍于仆，用力之勤亦十倍于仆，而闻见之择执，博综之要领，尚未见其一言蔽而万绪该也。足下于斯，岂曾无意乎？"接着就讲："仆能撰著于车尘马足之间，足下岂不可伏箧于经摺传单之际！"亦可见章氏自己做学问之艰苦。他用邵念鲁的话，希望邵晋涵多作一些有益于世的论著。

泥。"盖指技曲术业而言也。我辈平日既以文学为业，而究所成就，乃与技曲术业无甚悬殊，则文章学问不任受过，学而不思，学中无进境也。

足下《尔雅正义》[①]，功赅而力勤，识清而裁密，仆谓是亦足不朽矣。抑性命休戚之故，亦有可喻者乎？《尔雅》字义，犹云近正，近正之义，犹世俗云官常说话，使人易解。足下既疏《尔雅》，则于古今言语能通达矣；以足下之学，岂特解释人言，竟无自得于言者乎？君家念鲁先生有言："文章有关世道，不可不作；文采未极，亦不妨作。"仆非能文者也，服膺先生遗言，不敢无所撰著，足下亦许以为且可矣。

足下于文，漫不留意，立言宗旨，未见有所发明，此非足下有疏于学，恐于闻道之日犹有待也。足下博综十倍于仆，用力之勤亦十倍于仆，而闻见之择执，博综之要领，尚未见其一言蔽而万绪该也。足下于斯，岂得无意乎？《宋史》之愿，大车尘冥，仆亦有志而内顾杌然，将资于足下而为之耳。足下如能自成一史，仆则当如二谢、司马诸家之《后汉》，王隐、虞预诸家之《晋书》，亦备一家之学。如其未能，则愿与足下共功；其中立言宗旨，不俾而合，亦较欧、宋《新唐》必有差胜者矣。岁月不居，节序川逝，足下京师困于应酬，仆亦江湖疲于奔走；然仆能撰著于车尘马足之间，足下岂不可伏簋于经摺传单之际！此言并示余村，策以及时勉学，无使白首无成，负其灵秀之钟，而与世俗之人归趣不相远也，如何如何！不宣。

## 与邵二云[②]

与桐五兄足下：折差回，得手书，寥寥数语，未足慰意。儿子寄到亳

---

① 《尔雅正义》：邵氏于此书费十年之功，经三四易其稿而成，深得当时学界诸大师好评。
② 此信《章实斋先生年谱》编在乾隆五十五年（1790），而《实斋文字编年要目》编在五十六年（1791）。从信的开头所云，似应在五十五年较为准确。信中提出以"清真"二字作为论文的标准："仆持文律，不外'清真'二字。清则气不杂也，真则理无支也。此二语知之甚易，能之甚难。"这个论点，他在《信摭》中又说："论文以清真为训。清之为言，不杂也；真之为言，实有所得而著于言也。清则就文而论；真则未论文，而先言学问也。"关于这个论点，《乙卯札记》中还有论述，可参照阅读，以便进一步了解章氏文学理论。

州家书，内钞足下书稿寄来，则略有论文之意，而引端又未见其绪，以此益知远涉江湖，欲溯都门旧雨往复论文，良不易也。仆所规足下期足下者，不一置可否，但云非尺幅可竟，则往来不过尺幅，足下终不为仆一言耶？承指仆文谓精神未振，又《裴抚军传》"秉枭"二字，承改"提刑"二字，甚感衷言与直道也。然文字所寄既多，语云"言多必失"，恐疵病犹不止此，足下仍不免有姑恕尔。至以仆书自言文有进境，疑仆太自得意，则不尽然。叙事之文，向苦文为事役，今觉事自就文；向苦掇拾艰难，今觉位置稍易。譬挽强弓，往来形势，人皆得而见其工拙；至于用力由重而轻，由难而易，挽者之所自知，必不能自欺也。今得足下之所指示，又翻覆以深思，或恐以率易为自然，草菅为结构，有似误学渊明诗者率为浅俚之句，则毫厘以千里矣。尚容迎而距之，平心察之，果其有之，则拜足下之赐为不鲜也。

仆持文律，不外清真二字。清则气不杂也，真则理无支也，此二语知之甚易，能之甚难。君家念鲁先生，尝言"文贵谨严雄健"，夫谨严存乎法度，雄健存乎气势。气势必由书卷充积，不可貌袭而强为也；法度资乎讲习，疏于文者，则谓不过方圆规矩，人皆可与知能。不知法度犹律令耳，文境变化，非显然之法度所能该；亦犹狱情变化，非一定之律令所能尽。故深于文法者，必有无形与声而又复至当不易之法，所谓文心是也；精于治狱者，必有非典非故而自协天理人情之勘，所谓律意是也。文心律意，非作家老吏不能神明，非方圆规矩所能尽也；然用功纯熟，可以旦暮遇之。期与足下共勉，足下岂无意耶？《宋史》之议，不置一辞，岂虑有任氏《字林》[①]之补正邪？则仆且闭口矣，如何如何！慎时自爱，不宣。

---

① 任氏《字林》：指任大椿《字林考逸》。

# 与邵二云论文[①]

去冬为次儿改所代撰谱传，遂觉作文少而改文多，文不加工，而于体裁、法度、义例，殆于杜陵所谓"晚节渐于诗律细"也。不知者以谓文贵抒己所欲言，岂可以成法而律文心；殊不知规矩方圆，输般实有所不得已，即曰神明变化，初不外乎此也。昔汪钝翁[②]谓不习制义，不能作古文辞。今稍知学古者，皆知笑之，仆向亦曰马、班、韩、欧何尝学为制义，今悔言之不致思也。汪氏所见，未得古人深处，且其说亦有所本。王秋涧《玉堂佳话》[③]，尝引鹿庵先生言曰："作文当从制科中来，不然，汗漫披猖，出入不由户也。"其说尚主理义，至汪氏则直论文法，为见卑耳。然马、班、韩、欧未为制义之说，实不足以折服汪氏。盖文人之心，随世变为转移，古今文体升降，非人力所能为也。古人未开之境，后人渐开而不觉，殆如山径蹊间，介然用之而成路也。方其未开，固不能豫显其象；及其既开，文人之心，即随之而曲折相赴。苟于既开之境而心不入，是桃李不艳于春而兰菊不芳于秋也。盖人之学古，当自其所处之境而入，古人亦犹是也。譬冀赵之人诣京都，自不须渡洪河；陈许之人诣京都，亦不必涉大江，非不能渡江河也，所处之地然也。今处吴会之间，欲诣京都，问程而得江河，则曰彼冀赵陈许之人，未尝不至

---

[①] 此信写于乾隆五十四年（1789）。这封信是他与邵晋涵谈论文学评论之文，内中有好多观点都值得我们注意。他说"文人之心，随世变为转移，古今文体升降，非人力所能为也"。这种文人之心，随世变为转移的论断，在当时能够提出，实在是一种了不起的见解。我们现在常说，学术思想、文学艺术一定要反映各个时代的精神，所以，各个历史时期所出现的学风文体，自然不可能是以某些个人意志为转移。他在《信摭》中还说："世代升降，而文辞语言随之，盖有不知其然而然也，圣人不能易也。"其意思自然相同，可参照阅读。信中还说："学者各有擅长，不能易地则诚然矣。"专家者不可能样样都专，他只是擅长于某一学科而已。

[②] 汪钝翁（1624—1690）：清朝学者。名琬，字苕文，号钝翁，学者称尧峰先生，长洲（今江苏苏州）人。少孤贫，勤奋好学。顺治进士。历任主事、郎中，以病辞官。又为大臣陈廷敬等荐，举博学鸿辞科，与修《明史》。有《钝翁全集》、《尧峰文钞》。

[③] 王秋涧《玉堂佳话》：王秋涧（1227—1304），元朝文学家。名恽，字仲谋，号秋涧老人，卫州汲县（今河南卫辉市）人。曾在中书省任职，后又为监察御史，河南、河北等地提刑按察御史，至元十四年（1277）出任翰林院待制。成宗时参与纂修《世祖实录》。《玉堂佳话》是其供职翰林院时所写，成于至元二十五年（1288）。玉堂为宋以来翰林院别称。著作甚多，诗文并茂，有《秋涧全集》。

京都，吾何取于江河，则亦可谓不知言矣。

凡学古而得其貌同心异，皆但知有古而忘己所处境者也。古文之于制义，犹试律之与古诗也；近体之与古风，犹骈丽之与散行也。学者各有擅长，不能易地则诚然矣。苟于所得既深，而谓其中甘苦不能相喻，则无是理也。夫艺业虽有高卑，而万物之情各有其至，苟能心知其意，则体制虽殊，其中曲折无不可共喻也。每见工时文者则曰不解古文，擅古文者则曰不解时文；如曰不能为此，无足怪耳，并其所为之理而不能解，则其所谓工与擅者，亦未必其得之深也。仆于时文甚浅，近因改古文，而转有窥于时文之奥，乃知天下理可通也。虽然，汪氏之言，信有征矣，而谓其见卑，何耶？盖汪氏多取时文法度以论古文，殆于用舟车之尺寸度栋宇也。故其教人作合传之文互相详略，谓如制义截搭题文之相映带，可谓陋矣！必若王秋涧之所引，乃名言耳。惜王氏引之而未足以知其大也。王氏尝谓《汉书》列传，加以铭辞，便是绝佳碑志，此以《文选》见解，测量《史》、《汉》，亦陋甚矣！所引鹿庵先生之言，"作文当从制科中来，否则汗漫披猖，是出入不由户也"，其言甚大，恐王氏见解未足以及此也。

盖今人论文，无不宗仰西汉，西汉人文，原本经术，与三代典、谟相去未远，而其立言，莫不各有家法，出于博士经师，承学之士笔于书者，终身守其师说而不敢变，后代制科所自仿也。鹿庵元人，未见明人制义，而其所云制科，乃元代学校所习经义策问耳。虽制度前代各殊，而一朝之兴，必立科举学校，定著功令，以范围才俊之心思耳目，一也。必若律度量衡之出于一，所以谓同文之治也。夫学校必宗先圣，先圣之言，具于六艺，作文当从制科中来，犹云立言折衷于六艺也。太史公曰："载籍极博，犹考信于六艺。"又曰："言六艺者，折衷于夫子。"又曰："总之不离古文者近是。"太史公尝问古文于孔安国，而安国实传《古文尚书》。故百三十篇多古文说。孝武表章六经，孔氏古文虽不立于学官，当时实有师授。一则曰"余读功令"，再则曰"余闻之董生"，是则马迁作史，犹不能不自制科中来；今人动曰发愤著书，遂可惟意所欲，岂知古人之谨严乎！孔子曰："郁郁乎文哉！吾从周。"又曰："吾学周礼，今用之。"又曰："愚而好自用，贱而好自专，生乎今之世，反古之道，灾及其身者也。"春秋之时，故无制科，然由夫子之言观之，则其所为删述六经，皆尊时制，不异后世之由制科也。夫立言于不朽之三，苟大义不在君父，推阐不为世教，则虽斐如贝锦，绚若朝霞，亦何取乎！人知诽谤妖言之禁起于后世，岂知言伪而辨，为王法之所诛，辨言之乱旧章，为圣世之所绝欤！故读书知崇功令，文字当依制科，则文境醇而心术正，特不可如汪氏之直以时文而言古文尔。夫不由规矩绳尺，即无以为大匠，至于神而明之，则固存乎其人。学者慎毋私智穿凿，妄谓别有名山著述在庙堂律令之外也。噫！斯言也，鹿庵先生未必推论及此，然学者不容不知其理也。

# 与邵二云论修《宋史》书[①]

足下今生五十年矣，中间得过日多，约略前后自记生平所欲为者，度其精神血气尚可为者有几？盖前此少壮，或身可有为，未可遽思空言以垂后世；后此精力衰颓，又恐人事有不可知；是以约计吾徒著述之事，多在五十六十之年，且阅涉至是不为不多，中间亦宜有所卓也。足下《宋史》之愿，大车尘冥，恐为之未必遽成；就使成书，亦必足下自出一家之指，仆亦无从过而问矣。近撰《书教》之篇，所见较前似有进境，与《方志三书》之议，同出新著，前已附致其文于足下矣。其以圆神方智定史学之两大宗门，而撰述之书不可律以记注一成之法；又迁书所创纪传之法，本自圆神，后世袭用纪传成法不知变通，而史才、史识、史学，转为史例拘牵，愈袭愈舛，以致圆不可神，方不可智。如《宋》、《元》二史之溃败决裂，不可救挽，实为史学之河淮洪泽，逆河入海之会，于此而不为回狂障骤之功，则滔滔者何所底止！夫《通鉴》为史节之最粗，而《纪事本末》又为《通鉴》之纲纪奴仆；仆尝以为此不足为史学，而止可为史纂史钞者也。然神奇可化臭腐，臭腐亦复化为神奇，《纪事本末》本无深意，而因事命题，不为成法，则引而伸之，扩而充之，遂觉体圆用神，《尚书》神圣制作，数千年来可仰望而不

---

[①] 此信写于乾隆五十七年（1792）。信中与邵氏讨论史书体裁的发展变化及利弊得失。自己并拟创立一种新的史体，"今仍纪传之体而参本末之法，增图谱之例而删书志之名，发凡起例，别具《圆通》之篇"。并且打算以赵宋一代为试点，因为邵氏曾经打算改编《宋史》，可惜《圆通》篇并未写成。此信是对《书教》三篇很好的注解，因此可以参照阅读。

可接者，至此可以仰追。岂非穷变通久自有其会，纪传流弊至于极尽，而天诱仆衷，为从此百千年后史学开蚕丛乎！今仍纪传之体而参本末之法，增图谱之例而删书志之名，发凡起例，别具《圆通》之篇，推论甚精，造次难尽，须俟脱稿，便当续上奉郢质也。但古人云："载之空言，不如见之实事。"仆思自以义例撰述一书，以明所著之非虚语。因择诸史之所宜致功者，莫如赵宋一代之书，而体例既于班、马殊科，则于足下之所欲为者，不嫌同工异曲。惟是经纶一代，思虑难周，惟于南北三百余年，挈要提纲，足下于所夙究心者，指示一二，略如袁枢《纪事》之有题目，虽不必尽似之，亦贵得其概而有以变通之也。昔东汉诸家，今存惟范；典午群史，唐修仅传；盖班、马家学失传之初，一史而屏起争趋，一代而攻者数家，各尽所长以自表见，传不传则听于其际与数。此虽不如世业专家，犹胜后人之拘守绳尺，不复成家学也。前人攻《宋史》者，如柯氏之《新编》[1]、邵氏之《弘简录》[2]，陈氏之《通鉴续编》，其效略可睹矣。仆于此役，未必遽为柯、邵之流，恐如郑氏之《通志》，例有余而质不足以副耳。然足下进而教之，或竟免于大戾，未可知也。足下亦宜自力。次公传家学否？念念，不宣。

## 与邵二云论文书[3]

《顾文子传书后》，当寄永清附刻《亡友传》后。内序顾父善画，顾母通

---

[1] 柯氏之《新编》：柯维骐《宋史新编》。柯维骐（1497—1574），明朝史学家。字奇纯，莆田（今属福建）人。嘉靖进士，授南京户部主事，因病未赴。专志读书，讲学授徒，门生多达四百余人。先后历时二十年，成《宋史新编》二百卷，合宋、辽、金三史为一书。另有《史记考要》、《续莆阳文献志》、《艺余录》等。

[2] 邵氏之《弘简录》：邵经邦（1491—1565），明朝史学家。字仲德，仁和（今浙江杭州）人。正德进士。授工部主事，迁员外郎。约于嘉靖二十年（1541）成《弘简录》二百五十四卷，记唐宋辽金事。另有《弘艺录》。

[3] 由于和邵氏通信较多，名称大多相同，有的也仅一字之差，这样就得靠信的内容来定时间。此信《实斋文字编年要目》列在乾隆四十八年（1783）。但信中提到的《郎通议墓志书后》一文，是写于乾隆五十三年（1788），因此，这封信最早也不能早于这一年，最多也只能写于同年。信中云："《郎通议墓志书后》，则《通义》之外篇也。"这就说明章氏是将序、跋、墓志等一律都放在《文史通义》的外篇，当然，这也说明中华书局出版的《文史通义校注》是个不完整的本子。

经，教子课孙，亦藉以稍慰文子请撰家传之志尔。但中有"小李将军画法"一语，本之李君所开节略。小李将军画名，亦耳熟之，其为何代何官，及何名字，仆性村劣，实未识也。一时无书可考，姑仍原文，然于古文之法不合，幸足下为改正之。

自六朝以来，《诗品》、《文心》，书评画断，角出鼎峙，相与雌黄文府，鉴赏艺林，盖出古人所未有矣。而浮靡之朝，文体破碎，称人不拘名姓，俚言游语，皆入品评，佐以叠韵双声，取适观美，此种文字，列于文史之末，听其自为一家之言可也。近代为古文辞者，往往袭而用之，且谓其来有自；此其为病，又在昔人所论小说语录诸弊之外矣。《郎通议墓志书后》，则《通义》之外篇也。族籍名字书法之难，本文论之详矣。

仆无争名之心，平日为人撰文，其人自以意改，盖亦多矣，初未尝与校也。每谓欧阳公《辨尹师鲁志铭》[1]，辨俗人之妄议，犹嫌急于自暴，其意亦可谅矣；此则实于文字义例，必当有发明尔。庸妄者流，涂窜文字，如醉如梦，何必有理可诘哉！惟思我辈平日亦尝为人正定文字，往往未见其人，而文有不惬，亦复以意改之；人心不同，正恐彼我易观，交讥目睫，亦可儆也。忆昔朱先生与嘉定钱晓徵詹事，以学问文章互相推重。仆方学古文辞于朱先生，值先生为蒋渔村[2]编修墓志，蒋君归葬有期，而先生又逼福建典试之役，倚装具草，意不自惬，临行属仆与晓徵詹事更参定之。后仆如命以诣詹事，詹事略商数语，俾仆持择，不肯涉笔。仆固请之，则曰："如其面订，则笔削无嫌。今既行矣，君自当得其意，涉笔无嫌，他人不宜轻改窜也。"仆乃仿佛其意，为之改定，朱先生归，未尝以为非也。仆彼时尝疑詹事远嫌过甚，今知前辈自有深意。盖不见其人，遽改其人文字，正恐所改虽工，未必即其本意，况未必工乎！詹事推仆著笔，盖谓弟子面承师说，转可无嫌，谅哉深知文字之要害也！杜陵云，"晚节渐于诗律细"，仆则以为文律亦然。阅历既多，不特知文字甘苦，且并所以处此文字之情理，亦不可不知也。

---

[1] 《辨尹师鲁墓志铭》：载《欧阳文忠集》卷二十八。
[2] 蒋渔村（？—1770）：清朝学者。名雍植，朱筠曾为其写墓志铭。

# 与邵二云论学[1]

　　闻足下之刻《尔雅正义》，剧有苦心，婉转屈曲，避人先剿之于口说而转谓笔于书者反袭之于彼也。足下素慎于言，雅学又博奥而难竟，然犹燕谈所及，多为拾牙慧者假借不归；乃知风气之偬，正复何所不有，是知影止一而罔两居二三也。鄙性浅率，生平所得，无不见于言谈，至笔之于书，亦多新奇可喜。其间游士袭其谈锋，经生资为策括，足下亦既知之，斯其浅焉者也。近则遨游南北，目见耳闻，自命专门著述者，率多阴用其言，阳更其貌；且有明翻其说，暗剿其意，几于李义山之敝缊，身无完肤，杜子美之残膏，人多沾丐。才非先哲而涉境略同，言之可惭，亦可慨也！鄙昔著《言公》篇，久有谢名之意，良以立言垂后，无非欲世道之阐明，今既著有文辞，何必名出于我。后见王怀祖氏，自言所得精义，不暇著书，欲求善属辞者，承其指授而自著为书，不必人知所著本于王氏，乃知王君与仆有同志也。然而有其志而不能遂其事者，则以承指授而属辞，遂能达其心之曲折，千万人中不能得一二也；且使果具此才，亦可不藉荣于王氏矣。然则专心指授，犹不敢望人达其曲折，况剿袭言辞，安能不谬其初指乎！故学无心得而但袭人言，未有可恃者也，是以不得不别白而存其真也。顾宁人云："良工不示人以璞，恐其以未成之器误人。"我辈书未出，而微言要旨，往往先见言论，遂使人得掩为似是之非；虽曰士风之浇，而轻露其璞以误人，我辈不得不职其咎矣。

---

[1] 此信写于乾隆五十三年（1788）。这一年还有一封《与邵二云书》，信中云："生平所得，无不见于言谈，至笔之于书，亦多新奇可喜。其间游士袭其谈锋，经生资为策括，足下亦既知之，斯其浅焉者也。"意思是说，他的许多观点、言论，常为一些不学无术之徒所抄袭，自然令人不快。但是他又指出："学无心得而但袭人言，未有可恃者也。"自己既无见解心得，只靠抄袭别人著作言论者，无疑是不可能成大气候的。

## 与邵二云书①

自到河南,三度致书,想俱邀鉴矣。春气渐舒,足下比日作何消遣?所商《史籍考》事,亦有所以教正之耶?望不吝也。朱少白前已有札致之,近日常过从论文否?家正甫孝廉所为《后海御寇始末》,其文亦曾举示足下否?后起之士,能为古文词者,绝无其人,则竹头木屑之伪学误之也。然吾辈引人为文,而不免使之轻视学问,则与前数十年时文名士同其弊矣。故以学问为铜,文章为釜,而要知炊黍芼羹之用,所谓道也。风尚所趋,但知聚铜,不解铸釜;其下焉者,则沙砾粪土,亦曰聚之而已。故俗士难与庄语,吾党如余村、逢之、正甫暨朱少白②,不可不时时策之。

## 与邵二云书③

逢之④寄来《逸史》,甚得所用。至云撼逸之多,有百余纸不止者,难以附入《史考》,但须载其考证,此说亦有理。然弟意以为搜罗《逸史》,为功亦自不小,其书既成,当与余仲林《经解钩沉》⑤可以对峙,理宜别为一书,另刻以附《史考》之后。《史考》以敌朱氏《经考》,《逸史》以敌余氏《钩

---

① 此信写于乾隆五十三年(1788)。信的内容虽短,但对当时考据之风的批评却相当形象:"故以学问为铜,文章为釜,而要知炊黍芼羹之用,所谓道也。风尚所趋,但知聚铜,不解铸釜;其下焉者,则沙砾粪土,亦曰聚之而已。"

② 余村、逢之、正甫暨朱少白:余村,指史致光。逢之,指章宗源。正甫,未详,大约为章氏子侄辈。朱少白,指朱锡庚,朱筠之子。

③ 此信约写于乾隆五十六年(1791)。内容是讨论搜集"逸史"之事,可见是修《史籍考》开始之后所写,信中还列举了搜集"逸史"的途径和方法,并指出"著录与搜逸二事,本属同功异用"。

④ 逢之(1752—1800):章宗源,清朝目录学家。字逢之。顺天大兴(今北京大兴)人,祖籍浙江山阴(今浙江绍兴)。乾隆举人。曾积十余年之功,成《隋书经籍志考证》,其稿后被仇家所焚,仅存史部五卷。

⑤ 余仲林《经史钩沉》:余仲林(1729或1732—1777或1778),清朝学者。名萧客,字仲林,别字古农,长洲(今江苏苏州)人。惠栋弟子。博览四部典籍及佛道藏书,后为直隶总督方观承延请,撰修《畿辅水利志》。有《古经解钩沉》、《文选纪闻》、《文选音义》。

沉》，亦一时天生瑜、亮，洵称艺林之盛事也。但朱、余二人，各自为书，故朱氏《经考》，本以著录为事，附登纬候逸文；余氏《钩沉》，本以搜逸为功，而于首卷别为五百余家著录。盖著录与搜逸二事，本属同功异用，故两家推究所极，不侔而合如此。今两书皆出弇山先生一人之手，则又可自为呼吸照应，较彼二家更便利矣。

夫史籍遗篇逸句，不讲著录部次，则无所附丽，更不比余氏《经解》，犹有本经白文，可以作间架也。今为酌定凡例，自唐以前诸品《逸史》，除搜采尚可成卷帙者，仿丛书例，另作叙跋较刻，以附《史籍考》后，其零章碎句，不能成卷帙者，仍入《史籍考》内，以作考证。至书之另刻，不过以其卷页累坠，不便附于各条之下，其为体裁，仍是搜逸，以证著录，与零章碎句之附于各条下者，未始有殊，故文虽另刻，必于本条著录之下，注明另刻字样，以便稽检。鸿编巨制，取多用宏，创例仅得大凡，及其从事编摩时，遇盘根错节，必须因时准酌，例以义起，穷变通久，难以一端而尽。凡事不厌往复熟商。今兹所拟，不识高明以为何如？至宋元以来，史部著述浩繁，自诸家目录之外，名人文集，有序文题跋，杂书说部，有评论叙述，均须摘抉搜罗。其文集之叙跋，不无仰资馆阁，说部则当搜其外间所无者，此事不知张供事能胜任否？吾兄幸熟计之。若得此二事具，则于采择之功，庶几十得其八九矣。又文集内有传志状述，叙人著述，有关于史部者，皆不可忽。四月廿二日。

## 与邵与桐书[①]

学诚顿首与桐五兄足下，相别半载，积思万千，足下尔日眠食何如？情

---

[①] 此信在《章实斋先生年谱》与《实斋文字编年要目》均未著录。从《章实斋先生年谱》著录其行踪看，应写于乾隆四十六年（1781）。这年仲冬，作者因周震荣之介绍，至河南见毕沅，欲藉其力编《史籍考》，有这年的十二月《上毕抚台书》可作佐证。而次年二月，作者已至归德，主讲文正书院，并已开始了《史籍考》的编辑工作，这显然是因为毕沅的关系。因为信中还云："以关中一席，毕中丞覆以缓商，不识中丞覆意如何，倘淡漠无意，则无可投矣。"可见此信必写于这一年无疑。对于此信，不知《章实斋先生年谱》为何只字不提。此信反映了章氏当时走投无路之困境，所以对毕沅寄予莫大的希望。

兴颇复佳耶？弟以蹇运，所如辄蹶，颠倒狼狈，竟至不可复支。以海度<sup>①</sup>之素交，而刻薄无情，迥出意计之外。所谓病寒而益之冰雪也。言之可为交道中作一鉴戒，亦弟之劣命有以致之也。羁栖肥乡，忽忽半载，羝羊藩触，进退斯难。天津一席，既为竖子所欺，莲池又复再成画饼。从兹以往，非第谋事多难，即当事荐牍，亦更难启齿矣。夏间接读手示，以关中一席，毕中丞覆以缓商，不识中丞覆意如何，倘淡漠无意，则无可投矣。若犹有平原旧意，或未得坐拥皋比，即从事编摩术业，不无少有所获，惟足下斟酌为之。度其不可，则竟不须饶舌，如在可否之间，则再以一牍讯问，应候有言，疑则少尝之，此类是也。但不为则已，果其为之，不妨少假羽毛，高抗其说，意谓中丞爱才如性命，慕贤如饥渴，而兰苕翡翠，无不处之上林，碧海长鲸，几不免于沟壑，当亦仁人君子所不忍闻。往者竹君先生泛爱及众，有所举于中丞，皆一时之选，然亦有拯悯饥寒，仅就尺短寸长，使之有以自效。中丞雅善衡量，亦既随其器之大小，有以满其剂量，以是人称中丞能得士矣。而斯人亦出竹君先生门下，袖手冷笑，独谓人世不必更求知音，倔强自喜，不复顾屑，以至于今，故困穷转出藩篱鹦雀下也。某属公门下，辱知为深，当此相须殷而相遇甚疏之际，苟不为公一言，则负知遇之恩莫斯为大，如中丞试一接之，使之进其所长，果有一言出于中丞，先后延纳之士同所见及者，某便为欺谩大君子，不宜在门下籍。昔退之为孟郊<sup>②</sup>致书张建封<sup>③</sup>，子瞻为董傅<sup>④</sup>致书欧阳

---

① 海度：邵洪（1743—1811）字海度，号双桥。邵基之孙。生七日而父卒，少发愤读书，慷慨持大节。乾隆三十年（1765）以诸生迎驾，因其祖父邵基旧功劳，钦赐举人。三十六年（1771）中进士，四十四年（1779）补吏部主事。次年充湖南乡试正考官，寻迁员外郎。四十六年（1781）随乾隆帝巡五台，至赵村，奉旨授河南学政，不久授吏部郎中，调刑部。因刚直不阿，十余年未升迁。五十七年（1792）作江西抚州知府，历署广信、吉安。在职期间，平冤狱，决滞案，有"青天"之称。嘉庆元年（1796）调往南昌，得江西巡抚张诚基荐，升湖南岳常醴道，署湖南按察使。翌年迁江西按察使，旋升布政使。其尽除藩司陋例，约束下属吏胥，搜剔弊端，群吏相率归正。因其居官清廉，病后益发穷困，向富者供贷始得归乡。病愈复起，授太仆寺卿，累擢至吏部右侍郎。十六年（1811），复病回籍，至杭州即卒。

② 孟郊（751—814）：唐朝诗人。字东野，湖州武康（今浙江德清西）人。早年隐居嵩山，与韩愈至交。贞元进士，任溧阳县尉，又曾任河南水陆转运判官。终生穷困潦倒。长于五言古诗，与贾岛齐名，有"郊寒岛瘦"之称。今存《孟东野诗集》。

③ 张建封（735—800）：唐朝官吏。字本立，祖籍邓州南阳（今河南南阳），后移居兖州（今山东济宁兖州区）。代宗时任判官，德宗时任岳州、寿州刺史，贞元四年（788）升徐泗濠节度使，驻徐州，政绩卓著。十三年（797）入朝长安。礼贤下士，名人韩愈等均入其幕。

④ 董傅：《东坡全集》卷二十八《上韩魏公乞葬董传书》，而并无"为董傅致书欧阳子"，看来欧阳子应是韩魏公，董傅应为董传。

子，俱是其人已死，乞当道有力者为之恤其后人，葬其遗骸，而辞旨斐恻，神气激昂，千载而下，诵之犹足令人兴起，何况当日身亲其事者耶！

惟足下酌采其意，修饰其词而润色之，使不乖今人之视听，而不掩鄙人之所长，抑亦可谓善矣。其成与不成天也，又何尤焉。如待既转沟壑之后，而后有如退之、子瞻之所请焉，抑其晚矣！然亦今世必无之事也。比日肥乡、永年二县，亦此议修志事，然扰扰数月，竟无定局。盖畿辅州县，多困差繇，当事者憔悴拮据，虽有雅意，而实力难副。肥乡主人，于弟有厚，故一时未得舍去，非此间竟有安身处也。连接儿子来书，竹君先生竟作古人，竹厂、文子又先后逝去，师友之间，零落多故，既悲宿草，行自念也。儿子又以西监事例，得旨停科，此实君父隆恩，曲贷成全，不可不勉思称副，十年之内，既免科场扰乱心曲，熔经铸史，华实兼修，例限满后，譬如引弓者之持满而发，较彼三年一次，徒搔无益之首，仰问无臭之天，忽忽亦复十年，其间孰得孰失，不待愚夫而辨之矣。所虑为日太宽，心懈力弛，则是不能仰副朝廷教养人材至意，此等无根之草，即使岁岁观场，何益之有，惟愿足下时时悚惕，使其从兹以往，读书作文，勉学励行，不懈益虔，则停科之益，较之特开恩科，其得为尤重也。风便草草，语不宣心，惟足下赐之教言，幸甚幸甚。十月初三日。

# 答邵二云书[①]

来书于戴东原自称《原善》之书欲希两庑牲牢等语，往复力辨，决其必

---

[①] 此信在《章实斋先生年谱》、《实斋文字编年要目》中均未著录。信的内容是讨论对戴震的学术思想评价问题，根据信中有"已别具专篇讨论，箧藏其稿，不敢示人，恐惊曹好曹恶之耳目也"，我们可以推断，所言"专篇"，很可能就是指《郑学斋记书后》和《朱陆篇书后》两文，这两篇都是写于乾隆五十四、五十五年中，而嘉庆元年（1796）六月，邵氏便己去世，因此，信总是就写于这几年之中。这封信足以表明，章学诚对戴震的学术贡献评价确实是很高的。他认为"生平闻见，而求能深识古人大体，进窥天地之纯，惟戴氏可与几此"。可是当时学界巨擘，"其推重戴氏，亦但云训诂名物，六书九数，用功深细而已，及见《原善》诸篇，则群惜其有用精神耗于无用之地，仆于当时力争于朱先生前，以谓此说似买椟而还珠，而人微言轻，不足以动诸公之听"。《原善》诸篇，是戴氏得意之作，对这样重要的著作，别人指责，他却一再向人推荐，极力赞扬。信中还说："爱美玉者，攻其瑕而瑜乃粹矣，仆之攻戴，欲人别瑕而择其瑜，甚有苦心，非好为掎摭也。"由此可见，学术界戴震研究者若不注意这些重要论述，而一味指责章学诚贬低戴震，是没有道理的。阅读此信时，可参照上文提及的两篇文章，会得到启发。

无是言。足下不忘死友，意甚可感！然谓仆为浮言所惑，则不然也。戴君虽于足下相得甚深，而知戴之深，足下似不如仆之早。丙戌春夏之交，仆因郑诚斋太史之言，往见戴氏休宁馆舍，询其所学，戴为粗言崖略，仆即疑郑太史言不足以尽戴君。时在朱先生门，得见一时通人，虽大扩生平闻见，而求能深识古人大体，进窥天地之纯，惟戴氏可与几此。而当时中朝荐绅负重望者，大兴朱氏，嘉定钱氏，实为一时巨擘。其推重戴氏，亦但云训诂名物，六书九数，用功深细而已，及见《原善》诸篇，则群惜其有用精神耗于无用之地，仆于当时力争朱先生前，以谓此说似买椟而还珠，而人微言轻，不足以动诸公之听。足下彼时，周旋嘉定、大兴之间，亦未闻有所抉择，折二公言，许为乾隆学者第一人也。惟仆知戴最深，故勘戴隐情亦最微中，其学问心术，实有瑕瑜不容掩者。已别具专篇讨论，箧藏其稿，不敢示人，恐惊曹好曹恶之耳目也。至于"两庑牲牢"等语，本无足为戴轻重，仆偶举为《原道》诸篇非有私意之旁证耳。足下疑其言之卑鄙，不似戴平日语，此说似矣。抑知戴氏之言，因人因地因时，各有变化，权欺术御，何必言之由中。以仆亲闻，更有甚于此者，皆可一笑置之，固不必执以为有，亦不必辨以为无也。

夫子之教，必使言行相顾，宋儒凿空，说理解经，不能无失，而其所以不可及者，纲常伦教，不待名物象数而后明者，莫不躬行实践以期于圣贤也。戴讥躬行实践，释老所同，非儒者之所以自异，然则戴之践履，远逊宋人，乃其所以求异于释老耶？是则辟释老者，固便于言是行非者也。此则戴之症结，若"两庑牲牢"，人固知其以口给也。夫行不践言，学者亦所时有，要其所言本于所见，卓然不可诬也。独至戴氏，而笔著之书与口腾之说，或如龙蛇，或如水火，不类出于一人，将使后人何所准也！吾辈辨论学术，当有关于世道，私心胜气，何以取后世之平！戴氏笔之于书，惟辟宋儒践履之言谬尔，其他说理之文，则多精深谨严，发前人所未发，何可诬也！至腾之于口，则丑詈程朱，诋侮董韩，自许孟子后之一人，可谓无忌惮矣。然而其身既死，书存而口已灭，君子存人之美，取其书而略其口说可也；不知诵戴遗书而得其解者，尚未有人，听戴口说而益其疾者，方兴未已，故不得不辨也。以仆所闻，一时通人表表于人望者，有谓"异日戴氏学昌，斥朱子如拉朽"者矣。有著书辟宋理学，以谓六经、《论语》无理字，不难以《易传》"穷理尽性"为后儒之言，而忘"义理悦心"已见《孟子》者矣。汉儒言"仲尼没而微言绝，七十子丧而大义乖"，盖言经典存文，不如口耳之授受也。今之尊戴而过者，亦以其法求戴遗言，不知其笔金玉而言多粪土，学者宜知所抉择也。

夫爱美玉者，攻其瑕而瑜乃粹矣，仆之攻戴，欲人别瑕而择其瑜，甚有苦心，非好为掎摭也。或谓戴氏生平未尝许可于仆，仆以此报怨者，此则置之不足辨也。仆之所学，自一二知己外，一时通人，未有齿于人数者，仆未尝不低徊自喜，深信物贵之知希也。而于诸通人之所得，何尝不推许称说，几于老估评值，未尝有浮抑矣，又何修怨之有哉！尝谓司马、班、刘，果不生于今之世乎，则其于仆，将如慈石召铁，琥珀拾芥，仆不彼求，彼将于仆致性命焉。且夫铁不我前，仆已非慈石矣，何敢尤人！仆既幸慈石矣，则彼相靡而不动者，必其非真铁也，于仆又何患乎！足下尝许仆为君家念鲁身后桓谭，仆则不敢让也，今求仆之桓谭，舍足下其谁与！雄、谭并时而生，于古未有，可无名言高论激发后生志气，而顾嘿嘿引嫌，不敢一置可否，岂不惜哉！足下勉之而已！不宣。

# 与史余村①

文章经世之业，立言亦期有补于世，否则古人称述已厌其多，岂容更益简编，撑床叠架为哉！仆于学有未至，或文于理有未足耳，若谓著述文字，尚有名心胜气，有若文人相轻者然，则十年以来，无此累矣。仆与邵先生书，有论戴东原语，偶举为辞，非庄论也。邵先生正辞厉色，为戴辨诬，其意不忘死友，真古人之用心，惜其犹未达也。

---

① 此信在《章实斋先生年谱》、《实斋文字编年要目》均未著录。从其内容看，肯定写于上文《答邵二云书》之后，在讨论戴震学术时，有"邵先生深以仆为知言"。因此应当写于乾隆五十五年（1790）以后。信的开头便提出"文章经世之业，立言亦期有补于世，否则古人著述已厌其多，岂容更益简编，撑床叠架为哉"。史余村是其弟子，因而所谈更为贴心，如云"仆于学有未至，或文于理有未足耳，若谓著述文字，尚有名心胜气，有若文人相轻者然，则十年以来，无此累矣"。又如要求议学问者，要求心术等等，都值得注意。可与《答邵二云书》参照阅读。

近三四十年，学者风气，浅者勤学而阙于识，深者成家而不通方，皆深痼之病，不可救药者也。有如戴东原氏，非古今无其偶者，而乾隆年间未尝有其学识，是以三四十年中人，皆视以为光怪陆离，而莫能名其为何等学；誉者既非其真，毁者亦失其实，强作解事而中断之者，亦未有以定其是也。仆为邵先生言："戴氏学识虽未通方，而成家实出诸人之上，所可惜者，心术不正，学者要须慎别择尔。"邵先生深以仆为知言。仆自为世道计，别有专篇，辨论深细，此时未可举以示人，恐惊一时之耳目也。夫知之如是深切，而来书辨戴，犹恐仆惑浮言，是未审矣。仆答书颇申委曲，仆无私心胜气，世道人心所系，名教大义所关，盖有不得已于中者，非好辨也。

仆尝以告后进，仆于学业文辞，不知于古有合与否；惟尺寸可自信者，生平从无贰言歧说，心之所见，口之所言，笔之所书，千变万化，无不出于一律。著书命世，廷对飚言，科举进身，上书干谒，同志述怀，以至与初学言，答鄙夫问，或庄或谐，或详或略，或浅或深，言有万殊，理无二致。自谓学问之中，即此亦可辨人心术；而窃怪今之议学问者，往往不求心术，不知将以何者为学为问，而所为学与问者又将何所用也！戴氏好辟宋学，其说亦岂无因！然以世儒推重宋人躬行实践，谓其无以异于释老，则其平日言行相违，于此正可见也。由其笔著之书，证其口腾之说，不啻相为矛盾。即以对甲之言，证之辨乙之语，亦多不似一人。岂亦因佛氏有口语之诫，故戴氏力作狡诡，以示不类释迦耶？仆谓人当问其果类圣贤君子否耳，由兼求退，高明沈潜，从入之途，古人已不一致，皆以圣贤君子为准可也。必斤斤而摘其如何近释，如何似老，不知释老亦人，其间亦有不能与圣人尽异者。宋儒于同志中所见有歧，辄以释老相为诋毁，此正宋人之病。戴氏力辟宋人，而自度践履万不能及，乃并诋其躬行实践，以为释老所同，是宋儒流弊，尚恐有伪君子，而戴亦反，直甘为真小人矣。戴氏著于文者尚且如是，何况腾口欺人，遗厉至今，方未艾耶！仆著书无他长，辨论学术精微，实有离朱辨色、师旷审音之妙，近则能于学问文章别择心术邪正。然所见既深，所言必少所可，而所以见怪于世人者亦必益多，故辨戴诸说，不欲遽为今人所知也。

# 与史余村论文①

为文不可不知师承，无师承者，不能成家学也。仆尝学古文辞于朱先生，彼时识力，颇有参朱先生所未及者；然遣辞造句，俯色揣称，盖不啻其一步一趋，不敢稍越，纵使左、马复生，不以易吾范也。如是有年，乃悟行文之道，纵横驰骤，惟吾意之所之。今足下视吾文，岂与朱先生相似哉？亦足以发明吾道而已。夫为文欲自成家，初非专法一家，非谓古人不足学也，师主于一，则耳目心思自有所范围而成功易也。庄子曰："婴儿生无所师而能言，与能言者处也。"仆尚忆生二三岁时，初学言语，凡意所欲达而不能出诸口者，遍听人言，恍惚而不可踪迹；惟姊氏长吾六岁，提携抱负，朝夕相亲，又时时引逗吾言以资欢笑，仆于当时觉非姊之言不可学也。今之成人，鲜忆孩提时事，以仆之所忆揣之，当亦情不相远。是婴儿虽与能言者处，亦必于能言之中择取一人，然后有所据而学之。行文择师，岂有异于是乎！

# 又与史余村②

近撰《亳州志》，更有进境。《新唐书》以至《宋》、《元》诸史，书志之体不免繁芜，而汰之又似不可，则不解掌故别有专书，不当事事求备也。列传猥滥，固由文笔不任，然亦不解表例，不特如顾宁人所指班、马诸年表已也。班氏《古今人表》，史家诟訾，凡如众射之的；仆细审之，岂惟不可轻訾，乃大有关系之作，史家必当奉为不祧之宗。颇疑班氏未必出于创造，于古必有所受，或西京诸儒治《春秋》者所传，班氏删改入《汉书》耳。此例

---

① 此信写作时间未详，《章实斋先生年谱》、《实斋文字编年要目》均未著录。信中提出，"为文欲自成家，初非专法一家，非谓古人不足学也，师主于一，则耳目心思自有所范围而成功易也"。

② 此信写于乾隆五十五年（1790）。信中主要谈论《亳州志》所取得的成就，可阅《亳州志·人物表例议》和《亳州志·掌故例议》诸篇。他希望撰写史书和编著方志，都应当多用史表。他对《汉书·古今人表》一直持称赞态度。

一复，则列传自可清其芜累，惜为丛毁所集，无人进而原其心尔。今州县创立其例，便觉旧撰诸志列传，不免玉石杂而不分，正坐不立人表故耳。

## 与史余村简[①]

近撰《史德》诸篇，所见较前有进，与《原道》、《原学》诸篇足相表里。而《原道》诸篇既不为人所可，此篇亦足下观之可耳，勿示人也。夫子曰："知德者鲜。"嗟夫，知文亦岂易易！通人如段若膺[②]，见余《通义》有精深者，亦与叹绝，而文句有长排作比偶者，则曰"惜杂时文句调"。夫文求其是耳，岂有古与时哉！即曰时文体多排比，排比又岂作时文者所创为哉！使彼得见韩非《储说》，淮南《说山》、《说林》，傅毅《连珠》[③]诸篇，则又当为秦汉人惜有时文之句调矣。论文岂可如是！此由彼心目中有一执而不化之古文，怪人不似之耳。

## 与史余村论学书[④]

去冬归太守入都，所寄近著文字甚多，足下想皆寓目，所见又如何邪？

---

① 此信写于乾隆五十六年（1791）。《史德》篇亦成于此年。可见直到这时候，章氏所写重要文章，除了师友外，还是"勿示人也"，其在学界处境亦于此可见。信中提出"文求其是"，不要硬去区分古文与时文，只要能够表达出意思，就是好的文章。

② 段若膺：即段玉裁。

③ 傅毅《连珠》：傅毅（？—约90），东汉文学家。字武仲，扶风茂陵（今陕西兴平东北）人。少博学，建初中，章帝广招文学之士，以毅为兰台令史，拜郎中，与班固等典校书，文雅显于朝。著有《七激》、《连珠》等文赋。连珠，为一种文体，大多为骈偶而有韵，起于汉代，晋傅玄谓其"辞典而言约"、"历历如贯珠"，故名。东汉时为许多文士所喜爱。

④ 此信写于乾隆五十四年（1789）。信中对其弟子史余村做官以后，因应酬而丢了学问提出了自己看法，指出"如云今困于世，姑且止之，俟他日偿其夙愿，则夙愿将有不可得偿者矣"，这是非常宝贵的忠告。做学问就得抓紧一切机会和时间，凡是有等待愿望者都是不现实的，最后他用自己的亲身经历现身说法。从这段文字中可以看到章氏一生饱尝艰辛。但是由于自己爱好文史校雠之业，终于战胜了所有困难，完成了自己心爱的事业。广大青年可以从中得到启发。

冬杪又有所著，今录数篇，从邵先生转寄永清，惟足下阅讫，即转致也。颇闻足下入官以来，身为境累，不复能力于学，而恬淡之性，拘入于世法，不得所性之安，此非细故。渊如①天姿学力，甚近于古，仆则嫌其嗜好过多，虽处境较足下为顺，而精力分于声色，与一切世俗酬应，殆较足下不啻倍蓰，然尚能于纷扰之中，从事古人之学，度其所为，不特志奇好古而已，当以声色嗜好，疲精劳神，终日驰骤，不得性命之恬，故藉学问文章，以为藏息游休之地，未可知也。夫渊如高明而心多外驰，故学问以柔克之；足下沈潜而心多内结，岂不当以学问为刚克之具乎？十年远客孤寒，一旦身登上第，服官以后，事与寒素殊科，外有应酬，家增日用，精神疲于酬酢，心力困于借筹，足下淡定天怀，如胶泥入水，日夕搅之，何日得以澄彻？学问之事，正如医家良剂，不特志古之道不宜中辍，亦正以其心力营于世法，不胜其疲，不可不有所藉，以为斯须活泼地也。如云今困于世，姑且止之，俟他日偿其夙愿，则夙愿将有不可得偿者矣。

仆困于世久矣！坎坷潦倒之中，几无生人之趣。然退而求其所好，则觉饥之可以为食，寒之可以为衣，其甚者直眇而可以能视，跛而可以能履，已乎！已乎！旦暮得此，所由以生，不啻鱼之于水，虎豹之于幽也。于此不得藏息，则不如徇世俗之所求，犹为不失所业。足下计之，当如何也？

## 与汪龙庄书② 三月

穀塍来，又得手书，辄当晤语，把玩无已。《韵编》、《名录》两书，共制一序，非习懒也。序意发明，实为史学大关键，俾阅是两书者大开眼孔，

---

① 渊如：指孙星衍。
② 此信写于嘉庆元年（1796）三月。这封信有三点值得我们注意，一是书籍写序的目的究竟为了什么，而不是随意写几句好话任意表扬而已。二是指出当时考据之学流入歧途的一些现象，"近日学者风气，征实太多，发挥太少，有如桑蚕食叶而不能抽丝"。三是章氏表述自己许多议论，"实有不得已而发挥，为千古史学辟其蓁芜"。但是"恐惊世骇俗，为不知己者诟厉，姑择其近情而可听者稍刊一二"，这就是他《文史通义》在生前没有正式刊刻的重要原因。当然，这封信也透露一个消息，他的《文史通义》已经有部分正式刊刻。

知有经史专门之学，各自理会大本领，成古今来大著作，毋以比类征事、文人游戏手眼亵玩此书，方为不负吾兄十数年功力，不知有当吾兄尊旨否也？近日学者风气，征实太多，发挥太少，有如桑蚕食叶而不能抽丝；故近日颇劝同志诸君多作古文辞，而古文辞必由纪传史学进步，方能有得。盖古人无所谓古文之学，但论人才，则有善于辞命之科。而《经解》篇言"比事属辞，《春秋》教也"，因悟《论语》"不学《诗》，无以言"，"诵《诗》不能专对，虽多奚为"，乃知辞命之文，出于《诗》教；叙事之文，出于《春秋》比事属辞之教也。左丘明，古文之祖也，司马因之而极其变；班陈以降，真古文辞之大宗。至六朝古文中断，韩子文起八代之衰，而古文失传亦始韩子。盖韩子之学，宗经而不宗史，经之流变必入于史，又韩子之所未喻也。近世文宗八家，以为正轨，而八家莫不步趋韩子；虽欧阳手修《唐书》与《五代史》，其实不脱学究《春秋》与《文选》史论习气，而于《春秋》、马、班诸家相传所谓比事属辞宗旨，则概未有闻也。八家且然，况他人远不八家若乎！拙撰《文史通义》，中间议论开辟，实有不得已而发挥，为千古史学辟其蓁芜，然恐惊世骇俗，为不知己者诟厉，姑择其近情而可听者稍刊一二，以为就正同志之质，亦尚不欲遍示于人也。然大旨终不能为知好者讳，辄因大刻序言史学，亦开凿新论之一端，故云云之多至于此也，如何如何！余具别纸，不宣。

# 与汪龙庄简[①]

前日过萧山，又值大雨，与王十三[②]盘桓半日，大约萧山大尹将来欲祷

---

[①] 此信写作时间未详。据汪辉祖《梦痕余录》记载："甲寅归自湖北，就馆近省，往来吾邑，必过余叙谈。"信中还对汪氏《史姓韵编》提了意见，而嘉庆元年（1796）三月写了上一封信，并为《史姓韵编》两书写了序，可见这封信必写于嘉庆元年之前和乾隆五十九年（1794）之后，因此可以推断在乾隆六十年（1795）。信中讲了自己在科举考试中的遭遇，同时还向老朋友坦言自己"文于纪传体，自不如议论见长"。特别是对《史姓韵编》收录不全提出了意见，可见章氏在写序之前，已先将书稿通读一遍了，所以知道该书稿还有缺漏，所写之序很实在。

[②] 王十三：似指王宗炎（1755—1826），清朝学者。字以除，号毂塍，自号晚闻居士，浙江萧山（今浙江杭州）人，乾隆进士，主讲杭州紫阳书院，有"东南硕师"之誉，家有"十万卷楼"，收藏众多抄本。《章氏遗书》由其编辑。

甘霖，但须鄙人渡江，必沾足也，笑笑。彼时欲候足下起居，闻陶君①言，尊体失调，是以不便惊动。迩日想霍起耶？闻王十三言，令子爱读古书，足下怪其不为时墨，故得失学之名，以《病痕录》②质之，良然甚矣！足下有如此贤子，而足下反屈折之也。读古何损于举业哉？弟生平不见考墨之卷，榜后下第，不但不敢随风而骂魁墨，且每科魁墨从未到眼，虽欲骂而无从也。然登第在四十外，则命使然。中间七应科场，三中、兼副榜一荐、一备、二落，又何尝受读古之累哉！忆初入都门，朱大兴先生一见许以千古，然言及时文，则云："足下于此无缘，不能学，然亦不足学也。"弟云家贫亲老，不能不望科举。朱先生曰："科举何难！科举何尝必要时文？由子之道，任子之天，科举未尝不得。即终不得，亦非不学时文之咎也。"弟信其说，故但教人为文，而不教人为揣摩之文。足下与弟议论浃洽者多，何教子与弟大异？弟责小儿不为文，非责小儿不为时墨也。虽然其父杀人报仇，其子不免行劫。昨大儿寄来为人作墓志铭，次儿代弟为人作传，其称谓字句，法度规矩，居然矫出时弊，令人可解说矣。近来纪传古文，不必问其佳否，先使人不可解。而外强中干，中无旨味，如初学拟成宏时艺，貌似前辈，而枵然无物，乃转不如时髦月露风云之作，尚有意趣耐人寻味也。

  弟文于纪传体，自不如议论见长，然所为记事文，虽严法律，未尝以干枯为老成也。第初学入手，意趣本难，但笔路必须开展，不可拘局，此则无论时文古学，皆一理也。惟此为令子效他山助，且近日亦以此示儿辈也，如何如何？又近日编辑《史考》，阅《隋·经籍志》，有晋代环济著《吴纪》③之书，欲核环济生平，检大著《史姓韵编》，不但无其人，且未尝收此姓也。因检《万姓统谱》④，则汉有河东太守环余⑤，隗嚣⑥将环

---

① 陶君：指陶廷琡，字南园，乾隆辛丑进士。任贵州清平县知县。
② 《病痕录》：指汪辉祖自撰年谱《病榻梦痕录》，二卷，又《梦痕余录》一卷。
③ 环济著《吴纪》：环济，西晋史学家。曾为太学博士。著有《吴纪》九卷，记三国时吴国史事，久佚。另有《帝王要略》、《丧服要略》等。
④ 《万姓统谱》：《古今万姓统谱》的简称，明朝万历年间凌迪知辑，一百四十卷，以古今姓氏分韵排列，每姓下依时代先后辑录历代著名人物生平事迹。
⑤ 环余：《汉书》、《后汉书》未见此人，《万姓统谱》不知依据何书。
⑥ 隗嚣（？—33）：东汉初豪强、地方割据势力首领。字季孟，天水成纪（今甘肃秦安西北）人。曾起兵反王莽，一度归附刘玄，光武建武二年（26）又受汉封为西凉大将军。最后惧光武讨伐，又称臣于公孙述。

饶①，公孙述②将环安③。而环济名下，乃注汉博士，撰《要略》十卷，则又与《隋志》异。《万姓统谱》不注所出何书。然环济《吴纪》，实已见于《隋书》，今不见收，则疑《姓韵》之遗漏犹不少也。

弟意书有本末交修之法，大著以史为主而类其姓，仍当以姓为主而证其史，则彼此互通，又可得许多增益。如《元和姓纂》④，邓名世《姓氏书辨证》⑤，郑樵《氏族略》等书，大抵以韵分编，若将诸书购集，与《万姓统谱》、《姓苑》诸编一体采取，反证史书，可以得往复交推之益，不知足下以为如何？幸惟留意，此布，并候不备。

## 与胡雒君⑥

大抵攻辨文字，义蕴惟恐有所不畅，有蕴不畅，便留后人反诘之端；而措辞又不欲其过火，过火亦开后人反诘，所谓太过反致不及也。但太过之弊，作者不知，方自以为畅足，而不知其似是而非也，因叹昌黎迎距之说为不可易。丁敬礼能受曹子建之润饰，斯已佳矣；必云"后世谁知定吾文者"，反觉其所见小也。观前人所谓一字之师，如"僧推"之改"僧敲"，"数枝"

---

① 环饶：《汉书》、《后汉书》未见此人，不知《万姓统谱》依据何书。
② 公孙述（？—36）：东汉初地方割据者。字子阳，扶风茂陵（今陕西兴平东北）人。哀帝时，以父任为郎。更始立，天下动荡，乃起兵自立蜀王。光武建武元年（25）自称天子，号成家，光武出兵迎讨伐，败，被刺死。
③ 环安：东汉初公孙述部将。初任领军。
④ 《元和姓纂》：《新唐书·艺文志》谱牒类著录林宝《元和姓纂》十卷。林宝是唐后期谱学家，唐宪宗时撰成此书，后与李衢合撰《皇唐玉牒》一百一十卷。还著有《姓苑》三卷，《姓史》四卷。
⑤ 邓名世《姓氏书辨证》：《宋史·艺文志》谱牒类著录邓名世《古今姓氏书辨证》四十卷。
⑥ 此信和《与胡雒君论文》确切写作时间均未详。章氏与胡相识始于乾隆五十六年（1791），胡亦到武昌参与《史籍考》的编纂，因此整日一起工作，而乾隆五十九年（1794）底章氏回浙江，故两信应写于乾隆六十年（1795）至嘉庆元年（1796）之间。第一封信中有两点值得注意。第一，"意欲将生平撰著为师友所正定者，仍注正定之人及未正定之原文与所以正定之故于其下方，明示后人，非敢为矫情也"。所以要这样做有两点理由，"一则不没人善"，"一则文辞增减改易，字句小异，意义悬殊"。后因晚年失明，全部书稿都交由友人代为编定，此意未实现。第二，"历聘志局，频遭目不识丁之流横加弹射，亦必补录其言，反复辨正，此则虽为《文史通义》有所藉以发明，而屡遭坎坷，不能忘情"。这些辨论之文，亦是《文史通义》的组成部分。

之改"一枝"，虽不足以尽文章之妙蕴，然两传其说，后世未尝不为佳话，亦有补于学者之心思。鄙意欲将生平撰著为师友所正定者，仍注正定之人及未正定之原文与所以正定之故于其下方，明示后人，非敢为矫情也。一则不没人善，且恐其人不幸不传，而鄙著幸存，其人可附而传；一则文辞增减改易，字句小异，意义悬殊；实有补于后学之推寻研究；二者关系皆非浅鲜，故虽冒矫情之嫌而不自阻也。

前撰《妇学》之篇请正，而赐正颇略，恐尊意有所嫌而不尽其辞，故言此以解尊疑，如何如何？又区区之长，颇优于史，未尝不受师友之益，而历聘志局，频遭目不识丁之流横加弹射，亦必补录其言，反复辨正，此则虽为《文史通义》有所藉以发明，而屡遭坎坷，不能忘情。昔观《吕览》，见孔子征马食人之禾，野人縶之。子贡纵横陈说，野人益怒不解。鄙人有新役者，突前呼曰："子不生于南海，我不生于北海也，我马安得不食于子？"野人大喜，以谓解人如是，不亦辨乎！厚为赠而归之。彼时以为诸子寓言，必无其事；今知人世触处多此境也，未免激昂申其孤愤，此古人亦所不免，又何讳焉！

## 与胡雏君论文

诗文异派，同出于经，后代名家，各有其至，昔人所称杜诗韩笔，各不相兼，亦各不相下也。杜、韩而下，学者虽不能至，然苟有所得，足自成家，君子所不废也。惟后世以诗文游者，文则必须通人为之可以无疵，诗则不必通人而皆可支展。盖五七韵句，双单转换，其中机变易尽，略识字而不通文理之人，播其小慧，亦能遮人耳目。故江湖诗人，其迹最为混浊，不可不辨，其人不必尽出士流也。尝论诗文有得而能自成家，古人不皆兼擅长也。第专工文者不能不作韵语，碑铭传赞之类是也，其不能诗者，韵语率多简质古直，不失古人铭金勒石之意而已；专工诗者不能不作散语，题赠小序、景物注记之类是也，其不能文者，散语率多古拙疏朴，间或不免冗碎险涩而已。文人不能诗，而韵语不失体要，文能兼诗故也；诗人不能文，而散语或至芜累，诗不能兼文故也。然既为真诗人矣，才虽短于属文，心必通乎文理。故其散语佳者,淳雅不让古人,即其病而或至芜累,则宁朴无华,宁野无市,宁拙无俗,故辞虽不工,而自饶古趣。古之诗人不工文者,更仆难数,大要不出此也。

鄙见近刻号名家诗者,诗虽未必有得,而挹览尚无败阙;无如一涉于文,则市井科诨,纤佻俚俗,诸恶垒集,令人不辨作何许语,视古人之不工文而仅传诗者,较其所为题赠小序、景物注记,其喧哗俗艳,转觉过之。盖通人能自知所短而每藏其拙,此流不自知其所短而好自逞也。但谛审其辞,仅求如诗人所为芜累之文,疏野质朴,终不失淳古意者,毕生不能一语相似。譬如缙绅高会清谈,其中有妙言语者,亦有绌口辨者,相对自无愧怍;忽有夏畦负贩,衣冠揖让其中,不待启口,即见本色,毋论为谨为放,皆无是处。乃知文理未明通者,能遁于诗,必不能自遁于文。而流俗乃谓诗有别长,不知文理尚未明通,安有所长!所谓五七双单,机变易尽,而小慧可以施狡狯耳。至于江湖游乞,则每况愈下;然遇朋侪则解酬唱,于贵显亦能贡谀,调平谐仄,叶韵成章,一时亦莫测其中之有无。间尝退省其私,不但不通文理,甚至家书、说帖、簿册、注记,不能一字明白,而其人非狂妄轻佻,不可向迩,即赘瘤臃肿,一无所知。生平见此甚多,初亦疑之。后见故人有好蓄娈童者,尝于吴阊买一小家孺子,巧慧便嬖,宠极专房,躬自教习,勤过师弟,三数年后,便解吟五七言,与江湖游乞一辈所为颇不甚远,及与言古人文辞,即格格不入。乃恍然悟诗文之道,源合流分,文必通人始能,而诗则虽非士流,皆可影附,直如音律一道,可以下通于倡优也。语云:"观人所忽。"今之诗人,可谓众矣,兰艾薰莸,不易别矣,如于仓卒之间难以遽定,但观不经意之文笔而真伪可立判也,人焉廋哉!特恐真知文者亦鲜,而鱼龙终莫辨耳。

# 与胡雒君论校《胡稚威集》二简①

昨示校刊胡稚威②征君文集，所言先后目次，与其人之专，愚诚不足当一喙。征君于雍正、乾隆间，名重京师三十年，至今犹有相引重者。学使命刊，必有京师同志相嘱，诚佳事也。乡人取比毛西河氏，此恐未逮，当与杭堇甫③氏、齐息园④氏互校短长。夫毛氏甚驳，不及杭、齐之醇也。但取立言有故，能自成家，不徒以文学表见，则杭、齐若有待焉。若其才雄学富，举相似也。鄙人亦未读征君全书，盖习闻其绪论，而窥其一二序记，因以所见质于同人，则颇以鄙论为然，故今欲一见其书，以冀质乎向者之所拟议也。所以录本暂假一观，明日必可纳上也。至编次诸体，先序殿赋，以为征君手定，此言恐有所授，当审察之。鄙著《文史通义》，有《繁称》、《匡谬》、《文集》、《文选》、《韩柳》诸篇，专论编次文集目录之事，深慨昔人编次集部目录，不达古人立言宗旨。

夫文集诸体，大略相同，而诸集成家，百变未已。《汉志》诗赋，即后世集部辞章之祖也。诸子亦后世集部论撰之祖也。然诗赋区为五略，诸子别为

---

① 此信写于嘉庆元年（1796）。信的内容主要讨论文集如何编辑问题，中间涉及对当时学术界一些人物的评论，一般来说都是比较公允的，特别对全祖望的评价，应当说也是很中肯的，"鄞人全谢山，通籍清华学士，亦闻其名矣，其文集专搜遗文逸献，为功于史学甚大，文笔虽逊于邵，而博大过之"。这就足以证实学术界有人认为章学诚不了解全祖望、贬低全祖望的说法是没有根据的。此文还有一点值得注意，对于邵晋涵的去世，他感到非常悲哀，这个悲哀在章氏来说"非尽为友谊也。浙东史学，自宋元数百年来，历有渊源。自斯人不禄，而浙东文献尽矣"。可见他对邵晋涵原来寄托之希望实在太大。邵既未将自己所学著书流传，又未能"授高第学子"，所以造成了无可弥补的损失。

② 胡稚威（1696—1758）：清朝文学家。名天游，字稚威，初姓方，名游，后改姓胡，名骙，字稚威，后改名天游，山阴（今浙江绍兴）人。曾任三礼馆纂修，直隶州同知，著有《春秋夏正》、《蒲州府志》、《石笥山房文集》、《云持居士集》等。

③ 杭堇甫（1695或1696—1772或1773）：清朝学者。名世骏，字大宗，号堇甫，浙江仁和（今浙江杭州）人。乾隆元年（1736）举博学鸿词，授翰林院编修，因上疏言"畛域不可太多"，罢归。晚年主讲广东粤秀、扬州安定书院。著有《石经考异》、《诸史然疑》、《两汉蒙拾》、《晋书补传赞》、《三国志补注》、《道古堂集》等。尚有《历代艺文志》、《两浙经籍志》、《续经籍考》、《史汉北齐疏证》、《金史补》等，已佚。

④ 齐息园（1703—1768）：清朝学者。名召南，字次风，号琼台，又号息园，浙江天台人。乾隆元年（1736）举博学鸿词，授检讨，官至礼部侍郎。以疾乞归，主讲蕺山、敷文等书院。曾预修《通鉴纲目三编》、《续文献通考》等。著有《水道提纲》、《史汉功臣侯第考》、《历代帝王年表》、《后汉公卿表》、《宋史目录》和《宝纶堂文钞》等。

九流，且同一赋也，而荀卿之赋，不与屈、宋同编；同一诗也，而高祖歌诗，不与孝景同编。古人具有家法，郑重分明，而后世编次文集，不知校雠之学，但奉萧梁陋例，一概甲赋乙诗，而癸吊祭文，曾无有人觉其非者，可为浩叹！故尝妄谓编次集目，当先定其人家学流别，然后可以甲乙诸体，未可一概绳也。此说虽创自鄙人，而仰窥古人，间有暗合，特未尽符契耳。而世或转以为非，此古学之所以难也。昔在保定，梁制军①有业师仁和叶君，身亡无后，而门下搜其遗文，属鄙人编次成集，而刊行之。鄙就其人所长，审其立言指趣，于诸体中以序为甲，而编诗于癸，彼时甚有斟酌，非卤莽者。制军初不为然，鄙援古今而辨正之，遂为定本。今杭城有其书也。兹闻征君全集甲序癸赋，适与鄙人定叶君文集有合，而又传出自征君手定，不觉有触于心，疑此言之或有因也。征君全集，诸体诚不知其何如，即使果出手定，而所定之为是为非，亦难悬断。鄙于读书无他长，子史诸集，颇能一览而得其指归。至于未汇之集，商榷去取，审定甲乙，似于前人小有拾鞭之益。但乞假一观，当有芹献，必可备采择也。并以此达文翁明府，何如？何如？

惠借胡征君集，足慰久企，往在都门，曾见沈征君《诗义序》，及杭侍御《续方言序》，与《送马力畚序》、《禹穴记》四篇，今此本独无《诗义序》耳。征君平日好拟扬子云，今参质闻见，颇有沈博绝丽之文，而乏渊默深沈之思。先生以为辞章之杰良然。然征君以经学知名，尤长三礼，今未见其经学之书，而集中序记书牍，发挥所见，亦未见有得于三礼。而可征蕴蓄者，恐经学诸书，亦未必如江、戴之精专而有得也。惟与周内翰②《论洪范书》与《本韵》二序，及《禹穴记》，则于经训史籍，盖尝肆业及之，而发言不甚离宗，非专门也，与朱、罗孝廉二书，论诗古文，其得亦似未深，今虽所见仅三之一，而大体可知。日内拟整行装，而笔墨之债梦集，亦不及索观中下卷矣。贤侯授梓，想有一本见惠，当徐读之也。胡集博丽，似非有意于立言，向拟杭、齐之间，亦不甚似，至目录先后，无可庸心，彼墨守之愚妄，先生所言良是。鄙意骈体与散行夹杂不分，而以《三洞璇华》一序冠首，尤不可

---

① 梁制军：指梁国治。
② 周内翰：指周长发。

训，想高明善编审也。虽然浙东前辈撰述未刊，此犹中驷耳。

昨闻邵二云学士逝世，哀悼累日，非尽为友谊也。浙东史学，自宋元数百年来，历有渊源。自斯人不禄，而浙东文献尽矣。盖其人天性本敏，家藏宋元遗书最多，而世有通人口耳相传，多非挟策之士所闻见者。鄙尝劝其授高第学子，彼云未得其人；劝其著书，又云未暇。而今长已矣，哀哉！前在楚中，与鄙有同修《宋史》之约，又有私辑府志之订。今皆成虚愿矣！曾忆都门初相见时，询其伯祖邵廷采氏撰著，多未刻者，皆有其稿，其已刻之《思复堂文集》，中多讹滥非真，欲校订重刊，至今未果。此乃合班、马、韩、欧、程、朱、陆、王为一家言，而胸中别具造化者也。而其名不为越士所知。又有黄梨洲者，人虽知之，遗书尚多未刻，曾于其裔孙前嘉善训导黄璋①家，见所辑《元儒学案》数十巨册，搜罗元代掌故，未有如是之富者也。又有鄞人全谢山，通籍清华学士，亦闻其名矣，其文集专搜遗文逸献，为功于史学甚大，文笔虽逊于邵，而博大过之，以其清朴不务塗泽，故都人士不甚称道，此皆急宜表章之书。学使所未闻者，曷乘间为略言之。鄙与学使素称知契，然本部宪使不欲屡通书问故也，如何？如何？适有小恙，未及手书，口授不悉，余晤罄。

## 与严冬友侍读②

学诚顿首冬友③先生足下，别来惘惘，几两年矣。江湖浪迹，与京洛风

---

① 黄璋：字稚圭，号华陔，晚号大俞居士，浙江余姚人。乾隆二十一年（1756）举人，初授嘉善教谕，后官江苏沭阳知县。乾隆四十六年（1781）离职，家居二十余年。著有《大俞山房集》。

② 此信写作时间为乾隆三十八年（1773）春。《实斋文字编年要目》列于乾隆三十七年（1772），不妥。信中有一段值得注意："日月倏忽，得过日多。检点前后，识力颇进，而记诵益衰。思敛精神，为校雠之学，上探班刘，溯源官礼；下该《雕龙》、《史通》，甄别名实，品藻流别，为《文史通义》一书。草创未多，颇用自赏。"这就说明他在近两年已撰著《文史通义》多篇，并且已有"内篇三首"请曹慕堂光禄（曹学闵）审阅。《章实斋先生年谱》列在三十八年。

③ 冬友：指严冬友（1731—1787），清朝学者。名长明，字冬友，一字道甫，江宁（今江苏南京）人。少从师方苞。乾隆间赐举人，任内阁中书，入值军机，为大学士刘统勋赏识。后辞官，入毕沅幕。还主讲于庐阳书院。著有《毛诗地理疏证》、《三经三史答问》、《石经考》等。

尘，意境不殊，每于物变时移，多一低徊惝恍尔。足下近况定佳，鱼门①、叔度②诸君子，于朱先生时通问讯，可附一缄相闻，用慰鄙人遥念，企俟企俟！皖江，足下旧游地也，风土人情，故自不恶，第武陵一穴，久为捷足争趋。邵与桐、庄似撰③诸君，相守终年，竟无所遇，文章憎命，良可慨也。锁院校文，生计转促，以此悒悒，思为归计。正恐归转无家，足下能为我谋一官书旧生业否？岁杪返浙，故乡风景，犹尔依恋。第老幼急切未得遽回。朱先生为谋西山卜筑，良便。耕种畜牧，十亩一廛之间，课奴问婢，亦自不恶。意欲春夏山居务农，秋冬入都讲肆，闲居奉母，何必潘生。已有书托叔度为购薄田，想闻之也。

  日月倏忽，得过日多，检点前后，识力颇进，而记诵益衰，思敛精神，为校雠之学，上探班刘，溯源官礼；下该《雕龙》、《史通》，甄别名实，品藻流别，为《文史通义》一书。草创未多，颇用自赏，曾录内篇三首，似慕堂光禄，乞就观之，暇更当录寄也。冬春之交，准拟归觐老母，便为明岁决科计，元宁馆舍，壶酒盘蔬，为道数年契阔，视江湖落拓，离群索居，所得何似。书到此，正值南州春雨缠绵，檐坎心坎，使人悒怅无已，足下见此，亦颇有天末故人之感否？表兄史君廷标，文量舅氏族子，向官婺源丞，快士也，服阕赴挑，晋谒左右，惟足下进而教之，羽便草草不宣。

---

① 鱼门：指程晋芳（1718—1784），清朝学者。字鱼门，一字蕺园，江苏江都人。乾隆进士，与纂《四库全书》，晚年入陕西巡抚毕沅幕。著有《周易知旨》、《尚书今文释义》、《左传翼疏》、《礼记集解》、《勉行堂文集》等。

② 叔度：指裴曰修，清朝学者。字叔度，江西新建（今属江西）人。乾隆进士，改庶吉士，历兵、吏、户诸部，晚年一直治水，死后谥文达。

③ 庄似撰（1735—1818）：清朝文学家。名炘，字似撰，一字景炎，号虚庵，江苏武进（今江苏常州）人。乾隆副贡生，累官榆林知府。与洪亮吉、孙星衍、张惠言等共为汉学，于音韵、训诂尤深。生平著述没于水，仅存文六卷，诗七百余首。

# 与朱沧湄中翰论学书[①]

惠书辱许过质，所谓爱之忘其丑也，往复数番，益增惭悚！足下学业，得之趋庭，天质兼倍，弱冠之年，富有卷轴，词笔秀挺，摆脱流辈，言论文事，有白首儒生所不逮者，得于天者优矣。兹于学问之事，不耻下询，而殷然有见于前人根柢不外经史，将于是中求其本末源流，是志于古之不朽者也。鄙人薄植，自信不笃，岂敢遽为足下定厥指归，粗陈所历以备采择，抑亦可矣。盖其始也，诵法先民成言，辄欲推其言之之意，久之似有所得，而世之同诵习者不为然也。蓄疑内愤，又求之于古人，则往往有先我而得，同时诵且习者亦不为然。始知学业之事，将求此心之安，苟不悖于古人，流俗有所毁誉，不足较也。

三代而下，士无恒产，举子之业，古人出疆之贽是也；孔孟生于今日，欲罢而不能矣。但举业将以求知于人，而学问之道又不可以同于世之毁誉，足下所以有不克兼营之惧也。鄙人以谓学而不求有得则已，苟有所得，毋论治经业史，专门名家，其于举子之业，不惟不相妨害，且有相资之益，患在人自不思而误歧之耳。盖学问之事，非以为名，经经史纬，出入百家，途辙不同，同期于明道也。道非必袭天人、性命、诚正、治平，如宋人之别以道学为名，始谓之道。文章学问，毋论偏全平奇，为所当然而又知其所以然者，皆道也。《易》曰："形而上者谓之道，形而下者谓之器。"道不离器，犹形不离影。日月光天，终古不变，而群生百物，各以质之所赋而被其光，谓其所得光影各有大小高下之不齐则可矣，谓尽去形质而始为日月之光，不

---

[①] 此信写于乾隆四十八年（1783）。这是一封非常重要的信，信中提出了"道不离器，犹形不离影"的光辉命题，表明了他继承了历史上许多唯物主义思想家的哲学体系。"道不离器"，就是说事物的原理或规律，是不能离开客观事物而存在的。这一命题反映了"存在决定意识"的唯物观点。就是在这一观点基础上，他在六年后，即乾隆五十四年（1789）写出了《原道》上、中、下三篇，发展和完善了"道不离器"，"道寓于器"的命题。因此，在阅读此信时，应当与《原道》三篇同时阅读。信中还有一段话，对于青年学者很有借鉴意义，当自己研究方向已经确定以后，就要做到"世之所重而非吾意所期与，虽大如泰山，不遑顾也；世之所忽，而苟为吾意之所期与，虽细如秋毫，不敢略也。趋向专，故成功也易，毁誉淡，故自得也深"。能够具有这个精神，定能登上自己要研究的学问高峰。在章氏主讲永平敬胜书院期间，朱沧湄省其父映榆于永平府署，曾多次向章氏请教，故有此《论学书》。

知光将何所附也！以所得之大小高下而推测日月之光则可矣，以谓光即在此大小高下而不复更有中天之日月焉，不知争此大小高下将何用也！由此观之，学术无有大小，皆期于道。若区学术于道外，而别以道学为名，始谓之道，则是有道而无器矣。学术当然，皆下学之器也；中有所以然者，皆上达之道也。器拘于迹而不能相通，惟道无所不通，是故君子即器以明道，将以立乎其大也。历观古今学术，循环衰盛，互为其端；以一时风尚言之，有所近者必有所偏，亦其势也。学者祈向，囿于时之所趋，莫不殚精竭智，攻索不遗余力，自以所得远过前人，圣人复生，不可易矣。及其风衰习变，后人又以时之所尚追议前人，未尝不如前人之视古昔。汉、唐、宋、明以讫昭代，作者递相祖述，亦递相訾议，终身遁于其中，而不自知其守器而忘道，岂有当哉！惟夫豪杰之士，自得师于古人，取其意之所诚然而中实有所不得已者，力求其至，所谓君子求诸己也。世之所重而非吾意所期与，虽大如泰山，不遑顾也；世之所忽而苟为吾意之所期与，虽细如秋毫，不敢略也。趋向专，故成功也易；毁誉淡，故自得也深。即其天质之良，而悬古人之近己者以为准，勿忘勿助，久之自有会心焉，所谓途辙不同而同期于道也。

今足下有见于学问根柢不外经史，而又见古人穷经之难，心有慕于史学，又恐史部卷帙浩繁，且疑前人论史，其说不一，恐其精力有限而思淹贯之得其术；诚所谓年少志盛，锐气无前，视世之人营营干禄惟恐不工，不知此外更复有何事者，直霄壤矣。然于学问途径，则似有所徇焉，充其所至，可以闳通博雅，有闻当世，久之有所成就，亦足垂名来禩，称不朽矣。至于内得诸心，上通于道，古人精微由我而阐，后学津逮自我而开，将以有功斯世而不欲苟以名传，则犹未也。古人不忧名之不传，而忧名之徒传而无功于人世；不忧学之不成，而忧学之徒成而无得于身心；是故遑遑汲汲自力于学，将以明其道也。经史者，古人所以求道之资，而非所以名其学也。经师传授，史学世家，亦必因其资之所习近而勉其力之所能为，殚毕生之精力而成书，于道必有当矣。譬如识大识小，莫不有文武之道，否则岂有当于圣人之择哉！若先悬经史以为标准，仰而企之，俯而就之，斤斤焉必有当于一得，而后思以其学名；则是徒见世人所尊奉，而我从而徇其聪明智力焉，其无当于道也审矣。孔子曰："十室之邑，必有忠信。"言人美质，不难觏也。人之性情才质必有所近，童子塾时知识初启，盖往往以无心得之，行之而不著也；其后读书作文，与夫游思旷览，亦时时若有会焉，又习而不察焉；此即道之见端，而充之可以无弗达者；未有人焉从而明示之，盖至终身汩没而不自知为枉其才者，比比然也。足下于此，亦将有所省乎？如有所省，则毋论治经业史，皆可求所得矣。若夫世方尚经，从而钻研服郑，世方贵史，从而攻习班马，尚考证者穿穴坟籍以为博，工词章者搜猎华藻以为奇，夫世之所尚，未必即我性之所安，时之所趋，何必即吾质之所近！舍其所长而用其所短，亦已难矣。而毁誉之势眩其外，利钝之见惑其中，虽使十倍古人之智力，而成功且不能以及半焉。何况中才而下，本无所以自通哉！

夫科举之业，学者鄙之，为其有所为而为，非出于中之不得已也。科名将以为利，而学问将以为名，同逐时趣而非出于中之不得已，乃人之无所得而勉强言学问者，辄视举业为小技，识者旁观，何以异于五十步之笑百步哉！虽然，举业无当于学问，斯固然矣；必谓学问有妨于举业，则未也。举业虽代圣贤立言，亦自抒其中之所见。诚能从于学问而以明道为指归，则本深而末愈茂，形大而声自宏，未闻学问有得，而举业之道，其所见者不磊落而光明也。夫学问之途，歧出百变，途辙小异，即不可以易地为良，而举业非其所营，乃谓独不相悖者，何耶？盖学问为质，而举业乃其文著之一端，故学不皆同，而苟有所得，自可相因而见也。制举之初意，本欲即文之一端以觇其人之本质，而世之徒务举业者，无其质而姑以文欺焉，是彼之过也。举业既为无质之文，而学问不衷于道，则又为无根之质，是又为学者之过也。两者绝不相蒙，有由来矣。足下志学而虑兼营举业之不易，得无于此未晰与？虽然，鄙人为之四十年矣。其始未尝有独立之见而徒知好之，则已谬为人之所许矣。年至三十，所得似有进焉，人则从而疑之。至于今，盖又± 苴三十之所为矣，一二心知之外，从而鄙且笑者十之四五，怒且骂者且倍焉。"志乎古必遗乎今"，昌黎韩氏言之慨然，向疑有激之言，今乃信其良不诬也。足下负兼人之资，在英妙之年即有不朽之志，千万人中不得一焉，不鄙迂塞而殷然以学业是询，鄙人岂敢有所爱乎！然而答非所问，则固以谓学问之道贵端始基，如素之为绚也；素质不立而求五采之章施，未有能成文章者。至于因端竟委，由粗至精，功程先后，条目洪纤，则愿继是而言，效愚者之一得，惟高明之裁择可矣。

# 答沈枫墀论学[1]

六月自太平返亳,道出维扬,夫子大人款留几及匝月,足慰十许年饥渴之思。彼时则以足下遥隔燕云,不获共斯朝夕,不免怅怅。七月抵亳,值儿妇病亡,经营旅殡,拮据殊甚。八月游楚,十月自楚中回,往还两月,泥途霖雨,行役为劳。此间一二月,稍歇风尘,而恩恩岁事,扰扰志局应酬,遥计正月之杪,志事未能卒业,便须挈此遗绪,又作楚游矣。遑遑升斗,终岁奔驰,足下谓我心乐否耶?十一月中,从亳州署接到足下六月廿日手书,窃慨薰风拂楮,霜雪开缄,鱼雁羁迟,至于如此。来书滔滔千数百言,殷然以学业事往复相商,而并引当日都门晤语,征其归宿,非谦怀若谷,不耻不问,恐一善之有遗,曷克臻此!慰甚慰甚!

足下所问,节目虽多,其要则可一言而蔽曰,"学以求心得"也。韩昌黎之论文也,则曰:"文无难易,惟其是耳。"明道先生之论学,曰:"凡事思所以然,天下第一学问。"二公所言,圣人复生,不能易也。夫文求是而学思其所以然,人皆知之而人罕能之,非其才之罪也,直缘风气锢其习而毁誉不能无动于中也。三代以还,官师政教不能合而为一,学业不得不随一时盛衰而为风气。当其盛也,盖世豪杰,竭才而不能测其有余;及其衰也,中下之资,抵掌而可以议其不足。大约服郑训诂,韩欧文辞,周程义理,出奴入主,不胜纷纷,君子观之,此皆道中之一事耳。未窥道之全量,而各趋一节以相主奴,是大道不可见,而学士所矜为见者,特其风气之著于循环者也。足下欲进于学,必先求端于道。道不远人,即万事万物之所以然也;道无定体,即如文之无难无易,惟其是也。人生难得全才,得于天者必有所

---

[1] 此信写于乾隆五十四年(1789)十一月。这封信中有许多警句值得借鉴,如"人生有能有不能,耳目有至有不至,虽圣人有所不能尽也",又如"为学之要,先戒名心,为学之方,求端于道"。再如"文非学不立,学非文不行,二者相须,若左右手","学业将以经世,当视世所忽者而施挽救焉"等。当然,在通读全信后,就更容易理解这些文句的真实意义。还要指出的是,这封信中也谈到了戴震,"近代学问如戴东原,未易易矣;其所考订与所发挥,文笔清坚,足以达其所见。而记传文字,非其所长,纂修志乘,固亦非其所解"。这个评论还是实事求是的,况且修志之事,在戴氏学术生涯中完全是微不足道的,不必为其斤斤计较。信的中心内容,自然是告知对方如何做学问,指出义理、考订、辞章都应当重视而不可偏废。此文可与《原学》、《博约》诸篇相参照阅读。沈枫墀乃沈业富之子,名在廷。

近，学者不自知也。博览以验其趣之所入，习试以求其性之所安，旁通以究其量之所至，是亦足以求进乎道矣。今之学者则不然，不问天质之所近，不求心性之所安，惟逐风气所趋而徇当世之所尚，勉强为之，固已不若人矣；世人誉之则沾沾以喜，世人毁之则戚戚以忧，而不知天质之良，日已离矣。夫风气所在，毁誉随之，得失是非，岂有定哉！辞章之习既盛，辄诋马郑为章句；性理之焰方张，则嗤韩欧为文人；循环无端，莫知所底，而好名无识之徒，乃谓托足于是，天下莫能加焉，不亦惑欤！由风尚之所成言之，则曰考订、词章、义理；由吾人之所具言之，则才、学、识也；由童蒙之初启言之，则记性、作性、悟性也。考订主于学，辞章主于才，义理主于识，人当自辨其所长矣；记性积而成学，作性扩而成才，悟性达而为识，虽童蒙可与入德，又知斯道之不远人矣。夫风气所趋，偏而不备，而天质之良，亦曲而不全，专其一则必缓其二，事相等也；然必欲求天质之良而深戒以趋风气者，固谓良知良能，其道易入，且亦趋风气者未有不相率而入于伪也，其所以入于伪者，毁誉重而名心亟也。故为学之要，先戒名心；为学之方，求端于道。苟知求端于道，则专其一，缓其二，乃是忖己之长未能兼有，必不入主而出奴也；扩而充之，又可因此以及彼。风气纵有循环，而君子之所以自树，则固毁誉不能倾，而盛衰之运不足为荣瘁矣，岂不卓欤！

前明制义盛行，学问文章，远不古若，此风气之衰也。国初崇尚实学，特举词科，史馆需人，待以不次，通儒硕彦，磊落相望，可谓一时盛矣。其后史事告成，馆阁无事，自雍正初年至乾隆十许年，学士又以四书文义相为矜尚。仆年十五六时，犹闻老生宿儒自尊所业，至目通经服古谓之杂学，诗古文辞谓之杂作，士不工四书文不得为通，又成不可药之蛊矣。今天子右文稽古，三通四库诸馆以次而开，词臣多由编纂超迁，而寒士挟策依人，亦以精于校雠辄得优馆，甚且资以进身，其真能者，固若力农之逢年矣。而风气所开，进取之士，耻言举业；熊、刘变调，亦讽《说文》、《玉篇》；王、宋别裁，皆考熔金篆石，风气所趋，何所不至哉！夫考订、辞章、义理，虽曰三门，而大要有二，学与文也；理不虚立，则固行乎二者之中矣。学资博览，须兼阅历，文贵发明，亦期用世，斯可与进于道矣。夫博览而不兼阅历，是发策决科之学也；有所发明而于世无用，是雕龙谈天之文也；然而不求心得而形迹取之，皆伪体矣。比见今之杰者，多偏于学文，则诗赋骈言亦极其工，至古文辞，则议之者鲜矣。

夫文非学不立，学非文不行，二者相须，若左右手，而自古难兼，则才固有以自限，而有所重者意亦有所忽也。陶朱公曰："人弃我取，人取我与。"学业将以经世，当视世所忽者而施挽救焉，亦轻重相权之义也。今之宜急务者，古文辞也；攻文而仍本于学，则既可以持风气，而他日又不致为风气之弊矣。足下于此，岂有意乎？语云："太上立德，其次立功，其次立言。"人生不朽之三，固该本末兼内外而言之也。鄙人则谓著述一途，亦有三者之别：主义理者，著述之立德者也；主考订者，著述之立功者也；主文辞者，著述之立言者也。"言之无文，行而不远"，宋儒语录，言不雅驯，又腾空说，其义虽有甚醇，学者罕诵习之，则德不虚立，即在功言之中，亦犹理不虚立，即在学文二者之中也。足下思鄙人之旧话，而欲从事于立言，可谓知所务矣。然而考索之家，亦不易易，大而《礼》辨郊社，细若《雅》注虫鱼，是亦专门之业，不可忽也。阮氏《车考》，足下以谓仅究一车之用，是又不然。治经而不究于名物度数，则义理腾空而经术因以卤莽，所系非浅鲜也。子贡曰："文武之道，未坠于地，贤者识大，不贤者识小。"皆夫子之所师也。人生有能有不能，耳目有至有不至，虽圣人有所不能尽也。立言之士，读书但观大意；专门考索，名数究于细微；二者之于大道，交相为功，殆犹女余布而农余粟也，而所以不能通乎大方者，各分畛域而交相诋也。足下有志于文，正当益重精学之士，能重精学之士，则发为文章，必无偏趋风气之患矣。昔朱竹君先生善古文辞，其于六书未尝精研而心知其意；王君怀祖，固以六书之学专门名家者也；朱先生序刻《说文》，中间辨别六书要旨，皆咨于怀祖而承用其言，仆称先生诸序，此为第一。非不知此言本怀祖也，而世或讥之；此不可语于古人为文之大体也。

近代学问如戴东原，未易易矣；其所考订与所发挥，文笔清坚，足以达其所见。而记传文字，非其所长，纂修志乘，固亦非其所解；委而不为，固无伤也，而强作解事，动成窒庋，此则不善趋避而昧于交相为功之业者也。要之，文易翻空，学须揣实。今之学者，虽趋风气，竞尚考订，多非心得；然知求实而不蹈于虚，犹愈于掉虚文而不复知实学也。夫医之疗疾，功寒以热，治积宜消，然而寒热相搏，几于无止；是以良医当积实而预为反虚之防，今日之论文而不敢忽学是也。愿足下思之度之，忖其所能而次第求之；

如有所疑，则就高明而斟酌之。至于从事之余，功程疏数，条目鸿纤，不妨千里惠言。因病发药，非一时楮笔所能宣究。春闱弹指，翘首捷音。临书增怀，不胜企望之至！

## 又答沈枫墀[①]

足下自谓通人广座不能与之问答，因而内愧。此由自信未真，不免气夺于外也。人心不同如面，彼有所能而吾不解，情理之常，何足愧哉！但学人必有所以自恃，如市廛居货，待人求索，贵于不匮，不贵兼也。居布帛者，不必与知米粟；市陶冶者，不必愧无金珠。是以学欲其博，守欲其约。学而不博，是货乏而不足应人求也；守而不约，是欲尽百货而出于一门也。昔扬子云默而好深沉之思，范蔚宗自谓口不调利，以此无谈功。然彼二家之所成就，岂不卓可观哉！比见江湖游士，于诸门之学，略窥其樊，乍与之言，则其所不知者盖寡，切磋究之，则或离或遁，古人之深，未尝有一得焉。仆谓是直可供觞燕清谈，科场对策，舍是二者，别无所用之矣。曷足贵乎！愿足下反求诸己，深无所忽。

## 与陈鉴亭论学[②]

鉴亭四兄足下：屡辱手书，不获专上报起，则以与足下言不离文墨，二

---

[①] 此信写作时间未详，从标题看即在上一封信之后不久。主要谈论做学问中如何处理博与约两者的关系，大前提是"学人必有所以自恃"，接着便是"学欲其博，守欲其约。学而不博，是货乏而不足应人求也；守而不约，是欲尽百货而出于一门也"。这个比喻非常形象，博的目的，最终是为约打基础，否则就会变成杂货铺子。为了说清楚两者关系，他特地写了《博约》三篇，可参照阅读。

[②] 此信写于乾隆五十四年（1789）。章氏的《原道》篇提出"道不离器"这一命题以后，他的一些师友不解其意，认为他沾染上"宋人习气"，陈鉴亭亦是其中之一。为此，他在信中论述了他作《原道》篇的原意，并指出"《文史通义》专为著作之林校雠得失"，而《原道》正是针对学术界不良风气而作。进而再行论述"道器合一"，"六经未尝离器言道"，因为"六经皆史也"。因此，阅读此信，必须同时阅读《原道》诸篇方容易理解。陈鉴亭曾为邵晋涵家塾师。

云先生及史余村处，言论互相详略，足下馆于二云先生，属以转致，不啻如面谈耳，然于礼文仪节，自愧脱略甚矣。儿子来，又读惠言，不惟恕其简脱，且辱许可教，而谆谆以文字往复相商，想见足下渊谷之怀，真令鄙人感且愧也。辱谕鄙著《原道》诸篇，更征关爱。前在湖北见史余村，言及先后所著文字，则怪《原道》诸篇与《通义》他篇不类，其意亦谓宋人习气，不见鲜新，及儿子回家，则云同志诸君皆似不以为可；乃知都门知己俱有此论，足下谕编卷末，尚为姑恕之辞耳。道无不该，治方术者各以所见为至。古人著《原道》者三家：淮南托于空蒙，刘勰专言文指，韩昌黎氏特为佛老塞源，皆足以发明立言之本。鄙著宗旨，则与三家又殊。《文史通义》，专为著作之林校雠得失；著作本乎学问，而近人所谓学问，则以《尔雅》名物，六书训故，谓足尽经世之大业，虽以周程义理，韩欧文辞，不难一映置之。其稍通方者，则分考订、义理、文辞为三家，而谓各有其所长。不知此皆道中之一事耳，著述纷纷，出奴入主，正坐此也。鄙著《原道》之作，盖为三家之分畛域设也，篇名为前人叠见之余，其所发明，实从古未凿之窦，诸君似见题袭前人，遂觉文如常习耳。

夫文章以六艺为归，人伦以孔子为极，三尺孺子能言之矣，然学术之未进于古，正坐儒者流误欲法六经而师孔子耳。孔子不得位而行道，述六经以垂教于万世，孔子之不得已也。后儒非处衰周不可为之世，辄谓师法孔子必当著述以垂后，岂有不得已者乎？何其蔑视同时之人而惓惓于后世邪！故学孔子者，当学孔子之所学，不当学孔子之不得已。然自孟子以后命为通儒者，率皆愿学孔子之不得已也。以孔子之不得已而误谓孔子之本志，则虚尊道德文章，别为一物，大而经纬世宙，细而日用伦常，视为粗迹矣。故知道器合一，方可言学；道器合一之故，必求端于周孔之分，此实古今学术之要旨，而前人于此，言议或有未尽也。故篇中所举，如言道出于天，其说似廓，则切证之于三人居室。若夫穷变通久，则推道体之存即在众人之不知其然而然。集大成者实周公而非孔子，孔子虽大如天，亦可一言而尽，孔子于学周公之外更无可言。六经未尝离器言道，道德之衰，道始因人而异其名，皆妄自诩谓开凿鸿蒙，前人从未言至此也。《原学》之篇，即申《原道》未尽之意，其以学而不思为俗学之因缘，思而不学为异端之底蕴，颇自喜其能得要领。又以其说浑成，不烦推究，诚恐前人已有发此论者，遍询同人，皆云未见。然鄙著《通义》，凡意见有与古人不约而同者，必著前人之说，示不相袭。幸足下与同志诸君为检先儒绪论，审有似此者否也？如其有之，幸即寄示，俾得免于雷同剿说之愆，感荷非浅鲜矣。

古人著书，晚年别有进境，世人无由窥测，转谓后不如前；故有少壮声名满天下，而晚年渐不为人所许，大抵即是其人之至诣也；鄙人何敢狂言及此！然学者才多于识，往往用其所长，足以自树立矣；又复希名求异，自矜新得，土苴平日之功，而窥所作为，乃转不值一笑；鄙人自反，亦尚不至此也。但著述之旨，微妙难言，才脱稿而群口交称，正恐所得未必深耳；不同声而附和，正见诸君古谊。故聊一申明，非敢自是其愚，不受弹谪也。足下以为何如？

## 答陈鉴亭 [1]

足下自谓应酬人事中学为古文，恐无长进，此与史余村前此来书，自言欲学古文，苦无题目，同一意也。仆意则谓文以明道，君子患夫于道有所未见，苟果有见于意之所谓诚然，则触处可以发挥，应酬人事，亦以吾道施之。昌黎诗文七百，其离应酬而自以本意著文者，不过二十之一；《孟子》七篇，凡答齐梁诸君，答弟子问，与时人相辨难者，皆应酬也，是何伤哉！世人以应酬求之，吾以吾道与之，岂必择题而后为文字乎？自诸子风衰而文集有辨论，史不专门而文集有传志记序，足下如能仿诸子而著心言，仿史别而著为专门之传记，或不暇为人事之应酬；否则正藉人事应酬以为发挥之地也，可不务乎！至于学文之要，在乎养气，养气之功，不外集义，中有所主而不能畅然于手与心，则博稽广览，多识前言往行，使义理充积于中，然后发而为文，浩乎其沛然矣。

---

[1] 此信写作时间未详。信的内容在回答应酬文章太多恐影响自己学业的长进的问题。他回答得非常干脆，"仆意则谓文以明道，君子患夫于道有所未见，苟果有见于意之所谓诚然，则触处可以发挥，应酬人事亦以吾道施之"。接着列举大文学家韩愈诗文七百，"离应酬而自以本意著文者"不过二十之一。信的最后，告诉对方："学文之要，在乎养气，养气之功，不外集义……"这就是章氏重要的文学理论。

## 报孙渊如书[①]

得手书，具悉一切。又见近日与稚存书，知都门酬接之余，力于校雠，自进于学，慰甚羡甚！承询《史籍考》事，取多用宏，包经而兼采子集，不特如所问地理之类已也。前有条例与邵二云，求其相助；如足下从事校雠，其于古今载籍，耳目所及，幸有以指示之也！至义例所定有应采者，邵君处已有大凡，可就询之；此间编得十卷八卷，亦当寄京，请足下辈为参定也。愚之所见，以为盈天地间，凡涉著作之林，皆是史学，六经特圣人取此六种之史以垂训者耳。子集诸家，其源皆出于史，末流忘所自出，自生分别，故于天地之间，别为一种不可收拾、不可部次之物，不得不分四种门户矣。此种议论，知骇俗下耳目，故不敢多言；然朱少白所钞鄙著中，亦有道及此等处者，特未畅耳。俟为尚书公成书之后，亦当以涉历所及，自勒一家之言，所为聊此自娱，不敢问世也。然相知数君子，终不敢秘，幸时有以教政之，为幸多矣。属遣儿子入都，心绪纷纷，不及详述，一切询儿子，可俱知也。此达，并问近佳，不宣。五月二十三日。

## 与孙渊如书[②]

二月初旬，一缄奉候，并两与邵二云先生书，皆属与足下共观之，想

---

[①] 此信写于乾隆五十三年（1788）。信中提出了一个惊世骇俗的观点："愚之所见，以为盈天地间，凡涉著作之林，皆是史学，六经特圣人取此六种之史以垂训者耳。"他自己也说，"此种议论，知骇俗下耳目，故不敢多言"。这几句话对于理解章氏"六经皆史"的命题有着重要作用，其实章氏"六经皆史"的"史"，既具有"史义"之史，即"经世致用"之史的含义，又具有"史料"之史的内容，否则这几句话当如何理解？目前有的人只承认前者，而否定后者，这是绝对错误的。孙渊如即孙星衍（1753—1818），清朝学者。名星衍，字渊如，亦字伯渊、季仇，阳湖（今江苏常州）人。乾隆进士，授翰林院编修，后升郎中。后入阮元幕，主持杭州诂经精舍。继任山东粮道，署布政使。一生好学，勤于著述，曾以二十年之功，集各家研究成就，著《尚书今古文注疏》。另有《周易集解》、《尔雅广雅诂训韵编》、《史记天官书考证》、《长离间集》。

[②] 此信亦写于乾隆五十三年（1788），并且早于上一封信。信中透露了一条信息，因在编纂《史籍考》，"泛览典籍，亦小有长进，《文史通义》亦庶可藉是以告成矣"。事实证明，在为毕沅编辑此书期间，因生活安定，条件好，有书吏可帮抄写，因此《文史通义》在这段时间所成篇数确实很多。后因毕沅一走，生活又变得不安定，原来的估计自然落空。信中还坦诚地讲："鄙人不能诗，而生平有感触，一寓于文。"

俱邀鉴悉也。春气正和，敬想起居无恙，鄙人比日与洪、凌诸君，为中丞编《史籍考》，泛览典籍，亦小有长进，《文史通义》亦庶可藉是以告成矣。编摩多暇，亦拟力于撰著，而纪述文字，多是志状碑铭，未免应求取给，不得性情之安。去冬力偿旧逋，撰述志传，动成卷轴，文笔岂无小有可取？终恨岁月坐荒，不得专力著作，以枉用其精神。因悟昌黎诗文七百，其实堪不朽者，不过二十之一，余亦不免牵率应酬，宜张文昌讥为驳杂而无实也。向令韩公早用文昌之专意著作，则孟荀之间，当高置一座矣！获麟绝笔而后，仅见此才，而犹以不善自树，使人遗憾于千载后，况我辈聪明智慧，曾不足以当韩公千万之一也哉！韩碑杜律，并称久矣。韩碑佳者，十不二三，而杜律冗者，不过什一。非论工拙，盖言文贵关性命也。其言一饭不忘报者，情私而理自公，此言可为知者道也。

鄙人不能诗，而生平有感触，一寓于文。朱沧湄中翰曾相见否？屡欲为其尊甫映榆观察作事状，而征其节目，竟不见付，何耶？幸以此意告之，尚欲有言，而纸尽矣，容后补也，呵呵！

## 与周永清论文[1]

孟子曰："为高必因丘陵，为下必因川泽。"学问文章，亦复如是。因天质之所良，则事半而功倍，强其力之所不能，则鲜不踬矣。足下于古文辞，盖长于叙情而短于持论，故仆当时一见，便曰诗人之文，可以自成一家。今十许年，所见足下之文，皆不出此一语，而足下卒不相信，偏好持论，尤好论学论文，真不善用所长也。

大抵论学论文之言，非出乡气稚气，即是剿袭人言而文失其本旨者也。夫无者不可强而为有，犹有者不可诬以为无。足下自谓"好名之心，不免倒行逆施"，夫好名而能遂其名，虽倒行逆施可也。非徒无益而反有所损，又

---

[1] 此信写于乾隆五十四年（1789）。章氏与周关系很密，往来信件也较多，因而有时标题容易互易，在《章实斋先生年谱》中就有此情况。这封信是讨论学问，而对周的评论，毫无客套，真是实话实说，这也反映了章氏的性格。这篇短文中，再次论述"人各有能有不能，虽尧舜之知，不遍物也"。做学问必须根据自己的能力、资质等条件而定，否则将会落空的。

以天质所良之业，不得专一其工，以致进退失据，岂不惜哉！足下曾记在京师日，有无识子驳《永清志例》①，足下欲仆作书报之，仆终不作书，果何意邪？又记在永平差所，足下见仆《诗教》篇言三代之盛未有著述文字，足下当面作书指驳，索仆报书，仆又不答，何邪？盖嫌如村塾孺子，争论冬烘章句，难于施答辨也。

夫人各有能有不能，虽尧舜之知，不遍物也。足下天质不能远过中人，而学问文章，则欲尽天下人之所长而皆有于己，即此已自无定识矣。而度力不能，往往出于术取计剿，天下岂无真耳目邪？王怀祖氏尝言，不暇著书，欲得能文之士授以所学，俾自著为书，不必人知出于王氏；仆亦尝欲倩人为《通义》外篇，亦不愿人知所授宗旨本之于仆；然竟不得其人，则学问中之曲折，非一时授受所能尽也。夫有心传授，尚不能得其曲折，而宾筵燕谈之间，行文流露之语，偶然得之，便可掩为己有，而人遂不能分别，有是理乎？仆尝谓功力可假，性灵必不可假；性灵苟可以假，则古今无愚智之分矣。

## 又与永清论文②

近日撰《亳州志》，颇有新得，视《和州》、《永清》之志，一半为土苴矣。主人雅相信任，不以一语旁参，与足下同，而地广道远，仆又逼于楚行，四乡名迹，未尽游涉，而孀妇之现存者，不能与之面询委曲，差觉不如《永清》；然文献足征，又较《永清》为远胜矣。

---

① 《永清志例》：章氏编修了《永清县志》，每一种内容（即今之所称专业志）都作有《序例》一篇，论述自古以来对这一内容的记载得失，并提出自己的意见。

② 此信写于乾隆五十五年（1790）。信中对《亳州志》的编修非常自信，"近日撰《亳州志》，颇有新得"。"此志拟之于史，当与陈、范抗行，义例之精，则又《文史通义》中之最上乘也；世人忽近贵远，自不察耳。后世是非，终有定评，如有良史才出，读《亳志》而心知其意，不特方志奉为开山之祖，即史家得其一二精义，亦当尊为不祧之宗"。可惜的是他这部志书并未流传下来，也就无法进行定评。但是有一点可以肯定，这部方志是他方志理论成熟阶段所修，方志分立三书的理论和实践到这部方志均已完成。就此而言，"方志奉为开山之祖"是完全有可能的，问题是大家都未看到全貌，仅留下叙论两篇。至于对史学方面的价值，《人物表例议》强调《人物志》在史书中的地位，《掌故例议》中更提出："为史学计其长策，记表志传，率由旧章；再推周典遗意，就其官司簿籍，删取名物器数，略有条贯，以存一时掌故，与史相辅而不相侵，虽为百世不易之规可也。"这个意见还是有价值的。

此志拟之于史，当与陈、范抗行，义例之精，则又《文史通义》中之最上乘也；世人忽近贵远，自不察耳。后世是非，终有定评，如有良史才出，读《亳志》而心知其意，不特方志奉为开山之祖，即史家得其一二精义，亦当尊为不祧之宗；此中自信颇真，言大实非夸也。《和州全志》已亡，近日删定《叙论》作一卷，不过存初见耳。《永清全志》颇恨芜杂，近已删订二十六篇，为《永清新志》十篇，差觉峻洁，俟录有副本，当即呈上，稍赎十二年前学力未到之愆。或再示永清人士，有好事者，别刊一本，如新、旧《唐书》之并行，亦佳事也。否则仆著述内自当列为一种，虽不得与《亳志》并论，在宋人诸方志中，固有过之而无不及者矣。

出都三年，学问文章，差觉较前有进。永清撰志，去今十二年，和州则十八年矣。由今观之，悔笔甚多，乃知文字不宜轻刻板也。然观近所为文，自以为差可矣，由此以往，少或五七年，多或十许年，安知不又视近作为土苴乎！念及于此，而日暮途长，勉求进业，以庶几于立言之寡愆，真有汲汲不容稍缓者已。《亳志》俟有刻本，再当奉寄。

## 答周永清辨论文法[①]

仆文"天府生员"，为人误加"顺"字，仆辨其非，足下乃疑"天府"二字出于《周官》，不当为京府之代语，此说非是。"天府生员"，犹言"京国生员"云尔，本属行文常语，于理无碍，即著于文，当日本无成心，亦非必不可易之句。但谓必不可用，未免不识变通耳。至引《周官》天府之职，恐其相混，则更非矣。经传谇语，与后世同名异实，却车不可胜载，但问行文有碍否耳。无碍于理，虽同何害。果碍于理，虽无同名之嫌，岂可用耶！诸葛公对昭烈[②]问，则曰"益州沃野，天府之土"，是称天府，人岂遂疑西周之官属，隶东汉之职方哉？汉人治四代之书，则称《尚书》，岂嫌秦官有尚书职耶？夫语有繁省，例有常变，惟行文纯熟，则无施不可，否则鲜不窒矣。"天府生员"，自是变例，语省而意自足也。今加"顺"字其上，则庄

---

[①] 此信写于乾隆五十四年（1789）。文章主要论述行文称谓必须规范，而不能任意变更。

[②] 昭烈：指刘备。

称矣。庄则于法当备，宜云隶某县籍，补顺天府学生员，乃无窒碍。今去籍贯，但云顺天府生员，又不著学，则五州二十三县之广，茫茫何所指哉？

来示又以"八股"称四书文出《明史·选举志》，不得谓之俗语，且举《明志》文云："仿宋经义体用排偶，谓之八股。"此则所举史文，正足证仆之言不可易矣。夫史不能直称八股，而曰"谓之八股"，谓者孰谓？律文无有，会典无有，而有其谓，非俗语而何哉！大抵"谓之"之言，非出组织文语，即是流俗俚语，语不无稽，史家既不可以直书，又欲不没其实，则曰"谓之"云尔。《唐摭言》①记科举事，有"谓之报罗"、"谓之烧尾"等语，书事者用以入文，因而代言纪事，读者又当解为何许语乎？文有颠倒一字，义意悬绝，不可不辨别也。唐宋以后，诸经断无越前人而别自作注之理，熟于经部义例，当自知之。如治经而自作解诂考订，其书本不以注为名，记传称之谓注某经，于理无碍，盖注为虚辞也。如直曰"某经注"，于法为非，盖注为实据也。竹厂尝云"欲注《大戴礼记》"，"欲注"之言，亦属虚辞。观所言论，乃是补辑考订之功，度其成书，必不敢毫无标别而混称谓"大戴礼注"也。不敢称谓"大戴礼注"，则因前有卢注，毋论不敢冒越，亦嫌于彼无分别也。前书所云"既称为注，必于卢注当识同异"，乃不易之论；足下谓须序跋方可分别，似未察矣。古来纪传，书人著述，但云"注某书"，不闻取前注而分其同异，则亦误会书意。夫曰"注某书"，固异于"某书注"矣。后世之称"经注"与古人异，则已别白于前，不更赘焉。

# 答周筼谷论课蒙书② 癸卯

久不奉文墨教言，悬企甚至。俾来，赍到巨囊，如获异宝，发缄快诵，

---

① 《唐摭言》：王定保撰。王定保（870—940），唐五代时官吏。南昌（今属江西）人。光化进士。唐末曾避乱湖南。因战乱乃南下广州，为刘隐幕府。南汉建立后，官至宁远军节度使，中书侍郎同平章事。著《唐摭言》十五卷，讲述唐代科举制度，其中有关中晚唐文人遗事多至百余人，可补史志之阙。

② 此信两封，都写于乾隆四十八年（1783），一封写于夏季，一封写于秋天。都是讨论童蒙教育的内容，他认为"童幼初启，先入为主"，不可不慎重，反对从时文入手教育童蒙。信中还透露这样一个信息，即直到当时，《校雠》诸篇仍是作为《文史通义》的内容，称作《校雠略》，直到乾隆五十三年（1788）以后，经扩大改名《校雠通义》，乃与《文史通义》并列。

恍接笑言，载展撰著及所论述文字，琳琅满目，使人意得神移，欢慰无已。甚矣足下之好学也！鄙人笔墨资生，文字乃其职业，然屈指半载，病荒其半，穷愁又荒其半，检校前后所得，竟无大进。足下于簿书奔走之暇，乃能如是淬励，真是使人愧且畏也。承示课蒙之法，甚善。令郎天质本高，而贤父兄之启发，亦绝非流俗所拟，他日成就，岂可量所至也！然《文先》之辑，果足嘉惠幼学，而微窥意指，仍似不脱时文习气，与俗下所选《左》、《国》、《史》、《汉》，唐宋八家以及七种八集之类，究未相远，恐童幼习惯，专意词致文采，遂以机心成其机事而难于入道耳。盖古学俗学之分不在文字，在乎有为而言与无为而言，文辞高下，犹其次也。

大家著述，利钝杂陈，华朴互见，非不知朴不如华之可悦，钝不如利之入人，而其意以谓非此不足尽其学而成其立言之功能。以故世俗有所弃取决择，而彼亦不恤焉，所谓有为之言，不得不如此也。惟夫枝叶名流，务为娟洁美好，波澜意度，猎取古人肤廓，嫣然以媚于人，其道能工而不能拙，能章而不能暗，使能人抵掌称叹而不能使人冥然深思，能使雅俗共赏声名一时而不能使人浮沈抑扬初无定论，直俟一二心知其意之人，为之恸哭喜笑于千载而下，此则无为之言，专求文字语言之末者也。

童幼初启，先入为主，务使文不杂质，锦不去绷，珠玉示以可珍，而布粟示以可服，不可急急以成章为能事。是亦中人以上之取资，不知愚见亦有当否？此间生徒，难与深言。幼子今年十二，孤甥今年十四岁矣，天姿俱不敏于诵读，视令郎所诵不及十之四五，愧孰甚焉！然喜弄笔墨，鄙人不甚禁之。闻讲《孟子》，便拟《孟子》问答文字；闻讲《毛诗》，便拟四字断句韵语；此则天质之可造者，恐其易于成章，故欲培其本质。所选文字，不尽取轻快流利一路，拟取《诗疏》[①]为制举之权舆，史赞为古学之底蕴。半山[②]《制艺》，邵二云谓后人伪撰，且于初学亦不甚切，足下以为教之不入，诚哉前言之误也！所属文字，俱于七月二十以前，必可应命。彼时遣役一来，是所祷切！会晤何时？临风怅惘，不尽欲言。

---

① 《诗疏》：《明史·艺文志》诗类著录张睿卿《诗疏》一卷。
② 半山：王安石的号。

## 再答周筤谷论课蒙书癸卯

仆来，接读手书，甚慰遥念。向来叨惠已多，愧无以报，儿子又承厚贶，无任感荷！来示论课蒙事，往复数番，殊惭所见之不逮。详味足下之意，盖不外乎先易后难，使童幼易于入手。足下之言是也。然窥《文先》之序及前后书示之说，不过取坊刻古文选本倒翻前后次序，而加以《东莱博议》耳。江浙时下馆师，亦尽有能之者，子弟取效，亦复不过尔尔，未见其为一定之良法也。

鄙人前书所论，足下疑为过高，非高也，约其他日所至而为之基；其中预期之言，足下视为遽责之于童子云耳，若果如是，则岂高之云乎，直是罔矣！先易后难，鄙人无以易乎足下之说。而足下之课童子文字，以有题目蹊径者为易，而鄙人之课童子，以无题目蹊径者为易。然而各用其法以课其子弟，亦已各有其效，父兄各尽其心，子弟各致其力，待他日落实取材，亦何不可！而鄙人不免刍荛之献者，有题目与蹊径，仍是不用八股之时文，他日见解，终不离乎依墙傍壁耳。书中所云"积华与利，而拙与朴将不期而至"，此言未免倒施，天下无是理也，足下亦见树之先枝叶而后有根本者欤？古今之人一也，如云立言有益将来而不为今日地，鄙人无此意也。言惟其是，待将来亦何妨；如其非也，今之人岂可徇乎？足下又云"有德有言，与我辈此时所论皆非是者"，此则鄙见与高明之见终始歧异之原也。德者，行道而有得于心之谓，不必一定圣人道德之极至也；凡立言者，必于学问先有所得，否则六经、三史，皆时文耳，况于他乎！学问而至于有得，岂可概之学者，是以利钝华朴杂陈焉，而使之文境不拘窒，他日可以为有得之基，此前书之所谓勿以机心成其机事也。若不察其指，徒一望而惊其难，则不如从事归震川之八家，储宜兴之七种，任其播弄而先后施之，固已能如足下之期矣，又何劳劳焉选辑而叙论为哉！

近日生徒散去，荒斋阒然，补苴《文史通义》内篇，撰《言公》上中下三篇，《诗教》上下二篇。其言实有开凿鸿濛之功，立言家于是必将有取。然文繁字多至万余言，不能遽录，先以《言公》三篇致邵二云，《诗教》二篇，俟续寄去，足下不可不与闻也。或令人钞去，置之座右，较之《史例》、

《校雠》诸篇，似有进矣。足下近作叙论文字，居然斐蔚，叙事文微冗碎，要当炼之使其老洁，真传世之业也。辱承谆委，辄为更易数处，惟酌采之。恩恩不备。秋凉好自爱！不宣。

## 与乔迁安明府论初学课业三简①

二十日晚间，接到十九来简，知此间十七日启事亦于十八日始得入照，想雨水泥泞，道途有阻滞也。承贵仆于十九启程，不识先至京师，抑先至保府？又不知前所云十八启行者即此人，抑十八已行而此又重遣之耶？幸便赐示知之。甘霖应候，德政是征，可为额手！然此间已闻霑足之后，若再不休，未免有碍布种，而昨今以来，晴爽尤觉可爱。西成兆丰，青毡措大亦得饱食，岂特为贤守令贺而已邪！《说文》检字生疏，须取俗下《诗韵》②一本，将小篆九千余文，通与注明部次，朱笔标于楷韵之下，如遇经传文字，先按韵而得其部次，再按部次而得其篆文，其功特易易耳。且《说文》字少，经传字多，《说文》中字先不编韵，则遇经传所有而《说文》所无者，必有空翻全部《说文》而终无所得之患矣。此事前与大阮世讲已道及之，彼忘记耳。且编韵之功，为之甚易，一人读全部《说文》，一人逐字检韵注之，如有四人八人，则分部可办，不必一手，且但注偏旁，不必更书本篆；即仅两人为之，不过十日可毕。是经传文字未及考正，却已先得一卷《说文缺字考》③矣。为学之事，动手必有成功，此类是也。又此时《经典释文》④、《十三

---

① 此信写于乾隆四十八年（1783）。这年章氏曾主讲永平敬胜书院，故关于启蒙教育的论述有如此之多。这信中还是强调"学问大端，不外经史"，因此童蒙初启，就应当读经解史论，可以由浅入深。乔迁安名钟英，时为河北一知府。

② 《诗韵》：这类书当时很多，如倪璐撰《诗韵歌诀初步》五卷，有乾隆二十五年（1760）克俊堂刻本。王泽性撰《诗韵易记》一卷，鞠庭和刻本。另外，《四库提要》还著录《诗韵辩略》、《诗韵更定》，不知其确指哪一种。

③ 《说文缺字考》：似指《说文逸字辨证》，李桢撰，二卷，长沙思贤书局本。

④ 《经典释文》：隋唐间经学家陆德明（约550—630）撰。德明名元朗，以字行，苏州吴（今江苏苏州）人。南朝陈官国子助教，陈亡归故里，隋炀帝时复征为国子助教。入唐官至国子博士。撰《经典释文》三十卷。另有《老子疏》十五卷，《易疏》二十卷。

经注疏》①尚未到手，则所谓认字之法，现今亦无可作。乐得乘此暇日，先与备此巧法，以俟临时之取用如携可矣。愚意以为此事之所难者，在节取注疏，详略之间不无苦心耳；此等乃是皮毛之事，易为力也。诸世讲现在读书功课何如？得读书之意者，不在骤也。若有所商，希开首尾示下。大阮世讲读书有疑，有所不便，即按款目开单，积三数日寄来相商至便，善学者正在善于问耳。此间生徒，迩日心气稍定，要自求益者，十中不二三焉。六月初旬，或得少暇，当造粉署，一观鲤庭课业为快。恩恩此布，不尽。五月二十一日申刻。

　　昨接来教，适以客至，又小有酬应，少稽裁答。新晴如沐，良苗怀新，南牖披薰，定得佳趣！承《说文》编韵，变例难归，自宜斟酌简明，乃易推用。盖古人著书无例，随所触而著例，故穷始变，变始通，而通可久也。近人作书，先定凡例，而书中变化，决非凡例之所能尽。而其初为例所拘，已成篇帙，中遇不可行处，不得不往复追改，则事劳而牴牾亦易见也。今为程课之计，自与著书不同，然其意不可不知。如编习中间忽有疑义，与通编前后凡例不侔者，必须另册札录，以存阙疑之意，此阙疑即学问也。至《说文》所无之字，但空此格，不必填注。盖由古字少而后世字多，经传文字，多有后世传写，因义变化，故不必合也。然亦有《说文》原有其字，而今之传本脱落无存，如"刘"字今本所无，"浏"下注云"从水刘声"，是许氏当日原有"刘"字而今本脱落之明征也，又"由"字亦今本所无，而"宙"下注云"从宀由声"，是许氏当日原有"由"字，为今本脱落之明征也。空格不填，以待考证补填，如云"《说文》本无"或"《说文》原有，见某字某注，今本脱落"之类，皆可填也。至一字省文而义异，如"裘"、"求"之类，自当以义为断，"求"注"与求"，而"裘"注"衣裘"，各自为篆，不相涉也。又一字义同而形体有异，如"燃"、"流"之类，按《说文》本字

---

① 《十三经注疏》：清朝由阮元主持校刻，挑选历代公认的注疏本子，计有《周易正义》十卷、《尚书正义》三十卷、《毛诗正义》七十卷、《周礼注疏》四十二卷、《仪礼注疏》五十卷、《礼记正义》六十三卷、《春秋左传正义》六十卷、《春秋公羊传注疏》二十八卷、《春秋谷梁传注疏》二十卷、《论语注疏》二十卷、《孝经注疏》九卷、《尔雅注疏》十卷、《孟子注疏》十四卷。

从"㳅",而"流"乃大篆之法,故注云"篆作流"。《说文》中所载,间有古文籀文大篆等字,俱列本文之下,并是义同而形体异者,今此所编,但用《说文》本字,其篆籀古文,别为一册记之,足资把玩,余则无所用之。盖篆籀古文,其学久已失传,取零落散见者而汇辑之,不过存好古之意可耳。又一字两解两音,而《说文》止一音,如曑星名又参差之类,但篆注一处,而他处用互详之法。如已篆参差之文,而于释星之篇,注云与某韵某文同义可也;参差之下,亦注又详某韵,乃便依检。此即前次所授大阮世讲四条之中检韵之一条也。又一字义同而音异,如"芼"字《诗》注作上声、《广韵》作去声之类,从注从韵,皆无不可,但从上声则去声必须互注,从去声则上声必须互注耳。所谓互注之法,但注列部次,其详则但列本门之下,仍不致重劳也。连日生徒课业及宾客应酬,又畏繁热,书至此处,衡司马又来邀饮,不可得辞,先此布复。忽忽不果自书,生徒录草,不恭,恕之!其诸郎君应作如何启发及大阮世讲所问,均候明日专书奉答。此达,并候,不宣。二十六日未刻,学诚顿首。

昨日作札及半,为邀饮者中止,今取原草视之,则《说文》归类之说既得粗陈其崖略矣。又承诸郎君但知记诵而不能开发性灵,此事固亦不可不筹及也。学问大端,不外经史,童蒙初启,当令试为经解史论。经解须读宋人制义,先以一二百言小篇,使之略知开合反正,兼参之以贴墨大义,发问置对,由浅入深,他日读书具解亦易入也。史论须读四史论赞,晋宋以后,姑缓待之,史家论赞本于《诗》教,与《纲目发明书法》[①]、《通鉴辑评》[②]之类有异,后乃源于《春秋》之教,与纪传史家本属并行不背。然攻编年史者,其人率多庸陋浅俗,所著议论,大抵迂拘不达事体;村塾蒙师用以谬托《春秋》之学,习为一种庸恶讲章风气,虽胡康侯犹不免胶泥中外之见,穿凿元正之例,况其他乎!若马、班诸人论赞,虽为《春秋》之学,然本左氏假设

---

① 《纲目发明书法》:或指《资治通鉴纲目发明》,南宋尹起莘著。或指《通鉴纲目书法》,则为元文宗时刘有益所著。章氏乃将两书合为一书。
② 《通鉴辑评》:似指《历朝纲鉴辑要》一书。王重民撰《中国善本书提要》收录此书,二十卷,按语云:"此本实依冯琦、王衡本删定,诸家评语十之八九删去,注文保留较多,史文亦有删者。"因为《通鉴辑评》,并未见有此书。

君子推论之遗，其言似近实远，似正实反，情激而语转平，意严而说更缓，尺幅无多，而抑扬咏叹，往复流连，使人寻味行中，会心言外，温柔敦厚，《诗》教为深。蒙幼初开，得其调达，正如春草初生；郁葱气象，妙于青碧有无之间，较之夏器高粗，尤为美含不尽；而且其体本于风人，其事关乎学识，其体参乎记述，其流达乎辞章，他日变化无穷之业，尽于此中寓之，以是不可不忽务也。又且短篇易于结构，浅近易于仿摩，俾与经解相间为之，即使欲为举业文字，亦自灿然可观，又何惮而不与习邪！此间课期，间出论题，诸生多为八股款式，去其破承而加以粗率，真使人闷绝也！比有临榆张童子开泰，年甫十六，能读五经、《左传》，随其伯兄钧泰来此肄业，颇似可教。然恐父兄俗解渐渍已久，行且试窥出手，再为劝诱之方，因材或可以就达也。大阮世讲所问同字而不同声韵，平仄分收数部，虑其并载，致有眉目不清之弊，因拟字画、音义、训诂分为三层，此说未为不可，特纸太费耳。且所虑之事，未及详察，检韵、阙疑、订讹、补韵四条，前此原令别自为一编也。字同而平仄音韵异者，如解义无殊，但于所同之部归明韵类，下注详见某韵可矣。音义异者，则本音之下注明本解，别音之下又注别解，仍于二处各注又见某韵字样，以备稽检可也。音义皆同而笔画多寡不同者，篆字止有大篆，籀古小篆无此例也，其说已见昨札矣。至于楷书，则亦用别册记出，仍于本字之下，注云又作某字字样，如"無"又作"无"之类，皆可推也。至云俗下韵本遗字甚多，因欲仍注《广韵》之下，此说可也。前书欲使注俗韵者，恐《广韵》佳本遭涂抹耳。今思此事亦自无妨，《广韵》注出《说文》部次，可考古字与古韵之异同，亦未尝非佳事也。但既作此事，别册记录之本，不可不备；既可于正课之外，触类摘录稽古之得以为余课，且有疑不能解、质问无从之事，亦可以记录而待将来也。贱躯最不耐热，眼有溢眦，又爱食蒜头，荤气所蒸，急切未得痊可。草草布达，余俟续报，不宣。二十七日申刻。

# 与林秀才[①]

承示《三余笔录》六卷，反复数过，具征志古好学，不虚岁月，昔人谓"开卷有益"，又云"善学如关津，不可轻易放过一人"，读书能如是用心，则无浅非深，随在皆学问矣。无任钦佩之至！但细核全书，义例多未完善，考订亦鲜详备，存录案间，以为札记用功之草稿可耳；编次目录，犁分篇卷标题，俨若已成之书，似尚宜稍待也。天下学业，后人或多不及前人，惟说部之书，后人实胜于古。正以专门著述不如古人，说部书无定体，人人可为，而精华所萃，转为前人所不及也。韩子曰："记事者必提其要，纂言者必钩其玄。"即此寻章摘句之札记也。然其钩玄提要之书，不特今无所见，抑且当日亦无所闻，何哉？盖韩氏长于文辞，其所札记，取为文辞之用，非著述也。宋人所为章氏《考索》、王氏《玉海》之属，皆为制科对策，如峙糗粮，初亦未为著作；惟用功勤而征材富，亦遂自为一书，譬如蒸糟未酿酒醴，而亦可为腌渍食物之用也。顾氏之《日知录》，则空前绝后矣，其自序乃曰逐札存，晚年删定而类次者也。阎氏之《潜邱札记》，则例类未清而编次杂乱，盖其未定之本，然其随时札录，中有定见，故义例虽未清析，而书足自成一家，不可废也。今观大著所录，书分六卷，事隶千百余条，而类例不分，先后失次，忽引成书而未究其绪，忽入己说而未得其裁。如《三家诗考》，王氏所辑，尚有遗漏，后人已多增补，今重录之，转多不备也。《逸诗》章句，自杨升庵以还，辑者数家，今既不能广益，亦可无烦缀录也。《七略》、《七录》，本一例之事而分载前后，且《四簿》、《七志》同类，亦不应详此略彼也。又如疏证六经无"餸"字，引《周官疏》谓六经原有此字，

---

[①] 此信写作年代未详。这位林秀才不知何方人氏。因遍查其《三余笔录》目录著作而未见。但是这封信却讲述了许多有关做学问的道理，有些论述至今仍有价值，如"大抵学问文章，须成家数，博以聚之，约以收之，载籍浩博难穷而吾力所能有限，非有专精致力之处，则如钱之散积于地，不可绳以贯也"，"故为今学者计，札录之功必不可少"。这是打功底的一项工作，它可反映一个人功力之深浅，不过功力本身并不等于就是学问。"但成者为道，未成者为功力，学问之事，则由功力以至于道之梯航也。文章者，随时表其学问所见之具也；札记者，读书练识以自进于道所有事也"。笔者以为，即使电脑时代，知识的积累，能力的培养还是少不了的，尽管许多著作都已输入了电脑，制成了光盘，那都还是人家的东西，不花一番功夫，还是不可能有自己的成就。

不知疏乃唐人之言，刘禹锡故唐人也。论《七发》命名，自枚乘以下凡十余家，不知此自六朝人言之，而唐宋文人所为七体文字不啻百家，不可袭旧文也。凡斯等类，随笔札录，以待日后参订，固学者之功程；遽为成书定说，即无取矣。

大抵学问文章，须成家数，博以聚之，约以收之，载籍浩博难穷而吾力所能有限，非有专精致力之处，则如钱之散积于地，不可绳以贯也。古人以学著于书，后人即书以为学，于是专门经史子术之外，能文之士则有文集，涉猎之家则有说部，性理诸子乃有语录。斯三家者，异于专门经史子术，可以惟意所欲，好名之士莫不争趋，故间尝有美玉焉而不胜其碱砆之多以杂也，有夜光焉而不胜鱼目之汨以扰也。故为今学者计，札录之功必不可少。即顾氏所为《日知》，义本子夏氏教，然存为功力，而不可以为著作；亦俟类次既多，积久而胸有定识，然后贯串前后，去其不合与不定者，慎取而约收之，虽谓不愧顾氏可也。既以此为功力，当益进于文辞。《易》曰："修辞立其诚。"辞不能不出于修，近日学者，正坐偏学而不知文耳。孟子曰："博学而详说之，将以反说约也。"夫博约自是学问，乃必云"详说"，又云"说约"；所谓说者，非文而何？宋人讥韩子为因文见道，然如宋人语录，又岂可为文乎？因文见道，又复何害！孔孟言道，亦未尝离于文也；但成者为道，未成者为功力，学问之事，则由功力以至于道之梯航也。文章者，随时表其学问所见之具也；札记者，读书练识以自进于道之所有事也；足下有志于古，正当因是而进勉之，无怠无怠！四月二十日。

# 与刘宝七昆弟论家传书[①]

开示《三代节略》，见之实深惭汗，盖较鄙人失去戒谋先生原稿，遗佚多矣。先生《三代行略》及其高祖，而考士望公则别为篇。今所开者，入士望公为三代，而先生高祖汝临公，不复可忆矣。鄙人则忆原稿有云："汝临

---

[①] 此信写于乾隆五十三年（1788）秋。刘宝七生平事迹不详。笔者想从《水澄全谱》查找线索而未得，查了《中国历代年谱总录》也未见此谱。

公事，虽先生亦无由悉，因检故书中，有寿幛题辞得其一节可传，故为《行略》之首。"此则记忆甚确，而所谓一节者，其事云何，则不能识矣。计时相去已二百年，难以质访，兹用疑以传疑之法，仍著其说于传，而不敢凿实其事，庶观者或鉴其情焉。前此所惠《水澄全谱》，天幸尚在敝箧，故于《节略》所开，皆取谱覆校，然后为文。其函三公所戒好名外慕二语，按谱乃守常公家训，函三公必举祖训申戒子孙，非创说也。至谱与《节略》皆云函三公官广东山阳县丞，按《明史·地理志》，县名有两山阳：一属南直隶淮安府，一属陕西西安府，广东并无山阳，必是阳山之误，史法，县名无重复者不著统部，阳山本无复名，法可不著广东，今此谱则又幸著广东，故得考正山阳之误，故仍著之，将来谱刻，须改正也。又伯谦公节略，谓函三公卒于顺治十年癸巳，侧室杨有二庶子，长世阆，生于天启壬戌，至是已三十二岁；次世庸，生于崇祯庚午，至是已二十四岁，俱非幼矣。传以征信，欲垂久远，不敢漫然为之，故不嫌往复考订；虽事迹荒落之余，阙疑征信，书法尤不敢不谨也。传文别写奉上，并与蘭辉令弟共参订之，如何如何？

## 答某友请碑志书[①]

昌黎文起八代之衰，大书深刻，群推韩碑，然谀墓之讥，当时不免。今观韩《集》碑志诸篇，实未尝有所苟誉，惟应酬牵率无实之文，十居其五，李汉编集，不免滥收，为少持择尔。然此特论著述精微之极致当如是也，如以文论，未见其可贬也。迩日此道衰歇，万不敢高论古人著述，即仅求牵率应酬，得以文从字顺，有如通邑大都，官音常话，尽人可通晓者，千百之中不得十一，间有遇者，几于空谷足音，仆虽不敢昌言，而私怪于心者非一日矣。今足下为某公代致状述，请为借衔志名。某公家世，簪缨累代，清华文学之选，又奕叶多知名士，今以其先人大事撰具状述，将求显贵头衔，鸿文名笔，以光泉壤，其于所求之文宜如何也！乃披阅状述，通篇竟不知作何许

---

[①] 此信写于嘉庆元年（1796）。内容讲述墓志铭的撰写要求，不能写成后虽有墓志而人们仍不知其何许人也。因为有许多墓志铭，为了避讳，连姓名也不写，这种墓志究竟写了何用？

语，览之如醉如迷，凡铭志法所必应具者，竟无可藉以措手，不免搁笔而窘于辞命。或疑仆论文过严，不知非于事理有碍，仆又何苦而不从众耶！今之所谓文，古之所谓言也；今之所谓字，古之所谓名也。夫子曰："名不正则言不顺，言不顺则事不成。……君子名之必可言也，言之必可行也。"今非徒不顺不正而已，名不知其所名何等，言不知其所言何谓，乃欲拟以铭勒金石，岂不难哉！即如首叙其七世祖"光禄公"三字，大费推究。称公不称名讳，则不知其何人。以雍正甲第上推七世，计其时必在明代；而不书明代，则不知其何时。光禄之称，尤难逆忆，盖故事官至一品，均阶光禄，非职司也，如叙职司，则三品正卿，五品少卿，其属典簿、署正、署丞在六七品，高卑悬绝，俗例皆可称光禄公，则不知其何官。叙人之祖而不知其何代、何官、何人，岂成文理！故"光禄公"止于三字，流俗视为常谈，而不知其已犯三不可名、三不可言之弊，使载笔者茫然束手而无措也。通篇官资错乱不可究诘者，大率视此，不能悉数之也。凡叙远祖在前代者，自当表著朝代；及至高曾以下，何人始入本朝，亦必表著本朝，一定法也。今则远自七世，近及其身，皆在不今不古之间，后人将何观览！祖考皆书名讳，而伯父叔父仅称其字；外祖亦书名讳，而己之儿女姻家则皆称字称公；亦不知其是何理也。子孙称其先妣为太夫人，不问品秩，律以《春秋》鲁君称公之义，亦似无伤；但既从私尊，则不应又与太宜人名号杂出似二人也。又妇人封号，因夫封赠，不得称太；因子封赠，惟夫亡而身存，则加太字。若与夫俱亡而同受子赠，或与夫俱存而同受封者，均不称太。妾受子封，无论生死，皆得称太，盖不能上系于夫，故必下从其子而加太也。五品以上为诰，六品以下为敕，一二品同为夫人，则加隆于其尊者而称一品夫人，七八九品同为孺人，则分别于其卑者而称八品孺人、九品孺人，八九品官推貤得及其母，正封不及其妻，故八九品官之母，未命可称例封例赠，其妻不得称封赠也。此皆典例胥吏行文之所晓悉，而学士大夫，往往茫然。若此篇所叙，尤不可情理测也。

又文评诗话，原始六朝，于文辞中别为一种。其间称谓物色，间及俳谐，譬如宾客寒温之文，不可以达尊严之座，各有体也。试观历史《文苑传》文，与诸家诗话、文评，最相切近，而其辞初不相犯，亦可思其故矣。今乃称其先德耽诗，出入东坡、香山之间，又不知为何许语也。唐白氏居易，宋苏氏轼，入传纪文，称为乐天、子瞻，已失慎重；如云东坡、香山，则峰泉邱壑，因寄为名，人有同焉者矣，安在其必苏、白邪？必云苏、白人所共识，正恐读者未如作者之博洽多闻。且人所共识，莫如夫子，而马迁《世家》，未尝讳不书名；后世功令崇奉，虽朱子亦不称名，然传记之文，不以功令称子而以紫阳、考亭之类为之名号，亦岂可以为训乎！而是文述其先世之交，多出一时名辈，乃云"松陵、义门诸先生，推服所为时艺"。夫义门为浦江郑氏擅称，不闻其家有时艺名者。或云长洲何焯亦有此称，然岂可独擅邪！不知松陵又是何人，询之时文家流，竟未有能知其谛者，此则几如禁方内之药名，牙市中之暗号，以此入文，又不知为何许语也。他如述朋党之征逐则曰"夜鲤晨凫"，叙幼学之能文则曰"龙文虎脊"，高才不遇曰"荆玉屡蹶"，晚岁亨佳曰"蔗味回甘"，祝父寿考曰"椿庭长荫"，称妇节行曰"柏舟矢志"，诸如此类，或似优伶科诨，或似觔政藏谜，对之如堕云雾，不知说鬼说梦。名不可正，言不可顺，至于此极，殆于文字之否厄矣。而一时文人才士或自命古文辞者，于此多不甚为怪也。既已习而不怪，则必以怪者为怪，故非今日窒于事理，推之所名实有不可得言，所言实有不可得行，如上所云云，则亦何敢违众昌言以取谤耶！夫人既不知删所当删，则必不知取所当取，具状一万五六千言，可谓富矣。关书法者既已坐人云雾，疏行述者又复引人睡魔，凡于精采可以耸神，情款可以沃腑，行堪模楷，言合经纶，隅可三反，微能推显者，含毫往复，莫可寻求。至于世禄之家，推解是其应尔；家传如是，学古亦属愧辞；妇事姑疾，人事之常；绣佛长斋，亦非典要；彼则侈为人伦盛事，敷陈累牍连篇，则其人懿美，昔人所谓"传神写照在阿堵"者，又茫如矣。仆尝谓具事状者与撰文人之才识，比于马足，相去仅可在上中驷间，则彼此可以不负。如相去在百步外，即多不协，如在千百步外，则心思耳目各不相知，比如穴鼠欲为骏马聚粮，必不合矣。况人才相去，竟有百千万里而犹不止者，世人但知具事状以征文，谈何容易！

仆少从大兴朱先生学古文辞，每见投事状而乞为文者，先生披其事状，辄掷不顾，必召其人再三诘问，然后为文，初甚疑之。及见所为之文则可观矣，徐取事状较之，则所具全非所用，文之与状，殆风马牛之不相及，然后恍然其故。因叹昔人所谓"忠孝节义，不死于刀锯鼎镬，而死于文人之笔"，诚有味乎其言之也！仆数十年来，于应请之文，每用朱先生法，辄有可观。大抵即事状以究诘情文，颇类据讼牒以平反疑狱；狱情既得，视讼牒所陈，固有全失其事理者。乃知临文研择之功，同于老吏，非朱先生示法，前人未有及此者也。今某公既非可以召致，状中疑议无从诘问；又假借头衔，代为显者措辞，亦未识如何可以当贵人意，踌躇惶惑，莫知所裁。谨将礼币还纳，原来行实并缴，惟冀婉言辞谢，无任感荷！不宣。

## 与冯秋山论修谱书 [①]

窃见谱例眉目不清，款列混淆，难以便人稽检。足下所辑，特一门支谱耳，为系不过九世，存没通计不过百人，即已扰扰不精，至于如是，设撰东南巨族，统宗会谱，传世至二三十，存殁名字至万千人，势必连床架屋，不能自休，而子孙欲考支系原流，亦必翻阅穷年，不得端绪，则不知何所见而作此举也。而指授之人，方且以为美善，惟恐人不知说之出于己也，序中反覆言之，则亦异乎吾所闻矣。夫序云："修谱贵简，庶几子孙他日迁移便于携挈。"此说已不可训。夫谱乃一家之史，史文宜简宜繁，各有攸当，岂得偏主简之一说，以概其凡。至云便于迁移携挈，则尤不成议论，充其所言，家藏六经、三史，其文不为简矣，一遇子孙迁移，必当抛掷而弃毁之邪！抑六经、三史传示子孙，必当删节而简括之邪！此则不问而知说之非也。虽然，彼之所见，即以主简立说，则指授于人，必当以简为法，庶几所为之事，一如其所见也。

夫谱乃周人旧法，旁行斜上，用别昭穆亲疏，较之连篇直书，观览易识，斯其义也。世数积三二十辈，尺幅可申，犹当一贯而下，统合为篇，或至三四十世，尺幅必不能容，然后再起别幅，以其首格承前卷之末格可也，然亦必须下卷首格，标明上卷末格支系，俾人按支覆审，此则无可如何，而出于不得已也。然已不胜标注之繁，与覆审之苦矣。今冯氏支谱，仅列九世，则律文五服之图，上治四世，下治四世，亦九世也。尺幅之间，宽绰可容，

---

[①] 此信写于乾隆五十四年（1789）。信中提出，"家谱之类，人自为书，家自为说，其难言者多矣"。他认为许多家谱内容记载多不可信，使用起来，必须审慎。而我们今天有些人只要见到家谱，就将其视为信史，特别是许多新闻媒体，未经严格审核，不管真伪，便大肆宣传，此风实不可长！章氏写此信时，正馆安徽太平学使署中，而冯秋山此时正为安徽布政使司经历，二十四年前在宁绍台道署中两人已经相遇。"时秋山方修宗谱"，以例相询，章氏乃写此信以答之。

而授其例者，乃截三世为幅，由四之六，由七之九，即须别幅更起，而四世七世之冠于二幅三幅之首格者，又不标明前幅末行三世六世之支系所出，欲知二幅三幅首格所列之人，出于前幅何支何派，又须反就前幅，细阅于注，往复再三，乃始辨之，而每人名下，详书字号官阶，生卒年月，妻妾姓氏，子女嫡庶，多者繁至一二百言，少亦数十余言，横格排列，累幅未了，欲寻支系派别，一望迷闷，莫知所从，此则不如不用横格一体，连篇直书，如阅花名卯簿，犹为简易者矣。夫旁行斜上，取辨昭穆亲疏，况所谓字号官阶，生卒年月，妻妾姓氏，子女嫡庶，窆葬处所，本不待旁行斜上之体，而始能分明，例须无其辈行排列于后，直书为牒，彼观之者，见表而昭穆亲疏，瞭如指掌，然后循表之名，考牒之注，岂不观览有序，编次可法也哉。今为分别表牒，用纸不过十番，而一望可晓，而自称尚简者之所指授，则注盈横格，用纸至二十六番，而转令阅者寻究无从，其简为何如邪！至卷首先代世系之图，则溯其祖之所出，但有本支，而无旁支，故图之所列，但有弟兄以定伯仲，而无兄弟之子以入旁亲，此亦一定例也。第既名为图，则约略方幅，系以墨线，指掌可明，而亦分横格，俨如作表，广至两幅，使览者乍观，有类系表，又似旁支皆绝，止有本支子孙者然，是又尚简者之好繁而使人惑也。

夫史学失传已久，家谱之类，人自为书，家自为说，其难言者多矣。经生帖括之才，其于史事本无所解，不足怪也。乃不自度德量力，强作解事，以自误而误人，且欲以此自鸣，至云欲天下之为谱者，以是为法何邪！

## 与周次列举人论刻先集[1]

儿子书来，闻尊公辞世，哀咤累日。自丁未残腊出都，与尊公别于保阳

---

[1] 此信写作时间无确切记载，从信中云丁未出都，至今不过六七年计，丁未为乾隆五十二年（1787），那么应为五十八年（1793）所写。信中讲述为周震荣撰传之事，而更长的篇幅还是在论述做学问之事，其中有几句颇为重要："大抵文章学问，善取不如善弃，天地之大，人之所知所能，必不如其所不知不能，故有志于不朽之业，宜度己之所长而用之，尤莫要于能审己之所短而谢之，是以舆薪有所不顾，而秋毫有所必争，诚贵乎其专也。"这些都是经验之谈，但要做到却不那么容易。此中还有不少做学问的道理，特别值得青年朋友阅读。周次列，周震荣之子，乾隆五十一年（1786）举人。

旅次，尊公既惜其别，又哀仆之穷，愿仆之游而得所遇也。祝曰："愿与君且无相见。"然而其意甚悲，不谓自是遂不复见也。哀哉！仆出都至今，不过六七年，一时故人，如南溪、幼植、伯思、书昌诸君子，相继沦没，尊公为仆刻《庚辛亡友传》尚未及之，今亡友连编，又将续卷，而尊公生平在焉，则人世事，真如朝菌蟪蛄。仆且经营刻画，妄思以区区之文，为诸君子寿，真不足以当吹剑之一吷矣！虽然，慰生者无穷之意，则亦有不容已者。儿子致足下意，欲仆为尊公撰传，此无俟属也。然比缘志事，碌碌鲜暇，尚俟稍缓，当有以报。以仆与尊公交深，为文以志不朽，义与世俗所谓头衔填讳，分赠吊客，为丧仪作外饰者有异，为之巧速，不如拙迟，足下必知其意。

闻儿子言，足下承尊公遗命，将刻平日著述，此事仆亦颇欲分任校雠，幸以遗笔副本见示，不厌商复，而后付刊，乃为慎之至也。大抵文章学问，善取不如善弃，天地之大，人之所知所能，必不如其所不知不能，故有志于不朽之业，宜度己之所长而用之，尤莫要于能审己之所短而谢之，是以舆薪有所不顾，而秋毫有所必争，诚贵乎其专也。又学者之于术业，不难于辨异，而难于辨同中之异，如征经之与考史，其迹显然二途，故不相附，亦不相非也。诗之与文，亦不相附相非，盖皆置身于事外也。以仆观之，置身事外者，虽不能尽其曲折，或时窥大略，当不甚远，惟同此术业，而同中有其殊异，为己身所未历，于此而能深信异之不害于同，斯可以见道矣。盖登太山绝顶，则知千万途径之所通也，登者止择一径，而以他径谓非登山之道，人皆知其不可，而学术之封己，往往似之。故仆生平持论，以谓成己欲其精专，取人贵乎兼揽，杜少陵谓"不薄今人爱古人"，可谓善把取矣！

尊公性行淑清，天才深秀，诗文斐然，有一唱三叹、余音绕梁之致，此其足以不朽者也。其原出于《诗》、《骚》，长于言情而短于持论，故往复有余而振宕不足，则亦无庸为讳，且亦无伤其雅者也。晚年闻见渐扩，志愿益奢，虽壮往殊亦可喜，然必欲尽天下精能之业，而皆有之于己，则如秦人作楚讴，又兼吴语而越吟，纵使甚工，亦不能得天然之意矣！故于遗墨，有不出于意之所为诚然，而取备家数者，可姑置也。诗与时文，精能之至，然于他人之诗与文，必不由其轨辙，则概以为非，恐于兼揽之道，有未尽耳！曹子建云："获麟绝笔以还，文字鲜能无病。"是古人文字，不以病为讳也。生前良友，取其善规，身后佳文，贵于得实。世风不古，而文有市风，于是过情之誉，矫饰之辞，求者必如是，而始饫于心，与者必如是，而方慰其意。比如丹青，不求肖貌，而惟魁梧硕美，以求适于观，岂有其人之不朽欤！足下天质最优，熟闻趋庭之训久矣，度仆此言，当不以为骇怪，故敢布区区，聊以表倦倦终始之意，且以质之稚圭令叔父为如何也。传稿即当续上，因风幸惠德音，不宣。

## 候国子司业朱春浦先生书[①]

不侍函丈，才匝岁耳，意思悁悁，辄如积数十年之忱，不获一面诉然者。夫非先生，别路孤赏，向推骨肉心肾之爱，何以及此。学诚二十年不见江南秋矣，当微风脱叶，候雁初鸣，辄忆儿时乡里情事，历历如昨。今忽为羁客悲秋，曩游邈不可得，因知荏苒年华，倏如驰羽，身世变化，曾无常期，霄虚气清，惊怛不已。每念人生不过阅历数十寒暑，其中无论菀枯迟疾，终必同归于尽。而所以耿耿不可磨灭者，精神而已。薄俗好名，争为无本之学，如彼草木荣华，纷纭莫定，然一旦落其实而取其材，必其精神所独结者也。

向者学志之役，小子以薄业从事编摩，初志谋食而已。先生独取其撰述，谓非一切碌碌所可辨者。因白之同官，咨之铨部，俾一官偿劳，使得尽其夙抱。既而当事虚公惜才，如定圃、瑶圃、确三先生一时罢去，卒事不成，先生犹复惓惓小子，欲使卒业则例一书，为后日叙劳地。学诚用是喟然谢去，非无所见而然也。昔李翱尝慨唐三百年人文之盛，几至三代两汉，而史才曾无一人堪与范蔚宗、陈承祚抗行者以为叹息。夫古人家法，沈约以前，存者什五，子显以下，存者什三。唐史官分曹监领，一变马班以来专门

---

[①] 此信写于乾隆三十七年（1772）。信中书写自己步入社会以后一直很不顺心，深感刘知幾当年不得志而为其鸣不平。最后告诉朱氏，自己"出都以来，颇事著述。斟酌艺林，作为《文史通义》。书虽未成，大旨已见辛楣先生候牍所录内篇三首，并以附呈"。一般都常以此为证据说明章氏《文史通义》之作始于此年。

之业，人才不敌陈范，固其势也。每慨刘子玄以不世出之才，历景云、开元之间，三朝为史，当时深知，如徐坚①、吴兢②辈，不为无人，而监修萧至忠③、宗楚客④等，皆痴肥臃肿，坐啸画诺，弹压于前，与之锥凿方圆，牴牾不入，良可伤也。子玄一官落拓，十年不迁，退撰《史通》，窃比元撰，盖深知行尸走肉，难与程才，而钓弋耕渔，士亦有素故耳。欧宋之徒，不察古人始末，以为子玄工诃古人，而拙于用己。嗟乎！使子玄得操尺寸，则其论六家、二体，及程课铨配之法，纵不敢望马班堂奥，其所撰辑，岂遽出陈寿、孙盛⑤诸人下，而吴缜得以窃其绪论，《纠谬》致于二十有四也哉！向令宗、萧又使子弟族属，托监领之势，攘臂其间，颠倒黑白，子玄抑而行之，必将愤发狂疾，岂特退而不校已耶！假而事非东观之隆，官非太史之重，以升斗之故，与睢盱一辈，进退其间，宜子玄所尤不屑矣！后之人或以致诮，何哉？夫人之相知，得心为上。

学诚家有老母，朝夕薪水之资不能自给。十口浮寓，无所栖泊。贬抑文字，稍从时尚，则有之矣。至先生所以有取于是，而小子亦自惜其得之不偶然者，夫岂纷纭者所得损益？是以出都以来，颇事著述。斟酌艺林，作为《文史通义》。书虽未成，大指已见辛楣先生候牍所录内篇三首，并以附呈。先生试察其言，必将有以得其所自。伏惟拯其没溺，究其终始之意而进止之，不胜企竦，临发匆匆，不能尽布所怀，尚俟续闻，临池神溯。

---

① 徐坚（659—729）：唐朝史学家。字元固，湖州长城（今浙江长兴）人。高宗时进士，授太子文学。曾与刘知幾等编《三教珠英》，又参与《则天皇后实录》编写，玄宗时官至秘书监、左散骑常侍。又参撰《唐六典》，并与韦述等人编辑《初学记》。著《大隐传》三卷。

② 吴兢（670—749）：唐朝史学家。汴州浚仪（今河南开封）人。长安中直史馆，修国史。与刘知幾等撰成《则天实录》，开元初任谏议大夫，续修国史。后与刘知幾撰成《睿宗实录》。曾私撰《唐书》、《唐春秋》未就。所撰《贞观政要》，为研究唐太宗治国重要著作。

③ 萧至忠（？—713）：唐朝大臣。长安（今陕西西安）人。中宗时依附权臣，官至中书令。后又依附太平公主，参与阴谋废立，为玄宗所杀。

④ 宗楚客（？—710）：唐朝大臣。蒲州河东（今山西永济西）人。武则天从父姐子。依附权臣武三思，引为兵部尚书，同中书门下三品。武三思被杀，又依附韦后及安乐公主，进位中书令，后被玄宗所杀。

⑤ 孙盛（302—373）：东晋史学家。字安国，太原中都（今山西平遥西南）人。初为佐著作郎，出补浏阳令，后为安西谘议参军。随桓温北伐有功，封吴昌县侯，出补长沙太守，累迁秘书监，加给事中。著有《魏氏春秋》、《晋阳秋》。《晋阳秋》中如实记载桓温枋头之战的败绩，遭到桓温迫害，威胁其子曰：若不改写，"自是关君门户事"。其子惧而删改。孙盛则坚决不屈从，乃以另一稿本寄藏于辽东，以存历史的真实。

## 与阮学使论求遗书[①]

使节南指，两浙人士，如瞻威风仪麟，从此春华秋实，俱归炉冶，牛溲马勃，亦入奚囊，风教所施，将为后此数十年气运人文开积石矣，无任欣慰翘企之至！衡文课士之暇，搜访遗文逸典，以补柱史之藏，方辀轩采风之遗意也。鄙人久役于外，故乡文献，不甚周详。惟浙中自元明以来，藏书之家不乏，盖元、明两史，其初稿皆辑成于甬东人士。故浙东史学，历有渊源，而乙部储藏，亦甲他处，近俱散失尽矣！三十年前，京师鬻旧书者，多从浙江旧家收贩，近十许年，不复顾也。闻海外番舶，如日本、琉球，颇用重价购书，江浙之间，有司不甚稽察，此恐所关非细。或与大吏言之，凡诸海口商舶，毋许私贩书籍，则所全者，不特为征文考献已尔。又谢承《后汉书》[②]，前辈有及见者，而《四库》未登于录。然其书今在敝郡，郡人力不能致，则如季宛琅函，必待其人而后发也。阁下上会稽，探禹穴，修司马之故事，则山阴诸生有王树实[③]者，积学世家，其尊人名记善者，现官富阳训导，家多藏书，而谢氏《后汉》一编，秘藏什袭，不以示人。往闻许侍御宝善[④]以法纳交王君，曾得借钞一本，仍相约誓，不以告人，故亦无从询访。盖王君父子，好古而不免于痴，其秘而不出，非徒虑借人传钞，恐损失其世传手

---

① 此信写于乾隆六十年（1795）冬。阮元时任浙江学政，章氏写此信名为"论求遗书"，实际上想借其力量完成《史籍考》一书，故有投石问路之意。信中讲到"浙中自元明以来，藏书之家不乏，盖元、明两史，其初稿皆辑成于甬东人士。故浙东史学，历有渊源，而乙部储藏，亦甲于他处"。《元史》总裁宋濂、王祎均为浙江人，前者为浦江人，后者为义乌人。而万斯同为鄞县人，成《明史稿》。信中还言，"鄙人不甚好古……至于古而有用，则几于身命徇之矣"。表明了他对古代知识的态度。至于他谈到谢承《后汉书》，说当时还收藏在会稽王树实家，不知有何根据。阮元（1764—1849），字伯元，号芸台，江苏仪征人。乾隆进士。乾隆五十八年（1793）任山东学政，任满调浙江学政。嘉庆四年（1799）继谢启昆而任浙江巡抚。后历任湖广、两广总督。校刻《十三经注疏》，编辑《经籍籑诂》，汇编《皇清经解》。还编辑《山左金石志》、《两浙金石志》等。主修《广东通志》。

② 谢承《后汉书》：谢承，三国吴史学家。字伟平，会稽山阴（今浙江绍兴）人。孙权妃谢夫人之弟。曾任武陵太守。著《后汉书》，记东汉历史。《隋书·经籍志》和《新唐书·艺文志》均著录一百三十卷，而《旧唐书·经籍志》著录一百三十三卷。宋末马端临著《文献通考》时已亡佚，故元陶宗仪已作辑佚，清人辑佚更多。另有《会稽先贤传》七卷。

③ 王树实：清朝山阴（今浙江绍兴）诸生。曾任富阳训导。其先名雨谦，后名白鹤，著《廉书》。

④ 许侍御宝善：清朝学者，曾著《杜诗注释》二十四卷，《清史稿·艺文志》魏至明诗文集类著录。

泽也，盖直视此书为异国名香，开囊恐泄其气；仙符禁方，传世惧失其灵。故乡党非无大力，而贿赂不足以动之；当道非无权势，而要挟不可以临之。所幸子衿学博，约在门墙甄铸之中，倘循循以善诱，俾封菩之渐消，则《兰亭》真迹，未尝不可躐崇梯而出斗栱也。如何如何？幸善图之！

夫古书亡而再出，诚属佳会。然古书亦有有用无用之别，无用之书，不过摩挲古泽，略同彝鼎，间备旁证而已。鄙人不甚好古，往往随人浮慕而旋置之，以谓古犹今尔。至于古而有用，则几于身命徇之矣！若谢氏《后汉》之作，则其人生于三国，见闻多确，胜今本者一也。范史雅有别裁，然文多刊削，谢氏纪载详密，刘知幾谓其书多于班史，而今传范《书》乃反少于班，则胜今本者二也。艺文为千古学术渊源，而东京一朝，学者通专门而趋博览，著述亦收诸子而开文集，彼时校雠著录，最为绝续关键之所系，刘氏父子校雠之学，隋唐之际，犹存崖略于内典著录，而史志已失其意。惟谢氏《艺文》，一仍班史体例，著录皆与刘氏父子绳贯珠联，校雠之业，大有原委，则胜今本者三也。诸志想亦多用班例，则为益更多。此书如出，必当请于庙堂，仿新旧《唐书》、新旧《五代史》例，与范史并刊以颁学官，亦艺林之胜事也。又王氏先人名雨谦者，隐居不仕，后名白鹤，尝著《廉书》，卷轴甚富，不知全目几何？亦钞本存笥，不示外人。鄙人童子塾时，尝见先人借阅，皆大幅巨册，细字密书，且多涂抹，先人亦间有钞摘，大约似比类书也。类书出于近代，固无足重。然王氏家多藏书，其所采撮，必多遗文秘册，今访得其书，或可全刊，或堪采辑，亦未必无裨补也。

又四书文艺，虽曰举子之业，然自元明以来，名门大家，源分流别，亦文章之一派，艺学之专门也。近日通人多鄙弃之，不知彼固经解流别，殆如赋之于诗，附庸蔚成大国者也。鄙人尝欲汇辑古人名选佳刻，博采前辈评论故事，仿《诗品》、《文心》及唐宋诗话之意，自为一书，以存其家学。无如时文风弊，前辈名刻，不甚购求，坊估无所利，而不复估贩，亦恨事也。会稽前进士徐廷槐[①]号笠山者，以四书文义名家，与桐城方氏[②]、金坛王

---

[①] 徐廷槐：字立三，号笠山，会稽（今浙江绍兴）人。雍正进士。曾主讲绍兴蕺山书院，著有《南华简钞》四卷，《四库全书总目提要》道家类存目著录。

[②] 桐城方氏：指方苞。

氏①、淳安方氏②、长洲何氏③，一时角立，互相推许。其平日所撰，有《文航》一书，选文二千余篇，皆前明天启、崇祯及国初前辈名作，外间不甚著者，以帙大不及付梓，尝取十分之一，刻为《文航简钞》，学者尚有流传，其《文航》全稿，现藏于家，子孙式微，恐不能无散失。其书所重，不尽在文，文后评跋，多记明末遗文逸典，东南文献，师友渊源，棘闱故事，多可考见。盖徐氏之意，在于史法论文，观所评跋，则知作者之所用心，实有裨于论世知人之学，非习举业者所能知也。如能求得其本，或刻其全，或采其要，表章绝学，功德非浅鲜也。为此区区，不远千里，敬布端由。惟大雅名公，善为裁鉴，斯文幸甚。

鄙人楚游五年，秋帆制府《史考》功程，仅什八九，以苗顽稽讨，未得卒业，暂归省视家室，复作京师之游，拟明年赴楚终其役耳。比如访得谢《书》，则报缄但寄邵二云侍读处，鄙人必与知之，争先为快睹也。冬寒，伏惟宝摄不尽。

## 上朱中堂世叔④

四月间因史表侄赴广之便，曾通启事，忽忽又数月矣。欣闻擢长三省，

---

① 金坛王氏：指王步青，字汉阶，亦曰罕皆，雍正进士，官翰林院检讨。金坛王氏称于世者有六人，谓王氏六子，步青居首。有《四书本义汇参》四十五卷，《王己山文集》十卷。两书《四库全书总目提要》均著录。

② 淳安方氏：指方楘如，字文辀，雍正进士，曾官丰润县知县。著有《离骚经解》一卷，《四库全书总目提要》楚辞类存目著录。

③ 长洲何氏：指何焯（1661—1722），清朝校勘学家。字茶山、润千、屺瞻，号蓼谷，学者称义门先生，长洲（今江苏苏州）人。康熙时为直隶巡抚李光地荐，入直南书房，后为皇八子授课。精通经史百家，藏书数万卷。著有《道古斋识小录》、《义门先生集》。

④ 此信写于嘉庆元年（1796）。信中提出的要求能得到朱珪的支持。朱于是年夏实授为两广总督，六月内调，七月授川陕总督，未到任，旋补安徽巡抚。信的内容告诉人们，章氏当时已是"借贷俱竭，典质皆空，万难再支。只得沿途托钵，往来青、徐、梁、宋之间"。就是在这种困境之中，为了续成《史籍考》之编纂，还是四处奔走，寻求支持。"朋友虽多，知己何人"，亦足见当时世态之炎凉。更有甚者，章氏一些有见解的文章，却得不到人们所认可，"近刻数篇呈诲，题似说经，而文实论史，议者颇讥小子攻史而强说经，以为有意争衡，此不足辨也"。尽管如此，章氏照样勤于学术坚持下来。朱中堂，朱珪（1731—1806），清朝大臣。朱筠之弟，字石君，一字南崖，晚号盘陀老人，顺天大兴（今北京大兴）人。乾隆进士。曾为太子师，受乾隆、嘉庆二帝敬重，与兄皆为当时著名学者。有《知足斋文集》。

仍兼节制两川，福星一路，即以福星天下。属在至爱，不敢缀叙浮辞，等于泛辈，惟是北斗望深，西州道远，井泥涧雪，无由瞻睇慈云为悒怅耳。小子近状，已述前书，史生当有面述，阁下所悉，弗复缀陈。惟是楚中教匪，尚尔稽诛。弇山制府，武备不遑文事。小子《史考》之局，既坐困于一手之难成，若顾而之他，亦深惜此九仞之中辍，迁延观望，日复一日。今则借贷俱竭，典质皆空，万难再支，只得沿途托钵，往来于青、徐、梁、宋之间，悯悯待侥来之馆榖，可谓惫矣。但春风拂面，朋友虽多，知己何人？关心最切？近闻河南大梁书院，直隶莲池书院，现在院长，河南则沈给事步垣，直隶则邵中书瑛也。皆以制服报阕，不待终年，明岁俱未有人。阁下于梁制府、景抚军处，度其易为力者，即赐邮书推荐，当有所遇。侥恐荐定，而小子周流之身无由得知，则于景抚军书，道及儿子贻选，现在卢学台幕，询之可知下落。梁制府书，但须向少白世兄处，可问知下落也。再梁制府初为方伯，于小子为莲池旧宾主，去后闻彼尚道念。河南则吴方伯于小子为乡会同年，谊亦不甚薄。似二处皆有因缘，可藉并以附闻。

夫以流离奔走之身，忽得藉资馆榖，则课诵之余，得以心力补苴《史考》，以待弇山制府军旅稍暇，可以蔚成大观，亦不朽之盛事，前人所未有也。而阁下护持之功，当不在弇山制府下矣。近刻数篇呈诲，题似说经，而文实论史，议者颇讥小子攻史而强说经，以为有意争衡，此不足辨也。戴东原之经诂，可谓深矣。乃讥朱竹垞氏本非经学，而强为《经义考》以争名，使人哑然笑也。朱氏《经考》，乃史学之支流，刘、班《七略》、《艺文》之义例也，何尝有争经学意哉！且古人之于经史，何尝有彼疆此界，妄分孰轻孰重哉！小子不避狂简，妄谓史学不明，经师即伏、孔、贾、郑，只是得半之道。《通义》所争，但求古人大体，初不知有经史门户之见也。不识阁下以为何如？无任惭汗之至。九月十二日。

# 上毕抚台书① 己酉十一月二十九日

鄙人闻之，物无定品，以少见珍；遇无常期，以知见贵。空青火浣，非必重于布帛菽粟，而世宝之，以其少也。陈仓石鼓，非必轻于秦汉刻画，而自唐以前无题品者，未为世所知也。昔欧阳子振兴古学，亟称尹师鲁文，今观尹氏之才，未为胜于杨刘，而欧阳重之，以其独为于举世不为之日也。康成游马氏门，三年不见短长，一旦以算术见，始奇其人，卒有道东之叹。非康成钝于先而敏于后也，前不及知，而后始知也。阁下人文炉冶，当代宗师，鄙人倾佩下风之日久矣。尝以私语侪辈，生平尺寸之长，妄诩所得，亦非偶然，不得有力者稍振拔之，卒困于此。昔韩昌黎结带而见王孙，裴晋公辇缣而酬皇甫，其人果不可见，信乎命之穷矣。阁下今之韩公、晋公，而门下从游，视皇甫诸人所遇，殆将过之。盖二公所得多才华士，阁下则兼收华实，陶镕成就，远出古人。当此之际，而不使鄙人一得置身其侧，开口吐其胸中之奇，他日论遇合者，以谓爱才如阁下，而不得鄙人过从之踪，负异如鄙人，而不入阁下裁成之度，其为阙陷，奚翅如昔人所论庄屈同孟子时，而不得一见孟子，受其陶铸为可惜哉！

鄙人职业文墨，碌碌依人，所为辄蹶，巧于遇者，争非笑之，鄙人不知所悔，以谓世不我知无害也。然坐是益困穷甚，家贫累重，侨寓保阳，疾病饥寒，颠连失措，濒沟壑者亦几希矣！岂无他人，恐非真知，易地犹是耳。用是裹粮跋涉，不远千里，窃愿听命于下执事，阁下引而进之，察其所长而试策之。虽不敢拟空青火浣，陈仓石鼓之奇，抑闻王公大人，饱尝刍豢，偶进薇蕨，转以为美，庶几其一当也。阁下之客，多与鄙人往还，闻有道鄙人者，阁下未尝不知之也。而鄙人犹复云云者，盖窃有所感也。

昔李文饶②恶白乐天，缄置其诗，不以寓目，以谓见诗则爱，恐易初心，

---

① 此信写作时间标明"己酉"，《章实斋先生年谱》已经指出"误也"。己酉为乾隆五十四年（1789），而在五十三年（1788）岁暮章氏已经到达武昌毕氏幕中工作，五十四年自然无需再写这种恳求之信。实际上此信写于五十二年（1787）。由于生活所逼，信中自然有不少廉价的颂词与失态的语言，应当说是可以理解的。"职业文墨，碌碌依人"，如不依附达官贵人，确实也无从发挥其才能。

② 李文饶：指李德裕。

是爱其文不必爱其人也；郑畋①之女，喜诵罗隐之诗，及见隐貌不扬，因不复道，是弃其貌因弃其才也。鄙人既无白氏之诗，而有罗隐之貌，坐困于世，抑有由矣。然尺短寸长，不敢妄自菲薄，而必欲合轨于大匠之门，以其所操，亦有似为于举世不为之日，而及其见知，虽三年之无所短长，不为病也，况向者未尝一日居门下哉！谨赍旧刻《和州志例》二十篇，《永清县志》二十五篇，用尘斧正。其生平撰著，有《校雠通义》、《文史通义》，尚未卒业，然颇有文理，可备采择。稍暇当觅钞胥，缮写上呈，不揣冒昧，干渎清严，学诚惶悚载拜！

# 上朱大司马书②

前日有新撰《通义》一首，及所上启事一通，论近日学者风气，想邀钧鉴。维扬吴澄野编修绍粲，以《历朝诗选序目》、《凡例》相商，小子于诗学茫如，然于编书体例为熟，因为商订数条，亦《通义》之支翼，谨录奉鉴。此间阅卷已讫，邑中缙绅多故旧，尚须旬日之留，然后旋省，度阁下回辕，距不甚远，意且面商，暂作苏杭之行，看机会如何耳。抑现有所祈者，家中嗷嗷已久，此间所获，随身将归，如沃焦釜，前日已于少白书中嘱其转达，未知到否？今沈桐城君正赴灵璧，舍侄正知灵璧，作书向渠索助，并嘱沈君为之面言，此时窘况，如得阁下为之谕意，则彼正于散赈之时，穷途族叔，又旧托知交，或稍从优厚，未可知也。如未得面谕，或即令沈君以阁下意谕之，亦无不可。肃此并请钧安，不尽，三月十五日，世愚侄章学诚顿首。

---

① 郑畋（约824—882）：唐末大臣。字台文，荥阳（今河南荥阳）人。会昌进士。历任中书舍人、兵部侍郎、吏部侍郎、同平章事等职。

② 《吴澄野太史历代诗钞商语》写于嘉庆三年（1798）冬，因此这封信应写于次年三月十五无疑。信的内容，不外还是求朱氏援助。朱大司马指朱珪。

## 又上朱大司马书[①]

箧携有同年汪进士辉祖所辑《同姓名录》，谨奉公余读史，备稽检也。小子曾为撰叙，为汪君尚有《史姓韵编》，取诸史所具人名编韵备查，与此书相为表里，故小子撰叙，兼包两书而言。今《韵编》尚未完功，先行此书，而叙亦未刻也。叙中极论名姓之书，古有专门，因欲史家急复班固《人表》之例，以清列传，觉于史学稍有扩清之功，而闻者多大笑之。《湖北通志》，自用其法，遂为众射之的。谨质清严，当必有所取裁也。昔亭林顾先生之论史，则怪陈、范、沈、魏诸书不立年表，以谓表废而列传遂繁，其言良允。然顾氏所指年表，乃宗室王侯将相列国诸表耳，未尝知人表之陷于众谤，宜急为昭雪，而当推为史家之法守也。充顾氏之所议，六朝诸史，诚无解矣。唐、宋、金、元诸史，俱有年表，何以列传之繁，反比范、陈、沈、魏无表之书增至数倍？则顾氏表废传繁之说，不足以为笃论，而小子争复人表之说，非好为异论矣！因并录呈诲，学诚惶悚载拜，二十三日。


## 又上朱大司马书[②]

昨桐城胡太学虔有书来，伊不日赴浙，且云阮学使将与谢方伯合伙辑《两浙金石考》[③]，又将西湖设局，借看《四库》秘副，补朱竹垞《经义考》中未辑之小学一门。又胡君未来时，杭城原有修《盐法志》之议，运使张君，尚称好尚文事，因劝小子谋浙江文墨生涯。盖小子自终《史考》之役，

---

① 嘉庆元年（1796）初，作者为汪辉祖《史姓韵编》及《二十四史同姓名录》两书写了合序，三月有信给汪辉祖说明两书合写一序的原因。信中既已谈及撰序之事，则信必写于是年晚些时候。信中再次强调史志之书立人表的重要性。但是知道的人并不多，自己在修志中实践使用，反"为众射之的"。

② 此信写于嘉庆二年（1797）正月十七。《章实斋先生年谱》明确记载：正月十七，上书朱珪，谋偕胡虔同往杭州，借浙江巡抚谢启昆、学使阮元之力，续编《史籍考》。信中说："浙中当道，好事有余，而解囊多涩，往往借公济私。""办事不如秋帆先生爽快。"可见他对毕沅的印象始终很好，因为他在毕沅幕府期间确实做了不少实事。

③ 《两浙金石考》：完成后称为《两浙金石志》，由阮元主持编纂。

胡君自补《经考》诸书，同看《四库》秘副，便取材料，彼此互收通力合作之益。又胡君于纂绩编纂之功，比小子为缜密，而小子于论撰裁断，亦较胡君稍长。不特取材互省功力，即成书亦互资长技也。但胡君膺聘而去，自不患无安顿。而小子未与诸公交涉，必须阁下专书托阮学使为之地步。阮虽素知小子，而未知目下艰难。又未悉伊等所办之事，于《史考》有互资之益，须阁下详论已上情形，则彼必与谢藩伯①、张运台通长计较矣。既明小子于彼诸书有益，又明《史考》得藉杭州告成，则秋帆先生必不忘人功力，将来必列伊等衔名，如秦尚书《五礼通考》列方制军②、卢运使③、宋臬台④亦其例也。

浙中当道，好事有余，而解囊多涩。往往借公济私，如荐空名书院本无其缺，坐派州县醵资延请。或荐看试卷，或延请经理《四库》藏书，此最美缺，可以终身。或荐为商家挂名教学，并无生徒，仍可办书。故办事不如秋帆先生爽快。胡君亦为此故，觉少助力之人，无钱不能包请帮手。欲小子藉阁下与秋帆先生力，到彼自开局面，而阴收互益之效也。惟当事诸公既多好事，谢藩台、张运台、嘉湖秦道台。阮公又与诸公联属，将有所为，小子如得所安顿，则于彼之所为，既有所补，即《史考》本业，又使诸公亦列其名。若嘱阮公以此意歆动诸公，度必可动。但学使不时出巡，必须及早致书，俾得与司道诸公相商。二月中旬，出按外郡。而小子此间他无可图，藉看一两棚考卷，以作盘费。彼时阮公正可有回书，便于作进止矣。惟阁下即图之。如阮公之外，更有可嘱之书，则更有济也。学诚不胜翘企之至！谨禀。十七日。

---

① 谢藩伯：指谢启昆（1737—1802），清朝官吏。字蕴山，号苏潭，江西南康人。乾隆进士。曾官浙江巡抚、广西巡抚。博学强识，从事经史朴学。著有《西魏书》、《小学考》、《树经堂文集》、《树经堂文遗》。还主修《广西通志》。

② 方制军：指桐城方观承，时任太子太保总督直隶右都御史，署名与秦蕙田"同订"。

③ 卢运使：指卢见曾。《五礼通考》卷首署名无此人，而只有吴鼎，时任国子司业金匮，与宋宗元共同"参校"。

④ 宋臬台：指元和宋宗元，时任按察司副使，与吴鼎共同"参校"。

## 上朱大司马论文①

乙部之学，近日所见，似觉更有进步，殆于杜陵所谓"晚节渐于诗律细"者。世士以博稽言史，则史考也；以文笔言史，则史选也；以故实言史，则史纂也；以议论言史，则史评也；以体裁言史，则史例也。唐宋至今，积学之士，不过史纂、史考、史例；能文之士，不过史选、史评，古人所为史学，则未之闻矣。昔曹子建薄词赋，而欲采庶官实录，成一家言；韩退之鄙鸿辞，而欲求国家遗事，作唐一经；似古人著述，必以史学为归。

盖文辞以叙事为难，今古人才，骋其学力所至，辞命议论，恢恢有余，至于叙事，汲汲形其不足，以是为最难也。前明皮傅论文，则有秦、汉、唐、宋相与奴主出入，何信阳②谓"昌黎文起八代之衰，而古文失传由昌黎始"，杭堇甫氏斥其病狂。夫昌黎道德文辞，并足泰山北斗，信阳何所见闻，敢此妄议！杭氏斥之，是也。然古文必推叙事，叙事实出史学，其源本于《春秋》"比事属辞"，左、史、班、陈家学渊源，甚于汉廷经师之授受。马曰"好学深思，心知其意"，班曰"纬六经，缀道纲，函雅故，通古今"者，《春秋》家学，递相祖述，虽沈约、魏收之徒，去之甚远，而别识心裁，时有得其仿佛。而昌黎之于史学，实无所解，即其叙事之文，亦出辞章之善，而非有"比事属辞"、"心知其意"之遗法也。其列叙古人，若屈、孟、马、扬之流，直以太史百三十篇与相如、扬雄辞赋同观，以至规矩方圆如孟坚，卓识别裁如承祚，而不屑一顾盼焉，安在可以言史学哉！欧阳步趋昌黎，故《唐书》与《五代史》，虽有佳篇，不越文士学究之见，其于史学，未可言也。然则推《春秋》"比事属辞"之教，虽谓古文由昌黎而衰，未为不可，特非信阳诸人，所可议耳。

盖六艺之教，通于后世有三：《春秋》流为史学，官礼诸记流为诸子论

---

① 此实为一篇文章，而不类一般信函，写作时间未详。章氏认为古之史学失传已久，而当时所流行者只不过是史纂、史考、史例、史选、史评而已。同时还提出"古文必推叙事，叙事实出史学"，"古人著述，必以史学为归"。这些论点都值得注意。

② 何信阳（1483—1521）：明朝文学家。名景明，字仲默，号大复山人，信阳（今河南信阳）人。弘治进士，授中书舍人。文学倡导复古，与李梦阳同为前七子领袖。有《大复山人集》三十八卷。

议，《诗》教流为辞章辞命；其他《乐》亡而入于《诗》、《礼》，《书》亡而入于《春秋》，《易》学亦入官礼，而诸子家言，源委自可考也。昌黎之文，本于官礼，而尤近于孟、荀，荀出《礼》教，而孟子尤长于《诗》，故昌黎善立言而又优于辞章，无伤其为山斗也，特不深于《春秋》，未优于史学耳。噫！此殆难以与文学士言也。

## 与朱少白论文[①]

儿子言邵先生近劝足下学古文辞，足下不肯竟学，意谓："文不可学而工，学养优余，文自沛然而至。"此说诚然。但足下于今言此，犹未可也。孟子曰："持其志，毋暴其气。"著述将以明道，文辞非所急耳，非不用功也，知有轻重本末可矣，不当偏有所务，偏有所废也。《易》曰："修辞立其诚。"诚立何预于辞？而亦要于修此，明不偏废也。夫子曰："辞达而已矣。"曾子曰："出辞气，斯远鄙倍矣。"圣贤教人忠信，何尝不言修辞之功哉！《易》曰："其旨远，其辞文。"《诗》曰："吉甫作诵，穆如清风。"此皆后世评论辞致工拙所由仿也。《春秋传》曰："辞之不可以已也如是夫。"《礼记》曰："毋剿说，毋雷同，必则古昔称先王。"此则明言文辞之作用也。

古人何尝不治文乎？所恶于学文者，谓其但知揣章炼句，形貌以求古人，识者所不取耳。若志持而气必求其毋暴，旨远而辞必要于有文，圣贤犹不外此。足下岂谓六经之文，圣人当日直以道德有余，谰言常语，矢口而成，不更须修饰之功耶！且足下所谓学者果何物哉？学于道也，道混沌而难分，故须义理以析之；道恍惚而难凭，故须名数以质之；道隐晦而难宣，故须文辞以达之。三者不可有偏废也。义理必须探索，名数必须考订，文辞必须闲习，皆学也，皆求道之资，而非可执一端谓尽道也。君子学以致其道，

---

[①] 此信写于乾隆五十四年（1789）。信中告诫朱少白，作为做学问来说，"三者不可有偏废也。义理必须探索，名数必须考订，文辞必须闲习，皆学也，皆求道之资，而非可执一端谓尽道也"。这就证实有些人硬说章氏由于自己不长于考据而反对考据的说法是没有根据的。同时也指出"近日学者多以考订为功"而置义理、文辞不顾的错误风气。朱少白名锡庚，字少白，朱筠之子，乾隆五十三年（1788）举人。

亦从事于三者，皆无所忽而已矣。今足下之于义理，不能不加探索之功，名数不能不加考订之功，独于文辞，乃谓不须闲习，将俟道德至而发为自然之文，不知闲习文辞，亦学以致道之一事，致之之功不尽，道亦安能遽至乎！是则欲求文之大原，即于其原先受病也。道由粗以致精，足下未涉其粗，岂可躐等而言神化耶？

近日学者多以考订为功，考订诚学问之要务，然于义理不甚求精，文辞置而不讲，天质有优有劣，所成不能无偏可也，纷趋风气，相与贬义理而薄文辞，是知徇一时之名，而不知三者皆分于道，环生迭运，衰盛相倾，未见卓然能自立也。

## 又与朱少白论文[①]

先生别传，怀之十年，始获笔偿，谨录奉质，不知有当否也？昔撰志铭，粗得先生学问文章，兹为别传，略见先生心术行谊。事师无犯无隐，是其本怀，不知果能否也？志铭之文显而实，别传之旨约而微，志铭已为丛诟所加，别传幸勿遽为不知者道尔！邵先生、史余村、家逢之、史苍言可一质之。足下意有未惬，不妨赐以教答，或当遵改，或当辨达，期于先生适相当尔。

《文鸟赋》辞，小有改易增损，与先生原稿，不妨两存。仆于文章喜为显朗，间遇幽折文字，往往窜易字句以就其文气，此乃义例有然，非谓原文有歉，须笔削而后可也。墓志论文之处，颇为人所掎摭，以谓阿私之见，推许太过。不知先生文才，实过欧阳，刘贡父生于今日，不能讥先生为不读书，盖敷腴古泽，六一居士良不逮也。而先生之集，不如欧阳之壮，则时不同也。欧阳谏疏，辉光简册，先生不为言官，且亦时无失政，故无所用也。欧阳碑版，彪炳丹青，先生生逢尧舜在上，将相公卿，奔走率职，不似叔季之世，遇变而显瑰奇之行，有以峥嵘其文字也。昔者任幼植谓先生诗胜

---

[①] 此信写作时间无确切记载，从开头云"先生别传，怀之十年"一语看，大约写于乾隆五十六年（1791），因为朱筠逝世于乾隆四十六年（1781）六月，刚好十年，况且此时作者正在武昌毕沅幕中，生活比较安定。

昌黎，仆谓先生文胜欧阳，先生皆不肯自居。"诗胜昌黎之说"，仆不敢议，"文胜欧阳"，仆自论才，非论二集之作用也。石刻原文，意未清析，故招致人言，今酌改字句，可谓无愧辞矣，然非于此中深得甘苦之意，正未易语此也，足下岂不以为然乎？

## 又与朱少白[①]

足下自谦，谓"不志古而复遗于今"，固属虚挹之意，然仆则甚惧足下有过人之美质而不善成也。一切专门名家，苦心孤诣，自非造次可达，即案头有翻涉之书，每日必有所记，而札记于册，以待日后之会通，岂犹有所难者，亦消遣所藉以不寂寞也，宁不图之！先师门下如李畏吾、朱沧湄，邵君旧徒如寒族正甫、逢之两孝廉，皆有志于古，不知近来新出一辈人才，亦必有可观者。足下苟有所取，皆有所资。京师人海，不比外间气类孤寂，宜善自为计，勿负私篆所镌自命"能读父书"四字，去岁游维扬晤兰泉[②]。先生，游苏州晤辛楣先生，皆有责望足下之意，且有所见不如所闻之议。乃仆祷祀而求者也。勉之勉之，勿以人废言也！

然学者风气，不知近来京师如何？江浙之间，一二闻见所及，实为世道人心忧虑。盖好名之习，渐为门户，而争胜之心，流为忮险。学问本属光明坦途，近乃酿成一种枳棘险隘，诡谲霜昧，殆于不可解释者。转觉时髦株守二寸书册，揣摩墨卷律诗，自命干禄养亲，可为嘉秀子弟，否则力田服贾，

---

[①] 此信无确切写作时间，但从行文中有"姚江赴杭，至郡又过门不入"句可以推断写于嘉庆三年（1798）。因为这年他在杭州，借谢启昆之力补修《史籍考》。况且前面还讲，"江浙之间，一二闻见所及，实为世道人心忧虑"。可见肯定此信写于浙江。信中还告诉朱少白，《文史通义》之作"中多有为之言，不尽为文史计者，关于身世有所怅触，发愤而笔于书"。这就是说，他的《文史通义》著作目的，并不那么单一，不限于专谈文史。了解这点以后，就容易理解《文史通义》内容为什么那么庞杂。它并不像《史通》专门论史，《文心雕龙》专门论文那么单一。

[②] 兰泉：指王昶（1724—1806），清朝学者。字德甫，号兰泉，又字琴德，号述庵，青浦（今属上海市）人。乾隆进士。从惠栋学。赐内阁中书，入直军机房，迁至刑部侍郎。曾主讲娄东、敷文两书院。有《金石萃编》一百六十卷。另有《续修西湖志》、《青浦志》、《太仓志》、《云南铜政全书》、《滇行日录》、《征缅纪闻》、《天下书院志》等。《五代史注》、《群经揭橥》未成。

目不识丁，粗知事亲敬长，尚不失为愿民良贾，贤于讲学术而误入此辈之流毒也。即如足下屡促仆为邵先生传，仆亦自谓邵君之传，实有一二非仆著笔必不得其实者，盖平日实有印证，非漫言也。然能言其意而无征于实，则文空而说亦不为人所据信，故从其家问遗书。已刻《尔雅正义》，只是邵氏皮毛。世人之知邵氏不过在皮毛，是以须仆为发幽潜。昔韩昌黎将铭志樊氏[①]，先从樊氏求书，古人无不如此，非仆创也。邵氏次君，自命读父书者，遇仆求请，辄作无数惊疑猜惧之象，支离掩饰，殆难理喻。仆初犹未觉，后乃至于专书不报，姚江赴杭，至郡又过门不入，仆甚疑骇。久乃得其退后之言，直云仆负生死之谊，盗卖毕公《史考》，又将卖其先人笔墨，献媚于谢方伯，是以不取于仆。嗟乎！斯岂人口中语哉！孺子何知，遂至于此！闻其结交近日一种名流，所谓好名争胜门户忮忌之辈，阴教导之。世风至此，我辈更何言哉！《史考》之出于毕公，自十数年前，南北艺林，争相传说。谢公有力，能招宾客，纂辑考订，何事不可由己出之，而必掩耳盗铃，暗袭众目皆知之毕氏书为己所创，人情愚不至此。况浙局未定之前，仆持《史考》残绪，遍吁请于显贵有力之门，君家宫保，亦曾委折相商，且援桐城方制军、德州卢转运共勤秦大司寇《五礼通考》为例。当时知其事者，并无疑仆有如盗卖献媚所云，"伐国不问仁人"，此言何为至哉！且学问之途，本自光明坦荡，人自从而鬼蜮荆棘，由于好名争胜，而于学本无所得故也。邵君《雅疏》未出，即有窃其新解，冒为己说，先刊以眩于人，邵君知之，转改己之原稿以避剿嫌。又其平日应酬文稿，为人连笥攫去。辛楣詹事，尝有绪言未竟，而黠者已演其意而先著为篇。儿子常问古书疑义于陈立三[②]，立三时为剖辨，有乡学究馆于往来之冲，每过必索答问，窃为己说，以眩学徒。君家宋镌秘笈，李童山借本重刊，亦胜事也，其转借之人冒为己所箧藏，博人叙跋，誉其嗜奇好古，亦足下所知也。此辈行径，大者不过穿窬，细者直是胠箧。彼郭象之袭庄注，齐邱之冒纪书，已具田常盗齐之力，犹未能掩千古耳目，况此区区

---

① 铭志樊氏：见《韩昌黎全集》卷三十四《南阳樊绍述墓志铭》。
② 陈立三（1732—1781）：清朝学者。名以刚，字立三，又字竹厂，海宁州（今浙江海宁）人。曾授经府阜孔氏，教以服古通经。在京师时常与章氏往来，怀才不遇，章氏曾荐其馆于周震荣家。著有《战国策编年》《大戴礼注》等，均于去世前一年毁于大火。

鬼蜮不直一笑者哉！然我党子弟，用此相猜，则世道人心，实不胜其忧患。

鄙著《通义》之书，诸知己者许其可与论文，不知中多有为之言，不尽为文史计者，关于身世有所怅触，发愤而笔于书。尝谓百年而后，有能许《通义》文辞与老杜歌诗同其沈郁，是仆身后之桓谭也。《通义》书中《言公》、《说林》诸篇，十余年前旧稿，今急取订正付刊，非市文也，盖以颓风日甚，学者相与离跂攘臂于桎梏之间，纷争门户，势将不可已也。得吾说而通之，或有以开其枳棘，靖其噬毒，而由坦易以进窥天地之纯古人之大体也，或于风俗人心不无小补欤！印本呈正，其副馀可以分赠同志中人，如又不足，续寄可也。此番书辞，乞与邵楚帆侍御、邵耿光中翰及家逢之、正甫二孝廉，此外邵君弟子有能真知其师者，可共观之。《邵传》则徐当以意属草，而阙其不可知者以识遗憾，此仆不敢负死友也，然所负已不少矣。长者行事不使人疑，今遭疑如是，仆亦良自愧也。如何如何！足下鉴之而已。

# 答朱少白书[①]

适才迁屋，书笈尚未得展，因有院长之物，故堆塞甚多。俟明日可检寻奉上。此等文近年时有涂改，而钞胥又不多得，故不能整齐便观览耳。先此藉复，余再罄。昨回书院，小价已悤悤叠行李，而案间尚存足下付还《文史通义》所书册面，所云寿文始明季，文近应酬，故不足存似矣。其实不尽然也。朱子尝有《太夫人生朝》之诗，意宋人寿以诗文，已开其端。文字古无今有，不论前后，盖古犹今也，安见出于晚近者之必不如古邪！且文体不废应酬，昌黎墓志，其无实而姑取以应酬者，十之七八，与近代寿文有何分别？先夫子于寿序一体，多用传记之法，最为有用之文，岂可轻忽！鄙著正因世俗拘文体为优劣，而不察文之优劣，并不在体貌推求，故撰《砭俗》之

---

[①] 此信写作时间无确切记载，信中有"昨回书院"字句，可推定为乾隆五十三年（1788）。因为这年二月章氏至归德，主讲文正书院，而此后就未曾再主讲书院。信中又和朱少白讨论"文体不废应酬"，墓志、寿文都是一样，"鄙著正因世俗拘文体为优劣，而不察文之优劣，并不在体貌推求，故撰《砭俗》之篇，欲人略文而求实也"。可见章氏有许多文章，都是有所为而作，目的性很强。

篇，欲人略文而求实也。寿文与墓志虽所出前后不同，而应酬则一，事虽出于应酬，而君子借以立言，亦同例也。世人重志铭而忽寿文，是不知类也。至上梁之文，与求昏之启，乃本无可以求新，故等例于试差试录之序，进士题名之记，无可求新，只应如令节贺表，春秋祭祝之撰，为一定之式，无须更张。乃为事称之体，非为骈丽而卑之也，骈丽中之《宣公奏议》①，史官且不敢裁节，又何可轻也？如何，如何？学诚顿首。

## 又答朱少白书②

今日十六，得十三日手书，极欣慰。所云具见关爱，此而嫌多舌，天下可废朋友伦矣。遵教已火其书，然本亦两无所伤也。此间沈明府面求尚书委赴灵璧监赈，故忙忙赶完覆试，于十五日即已奔驰而去，弟因此便又托渠带启事一通，且嘱其从中宛转，大约多少必有小点补，亦不为无益耳。考事既完，官署无可谈者，且东人已去，留此亦复无趣味，甚思与足下作晨夕笔谈。因此间知好者多，且有素日遥企，而此时快欲会面者，争相延订，而东人行时，亦甚款留。弟思东归，亦须俟尚书旋辕，有许多商酌，为期尚早。如省城多住一日，即有一日搅用，住书院与住店所争，却不甚远也，故且随意盘桓，拟月杪回省。度尚书亦不过四月上旬当回，则不过作十许日闲住，亦所费不大矣。府试阅卷，亦不甚高兴，此间志事，却是可图，为本官原有意，而绅士亦高兴。特人心不能齐，弟若与绅商谋，竟可有成。而弟却不甚高兴，总因心存大欲，尚欲希冀于千百之什一耳。故且回苏杭，亦属要著，先师笑弟有贪心，诚哉是言！足下想亦见笑邪！

---

① 《宣公奏议》：唐朝政论家陆贽撰。陆贽（754—805），字敬舆，苏州嘉兴（今浙江嘉兴）人。大历进士。德宗初，任翰林学士，参与机谋。贞元八年（792）为中书侍郎、同平章事。为相期间，指陈弊政，废除两税外一切苛敛，并建议积谷边境，后被裴延龄构陷，罢相，今存《翰苑集》，即通称《陆宣公奏议》。

② 此信写于嘉庆二年（1797）。信中有两段话值得注意，一则是说"平日持论关文史者，不言则已，言出于口，便如天造地设之不可摇动"。这是说在谈论诗与时文时，平日很少议论，而文史则不然，这是自己的长处。另一则说"大抵身履其境，心知其意，方有真见解，不用功于实际，则见解虽高，而难恃也"。这就是我们平日所言实践出真知，可见他有许多见解是很了不起的。只有心领神会，才算真正地掌握，这与一知半解是相对的。

前日京信，已于初五日接得，如何足下说初五方自安庆发邪？弟《辨地理统部》之事，为古文辞起见，不尽为辨书也。洪、孙诸公，洵一时之奇才，其于古文辞，乃冰炭不相入，而二人皆不自知香臭，弟于是乎谓知人难，自知尤不易也。诗与八股时文，弟非不能一二篇差强人意者也，且其源流派别，弟之所辨，较诗名家、时文名家转觉有过之而无不及矣。然生平从不敢与人言诗言时文者，为此中甘苦未深，漆雕氏[①]所谓于斯未能信耳。故其平日持论关文史者，不言则已，言出于口，便如天造地设之不可摇动，此种境地，邵先生与先师及君家尚书皆信得及，此外知我者希。弟亦不求人知，足乎己者不求乎外也。以洪君之聪明知识，欲弹驳弟之文史，正如邵先生所云，此等拳头，只消谈笑而受，不必回拳，而彼已跌倒者也。彼驳邵之《尔雅》，方长篇大章刻入文集，以为得意，而邵之议论已如此。今彼刻驳弟之书，乃因讪于口辨，而遂出于装点捏造，殆较驳邵为更甚矣。此书即使出弟身后，儿辈力量，尚能驳正。平日闻弟之教，如史余村及虎姿舍侄，皆能谈笔而挥者也。而弟犹不免论辨，若以争胜然者，实欲为世风作小维挽耳。故上尚书启事，极论今之士习文风，所争不在小也。虽然，人不自知分量，岂少也哉。程易田[②]之于孙、洪诸君自较胜矣，彼刻《通艺录》，直《周官》之精要义也。而不今不古之传志状述，犹自以为文也，而亦列其中，岂非自具村俚供招。若戴东原氏则更进乎程矣！然戴集中应酬传志，亦自以为文也而存之，且以惹人笑柄之《汾州府志》，津津自道得意，然则人之真自知者寡矣！自己尚然不知，如何能知古今人之是非？良可慨也！人才如是之难，足下能不自勉。倘因弟之所论，而遂有轻视一切之心，则非弟勉效砥砺之意，而反进鸩毒于足下矣！大抵身履其境，心知其意，方有真见解，不用功于实际，则见解虽高，而难恃也。如何，如何？

邵先生行事细碎，宜即动手记之，即如受洪书而不报，此虽不便明记，亦可暗指其事，而形其雅量也。其与弟相喻甚深，必有弟转不及知而与足下道及者，是亦可识，而且为弟所必欲闻而斟酌以入文也。此间且有半月耽

---

① 漆雕氏：漆雕开，春秋时鲁国人，字子开，一说蔡国人，字子若，孔子门人，习《尚书》，不愿做官。据史载"孔子使开仕，对曰：'吾斯之未能信'"。未能信者，未能习之。章氏即用此意。

② 程易田：似应为程瑶田（1725—1814），清朝考据学家。字易畴，又字伯易，号葺荷、葺翁，安徽歙县人，江永弟子。乾隆举人，任太仓州学正。著有《通艺录》、《禹贡三江考》、《九谷考》、《水地小记》等。

搁，与君手谈，尚可往复三二次也。勿懒！勿懒！此布，并候日佳，不备。三月十七日，世愚弟章学诚顿首。

## 又答朱少白书[①]

  昨言《湖北志传》尚存尚书处，不及过目，此可也。但其中事实，非足下所必欲知耳。至于创条发例，则顷刻之间，一览可得，无须细看也。此传诸体，出于史传常例之外者，准之于古，皆有所受，并无片言只义出于杜撰，惟肉眼读书，太不留意，故不知其所本耳。陈熷多闻寡识，乃谓诸传并非传体，甚至言《左传》之传主训诂解义之属，与史传之传判若天渊，此真痰迷心窍人语也。史文贵于陶铸群言，与陈工部书已详。然马藉周秦，班资西汉，亦未尝不借古人生色。如鄙修《湖北志》，既划隋唐以上，不复为传，其补苴宋元以来，所据底本，率是冗蔓芜秽，不但不能藉以生色，乃反如塾弟子文之笔削改窜，极费心思，即今呈尚书之二册内，尚恐刊削有未净尽，深恨此等原文不为人见，无由知我辈笔削之苦心耳。然其文毕竟比平日应酬文字长出一格者何也，则以其事迹之可取材者，多不似应酬之文胜于质故也。即如左方正之书事，其文或比志传修饬简净，盖有意于为文也。志传不尽出于有意，故文或不甚修饬，然大体终比书事之文远胜。盖书事之文，如盆池拳石，自成结构。而志传之文，如高山大川，神气包举，虽咫尺而皆具无穷之势，即偶有疏忽，字句疵病，皆不足以为累。此史才与文士才之分别，足下由是观之，当必有所辨也。

  诗赋为鄙之所短，至于临史事亦颇识剪裁。昔为先师别传，载《文鸟赋》，稍有删易字句，邵先生以书来问，谓《史》、《汉》载扬、马诸赋，从无改易之例，因问出何典故？惟时儿子率以《文选》诸赋恐原从《史》、《汉》录出，未必即是班、马原文为对，其实亦不必如此说也。楚狂接舆之歌，《论语》略而《庄子》详，则诗赋韵语，古人不妨随意改易之明证矣。

---

[①] 嘉庆二年（1797）三月，作者在安徽桐城阅试卷。据《章实斋先生年谱》载，作者在安徽时，屡与朱珪及朱锡庚通信，这封信大约即写于此时。信中又对朱说"史文贵于陶铸群言"，同时还讲了"书事之文"与"志传之文"之不同，这也可以区别"史才与文士才之分别"。

故于传内有诗赋之旨可取，而语不工者，亦改正之。如《宋诗纪事》<sup>①</sup>及《辍耕录》，俱有烈女韩希孟<sup>②</sup>五言古诗，诗旨极正，而辞未尽善。鄙修《通志》、《烈女传》，辄以己意改之。此外如一切书牍牋表，凡意可取而言未善者，鄙皆力加改削。但此系己所独知之事，他人未见原本，则见以为固当如是耳。噫！此所谓施恩无用之地，垂德不报之乡，心血呕尽，而人不谅者也。今将《烈女传》摘录之一册呈阅，其韩希孟诗改本并为举，似尚书盖不能作诗而能改诗，正史家之作用也。此事与流俗言则不解，与通人言又每多不以为然，斯道之所以难也。辛楣先生尚不谓然。

足下昨云，鄙一切散篇不复还，将自汇为一本，可谓嗜痂之癖矣。然如与孙、洪辨驳之文，不必遽示外人，近日名士争心甚炽，鄙深畏以此等文字结成仇雠，所关非细。吾辈所谓不朽，原非取辨于生前也，足下亦必深悉此意。计日分手，爱足下之心无已，故言之繁复至是，亦不值一笑也。足下记《二云先生杂事》，能终不忘否？念之，念之。学诚顿首。

## 又与朱少白书<sup>③</sup>

规正孙渊如书稿呈阅，中有圈点，乃姚姬传<sup>④</sup>先生动笔，苦于钞胥不给，不能另录，非不恭也。姚姬传于论岁差处，不以鄙见为然，足下幸为我进质于尚书，鄙说果否有合，必能得明指也。其一切纠驳之说，鄙实甚爱渊如，而思以讲明其非以规益之，实未有所争胜而故为好辨。足下试取《问字堂集》<sup>⑤</sup>

---

① 《宋诗纪事》：清朝诗人厉鹗（1692—1752）撰。鹗字太鸿，又字雄飞，号樊榭，钱塘（今浙江杭州）人。乾隆元年（1736）应博学鸿词科试。久居扬州，得阅马日琯小玲珑山馆藏书。学识广博，尤熟悉于宋元以来杂记小说，研究宋诗尤精，有《宋诗纪事》一百卷，又有《南宋杂事诗》、《辽史拾遗》、《樊榭山房文集》。

② 韩希孟：襄阳贾氏妇，开庆元年（1259），元兵围岳鄂，希孟被俘，年始十八，不肯屈节，裂练裳书诗见志，乘间投水死。《湖北通志》章氏为其立传，并录其诗于传中。今存《章氏遗书》中。

③ 此信亦写于嘉庆二年（1797）安徽桐城。

④ 姚姬传（1731—1815）：清朝散文家。名姚鼐，字姬传、梦谷，号惜抱，安徽桐城人。乾隆进士，选翰林院庶吉士，参与纂修《四库全书》。辞官后主持江南紫阳、钟山等书院。与方苞等为"桐城派"代表。有《古文辞类纂》、《惜抱轩文集》、《诗集》等。

⑤ 《问字堂集》：孙星衍著，六卷。

原本对勘，其是非之平，足下亦可谅我无他意也。质于尚书，亦无不可。戴东原训诂解经，得古人之大体，众所推尊。其《原善》诸篇，虽先夫子亦所不取。其实精微醇邃，实有古人未发之旨，鄙不以为非也。姚姬传并不取《原善》，过矣。戴君之误，误在诋宋儒之躬行实践，而置己身于功过之外，至于校正宋儒之讹误可也，并一切抹杀，横肆诋诃，至今休歙之间，少年英俊，不骂程朱，不得谓之通人，则真罪过。戴氏实为作俑。其实初听其说，似乎高明，而细核之，则直为忘本耳。

夫空谈性理，孤陋寡闻，一无所知，乃是宋学末流之大弊。然通经服古，由博反约，即是朱子之教，一传而为蔡九峰、黄勉斋，再传而为真西山、魏鹤山，三传而为黄东发、王伯厚，其后如许白云、金仁山、王会之，直至明初宋潜溪、王义乌，其后为八股时文中断。至国初而顾亭林、黄梨洲、阎百诗皆俎豆相承，甚于汉之经师谱系。戴氏亦从此数公入手，而痛斥朱学，此饮水而忘其源也。然戴实有所得力处，故《原善》诸篇，文不容没。若渊如则本无所得，全恃聪明，立意以掀翻古人为主，而力实未能。故其文集疵病百出，鄙所纠正，特取与《文史通义》相关涉者而已，其余非我专门，不欲强不知以为知也。倘他篇又别有专门之人如鄙之纠驳，则身无完肤矣。其病却是欲速成，故不免于不逊悌耳。要之不失为奇才，鄙欲其内敛十年，然后可著作耳。与一时伪体假门面诸公，却不可同日语也。如何，如何？足下勉之，勉之！以才而论，不让彼也。

# 与朱少白书[①]

昨所惠教，甚见虚怀乐取，非好辨也。古人著书专家，经史之外，诸子

---

① 此信亦大约写于嘉庆二年（1797）。信的内容主要在谈论文体的变化，特别是文集的产生及其变化，可与《文集》篇同时阅读。而重点则又在论述墓志铭的产生及其变化，六朝以来，"文靡辞浮"，经过韩愈、柳宗元的革新，"与传记相出入"，遂为文集中一大门类，其作用与价值已经与志传相当。至于寿文，则始于近代。按照章氏的观点，这类应酬文字，同样可以用来发挥自己的观点和主张。信的最后，再次提出中年以后，"札记之功，逐日不可间断"，它可以"炼其聪明"，"炼久成识，则自有家数矣"。这些实际上都是做学问的基本功。这虽然是一封信，但却讲了许多学问，值得仔细研究阅读。

是也。文集兴而专家之意微，则文集多因人事酬酢而备诸体，不能如诸子之专力发其所见也。故诸子以文徇学，虽应酬亦微其学，孟子对时君、答弟子，皆应酬也。文不得不一律也；文集以学徇文，虽著述亦拘于文，昌黎《原道》、《讳辨》、《对禹问》、《子原》、《封建论》、《桐叶辨》，皆著述而仍用文集体。文不得不具体也。故文集者，诸子衰而后起也。然气运既开，势必不能反文集而为诸子，惟豪杰之士，能以诸子家数行于文集之中，则文体万变而主裁惟一，可谓成一家言者矣。今书分四部，而子别九流，集分三种，亦官书不得不然之势。唐《艺文》皆然。但九流之书，名墨失传，而兵技、阴阳不别为部，子术不分而道器混矣。集分三种，则《楚辞》一家之言，难以专部。而总集作用非一，或参子史，如《秦策选辑》名为总集，实史部故事之属。又如《论判辑警》亦入总集，乃子部，《意林》相同。姑且弗论。惟诸家别集，必当分别家数，其同名文集，而其书旨面目迥殊，岂止如九流分子而已哉？然向、歆绝学失传，校雠诸家不知流别，故文集一体至今，如淮泗入河，浩无统摄，是以无实之文章，率应酬恶滥不堪，皆藉集部以为龙蛇之沮，实因无校雠专门为之辨流别而清良贱也。足下索《文集》篇，一时寻不出，大旨不过如此。愚持此论之时，先夫子初有嘻其甚矣之叹，后于安徽幕中谓邵二云乃云："斯言良是良是！但人必不从耳。"今遥遥三十年矣。愚亦不敢昌言，触名场诸公之忌讳也。

今足下论墓铭寿序等事，又集部之支流小港耳，然举隅亦可反三也。足下看铭志胜于寿言者，岂不以韩柳诸公实有魁绝之作，以为铭金勒石足千古邪？不知铭志虽原于三代，而其盛为文辞，实自东京。今见崔、蔡[①]文集，与金石诸录所征引者，殊不见奇。至六代以还，文靡辞浮，殆于以人为赋，赋卒为乱，千篇一律，意义索然。即唐初诸子，承陈隋之余波，无复振作，韩柳诸公，始一变而纯用情真叙述之体，隐与史传相为出入。是则铭志之体，原属华辞，似微哀讥一路相沿。至韩柳诸公推陷廓清，反属变体。盖从古来无此者。然变而得善，则人乐从之，故欧曾以下，奉为不祧之宗。而文集之中，遂为一大门类，与传记相出入矣。然则文有古胜于后，亦有后胜于前，与人世一切制造器物制度略相仿也。

---

① 崔、蔡：崔骃、蔡邕。崔骃（？—92），东汉文学家。字亭伯，涿郡安平（今河北安平）人。博学有才，善作文，曾为窦宪主簿。著有《达旨》、《四巡颂》、《婚礼结言》等。明人辑有《崔亭伯集》。

寿序始于近代，然作用却与铭志相同，送死固欲其留名，爱生者亦欲祈其与于古之三不朽也。世俗不知文者，虽使之解经述史，皆不足观，不必议其何体文，作何所用矣。如真得古之所谓有道能文者，觌面相遇，其人苟稍有可称，必云待其身后志墓，不必生前祝嘏也。则或有遗憾矣！以前人所撰不尽可观，而卑厥体，安知不如志铭之后起胜前乎？如韩柳诸公以六朝志铭之不足观，而不甘下笔，则志铭虽至今日，安得有佳篇邪？况寿序，如不视其人而强作应酬，虽以其法行于志铭，亦不可传也。如事既可传，文又出色，则与记传正文何异？岂曰愁苦之辞易工，而称祝之辞难雅乎？愚故欲载笔者破疑团，而寓目者宜放宽眼界，后之视今，犹今视古也。

至《文选》体备之说，鄙于《诗教》篇畅言之矣。《文粹》亦《文选》遗意，《文鉴》则意在政治，《文类》则意在掌故，与萧《选》、姚《粹》意旨有别。上梁文、求婚启，亦各自为体，与试录序题名记，皆是一定而不可易之规。故曰可与冠男之祝，醮女之辞，作一格式，以通行之，不必多文而好为新异也。

足下惧文集之繁，惟有校雠流别之法，责人文须成家，文不成家，则于别集之中细分流别之例，彼将穷于无门可入，于是无实之辞，不根之学，可以不禁而自希矣。若徒较量文体之古无今有，古略今详，犹为不相涉也。

足下敏慧，不让渊如，而今所见于功力，乃不如彼，此非愚不肖之不及，乃贤智之过也。盖渊如天分虽高，却为名心甚急，故用功不懈，至今无自得之学者，名心为之累也。功浅之时，求人赏鉴，今功稍深，又求胜人。其稍成片段者，则用功之效也。足下高明之处，一半自先师门径中来，虽好学而不甚骛名，此足下之高致，将来可望于自得之深者也。却因轻名而并不甚求实，故至今功效反逊于名流也。在先师当日已不免于聪明太过之弊，但三十以前，极用苦功，故后来实学稍疏，而文辞则不须用功，而亦能与年俱长，惜限以天年，假先师今日犹在，其文又不知如何上进矣。尚书于古文辞向在先师及门之分际耳，近作逼入《笥河集》中，往往不能辨也。以彼数十年敭历中外，未必能守书生之学，而文辞不学而自能进者，亦必三十岁前用苦功也。足下目见老辈如此，必疑年岁长而文章自进，则高明过而中缺少学一层功夫矣。为今之计，中年杂乱人事，势不能如童子塾之用功，惟札记之功，逐日不可间断，看书有触即笔于书，而所笔必当参以所见，自作一番小议论，既以炼笔，且以炼其聪明。夫聪明如水银流走不定者也，炼久成识，则自有家数矣，亦如水银既炼成丹砂也。以足下兼人数倍之聪明，但耐心为有恒之札记，功力不但事半功倍已也。即今为营利远游，舟楫车尘，何处不长学问？但须急认主人翁，亦非炼习之功不见，强立名目而非出于天然者，终不是也。

洪稚存近来所得不知何如？彼天分稍逊渊如，而用功似较渊如沉着。如阮学使亦颇高明，所得似在孙、洪之间，但不致放言高论，即如《问字堂》篇首所刻"论明堂、封禅"，何尝非出于心悟？却较渊如近情理，如明堂之说，鄙颇觉其说为是，封禅之说，意亦近之。然其论刻石如史官纪事之类，则不免乱道矣。此非造次可尽，俟徐为之辨也。此数公皆与鄙人路数绝不相入，故无争竞之心，亦无附会之意。阮学使与洪稚存在河南抚署日，作书与洪稚存曰："会稽有章实斋，所学与吾辈绝异，而自有一种不可埋没气象，不知是何路数，足下能定之否？愚意此亦一时之奇士也。"云云。观此则诸君至今不知鄙为何许人矣。欲与足下言者尚多，适逢客来，又顾纸亦尽矣，姑以此答昨所问也。学诚顿首。

## 附　朱锡庚原札

昨读大著，偶有所见，书于简端，寥寥数语，不足以发明意旨。《砭俗》篇申明征实之谊，非于文有所疵也，亦非谓寿文必不可入集也。鄙意以寿文多系应酬之作，虽于谀墓之文无异，但墓志诸体，立言之君子，尚不至蹈诣谀之讥，而寿文则言取颂祷，兼多讳忌，于此而欲求立言之旨，百无一二可存。然则寿文虽与墓志之同为应酬之作，其中自有差别。又窃谓不比上梁文、求婚文之启者，以上梁、求婚文系骈体，亦非敢轻骈体之作。盖骈体在文集中，当入杂文类，而寿序单行之古文，则近杂著，其杂文固无关于立言，若杂著，苟不得立言之旨，不足存耳。求立言之旨于寿文之中，百无二三可录。求寿文于骈丽之中，则篇篇皆佳什矣。而文集虽无定体，专集之始，实盛于唐，前有蔡中郎诸集，皆后人裒集而成，体亦未备。今之文集，亦既繁矣，若不因前人文集之体而加以限制，复增益篇目，且将有不止于寿文者矣。《昭明文选》虽非专集，体已粗备,《文粹》、《文鉴》,其体綦繁,上梁、求婚,滥觞于此,鄙见非谓寿序之名不合于古,第惧由寿序增加而繁衍之,无取裁耳。特此奉质,尚希裁覆不具。锡庚白。

## 上梁相公书[1]

自违函丈,荏苒经年,依恋之忱,与时俱积。秋初曾肃寸缄,谅邀清鉴,忽又再阅月矣。初冬晴淑,节序暄和,敬想起居万安,仲将随侍左右,趋庭请业,学植自益精进,不胜企望。学诚前此仓皇出都,不得已之苦衷,已悉前启。兹则驰驱半载,终无所遇,一家十五六口,浮寓都门,嗷嗷待哺,秋尽无衣,数年遭困以来,未有若此之甚者。

目今留滞肥乡,至于都门内外,一切糊口生涯,无论力不能谋,且地处僻远,消息亦无从刺访。当此水火急迫之际,不得仰望长者知己一为拯援,先生当不以为躁也。学诚自蒙拂拭,幸得大贤以为依归,妄自诩谓,稍辨菽麦,不甘自弃。又自以为迂拘,不合世用。惟是读古人书,泾渭黑白,差觉不诬。若不逼于困苦饥寒,呼吁哀号,失其故态,则毛生颖故投囊[2],张仪[3]舌犹在口,尚思用其专长,殚经穷史,宽以岁月,庶几勒成一家。其于古今学术,未必稍无裨补。若使尘封笔砚,仆仆风霜,求一饱之无时,混四民而有愧;则不过数十寒暑,便无此身,以所得之甚难而汩没之甚易,当亦长者之所恻然悯惜者也!

---

① 此信写于乾隆四十六年(1781)。在写此信时,作者处境十分困难,此前,途中遇盗,尽失行李及生平撰著。此时张维祺虽已安排其主清漳书院讲席,生活仍极困难,故写信向梁治国求援。信写得非常悲愤,就连为其作《章实斋先生年谱》的胡适亦深表同情,故在《章实斋先生年谱》中说:"然而那位梁相公似乎并不'恻然悯惜'他,真可怜极了!"

② 毛生颖故投囊:指毛遂自荐故事。毛遂为战国时赵国平原君门下食客。赵孝成王九年(前257),秦伐赵,围邯郸(在今河北)。平原君奉使楚国求救,邀门下有勇力而文武俱备者二十人同往,他自荐偕行。既往楚,平原君与楚王言合纵之利,自日出至日终仍不决。他便按剑劫楚王,直陈利害,终于说服楚王同意赵、楚合纵,并派春申君救赵。既归,平原君盛赞:"毛先生以三寸之舌,强于百万之师。"遂以为上客。

③ 张仪(?—前310):战国时纵横家。姬姓,张氏,魏公族庶子。从学鬼谷子。游说入秦,首创连横。惠王以为相,封武信君。曾去秦相魏,引韩、魏事秦,共制齐、楚,遭公孙衍合纵势力排斥,复返秦国。秦昭襄王时,齐楚从亲,他奉命使楚,阴纵反间,破坏齐楚同盟。最后病卒。

昔范希文①守睢阳，有孙秀才②上谒，希文赠以千钱。明年复来，问其何为仆仆道途？答以家贫无养，日需百钱。希文谓曰："吾补子学职，月奉足以供养，子能安于学乎？"孙生受之。其后十年，闻泰山下有孙明复先生，以《春秋》教授学者，道德高迈，朝廷召至，即昔日索游秀才也。古今相传以为美谈。学诚术业不敢望孙先生，然先生当代之希文也。俾小子得以一席，栖身十年，卒业门墙之下，未必遽无表见也。夫干谒贵人，热中躁进，小子窃所深耻。惟是水火求拯，饥寒呼救，伊古豪杰，有时不免。是以敢作再三之渎，以冀终有所成，庶几不辜三沐之雅意耳。情隘辞蹙，不知所裁，惟冀鉴其迹而原其心，小子幸矣。

## 与钱献之书③

学诚顿首献之先生足下：学诚与先生相契甚神，而相遇甚简，秋风一别，荏苒经年。时于朱先生处得一耗问，亦不暇作启事一通，纾郁勃也。胪唱归班，自分永为弃物，足下明岁北上，学诚不知逐食何方矣。

至于宿业一编，足下渊邃精密，由训诂文字，疏通名物象数，而达于古人之精微，其诣甚深，而学诚觕通大义，不能研究文字，自以意之所至，而

---

① 范希文（989—1057）：北宋文学家。名仲淹，字希文，苏州吴县（今江苏苏州）人。大中祥符进士，庆历三年（1043）任参知政事，与富弼等行"庆历新政"，不到半年，便离京出任陕西四路宣抚使。在名篇《岳阳楼记》中提出"先天下之忧而忧，后天下之乐而乐"的名言。有《范文正公集》。

② 孙秀才：即孙复（992—1057），北宋学者。名复，字明复，晋州平阳（今山西临汾）人。举进士不第，退居泰山，世称泰山先生。石介等师事之。著《春秋尊王发微》、《孙明复小集》。

③ 此信写于乾隆四十三年（1778）。这一年章氏刚中进士，"自以迂拘，不合世用"，同时为了自己的文史校雠之业，终未入仕。看来这个人自从立定志向以后，从未改变，这正是他在事业上能够取得成功的重要因素。就在这封信中他已表示了这个决心："古人于死生祸福之际，守己之是，不肯轻以徇人，况荣辱毁誉之虚名，固无当于实效者哉！学诚以是抱愚守颛，不忍舍其寸长，亦不敢强其尺短，以此落寞坐困于时，而不以为悔。"后来他在有些文章和信件中，再三申述这一观点，他认为"趋向专，故成功也易；毁誉淡，故自得也深"，关键在于不随风逐流，"诚贵乎专也"。为此，他对自己的老师也批评其"贪多而不守统要"。钱献之（1741—1806），清朝学者。名坫，字献之，号小兰，嘉定（今上海嘉定）人。钱大昕族子。乾隆三十九年（1774）中副榜贡生，任直隶判官。后入毕沅幕，与洪亮吉、孙星衍等商讨训诂、舆地之学。治学精于音训、沿革地理。著有《史记补注》、《汉书十表注》、《尔雅释义》等。

佗谈班刘述业，欲以疏别著述渊源，究未知于古人之志，有当与否？其业甚浅，是以每见足下，辄捧腹枵然，生愧赧也。夫以迹之甚疏，而业之不同如此，而相契顾称神合者，则以不为世俗之学耳。然世俗之学，乃是科举程式应酬词章，稍有志者，耻之不为，为其业之依违于人，未有卓然自树，而发于中之所谓诚然者也。诚以其体论之，则举业本于经义，词章源自诗骚，苟果发于中之诚然，未始非专门之业，立言之宗也。然则中无卓见，与夫所以必不得已之故，徒以世方尚经，从而钻研服郑；世方贵史，从而攻习班马，以其聪明才力，缮性而力求谀闻，虽不可以得其甚是，亦几足以得其甚似矣。第为之而不知其意，充其义类，则与科举程式酬应词章，一切因人而为之业，有以异乎否耶？

　　夫万物之情各有其至，而一时风尚，必有所偏，学者不求其性之所自近，而充其量之所能极，徒局局焉趋于一偏之风尚，当其势重气盛，趋向所归，莫不人人自谓跻泰山之巅，穷黄河之源，何其壮哉！逮至气衰习变，后人追数从前，则自磊落数子而外，凡所谓依风附景，趋鹜声名之众，未有过而问焉。是以汉儒治经，唐世崇尚诗赋，则服郑数君，不为习蔽，而余子概无闻焉。唐人业诗，宋人崇尚策论，则李杜诸家，不为习蔽，而余人无所述焉。夫学至于千百年后，世变风移，一时趋向所不在是，而声施卓然，不可磨灭，则精神周当日所谓发于意之诚然者，有至理也。精神周而发于意之诚然，必因性之所近而充其量之所极，举世誉之而不为劝，举世非之而不为阻。审己分定，一意孤行，以毕生之全力，曲折赴之，而后足以及此也。而一世之士，方以荣辱，由于毁誉，由于趋向，趋向所在，而终身贵贱、升沉、得失系之，于是舍其天然自有之长，而束缚驰骤，赴其质之所未具，岂不惑哉？然其立意之坚，用功之苦，亦有以得其所谓不甚是而几甚似者，辄又嚣然自鸣于人曰："我能不为世俗之学矣。"此庄生所谓臧穀牧羊，臧为挟策读书，穀为博塞以游，而失羊均也。

　　自康熙中年，学者专攻制义，间有讲求经史，撰述词章之类，老师宿儒，皆名之曰杂学，出所业编，但非破承小讲，前提后束，中后八股之体，虽有制作如经，皆不得谓之正学。三十年来，学者锐意复古，于是由汉唐注疏，周秦子纬而通乎经传微言，所谓绝代离辞，同实殊号，阐发要妙，补苴缺遗，可谓愈出而愈奇矣。至四库馆开校雠，即为衣食之业，一时所谓《尔雅》、《三苍》、《说文》、《玉篇》、《广韵》、《集韵》之书，衰然盈几案间，而中才子弟，亦往往能摘谄谄、商商之误，则愈盛矣。夫循环衰盛，理势之常，岂制义大家，聪明不如今日中才弟子哉？时尚，则中庸皆可与能，时废，则豪杰不免荒略，仲尼之门，五尺童子羞称五伯，未必管、晏、孤、赵之伦，聪明才智不如五尺童子也。今之视昔，亦犹后之视今，近日因习尚所隆，以其聪明才力，矫揉杞柳，而以为杯棬者，往往见之。凡所谓辨同考异，详训别诂，审误订讹，大率甚似者多而甚是者少，其差等只在审己未明，而著述之旨，未尝有必不得已之故，而出于意之所谓诚然者尔。

夫升沉荣辱，审乎定命，则风尚有所不必徇也；天生五材，各有所利，则本质有所不可诬也。古人于死生祸福之际，守己之是，不肯轻以徇人，况荣辱毁誉之虚名，固无当于实效者哉！学诚以是抱愚守颛，不忍舍其寸长，亦不敢强其尺短，以此落寞坐困于时，而不以为悔。盖人心不同如其面目，意之所在，笔墨具存，后之观吾书者，或为案剑裂眦，或为痛哭下拜，皆静听之，其际与其数焉。昔扬子云以奏赋知名，而草《玄》则见讥覆瓿；刘子玄以文艺见重，而述史则取笑时流。然扬、刘之业，至今赫如日月江河，则士之有志乎古，必拂乎今，要以期之久远，为何如耳！戴东原氏之训诂，朱竹君氏之文章，皆无今古于胸中者也，其病则戴氏好胜而强所不知，朱氏贪多而不守统要，然而与风气为趋避，则无之矣。余子未能细察，不敢妄为断词。足下术业于从同之中，独具经纬，盖有得于意之所谓诚然，而不容已者。他日曙霞既彻，磊落相望，耿耿数晨星中，足下其一座也。是以用抒所见，为足下，告足下，当有以进我也。戊戌七月二十日，学诚再拜。

# 与族孙守一论史表[①]

去冬辱书，悉近况粗遣为慰。闻《二十二史年表》已卒业，想见老学不

---

[①] 此信写于乾隆五十六年（1791）。信中讨论史表的作法，建议守一将廿二史人物亦作为史表，便于阅读和查找，可见章氏对工具书的编纂向来就很重视。信中还批评了当时学术界不良风气："近人之患，好名为甚，风气所趋，竟为考订，学识未充，亦强为之。读书之功少而著作之事多，耻其言之不自己出也，而不知其说之不可恃也。""读书之功少而著作之事多。"

倦，此书告成，其资于史家考订之功，甚不细也。仆处所存《春秋》、《史记》，前、后《汉书》，《三国志》诸表携挈有年，竟未为足下一加参订，愧甚！今已各录副本，仍将足下原本奉上。其《晋书》而下，仆处所无，仍祈足下钞一副本寄来。仆当日原计为足下博考群书，然后付刻，今思志愿太奢，则成功无日。且足下寒士生涯，不能徒手望人助力，莫若画定正史为断，而以参质群书、考订同异、弥补缺遗诸事待之日后，此时但将原书校订一番，便可付刻。其刻费则当为足下商谋，已致书邵先生道此意矣。但正史一门不宜遗漏，如《旧唐书》与《旧五代史》、《资治通鉴》、《通鉴纲目》数书，必须涉过，然后可以成书。都门借书，尚似不难，此等又非僻书，想与邵君及家逢之辈谋之邪！至参订群书，在隋唐以前古书，存者无多，甚易为力；唐宋以后，文集说部滋多，目力恐难周耳；或先作《十七史考》附于其后，或纠约同志合力为之。今既画正史为断，则先刻亦自无碍，参订之篇，另起卷轴可耳。

仆在和州时，病诸史列传人名错杂，难于稽检，曾令人将《明史》列传人名编韵为书，初意欲取全史人名通编为韵，更取诸篇人名重复互见者遍注其下，则不特为读史要领，且为一切考订关人事者作资粮也。后以为功稍繁，先将列传所著人名编为一卷，今录本呈览。足下如治《年表》之暇，再能将廿二史列传人名，亦仿此例编之，可与《年表》互相经纬。史部自唐宋以来，浩博难罄，毋论能读者未见其人；即授书而令其按籍稽索，亦不易易。今得足下为之经纬条理，使考古之士，于棼如乱丝之中，忽得梳通栉理，则足下嘉惠后学之功为何如邪！

夫近人之患，好名为甚；风气所趋，竞为考订，学识未充亦强为之。读书之功少而著作之事多，耻其言之不自己出也，而不知其说之不可恃也。足下好学之志，老而不衰，不汲汲于自己立说，惟勤其力于治棼纠散；待有心于考古者，得足下之书，可执简以御繁，惟不自居考古之功，而功乃倍蓰于考古矣。盖考古专明一事，此则凡事皆可推求；考古不能无意见之偏，此则无所用其意见。譬之饮食，考古者如酿酒炊饭，各有所宜；足下所业，则力农之登五谷，无施不可，其为轻重，不待较而明矣。足下一生力学而无所遇，晚岁勉成二书，功亦足以不朽。雕板印行，于世有用，亦不致亏少刻资，故仆以商诸邵君。如都门难以猝办，仆拟南中为足下图之。三数年内，当有成也。何如何如？

## 与族孙汝楠论学书[①] 丙戌

蒹水来，得手书，兼询悉近状，甚欢喜。嗣于守一家，阅后书，又承记忆，以公私烦扰，无缘作报言，为歉歉！比者太夫人健饭，贤昆仲善著书，郎娘子辈都好，念切念切！

忆昨都门聚首，声气孤寂，惟与守一及足下两三失意人，相与论文慰寂寞。今落落散去，惟仆作长安蠹粟伧矣。秋高气清，斋心孤悄，脱叶聚庭，辄增逆旅年华之感，望稽山而梦湘流，潸焉不知涕之何自。闲中检点故人札牍，大约并叹流光之易逝，恐美人之迟暮，慰惜劝勉，用致惓惓，自维驽劣无似，对之太息，得足下所谓读书须真种，而反覆于当日剧谈养气炼识之旨，诚不胜其欣喜，而继之以慨焉。仆自念幼多病，一岁中铢积黍计，大约无两月功。资质椎鲁，日诵才百余言，辄复病作中止。十四受室，尚未卒业四子书，顾老父聚徒授经，仆尚为群儿嬉戏左右，当时闻经史大义，已私心独喜，决疑质问，间有出成人拟议外者。自后知识渐通，好泛览，老父以业患不精，屏诸书令勿阅。而嗜好初入，不忍割置，辄徬徨久之。年十五六，在应城，馆师日课以举子业。又官舍无他书得见，乃密从内君乞簪珥易纸笔，假手在官胥吏，日夜钞录《春秋内外传》及衰周战国子史，辄复以意区分，编为纪表志传，凡百余卷，三年未得成就。后为馆师所觉，呵责中废，勤而无所，至今病之。老父解组来，饥驱寒迫，北走燕秦，南楚越，往返一万余里，至今不得税驾。比虽识力稍进，而记诵益衰，时从破簏，检得向所业编，则疏漏牴牾，甚可嗤笑。回首当日，不觉怃然。

---

[①] 此信写于乾隆三十一年（1766）。这是章氏早年一篇重要文章，对于研究其早年生活经历、学习状况都有着重要的价值。诸如自幼多病，"资质椎鲁"，十四岁"尚未卒业四子书"。但是有一条值得注意，那就是"自少性与史近"。正因如此，他会"典衣质被"，背着父亲购买十七史，并且"丹铅往复，约四五通"，因而才有可能发现"二十一家义例不纯"。凡此种种，对于研究章氏的生平和治学精神无疑都很重要。所以，胡适在《章实斋先生年谱》中说："是早年第一篇重要文字，最可注意。"我们今天研究历史的人，对于二十四史能够通读一遍已经是很不容易了，而他却能"丹铅往复，约四五通"，所以他才有发言权。

夫读书之年，误贪撰著，小成无本，古人攸悲。而仆乃更为文墨儿戏，日月如驰，忽不我与，知弗及守，知其勤苦鲜成功矣。学问之途，有流有别，尚考证者薄词章，索义理者略征实，随其性之所近，而各标独得，则服郑训诂，韩欧文章，程朱语录，固已角觭鼎峙，而不能相下。必欲各分门户，交相讥议，则义理入于虚无，考证徒为糟粕，文章只为玩物，汉唐以来，楚失齐得，至今嚣嚣，有未易临决者。惟自通人论之则不然，考证即以实此义理，而文章乃所以达之之具。事非有异，何为纷然？自同鹬蚌，而使异端俗学，得以坐享渔人之利哉！往仆以读书当得大意，又年少气锐，专务涉猎，四部九流，泛览不见涯涘，好立议论，高而不切，攻排训诂，驰骛空虚，盖未尝不惘然自喜，以为得之。独怪休宁戴东原振臂而呼曰："今之学者，毋论学问文章，先坐不曾识字。"仆骇其说，就而问之。则曰："予弗能究先天后天，河、洛精蕴，即不敢读元亨利贞；弗能知星躔岁差，天象地表，即不敢读钦若敬授；弗能辨声音律吕，古今韵法，即不敢读关关雎鸠；弗能考三统正朔，《周官》典礼，即不敢读春王正月。"仆重愧其言！因忆向日曾语足下所谓"学者只患读书太易，作文太工，义理太贯"之说，指虽有异，理实无殊。充类至尽，我辈于四书一经，正乃未尝开卷卒业，可为惭惕，可为寒心！

近从朱先生游，亦言甚恶轻隽后生，枵腹空谈义理，故凡所指授，皆欲学者先求征实，后议扩充。所谓不能信古，安能疑经，斯言实中症结。仆则以为学者祈向，贵有专属，博详反约，原非截然分界。及乎泛滥渟蓄，由其所取愈精，故其所至愈远。古人复起，未知以斯语为何如也。要之，谈何容易！十年闭关，出门合辙，卓然自立以不愧古人，正须不羡轻隽之浮名，不揣世俗之毁誉，循循勉勉，即数十年，中人以下所不屑为者而为之，乃有一旦庶几之日。斯则可为知者道，未易一一为时辈言耳。

嗟乎！家无百年之业，世无百岁之人，而升沉聚散，人事疾病诸缘，往往不能余二三之日力，必待百亩可耕，十椽可庇，南面百城，名山独往，而后许以千古焉，则墓门松楸，直俟答秣陵之问矣。昔人云："年未三十，忧老将至。"仆行且及之，而家贫亲老，勉为浮薄时文，妄想干禄，所谓行人甚鄙，求人甚利也。顾又无从挟资走江湖，佘贩逐什一；而加之言讷词钝，复不能书剌干谒，坐此日守呫哔，余力所及，不得希古人之一二。闲思读书札记，贵在积久贯通，近复时作时辍。自少性与史近，史部书帙浩繁，典衣质被，才购班马而下，欧宋以前，十六七种。目力既短，心绪忽忽多忘，丹铅往复，约四五通，始有端绪，然犹不能举其词，悉其名数。尝以二十一家义例不纯，体要多舛，故欲遍察其中得失利病，约为科律，作书数篇，讨论笔削大旨。而闻见寥寥，邈然无成书之期。况又牵以时文，迫以生徒课业，未识竟得偿志否也？他所撰著，归正朱先生外，朋辈征逐，不特甘苦无可告语，且未有不视为怪物，诧为异类者。意气寂寞，追忆曩游，不觉泪下。山寺秋爽，足下坐拥皋比，执经问业者，欣动远近，解奇析异，何快如之！讲读之余，新著自当成帙，便中寄示一二，以慰鄙愿。所要《家谱义例》，允功大兄，手录支系，初完记序，碑版搜罗，尚未成帙。大约全城十五支以下，略疏源流，近自高曾，详绘谱牒，参取老泉《谱例》[①]，及邵念鲁序全氏《谱法》[②]，微折其衷。至嘉言懿行，闲范逸事遗书宗约之属，拟仿杂著体，区类为篇，以便省览。而行状传志，投赠诗文之属，则别辑为外篇，以附其后，俟略成卷轴，便当附寄商榷。《天门志》呈览，中为俗人所改，所存才十之六七。著作之事，必自己出，即此亦见一端。《宗二女逸事》，即条首趾寄下，近日改正记事一篇，手录奉郢。四月间得楚中家书，老幼俱如常，特寒窘殊甚耳！然细君去秋，又举一子，附闻。想一扺手，人还草草因风复惠德音。不宣。

## 与史氏诸表侄论策对书[③]

闻南书塾相传，谓仆与邵二云侍讲，均有秘本拟策，为科举之士所资。

---

① 老泉《谱例》：指苏洵《谱例》，载《嘉祐集》卷十四。
② 邵念鲁序全氏《谱法》：见《思复堂文集》卷六，《全氏谱序》、《全氏谱后序》。
③ 本文写作时间未详。王宗炎编《章氏遗书》时不知何故未收入，胡适等撰写《章实斋先生年谱》中亦未提及此文。此据1983年文物出版社出版的《章学诚遗书》中《佚篇》增补。文章主要论述清朝科举考试中策问程式与内容等问题，并以亲身经历说明这种考试具有很大偶然性，加之考官识鉴水平高低不一，因而有真才实学者未必能够考上。文章还反映了章氏一生诚实守信的高尚品德，策对时明知主考官与自己见解不同，仍"执所见以对，不稍迁就"，等着他的自然就是"副榜"，事后有人批评他何必"明知故犯"，他的回答十分干脆："仆之生平，不能作违心之论。""生平惟此'不欺'二字，差可信于师友间也。"这是何等高尚的品德！

此误传也。

策问之设，所以觇人学植，学植而有秘本可传，则学植不足难矣。往者邵君会试第一，号为五策冠场。有乡荐绅固求邵君策学，邵君实无以应，其人怫然怒去，谓邵君长于策学，吝不与人。此真有冤无可诉也！策以觇人之学，学蕴于中，而策发之，岂别有策学邪？善养生者，饮食药饵，务精以良，其形于外也，精神焕发，而目光华，则其道矣。今见养生者精神面目与人不同，不问药饵饮食之方，而顾谓是有面目精神之学，人知之无是理也。世之舍学植而疑别有所谓策学，何以异是？原策问之程式，所以试人记诵名数，名数具有简策，岂人所得秘邪？揣摩时事，摘扶要略，则坊刻策括，亦已无所不备。科举之士，学不素豫，则取坊刻策括，择与近事相关合者，记其名数，临场如款以对，十亦可得七八，虽使宿学之士数家珍而出者，不能毫发异也。第其中有不异而异者，同一名数，而出之有学识者，不但对其所问，而并对所问之意，告往可以知来，一隅可以三反，其言非积卷轴不能，而执卷轴以求之，又不可得。比如鼎俎之实，笾豆之羞，不过果蔬鱼肉，而出于市沽行贩与出良庖精制，品物不殊，而色、臭与味相天渊矣。

然而我辈所见，理固如是，考官鉴赏，则不尽然。科举之士，能留意于策括场中，十不得二三，考官加意于三场策对者，亦十不得四五，学蕴于中而自然流露于策对者，千万人中，间有一二而已。甚而通场竟无一人，亦常事也。则诵策括以备应对者，毕竟易于见长。后生致力于此，足应考官之求，已是巧趋捷径，此外更无秘密传授，为世人所难知者也。学之真者，必有专长，科举策问，本无一定，以专长之学而当无定之问，其势不尽合也。故精学之士，不屑于策括，见策问之与己合者，引伸触类，精理名言，真可刊为著述，其疏阔者，则以己意支展而已，转不能如攻策括者诵拾名数无遗失也。故考官具识鉴者，于诸策士所对，不课实而课虚，不观其所详而观其所略，不喜其无间而喜其有间，所谓"观过知仁"，真学而不免有疏，远胜策括之拾诵无罅漏矣。然言策至此，则考官与策士，皆非寻常科举之所有矣。

今附去仆应顺天丁酉乡试五策，试观所问与所对者，何能尽合？其推衍所问之旨，则皆平素阅历所得，固无书可稽，亦岂豫拟所能定哉？是科构备策括名数较仆加详备者，尚有其人，会稽相公①乃取仆策特奏，戊戌会试，金坛相公②又为特奏其名，皆前此绝无之事，一时仆遂滥窃虚誉。其实自庚辰以后，七应乡试，累遭摈弃，凡所对策，岂尽劣于此邪？仆于学业，亦小有得，故平日言论亦小有家数。又口谈笔述，初无两歧，或出矜心，或出率意，详略正变，无所不有，然意皆一律，从无欺饰。与仆久相处者，闻仆所言，可以知仆应试之对；考官见仆之对，可以知仆所著之书。生平惟此不欺二字，差可信于师友间也。然戊子乡试，以国子生修国子监志，与国子长官③争论义例，既不合矣，其秋主试，即此长官，发策即问监志义例，仆乃执所见以对，不稍迁就，长官初赏其文，后见策而抑置副榜。或咎仆以明知故犯。不知仆之生平，不能作违心之论，司衡鉴者，或好或恶，或无心而置之，或极意以赏之，则存乎时与命耳。仆于科举，无必得之技，亦无揣摩以求必得之心。如谓不信，但取历应举闱策论，以及进士登第廷对扬言朝考拟奏前后文字反覆究之，曾有一言不与平日口谈以及笔存著述相为呼吸发明者欤？私心妄许，以为即此不欺君父之素志，亦可以见学人之心术，而世之言举业者，且以欺言为河汉矣。然仆之言，于仆之遇，有幸不幸，而少年子弟闻仆言者，亦有幸不幸也。仆性中隘，言不留中，少年子弟进问于仆，无不以其所心得者，宛曲为之开喻。真能信者，惟族子廷枫知县、君家致光修撰二人而已。当时族人无不为知县切戒，以谓师仆必将终身蹭蹬，戚属亦无不为修撰丁宁，以谓信仆即为不祥之兆。二子迄不少动，契仆益深，其意亦不尽为科举也。而廷对敷扬，往往有其绪论，又皆为大臣激赏奏名，或擢大魁，或不免于知县，则有幸不幸耳。而一时皆传仆有授受，得毋因此而有秘

---

① 会稽相公：指梁国治。
② 金坛相公：指于敏中（1714—1779），清朝大臣。字叔子，号耐圃，江苏金坛人。乾隆进士。以文章为清高宗所重，曾任山东、浙江学政。乾隆十八年（1753）擢兵部侍郎。二十五年（1760）命为军机大臣，后进文华殿大学士，兼户部尚书。清廷开"四库馆"，受命为正总裁，与大学士刘统勋力主搜辑《永乐大典》中所存散佚古书。又充国史馆、"三通"馆总裁。任军机大臣时，因交结内监外官，贪赃受贿，败露后受斥责。著有《临清纪略》。经查《清高宗实录》，戊戌年此人确实任正考官，又是金坛人，故章氏所云"金坛相公"必指此人。
③ 国子长官：指陆宗楷，字伯子，武林（今杭州）人，乾隆间历任翰林院检讨、兵部尚书、礼部尚书、内阁学士，乾隆十三年（1748），以兵部尚书兼国子监事。辑《太学志》进呈，而所述沿革故实，滥载及唐宋以前，殊失断限。乃诏重为改定，断自元明。乾隆三十三年（1768）以礼部尚书为顺天乡试主考官，副主考为景福。

本拟策之讹欤？然大魁上第每科不乏，何尝必由乎此？信仆深而不疑，仅二人耳。设二人之外，更有如二人之信者，又岂必得上第高科？则仆之所业，惟不碍于得耳，非可操必得也。能不失其我耳，非尽求合于人也。虽为专攻科举之士，骇而不信，然于天人离合名利得失之际，与彼相去竟不甚远。则是知不可求而从吾所好，所得不差逸欤？子弟求名，必深悉此意，终身之利益也。

## 又与正甫论文[①]

足下《后海纪事》，经邵先生又订数处，可云完善。然仆尚有一二处异同，暇当订定，俟后寄也。近日为古文辞，绝少其人，吾与邵先生言之慨然。所望后起之秀，如朱少白与足下，皆不易得，然不可不勉也。

学问文章，古人本一事，后乃分为二途。近人则不解文章，但言学问，而所谓学问者，乃是功力，非学问也。功力之与学问，实相似而不同。记诵名数，搜剔遗逸，排纂门类，考订异同，途辙多端，实皆学者求知所用之功力尔！即于数者之中，能得其所以然，因而上阐古人精微，下启后人津逮，其中隐微可独喻，而难为他人言者，乃学问也。今人误执古人功力以为学问，毋怪学问之纷纷矣。文章必本学问不待言矣，而学问中之功力，万变不同，《尔雅》注虫鱼，固可求学问，读书观大意，亦未始不可求学问，但要中有自得之实耳。中有自得之实，则从人之途，或疏或密，皆可入门，圣门如颜、曾、赐、商，未能一辙。而今之误执功力为学问者，但趋风气，本无心得，直谓舍彼区区掇拾，即无所谓学，亦夏虫之见矣。

近日言学问者，戴东原氏实为之最。以其实有见于古人大体，非徒矜考订而求博雅也。然戴氏之言，又有过者，戴氏言曰："诵《尧典》，至乃命羲

---

[①] 本文写作时间未详。文中指出"功力之与学问，实相似而不同"，功力只是说明你掌握知识之多少，是做学问的积累过程。只有当自己有了体会，产生了独得见解，才算是学问。否则掌握知识再多，也只是储藏知识的工具而已。他还举例，秫黍可以造酒，但本身并不是酒，功力可以达到学问，但本身并不是学问，故他在《博约》中也提出："学与功力，实相似而不同。"文中对戴震又有评论，有肯定，有批评，在研究与戴震关系时应当参考。

和，不知恒星七政，则不卒业；诵《周南》①、《召南》②，不知古音则失读；诵古《礼经》，先士冠礼，不知古者宫室衣服等制，则迷其方。"戴氏深通训诂，长于制数，又得古人之所以然，故因考索而成学问，其言是也。然以此概人，谓必如其所举，始许诵经，则是数端皆出专门绝业，古今寥寥不数人耳，犹复此纠彼讼，未能一定，将遂古今无诵五经之人，岂不诬乎！孟子言井田封建，但云大略；孟献子之友五人，忘者过半，诸侯之礼，则云未学，爵禄之详，则云不可得闻。使孟子生后世，戴氏必谓未能诵五经矣！马班之史，韩柳之文，其与于道，犹马郑之训诂，贾孔之疏义也。戴氏则谓彼皆艺而非道，此犹资舟楫以入都，而谓陆程非京路也。曾子之于圣门，盖笃实致功者也，然其言礼，则重在容貌、颜色、辞气，而笾豆器数，非君子之所贵。由是言之，文章之用，较之区区掇拾之功，岂可同日语哉！虽然，矫枉者戒其过甚，文章嗜好，本易入人，今以伪学风偏，置而不议，故不得不讲求耳。倘时随势变，溺文亡实，亦君子之所忧，故吾辈加意于文，益当敦茂其学。韩氏本深实遂，形大声宏，实千古立言之经律。而所谓深与大者，毕竟何物，学者所当深长思尔！

足下向所留意于学，如地理职方之类，为之亦既有年，而未能得其旨趣，则于功力犹未成也，岂可谓学问乎！功力苟无伪袭之心，亦求学者所资，即不能自成其学，亦可有功后人，如王氏《玉海》之类，亦止功力而非学问也。但不得其趣，则不可以强为，当求资之所近，而力能勉者，由渐而入于中，得究其所以然，所谓道也。又由是道扩而充之，隅而反之，所谓大道也。由道德而发为文章，乃可谓之立言，乃可不为戴氏所讥，谓艺可不务乎。近与朱少白书，为论学文之要，其中所言，亦有必欲与足下言者，就近自可取观。且凡论文之言，俱汇史余村处，故不复缀述，匆匆此布。尚希惠音不宣。

---

① 《周南》：《诗经》十五国风之一。有诗十一篇。"南"有二解：一曰南为乐名。《诗·小雅·鼓钟》"以《雅》以《南》"可证。一曰南指地望，即此诗产生之处所，传统说法是产生于周公旦统治的南方地区，北到汶水，南到江汉合流的武汉地区，故名《周南》。作品中西周、东周皆有。有学者撰文不同意此说，认为"《周南》之周，当指周公旦营建的东都洛邑一带"，由该诗的内证，有理由认为《周南》不产生于江汉，而产生于成周。

② 《召南》：《诗经》十五国风之一。有诗十四篇。作品中西周、东周皆有。与《周南》一样，南亦有二解，其意相同。

## 论文示贻选[1]

古文辞盖难言矣。古人谓之属辞，不曰古文辞也。记曰："比事属辞，《春秋》教也。"夫比则取其事之类也，属则取其言之接续也。纪述文字，取法《春秋》，比属之旨，自宜遵律，显而言之。昌黎所谓文从字顺是也。尔于学问，三十之年，未见能立，前见尔所为《王君家传》，则喜于古文辞，略有片段，故累诫加意于古文辞，希于古之立言。夫立言亦以学问为主，学问未能有主，则姑学古文，亦古人志气交养之道。范蔚宗自叙年少为文，未见所长，既造《后汉》，转得统绪。则知古人亦有因文辞而恍得于学问者，在从入之途，固不可以一例拘也。尔乃游移不信，则逡巡岁月，与庸流亦不远矣！

前寄《庚辛亡友列传》[2]，自喜情真，文体变而不诡于正，惟辞锋有未敛处，恐不合于时人，故改正二处，续寄附订，不料邮书迟滞，尚未到也。今接到永清刻本，于《乐子谓传》[3]内"天府生员"上，加一"顺"字，于事无碍。然"天府生员"四字自稳惬，加一"顺"字，便觉少却大兴籍贯矣。此无明例，细辨文义，当自得之。《顾文子传》[4]内，己亥下第，"同考官"三字之下，原稿及录本并未出其姓氏，刻本忽填姓氏。孟子曰："言人不善，如后患何？"毋论世法非宜，且文章隐恶扬善，于此等琐事，无关激扬大义，又于文子才学，无所加损，必著其人姓氏，亦何取耶？吾涉世文字，尝自检点，不敢轻訾于人，犹恐不自省察，为人隐恨，此则何为。又《文子传》中，"自戊徂辛"四字，今刻改为"自戊徂丑"，虽无甚碍，然题目为《庚辛亡友》，则此等处，亦须文字一律。盖用天干不用地支，《尚书》辛壬癸甲，

---

[1] 本文写作时间未详。文章与长子贻选论述学问文章之事，说明一个人随着年龄之增长，掌握知识丰富，见多识广，为文亦在变化。同时还指出自己所撰《文史通义》，"弹劾古人，执法甚严。而近著文字不甚拘者，正与《通义》之旨，丝毫无背"。此等论述，对于评论《文史通义》，都不应忽视。

[2] 《庚辛亡友列传》：章氏为在庚辛之间逝世的故友所作之传，他觉得"师友知交，彫落多故，亦莫甚于庚辛之间"。此传今载《章氏遗书》卷十九。

[3] 《乐子谓传》：见《庚辛亡友列传》。

[4] 《顾文子传》：见《庚辛亡友列传》。

即其例也。杜工部云："晚节渐于诗律细。"惟文亦然。吾近岁文字，较五十以前，不甚拘于法度，所著《文史通义》，弹劾古人，执法甚严。而近著文字不甚拘者，正与《通义》之指，丝毫无背。其中往往有行文本属无意，而为人改易一二字句，反覆谛审，乃觉改易终有弊病，不如原本完善，非熟于法度不能辨也。吾入徐学使[①]幕，为之整顿家传，徐君奉使以来，勇任文辞，见所草传不当其意，遽自改削，然无一语可协文律。吾谓吾文岂如咸阳悬金，一字不可增减？然求文从字顺者也。今求文从字顺，则罕见其人矣。凡记往事，必类记牵连而及之，事不必入于文者，亦历忆之，使本事始末了然，然后下笔乃无失实之弊。至万无如何，不可忆者，则须参以活变，存疑不可断定，此亦慎言其余之旨，不可不致思也。俗学以谓此等无关紧要，不妨意为出入，不知《易》曰："修辞立其诚，所以居业也。"辞有不诚，则心浮而业不居矣。每见江湖游客，趋奉贵人，但探贵人意指所向，附会文饰，以博其欢，稍自好者，皆知鄙之。彼之附会文饰，岂必关于利害得失，人鄙之者，以谓巧令从人，不可以自立也。今人不解属辞，欲附会以饰色，岂不与彼一例，可不诫欤？

凡为古文辞，称人学问文章，正如关榷估物，市司评贾，岂可率尔称道，自贻不知之诮，临文而称先达闻望，非若唐之昌黎，宋之庐陵，童叟皆知，中外共识之人，则必著其名讳，不可泛称字号，使人不知为何人也。八股称四书文义，乃流俗俚语，文体分股，八股为篇，经传子史，往往有之，何必四书文义，独擅其称。而四书文义，则又何尝必定拘股于八？此亦临文不可不审思也。学古文辞，而但窥古人成文，如工不居肆，而就市廛玩索待鬻之成器，其无所解也必矣。故吾教人为古文辞，必以属文草稿示之，可以观草创之加润色也。必以时人属文之就正者，指其瑕颣而摘抉出之，可以见去取之有法律也。刘知幾《史通》中有《斥繁》[②]之篇，则《左》、《国》、《史》、《汉》皆有改削，虽损益未必皆当，然经营文字，以为当时论事之观法，古人已有之矣，非摘人之瑕，炫己长也。

---

[①] 徐学使：指徐立纲，乾隆五十四年（1789）三月，章氏馆于其家，并为其编撰宗谱。
[②] 《斥繁》：《史通》只有《点烦》，烦亦作繁，还有《烦省》，并无《斥繁》，恐为《点繁》之误。

## 答大儿贻选问①

汝问六朝以前辞章必善小学，唐人而后乃出类书，其说殊为有见。盖小学与经学，古人未尝分也。诂经有名物，有字义，《尔雅》之学，古今精字善句所汇聚也。《尔雅》之学，不止《尔雅》一书。故辞章彩色本之于此，则根底深厚，与后世比类之家剿袭字句不同。汪苍舒《古文褒异》内，有《传注奇语》一篇，自矜为取裁新异；吴梅村祭酒问某君有何异书可读，某以《十三经注疏》；乃晚近不知古人之学，转以此说为创获耳。令汝等摘经传子史精语，即此。即《说文》、《广韵》解字辨音内，亦有资于文材者，故前辈教人，博学莫妙于读字书韵书，亦一道也。此说忘其人，然言甚确。至于古人之文，亦有利病。如《文选》大赋，取其开合变化，征材富赡，得《国策》之敷张恢扩，《离骚》亦《国策》之一种。故相近也。其字体因类而广，不可尽识，前人已有字林之诮，《文心雕龙》。原可不必效之。若六代辞章，全出骚、策，我于《诗教》篇已反覆申明，可自寻《诗教》篇上篇第五章。而熟研究之。至于文辞流别，各有家法，六代辞章，见于《文选》，则诗教也。六朝之人，多深于《礼》；《通典·礼门》后载《礼议》二十余卷，又《晋》、《宋》、《齐》、《魏》、《隋》诸史《礼志》、《刑法》诸篇，凡大典礼及大疑狱，尚书八座及儒学博士，引经按律，酌理斟情，会议上闻，或互相驳正，其文多精凿，根底经术，大原固出《礼经》，亦颇参申韩名法家言，又战国之一流也。更有见于《弘明集》②中，如夷夏诸论，则清辨玄妙，又是一种，盖庄列之余，亦战国之一流也。辞章有一艺专家，有大方名家，草木区分，不可一概论也。一艺专家，或笔札书牍，或诗赋韵言，或记序杂文，或科举艺业，时文亦辞章之一种，人多不知。各有其域而不能相通；大方名家，则六艺渊源，诸家流别，虽不专工，必须略知门户，当从容以权其义，非可造次尽也。列国聘问，赋诗赠答，此见古人善于因托，情所难宣，借诗意以宣之。彼时人皆素

---

① 本文写作时间未详。内容所谈皆为读书治学之经验，文字虽然不多，却是经验之谈。
② 《弘明集》：亦作《宏明集》，南朝梁僧祐作。僧祐姓俞氏，彭城下邳（今江苏睢宁西北）人。初出家扬都建初寺，武帝时居钟山定林寺。《新唐书·艺文志》著录十四卷，末有僧祐后序。内容所辑皆东汉至梁时阐明佛法之文。

习,岂如后人之须经师训故!其失赋贻讥者,乃是不习礼文,非谓不谙文理也。此又是一类。如《孝经》引《诗》,刘向《列女传》、《新序》、《说苑》、韩婴《诗外传》以及匡衡①、王吉②诸人奏疏引《诗》,释义不拘旧训,得此意者,读《诗》能言,可以解脱无方,乃为六义博比兴之趣耳。此以备文章之一体,若专事于此,则有宽泛不切之病矣。

排比之文,欲使顿挫抑扬,得诗人一唱三叹之意。如贾长沙《过秦》之论,有何深刻之意,而文有赋心,气如河海,诵读一过,而过秦讽汉之意溢于言外。屈氏《离骚》,上称帝喾,下道齐桓,中述汤武,以刺世事,即一理也。故曰:《国策》、《骚赋》,乃后世辞章之祖也。

# 家书一③

出门惘惘有离别意,三数日即已如常。肩舆行春光熳烂中,亦且可消遣。途中日制一文,多有可观,惜不得钞胥就录之也。文章学问之事,即景多所会心,笔墨既便,随处札录,夜店罢餐,稍润饰之。其深远者,别为著作,其有切于学者用功之事,则为尔辈言之。此非一日所记,亦非专意为文,随得即书,故于先后次第未尝庸心,尔辈可以意会,或自作一番编排,置之座右,以时展玩可也。天下至理,多自从容不逼处得之;矜心欲有所为,往往不如初志。故尔辈于学问文章未有领略,当使平日此心时体究于义理,则触境会心,自有妙绪来会,即泛览观书,亦自得神解超悟矣。朱子所谓常使义理浇洗其心,即此意也。但札记之功,必不可少,如不札记,则无穷妙绪,皆如雨珠落大海矣。或仿祖父日记而去其人事闲文,或仿我之日草

---

① 匡衡:西汉大臣。字稚圭,东海(今山东郯城)人。善说《诗》,累官至太子少傅,朝廷有争议,衡皆依据经义应付。元帝时为相,封乐安侯。
② 王吉:东汉官吏。陈留浚仪(今河南开封)人。执法严明,善断疑狱。任沛相期间,郡内奸吏、豪强有微过贪赃者,虽数十年仍加贬斥。五年中杀万余人。
③ 这七篇《家书》写于乾隆五十五年(1790)。这一年作者由亳州往湖北武昌。虽为家书,学术价值却很高,有的是讲治学经验,有的是谈当日学风,也有的是谈自己的学术主张和经历,对于研究章氏学术是不可不看的。

而不必责成篇章，俱无不可。和尚虽有先生功课，但其心最动，一切坏事，皆从动处得来，其患不小。今自馆课之外，强使习静，静中有所见解，即笔于书，不论时学古学，有理无理，逐日务要有所笔记，或亦治病之一法欤！每日用一香线工夫为此，余则不尔责也。即如和尚逐日责令记功课簿，原为用过之功不弃置也，然彼竟如胥吏造文案簿，一登簿册，不复措意，则与不登簿者何异！今使日逐以所读之书与文，作何领会，札而记之，则不致于漫不经心。且其所记虽甚平常，毕竟要从义理讨论一番，则文字亦必易于长进，何惮而不为乎！札记之功，日逐可以自省；此心如活水泉源，愈汲愈新，置而不用，则如山径之茅塞矣。

# 家书二

古人重家学，盖意之所在，有非语言文字所能尽者。《汉书》未就而班固卒，诏其女弟就东观成之，当宪宗时，朝多文士，岂其才学尽出班姬下哉？家学所存，他人莫能与也，大儒如马融，岂犹不解《汉书》文义，必从班姬受读？此可知家学之重矣。后世文章艺曲，一人擅长，风流辄被数辈，所谓弓冶箕裘，其来有自，苟非天弃之材，不致遽失其似者也。吾于史学，盖有天授，自信发凡起例，多为后世开山，而人乃拟吾于刘知幾。不知刘言史法，吾言史意；刘议馆局纂修，吾议一家著述；截然两途，不相入也。至论学问文章，与一时通人全不相合。盖时人以补苴襞绩见长，考订名物为务，小学音画为名；吾于数者皆非所长，而甚知爱重，咨于善者而取法之，不强其所不能，必欲自为著述以趋时尚，此吾善自度也。时人不知其意而强为者，以谓舍此无以自立，故无论真伪是非，途径皆出于一。吾之所为，则举世所不为者也。如古文辞，近虽为之者鲜，前人尚有为者，至于史学义例，校雠心法，则皆前人从未言及，亦未有可以标著之名。爱我如刘端临，见翁学士[①]询吾学业究何门路，刘则答以不知，盖端临深知此中甘苦，难为

---

[①] 翁学士：指翁方纲（1733—1818），清朝学者。字正三，号覃溪，大兴（今北京大兴）人。乾隆进士，历任内阁学士，广东等省学政，鸿胪寺卿等。精于经学考据，又长金石之学，所著《两汉金石记》，考证精详。还著有《苏诗补注》、《复初斋全集》等。

他人言也。故吾最为一时通人所弃置而弗道，而吾于心未尝有憾，且未尝不知诸通人所得，亦自不易，不敢以时趋之中不无伪托，而并其真有得者亦忽之也。但反而自顾，知己落落，不过数人，又不与吾同道。每念古人开辟之境，虽不知殁身之后，历若干世而道始大行，而当其及身，亦必有子弟门人为之左右前后而道始不孤。今吾不为世人所知，余村、虎脂又牵官守，恐未能遂卒其业，尔辈于斯，独无意乎？

# 家书三

子女之生，必肖父母，虽甚不似，而必有至肖者存，此至理也。学问文章，亦有然者。吾于古文辞，全不似尔祖父，然祖父生平极重邵思复文，吾实景仰邵氏而愧未能及者也。盖马班之史，韩欧之文，程朱之理，陆王之学，萃合以成一子之书，自有宋欧曾以还，未有若是之立言者也；而其名不出于乡党，祖父独深爱之。吾由是定所趋向；其讨论修饰，得之于朱先生，则后起之功也，而根底则出邵氏，亦庭训也。吾于史学，贵其著述成家，不取方圆求备，有同类纂。祖父尝辨《史记索隐》谓"十二本纪法十二月，十表法十干"诸语，斥其支离附会。吾时年未弱冠，即觉邓氏《函史》上下篇卷，分配阴阳老少为非，特未能遽笔为说耳。又十五六岁时，尝取《左传》删节事实；祖父见之，乃谓编年之书仍用编年删节，无所取裁，曷用纪传之体分其所合！吾于是力究纪传之史而辨析体例，遂若天授神诣，竟成绝业，祖父当时亦诧为教吾之时，初意不及此也，而不知有开于先，固如是尔。吾读古人文字，高明有余，沈潜不足，故于训诂考质，多所忽略，而神解精识，乃能窥及前人所未到处。初亦见祖父评点古人诗文，授读学徒，多辟村塾传本胶执训诂，不究古人立言宗旨，犹记二十岁时，购得吴注《庾开府集》[①]，有"春水望桃花"句，吴注引《月令章句》云："三月桃花水下。"祖父抹去其注而评于下曰："望桃花于春水之中，神思何其绵邈！"吾彼时

---

① 《庾开府集》：南北朝文学家庾信著，清朝吴兆宜注。《四库全书总目提要》著录《庾开府集笺注》十卷。兆宜字显令，江苏吴江人，康熙中诸生，还曾注《玉台新咏》等。

便觉有会，回视吴注，意味索然矣。自后观书，遂能别出意见，不为训诂牢笼，虽时有卤莽之弊，而古人大体，乃实有所窥。尔辈于祖父评点诸书，曷细观之！

## 家书四

夫学贵专门，识须坚定，皆是卓然自立，不可稍有游移者也；至功力所施，须与精神意趣相为浃洽，所谓乐则能生，不乐则不生也。昨年过镇江访刘端临教谕，自言颇用力于制数而未能有得，吾劝之以易意以求。夫用功不同，同期于道；学以致道，犹荷担以趋远程也，数休其力而屡易其肩，然后力有余而程可致也。攻习之余，必静思以求其天倪，数休其力之谓也；求于制数，更端而究于文辞，反覆而穷于义理，循环不已，终期有得，屡易其肩之谓也。夫一尺之棰，日取其半，则终身用之不穷；专意一节，无所变计，趣固易穷，而力亦易见绌也。但功力屡变无方，而学识坚定不易，亦犹行远路者，施折惟其所便，而所至之方，则未出门而先定者矣。

## 家书五

宋儒之学，自是三代以后讲求诚正治平正路，第其流弊，则于学问、文章、经济、事功之外，别见有所谓"道"耳。以"道"名学，而外轻经济事功，内轻学问文章，则守陋自是，枵腹空谈性天，无怪通儒耻言宋学矣。然风气之盛，则村荒学究，皆可抵掌而升讲席；风气之衰，虽朱程大贤，犹见议于末学矣。君子学以持世，不宜以风气为重轻；宋学流弊，诚如前人所讥，今日之患，又坐宋学太不讲也。往在京师，与邵先生言及此事，邵深谓然。廿一史中，《宋史》最为芜烂，邵欲别作《宋史》。吾谓别作《宋史》成一家言，必有命意所在，邵言即以维持宋学为志。吾谓维持宋学，最忌凿空立说，诚以班马之业而明程朱之道，君家念鲁志也，宜善成之！然邵长于学，吾善于裁，如不可以合力为书，则当各成一家，略如东汉之有二谢、司马诸书，亦盛事也，但恐不易易耳。尔辈此时讲求文辞，亦不宜略去宋学；但不可堕入理障，蹈前人之流弊耳。"五子"遗书①，诸家语录，其中精言名理，可以补经传之缺，而意义亦警如周秦诸子者，往往有之，以其辞太无文，是以学者厌之，以此见文之不可以已也。但当摘其警策，不妨千百之中存其十一，不特有益身心，即行文之助，亦不少也。

# 家书六

人之才质，万变不同，已成之才，推其何以至是，因而思所效法，道亦近矣，然有不可据者，不容以不察也。观前辈自述生平得力，其自矜者，多故为高深，如戴东原言"一夕而悟古文之道，明日信笔而书，便出《左》、《国》、《史》、《汉》之上"。此犹戴君近古，使人一望知其荒谬，不足患也。使彼真能古文，而措语稍近情理，岂不为所惑欤！其有意主劝诱来学而言之太易者，亦须分别观之。惟圣贤教人，亦有至平近者，如孟子教曹交，即于徐行疾行求尧舜之道矣。有自讳初习之陋而以后之所得一似生知之者，如都门有先达擅时文名，其先实学墨裁而后取法先正，因绝口不言前业，虽固亦无伤，未免使后学之已误所趋者，不知其道尚可变也。又有天姿之高不尽由于学力，而意之所主自足成家，惟嫌天姿不足为训，遂举生平所得，强归功于所主之说，而不知其所以得者不在此也，是又不可不因人而别其言也。

如吾所得，亦不自解。二十岁以前，性绝骇滞，读书日不过三二百言，犹不能久识；学为文字，虚字多不当理。廿一二岁，骎骎向长，纵览群书，于经训未见领会，而史部之书，乍接于目，便似夙所攻习然者，其中利病得失，随口能举，举而辄当。人皆谓吾得力《史通》，其实吾见《史通》已廿八岁矣。廿三四时所笔记者，今虽亡失，然论诸史于纪表志传之外更当立图，列传于《儒林》、《文苑》之外更当立史官传，此皆当日之旧论也。惟

---

① "五子"遗书：五子指宋周敦颐、程颐、程颢、张载、朱熹五人。道光学者何凌汉在《宋元学案叙》中亦有"读宋五子书"句，可见五子之说早已形成，而《宋元学案叙》亦非最早提出。至于遗书则是指此五人之著作。

当时见书不多，故立说鲜所征引耳，其识之卓绝，则有至今不能易者，但悔向来不察，往往以此概人，不能皆合。每见少年十五六时，文理粗通，或读书多而能识，便觉远胜于吾，不免深为期望，欲其十倍增益，而不知廿岁以后，不但不能胜吾，且远逊吾者甚多。乃知吾之廿岁后与廿岁前不类出于一人，自是吾所独异，非凡人生过廿岁，皆可一日而千里也。

汝弟兄廿岁前之所业，较吾当日皆似胜之，廿岁后不能如吾，则所谓胜吾者不足喜也。至吾十五六岁虽甚驽滞，而识趣则不离乎纸笔，性情则已近于史学；塾课余暇，私取《左》、《国》诸书，分为纪表志传，作《东周书》，几及百卷，则儿戏之事，亦近来童子所鲜有者，岂以是故遂不妨于开悟稍晚邪！故吾近日教人用功，不为高论异说，知人之所具才质，不可一例限也；惟归其要于识趣，则自阅历之言，差觉信而有征，尔辈宜自辨之。

# 家书七

名者实之宾，犹文者质之著也。无质不可以言文，而初学为文者未必具也，则先学为文以求致乎道，亦未始非学者之进业也。务实不可以好名，而初学入德者未必能也，则姑循其名以渐致其实，亦未始非教者之善诱也。邵先生尝举黄梨洲言，"好名乃学者之病，又为不学者之药"，吾当时颇不为然，今知黄氏之言良有味也。因忆吾生二十许岁，亦颇好名，彼时只以己之所业欲得人赞赏尔，尚不至舍己之长，徇人所好，以干誉也。后见乡曲僿子，好名有甚，愚者诵拾名数以炫侈博，几于冬月握冰，盛夏拥火，劳苦倍蓰于人，而究其所得，毫无端绪，已可怜矣；而名心所激，恐人轧己，猜嫌疑畏，至于草木皆兵，举动乖张似丧心者，一时旧交故友，莫不苦之。吾于是惕然知戒，以谓好名流弊，乃至于此！故常为之说曰："好名之甚，必坏心术。"又曰："好名之心，与好利同。凡好名者，归趣未有不俗者也。"邵先生亦颇善吾言，与黄梨洲说常并称之。

今思天下之人，中才为多，勉以力学，犹未能从，更不许其好名，则彼未知学中旨趣，将谓吾何乐乎为学，是欲戒好名而先令惰学也。此亦吾以后之所得，忘其先事，不免期初学以过高也。但好名亦自宜别，尽其所当为而无所矫饰，虽欲人之知而赞赏可也，有意徇人而不自求其有得，则终身无入德之阶矣。和尚天质，可进之于学古，而彼不甚乐，正坐不好名之故也。夫学者如牛毛，成者如麟角，俗师言登第之难也。夫于牛毛之中得称麟角，岂不荣甚！但以登第视未成名，登第为麟角矣；以学问文章知名传世之业较之，则登第又如牛毛，而知名传世为麟角矣。昔朱先生言："传世以时文为最轻，科第以状头为至贵。"然自有明至今，时文中如王、唐、归、胡、金、陈、章、罗、熊、刘、二方诸家名氏，人皆知之，而三四百年中状魁名氏，未有能熟忆者。

夫以状首之贵，不敌一时文之名，况进而学问文章，又远出时文声名百倍乎！以此而求有出于人，岂不较彼沾沾一科第者隔天渊耶！况彼之所求，固未必得，而从事于此，未必不得；得之而为名进士、名翰林，亦视世之所谓翰林进士加一等矣。此吾自悔向来立说过高，故为尔辈开示及此，可不勉体吾言欤！

# 外篇四

## 方志立三书议①

凡欲经纪一方之文献，必立三家之学，而始可以通古人之遗意也。仿纪传正史之体而作志，仿律令典例之体而作掌故，仿《文选》、《文苑》之体而作文征。三书相辅而行，阙一不可；合而为一，尤不可也。惧人以谓有意创奇，因假推或问以尽其义。

或曰："方志之由来久矣，未有析而为三书者，今忽析而为三，何也？"曰：明史学也。贾子尝言：古人治天下，至纤至析。余考之于《周官》，而知古人之于史事，未尝不至纤析也。外史掌四方之志，注谓："若晋《乘》②、

---

① 本篇作于乾隆五十七年（1792）。此文是章氏方志理论的核心，标志着他的方志理论的成熟、修志体例的完备和方志学的建立。文章开宗明义就提出："凡欲经纪一方之文献，必立三家之学，而始可以通古人之遗意也。仿纪传正史之体而作志，仿律令典例之体而作掌故，仿《文选》、《文苑》之体而作文征。三书相辅而行，缺一不可；合而为一，尤不可也。"为什么要提出这个主张，他在《报黄大俞先生》书中讲了当时的方志"猥琐庸陋，求于史家义例，似志非志，似掌故而又非掌故，盖无以讥为也"。因此，这种局面非改变不可。当然，要指出的是，章氏建立三书的理论，是受到唐代史家刘知幾的启发。刘知幾在《史通·载言》篇中提出，今后编修纪传正史要立书部，这种书部类似文选，将帝王"制册诰命"、群臣章表，分别选录，各立"制册书"，"章表书"，与书传并列。对此主张，章氏十分赞赏，并在《和州志文征序例》和《永清县志文征序例》中一再提到此主张。同时他又根据历代都在正史之外，编有会要、会典、文选、文类的启发，从而确立了三书之学。他说："自唐以后，正史之外，皆有典故会要，以为之辅，故典籍至后世而益详也。"可是"方志诸家，则犹合史氏文裁，与官司案牍，混而为一，文士欲掇菁华，嫌其芜累，有司欲求故实，又恐不详，陆机所谓'离之则双美，合之则两伤'也"。分立三书，正是采用"离之则双美"的办法。值得指出的是，此种做法也是通过修志实践逐步完善的，编修《和州志》时先设立"文征"，经过《永清县志》同样可行，到编修《亳州志》时，才又设立了"掌故"，所以他的方志理论大多是经过修志实践的检验而不断完善起来的。有人说章学诚的"文征"发端于旧方志的"艺文"一目，而"掌故"源于"考"体。这种说法是毫无根据的。

② 《乘》：先秦时晋国的史书曰《乘》，见《孟子·离娄下》。

鲁《春秋》①、楚《梼杌》②之类。"是一国之全史也。而行人又献五书，太师又陈风诗，详见《志科议》，此但取与三书针对者。是王朝之取于侯国，其文献之征，固不一而足也。苟可阙其一，则古人不当设是官；苟可合而为一，则古人当先有合一之书矣。

或曰："封建罢为郡县，今之方志，不得拟于古国史也。"曰：今之天下，民彝物则，未尝稍异于古也。方志不得拟于国史，以言乎守令之官，皆自吏部迁除，既已不世其家，即不得如侯封之自纪其元于书耳。其文献之上备朝廷征取者，岂有异乎？人见春秋列国之自擅，以谓诸侯各自为制度，略如后世割据之国史，不可推行于方志耳。不知《周官》之法，乃是同文共轨之盛治；侯封之禀王章，不异后世之郡县也。

古无私门之著述，六经皆史也。后世袭用而莫之或废者，惟《春秋》、《诗》、《礼》三家之流别耳。纪传正史，《春秋》之流别也；掌故典要，官礼之流别也；文征诸选，风《诗》之流别也。获麟绝笔以还，后学鲜能全识古人之大体，必至积久然后渐推以著也。马《史》、班《书》以来，已演《春秋》之绪矣。刘氏《政典》，杜氏《通典》，始演官礼之绪焉。吕氏《文鉴》、苏氏《文类》，始演风《诗》之绪焉。并取括代为书，互相资证，无空言也。

或曰："文中子③曰：圣人述史有三：《书》、《诗》与《春秋》也。今论三史，则去《书》而加《礼》，文中之说，岂异指欤？"曰：《书》与《春秋》本一家之学也。《竹书》④虽不可尽信，编年盖古有之矣。《书》篇乃史文之别具，古人简质，未尝合撰纪传耳。左氏以传翼经，则合为一矣。其中辞命，即训诰之遗也；所征典实，即贡、范之类也。故《周书》⑤讫平王，《秦

---

① 《春秋》：西周、春秋时期编年体史书通称"春秋"，周王室和一些诸侯国史官都著有《春秋》，如《周春秋》、《燕春秋》、《宋春秋》、《齐春秋》、《鲁春秋》等。

② 《梼杌》：先秦时楚国的史书称《梼杌》，见《孟子·离娄下》。

③ 文中子：王通门人私谥其曰"文中子"。

④ 《竹书》：即《竹书纪年》，战国时魏国史书。晋武帝太康二年（281，一说元年），汲郡（在今河南）有人盗魏襄王冢，得竹书数十车，有的已被盗墓人照明烧了，剩余部分有纪年十三篇，束皙、荀勖看后，知是历史书。所记内容，起自夏禹，继述夏、商、周之事，周宣王以后，特记晋国事，晋灭后，特记魏，至魏襄王二十年称为今上。可见是魏国史官所写史书。《竹书纪年》是后人取的，因其书写在竹简上，又是纪年的。由于发现于汲冢，故又称《汲冢纪年》或《汲冢书》。

⑤ 《周书》：《尚书》的组成部分。相传为记载周代史迹之书。今传本有《牧誓》、《洪范》、《金縢》、《大诰》、《康诰》、《酒诰》、《梓材》、《召诰》、《洛诰》、《多士》、《无逸》、《君奭》、《多方》、《立政》、《顾命》、《费誓》、《吕刑》、《文侯之命》、《秦誓》十九篇。

誓》乃附侯国之书。而《春秋》托始于平王，明乎其相继也。左氏合而马、班因之，遂为史家一定之科律。殆如江、汉分源而合流，不知其然而然也。后人不解，而以《尚书》、《春秋》分别记言记事者，不知六艺之流别者也。若夫官礼之不可阙，则前言已备矣。

或曰："《乐》亡而《书》合于《春秋》，六艺仅存其四矣。既曰六经皆史矣，后史何无演《易》之流别欤？"曰：古治详天道而简于人事；后世详人事而简于天道，时势使然，圣人有所不能强也。上古云鸟纪官，命以天时，唐虞始命以人事；《尧典》详命羲和，《周官》保章，仅隶《春官》之中秩，此可推其详略之概矣。《易》之为书也，开物成务，圣人神道设教，作为神物，以前民用，羲、农、黄帝不相袭，夏、商、周代不相沿，盖以治历明时，同为一朝之创制，作新兆人之耳目者也。后世惟以颁历授时为政典，而占时卜日为司天之官守焉。所谓天道远而人事迩，时势之不得不然。是以后代史家，惟司马犹掌天官，而班氏以下，不言天事也。

或曰："六经演而为三史，亦一朝典制之巨也。方州蕞尔之地，一志足以尽之，何必取于备物欤？"曰：类例不容合一也。古者天子之服，十有二章，公侯卿大夫士差降，至于元裳一章，斯为极矣。然以为贱，而使与冠履并合为一物，必不可也。前人于六部卿监，盖有志矣。然吏不知兵，而户不侵礼，虽合天下之大，其实一官之偏，不必责以备物也。方州虽小，其所承奉而施布者，吏、户、礼、兵、刑、工，无所不备，是则所谓具体而微矣。国史于是取裁，方将如《春秋》之藉资于百国宝书也，又何可忽欤！

或曰："自有方志以来，未闻国史取以为凭也。今言国史取裁于方志，何也？"曰：方志久失其传。今之所谓方志，非方志也。其古雅者，文人游戏，小记短书，清言丛说而已耳；其鄙俚者，文移案牍，江湖游乞，随俗应酬而已耳。搢绅先生每难言之。国史不得已，而下取于家谱、志状、文集、记述，所谓礼失求诸野也。然而私门撰著，恐有失实，无方志以为之持证，故不胜其考核之劳，且误信之弊，正恐不免也。盖方志亡，而国史之受病也久矣。方志既不为国史所凭，则虚设而不得其用，所谓觚不觚也，方志乎哉！

或曰："今三书并立，将分向来方志之所有而析之欤？抑增方志之所无而鼎立欤？"曰：有所分，亦有所增，然而其义难以一言尽也。史之为道也，文士雅言，与胥吏簿牍，皆不可用。然舍是二者，则无所以为史矣。孟子曰：

其事、其文、其义,《春秋》之所取也。即簿牍之事,而润以尔雅之文,而断之以义,国史、方志,皆《春秋》之流别也。譬之人身,事者其骨,文者其肤,义者其精神也。断之以义,而书始成家,书必成家,而后有典有法,可诵可识,乃能传世而行远。故曰:志者,志也,欲其经久而可记也。

或曰:"志既取簿牍以为之骨矣,何又删簿牍而为掌故乎?"曰:说详《亳州掌故之例议》矣。今复约略言之:马迁八书皆综核典章,发明大旨者也。其《礼书》例曰:"笾豆之事,则有司存。"此史部书志之通例也。马迁所指为有司者,如叔孙朝仪,韩信军法,萧何律令,各有官守而存其掌故,史文不能一概而收耳。惜无刘秩、杜佑其人,别删掌故而裁为典要。故求汉典者,仅有班《书》,而名数不能如唐代之详,其效易见也。则别删掌故以辅志,犹《唐书》之有《唐会要》[①],《宋史》之有《宋会要》[②],《元史》之有《元典章》[③],《明史》之有《明会典》[④] 而已矣。

或曰:"今之方志,所谓艺文,置书目而多选诗文,似取事言互证,得变通之道矣。今必别撰一书为文征,意岂有异乎?"曰:说详《永清文征》之《序例》矣。今复约略言之:志既仿史体而为之,则诗文有关于史裁者,当入纪传之中,如班《书》传志所载汉廷诏疏诸文可也。以选文之例而为艺文志,是《宋文鉴》可合《宋史》为一书,《元文类》可合《元史》为一书矣,与纪传中所载之文,何以别乎?

---

[①] 《唐会要》:唐德宗时,苏冕曾编次高祖至德宗九朝之事,成《会要》四十卷,为会要体之始。宣宗时,杨绍复等又编纂德宗以后之事,续修四十卷。但宣宗以后,记载尚缺。北宋初,王溥在此基础上重新加以整理,并续至唐末,成《唐会要》一百卷,分列五百十四目,于唐代各项制度沿革变迁,叙述颇为详核。

[②] 《宋会要》:宋代对会要编纂很重视,曾于秘书省设"会要所"专司其事,前后组织编纂历十次。最后一次为理宗端平元年(1234),由李心传负责修纂,包括宋代十三朝(北宋九朝,南宋四朝),共成书二千二百余卷,因卷帙多未能刊行,元修《宋史》各志,多取材于此。明初尚存,故修《永乐大典》时,其中史事尚被采入。清嘉庆时,徐松从《大典》中录出尚近五百卷,即今流之《宋会要辑稿》。

[③] 《元典章》:全名为《大元圣政国朝典章》,元代官修,不署撰人姓名。正集六十卷,附新集不分卷。正集记自元世祖即位(1260)至元仁宗延祐七年(1320)的典章制度。新集续记至元英宗至治二年(1322)。所记史实多为《元史》所未载。

[④] 《明会典》:全名为《大明会典》。二百二十八卷,记明代典章制度的官修书。前后亦共纂修三次,最后一次为万历四年(1576)张居正奉命重修,即今之《大明会典》。

或曰:"选事仿于萧梁,继之《文苑英华》[①]与《唐文粹》[②],其所由来久矣。今举《文鉴》、《文类》始演风《诗》之绪,何也?"曰:《文选》、《文苑》诸家,意在文藻,不征实事也。《文鉴》始有意于政治,《文类》乃有意于故事,是后人相习久,而所见长于古人也。

或曰:"方州文字无多,既取经要之篇入纪传矣,又辑诗文与志可互证者,别为一书,恐篇次寥寥无几许也。"曰:既已别为一书,义例自可稍宽,即《文鉴》、《文类》,大旨在于证史,亦不能篇皆绳以一概也;名笔佳章,人所同好,即不尽合于证史,未尝不可兼收也。盖一书自有一书之体例,《诗》教自与《春秋》分辙也。近代方志之艺文,其猥滥者,毋庸议矣;其稍有识者,亦知择取其有用,而慎选无多也。不知律以史志之义,即此已为滥收,若欲见一方文物之盛,虽倍增其艺文,犹嫌其隘矣。不为专辑一书,以明三家之学,进退皆失所据也。

或曰:"《文选》诸体无所不备,今乃归于风《诗》之流别,何谓也?"曰:说详《诗教》之篇矣。今复约略言之:《书》曰:"诗言志。"古无私门之著述,经子诸史,皆本古人之官守,诗则可以惟意所欲言。唐宋以前,文集之中,无著述,文之不为义解、经学传记、史学论撰子学诸品者,古人始称之为文;有其义解、传记、论撰诸体者,古人称书不称文也。萧统《文选》合诗文而皆称为文者,见文集之与诗,同一流别也。今仿选例而为文征,入选之文,虽不一例,要皆自以其意为言者,故附之于风《诗》也。

或曰:"孔衍有《汉魏尚书》,王通亦有《续书》,皆取诏诰章疏,都为一集,亦《文选》之流也。然彼以衍书家,而不以入诗部,何也?"曰:《书》学自左氏以后,并入《春秋》,孔衍、王通之徒不达其义而强为之,故其道亦卒不能行。譬犹后世,济水已入于河,而泥《禹贡》者,犹欲于荥泽、陶邱濬故道也。

或曰:"三书之外,亦有相仍而不废者,如《通鉴》之编年,本末之纪

---

[①] 《文苑英华》:是宋朝编纂的一部类书,宋太宗太平兴国七年(982)李昉、徐铉等编,雍熙三年(986)成书,共一千卷,辑录南朝梁末至唐末作家二千二百余人,作品近两万篇,分赋诗等三十八类。唐代散佚诸集,多赖此书得以留存。

[②] 《唐文粹》:宋朝姚铉编。一百卷,成于大中祥符四年(1011)。初名《文粹》,南宋重刻始加"唐"字,以《文苑英华》为本,上承《文选》,选录唐代诗、文、歌、赋,均取古体,不录骈体文和五七言律诗。

事，后此相承，当如俎豆之不祧矣。是于六艺何所演其流别欤？"曰：是皆《春秋》之支别也。盖纪传之史本衍《春秋》家学，而《通鉴》即衍本纪之文，而合其志传为一也。若夫纪事本末，其源出于《尚书》，而《尚书》中折而入于《春秋》，故亦为《春秋》之别也。马班以下，代演《春秋》于纪传矣。《通鉴》取纪传之分，而合之以编年；纪事本末又取《通鉴》之合，而分之以事类，而因事命篇，不为常例，转得《尚书》之遗法。所谓事经屡变而反其初，贲饰所为受以剥，剥穷所为受以复也。譬烧丹砂以为水银，取水银而烧之复为丹砂，即其理矣。此说别有专篇讨论，不具详也。此乃附论，非言方志。

或曰："子修方志，更于三书之外，别有丛谈一书，何为邪？"曰：此征材之所余也。古人书欲成家，非夸多而求尽也。然不博览，无以为约取地。既约取矣，博览所余，拦入则不伦，弃之则可惜，故附稗野说部之流而作丛谈，犹经之别解，史之外传，子之外篇也。其不合三书之目而称四，何邪？三书皆经要，而丛谈则非必不可阙之书也。前人修志，则常以此类附于志后，或称余编，或称杂志，彼于书之例义，未见卓然成家，附于其后，故无伤也。既立三家之学，以著三部之书，则义无可借，不如别著一编为得所矣。《汉志》所谓小说家流，出于稗官，街谈巷议，亦采风所不废云尔。

# 州县请立志科议[①]

鄙人少长贫困，笔墨干人，屡膺志乘之聘，阅历志事多矣。其间评骘古人是非，斟酌后志凡例，盖尝详哉其言之矣。要皆披文相质，因体立裁，至

---

[①] 本篇写作时间无确切记载，但肯定在《方志立三书议》写成之前，因为在《方志立三书议》一文中已自注"详《志科议》"，因此，自然就不会迟于乾隆五十七年（1792）。作者在《答甄秀才论修志第一书》中已经提出："欲使志无遗漏，平日当立一志乘科房。"文章建议清朝当局在各地州县都能设立志科，平时积累资料，以便于方志编修。因为他一生中经常为人修志，深感在修志过程中搜集资料的困难。文中对于志科的职能还作了具体的论述，实际上就相当于我们今天的档案馆。正因如此，目前档案学界还送给他一项档案学家的桂冠，专门写文论述他的档案学思想。当然，这仅仅是章氏个人的建议，在当时并未发生任何影响。然而却有那么一些耳食之士，竟然在文章中说，我国古代早就在州县设立了志科，这种捕风捉影式的研究实在太可悲。

于立法开先，善规防后，既非职业所及，嫌为出位之谋；间或清燕谈天，辄付泥牛入海；美志不效，中怀阙如。然定法既不为一时，则立说亦何妨俟后，是以愿终言之，以待知者择焉。

按《周官》宗伯之属，外史掌四方之志，注谓若晋《乘》、楚《梼杌》之类，是则诸侯之成书也。成书岂无所藉，盖尝考之周制，而知古人之于史事，未尝不至纤悉也。司会既于郊野县都掌其书契版图之贰，党正"属民读法，书其德行道艺"，闾胥比众，"书其敬敏任恤"；通训"掌道方志，以诏观事，掌道方慝，以诏避忌，以知地俗"；小史"掌邦国之志，奠系世，辨昭穆"；训方"掌导四方之政事，与其上下之志，诵四方之传道"；形方"掌邦国之地域，而正其封疆"；山师、川师，"各掌山林川泽之名，辨物与其利害"；原师"掌四方之地名，辨其邱陵坟衍原隰之名"。是于乡遂都鄙之间，山川风俗，物产人伦，亦已巨细无遗矣。至于行人之献五书，职方之聚图籍，太师之陈风诗，则其达之于上者也。盖制度由上而下，采摭由下而上。惟采摭备，斯制度愈精，三代之良法也。后代史事，上详于下，郡县异于封建，方志不复视古国史，而入于地理家言，则其事已偏而不全。且其书无官守制度，而听人之自为，故其例亦参差，而不可为典要，势使然也。

夫文章视诸政事而已矣。三代以后之文章，可无三代之遗制；三代以后之政事，不能不师三代之遗意也。苟于政法，亦存三代文章之遗制，又何患乎文章不得三代之美备哉！天下政事，始于州县，而达乎朝廷，犹三代比闾族党以上于六卿；其在侯国，则由长帅正伯，以通于天子也。朝廷六部尚书之所治，则合天下州县六科吏典之掌故以立政也。其自下而上，亦犹三代比闾族党、长帅正伯之遗也。六部必合天下掌故而政存，史官必合天下纪载而籍备也。乃州县掌故，因事为名，承行典吏，多添注于六科之外，而州县纪载，并无专人典守，大义阙如。间有好事者流，修辑志乘，率凭一时采访，人多庸猥，例罕完善，甚至挟私诬罔，贿赂行文，是以言及方志，荐绅先生每难言之。史官采风自下，州县志乘如是，将凭何者为笔削资也？

且有天下之史，有一国之史，有一家之史，有一人之史。传状志述，一人之史也；家乘谱牒，一家之史也；部府县志，一国之史也；综纪一朝，天下之史也。比人而后有家，比家而后有国，比国而后有天下，惟分者极其详，然后合者能择善而无憾也。谱牒散而难稽，传志私而多谀，朝廷修史，必将于方志取其裁；而方志之中，则统部取于诸府，诸府取于州县，亦自下而上之道也。然则州县志书，下为谱牒传志持平，上为部府征信，实朝史之要删也。期会工程，赋税狱讼，州县恃有吏典掌故，能供六部之征求。至于考献征文，州县仅恃猥滥无法之志乘，曾何足以当史官之采择乎？州县挈要之籍，既不足观，宜乎朝史宁下求之谱牒传志，而不复问之州县矣。夫期会工程，赋税狱讼，六部不由州县，而直问于民间，庸有当欤？则三代以后之史事，不亦难乎？

夫文章视诸政事而已矣。无三代之官守典籍，即无三代之文章；苟无三代之文章，虽有三代之事功，不能昭揭如日月也。令史案牍，文学之儒，不屑道也。而经纶政教，未有舍是而别出者也。后世专以史事责之于文学，而官司掌故不为史氏备其法制焉。斯则三代以后，离质言文，史事所以难言也。

今天下大计，既始于州县，则史事责成，亦当始于州县之志。州县有荒陋无稽之志，而无荒陋无稽之令史案牍。志有因人臧否，因人工拙之义例文辞；案牍无因人臧否，因人工拙之义例文辞。盖以登载有一定之法，典守有一定之人，所谓师三代之遗意也。故州县之志，不可取办于一时，平日当于诸典吏中，特立志科，佥典吏之稍明于文法者，以充其选，而且立为成法，俾如法以纪载，略如案牍之有公式焉，则无妄作聪明之弊矣。积数十年之久，则访能文学而通史裁者，笔削以为成书，所谓待其人而后行也。如是又积而又修之，于事不劳，而功效已为文史之儒所不能及。所谓政法，亦存三代文章之遗制也。

然则立为成法将奈何？六科案牍，约取大略而录藏其副可也。官长师儒，去官之日，取其平日行事善恶有实据者，录其始末可也。所属之中，家修其谱，人撰其传志状述，必呈其副。学校师儒，采取公论，核正而藏于志科可也。所属人士，或有经史撰著，诗辞文笔，论定成编，必呈其副，藏于志科，兼录部目可也。衙廨城池，学庙祠宇，堤堰桥梁，有所修建，必告于科，而呈其端委可也。铭金刻石，纪事摘辞，必摩其本而藏之于科可也。宾兴乡饮，读法讲书，凡有举行，必书一时官秩及诸名姓，录其所闻所见可也。置藏室焉，水火不可得而侵也。置锁楗焉，分科别类，岁月有时，封志以藏，无故不得而私启也。仿乡塾义学之意，四乡各设采访一人，遴绅士之公正符人望者为之，俾搜遗之逸事，以时呈纳可也。学校师儒，慎选老成，凡有呈纳，相与持公核实可也。

夫礼乐与政事相为表里者也。学士讨论礼乐，必询器数于宗祝，考音节于工师，乃为文章不托于空言也。令史案牍，则大臣讨论国政之所资，犹礼之有宗祝器数，乐之有工师音节也。苟议政事而鄙令史案牍，定礼乐而不屑宗祝器数，与夫工师音节，则是无质之文，不可用也。独于史氏之业，不为立法无弊，岂曰委之文学之儒，已足办欤！

或曰："州县既立志科，不患文献之散逸矣。由州县而达乎史官，其地悬而其势亦无统要，府与布政使司，可不过而问欤？"曰：州县奉行不实，司府必当以条察也。至于志科，既约六科案牍之要，以存其籍矣，府吏必约州县志科之要，以为府志取裁；司吏必约府科之要，以为通志取裁；不特司府之志有所取裁，且兼收并蓄，参互考求，可以稽州县志科之实否也。至于统部大僚，司科亦于去官之日，如州县志科之于其官长师儒，录其平日行事善恶有实据者，详其始末，存于科也。诸府官僚，府科亦于去官之日，录如州县可也。此则府志科吏，不特合州县科册而存其副；司志科吏，不特合诸府科而存其副，且有自为其司与府者，不容略也。

或曰："是于史事诚有裨矣。不识政理亦有赖于是欤？"曰：文章政事，未有不相表里者也。令史案牍，政事之凭藉也。有事出不虞而失于水火者焉；有收藏不谨而蚀于湿蠹者焉；有奸吏舞法而窜窃更改者焉。如皆录其要而藏副于志科，则无数者之患矣。此补于政理者不尠也。谱牒不掌于官，亦今古异宜。天下门族之繁，不能悉核于京曹也。然祠袭争夺，则有讼焉；产业继嗣，则有讼焉；冒姓占籍，降服归宗，则有讼焉；昏姻违律，则有讼焉；户役隐漏，则有讼焉；或谱据遗失，或奸徒伪撰，临时炫惑，丛弊滋焉。平日凡有谱牒，悉呈其副于志科，则无数者之患矣。此补于政理者，又不尠也。古无私门之著述，盖自战国以还，未有可以古法拘也。然文字不隶于官守，则人不胜自用之私。圣学衰而横议乱其教，史官失而野史逞其私。晚近文集传志之猥滥，说部是非之混淆，其渎乱纪载，荧惑清议，盖有不可得而胜诘者矣。苟于论定成编之业，必呈副于志科，而学校师儒，从公讨论，则地近而易于质实，时近而不能托于传闻，又不致有数者之患矣。此补于政理者，殆不可以胜计也。故曰，文章政事，未有不相表里者也。

# 答甄秀才论修志第一书①

文安宰币聘修志，兄于史事久负，不得小试，此行宜踊跃。仆有何知？乃承辱询，抑盛意不可不复，敢于平日所留意者，约举数条，希高明裁择！有不然处，还相告也。

一，州郡均隶职方，自不得如封建之国别为史。然义例不可不明，如传之与志，本二体也。今之修志，既举人物典制而概称曰志，则名宦乡贤之属，不得别立传之色目。传既别分色目，则礼、乐、兵、刑之属，不得仍从志之公称矣。窃思志为全书总名，则皇恩庆典，当录为外纪；官师铨除，当画为年谱；典籍法制，则为考以著之；人物名宦，则为传以列之。变易名色，既无僭史之嫌；纲举目张，又无遗漏之患。其他率以类附。至事有不伦，则例以义起，别为创制可也。琐屑繁碎，无关惩创，则削而不存可也。详赡明备，整齐画一，乃可为国史取材；否则总极精采，不过一家小说耳，又何裨焉！

---

① 本篇与《第二书》都写于乾隆二十八年至二十九年之间（1763—1764）。信是写给他在国子监的同学甄松年，讨论对修志当中一些问题的看法。这是他初次论述方志的文章，有些观点都成了方志理论发展的重要基础，如艺文志编修，不能以官吏诗文凑数；志之为体，当详于史；志乃史体，非一家墓志寿文；体裁宜得史法；论断宜守谨严；文选谊相辅佐；列女传不能写成烈女传等等，对方志编修都有着重要价值。当然，其中有些提法并不妥当，所以经过实践，后来论述中都作了修改。需要指出的是，方志学界有人提出"横排竖写"是方志的主要特点，并且说是章学诚提出来的。这里可以告诉大家，章学诚并未讲过此话。在他的全部著作中，只有《答甄秀才论修志第二书》中讲过"史体纵看，志体横看"两句话，于是有人据此发挥，创造出"横排竖写"的理论来。这里应当注意两点：其一，此文乃章氏早年作品，写此信时他才二十七岁，当时他对我国的主要史体和史书尚未深入系统研究，他的代表作《文史通义》在三十五岁才开始著作，因而写此信时，读书不多，阅历尚浅，所提看法，很难当作定论。何况上引两句话的精神，在后来所写方志论文中，不仅不曾再出现过，而且被全部否定。其二，《方志立三书议》可谓章氏所创立方志学精义所在，而文章开头便说："仿纪传正史之体而作志。"明确提出志乃仿照纪传体史书而作，这就是章学诚的结论，哪来"志横史纵"之说？很显然，将此错误说法强加给章学诚自然是徒劳的。研究任何一位学者的学术观点，总是以晚年定论为准，此乃学术研究中起码的道理。为什么不对他方志理论作全面研究，而仅根据年轻时期的一封信中几个字，就轻率武断进行编造，并在广大修志工作中大肆宣扬，实在是太不负责任了。甄秀才，名松年（1733—？），字青圃，广东新宁县人。乾隆三十年（1765）举人，官内阁中书舍人二十年，乾隆五十四年（1789）中进士。与章学诚同在国监，并"与学诚志义相得"。六十岁时章氏还为其作《甄青圃六十序》，载《章氏遗书》卷二十三，受其请托还写了《鸿斋甄公传》和《甄鸿斋先生家传》两文。

一，今世志艺文者，多取长吏及邑绅所为诗赋、记序杂文，依类相附，甚而风云月露之无关惩创，生祠碑颂之全无实征，亦胥入焉。此姑无论是非，即使文俱典则，诗必雅驯，而铨次类录，诸体务臻，此亦选文之例，非复志乘之体矣。夫既志艺文，当仿三通、《七略》之意，取是邦学士著撰书籍，分其部汇，首标目录，次序颠末，删芜撷秀，掇取大旨，论其得失，比类成编，乃使后人得所考据，或可为馆阁雠校取材，斯不失为志乘体尔。至坛庙碑铭，城堤纪述，利弊论著，土物题咏，则附入物产、田赋、风俗、地理诸考，以见得失之由，沿革之故。如班史取延年、贾让诸疏入《河渠志》①，贾谊、晁错诸疏入《食货志》②之例可也。学士论著，有可见其生平抱负，则全录于本传，如班史录《天人三策》于《董仲舒传》③，录《治安》诸疏于《贾谊列传》④之例可也。至墓志传赞之属，核实无虚，已有定论，则既取为传文，如班史仍《史记·自序》，而为《司马迁传》⑤，仍扬雄《自序》，而为《扬雄列传》⑥之例可也。此一定之例，无可疑虑，而相沿不改，则甚矣，史识之难也。

一，凡捐资修志，开局延儒，实学未闻，凡例先广，务新耳目，顿易旧书。其实颠倒狙公，有何真见？州郡立志，仿自前明，当时草创之初，虽义例不甚整齐，文辞尚贵真实，剪裁多自己出；非若近日之习套相沿，轻隽小生，史字未曾全识，皆可奋笔妄修，窃叨饩脯者。然其书百无一存，此皆后凌前替，修新志者，袭旧志之纪载，而灭作者之姓名。充其义类，将班《书》既出，《史记》即付祖龙⑦；欧、宋成书，《旧唐》遂可覆瓿与？仆以

---

① 《河渠志》：《史记》有《河渠书》，而《汉书》称《沟洫志》，这里章氏搞错，连《史》、《汉》两书的篇目都会弄错，可见当时他对正史都还比较生疏，得出的观点结论可靠性自然也就可想而知。延年，西汉官吏。姓氏不详，齐（今山东淄博北）人。武帝时曾大击匈奴，兴功利，建议使黄河改道经匈奴地，做到关东无水灾，北边无匈奴患。武帝虽同意，因不便施行而罢。贾让，西汉后期人。哀帝时曾以待诏身份上疏言治河方略，主张开拓河道，决水入海。
② 《食货志》：《汉书》篇目。该志载有贾谊《论积粟疏》，晁错《论贵粟疏》。
③ 《董仲舒传》：《汉书》篇目，董仲舒的《天人三策》收入该传之中。
④ 《贾谊列传》：《汉书》篇目，贾谊的《治安策》、《陈政事疏》等均载入该传。
⑤ 《司马迁传》：《汉书》篇目，班固写此传时，实际上是按照《史记·太史公自序》而写。
⑥ 《扬雄列传》：《汉书》篇名，该传内容班固亦录自扬雄《自序》。
⑦ 祖龙：原指秦始皇。《史记·秦始皇本纪》"三十六年秋……今年祖龙死。"《集解》引苏林曰："祖，始也。龙，人君象。谓始皇也。"由于秦始皇焚书，因此这里"付祖龙"意思是付之一炬。

谓修志者，当续前人之记载，不当毁前人之成书。即前志义例不明，文辞乖舛，我别为创制，更改成书，亦当听其并行，新新相续，不得擅毁；彼此得失，观者自有公论。仍取前书卷帙目录，作者姓氏，录入新志艺文考中，以备遗亡，庶得大公无我之意，且吾亦不致见毁于后人矣。

一，志之为体，当详于史。而今之志乘所载，百不及一。此无他，搜罗采辑，一时之耳目难周；掌故备藏，平日之专司无主也。尝拟当事者，欲使志无遗漏，平日当立一志乘科房，佥掾吏之稍通文墨者为之。凡政教典故，堂行事实，六曹案牍，一切皆令关会，日录真迹，汇册存库。异日开局纂修，取裁甚富，虽不当比拟列国史官，亦庶得州闾史胥之遗意。今既无及，当建言为将来法也。

一，志乃史体，原属天下公物，非一家墓志寿文，可以漫为浮誉，悦人耳目者。闻近世纂修，往往贿赂公行，请托作传，全无征实。此虽不肖浮薄文人所为，然善恶惩创，自不可废。今之志书，从无录及不善者；一则善善欲长之习见，一则惧罹后患之虚心尔。仆谓讥贬原不可为志体，据事直书，善否自见，直宽隐彰之意同，不可专事浮文，以虚誉为事也。

一，史志之书，有裨风教者，原因传述忠孝节义，凛凛烈烈，有声有色，使百世而下，怯者勇生，贪者廉立。《史记》好侠，多写刺客畸流，犹足令人轻生增气。况天地间大节大义，纲常赖以扶持，世教赖以撑柱者乎！每见文人修志，凡景物流连，可骋文笔，典故考订，可夸博雅之处，无不津津累牍。一至孝子忠臣，义夫节妇，则寥寥数笔；甚而空存姓氏，行述一字不详，使观者若阅县令署役卯簿，又何取焉！窃谓邑志搜罗不过数十年，采访不过百十里，闻见自有真据，宜加意采辑，广为传述，使观者有所兴起，宿草秋原之下，必有拜彤管而泣秋雨者矣。尤当取穷乡僻壤，畸行奇节，子孙困于无力，或有格于成例，不得邀旌奖者，踪迹既实，务为立传，以备采风者观览，庶乎善善欲长之意。

已上六条，就仆所见，未敢自谓必然。而今世刻行诸志，诚有未见其可者。丈夫生不为史臣，亦当从名公巨卿，执笔充书记，而因得论列当世，以文章见用于时，如纂修志乘，亦其中之一事也。今之所谓修志，令长徒务空名，作者又鲜学识；上不过图注勤事考成，下不过苟资馆谷禄利。甚而邑绅因之以启奔竞，文士得之以舞曲笔；主宾各挟成见，同局或起抵牾，则其于修志事，虽不为亦可也。乃如足下，负抱史才，常恨不得一当牛刀小试。向与仆往复商论，窥兄底蕴，当非苟然为者。文安君①又能虚心倾领，致币敦请，自必一破从前宿习，杀青未毕，而观者骇愕，以为创特，又岂一邑之书，而实天下之书矣。仆于此事，无能为役，辱存商榷，陈其固陋之衷，以庶几萤烛增辉之义，兄其有以进我乎？

## 答甄秀才论修志第二书

　　日前敬筹末议，薄殖浅陋，猥无定见，非复冀有补高深，聊以塞责云耳。乃辱教答，借奖有加，高标远引，辞意挚恳，读之真愧且畏也。足下负良史才，博而能断，轩视前古，意志直欲驾范轶陈，区区郡邑志乘，不啻牛刀割鸡，乃才大心虚，不耻往复下问，鄙陋如仆，何以副若谷之怀耶！前书粗陈梗概，过辱虚誉，且欲悉询其详，仆虽非其人，辄因高情肫挚之深，不敢无一辞以覆，幸商择焉。

　　一、体裁宜得史法也。州县志乘，混杂无次，既非正体，编分纪表，亦涉僭妄，故前书折衷立法，以外纪、年谱、考、传四体为主，所以避僭史之嫌，而求纪载之实也。然虚名宜避国史，而实意当法古人。外纪、年谱之属，今世志乘，百中仅见一二；若考之与传，今虽浑称志传，其实二者之实，未尝不载，特不能合于古史良法者，考体多失之繁碎，而传体多失之浑同也。考之为体，乃仿书志而作，子长《八书》②，孟坚《十志》③，综核典章，

---

①　文安君：与文章开头"文安宰"一个意思，即文安县的县令，文安在今河北省境。
②　《八书》：指《史记》的《礼书》、《乐书》、《律书》、《历书》、《天官书》、《封禅书》、《河渠书》、《平准书》。有的注家将《八书》说成"犹方志中之掌故"，显然是错了，实际上相当于方志中今天所讲专业志，也就是章学诚所讲的"考"。
③　《十志》：指《汉书》中的《律历志》、《礼乐志》、《刑法志》、《食货志》、《郊祀志》、《天文志》、《五行志》、《地理志》、《沟洫志》、《艺文志》。《八书》、《十志》是记载文化典章制度的历史，在中国史学史上将其称为书志体。

包函甚广。范史分三十志①,《唐书》广五十篇②,则已浸广。至元修《宋史》,志分百六十余③,议者讥为科吏档册。然亦仅失裁制,致成汗漫,非若今之州县志书,多分题目,浩无统摄也。如星野、疆域、沿革、山川、物产,俱"地理志"中事也;户口、赋役、征榷、市籴,俱"食货考"中事也;灾祥、歌谣、变异、水旱,俱"五行志"中事也;朝贺、坛庙、祀典、乡饮宾兴,俱"礼仪志"中事也。凡百大小,均可类推,篇首冠以总名,下乃缕分件悉,汇列成编,非惟总萃易观,亦且谨严得体,此等款目,直在一更置耳。而今志猥琐繁碎,不啻市井泉货注簿,米盐凌杂,又何观焉?或以长篇大章,如班固《食货》,马迁《平准》,大难结构。岂知文体既合史例,即使措辞,如布算子,亦自条理可观,切实有用,文字正不必沾沾顾虑,好为**繁琐**也。

一,成文宜标作者也。班袭迁《史》,孝武以前多用原文,不更别异;以《史》、《汉》同一纪载,而迁《史》久已通行,故无嫌也。他若诏令书表之属,则因其本人本事而明叙之,故亦无嫌于钞录成文。至《史记》赞秦,全用贾生三论,则以"善哉贾生推言"一句引起。《汉书·迁传》,全用《史记·自序》,则以"迁之《自序》云尔"一句作收。虽用成文,而宾主分明,不同袭善。志为史体,其中不无引用成文,若如俗下之艺文选集,则作者本名,自应标于目录之下。今若刊去所载文辞,分类载入考传诸体,则作者本名,易于刊去,须仍复如《史》、《汉》之例,标而出之。至文有蔓长,须加删节者,则以"其略曰"三字领起,如孟坚载贾谊诸疏之例可也。援引旧文,自足以议论者,则如《伯夷列传》中入"其传曰"云云一段文字之例可也。至若前缀序引,后附论赞,今世纂家,多称野史氏曰,或称外史氏曰。揆之于理,均未允协,莫如直仿《东汉》之例,标出"论曰"、"序曰"之体

---

① 三十志:指范晔《后汉书》有志三十卷,实际上只有《律历志》、《礼仪志》、《祭祀志》、《天文志》、《五行志》、《郡国志》、《百官志》、《舆服志》八种,或者说八篇。从内容来说,比《汉书》的《十志》还少,重要的食货、艺文二志都没有。仅仅是卷数多了,这样比拟显然不太科学。

② 《唐书》广五十篇:《新唐书》有《礼乐志》、《仪卫志》、《车服志》、《历志》、《天文志》、《五行志》、《地理志》、《选举志》、《百官志》、《兵志》、《食货志》、《刑法志》、《艺文志》共十三种五十卷。

③ 志分百六十余:《宋史》有《天文志》、《五行志》、《律历志》、《地理志》、《河渠志》、《礼志》、《乐志》、《仪卫志》、《舆服志》、《选举志》、《职官志》、《食货志》、《兵志》、《刑法志》、《艺文志》共十五种一百六十二卷。

为安。至反覆辨正，存疑附异，或加"案曰"亦可；否则直入本文，不加标目，随时斟酌，均在夫相体裁衣耳。

一，传体宜归画一也。列传行述入艺文志，前书已辨其非。然国史取材邑志，人物尤属紧要，盖典章法令，国有会典，官有案牍，其事由上而下，故天下通同；即或偶有遗脱，不患无从考证。至于人物一流，自非位望通显，太常议谥，史臣立传，则姓名无由达乎京师。其幽独之士，贞淑之女，幸邀旌奖，按厥档册，直不啻花名卯册耳。必待下诏纂修，开馆投牒，然后得核，故其事由下而上。邑志不详备，则日后何由而证也？夫传即史之列传体尔，《儒林》、《游侠》[1]，迁史首标总目；《文苑》、《道学》，《宋史》又画三科[2]。先儒讥其标帜启争，然亦止标目不及审慎尔，非若后世志乘传述碑版，统列艺文；及作人物列传，又必专标色目，若忠臣、孝子、名贤、文苑之类，挨次排纂，每人多不过八九行，少或一二三行，名曰传略。夫志曰輶轩实录，宜详于史，而乃以略体行之，此何说也？至于标目所不能该，义类兼有所附，非以董宣[3]入《酷吏》，则于《周臣》阙韩通耳。按《史记》列传七十，惟《循吏》、《儒林》而下九篇，标出总目。《汉书》自《外戚》、《佞幸》而上七篇标出总目。江都[4]传列《三策》，不必列以《儒林》，东方特好恢谐[5]，不必列入《滑稽》。传例既宽，便可载瑰特之行于法律之外，行相似者，比而附之；文章多者，录而入之。但以庸滥徇情为戒，不以篇幅广狭为拘，乃属善之善耳。

一，论断宜守谨严也。史迁序引断语，俱称"太史公曰"云云，所以

---

[1]《儒林》、《游侠》：司马迁在《史记》中列有《儒林传》、《游侠传》，专为同一类人设立总传，亦称"类传"。

[2]《宋史》又画三科：《史记》先立《儒林传》，《后汉书》又立《文苑传》，以后诸史相沿用。而《宋史》又立《道学传》，故称"又画三科"。

[3] 董宣：东汉官吏。字少平，陈留圉（今河南杞县西南）人，初举高第，累迁至北海相。豪族公孙丹草菅人命，宣收杀丹父子，丹宗族三十余人持兵器诣府，又皆杀之。遂以滥杀坐廷尉狱。免死，贬为怀令。后为江夏太守。以忤外戚阴氏，坐免。后又征为洛阳令，时湖阳公主家奴杀人，宣格杀之，公主诉于光武，帝大怒，使宣向公主叩头谢罪，宣终不肯低头。帝嘉其直，赐钱三十万，豪强莫不震栗，京师号为"卧虎"，年七十四卒于官，死时家贫如洗。

[4] 江都：董仲舒曾任过江都相，故如此称呼。他的《天人三策》已经列入本传，故不必入《儒林传》。

[5] 东方特好恢谐：东方朔尽管特好恢谐，由于自己已经单独有传，自然就不必入《滑稽列传》。

别于叙事之文，并非专标色目。自班固作赞，范史撰论，亦已少靡。南朝诸史，则于传志之末，散文作论，又用韵语，仿孟坚自叙体作赞，以缀论文之后，屋下架屋，斯为多文。自后相沿，制体不一，至明祖纂修《元史》，谕宋濂等据事直书[1]，勿加论赞，虽寓谨严之意，亦非公是之道。仆则以为，是非褒贬，第欲其平，论赞不妨附入，但不可作意轩轾，亦不得故恣吊诡。其有是非显然，不待推论，及传文已极抑扬，更无不尽之情者，不必勉强结撰，充备其数。

一，典章宜归详悉也。仆言典章，自上而下，可较人物为略，然是极言传之宜更详耳。学校祭祀，一切开载《会典》者，苟州县所常举行，岂可因而不载？《会典》简帙浩繁，购阅匪易，使散在州县各志，则人人可观，岂非盛事！况州县举行之典，不过多费梨枣十余枚耳。今志多删下载，未知所谓。

一，自注宜加酌量也。班史自注，于十志尤多。以后史家文字，每用自注。宋人刻伪《苏注杜诗》[2]，其不可强通者，则又妄加"公自注"三字。后人觉其伪者，转矫之曰："古人文字，从无自注。"然则如司马《潜虚》自加象传，又何如耶？志体既取详赡，行文又贵简洁，以类纂之意，而行纪传之文，非加自注，何以明畅？但行文所载之事实，有须详考颠末，则可自注。如《潜虚》之自解文义，则非志体所宜尔。

一，文选宜相辅佐也。诗文杂体入艺文志，固非体裁，是以前书欲取各体归于传考。然西京文字甚富，而班史所收之外，寥寥无觏者，以学士著撰，必合史例方收。而一切诗文赋颂，无昭明、李昉其人，先出而采辑之也。史体纵看，志体横看，其为综核一也。然综核者，事详而因以及文；文有关于士风人事者，其类颇夥，史固不得而尽收之。以故昭明以来，括代为选，唐有《文苑》，宋有《文鉴》，元有《文类》，明有《文选》，广为铨次，巨细毕收。其可证史事之不逮者，不一而足。故左氏论次《国语》，未尝不

---

[1] 谕宋濂等据事直书：明初修《元史》时，明太祖朱元璋曾谕宋濂等人"据事直书"，因此《元史·凡例》中曾明确列出："历代史书，纪志表传之末，各有论赞之辞。今修《元史》，不作论赞，但据事直书，其文见意，使其善恶自见，准《春秋》及钦奉圣旨事意。"

[2] 宋人刻伪《苏注杜诗》：洪迈《容斋随笔》一"浅妄书"条指出："俗间所传浅妄之书，如所谓《云仙散录》、《老杜事实》、《开元天宝遗事》之属，皆绝可笑。然士大夫或信之，至以《老杜事实》为东坡所作者，今蜀本刻杜集，遂以入注……此皆显显可言者，固鄙浅不足攻，然颇能疑误后生也。"

引谚证谣，而十五《国风》，亦未尝不别为一编，均隶太史，此文选志乘交相裨益之明验也。近楚抚于《湖广通志》[①]之外，又选《三楚文献录》，江苏宋抚军[②]，聘邵毘陵[③]修《明文录》外，更撰《三吴文献录》等集，亦佐《江南通志》[④]之不及。仆浅陋寡闻，未知他省皆如是否？然即此一端，亦可类及，何如略仿《国风》遗意，取其有关民风流俗，参伍质证，可资考校，分列诗文记序诸体，勒为一邑之书，与志相辅，当亦不为无补。但此非足下之力所克为者，盍乘间为当事告焉。

一，列女宜分传例也。列女名传，创于刘向，分汇七篇，义近乎子；缀颂述雅，学通乎诗；而比事属辞，实为史家之籍。班、马二史，均阙此传。自范蔚宗《东汉书》中，始载《列女》[⑤]，后史因之，遂为定则。然后世史家所谓列女，则节烈之谓，而刘向所叙，乃罗列之谓也。节烈之烈为列女传，则贞节之与殉烈，已自有殊；若孝女义妇，更不相入，而闺秀才妇，道姑仙女，永无入传之例矣。夫妇道无成，节烈孝义之外，原有稍略；然班姬之盛德，曹昭之史才，蔡琰之文学，岂转不及方技伶官之伦，更无可传之道哉！刘向传中，节烈孝义之外，才如妾婧[⑥]，奇如鲁女[⑦]，无所不载；即下至施、

---

[①]《湖广通志》：总督迈柱等监修。以湖南、湖北合为一书，故湖北巡抚德龄、湖南巡抚赵宏恩亦参其事。大致以康熙甲子旧志为底本，其间或增或并，全书一百二十卷，卷首一卷，分为三十一门。

[②] 宋抚军：宋荦（1634—1713），字牧仲，号漫堂，又号西陂，河南商丘人。康熙三十一年（1692）官江苏巡抚，朝臣称其"清廉为天下最"。后迁吏部尚书，终年八十。著有《西陂类稿》、《筠廊偶笔》、《绵津山人诗集》。因巡抚亦掌军事，故称抚军。

[③] 邵毘陵：邵长蘅（1637—1704），字子湘，江苏武进（今江苏常州）人。清代诗人。少称奇童，"十岁为诸生，试必高等，应行省辄不售，乃弃举子业，益潜心六经三史，及唐宋诸大家文"（《国朝先正事略》）。卒年六十八。著有《青门集》。武进旧称毘陵。

[④]《江南通志》：兵部尚书两江总督赵宏恩等监修。先是康熙二十二年（1683），总督于成龙等创修《通志》七十六卷。雍正七年（1729）署两江总督尹继善等奉诏重修。九年冬（1731）开局江宁，于乾隆元年（1736）书成。其实亦是在旧志基础上润色增损而已。

[⑤]《东汉书》：《东汉书》即范晔《后汉书》，因后习惯上都称东汉，故有此称。《后汉书》是最早立《列女传》的正史。当然，是否最早还可商榷，因为《东观汉记》中已经立了《列女传》，可惜该书未完整传下来，因此一般都还是以范书为最早。况且范晔立传标准是"搜次才行尤高秀者，不必专在一操而已"（《后汉书·列女传》）。因此他把才华出众的蔡文姬收入该传，一直遭到封建正统史家的批评。

[⑥] 妾婧：齐国相管仲之妾。宁戚想见桓公而无机会，见桓公出便击牛角而悲歌，"桓公异之，使管仲迎之，宁戚称曰：'浩浩乎白水！'管仲不知所谓，不朝五日，有忧色。"后妾婧为其解读《白水》诗，管仲以报桓公，"桓公乃修官府，斋戒五日，见宁子，因以为佐，齐国以治"。详见《列女传》卷六。

[⑦] 鲁女：指鲁国漆室邑的一个女子言行超群的事。事迹见《列女传》卷三。

旦[1]，亦胥附焉。列之为义，可为广矣。自《东汉》以后，诸史误以罗列之列为殉烈之烈，于是法律之外，可载者少，而蔡文姬之入史，人亦议之。今当另立贞节之传，以载旌奖之名。其正载之外，苟有才情卓越，操守不同，或有文采可观，一长擅绝者，不妨入于列女，以附方技、文苑、独行诸传之例，庶妇德之不尽出于节烈，而苟有一长足录者，亦不致有湮没之叹云。狂瞽之言，幸惟择之，醉中草草，勿罪！

## 与甄秀才论《文选》义例书[2]

辱示《文选》义例，大有意思，非熟知此道甘苦，何以得此？第有少意商复。夫踵事增华，后来易为力，括代总选，须以史例观之。昭明草创，与马迁略同。由六朝视两汉，略已，先秦略之略已。周则子夏《诗序》、屈子《离骚》而外，无他策焉。亦犹天汉视先秦略已，周则略之略已。五帝三王，则本纪略载而外，不更详焉。昭明兼八代，《史记》采三古，而又当创事，故例疏而文约。《文苑》、《文鉴》，皆包括一代；《汉书》、《唐书》，皆专纪一朝，而又藉前规，故条密而文详。《文苑》之补载陈、隋，则续昭明之未备；《文鉴》之并收制科，则广昭明之未登，亦犹班固《地志》[3]之兼采《职方》、《禹贡》，《隋书》诸志之补述梁、陈、周、齐[4]。例以义起，斟酌损益，固无不可耳。夫一代文献，史不尽详，全恃大部总选，得载诸部文字，于律令之外，参互考校，可补二十一史之不逮，其事綦重，原与揣摩家评选文字

---

[1] 施、旦：指西施、郑旦，古代两大美女，越王勾践以此两女献吴王夫差，以达到其复仇之目的。详见《吴越春秋》之《勾践阴谋外传》。亦有说是指妹（末）喜与妲己。因为"桀伐有施，有施氏以妹喜女焉，有宠而亡夏；纣伐有苏，有苏氏以妲己女焉，有宠而亡殷"。西施、郑旦，刘向《列女传》没有收入，而妹（末）喜、妲己该书则收入。从章氏上下文看，则似乎是后者。

[2] 本篇与《驳〈文选〉义例书再答》确切写作年代不详，大约写于上两封信以后不久。两文仍为讨论《文选》录选之标准及意义，实际上是他于主体志之外另立"文征"的思想萌芽，因为选文目的都在于证史，选诗当然也不例外，所以他对别人"驳诗史之说"不以为然。

[3] 《地志》：指《汉书·地理志》，该志撰写时曾采用了《职方》、《禹贡》的内容。

[4] 《隋书》诸志之补述梁、陈、周、齐：此说明显不妥。《隋书·经籍志》原为梁、陈、齐、周、隋五部史书而修，因此，起初称《五代史志》，以前注中已经讲了。章氏青年时读书不多，故有此说。后来的著述中，已经明显改正了这个错误。

不同，工拙繁简，不可屑屑校量。读书者，但当采掇大意，以为博古之功，斯有益耳。

## 驳《文选》义例书再答

　　来书云：得兄所论《文选》义例，甚以为不然。文章一道，所该甚广，史特其中一类耳。选家之例，繁博不伦，四部九流，何所不有。而兄概欲以史拟之，若马若班，若表若志，斤斤焉以萧、唐诸选，削趾适履，求其一得符合，将毋陈大士初学时文，而家书悉裁为八股式否？东西两京文字，入选寥寥，而班、范两史，排纂遂为定本，惟李陵塞外一书，班史不载，便近齐、梁小儿，果选裨史之不逮乎？抑史裨选之不逮乎？编年有《纲目》，纪传有廿一史，历朝事已昭如日星。而兄复思配以文选，连床架屋，岂为风云月露之辞，可以补柱下之藏耶？选事仿于六朝，而史体亦坏于是。选之无裨于史明矣！考镜古今，论列得失，在乎卓荦之士，不循循株守章句，孺歌妇叹，均可观采，岂皆与史等哉？昔人称杜甫诗史，而杨万里驳之，以为《诗经》果可兼《尚书》否？兄观书素卓荦，而今言犹似牵于训诂然者，仆窃不喜。或有不然，速赐裁示。

　　惠书甚华而能辨，所赐于仆，岂浅鲜哉？然意旨似犹不甚相悉，而盛意不可虚，故敢以书报。文章一道，体制初不相沿，而原本各有所自。古人文字，其初繁然杂出，惟用所适，岂斤斤焉立一色目，而规规以求其一似哉！若云文事本博，而史特于中占其一类，则类将不胜其繁。伯夷、屈原诸传，夹叙夹议，而庄周、列子之书，又多假叙事以行文。兄以选例不可一概，则此等文字，将何以画分乎？经史子集，久列四库，其原始亦非远。试论六艺之初，则经目本无有也。大《易》非以圣人之书而尊之，一子书耳；《书》与《春秋》，两史籍耳；《诗》三百篇，文集耳；《仪礼》、《周官》，律令会典耳。自《易》藏太卜而外，其余四者，均隶柱下之籍，而后人取以考证古今得失之林，未闻沾沾取其若纲目纪传者，而专为史类，其他体近繁博，遽不得与于是选也。《诗》亡而后《春秋》作。《诗》类今之文选耳，而亦得与史相终始，何哉？

土风殊异，人事兴衰，纪传所不及详，编年所不能录，而参互考验，其合于是中者，如《鸱鸮》[1]之于《金縢》，《乘舟》[2]之于《左传》之类；其出于是外者，如《七月》[3]追述周先，《商颂》兼及异代之类，岂非文章史事，固相终始者与！两京文字，入选甚少，不敌班、范所收。使当年早有如选《文苑》其人，裁为大部盛典，则两汉事迹，吾知更赫赫如昨日矣。史体坏于六朝，自是风气日下，非关《文选》，昭明所收过略，乃可恨耳。所云不循循株守章句，不必列文于史中，顾斤斤画文于史外，其见尚可谓之卓荦否？杨万里不通太史观风之意，故驳诗史之说。以兄之卓见而惑之，何哉！

# 修志十议呈天门胡明府[4]

修志有二便：地近则易核，时近则迹真。有三长：识足以断凡例，明足以决去取，公足以绝请托。有五难：清晰天度难，考衷古界难，调剂众议难，广征藏书难，预杜是非难。有八忌：忌条理混杂，忌详略失体，忌偏尚文辞，忌妆点名胜，忌擅翻旧案，忌浮记功绩，忌泥古不变，忌贪载传奇。有四体：皇恩庆典宜作纪，官师科甲宜作谱，典籍法制宜作考，名宦人物宜作传。有四要：要简，要严，要核，要雅。今拟乘二便，尽三长，去五难，

---

[1] 《鸱鸮》：《诗经·豳风》诗篇名。

[2] 《乘舟》：《诗经·邶风》诗篇名，即《二子乘舟》。

[3] 《七月》：《诗经·豳风》诗篇名。

[4] 乾隆二十九年（1764），章氏之父主湖北天门县讲席。"是年冬杪，天门知县胡君议修县志"，于是他乃作《修志十议》。这是他早年论述方志编修的一篇重要文章，为今后方志理论开了新河。文中提出，一部志书首先应当写好人物，人物中又提出"不为生人立传"；"人物之次，艺文为要"。艺文编修，当仿班《志》、刘《略》，而不能"其体直如《文选》"；"典故作考"，再次申述与甄秀才第一书中论点，因为全书已称州志、县志，内中篇名自然不宜再称志了。还有一条内容，为今天大多数新修方志所忽略，"凡事属琐屑，而不可或遗者，如一产三男、人寿百岁、神仙踪迹、科第盛事，一切新奇可喜之传，虽非史体所重，亦难遽议刊落，当于正传之后，用杂著体零星记录，或名外编，或名杂记，另成一体，使纤黟钉饾，先有门类可归，正以厘清正载之体裁也。谣歌谚语，巷说街谈，苟有可观，皆用此律"。事实上这些街谈巷语的内容，往往正可补史书记载之不足，旧方志的价值，往往就体现在这些地方，今后新志编修，还必须引起足够注意。总之，所论十个问题，应当说都很重要，其中不少问题并成为他今后方志理论上论述的重点。

除八忌，而立四体，以归四要。请略议其所以然者为十条，先陈事宜，后定凡例，庶乎画宫于堵之意云。

一，议职掌：提调专主决断是非，总裁专主笔削文辞，投牒者叙而不议，参阅者议而不断，庶各不相侵，事有专责。

二，议考证：邑志虽小，体例无所不备，考核不厌精详，折衷务祈尽善，所有应用之书，自省府邻境诸志而外，如廿二史、《三楚文献录》①、《一统志》②、圣祖仁皇帝御纂《方舆路程图》③、《大清会典》④、《赋役全书》⑤之属，俱须加意采访。他若邑绅所撰野乘、私记、文编、稗史、家谱、图牒之类，凡可资搜讨者，亦须出示征收，博观约取。其六曹案牍、律令文移、有关政教典故、风土利弊者，概令录出副本，一体送馆，以凭详慎铨次，庶能巨细无遗，永垂信史。

三，议征信：邑志尤重人物，取舍贵辨真伪。凡旧志人物列传，例应有改无削。新志人物，一凭本家子孙列状投柜，核实无虚，送馆立传，此俱无

---

① 《三楚文献录》：全称《五朝三楚文献录》，明末清初高世泰撰。长沙马殷、武陵周竹逢、江陵高季兴三家皆据楚地称王，故称"三楚"。高世泰，字汇旃，江苏无锡人，东林党首领高攀龙之子，东林学派传人。明思宗时由进士任湖广提学。究心经史，崇尚理学，士习文风为之一张。另编辑《高忠宪公年谱》二卷，《高子节要》十四卷。

② 《一统志》：即《大清一统志》。清代编修《一统志》先后三次：初修始于康熙二十五年（1686），陈廷敬、徐乾学领其事，顾祖禹、阎若璩等学者参与编修。成于乾隆八年（1743），三百四十二卷，次年刊行。二修始于二十九年（1764），成于四十九年（1784），四百二十四卷（合子卷为五百卷），收入《四库全书》。三修始于嘉庆十六年（1811），成于道光二十二年（1842），五百六十卷，以嘉庆二十五年（1820）为下限，故又名《嘉庆重修一统志》。为清代地方总志，记述嘉庆以前清王朝疆域政区状况。

③ 《方舆路程图》：全称《钦定方舆路程考略》，不分卷。是书无刊本。康熙中，中允钱名世、汪士铉等奉敕撰进。以各省为经，以府州县为纬，各省及各府州县皆序为次。首考至京师路程，次考四境壤接之道里远近，兼详历代建置沿革，旁及山川、关梁、古迹、寺观、祠墓。至若皇朝肇建之规模，圣制诗文之美富，也予以纪载。

④ 《大清会典》：全名为《钦定大清会典》。记清朝各级行政机构的编制、职掌、事例。康熙朝始编修，雍正、乾隆、嘉庆、光绪诸朝均有续补。为清朝一代典章制度的总编。

⑤ 《赋役全书》：又名《条鞭赋役册》。是明清两代记载各地赋役数额的册籍，是官府公布的征税税则。首次纂修在明朝万历十一年（1583），以省、府、州、县为编制单位。开列地丁原额、逃亡人丁、抛荒田亩数、实征数、起运和存留数等等，每个州县发两部，一部存府衙备查，一部存学宫供士民检阅。清顺治三年（1646），按明万历间赋额订定刊行。顺治十一年（1654）修订，十四年（1657）刊行。康熙二十四年（1685）重修，但未刊行。雍正十年（1732）再修，将各项杂税也纳入，并规定以后每十年修订一次，但未实行。

可议者。但所送行状，务有可记之实，详悉开列，以备采择，方准收录。如开送名宦，必详曾任何职，实兴何利，实除何弊，实于何事有益国计民生，乃为合例。如但云清廉勤慎，慈惠严明，全无实征，但作计荐考语体者，概不收受。又如卓行，亦必开列行如何卓；文苑亦必开列著有何书，见推士林；儒林亦必核其有功何经，何等著作，有关名教；孝友亦必开明于何事见其能孝能友。品虽毋论庸奇偏全，要有真迹，便易采访。否则行皆曾史[1]，学皆程朱，文皆马班，品皆夷惠，鱼鱼鹿鹿，何以辨真伪哉？至前志所收人物，果有遗漏，或生平大节，载不尽详，亦准其与新收人物，一例开送，核实增补。

四，议征文：人物之次，艺文为要。近世志艺文者，类辑诗文记序，其体直如《文选》。而一邑著述目录，作者源流始末，俱无稽考，非志体也。今拟更定凡例，一仿班《志》、刘《略》，标分部汇，删芜撷秀，跋其端委，自勒一考，可为他日馆阁校雠取材，斯则有裨文献耳。但艺文入志，例取盖棺论定，现存之人，虽有著作，例不入志，此系御纂《续考》[2]馆成法，不同近日志乘，掇拾诗文，可取一时题咏，广登尺幅者也。凡本朝前代学士文人，果有卓然成家，可垂不朽之业，无论经史子集，方技杂流，释门道藏，图画谱牒，帖括训诂，均得净录副本，投柜送馆，以凭核纂。然所送之书，须属共见共闻，即未刻行，亦必论定成集者，方准收录。倘系钞撮稿本，畸零篇页，及从无序跋论定之书，概不入编，庶乎循名责实之意。惟旧志原有目录，而藏书至今散逸者，仍准入志，而于目录之下，注一"亡"字以别之。

五，议传例：史传之作，例取盖棺论定，不为生人立传。历考两汉以下，如《非有先生》[3]、《李赤》[4]诸传，皆以传为游戏；《圬者》[5]、《橐驼》[6]之

---

[1] 曾史：指曾参、史鰌。史鰌，春秋末卫国史官。字子鱼，亦称史鱼。以正直著称，深得孔子赞赏。见《论语·卫灵公》。
[2] 《续考》：指清朝乾隆十二年（1747）开设《三通》馆所进行续修的《续文献通考》。
[3] 《非有先生传》：东方朔作，《文选》中"传"作"论"，意在讽当世以进谏。
[4] 《李赤》：柳宗元作，讽刺当世欲利者。
[5] 《圬者》：指《圬者王承福传》，韩愈作，讥讽食禄而怠事者。
[6] 《橐驼》：指《种树郭橐驼传》，柳宗元作，托讽为政而扰民。

作，则借传为议论。至《何蕃》①、《方山》②等传，则又作贻赠序文之用。沿至宋人，遂多为生人作传，其实非史法也。邑志列传，全用史例，凡现存之人，例不入传，惟妇人守节，已邀旌典，或虽未旌奖，而年例已符，操守粹白者，统得破格录入。盖妇人从一而终，既无他志，其一生责任已毕，可无更俟没身。而此等单寒之家，不必尽如文苑卓行之出入缙绅，或在穷乡僻壤，子孙困于无力，以及偶格成例，今日不予表章，恐后此修志，不免遗漏，故搜求至汲汲也。至去任之官，苟一时政绩，卓然可传，舆论交推，更无拟议者，虽未经没身论定，于法亦得立传。盖志为此县而作，为宰有功此县，则甘棠可留；虽或缘故被劾，及乡论未详，安得没其现施事迹。且其人已去，即无谀颂之嫌，而隔越方州，亦无遥访其人存否之例。惟其人现居本县，或现升本省上官，及有统辖者，仍不立传，所以远迎合之嫌，杜是非之议耳。其例得立传人物，投递行状，务取生平大节合史例者，详慎开载，纤琐钉饾，凡属浮文，俱宜刊去。其有事涉怪诞，义非惩创，或托神鬼，或称奇梦者，虽有所凭，亦不收录，庶免凫履羊鸣之诮。

六、议书法：典故作考，人物作传，二体去取，均须断制尽善，有体有要，乃属不刊之书，可为后人取法。如考体，但重政教典礼，民风土俗，而浮夸形胜，附会景物者，在所当略。其有古迹胜概，确乎可凭；名人题咏，卓然可纪者，亦从小书分注之例，酌量附入正考之下，所以厘正史体，别于稗乘耳。盖志体譬之治室，厅堂甲第，谓之府宅可也。若依岩之构，跨水之亭，谓之别业可，谓之正寝则不可；玉麈丝绦，谓之仙服可，谓之绅笏则不可。此乃郡县志乘，与卧游清福诸编之分别也。列传亦以名宦乡贤，忠孝节义，儒林卓行为重；文苑方技，有长可见者，次之。如职官而无可纪之迹，科目而无可著之业，于法均不得立传。盖志属信史，非如宪纲册籍，一以爵秩衣冠为序者也。其不应立传者，官师另立历任年谱，邑绅另有科甲年谱，年经月纬之下，但注姓名，不得更有浮辞填入。即其中有应立传者，亦不必

---

① 《何蕃》：指《太学生何蕃传》，韩愈作，写于何蕃下第之后，其实就是记述他当时状况，如同"投赠之书"，章氏在《又答吴胥石书》中曰："韩退之述太学生何蕃，乃投赠之书，略如序记之类。"自然不是人物传。

② 《方山》：指《方山子传》，苏轼作，亦赠序之变体。

更于谱内注明有传字样，以昭画一。若如近日通行之例，则纪官师者，既有职官志，以载受事年月，又有名宦志，以载历任政绩，而于他事，有见于生祠碑颂，政绩序记者，又收入艺文志。记邑绅者，既有科目志，又有人物志，亦分及第年分，与一生行业为两志；而其行业有见于志铭传诔者，则又收入艺文志。一人之事，叠见三四门类，于是或于此处注传见某卷，于彼处注详见某志，字样纷错，事实倒乱，体裁烦碎，莫此为甚。今日修志，尤当首为厘定，一破俗例者也。

七，议援引：史志引用成文，期明事实，非尚文辞。苟于事实有关，即胥吏文移，亦所采录，况上此者乎！苟于事实无关，虽班、扬述作，亦所不取，况下此者乎？但旧志艺文所录文辞，今悉散隶本人本事之下，则篇次繁简不伦；收入考传方幅之内，其势不无删润。如恐嫌似剿袭，则于本文之上，仍标作者姓名，以明其所自而已。至标题之法，一仿《史》、《汉》之例，《史》、《汉》引用周秦诸子，凡寻常删改字句，更不识别，直标"其辞曰"三字领起。惟大有删改，不更仍其篇幅者，始用"其略曰"三字别之。若贾长沙诸疏是也。今所援引，一皆仿此。然诸文体中，各有应得援引之处，独诗赋一体，应用之处甚少。惟地理考内，名胜条中，分注之下，可载少许，以证灵杰。他若抒写性灵，风云月露之作，果系佳构，自应别具行稿，或入专主选文之书，不应搀入史志之内，方为得体。且古来十五《国风》，十二《国语》，并行不悖，未闻可以合为一书，则志中盛选诗词，亦俗例之不可不亟改者。倘风俗篇中，有必须征引歌谣之处，又不在其列，是又即《左》、《国》引谚征谣之义也。

八，议裁制：取艺文应载一切文辞，各归本人本事，俱无可议。惟应载传志行状诸体，今俱删去，仍取其文，裁入列传，则有难处者三焉：一则法所不应立传，与传所不应尽载者；当日碑铭传述，或因文辞为重，不无滥收。二则志中列传，方幅无多，而原传或有洋洋大篇，全录原文，则繁简不伦，删去事迹，则召怨取讥。三则取用成文，缀入本考本传，原属文中援引之体，故可标作者姓名，及"其辞曰"三字，以归征引之体。今若即取旧传，裁为新传，则一体连编，未便更著作者姓名。譬班史作《司马迁传》，全用《史记·自序》，则以"迁之《自序》云尔"一句标清宾主。盖史公《自序》，原非本传，故得以此句识别之耳。若孝武以前纪传，全用《史记》成文者，更不识别，则以纪即此纪，传即此传，赞即此赞，其体更不容标"司马迁曰"字样也。今若遽同此例，则近来少见此种体裁，必有剿袭雷同之谤。此三端者，决无他法可处，惟有大书分注之例，可以两全。盖取彼旧传，就今志义例，裁为新传，而于法所应删之事，未便遽删者，亦与作为双行小字，并作者姓氏，及删润之故，一体附注本文之下，庶几旧志征实之文，不尽刊落，而新志谨严之体，又不相妨矣。其原文不甚散漫，尚合谨严之例者，一仍其旧，以见本非好为更张也。

九，议标题：近行志乘，去取失伦，芜陋不足观采者，不特文无体要，即其标题，先已不得史法也。如采典故而作考，则天文、地理、礼仪、食货数大端，本足以该一切细目，而今人每好分析，于是天文则分星野、占候为两志，于地理，又分疆域、山川为数篇，连编累牍，动分几十门类。夫《史》《汉》八书、十志之例具在，曷尝作如是之繁碎哉！如访人物而立传，则名宦、乡贤、儒林、卓行数端，本不足以该古今人类，而今人每好合并，于是得一逸才，不问其行业如何超卓，而先拟其有何色目可归；得一全才，不问其学行如何兼至，而先拟其归何门类为重，牴牾牵强，以类括之。夫历史合传独传之文具在，曷尝必首标其色目哉！所以然者，良由典故证据诸文，不隶本考，而隶艺文志，则事无原委，不得不散著焉，以藏其苟简之羞；行状碑版诸文，不隶本传，而隶艺文志，则人无全传，不得不强合焉，以足其款目之数。故志体坏于标题不得史法，标题坏于艺文不合史例；而艺文不合史例之原，则又原于创修郡县志时，误仿名山图志之广载诗文也。夫志州县与志名山不同，彼以形胜景物为主，描摩宛肖为工；崖颠之碑，壁阴之记，以及雷电鬼怪之迹，洞天符检之文；与夫今古名流游览登眺之作，收无孑遗，即征奥博，盖原无所用史法也。若夫州县志乘，即当时一国之书，民人社稷，政教典故，所用甚广，岂可与彼一例？而有明以来，相沿不改，故州县志乘，虽有彼善于此，而卒鲜卓然独断，裁定史例，可垂法式者。今日尤当一破风习，以还正史体裁者也。

十，议外编：廿一史中，纪表志传四体而外，《晋书》有《载记》[①]，《五代

---

① 《晋书》有《载记》：唐初所修《晋书》，设《载记》三十卷，专记十六国在北方割据政权兴亡的史事，这是《晋书》作者首创。

史》有《附录》①,《辽史》有《国语解》②,至本朝纂修《明史》,亦于年表之外,又有图式③,所用虽各不同,要皆例以义起,期于无遗无滥者也。邑志猥并错杂,使同稗野小说,固非正体,若遽以国史简严之例处之,又非广收以备约取之意,凡事属琐屑,而不可或遗者,如一产三男,人寿百岁,神仙踪迹,科第盛事,一切新奇可喜之传,虽非史体所重,亦难遽议刊落,当于正传之后,用杂著体零星纪录,或名外编,或名杂记,另成一体,使纤髣钉饾,先有门类可归,正以厘清正载之体裁也。谣歌谚语,巷说街谈,苟有可观,皆用此律。

甲申冬杪,天门胡明府议修县志,因作此篇,以附商榷。其论笔削义例,大意与旧答甄秀才前后两书相出入。而此议前五条,则先事之事宜,有彼书所不及者;若彼书所条,此议亦不尽入,则此乃就事论事,而馀意推广于纂修之外者,所未遑也。至论俗例拘牵之病,此较前书为畅;而艺文一志,反复论之特详,是又历考俗例受病之原,皆不出此。故欲为是拔本塞源之论,而断行新定义例,初非好为更张耳。阅者取二书而互考焉,从事编纂之中,庶几小有裨补云。自跋。

## 地志统部④

阳湖洪编修亮吉⑤,尝撰辑乾隆府厅州县志,其分部乃用《一统志》例,

---

① 《五代史》有《附录》:指《新五代史》将周边各少数民族政权作为《四夷附录》。这与《晋书》相比,是一个大倒退。

② 《辽史》有《国语解》:《辽史》由元人脱脱监修,在纪、志、表、传之后,作《国语解》一卷,因为书中所载官制、宫卫、部族、地理,"率以国语为之称号",如果不作解释,人们无法懂得。

③ 图式:指《明史》编修中,除各种年表以外,在《历志》中增图以明历数。

④ 据《章实斋先生年谱》载,嘉庆二年(1797)三月,章氏在安徽桐城阅卷,看到洪亮吉刻《卷施阁文集》中载《与章进士书》,反驳章氏十年前之说,乃作此文以答之。他在三月十七《与朱少白书》曾说:"弟辨地理统部之事,为古文辞卮见,不尽为辨书也。"了解这一情况,对阅读本文会有所帮助。文中主要辩论大的行政区划如何称呼问题,章氏主张应按现行称呼为准。

⑤ 洪亮吉(1746—1809):字君直,一字稚存,号北江。江苏阳湖(今江苏常州)人。乾隆五十五年(1790)进士,授翰林院编修,充史馆纂修官。曾因上书言事而谪戍伊犁,次年赦还原籍,自号更生居士。其学深于史地,尤于疆域沿革为最长。曾著有《乾隆府厅州县图志》、《三国疆域志》等。又编纂过《固始县志》、《长武县志》、《宁国府志》等十多种府县志。他是当时方志编修中考据派代表人物,认为"一方之志,沿革最要","撰方志之法,贵因而不贵创,信载籍而不信传文"。

以布政使司分隶府厅州县。余于十年前，访洪君于其家，谓此书于今制当称部院，不当泥布政使司旧文，因历言今制分部与初制异者，以明例义。洪君意未然也。近见其所刻《卷施阁文集》，内有《与章进士书》，繁称博引，痛驳分部之说，余终不敢为然。又其所辨，多余向所已剖，不当复云云者，则余本旨，洪君殆亦不甚忆矣。因疏别其说，存示子弟，明其所见然耳，不敢谓己说之必是也。

统部之制，封建之世，则有方伯；郡县之世，则自汉分十三部州，六朝州郡，制度迭改，其统部之官，虽有都督总管诸名，而建府无常。故唐人修《五代地志》①即《隋志》，不得统部之说，至以《禹贡》九州画分郡县，其弊然也。唐人分道，宋人分路，虽官制统辖不常，而道路之名不改，故修地志者，但举道路而分部明也。元制虽亦分路，而诸路俱以行省平章为主，故又称行省。而明改行省为十三布政使司，其守土之官，则曰布政使司，布政使。布政使司者，分部之名；而布政使者，统部之官，不可混也。然"布政使司"，连四字为言，而行省则又可单称为省。人情乐趋简便，故制度虽改，而当时流俗，止称为省。沿习既久，往往见于章奏文移，积渐非一日矣。

我朝布政使司，仍明旧制，而沿习称省，亦仍明旧。此如汉制，子弟封国，颁爵为王，而诏诰章奏，乃称为诸侯王。当时本非诸侯，则亦徇古而沿其名也。但初制尽如明旧，故正名自当为布政使司。百余年来，因时制宜，名称虽沿明故，而体制与明渐殊。今洪君书以乾隆为名，则循名责实，必当以巡抚为主而称部院，不当更称布政使司矣。盖初制，巡抚无专地，前明两京无布政使司，而顺天、应天间设巡抚。顺天之外，又有正定；应天之外，又有凤阳。诸抚不似今之总辖全部，自有专地，此当称部院者一也。

初制，巡抚无专官，故康熙以前，巡抚有二品三品四品之不同，其兼侍郎则二品，副都御史则三品，佥都御史则四品。今则皆兼兵部侍郎、右副都御史矣。其画一制度，不复如钦差无定之例。此当称部院者二也。

学差关部，皆有京职，去其京职，即无其官矣。今巡抚新除，吏部必请应否兼兵部都察院衔，虽故事相沿，未有不兼衔者。但既有应否之请，则

---

① 《五代地志》：即《五代史志·地理志》，今称《隋书·地理志》。

亦有可不兼衔之理矣。按《会典》、《品级考》①诸书，已列巡抚为从二品。注云："加侍郎衔正二。"则巡抚虽不兼京衔，亦有一定阶级，正如宋之京朝官。知州军，知县事，虽有京衔，不得谓州县非职方也，此当称部院者三也。

国之大事，在祀与戎。今戎政为总督专司，而巡抚亦有标兵，固无论矣。坛庙祭祀，向由布政使主祭者，而今用巡抚主祭，则当称部院者四也。

宾兴大典，向用布政使印钤榜者，而今用巡抚关防，此当称部院者五也。

初制，布政使司有左右，使分理吏户礼工之事。都司掌兵，按察使司提刑，是布政二使，内比六部；而按察一使，内比都察院也。今裁二使归一，而分驿传之责于按察使；裁都司而兵权归于督抚，其职任与前异。故上自诏旨，下及章奏文移，皆指督抚为封疆，而不曰辖使；皆谓布政之司为钱穀总汇，按察之司为刑名总汇，而不以布政使为封疆，此尤准时立制，必当称部院者六也。

督抚虽同曰封疆，而总督头衔则称部堂；盖兵部堂官，虽兼右都御史，而仍以戎政为主者也。巡抚头衔，则称部院；盖都察院堂官，虽兼兵部侍郎，而仍以察吏为主者也。如今制，陪京以外，有不隶总督之府州县，而断无不隶巡抚之府州县也。如河南、山东、山西，有巡抚而无总督，巡抚不必兼总督衔；直隶、四川、甘肃，有总督而无巡抚，则总督必兼巡抚衔。督抚事权相等，何以有督无抚，督必兼抚衔哉？正以巡抚部院，画一职方制度，并非无端多此兼衔，此尤生今之时，宜达今之体制，其必当称部院者七也。

今天下有十九布政使司，而《会典》则例，六部文移，若吏部大计，户部奏销，礼部会试，刑部秋勘，皆止知有十八直省，而不知有十九布政使司；盖因巡抚止有十八部院故也。巡抚实止十五，总督兼缺有三。故江苏部院，相沿称江苏省久矣。苏松布政使司与江淮布政使司，分治八府三州，不闻公私文告有苏松直省，江淮直省之分。此尤见分部制度，今日万万不当称使司，必当称部院者八也。

---

① 《会典》、《品级考》：《会典》即《大清会典》。《品级考》，陈氏房山《山房丛书》有康熙九年（1670）题定《品级考》一卷。

洪君以巡抚印用关防，不如布政使司正印，不得为地方正主，可谓知一十而忘其为二五矣。如洪君说，则其所为府厅州县之称，亦不当也。府州县固自有印，厅乃直隶同知，止有关防而无印也。同知分知府印，而关防可领职方；巡抚分都察院印，而关防不可以领职方，何明于小而暗于大也？此当称部院者九也。

洪君又谓今制督抚，当如汉用丞相长史出刺州事。州虽领郡，而《汉志》仍以郡国为主，不以刺史列于其间，此比不甚亲切。今制惟江苏一部院，有两布政使司，此外使司所治，即部院所治，不比汉制之一州必领若干郡也。然即洪君所言，则阚骃《十三州志》①，自有专书，何尝不以州刺史著职方哉？阚书今虽不传，而《隋志》著录，章怀太子《后汉书注》、《六臣文选注》多引之，洪君以博雅名，岂未见邪？此当称部院者十也。

夫制度更改，必有明文。前明初遣巡抚与三使司官，宾主间耳。其稍尊者，不过王臣列于诸侯之上例耳。自后台权渐重，三司奉行台旨。然制度未改，一切计典奏销，宾兴祭祀，皆布政使专主，故为统部长官，不得以权轻而改其称也。我朝百余年来，职掌制度，逐渐更易，至今日而布政使官与按察使官，分治钱谷刑名，同为部院属吏，略如元制行省之有参政参议耳。一切大政大典，夺布政使职而归部院者，历有明文，此朝野所共知也。而统部之当称使司，与改称部院，乃转无明文，何哉？以官私文告，皆沿习便而称直省，不特部院无更新之名，即使司亦并未沿旧之名耳。律令典例，诏旨文移，皆有直省之称，惟《一统志》尚沿旧例，称布政使司，偶未改正。洪君既以乾隆名志，岂可不知乾隆六十年中时事乎？

或曰："《统志》乃馆阁书，洪君遵制度而立例，何可非之！"余谓《统志》初例已定，其后相沿未及改耳。初例本当以司为主。其制度之改使司而为部院者，以渐而更，非有一旦创新之举，故馆阁不及改也。私门自著，例以义起，正为制度云然。且余所辨，不尽为洪君书也。今之为古文辞者，于统部称谓，亦曰诸省，或曰某省，弃现行之制度，而借元人之名称，于古盖

---

① 阚骃《十三州志》：阚骃，十六国时北凉官吏。字玄阴，敦煌（今属甘肃）人。博通经史，曾主持校刊经籍，北魏灭北凉，为乐平王丕从事中郎。所撰《十三州志》，记西域之地理、历史、民族、经济、文化等内容。已佚。今人张澍有辑本一卷。

未之闻也。雍正康熙以前，古文亦无使司之称，彼时理必当称使司。则明人便省文而因仍元制，为古文之病也久矣。故余于古文辞，有当称统部者，流俗或云某省，余必曰某部院，或节文称某部。流俗或云诸省，及某某等省，余必曰诸部院，或某某等部院。节文则曰诸部某某等部，庶几名正为言顺耳。使非今日制度，则必曰使司，或节文称司，未为不可。其称省，则不可行也。

或云："诏旨章奏文移，何以皆仍用之？"答曰："此用为辞语故无伤，非古文书事例也。且如诏旨章奏文移，称布政为藩，按察为臬，府州县长为守牧令，辞语故无害也。史文无此例矣。"

## 方志辨体①

直隶州之领县，如古方伯之领侯国，唐节度大府之领小府，虽官属相统，而疆界名殊。余尝修江南直隶《和州志》，具草初成，上于学使，学使以州辖含山一县，志但详州而略于县，且多意见不合，往返驳诘，志事中废。然余尝推论其事，详州略县，于例是也。

盖文墨之事，无论精粗大小，各有题目，古人所谓文质相宜，题目即质之谓也。如考试诗文，命题诗文，稍不如题，即非佳文。修书亦如是也。如

---

① 本篇作于嘉庆二年（1797）。此篇"大梁本"未收。明清以来，由于对各类方志要求没有明确概念，因而出现许多混乱现象，有的简单把诸州、县志内容合并便成方志，将诸府州县加以合并又成通志。亦有采用相反的办法，将通志机械地一分便成府志，似乎十分简单方便。为此作者特地写了《方志辨体》一文，从理论上对此混乱现象加以澄清，指出各类方志各有自己内容范围，也有各自撰写方法与要求，切不可简单随意分合。"今之通志，与府州县志，皆可互相分合者也，既可互相分合，亦可互相有无。书苟可以互相有无，即不得为书矣"。这里不仅指出明清以来，各类方志编修中所出现的奇怪现象，而且指出这种现象必须终止，因为各类方志都有自己特定内容与义例。后来他在《丙辰札记》中又作了生动形象的比喻："余尝论各部通志，与府志、县志各有详略义例，不知者相为骇怪。余取譬于诗文之有命题，各有赢阙至重，不容相假藉也。如皇甫士安为左氏作《三都赋序》，设吴、魏、蜀都三篇。当时又各有为之序者，义亦自可并存。若皇甫氏别有取义，但缀合三序而为一序。又或各为之序，分析皇甫之序以为三篇，其说尚可通乎？曹元首作《六代论》，其有分论虞、夏、商、周、秦、汉者，割裂曹氏之论，析而六之，或先有六家之论，曹氏合而一之，天下有是理耶？"另外，文中还对无耻文人陈燔对他主持编修的《湖北通志》所作种种指责进行反驳。

修统部通志，必集所部府州而成，然统部自有统部志例，非但集诸府州志可称通志，亦非分拆统部通志之文即可散为府州志也。诸府之志，又有府志一定义例，既非可以上分通志而成，亦不可以下合州县属志而成。苟通志及府州县志，可以互相分合为书，则天下亦安用此重见叠出之缀旒为哉！至直隶之州，其体视府，为其辖诸县也，其志不得视府志例，以府境皆州县境，州县既各有志，府志自应于州县志外，别审详略之宜。直隶之州，除属县外，别有本州之境，义与县境无异，如以府志之例载属县事，而以县志之法载本州事，则详略不伦，如皆用府志之例，则以州境太疏，如皆用县志之例，则于属县重复，惟于疆域沿革，备载属县，以见州境之全，其余门类，一切存州去县，以见专治之界度。古人制度，方伯国史，未必具属国之文，节度大府，未必兼属郡之载，此亦拟于相体裁衣之得当者矣。或问今之志直隶州者，未闻如是之分别也。曰：今之通志，与府州县志皆可互相分合者也，既可互相分合，亦可互相有无；书苟可以互相有无，即不得为书矣。余又何从而置议哉！

余撰《湖北通志》，初恃督府一人之知，竟用别裁独断，后为小人谗毁，乘督府入觐之隙，诸当道凭先入之言，委人磨勘，而向依督府为生计者，只窥数十金之利，一时腾跃而起，无不关蒙弓而反射，名士习气然也。如斯学识，岂直置议？然所指摘，督府需余登复，今存《驳议》[①]一卷，见者皆胡卢绝倒也。兹约举其二条，取证诸志分合大凡，余可以例推矣。湖广旧志，《山川》一门，取各府州县志载山川名目，仍依府州县次排列，山川名下之注，亦照册排列，此亦世俗通例，未足深怪。但如此排写，占纸四五百番，实与府州县志毫无分别。余意此等只应详州县志，府志已当稍裁繁注，况通志乎！因聘明于形家言者，俾叙湖北十一府州山川形势，上溯夔陕，下接江西，盘旋数千里间，分合回互，曲直向背，为长篇总论，而山川名目，有当形势脉络起伏响应者，则大书以入，文裁仍加分注，以详坐落，其文洒洒，

---

① 《驳议》：乾隆五十九年（1794），《湖北通志》脱稿，三月中毕沅离开湖北，并将章氏托付于湖北巡抚惠龄，此人不喜章氏之文，谗毁者乘机而入。时有嘉兴人陈熷，请求章氏推荐做校刊之事，出于同乡之情，乃荐于当道，本为校正文字错误而已，不意此人受委后乃大驳《通志》全书之不当，应以重修。当事竟大赞赏其识，此《驳议》乃陈熷议论《通志》之文。毕沅回湖北后，令章氏答复陈议，于是章氏著有《驳陈熷议》一卷。

凡三千余言，观者朗诵一过，则数千里间，形势快如掌上观纹。至于无当形势脉落，支流断港，堆阜小丘，则但以小注记其总数于所隶州县之下，且尽删其注文。前以所隶州县为经，后以总论山川为纬，略仿《禹贡》、《职方》义例，用纸不及三十番，而大势豁然，可谓意匠经营，极尽炉锤之工者矣。《驳议》乃曰："《通志》固须简约，然此门将旧志原有之山川而删去之，则《通志》转成无用之书矣。此门须重办，并山川中事，有关于考据者补入。"此等《驳议》真使人绝倒也。

《通志》固须简约，在彼方自以谓解事，先作原情论矣，殊不知彼以简约为言，即已不知《通志》之体裁矣。盖彼见府州县志，连床架屋，《通志》合为一书，自须删繁就简云耳。此直无异儿童之见。夫世人之撰通志，率盈百帙，余撰《通志》，不过线装二十册，即与旧志相较，新志势必加增于旧，余反减旧志仅存三分之一，彼不知者以谓求简约矣。其实余初无必须简约之心，但每事必思其所以然，而求其是尔。所贵乎通志者，为能合府州县志所不能合，则全书义例，自当详府州县志所不能详，既已详人之所不详，势必略人之所不略，譬如揖左则必背右，挥东则必顾西，情理必然之事。等于渴饮饥食之常，不特无疵病可指摘，亦并无新奇可惊叹也。彼不识其叙论形势之详，而但搜其名目注说之略，转讥《通志》为无用之书，盖彼意中不问书将何用，但知一部山川类考为有用耳！且彼幸而姑妄言之，当事姑妄听之，未尝实试于行事也。假令当事即以彼之所言，责彼笔削此书，则不知如何副其所言！既云《通志》须简约矣，旧志排列山川名目，注其事迹，连编四五百纸，已不胜繁。又云旧志所有不可删去，复云有关考据者补入，是欲比旧志加详矣，是非连床架屋不足以尽其兴，则彼不知别有何等简约之法，以成《通志》之别裁也。大抵彼时磨勘，局中所驳之议，半是不见天日之言，半是自相矛盾之说。余《辨例》已详。此特举一端耳。

又《通志·食货考》《田赋》一门，余取《赋役全书》布政使司总汇之册，登其款数，而采明人及本朝人所著，则赋利病奏议详揭与士大夫私门论撰之属，联络为篇，为文亦不过四五千言，而读者于十一府州数百年间，财赋沿革利弊，洞如观火。盖有布政司册以总大数，又有议论以明得失，故文简而事理明也。旧志尽取各府州县赋役全书挨次排纂，书盈五六百纸，而议论财赋章奏论说之文，则散归艺文，而本门一概不录，阅者连篇累卷、但见赋税钱穀之数，其十一府州，数百年来利病得失，则茫然无可求矣。

然则余之《通志》，非苟为简，惟其明而简也。旧志以繁为详赡乎，殊不知府州赋役全书，自当于府州志详之，州县赋役全书，自当于州县志详之，《通志》体裁，自不当代为屑屑纂录。十一府州财赋大势，沿革病利，非府州县志所能具者，旧志转不采入，故文繁而反于事理晦也。而嘉兴进士陈熷驳云："当取赋役全书补入。"又云："其当补者十分之九。"是将尽誊府州县志钱粮册矣。又余于志例，极具裁剪苦心，而于见行章程案牍文册，入志不合于体裁者，别裁《湖北掌故》六十六篇，略仿《会典》则例，以备一方实用，具经世有用之书也。赋役不比山川，可以全委于府州县志，故志文撷其总要，贯以议论，以存精华，仍取十一府州，六十余州县赋役全书，巨帙七十余册，总其款目，以为之经，分其细数，以为之纬，纵横其法，排约为《赋役表》，不过二卷之书，包括数十巨册，略无遗脱。《掌故》六十六篇，书分六科，以吏、户、礼、兵、刑、工为目，此表列户科中最为执简驭繁之法，此书与志同在局中，陈熷亲目所睹，而为是謷说，谓之失心良不诬矣！

古之方志，虽有著录，而传者无多，惟宋志尚十余家，元、明志之可称者亦十余家，虽与流俗不可同日而语，而求之古人义例，鲜能无憾。余别有专篇讨论，不复赘言。惟统部与府州及所属州县，各自为志，古人所无其例，实始前明，明人鲜知史学，故于志分三等，义例须作三家，分别全未知也。宋制以州领县，诸县不皆有志，而州志不上职方，故书名或取古郡，或题山水，未有直称某州志者，所以避图经官书名目，余尝谓方志不得以图经为例，此亦其一证也。

然观宋人之为方志，虽不尽得古人之意，但既无诸县之志，可以凑泊而成，亦不可以分析其书遂为县志，此实可为后世府志取法。而统部通志之不可同于府志，亦可从此推矣。宋人州志，自以州事联络为篇，属县别为专篇记其建置沿革，意殊简略，凡所隶事实，自以合州大势贯之，不可分析求也，惟罗氏宝庆《四明志》[①]，前志本州事实为十一卷，后志所属六县为十卷，与他志稍异。则彼时明州建府，而州治并无附郭之县，与近日之直隶州制正

---

[①] 罗氏宝庆《四明志》：罗浚，江西庐陵人，曾官赣州录事参军。当时庐陵人胡榘知庆元府，乃修《四明志》，始修于宝庆三年（1226），次年告成，共二十一卷，钱大昕曾为该志写过跋。

复相同。彼时属县不皆有志，故不得已而分为详略有如是尔。今日之直隶州，则属县已皆有志，又不必以此为例矣。

# 与石首王明府论志例①

志为史裁，全书自有体例。志中文字，俱关史法，则全书中之命辞措字，亦必有规矩准绳，不可忽也。体例本无一定，但取全书，足以自覆，不致互歧，毋庸以意见异同，轻为改易。即原定八门大纲，中分数十子目，略施调剂，亦足自成一家，为目录以就正矣。惟是记传叙述之人，皆出史学。史学不讲，而记传叙述之文，全无法度，以至方志家言，习而不察，不惟文不雅驯，抑亦有害事理。曾子曰："出辞气，斯远鄙倍矣。"鄙则文不雅也，倍则害于事也。文士囿于习气，各矜所尚，争强于无形之平奇浓淡，此如人心不同，面目各异，何可争？亦何必争哉！惟法度义例，不知斟酌，不惟辞不雅驯，难以行远；抑且害于事理，失其所以为言。今既随文改正，附商榷矣。恐未悉所以必改之故，约举数端，以为梗概。则不惟志例洁清，即推而及于记传叙述之文，亦无不可以明白峻洁，切实有用，不致虚文害实事矣。

如《石首县志》②，举文动称石邑，害于事也。地名两字，摘取一字，则同一字者，何所分别？即如石首言石，则古之县名，汉有石成，齐有石秋，隋有石南，唐有石岩，今四川有石柱厅，云南有石屏州，山西有石楼县，江南有石埭县，江西、广东又俱有石城县，后之观者，何由而知为今石首也？至以县称邑，亦习而不察其实，不可训也。邑者，城堡之通称，大而都城、省城、府州之城，皆可称邑，《诗》称京邑，《春秋》诸国通好，自称敝邑，

---

① 本篇写作时间应在乾隆五十七年（1792）至五十八年（1793）之间，因为要为编纂《湖北通志》提供资料。文中批评了当时修志中行文不规范的诸多弊病，如地名简称、人名简称，造成后人不知何地、何人；喜将古代官名用于今人，令人不知其何许人也。并且提醒大家，"书有体裁，文有法度"，因此必须正名，"名不正，则言不顺"，看来虽似小事，但其影响将是深远的，修志人员必须引起重视。此志内容价值，从为毕沅代写的序中可以得到说明。

② 《石首县志》：今传《石首志》，著王维屏修，刘佑彦纂，八卷，首一卷，末一卷，乾隆六十年（1795）刻本，具体篇目在代写的序中都有罗列。王维屏，玉田（在今河北）人。

岂专为今县名乎？小而乡村筑堡，十家之聚，皆可称邑，亦岂为县治邪？

至称今知县为知某县事，亦非实也。宋以京朝官知外县事，体视县令为尊，结衔犹带京秩，故曰某官知某县事耳。今若袭用其称，后人必以宋制疑今制矣。若邑侯，邑大夫，则治下尊之之辞，施于辞章则可，用以叙事，鄙且倍矣。邑宰则春秋之官，虽汉人施于碑刻，毕竟不可为训。令尹亦古官名，不可滥用以疑后人也。官称不用制度，而多文语，大有害于事理。曾记有称人先世为"司马公"者，适欲考其先世，为之迷闷，数日不得其解。盖流俗好用文语，以《周官》司马，名今之兵部，然尚书侍郎与其属官，皆可通名司马，已难分矣。又府同知，俗称亦为司马，州同亦有州司马之称。自兵部尚书以至州同，其官相悬绝矣！"司马公"三字，今人已不能辨为何官，况后世乎？

以古成均称今之国子监生，以古庠序称今之廪增附生，明经本与进士分科，而今为贡生通号。然恩、拔、副、岁、优、功、廪、增、附、例十等，分别则不可知矣。通显贵官，则谥率恭文懿敏；文人学子，号多峰岩溪泉。谥则称公，号则先生处士，或如上寿祝辞，或似荐亡告牒，其体不知从何而来？项籍曰："书足以记姓名。"今读其书，见其事，而不知其人何名，岂可为史家书事法欤？

又如双名止称一字，古人已久摘其非。如杜台卿[①]称卿，则语不完，而荀卿、虞卿皆可通用。安重荣[②]称荣，则语不完，则桓荣[③]寇荣[④]皆可通用。

---

① 杜台卿：隋朝官吏。字少山，博陵曲阳（在今河北）人。初仕北齐，齐亡归于乡里。开皇初应召入朝，任著作郎，修国史。曾采《月令》触类而广之，为《玉烛宝典》十二卷，另有《齐记》二十卷，文集十五卷。

② 安重荣（？—942）：后晋将领。小字铁胡，朔州（今山西朔县）人。善骑射，先仕后唐，后叛归后晋。反对对契丹屈服和亲，主张武力抵抗。又起兵反晋，被斩。

③ 桓荣：东汉初学者。字春卿，沛郡龙亢（今安徽怀远西北）人。西汉末游学于长安，习《欧阳尚书》，教授生徒数百人。光武帝闻其名，召问《尚书》，善之，拜为议郎，使入授太子。会《欧阳》博士缺，以荣充任。明帝即位，拜为五更，封奉内侯。

④ 寇荣：东汉官吏。上谷昌平（今北京昌平东南）人。少知名，桓帝时任侍中。性矜持自洁，不喜与人往来，见疾于权贵宠臣，被诬有罪免归故郡。

至去疾①称疾，无忌②称忌，不害③称害，且与命名之意相反，岂尚得谓其人欤？妇女有名者称名，无名者称姓，《左》《史》以来，未有改者。今志家乃去姓而称氏，甚至称为该氏，则于义为不通，而于文亦鄙塞也。今世为节烈妇女撰文，往往不称姓氏，而即以节妇烈女称之，尤害理也。妇人守节，比于男子抒忠，使为逢、比④诸公撰传，不称逢、比之名，而称忠臣云云，有是理乎？经生之为时艺，首用二语破题。破题例不书名，先师则称圣人，弟子则称贤者，颜、曾、孟子则称大贤，盖仿律赋发端，先虚后实，试帖之制度然尔。今用其法以称节孝，真所谓习焉不察者也。

柳子曰："参之太史以著其洁。"未有不洁而可以言史文者。文如何而为洁？选辞欲其纯而不杂也。古人读《易》如无《书》，不杂之谓也。同为经典，同为圣人之言，倘以龙血鬼车之象，而参奥若稽古之文；取熊蛇鱼旟之梦，而系春王正月之次，则圣人之业荒，而六经之文且不洁矣。今为节妇著传，不叙节妇行事，往往称为矢志《柏舟》⑤，文指不可得而解也。夫柏舟者，以柏木为舟耳。诗人托以起兴，非《柏舟》遂为贞节之实事也。《关雎》可以兴淑女，而雎鸠不可遂指为淑女；《鹿鸣》可以兴嘉宾，而鸣鹿岂可遂指为嘉宾？理甚晓然。奈何纪事之文，杂入诗赋藻饰之绮语。

夫子曰："必也正名乎！"文字则名言之萃著也。"名不正，则言不顺"，而事理于焉不可得而明。是以书有体裁，而文有法度，君子之不得已也。苟徇俗而无伤于理，不害于事，虽非古人所有，自可援随时变通之义，今亦不尽执矣。

---

① 去疾：名去疾者古代不少，晋顷公名去疾，郑国有公子名去疾，亦作弃疾。
② 无忌：古代称无忌者亦很多，四大公子之一的魏公子无忌，唐朝还有长孙无忌。
③ 不害：战国时期著名学者申不害，郑国京（今河南荥阳东南）人。又齐有浩生不害。
④ 逢，比：指关龙逢、比干。关龙逢，夏朝大臣。姓关龙，一云作"豢龙"，名逢。夏桀时任大夫，是远古尧舜时豢龙氏后裔。桀淫乱昏暴，曾为酒池，三日不朝，他固谏，立而不去，桀怒，囚而杀之。一说桀观炮烙之刑于瑶台，他进谏，桀遂以炮烙之刑试其身而死。比干，商朝大臣。子姓，名比干，商王太丁之子，商纣王之叔。纣王时官至少师。有贤名，纣淫虐，国危，他以死极谏，劝以修善行仁。谏三日不去，纣恼羞成怒，将其杀死，剖腹观心。
⑤ 《柏舟》：《诗经·鄘风》诗篇名。

# 报广济黄大尹论修志书[①]

　　承示志稿，体裁简贵，法律森严，而殷殷辱赐下询，惟恐有辜盛意，则仅就鄙衷所见，约举一二，以备采菲，然亦未必是也。

　　盖方志之弊久矣，流俗猥滥之书，固可不论，而雅意拂拭，取足成家，则往往有之。大抵有文人之书，学人之书，辞人之书，说家之书，史家之书，惟史家为得其正宗。而史家又有著作之史，与纂辑之史，途径不一。著作之史，宋人以还，绝不多见；而纂辑之史，则以博雅为事，以一字必有按据为归，错综排比，整炼而有剪裁，斯为美也。

　　今来稿大抵仿朱氏《旧闻》[②]，所谓纂辑之善者也。而用之似不能画一其体。前周书昌[③]与李南涧[④]合修《历城县志》[⑤]，无一字不著来历。其古书旧志有明文者，固注原书名目。即新收之事，无书可注，如取于案牍，则注某房案卷字样；如取投送传状，则注家传呈状字样；其有得于口述者，则注某人口述字样。此明全书，并无自己一言之征，乃真仿《旧闻》而画一矣。志中或注新增二字，或不加注，似非义例。

　　又世纪遗漏过多，于本地沿革之见于史志者，尚未采备，其余亦似少头绪，此门似尚未可用。至城市中之学校，录及乐章，及先贤先儒配位，此乃率土所同，颁于令典，本不须载。今载之，又不注出于《会典》，而注出于旧志，亦似失其本原。又诗文入志，本宜斟酌，鄙意故欲别为文征。今仿

---

[①] 本篇作于乾隆五十八年（1793）。文章对在修志中是否要像《日下旧闻》那样，事事都得注明出处提出疑问，如果材料来自档案或出于某人之口述，是否也得注明？这实际上还是涉及内容古今详略问题。另外，对于表的作用和用法以及艺文志的编纂，都是作者方志理论中一再强调的问题。广济县，清属湖北黄州府。

[②] 朱氏《旧闻》：即朱彝尊《日下旧闻》，四十二卷，分十门。

[③] 周书昌（1730—1791）：清朝学者。名永年，书昌乃其字，历城（今山东济南）人。乾隆进士，曾参与《四库全书》编纂，并为子部负责人，对兵、农、历算诸家学均能得其要旨。著有《先正读书诀》、《东昌府志》等。

[④] 李南涧：李文藻，字素伯，南涧乃其别号，山东益都（今青州）人。乾隆进士。历官桂林府同知。著有《恩平》、《潮阳》、《桂林》诸集。

[⑤] 《历城县志》：乾隆三十六年（1771）修，三十八年（1773）刻，五十卷，首一卷，县令胡德琳聘周永年与李文藻编修。

《旧闻》之例，载于本门之下，则亦宜画一其例。按《旧闻》无论诗文，概为低格分载。今但于山川门中，全篇录诗，而诸门有应入传志记叙之文，多删节而不列正文，恐简要虽得，而未能包举也。又表之为体，纵横经纬，所以爽豁眉目，省约篇章，义至善也。今职官选举，仍散著如花名簿，名虽为表，而实非表。户籍之表善矣，然注图甲姓氏可也，今有注人名者，不知所指何人，似宜覈核。

艺文之例，经史子集，无不当收；其著书之人，不尽出于文苑；今裁文苑之传而入艺文，谓仿《书录解题》①，其实刘向《七略》、《别录》，未尝不表其人，略同传体。然班氏撰入《汉·艺文志》，则各自为传，而于艺文目下，但注有传二字，乃为得体。今又不免反客而为主矣！

已上诸条，极知瞽蒙之见，无当采择，且不自揣而为出位之谋，是以琐屑不敢渎陈，然既承询及，不敢不举其大略也。

# 复崔荆州书②

前月过从，正在公事旁午之际，荷蒙赐贶赠舟，深切不安。措大眼孔，不达官场缓急情事，屡书冒渎，抱惭无地。冬寒，敬想尊侯近佳。所付志稿，解缆匆忙，未及开视，曾拜书，俟旋省申覆。舟中无事，亦粗一过目，则叹执事明鉴，非他人可及。前在省相见，送志稿时，执事留日无多，即云"志颇精当，内有讹错，亦易改正"，数语即为定评。

今诸缙绅磨勘月余，签摘如麻，甚至屡加诋诘嘲笑，全失雅道，乃使鄙人抱惭无地。然究竟推敲，不过《职官》、《科目》二表，人名有颠倒错落；

---

① 《书录解题》：南宋学者陈振孙（？—1261）著。振孙原名瑗，字伯玉，号直斋，湖州安吉（今浙江安吉）人。历官至侍郎，以宝章阁待制致仕。在莆田为官时，曾传录夹漈郑氏、方氏、林氏、吴氏旧书至五万一千一百八十余卷，乃仿晁公武《郡斋读书志》作《直斋书录解题》五十六卷，分经、史、子、集四录，又分五十三类目。有"解题"，是其特点。但原书已佚，今本系从《永乐大典》中辑出，分为二十二卷。
② 本篇约写于乾隆五十八年（1793），文中有"鄙人又逼归期"的话，次年章氏即离湖北。"崔荆州"指崔龙见，时任荆州知府，永济人，进士出身。应崔龙见之请，章学诚曾为其编修《荆州府志》，书稿分纪、表、考、传，并附有《文征》及《丛谈》。为修此书，章氏还曾亲赴荆州。稿成后，地方绅士中有些意见，此信即对此作回答。

《文征·碑记》一卷，时代不按先后，诚然牴牾。然校书如仇，议礼成讼，办书之有签商往复，亦事理之常；否则古人不必立校雠之学，今人修书，亦不必列较订参阅之衔名矣！况《职官》、《科目》二表，实有办理错误之处，亦有开送册籍本不完全之处。《文征》则因先已成卷，后有续收，以致时代有差，虽曰舛误，亦不尽无因也。而诸绅指摘之外，严加诋诃，如塾师之于孺子，官长之于胥吏，则亦过矣。况文理果系明通，指摘果无差失，鄙人何难以严师奉之。

今开卷第一条，则凡例原文云：“方志为国史要删。”语本明白。要删犹云删要以备用尔，语出《史记》，初非深僻，而签为要典，则是国史反藉方志为重，事理失实，而语亦费解矣。《文征》《二圣祠记》，上云：“立化像前。”下云：“食顷复活。”化，即死也。故字书死字从化字之半，其文亦自明白。今签“立化”句云“有误，否则下文复活无根”。由此观之，其人文理本未明通，宜其任意诃叱，不知斯文有面目也。至《职官》、《科目》之表，舛误自应改正。然《职官》有文武正佐，《科目》亦有文武甲乙，既以所属七县画分七格，再取每属之职官科目，逐一分格，则尺幅所不能容，是以止分七格，而以各款名目，注于人名之下。此法本于《汉书·百官表》，以三十四官并列一十四格，而仍于表内各注名目，最为执简驭繁之良法。今签指云：“混合一表，眉目不清。”

又《文征》以各体文字分编，通部一例，偶因《碑记》编次舛误，自应签驳改正可也。今签忽云：“学校之记当前，署廨列后，寺观再次于后。”则一体之中，又须分类。分类未为不可，然表奏、序论、诗赋诸体，又不分类，亦不签改，则一书之例，自相矛盾。由此观之，其人于书之体例，原不谙习，但知信口詈骂，不知交际有礼义也。其余摘所非摘，驳所非驳之处甚多，姑举一二以概其余，则诸绅见教之签，容有不可尽信者矣。

《荆志·风俗》，袭用旧文，以谓士敦廉让。今观此书签议，出于诸绅，则于文理，既不知字句反正虚实；而于体例，又不知款目前后编次，一味横肆斥骂，殆于庸妄之尤，难以语文风土习矣。因思执事数日之间，评定志稿得失，较诸绅汇集多日，纷指如麻为远胜之，无任钦佩之至！但此时执事无暇及此，而鄙人又逼归期，俟明岁如签声覆，以听进止可耳。

## 记与戴东原论修志[①]

乾隆三十八年癸巳夏，与戴东原相遇于宁波道署，冯均弼[②]方官宁绍台兵备道也。

戴君经术淹贯，名久著于公卿间，而不解史学。闻余言史事，辄盛气凌之。见余《和州志例》，乃曰："此于体例则甚古雅，然修志不贵古雅。余撰汾州诸志，皆从世俗，绝不异人，亦无一定义例，惟所便尔。夫志以考地理，但悉心于地理沿革，则志事已竟。侈言文献，岂所谓急务哉？"

余曰："余于体例，求其是尔，非有心于求古雅也。然得其是者，未有不合于古雅者也。如云但须随俗，则世俗人皆可为之，又何须择人而后与哉？方志如古国史，本非地理专门，如云但重沿革，而文献非其所急，则但作沿革考一篇足矣，何为集众启馆，敛费以数千金，卑辞厚币，邀君远赴，旷日持久，成书且累函哉？且古今沿革，非我臆测所能为也。考沿革者，取资载籍，载籍具在，人人得而考之。虽我今日有失，后人犹得而更正也。若夫一方文献，及时不与搜罗，编次不得其法，去取或失其宜，则他日将有放失难稽，湮没无闻者矣。夫图事之要，莫若取后人所不得而救正者，加之意也。然则如余所见，考古固宜详慎；不得已而势不两全，无宁重文献而轻沿革耳。"戴他顾而语人曰："沿革苟误，是通部之书皆误矣。名为此府若州之志，实非此府若州也，而可乎？"

余曰："所谓沿革误而通部之书皆误者，亦止能误入载籍可稽之古事尔。

---

[①] 本篇作于乾隆五十五年（1790）。据《章实斋先生年谱》记载，乾隆三十八年（1773）夏，章氏在宁波道署遇戴震，是时戴年已五十，方主讲浙江金华书院，两人论史事多不合，戴新修《汾州府志》、《汾阳县志》。及见章氏《和州志例》，则曰"修志但当详地理沿革，不当侈言文献"，于是两人当面辩论起来。十多年后，作者乃追记成文。从争论的内容和观点来看，章氏显然优于戴震。事实上戴震是清朝修志派别中考据派代表人物，这是方志界所共知。而学术界有些人一听说戴震方志理论不可取，似乎就不太舒服，总以为冤枉了戴震。殊不知作为一个大学者，未必样样都是内行，写史修志，确实不是他的长处，而他在考据上的贡献，哲学思想上的建树，自然是鹤立鸡群。修志中他只强调重视地理沿革，轻视地方文献，能够说他对吗？又将名僧归之古迹，如今谁也不会同意。是非总得有个标准，不能单凭感情用事。学术界在评论人物是非时，必须以历史事实为根据，不能以传统看法为依据，更不能单凭感情用事。

[②] 冯均弼：冯廷丞（1728—1784），清朝官吏。字均弼，号康斋，代州（今山西代县）人。乾隆十七年（1752）举人，历官浙江宁绍台道、福建台湾道、江西按察使，卒于湖北按察使任。

古事误入，亦可凭古书而正之，事与沿革等耳。至若三数百年之内，遗文逸献之散见旁出，与夫口耳流传，未能必后人之不湮没者；以及兴举利弊，切于一方之实用者，则皆核实可稽，断无误于沿革之失考，而不切合于此府若州者也。

冯君曰："方志统合古今，乃为完书，岂仅为三数百年以内设邪？"余曰："史部之书，详近略远，诸家类然，不独在方志也。《太史公书》详于汉制，其述虞、夏、商、周，显与六艺背者，亦颇有之。然六艺具在，人可凭而正史迁之失，则迁书虽误，犹无伤也。秦楚之际，下逮天汉，百余年间，人将一惟迁书是凭；迁于此而不详，后世何由考其事耶？且今之修方志者，必欲统合今古，盖为前人之修是志，率多猥陋，无所取裁，不得已而发凡起例，如创造尔。如前志无憾，则但当续其所有；前志有阙，但当补其所无。夫方志之修，远者不过百年，近者不过三数十年。今远期于三数百年，以其事虽递修，而义同创造，特宽为之计尔。若果前志可取，正不必尽方志而皆计及于三数百年也。夫修志者，非示观美，将求其实用也。时殊势异，旧志不能兼该，是以远或百年，近或三数十年，须更修也。若云但考沿革，而他非所重。则沿革明显，毋庸考订之州县，可无庸修志矣。"冯君恍悟曰："然！"

戴拂衣径去。明日示余《汾州府志》①，曰："余于沿革之外，非无别裁卓见者也。旧志人物门类，乃有名僧，余欲删之，而所载实事，卓卓如彼，又不可去。然僧岂可以为人？他志编次人物之中，无识甚矣。余思名僧必居古寺，古寺当归古迹，故取名僧事实，归之古迹，庸史不解此创例也。"

余曰："古迹非志所重，当附见于舆地之图，不当自为专门。古迹而立专门，乃统志类纂名目，陋儒袭之，入于方志，非通裁也。如云僧不可以为人，则彼血肉之躯，非木非石，毕竟是何物邪？笔削之例至严，极于《春秋》，其所诛贬，极于乱臣贼子，亦止正其名而诛贬之，不闻不以为人，而书法异于圆首方足之伦也。且人物仿史例也；史于奸臣叛贼，犹与忠良并列于传，不闻不以为人，而附于地理志也。削僧事而不载，不过俚儒之见耳。以古迹为名僧之留辙，而不以人物为名，则《会稽志》禹穴，而人物无禹；

---

① 《汾州府志》：三十四卷，首一卷。乾隆三十六年（1771）刻本。

《偃师志》汤墓,而人物无汤;《曲阜志》孔林,而人物无孔子。彼名僧者,何幸而得与禹、汤、孔子同其尊欤?无其识而强作解事,固不如庸俗之犹免于怪妄也。"

## 《和州志·志隅》自叙[①]

志者,史之一隅,州志又志之一隅也。获麟而后,迁固极著作之能,向歆尽条别之理,史家所谓规矩方圆之至也。魏晋六朝,时得时失,至唐而史学绝矣。其后如刘知幾、曾巩、郑樵,皆良史才,生史学废绝之后,能推古人大体,非六朝唐宋诸儒所能测识,余子则有似于史而非史,有似于学而非学尔。然郑樵有史识而未有史学;曾巩具史学而不具史法;刘知幾得史法而不得史意,此予《文史通义》所为作也。《通义》示人,而人犹疑信参之,盖空言不及征诸实事也。《志隅》二十篇,略示推行之一端,能反其隅,《通义》非迂言可也。

呜呼!迁、固、向、歆不可作矣。诚得如刘知幾、曾巩、郑樵其人而与之,由识以进之学,由学而通乎法,庶几神明于古人之意焉。则《春秋》经世之学,可以昌明。第求之天下,解者不过一二人,而亦不暇究其业焉,笑且排者又无论已,则予之所为抚卷而欷歔者也。乾隆三十九年季夏之月。

---

[①] 乾隆三十八年(1773)二月,章氏经朱筠介绍,应知州刘长卿之聘,编修《和州志》,次年书成,上其书于安徽学政秦潮。潮与其意见多不合,志事遂中废。书稿自然不能刊刻,乃删存为二十篇,名曰《志隅》,章氏为之作序。此序各种《文史通义》版本均未收,我在作《新编》时,将其选入。序文虽短,但却反映了章氏重要史学观点和撰写《文史通义》的目的,同时还说明他一直将方志论文视作《文史通义》的组成部分。文中他肯定了刘知幾、曾巩、郑樵都是良史,但是他们都还有局限性,并且他们都没有谈论过"史意",所以这就成为他著作《文史通义》论述的重点。

# 《和州志·皇言纪》序例[①]

《周官》外史"掌四方之志",又"以书使于四方,则书其令"。郑氏注:四方之志,"若鲁之《春秋》,晋之《乘》,楚之《梼杌》"是也。书其令,"谓书王命以授使者"是也。乡大夫于"正月之吉,受教法于司徒,退而颁之乡吏"。孔氏疏"谓若大司徒职十二教以下"是也。夫畿内六乡,天子自治,则受法于司徒;而畿外侯封,各治其国,以其国制,自为《春秋》。列国之史,总名春秋。然而四方之书,必隶外史,书令所出,奉为典章。则古者国别为书,而简策所昭,首重王命,信可征也。是以《春秋》,岁首必书王正,而韩宣子聘鲁,得见《易·象》《春秋》,以谓周礼在是。盖书在四方,则入而正于外史;而命行王国,亦自外史颁而出之。故事有专官,而书有定制,天下所以协于同文之治也。

窃意《周官》之治,列国史记,必有成法,受于王朝,如乡大夫之受教法。考察文字,罔有奇裒。至晋、楚之史,自以《乘》与《梼杌》名书,乃周衰官失,列国自擅之制欤!司马迁侯国世家,亦存国别为书之义。而孝武《三王》之篇,详书诏策,冠于篇首,王言丝纶,史家所重,有由来矣。后代方州之书,编次失伦,体要无当,而朝廷诏诰,或入艺文。篇首标纪,或载沿革,又或以州县偏隅,未有特布德音,遂使中朝掌故,散见四方之志者,阙然无所考见。是固编摩之业,世久失传,然亦外史专官,秦汉以来,未有识职故也。

夫封建之世,国别为史,然篇首尚重王正之书,列卿或慕《周官》之典。至于郡县受治,守令承奉诏条,一如古者畿内乡党州闾之法,而外史掌故,未尝特立专条。宋、元、明州县志书,今可见者,迄用一律,亦甚矣其不讲于《春秋》之义也。今哀录州中所有,恭编为《皇言纪》一,以时代相次,蔚光篇首,以志祗承所自云尔。

---

[①] 章学诚的方志理论,是把方志视作古代诸侯国史,因此,前面要冠以"皇言纪",记载历代帝王有关言论。他批评宋元以来方志不再有此记载,有失于尊崇王朝命令之意。这一理论在今天来说不仅牵强,而且没有什么价值。

# 《和州志·官师表》序例[①]

《周官》御史"掌赞书，数从政"。郑氏注谓"凡数及其见在空阙者。"盖赞太宰建六典而掌邦治之故事也。夫官有先后，政有得失，太宰存其纲纪，而御史指数其人以赞之，则百工叙而庶绩熙也。后代官仪之篇，考选之格，《汉官仪》[②]、《唐六典》[③]、《梁选簿》[④]、《隋官序录》[⑤]。代有成书。而官职姓名，浩繁莫纪，则是有太宰之纲纪，而无御史之数从政者也。班固《百官公卿表》[⑥]，犹存古意，其篇首叙官，则太宰六典之遗也。其后表职官姓氏，则御史数从政之遗也。范、陈而后，斯风渺矣。至于《唐书》、《宋史》，乃有《宰相年表》[⑦]，然亦无暇旁及卿尹诸官。非惟史臣思虑有所未周，抑史籍猥繁，其势亦难概举也。

至于嗜古之士，掇辑品令，联缀姓名，职官故事之书，六朝以还，于斯为盛。然而中朝掌故，不及方州，猥琐之编，难登史志。则记载无法，而编次失伦，前史不得不职其咎也。夫百职卿尹，中朝叙官，方州守令，外史纪载。《周官》御史数从政之士，则外史所掌四方之志，不徒山川土俗，凡所谓分职受事，必有其书，以归柱下之掌，可知也。唐人文集，往往有厅壁题名之记，盖亦叙官之意也。然文存而名不可考，自非搜罗金石，详定碑碣，莫得而知，则未尝勒为专书之故也。

宋元以来，至于近代，方州之书，颇记任人名氏；然猥琐无文，如阅县

---

① 《官师表》即后世方志中的职官表。序文首先上溯《周官》，因为《周官》确实是记述古代官制的一部书，此书学术界已经一致公认成于战国时代，是战国时代一部"官制汇编"，有些官制在当时各国也并非都实行过。章氏认为《汉书·百官公卿表》犹存古意，其叙述官职，犹存"太宰六典之遗"。以后史书都未能保存，最多只有《宰相世系》而已。他希望方志记载职官，应当效法《汉书·百官公卿表》。

② 《汉官仪》：东汉应劭撰。十卷。记载汉官名称、职掌、俸秩、玺绶制度及其他故事。已佚。清人孙星衍有辑本二卷。

③ 《唐六典》：唐玄宗时官修。三十卷。记载唐代官制的专著。开元二十六年（738）成书。玄宗拟定以理、教、礼、政、刑、事"六典"为名。

④ 《梁选簿》：南朝梁徐勉撰。三卷。记梁铨选官吏之制。久佚。《太平御览》职官部有引录。

⑤ 《隋官序录》：隋朝官吏郎楚之作。十二卷。

⑥ 《百官公卿表》：《汉书》篇名。分上、下两卷，上卷叙百官职掌，下卷列表。

⑦ 《宰相年表》：《新唐书》称《宰相世系表》，《宋史》称《宰辅表》。

令署役卯簿，则亦非班史年经月纬之遗也。或编次为表者，序录不详，品秩无次；或限于尺幅，其有官阶稍多，沿革异制，即文武分编；或府州别记，以趋苟简。是不知班史三十四官，分一十四级之遗法也。又前人姓氏，不可周知，然遗编具存，他说互见，不为博采旁搜，徒托阙文之义，是又不可语于稽古之功者也。

今折衷诸家，考次前后，上始汉代，迄于今兹，勒为一表，疑者阙之。后之览者，得以详焉。

## 《和州志·选举表》序例[①]

《周官》，乡大夫"三年大比，兴一乡之贤能，献书于王，王再拜受之，登于天府"，甚盛典也。汉制，孝廉茂才，力田贤良之举，盖以古者乡党州闾之遗。当时贤书典籍，辟举掌故，未有专书，则以科条未繁，兴替人文，散见纪传，潜心之士，自可考而知也。江左六朝，州郡侨迁，士不土著，学不专业，乡举里选，势渐难行。至于隋氏，一以文学词章，创为进士之举。有唐以来，于斯为盛。选举既专，资格愈重；科条繁委，故事相传。于是文学之士，搜罗典章，采撷闻见，识大识小，并有成书。传记故事，杂以俳谐，而选举之书，盖裒然与柱下所藏等矣。

撰著既繁，条贯义例，未能一辙，就求其指，略有三门：若晁迥《进士编敕》[②]、陆深《科场条贯》[③]之属，律例功令之书也；姚康、乐史《科第

---

[①] 我国自汉以来，选举制度不断在变更，两汉的察举，六朝的九品中正，隋唐以来实行科举考试。同样，科举考试也在不断变化，有关这类记载的书籍还是比较多的。自明代以来，许多方志对此亦有所记载，章氏在肯定这个长处之后，指出在记载方式上还有不足之处。

[②] 晁迥《进士编敕》：《宋史·艺文志》刑法类著录晁迥《礼部进士敕》一卷。晁迥（951—1034），字明远，宋澶州清丰（在今河南）人，太平兴国进士。真宗时官至工部尚书，仁宗时迁礼部尚书，致仕。另著有《法藏碎金录》。

[③] 陆深《科场条贯》：《明史·艺文志》故事类著录陆深《科场条贯》一卷。陆深（1477—1544），字子渊，号俨山，弘治进士，选庶吉士，授编修，官至詹事府詹事，著有《俨山集》。

录》①，姚康十六卷，乐史十卷。李奕、洪适《登科记》②，李奕二卷，亡；洪适十五卷。题名记传之类也；王定保《唐摭言》，钱明逸《宋衣冠盛事》③，稗野杂记之属也。史臣采辑掌故，编于书志，裁择人事，次入列传，一代浩繁，义例严谨。其笔削之余，等于弃土之苴，吐果之核，而陈编猥琐，杂录无文，小牍短书，不能传世行远。遂使甲第人文，《周官》所以拜献于王，而登之天府者，阙焉不备。是亦方州之书，不遵乡大夫慎重贤书之制，记载无法，条贯未明之咎也。

近代颇有考定方州，自为一书者，若乐史《江南登科记》④、张朝瑞《南国贤书》⑤、陈汝元《皇明浙士登科考》⑥，皆类萃一方掌故，惜未见之天下通行。而州县志书，编次科目，表列举贡，前明以来，颇存其例。较之宋元州郡之书，可谓寸有所长者矣。特其体例未纯，纪载无法，不熟年经事纬之例，亦有用表例者，举贡廕仕封荫之条，多所牴牾。猥杂成书。甚者附载事迹，表传不分，此则相率成风，未可悉数其谬者也。论辨详列传第一篇《总论》内。今撴史志之文，先详制度，后列题名，以世相次，起于唐代，迄于今兹，为《选举表》。其封荫辟举，不可纪以年者，附其后云。

---

① 姚康、乐史《科第录》：《新唐书·艺文志》杂传记类著录姚康《科第录》十六卷。姚康，字汝谐，官至太子詹事，兵部郎中，金吾将。另著有《帝王政纂》十卷、《统史》三百卷。《通志·艺文略》三著录乐史《重定科第录》十卷。乐史（930—1007），字子正，抚州宜黄（在今江西）人。南唐时任秘书郎。入宋后，太平兴国进士。历三馆编修、直史馆，出为地方知州。另著有《太平寰宇记》、《广卓异记》、《总记传》、《诸仙传》等。
② 李奕、洪适《登科记》：《新唐书·艺文志》杂传记类著录李奕《唐登科记》二卷。《宋史·艺文志》传记类著录洪适《宋登科记》二十一卷。
③ 钱明逸《宋衣冠盛事》：《宋史·艺文志》小说类著录钱明逸《衣冠盛事》一卷。钱明逸（1015—1071），字子飞，临安（今浙江杭州）人。仁宗庆历二年（1042）中制科，擢右正言。弹劾范仲淹、富弼推行新政。为翰林学士，知开封府，后出知数州。英宗时复为翰林学士。神宗初，御史奏其倾险，罢学士。
④ 《江南登科记》：《宋史·艺文志》传记类著录乐史《江南登科记》三十卷。
⑤ 《南国贤书》：焦竑《国史经籍志》传记类著录张朝瑞《南国贤书》四卷。
⑥ 《皇明浙士登科考》：《国史经籍志》传记类著录陈汝元《皇明浙士登科考》十卷。

# 《和州志·氏族表》序例上[①]

《周官》小史"奠系世，辨昭穆"。谱牒之掌，古有专官。司马迁以《五帝系牒》[②]、《尚书》集世记为《三代世表》，氏族渊源，有自来矣。班固以还，不载谱系。而王符《氏姓》之篇《潜夫论》[③]第三十五篇，杜预《世族之谱》[④]《春秋释例》第二篇。则治经著论，别有专长，义尽而止，不复更求谱学也。自魏晋以降，迄乎六朝，族望渐崇，学士大夫，辄推太史世家遗意，自为家传，其命名之别，若王肃《家传》[⑤]，虞览《家记》[⑥]，范汪《世传》[⑦]，明粲《世录》[⑧]，陆煦《家史》[⑨]陆《史》十五卷。之属，并于谱牒之外，勒为专书，以俟

---

① 旧时修志，一般对氏族这一内容都有所记载，这正是反映社会的现实，即我们中华民族向来有同族聚居的风俗习惯，这一社会现象可以说自西汉以来一直延续至今。因此方志的编修，总是以不同的方式加以记载。《和州志·氏族表》自然也是出于这一目的。而这篇序从谱牒的起源讲起，并将发展历史详加叙述，同时讲述了氏族当中，有望族与非望族之别，这在封建社会乃是确定社会地位的重要标志，尤其是在五代以前更是如此，同样姓王，只有琅琊王与太原王门第为高，其他王姓则不能与他们平起平坐。刘则彭城刘，李则陇西李为贵，这在家谱、族谱中都必须写明。章氏在序例下，还讲了"和州在唐宋为望郡，而文献之征，不少概见。至于家谱世牒，寥寥无闻"。这给编写《氏族表》带来困难。这篇序实际上是一篇谱牒发展简史，具有重要的学术意义。

② 《五帝系牒》：此名最早出自《史记·三代世表》序中。崔适以为即《五帝德》、《帝系姓》两篇，因在"五帝下脱德帝姓三字"而造成。而《史记会注考证》则曰："《五帝系谱》古书名，与《戴记》(《大戴礼记》)、《五帝德》、《帝系姓》自别。"

③ 《潜夫论》：东汉学者王符撰。今本三十五篇，合《叙录》三十六篇。内有《志氏姓》一篇，为最早论氏族之书。

④ 杜预《世族之谱》：杜预（222—284），西晋学者。字元凯，京兆杜陵（今陕西西安东北）人。多谋善断，曾以战功封当阳县侯。因博学多通，时号"杜武库"。著有《春秋左传经传集解》三十卷，又作《春秋释例》十五卷，内有《世族谱》，据《四库全书总目提要》称："《世族谱》本之刘向《世本》，与《集解》一经一纬，相为表里，《晋书》称预自平吴后，从容无事，乃著《集解》，又参考众家谱第，谓之《释例》。"

⑤ 王肃《家传》：《隋书·经籍志》杂传类著录《王朗王肃家传》一卷，作者不详。

⑥ 虞览《家记》：《隋书·经籍志》杂传类著录《虞氏家记》五卷，晋虞览撰。

⑦ 范汪《世传》：《隋书·经籍志》杂传类著录《范氏家传》一卷，范汪撰。范汪，东晋官吏。字玄平，南阳顺阳（今河南淅川东）人。初为荆州刺史庾亮佐吏。桓温为荆州，以其为安西长史。温征巴蜀，委以留府，进武兴侯。后出为东阳太守。桓温北伐，令率文武出梁国，以失期免为庶人。屏居吴郡而终老。

⑧ 明粲《世录》：《隋书·经籍志》杂传类著录《明氏世录》六卷。南朝梁明粲撰。明粲为南朝梁官吏，曾为信武记室。

⑨ 陆煦《家史》：《隋书·经籍志》杂传类著录《陆史》十五卷，不著作者。《梁书·陆杲传》附记弟陆煦著《陆史》。陆姓当时为江左四大姓之一。

采录者也。至于挚虞《昭穆记》①，王俭《百家谱》②，以及何氏《姓苑》③，贾氏《要状》贾希鉴《氏族要状》④十五卷。诸编，则总汇群伦，编分类次，上者可裨史乘，下或流入类书，其别甚广，不可不辨也。

族属既严，郡望愈重。若沛国刘氏，陇西李氏，太原王氏，陈郡谢氏，虽子姓散处，或本非同居，然而推言族望，必本所始。后魏迁洛，则有八氏、十姓、三十六族、九十二姓，并居河南洛阳。而中国人士，各第门阀，有四海大姓、州姓、郡姓、县姓，撰为谱录。齐梁之间，斯风益盛，郡谱州牒，并有专书。若王俭、王僧孺之所著录，王俭《诸州谱》⑤十二卷，王僧孺⑥《十八州谱》七百卷。《冀州姓族》⑦、《扬州谱钞》⑧之属，不可胜纪，俱以州郡系其世望者也。唐刘知幾讨论史志，以谓族谱之书，允宜入史。其后欧阳《唐书》撰为《宰相世系》，顾清门巨族，但不为宰相者，时有所遗。至郑樵《通志》，首著《氏族之略》⑨，其叙例之文，发明谱学所系，推原史家不得师承之故，盖尝慨切言之。而后人修史，不师其法，是亦史部之阙典也。

古者瞽矇诵诗，并诵世系，以戒劝人君。《国语》所谓"教之世，而为之昭明德"者是也。然则奠系之属，掌于小史，诵于瞽矇，先王所重，盖以尊人道而追本始也。当时州闾族党之长，属民读法，乡大夫三年大比，考德艺而献书于王，则其系世之属，必有成数，以集上于小史可知也。夫比人斯有家，比家斯有国，比国斯有天下；家牒不修，则国之掌故何所资而为之征信耶？《易》曰："天与火同人，君子以类族辨物。"物之大者，莫

---

① 《昭穆记》：指《族姓昭穆记》十卷，早佚。
② 《百家谱》：指《百家集谱》，十卷。
③ 《姓苑》：指何承天《姓苑》。已佚。
④ 贾希鉴《氏族要状》：贾希鉴（439—501），南朝齐谱学家。名渊，字希镜，一作希鉴，平阳襄陵人。曾任宋骠骑参军、太学博士。是当时谱学中"贾氏之学"的中心人物。作《氏族要状》十五卷。
⑤ 《诸州谱》：指新集《诸州谱》十二卷。
⑥ 王僧孺（465—522）：南朝梁谱学家。东海郯（今山东郯城西南）人。南朝齐时还出任过钱塘令。入梁后官至尚书吏部郎。著有《十八州谱》、《百家谱》、《东南谱钞》等。他是把当时谱学中"王氏之学"推到高峰的重要人物。
⑦ 《冀州姓族》：《隋书·经籍志》谱系篇著录《冀州姓族谱》二卷，作者不详。成书于北魏太和中，疑为郡中正上奏朝廷以助铨选。
⑧ 《扬州谱钞》：《隋书·经籍志》谱系篇著录《扬州谱钞》五卷，作者不详。
⑨ 《氏族之略》：郑樵《通志》有《氏族略》。

过于人；人之重者，莫重于族。记传之别，或及虫鱼；地理之书，必征土产。而于先王锡土分姓，所以重人类而明伦叙者，阙焉无闻，非所以明大通之义也。且谱牒之书，藏之于家，易于散乱；尽入国史，又惧繁多。是则方州之志，考定成编，可以领诸家之总，而备国史之要删，亦载笔之不可不知所务者也。

## 《和州志·氏族表》序例中

奠系世之掌于小史，与民数之掌于司徒，其义一也。杜子春①曰："奠系世为帝系、诸侯卿大夫世本之属。"然则比伍小民，其世系之牒，不隶小史可知也。乡大夫以岁时登夫家之众寡，三年以大比兴一乡之贤能。夫夫家众寡，即上大司徒之民数，其贤能为卿大夫之选，又可知也。民贱，故仅登户口众寡之数；卿大夫贵，则详系世之牒，理势之自然也。后代史志，详书户口，而谱系之作无闻，则是有小民而无卿大夫也。《书》曰："九族既睦，平章百姓。"郑氏注："百姓，为群臣之父子兄弟。"见司马迁《五帝本纪》注。平章，乃辨别而章明之。是即《周官》小史奠系之权舆也。

孟子曰："所谓故国者，非谓有乔木之谓也，有世臣之谓也。"近代州县之志，留连故迹，附会桑梓，至于世牒之书，阙而不议，则是重乔木而轻世家也。且夫国史不录，州志不载，谱系之法，不掌于官，则家自为书，人自为说，子孙或过誉其祖父，是非或颇谬于国史，其不肖者流，或谬托贤哲，或私鬻宗谱，以伪乱真，悠谬恍惚，不可胜言。其清门华胄，则门阀相矜，私立名字，若江左王、谢诸家，但有官勋，即标列传。史臣含毫，莫能裁断。以至李必陇西，刘必沛国，但求资望，不问从来，则有谱之弊，不如无谱。史志阙略，盖亦前人之过也。

夫以司府领州县，以州县领世族，以世族率齐民，天下大计，可以指掌

---

① 杜子春：东汉学者。河南缑氏（今河南偃师东南）人。生于西汉末期。曾受业于刘歆，学《周礼》。汉末多虞，兵革疾疫，弟子多去，惟其尚存。永平（58—75）初，年九十余。后家居南山，聚徒授业，东汉大儒郑众、贾逵等均为其弟子，自此《周礼》之学始传。

言也。唐三百年谱系，仅录宰相，彼一代浩繁，出于计之无如何耳。方州之书，登其科甲仕宦，则固成周乡大夫之所以书上贤能者也。今仿《周官》遗意，特表氏族，其便盖有十焉：一则史权不散，私门之书，有所折衷，其便一也。一则谱法画一，私谱凡例未纯，可以参取，其便二也。一则清浊分途，非其族类，不能依托，流品攸分，其便三也。一则著籍已定，衡文取士，自有族属可稽；非其籍者，无难勾检，其便四也。一则昭穆亲疏，秩然有叙；或先贤奉祀之生，或绝祀嗣续之议，争为人后，其讼易平，其便五也。一则祖系分明，或自他邦迁至，或后迁他邦，世表编于州志，其他州县，或有谱牒散亡，可以借此证彼，其便六也。一则改姓易氏，其时世前后及其所改之故，明著于书，庶几婚姻有辨；且修明谱学者，得以考厥由来，其便七也。一则世系蝉联，修门望族，或科甲仕宦，系谱有书，而德行道艺，列传无录，没世不称，志士所耻，是文无增损，义兼劝惩，其便八也。一则地望著重，坊表都里，不为虚设，其便九也。一则征文考献，馆阁檄收，按志而求，易如指掌，其便十也。

然则修而明之，可以推于诸府州县，不特一州之志已也。

## 《和州志·氏族表》序例下

《易》曰："物不可穷也，故受之以《未济》。"夫网罗散失，是先有散失，而后有网罗者也；表章潜隐，是先有潜隐，而后有表章者也。陈寿《蜀志》列传，殿以杨戏[①]之赞；常璩《华阳》[②]序志，概存士女之名，二子知掌故之有时而穷也，故以赞序名字，存其大略，而明著所以不得已而仅存之故，是亦史氏阙文之旧例也。

---

① 杨戏（？—261）：三国时蜀官吏。字文然，犍为（今四川彭山东）人。年二十余，从州书佐为督军从事，职典刑狱。诸葛亮死后，任尚书右选部郎，后因与姜维不合，免为庶人。著有《季汉辅臣赞》，其所颂述，多为陈寿写《蜀书》时所采用。

② 常璩《华阳》：常璩，字道将，东晋蜀郡江原（今四川崇庆）人。初仕十六国成汉李氏，入晋后曾为桓温参军。《华阳国志》乃入晋后所作，全书十二卷，前四卷叙述巴、蜀、汉中、南中历史变化和建置沿革，五至九卷记载西汉至晋在此割据政权，十至十二卷记梁、益、宁三州自汉以来的士女。

和州在唐宋为望郡，而文献之征，不少概见。至于家谱世牒，寥寥无闻。询之故老，则云明季乙亥寇变，图书毁于兵燹。今州境之人士，皆当日仅存幸免者之曾若玄也。所闻所传闻者不过五世七世而止，不复能远溯也。传世既未久远，子姓亦无繁多，故谱法大率不修。就求其所有，则出私札笔记之属，体例未定，难为典则，甚者至不能溯受姓所由来。余于是为之慨然叹焉！

夫家谱简帙，轻于州志，兵燹之后，家谱无存。而明嘉靖中知州易鸾[①]，与万历中知州康诰[②]所修之州志，为时更久，而其书今日具存，是在官易守，而私门难保之明征也。及今而不急为之所，则并此区区者，后亦莫之征矣。且吾观《唐书·宰相世系》，列其先世，有及梁、陈者矣，有及元魏、后周者矣，不复更溯奕叶而上，则史牒阙文，非一朝一夕之故也。然则录其所可考，而略其所不可知，乃免不知而作之诮焉。每姓推所自出，备稽古之资也。详入籍之世代，定州界也。科甲仕宦为目，而贡监生员与封君，及资授空阶皆与焉，从其类也。无科甲仕宦，而仅有生员及资授空阶，不为立表，定主宾轻重之衡也。科甲仕宦之族，旁支皆齐民，则及分支之人而止，不复列其子若孙者，君子之泽，五世而斩，若皆列之，是与版图之籍无异也。虽有科甲仕宦，而无谱者阙之，严讹滥之防也。正贡亦为科甲，微秩亦为仕宦，不复分其资级，以文献无征。与其过而废也，毋宁过而存之，是《未济》之义也。

志曰：州县领于司府，犹坊厢领于州县，人籍领于坊厢也。古氏族之著者，谓之郡望，郡中又别以闾里，其后或即以氏姓名其处，若梅里、郑乡之类是也。今以城乡坊甲为纲领，而氏姓之大者，即以是为次焉。

---

[①] 易鸾：明朝官吏。字鸣和，江西分宜人，嘉靖三年（1524）任和州知州，"为政尚大体，莅官三年，乃取陈钧、黄公标二家州志，删定为一十七篇"。此志嘉靖七年（1528）刻本十七卷今存。

[②] 康诰：明朝官吏。字瀛湖，一作寅湖，汀州卫（今福建长汀）人。以举人于隆庆五年（1571）官和州知州。"勤心民事，多所裨益。万历三年（1575）以齐柯、刘珽修州志，为纲凡八"。此志今存八卷。

# 《和州志·舆地图》序例[①]

图谱之学，古有专门，郑氏樵论之详矣。司马迁为史，独取旁行斜上之遗，列为十表，而不取象魏悬法之掌，列为诸图，于是后史相承，表志愈繁，图经浸失。好古之士，载考陈编，口诵其辞，目迷其象，是亦载笔之通弊，斯文之阙典也。郑樵生千载而后，慨然有志于三代遗文，而于《图谱》一篇，既明其用，又推后代失所依据之故，本于班固收书遗图，亦既感慨言之矣。然郑氏之意，只为著录诸家，不立图谱专门，故欲别为一录，以辅《七略》四部之不逮耳。其实未尝深考，图学失传，由于司马迁有表无图，遂使后人修史，不知采录。故其自为《通志》，纪、传、谱、略诸体具备，而形势名象，亦未为图。以此而议班氏，岂所谓楚则失之，而齐亦未为得者非耶！

夫图谱之用，相为表里。《周谱》之亡久矣，而三代世次，诸侯年月，今具可考，以司马迁采撷为表故也。象魏之藏既失，而形名制度，方圆曲直，今不可知，以司马迁未列为图故也。然则书之存亡，系于史臣之笔削明矣。图之远者，姑弗具论，自《三辅黄图》[②]、《洛阳宫殿图》[③]以来，都邑之簿，代有成书，后代蒐罗，百不存一，郑氏独具心裁，立为专录，以谓有其举之，莫或废矣。然今按以郑氏所收，其遗亡散失，与前代所著，未始径庭，则书

---

[①] 本文论述图在史书、方志中的地位与作用不可忽视，但是长期以来未能引起足够的重视。他认为"图谱之用，相为表里"。由于司马迁作《史记》只作了史表，而忽略了图，因而"形名制度，方圆曲直，今不可知"。他把图像称作"无言之史"，其作用往往胜过史表。"史不立表，而世次年月，犹可补缀于文辞；史不立图，而形状名象，必不可求羡于文字。此耳治目治之所以不同，而图之要义所以更甚于表也。古人口耳之学，有非文字所能著者，贵其心领而神会也。至于图象之学，又非口耳之所能授者，贵其目击而道存也"。（《永清县志舆地图序例》）正因如此，他在修《永清县志》时，还在强调这一观点。这也再次说明，他所写的这么多志书序论，并非专为某部志书而作，实际上带有普遍意义，因而他的学术价值也就不局限于某部方志。这是我们今天许多新修方志的序所无法比拟的。

[②] 《三辅黄图》：作者不详，成书时间说法也不一，既然《隋书·经籍志》著录，《水经注》又曾引过，成书不会晚于南北朝。原书一卷，后人扩编为二卷或六卷。记载秦汉时期三辅的城池、宫观、陵庙、明堂等，间涉及周代旧迹。各项建筑均指明所在方位，对研究关中历史地理均有重要价值。

[③] 《洛阳宫殿图》：《隋书·经籍志》地理类有《洛阳宫殿簿》一卷，不知是否为同书，而《通志·图谱略》有《洛阳宫阙图》，不著作者与卷数。

之存亡，系于史臣之笔削者尤重，而系于著录之部次者犹轻，又明矣。樽罍之微，或资博雅；卤簿之属，或著威仪，前人并有图书，盖亦繁富。史臣识其经要，未遑悉入编摩，郑氏列为专录，使有所考，但求本书可也。

至于方州形势，天下大计，不于表志之间列为专部，使读其书者，乃若冥行擿埴，如之何其可也？治《易》者必明乎象，治《春秋》者必通乎谱，图象谱牒，《易》与《春秋》之大原也。《易》曰："系辞焉以尽其言。"《记》曰："比事属辞，《春秋》教也。"夫谓之系辞属辞者，明乎文辞丛其后也。然则图象为无言之史，谱牒为无文之书，相辅而行，虽欲阙一而不可者也。况州郡图经，尤前人之所重耶！

或曰："学者亦知图象之用大矣！第辞可传习，而图不可以诵读，故书具存，而图不可考也，其势然也。"虽然，非知言也。夫图不可诵，则表亦非有文辞者也。表著于史，而图不入编，此其所以亡失也。且图之不可传者有二：一则争于绘事之工也。以古人专门艺事，自以名家，实无当于大经大法。若郭璞《山海经图赞》①，赞存图亡，今观赞文，有类雕龙之工，则知图绘，殆亦画虎之技也。一则同乎髦弁之微也。近代方州之志，绘为图象，厕于序例之间，不立专门，但缀名胜，以为一书之标识，而实无当于古人图谱之学也。夫争于绘事，则艺术无当于史裁；则厕于弁髦，则书肆苟为标帜，以为市易之道，皆不可语于史学之精微也。

古人有专门之学，即有专门之书；有专门之书，即有专门之体例。旁行斜上，标分子注，谱牒之体例也。开方计里，推表山川，舆图之体例也。图不详而系之以说，说不显而实之以图，互著之义也。文省而事无所晦，形著而言有所归，述作之则也。亥豕不得淆其传，笔削无能损其质，久远之业也。要使不履其地，不深于文者，依检其图，洞如观火，是又通方之道也。

---

① 郭璞《山海经图赞》：郭璞（276—324），西晋学者。字景纯，河东闻喜（今山西闻喜）人。好古文，精阴阳卜筮之术。初为著作佐郎。后被王敦任为记室参军。敦欲谋反，命其卜筮，璞谓谋反必败，为敦所杀。所著《江赋》、《南郊赋》、《游仙赋》均有名于世。又著《尔雅注》、《尔雅音》、《方言注》、《山海经图赞》等。《山海经图赞》二卷，对所传《山海经》中古图注释并作赞文。也是最早为该书作注的人。已佚。后辑佚者有多家。由于赞文尚在，故现在多作郭璞《山海经注》，如清人郝懿行《山海经笺疏》，便是替郭璞《山海经注》笺疏。而《山海经》则是成于战国秦汉间的一部地理著作，其中记神话故事很多，故成为研究古代神话传说的重要著作。

夫《天官》、《河渠》图，而八书可以六；《地理》、《沟洫》图，而十志可以八。然而今日求太初之星象，稽西京之版舆，或不至于若是茫茫也。况夫方州之书，征名辨物，尤宜详赡无遗，庶几一家之作，而乃流连景物，附会名胜，以为丹青末艺之观耶！其亦不讲于古人所以左图右史之义也夫。

图不能不系之说，而说之详者，即同于书，图之名不亦赘欤？曰：非赘也。体有所专，意亦有所重也。古人书有专名，篇有专义，辞之出入非所计，而名实宾主之际，作者所谓窃取其义焉耳。且吾见前史之文，有表似乎志者矣。《汉书·百官公卿表》，篇首历叙官制。不必皆旁行斜上之文也。有志似乎表者矣，《汉书·律历志》，排列三统甲子。不必皆比事属辞之例也。《三辅黄图》，今亡其书矣，其见于他说所称引，则其辞也。遁甲通统之图，今存其说，犹《华黍》、《由庚》之有其义耳。虽一尺之图，系以寻丈之说可也。既曰图矣，统谓之图可也。图又以类相次，不亦繁欤？曰：非繁也，图之有类别，犹书之有篇名也。以图附书，则义不显；分图而系之以说，义斯显也。若皇朝《明史·律历志》，于仪象推步，皆绘为图，盖前人所未有矣。当时史臣，未尝别立为图，故不列专门，事各有所宜也。今州志分图为四：一曰《舆地》，二曰《建置》，三曰《营汛》，四曰《水利》，皆取其有关经要，而规方形势所必需者，详系之说，而次诸纪表之后，用备一家之学，而发其例于首简云尔。

# 《和州志·田赋书》序例[①]

自画土制贡，创于《夏书》，任土授职，载师物地事及授地职。详于《周礼》，而田赋之书，专司之掌，有由来矣。班氏约取《洪范》八政[②]，裁为

---

[①] 自古以来田赋的征收就是一件大事，无论是哪一部州县志书都少不了这一内容，至于如何编写，往往出入很大。本文全面论述了国家赋税征收的演变历史，然后讲述作为一部志书的田赋书该写哪些内容和如何写法。除了官府有关田赋利病之书当采外，私人议议亦当采入，而不能将这些私人议议写入个人列传或编为艺文志内容，即便必须入，亦应采用互见之法，以做到田赋内容之完整性。

[②] 《洪范》八政：《洪范》是《尚书》中的一篇，而八政乃是该篇内容之一，指"一曰食，二曰货，三曰祀，四曰司空，五曰司徒，六曰司寇，七曰宾，八曰师"。

《食货》之篇，后史相仍，著为圭臬。然而司农图籍，会稽簿录，填委架阁，不可胜穷，于是酌取一代之中以为定制。其有沿革，大凡盈缩总计，略存史氏要删，计臣章奏，使读者观书，可以自得，则亦其势然也。若李吉甫①、韦处厚②所为国计之簿，李吉甫《元和国计簿》十卷，韦处厚《太和国计》二十卷。丁谓③、田况④所为《会计之录》，丁谓《景德会计录》六卷，田况《皇祐会计录》六卷。则仿《周官》司会所贰书契版图之制也。杜佑、宋白⑤之《通典》，王溥、章得象⑥之《会要》，则掌故汇编，其中首重食货，义取综核，事该古今。至于麻缕之微，铢两之细，不复委折求尽也。赵过⑦均田之议，李翱平赋之书，则公牍私论，各抒所见，惟以一时利病，求所折衷，非复史氏记实之法也。夫令史簿录，猥琐无文，不能传世行远；文学掌故，博综大要，莫能深鉴隐微，此田赋之所以难明，而成书之所以难觏者也。

古者财赋之事，征于司徒，载师属大司徒。会于太宰，司会属太宰。太宰制三十年为通九式，均节九赋，自祭祀宾客之大，以至刍秣匪颁之细，俱有定数。以其所出，准之以其所入，虽欲于定式之外，多取于民，其道无由，此

---

① 李吉甫（758—814）：唐朝地理学家。字弘宪，赵州赞皇（在今河北）人。他幼以门荫入仕，曾两度为相。勤于著述，又特重地理。先后著有《十道图》十卷，《古今地名》三卷，《删水经》十卷，《元和郡县图志》四十卷，又《目录》二卷，《六代略》三十卷，又录当代户、赋、兵籍为《元和国计簿》十卷。

② 韦处厚（773—828）：唐朝史学家。字德载，本名淳，避唐宪宗讳改。京兆万年（今陕西西安）人。元和进士。历官翰林侍讲学士，中书舍人。曾入直史馆，撰《德宗实录》，与路隋共撰《六经法言》、《宪宗实录》。任相期间，以理财制用为治国根本，乃撰《太和国计》二十卷进献。

③ 丁谓（966—1037）：北宋大臣。字谓之，后改字公言，苏州长洲（今江苏苏州）人。淳化进士。为官期间，迎合帝意，大搞封禅，大造寺观。天禧三年（1019）为参知政事，次年排挤寇准出相，升同中书门下平章事，封晋国公。仿《国计簿》而作《景德会计录》六卷，总其目得四十。"大抵取景德中一年为准"。

④ 田况（1005—1063）：北宋大臣。字元均，开封（今河南开封）人。天圣进士。在任御史中丞、权三司使时，为改变财赋入不敷出状况，仿《景德会计录》作《皇祐会计录》六卷，取一岁最中者为准。

⑤ 宋白（936—1012）：北宋大臣。字大素，大名（今河北）人。建隆进士。官至刑部尚书、兵部尚书。曾与修《太宗实录》、《文苑英华》。后又与李宗谔主修《续通典》二百卷，自唐天宝以后典章制度加以续补，直至后周显德末。已佚。

⑥ 章得象（978—1048）：北宋大臣。字希言，建州浦城（今福建浦城）人。咸平进士。宝元元年（1038）擢同知枢密院事，遂即拜相，在位八年，对"庆历新政"不置可否，后被劾罢相。曾作《国朝会要》一百五十卷，《通志·艺文略》三有著录，实与他人同编。

⑦ 赵过：西汉官吏。武帝时任搜粟都尉。任职期间，曾改进农业耕耘工具，并推广了"代田法"。章氏言"均田之议"显然是不妥。

财赋所以贵簿正之法也。自唐变租庸调而为两税，明又变两税而为一条鞭法，势趋简便，令无苛扰，亦度时挨势，可谓得所权宜者矣。然而存留供亿诸费，土贡方物等目，佥差募运之资，总括毕输，便于民间，使无纷扰可也。有司文牍，令史簿籍，自当具录旧有款目，明著功令，所以并省之由，然后折以时之法度，庶几计司职守，与编户齐民，皆晓然于制有变更，数无增损也。文移日趋简省，而案牍久远无征，但存当时总括之数，不为条列诸科，则遇禁网稍弛，官吏不饬于法，或至增饰名目，抑配均输，以为合于古者惟正之贡，孰从而议其非制耶？

夫变法所以便民，而吏或缘法以为奸，文案之功，或不能备，图史所以为经国之典也。然而一代浩繁，史官之籍，有所不胜，独州县志书，方隅有限，可以条别诸目，琐屑无遗，庶以补国史之力之所不给也。自有明以来，外志纪载，率皆猥陋无法。至于田赋之事，以谓吏胥簿籍，总无当于文章巨丽之观，遂据见行案牍，一例通编，不复考究古今，深求原委，譬彼玉卮无当，谁能赏其华美者乎？

明代条鞭之法，定于嘉靖之年。而和州旧志，今可考者，亦自嘉靖中易鸾《州志》而止。当时正值初更章程，而《州志》即用新法，尽削旧条，遂使唐人两税以来，沿革莫考，惜哉！又私门论议，官府文移，有关田赋利病，自当采入本书，如班《书》叙次晁错《贵粟》之奏，入《食货志》；贾让①《治河》之策，入《沟洫志》，庶使事显文明，学归有用。否则裁入本人列传，便人参互考求，亦赵充国②《屯田》诸议之成法也。近代志家，类皆截去文词，别编为《艺文志》，而本门事实，及本人行业，转使扩落无材。岂志目大书专门，特标义例，积成卷轴，乃等于匏瓜之悬仰而不食者耶？康诰旧志，略窥此风，后来秉笔诸家，毅然删去，一而至再，无复挽回，可为太息者也。今自易《志》以前，其有遗者，不可追已。自易《志》以后，具录颠末，编次为书。其康诰均田之议，实有当于田赋利病，他若州中有关田赋

---

① 贾让：西汉官吏。哀帝时以待诏身份上疏言治河方略，其言载入《汉书·沟洫志》。
② 赵充国（前137—前52）：西汉将领。字翁孙，陇西上邽（今甘肃天水）人。善骑射，熟悉边情，击匈奴有功，得武帝嘉奖。昭帝时，武都氐人反，他以大将军护军都尉击定之，屯军上谷。上书言屯田，载入《汉书》本传。

之文，皆采录之，次于诸条之后；兼或采入列传，互相发明，疑者阙之。后之览者，或有取于斯焉。

## 《和州志·艺文书》序例①

《易》曰："上古结绳而治，后世圣人，易之以书契，百官以治，万民以察。"夫文字之原，古人所以为治法也。三代之盛，法具于书，书守之官。天下之术业，皆出于官师之掌故，道艺于此焉齐，德行于此焉通，天下所以以同文为治。而《周官》六篇，皆古人所以即官守而存师法者也。不为官师职业所存，是为非法，虽孔子言礼，必访柱下之藏是也。三代而后，文字不隶于职司，于是官府章程，师儒习业，分而为二，以致人自为书，家自为说，盖泛滥而出于百司掌故之外者，遂纷然矣。六经皆属掌故，如《易》藏太卜，《诗》在太师之类。书既散在天下，无所统宗，于是著录部次之法，出而治之，亦势之所不容已。

然自有著录以来，学者视为纪数簿籍，求能推究同文为治，而存六典识职之遗者，惟刘向、刘歆所为《七略》、《别录》之书而已。故其分别九流，论次诸子，必云出于古者某官之掌，其流而为某家之学，失而为某事之敝。

---

① 章学诚对方志的艺文志编修，一直很重视，并且一直批判那些用诗文选编而代替艺文志的做法。这篇《艺文书》序例，从艺文的发展演变来说明其重要性，最后谈到"州县志乘，艺文之篇不可不熟议"。这是一篇很好的目录学发展理论，却很少有人知道它的重要性。当代著名学者王重民先生在《校雠通义通解》一书中有这样一些评论："《和州志艺文书序例》是一篇用社会文化史的发展观点论目录学方法与理论的专著，也是一篇历代国史艺文志的序录，放在《和州志》内本来有点不相称，但对这样的重大问题，当时的考据家们是不注意，也不屑于讨论的，而章学诚又没有地位，没有正式发挥议论的机会，所以就小题大作，把自己的议论写在自己所能写的地方……我们看了他为《和州志艺文书》写了那样大的一篇序例，在上级不同意他的意见之后，就删存自己的菁华为《志隅》，并说明那是按照自己的文史义例所创造的，而自己的义例是超乎郑樵、曾巩、刘知幾等大史学理论家之上的，由于别人怀疑自己的理论，又得不到好的机会去发展，才把自己的义例，运用到修志的实践工作上去；通过'征诸实事'，如果起了好的作用，就可证明自己的理论也是正确的，借以用事实说服怀疑的人，章学诚的这种研究学问的方法与态度，是科学的，是正确的。"当然，实践过程中的经验反过来又充实和丰富他的理论。在这篇序例最后，他还总结性地指出："况乎典籍文章，为学术源流之所自出，治功事绪之所流传，不于州县志书，为之部次条别，治其要删，其何以使一方文献无所阙失耶？"可是，当前方志学界究竟能有多少人认识到艺文志的重要意义？这从新方志编修中完全可以得到检验。

条宣究极，隐括无遗。学者苟能循流而溯源，虽由艺小数，诐辞邪说，皆可返而通乎大道。而治其说者，亦得以自辨其力之至与不至焉。有其守之，莫或流也；有其趋之，莫或歧也，言语文章，胥归识职，则师法可复，而古学可兴，岂不盛哉！

韩氏愈曰："辨古书之正伪，昭昭然若黑白分。"孟子曰："诐辞知其所蔽，淫辞知其所陷，邪辞知其所离，遁辞知其所穷。"孔子曰："多闻，择其善者而从之。"夫欲辨古书正伪，以几于知言，几于多闻择善，则必深明官师之掌，而后悉流别之故，竟末流之失。是刘氏著录，所以为学术绝续之几也。不能究官师之掌，将无以条流别之故，而因以不知末流之失，则天下学术，无所宗师，"生心发政，作政害事。"孟子言之，断断如也。然而涉猎之士，方且炫博综之才；索隐之功，方且矜隅墟之见，以为区区著录之文，校雠之业，可以有裨于文事。噫！其惑也。

六典亡而为《七略》，是官失其守也；《七略》亡而为四部，是师失其传也。《周官》之籍富矣，保章天文，职方地理，虞衡理物，巫祝交神，各守成书，以布治法，即各精其业，以传学术，不特师氏、保氏所谓六艺、《诗》、《书》之文也。司空篇亡，刘歆取《考工记》补之，非补之也；考工当为司空官属，其所谓记，即冬官之典籍，犹《仪礼》十七篇，为春官之典籍，《司马法》[①]百五十篇，为夏官之典籍，皆幸而获传后世者也。当日典籍具存，而三百六十之篇，即以官秩为之部次，文章安得散也？

衰周而后，官制不行，而书籍散亡，千百之中，存十一矣。就十一之仅存，而欲复三百六十之部次，非凿则漏，势有难行，故不得已而裁为《七略》尔。其云盖出古者某官之掌，盖之为言，犹疑辞也。欲人深思，而旷然自得于官师掌故之原也。故曰六典亡而为《七略》，官失其守也。虽然，官师失业，处士著书，虽曰法无统纪，要其本旨，皆欲推其所学，可以见于当世施行。其文虽连犿，而指趋可约也；其说虽诙诡，而庞杂不出也。故

---

① 《司马法》：全名为《军礼司马法》。一百五十五篇。旧题司马穰苴作，不可信。今人考证，为齐威王时诸大夫集古兵法而成，附穰苴于其中，故又名《司马法》、《司马兵法》或《司马穰苴兵法》。《汉书·艺文志》著录一百五十五篇，《隋书·经籍志》著录仅存三卷，清代《四库全书总目提要》著录只有一卷。一直为统治者所重视，宋神宗时列为《武经七书》之一。

老、庄、申、韩、名、墨、纵横,汉初诸儒犹有治其业者,是师传未失之明验也。师传未亡,则文字必有所本;凡有所本,无不出于古人官守,刘氏所以易于条其别也。魏晋之间,专门之学渐亡,文章之士,以著作为荣华,诗赋、章表、铭箴、颂诔,因事结构,命意各殊,其旨非儒非墨,其言时离时合,裒而次之,谓之文集,流别之不可分者一也。文章无本,斯求助于词采;纂组经传,摘抉子史,譬医师之聚毒,以待应时取给;选青妃紫,不主一家,谓之类书,流别之不可分者二也。学术既无专门,斯读书不能精一;删略诸家,取便省览,其始不过备一时之捷给,未尝有意留青;继乃积渐相沿,后学传为津逮;分之则其本书具在,合之则非一家之言,纷然杂出,谓之书抄,流别之不可分者三也。

会心不足,求之文貌,指摘句调工拙,品节宫商抑扬,俗师小儒奉为模楷,裁节经传,摘比词章,一例丹铅,谓之评选,流别之不可分者四也。凡此四者,并由师法不立,学无专门,末俗支离,不知古人大体。下流所趋,实繁且炽,其书既不能悉付丙丁,惟有强编甲乙,而欲执《七略》之旧法,部末世之文章,比于枘凿方圆,岂能有合?故曰:《七略》流而为四部,是师失其传也。若谓史籍浩繁,《春秋》附庸,蔚成大国,《七略》以《太史公》列春秋家,至二十一史,不得不别立史部。名墨寥落,小宗支别,再世失传,名家者流,墨家者流,寥寥数家,后代不复有其书矣。以谓《七略》之势,不得不变而为四部,是又浅之乎论著录之道者矣。

闻以部次治书籍,未闻以书籍乱部次者也。汉初诸子百家,浩无统摄,官礼之意亡矣。刘氏承西京之蔽,而能推究古者官师合一之故,著为条贯,以溯其源,则治之未尝不精也。魏晋之间,文集类书,无所统系,魏文帝撰徐、陈、应、刘之文,都为一集,挚虞作《文章流别集》,集之始也,魏文帝作《皇览》①,类书之始也。专门传授之业微矣。而荀、李诸家,荀勖、李充②,不能推究《七略》源流,至于王、阮诸家王俭、阮孝绪。相去逾远,其后方技兵书,合

---

① 《皇览》:类书。三国时魏文帝曹丕令儒臣王象、刘劭等编,历数载而成。《隋书·经籍志》著录一百二十卷。一般认为《皇览》是中国类书之祖。原书已佚。

② 李充:东晋学者。字弘度,江夏(今湖北安陆)人。善楷书,好刑名之学。曾为王导记室参军,后为大著作郎,整理国家藏书,删除重复,以类相从,在荀勖四部分类基础上,易乙、丙内容,即乙为史,丙为子,从而确立了经、史、子、集四部分类法部次,一直为后世沿用,章氏云"始于唐人",并不确切。

于子部，而文集自为专门，类书列于诸子。唐人四部之书，四部创于荀勖，体例与后代四部不同，故云始于唐人也。乃为后代著录不祧之成法。而天下学术，益纷然而无复纲纪矣！盖《七略》承六典之敝，而知存六典之遗法；四部承《七略》之敝，而不知存《七略》之遗法，是《七略》能以部次治书籍，而四部不能不以书籍乱部次也。

且四部之藉口于不能复《七略》者，一曰史籍之繁不能附《春秋》家学也。夫二十一史，部勒非难，至于职官故事之书，谱牒纪传之体，或本官礼制作，或涉儒杂家言，不必皆史裁也。今欲括囊诸体，断史为部，于是仪注不入《礼经》，职官不通六典，谟诰离绝《尚书》，史评分途诸子史部皆诸子之遗，入史部非也。变乱古人立言本旨，部次成法以就简易，如之何其可也？二曰文集日繁，不列专部，无所统摄也。夫诸子百家，非出官守，而刘氏推为官守之流别，则文集非诸子百家，而著录之书，又何不可治以诸子百家之识职乎？夫集体虽日繁赜，要当先定作集之人。人之性情，必有所近，得其性情本趣，则诗赋之所寄托，论辨之所引喻，纪叙之所宗尚，掇其大旨，略其枝叶，古人所谓一家之言，如儒、墨、名、法之中，必有得其流别者矣。如韩愈之儒家，柳宗元之名家，苏轼之纵横家，王安石之礼家。存录其文集本名，论次其源流所自，附其目于刘氏部次之后，而别白其至与不至焉，以为后学辨途之津逮，则卮言无所附丽，文集之弊，可以稍歇。庶几言有物而行有恒，将由《七略》专家而窥六典遗则乎？家法既专，其无根驳杂，类钞评选之属，可以不烦而自治。是著录之道，通于教法，何可遽以数纪部目之属，轻言编次哉！但学者不先有以窥乎天地之纯，识古人之大体，而遽欲部次群言，辨章流别，将有希几于一言之是，而不可得者，是以著录之家，好言四部，而惮闻《七略》也。

史家所谓部次条别之法，备于班固，而实仿于司马迁。司马迁未著成法，班固承刘歆之学而未精，而言著录之精微，亦在乎熟究刘氏之业而已矣。究刘氏之业，将由班固之书，人知之；究刘氏之业，当参以司马迁之法，人不知也。夫司马迁所谓序次六家，条辨学术同异，推究利病，本其家学，司马谈论阴阳、儒、墨、名、法、道德，以为六家。尚已！纪首推本《尚书》，《五帝本纪赞》。表首推本《春秋》，《三代世表序》。传首推本《诗》、《书》所阙。至于虞、夏之文，《伯夷列传》。皆著录渊源所自启也。其于六艺而后，周秦诸子，若孟、荀、三邹、老、庄、申、韩、管、晏、屈原、虞卿、吕不韦诸传，论次著述，约其归趣，详略其辞，颉颃其品，抑扬咏叹，义不拘墟，在人即为列传，在书即为叙录。古人命意标篇，俗学何可绳尺限也。刘氏之业，其部次之法本乎官礼，至若叙录之文，则于太史列传，微得其裁，盖条别源流，治百家之纷纷，欲通之于大道，此本旨也。至于卷次部目，篇第甲乙，虽按部就班，秩然不乱，实通官联事，交济为功。如管子列于道家，而叙小学流别，取其《弟子职》①篇附诸《尔雅》之后。则知一家之书，其言可采，例得别出也。《伊尹》、《太公》②，道家之祖，次其书在道家。《苏子》、《蒯通》③，纵横家言，以其兵法所宗，遂重录于兵法权谋之部次，冠冕孙、吴诸家。则知道德兵谋，凡宗旨有所统会，例得互见也。夫篇次可以别出，则学术源流，无阙间不全之患也；部目可以互见，则分纲别纪无两歧牵掣之患也。学术之源流，无阙间不全；分纲别纪，无两歧牵掣，则《周官》六卿联事之意存，而太史列传互详之旨见。如《货殖》叙子贡，不涉《弟子列传》，《儒林》叙董仲舒，王吉④别有专传。治书之法，古人自有授受，何可忽也！

自班固删《辑略》⑤，而刘氏之绪论不传；《辑略》乃总论群书大旨。省部目，而刘氏之要法不著。班省刘氏之重见者而归于一。于是学者不知著录之法，所以辨章百家，通于大道，《庄子·天下篇》亦此义也。而徒视为甲乙纪数之所需。无惑乎学无专门，书无世守，转不若巫祝符箓，医士秘方，犹有师传不失之道也。郑樵《校雠》之略，力纠《崇文》部次之失；自班固以下，皆有

---

① 《弟子职》：东汉应劭认为管仲作，汉时单行，今为《管子》第五十九篇。是古代家塾教弟子之法，记弟子师事之仪节，受业之次序，实为《曲礼少仪》之一类。

② 《伊尹》、《太公》：《伊尹》，《汉书·艺文志》列入道家，五十一篇，相传为汤相伊尹所作，以名名书。《太公》，西周吕望作，内容由《谋》、《言》、《兵》三者组成，共二百三十七篇，《谋》即《太公阴谋》，《言》即《太公金匮》，《兵》即《太公兵法》，《太公》乃其总名。

③ 《苏子》、《蒯通》：《苏子》，《汉书·艺文志》列入纵横家，三十一篇，苏秦作。《蒯通》，为秦汉之际策士蒯通作，《汉书》本传称："通论战国时说士权变，亦自序其说，凡八十一首，号曰《隽永》。"而《汉书·艺文志》只载《蒯子》五篇而不录此书。两者实为一书，刘向整理后，删订著录仅五篇，而传中所载乃为原书篇数。

④ 王吉：西汉时有四个王吉，有专传者乃为琅邪皋虞（今山东即墨东北）人。王吉，字子阳，故又称王阳。

⑤ 《辑略》：是《七略》的总录，它包括全书的总目、总序和各略的序，说明各类图书的内容和学术流派。

讥焉。然郑氏未明著录源流，当追官礼，徒斤斤焉纠其某书当甲而误乙，某书宜丙而讹丁；夫部次错乱，虽由家法失传，然儒、杂二家之易混，职官故事之多歧，其书本在两可之间，初非著录之误。如使刘氏别出互见之法，不明于后世，虽使太史复生，扬雄再见，其于部次之法，犹是茫然不可统纪也。郑氏能讥班《志》附类之失当，而不能纠其并省之不当，可谓知一十而不知二五者也。且吾观后人之著录，有别出《小尔雅》①以归《论语》者，本《孔丛子》中篇名，《隋·经籍志》别出归《论语》。有别出《夏小正》②以入《时令》者，本《大戴礼》篇名，《文献通考》别出归《时令》。是岂足以知古人别出之法耶！特忘其所本之书，附类而失其依据者尔。《嘉瑞记》③既入《五行》，又互见于《杂传》；《隋书·经籍志》。《西京杂记》既入《故事》，又互见于《地理》。《唐书·艺文志》。是岂足以知古人互见之法耶！特忘其已登著录，重复而至于讹错者尔。

夫末学支离，至附类失据，重复错讹，可谓极矣。究其所以歧误之由，则理本有以致疑，势有所以必至。徒拘甲乙之成法，而不于古人之所以别出，所以互见者，析其精微，其中茫无定识，弊固至乎此也。然校雠之家，苟未能深于学术源流，使之徒事裁篇而别出，断部而互见，将破碎纷扰，无复规矩章程，斯救弊益以滋弊矣！是以校雠师法，不可不传；而著录专家，不可不立也。

州县志乘，艺文之篇不可不熟议也。古者行人采书，太史掌典，文章载籍，皆聚于上，故官司所守之外，无坟籍也。后世人自为书，家别其说；纵遇右文之代，购典之期，其能入于秘府，领在史官者，十无七八，其势然也。文章散在天下，史官又无专守，则同文之治，惟学校师儒，得而讲习；州县志乘，得而部次，著为成法，守于方州，所以备轺轩之采风，待秘书之

---

① 《小尔雅》：旧题汉孔鲋撰，《汉书·艺文志》不著作者。王先谦《汉书补注》认为本无"尔"字，并引钱大昕考证说本名《小雅》，后人伪造《孔丛》，以此篇窜入，因有《小尔雅》之名。《四库全书总目提要》于《经部·小学类》存目此书，辨证后指出"其书久佚，今所传本则《孔丛子》第十一篇钞出别行"，"非《汉志》所称之旧本"。

② 《夏小正》：原为《大戴礼记》第四十七篇，戴德为之作传，成书时代众说不一。一卷。该书内容是根据天象和物候定季节、月份，按夏历十二月的顺序记述每月的星象、气象物候和应进行的政事、农事。为我国古老的科技文献之一。

③ 《嘉瑞记》：南朝陈陆琼撰，三卷。《隋书·经籍志》杂传类著录，而不在五行类。

论定。其有奇衺不衷之说，亦得就其闻见，校雠是正，庶几文章典籍，有其统宗，而学术人心，得所规范也。昔蔡邕正定《石经》①，以谓四方之士，至有贿改兰台漆书，以合私家文字者，是当时郡国传习，与中书不合之明征也。文字点画，小学之功，犹有四方传习之异，况纪载传闻，私书别录，学校不传其讲习，志乘不治其部次，则文章散著，疑似两淆，后世何所依据而为之考定耶？

郑樵论求书之法，以谓因地而求，因人而求，是则方州部录艺文，固将为因地因人之要删也。前代搜访图书，不悬重赏，则奇书秘策，不能会萃，苟悬重赏，则伪造古逸，妄希诡合，三坟之《易》②，古文之《书》③，其明征也。向令方州有部次之书，下正家藏之目，上备中秘之征，则天下文字，皆著籍录，虽欲私锢而不得，虽欲伪造而不能，有固然也。夫人口孳生，犹稽版籍；水土所产，犹列职方。况乎典籍文章，为学术源流之所自出，治功事绪之所流传，不于州县志书，为之部次条别，治其要删，其何以使一方文献，无所阙失耶？

## 《和州志·政略》序例④

夫州县志乘，比于古者列国史书，尚矣！列国诸侯，开国承家，体崇势异，史策编列世家，抗于臣民之上，固其道也。州县长吏，不过古者大夫邑宰之选，地非久居，官不世禄。其有《甘棠》留荫，循迹可风，编次列传，班于文学政事之间，亦其宜也。往牒所载，今不可知，若梁元帝所为《丹阳

---

① 《石经》：指《熹平石经》。熹平四年，蔡邕等奏议，求正定六经文字，灵帝许之，邕乃自书册于碑，使工镌刻，立于太学门外。

② 三坟之《易》：即刘炫所伪造之《连山易》。

③ 古文之《书》：指梅赜伪《古文尚书》。

④ 政略实际上是指地方官的政绩。章氏认为地方官吏在一个地方久了，相当于古代诸侯国。诸侯国都有世袭，故史书中都有"世家"，而地方官虽然不能世袭，但记载时也必须有所突出，而不能把名宦与乡贤并列，这样有失于主次。古代方志记载地方官的政绩，的确是要为后来者作仿效，如宋人所修《吴郡图经续记》，林虙在《后序》中就明确指出："举昔时牧守之贤，冀来者之相承也。"章氏的意图，其实也就在这里。

尹传》①，见《隋志》，凡十卷。孙仲所为《贤牧传》②，见《唐志》，十五卷。则专门编录，率由旧章，马、班循吏之篇，要为不易者矣。至于州县全志，区分品地，乃用名宦为纲，与乡贤、列女、仙释、流寓诸条，均分门类，是乃摘比之类书，词人之杂纂，虽略仿乐史《太平寰宇记》③中所附名目，实兔园捃摭词藻之先资。欲拟《春秋》家学，外史掌故，人编列传，事具首尾；苟使官民同录，体例无殊，未免德操④诣庞公⑤之家，一室难分宾主者矣。

窃意蜀郡之慕文翁，南阳之思邵父⑥，取其有以作此一方，为能兴利革弊。其人虽去，遗爱在民，职是故也。正使伯夷之清，柳下之和，不嫌同科。其或未仕之先，乡评未协；去官之后，晚节不终，苟为一时循良，何害一方善政？夫以治绩为重，其余行业为轻，较之州中人物，要其始末，品其瑕瑜，草木区分，条编类次者，其例本不相侔；于斯分别标题，名为"政略"，不亦宜乎？

夫略者，纲纪之鸿裁，编摩之伟号，《黄石》、《淮南》之属抗其题，《黄石公三略》⑦、《淮南子要略》⑧。张温、鱼豢之徒分其纪，张温《三史略》⑨，鱼豢《典

---

① 《丹阳尹传》：南朝梁元帝所撰，《隋书·经籍志》杂传类载十卷。已佚。清王仁俊有辑本一卷，收入《玉函山房辑佚书·续编》。

② 孙仲《贤牧传》：载《宋史·艺文志》传记类十五卷，章氏误作为《唐志》。

③ 《太平寰宇记》：乐史撰，二百卷。其书记述北宋太平兴国年间各州、军地理沿革、户口、风俗、人物、土产、艺文等情况，是一部重要的历史地理著作。

④ 德操：即司马徽，三国名士。字德操。颍川（今河南许昌）人。善知人，刘备访士于徽，徽推荐诸葛亮、庞统。庞德公称其为水镜先生，后为曹操所得。

⑤ 庞公：即庞德公，东汉末隐士。襄阳（今湖北襄樊）人。居岘山之南，夫妻相敬如宾。刘表数延请入仕，拒不就。后携妻子登鹿门山，因采药不返。

⑥ 邵父：指邵信臣，西汉官吏。字翁卿，九江寿春（今安徽寿县）人。为政因爱民而得称颂。任南阳（今河南南阳）太守期间，躬劝农耕，与民兴利，又倡节俭，其化大行，民勤耕稼，户口大增，受到吏民爱戴，被尊称为"邵父"。

⑦ 《黄石公三略》：简称《三略》。一题黄石公撰，又题西周吕望撰，皆属伪托。三卷。卷一为上略，卷二为中略，卷三为下略。通篇以德为本，斥兵为万恶之源，力陈不得已方能用兵。自序论人主若深晓上略，则能任贤擒敌；深晓中略，则能御将统众；深晓下略，则能全功保身。

⑧ 《淮南子要略》：《淮南子》共二十一卷，每卷一个内容，第二十一卷为《要略》，高诱注曰："略数其要，明其所指，序其微妙，论其大旨，故曰《要略》。"

⑨ 《三史略》：三国吴张温撰。二十九卷，"三史"指《史记》、《汉书》、《东观汉记》。已佚。张温，三国吴官吏。字惠恕，吴郡吴（今江苏苏州）人。少修节操，容貌奇伟。孙权召拜议郎，选曹尚书，徙太子太傅。

略》①。盖有取乎谟略之遗，不独郑樵之二十部也。郑樵《通志·二十略》。以之次比政事，编著功猷，足以临莅邦人，冠冕列传。揆诸记载，体例允符，非谓如裴子野之删《宋略》②，但取节文为义者也。

## 《和州志·列传》总论③

志曰："传志之文，古无定体。"左氏所引《军志》④，《周志》⑤诸文，即传也。孟子所对汤武苑囿之间，皆曰"于传有之"，即志也。六艺为经，则《论语》、《礼记》之文谓之传；卦爻为经，则象、象、文言谓之传。自《左氏春秋》依经起义，兼史为裁，而司马迁七十列传，略参其例，固以十二本纪，窃比《春秋》者矣。夫其人别为篇，类从相次，按诸左氏，稍觉方严，而别识心裁，略规诸子。揆其命名之初，诸传之依《春秋》，不过如诸记之因经礼，因名定体，非有深文，即楚之屈原，将汉之贾生合传；谈天邹衍，缀大儒孟荀之篇。因人征类，品藻无方，咏叹激昂，抑亦吕氏六论之遗也。吕氏十二纪似本纪所宗，八览似八书所宗，六论似列传所宗。班史一卷之中，人分首

---

① 《典略》：三国魏鱼豢撰。五十卷，一说八十九卷。抄撮诸史典故以成一书。上起周秦，下迄三国。久佚。陶宗仪有辑本一卷，题为《三国典略》。

② 《宋略》：南朝梁裴子野撰。二十卷。记南朝宋一代史事。编年体。书成后，公认为优于沈约《宋书》。已佚。

③ 此篇对古代称传著作进行总括论述，指出传的称呼其来已久，其实最早的传，就是书或著作而已，如孟子所谓于传有之，就是指史书上是有记载的；而《春秋三传》之传，又是传注之意，是解释之意，并非后世所称人物传之传。章氏称司马迁《史记》，十二本纪，"窃比《春秋》"，而七十列传，则仿《左传》之传经，这实际上是一种误解，司马迁作史并无此意。真正意义上的人物传，是从司马迁《史记》开始。关于这一点，与章氏同时代的赵翼，对此讲得就比较明确，他在《廿二史劄记》卷一《各史例目异同》中说："古书凡记事立论及解经者，皆谓之传，非专记一人事迹也。其专记一人为一传者，自迁始。"这才将经传之传与人物传之传真正区分开来。章氏的上述解释，实在带有牵强附会的味道。他在文中列举了那么多人物传记，许多都体例不纯，他最后希望方志人物传，还是按正史列传编写比较合适。

④ 《军志》：古代兵书。《左传》宣公十二年《军志》曰："先人有夺人之心。"

⑤ 《周志》：即周书，古书多名曰志。《汲冢书》中有《周志》。朱希祖《汲冢书考》谓《周志》即《周书》。《左传》文公二年狼瞫曰："《周志》有之：'勇则害上，不登于明堂。'"此语见《逸周书·大匡篇》。以上两条都说明，古代的"志"都是指古书、古史，而不是如今所说的方志之志。宋代大史学家郑樵早就说过："古代记事之史谓之志"。如今方志学界有些人由于读书少，见到古书中有志字，就一定认为是方志，从做学问来讲，这是万万要不得的。

尾，传名既定，规制綦密。然逸民四皓①之属，王、贡②之附庸也；王吉、韦贤③诸人，《儒林》之别族也。附庸如颛臾之寄鲁，署目无闻；别族如田陈之居齐，重开标额。征文则相如侈陈词赋，辨俗则东方不讳谐言，盖卓识鸿裁，犹未可量以一辙矣。范氏《东汉》之作，则题目繁碎，有类米盐。传中所列姓名，篇首必标子注，于是列传之体，如注告身，首征祖系，末缀孙曾，循次编年，惟恐失坠。求如陈寿之述《蜀志》，旁采《季汉辅臣》④，沈约之传灵运⑤，通论六朝文史者，不为绳墨拘牵，微存作者之意，跫然如空谷之足音矣。然师般不作，规矩犹存，比缉成编，以待能者；和而不倡，宜若可为；第以著述多门，通材达识，不当坐是为詹詹尔。

至于正史之外，杂记之书，若《高祖》、《孝文》⑥，论述策诏，皆称为传，《汉·艺文志》有《高祖传》十三篇，《孝文传》十一篇。则故事之祖也。《穆天子传》⑦、《汉武内传》⑧，小说之属也。刘向《列女传》、嵇康《高士传》⑨，专门

---

① 四皓：秦时，东园公、绮里季、夏黄公、甪里先生避世而入商雒深山隐居，号称"商山四皓"。汉兴，汉高祖闻其名而召之，不至。后高祖欲改立太子，吕后遂用张良之计，使太子卑辞束帛致礼，安车迎致。四人既至，从太子见，高祖客而敬之，太子亦为刘邦所重，改立之事乃罢。

② 王、贡：指王吉、贡禹。贡禹（前124—前44），西汉大臣。字少翁，琅邪（今山东诸城）人。以明经洁行著闻，征为博士。元帝初即位，与王吉同被征为谏议大夫。累官至御史大夫，位列三公。

③ 韦贤（前147—前66）：西汉大臣。字长孺，鲁国邹（今山东邹城南）人。笃志好学，兼通《诗》、《礼》、《尚书》，号称"邹鲁大儒"。昭帝时召为博士，以《诗》授昭帝。本始三年（前71），代蔡义为丞相，封扶阳侯，食七百户。为相五年，以不习吏事，免相。

④ 季汉辅臣：全名《季汉辅臣赞》，三国蜀杨戏撰。旨在颂扬蜀汉君臣，对刘备及诸葛亮评价尤高。

⑤ 灵运：谢灵运（385—433），东晋末南朝宋诗人。陈郡夏阳（今河南太康）人。谢玄之孙，袭封康乐公，世称"谢康乐"。入宋降爵为侯。历任永嘉太守、侍中、临川内史。元嘉十年（433）因不满刘宋王朝，弃市于广州。著《山居赋》。有《谢康乐集》传世。

⑥ 《高祖》、《孝文》：指《高祖传》、《孝文传》。《汉书·艺文志·诸子略》儒家类著录《高祖传》十三篇，班固自注："高祖与大臣述古语及诏策也。"早亡佚。杨树达《汉书窥管》云："《古文苑》载：高祖手敕太子五事。"《孝文传》班固自注："文帝所称及诏策。"书早亡佚。

⑦ 《穆天子传》：汲冢竹书。晋郭璞注。六卷，记周穆王十三年（前997）至十七年（前993）西征之事。出土于晋太康二年（281）汲冢魏襄王墓。荀勖校对分为五篇，郭璞注时合杂书中一篇，编为六卷，是为古本，至宋缺。

⑧ 《汉武内传》：作者不详。三卷。记汉武帝见西王母事，大抵本《穆天子传》而附会。

⑨ 嵇康《高士传》：嵇康（224—263），三国魏文学家。字叔夜，谯郡铚（今安徽宿州西南）人。少孤贫，有奇才，博学多通，与阮籍等七人游于竹林，因有"竹林七贤"之称。著有《圣贤高士传赞》三卷，记上古以来隐逸高士的事迹。南朝宋周续之注。已佚。

之纪也。王肃《家传》、王褒《世传》①，一家之书也。《东方朔传》②，《陆先生传》③，一人之行也。至于郡邑之志，则自东京以往，讫于六朝而还，若《陈留耆旧传》④、《会稽先贤传》⑤之类。其不为传名者，若《襄阳耆旧记》、《豫章志后撰》⑥之类，载笔繁委，不可胜数。网罗放失，缀辑前闻；譬彼众流趋壑，细大不捐；五金在冶，利钝并铸者矣。司马迁曰："百家言不雅驯，缙绅先生难言之。"又曰："不离古文者近是。"又曰："择其言尤雅者。""载籍极博，折衷六艺。《诗》《书》虽阙，虞夏可知。"然则旁推曲证，闻见相参；显微阐幽，折衷至当，要使文成法立，安可拘拘为划地之趋哉！

夫合甘辛而致味，通纂组以成文，低昂时代，衡鉴士风，论世之学也。同时比德，附出均编，类次之法也。情有激而如平，旨似讽而实惜，予夺之权也。或反证若比，或遥引如兴，一事互为详略，异撰忽尔同编，品节之理也。言之不文，行之不远，聚公私之记载，参百家之短长，不能自具心裁，而斤斤焉徒为文案之孔目，何以使观者兴起而遽欲刊垂不朽耶！

且国史征于外志，外志征于家牒，所征者博，然后可以备约取也。今之外志，纪传无分，名实多爽，既以人物列女，标为专门；又以文苑乡贤，区为定品，裁节史传，删略事实，逐条附注，有似类书摘比之规，非复古人传记之学。拟于国别为书，邱分作志，不亦难乎！又其甲科仕宦，或详选举之条；志状碑铭，列入艺文之内。一人之事，复见叠出，或注传详某卷，或注事见某条，此殆有类本草注药，根实异部分收；韵书通音，平仄互标为用者矣。文非雅驯，学者难言，今以正史通裁，特标列传，旁推互证，勒为专家，上裨古史遗文，下备后人采录，庶有作者，得以考求，如谓不然，请俟来哲。

---

① 王褒《世传》：《隋书·经籍志》杂传类著录《王氏江左世家传》二十卷，王褒撰。记东晋、宋、齐、梁四朝江东大姓兴衰。久佚。

② 《东方朔传》：《隋书·经籍志》杂传类著录《东方朔传》八卷，作者不详。久佚。

③ 《陆先生传》：南朝齐孔稚珪撰。一卷。《隋书·经籍志》杂传类著录。久佚。

④ 《陈留耆旧传》：东汉圈称撰。二卷。《隋书·经籍志》杂传类著录，而地理类又著录《陈留风俗传》三卷，作者也是圈称。前人已经指出，两者实为一书。这实际上己不是单纯人物传，而是早期的地记，也就是刘知幾所列举过的"郡书"。章氏在文中也称作"郡邑之志"，这一点必须搞清。下面列举的《会稽先贤传》、《襄阳耆旧记》均如此。

⑤ 《会稽先贤传》：三国吴谢承撰。七卷。《隋书·经籍志》杂传类著录。久佚。

⑥ 《豫章志后撰》：晋熊欣撰。一卷。熊默作过《豫章旧志》三卷，欣为续此志而作。《隋书·经籍志》杂传类均有著录。

# 《和州志·阙访列传》序例[①]

孔子曰："吾犹及史之阙文也。"又曰："多闻阙疑，慎言其余。"夫网罗散失，紬绎简编，所见所闻，时得疑似，非贵阙然不讲也。夫郭公、夏五[②]，原无深文；耒耜网罟，亦存论说。而《春秋》仍列故题，《尚书》断自《尧典》，疑者阙而弗竟，阙者存而弗删，斯其慎也。司马迁曰："书阙有间，其轶时时见于他说。"夫疑似之迹，未必无他说可参；而旧简以古文为宗，百家以雅驯是择，心知其意，所以慨然于好学深思之士也。班固《东方朔传》，以谓奇言怪语，附著者多，遂详录其谐隐射覆琐屑之谈，以见朔实止此，是史氏释疑之家法也。陈寿《蜀志》，以诸葛不立史官，蜀事穷于搜访，因录杨戏季汉名臣之赞，略存姓氏，以致其意，是史牒阙文之旧章也。寿别撰《益部耆旧传》[③]十卷，是寿未尝略蜀也。《益部耆旧传》不入《蜀志》，体例各有当也，或以讥寿，非也。

自史学失传，中才史官，不得阙文之义，喜繁辞者，或杂奇衺之说；好简洁者，或删经要之言，《晋书》喜采小说，《唐书》每删章奏。多闻之旨不遵，慎言之训误解，若以形涉传疑，事通附会，含毫莫断，故牒难征，谓当削去篇章，方合阙文之说，是乃所谓疑者灭之而已，更复何阙之有？郑樵著《校雠略》，以谓馆阁征书，旧有阙书之目，凡考文者，必当录其部次，购访天下，其论可谓精矣。

窃谓典籍如此，人文亦然。凡作史者，宜取论次之余，或有人著而事不详，若传歧而论不一者，与夫显列名品，未征事实，清标夷齐[④]而失载西山

---

① 此篇主要在说明设立此传的宗旨，许多人物其实很重要，但其事迹又很缺乏，暂时不妨先替其立传，待后人再考察搜集，文中列举了历史上许多史家也都使用过阙文之法。具体而言，就是把那些事迹不详，或有疑问而一下难以判断的人物单独编成阙访篇，以免记载空洞无物或千篇一律的陈词滥调。

② 郭公、夏五：《春秋左传》庄公二十四年经文有"郭公"一条，单独行文，杜预注曰："无传，盖经阙误也。"今人杨伯峻在《春秋左传注》一书中，引用多种资料，论述此乃古郭国君主，郭国西周已有，而到齐桓公时已亡。夏五，桓公十四年，经文有"夏五"两字单独行文，注曰："不书月，阙文。"

③ 《益部耆旧传》：西晋陈寿撰。十四卷。记汉至三国时期益州（巴、蜀、汉中）地区人物事迹。已佚。

④ 夷齐：指伯夷、叔齐。

之薇；学著颜曾①而不传东国之业，一隅三反，其类实繁。或由载笔误删，或是虚声泛采，难凭臆断，当付传疑，列传将竟，别裁阙访之篇，以副慎言之训，后之观者，得以考求。使若陈寿之季汉名臣，见上常璩之华阳士女，《华阳国志》有序录，《士女志》止列姓名，云其事未详。不亦善乎！

至于州县之志，体宜比史加详。而向来撰志，条规人物，限于尺幅，摘比事实，附注略节，与方物土产，区门分类，约略相同。至其所注事实，率似计荐考语，案牍谳文，骈偶其词，断而不叙。士曰孝友端方，慈祥恺悌；吏称廉能清慎，忠信仁良；学尽汉儒，贞皆姜女，千篇一律，葭苇茫然，又何观焉！今用史氏通裁，特标列传，务取有文可诵，据实堪书，前志所遗，搜访略尽。他若标名略注，事实难征，世远年湮，不可寻访，存之则无类可归，削之则潜德弗曜，凡若此者，悉编为阙访列传，以俟后来者之别择云尔。

## 《和州志·前志列传》序例上②

记曰："疏通知远，《书》教也；比事属辞，《春秋》教也。"言述作殊方，而风教有异也。孟子曰："颂其诗，读其书，不知其人可乎？"言坟籍具存，而作者之旨，不可不辨也。古者史官，各有成法，辞文旨远，存乎其

---

① 颜曾：指颜回、曾参。
② 章学诚在《和州志》中设立《前志列传》，这的确是他首创，以前从未有过。为此他在序例中详细论述其重要性和必要性。文章开头他先论述今后史书中应当立"史官传"，因为史学发展，需要"辨章学术，考镜源流"。不立史官传，将使"史学渊源，作述家法"从而中断。他在后来所写《湖北通志前志传序》中讲得非常明确："经师有儒林之传，辞客有文苑之篇，而史氏专家，渊源有自，分门别派，抑亦古今得失之林，而史传不立专篇，斯亦载笔之缺典也。夫作史而不论前史之是非得失，何由见其折中考定之所从？"正如他所说，有儒林传、文苑传，而没有史官传，史官只为别人立传，而不为自己树碑，从学术发展来看确实是一大缺陷。特别是后来设立史馆，一部史书往往由好几个人撰成，每个人的贡献和长短得失从来无人加以记载，功劳责任也就无从追究，经验教训也就无从总结。所以史官传的设立是非常必要的。同样作为方志编修，延续一千多年，也从来无人为前面修志人员立传，因此他在序例下提出三条"不可不叙"的理由。值得指出的是，他对明代两次编修《和州志》的人员全都立了传，并且叙述得都很客观，如今都还保存在《章氏遗书》之中。

人，孟子所谓其文则史，孔子以谓义则窃取。明乎史官法度不可易，而义意为圣人所独裁。然则良史善书，亦必有道矣。

前古职史之官不可考，春秋列国之良史，若董狐①、南史②之直笔，左史倚相③之博雅，其大较也。窃意南、董、左史之流，当时必有师法授受，第以专门之业，事远失传，今不得而悉究之也。司马迁网罗散失，采获旧闻，撰为百三十篇，以绍《春秋》之业，其于衰周战国，所为《春秋》家言，如晏婴、虞卿、吕不韦之徒，《晏子春秋》、《虞氏春秋》、《吕氏春秋》，皆有比事属辞之体，即当时《春秋》家言，各有派别，不尽春王正月一体也。皆叙录其著述之大凡，缉比论次，所以明己之博采诸家，折中六艺，渊源流别，不得不详所自也。司马迁《自序》绍《春秋》之业，盖溯其派别有自，非僭妄之言。司马氏殁，班固氏作，论次西京史事，全录《太史自序》，推其义例，殆与相如、扬雄列传同科。范蔚宗《后汉》之述班固，踵成故事，墨守旧法，绳度不逾，虽无独断之才，犹有饩羊告朔，礼废文存者也。及《宋书》之传范蔚宗，《晋书》之传陈寿，或杂次文人之列，或猥编同时之人，而于史学渊源，作述家法，不复致意，是亦史法失传之积渐也。至于唐修《晋》、《隋》二书，惟资众力，人才既散，共事之人，不可尽知；或附著他人传末，或互见一二文人称说所及，不复别有记载，乃使《春秋》家学，塞绝梯航，史氏师传，茫如河汉。譬彼收族无人，家牒自乱；缁流驱散，梵刹坐荒，势有必至，理有固然者也。

夫马班著史，等于伏孔传经，大义微言，心传口授。或欲藏之名山，传之其人；或使大儒伏阁，受业于其女弟，岂若后代纪传，义尽于简篇，文同于胥史，拘牵凡例，一览无遗者耶！然马班《儒林》之篇，能以六艺为纲，师儒传授，绳贯珠联，自成经纬，所以明师法之相承，溯渊源于不替者

---

① 董狐：春秋时晋国史官。一称"史狐"。灵公时任太史。周匡王六年（前607），晋国内乱，灵公欲杀赵盾，盾被迫出逃，未出境盾族弟赵穿杀死灵公。他认为赵盾身为执政大臣，不能消除国乱，应负弑君之责，便在史策上直书"赵盾弑其君"。孔子赞为"古之良史"。

② 南史：春秋时齐国史官。一作南史氏。齐卿崔杼弑其君庄公，大史书曰："崔杼弑其君。"崔杀之，大史之弟继书而死者两人，后大史弟再书，崔乃舍之。南史闻大史尽死，执简以往，闻已书，乃还。

③ 左史倚相：春秋时楚国史官。历楚灵王、惠王两朝。能通古代典籍，熟谙文物掌故，随时为楚王提供咨询，被视为良史。

也。《儒林传》体,以经为纲,以人为纬,非若寻常列传,详一人之生平者也,自《后汉书》以下失其传矣。后代史官之传,苟能熟究古人师法,略仿经师传例,标史为纲,因以作述流别,互相经纬。试以马班而论,其先藉之资,《世本》、《国策》之于迁《史》,扬雄、刘歆之于《汉书》是也。后衍其传,如杨恽之布迁《史》,马融之受《汉书》是也。别治疏注,如迁《史》之徐广、裴骃,《汉书》之服虔、应劭是也。凡若此者,并可依类为编,申明家学,以书为主,不复以一人首尾名篇,则《春秋》经世,虽谓至今存焉可也。至于后汉之史,刘珍①、袁宏之作,华峤②、谢承、司马彪之书,皆为范氏删辑之基。晋氏之史,自王隐③、虞预④、何法盛⑤、干宝、陆机、谢灵运之流,作者凡一十八家,亦云盛矣。而后人修史,不能条别诸家体裁,论次群书得失,萃合一篇之中,比如郘人善斫,质丧何求?

夏礼能言,无征不信者也。他若聚众修书,立监置纪,尤当考定篇章,复审文字,某纪某书,编之谁氏;某表某传,撰自何人。乃使读者察其臧愿,定其是非,庶几泾渭虽淆,淄渑可辨,末流之弊,犹恃堤防。而唐宋诸

---

① 刘珍(?—126):东汉史学家。一名宝,字秋孙,南阳蔡阳(今湖北枣阳西南)人。安帝永初中,为谒者仆射,奉邓太后诏命,与马融等及五经博士校定东观五经及诸子传记,百家艺术。永宁元年(120)又奉诏作《建武以来名臣传》及光武至安帝的帝纪、年表等,为《东观汉记》的重要部分。后任侍中、越骑校尉、宗正、卫尉等,卒于官。《东观汉记》为东汉官修的纪传体断代史,《隋书·经籍志》著录时题刘珍等撰。

② 华峤(?—293):西晋史学家。字叔骏,平原高唐(今山东禹城西南)人。武帝时,以散骑常侍典中书著作,领国子博士,迁侍中。惠帝初封东乡侯,迁尚书。转为秘书监,加散骑常侍,班同中书。朝廷凡有撰作,皆统领之。以《东观汉记》烦秽,有意改作,搜集资料,撰为《汉后书》。时荀勖、和峤、张华等均以其文质事核,有司马迁、班固之规。藏之秘府。

③ 王隐:东晋史学家。字处叔,陈郡陈(今河南淮阳)人。父铨,仕历阳令,有著述之志,乃私撰西晋史事,未成而卒。他继父业,又熟悉西晋旧事,记载颇多。晋元帝太兴元年(318)与郭璞同为著作郎,撰晋史。而著作郎虞预也私撰《晋书》,因生长南方,不知北方旧事,多次来访,并借其所著书窃写之。后又遭虞预排斥,被免官归家。不得已依征西将军庾亮于武昌,于成帝咸康六年(340)写成《晋书》,卒年七十余。

④ 虞预:东晋史学家。字叔宁,会稽余姚(今属浙江)人。历任主簿,转功曹史。由庾亮之荐,召为丞相行参军兼记室,除佐著作郎,后迁秘书丞、著作郎。因平乱有功,进爵平康县侯。著《晋书》四十四卷。据史书记载,撰写此书时,曾有剽窃王隐《晋书》之嫌。另著有《会稽典录》、《诸虞传》等。

⑤ 何法盛:南朝宋人。孝武帝时,以奉朝请校书东宫。又任湘东太守。撰有《晋中兴书》八十卷,以纪传体记述东晋史事,首尾完备。《隋书·经籍志》著录仅七十八卷。史书有载,此书原为高平郗绍所著,何为扬名,遂窃为己有。其书已佚,仅有辑本。

家，讫无专录，遂使经生帖括，词赋雕虫，并得啁啾班马之堂，攘臂汗青之业者矣。

## 《和州志·前志列传》序例中

晋挚虞创为《文章志》，叙文士之生平，论辞章之端委，范史《文范列传》所由仿也。自是文士记传，代有缀笔，而文苑入史，亦遂奉为成规。至于史学流别，讨论无闻，而史官得失，亦遂置之度量之外，甚矣！世之易言文而惮言史也。

夫迁固之书，不立文苑，非无文也。老、庄、申、韩、管、晏、孟、荀、相如、扬雄、枚乘、邹阳，所为列传，皆于著述之业，未尝不三致意焉。不标文苑，所以论次专家之学也。文苑而有传，盖由学无专家，是文章之衰也。然而史臣载笔，侈言文苑，而于《春秋》家学，派别源流，未尝稍容心焉，不知将自命其史为何如也？《文章志》传，挚虞而后，沈约、傅亮、张骘诸人，纷纷撰录，傅亮《续文章志》[①]，沈约《宋世文章志》[②]，张骘《文士传》。指亦不胜屈矣。然而史臣采撷，存其大凡，著录诸书，今皆亡失。则史氏原委，编摩故迹，当其撰辑成书之际，公縢私楮，未必全无征考也。乃前史不列专题，后学不知宗要，则虽有踪迹，要亦亡失无存，遂使古人所谓官守其书，而家世其业者，乃转不如文采辞章，犹得与于常宝鼎《文选著作人名》[③]之列也。常书凡三卷。唐李肇著《经史释题》[④]，宗谏注《十三代史目》[⑤]，其书编

---

① 傅亮《续文章志》：傅亮（374—426），南朝宋大臣。字季友，北地灵州（今宁夏灵武北）人。博涉经史，尤善文辞，晋末为中书黄门侍郎，入宋，因佐刘裕受禅有功，封建成县公。著《续文章志》二卷，已佚。《隋书·经籍志》簿录类著录。

② 沈约《宋世文章志》：二卷，收录官府藏书之外的民间书目。已佚。《隋书·经籍志》簿录类著录。

③ 《文选著作人名》：《新唐书·艺文志》目录类著录，常宝鼎著，三卷。

④ 李肇著《经史释题》：李肇，唐朝文学家。穆宗时为翰林学士，文宗时曾官中书舍人。著有《国史补》（今称《唐国史补》）、《翰林志》和《经史释题》。后者《新唐书·艺文志》目录类著录二卷。

⑤ 宗谏注《十三代史目》：《新唐书·艺文志》目录类著录十卷。

于目录部类，则未通乎记传之宏裁也。赵宋孔平仲，尝著《良史事迹》①，其书今亦不传，而著录仅有一卷，则亦猥陋不足观采也。

夫史臣创例，各有所因。列女本于刘向，孝义本于萧广济②，晋人，作《孝子传》。忠义本于梁元帝③，《忠臣传》三十卷。隐逸本于皇甫谧《逸士传》、《高士传》④，皆前史通裁，因时制义者也。马班《儒林》之传，本于博士所业，惜未取史官之掌，勒为专书。后人学识不逮前人，故使未得所承，无能为役也。汉儒传经，师法亡矣。后史儒林之篇，不能踵其条贯源流之法；然未尝不取当代师儒，就其所业，以志一代之学。则马班作史家法既失，后代史官之事，纵或不能协其义例，何不可就当时纂述大凡，人文上下，论次为传，以集一史之成乎？

夫儒林治经，而文苑谈艺，史官之业，介乎其间，亦编摩之不可不知所务者也。或以艺文部次，登其卷帙，叙录后语，略标作者之旨，以谓史部要旨，已见大凡。则不知经师传注，文士辞章，艺文未尝不著其部次，而儒林文苑之篇，详考生平，别为品藻，参观互证，胡可忽诸？其或事迹繁多，别标特传，不能合为一篇，则于史官篇内，亦当存录姓名，更注别自有传。董仲舒、王吉、韦贤之例，自有旧章，仲舒治《春秋》，王吉治《毛诗》，韦贤治《鲁诗》，并见《儒林》而别有专传。两无妨害者也。夫荀卿著《礼》、《乐》之论，乃《非十二子书》，庄周恣荒唐之言，犹叙禽⑤、墨诸子。欲成一家之作，而不于前人论著，条析分明，祖述渊源，折衷至当，虽欲有功前人，嘉惠来学，譬则却步求前，未有得其至焉者也。

---

① 《良史事迹》：宋孔平仲作。孔平仲，字义甫，长史学，工文辞。徽宗即位曾为户部郎中。著有《续世说》、《绎解》、《稗诗戏》、《良史事证》。《宋史·艺文志》杂家类著录《良史事证》一卷。"迹"应为"证"之误。

② 萧广济：晋辅国将军。著有《孝子传》十五卷、注木玄虚《海赋》一卷。前者《隋书·经籍志》杂传类著录。

③ 梁元帝：即萧绎（508—554），南朝梁皇帝。字世诚，南兰陵（今江苏常州西北）人。梁武帝子。著有《孝德传》三十卷，《忠臣传》三十卷，《丹阳尹传》十卷，注《汉书》一百十五卷。均著录于《隋书·经籍志》杂传类。

④ 《逸士传》、《高士传》：均西晋文士皇甫谧撰，前者一卷，后者六卷，均著录于《隋书·经籍志》杂传类。

⑤ 禽：禽滑厘，墨翟的弟子。

# 《和州志・前志列传》序例下

州县志书，论次前人撰述，特编列传，盖创例也。举此而推之四方，使《春秋》经世，史氏家法，灿然大明于天下，则外志既治，书有统会，而国史要删，可以抵掌言也。虽然，有难叙者三，有不可不叙者三，载笔之士，不可不熟察此论也。

何谓难叙者三？一曰书无家法，文不足观，易于散落也。唐宋以后，史法失传，特言乎马班专门之业不能复耳。若其纪表成规，志传旧例，历久不渝，等于科举程式，功令条例，虽中庸史官，皆可勉副绳墨，粗就隐括。故书虽优劣不齐，短长互见，观者犹得操成格以衡笔削也。外志规矩荡然，体裁无准，摘比似类书，注记如簿册，质言似胥吏，文语若尺牍，观者茫然，莫能知其宗旨。文学之士，鄙弃不观，新编告成，旧志遽没；比如寒暑之易冠衣，传舍之留过客，欲求存录，不亦难乎！二曰纂修诸家，行业不详，难于立传也。史馆征儒，类皆文学之士，通籍朝绅，其中且有名公卿焉。著述或见艺文，行业或详列传，参伍考求，犹易集也。州县志书，不过一时游宦之士，偶尔过从；启局杀青，不逾岁月；讨论商榷，不出州闾。其人或有潜德莫征，懿修未显；所游不知其常，所习不知其业，等于萍踪之聚，鸿爪之留。即欲效文苑之联编，仿儒林之列传，何可得耶？三曰题序芜滥，体要久亡，难征录例也。马班之传，皆录自序。盖其生平行业，与夫笔削大凡，自序已明，据本直书，编入列传，读者苟能自得，则于其书，思过半矣。原叙录之所作，虽本《易·系》、《诗》篇，而史氏要删，实自校雠诸家，特重其体。刘向所谓条其篇目，撮其指意，录而奏上之文，类皆明白峻洁，于其书与人，确然并有发明。简首题辞，有裨后学，职是故也。后代文无体要，职非校勘，皆能率尔操觚；凡有简编，辄题弁语，言出公家，理皆泛指。掩其部次，骤读序言，不知所指何人，所称何事。而文人积习相沿，莫能自反，抑亦惑矣。州县修志，尤以多序为荣，隶草夸书，风云竞体。棠阴花满，先为循吏颂辞；水激山峨，又作人文通赞。千书一律，观者索然；移之甲乙可也，畀之丙丁可也。尚得采其旧志序言，录其前书凡例，作列传之取材，为一书之条贯耶？凡此三者，所为难叙者也。

何谓不可不叙者三？一曰前志不当，后志改之，宜存互证也。天下耳目无穷，一人聪明有限。《禹贡》岷山之文尚矣，得《缅志》而江源详于金沙。郑玄娑尊之说古矣，得王肃而铸金凿其牺背。穷经之业，后或胜前；岂作志之才，一成不易耶？然后人裁定新编，未必遽存故录。苟前志失叙，何由知更定之苦心，识辨裁之至当？是则论次前录，非特为旧志存其姓氏，亦可为新志明其别裁耳。二曰前志有征，后志误改，当备采择也。人心不同，如其面也，为文亦复称是。史家积习，喜改旧文，取其易就凡例，本非有意苛求。然淮阴带剑，不辨何人；太史公《韩信传》云："淮阴少年辱信云：'若虽长大，中情怯耳。'"班固删去"若"字，文义便晦。太尉携头，谁当假借？前人议《新唐书·段秀实传》云：柳宗元状称太尉曰，"吾带吾头来矣。"文自明。《唐书》改云："吾带头来矣。"是谁之头耶？不存当日原文，则三更其手，非特亥豕传讹，将恐虫鱼易体矣。三曰志当递续，不当迭改，宜衷凡例也。迁书采《世本》、《国策》，集《尚书》、《世纪》；《南北史》①集沈、萧、姚、李八家之书，未闻新编告成，遽将旧书覆瓿也。区区州县志乘，既无别识心裁，便当述而不作。乃近人载笔，务欲炫长，未窥龙门之藩，先习狙公之术，移三易四，辗转相因，所谓自扰也。夫三十年为一世，可以补辑遗文，蒐罗掌故；更三十年而往，遗待后贤，使甲编乙录，新新相承，略如班之续马，范之继班，不亦善乎？藉使前书义例未全，凡目有阙，后人创起，欲补逸文，亦当如马无地理，班《志》直溯《夏书》②；《梁》、《陈》无志，《隋书》上通五代，梁、陈、北齐、后周、隋五代。例由义制，何在不然。乃竟粗更凡目，全录旧文，得鱼忘筌，有同剽窃，如之何其可也？然琴瑟不调，改而更张。今兹创定一书，不能拘于递续之例。或且以矛陷盾，我则不辞。后有来者，或当鉴其衷曲耳。历叙前志，存其规模，亦见创例新编，初非得已。凡此三者，所谓不得不叙者也。

---

① 《南北史》：指李延寿的《南史》和《北史》是根据沈约《宋书》，萧子显《南齐书》，姚思廉的《梁书》、《陈书》，李百药的《北齐书》，令狐德棻等人的《周书》，魏收的《魏书》和魏徵等人的《隋书》共八部史书编纂而成。

② 《夏书》：《尚书》组成部分之一。相传为记载夏代史迹之书。今传本《禹贡》、《甘誓》两篇。"班《志》直溯《夏书》"，实际是指班固作《汉书·地理志》时，上溯到《禹贡》内容。

# 《和州志·文征》序例[①]

乾隆三十九年撰《和州志》四十二篇，编摩既讫，因采州中著述，有裨文献，若文辞典雅，有壮观瞻者，辑为《奏议》二卷，《征述》三卷，《论著》一卷，《诗赋》二卷，合为《文征》八卷，凡若干篇。既条其别，因述所以采辑之故，为之叙录。

叙曰：古人著述，各自名家，未有采辑诸人，裒合为集者也。自专门之学散，而别集之风日繁。其文既非一律，而其言时有所长，则选辑之事兴焉。至于史部所征，汉代犹为近古，虽相如、扬雄、枚乘、邹阳，但取辞赋华言，编为列传；原史臣之意，虽以存录当时风雅，亦以人类不齐，文章之重，未尝不可与事业同传，不尽如后世拘牵文义，列传止征行迹也。但西京风气简质，而迁、固亦自为一家之书，故得用其义例。后世文字，如滥觞之流为江河，不与分部别收，则纪载充栋，将不可纪极矣。唐刘知幾尝患史传载言繁富，欲取朝廷诏令，臣下章奏，仿表志专门之例，别为一体，类次纪传之中，其意可为善矣。然纪传既不能尽削文辞，而文辞特编入史，亦恐浩博难罄，此后世所以存其说而讫不能行也。

夫史氏之书，义例甚广，《诗》、《书》之体，有异《春秋》，若《国语》十二，《国风》十五，所谓典训风谣，各有攸当。是以太师陈诗，外史又掌四方之志，未闻独取备于一类之书也。自孔逭《文苑》、萧统《文选》而后，唐有《文粹》，宋有《文鉴》，皆括代选文，广搜众体。然其命意发凡，仍未脱才子论文之习，经生帖括之风，其于史事，未甚亲切也。至于元人《文类》，则习久而渐觉其非。故其撰辑文辞，每存史意，序例亦既明言之矣。

---

[①] 《和州志》是章学诚实践方志分立三书的第一部志书，他在编纂这部志书时，另外编选了《文征》。从修志来讲，这是前无古人的。为什么要这么做，目的在于把主体志书写得简明，"词尚体要"，"有典有法，可诵可识"，这个要求自然是很高的。可是当时的许多方志，"或胥吏案牍，芜秽失裁；或景物题咏，浮华无实"，实际上"似志非志"。为了改变修志上的这种不良现象，当然必须进行改革。于是在刘知幾建议的启发下，作者创立了在志书之外另立"文征"、"掌故"的修志理论。而这部志书仅立了《文征》，正是他为实现这一理论而迈开的第一步。序例中批评了许多方志虽然也选录了不少诗文，但这些选文"是论文有余，证史不足"，与《文征》选文自不可同日而语。

然条别未分，其于文学源流，鲜所论次。又古人云："诵其诗，读其书，不知其人可乎？"作者生平大节，及其所著书名，似宜存李善《文选》注例，稍为疏证。至于建言发论，往往有文采斐然，读者兴起，而终篇扼腕，不知本事始末何如。此殆如梦古人而遽醒，聆妙曲而不终，未免使人难为怀矣。凡若此者，并是论文有余，证史不足，后来攻史诸家，不可不熟议者也。

至若方州选文，《国语》、《国风》之说远矣。若近代《中州》①、《河汾》②诸集，《梁园》③、《金陵》④诸编，皆能画界论文，略寓征献之意，是亦可矣。奈何志家编次艺文，不明诸史体裁，乃以诗辞歌赋，记传杂文，全仿选文之例，列于书志之中，可谓不知伦类者也。是用修志余暇，采摭诸体，草创规制，约略以类相从，为叙录其流别，庶几踵斯事者，得以增华云尔。

奏议第一

《文征》首《奏议》，犹志首编纪也。自萧统选文，以赋为一书冠冕，论时则班固后于屈原，论体则赋乃诗之流别，此其义例，岂复可为典要？而后代选文之家，奉为百世不祧之祖，亦可怪已！今取奏议冠首，而官府文移附之。《奏议》拟之于纪，而文移拟之政略，皆掌故之藏也。

征述第二

《征述》者，记传序述志状碑铭诸体也。其文与列传图书互为详略，盖史学散而书不专家，文人别集之中，应酬存录之作，亦往往有记传诸体，可裨史事者；萧统选文之时，尚未有此也，后代文集中兼史体，修史传者，往往从而取之，则《征述》之文，要为不易者矣。

论著第三

《论著》者，诸子遗风，所以托于古之立言垂不朽者，其端于是焉在。刘勰谓论之命名，始于《论语》，其言当矣。晁氏《读书志》，援"论道经

---

① 《中州》：指《中州集》，金末文学家元好问（1190—1257）编。十卷。《中州集》是编录金一代之诗。每位诗人各有小传，详具始末，兼评其诗。或一传而附见数人，或附载他文，或兼及他事。《四库全书总目提要》云："大致立于借诗以存史，故备见侧出，不主一格。"

② 《河汾》：指《河汾诸老诗集》，元房祺编，八卷。该集共选八名金遗老之诗，每人一卷。《四库全书总目提要》总集类有介绍。

③ 《梁园》：指《梁园风雅》，明赵彦复编，八卷。是编选中州之诗九家，彦复之诗附其后。《四库提要》批评曰："梁王兔园仅汉时一别馆，取以概名中州之诗，尤无谓也。"

④ 《金陵》：指《金陵风雅》。《国史经籍志》总集类著录《金陵风雅》四十卷，姚汝循撰。

邦"，出于《尚书》因诋刘氏之疏略。夫《周官》篇出伪古文，晁氏曾不之察，亦其惑也。诸子风衰，而文士集中，乃有论说辨解诸体，若书牍题跋之类，则又因事立言，亦论著之派别也。

　　诗赋第四

　　《诗赋》者，六义之遗，《国风》一体，实于州县《文征》为近。《甘泉》、《上林》，班固录于列传，行之当世可也。后代文繁，固当别为专书，惟诗赋家流，至于近世，溺于辞采，不得古者国史序《诗》之意，而蛩蛩焉争于文字工拙之间，皆不可与言文征者也。兹取前人赋咏，依次编列，以存风雅之遗；同时之人，概从附录，以俟后来者之别择焉。

# 外篇五

## 《永清县志·皇言纪》序例[1]

史之有纪，肇于《吕氏春秋》十二月纪。司马迁用以载述帝王行事，冠冕百三十篇，盖《春秋》之旧法也。厥后二十一家，迭相祖述，体肃例严，有如律令。而方州之志，则多惑于地理类书之例，不闻有所遵循，是则振衣而不知挈领，详目而不能举纲，宜其散漫无章，而失国史要删之义矣。夫古者封建之世，列国自有史书，然正月必系周王，鲁史必称周典，韩宣子见《易象》《春秋》，以谓周礼尽在于鲁是也。盖著承禀所由始也。后世郡县，虽在万里之外，制如古者畿甸之法，乃其分门次类，略无规矩章程，岂有当于《周官》外史之义欤！《周官》，外史掌四方之志，掌达书名于四方。此见列国之书，不得自擅，必禀外史一成之例也。此则撰志诸家，不明史学之过也。

《吕氏》十二月令，但名为纪。而司马迁、班固之徒，则称本纪；原其称本之义，司马迁意在绍法《春秋》。顾左氏、公、穀专家各为之传，而迁则一人之书，更著书、表、列传，以为之纬，故加纪以本，而明其纪之为经耳。其定名则仿《世本》之旧称。班固不达其意，遂并十志而题为本志。然则表传之不加本称者，特以表称年表，传称列传，与本纪俱以二字定名；惟志止

---

[1] 乾隆四十二年（1777），章氏应永清县知事周震荣之邀请主修《永清县志》，四十四年（1779）七月书成。全书分纪、表、图、书、政略、传，凡六种体裁，外有《文征》五卷，分奏议、征实、论说、诗赋、金石五个内容，与《和州志》相比，《文征》多出金石。可见方志的编修，各地不可能都是一样，而是因地而异。此志修成后，章氏的方志理论很快在朋友中流传开去，并出现了大家争聘的局面。周震荣在为章氏《庚辛之间亡友传》所作跋中说："余于役顺义，得与两君（指张维祺、周棨）相比，实斋自京来视余。余置酒邀与相见。时《永清志》新成，余出示坐客。两君色然，若不肯让余独步者，争延实斋。"当然，我们也要指出，他在修志理论上曾强调修志"非示观美"，不必讲求形式，而在《修志十议》中却立有"皇恩庆典宜作纪"一条，于是《和州志》和《永清志》均有《皇言纪》、《恩泽纪》，这种形式主义内容，无非是要为清朝统治者歌功颂德而已。

是单名，故强配其数，而不知其有害于经纪纬传之义也。古人配字双单，往往有之，如《七略》之方称经方，《淮南子》论称书论之类，不一而足。惟无害于文义，乃可为之耳。至于例以义起，方志撰纪，以为一书之经当矣。如亦从史而称本纪，则名实混淆，非所以尊严国史之义也。且如后世文人所著诗文，有关当代人君行事，其文本非纪体，而亦称恭纪，以致尊崇，于义固无害也。若称本纪，则无是理矣。是则方志所谓纪者，临本书之表传，则体为经；对国史之本纪，则又为纬矣。是以著纪而不得称本焉。

迁固而下，本纪虽法《春秋》，而中载诏诰号令，又杂《尚书》之体。至欧阳修撰《新唐书》，始用大书之法，笔削谨严，乃出迁固之上，此则可谓善于师《春秋》者矣。至于方志撰纪，所以备外史之拾遗，存一方之祗奉，所谓循堂槛而测太阳之照，处牖隙而窥天光之通，期于慎辑详志，无所取于《春秋》书事之例也。是以恭录皇言，冠于首简，与史家之例，互相经纬，不可执一例以相拘焉。

大哉王言，出于《尚书》；王言如丝，出于《礼记》。盖三代天子称王，所以天子之言，称王言也。后世以王言承用，据为典故，而不知三代以后，王亦人臣之爵，凡称天子诏诰，亦为王言，此则拘于泥古，未见其能从时者也。夫《尚书》之文，臣子自称为朕，所言亦可称诰。后世尊称，既定于一，则文辞必当名实相符，岂得拘执古例，不知更易？是以易王言之旧文，称皇言之鸿号，庶几事从其质，而名实不淆。

敕天之歌，载于谟典，而后史本纪，惟录诏诰。盖诗歌抒发性情，而诏诰施于政事，故史部所收，各有当也。

至于方志之体，义在崇奉所尊，于例不当别择。前总督李卫所修《畿辅通志》①，首列诏谕、宸章二门，于义较为允协。至永清一县，密迩畿南，固无特颁诏谕，若牵连诸府州县，及统该直隶全部，则当载入通志，又不得以永清亦在其内，遂冒录以入书。如有恩赐蠲逋赈恤，则事实恭登《恩泽》之纪；而诏谕所该者广，是亦未敢越界而书。惟是覃恩恺泽，褒赠貤封，固家

---

① 李卫《畿辅通志》：雍正十三年（1735）修成，一百二十卷，分三十一目，人物、艺文两目又各为子目。李卫，江苏砀山（今属安徽）人，字又玠，时为兵部尚书直隶总督。参与纂修者尚有唐执玉、陈仪、田易。

乘之光辉，亦邑书之弁冕，是以辑而纪之。御制诗章，止有《冰窖》①一篇，不能分置卷帙，恭录诏谕之后，以志云汉光华云尔。

## 《永清县志·恩泽纪》序例

古者左史纪言，右史纪事。朱子以谓言为《尚书》之属，事为《春秋》之属，其说似矣。顾《尚书》之例，非尽纪言，而所谓纪事之法，亦不尽于春王正月一体也。《周官》五史之法，详且尽矣；而记注之书，后代不可尽详。盖自《书》与《春秋》而外，可参考者，《汲冢周书》似《尚书》，《竹书纪年》似《春秋》而已。然而《穆天子传》，独近起居之注，其书虽若不可尽信，要亦古者记载之法，经纬表里，各有所主；初不拘拘《尚书》、《春秋》二体，而即谓法备于是，亦可知矣。三代而后，细为宫史，若汉武《禁中起居注》②，马后《显宗起居注》③是也；大为时政，若唐《贞观政要》④，周《显德日历》⑤是也；以时记录，历朝起居注是也；荟粹全书，梁太清以下实录⑥是也。盖人君之德，如天晷计躔测，玑量圭度，法制周遍，乃得无所阙遗。是以《周官》立典，不可不详其义，而《礼》言左史右史之职，诚废一而不可者也。

史官各自为书，所以备一书之采择；方志各随所及，详赡登纪，所以备诸史之外篇，固其宜也。史部本纪，事言并载，虽非《春秋》本旨，文义犹

---

① 《冰窖》：《章氏遗书》外篇卷六《永清县志·皇言纪》附有"御制诗"一首，即指此。冰窖，乃是永清县境永宣河边村名。

② 《禁中起居注》：相传为汉武帝时宫中所作。《隋书·经籍志》起居注类小叙中曰"汉武帝有《禁中起居注》"，"汉时起居，似在宫中，为女史之职"。

③ 马后《显宗起居注》：指东汉明德马后撰《明帝起居注》，见《隋书·经籍志》起居注类小叙。明德马后，为东汉明帝皇后。伏波将军马援之女。十三岁入宫，明帝即位，以为贵人，令抚养贾氏所生子刘炟，如同己出，永平三年（60）立为皇后。

④ 《贞观政要》：唐历史学家吴兢撰。吴兢（670—749），汴州浚仪（今河南开封）人。他搜集贞观年间唐太宗君臣论政的重要言论，编成此书，总结了唐太宗君臣治国施政的经验。

⑤ 《显德日历》：《宋史·艺文志》编年类著录《显德日历》一卷，由周扈家、董淳、贾黄中三人撰。宋时有"日历所"，以宰执时政记、起居郎与起居舍人起居注所记事会集修撰。故一卷之书，三人署名。

⑥ 梁太清以下实录：指梁武帝时实录，《隋书·经籍志》著录《梁太清录》八卷。而《旧唐书·经籍志》著录《梁太清实录》八卷，《新唐书·艺文志》则作十卷。

或可通。方志敬慎采辑，体当录而不叙，左右之史，不分类例，则法度混淆，而纪载不可观本末矣。是以略仿左史，而恭纪皇言，仿右史而恭纪恩泽焉。

纪体本法《春秋》，而纪言固非列史正体，今以言冠于事，则以正史本纪，法具专家，而方志外书，本备采撼，故左言属阳而居首，右事属阴而居次，事有所宜，不拘拘于古法也。

纪之与传，古人所以分别经纬，初非区辨崇卑，是以迁《史》中有无年之纪，刘子玄首以为讥；班《书》自叙，称十二纪为《春秋考纪》[①]，意可知矣。自班马而后，列史相仍，皆以纪为尊称，而传乃专属臣下，则无以解于《穆天子传》与《高祖》、《孝文》诸传也。今即列史诸帝有纪无传之弊论之，如人君行迹，不如臣下之详，篇首叙其灵征，篇终断其大略；其余年编月次，但有政事，以为志传之纲领，而文势不能更及于他，则以一经一纬，体自不可相兼故也。诚以《春秋》大旨断之，则本纪但具元年即位，以至大经大法，足为事目，于义慊矣。人君行事，当参以传体，详载生平，冠于后妃列传之上，是亦左氏之传，以惠公、元妃数语，先经起事，即属隐公题下传文，可互证也。但纪传崇卑，分别已久，君臣一例，事理未安，则莫若一帝纪终，即以一帝之传次其纪后，如郑氏《易》[②]之以《象传》、《象辞》附于本卦之后之例，且崇其名曰《大传》，而不混列传，则名实相符，亦似折中之一道也。方志纪载，则分别事言，统名以纪，盖所以备外史之是正，初无师法《春秋》之义例，以是不可议更张耳。

## 《永清县志·职官表》序例[③]

职官选举，入于方志，皆表体也。而今之编方志者，则曰史有百官志与

---

① 《春秋考纪》：出自《汉书·叙传》，颜师古注曰："春秋考纪，谓帝纪也。"因为帝纪（本纪）都为编年，如同《春秋》。有的注释将"考"字当作"成"解，则与春秋相联不太好解。

② 郑氏《易》：指郑玄所注之《易》。《文献通考·经籍考》著录。

③ 自宋以来，地方志中对地方官事迹犹加以记载，但是如果修志时将一个地方自古以来地方官都一一立传，自然就太多了。章氏建议在每部方志中，不妨设置《职官表》，仿效班固在《汉书》中首立的《百官公卿表》做法，将在此任过职的官员，无论职官大小，列表记载，这样既可以做到全面不漏，又可节省方志篇幅。序中详细列举了史书作表存在的问题，叙述了方志职官表编写的方法和程序。

选举志，是以法古为例，定以鸿名，而皆编为志，斯则迂疏而寡当者矣。夫史志之文，职官详其制度，选举明其典则，其文或仿《周官》之经，或杂记传之体，编之为志，不亦宜乎？至于方志所书，乃是历官岁月，与夫科举甲庚，年经事纬，足以爽豁眉目，有所考索，按格而稽，于事足矣。今编书志之体，乃以知县、典史、教谕、训导之属，分类相从，遂使乾隆知县，居于顺治典史之前；康熙训导，次诸雍正教谕之后。其有时事后先，须资检阅，及同僚共事，欲考岁年，使人反复披寻，难为究竟，虚占篇幅，不知所裁。不识何故而好为自扰如斯也！夫人编列传，史部鸿裁，方志载笔，不闻有所规从。至于职官选举，实异名同，乃欲巧为附依，此永州铁炉之步，所以致慨于千古也。

《周官》御史，掌赞书数从政，郑氏注谓"数其现在之官位"，则官职姓名，于古盖有其书矣。三百六十之官属，而以从政记数之登书，窃意亦必有法焉。周谱经纬之凡例，恐不尽为星历一家之用也。刘向以谱与历合为一家，归于术数，而司马迁之称周谱，则非术数之书也。疑古人于累计之法多用谱体。班固《百官公卿表》，叙例全为志体，而不以志名者，知历官之须乎谱法也。以《周官》之体为经，而以《汉表》之法为纬，古人之立法，博大而不疏，概可见矣。

东京以还，仅有职官志；而唐宋之史，乃有《宰辅表》，亦谓百职卿尹之不可胜收也。至于专门之书，官仪簿状，自两汉以还，代有其编；而列表编年，宋世始多其籍。司马光《百官公卿表》①百五十卷之类。亦见历官纪数之书，每以无文而易亡也。至于方州记载，唐宋厅壁题名，与时湮没；其图经古制，不复类聚官人，非阙典欤！元明以来，州县志书，往往存其历任，而又以记载无法，致易混淆，此则不可不为厘正者也。

或谓职官列表，仅可施于三公宰辅，与州县方志，一则体尊而例严，一则官少而易约也。若夫部府之志，官职繁多，而尺幅难竟，如皆表之，恐其易经而难纬也。上方年月为经，首行官阶为纬，官多布格无容处也。夫立例不精，

---

① 司马光《百官公卿表》：《郡斋读书志》职官类著录司马光等撰《百官公卿表》一百四十二卷。而《直斋书录解题》编年类、《宋史·艺文志》职官类均作十五卷。司马光所作原名《皇朝百官公卿表》。李焘仿《皇朝百官公卿表》，增广门类，编为《续皇朝百官公卿表》一百四十二卷。

而徒争于纪载之难约，此马班以后，所以书繁而事阙也。班史百官之表卷帙无多，而所载详及九卿；唐宋宰辅之表，卷帙倍增，而所载止画于丞弼。非为古书事简，而后史例繁也，盖以班分类附之法，不行于年经事纬之中，宜其进退失据，难于执简而驭繁也。按班史，表列三十四官，格止一十四级，或以沿革并注首篇，相国、丞相、奉常、太常之类。或以官联共居一格，大行令、大鸿胪同格，左冯翊、京兆尹同格之类。篇幅简而易省，事类从而易明，故能使流览者，按简而无复遗逸也。苟为统部列表，则督抚提镇之属共为一格；布按巡守之属共为一格。其余以府州画格，府属官吏同编一格之中，固无害也。及撰府州之志，即以州县各占一格，亦可不致阙遗。是则历官著表，断无穷于无例可通，况县志之固可一官自为一格欤！

姓名之下，注其乡贯科甲，盖其人不尽收于政略；注其首趾，亦所以省传文也，无者阙之。至于金石纪载，他有所征，而补收于志，即以金石年月冠之，不复更详其初仕何年，去官何月，是亦势之无可如何者耳。至于不可稽年月，而但有其姓名者，则于经纬列表之终，横列以存其目，亦阙疑俟后意云尔。

## 《永清县志·选举表》序例[①]

选举之表，即古人贤书之遗也。古者取士，不立专科，兴贤出长，兴能出治，举才即见于用，用人即见于事。两汉贤良孝秀，与夫州郡辟署，事亦见于纪传，不必更求选举之书也。隋唐以来，选举既专，资格愈重，科条繁委，故事相传，选举之书，累然充栋。则举而不必尽用，用而不必尽见于

---

[①] 此篇再次叙述我国古代选举制度的变化，特别是隋唐以来，进士考试制度确立以后，考试要求也不断在变化。特别是进士考取以后，未必马上就有官做，章学诚的父亲考上进士后，十年方才得到一个知县，而章学诚本人也是如此。因此，在那个时代，考中进士只是为做官创造了条件，未必马上就有官做。这就是序文中所说，"举而不必尽用"。序文中还特别指出，"名列于表，而传无其人者，乃无德可称，而书事从略者也；其有立传而不出于表者，事有可纪，而用特书之例也"。可见表与传是要适当分工的。对于那些无事可记者，仅列于表也就够了。还要给读者指出的是，这篇序例的第二段，即从"晁迥《进士编敕》"至"所系岂鲜浅欤？""大梁本"被节录掉。

事，旧章故典，不可求之纪传之中，而选举之文，乃为史志之专篇矣。

晁迥《进士编敕》，陆深《科场条贯》，律令功令之书也；王定保《唐摭言》，钱明逸《宋衣冠盛事》，稗野杂记之属也。律令可采于书志，杂记有资于列传，史部之所仰给也。至于题名历年之书，浩博难罄，而取材实鲜，故姚康《科第录》，洪适《登科记》，仅为专门之书，而问津者寡矣。若夫搜辑方隅，画分疆界，则掌故不备，而取材愈鲜，如乐史《江南登科记》，陈汝元《浙士登科考》[①]，缙绅先生，往往至于不能忆其目焉。夫历科先后，姓氏隐显，乃考古者所必资，而徒以书无文采，简帙浩繁，遂使其书不可踪迹，则方志之表选举，所系岂鲜浅欤？

志家之载选举，不解年经事纬之法，率以进士、举人、贡生、武选，各分门类。又以进士冠首，而举、贡以次编于后，于是一人之由贡获举而成进士者，先见进士科年，再搜乡举时代，终篇而始明其入贡年甲焉。于事为倒置，而文岂非复沓乎？间有经纬而作表者，又于旁行斜上之中，注其事实，以列传之体而作年表，乃元人撰《辽》、《金》史之弊法，虚占行幅，而又混眉目，不识何所取乎此也！

史之有表，乃列传之叙目；名列于表，而传无其人者，乃无德可称，而书事从略者也。其有立传而不出于表者，事有可纪，而用特书之例也。今撰志者，选举职官之下，往往杂书一二事实，至其人之生平大节，又用总括大略，编于人物名宦条中；然后更取传志全篇，载于艺文之内，此云详见某项，彼云已列某条，一人之事，复见叠出，而能作表者，亦不免于表名之下，更注有传之文，何其扰而不精之甚欤！

表有有经纬者，亦有不可以经纬者。如永清岁贡，嘉靖以前，不可稽年甲者七十七人。载之无格可归，删之于理未惬，则列叙其名于嘉靖选举之前，殿于正德选举之末，是《春秋》归馀于终，而《易》卦终于《未济》之义也。史迁《三代世表》，于夏泄而下，无可经纬，则列叙而不复纵横其体，是亦古法之可通者矣。

---

① 陈汝元《浙士登科考》：《明浙士登科考》十卷。《千顷堂书目》卷九、《浙江通志》卷二百四十四均著录。陈汝元，浙江山阴（今浙江绍兴）人，万历二十五年（1597）丁酉科举人，曾官同知。

## 《永清县志·士族表》序例

　　方志之表士族，盖出古法，非创例也。《周官》小史"奠系世，辨昭穆"，杜子春注"系世，若诸侯卿大夫系本之属"是也。《书》曰："平章百姓。"郑康成曰："百姓，谓群臣之父子兄弟。"平章，乃辨别而章明之也。先王锡土分姓，所以尊人治而明伦叙者，莫不由此。故欲协和万邦，必先平章百姓，典綮重矣。

　　士亦民也，详士族而略民姓，亦犹行古之道也。《周官》乡大夫"以岁时登夫家之众寡"，三年以大比兴一乡之贤能，夫民贱而士贵，故夫家众寡，仅登其数；而贤能为卿大夫者，乃详世系之牒；是世系之牒，重于户口之书，其明征也。近代方志，无不详书户口；而世系之载，阒尔无闻，亦失所以重轻之义矣。

　　夫合人而为家，合家而为国，合国而为天下；天下之大，由合人为家始也。家不可以悉数，是以贵世族焉。夫以世族率齐民，以州县领世族，以司府领州县，以部院领司府，则执简驭繁，天下可以运于掌也。孟子曰："所谓故国者，非谓有乔木也，有世臣之谓也。"州县之书，苟能部次世族，因以达于司府部院，则伦叙有所联，而治化有所属矣。今修志者，往往留连故迹，附会桑梓，而谱牒之辑缺然，是则所谓重乔木而轻世家矣。

　　谱牒掌之于官，则事有统会，人有著籍，而天下大势可以均平也。今大江以南，人文称盛，习尚或近浮华，私门谱牒，往往附会名贤，侈陈德业，其失则诬。大河以北，风俗简朴，其人率多椎鲁无文，谱牒之学，缺焉不备，往往子孙不志高曾名字；间有所录，荒略难稽，其失则陋。夫何地无人，何人无祖，而偏诬偏陋，流弊至于如是之甚者，谱牒不掌于官，而史权无统之故也。

　　或谓古人重世家，而其后流弊至于争门第。魏晋而后，王、谢、崔、卢动以流品相倾轧；而门户风声，贤者亦不免于存轩轾，何可为训耶？此非然也。吏部选格，州郡中正，不当执门阀而定铨衡，斯为得矣。若其谱牒，掌于曹郎令史，则固所以防散佚而杜伪托，初非有弊也。且郎吏掌其谱系，而吏部登其俊良，则清门巨族，无贤可以出长，无能可以出治者，将激劝而争于自见矣！是亦鼓舞贤才之一道也。

史迁世表但纪三、五之渊源；而《春秋》氏族，仅存杜预之《世谱》，于是史家不知氏族矣。欧阳《宰相世系》，似有得于知几之寓言，《史通·书志》篇，欲立《氏族志》①，然意存商榷，非刘本旨。第邓州韩氏不为宰相，以退之之故，而著于篇，是亦创例而不纯者也。魏收《官氏》②与郑樵《氏族》③，则但纪姓氏源流，不为条列支系。是史家之表系世，仅见于欧阳，而后人又不为宗法，毋亦有鉴于欧阳之为例不纯乎？窃惟网罗一代，典籍浩繁，所贵持大体，而明断足以决去取，乃为不刊之典尔。世系不必尽律以宰相，而一朝右族声望，与国相终始者，纂次为表，篇帙亦自无多也。标题但署为世族，又何至于为例不纯欤？刘歆曰："与其过而废也，毋宁过而存之。"其是之谓矣。

正史既存大体，而部府州县之志，以渐加详焉。所谓行远自迩，登高自卑，州县博收，乃所以备正史之约取也。或曰："州县有大小，而陋邑未必尽可备谱系。则一县之内，固已有士有民矣。民可计户口，而士自不虞无系也。"或又曰："生员以上，皆曰士矣。文献大邦，惧其不可胜收也。"是则量其地之盛衰，而加宽严焉；或以举贡为律，或以进士为律。至于部府之志，则或以官至五品，或至三品者为律，亦自不患其芜也。夫志之载事，如鉴之示影也。径寸之鉴，体具而微，盈尺以上，形之舒展，亦称是矣。未有至于穷而无所置其影者也。

州县之志，尽勒谱牒矣，官人取士之祖贯，可稽检也。争为人后之狱讼，可平反也。私门不经之纪载，可勘正也。官府谱牒之讹误，谱牒之在官者，可借雠也。借私家之谱，较官谱，借他县之谱，较本县，皆可也。清浊流品可分也，姻穆孝友可劝也，凡所以助化理而惠士民者，于此可得其要略焉。

先王锡土分姓，以地著人，何尝以人著地哉！封建罢，而人不土著矣。然六朝郡望，问谢而知为阳夏，问崔而知为清河，是则人户以籍为定，而坊

---

① 《氏族志》：刘知幾在《史通·书志》篇中提出："凡为国史者，宜各撰《氏族志》，列于《百官》之下。"

② 魏收《官氏》：魏收在《魏书》中创立了《官氏志》。北魏原为鲜卑拓跋氏，本是一个部落，族落中又分成许多氏和族，孝文帝下令一律改称汉姓。《官氏志》中的"姓氏部"，分别列举拓跋部和所属各部落、氏族原来的姓氏以及所改的汉姓，基本上反映了拓跋部族的形成和许多部落、氏族间离合的过程。

③ 郑樵《氏族》：指《通志》中的《氏族略》。

表都里不为虚设也。至于梅里、郑乡，则又人伦之望，而乡里以人为隐显者也。是以氏族之表，一以所居之乡里为次焉。

先城中，一县所主之地也。次东，次南，而后西乡焉，北则无而缺之，记其实也。城内先北街而后南街，方位北上而南下，城中方位有定者也。四乡先东南而后西北，《禹贡》先青、兖，次扬、荆，而殿梁、雍之指也。然亦不为定例，就一县之形势，无不可也。

凡为士者，皆得立表，而无谱系者阙之。子孙无为士者不入；而昆弟则非士亦书，所以定其行次也。为人后者，录于所后之下，不复详其所生；志文从略，家谱自可详也。寥寥数人，亦与入谱，先世失考，亦著于篇。盖私书易失，官谱易存，急为录之，庶后来可以详定，兹所谓先示之例焉耳。

私谱自叙官阶封赠，讹谬甚多，如同知通判称分府，守备称守府，犹徇流俗所称也。锦衣千户，则称冠带将军，或御前将军，或称金吾，则鄙倍已甚，使人不解果为何官也。今并与较明更正。又谱中多称省祭官者，不解是何名号，今仍之，而不入总计官数云。

## 《永清县志·舆地图》序例[1]

史部要义，本纪为经，而诸体为纬。有文辞者，曰书曰传；无文辞者，曰表曰图；虚实相资，详略互见，庶几可以无遗憾矣。昔司马氏创定百三十篇，但知本周谱而作表，不知溯夏鼎而为图，遂使古人之世次年月，可以推求；而前世之形势名象，无能踪迹；此则学《春秋》，而得其谱历之义；未知溯《易》象而得其图书之通也。夫列传之需表而整齐，犹书志之待图而明显也。先儒尝谓表阙而列传不得不繁；殊不知其图阙而书志不得不冗也。呜呼！马班以来，二千年矣，曾无创其例者，此则穷源竟委，深为百三十篇惜矣。

郑樵《图谱》之略，自谓独得之学，此特为著录书目，表章部次之法

---

[1] 本篇内容与《和州志舆地图序例》大致相同，强调在修志中要充分发挥图的作用，因为图的表达往往是文字所无法表达出来的，况且又形象、节省文字叙述的篇幅。

尔。其实史部鸿裁,兼收博采,并存家学,以备遗忘,樵亦未能见及此也。且如《通志》,纪传悉仍古人,以表为谱,改志称略,体亦可为备矣。如何但知收录图谱之目,而不知自创图体,以补前史之所无;以此而傲汉、唐诸儒所不得闻,宁不愧欤!又樵录图谱,自谓部次,专则易存,分则易失,其说似矣。然今按以樵之部目,依检前代之图,其流亡散失,正复与前不甚相远。然则专家之学,不可不入史氏鸿编,非仅区区著于部录,便能保使无失也。司马迁有表,而周谱遗法,至今犹存;任宏[①]录图,郑樵云:"任宏校兵书,有书有图,其法可谓善矣。"而汉家仪制,魏晋已不可考,则争于著录之功小,创定史体之功大,其理易明也。

史不立表,而世次年月,犹可补缀于文辞;史不立图,而形状名象,必不可旁求于文字。此耳治目治之所以不同,而图之要义,所以更甚于表也。古人口耳之学,有非文字所能著者,贵其心领而神会也。至于图象之学,又非口耳之所能授者,贵其目击而道存也。以郑康成之学,而凭文字以求,则娑尊诂为凤舞;至于凿背之牺既出,而王肃之义长矣。以孔颖达之学,而就文义以解江源出自岷山;至金沙之道既通,而《缅志》之流远矣。此无他,一则困于三代图亡;一则困于班固《地理》无图学也。《地理志》自班固始,故专责之。虽有好学深思之士,读史而不见其图,未免冥行而擿埴矣。

唐宋州郡之书,多以图经为号;而地理统图,起于萧何之收图籍。是图之存于古者,代有其书,而特以史部不收,则其力不能孤行于千古也。且其为体也,无文辞可以诵习,非纂辑可以约收;事存专家之学,业非文士所能,史部不与编摩,则再传而失其本矣。且如《三辅黄图》、《元和图志》[②],今俱存书亡图,是岂一朝一夕故耶!盖古无镌木印书,图学难以摩画;而竹帛之体繁重,则又难家有其编。马班专门之学,不为裁定其体,而后人溯流忘源,宜其相率而不为也。解经多舛,而读史如迷,凡以此也。

近代方志,往往有图,而不闻可以为典则者,其弊有二:一则逐于景

---

① 任宏:西汉官吏。字伟公。成帝时任步兵校尉,以通兵法于河平三年(前26)与刘向等奉诏校中秘书,他负责校兵书,并将兵书分为四种,即《汉书·艺文志·兵书略》所载兵权谋、兵形势、兵阴阳、兵技巧四种,合计兵书五十三家,七百九十四篇,图四十三卷。

② 《元和图志》:即《元和郡县图志》,后图失,今存《元和郡县志》。

物，而山水摩画，工其绘事，则无当于史裁也。一则厕于序目凡例，而视同弁髦，不为系说命名，厘定篇次，则不可以立体也。夫表有经纬而无辞说，图有形象而无经纬，皆为书志列传之要删；而流俗相沿，苟为悦人耳目之具矣。则传之既久，欲望如《三辅黄图》、《元和图志》之犹存文字，且不可得，而况能补马班之不逮，成史部之大观也哉！

图体无经纬，而地理之图，则亦略存经纬焉。孟子曰："行仁政，必自经界始。"《释名》①曰："南北为经，东西为纬。"地理之求经纬尚已。今之州县舆图，往往即楮幅之广狭，为图体之舒缩，此则丹青绘事之故习，而不可入于史部之通裁也。今以开方计里为经，而以县乡村落为纬，使后之阅者，按格而稽，不爽铢黍，此图经之义也。

## 《永清县志·建置图》序例

《周官》象魏之法，不可考矣。后世《三辅黄图》及《洛阳宫殿》之图，则都邑宫室之所由仿也。建章宫千门万户，张华遂能历举其名，郑樵以为观图之效，而非读书之效，是则建制之图，所系岂不重欤？朱子尝著《仪礼释宫》②，以为不得其制，则仪节度数，无所附著。盖古今宫室异宜，学者求于文辞而不得其解，则图阙而书亦从而废置矣。后之视今，亦犹今之视古，城邑衙廨，坛壝祠庙，典章制度，社稷民人所由重也。不为慎著其图，则后人观志，亦不知所向往矣。迁固以还，史无建置之图，是则元成而后，明堂太庙，所以纷纷多异说也。

---

① 《释名》：训诂书。东汉刘熙撰。八卷。所收词条，按二十七种义类分别解释，体例与《尔雅》相同，但收词范围远比《尔雅》广泛，以声音相近或相同之词解释，并试图探求语源。所释器物，亦可因以推求古制，是至今尚有影响的我国早期语言学著作之一。

② 《仪礼释宫》：宋李如圭撰。李如圭，字宝之，庐陵（今江西吉安）人。曾著《仪礼集释》三十卷，又为此书以考论古人宫室之制，仿《尔雅·释宫》形式。《四库全书总目提要》云："《朱子大全集》亦载其文，与此大略相同，惟无序引。宋《中兴艺文志》称朱子尝与之校定礼书，疑朱子固尝录如圭是篇，而集朱子之文者遂疑为朱子所撰，取以入集。"章氏后在《丙辰劄记》中亦云："朱子《仪礼释宫》，乃李如圭之书，朱子尝录之耳。"

邵子①曰："天道见乎南而潜乎北，是以人知其前，而昧其后也。"夫万物之情，多背北而向南，故绘图者，必南下而北上焉。山川之向背，地理之广袤，列之于图，犹可北下而南上，然而已失向背之宜矣。庙祠衙廨之建置，若取北下而南上，则檐额门扉，不复有所安处矣。华亭黄氏之隽②执八卦之图，乾南居上，坤北居下，因谓凡图俱宜南上者，是不知《河》、《洛》、《先后天图》③，至宋始著，误认为古物也。且理数之本质，从无形而立象体，当适如其本位也。山川宫室，以及一切有形之物，皆从有象而入图，必当作对面观而始肖也。且如绘人观八卦图，其人南面而坐，观者当北面矣。是八卦图则必南下北上，此则物情之极致也。无形之理，如日临檐，分寸不可逾也；有形之物，如鉴照影，对面则互易也。是图绘必然之势也。彼好言尚古，而不知情理之安，则亦不可以论著述矣。

建置所以志法度也，制度所不在，则不入于建置矣。近代方志，或入古迹，则古迹本非建而置之也；或入寺观，则寺观不足为建置也。旧志之图，不详经制，而绘八景之图，其目有曰：《南桥秋水》，《三塔春虹》，《韩城留角》，《汉庙西风》，《西山叠翠》，《通镇鸣钟》，《灵泉鼓韵》，《雁口声喝》。命名庸陋，构意勉强，无所取材，故志中一切削去，不留题咏，所以严史体也。且如风月天所自有，春秋时之必然，而强叶景物，附会支离，何所不至？即如一室之内，晓霞夕照，旭日清风，东西南北，触类可名，亦复何取？而今之好为题咏，喜竞时名，日异月新，遂狂罔觉，亦可已矣。

## 《永清县志·水道图》序例

史迁为《河渠书》，班固为《沟洫志》，盖以地理为经，而水道为纬；地

---

① 邵子：指北宋哲学家邵雍（1011—1077），字尧夫，自号安乐先生，其先范阳（今河北涿县）人。后游河南，隐居苏门山百源之山，人称百源先生。死后谥康节，又称康节先生。著有《皇极经世书》、《伊川击壤集》等。

② 黄氏之隽：字石牧，号唐堂，江苏华亭人。康熙进士，授庶吉士，雍正元年（1723），授编修，迁中允，五年，因赃革职，卒年八十余。手编《唐堂集》六十卷，《香屑集》十八卷，与章氏凤编纂《乾隆江南通志》二百卷，首四卷，序目一卷。

③ 《先后天图》：原著录为邵雍作，但据《宋元学案》卷十二《濂溪学案》所载，该书与周敦颐《太极图》同出自陈抟之手。

理有定，而水则迁徙无常，此班氏之所以别《沟洫》于《地理》也。顾河自天设，而渠则人为，迁以《河渠》定名，固兼天险人工之义；而固之命名《沟洫》，则《考工》①水地之法，并田浍畎所为，专隶于匠人也。不识四尺为洫，倍洫为沟，果有当于瓠子决河，碣石入海之义否乎？然则诸史标题，仍马而不依班，非无故矣。

河为一渎之名，与江、汉、淮、济等耳。迁书之目《河渠》，盖汉代治河之法，与郑、白诸渠缀合而名，未尝及于江、淮、汶、泗之水，故为独蒙以河号也。《宋》、《元》诸史，概举天下水利，如汴、洛、漳、蔡、江、淮圩闸，皆存其制，而其目亦为河渠，且取北条诸水，而悉命为河，不曰汴而曰汴河，不曰洛而曰洛河之类，不一而足。则几于饮水而忘其源矣！《水经》称诸水，无以河字作统名者。夫以一渎之水，概名天下穿渠之制，包罗陂闸，虽曰命名从古，未免失所变通矣。孟子曰："禹之治水，水之道也。"倘以水为统名，而道存制度，标题入志，称为水道，不差愈乎？

永定河名，圣祖所锡，浑河、芦沟，古已云然，题为河渠，是固宜矣。然减水、哑吧诸水，未尝悉入一河，则标以水道，而全县之水，皆可概其中矣。

地理之书，略有三例，沿革、形势、水利是也。沿革宜表，而形势水利之体宜图。俱不可以求之文辞者也。迁固以来，但为书志而不绘其图，是使读者记诵，以备发策决科之用尔。天下大势，读者了然于目，乃可豁然于心。今使论事甚明，而行之不可以步，岂非徇文辞而不求实用之过欤！

地名之沿革，可以表治；而水利之沿革，则不可以表治也。盖表所以齐名目而不可以齐形象也；图可得形象，而形象之有沿革，则非图之所得概焉。是以随其形象之沿革，而各为之图，所以使览之者，可一望而周知也。《禹贡》之纪地理，以山川为表，而九州疆界，因是以定所至。后儒遂谓山川有定，而疆界不常，此则举其大体而言之也。永定河形屡徙，往往不三数

---

① 《考工》：即《考工记》。一般认为是春秋末期齐国人记录手工业生产技术的官书。二卷。分攻木、攻金、攻皮、设色、刮摩、抟埴六部分。对制车、兵器、乐器、练丝、染色、皮革加工等均有记述。于城市规划、宫殿建筑、数学知识亦有涉猎。所记青铜冶炼"六齐"之说，切合合金配比规律，为世界上最早的合金配比的经验性科学之总结。是研究先秦科技的重要文献。有郑玄注《周秦经书十种》本、杜牧注《琳琅秘室丛书》本传世。

年，而形势即改旧观，以此定界，不可明也。今以村落为经，而开方计里，著为定法；河形之变易，即于村落方里表其所经，此则古人互证之义也。

志为一县而作，水之不隶于永清者，亦总于图，此何义耶？所以明水之源委，而见治水者之施功有次第也。班史止记西京之事，而《地理》之志，上溯《禹贡》、《周官》，亦见源委之有所自耳。然而开方计里之法，沿革变迁之故，止详于永清，而不复及于全河之形势，是主宾轻重之义。滨河州县，皆仿是而为之，则修永定河道之掌故，盖秩如焉。

## 《永清县志·六书》例议[1]

史家书志一体，古人官礼之遗也。周礼在鲁，而《左氏春秋》，典章灿著，不能复备全官，则以依经编年，随时错见，势使然也，自司马八书，孟坚十志，师心自用，不知六典之文，遂使一朝大典，难以纲纪。后史因之，而详略弃取，无所折衷，则弊之由来，盖已久矣。

郑樵尝谓书志之原，出于《尔雅》。彼固特著《六书》、《七音》、《昆虫草木》[2]之属，欲使经史相为经纬，此则自成一家之言可也。若论制作，备乎官礼，则其所谓《六书》、《七音》，名物训诂，皆本司徒之属，所谓师氏保氏之官，是其职矣。而大经大法，所以纲纪天人，而敷张王道者，《尔雅》

---

[1] 章氏在《永清县志》中立吏、户、礼、兵、刑、工六书，其实就是我们今天所讲的专业志。在封建时代，所写就是典章制度，因此，例议首先论述，这种专业志就是来源于《史记》八书和《汉书》十志，也就是史学上所讲的书志体。司马迁最早称"书"，班固撰《汉书》，因总的名称已称"书"，为了避免重复，故内中小的篇名改称"志"。章氏当然深知这个道理，于是在修志理论和实践中，同样避免重复。他在《答甄秀才论修志第二书》中首次将写此种内容称作"考"，并说"考之为体，乃仿书志而作。子长八书，孟坚十志，综合典章，包函甚广"。又在《修志十议》中说："典故备考，人物作传，二体去取，均须断制尽善，有体有要，乃属不刊之书，可为后人取法。"而在《和州志》、《永清志》中则称书。而后来编纂之《湖北通志》则又称考，并在《凡例》中说："考乃书志之体。"对于一般修志者来说，很少有人考虑过内外名称重复问题，这也说明章学诚是将方志作为一种有学术品位的著作。令人遗憾的是，当今方志学界有些人竟不理解章氏此考讲的是什么东西。《例议》还提出，"书志之体宜画一"，但是各个州县情况不一，究竟设立多少篇目，又要做到"州县因地制宜，尤无一成之法"，"分合详略之间，求其所以然者"，千万不可强求一律。

[2] 《昆虫草木》：郑樵《通志·二十略》中有《六书略》、《七音略》、《昆虫草木略》。

之义，何足以尽之？官礼之义，大则书志不得系之《尔雅》，其理易见者也。

宇文①仿《周官》，唐人作《六典》，虽不尽合乎古，亦一代之章程也。而牛宏②、刘昫③之徒，不知挈其纲领，以序一代之典章，遂使会要、会典之书，不能与史家之书志合而为一，此则不可不深长思者也。

古今载籍，合则易存，分则难恃。如谓掌故备于会要、会典，而史中书志，不妨意存所重焉，则《汉志》不用汉官为纲领，而应劭之《仪》④，残缺不备；《晋志》不取晋官为纲领，而徐宣瑜之《品》，徐氏有《晋官品》⑤，亡逸无存。其中大经大法，因是而不可窥其全体者，亦不少矣。且意存所重，一家私言，难为典则；若文章本乎制作，制作存乎官守，推而至于其极，则立官建制，圣人且不以天下为己私也；而载笔之士，又安可以己之意见为详略耶！

书志之体宜画一，而史家以参差失之。列传之体本参差，而史家以画一失之。典章制度，一本官礼，体例本截然也。然或有《天官》而无《地理》，或分《礼》、《乐》而合兵《刑》，不知以当代人官为纲纪，其失则散。列传本乎《春秋》，原无定式，裁于司马，略示区分，抑扬咏叹，予夺分合，其中有《春秋》之直笔，亦兼诗人之微婉，难以一概绳也。后史分别门类，整齐先后，执泥官阀，锱铢尺寸，不敢稍越，其失则拘。散也，拘也，非著作之通裁也。

---

① 宇文：北周政权由鲜卑族宇文氏家族建立，西魏恭帝三年十二月（557）禅位于宇文觉，国号周，史称北周。《周书·文帝纪》下，魏恭帝"三年春正月丁丑，初行《周礼》，建六官……初，太祖以汉魏官繁，思革前弊。太统中，乃命苏绰、卢辩依周制改创其事，寻亦置六卿官，然为撰次未成，众务犹归台阁。至是始毕，乃命行之"。

② 牛宏（545—610）：隋朝官吏。字里仁，本姓尞，北魏时其父为侍中，赐姓牛。安定（今甘肃泾川北）人。北周时入仕，隋初历官至吏部尚书，封奇章郡公。曾表请各地献书，撰《开皇四年书目》四卷，著《江都集礼》一百二十卷，《开皇律令》三十卷，成《大业律》十篇，是为《唐律》之蓝本。还作《周史》未成。

③ 刘昫（887—946）：五代官吏。字耀远，涿州归义（今河北容城东北）人。后唐时官至端明殿学士拜相，后晋时官至司空、平章事。而在后唐、后晋两朝都监修国史。后晋出帝开运二年（945）领衔上《唐书》（即《旧唐书》）二百卷。

④ 应劭之《仪》：指应劭的《汉官仪》。

⑤ 《晋官品》：南朝梁徐宣瑜撰，一卷。记魏晋九品官人之制，因为当时选官制度用的是"九品中正"制。《通典·职官》有引录。已佚。《隋书·经籍志》职官类著录。

州县修志，古者侯封，一国之书也。吏户兵刑之事，具体而微焉。今无其官而有吏，是亦职守之所在，掌故莫备于是，治法莫备于是矣。且府史之属，《周官》具书其数，会典亦存其制。而所职一县之典章，实兼该而可以为纲领，惟其人微，而缙绅所不道，故志家不以取裁焉。然有入境而问故，舍是莫由知其要，是以书吏为令史，首领之官曰典史；知令史典史之史，即纲纪掌故之史也，可以得修志之要义矣。

今之州县，繁简异势。而掌故令史，因事定制，不尽皆吏户兵刑之六曹也。然就一县而志其事，即以一县之制定其书，且举其凡目，而愈可以见一县之事势矣。案牍簿籍无文章，而一县之文章，则必考端于此，常人日用而不知耳。今为挈其纲领，修明其书，使之因书而守其法度，因法而明其职掌，于是修其业而传授，得其人焉，古人所谓书契易而百官治，胥是道也。

或谓掌故之书，各守专官，连床架屋，书志之体所不能该，是以存之会典会要，而史志别具心裁焉，此亦不可谓之知言也。《周官》挈一代之大纲，而《仪礼》三千，不闻全入《春官》；《司马法》六篇，不闻全入《夏官》。然存宗伯司马之职掌，而礼兵要义，可以指掌而谈也。且如马作《天官》，而太初历象不尽见于篇籍也。班著《艺文》，而刘歆《七略》不尽存其论说也。史家约取掌故，以为学者之要删，其与专门成本，不可一律求详，亦其势也。既不求详，而又无纲纪以统摄之，则是散漫而无法也。以散漫无法之文，而欲部次一代之典章，宜乎难矣。

或谓求掌故于令史，而以吏户兵刑为纲领，则纪表图书之体不可复分也。如选举之表，当入吏书；河道之图，当入工书。充类之尽，则一志但存六书而已矣！何以复分诸体也？此亦不可谓之知言也。古人著书，各有义类，义类既分，不可强合也。司马氏本周谱而作表，然谱牒之书，掌之太史，而旁行斜上之体，不闻杂入六典之中。盖图谱各有专书，而书志一体，专重典章与制度，自宜一代人官为统纪耳。非谓专门别为体例之作，皆杂其中，乃称檃括也。且如六艺皆周官所掌，而《易》不载于太卜，《诗》不载于太师，然三《易》之名，未尝不见于太卜；而四《诗》之目，则又未尝不著于太师也，是其义矣。

六卿联事，交互见功，前人所以有《冬官》散在五典之疑也。州县因地制宜，尤无一成之法，如丁口为户房所领，而编户烟册，乃属刑房；以烟册非赋丁，而立意在诘奸也。武生武举隶兵部，而承办乃在礼房；以生员不分文武，皆在学校，而学校通于贡举也。分合详略之间，求其所以然者而考之，何莫非学问耶！

## 《永清县志·政略》序例

近代志家，以人物为纲，而名宦、乡贤、流寓诸条，标分为目，其例盖创于元明之一统志[①]，而部府州县之国别为书，亦用统志类纂之法，可为失其体矣。夫人物之不当类纂，义例详于列传首篇；名宦之不当收于人物，则未达乎著述体裁，而因昧于权衡义理者也。古者侯封世治，列国自具春秋，羊舌肸[②]《晋春秋》，墨子所引《燕春秋》[③]。则君临封内，元年但奉王正而已。至封建罢而郡县，守令承奉诏条，万里之外，亦如畿内守土之官，《甘棠》之咏召公，郑人之歌子产，马、班《循吏》之传，所以与时为升降也。若夫正史而外，州部专书，古有作者，义例非无可绎，梁元帝有《丹阳尹传》[④]，《隋志》凡十卷。贺氏有《会稽太守赞》[⑤]，《唐志》凡二卷。唐人有《成都幕府记》[⑥]，《唐志》凡二卷，起贞元，讫咸通。皆取莅是邦者，注其名迹。其书别出，初不与

---

[①] 一统志：一统志是元人创修，元朝建立空前统一大帝国后，为了更好地掌握全国形势，元世祖采纳了札里马鼎建议，编纂《大一统志》，经过两个阶段，于大德七年（1303）成书一千三百卷，虽早已散佚，此举开创了明清两代编修一统志先例。需要指出的是，元朝人修的名《元大一统志》，当时强调的是大一统，而不是《大元一统志》，现在大多数著作都搞错了，明代修的，才名《大明一统志》。明代一统志也经多次编纂，最后李贤等重修成书于天顺五年（1461），仅九十卷，命名为《大明一统志》。

[②] 羊舌肸：即晋国大夫叔向。姬姓，羊舌氏，名肸，晋武公后裔。悼公晚年，因司马侯推荐，以他习于史籍，为太子彪（平公）师傅，平公即位，以上大夫为太傅，参与国政。《国语·晋语七》"司马侯荐叔向"条仅有"羊舌肸习于春秋"一句，并无"羊舌肸《晋春秋》"。

[③] 《燕春秋》：见《墨子·明鬼》篇下。

[④] 《丹阳尹传》：《隋书·经籍志》杂传类著录梁元帝撰，十卷，已佚。

[⑤] 《会稽太守赞》：《新唐书·艺文志》杂传类著录贺氏《会稽太守像赞》二卷，又有贺氏《会稽先贤传像赞》四卷。东晋南朝时，贺氏乃江东世家大族，贺循作过《会稽记》。

[⑥] 《成都幕府记》：《通志·艺文略》传记类著录《成都幕府石幢记》二卷，"记宾佐姓名，起贞元，讫咸通"。《唐志》并无此著录。

《广陵烈士传》①，华隔撰，见《隋志》。《会稽先贤传》②，谢承撰，见《隋志》。《益部耆旧传》，陈寿撰，见《隋志》。猥杂登书。是则棠阴长吏，与夫梓里名流，初非类附云龙，固亦事同风马者也。

叙次名宦，不可与乡贤同为列传，非第客主异形，抑亦详略殊体也。长吏官于斯土，取其有以作此一方，兴利除弊，遗德在民，即当尸而祝之；否则学类颜曾，行同连惠③，于县无补，志笔不能越境而书，亦其理也。如其未仕之前，乡评未允；去官之后，晚节不终，苟为一时循良，便纪一方善政，吴起杀妻，而效奏西河，于志不当追既往也；黄霸④为相，而誉减颍川，于志不逆其将来也。以政为重，而他事皆在所轻，岂与斯土之人，原始要终，而编为列传者，可同其体制欤！

旧志于职官条下，备书政迹；而名宦仅占虚篇，惟于姓名之下，注云事已详前而已。是不但宾主倒置，抑亦未辨于褒贬去取，全失《春秋》之据事直书也。夫选举为人物之纲目，犹职官为名宦之纲目也。选举职官之不计贤否，犹名宦人物之不计崇卑；例不相侔，而义实相资也。选举有表，而列传无名；与职官有表，而政略无志，观者依检先后，责实循名，语无褒贬，而意具抑扬，岂不可为后起者劝耶？

列传之体缛而文，政略之体直而简，非载笔有殊致，盖事理有宜然也。列传包罗巨细，品藻人物，有类从如族，有分部如井。变化不拘，《易》之象也；敷道陈谟，《书》之质也；抑扬咏叹，《诗》之旨也；繁曲委折，《礼》之伦也；比事属辞，《春秋》之本义也。具人伦之鉴，尽事物之理，怀千古之志，撷经传之腴，发为文章，不可方物。故马、班之才，不尽于本纪、表、志，而尽于列传也。至于《政略》之体，义取谨严，意存补救；时世拘于先后，纪述要于经纶。盖将峻洁其体，可以临莅邦人，冠冕列传。经纬错综，主在枢纽，是固难为文士言也。

古人有经无纬之书，大抵名之以略。裴子野取浓约《宋书》而编年称

---

① 《广陵烈士传》：《新唐书·艺文志》杂传类著录华隔《广陵烈士传》一卷，《隋志》不著录。
② 《会稽先贤传》：三国吴谢承撰。七卷。《隋志》杂传类著录。谢承还作过《后汉书》。
③ 连惠：指鲁仲连、柳下惠。
④ 黄霸（？—前51）：西汉大臣。字次公，淮阴阳夏（今河南太康）人。曾任扬州刺史、颍川太守，以治郡有成绩，赐爵关内侯，召为太子太傅，迁御史大夫，后又升丞相，封建成侯。

《略》，亦其例也。而刘知幾讥裴氏之书名略，而文不免烦，斯亦未达于古人之旨矣。《黄石》、《淮南》《黄石公三略》，《淮南子要略》。诸子之篇也；张温、鱼豢，张温《三史略》，鱼豢《典略》。史册之文也。其中亦有谟略之意，何尝尽取节文为义欤！

循吏之迹，难于志乡贤也。治有赏罚，赏罚出而恩怨生，人言之不齐，其难一也。事有废兴，废兴异而难易殊，今昔之互视，其难二也。官有去留，非若乡人之子姓具在，则迹远者易湮，其难三也。循吏悃愊无华，巧宦善于缘饰，去思之碑，半是愧辞；颂祝之言，难征实迹，其难四也。擢当要路，载笔不敢直道；移治邻封，瞻顾岂遂无情？其难五也。世法本多顾忌，人情成败论才；偶遭挂误弹章，便谓其人不善，其难六也。旧志纪载无法，风尘金石易湮，纵能粗举大凡，岁月首趾莫考，其难七也。知其难，而不敢不即闻见以存其涯略，所以穷于无可如何，而益致其慎尔。

列传首标姓名，次叙官阀，史文一定之例也。政略以官标首，非惟宾主之理宜然，抑亦顾名思义之旨，不可忽尔。旧志以知县县丞之属，分类编次，不以历官先后为序，非政略之意，故无足责也。

# 《永清县志·列传》序例

传者，对经之称，所以转授训诂，演绎义蕴，不得已而笔之于书者也。左氏汇萃宝书，详具《春秋》终始，而司马氏以人别为篇，标传称列，所由名矣。经旨简严，而传文华美，于是文人沿流忘源，相率而撰无经之传，则唐宋文集之中，所以纷纷多传体也。近人有谓文人不作史官，于分不得撰传。夫以绎经之题，逐末遗本，折以法度，彼实无辞；而乃称说史官，罪其越俎。使彼反唇相讥，以谓公、穀非鲁太史，何以亦有传文？则其人当无说以自解也。且使身为史官，未有本纪，岂遽可以为列传耶？此传例之不可不明者也。

无经之传，文人之集也；无传之经，方州之志也。文集失之艳而诬，方志失之短而俗矣。自获麟绝笔以来，史官不知百国宝书之义，州郡掌故，名曰图经；历世既久，图亡而经孤，传体不详，其书遂成瓠落矣。乐史《寰宇记》袭用《元和志》体，而名胜故迹，略存于点缀。其后元、明《一统志》，遂以人物、列女、名宦、流寓诸目，与山川、祠墓，分类相次焉，此则地理专门，略具类纂之意，以供词章家之应时取给尔。初不以是为重轻者也。阎若璩欲去《一统志》之人物门，此说似是，其实此等亦自无伤，古人亦不尽废也，盖此等处原不关正史体裁也。州县之志，本具一国之史裁，而撰述者，转用一统类纂之标目，岂曰博收以备国史之约取乎？

列传之有题目，盖事重于人，如《儒林》、《循吏》之篇，初不为施、孟、梁、邱、龚、黄、卓、鲁诸人而设也。其余人类之不同，奚翅什百倍蓰而千万，必欲尽以二字为标题，夫子亦云，方人，"我则不暇"矣。欧阳《五代》一史，尽人皆署其品目，岂所语于《春秋》经世，圣人所以议而不断哉！方州之志，删取事略，区类以编，观者索然，如窥点鬼之簿。至于名贤烈女，别有状志传铭，又为分裂篇章，别著艺文之下。于是无可奈何，但增子注，此云详见某卷，彼云已列某条，复见叠出，使人披阅为劳，不识何故而好为自扰。此又志家列传之不可不深长思者也。

近代之人，据所见闻，编次列传，固其宜也。伊古有人，已详前史，录其史传正文，无所更易，抑亦马班递相删述，而不肯擅作聪明之旨也。虽然，列史作传，一书之中，互为详略，观者可以周览而知也。是以《陈馀传》中，并详张耳之迹；管晏政事，备于太公之篇，其明验也。今既裁史以入志，犹仍列传原文，而不采史文之互见，是何以异于锲彼舟痕，而求我故剑也。

史文有讹谬，而志家订正之，则必证明其故，而见我之改易，初非出于得已也，是亦时世使然。故司马氏《通鉴考异》，不得同马班之自我作古也。至于史文有褒贬，《春秋》以来，未有易焉者也。乃撰志者，往往采其长而讳所短，则不如勿用其文，犹得相忘于不觉也。志家选史传以入艺文，题曰某史某人列传矣。按传文而非其史意也，求其所删所节之故，而又无所证也，是则欲讳所短，而不知适以暴之矣。

史传之先后，约略以代次，否则屈、贾、老、庄之别有命意也。比事属辞，《春秋》之教也；比兴于是存焉尔。疏通知远，《尚书》之教也；象变亦有会焉尔。为列传而不知神明存乎人，是则为人作自陈年甲状而已矣！

## 《永清县志·列女列传》序例[①]

　　列女之传，传其幸也。史家标题署目之传，儒林、文苑、忠义、循良，及于列女之篇，莫不以类相次，盖自蔚宗、伯起[②]以还，率由无改者也。第儒林文苑，自有传家；忠义循良，勒名金石，且其人世不数见，见非一端，太史搜罗，易为识也。贞女节妇，人微迹隐，而纲维大义，冠冕人伦；地不乏人，人不乏事，輶轩远而难采，舆论习而为常。不幸不值其时，或值其时而托之非人，虽有高行奇节，归于草木同萎，岂不惜哉！永清旧志，列女姓氏寥寥；复按其文，事实莫考，则托非其人之效也。旧志留青而后，新编未辑以前，中数十年，略无可纪，则值非其时之效也。今兹博采广询，备详行实，其得与于列传，兹非其幸欤？幸其遇，所以深悲夫不遇者也！

　　列女之名，昉于刘向，非烈女也。曹昭重其学，使为丈夫，则儒林之选也；蔡琰著其才，使为丈夫，则文苑之林也。刘知幾讥范史之传蔡琰，其说甚谬，而后史奉为科律，专书节烈一门；然则充其义例，史书男子，但具忠臣一传足矣。是之谓不知类也。永清列女，固无文苑儒林之选，然而夫死在三十内，行年历五十外，中间嫠处，亦必满三十年；不幸夭亡，亦须十五年后，与夫四十岁外，律令不得不如是尔。如德之贤否，不可以年律也。穆伯[③]

---

[①] 妇女如何入史入志，自古以来一直存在着争议。这篇《序例》其实不单为《永清县志·列女传》而作，而是对这些争议提出了自己的看法。首先作者指出在史书尚未单独立《列女传》之前，《史记》、《汉书》也都早就记载了不少有作为有贡献的妇女。而范晔在刘向《列女传》影响之下，在《后汉书》中单独立了《列女传》，并且声称"但搜次才行尤高秀者，不必专任一操而已"。但此举却遭到刘知幾的批评，甚至直到清代还有人在指责。对此《序例》据理予以反驳："列女之名，昉于刘向，非烈女也。曹昭重其学，使为丈夫，则儒林之选也；蔡琰著其才，使为丈夫，则文苑之林也。刘知幾讥范史之传蔡琰，其说甚谬，而后史奉为科律，专书节烈一门；然则充其义例，史书男子，但具忠臣一传足矣。是之谓不知类也。"这个观点，他在《答甄秀才论修志第二书》中早就提出，若是这样，那么孝女义妇，闺秀才妇，"永无入传之例"，"班姬之盛德，曹昭之史才，蔡琰之文学，岂转不及方技伶官之伦"！总之，他认为有才华、有作为、有贡献的妇女，无论是史书还是方志，都应当给予立传。就这点而言，他的观点显然比刘知幾要高明。值得指出的是，类似这些问题，除章氏以外，那么多修志者又有谁议论过呢？

[②] 伯起：指魏收，因为《魏书》亦有《列女传》。

[③] 穆伯：春秋时鲁臣，公父文伯之父，敬姜乃其夫人，贤明知礼。事见《国语·鲁语下》。

之死，未必在敬姜三十岁前，杞梁①妻亡，未必去战莒十五年后也。以此推求，但核真伪，不复拘岁年也。州县之书，密迩而易于征实，非若律令之所包者多，不得不存限制者也。

迁固之书，不著列女，非不著也。巴清②叙于《货殖》，文君附著相如，唐山③之入《艺文》，缇萦④之见《刑志》。或节或孝，或学或文，磊落相望；不特杨敞⑤之有智妻，买臣⑥之有愚妇也。盖马班法简，尚存《左》、《国》余风，不屑屑为区分类别，亦犹四皓、君平⑦之不标隐逸，邹、枚、严、乐之不署文苑也。李延寿《南》、《北》二史，同出一家，《北史》仍《魏》、《隋》之题，特著《列女》；《南史》因无列女原题，乃以萧矫妻羊⑧以下，杂次《孝义》之篇；遂使一卷之中，男女无所区别，又非别有取义，是直谓之缪乱而已，不得妄托于马班之例也。至于类族之篇，亦是世家遗意。若王、谢、崔、卢孙曾支属，越代同篇。王、谢、崔、卢，本史各分朝代，而李氏合为一处也。又李氏之寸有所长，不可以一疵而掩他善也。今以《列女》之篇，自

---

① 杞梁（？—前550）：春秋时齐国大夫。名殖，字梁。齐庄公四年（前550）从庄公袭莒。莒君以重赂求和，梁不许，后在激战中被俘杀。其妻孟姜迎丧于郊，传说她哭夫十日，城崩，投水而死。事载《列女传》卷四。

② 巴清：秦朝时人，巴郡（今重庆北）寡妇。在涪陵一带发现丹穴，而擅其利数世，家财众多，能守其业，以财饷遗四方，不多积聚，始皇以其贞好而以客礼相待，并为筑女怀清台（在今四川长寿县南），名显天下，事迹载《史记·货殖列传》。

③ 唐山：指汉高祖唐山夫人作房中祠乐，事载《汉书·礼乐志》，文中云《艺文》乃误。

④ 缇萦：西汉孝女。临淄（今山东淄博东）人，姓淳于，著名医学家淳于意（即仓公）之女。文帝时，其父任太仓令，有罪拘于长安狱，将施肉刑。她随父至长安，上书请作官婢，以赎其父刑罪，言词恳切。文帝感动，遂下诏废除肉刑。事载《史记·文帝纪》，亦载《汉书·刑法志》。

⑤ 杨敞（？—前74）：西汉大臣。华阴（今陕西华阴东）人。初为霍光幕府军司马，为光器重，升任大司农。"昭帝崩，昌邑王刘贺即位，淫乱"，霍光与车骑将军张安世谋欲废王更立，使田延年报敞，敞竟不知所言，敞夫人乃为其谋，"请奉大将军教令，遂共废昌邑王，立宣帝"。事见《汉书·杨敞传》。敞夫人乃司马迁女。

⑥ 买臣：朱买臣（？—前115），西汉官吏，字翁子，吴（今江苏苏州）人。早年家贫，以伐薪为生。经人推荐，为武帝所重，先拜中大夫，后为会稽太守。其妻事见《汉书·朱买臣传》。

⑦ 君平：严君平，西汉隐士。名遵，蜀（今四川成都）人。成帝时，他卜筮于成都，每日得百钱则闭门研读《老子》，修身自爱，终生不仕，为扬雄所推赞，年九十余而卒。著有《道德真经指归》十三卷。《隋书·经籍志》著录曰《老子指归》，现仅存七卷。

⑧ 萧矫妻羊：《北史》因《魏书》、《隋书》均有《列女传》故也有。而《南史》所据之《宋》、《齐》、《梁》、《陈》四史均无列女传，只好编萧矫妻羊于《孝义传》。羊字淑祎，性至孝。

立义例，其牵连而及者，或威姑年迈而有懿德，或子妇齿稚而著芳型，并援刘向之例，刘向之例，《列女》乃罗列女行，不拘拘为节烈也。姑妇相附，又世家遗意也。一并联编，所谓人弃而我取者也。其或事系三从，行详一族，虽是贞节正文，亦为别出门类，如刘氏守节，而归义门列传之类。庶几事有统贯，义无枝离，不拘拘以标题为绳，犹得《春秋》家法，是又所谓人合而我分者也。

范史列传之体，人自为篇，篇各为论，全失马班合传师法《春秋》之比事属辞也。马班分合篇次，具有深意，非如范史之取足成卷而已。故《前汉书》于简帙繁重之处，宁分上中下而仍为一篇，不肯分其篇为一二三也。至于《列女》一篇，叙例明云，不专一操矣。自叙云："录其高秀，不专一操而已。"乃杂次为编，不为分别置论，他传往往一人事毕，便立论断，破坏体裁。此处当分，反无论断。抑何相反，而各成其误耶？今志中列传，不敢妄意分合，破体而作论赞，惟慈《列女》一篇，参用刘向遗意，刘传不拘一操，每人各为之赞。各为论列，抑亦诗人咏叹之义云尔。其事属平恒，义无特著，则不复缀述焉。

太史标题，不拘绳尺，传首直称张廷尉、李将军之类。盖《春秋》诸子，以意命篇之遗旨也。至班氏列传，而名称无假借矣。范史列传，皆用班传书法，而《列女》一篇，章首皆用郡望夫名。既非地理之志，何以地名冠首？又非男子之文，何必先出夫名？是已有失《列女》命篇之义矣！当云某氏某郡某人之妻，不当云某郡某人妻某也。至于曹娥①、叔先雄②二女，又以孝女之称，揭于其上，何蔚宗之不惮烦也？篇首既标《列女》，曹昭不闻署贤母也；蔡琰不闻署才女也；皇甫③不闻称烈妇也；庞氏不闻称孝妇也。是则娥、雄之加藻饰，又岂《春秋》据事直书、善恶自见之旨乎？末世行文，至有叙次列女之行事，不书姓氏，而直以贞女节妇二字代姓名者，何以异于科举制

---

① 曹娥（130—143）：东汉孝女。会稽上虞（今浙江上虞）人。父曹盱为巫祝，入江迎神时溺死，不见尸骸，娥年十四，乃沿江号哭，后投江而死。县长度尚改葬娥于江南道旁，为立碑，即"曹娥碑"。江亦名曹娥江。

② 叔先雄：东汉孝女。犍为郡（今四川宜宾西）人。叔泥和之女。顺帝永建中，泥和为县功曹，受命至巴郡谒其太守，途中落水而亡。先雄感念，安置子女后，至父坠江处，自投水亡，后郡县表彰其孝行，为之立碑。

③ 皇甫：指皇甫规妻，东汉烈女。姓氏不详。皇甫规娶为妻，善属文，能草书，为规代写书记，众人惊其工。及规卒，董卓欲纳之，规妻乃痛骂卓非礼，为卓部所杀，后人为之图画。

义，破题人不称名，而称圣人、大贤、贤者、时人之例乎？是则蔚宗实阶之厉也。今以女氏冠章，而用夫名父族次于其下，且详书其村落，以为后此益乡广县之考征，其贞烈节孝之事，观文自悉，不复强裂题目，俾览者得以详焉。妇人称姓，曰张曰李可也，今人不称节妇贞女，即称之曰氏，古人无此例也。称其节妇贞女，是破题也，称之谓氏，是呈状式也。

先后略以时代为次，其出于一族者合为一处。时代不可详者，亦约略而附焉。

无事可叙，亦必详其婚姻岁月，及其见存之年岁者，其所以不与人人同面目，惟此区区焉耳。噫！人且以是为不惮烦也。其有不载年岁者，询之而不得耳。

## 《永清县志·阙访列传》序例

史家阙文之义，备于《春秋》。两汉以还，伏郑传经，马班著史；经守师说，而史取心裁，于是六艺有阙简之文，而三传无互文之例矣。公、穀异闻，不著于左氏，左氏别见，不存于公、穀。夫经尊而传别其文，故入主出奴，体不妨于并载；史直而语统于一，则因削明笔，例不可以兼存，固其势也。司马氏肇法《春秋》，创为纪传，其于传闻异辞，折衷去取，可为慎矣。顾石室金匮，方策留遗，名山大川，见闻增益，其叙例所谓疑者阙之，与夫古文乖异，以及书阙有间，其轶时时见于他说云云者，但著所取，而不明取之之由，自以为阙，而不存阙之之说，是则厕足而致之黄泉，容足之外，皆弃物矣。夫子曰："多闻阙疑，慎言其余。"闻欲多而疑存其阙，慎之至也。马班而下，存其信而不著所疑以待访，是直所谓疑者削之而已矣，又复何阙之有哉？

阙疑之例有三：有一事两传，而难为衷一者，《春秋》书陈侯鲍卒，并存甲戌己丑之文是也。有旧著其文，而今亡其说者，《春秋》书夏五郭公之法是也。有慎书闻见，而不自为解者，《春秋》书恒星不见，而不言恒星之陨是也。韩非《储说》比次春秋时事，凡有异同，必加或曰云云，而著本文之下，则甲戌己丑之例也。孟子言献子①五友，而仅著二人，则郭公夏五之例也。《檀弓》书马惊败绩，而不书马中流矢，是恒星不见之例也。马班以还，书闻见而示意者，盖有之矣。一事两书，以及空存事目者，绝无闻焉。如谓经文得传而明，史笔不便于自著，而自释则别存篇目，而明著阙疑以俟访，未见体裁之之有害也。

史无阙访之篇，其弊有十：一己之见，折衷群说，稍有失中，后人无由辨正，其弊一也。才士意在好奇，文人义难割爱，猥杂登书，有妨史体；削而不录，又阙情文，其弊二也。传闻必有异同，势难尽灭其迹，不为叙列大凡，则稗说丛言，起而淆乱，其弊三也。初因事实未详，暂置不录；后遂阙其事目，等于入海泥牛，其弊四也。载籍易散难聚，不为存证崖略，则一时之书，遂与篇目俱亡，后人虽欲考求，渊源无自，其弊五也。一时就所见闻，易为存录；后代蜷蜷补缀，辞费心劳，且又难以得实，其弊六也。《春秋》有口耳之受，马班有专家之学，史宗久失，难以期之马氏外孙②，班门女弟③，不存阙访，遂致心事难明，其弊七也。史传之立意命篇，如《老庄》、《屈贾》是也。标题类叙，如《循吏》、《儒林》是也。是于史法，皆有一定之位置，断无可缀之旁文，凡有略而不详，疑而难决之事，不存阙访之篇，不得不俯著于正文之内，类例不清，文辞难称粹洁，其弊八也。开局修书，是非哄起，子孙欲表扬其祖父，朋党各自逞其所私；苟使金石无征，传闻难信，不立阙访，以杜请谒，如云事实尚阙，而所言既有如此，谨存其略，而容后此之参访，则虽有偏心之人，亦无从起争端也。无以谢绝一偏之言，其弊九也。史无别识心裁，便如文案孔目；苟具别识心裁，不以阙访存其补救，则才非素王，笔削必多失平，其弊十也。

或谓史至马班极矣，未闻有如是之詹詹也。今必远例《春秋》而近祧《史》、《汉》，后代史家亦有见及于此者乎？答曰：后史皆宗《史》、《汉》，《史》、《汉》未具之法，后人以意创之，大率近于类聚之书，皆马班之吐弃而不取者也。夫以步趋马班，犹恐不及，况能创意以救马班之失乎！然有

---

① 献子：孟献子，春秋时鲁国大夫仲孙蔑，卒于鲁襄公十九年（前554）。见《孟子·万章下》。
② 马氏外孙：指杨恽。
③ 班门女弟：指班昭。

窥见一二，而微存其意者，功亦不可尽诬也。陈寿《蜀志》，以诸葛不立史官，蜀事穷于搜访，因于十五列传之末，独取杨戏《季汉辅臣赞》与《益部耆旧杂记》[①]以补之。常璩《华阳国志》，以汉中士女，有名贤贞节，历久相传，而遗言轶事，无所考见者，《序志》之篇，皆列其名，而无所笔削，此则似有会于多闻阙疑之旨者。惜其未能发凡起例，特著专篇，后人不暇搜其义蕴，遂使独断之学与比类之书，接踵于世，而《春秋》之旨微矣。

近代府县志书，例编人物一门，厕于山川、祠墓、方物、土产之间，而前史列传之体，不复致思焉。其有丰功伟绩，与夫潜德幽光，皆约束于盈寸之节略，排纂比次，略如类书；其体既褒，所收亦猥滥而无度矣。旧志所载，人物寥寥，而称许之间，漫无区别，学皆伏郑，才尽班扬，吏必龚[②]黄，行惟曾史，且其文字之体，尤不可通；或如应酬肤语，或如案牍文移，泛填排偶之辞，间杂帖括之句，循名按实，开卷茫然。凡若此者，或是乡人庸行，请托滥收；或是当日名流，失传事实。削之则九原负屈，编之则传例难归。又如一事两说，参差异同，偏主则褒贬悬殊，并载则抑扬无主，欲求名实无憾，位置良难。至于近代之人，开送事迹，俱为详询端末，纤悉无遗，具编列传之中，曾无时世之限。其间亦有姓氏可闻，实行莫著，滥收比类之册，或可奄藏；入诸史氏体裁，难相假借。今为别裁阙访，同占列传之篇；各为标目，可与正载诸传，互相发明，是用叙其义例，以待后来者之知所审定云尔。

## 《永清县志·前志列传》序例

史家著作成书，必取前人撰述，汇而列之，所以辨家学之渊源，明折衷之有自也。司马谈推论六家学术，犹是庄生之叙禽、墨，荀子之非十二家言

---

[①] 《益部耆旧杂记》：《新唐书·艺文志》杂传类著录《益州耆旧杂传记》二卷，不署撰人。清侯康《补三国艺文志》、卢弼《三国志集解》认为此书与《益部耆旧传杂记》、《益部耆旧杂记》当同为一书，其作者约为陈术。

[②] 龚：龚遂（约前142—前62），西汉官吏。字少卿，山阳南平阳（今山东邹县）人。以明经为官。任渤海太守期间，教民务农桑，吏民皆富，号为循吏。因黄霸亦为循吏，故常并称"龚黄"。

而已。至司马迁《十二诸侯表叙》，则于《吕览》、虞卿、铎椒、左丘明诸家，所为《春秋》家言，反复推明著书之旨，此即百三十篇所由祖述者也。史迁绍述《春秋》即虞、吕、铎、左之意，人讥其僭妄非也。班固作迁列传，范氏作固列传，家学具存。至沈约之传范氏，姚氏之传沈约，不以史事专篇为重，于是史家不复有祖述渊源之法矣。今兹修志，而不为前志作传，是直攘人所有，而没其姓名，又甚于沈、姚之不存家学也。盖州县旧志之易亡，又不若范史沈书之力能自寿也。

纪述之重史官，犹《儒林》之重经师，《文苑》之重作者也。《儒林列传》当明大道散著，师授渊源；《文苑列传》当明风会变迁，文人流别。此则所谓史家之书，非徒纪事，亦以明道也。如使《儒林》、《文苑》不能发明道要，但叙学人才士一二行事，已失古人命篇之义矣。况史学之重，远绍《春秋》，而后史不立专篇，乃令专门著述之业。湮而莫考，岂非史家弗思之甚耶？夫列史具存，而不立专传，弊已如是。况州县之书，迹微易隐，而可无专录乎？

书之未成，必有所取裁，如迁史之资于《世本》、《国策》，固书之资于冯商、刘歆是也。书之既成，必有其传述，如杨恽之布迁书，马融之受汉史是也。书既成家，必有其攻习，如徐广、崔骃之注马，服虔、应劭之释班是也。此家学渊源之必待专篇列传而明者也。

马班而后，家学渐衰，世传之家学也。而豪杰之士，特立名家之学起，如《后汉书》之有司马彪、华峤、谢承、范蔚宗诸家，而《晋书》之有何法盛等一十八家是也。同纪一朝之迹，而史臣不领专官，则人自为编，家各为说，不为叙述讨论，萃合一篇之内，何以得其折衷，此诸家流别之必待专篇列传而明者也。

六代以还，名家复歇，父子世传为家学，一人特撰为名家。而集众修书之法行，如唐人之修《晋书》，元人之修《宋》、《辽》、《金》三史是也。监修大臣，著名简端，而编纂校勘之官，则隐显不一。即或偶著其人与修史事，而某纪某表，编之谁氏？某志某传，辑自何人？孰为草创规条？孰为润色文采？不为整齐缀合，各溯所由，未免一书之中，优劣互见，而功过难知。此一书功力之必待专篇列传而明者也。

若夫日历起居之法，延阁广内之藏，投牒议谥之制，稗官野史之征，或于传首叙例，详明其制；或于传终论述，推说其由，无施不可，亦犹儒林传叙，申明学制，表立学官之遗意也。诚得此意，而通于著作，犹患史学不举，史道不明，未之闻也。

志乘为一县之书，即古者一国之史也。而世人忽之，则以家学不立，师法失传，文不雅驯，难垂典则故也。新编告成而旧书覆瓿，未必新书皆优，而旧志尽劣也。旧志所有，新志重复载之；其笔削之善否，初未暇辨；而旧志所未及载，新志必有增益，则旧志之易为厌弃者一矣。纂述之家，喜炫己长；后起之书，易于攻摘；每见修志诸家，创定凡例，不曰旧书荒陋，则云前人无稽；后复攻前，效尤无已。其实狙公颠倒三四，本无大相径庭；但前人已往，质证无由，则旧志之易为厌弃者二矣。州县之书，率多荒陋，文人学士，束而不观。其有特事搜罗，旁资稽索，不过因此证彼，初非耽悦本书；新旧二本，杂陈于前，其翻阅者，犹如科举之士，购求程墨，阴阳之家，检视宪书，取新弃旧，理势固然，本非有所持择，则旧志之易为厌弃者三矣。夫索绥《春秋》，索绥撰《前凉春秋》①，端资边浏②，浏承张骏③之命集《凉内外事》。常璩《国志》，《华阳国志》也。半袭谯周④，《华阳国志》载李氏始末，其刘氏二志，大率取裁谯周《蜀本纪》。是则一方之书，不能无藉于一方之纪载，而志家不列前人之传，岂非得鱼忘筌，习而不察？又何怪于方志之书，放失难考耶？

主修之官，与载笔之士，撰著文词，不分名实，前志之难传一也。序跋虚设，于书无所发明，前志之难传二也。如有发明，则如马、班之录《自序》，可以作传矣。作志之人，行业不详，前志之难传三也。书之取裁，不标所自，前

---

① 索绥撰《前凉春秋》：索绥，字士艾。十六国前凉官史。敦煌（今属甘肃）人，初举孝廉，为记室祭酒，母丧去官。又举秀才，为儒林祭酒。张骏时，奉命撰《凉国春秋》，一作《凉春秋》，五十卷。以著述之功封平乐亭侯。

② 边浏：十六国时前凉张骏的西曹。受命集《凉内外事》，为索绥作《凉春秋》的依据。

③ 张骏（307—346）：十六国时前凉国王。字公庭，安定乌氏（今甘肃平凉西北）人。张寔子。晋太宁二年（324），张茂死，无子，骏代之，称大将军、护羌校尉、凉州牧、西平公，亦受前赵封凉王之号。咸和五年（330），向后赵称藩。七年，凉州僚属劝其称凉王，不允。然境内皆称之为王。为政奢侈，民以劳怨。永和二年（346）卒，年四十。晋穆帝追谥曰忠成公。

④ 谯周（201—270）：三国时蜀国史学家。字允南，巴西西充（今四川阆中西南）人。精研六经，晓天文，建兴中，诸葛亮命其为劝学从事，徙典学从事，任中散大夫，光禄大夫。入晋，官至散骑常侍。依据旧典，著《古史考》二十五卷，已佚，清人有辑本。又著《蜀本纪》、《五经然否论》、《仇国论》等。

志之难传四也。志当递续，非万不得已，不当迭改；迭改之书，而欲并存，繁重难胜，前志之难传五也。于难传之中，而为之作传，盖不得已而存之，推明其故，以为后人例也。

## 《永清县志·文征》序例[①]

《永清县志》告成，区分纪、表、图、书、政略、列传六体，定著二十五篇，篇各有例，又取一时征集故事文章，择其有关永清而不能并收入本志者，又自以类相从，别为《奏议》、《征实》、《论说》、《诗赋》、《金石》各为一卷，总五卷，卷为叙录如左，而总叙大指以冠其编。

叙曰：古人有专守之官，即有专掌之故；有专门之学，即有专家之言；未有博采诸家，汇辑众体，如后世文选之所为也。官失学废，文采愈繁，以意所尚，采掇名隽，若萧氏《文选》、姚氏《文粹》是也。循流溯源，推而达于治道，宋文之《鉴》是也。相质披文，进而欲为史翼，元文之《类》是也。是数子之用心，可谓至矣！然而古者十五《国风》，八国《国语》，以及晋《乘》、楚《梼杌》，与夫各国春秋之旨，绎之则列国史书，与其文诰声诗，相辅而行，在昔非无其例也。唐刘知幾尝患史体载言繁琐，欲取诏诰章疏之属，以类相从，别为一体，入于纪传之史，是未察古人各有成书，相辅益章之义矣。第窥古人之书，《国语》载言，必叙事之始终；《春秋》义授左氏；《诗》有国史之叙，故事去千载，读者洞然无疑。后代选文诸家，掇取

---

[①] 《和州志》首设《文征》，共四个内容组成，而《永清县志》的《文征》，则是五个内容，作者在这篇《序例》中明确讲了："又取一时征集故事文章，择其有关永清而不能并收入本志者，又自以类相从，别为奏议、征实、论说、诗赋、金石各为一卷，总五卷。"但是"大梁本"《文史通义》将金石删除，并将"总五卷"改成"总四卷"，《永清县志》仍收录在《章氏遗书》之中，理所当然按照原著，而不应当更改。值得注意的是，尽管将金石删除，但在《征实叙录》中还是提到"碑刻之文，有时不入金石者，仍于篇后著石刻之款识，所以与金石相互见也"。可见这种删节，完全出于无知。可以肯定，删者不懂方志的编修。各地情况不一，内容自然也不可能划一，用《和州志》的《文征》数来衡量《永清志》，所以产生了这种错误。同时删者又不懂金石学的重要性。很早以来，金石就已成为方志重要内容之一，如元人修的《至元嘉禾志》，全书三十二卷，碑碣一门则多至十七卷，并成为该志的最大特点，也是该志最有学术价值的内容。因为金石学从宋代兴起以后，就对方志内容起了很大影响，新修方志对此内容自然也不应当忽略。

文词，不复具其始末，如奏议可观，而不载报可，寄言有托，而不述时世；诗歌寓意，而不缀事由，则读者无从委决，于史事复奚裨乎？《文选》、《文粹》，固无足责，《文鉴》、《文类》，见不及斯，岂非尺有所短者哉！近人修志，艺文不载书目，滥入诗文杂体，其失固不待言；亦缘撰志之时，先已不辨为一国史裁，其猥陋杂书，无所不有，亦何足怪！今兹稍为厘正，别具《文征》，仍于诗文篇后，略具始末，便人观览，疑者阙之，聊于叙例申明其旨云尔。

### 奏议叙录

奏议之文，所以经事综物，敷陈治道；文章之用，莫重于斯。而萧统选文，用赋冠首；后代撰辑诸家，奉为一定科律，亦失所以重轻之义矣。如谓彼固词章家言，本无当于史例，则赋乃六义附庸，而列于诗前；骚为赋之鼻祖，而别居诗后，其任情颠倒，亦复难以自解。而《文苑》、《文鉴》，从而宗之，又何说也？今以奏议冠首，以为辑文通例，窃比列史之首冠本纪云尔。

史家之取奏议，如《尚书》之载训诰，其有关一时之制度者，裁入书志之篇；其关于一人之树立者，编诸列传之内。然而纪传篇幅，各有限断，一代奏牍，文字繁多，广收则史体不类，割爱则文有阙遗。按班氏《汉书》，备详书奏，然复检《艺文志》内，石渠奏议之属，《高祖》、《孝文》，论述册诏之传，未尝不于正史之外，别有专书。然则《奏议》之编，固与实录起居注相为表里者也。前人编《汉魏尚书》，近代编《名臣章奏》[①]，皆体严用巨，不若文士选文之例，而不知者，往往忽而不察，良可惜也。

杜佑撰《通典》，于累朝制度之外，别为《礼议》二十余卷，不必其言之见用与否，而谈言有中，存其名理，此则著书之独断编次之通裁；其旨可以意会，而其说不可得而迹泥者也。然而专门之书，自为裁制，或删或节，固无不可。史志之体，各有识职，征文以补书志之阙，则录而不叙，自由旧章，今采得奏议四篇，咨详禀帖三篇，亦附录之。为其官府文书，近于奏议，故类入焉。其先后一以年月为次，所以备事之本末云尔。

---

① 《名臣章奏》：明朝黄淮等人编。黄淮（1367—1449），字宗豫，永嘉（今属浙江）人。洪武进士。官至少保、户部尚书兼武英殿大学士。历充《太祖实录》、《太宗实录》、《仁宗实录》总裁。与杨士奇等奉敕编《历代名臣奏议》三百五十卷，自商迄元，分六十四门，集古今奏议之大成。另有《黄介庵集》等。

### 征实叙录

征实之文，史部传记支流。古者史法谨严，记述之体，各有专家，是以魏晋以还，文人率有别集。然而诸史列传，载其生平著述，止云诗赋箴铭颂诔之属，共若干篇而已，未闻载其记若干首，传若干章，志若干条，述若干种者也。由是观之，则记传志述之体，古人各为专门之书，初无散著文集之内，概可知矣。唐、宋以还，文集之风日炽，而专门之学杳然，于是一集之中，诗赋与经解并存，论说与记述同载，而裒然成集之书，始难定其家学之所在矣。若夫选辑之书，则萧统《文选》，不载传记；《文苑》、《文鉴》，始渐加详，盖其时势然也。文人之集，可征史裁，由于学不专家，事多旁出，由不淘欤！

征实之体，自记事而外，又有数典之文，考据之家，所以别于叙述之文也。以史法例之，记事乃纪传之余，数典为书志之裔，所谓同源而异流者也。记事之源，出于《春秋》，而数典之源，本乎官礼，其大端矣。数典之文，古来亦具专家，《戴记》而后，若班氏《白虎通义》、应氏《风俗通义》、蔡氏《独断》之类，不可胜数。而文人入集，则自隋唐以前，此体尤所未见者也。至于专门学衰，而文士偶据所得，笔为考辨，著为述议，成书则不足，削弃又可惜，于是无可如何，编入文集之中，与诗赋书表之属分占一体，此后世选文之不得不收者也。

征实之文，与本书纪事，尤相表里，故采录校别体为多。其传状之文，有与本志列传相仿佛者，正以详略互存，且以见列传采摭之所自，而笔削之善否工拙，可以听后人之别择审定焉，不敢自据为私也。碑刻之文，有时不入金石者，录其全文，其重在征事得实也；仍于篇后著石刻之款识，所以与金石相互见也。

### 论说叙录

论说之文，其原出于《论语》。郑氏《易》云："云雷屯，君子以经纶。言论撰书礼乐，施政事。"盖当其用，则为典、谟、训、诰；当其未用，则为论撰说议。圣人制作，其用虽异，而其本出于一也。周秦诸子，各守专家，虽其学有醇驳，语有平陂，然推其本意，则皆取其所欲行而不得行者，笔之于书，而非有意为文章华美之观，是论说之本体也。自学不专门，而文求绮丽，于是文人撰集，说议繁多。其中一得之见，与夫偶合之言，往往亦有合于古人；而根本不深，旨趣未卓，或诸体杂出，自致参差；或先后汇观，竟成复沓，此文集中之论说，所以异于诸子一家之言也。唐马总[①]撰《意林》，裁节诸子，标其名隽，此亦弃短取长之意也。今兹选文，存其论之合者，亦撰述之通义也。

《文选》诸论，若《过秦》、《辨亡》诸篇，义取抑扬咏叹，旨非抉摘发挥，是乃史家论赞之属，其源略近诗人比兴一流，与唐宋诸论，名同实异。然《养生》[②]、《博弈》[③]诸篇，则已自有命意。斯固文集盛行，诸子风衰之会也。萧氏不察，同编一类，非其质矣。

诸子一变而为文集之论议，再变而为说部之札记，则宋人有志于学，而为返朴还醇之会也。然嗜好多端，既不能屏除文士习气；而为之太易，又不能得其深造逢源，遍阅作者，求其始末；大抵是收拾文集之余，取其偶然所得，一时未能结撰者，札而记之，积少致多，裒成其帙耳。故义理率多可观，而宗旨终难究索也。

永清文献荒芜，论说之文，无可采择。仅存一首，聊以备体云尔。

### 诗赋叙录

诗赋者，六籍之鼓吹，文章之宣节也。古者声诗立教，铿锵肄于司乐，篇什叙于太史，事领专官，业传学者，欲通声音之道，或求风教所施，询诸掌故，本末犁然，其具存矣。自诗乐分源，俗工惟习工尺，文士仅攻月露，于是声诗之道，不与政事相通；而业之守在专官，存诸掌故者，盖茫然而不可复追矣。然汉魏而还，歌行乐府，指事类情，就其至者，亦有考其文辞，证其时事。唐宋以后，虽云文士所业，而作者继起，发挥微隐，敷陈政教，采其尤者，亦可不愧古人。故选文至于诗赋，能不坠于文人绮语之习，斯庶几矣。

---

① 马总（？—823）：唐朝官吏。字会元，扶风（今陕西凤翔）人。宪宗元和四年（809）出任安南都护，以清廉不挠见称，终官户部尚书。南朝梁庾仲容曾作《子抄》，总以其繁略失中，复增损以成《意林》，《新唐书·艺文志》杂传类著录一卷，《四库提要》则著录五卷。还著有《年历》、《通历》、《奏议集》等。

② 《养生》：嵇康作，《文选》收录。史称其好老庄导气养性之术，著《养生论》。

③ 《博弈》：三国吴韦曜作。曜本名昭，字弘嗣，史为晋讳改之。吴郡云阳（今江苏丹阳）人。《三国志》本传云"性好博弈，太子和以为无益，命曜论之"。善文章，孙皓为帝，任侍中，领国史，因持正为皓所杀，著有《注论语》、《洞记》、《职官训》、《国语注》等。

刘氏《七略》，以《封禅仪记》入《礼经》，秦官奏议、《太史公书》入《春秋》；而《诗赋》自为一略，不隶《诗经》，则以部帙繁多，不能不别为部次也。惜其叙例，不能申明源委，致开后世诗赋文集混一，而不能犁晰之端耳。至于赋乃六义之一，其体诵而不歌；而刘《略》所收，篇第倍蓰于诗，于是以赋冠前，而诗歌杂体反附于后，以致萧《选》以下，奉为一定章程，可为失所轻重者矣。又其诗赋，区为五种，若杂赋一门，皆无专主名氏，体如后世总集之异于别集。诗歌一门，自为一类，虽无叙例，观者犹可以意辨之，知所类别。至屈原以下二十家，陆贾以下二十一家，孙卿以下二十五家，门类既分为三，当日必有其说，而叙例阙如，如诸子之目后，叙明某家者流，其原出于古者某官云云是也。不与诸子之书同申源委，此《诗赋》一略，后人所为欲究遗文，而莫知宗旨者也。州县文征，选辑诗赋，古者《国风》之遗意也。旧志八景诸诗，颇染文士习气，故悉删之，所以严史例也。文丞相词[①]，与《祭漯河文》[②]，非诗赋而并录之者，有韵之文，如铭箴颂诔，皆古诗之遗也。

**金石叙录**

金石之文，古人所以垂示久远。三代以上，铭钟图鼎，著于载籍。三代而下，庸器渐少，石刻遂多。然以著录所存，推求遗迹，则或亡或阙，十无二三，是金石虽坚，有时湮没，而著录编次，竹帛代兴，其功为不尠矣。然陵谷变迁，桑沧迭改，千百年后，人迹所至，其有残碑古鼎，偶获于山椒水涘之间，复按前代纪载，校其阙遗，洞如发覆，则古人作为文字，托之器物，以自寿于天地之间，其旨良深远矣。然留著既多，取用亦异，约而权之，略有三门；其定著文字，垂示法式，若三字石经，一字石经之属，经学之准绳也；考核姓名官阀，辨别年月干支，若欧、赵诸录[③]，洪、晁[④]诸家之所辨订，史部之羽翼也；至于书家之评法帖，赏鉴家之论古今，《宣和博

---

① 文丞相词：《永清县志·舆地图》古迹类："旧志：信安镇有文丞相馆次。宋右相天祥北上，次信安，馆人供帐甚盛，天祥达旦不寐，题《旅恨词》于壁。"其词今存《诗赋录》。
② 《祭漯河文》：明朝顺天巡抚王一鹗撰，今存《诗赋录》。漯河，即桑乾河。
③ 欧、赵诸录：指欧阳修《集古录》、赵明诚《金石录》。
④ 洪、晁：洪适《隶释》、《隶续》两书，专录碑刻，具载全文，并均附其考证于后。晁公武《郡斋读书志》二十卷，《直斋书录解题》有著录。

古》①之图,《清河书画》②之舫,则又韵人墨客所为,均之不为无补者也。兹于志乘之余,裁取文征,既已与志相表里矣,搜罗金石,非取参古横今,勒成家学,惟以年月姓名官阶科第,足以补志文之所未备者,详慎志之,以备后人之采录焉。初非计其文之善否,字之工劣也。其全文有可采者,存于征实,则不在此例焉。

郑樵尝以历代艺文著录多阙,发愤而为《图谱》、《金石》二略,以备前史之阙遗,是不知申明艺文类例,而别为篇帙之咎也。然郑氏所争,其功要自不可没矣。金石不录其文,而仅著其目,自当隶于艺文之篇,为著录之附庸可耳,何为编次文征之内耶？盖以永清无艺文而太史叙诗之意,窃比华黍由庚之存其义尔,初不以是为一成之法也。

## 《亳州志·人物表》例议上③

班固《古今人表》④,为世诟詈久矣! 由今观之,断代之书,或可无需人表;通古之史,不可无人表也。固以断代为书,承迁有作;凡迁史所阙门

---

① 《宣和博古》：宋朝王黼作。全称《宣和博古图》。又宋徽宗赵佶亦曾作《宣和殿博古图》。

② 《清和书画》：明朝张丑撰。全名《清和书画舫》,十二卷。记所藏、所见、所闻的书画题跋和题识印记。

③ 乾隆五十四年（1789）,作者应亳州知州裴振邀请为其修《亳州志》,次年书成,但因裴振当年去任,志书又未能刊刻。然而他对这部志书相当得意,在《又与周永清论文》中说："近日撰《亳州志》,颇有新得,视《和州》《永清》之志,一半为土苴矣……此志拟之于史,当与陈、范抗行。义例之精,则又《文史通义》中之最上乘也。世人忽近贵远,自不察耳。后世是非终有定评,如有良史才出,读《亳志》而心知其意,不特方志奉为开山之祖,即史家得其一二精义,亦当尊为不桃之宗。此中自信颇真,言大实非夸也。"可惜此志早已散佚,仅留下两个例议,仅此也可看出他所具有的独特见解。对于班固《古今人表》,别人都在批评,而他却说："千古良法,沉溺于众毁之余,而无有精史裁者,为之救其弊而善所用也。"他认为史表的作用很大,既可表人、表年,又可以列表事类,其中尤以人表更为重要。在为汪辉祖所写《史姓韵编序》中说："人表入于史篇,则人分类例,而列传不必曲折求备；列传繁文既省,则事之端委易究,而马班婉约成章之家学可牵而复也。"所以他在例议中指出："方志之表人物,将以救方志之弊也。"同时他还指出,方志采用人物表,还有三大长处,这些不仅是经验之谈,而且许多见解确实很宝贵。而全篇文中大多在论述人表的价值,很少具体论述方志,可见他一直将方志视为史学的组成部分。同样他也早就将方志论文作为《文史通义》的内容,上述引文足以证实。

④ 《古今人表》：《汉书》的篇名,收录的先秦人物相当全备,并分为上、中、下三品,每品之中又分三等。故章氏批评其"强分位置,而圣人智愚,妄加品藻"。

类，固则补之；非如纪传所列君臣事迹，但画西京为界也。是以《地理》及于《禹贡》、《周官》，《五行》罗列春秋战国，人表之例，可类推矣。人表之失，不当以九格定人，强分位置，而圣仁智愚，妄加品藻，不得《春秋》谨严之旨。又刘知幾摘其有古无今，名与实舛，说亦良允。其余纷纷议其不当作者，皆不足为班氏病也。向令去其九等高下，与夫仁圣愚智之名，而以贵贱尊卑区分品地；或以都分国别异其标题，横列为经；而以年代先后标著上方，以为之纬。且明著其说曰：取补迁书，作列传之稽检，则其立例，当为后代著通史者一定科律，而岂至反为人诟詈哉！甚矣！

千古良法，沉溺于众毁之余，而无有精史裁者，为之救其弊而善所用也。近代马氏《绎史》，盖尝用其例矣。然马氏之书，本属纂类，不为著作。推其用意，不过三代去今日久，事文杂出，茫无端绪，列为人表，则一经传姓名考耳。且犹贬置班表，不解可为迁书补隙，又不解扩其义类，可为史氏通裁；顾曰人表若为《绎史》而作，则亦未为知类者也。

夫通古之史，所书事迹，多取简编故实；非如当代纪载，得于耳闻目见，虚实可以互参。而既为著作，自命专家，则列传去取，必有别识心裁，成其家言；而不能尽类以收，同于排纂，亦其势也。即如《左传》中事，收入《史记》，而子产、叔向诸人，不能皆编列传。《人表》安可不立？至前人行事，杂见传记，姓名隐显，不无详略异同。列传裁断所余，不以人表收其梗概，则略者致讥挂漏，详者被谤偏徇，即后人读我之书，亦觉阙然少绳检矣。故班氏之《人表》，于古盖有所受，不可以轻议也。

## 《亳州志·人物表》例议中

或曰："通史之需人表，信矣。断代之史，子言或可无需人表，或之云者，未定辞也。断代无需征古，何当有人表欤？"曰：断代书不一类，约计盖有三门，然皆不可无人表也。较于通史，自稍缓耳；有之斯为美矣。史之有列传也，犹《春秋》之有左氏也。左氏依经而次年月，列传分人而著标题，其体稍异，而其为用则皆取足以备经《春秋》纪本纪之本末而已矣。治左氏者，尝有《列国公子谱》[1]矣；治断代纪传之史者，仅有班《书》《人表》，甫著录而已为丛诟所加，孰敢再议人物之条贯欤！夫《春秋》《公子》、《谥族》[2]诸谱，杜预等。《名字异同》[3]诸录，冯继先等。治编年者，如彼其详；而纪传之史，仅一列传目录；而列传数有限制，即年表世表，亦仅著王侯将相，势自不能兼该人物，类别区分。是以学者论世知人，与夫检寻史传，去取义例，大抵渺然难知，则人表之不可阙也，信矣。

顾氏炎武曰："史无年表，则列传不得不多；列传既多，则文繁而事反遗漏。"因谓其失，始于陈寿，而范、沈、姚、李诸家，咸短于此。顾氏之说，可谓知一而不知二矣。年表自不可废，然王公将相，范、沈、姚、李诸史，所占篇幅几何？唐、宋之史，复立年表，而列传之繁，乃数倍于范、沈诸书，年表何救于列传之多欤？夫不立人表，则列传不得不多，年表犹其次焉者耳。而人表方为史家怪笑，不敢复犯，宜其纷纷著传，如填户版，而难为决断定去取矣。

夫通古之史，所取于古纪载，简册具存，不立人表，或可如迁《史》之待补于固，未为晚也。断代之史或取裁于簿书记注，或得之于耳目见闻，势必不能尽类而书，而又不能必其事之无有，牵联而及，则纵揽人名，区类为表，亦足以自见凡例，且严列传通裁，岂可更待后之人乎？

夫断代之史，上者如班陈之专门名家，次者如晋唐之集众所长，下者如宋元之强分抑配。专门名家之史，非人表不足以明其独断别裁；集众所长之史，非人表不足以杜其参差同异；强分抑配之史，非人表不足以制其芜滥猥琐。故曰："断代之史，约计三门，皆不可无人表也。"

# 《亳州志·人物表》例议下

方志之表人物，何所仿乎？曰：将以救方志之弊也。非谓必欲仿乎史

---

[1] 《列国公子谱》：《通志·艺文略》一著录《春秋公子谱》一卷，吴杨蕴撰。《小公子谱》六卷，杜预撰。

[2] 《谥族》：《宋史·艺文志》谱牒类著录《春秋氏族谱》一卷，《春秋宗族谥谱》一卷，均无撰人姓氏。

[3] 《名字异同》：《通志·艺文略》一著录《春秋名字异同录》五卷，冯继先撰。

也，而史裁亦于是焉具而已。今之修方志者，其志人物，使人无可表也。且其所志人物，反类人物表焉，而更无所谓人物志焉。而表又非其表也，盖方志之弊也久矣！史自司马以来，列传之体，未有易焉者也。

方志为国史所取裁，则列人物而为传，宜较国史加详；而今之志人物者，删略事实，总撷大意，约略方幅，区分门类。其文非叙非论，似散似骈；尺牍寒温之辞，簿书结勘之语，滥收猥入，无复剪裁；至于品皆曾史，治尽龚黄，学必汉儒，贞皆姜女[①]，面目如一，情性难求，斯固等于自郐无讥，存而不论可矣。即有一二矫矫，雅尚别裁，则又简略其辞，谬托高古，或仿《竹书》记注，或摩石刻题名，虽无庸恶肤言，实昧通裁达识，所谓似表非表，似注非注，其为痼弊久矣。是以国史宁取家乘，不收方志，凡以此也。

夫志者，志也。人物列传，必取别识心裁，法《春秋》之谨严，含诗人之比兴，离合取舍，将以成其家言，虽曰一方之志，亦国史之具体而微矣。今为人物列表，其善盖有三焉：前代帝王后妃，今存故里，志家收于人物，于义未安；削而不载，又似阙典，是以方志遇此，聚讼纷然；而私智穿凿之流，往往节录本纪，巧更名目，辗转位置，终无确当。今于传删人物，而于表列帝王，则去取皆宜，永为成法，其善一也。史传人物本详，志家反节其略；此本类书摘比，实非史氏通裁；然既举事文归于其义，则简册具有名姓，亦必不能一概而收，如类纂也。兹于古人见史策者，传例苟无可登，列名人物之表，庶几密而不猥，疏而不漏，其善二也。史家事迹，目详于耳，宽今严古，势有使然；至于乡党自好，家庭小善，义行但存标题，节操止开年例；史法不收，志家宜具，传无可著之实，则文不繁猥；表有特著之名，则义无屈抑，其善三也。凡此三者，皆近志之通病，而作家之所难言，故曰："方志之表人物，将以救方志之弊也。"

---

[①] 姜女：《汉书·古今人表》载有"姜女"，周大（太）王古亶父之妃，有吕国国君之女，有吕国姜姓，故称"姜女"，亦称"太姜"（《国语》），《诗经》称"周姜"，史称"贤而有色"，《列女传》"周室三母"之首位，称其"贞顺率导，靡有过失，太王谋事迁徙，必与太姜。君子谓太姜广于德教"。有的注曰"周宣姜后"，恐不太准确。因为《列女传》所列姜女甚多，还有"晋文齐姜"，应以《古今人表》所列为准。

# 《亳州志·掌故》例议上[1]

先王制作,存乎六艺,明其条贯,天下示诸掌乎。夫《书》道政事,典、谟、贡、范可以为经要矣;而《周官》器数,不入四代之书。夏礼殷礼,夫子能言,而今已不存其籍。盖政教典训之大,自为专书;而人官物曲之细,别存其籍,其义各有攸当,故以周孔经纶,不能合为一也。司马迁氏绍法《春秋》,著为十二本纪,其年表列传,次第为篇,足以备其事之本末;而于典章制度,所以经纬人伦,纲维世宙之具,别为八书以讨论之。班氏广为《十志》,后史因之,互有损益,遂为史家一定法矣。昔韩宣子见《易》象、《春秋》,以谓周礼在鲁。左氏综纪《春秋》,多称《礼经》,书志之原,盖出官礼,《天官》[2]未改《天文》,《平准》未改《食货》,犹存《汉书》一二名义,可想见也。郑樵乃云,"志之大原,出于《尔雅》。"非其质矣。然迁固书志,采其纲领,讨论大凡,使诵习者,可以推验一朝梗概,得与纪传互相发明足矣。

至于名物器数,以谓别有专书,不求全备,犹左氏之数典征文,不必具《周官》之纤悉也。司马《礼书》末云:"俎豆之事,则有司存。"其他抑可知矣。自沈范以降,讨论之旨渐微,器数之加渐广。至欧阳《新唐》之志,以十三名目[3],成书至五十卷,官府簿书,泉货注记,分门别类,惟恐不详。《宋》、《金》、《元》史,繁猥愈甚,盈床叠几,难窥统要,是殆欲以《周官》职事,经礼容仪,尽入《春秋》,始称全体。则夫子删述《礼》、《乐》、《诗》、《书》,不必分经为六矣。夫马班书志,当其创始,略存诸子之遗。《管子》[4]、《吕览》、《鸿烈》诸家,所述天文地圆官图乐制之篇,采掇制数,运以心裁,

---

[1] 《亳州志》首次设立了《掌故》,这就为两年后作《方志立三书议》取得了实践的经验,打下了可靠的基础。他认为只有"掌故"立为专书,则志书之体方可免去繁芜,而不必事事求备。因此,这部志书的编纂,实际上已经完成了方志分立三书的构想。而这篇《例议》则从历史上和理论上讨论了设立"掌故"的依据,及其对修志产生的重要意义。

[2] 《天官》:《史记·天官书》,《汉书》则称《天文志》,《史记·平准书》,《汉书》则称《食货志》。

[3] 十三名目:《新唐书》共设《礼乐》、《仪卫》、《车服》、《历志》、《天文》、《五行》、《地理》、《选举》、《百官》、《兵志》、《食货》、《刑法》、《艺文》十三目。

[4] 《管子》:《管子》有《幼官图》、《地员》篇;《吕氏春秋》《仲夏纪》有《大乐》、《侈乐》、《适音》、《古乐》等篇;《淮南子》有《天文训》、《坠(地)形训》。

勒成一家之言，其所仿也。马班岂不知名数器物，不容忽略，盖谓各有成书，不容于一家之言，曲折求备耳。如欲曲折求备，则文必繁芜，例必庞杂，而事或反晦而不显矣。惟夫经生策括，类家纂要，本非著作，但欲事物兼该，便于寻检，此则猥陋无足责耳。史家纲纪群言，将勒不朽，而惟沾沾器数，拾给不暇，是不知《春秋》、官礼，意可互求，而例则不可混合者也。

## 《亳州志·掌故》例议中

　　簿书纤悉，既不可溷史志，而古人甲乙张本，后世又无由而知，则欲考古制而得其详，其道何从？曰：叔孙章程，韩信军法，萧何律令，皆汉初经要之书，犹《周官》之六典也。《汉志》《礼》、《乐》、《刑》、《法》，不能赅而存之，亦以其书自隶官府，人可咨于有司而得之也。官失书亡，则以其体繁重，势自不能行远，自古如是，不独汉为然矣。欧、宋诸家，不达其故，乃欲藉史力以传之；夫文章易传，而度数难久，故礼亡过半，而《乐经》全逸，六艺且然，况史文乎！且《唐书》倍汉，而《宋史》倍唐，已若不可胜矣。万物之情，各有所极，倘后人再倍《唐》、《宋》而成书，则连床架屋，毋论人生耳目之力，必不能周，抑且迟之又久，终亦必亡。是则因度数繁重，反并史文而亡之矣，又何史力尚能存度数哉？

　　然则前代章程故事，将遂听其亡欤？曰：史学亡于唐，而史法亦莫具于唐。欧阳《唐志》未出，而唐人已有窥于典章制度，不可求全于史志也。刘氏有《政典》，杜氏有《通典》，并仿《周官》六典，包罗典章，巨细兼收。书盈百帙，未尝不曰君臣事迹，纪传可详；制度名数，书志难于赅备，故修之至汲汲也。至于宋初，王氏有《唐会要》、《五代会要》[1]。其后徐氏更为两汉《会要》[2]，则补苴前古，括代为书，虽与刘、杜之典同源异流；要皆综核

---

[1]　《五代会要》：北宋王溥撰，三十卷，凡二百七十九目。溥（922—982），字齐物，北宋并州祁县（今属山西）人。后汉乾祐进士，仕后周为平章事。宋初进位司空。还著有《唐会要》。

[2]　两汉《会要》：指《西汉会要》、《东汉会要》，均为南宋徐天麟撰。前者七十卷，后者四十卷。天麟字仲祥，临江军清江（今属江西）人。开禧进士。任地方官期间有惠政，兴学明教。还著有《汉兵本末》、《西汉地理疏》、《山经》等。

典章，别于史志，义例昭然，不可易矣。夫唐宋所为典要，既已如彼；后人修唐宋书，即以其法，纪纲唐宋制度，使与纪传之史相辅而行，则《春秋》、《周礼》，并接源流，奕世遵行，不亦善乎！何欧阳述《唐》，元人纂《宋》，反取前史未收之器数而猥加罗列，则亦不善度乎时矣。或谓《通典》、《会要》之书，较马班书志之体为加详耳。其于器物名数，亦复不能甄综赅备，故考古者，不能不参质他书，此又非知言也。古物苟存于今，虽户版之籍，市井泉货之簿，未始不可备考证也。如欲皆存而无裁制，则岱岳不足供藏书，沧海不足为墨潘也。

故为史学计其长策，纪表志传，率由旧章；再推周典遗意，就其官司簿籍，删取名物器数，略有条贯，以存一时掌故，与史相辅而不相侵，虽为百世不易之规可也。

# 《亳州志·掌故》例议下

掌故之原，始于官礼，百官具于朝廷，则惟国史书志，得而撷其要；国家会典会要之书，得而备其物与数矣。撰方志者，何得分志与掌故乎？曰：部寺监卿之志，即掌故也。拟于《周官》，犹《夏官》之有《司马法》，《冬官》之有《考工记》也。部府州县之志，乃国史之分体；拟于周制，犹晋《乘》、楚《梼杌》与鲁《春秋》也。郡县异于封建，则掌故皆出朝廷之制度耳。六曹职掌，在上颁而行之，在下承而奉之，较之国史具体而微。志与掌故，各有其不可易，不容溷也。

今之方志，猥琐庸陋，求于史家义例，似志非志，似掌故而又非掌故，盖无以讥为也。然簿书案牍，颁于功令，守于吏典，自有一定科律，虽有奇才，不能为加；虽有愚拙，不能为损，名胜大邦与荒僻陋邑，无以异也。故求于今日之志，不可得而见古人之史裁；求于今日之案牍，实可因而见古人之章程制度；故曰："礼失，求诸野也。"夫治国史者，因推国史以及掌故，盖史法未亡，而掌故之义不明，故病史也。治方志者，转从掌故而正方志；盖志义久亡，而掌故之守未坠，修其掌故，则志义转可明矣。《易》曰："穷则变，变则通，通则久。"志义欲其简而明也，然而事不可备也；掌故欲其整以理也，然而要不容不挈也。徒以简略为志，此《朝邑》<sup>①</sup>、《武功》<sup>②</sup>之陋识也。但知详备为掌故，则胥史优为之，而不知其不可行矣。

夫志者，志也。其事其文之外，盖有义焉。所谓操约之道者此也。而或误以并省事迹，删削文字，谓之简也，其去古人，不亦远乎？夫名家撰述，意之所在，必有别裁，或详人之所略，或弃人之所取，初无一成之法，要读之者，美爱传久，而恍然见义于事文间，斯乃有关于名教也。然不整齐掌故，别为专书，则志亦不能自见其意矣。

---

① 《朝邑》：《朝邑县志》，二卷，明朝韩邦靖（1488—1523）撰。邦靖字汝度，号五泉，陕西朝邑县人，正德进士，为官正直，年仅三十六病逝。

② 《武功》：《武功县志》，三卷，明朝康海撰。康海（1475—1540），字德涵，号对山，陕西武功县人，弘治进士。还著有《中山狼》、《历史》等。

# 外篇六

## 为毕制府撰《湖北通志》序①

乾隆五十三年秋，臣沅恭承恩命，总督湖北、湖南军务。是时荆州大水，圮城、田庐被溺，圣天子宵旰忧勤，诏发帑二百万金，重臣持节莅事，臣沅仰体德意，兢率百僚，奔走以集巨役，罔敢不共。逾年，民气渐苏，岁比登稔，于是湖北所部十一府州，如蒙再造。官司稍暇，相与讲求治理，而治要莫备于书，因取《通志》观之，则雍正十一年，前总督臣迈柱、前巡抚湖北臣德龄、前巡抚湖南臣赵宏恩所修《湖广志》②也。载兼南北二部，时越六十余年，猥并失次，阙略未完，难以备一方之文献。而湖南分部，已有前抚臣某所修《通志》，去今未久，犹可观览。独湖北仍用雍正全志，分部之书，编次犹阙。爰与先后巡抚臣惠龄、臣福宁，提督学政臣查荣、臣初彭龄等，率

---

① 乾隆五十七年（1792），章学诚用自己的方志理论，编纂一部大型的《湖北通志》，两年后全书脱稿。这是一部全面体现《方志立三书议》精神的著作，因此亦可视为章氏方志理论成熟阶段的代表作。全志纪、图、表、考、传一应俱全，除主体志外，尚有《文征》、《掌故》和《丛谈》。可惜因毕沅离开湖北而未能得到及时刊刻以致散佚。所庆幸的是，他还抄存了一部分，编成《湖北通志检存稿》和《湖北通志未成稿》收入《章氏遗书》。特别是他为毕沅代写的序、凡例及有关内容的序都还保存着，成为我们研究章氏理论的重要依据，因为这是他晚年所修的方志，因此其理论均可视作定论。遗憾的是，章氏次子华绂在刊刻"大梁本"《文史通义》时，竟未将此志收入，而章氏本人一再声述方志论文是《文史通义》的内容之一。为此，笔者特地将《为毕制府撰〈湖北通志〉序》、《〈湖北通志〉凡例》及该志有关序例均编入《文史通义新编》，这样不仅保证了章氏方志理论的完整性，而且为研究章氏学说提供方便。如代毕沅写的序中谈及《文征》的编集时说："两汉而后，学少专家，而文人有集。集者，非经而有义解，非史而有传记，非子而有论说，无专门之长，有偶至之诣，是以尚选辑焉。"这就是说，唐宋以来，文集兴起，许多文集的作者，确实无专门之长，但在某一方面却往往具有一得之见，能够把它们及时选出，予以表扬，这就不会埋没他们各自在学术上的贡献。这无疑在告诉人们《文征》选编的标准，同时又对文集的学术价值作了讨论，这在以前从未讲过。

② 《湖广志》：全名《湖广通志》，一百二十卷，卷首一卷，由兵部尚书湖广总督迈柱等监修，实由夏力恕编纂，雍正十一年（1733）成书。全书分三十一门，附见者十三门，人物门内又划为四子目。

司道诸臣，创修《湖北通志》，延访明识之士，授之载笔，臣等亦时从商榷其间，凡再逾年而始得卒业。臣谨以臣愚所见，拜手稽首，飏言简端。

谨按湖北今部十一府州，盖分湖广之半，圣祖皇帝康熙三年制也。汉为南郡江夏，三国魏、吴各置荆州，六朝五季，南北之冲，宋之荆湖北路，元之湖广江南行省，以讫前明湖广布政使司；古今幅员广狭，分合不同，不可具论。然武昌东扼三吴，荆州西接两川，襄阳北控宛洛，昔人所称为水陆三要，已隐然若为今日湖北专部，所画规方千有余里，岂漫然哉！其山川、物产、风俗、人文，与夫政教所施，经要所重，具次于斯志者，披文可省，臣无以赘为也。

惟念方志为外史所领，义备国史取裁，犹《春秋》之必资百国宝书也。而世儒误为地理图经，或等例于纂辑比类，失其义矣。《书》曰："政贵有恒，辞尚体要。"政必纲纪分明，而后可以为治；辞必经纬条析，而后可以立言。臣按《周官》，外史"掌四方之志"，注谓：若"晋《乘》、楚《梼杌》"，是一方之全书也。司会"掌其书契版图"，注谓："户籍土地形象。"斯乃地理图经类尔。古人截分官守，而世儒乃于一方全书，辄以地理图经视之，非其质矣。臣又按《周官》，小行人出使四方，反命于王，则以万民利害，及礼俗政教之类，各为一书，名为五物，以献于王，乃知轺轩采风，所取四方之事，亦必分别为书，以归识职；而后内史、外史、小史之属，得昭典守于专官也。方志诸家，不知政有专司，书有专指，而取胥吏案牍，辞人杂纂，月露浮文，米盐碎事，繁猥填并，混合一编，以为方志，而登柱下。非人臣恪共率职，奉有恒之政，而具体要之辞，以称任使之义也。

伏惟皇上稽古右文，阐经裁史，以明政学。盖尧舜之执中，而为尼山之笔削，千古所仅觏矣。国史而外，三通[①]、四库[②]诸籍，各有流别，班分部次，

---

[①] 三通：指杜佑《通典》、郑樵《通志》、马端临《文献通考》。清朝乾隆十二年（1747）开始设馆对三通进行续修，先后修成《续文献通考》、《清文献通考》、《续通典》、《续通志》、《清通典》、《清通志》，这就成了人们通常所说的《九通》，后来近人刘锦藻又编了《清续文献通考》，于是便有了《十通》之称。

[②] 四库：指《四库全书》。乾隆三十八年（1773）开设《四库全书》馆，到乾隆四十七年（1782）全书告成。共收录图书三千四百五十七种，七万九千七十卷，存目之书六千七百六十六种，九万三千五百五十六卷。先后缮写七部，分别存在北京大内文渊阁、北京圆明园的文源阁、奉天的文溯阁、热河的文津阁、扬州的文汇阁、镇江的文宗阁、杭州的文澜阁。

有交益而无互紊，所谓各从其识职也。然征文考献，取于四方，家集私书，苟有可观，无不采录。而方志一家，则自统志略登一二，此外不闻更取其书为典据者，岂不以编摩未得其理，其言不尽雅驯故邪！

臣愚以为，志者，识也，典雅有则，欲其可以诵而识也。《周官》所谓四方之志，邦国之志，今不得而见矣。《春秋》左氏所引《周志》、《军志》诸文，皆为卿士大夫诵说以为典则，是可以识古人之作志矣。今参取古今史志例义，剪截浮辞，禀酌经要，分纪、表、图、考、略、传，以为《通志》七十三篇，所以备史裁也。臣又惟簿书案牍，不入雅裁，而府史所职，《周官》不废。汉臣贾谊，尝谓"古人之治天下，至纤至悉"，先儒以谓深于官礼之言。今曹司吏典之程，钱穀甲兵之数，志家详之，则嫌芜秽，略之又惧缺遗，此则不知小行人之分别为书法也。今于《通志》之外，取官司见行章程，分吏、户、礼、兵、刑、工，以为《掌故》六门，凡六十六篇，所以昭典例也。臣又惟两汉而后，学少专家，而文人有集。集者，非经而有义解，非史而有传记，非子而有论说，无专门之长，而有偶至之诣，是以尚选辑焉。志家往往选辑诗文为艺文志，不知艺文仿于汉臣班固，乃群籍之著录，而方志不知取法，猥选诗文，亦失古人分别之义。今取传记、论说、诗赋、箴铭之属，别次甲、乙、丙、丁，上下八集，以为《文征》，所以俟采风也。

昔隋儒王通，尝谓古史有三：《诗》、《书》与《春秋》也。臣愚以谓，方志义本百国《春秋》，《掌故》义本三百官礼，《文征》义本十五《国风》，古者各有师授渊源，各有官司典守，后世浸失其旨，故其为书，离合分并，往往不伦。然历久推衍，其法渐著，故唐宋以来，正史而外，有会要、会典，以法官礼，《文鉴》、《文类》，以仿风《诗》，盖不期而合于古也。惟方志厘剔未清，义例牵混，猥骈失次，难为典则，不足以备国史要删。臣忝为旧史官，仰惟皇上厘正群书，循名责实，辨章识职，以为政教之经，用是兢兢，与从事诸臣，丁宁往复，勒为三家之书，以庶几于行人五物之义，他日柱下发藏，未必无所取也。

至于畸说剩言，采撷所余，虽无当于正裁，颇有资于旁证，志家附于余编闰位，义亦未安。今编者据轶事，琐语异闻，别为《丛谈》四卷。所谓先民有言，询于刍荛，稗官小说，亦议政者所参听也。附于三家之后，不以累经要也。如是区分，庶几有伦脊矣。

抑臣尤有说焉，书者，政之纪也，辞者，事之布也，辞不可以无体要矣。抑思文字识职，本于官守有常，凡官此土者，知书辞之不容紊乱失次，而思大小职事，罔不修举，以无忝于有位，庶几仰答圣天子教化裁成之至意，此则区区之衷，愿与诸臣共勉者也。

## 《湖北通志》凡例[①]

一方纪载，统绪纷繁，文士英华，鲜裨实用，胥史簿牍，不入雅裁，二者牵连纠葛，不免畸重畸轻，向来方志，往往受其累也。今仿史裁而为《通志》，仿《会典》则例而为《掌故》，仿《文选》、《文粹》而为《文征》，截分三部之书，各立一家之学，庶体要既得，头绪易清。

志者，识也，简明典雅，欲其可以诵而识也。删繁去猥，简帙不欲繁重，簿书案牍之详，自有《掌故》专书，各体诗文，自有《文征》专书，志则出古国史，决择去取，自当师法史裁，不敢徇耳目玩好也。

志分二纪、三图、五表、六考、四略、五十三传。志为国史取裁，而守土之吏，承奉诏条，所以布而施者，如师儒之奉圣经，为规为律，不容以稍忽焉。故《皇言》冠全志之首，其前代诏诰，则录于《文征》。

纪载编年，古史体也。万历《湖广通志》[②]，以为国史事秘，非外志所敢擅书，诚属谨严之意。然国家政教号令，兴革施为，与夫年岁雨旸，灾祥螟恤，被于四方，不尽为史戚之秘者，自当比事而书。况我朝列圣相承，朝

---

[①] 一部书的凡例，以明著书宗旨和编纂原则，《湖北通志·凡例》，在这一方面可以说为后世修志树立了典范。它首先告诉大家，这部大型通志，是由《通志》、《掌故》、《文征》三大部分组成。接着就对三者要求作了说明。由于志是主体，是由二纪、三图、五表、六考、四略、五十三传所组成。对于每种体裁和内容，作者也都作了简明论述。如对于人物传的要求，凡例提出："人物为诸史列传之遗，方志备史氏取裁，法宜详于史传。而方志诸家，反节史传，即史传所无而新增者，亦约取事略，不为传体，未免草率。"又如艺文志的要求，凡例提出："艺文为著录之书，《唐》、《宋》史志，嫌其太略……今略仿《汉》、《隋》二志，稍增子注，以备后人考核，酌于详略之间，庶几得当。"凡例最后还提出，在三书之外，另设《丛谈》一目，将街谈巷议，传闻遗事，无法写入志书中者，一律收入《丛谈》，可以保存许多可贵史料。这个凡例所谈问题非常全面，值得今天修志同仁很好借鉴。

[②] 万历《湖广通志》：称万历《湖广总志》，九十八卷，徐学谟纂修。

乾夕惕，勤求治理，覃恩恺泽，叠沛频施，实为简策纪载之所未有，自应与《皇言》相次，敬谨恭纪，为全书之弁冕。史以纪事为主，纪事以编年为主。方志于纪事之体，往往缺而不备，或主五行祥异，或专沿革建置，或称兵事，或称杂纪，又或编次夹杂，混入诸门之中，不为全书纲领。今取自汉以后，凡当以年次者，统合为编年纪，附于《皇朝编年纪》后，备一方之纪载。

纪以编年为名，例仿纲目，大书分注，俾览者先知古今，了如指掌。沿革溯至唐虞三代，而编年之纪，仅起于汉初者，大书分注之体，宜嫌避《春秋》也。明人作志，如颜木《随志》①，陈士元《滦志》②，竟用公、穀传经之体，自问自答，以仿《春秋》，则庸且妄矣。

诸图开方计里，义取切实有用，不为华美之观，其营汛驿铺里甲诸图，俱关政要，而篇幅繁不可删，均入于《掌故》，分隶六科。

沿革建置，既详于《府县考》矣，古人图书并重，则具沿革考者，必兼沿革之图，古界今名，披文而得其原委，观画而洞其形势，二者缺一不可。今取两汉以讫元明，每朝所分州郡，在今湖北境者，分别朱墨二色，朱标古界，墨划今疆，每朝各绘一图，俾考历朝沿革者，洞如观火。其边界交错，有古郡在今湖北境，而属县在今江西、河南、四川、陕西者，朱色标郡于墨界内，而别隶县于墨界外；有古郡在今江西、河南、四川、陕西，而属县在今湖北境者，朱色标郡于墨界外，而收隶县于墨界内。刊板即用二色套印，则图经之设，不为华美虚文，而考地理者无遗憾矣。

表取年经事纬，封建与地理，参稽则著，援引书名于下。《康熙通志》，职官止载监司以上，而武职略之。今文职自知府为止，武职自参游为止，依表排列，其不可考者缺之。

府州县志，选举载及捐衔贡监吏员等项，《通志》不能遍及，但表列进士举人，其辟举特荐诸科，亦并附之。

---

① 颜木《随志》：明嘉靖年间修，二卷，汪德修，颜木纂。嘉靖十八年（1539）刻本。实际上是《随州志》，其地属湖北省。

② 陈士元《滦志》：应称《滦州志》，滦州今属河北省。陈士元字心叔，明湖北应城人。嘉靖进士，官至滦州知州。著有《易象钩解》、《五经异文》、《孟子杂纪》、《荒史》等。

方志人物，为正史列传之遗，而志为史所取裁，于法宜详于史。近来志家，乃反删节史传，误仿地理类书，摘取人物典故之例，非史裁也。但古人名在史传，本自昭彰，原不藉方志表扬，若一概全钞，便成漫漶；若一概删去，又成缺典。今将史传彰著之人，录其本传，入于《文征》，本志不复重为立传。但列其名为《人物表》，览者自可互考而知。

人物见于正史之外，又有《大清一统志》及旧《通志》，与府州县志，皆为官修之书，其人名不得擅为弃取，但事迹有关惩劝者，详列于传，其事迹无可详者，亦列于表，以备询访。

谱牒为专门之学，前史往往失传，欧阳《唐书·宰相系表》，创其例而不能善其法；郑樵《通志》、《氏族》之篇，存其义而不能广其例。盖缘一代浩繁，向无专门之书，可为凭藉，故难为也。使方志预集一方之望族，则史氏取为要删，古人州郡中正之遗，即《周官》小史奠系之旧法也。

谱牒自以科甲为主，其非科甲，而仕宦京官至四品，外官至三品，武官至二品者，亦列于表。科甲寥寥，止一二人者，亦不列表，须进士二人以上，乃得谱列。此就湖北一省约言之也。大省小省，准是以为宽约，亦可备谱学矣。

考乃书志之遗，府县一考，专论建置沿革，最为全书根柢，考订不厌精详，既著其说，又列其表，观者一望了然。至星土之说，存其大概，以天道远而人事迩也。

山川、古迹、陵墓，皆府县所领之地也，城池、坛庙、祠宇、皆其地所建也，此则例详府州县志，《通志》重复详之，失其体矣。兹举其大而略其琐细，各属专志，譬之垣墉自守，详于门内，而不知门外，《通志》譬之登高指挥，明于形势，而略于间架，理势然也。

食货为经国之要，然钱穀簿录，虽猥繁，而理不可忽。则《掌故》既详之矣，志考但撷总凡，而参以奏疏论议，俾览者有以悉其利病得失，乃称史裁，如欲核其名数，自有《掌故》书矣。

水利尤为湖北要务，堤垸闸坝，工程款项，已备《掌故》于工科矣。志考亦撷要领，而参以疏议焉。

艺文为著录之书，《唐》、《宋》史志，嫌其太略，若仿陈氏《书录解题》，晁氏《读书志》①，各为题跋考订，施于州县之志，可资博览。《通志》包罗既富，不可贪多失剪裁也。今略仿《汉》、《隋》二志，稍增子注，以备后人考核，酌于详略之间，庶几得当。然类例恐有不全，故不分部次，而以时代为先后云。金石亦自专门之学，然如欧、赵诸家，题跋考订，亦可施于州县志，而难行于《通志》也。然郑樵《通志》《金石》之略，不分存逸与题款，则太略矣。今于逸者，著其所出之书，存者著其年月官阶名姓，与其坐落而考订之，文则不冗缀，庶几详略得宜。

方志名宦与乡贤，往往一例同编，几无宾主重轻之别，今于人物，概列为传，而名宦则称为《政略》。盖人物包该全体，大行小善，无所不收。而名宦则仅取其政事之有造于斯地耳，虽有他善，而无与斯地，或间出旁文，而非其要义；虽有不善，而于斯地实有功德，则亦不容遽泯，故不得以传名，而以《政略》为名。

名宦虽同，而施设各异，故分《经济》、《循良》、《捍御》、《师儒》为四篇。

人物为诸史列传之遗，方志备史氏取裁，法宜详于史传。而方志诸家，反节史传，即史传所无而新增者，亦约取事略，不为传体，未免草率。今略仿钦定《八旗通志》②之例，人物详为列传，其史传所有者，则列于《人物表》，否则列传重重相因，简帙不胜繁也。

传有记事记人之别，记事出于左氏，记人原于史迁。然史迁《龟策》、《货殖》等传，亦间有记事；即其记人诸篇，亦多以事例牵连，不可分割首尾，盖《春秋》比事属辞之旧法也。自班范以后诸传，人各自为首尾，史传由是益繁。今诸传虽为人物而撰，间有以事名篇，与编年之纪相经纬者，虽似创法，实本左氏之遗意也。

人为正史已具，则列名于表矣；事为史鉴所已详，则但具编年之纪，而不复为传。惟遗书逸事，尚有可与史鉴证同异者，则专为之传，无所参互。固不复为传。即有其书可参，而今未见者阙之，以俟后补。

---

① 晁氏《读书志》：晁公武《郡斋读书志》。
② 《八旗通志》：《四库全书总目》政书类著录《八旗通志初集》二百五十卷，雍正五年（1727）开始编纂，乾隆四年（1739）告成。

记人之传，约略以类相次，而不甚拘于时代。同一类者，仍以时代为先后。长篇专传，皆据所呈，事迹择可为而为之，十一府州，人才之众，自宜不止此数，因呈送事迹简略，亦止从缺如，局于势也。

郑樵《通志》，列传止于隋代，以《唐书》为本朝大臣所修，不敢复有同异，其说良允。惟郑氏《通志》，全为史裁，故应避《唐书》。方志为一方之书，体非全史，且应备史笔删要，则隶事自应更详。故于钦定《明史》列传，恭录于《文征》矣。其有遗文逸事出于乡党者，仍录于志，以见外史加详之义，惟是非枉直，一禀钦定之史为裁断云。

父兄子弟，均有可传者，略仿《南北史》王、谢诸传之例，合为一篇，与《族望表》为表里焉。

本朝大臣三品以上，例得列传于国史，是非予夺，悉禀睿裁，实非外志所能详悉，亦非外志所敢参预。惟存其历官出处，与行事之见于外方，奏议之见于邸报者，约略存之，且不敢妄为位置，妄加论断，以存谨严之义。

传人略以类次，不须明作标目。《忠孝》、《文学》、《仙释》、《艺术》，数篇之外，概以名姓标题。盖人之行事，难以一端而尽，强作标目，则近于班氏之九品论人矣。

志家之载人物，多似类书典故，全无史法。然类例却易寻检，以其书体，原不过以比类为事也。今用别裁义例，其人名之去取离合，非如类书档册，可以成法而拘。观人物者，恐其检阅不易，故立人物之表，于本志有传者，皆于表名之下，注明列传篇次；新收人物，不列表者，表后为别录以注之；其有传者，亦取列传篇次注于其下，观者一望了然，较俗下比类之书，尤为明晰。

史传之类，见于人物之表矣。其记事之传，则有同事之人，若皆取为传，则无可成篇；若没而不书，则有所阙略。今于传后，亦作《人名别录》，此则为记事清其眉目，非为其人合于记载，与《人物表》后之《别录》，义不同科。

《人名别录》，与《人物表》，虽前人鲜作，其实窃仿杜氏释例，所谓《世卿》、《公子》诸谱，以备读左氏者稽检也。古者似有记人名氏之书，班氏《古今人表》，盖有所本，特不当强分九品耳。传后别录名氏，则常璩《华阳国志》，亦略见其端。为史传繁重，不胜此例，似可稍节省耳。故参取之，非敢以私智为穿凿也。

志家多载旧序，亦不没前人之义。但志序本多芜滥，于本书鲜所发明，今仿前人自叙之义，取旧志得失而论次之。其府州县志之尤著者，亦间及焉，以为终篇。

征材所积，各以类次为书。其间畸零小说，旁见轶闻，或考订沿讹，或传闻遗事，说铃书肆，纤屑饾饤，志家多附余编闰位，诚属巨细不遗之意。然体裁各有识职，书欲成家，先宜割爱。史裁附以小说，毕竟不伦，今为《丛谈》一书，附于三书之后，亦足慰旁搜别索之思矣。然不与《通志》、《掌故》、《文征》同称为四书，而附于三书之后者，以三书皆关经要，《丛谈》非其类也。

志家例有流寓，亦本地理纂类名目，事与名宦略同，盖皆非本地人也。然纂类自可备用，撰志则须剪裁，即如名宦已称《政略》，视列传为简矣。流寓止可用于府州县志，《通志》不宜用也。夫规方千里有余，古人辙迹往来，何可胜数？故凡《通志》所收流寓，如悉数核之，皆是挂一漏百，其势有必然也。今人物尚取详今略古，纪载已恐其繁，流寓不当赘入也。

## 《湖北通志·族望表》序例

《周官·小史》"奠系世，辨昭穆"，谱牒之掌，古有专官。司马迁以《五帝系牒》、《尚书集世纪》为《三代世表》，氏族渊源，有自来矣。班固以还，不载谱系。而王符《氏姓》之篇，《潜夫论》第二十五篇。杜预《世族》之谱，《春秋释例》第二篇。则治经著论，别有专长，义尽而止，不复更求谱学也。自魏晋以降，迄乎六朝，族望渐崇，家传寝著，其命名之别，若王肃《家传》、虞览《家记》、范汪《世传》、明粲《世录》、陆煦《家史》陆《史》十五卷。之属，并于谱牒之外，勒为专书，以俟采录者也。至于挚虞《昭穆记》、王俭《百家谱》以及何氏《姓苑》、贾氏《要状》贾希鉴《氏族要状》十五卷。诸编，则总汇群伦，编分类次者也。家有专书，则郡有著望，若沛国刘氏，陇西李氏，太原王氏，陈郡谢氏，虽子姓散处，或本非同居，然而推言族望，必本所始。后魏迁洛，则有八氏十姓，三十六族九十二姓，并居河南洛阳，而中国人士，各第门阀，则有四海大姓，州姓，郡姓，撰为谱录，俱以州郡系其世望者也。

唐刘知幾讨论史志，以谓族谱之书，允宜入史。其后欧阳《唐书》撰为《宰相世系》，顾清门巨族，但不为宰相者，时有所遗。至郑樵《通志》，首著《氏族》之略，其叙例之文，发明谱学所系，盖尝慨切言之。

古者瞽矇诵诗，并诵世系，以戒劝人君。当时州闾族党之长，属民读法，乡大夫三年大比，考德艺而献书于王，则其系世之属，必有成数，以集上于小史可知也。奠系世之掌于小史，与民数之掌于司徒，其义一也。杜子春曰："奠系世为帝系，诸侯卿大夫世本之属。"然则比户小民，其世系之牒，不隶小史可知也。卿大夫以岁时登其夫家之众寡，三年以大比兴一乡之贤能。夫夫家之众寡，即上大司徒之民数，其贤能为卿大夫之选，又可知也。民贱，故仅登户口众寡之数；卿大夫贵，则详系世之牒，理势之自然也。后代史志，详书户口，而谱系之作无闻，则是有小民而无卿大夫也。孟子曰："所谓故国者，非谓有乔木之谓也，有世臣之谓也。"后代方志，留连故迹，附会桑梓，至于世牒之书，阙而不议，则是重乔木而轻世家也。夫以司府领州县，以州县领世族，以世族率齐民，天下大计可以指掌言也。唐三百年谱系，仅录宰相，彼一代浩繁，出于计之无如何耳。方州之书，登其科甲仕宦，则固成周卿大夫之所以书上贤能者也。

今仿《周官》遗意，特表氏族，有十便焉：一则书登柱下，史权不散，私谱有所折衷，其便一也。一则谱法画一，私谱凡例未纯，可以参取，其便二也。一则清浊分涂，非其族类，不能依托，流品攸分，其便三也。一则著籍已定，衡文取士，自有族属可稽；非其籍者，无难句检，其便四也。一则昭穆亲疏，秩然有叙；或先贤奉祀之生，或绝祠嗣续之议，争为人后，其讼易平，其便五也。一则祖系分明，或自他邦迁至，或后迁他邦，世表编于方志，其有谱牒散亡，可以借此证彼，其便六也。一则改姓易氏，其时世前后及其所改之故，明著于书，庶几婚姻有辨；且修明谱学者，得以考厥由来，其便七也。一则世系蝉联，修门望族，或科甲仕宦，系谱有书，而德行道艺，列传无录，没世不称，志士所耻，是文无增损，义兼劝惩，其便八也。一则地望著重，坊表都里，不为虚设，其便九也。一则征文考献，馆阁檄收，按志而求，易如指掌，其便十也。

楚之族望，著自古昔，江陵世族，南阳冠盖，其风远矣。兹录诸府县之土著族姓，为族望表，凡族有进士二人，及京官四品，外官三品，武职二品者，皆得列表。其世系以甲第仕宦之人为主，上详其始祖，下至其子孙，旁及其分派之人而止。

## 《湖北通志·人物表》序例

古人之治史记，盖有名姓之书，如《世本》、系牒之外，必有通方比类，标识其人，以为载籍稽检，而惜其法之不传也。项籍曰："书足以记姓名。"可见史文重名姓矣。班固《古今人表》，后世所讥，然马迁列传之所不著，藉是以存古人梗概，其义未可尽非，其书亦必有所受者也。即所谓名姓之书也，其后如杜预《世卿》、《公子》诸谱亦是。顾炎武氏尝惜南北六朝诸史无表，以谓表阙而列传不得不繁。不知宋元诸史，未尝无表，而列传之繁，反过六朝数倍。盖但表王公将相，而不以类综人物姓名，史传所由芜而冗也。

方志人物，尤异史家，史传名人，籍光篇幅，或钞节略，或录全文，由后追前，陈因相积，观者于此，殆于巨门之必有绰楔，官告之必具三代，习为固然，无足措意，而观感兴起之意微矣。昔常璩撰《华阳国志》，既著一方之人物矣，而于三州士女益、梁、宁也，或见《汉书》，或载《耆旧》①，或见郡纪②，或在三国书似指公孙、刘、李，非《三国志》。并取秀异，以上皆常璩原文。表录姓名，不复详述。岂不以史传昭明，无藉爝光助日，援兹立义，不亦简而文乎！又云，但见姓名，而不详其行，故或有以传无珍善阙之。此则后世志乘，不解综名立表，而于有名无事实者，务拾浮辞，足其篇什，孝皆曾闵，廉尽夷齐，治必龚黄，文推班马，千篇一律，无所取裁。品既混于甲乙，文仅取资丙丁，曷亦规仿常氏别择珍善之义，姑以名表可乎？惟常氏于表名之篇，多为品目，则行且未详，品于何有？赐也方人，夫子且云不暇。

---

① 《耆旧》：即《耆旧传》，这里是泛指。
② 郡纪：似应作郡记，是方志早期阶段的名称，刘知幾称之为郡书、郡国之书。我们总称为"地记"，即某郡记。

班氏《古今人表》，强为仁智九品，通人所以深诋之也。

　　盖方志取裁，难于国史，史于一朝之事，自为去取，无留连也。方志则多狃于纂类之习，凡简编所具，耻有阙遗，既欲效医师之兼收，势自不能为匠石之善斫矣。沿流而波，伊于何底；自崖而返，众议滋纷。今为折两之中，略仿占三从二，用班氏之表例，而去其九品分科；参常氏之综名，而加以三条征引，一、正史，二、一统志，三、旧志与府州县志。裒列姓名为人物表，正史纪传尊于方志；一统志为功令所颁，乃方志所当禀承；旧志与府州县志，则亦当官修辑，副在史臣，其所载名姓，非人所得私也。则类从列表，以为人物之总摄。人物既有归矣，然后综览今古，裁度事理，择其不可已者而为之传，表则取其囊括无遗，传则取其发明有自。意冀该而不伤无芜，约而不致于漏，庶几经纬相资，以备一方之记载也哉。

## 《湖北通志·春秋人名》序例

　　夫志者，史之流别，将以纪事，非以征类也。史传之于人物，无取复经，史迁列传，如春秋之子产[①]、叔向[②]、伯玉[③]、柳下诸贤，皆不列传，盖左氏已具，无取于复经也。志乘之于人物，不当复史，正史有名之人，不藉志以传也。其义一也。

　　今仿班史《人表》，而著其所证，则区正史及《大清一统志》与省府州县诸志为三例矣。皆是官书，故定据为例，非出官书，虽甚古不敢杂其例。三例之外，百家传记，无不采为传文，不复著表。惟三例之前，春秋人物，见于记传者，不乏其人，既不复入传文，人所共知。又不可混搀表例，非正史、统志与诸志也。今仿杜氏《春秋谱例》，汇录名氏，列于人表之前，所谓数典而不忘

---

① 子产（？—前522）：春秋时郑国相。姬姓，名侨，字子产，又字子美，谥成子。成公之少子。因居车里，又称"车里子产"。博识多闻，为政贤明。实行改革，最早把"刑书"铸在鼎上公布，成为著名政治家。

② 叔向：春秋时晋国正卿。姬姓，羊舌氏，名肸，字叔向。以其习于史籍，为太子彪（即平公）师傅。平公立，以上大夫为太傅，参与国政。提倡尊贤使能，为当时著名政治家。

③ 伯玉：蘧伯玉，春秋时卫国大夫。姬姓，蘧氏，名瑗，字伯玉。卫公族，卫献公时为大夫。为政之道，深得孔子称赞。

祖也。凡名氏出自三传者不注外，余俱注明来历。

## 《湖北通志·府县考》序例

夫合州县而成府，府志必有其义，非集州县志而无所为也。合诸府而成统部通志，必有其义，非集诸府志而无所为也。书取其义，则篇第分合，自有一家贯通，非如摘比类书，文业簿帐，拘于一定方所，不可参互通变者也。书以通名，而事仍铢铢分隶，非通义。

范氏成大撰《吴郡志》，事类离合，不拘拘于分县，而恐于诸县有所漏也，别为县记二篇以专志之。盖彼时县邑，不尽有志，故体例如是。至明代，州县莫不有志，撰府志者，多就州县之书，缀合为篇；通志取裁于府，亦复如是。府县之书，既无所辨，于是专记为邑之例无所用矣。然范氏县记，不以建置沿革为主，而但记廨署亭台，其志沿革城池，则又有郡无县，是属县沿革，皆无所考，此盖范氏之疏，不可法也。

今《通志》全书，皆以意为贯通，而疆界分合，舆图既揭其全矣，而府州县之建置沿革，则参取范氏县记之意，别为《府县考》一篇，以著欲合先分之义。

## 《湖北通志·政略》序例

夫方志比于古者列国史书，尚矣。列国诸侯，开国承家，体崇势异，史策编列世家，抗于臣民之上，固其道也。守土之吏，地非久居，官不世禄，其有甘棠留荫，循迹可风，编次列传，班于文学政事之间，亦其宜也。往牒所载，今不可知，若梁元帝所为《丹阳尹传》，见《隋志》九十卷。孙仲所为《贤牧传》，见《唐志》十五卷。则专门编录，率由旧章，马班《循吏》之篇，要为不易者矣。近日方志，区分品地，乃用名宦为纲，与乡贤、列女、仙释、流寓诸条，均分门类，是乃摘比之类书，词人之杂纂，虽略仿乐史《太平寰宇记》中所附名目，实兔园捃摭词藻之先资，欲拟《春秋》家学，外史掌故，人编列传，事具首尾，苟使官民同录，体例无殊，未免德操诣庞公之家，一室难分宾主者矣。

窃意蜀郡之慕文翁，南阳之思邵父，取其有以作此一方，为能兴利除弊，其人虽去，遗爱在民，职是故也。正使伯夷之清，柳下之惠，不嫌同科。其或未仕之先，乡评未协；去官之后，晚节不终，苟为一时循良，何害一方善政？夫以治迹为重，其余行业为轻，较之本地人物，要其始末，品其瑕瑜，草木区分，条编类次者，其例本不相侔，于斯分别，标题名为《政略》，不亦宜乎？

夫略者，纲纪之鸿裁，编摩之伟号，《黄石》、《淮南》之属抗其题，《黄石公三略》，《淮南子要略》。张温、鱼豢之徒分其纪，张温《三史略》，鱼豢《典略》。盖有取乎谟略之遗，不独郑樵之二十部也。郑樵《通志·二十略》。以之次政事，编著功猷，足以临莅邦人，冠冕列传，揆诸记载，体例允符。非谓如裴子野之删《宋略》，但取节文为义者也。为类四篇：一曰《经济》，二曰《循良》，三曰《捍御》，四曰《师儒》。

## 《湖北通志》序传

传者，纬经之称，绎义、训故、记言、述事、书人，绎义如《易系》，训故如《尔雅》，记言如《论语》，述事如《左传》，书人如诸史列传，古人皆称谓传。古人无定法也。自书分经史，而左氏以述事为编年之宗，史迁以书人为列传之本，于是传为史氏专篇。荀、袁复以纪称编年之书，则传又专属书人之用，以至文人之集，具人终始，亦必称传，而古人以传纬经之旨微矣。

夫文宜称质，而辞贵飓时，后世史称传既为定名，岂当更求诡异。惟是史家体宗迁法，迁之列传，虽为书人发凡，其《货殖》、《龟策》诸篇，未尝不兼述事，品藻人物，以意合离，一篇之中，不尽人为界画，犹左氏之遗也。至班范以下，则类广而例益拘矣。夫传以人拘，则事散而互注不得不多，如事详某传，及事在某篇之类。人又以类拘，则名繁而分篇不得不广，王公、将相、卿尹、牧伯，区分品类，莫不有传。史文冗晦，所自由也。

方志为史氏要删，则记载当宗史法，其人物一门，固列传之遗也。节录事略，区分品目，则类书矣。科名具于选举，状志列于艺文，又杂出矣。全钞史传，或失剪裁，附注异同，亦嫌繁富，斯则施于府县之志，尚见博综，著为统部之书，不胜却车载矣。前人所为《陈留风俗》、《汝南先贤》诸传。今非完书，而文亦偏举，专纪人物，非为方志全书。宋人名志，若罗氏《新安》，范氏《吴郡》诸编，则剪截史传，已开后世方志摘比区类之端，是以方志人物，荐绅先生盖难言之。

夫志者，识也，典雅可识，所以期久远也。书无限断，则瀚漫而不精，事取因仍，则芒昧而易杂。一方之志，将记一方之事也，古今理乱，亦既粗具于编年纪矣，抑事以人举者也，编年文字简严，传以申其未究，或则述事，或则书人，惟用所宜，不敢执于一也。昔班袭马文，划自西京断代，自秦以前，班既不用，孝武以后，又马所无，自高至武，不得不复。范同陈传，介于东汉疑年，如袁绍、刘表诸传，范为东汉末造，陈为三国始事，亦不得不复。非有意于从同，势自不容已也。方志家言，搜罗文献，将以备史氏之要删，史之所具，已揭日星，复于方志表扬，岂朝典借重于外乘耶？如谓一方数典，不得不具渊源，则表列姓名，足以知其人之出处，史传全文，自可以意举矣。

楚自鬻熊开国，远历商周，至于明代以前，纪载备矣。高阳苗裔，荒远难追，筚路蓝缕，略见称述。至春秋始著，事倍桓文，卿士大夫，长才辈出。盖文王自丹阳启郢，而屈、鬭诸族，彬彬见称述矣。昭王都鄀，霸业炽昌，公族既有三闾，庶族亦参二广，文谟武略，治国交邻，《春秋》所纪，楚国人才，磊落相望。假使马班生于其时，得见其详，为之分科列传，令从两家篇籍，恐未足以当其富也。然丹阳二鄀，都邑屡迁，皆在今湖北境。至春秋末季，而启疆滋大，北连陈蔡，东兼吴越，凡称楚者，规方几五千里。史传人物，不得其邑里者，皆号楚人。无论潇湘洞庭，今以为湖南境，即春秋仕楚，有邑里者，亦不尽出湖北一区，此则详于沿革之篇矣。沿革见《府县考》。秦汉之际，楚人多指江淮，史有地理专书，人物易于稽检，项氏世为楚将，而籍起下相；王孙扬侧田间，而盱眙立邑，则郢楚故都，不足为人物之旧贯也。赤符中启，白水膺图，龙跃时乘，蜂屯材策，西都群寇，既为前驱，南阳冠盖，遂多著望，阴郭世封，樊岑勋业，斯则宜漳随枣之间，多存其故辙云。三分鼎足，争帜中原，伏龙凤雏，并山襄邓。江夏则有费祎、李通，荆州则有董允、霍峻。江夏乃今县地。魏之庞氏、山民，吴之习温、张悌，皆楚产也。典午以还，门阀相尚，襄阳习氏，荆州宗氏，人才盛矣。诸柳则有元庆、世隆、庆远、敬礼、憕、忱、恽、偃之流，鹭序于齐梁；诸庾则有杲之、黔娄、於陵、肩吾、季才、曼倩、荜、域、说、信之伦，蝉联于南北。世家故族，殆与陈郡之谢，琅琊之王相伯仲焉。隋唐之间，樊兴、许绍，以武略起安州，今德安县。蔡允恭、岑文本，以文学出荆渚，一代治平，文优于武。鄂州则李氏父子，善与邕也。襄阳则杜氏祖孙，审言与甫。世业家风，盖为后世所宗范矣。至于西方之教，无与经纶，第五祖传镫南北，分派皆著迹于新蔡，今黄梅县。实为史氏外篇。昔《晋史》之著鸠摩，《魏书》之志《释老》，咸纪事实，非为崇奉，《春秋》所不废也。刘昫记录玄奘、弘忍之流，欧宋删之，过矣。《宋史》列传滋多，占楚贯者，加于往牒。由元讫明，时近史繁，人物不可以更仆数矣。

  方志家言，往往于史之所具，而采录或逸其名，虽撰次之疏，亦繁重难以周遍也。语云："知屋漏者在宇下。"拾史遗者其方志乎！宋元遗书，今多存者，史文所具，互见异同。乃知一家之言，殆于人心如面，是知百国宝书，左氏必多割爱；楚汉记载，史迁容有不遑。譬彼琢玉为器，所去之玉，未必逊于所存；制锦为衣，所裁之锦，岂必不如所纫？正史体尚谨严，方志宜存旁见。孟子对汤武苑囿之问，皆曰"于传有之"。左氏所引，亦有《军志》、《周志》之文，是皆六籍正文之所不载，则偏书外纪，自古有之，今则于所别著，略见旁搜，所以表方志之纬于史也。其无关经要，则姑从阙如，不敢逞奇邪之说也。是故正史未具，方志当详今而略古，正史未具之人，方志详为之传，是详今也，正史有传，则但存其名于表，是略古也。正史既具，方志又当详后而略前，宋元至明，史传虽具，史外有书可参，故无传者补之，传未尽者或增订之，是详后也。隋唐以前，史无旁书可参，则止有人物表，而无补订诸传，是略前也。亦取当于事理，非有所别择也。

  《论语》曰："君子疾没世而名不称焉。""人不知，而不愠，不亦君子乎！"名者实之宾，实不足则竞于名，好恶相攻，史文或有诬妄，名利相市，方志或多夸饰，斯为病矣。盖见于史者，有褒有贬，而方志或于本史之传，则录褒而去贬。至于史不立传之人，方志任情无例，谀墓颂腶失实之辞，酬应泛滥文墨之笔，漫不知择，则方志病，而国史无以为质矣。是以持论不可不恕，立例不可不严，采访不可不慎，商榷不可不公。以古良史为师，犹恐失之不及，况敢轻心掉乎！

## 《湖北通志·前志》传序

夫经师有儒林之传，辞客有文苑之篇，而史氏专家，渊源有自，分门别派，抑亦古今得失之林，而史传不立专篇，斯亦载笔之阙典也。夫作史而不论前史之是非得失，何由见其折中考定之所从？昔荀卿《非十二子》，庄周辨关尹、老聃、墨翟、慎到之流，诸子一家之书，犹皆低昂参互，衷其所以立言，况史裁囊括一世，前人成辙，岂可忽而置之！

若夫方志家言，汗牛充栋，其中佳制，十不一闻，由后追前，难以讨其底蕴，其无专传宜矣。然大辂本于椎轮，藻饰起于太素，则饮水思泉，亦不容于竟略也。是以先考总志，分别存亡，证所授受，略如儒林之述师传，所谓本也。府州县志，择其为人所称道者，条附而论次之，存千百于十一，所谓支也，并取足以供载笔之要删，为《前志》篇。

## 《湖北掌故》序例

《掌故》者，《通志》诸考之核实也，《通志》有表有传，皆用史裁，诸考则史家书志之体，全书既名曰志，故变例称考，其所以备典实者一也。志家之于典实，如舆地、建置、赋役、食货、学校、水利一切关经要者，文则不见辞藻之华，质则不及簿书之确，缙绅之士所难言也。昔司马迁撰《天官》、《河渠》、《礼》、《乐》、《平准》诸篇，皆总撷大意，掇其精英，自成一家之言，使善读者可揣而致也。至于簿书器数之详，不暇求备，故于《礼书》赞曰："笾豆之事，则有司存。"盖指叔孙朝仪，韩信军法，萧何律令，张苍章程之属，掌故具存史官，不可以累体要也。方志为古国史之遗，荟萃一方之事，以为内史取裁，其于正史，盖具体而微矣。经要诸考，欲其典雅可诵而识，故曰志者识也，文士华藻，掾史案牍，皆不可以为志明矣。然笾豆存于有司，则后世律令会典，所以守于官府，亦犹《尚书》、《春秋》，所以经远,而《周官》、《仪礼》,实为当世章程,其义不容有偏废也。一方之志,既为内史备其取裁,则一方制度条规,存乎官司案牍,亦当别具一编,以为有司法守,使之与志相辅而行,则所谓志者,乃不类于虚车之饰也。

夫同文共轨,律令典例,颁于功令,六合之内,不容有殊制矣。然律令典例,通于天下,其大纲也;守土之吏,承奉而宣布之,各有因地而制其宜者,非经沿革之久,阅习之熟,讨论之详,则不能以随宜而适于用。此则自为一方故事,亦即律令典例之节目也。昔者马班《八书》、《十志》,不及簿录名数,道固然也。当时惜无刘秩、杜佑其人,删辑诸司职掌,自为一代成宪,与史相辅而行,故使徐天麟辈,从千百年后,掇拾补苴,以为两汉《会要》,减不免于挂一而漏万矣。自唐宋以后,正史之外,皆有典故会要,以为之辅,故典籍至后世而益详也。方志诸家,则犹合史氏文裁,与官司案牍,混而为一。文士欲掇菁华,嫌其芜累;有司欲求故事,又恐不详。陆机所谓"离之则双美,合之则两伤"也。惟于志文之外,别为《掌故》一书,则义例清而体要得矣。

而撰辑之事,因仍则易,创始为难。方志向有成书,掌故旧无其籍,盖有难于为创者焉。上窥律令典例,则有同中求异之难。如官司职掌,为天下所通,而监司承倅佐贰诸官,则所司有别;兵吏粮饷亦诸军一例,而本色折色,以及钱银搭放,则随处不同;衙门典吏额缺,定于一矣,而典吏分科领事,彼此各殊;军仗器械工料,定于一矣,而彼盈此缺之数,不能尽定,此同中之异,不能概求之令典也。下征诸司案牍,则有逐流忘源之弊,如汉口六行义仓,无人不知,而六行之名目,档案久无其籍。又如省城育婴堂,旧仍久经停造之机坊,见于育婴堂详案,而机坊始末,无籍可稽。至于案牍不全,籍册遗失,一时征索,多从阙如。非惟典章纪载,有所未周,抑恐官司猝遇疑难,亦且无所依仿矣。故创条发例,纂辑成编,为此时之要务,其阙而不可知者,则待后人随时之修补也。

至于时有沿革,物有废兴,今日所编,容有日后不可用者,或仿律例、故事,十年一修,固凭藉之有基,期润色之加美,不特方志得以澄清义例,抑凡从政于斯者,未始不资为佐理之一端矣。书分六科,其条目各自为篇,凡吏科之目四,户科之目十九,礼科之目十三,兵科之目十二,刑科之目六,工科之目十二,总六十六篇。

## 《湖北文征》序例

百国春秋，实称方志。二《南》以降，爰有《风》诗，太师以献民情，外史实掌国乘，官分其守，书别其流矣。自方志家言偏于地理，而撰述之业略似类书。欧虞所钞，白孔所帖，山川陵谷之类，既已部占其区，赋颂铭记之辞，因而附撷其秀，斯盖取备，临文祭獭，固难于绝笔书麟者也。孟子曰："《诗》亡而后《春秋》作。"王通氏曰："圣人述史有三：《春秋》与《书》、《诗》也。"史迁发愤，义或近于风人；杜甫怀忠，人又称其诗史。由斯而论，文之与史，为淄为渑，诗之于文，孰先孰后，然而《桃夭》、《芣苢》①，非不知春，不若王正之凛肃也；五陨六飞，非不体物，不若比兴之缠绵也。就使地理专门，不尽版图书契，《元和郡国》②而上，但记山川，《太平寰宇》③而下，渐详景物。于是宋人州郡方志，无不采辑诗文，滥觞之弊，所由来矣。

刘氏勰曰："贾生俊发，文洁而体清。"柳氏宗元曰："参之太史，以著其洁。"李氏白曰："垂裳贵清真。"韩氏愈曰："文从字顺各识职。"古人所谓洁也，真也，清也，从顺而识职也，言乎体要各有当也。读《书》如无《诗》，读《诗》如无《春秋》，凡合之而两伤，知离之而得双美矣。

## 跋《湖北通志》检存稿

余撰《湖北通志》，于列传尤不苟，凡五十四篇，笈存私稿未及其半，可惜也！然并合凡例，序目及往复驳议，犹见笔削大凡，今分次二十四卷为检存稿，不行于时，冀取信于后也。余尝论史笔与文士异趋，文士务去陈

---

① 《桃夭》、《芣苢》：《诗经·周南》的两首诗篇名。
② 《元和郡国》：即《元和郡县图志》。古代县与国相通，如《隋书·经籍志》杂传类小序曰"郡国之书，由是而作"，实即"郡县之书，由是而作"。
③ 《太平寰宇》：即《太平寰宇记》。

言，而史笔点窜涂改，全贵陶铸群言，不可私矜一家机巧也。虽然，司马生西汉而文近周秦战国，班、陈、范、沈亦拔出时流，彼未尝不藉所因以增其颜色，视文士所得为优裕矣。

余撰方志，力辟纂类家之芜沓，使人知方志为国史羽翼，故于前古人物，久标史传，无可疑者，概列于《人物表》，不复为传；所为传者，多出宋元而后史传所载，与他书迥有异同，或史本无传者，方始为之。而近世纪载，出于史学久绝之后，一切文辞叙述，芜梗阔冗，全无法度，甚且称谓颠倒，莫可究诘；而其事迹实有可传，则亦不得不列于传。故所因者，非第不足藉以生色，或至如学童课业，大费点化删润，免过为幸，安敢望有拔出于平日之文哉？如亦效前人之借古籍以生色，则又有余之别裁，不容冒昧入者，阅者谅其所处之时之势，而知其有苦心焉幸矣！

## 《天门县志·艺文考》序[①] 艺文论附

呜呼！《艺文》一考，非第志文之盛，且以慨其衰也。有志之士，负其胸中之奇，至于抵牾掎撅，不得已而见之于文，伤已！乃其所谓文者，往往竭数十年萤灯雪案，苦雨凄风，所与刻肝肾，耗心血，而郑重以出者；曾不数世，是一舣拓落，存没人间，冷露飘风，同归于尽，可胜慨哉！幸而辀轩载笔，得以传示来兹。然汉史所录，《隋志》阙亡者若而人；《隋志》所录，《唐书》残逸者若干家。《崇文总目》，《中兴书目》[②]，《文渊阁目》，上下千年，大率称是。岂造物忌才，精华欲秘欤！抑所撰述，精采不称，不足传久远欤！而两汉以下，百家丛脞，雅俗杂揉，猥鄙琐屑之谈，亦具有存者，则其中亦自有幸不幸焉。

---

[①] 乾隆二十九年（1764）章氏随父镳衢主讲天门县，并为天门知县修县志，现存序三篇，均为其代作。在《艺文志》序中，作者批评了当时方志学界将艺文志变成诗文的选编，完全违背了艺文志编修目的，并严肃指出："著作部目，所关至巨，未宜轻议刊置。"这个观点，在后来修志过程中曾一再加以发挥。遗憾的是，两百多年前早为章氏批判过的错误，在新修方志当中竟然普遍在流行，这不能不说是怪事。

[②] 《中兴书目》：全名《中兴馆阁书目》，南宋孝宗时，秘书少监陈骙于淳熙五年（1178）编成，七十卷，分四部五十二小类，著录存书四万四千四百八十六卷。

《景陵旧志》[①],《艺文》不载书目，故前人著作，未尽搜罗，而本传附录，生平著书，今亦不少概见。然则斯考所采，更阅三数十年，其散逸遗亡，视今又何如耶！此余之所以重为诸家惜也。今采撷诸家，勒为一考，厥类有四：曰经，曰史，曰子，曰集。其别有三：曰传世，曰藏家，俱分隶四部，曰亡逸，别自为类，附篇末。

论曰：近志艺文，一变古法，类萃诗文，而不载书目，非无意也。文章汇次甲乙成编，其有裨于史事者，事以旁证而易详，文以兼收而大备，故昭明以后，唐有《文苑》，宋有《文鉴》，元有《文类》，括代总选，雅俗互陈，凡以辅正史，广见闻，昭文章也。第十五《国风》、十二《国语》，固宜各有成书，理无可杂。近世多仿《国语》而修邑志，不闻仿《国风》而汇辑一邑诗文，以为专集，此其所以爱不忍删，牵率牴牾，一变艺文成法欤！夫史体尚谨严，选事贵博采，以此诗文拦入志乘，已觉繁多，而以选例推之，则又方嫌其少。然则二者自宜各为成书，交相裨佐明矣。至著作部目，所关至巨，未宜轻议刊置，故今一用古法，以归史裁。其文之尤不忍删者，暂隶附录，苟踵事增华，更汇成书，以裨志之不逮。呜呼！庶有闻风而嗣辑者欤！

## 《天门县志·五行考》序

尧水汤旱，圣世不能无灾；回星反火，外物岂能为异？然而石鹢必书，螟蝗谨志者，将以修人事答天变也。自《援神》、《钩命》[②]，符谶荒唐，遂失谨严。而班范所录，一准刘向《洪范》之传，连类比附，证合人事，虽存警戒，未始无附会矣。

夫天人之际，圣人谨焉。《春秋》二百四十二年，五行灾祥，杂出不一，圣人第谨书之，而不与斤斤规合，若者应何事？若者应何人？非不能也，盖

---

① 《景陵旧志》：《宋史·艺文志》地理类著录林英发《景陵志》十四卷。秦置竟陵，梁末废。北周复置，五代晋天复初改名景陵，清改为天门。

② 《援神》、《钩命》：《孝经》纬名《援神契》、《钩命诀》。

征应常变之理，存其概，足以警人心；而牵合其事，必至一有不合，或反疑灾变之不足畏，毋乃欲谨而反怠欤！草木变异，虫兽祸孽，史家悉隶五类，列按五事。余以为祥异固有为而作，亦有不必尽然，难以附合者。故据事直书，不分门类，不注征应，一以年月为次；人事有相关者，杂见他篇，可自得焉。

## 《天门县志·学校考》序

阙里备家乘矣，成均辑故事矣，胶庠泮水，寰宇同风，曷事连编采撷，更为专考？抑自两汉以下政教各有所崇；而学校有兴无废，披水筑宫，拂簜拭履，有事则于中讲明而施行之；无事则父老子弟，于以观游自淑，而礼法刑政，民彝物则，胥出于是焉；则学校固与吏治相为表里者也。典型具在，坠绪茫然，抚钟鼓而想音徽，可以蹶然兴矣。

## 为张吉甫司马撰《大名县志》序[①]

乾隆四十六年冬，余自肥乡知县移剧大名。大名自并魏移治府城，号称畿南冲要，而县志尚未裒合成书，文南之征，阙焉未备。余有志搜罗，下车之始，始末遑暇。至四十九年，乃与乡缙绅讨论商榷，采取两县旧志，参互考订，益以后所见闻，汇辑为编，得图说二篇，表二篇，志七篇，传五篇，

---

① 乾隆五十年（1785）张维祺《大名县志》修成，章氏为其写序。由于时代关系，章氏不懂方志发展的历史，而只强调方志如同古国史，更不承认隋唐以来的图经，认为图经"乃是地理专门"，并说"古之图经，今不可见"。对于地记，则更不了解，因而很少谈及。文中对宋明两代方志所列举的四家，评论还是比较中肯的。文中所言"家有谱，州县有志，国有史，其义一也"。按理讲，"家谱有征，则县志取焉；县志有征，则国史取焉"。但是，"今修一代之史，盖有取于家谱者矣，未闻取于县志，则荒芜无稽"。这实际上是对当时所修书的一种估价，一种批评。张吉甫，名维祺，字吉甫，山东胶州人，乾隆进士，原任大名知县，乾隆四十六年（1781）调任河间府同知。章学诚在四十四岁这年河南遇盗后，即投奔同年张维祺于直隶肥乡县衙，维祺聘其主肥乡清漳书院讲席。

凡一十六篇。而《叙例》、《目录》之列于卷首，杂采缀记之附于卷末者不与焉。五十年春正月，书成，会余迁河间府同知，寻以挂误免官，羁迹旧治。而继为政者，休宁吴君，自隆平移治兹县。吴君①故尝以循良，名声三辅，而大雅擅文，所学具有原本。及余相得，莫逆于心，因以志稿属君订定，而付之梓人。爰述所以为志之由而质之吴君。

曰：往在肥乡官舍，同年友会稽章君学诚，与余论修志事。章君所言，与今之修志者异。余征其说。章君曰："郡县志乘，即封建时列国史官之遗；而近代修志诸家，误仿唐宋州郡图经而失之者也。《周官》外史掌四方之志，注谓若晋之《乘》，楚之《梼杌》，鲁之《春秋》，是一国之史，无所不载，乃可为一朝之史之所取裁。夫子作《春秋》，而必征百国宝书，是其义矣。若夫图经之用，乃是地理专门。按天官司会所掌书契版图，注：版谓户籍，图谓土地形象，田地广狭，即后世图经所由仿也。是方志之与图经，其体截然不同，而后人不辨其类，盖已久矣。"

余曰："图经于今，犹可考乎？"章君曰："古之图经，今不可见；间有经存图亡，如《吴郡图经》②、《高丽图经》③之类，约略见于群书之所称引，如水经地志之类，不能得其全也。今之图经，则州县舆图，与六条宪纲之册，其散著也；若元明之《一统志》书，其总汇也。散著之篇，存于宫府文书，本无文理，学者所不屑道；统汇之书，则固地理专门，而人物流寓，形胜土产，古迹祠庙诸名目，则因地理而类撮之，取供文学词章之所采用，而非所以为书之本意。故形胜必用骈俪，人物节取要略，古迹流连景物，祠庙亦载游观，此则地理中之类纂，而不为一方文献之征，甚皎然也。"

余曰："然则统志之例，非与阎氏若璩以谓统志之书，不当载人物者，

---

① 吴君：吴之珩，安徽休宁人，乾隆进士。乾隆五十年（1785）由隆平调任。
② 《吴郡图经》：《吴郡图经续记》三卷，北宋朱长文撰。长文（1041—1098），字伯原，苏州人。虽登进士乙科，因足疾不仕。后以苏轼荐，召为太常博士、枢密院编修。元丰七年（1084）成《吴郡图经续记》，计分上、中、下三卷，二十八门。这是我国直接流传下来的最早的一部图经。
③ 《高丽图经》：全称为《宣和奉使高丽图经》，南宋徐兢撰。徐兢（1091—1153），字明叔，号自信居士，和州历阳（今安徽和县）人。政和中以父任补通州司刑曹事。官至朝散大夫。宣和六年（1124）为国信所提辖官，随使高丽，回国后著《宣和奉使高丽图经》四十卷，分二十八门，凡其国之山川、风俗、典章、制度、道里之远近等无不详载，其中海道八卷，尤称详备。惜附图已佚。这与隋唐五代图经实为不同含义。

其言洵足法与？"章君曰："统志创于元明，其体本于唐宋，质文损益，具有所受，不可以为非也。《元和郡县》之志，篇首各冠以图，图后系以四至八到，山川经纬之外，无旁缀焉，此图经之本质也。《太平寰宇》之记，则入人物艺文，所谓踵事而增华也。嘉熙《方舆胜览》[①]，侈陈名胜古迹，游览辞赋，则逐流而靡矣。统志之例，补《寰宇》之剩义，删名胜之支辞，折衷前人，有所依据，阎氏从而议之，过矣！然而其体自有轻重，不可守其类纂名目，以备一方文献之全，甚晓然也。"

余曰："古之方志，义例何如？"章君曰："三代封建，与后代割据之雄，大抵国自为制，其体固不侔矣。郡县之世，则汉人所为《汝南先贤》[②]、《襄阳耆旧》、《关东风俗》诸传说，固已偏而不备，且流传亦非其本书矣。今可见者，宋志十有余家，虽不能无得失，而当时图经纂类名目未盛，则史氏家法犹存；未若今之直以纂类子目，取为全志，俨如天经地义之不可易也。"

余曰："宋志十有余家，得失安在？"章君曰："范氏之《吴郡志》[③]，罗氏之《新安志》[④]，其尤善也。罗《志》芜而不精，范《志》短而不详，其所蔽也；罗《志》意存著述，范《志》笔具剪裁，其所长也。后人得著述之意者，鲜矣！知剪裁者，其文削而不腴，其事郁而不畅，其所识解，不出文人习气，而不可通于史氏宏裁；若康氏《武功》之志，韩氏《朝邑》之志，其显者也。何为文人习气？盖仿韩退之《画记》[⑤]而叙山川物产，不知八书、十志之体不可废也；仿柳子厚《先友记》[⑥]而志人物，不知七十列传之例不可忘也。盖村塾讲习，亦知所谓古文词者，推尊韩柳，故其所见如是，自谓远出于流俗矣，而不知文集无当于史裁也。等而下者，更无论矣。"

---

① 《方舆胜览》：南宋祝穆撰。穆字和甫，少名丙，建宁崇安（今属福建）人。他与弟受业朱熹，隐居不仕。理宗时著《方舆胜览》七十卷，以南宋十七路疆域为范围。还著有《事文类聚》。

② 《汝南先贤》：全名《汝南先贤传》，三国魏周裴撰，五卷，《隋书·经籍志》杂传类著录。

③ 范氏之《吴郡志》：范成大（1126—1193），字致能，号石湖，平江昆山（今江苏昆山）人。绍兴进士。《吴郡志》五十卷，分三十九门，是南宋流传至今最早最完整的一部志书。

④ 罗氏之《新安志》：罗愿（1135—1184），字端良，号存斋，安徽歙县人。乾道进士。《新安志》十卷，用分纲列目体编写，为宋代流传下来的优秀志书之一。

⑤ 《画记》：见《昌黎集》卷十三。顾名思义，显然与方志风马牛不相及也。

⑥ 《先友记》：全称《先君石表阴先友记》，见《柳河东集》卷十二。与人物传记亦不相同。

余曰："如君所言，修志如何而后可？"章君曰："志者，志也。其事其文之外，必有义焉，史家著作之微旨也。一方掌故，何取一人著作；然不托于著作，则不能以传世而行远也。文案簿籍，非不详明，特难乎其久也。是以贵专家焉。专家之旨，神而明之，存乎其人，不可以言传也。其可以言传者，则规矩法度，必明全史之通裁也。明全史之通裁，当奈何？曰：知方志非地理专书，则山川都里，坊表名胜，皆当汇入地理，而不可分占篇目，失宾主之义也。知方志为国史取裁，则人物当详于史传，而不可节录大略；艺文当详载书目，而不可类选诗文也。知方志为史部要删，则胥吏案牍，文士绮言，皆无所用，而体裁当规史法也，此则其可言者也。夫家有谱，州县有志，国有史，其义一也。然家谱有征，则县志取焉；县志有征，则国史取焉。今修一代之史，盖有取于家谱者矣，未闻取于县志，则荒略无稽，荐绅先生所难言也。然其故，实始于误仿图经纂类之名目，此则不可不明辨也。"

噫！章君之言，余未之能尽。然于志事，实不敢掉之以轻心焉！二图包括地理，不敢流连名胜，侈景物也。七志分别纲目，不敢以附丽失伦，致散涣也。二表辨析经纬，不敢以花名卯簿，致芜秽也。五传详具事实，不敢节略文饰，失征信也。乡荐绅不余河汉，勤勤讨论，勒为斯志，庶几一方之掌故，不致如章君之所谓误于地理之偏焉耳。若求其志而欲附于著作专家，则余谢不敏矣。

# 为毕秋帆制府撰《常德府志》序[①]

常德为古名郡，左包洞庭，右控五溪，战国楚黔中地。秦楚争衡，必得黔中以为橐钥，所谓旁摄溪蛮，南通岭峤，从此利尽南海者也。后汉尝移荆州治此，盖外控诸蛮，则州部之内，千里晏然。隋唐以来，益为全楚关键。

---

[①] 乾隆五十八至五十九年（1793—1794），章氏除为毕沅主持编修《湖北通志》外，还编修多种府县志，《常德府志》历一年而成。但此志亦未流传。这篇序中，章氏提出："夫志不特表章文献，亦以辅政教也。"而从最后一段论述内容来看，实际上整段都在论述方志的功能，完全包括了我们今天常说的"存史、资治、教化"的作用。

五季马氏①，既并朗州，而后屹然雄视诸镇，莫敢与抗矣。盖北屏荆渚，南临长沙，远作滇黔门户，实为控要之区，不其然欤！我朝奕世承平，蛮夷率服，大湖南北，皆为腹地。康熙二十二年，满洲将军驻防荆州，遂移提督军门弹压常德。后虽分湖南北为两部院，而营制联络，两部呼吸相通，故节制之任，仍统于一。

余承乏两湖，尝按部常德，览其山川形势，慨想秦汉通道以来，治乱机缄，割制利弊，与夫居安思治，化俗宜民之道，爰进守土长吏，讲求而切磋究之。知府三原李君大䨇，悃愊吏也，六条之察，次第既略具矣。府志辑于康熙九年，故册荒陋，不可究诘；百余年之文献，又邈焉无征，于是请事重修，余谓此能知其大也。虽然方志遍寰宇矣，贤长吏知政贵有恒，而载笔之士，不知辞尚体要，猥芜杂滥无讥焉耳。即有矫出流俗，自命成家，或文人矜于辞采，学士侈其搜罗，而于事之关于经济，文之出于史裁，则未之议也。

会稽章典籍学诚，游于余门②，数为余言史事，犁然有当于余心。余嘉李君之意，因属典籍为之撰次，阅一载而告成，凡书二十四篇，为纪者二，编年以综一郡之大事。为考者十，分类以识今古之典章。为表者四，年经事纬，以著封建、职官、选举、人物之名姓。为略者一，为传者七，采辑传记，参合见闻，以识名宦、乡贤、忠孝、节义之行事。纲举而目斯张，体立而用可达。俗志附会古迹，题咏八景，无实靡文，概从删落。其有记序文字，歌咏篇什，足以考证事实，润色风雅，志家例录为艺文者，今以艺文专载书目，诗文不可混于史裁，别撰《文征》七卷，自为一书，与志相辅而行。其搜剔之余，畸言脞说，无当经纶，而有资谈助者，更为《丛谈》一卷，皆不入于志篇。凡此区分类别，所以辨明识职，归于体要，于是常德典故，可指掌而言也。

夫志不特表章文献，亦以辅政教也。披览舆图，则善德、桃源之为山

---

① 马氏：马殷（852—932），五代十国楚王。字霸图，许州鄢陵（在今河南）人。唐僖宗时曾任潭州刺史，后拜武安军节度使。梁太祖即位授中书令、天策上将军。后唐庄宗灭梁，派其子希范修贡，明宗朝封楚王。

② 游于余门：乾隆五十二年（1787）仲冬，因周震荣介绍，章氏至河南见毕沅，欲藉力编《史籍考》，因而次年便主讲归德府之文正书院。乾隆五十五年（1790）三月始抵武昌。

镇,渐潜、沧浪之为川泽,悠然想见古人清风,可以兴起末俗,爰求前迹,有若马伏波①、应司隶②之流,制苗蛮于汉世;李习之③、温简舆④其人,兴水利于唐时,因地制宜,随时应变,皆文武长吏前事之师。考古即以征今,而平日讨论,不可以不豫也。盖政之有恒,与辞之体要,本非两事,昧于治者不察也。余故因李君之知所务也,而推明大旨,以为求治理者法焉。

## 为毕秋帆制府撰《荆州府志》序⑤

荆州富于《禹贡》、《职方》,雄据于三国六朝五季,而冲要岩剧于前明,盖至今所领仅七城,而于湖北部内十一府州犹为重望云。三代画州,荆域袤延且数千里,无可言也。汉分南郡、荆州所部。蒯越⑥说刘表曰:"荆州

---

① 马伏波:指东汉将领马援(前14—49),字文渊,扶风茂陵(今陕西兴平东北)人。曾拜为伏波将军。死后遭谗言而被夺爵,章帝建初三年(78),追谥为忠成侯。

② 应司隶:指东汉大臣应奉。字世叔,汝南南顿(今河南项城西)人。延熹中任司隶校尉,纠奸惩猾,不避豪戚。党锢事起,以疾引退。著有《汉书后序》和《感赋》三十篇。并补写当代史,成《汉事》十七卷。

③ 李习之:唐李翱。

④ 温简舆:温造(766—835),唐朝大臣。字简舆,河内(今河南沁县)人。曾两度赴幽州晓喻节度使刘济,刘终于归向朝廷,均不辱使命。在朗州(今陕西汉中)刺史任上,开后乡渠九十七里,溉田二千顷,郡人获其利,名为"右史渠"。后在河阳、怀州节度使任上,又开古秦渠枋口渠,溉四县田五千余顷。

⑤ 《荆州府志》是章氏在湖北编修的另一部府志,为此志章氏还去了荆州,编修时间约为乾隆五十八九年(1793—1794)间。当然名义还是知府崔龙见修,序中言"崔君之于斯志,则一秉史裁"。需要说明的是,这几篇序中,都一再强调"艺文乃著录之篇"、"专载书目",并批评"近代志家,猥选诗文杂体",全失艺文的本意。另外则是希望每部志书,设立《丛谈》,以做到"琐事畸言"、"巨细兼收"。"畸言胜说,无当经纬,而有资谈助者",均可收入。这个观点应当说是很宝贵的,新修方志应当很好地考虑这个问题。我们今天篇章节目,强调整齐划一,有的还强调篇目内容的平衡,于是许多无类可归的材料,尽管今后会有重要价值,也被废弃在志书之外。当然,有些新志编修者已经开始注意并且作了弥补。

⑥ 蒯越:三国时魏官吏。字异度。刘表为荆州刺史,访越为谋士。越遣人诱宗贼,至者五十五人,皆斩首,袭取其众。又单骑劝降张虎、陈生等,江南悉平。曹操取荆州,曾说"不喜得荆州,喜得蒯越耳"。荆州平,曹操封越等十五人为侯,以越为光禄勋。

南据江陵，北守襄阳，八郡可传檄而定。"诸葛忠武①说昭烈②曰："荆州北据汉沔，利尽南海，东连吴会，西通巴蜀，用武之国。"六朝争剧于萧梁，五季称雄于高氏③，一时献奇借箸，腾说虽多，大约不出蒯、葛数语。然是时荆州，实兼武陵、桂阳诸郡，幅员包湖南境。至明改元中兴路为荆州府，则今荆州境矣。彼时王国所封，蔚为都会。我朝因明旧治，初以总兵官镇守其地，旋改满营，设将军都统，以下如制。雍正十三年，割二州三县与土司地，分置宜昌、施南两府。乾隆五十六年，又以远安隶荆门州，于是荆州所部，止于七县。然而形势犹最诸府，则江陵固兼南北之冲，而东延西控，联络故自若也。至于时事异宜，则满汉分城，兵民不扰，漕兑互抵，转饷无劳，亦既因时而立制矣。惟大江东下分流，故道多湮，江防堵筑，视昔为重。乾隆戊申，大水灌城，军民被淹，城治倾圮。天子南顾畴咨，特命重臣，持节临莅，发帑二百万金，巨工大役，次第兴举。余于是时，奉命来督两湖，夙夜惴惕，惟恐思虑有所未周，无以仰答诏旨。咨于群公，询于寮寀，群策材力，幸无陨越；而亿兆生灵，皆蒙恺泽，而出于昏垫，则荆州虽故而若新也。

逾年，民气渐苏，官司稍有清晏。知府山阴张君④方理，始欲整齐掌故，为后持循，旋以事去。继其任者，永济崔君龙见，乃集七县长吏，而议修府志。崔君以名进士起家，学优而仕，其于斯志，盖斤斤乎不苟作也。且《荆

---

① 诸葛忠武：诸葛亮（181—234），三国时蜀丞相。字孔明，琅琊阳都（今山东临沂）人。自幼父母双亡，由从父诸葛玄收养成人。后与弟诸葛均隐居南阳隆中，与名士徐庶等为友，人称卧龙。建安十二年（207）刘备三次登门礼请，因其足智多谋，遂成为刘备军师和得力助手。

② 昭烈：刘备（161—223），三国时蜀汉开国皇帝。字玄德，涿郡涿县（今河北涿州）人。少孤。与母贩履织席为业。初投好友公孙瓒，几经周折，最后投荆州牧刘表，后接受诸葛亮建议，联吴抗曹，最后形成三足鼎立局面，建安二十五年（220）称帝，改元章武，史称蜀汉。死后谥昭烈皇帝。

③ 高氏：高季兴（858—928），五代十国南平开国君主。字贻孙，本名季昌，陕西硖石（今河南三门峡东南）人。少好武，为汴州富豪李让养子。初侍朱温，曾拜宋州刺史。后梁初，为荆南节度使。至后唐庄宗时封南平王。南平在十国中最弱小，故常称臣于其他政权以维持其统治。死后，后唐明宗追封其为楚王。

④ 张君：张方理，字夔君，山阴（今浙江绍兴）人，乾隆三十六年（1771）举人。曾与章氏同学于大兴朱氏之门，长期在县供职不得升迁，毕沅破格升其为荆州知府。后又移任武昌知府，章氏还为其作《赠张夔君知府序》，收入《章氏遗书》。

志》著于古者，倍他州郡，盛弘之有《荆州记》[①]，庾仲雍有《江记》[②]，宗懔有《荆楚岁时记》[③]，梁元帝有《荆南志》[④]，又有《丹阳尹传》。书虽不存，部目可考，遗文逸句，犹时见于群书所称引也。前明所修《荆州府志》[⑤]，仅见著录而无其籍。康熙年间，胡在恪所修，号称佳本，而世亦鲜见。

今存叶仰高《志》[⑥]，自云多仍胡氏旧文，体例谨严，纂辑必注所出，则其法之善也。而崔君之于斯志，则一秉史裁，详赡博雅之中，运以独断别裁之义。首纪以具编年史法，次表以著世次年代，掌故存于诸考，人物详于列传，亦既纲举而目张矣。

又以史志之书，记事为主，艺文乃著录之篇，而近代志家，猥选诗文杂体，其有矫而正者，则又裁节诗文，分类隶于本事之下，皆失古人流别。今师史例以辑《府志》，更仿选例以辑《文征》，自云志师八家《国语》，《文征》师十五《国风》，各自为书，乃得相辅而不相乱。又采辑之余，琐事畸言，取则失裁，弃则可惜，近人编为志余，亦非史法。今乃别为《丛谈》一书，巨细兼收，而有条不紊，盖近日志家所罕见也。

昔罗愿撰《新安志》，自谓儒者之书，不同钞撮簿记。今崔君所辑，本源深远，视罗氏雅裁，有过之而无不及已。会湖北有《通志》之役，聘会稽章典籍学诚，论次其事。章君雅有史识，与余言而有合。崔君又屡质于典籍，往复商榷，时亦取衷于余，余故备悉其始末，而叙于卷端。

---

[①] 盛弘之有《荆州记》：盛弘之为南朝宋临川王侍郎，著《荆州记》三卷，是著名地记。

[②] 庾仲雍有《江记》：庾仲雍，西晋地理学家，著有《湘州记》二卷，《江记》五卷，《汉水记》五卷。

[③] 宗懔有《荆楚岁时记》：宗懔（500—563），南朝梁官吏。字元懔，南阳涅阳（今河南邓县东北）人。曾任五兵尚书、吏部尚书。著《荆楚岁时记》六卷。

[④] 梁元帝有《荆南志》：《隋书·经籍志》地理类著录《荆南地志》二卷，梁萧世诚撰。萧绎，字世诚。萧绎即梁元帝。

[⑤] 《荆州府志》：明朝嘉靖十一年（1532）刻，孙存修，王宠怀纂。十二卷，图一卷。

[⑥] 叶仰高《志》：即乾隆二十二年（1757）由叶仰高修，施廷枢纂之《荆州府志》，五十八卷，首一卷，分三十二类。所谓"胡氏旧文"，是指康熙二十四年（1685）由郭茂泰修、胡在恪纂之《荆州府志》，四十卷，首一卷。今存。

# 为毕秋帆制府撰《石首县志》序[①]

石首为荆州望县,两汉本华容地。晋平吴,分华容置县,因山以石首名。赵宋改治调弦,易名建宁,寻迁绣林山左,复名石首。元大德中,又迁楚望山下。历明至今,文物声名,为荆部称盛。县志不修,近六十年,旧志疏脱,诠次无法,又阙数十年之事实。知县玉田王君维屏,因余撰辑《通志》,檄征州县之书,乃论次其县事,犁剔八门,合首尾为书十篇,以副所征,且请余为之序。余披览其书,而知王君之可与论治也。

夫为政必先纲纪,治书必明体要。近日为州县志者,或胥吏案牍,芜秽失裁;或景物题咏,浮华无实。而求其名义所归,政教所重,则茫然不知其所指焉。夫政者,事也。志者,言也。天下盖有言之斐然,而不得于其事者矣;未闻言之尚无条贯,而其事转能秩然得叙者也。

今王君是志,凡目数十,括以八门,若网在纲,有条不紊。首曰《编年》,存史法也。志者,史所取裁;史以记事,非编年弗为纲也。次曰《方舆》,考地理也,县之有由立也;山川古迹,以类次焉,而水利江防,居其要矣。次曰《建置》,人功修也,城池廨署,以至坛庙,依次附焉。次曰《民政》,法度立也;户田赋役之隶于司徒,邮驿兵防之隶于司马,皆《洪范》八政之经也。次曰《秩官》,昭典守也;长佐师儒,政教所由出也,而卓然者,爰斯传矣。次曰《选举》,辟才俊也;论秀书升,《王制》之大,兴贤与能,《周官》是详,勒邦乘者所不容略也。次曰《人物》,次曰《艺文》,一以征文,一以考献,皆搜罗放失,谨备遗忘,尤为乘时之要务也。《人物》必征实事,而不以标榜为虚名;《艺文》谨著部目,而不以诗文充篇幅。盖《人物》为马史列传之遗,《艺文》为班、刘著录之例,事必师古,而后可

---

① 这篇序写作时间和《与石首王明府论志例》写的时间大约相同。在这篇序中,章氏强调了两个问题,一是提出"为政必先纲纪,治书必明体要",最后又说,"为政必恃纲纪,治书必贵体要",这就是他常说的一部志书,必须做到"辞尚体要",写史必须符合史体,修志必须符合志体,而不能四不像,这是当时修志中普遍存在的现象,"芜秽失裁"、"浮华无实",所以他才不厌其烦地强调。二是强调编年纪在志书中的重要作用,文中说"志者,史所取裁,史以记事,非编年弗为纲也"。因为这种编年纪可以起到经纬全书内容的作用,正史的本纪,多为编年记事,其实就是这个目的。所以文中说:"首曰《编年》,存史法也。"章氏评论一部志书的优劣,往往都要用"史法"这个尺子来衡量。

以法当世也。部分为八，亦既纲举而目张矣。至于序例图考，冠于编首，余文剩说，缀于简末，别为篇次，不入八门，殆如九夫画井，八阵行军，经纬灿然，体用具备，乃知方志为一方之政要，非徒以风流文采，为长吏饰儒雅之名也。且石首置县以来，凡三徙矣。今县治形势，实为不易；四顾平衍之中，至县群山涌出，东有龙盖，南有马鞍，西有绣林，北有楚望，居中扼要，政令易均，是以明代至今，相仍为治。

夫抚驭必因形势，为政必恃纲纪，治书必贵体要，一也。王君以儒术入仕，知所先务，其于治书，洵有得于体要，后人相仍，如县治矣。抑古人云："坐而言者，期起而行。"今之具于书者，果能实见诸政治，则必不以簿书案牍为足称职业，文采绚饰为足表声誉，是则虽为一县之志，即王君一人之治书也。古之良吏，莫能尚已。余于王君有厚望焉。

# 书《吴郡志》后①

范成大《吴郡志》五十卷，分篇三十有九：曰沿革，曰分野，曰户口税租，曰土贡，曰风俗，曰城郭，曰学校，曰营寨，曰官宇，曰仓库，而场务附焉。曰坊市，曰古迹，曰封爵，曰牧守，曰题名，曰官吏，曰祠庙，曰园亭，曰山，曰虎丘，曰桥梁，曰川，曰水利，曰人物，而列女附焉，曰进士题名，曰土物，曰宫观，曰府郭寺，曰郭外寺，曰县记，曰冢墓，曰仙事，曰浮屠，曰方技，曰奇事，曰异闻，曰考证，曰杂咏，曰杂志。篇首有绍定

---

① 对宋明七部方志所写之书后，均无确切年代记载，此篇很可能写于乾隆五十年（1785）前后，因为这一年章氏所写《为张吉甫司马撰〈大名县志〉序》中，在回答张维祺关于宋志十余家得失时，对此志已经有了较全面的看法，指出："范氏之《吴郡志》，罗氏之《新安志》，其尤善也。罗《志》芜而不精，范《志》短而不详，其所蔽也。罗《志》意存著述，范《志》笔具翦裁，其所长也。后人得著述之意者鲜矣。"而这篇书后，同样又将两志并论，因此，很可能即写于是年前后。文章在作简单介绍和肯定其长处之后，大量篇幅则是指出其存在的问题。首先，建置沿革"有郡无县，则眉目不分矣"。建置沿革不清，在任何时候都是大问题，况且此志路府名称又混乱。其次，分类有的不太合理，甚至小类当中亦有欠妥，"坊市不附城郭，而附官宇"，不该入风俗的入了风俗。第三，"通体采摭史籍及诗文说部编辑而成"，"是足为纂类之法，却非著作体也"。尤其是"人物不自撰著，裁节史传"。第四，"官名地号之称谓非法，人氏名号之信笔乱填"，就如宋代苏州并不称"吴郡"，称平江府，而书名却冠《吴郡志》。这些都是写史修志的大忌。这些批评应当说都是事实，然而，如此评论一部志书，恐怕在今天是行不通了。

二年汴人赵汝谈①叙，言："石湖志成，守具木欲刻。时有求附某事于籍而弗得者，哗曰：'是书非石湖笔也。'守莫敢刻，遂藏学宫。绍定初元，广德李侯寿朋②以尚书郎出守。其先度支公嘉言，石湖客也，谒学问故，惊曰：'是书犹未刊耶？'他日拜石湖祠，从其家求遗书，校学本无少异。而书止绍熙三年。其后大建置，如百万仓，嘉定新邑，许浦水军，顾径移屯等类皆未载。于是会校官汪泰亨③与文学士杂议，用褚少孙④例，增所阙遗，订其误伪，而不自别为续焉。"又曰"石湖在时，与郡士龚颐⑤、滕成⑥、周南⑦厚，三人数咨焉；而龚荐所闻于公尤多，异论由是作。益公⑧碑公墓，载所为书，篇目可考"云云。其为人所推重如此。今学者论宋人方志，亦推罗氏《新安志》与范氏《吴郡志》为称首，无异辞矣。

余谛审之，文笔亦自清简，后世方志庸猥之习，彼时未开，编次亦尔雅洁。又其体制详郡而略县，自沿革、城池、职官、题名之属，皆有郡而无县。县记二卷，则但记官署，间及署中亭台，或取题石记文，而无其名姓，体参差不一律，此则当日志例，与近日府志之合州县志而成者，迥不相同。余别有专篇讨论其事，此固可无论也。

第他事详郡略县，称其体例可也；沿革有郡无县，则眉目不分矣。宜其

---

① 赵汝谈（？—1237）：宋朝宗室。字履常。以父荫补将仕郎。淳熙进士。官至权刑部尚书。著有《介轩诗集》、《南唐文集》等。

② 李侯寿朋：宋朝官吏。字俌老，桐川人。曾任朝请大夫，直宝谟阁。

③ 汪泰亨：字豫叔，有文集二卷。当时曾为《吴郡志》补缺，《四库全书总目提要》在《吴郡志》目下，曾提出批评："少孙补《史记》，虽为妄陋，犹不混本书。泰亨所续，当时不别署为续志，遂与本书淆乱，体例殊乖。"章氏批评该志的问题，有的可能就是出自汪泰亨所补。

④ 褚少孙：西汉史学家。颍川（今河南禹州）人。早年寓居沛（今江苏沛县），曾受业于名儒王式。元帝、成帝间任博士，世号"褚先生"。因司马迁《史记》曾有缺佚，遂多方搜集史料，为之补撰。补撰具体篇目，今人意见不一。

⑤ 龚颐：应为龚颐正，南宋学者。本名惇颐，因避光宗讳改今名，字养正。和州历阳（今安徽和县）人，一说处州遂昌（在今浙江）人。曾任国史院检讨官，预修《孝宗实录》、《光宗实录》。著有《元祐党籍列传谱述》一百卷，后史院编《四朝国史》曾采用。又著《中兴忠义录》三卷，另有《续稽古录》、《续释常谈》、《芥隐笔记》等。

⑥ 滕成：字季度，南宋吴（今江苏苏州）人。耽研经史，淳熙中曾以贤良征，试而未取。号肃敬居士。

⑦ 周南：南宋学者。字南仲，平江（今江苏苏州）人。从叶适讲学。绍熙进士，为池州教授。有《山房集》。

⑧ 益公：指周必大（1126—1204），南宋文学家。字子充，一字弘道，自号平园老叟，吉州庐陵（今江西吉安）人。绍兴进士，曾为国史院编修官，后为翰林学士、参知政事，累官至右丞相益国公，著书多达八十余种，有《平园集》等。

以平江路府冒吴郡之旧称，冠全志而不知其谬也；且沿革叙入宋代，则云："开宝元年，吴越王改中吴军为平江军，太平兴国三年，钱俶①纳土。"考史，是时改苏州矣。而志文不著改州，下突接云："政和三年，升苏州为平江府。"上无苏州之文，忽入升州为府，文指亦不明矣。通体采摭史籍及诗文说部编辑而成。仍注所出于本条下，是足为纂类之法，却非著作体也；风俗多摭吴下诗话，间亦考订方音，是矣。徐祐②辈九老之会，章岵③辈耆英之会，皆当日偶为盛事，不当入风俗也；学校在四卷，县记在三十七八卷，县治官宇，既入县记，而学校兼志府县之学，是未出县名而先有学矣。坊市不附城郭，而附官宇，亦失其伦。提点刑狱司、提举常平盐茶司题名，不入牧守题名本类，而附见官宇之后，亦非法度；提点刑狱题名，皆大书名姓于上，而分注出身与来去年月于下；提举常平盐茶，皆大书官阶名姓于上，而分注任事年月于下，亦于体例未画一也；牧守载有名人，而题名反著于后，是倒置矣；官吏不载品制员额，而但取有可传者，亦为疏略；功曹掾属，与令长相间杂次，亦嫌令长之名，在县记之先也；古迹与祠庙、官宇、园亭、冢墓、宫观、寺、山、川等，颇相混乱。别出虎丘一门于山之外，不解类例牵连详略互注之法，则触手皆荆棘矣；人物不自撰著，裁节史传，亦纂类之例也。依次编为八卷，不用标目分类，尚为大雅。然如张、顾大族，代有闻人，自宜聚族为篇；一族之中，又以代次可也。乃忽分忽合，时代亦复间有颠倒，不如诸陆之萃合一编，前后不乱，岂今本讹错非范氏之原次欤？仙事、浮屠、方技，亦人物之支流，纵欲严其分别，亦当次于人物之后，别其题品可也。今于人物之后，间以进士题名、土物、宫观、府郭寺、郭外寺、县记、冢墓，凡十二卷后，忽出仙事以下三门，遂使物典人事，淆杂不清，可谓扰而不精之甚者矣！土物搜罗极博，证事亦佳，但干将、莫邪④、属镂之剑，吴鸿、扈

---

① 钱俶（929—988）：五代时吴越国王。应称钱弘俶，字文德，吴越国王钱瓘之子。在位三十年。即位后下令募民垦田，免收赋税，弃地因之日益开发。太平兴国三年（978）献国土于宋称臣，吴越亡。

② 徐祐：字受天，官至左司员外郎。《吴郡志》的《风俗》记载，庆历年间，都官员外郎徐祐与少卿叶参年老告退，相约为九老会。

③ 章岵：字伯望，建安（在今福建）人，宝元进士。《吴郡志》的《风俗》记载，元丰年间，章岵知苏州，与诸老会集，参加者十人皆七十岁以上，故曰"耆英之会"。

④ 干将、莫邪：春秋时善铸剑者，吴国人。干将尝与欧冶子同师。后与妻莫邪铸剑二枚，阳曰干将，阴曰莫邪，锋利无比，献之吴王，吴王阖闾得而宝之，后因以干将、莫邪为利剑的代称。详见《吴越春秋·阖闾内传》。

稽①之钩，传记所载一时神物，亦复难以尽信，今概入之土物，非其类矣。奇事一卷，异闻三卷，细勘实无分别，考证疏而不至于陋。诗赋杂文，既注各类之下，又取无类可归者，别为杂咏一门，虽所收不恶，亦颇嫌漫漶无当也。

每见近人修志，识力不能裁断，而又贪奇嗜琐，不忍割爱，则于卷末编为杂志，或曰余编；盖缘全志分门，如布算子，无复别识心裁，故于事类有难附者，辄为此卷，以作蛇龙之菹，甚无谓也。

今观范氏《志》末，亦为《杂志》，则前辈已先导之。其实所载，皆有门类可归，惜范氏析例之不精也。其五十卷中，官名地号之称谓非法，人氏名号之信笔乱填，盖宋人诗话家风，大变史文格律，其无当于方志专家，史官绳尺，不待言矣。其所以为世所称，则以石湖贤而有文，又贵显于当时，而蕲裁笔削，虽不合于史法，亦视近日猥滥庸妄一流，固为矫出，得名亦不偶然也。然以是为方志之佳，则不确矣。

# 书《姑苏志》后②

王鏊③《姑苏志》六十卷，首郡邑沿革，次古今守令，次科第，皆为之

---

① 吴鸿、扈稽：据《吴越春秋·阖闾内传》载：阖闾既得宝剑干将、莫邪，复命于国中作金钩。能为善钩者，赏之百金。吴作钩者众，有人贪重赏而杀二子吴鸿、扈稽，以其血衅金，遂成二钩，并以此向吴王请赏，经测验果真神灵，便以此两人名名两钩。

② 本文写作时间无确切记载，很可能与《书〈吴郡志〉后》所写时间相去不远。《姑苏志》在明代方志中应当说是比较好的一部，但是也并非当时一些人所说那么好，更称不上是佳志。正如章氏文中所批评，就连几种史表都编写得不能令人满意。当然，各种史表的编写也都有各自不同的格式与法则，这就是章氏经常所讲的"史家法度"。这些表编得如此混乱，就足以说明编写者确实不懂"史家法度"，既然篇目中已有"兵防"，却又单列"平乱"一目，无疑是在自坏体例。有些内容"多仍范《志》原文，不知范《志》不足法也"。"范《志》标题既谬，则志文法度，等于自都无讥，王氏不知改易，所谓谬也"。章氏认为，王氏号为通人，"未必出其所撰，大抵暗于史裁，又浸渍于文人习气"，"听一时无识之流，妄为编辑"。因而章氏明确提出"文人不可与修志也"。众所周知，鉴于六朝至唐初许多文人参与修史，造成许多不良影响，故唐朝刘知幾早就提出"文人不能修史"，对此章氏非常赞成，他在晚年所写《与陈观民工部论史学》一文中，全面论述了这个观点。由于他一生长期与修志打交道，又接触了众多宋明以来方志，深感文人所修之方志，弊病太多，故而严肃提出"文人不可与修志"的意见。历史事实说明，章氏的意见是正确的。

③ 王鏊（1450—1524）：明朝文学家。字济之，吴县（今江苏苏州）人。成化进士。官至户部尚书兼文渊阁大学士。死后谥文恪。除《姑苏志》外，尚有《史余》、《震泽长语》、《震泽纪闻》、《震泽集》等。

表。次沿革，次分野，次疆域，次山，次水，次水利，次风俗，次户口，次土产，次田赋，次城池，次坊巷，次乡都，次桥梁，次官署，次学校，次兵防，次仓场，次驿递，次坛庙，次寺观，次第宅，次园池；次古迹，次冢墓，次吴世家，附封爵氏族。次平乱，次宦绩，次人物，而人物之中，分名臣、忠义、孝友、儒林、文学、卓行、隐逸、荐举、艺术、杂技、游寓、列女、释老，凡一十三类，殿以纪异杂事，而卷次多寡，不以篇目为齐。名宦分卷为六，人物中之名臣，分卷为十，而忠义与孝友合为一卷，儒林与文学合为一卷，仓场与驿递合为一卷，如此等类，不一而足。总六十卷，亦约略纸幅多寡为之，无义例也。

《苏志》名义不正，即范氏成大以苏州为《吴郡志》，已失其理，而前人惟讥王氏不当以《苏州府志》为《姑苏志》，所谓贵耳而贱目也。然郡县志乘，古今卒鲜善本，如范氏、王氏之书，虽非史家所取，究于流俗恶烂之中，犹为矫出。今本《苏州府志》之可取者多，亦缘所因之故籍足采摭也。然有荒谬无理，不直一笑，虽末流胥吏，略解文簿款式，断不出于是者，如发端之三表是也。

表一曰郡邑沿革，以府县为郡邑，其谬不待言矣。表以州国郡军府路为目，但有统部州郡而无县邑，无论体例不当，即其自标郡邑名目，岂不相矛盾耶？且职官有知县，而沿革无县名，不识知县等官何所附耶？尤可异者，表之为体，纵横以分经纬，盖有同年月而异地，或同世次而异支，所谓同经异纬，参差不齐，非寻常行墨所能清析，故藉纵横经纬以分别之。如《守令表》，必以郡之守丞判录，县之令丞簿尉，横列为经；而以朝代年月，纵标为纬。后人欲稽茬任年月，由纵标而得其时世；由横列而知某守某令某丞某录，或先或后，或在同时，披表如指掌也。假有事出先后，必不同时，则无难列款而书，断无经纬作表之理。表以州国郡军府路分格，夫州则苏州也，国则吴国也，郡则吴郡也，军府路则平江路府也，此皆一苏州府地，先后沿革之名。称吴国时并无苏州，称苏州时并无吴郡，称吴郡时并无平江路府，既无同时异出参差难齐之数，则按款罗列，阅者自知。今乃纵横列表，忽上忽下，毫无义例，是徒乱人耳目；胥吏文簿，不如是颠倒也。古守令表，以太守、都尉权摄分格；夫太守都尉，固有同官年月，至于权摄，犹今之署印官也。有守即无权守，有尉即无摄尉；权摄官与本官，断无同时互见之理，

则亦必无纵横列表之法。今分列格目，虚占篇幅，又胥吏之所不为也。职官列表，当以时制定名，守令之表，当题府县官表，以后贯前可也。今云古守令表，于文义固无碍矣，至于今守令表，则今乃指时制而言也，仍以守令称明之知府知县，名实之谬，又不待言矣。府官但列知府，而削同知以下；县官但列知县，而削丞簿之属，此何说也？又表有经纬，经纬之法，所谓比其类而合之，乃是使不类者从其类也。故类之与表，势不两立。表则不能为类，类则无所用表，亦胥吏之所通晓也。科第之表，分上中下，以古今异制，简编繁重，画时代以分卷可也。其体自宜旁书属籍为经，上书乡会科年为纬。举人进士，皆科第也，今乃以科第为名，而又分举人进士列为二表，是分类之法，非比类也。且第进士者，必先得举人；今以进士居前，举人列后，是于事为倒置，而观者耳目且为所乱，又胥吏所不为也。凡此谬戾，如王氏鏊，号为通人，未必出其所撰，大抵暗于史裁，又浸渍于文人习气，以表无文义可观，不复措意，听一时无识之流，妄为编辑，而不知其贻笑识者，至如是也。故曰："文人不可与修志也。"

至于官署建置，亭台楼阁，所列前人碑记序跋，仍其原文可也。志文序述，创建重修，一篇之中，忽称为州，忽称为郡，多仍范《志》原文，不知范《志》不足法也。按宋自政和五年以前，名为苏州，政和五年以后，名为平江路府，终宋之世，无吴郡名。范《志》标题既谬，则志文法度，等于自郐无讥，王氏不知改易，所谓谬也。

又叙自古兵革之事，列为平乱一门，亦不得其解也。山川田赋，坊巷风俗，户驿兵仓，皆数典之目；宦迹流寓，人物列女，皆传述之体。平乱名篇，既不类于书志数典，亦不等于列传标人，自当别议记载，务得伦序；否则全志皆当改如记事本末，乃不致于不类之讥。然此惟精史例者始能辨之，尚非所责于此志也。其余文字小疵，编摩偶舛，则更不足深求矣。《苏志》为世盛称，是以不得不辨，非故事苟求，好撼先哲也。

# 书《滦志》后①

家存《滦志》四帙，板刻模糊，脱落颠倒，不可卒读，盖乾隆四十七年，主讲永平，故滦州知州安岳蔡君薰欲属余撰辑州志，因取旧志视余，即其本也。

按《明史·艺文志》有陈士元②《滦州志》十一卷。陈字养吾，湖广应城人，嘉靖甲辰进士，历滦州知州，有盛名，著述甚富，多见《明志》，而史不列传。《应城县志》③，有传而无书目，然县人士至今犹侈言之。余少侨应城，求其所著，一无所见。闻前知县江浦金嶒，尽取其家藏稿以去，意甚惜之。今此志尚称陈君原本，康熙中，知州侯绍岐依例续补，虽十一卷之次，不可复寻，而门类义例，无所改易。篇首不知何人撰序，有云："昔宦中州会青螺郭公④，议修《许州志》。公曰：海内志书，李沧溟《青州志》⑤第一，其次即为《滦志》。"似指陈君原本而言。其书与人，均为当世盛称，是以侯君率由而不敢议更张也。今观其书，矫诬迂怪，颇染明中叶人不读书而好奇习气，文理至此，竟不复可言矣。陈君以博赡称，而《滦志》庸妄若此，其他著述，不知更何如也。而郭青螺氏又如此妄赞，不可解矣。

---

① 本文写作时间和背景，文中均已讲。而《滦志》的编写，竟然采用《春秋》经传的形式，显然荒唐至极，正如文中所言，"今观其书，矫诬迂怪，颇染明中叶人不读书而好奇习气，文理至此，竟不复可言矣"。明代中叶以来，整个学术风气是"束书不观"，不肯做切实学问，专门空谈理论，却又好著书，这部方志正是在这种形势下产生，其学术价值自然可想而知。尤其是那些文人所修之志，尽管有人替其吹捧，丝毫不会改变其原有的局限。

② 陈士元：明朝学者，字叔心，应城（在今湖北）人。嘉靖进士，官至滦州知州。除此志外，还著有《易象钩解》、《五经异文》、《孟子杂记》、《荒史》等。

③ 《应城县志》：在章氏之前有《康熙应城县志》八卷，樊司铎修，吴元馨纂；《雍正应城县志》，李可寀修，共两种。

④ 青螺郭公：明朝学者郭子章（1542—1618），字相奎，号青螺，自号蜣衣生，泰和（今江西泰和）人。隆庆进士。累官贵州巡抚。后又以功进太子太保、兵部尚书。著有《郡县释名》、《平播始末》、《阿育王山志》、《圣门人物志》、《豫章书》、《豫章诗话》、《剑记》、《马记》、《晋草》、《楚草》、《粤草》、《蜀草》、《黔草》、《家草》等。

⑤ 李沧溟《青州志》：李攀龙（1514—1570），明朝文学家。字于麟，号沧溟，历城（今山东济南）人。嘉靖进士，授刑部主事。累官至河南按察使。文学上与王世贞等并称复古派"后七子"，著有《古今诗删》、《沧溟集》等。《青州府志》仅见嘉靖四十四年（1565）杜思修，冯惟讷纂，十八卷。明修的还有万历四十三年（1615）所修，自然与李无关。

其书分四篇：一曰《世编》，二曰《疆里》，三曰《壤则》，四曰《建置》。《世编》用编年体，仿《春秋》书法，实为妄诞不根。篇首大书云："帝喾氏建九州，我冀分。"传云"书者何？志始也"云云。以考九州分域，又大书云："黄帝逐荤粥。"传云："书荤粥何？我边郡也。"又大书云："周武王十有三祀，夷齐饿死于首阳，封召公奭于燕，我燕分。"此皆陈氏原编，怪妄不直一笑。《春秋》鲁国之书，臣子措辞，义有内外，故称鲁为我，非特别于他国之君。且鲁史既以国名，则书中自不便于书国为鲁，文法宜然，非有他也。郡县之世，天下统于一尊，珥笔为州县志者，孰非朝廷臣子，何我之有？至于公、穀传经，出于经师授受，隐微之旨，难以遽喻，则假问答而阐明之，非史例也。

州县之志，出于一手撰述，非有前人隐义，待己阐明，而自书自解，自问自答，既非优伶演剧，何为作独对之酬酢乎？且刘氏《史通》，尝论《晋纪》及《汉晋春秋》，力诋前人摩拟，无端称我，与假设回答，俱在所斥。陈氏号为通博，独未之窥乎？国史且然，况州县志乎！周武王十有三祀，文尤纰缪。殷祀周年，两不相蒙。《洪范》为箕子陈畴，书法变例，非正称也。陈氏为夷齐之故，而改年称祀，其下与封召公，同蒙其文，岂将以召公为殷人乎？且夷齐不食周粟，饿死首阳，盖言不受禄而穷饿以死，非绝粒殉命之谓也。大书识其年岁，不傎甚乎？即此数端，尚待窥其余乎？

其《世编》分目为三：一曰前代，二曰我朝，三曰中兴。其称我朝者，终于世宗嘉靖二十八年；其题中兴者，断始嘉靖二十九年，实亦不得其解。《疆里》之目有六：曰域界，曰理制，曰山水，曰胜概，曰风俗，曰往迹。《壤则》之目有七：曰户口，曰田赋，曰盐法，曰物产，曰马政，曰兵政，曰驿传。《建置》之目十一：曰城池，曰署廨，曰儒学、仓库、曰铺舍，曰街市，曰坊牌，曰楼阁，曰桥渡，曰秩祀，曰寺观。而官师人物，科目选举，俱在编年之内。官师则大书年月，某官某人来任，其人有可称者，即仿《左传》之例，注其行实于下，科目则曰，某贡于学，某举于乡，某中某榜进士，其有可称者，亦同官师之例，无则阙之。孝义节烈之得旌者，书于受旌之日。而暗修之儒，能文之士，不由科目，与夫节孝之妇，贞淑之女，偶不及旌，则无入志之例矣。

尤有异者，侯君续陈之《志》于明万历四十七年，大书我太祖高皇帝天命四年己未,分注前明年号于下。复大书冯运泰中庄际昌榜进士;又书知州林运聚来任。夫前明疆宇,未入我朝版图,国朝史笔,于书明事不关于正朔者,并不斥去天启、崇祯年号。藉曰臣子之义,内本朝而外前明,则既书天命年号于上,事之在前明者,必当加明字以别之,庶使阅者知所主客,是亦一定理也。今冯运泰乃明之进士,林应聚乃明之知州,隶于本朝年号之下,又无明字以为之区别,是直以明之进士知州,为本朝之科第职官,不亦诬乎!

至《滦志》标题,亦甚庸妄,滦乃水名,州亦以水得名耳。今去州字而称《滦志》,则阅题签者,疑为滦水志矣。然明《艺文志》以陈士元撰为《滦州志》,则题删州字,或侯绍岐之所为,要以全书观之,此等尚属细事,不足责也。

# 书《武功志》后[1]

康海[2]《武功志》三卷,又分七篇,各为之目。一曰《地理》,二曰《建置》,三曰《祠祀》,四曰《田赋》,五曰《官师》,六曰《人物》,七曰《选举》。首仿古人著述,别为篇叙,高自位置,几于不让,而世多称之。王氏士

---

[1] 本文写作时间无确切记载。对于这部方志,长期以来被吹捧得很高,打开该志卷首诸家之序,真是满纸颂词,特别是王士祯等人评语,又被《四库全书总目提要》所征引,肯定他们评价"非溢美也"。有位许颂鼎者竟说:"《史记》,史学之始也,对山先生《武功志》,州县志之始也。"此等评论,无异于痴人说梦,因为《史记》也并非史学之始,《武功志》当然更不是州县志之始,看来这位许某简直称得上是文化之盲人。梁启超在《中国近三百年学术史》中就曾批评"方志之通患在芜杂,明中叶以后有起而矫之者,则如康海之《武功志》仅三卷,二万余言,韩邦靖之《朝邑县志》仅二卷,五千七百余言,自诧为简古,而不学之文士如王渔洋、宋牧仲辈震而异之,比诸马班,耳食之徒,相率奉为修志模楷,即《四库提要》亦亟称之"。章氏这篇评论,还是从事实出发的。方志记载,本当详近略远,而该志所载人物,古代的八十余人,元代一人,当代仅两人。而古代人物中,又从正史中摘取了一大串帝王后妃,李渊、李世民,史书明明记载陕西成纪人,《武功志》因李世民生母生于武功,而把他们也硬纳入该志;十六国时的苏蕙所作《璇玑图》,与武功毫无关系,也要将其与舆图并列于卷首,如此荒唐之事,不知那些吹捧者为何视而不见。章氏对这部方志的评论,当前修志者应当引以为鉴。一部好的方志,绝不是靠吹捧出来的,而是要靠志书本身的质量,如果志书本身质量并不怎么样,即使再多名人出来捧场也是无济于事,评论再高,后人也会推翻,这部方志就是明证。

[2] 康海(1475—1540):明代文学家。字德涵,号对山,陕西武功县人。弘治进士,授翰林院修撰。曾参与纂修宪宗、孝宗两朝实录,但很早罢官归田。除该志外尚著《历史》、《张氏族谱》、《沜东乐府》、《中山狼》等。

祯<sup>①</sup>亦谓"文简事核,训辞尔雅"。后人至欲奉为修志楷模,可为幸矣!夫康氏以二万许言,成书三卷,作一县志,自以谓高简矣。今观其书,芜秽特甚,盖缘不知史家法度,文章体裁,而惟以约省卷篇,谓之高简,则谁不能为高简邪?

志乃史裁,苟于地理无关,例不滥收诗赋。康氏于名胜古迹,猥登无用诗文,其与俗下修志,以文选之例为艺文者,相去有几?

夫诸侯不祖天子,大夫不祖诸侯,严名分也。历代帝王后妃,史尊纪传,不籍方志。修方志者,遇帝王后妃故里,表明其说可也。列帝王于人物,载后妃于列女,非惟名分混淆,且思王者天下为家,于一县乎何有?康氏于人物,则首列后稷[②]以至文王[③],节录太史《周纪》,次则列唐高祖[④]、太宗[⑤],又节录《唐本纪》,乖剌不可胜诘矣。方志不当僭列帝王,姑且勿论,就如其例,则武王以下,何为删之?以谓后有天下,非邠之故邑耶?则太王[⑥]尝迁于岐,文王又迁于丰,何以仍列武功人物?以武王实有天下,文王以上不过追王,故录之耶?则唐之高祖、太宗又何取义?以谓高祖、太宗生长其地,故录之耶?则显、懿二祖[⑦],何为删之?后妃上自姜嫄[⑧],下及太姜[⑨],何为中间独无太任[⑩]?姜非武功封邑,入于武功列女,以谓妇从夫耶?则唐高祖之太穆窦后[⑪],太宗之文德长孙皇后[⑫],皆有贤名,何为又不载乎?夫载所

---

① 王氏士祯(1634—1711):清朝诗人。原名士禛,字子真、贻上,号阮亭、渔洋山人,新城(今山东桓台西)人。顺治进士。曾入值南书房、国子监祭酒,累官至刑部尚书。他以诗受知遇,康熙帝曾征其诗,录三百篇,题曰《御览集》。康熙五十年(1711)卒,乾隆中赐谥文简,著有《带经堂集》九十二卷。

② 后稷:周族始祖。

③ 文王:指周文王,商朝时周国国君。

④ 唐高祖:即李渊(566—635),唐朝开国皇帝。建元武德。死后庙号高祖。

⑤ 太宗:即李世民(599—649),唐朝皇帝。

⑥ 太王:古公亶父,商朝时周族首领。周文王祖父,死后追尊为"太王"。

⑦ 显、懿二祖:《新唐书·高祖本纪》:武德元年(618),"追谥皇高祖曰宣简公,皇曾祖曰懿王,皇祖曰景皇帝"。"显、懿二祖"之"显"字恐为"宣"字之误,均为李唐的先祖。

⑧ 姜嫄:亦作姜原,周始祖后稷之母,有邰氏之女,帝喾之妻。

⑨ 太姜:周朝太王古公亶父之妃。有邰氏之女,生太伯、仲雍、王季。有色而贞顺,有贤德,太王谋事必于太姜。

⑩ 太任:周文王之母。即"大任",任姓。王季之妻,挚任氏之仲女。性格端庄诚实,有德行。

⑪ 太穆窦后:唐高祖李渊之皇后,京兆始平(今陕西兴平)人。隋定州总管、神武公窦毅之女。上元元年(760),改上尊号曰"太穆顺圣皇后"。

⑫ 长孙皇后:唐太宗李世民皇后,长安(今陕西西安)人,隋右骁卫将军长孙晟之女。为唐太宗治理国家颇多贡献,并撰《女则》十卷,自为之序。以其"每能规谏",太宗自云"补朕之缺",对其去世,深感"内失一良佐"。上元元年(760),改上尊号曰"文德顺圣皇后"。

不当载，为芜为僭，以言识不足也。就其自为凡例，任情出入，不可诘以意指所在，天下有如是而可称高简者哉？

尤可异者，志为七篇，舆图何以不入篇次？盖亦从俗例也。篇首冠图，图止有二，而苏氏《璇玑》①之图，乃与舆图并列，可谓胸中全无伦类者矣，夫舆图冠首，或伤古人图经之例，所以揭一县之全势，犹可言也。《璇玑》之图，不过一人文字，或仿范氏录蔡琰《悲愤诗》②例，收于列女之传可也。如谓图不可以入传，附见传后可也。蓦然取以冠首，将武功为县，特以苏氏女而显耶？然则充其义例，既列文王于人物矣，曷取六十四卦之图冠首？既列唐太宗于人物矣，曷取六阵之图冠首？虽曰迂谬无理，犹愈《璇玑图》之仅以一女子名也。惟《官师志》，褒贬并施，尚为直道不泯，稍出于流俗耳。

# 书《朝邑志》后③

韩邦靖《朝邑志》二卷，为书七篇：一曰《总志》，二曰《风俗》，三曰

---

① 苏氏《璇玑》：指苏蕙《璇玑图》。苏蕙，十六国时女诗人。字若兰，始平（今陕西兴平）人。原前秦秦州刺史窦滔妻。苻坚时，因其夫得罪被谪徙流沙，遂织锦为《回文旋图诗》赠之，以寄托思念之情，后世所见之《璇玑图》，锦纵广八寸，图本五彩，凡八百四十一字，纵横反复，皆成章句。好事者或为之寻绎，乃得诗七千九百八十五首。

② 蔡琰《悲愤诗》：蔡琰于汉末，流落为胡骑所掳，归于南匈奴左贤王，十二年生了两个孩子，后为曹操赎回，再嫁董祀。对此不幸遭遇，《后汉书》本传称："追怀悲愤，作诗二首。"流传下作品共三篇：五言《悲愤诗》、骚体《悲愤诗》和《胡笳十八拍》。都是自传性作品，后人对其真伪颇有争论。认为五言《悲愤诗》可以断定为其所作，后二者尚值得研究。

③ 本文写作时间亦无确切记载。该文对《朝邑志》提出了三点批评，这个批评都是从事实出发，据理而言，无论用史法、志法、古代或今天的要求来衡量，批评都是可以成立的。我们就以五千六百字的篇幅而论，要写一县包罗万象之事，究竟能够说明什么问题，它的内容价值从何处体现？可是《四库全书总目提要》却说："古今志乘之简，无过于是书者。而宏纲细目，包括略备。"的确，比这部志书再简的确实没有了，可是要说"宏纲细目，包括略备"，还说什么"文省而事不漏"，可信吗？只能是胡说八道。一部县志的内容，究竟应当包括些什么，自然无需多说，五千多字单列纲目也就差不多了。难道内容就不记载吗？从章氏所提三大谬误来看，既涉及方志体例，又关系到方志内容的真实性。当时许多方志作者都已提出，编写必须据事直书，对传闻或野史必须慎重考订，而该志对野史记载不加考订就滥加采摘。明代许多志书凡例都明确指出，志书中人物都必须直书其名，该书竟一点也不顾及，为了给父母避讳，那种不伦不类的写法，却给后人留下笑柄。诸如此类，评论者为什么避而不谈！这么点篇幅，存在那么多问题，是优是劣，这不是很清楚吗？我们认为，方志评论，必须秉公而行，绝不可信口雌黄，对于那些胡说八道的评论，子孙后代照样会指责你不负责任，自然也管不了什么名家名人了。

《物产》，四曰《田赋》，五曰《名宦》，六曰《人物》，七曰《杂记》，总约不过六七千言，用纸十六七番，志乘之简，无有过于此者。康《武功》极意求简，望之瞠乎后矣。康为作序，亦极称之。今观文笔，较康实觉简净。惟《总志》于古迹中，入唐诗数首，为芜杂耳。

康氏、韩氏，皆能文之士，而不解史学，又欲求异于人，故其为书，不情至此，作者所不屑道也。然康氏犹存时人修志规模，故以志法绳之，疵谬百出。韩氏则更不可以为志，直是一编无韵之《朝邑赋》，又是一篇强分门类之《朝邑考》，入于六朝小书短记之中，如《陈留风俗》[①]、《洛阳伽蓝》诸传记，不以史家正例求之，未始不可通也。故余于《武功》、《朝邑》二家之志，以《朝邑》为稍优。然《朝邑志》之疵病虽少，而程济[②]从建文事，滥采野史，不考事实，一谬也。并选举于人物，而举人进士不载科年，二谬也。书其父事，称韩家君名，至今人不知其父何名。列女有韩太宜人张氏，自系邦靖尊属，但使人至今不知为何人之妻？何人之母？古人临文不讳，或谓司马迁讳其父谈为同，然《滑稽传》有"谈言微中"，不讳谈字，恐讳名之说未确，就使讳之，而自叙家世，必实著其父名，所以使后人有所考也。今邦靖讳其父，而使人不知为谁，称其尊属为太宜人，而使人不知为谁之妻母，则是没其先人行事，欲求加人而反损矣，三谬也。

至于篇卷之名，古人以竹简为篇，简策不胜，则别自为编，识以甲乙，便稽核耳。后人以缯帛成卷，较竹简所载为多，故以篇为文之起讫，而卷则概以轴之所胜为量，篇有义理，而卷无义理故也。近代则纸册写书，较之卷轴，可增倍蓰，题名为卷，不过存古名耳。如累纸不须别自为册，则分篇者毋庸更分卷数，为其本自无义理也。

今《武功》、《朝邑》二志，其意嫌如俗纂之分门类，而括题俱以篇名，可谓得古人之似矣。《武功》用纸六十余番，一册足用，而必分七篇以为三卷，于义已无所取。《朝邑》用纸仅十余番，不足一册之用，而亦分七篇以为二卷，则何说也？或曰此乃末节，非关文义，何为屑屑较之。不知二家方

---

[①] 《陈留风俗》：指《陈留风俗传》。
[②] 程济：明初官吏。陕西朝邑县人。洪武末官岳池教谕。惠帝即位，上书言北方某日将起兵，初帝疑其诈，后燕王起兵，乃改官编修。燕王兵南下乃亡去。亦有云从建文而亡。

以作者自命，此等篇题名目，犹且不达古人之意，则其一笔一削，希风前哲，不自度德量力，概可知矣！

## 书《灵寿县志》后[①]

书有以人重者，重其人而略其书可也；文有意善而辞不逮者，重其意而略其辞可也。平湖陆氏陇其[②]，理学名儒，何可轻议？然不甚深于史学，所撰《灵寿县志》，立意甚善，然不甚解于文理。则重陆之为人，而取作志之本意可也。重其人，因重其书，以谓志家之所矜式，则耳食矣！

余按陆氏《灵寿县志》十卷，一曰《地理》，纪事方音附焉，二曰《建置》，三曰《祀典》，四曰《灾祥》，五曰《物产》，六曰《田赋》，七曰《官师》，八曰《人物》，《人物》之中，又分后妃、名臣、仕绩、孝义、隐逸、列女，九《选举》，十《艺文》。而《田赋》、《艺文》，分上下卷，《祀典》、《灾祥》、《物产》均合于一，则所分卷数，亦无义例者也。其书大率简略，而《田赋》独详，可谓知所重矣。叙例皆云："土瘠民贫，居官者不可纷更聚敛，土著者不可侈靡争竞。"尤为仁人恺悌之言。全书大率以是为作书之旨，其用心真不愧于古循良吏矣。篇末以己所陈请于上，有所兴废于其县者，及与县人傅维云[③]往复论修志凡例终编。其兴废条议，固切实有用；其论修志例，则迂错而无当矣。余惧世人徇名而忘其实也，不得不辨析于后。

如篇首《地理》，附以方音可也，附以纪事，谬矣！纪事，乃前代大事，

---

[①] 本文写作时间未详。陆氏《灵寿县志》，在清修方志中应当说还是比较好的一部志书，志书中应当写的内容，也基本上具备，并且重点加详《田赋》一门，在封建时代，可谓知其所重，所以章学诚对其评价也是肯定的。对其为人、学问，特别是"作书之旨，其用心真不愧于古循良吏矣"。如此等等均无微辞，尽管肯定的语辞并不多，但是却相当中肯，相当有分量。而所提的批评也是中肯的，如纪事内容不能附于《地理》而应单独设立，因为要为全志内容起纲维作用。再如坊表、寺观之不当删除，尽管所言道理未必皆很有理，但出发点还是正确的。"寺观删而不载，以谓辟邪崇正"，一旦删除，今后还有谁知其邪与正呢？当然更无从了解当地佛教、道教传播情况了。这个观点在今天也是正确的。

[②] 陆氏陇其（1630—1692）：清朝学者。原名龙其，字稼书，浙江平湖人。康熙进士。曾任嘉定、灵寿知县。为官清廉，士民称颂。精于理学，专宗朱熹，死后赐谥清献。除该志外，尚著有《困勉录》、《三鱼堂文集》等。

[③] 傅维云：应为傅维枟，字培公，清灵寿人，不求仕进，著有《燕川渔唱诗》、《植斋文集》等。

关灵寿者，编年而书，是于一县之中，如史之有本纪者也。纪事可附地理，则《舜典》可附于《禹贡》，而历史本纪可入地理志矣。书事贵于简而有法，似此依附，简则简矣，岂可以为法乎？《建置》之篇，删去坊表，而云所重在人，不在于坊，其说则迂诞也。人莫重于孔子，人之无藉书志以详，亦莫如孔子；以为所重有在，而志削其文，则阙里之志可焚毁矣。坊表之所重在人，犹学校之所重在道也；官署之所重在政也，城池之所重在守也；以为别有所重而不载，是学校、官廨、城池皆可削去，《建置》一志，直可省其目矣。寺观删而不载，以谓辟邪崇正，亦迂而无当也。《春秋》重兴作，凡不当作而作者，莫不详书，所以示鉴戒也。如陆氏说，则但须削去其文，以为辟邪崇正，千百载后，谁复知其为邪而辟之耶？况寺观之中，金石可考，逸文流传，可求古事，不当削者一也。僧道之官，定于国家制度，所居必有其地，所领必有其徒，不当削者二也。水旱之有祈祷，灾荒之有振济，弃婴之有收养，先贤祠墓之有香火，地方官吏多择寺观以为公所，多遴僧道以为典守，于事大有所赖，往往见于章奏文移，未尝害于治体，是寺观僧道之类，昔人以崇异端，近日以助官事，正使周孔复生，因势利导，必有所以区处，未必皆执人其人而庐其居也。陆氏以削而不载，示其卫道，何所见之隘乎？《官师》、《选举》，止详本朝，谓法旧志，断自明初之意，则尤谬矣。旧志不能博考前代，而以明初为断，已是旧志之陋；然彼固未尝取其有者而弃之也。今陆氏明见旧志而删其名姓，其无理不待辨矣。自古诸侯不祖天子，大夫不祖诸侯，理势然也。方志诸家，于前代帝王后妃，但当著其出处，不可列为人物，此说前人亦屡议之；而其说讫不能定，其实列人物者谬也。姑无论理势当否，试问人物之例，统载古今，方志既以前代帝王后妃列于人物，则修《京兆志》者，当以本朝帝后入人物矣，此不问而知其不可，则陆志人物之首后妃，殊为不谨严也。

至于篇末，与傅维云议，其初不过所见有偏，及往复再辨，而强辞不准于情理矣。其自云："名臣言行，如乐毅[①]、曹彬[②]，章章于正史者，止存其

---

[①] 乐毅：战国时燕国名将。灵寿（今河北灵寿西北）人。魏文侯将乐羊后裔。多才而会用兵，以功封昌国君。

[②] 曹彬（931—999）：北宋大臣。字国华，真定灵寿（今河北灵寿西北）人。五代后周时官至潼关监军。入宋后官至枢密使。

略。"维云则谓："三代以上圣贤，事已见经籍者，史迁仍入《史记》。史迁所叙孝武前事，班固仍入《汉书》，不以他见而遂略。前人史传文集，荒僻小县，人罕尽见，艺文中如乐毅《报燕王书》[①]，韩维《僖祖庙议》[②]，不当刊削。"其说是也。陆氏乃云："春秋人物，莫大于孔子，文章亦莫过于孔子，《左传》于孔子之事，不如叔向、子产之详，于孔子之文，不如叔向、子产之多。相鲁适楚，删书正乐，事之章章于万世者，曾不一见。《孝经》、《论语》、《文言》、《系辞》昭昭于万世者，曾不一见，以孔子万世圣人，不必沾沾称述于一书，所以尊孔子也。"此则非陆氏之本意，因穷于措辨，故为大言，以气盖人，而不顾其理之安，依然诋毁阳明习气矣。

《左传》乃裁取国史为之，所记皆事之关国家者，义与《春秋》相为经纬。子产、叔向，贤而有文，又当国最久，故晋、郑之事，多涉二人言行，非故详也，关一国之政也。孔子不遇于时，惟相定公为郏谷之会，齐人来归汶阳之田，是与国事相关，何尝不详载乎？其奔走四方，与设教洙泗，事与国政无关。左氏编年附经，其体径直，非如后史纪传之体，可以特著《道学》、《儒林》、《文苑》等传，曲折而书，因人加重者也。虽欲独详孔子，其道无由，岂曰以是尊孔子哉？至谓《孝经》、《论语》、《文言》、《系辞》不入《左传》，亦为左氏之尊孔子，其曲谬与前说略同，毋庸更辨。第如其所说，以不载为尊，则《帝典》之载尧舜，谟贡之载大禹，是史臣不尊尧舜禹也。二南正雅之歌咏文武，是诗人不尊周先王也。孔子删述《诗》、《书》，是孔子不尊二帝三王也，其说尚可通乎？且动以孔子为拟，尤学究压人故习。试问陆氏修志初心，其视乐毅、曹彬、韩维诸人，岂谓足以当孔子耶？

又引太史公《管晏传赞》有云："吾读《管子》、《牧民》、《山高》、《乘马》、《轻重》、《九府》及《晏子春秋》，其书世多有之，是以不论。"可见世所有者，不必详也。此说稍近理矣。然亦不知司马氏之微意，盖重在轶事，

---

[①] 《报燕王书》：载《史记》乐毅本传。
[②] 韩维《僖祖庙议》：韩维（1017—1098），北宋官吏。字持国，开封雍丘（今河南杞县）人。受荫入官。英宗时历知汝州、开封等州府，后为翰林院学士。元祐元年（1086）拜门下，以太子少傅致仕。著有《南阳集》，《庙议》收于此集中。

故为是言。且诸子著书，亦不能尽裁入传，韩非载其《说难》，又岂因其书为世所有而不载耶？文入史传，与入方志艺文，其事又异；史传本记事之文，故裁取须严，而方志艺文，虽为俗例，滥入诗文，然其法既宽，自可裁优而入选也。必欲两全而无遗憾，余别有义例，此不复详。

## 《姑孰备考》书后①

《姑孰备考》八卷，当涂夏之符玹伯氏所撰，夏君生明季而终于康熙年间，陶元鼐序其生平甚悉，盖励志节，负才学，而疾邪轻世，故遵父遗命，不敢进取以贾祸也。此《备考》一书，则当应聘撰《太平府志》，直道不容，为忌者中伤，扼之使不得成，因自删为《备考》一书，以俟后世。自命甚重，诸家序言推许，亦极其尊。

然细按其书，虽矜南董之直，实乏班马之裁。俭腹既少闻见，而胸次亦鲜条贯。首列《郡纪》三卷，为古今编年，采取成书，忽标出处，忽无出处，例既不纯，且引用之处，往往昧于古书文理，如辨姑孰在西汉为丹阳治所，诸书自可作证，若《汉书》地志，丹阳郡下，首列宛陵，则汉《地理志》诸郡属县例不必以郡治居首，故凡为郡治而列于后者，班氏必注都尉治以示别，通体如是，非止丹阳然也。此疑当日别有先后之义，今不得而知矣。然书例晓然可见，夏君曾不之察，乃云："《汉书》为东汉之文，故所书如是。"则大误矣。前代之史，皆系后代所成，使可以成书时之制度，即为前代之典，则夫子删《书》，当以春秋制度搀入唐虞三代矣。似此见解，如何考订古今？

---

① 本文写作时间无确切记载。章氏曾多次去安徽太平，最早为乾隆三十六年（1771），其师朱筠任安徽学政，他一同前往，并住太平使院。此时因朱筠的关系，既可能获得该书，又有时间写作这样的文章，故很可能作于此时。这实际上是一部《太平府志》稿，只因"直道不容，为忌者中伤，扼之使不得成，因自删为《备考》一书"。作者既不知名，水平又不高，因而写出这种似是而非的东西。又，章氏评论方志文章，一共七篇，在《章氏遗书》中全收在《方志略例》一，其次子华绂在编辑出版大梁本《文史通义》时，这七篇文章全收在外篇，光绪四年（1878）王秉恩在贵阳重刻《文史通义》时，用的乃是"大梁本"，当然这七篇书评俱在，特别是《〈姑孰备考〉书后》，他还校出一个错字。后来刊刻出版的"大梁本"，也都照旧。而中华书局出版的《文史通义校注》却没有这篇，不知何故。

又如晋唐人作《左传注疏》，及唐人作《史记正义》，所称图经，乃当代见行州郡图经，故直称图经，不须标别某代、某州、某郡图经，义例然也。后代称引前朝之书，必须有别，不得漫称图经，使人不辨为何时何地之书，亦一定理也。今《郡纪》书周景王八年，楚子伐鸠之事，直书云"图经舒有鹊岸"，杜预曰："舒有鹊尾绪也。"此必是唐人《史记》及《左传正义》中文字，所谓当代见行书也。今不标，原引之书，而突称图经，一似夏公曾经见此书者，又似图经为今所现行之制度者，毋乃假借太甚。

又明人撰志，摹仿《春秋》书法，动成笑柄。今《郡纪编年》亦用其法，而不纲不目，大书而时有似乎琐屑，节目而时有似乎苟简。尤不可通者，书法仿《春秋》之称鲁为我，以生长于大清年代之人，而我春秋之吴，已无情理。既我春秋之吴，而又不我西汉与三国之吴，义例又何取耶？姑孰在三国时为吴丹阳地，书法以后汉昭烈帝及后帝年号为纲，而孙吴时事涉太平者，不分别吴国名目，遂以吴事隶于《蜀汉编年》，文义更不可通。又前代节镇牧守，皆如法书官，宋以京朝官知州军事，乃直书某年某官某人知，古人从无此文理也。甚至去其领官，秃书为某年某人知，尤为怪诞。明代知府知县，自是官名，并非京朝官之差遣，今于明代知府，亦与宋官无别，直书为某人知，更不足供一噱矣。至夏君修府志，在顺治年间，其志事遭忌中废，而删为《备考》，又在后矣。今《编年》迄于万历四十七年，大书"济南李若纳知，平易仁廉，爱民兴士，以诗名家，在任有四品稿，古茂清新，一时赤帜"，凡三十二字，不纲不目，语亦庸猥之甚，不知何以绝笔于此，岂又有命意别裁邪？《人物列传》二卷，散论韵赞，似仿范书，忽注出处，忽又不注，亦无义例。《乡音集》三卷，则其自为诗也。传文尚多简净，诗亦时有佳致，较族志恶滥之习，尚为稍优，其可节取者也，然去时事远矣。

# 附录一

## 大梁本《文史通义》原序

先君子幼资甚鲁,赋禀复孱弱,少从童子塾,日诵百余言,常形呕呕。先大父顾而怜之,从不责以课程。惟性耽坟籍,不甘为章句之学,塾师所授举子业,不甚措意。塾课稍暇,辄取子史等书,日夕披览,孜孜不倦。观书常自具识力,知所去取,意所不惬,辄批抹涂改,疑者随时札记,以俟参考。自游朱竹君先生之门,先生藏书甚富,因得遍览群书,日与名流讨论讲贯,备知学术源流同异,以所闻见证平日之见解,有幼时所见及,至老不可移者。乃知一时创见,或亦有关天授,特少时学力未充,无所取证,不能发挥尽致耳。从此所学益以坚定。著有《文史通义》一书,其中倡言立议,多前人所未发,大抵推原《官礼》,而有得于向、歆父子之传,故于古今学术渊源,辄能条别而得其宗旨。易箦时,以全稿付萧山王毂塍先生,乞为校定,时嘉庆辛酉年也。毂塍先生旋游道山。道光丙戌,长兄杼思,自南中寄出原草并毂塍先生订定目录一卷,查阅所遗尚多,亦有与先人原编篇次互异者,自应更正以复旧观。先录成副本十六册,其中亥豕鲁鱼,别无定本,无从校正。庚寅辛卯,得交洪洞刘子敬、华亭姚春木二先生,将副本乞为覆勘。今勘定《文史通义》内篇五卷,外篇三卷,《校雠通义》三卷,先为付梓。尚有杂篇及《湖北通志》检存稿并文集等若干卷,当俟校定再为续刊。

道光壬辰十月,男华绂谨识。

## 伍崇曜《文史通义》跋

右《文史通义》八卷,《校雠通义》三卷,国朝章学诚撰。案学诚字实斋，会稽人，乾隆戊戌进士，官国子监典籍，朱文正门下士也。著有《实斋文集》，典籍淹贯，经史豁然，洞究本原，特著是书。意欲力挽颓波，网罗放失，每竖一义，独开生面，前无古人，后无来者，而实则齐心同所愿，含意俱未伸，洵不朽盛业也。贺藕庚制府《皇朝经世文编》，独采其《言公》数条于文学部中，盖是书刻于道光壬辰，或犹未见其全帙欤？卷首有男华绂序，称其推原官礼，有得于向、歆父子之传，故于古今学术渊源，辄能条别而得其宗旨，殆获自庭诰，故迥异影响之谈。然如谓集大成者周公而非孔子，学者不可妄分周孔。学孔子者不当先以垂教万世为心。又谓郑樵《通志》，远过杜佑《通典》、马端临《文献通考》、袁枢《通鉴纪事本末》，为暗合古人等各条，皆发前人所未发，信手拈来，悉成妙谛。实则五城十二楼，一一从瓴甓造起，固非矫同立异，特矜创解，以惊暴时人耳目者，宜邵二云学士亟称之也。

所议修志条例綦详，均足为后来取法。如康海《武功志》，韩邦靖《朝邑志》，自前明以来，翕然以简括推之，顾痛诋不遗余力，未尝不深中其失。至《州县请立志科》一条，谓平日当于典吏中金稍明文法者以充其选，立为成法，如案牍之有公式云云，亦何尝不当于理，顾安所得若人而用之。迂矣！即如顾亭林征君所谈，举天下胥吏悉易以士流，犹恐未称厥职，比之井田学校，倍觉难行，存而不论可耳。又如《妇学》、《诗话》数条，似专为痛诋袁简斋太史而作，简斋固多可议，亦何至天下之恶皆归也。又如《记与戴东原论修志》一条，《地志统部》一条，于戴东原、洪稚存两先生均夷然不屑，适征其所养之未纯。顾亭林一代伟儒，其《答汪钝翁论师道书》云："学究天人，确乎不拔，不如王寅旭；读书为己，探赜洞微，不如杨雪臣；独精三礼，卓然经师，不如张稷若；萧然物外，自得天机，不如傅青主；坚苦力学，无师而成，不如李中孚；险阻备尝，与时屈伸，不如路安卿；博文强记，群书之府，不如吴任臣；文章尔雅，宅心和厚，不如朱锡鬯；好学不倦，笃于友朋，不如王山史；精心六书，信而好古，不如张力臣。"所谓不薄今人也。然其上下数千年，纵横九万里，洵足推倒一时豪杰，开拓万古心胸，匪兼才、识、学三长者不能作，其亦我朝之刘子玄乎。特重梓之，俾广为流布。道光辛亥立秋后八日，南海伍崇曜谨跋。此见粤雅堂本。

## 季真《文史通义》跋

右《文史通义》八卷,《校雠通义》三卷,先曾祖实斋公所撰遗书也。道光壬辰,伯祖绪迁刊之大梁,山阴杜氏曾为翻本,大梁板旋亦携回,于是两板皆存越中。咸丰初,先君子幕游梁宋间,索是书者众,命真印数十册赍往,至日,先君子诰真曰:"先箸刻者厪此,吾惧不克表扬,尔又不自立,将无以世其家学,奈何!"真戄然无以对。辛酉,吾郡失陷,两板皆毁,惟先君行箧尚存一册,因校正舛讹,付真弆之曰:"曩所谓厪有是刻者,今并此而遗矣,尔其力图重梓,勿使湮没,重滋不肖罪。"无何,先君子捐馆,真橐笔奔走,恒兢兢奉是书自随。同治癸酉,在楚南永顺幕罹蛟患,是书幸得之泥沙中,无缺略,至是谋刻益亟。光绪乙丑,真游幕黔臬,得交贵筑罗植盦、西蜀王雪澄两君,因谋重刻,两君慨为校雠。始于丁丑二月付雕,至戊寅七月竣事,用识其缘起如此。曾孙季真。

## 王秉恩《文史通义》跋

光绪戊寅夏,贵阳重刻《文史通义》、《校雠通义》竟,秉恩乃识刊校本末于尾,曰:乙丙之际,秉恩与罗仪部植盦得读是书,即壬辰大梁刻本,适贵州有修志之议,喜其条例翔实可师,亟钞之。会小同将授梓,属为校勘,苦无它本可雠,书中间有先生孙同卿笔改者,原序所谓别无定本可校,浼姚春木、刘子敬覆勘,而讹误仍不免,知原草之是非不能悉正也。

会将北上,携钞本之京,思假通人校本是正。江阴缪编修荃孙之言,周侍郎荇农许有钞本,视粤雅堂本为多,屡借不得,比归,书适刊成,植盦为言曾以粤雅本斠数四,其原笔举正者依改外,原本之讹者亦间改一二,而是非迄有不能遽定者,复授秉恩校竟,仍以粤雅本细勘,粤雅所刻即大梁本,校未精审,然有夺讹,而无增减,间有据改原书者。惟《校雠通义》中引《汉志》原刻脱讹尤夥,则据《志》正之,益信原本是非不能悉定也。《言公》、《妇学》诸篇,《湖海文传》、《经世文编》、《国朝文录》、《艺海珠尘》诸书曾为选录，然异同夺漏亦不少。

盖先生每一篇已，尝录示人，《妇学篇》又尝别行，故迻写不无柴虒，诸家或未得睹全帙邪。焦里堂尝撰读书三十二赞，《通义》列十九，当时流传推重已如此。其书大旨，具见先生文集《与严冬友侍读》及《上尹楚珍先生书》中，文集尚未刊，仅钞本一册，曾离蛟患，渍痕孺透，先生涂乙删定，丹墨烂若，手迹具在，标识卷数至二十九止，全册存河南周君许，小同将邮索归谋刊焉。先生粹于史学，平生纂述有《纪元韵编》、《湖北通志》、和州、亳州、永清县、天门县诸志，今都罕觏。又《书教》下云别有《圆通篇》，今亦不见，或即在《原序》称尚有《杂篇》中亦未可知。《通志》已为妄人删改，原稿存否不可知，先生别纂有《驳议》一篇，小同藏诸行箧。《永清志》板尚存，昨在京闻将印行，匆邃南旋，不果得。《通义》两板皆沦失，今幸重刻，小同之不忘先业，洵堪嘉尚，而植盦与秉恩虽经屡勘，而卒多未正者，并识之以俟补订云。华阳王秉恩。

## 王宗炎复书

奉到大著，未及编定体例，昨蒙垂问，欲使献其所知，始取《原道》一篇读之，于"三人居室而道形"一语，尚有未能融彻者。夫男女居室，孟子以为人之大伦，而《中庸》言道，造端夫妇。今言三人居室已近不辞，若以居室作居处解，则三人二字亦无著落。盖一必生二，二乃生三，一即未形，二已渐著，断无舍偶而言参之道。又"朝暮启闭，饔餐取给"二语，亦未该括，鄙见僭校数语，别楮具之，未识有当否也。《质性篇》题欲改《文性》，亦似未安，不如竟题《性情》乃得。言史德者，与史才、史识例耳，言文性则不可，若云文本于性则语未浑成，若云因文见性亦未醒豁，若言文亦有性则大非矣，质性二字亦近生撰。忧至乐至者情也，毗阴毗阳者性也，能性其情，则利贞即狂猖之进于中行，似与尊著命意较合。

至于编次之例，拟分内、外二篇，内篇又别为子目者四，曰《文史通义》，凡论文之作附焉；曰《方志略例》，凡论志之作附焉；曰《校雠通义》，曰《史籍考叙录》，其余铭志叙记之文，择其有关系者录为外篇，而以《湖北通志》传稿附之，此区区论录之大概也。惟是稿本丛萃，而又半无目录，卷帙浩繁，体例复杂，必须遍览一二过方能定其去取，拟编出清目，俟稍有就绪，当先奉请尊裁。至于缮录，此时却无稳妥之人，缘大作无副本，不敢轻以示人，恐有损失，非细故也。总之，编次既定，缮录不妨稍需时日。《礼教篇》已著成否？《春秋》为先生学术所从出，必能探天人性命之原，以追阐董江都、刘中垒之绪言，尤思早成而快睹之也。来谕以儒者学识不广，囿于许、郑之说，此言深中近日之病。鄙人尝谓西汉经学，深于东汉，董、刘无论，即匡衡亦岂易几？若叔重《说文》，自是一家之学，而谓违此者即非圣无法，此拘虚之见，非闳通之论。若郑不及毛，则近人已见及之矣。阁下[①]以为然否？《浙东学术》首条，今又改定数语，二篇记有稿本奉寄，如尊处不能检，当别钞寄也。《邵传》无可商者，惟"所见所闻所传闻"七字似赘设，且闻见字下屡言之，似可节去耳。谨复。

---

① "阁下"，原作"门下"，据文义改。

# 附录二

## 《文史通义新编》前言

《文史通义》是我国著名史学家章学诚（1738—1801）的代表作。由于种种原因，这部书自问世以来一直未曾有过令人满意而完整的定本。为了弥补这个缺憾，笔者根据章氏著作此书的本意，在通行版本的基础上，对这部史学名著进行了重新整理和编定。以下就整理中的有关问题作一些简要的说明。

### 一

撰述《文史通义》的设想，早在章学诚三十岁以前已经形成，乾隆三十一年（1766），他在《与族孙汝楠论学书》中曾表示："尝以二十一家义例不纯，体要多舛，故欲遍察其中得失利病，约为科律，作书数篇，讨论笔削大旨，而闻见寥寥，邈然无成书之期，况又牵以时文，迫以生徒课业，未识竟得偿志否也？"（《章氏遗书》卷二十二）由于生活的极不安定，所以迟迟未能动笔。乾隆三十七年（1772），也就是他三十五岁那年，他在《候国子司业朱春浦先生书》中表示要着手完成这一计划："出都以来颇事著述，斟酌艺林，作为《文史通义》。书虽未成，大旨已见辛楣先生候牍所录内篇三首，并以附呈。先生试察其言，必将有以得其所自。"（《章氏遗书》卷二十二）同样的意思在《上慕堂光禄书》和《上晓徵学士书》中也都有所表露，但直到他逝世尚未完成原定的写作计划。如《浙东学术》一篇，即成于逝世前一年，而在文中提到的《圆通》、《春秋》等篇，却始终未能成篇。作者在世时曾有过此书的选刊本，但流传并不广，正如他在《与汪龙庄书》中所说的那样，"恐惊世骇俗，为不知己者诟厉，姑择其近情而可听者，稍刊一二，以为就正同志之质，亦尚不欲遍示于人也"。章学诚在去世之前五年，即他五十九岁那年所写的《跋丙辰中山草》一文中曾表示要对《文史通义》进行最后编定："所草多属论文，是其长技，故下笔不能自休。而闲居思往，悼其平日以文墨游，而为不知己者多所牴牾，而谬托于同道也，故其论锋所指，有时而激，激则恐失是非之平。他日录归《文史通义》，当去芒角，而存其英华，庶俾后之览者，犹见其初心尔。"(《章氏遗书》卷二十八）然而实际上亦未能完成，因此，他在临终前数月，不得不将所著文稿委托友人萧山王宗炎代为校定。王宗炎收到文稿后，为了早日给章学诚回信，便在匆忙中提了一个编排意见（见本书附录）。王宗炎在信中表示，他所提尚属初步意见，欲待"遍览一二过，方能定其去取"。事实上，后来因人事变迁，岁月蹉跎，最初的意见竟成为最后的定论，这就是他所编定的《文史通义》内容所以与章学诚著书宗旨不甚相符的症结之所在。

对于王宗炎的编排分类，章学诚本人意见如何已不得而知，但章氏次子华绂对此显然并不同意，所以他于道光十二年（1832），在开封另行编印了"大梁本"《文史通义》。他在序文中说："道光丙戌（1826），长兄枋思自南中寄出原草并縠塍先生（即王宗炎）订定目录一卷，查阅所遗尚多，亦有与先人原编篇次互异者，自应更正，以复旧观。"华绂编定的"大梁本"是《文史通义》正式刊行的第一个本子，嗣后谭廷献、伍崇曜及章氏曾孙季真光绪四年（1878）所刻的《文史通义》都出于这个"大梁本"。光绪间，桐城萧穆在《记章氏遗书》一文中记述了章氏著作的散聚经过，并对旧钞本和"大梁本"《文史通义》作了比较，认为："华绂所云王公订定目录一卷，查阅所遗尚多，尚有实据。"但萧穆对"大梁本"却未作任何评议。光绪年间，在江标所刻的《灵鹣阁丛书》中收有《文史通义补编》一卷，然所补并不完备。1920年，浙江图书馆得会稽徐氏钞本《章氏遗书》，铅印行世，亦尚未能包括章氏全部著作。1922年，吴兴嘉业堂主人刘承幹依据王氏所定之目录，搜罗增补，刊行了《章氏遗书》五十卷。内容大体分三个部分：第一部分是《文史通义》内篇六卷、外篇三卷，《校雠通义》内篇三卷、外篇一卷，《方志略例》二卷，《文集》八卷，《湖北通志检存稿》四卷、外集二卷，《湖北通志未成稿》一卷，凡三十卷，目录大体照王氏编次；第二部分为外编十八卷，即《信摭》、《乙卯札记》、《丙辰札记》、《知非日札》、《阅书随札》各一卷，《永清县志》十卷，《和州志》三卷，最后是补遗及附录各一卷。后来又增补了《历代纪年经纬考》、《历代纪元韵览》两种各一卷。从此，章氏著作遂得比较完整地刊行于世。于是《文史通义》也就有了另一种版本——《章氏遗书》本（以下简称《遗书》本）。1985年，文物出版社据吴兴嘉业堂刘承幹刻本并从抄本中选录若干篇断句影印，书名为《章学诚遗书》，是至今搜集章氏著作最全的一个本子。《遗书》本《文史通义》与"大梁本"的不同之处是：内篇的排列次序及分卷，"大梁本"为五卷，《遗书》本为六卷；在所收篇目上《遗书》本多出《礼教》、《书朱陆篇后》、《所见》、《士习》、《书坊刻诗话后》、《同居》、《感赋》、《杂说》八篇，而少《妇学篇书后》。两本的外篇虽都分为三卷，内容则完全不同，"大梁本"所收是论述方志之文，《遗书》本则为"驳议序跋书说"，两者孰是孰非，至今尚乏定论。

中华人民共和国成立以后，所出版的《文史通义》整理本主要有两个，一个是1956年由设在北京的古籍出版社印行的，一个是1985年中华书局出版的《文史通义校注》，前者基本依据《遗书》本，后者则依"大梁本"。这两个本子的编印整理者虽然都力图体现《文史通义》的原貌，可惜由于对此书的情况了解不够，所以都不能令人满意。

综上所述，目前所流行的《文史通义》版本，主要就是"大梁本"和《遗书》本两种，前者是章学诚之子华绂所定，后者基本据王宗炎的意见编定。从某种程度上来说，他们所定都不代表章学诚本人的想法，现在要尽可能恢复《文史通义》的原貌，自然应以章学诚本人的意愿为准。

## 二

重新编定《文史通义》首先遇到的一个问题便是如何看待王宗炎对原稿的分类和编次。如前所述，王宗炎的区分编排仅是初步意见。所以不久华绂就提出"查阅所遗尚多，亦有与先人原编篇次互异者，自应更正，以复旧观"的批评意见。在王宗炎的编目中，将有关方志的论文，全部排除在《文史通义》之外，而另编《方志略例》两卷。这一做法，我们认为是不符合章学诚本意的。章学诚在《又与永清论文》中把自己所撰的《亳州志》"义例之精"，视为"《文史通义》中之最上乘"，并认为史家若能"得其一二精义，亦当尊为不桃之宗"。可见他对方志论文在《文史通义》中的地位是相当重视的。不仅如此，章学诚在自己的文章中还明确指出了放入外篇中的方志论文篇目，他在《释通》篇云："又地理之学，自有专门，州郡志书，当隶外史。"自注曰："详《外篇·亳州志议》。"（《文史通义内篇》四）显然，王宗炎将方志论文从《文史通义》中排除出去是不妥当的。我们再从这些方志论文本身来看，名为讨论方志，而大量篇幅都是论述历史编纂学上许多重要问题，不仅对史体演变作了比较全面的论述，而且对史家、史著、史学思想、史家流派也都从不同角度进行了评论，有许多评论确实做到了"发前人所未发"，内容如此丰富、如此集中的史学评论专著以前还不多见。因为章学诚认为，方志本属史体，两者不分畛域。那么把它放在《文史通义》当中，显然是名正而言顺的。

至于王宗炎所编之外篇——序跋书评驳议之类，当然也属《文史通义》内容，如章学诚在《与邵二云论文书》中曾明确说过："《郎通议墓志书后》，则《通义》之外篇也。族籍名字，书法之难，本文论之详矣。"可见此类文字，作者自己也是定为外篇的。但正如华绂所说，王氏对这类文字"所遗尚多"。如章学诚在《上朱大司马书》中说及，他从"编书体例"角度所写的《吴澄野太史历代诗选商语》一文"亦《通义》之支翼"（《章氏遗书》补遗）。而在王宗炎所编之外篇中即不收此文。再如在《论文上弇山尚书》一文中章学诚曾指出，"欧、苏族谱，殊非完善"，"康氏武功之志，体实芜杂"，他在《文史通义》中"均有专篇讨论"。前者实指《家谱杂议》（载《章氏遗书》卷二十三）一文，后者则为"大梁本"外篇中的《书〈武功志〉后》，王氏所编《文史通义》外篇均未收入。

综上所述，我们认为，为了使《文史通义》按照作者撰述本来所具之面目出现，不仅上述两种版本的外篇皆需收入，而且《章氏遗书》中现存有关论述文史的篇章亦应加以选录，因为王宗炎的编目收录并不全面，许多很明显属于《文史通义》内容的也未加收录。不过，从现有材料来看，《文史通义》中有不少重要内容无疑是已经散失了，如作者自己在有些文章中曾提到过的《诸子》、《家史》等篇竟不可复得。

最后还应该附带说明的是，从前曾有人认为《校雠通义》也是统于《文史通义》之中的，这种说法显然是错误的，因为这是章学诚的另一部学术著作，对此笔者在《章学诚和〈文史通义〉》一书中已作了较为详尽的论述，这里就不再谈了。

## 三

《文史通义》没有一个严密的著述义例，加之作者撰著意图又多，因而就使得它内容庞杂，包罗万象，组织松弛。从形式上看，全是由单篇论文汇编而成，很难说是一部严整的论著。又由于作者一生中生活极不安定，其著作大多写于"车尘马足之间"，其中许多篇又是"藉人事应酬以为发挥之地也"。因而各篇之间就缺乏紧密的联系。这次新编，自然不能脱离它的这一特殊情况而另订体例，因此只能紧紧围绕作者意图而使之尽可能恢复原貌。实际上我们今天整理新编，既不可能也不应当改变其内容庞杂、组织松弛的状况，否则就不是章学诚的《文史通义》了。因此，新编的原则，不是将原来流行的两种版本打乱重新编次，而是在两种流行的版本基础上加以增补。具体而言，内篇则以《章氏遗书》本为主，增以"大梁本"多出之篇。外篇则将原来两种外篇内容合并收入，编为六卷，前三卷为"驳议序跋书说"，后三卷为方志论文。为了照顾长期来已形成之习惯，每卷排列顺序亦基本依旧，仅稍作调整，而增补的各篇，则按其内容性质分别编入各有关卷中。

这次增补的原则，首先是章学诚生前在文中已经确定和当时传钞本已标明者。如上文已指出的《吴澄野太史历代诗选商语》和《家谱杂议》等就是如此，后者在会稽徐氏钞本《章氏遗书》中还注有"庚戌钞存《通义》下"字样。又如《方志辨体》，会稽徐氏抄本《章氏遗书》中亦注有"文史通义"字样。其次是根据章学诚著作此书之宗旨衡量各篇内容而定，内容符合，并且对研究文史校雠及其学术思想有作用者则加以选录补入。如关于论文方面所增选的篇章，许多论点，都很有价值。就以《文学叙例》而言，文中提出"文之与学，非二事也"，"学立而文以生"，"文者因学而不得已焉者也"。能将历代文体的演变与当时科举考试、政治要求联系论述，最后还指出历代文风之不同，"汉人之淳质，六朝之藻绘，唐人之雅丽，宋人之清疏，体咸备也"。又如《文格举隅序》中说："古人文无定格，意之所至而文以至焉，盖以所以为文者也。文而有格，学者不知所以为文而竟趋于格，于是以格为当然之具，而真文丧矣。"这些论述，确实都很有见地，对于文学理论的研究，都具有很重要的价值。这类文章，增选入《文史通义》之中，应当说是顺理成章的，因为在这些文章中，都包含着作者对文学理论方面的重要见解，也从不同角度体现了他著述《文史通义》的宗旨。

这次增补之中，有很大一部分篇目是反映章学诚史学理论方面的文章，《与陈观民工部论史学》则是其中较为突出的代表。这是章学诚晚年论述史学和方志的重要作品，许多论点，确实做到了发前人所未发。又如《论课蒙学文法》一文，主题虽是论述儿童启蒙教育，但全篇都贯串着对各种文体的评述和对《左传》、《史记》二书的分析评论，其分析细致精微，在其全部著作中也可列为上品。再如《与阮学使论求遗书》一文，不仅列举东南藏书之富甲他处，而且论述了谢承《后汉书》比范晔《后汉书》有四大长处，文中从藏书而论及校雠家法、文章源流。以前学者对谢、范二书作比较研究并不多见，章氏此举自然就值得重视了。以上所举三篇，其内容都是比较集中地评论史体、史家和学术著作，探索学术的源流与发展，这不仅与《文史通义》著述宗旨相一致，而且就其所述内容之重要也是人所共知。遗憾的是当年王宗炎整理文稿，竟莫明其妙地将第一篇编入《校雠通义》外篇，另外两篇则编入一般文集，显然都是不妥当的，况且《校雠通义》并无外篇，这次增入《文史通义》自然是名正言顺了。

这次增补的再一方面内容，则是反映章学诚的历史哲学观点的文章，可以《刘氏书楼题存我额记》和《四书释理序》等文为代表。特别是前文作者提出了富有哲理性的论点。他从世界万事万物都在变的观点出发，论述"我"也是在不断变化，而且时时刻刻在变，"日迁月化而不自知也"。特别是那些对自己有所要求而不放荡，并欲有所作为的人，更是如此。特别可贵的是，他提出"欲存我者，必时时去其故我，而后所存乃真我也"。这类文章，不仅对研究章学诚学术观点非常重要，而且对今天建设精神文明亦有重要的参考价值。

关于谈治学方法、评论社会学风的文章也属这次增补的范围，因为这是章学诚学术思想重要组成部分，无论研究章氏史学、文学还是哲学思想，都要研究这个内容。而这些内容又往往多保存在与师友及门人子侄的书信之中，像《与族孙汝楠论学书》就是一篇极为重要的文章，文中既叙述了自己的学术生涯，又表达了自己的学术主张，他要作《文史通义》的想法，就是在这篇文章中最早提出。文章虽成于早年，但许多论点却一直成为他终身的座右铭。如《又答朱少白书》中说："大抵身履其境，心知其意，方有真见解。不用功于实际，则见解虽高，而难恃也。"这都是做学问上多年积累的经验之谈。而在《与史氏诸表侄论对策书》中，不仅记载了章学诚的治学经验，而且还明确宣称他"不欺"、"不能作违心之论"的原则立场。需要指出的是，此文在《章学诚遗书》出版前尚未正式刊行过。诸如此类，无疑对研究章氏学术思想，了解他的艰难的学术生涯，都具有十分重要的意义。

方志论文是《文史通义》的组成内容，这是章学诚生前所定，故其次子华绂所刊之"大梁本"，外篇全是方志论文。方志分立三书，乃是他方志学的核心，标志着他的方志理论的成熟、修志体例的完备和方志学的建立。大型志书《湖北通志》，是他亲自主持编纂、全面体现方志分立三书精神的著作，也是他方志理论成熟阶段的代表作，故其各种序论都具有定论性质。这次增补，选录了其中有代表性的几篇，如《为毕制府撰湖北通志序》(有的选刊本题为《为毕制府拟进湖北三书序》)，是一篇具有纲领性的方志论文；又如该志《凡例》，对各种分志的撰写都提出了严格要求，许多议论对今天编修新志仍具有借鉴作用。

这次增补中还有一部分属应酬文字，如志状墓铭，家族谱序。应该指出的是，章学诚所作这类文章，并非出于空洞的恭维应酬，而是有实在的内容，因为他经常利用这些应酬文字来发挥自己的学术主张。他在《答陈鉴亭》信中，还阐述了他对写作此类文字的看法："足下自谓应酬人事中学为古文，恐无长进。此与史余村前此来书，自言欲学古文，苦无题目，同一意也。仆意则谓文以明道，君子患失于道有所未见，苟果有见于意之所谓诚然，则触处可以发挥，应酬人事，亦以吾道施之。"

这次新编中还选录了四篇比较特殊的文章，即《上慕堂光禄书》、《上晓徵学士书》、《与胡雒君论校胡穉威集二简》和《候国子司业朱春浦先生书》。四封信中都讲了自己著述《文史通义》的情况，明显不应是《文史通义》之篇目，但考虑到能够使读者了解章学诚著述此书某些情况与甘苦，对研究该书的学术价值与作者的学术思想无疑还是有帮助的。况且文章又从不同角度反映了章学诚的重要学术思想和观点。尤其要指出的是前两篇还是佚文，在至今所有刊行的章氏著作的各类版本中均未收录，看来胡适、姚名达二位编

《章实斋先生年谱》时也未见过，故将之收录尤为重要。

　　这里还想说明一点，《文史通义》的内容十分庞杂，这是由于作者研究范围太广所致。他于"古今著术渊源，文章流别"都殚心研讨，"自六艺以降迄于近代作者之林，为之商榷利病，讨论得失"（《上晓徵学士书》），显然这就不限于文史了。也许当年他已意识到研讨内容之庞杂，所以就在给钱大昕的这封信中讲了自己要撰著的《文史通义》，拟"分内外杂篇，成一家言"。这封信给我们提出了一个新问题，即《文史通义》究竟是分几篇？目前流行的版本均为内外两篇，而信中分明是说"分内外杂篇"。如果按作者原意来分编此书，自然在某些方面就得打乱原流行的两种版本次序了。为了保持新编本与习见的通行本之间的连贯，也便于读者的使用，这次就不再另行分设"杂篇"，而将这一问题留给有关专家再作研究了。

　　总的来说，这次新编以章学诚著述该书的宗旨为原则，希望以尽可能接近作者著述此书原意的面貌贡献给读者，因此它不仅包括了原来通行的两种版本内容，而且选录了《章氏遗书》中有关篇目和部分佚文的重要篇目。故全书共收303篇，其中原两种版本内所收之文合计218篇（包括古籍出版社的补遗13篇），新增补之文为85篇，增加篇幅近三分之一。为了帮助读者了解该书的流传情况，除了将章华绂在刊刻大梁本时所作的序收入外，还将伍崇曜、季真、王秉恩三人为该书所写的跋和王宗炎《复章实斋书》作为附录收入。

　　本书在编选和校勘过程中，得到上海古籍出版社领导和编辑室诸先生大力支持和帮助，他们提出了许多宝贵的意见，因此本书能够献给读者，首先应对他们表示非常感谢！叶建华同志代我誊抄了目录、前言和部分篇目，在此一并表示致谢。限于个人水平，编选和校勘方面容有不当之处，实所难免，期待方家读者指正。

仓修良

1983年7月初稿

1985年12月修改定稿

1992年3月复审于杭州大学历史系